D1827332

Philipp M. Reuß

Theorie eines Elternschaftsrechts

Das Bürgerliche Recht
Habilitationen

Band 3

Theorie eines Elternschaftsrechts

Von

Philipp M. Reuß

Duncker & Humblot · Berlin

Bibliografische Information der Deutschen Nationalbibliothek

Die Deutsche Nationalbibliothek verzeichnet diese Publikation in
der Deutschen Nationalbibliografie; detaillierte bibliografische Daten
sind im Internet über http://dnb.d-nb.de abrufbar.

Alle Rechte vorbehalten
© 2018 Duncker & Humblot GmbH, Berlin
Satz: Klaus-Dieter Voigt, Berlin
Druck: Das Druckteam Berlin
Printed in Germany

ISSN 2195-9641
ISBN 978-3-428-15513-2 (Print)
ISBN 978-3-428-55513-0 (E-Book)
ISBN 978-3-428-85513-1 (Print & E-Book)

Gedruckt auf alterungsbeständigem (säurefreiem) Papier
entsprechend ISO 9706 ∞

Internet: http://www.duncker-humblot.de

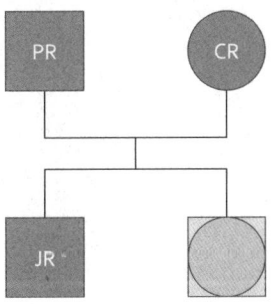

CR, JR und *gewidmet*

Vorwort

Die vorliegende Arbeit wurde im Wintersemester 2017–18 von der Juristischen Fakultät der Ludwig-Maximilians-Universität München als Habilitationsschrift angenommen. Gesetzgebung, Rechtsprechung und Literatur befinden sich auf dem Stand von April 2018.

Die Habilitationsordnung der LMU München ist fortschrittlich, sie sieht wissenschaftsrechtlich die akademische Elternschaft von mehr als zwei Personen vor. So komme ich in den Genuß, in diesem Vorwort meinen *akademischen Eltern* danken zu dürfen. Hierzu zählt zunächst meine akademische Lehrerin, Frau Professor em. Dr. Dr. h.c. Dagmar Coester-Waltjen, LL.M. Ich danke ihr für viele Jahre der bedingungslosen wie wohlwollenden persönlichen und wissenschaftlichen Förderung. Dank gilt ferner meinen akademischen Vätern, Herrn Professor Dr. Rudolf Streinz, mit dem mich eine sehr schöne Zeit an seinem Lehrstuhl verbindet, sowie Herrn Professor Dr. Horst Eidenmüller, LL.M., der mir den Weg zurück in die Veterinärstraße ermöglicht hat. Meinem akademischen Pflegevater, Herrn Professor Dr. Stephan Lorenz, der mich herzlich an seinem Lehrstuhl aufgenommen hat, danke ich ganz besonders für das – wie er stets selbst zu sagen pflegt – nötigste Gut eines Wissenschaftlers: die Zeit dieses Forschungsvorhaben realisieren zu können!

Dank schulde ich ferner Frau Professor Dr. Dr. h.c. mult. Katharina Boele-Woelki und ihrem Team am Utrecht Centre for European Research into Family Law, wo ich während meines Forschungsaufenthalts sehr herzlich aufgenommen worden bin und mir stets mit Rat und Tat zur Seite gestanden wurde.

Meiner Mutter, Frau Gitta Reuß, meiner Frau Christiane Reuß sowie Frau Stefanie Hösel, Frau Katharina Westhäuser, Frau Dr. Susanne Zwirlein, Frau Marie-Therese Ziereis, Herrn Dr. Tobias Kruis, LL.M., Herrn Dr. Heiko Sander, Herrn Anton Jukic, Herrn Michael Templeton und Herrn Michael Rapp danke ich für die kritische Durchsicht der Arbeit und für zahlreiche Anregungen sowie konstruktive Diskussionen. Abschließend danke ich meinen Eltern Gitta und Bernd Reuß sowie meiner Frau Christiane und meinem Sohn Johannes, die dieses Projekt geduldig und einfühlsam mitgetragen haben.

Stockdorf, im April 2018   *Philipp M. Reuß*

Inhaltsübersicht

Inhaltsverzeichnis

Teil 2

Theorie eines Elternschaftsrechts   187

Abkürzungsverzeichnis

a. A.	andere Ansicht
ABGB	Allgemeines Bürgerliches Gesetzbuch (Österreich)
a. E.	am Ende
BiB	Bundesinstitut für Bevölkerungsforschung
BlgNR	Beilagen zu den stenographischen Protokollen des Nationalrats (Österreich)
BMFSFJ	Bundesministerium für Familie, Senioren, Frauen und Jugend
BW	Burgerlijk Wetboek (Niederlande)
CC	Code Civil (Frankreich)
CLJ	The Cambridge Law Journal
Dig.	Digesten
ErläutRV	Erläuterungen zur Regierungsvorlage (Österreich)
FLA 1986	Family Law Act 1986 (England und Wales)
FMedG	Fortpflanzungsmedizingesetz (Österreich)
FMedRÄG 2015	Fortpflanzungsmedizinrechts-Änderungsgesetz 2015
GP	Gesetzgebungsperiode (Osterreich)
GS	Groene Serie – Personen- en familierecht, Kommentar, Loseblatt 2014, Kluwer Law and Taxation Publishers, Deventer
HFEA 2008	Human Fertilisation and Embryology Act 2008
HFEA Reg 2015	Human Fertilisation and Embryology (Mitochondrial Donation) Regulations 2015 (England und Wales)
iFamZ	Interdisziplinäre Zeitschrift für Familienrecht
KSt.	Kamerstukken (Niederlande)
LJN	Landelijk Jurisprudentie Nummer
RdJB	Recht der Jugend und des Bildungswesens
Rv.	Wetboek van Burgerlijke Rechtsvordering (Niederlande)
StbG	Bundesgesetz über die österreichische Staatsbürgerschaft
Stbl.	Staatsblad van het Koninkrijk der Nederlanden
UKSC	Supreme Court of the United Kingdom
WZB	Wissenschaftszentrum Berlin für Sozialforschung

Im Übrigen wird verwiesen auf *Kirchner,* Abkürzungsverzeichnis der Rechtssprache, 8. Auflage 2015.

Einführung

„Die Begriffe stimmen nicht mehr". So überschreibt die Familiensoziologin *Beck-Gernsheim* einen ihrer Kapitelabschnitte.[1] Gemeint ist damit Folgendes: In unserer heutigen Gesellschaft ist ein Wandel der gelebten Familienformen zu verzeichnen, der die Organisation von Verwandtschafts- und Familienverhältnissen vor neue Herausforderungen stellt. Neben das Ideal der klassischen Kleinfamilie bestehend aus Vater, Mutter und mindestens einem Kind, sind alternative Familienformen, wie nichteheliche Lebensgemeinschaften, (registrierte) gleichgeschlechtliche Partnerschaften mit und ohne (eigene/adoptierte/durch Leihmütter ausgetragene/mittels Samen- bzw. Eizellenspende gezeugte) Kinder und eine große Zahl (alleinerziehender) Singlehaushalte, getreten.[2] Dieser Wandel beruht zum einen auf einem geänderten Verständnis von Familie. Viele Menschen streben heute weg von klassischen Rollenbildern und tradierten familiären Bindungstypen hin zu einer auf Konsens basierten, flexiblen Familienstruktur.[3] Zum anderen beruht er auf der neueren Entwicklung in der Reproduktionsmedizin, die über Techniken wie etwa die Eizellen-, Mitochondrien- und Embryonenspende auch gleichgeschlechtlichen Paaren und Alleinstehenden die Erfüllung des Kinderwunsches ermöglicht.[4]

A. Status Quo und Herausforderungen

Das Abstammungsrecht nimmt bei der Organisation von Verwandtschafts- und Familienverhältnissen eine zentrale Aufgabe wahr. Es schafft das rechtliche Band zwischen Eltern und ihren Kindern und ist damit maßgebend für die weitreichenden rechtlichen Wirkungen dieses Verhältnisses, wie beispielsweise das Namens- (§§ 1616 ff. BGB), das Erb- (§§ 1922, 1924 I BGB) und das Unterhaltsrecht (§ 1601 BGB). Die Zuordnung ist auch für viele Aspekte des verfassungsrechtlichen (Art. 6 II 1 GG) und des menschenrechtlichen (Art. 8 EMRK) Schutzes von Bedeutung. Die aus der oben dargestellten Entwicklung hervorgehenden besonderen Herausforderungen für das Abstammungsrecht resultieren vor allem aus

---

[1] *Beck-Gernsheim,* Was kommt nach der Familie?, 2010, 18.

[2] *Beck-Gernsheim,* Was kommt nach der Familie?, 2010, 18–21; *Bernard,* StAZ 2013, 136, 139; zu Zahlenwerten vgl. *Eggen/Rupp* in: Rupp (Hrsg.), Partnerschaft und Elternschaft bei gleichgeschlechtlichen Paaren, 2011, 23, 27; *Rauscher,* Familienrecht, 2008, 11–24 sowie zu aktuellen Werten www.destatis.de.

[3] So auch *Gernhuber/Coester-Waltjen,* Familienrecht, 2010, 5.

[4] *Beck-Gernsheim,* Was kommt nach der Familie?, 2010, 20.

einer Pluralisierung der Elternrollen.[5] Kinder haben heute „viele Eltern".[6] Als Elternteile kommen beispielsweise mehrere Väter (soziale und genetische) und mehrere Mütter (soziale, biologische und genetische) in den unterschiedlichsten Konstellationen (etwa bei einer Patchwork Familie, nach einer medizinisch-assistierten Zeugung oder nach einem Seitensprung) in Betracht. Unterzieht sich beispielsweise ein gleichgeschlechtliches weibliches Wunschelternpaar im Ausland einer Fruchtbarkeitsbehandlung unter Einbezug einer Eizellenspende, die u. U. auch reziprok erfolgen kann,[7] fallen die biologische Mutterschaft (Geburtsmutter) und die genetische Mutterschaft (Eizellenspenderin) auseinander. Das Kind hat dann zwei Mütter und einen genetischen Vater (Samenspender). Bei der Vornahme einer Mitochondrienspende hat ein Kind sogar zwei genetische Mütter.[8] Fällt gar eine Mitochondrienspende mit einer Eizellenspende zusammen, so hätte das Kind neben dem genetischen Vater drei Mütter, zwei genetische und eine biologische. Derartige Konstellationen, die sich über die Hinzunahme sozialer Kriterien der Elternzuordnung beliebig weiterspinnen lassen, werfen nicht nur Fragen der Zuweisung und Ausübung der elterlichen Verantwortung[9] auf, sondern stellen auch das Abstammungsrecht vor neue Herausforderungen. Wie sollte angesichts der vorstehend skizzierten Entwicklung eine moderne abstammungsrechtliche Eltern-Kind-Zuordnung gestaltet sein, damit die Interessen aller Beteiligter hinreichend gewahrt werden?

Aber auch jenseits der neuen Reproduktionstechniken und der gewandelten Familienformen zeichnen sich bedeutende Herausforderungen für das heutige Abstammungsrecht ab: So sind etwa Fragen betreffend Personen, die keinem der beiden Geschlechter eindeutig zuzuordnen sind (sog. Intergeschlechtliche, Intersexuelle oder Hermaphroditen) ungeklärt:[10] Ist etwa eine Adoption durch inter-

---

[5] Dazu eingehend *Vaskovics* in: Schwab/Vaskovics (Hrsg.), Pluralisierung von Elternschaft und Kindschaft, 2011, 11 ff.

[6] *Löhnig,* Früher hatten Eltern viele Kinder – heute haben Kinder viele Eltern, 2015.

[7] *Dethloff* in: Hilbig-Lugani/Jakob/Mäsch u. a. (Hrsg.), Zwischenbilanz, 2015, 41.

[8] Diese ist etwa zulässig in den *Niederlanden* (bereits seit 2002), das Verbot des Art. 24 lit. g EW erfasst die Mitochondrienspende nicht, vgl. Gesetzesbegründung Embryowet, KSt. 27423 Nr. 3, 46, im *Vereinigten Königreich,* vgl. Sections 3ZA(5), (6), 31ZA(2)(a), 35A, 45(1), (3A) des HFEA 1990 i.V.m. den Human Fertilisation and Embryology (Mitochondrial Donation) Regulations 2015, sowie in *Mexiko,* vgl. den Bericht der Süddeutschen Zeitung vom 29.9.2016, Das Drei-Eltern-Baby, S. 2. Zur Zulässigkeit in Deutschland siehe *Deuring,* MedR 2017, 215; *Klopstock,* ZRP 2017, 165. Weiterführend zur Einflussnahme auf Keimbahnzellen etwa *Eberbach,* MedR 2016, 758.

[9] Zur Wahl des Begriffs der elterlichen Verantwortung anstelle des Begriffs der elterlichen Sorge spricht sich auch der 71. Deutsche Juristentag 2016 aus, vgl. http://www.djt.de/fileadmin/downloads/71/Beschluesse_gesamt.pdf (zuletzt geprüft am 30.9.2016).

[10] § 22 III PStG hat das real existierende Problem nun auch zu einem rechtlichen gemacht, vgl. jedoch BVerfG, Beschl. v. 10.10.2017 – 1 BvR 2019/16, NJW 2017, 3643 (Verfassungswidrigkeit der Norm) m. Anm. Gössl. Zu bereits geklärten Fragen siehe *BVerfG,* Beschl. v. 11.1.2011 – 1 BvR 3295/07, NJW 2011, 909.

sexuelle Personen möglich?[11] Welche Bestimmungen sind heranzuziehen, wenn eine intersexuelle Person ein Kind zur Welt bringt?[12] Darüber hinaus ist seit langem eine Diskussion über die Zulässigkeit von Babyklappen und von anonymer/ vertraulicher Geburt im Gange.[13] Das deutsche Recht kennt seit kurzem eine Regelung, die von anderen Regelungen im europäischen Ausland abweicht.[14] Relevant ist hier insbesondere die Frage, in welchem Verhältnis das Recht des Kindes auf Kenntnis der eigenen Abstammung zu dem Interesse der Mutter an Anonymität steht.[15] Die Rechtsprechung räumt den Interessen des Kindes an anderer Stelle diesbezüglich gehöriges Gewicht ein.[16] Besondere Brisanz haben in den letzten Jahren – auch mit Blick auf Babyklappen – immer wieder die Rechte von Vätern, die mit der Mutter nicht verheiratet waren und Verantwortung für ihre Kinder übernehmen wollen, erlangt. Im Bereich des Sorgerechts ist der Gesetzgeber diesen Vätern entgegengekommen, indem er die Möglichkeit geschaffen hat, die gemeinschaftliche elterliche Sorge auf Antrag eines Elternteils gerichtlich – und damit unabhängig von dem Willen der Mutter – zu übertragen (§ 1626a I Nr. 3 BGB).[17] Im Abstammungsrecht ist die Vaterschaftsanerkennung aber ohne Zustimmung der Mutter nicht möglich (§ 1595 I BGB).[18] Ähnliche Fragen stellen sich auch bei der privaten Samenspende, d.h. einer unmittelbar von den Beteiligten organisierten Spende ohne Begleitung durch einen Arzt oder ein Krankenhaus. Gleichgeschlechtliche Paare von Frauen haben in der Vergangenheit vermehrt auf die Möglichkeit einer privaten Samenspende zurückgegrif-

---

[11] Zu Fragen der Eheschließung und Eingehung einer Lebenspartnerschaft siehe *Sieberichs*, FamRZ 2013, 1180.

[12] Zur weiteren personenstandsrechtlichen Behandlung eines Frau-zu-Mann-Transsexuellen als Frau, der nach dem rechtlichen Wechsel des Geschlechts ein Kind zur Welt gebracht hat, *BGH*, Beschl. v. 06.09.2017 – XII ZB 660/14, www.bundesgerichtshof.de (zuletzt geprüft am 25.09.2017); *KG*, Beschl. v. 30.10.2014 – 1 W 48/14, NZFam 2015, 32 (beide § 11 TSG heranziehend).

[13] Stellvertretend siehe *Frank*, StAZ 2012, 289.

[14] Gesetz zum Ausbau der Hilfen für Schwangere und zur Regelung der vertraulichen Geburt vom 28.8.2013, BGBl. I, 3458. Rechtsvergleichend hierzu *Budzikiewicz/ Vonk*, 17 European Journal of Law Reform (2015) 216

[15] Vgl. etwa die Stellungnahme des Bundesrates zum Gesetzesentwurf in BT-Drucks.17/13391, 1.

[16] Vgl. zur Fallkonstellation der Samenspende *BGH*, Beschl. v. 2.7.2014 – XII ZB 201/13, BeckRS 2014, 14404; *BGH*, Urt. v. 28.1.2015 – XII ZR 201/13, FamRZ 2015, 642; *OLG Hamm*, Urt. v. 6.2.2013 – I-14 U 7/12, BeckRS 2013, 2505; siehe zum Kenntnisinteresse des Kindes auch *BVerfG*, Beschl. v. 6.5.1997 – 1 BvR 409/90, NJW 1997, 1769; *BVerfG*, Urt. v. 31.1.1989 – 1 BvL 17/87, NJW 1989, 891; zurückhaltender jedoch *BVerfG*, Urt. v. 19.4.2016 – 1 BvR 3309/13, BeckRS 2016, 44719.

[17] Anlass war die Entscheidung des *BVerfG*, Beschl. v. 21.7.2010 – 1 BvR 420/09, FPR 2010, 465.

[18] Die Möglichkeit gerichtlicher Feststellung der Vaterschaft besteht freilich, vgl. MünchKomm-FamFG/*Coester-Waltjen/Hilbig-Lugani*, § 172 Rn. 11, solange keine Vaterschaft eines anderen Mannes besteht § 1600d I BGB.

fen, um sich den Kinderwunsch zu erfüllen.[19] Nicht immer sind die Samenspender dabei nur Lieferanten des genetischen Materials, vielfach wollen sie auch an der Elternrolle partizipieren, was letztlich zu Konflikten um die rechtliche Elternstellung führen kann.[20]

Die Fragestellungen werden komplizierter, nimmt man den internationalen Kontext hinzu. Nicht jede Rechtsordnung beurteilt die vorstehenden Situationen wie die deutsche. Um Schwierigkeiten bei der Adoption durch gleichgeschlechtliche Paare[21] oder das im deutschen Recht geltende Leihmutterschaftsverbot zu umgehen, streben viele Paare ins Ausland,[22] wo sie von liberaleren Rechtsordnungen profitieren können (sog. *forum* bzw. *choice of law shopping*).[23] Kehren diese Personen in die deutsche Rechtsordnung zurück, stellen sich schwierige Anerkennungsfragen.[24] Im schlimmsten Fall kann es dazu kommen, dass das im Ausland geborene Kind faktisch elternlos wird.[25] Erste Leitentscheidungen zur Anerkennung von auf diese Weise hergestellten Abstammungsbeziehungen liegen bereits vor.[26] Viele Fragen sind jedoch noch ungeklärt. Auch im Bereich medizinisch-assistierter Reproduktion kommt es zu grenzüberschreitender Mobilität. Insbesondere gleichgeschlechtlichen Paaren oder alleinstehenden Frauen

---

[19] Siehe beispielhaft *Wittmann,* Lenjas Welt, Süddeutsche Zeitung, 14./15.10.2017, 13 ff.

[20] Zur Situation im Recht von England und Wales *Wealstead* in: Atkin (Hrsg.), The international survey of family law 2014, 2014, 97, 125; siehe zu einer rechtsvergleichenden Betrachtung der Möglichkeiten gemeinsamer Elternschaft von weiblichen Paaren, *Reuß,* FamPra.ch 2015, 858.

[21] Siehe zur jetzt möglichen gemeinschaftlichen Adoption von Ehegatten (nicht Lebenspartnern!) durch das Gesetz zur Einführung des Rechts auf Eheschließung für Personen gleichen Geschlechts v. 20.7.2017, BGBl. I, 2787.

[22] Prominentes Beispiel hierfür ist Elton John, der vor einiger Zeit eine Leihmutter in den USA beauftragt hatte, vgl. die Meldung auf Daily Mail Online, Last of the big spenders! Elton John ‚paid £20.000' to surrogate mother for giving birth to second son Elijah, 20. Januar 2013 (www.dailymail.co.uk).

[23] Vgl. die Arbeiten des UCERF in *Boele-Woelki/Curry-Sumner/Schrama u. a.,* Commercieel draagmoederschap en illegale opneming van kinderen, http://www.wodc.nl/onderzoeksdatabase/draagmoederschap.aspx (zuletzt geprüft am 13.08.2013), 3 und der Haager Konferenz für Internationales Privatrecht, Permanent Bureau, Private International Law Issues Surrounding the Status of Children, Including Issues Arising from International Surrogacy Agreements, Preliminary Doc. 11/March 2011 for the attention of the Council of April 2011 on General Affairs and Policy of the Conference, S. 6; vgl. hierzu auch den Report der Expert Group on Parentage/Surrogacy vom Februar 2016, Nr. 4, 5.

[24] Vgl. *Wagner,* StAZ 2012, 294, 295 f.; *Benicke,* StAZ 2013, 101.

[25] Darauf ebenfalls hinweisend *Boele-Woelki,* FamRZ 2011, 1455, 1456. Zur Thematik siehe eingehend etwa *Mayer,* IPRax 2014, 57; *Mayer,* 78 RabelsZ (2014) 551 jeweils m.w.N.

[26] *BGH,* Beschl. v. 10.12.2014 – XII ZB 463/13, BeckRS 2014, 23505 (verfahrensrechtliche Anerkennung im Falle der Leihmutterschaft); *BGH,* Beschl. v. 20.4.2016 – XII ZB 15/15, NJW 2016, 2322 (zur kollisionsrechtlichen Anerkennung im Falle der Co-Mutterschaft).

stehen im Inland oftmals rechtliche Hürden beim Zugang zu medizinisch-assistierter Reproduktion gegenüber.[27] Auch Reproduktionstechniken, die im Inland unzulässig sind, können von Personen mit Kinderwunsch im Ausland genutzt werden. Reproduktionstourismus ist vor dem Hintergrund der Gewährleistungen des deutschen Rechts nicht unproblematisch. Wird beispielsweise im Ausland eine anonyme Samenspende vorgenommen, hat das Kind keinerlei Möglichkeit über seine genetische Abstammung Auskunft zu erlangen.[28]

Das geltende deutsche Abstammungsrecht erfasst die beschriebene gesellschaftliche Entwicklung nicht vollständig und wird damit den heutigen Herausforderungen nicht angemessen gerecht. Einige Beispiele sollen an dieser Stelle zur Veranschaulichung genügen: So werden Aspekte der sozialen Verantwortungsübernahme für ein Kind im deutschen Abstammungsrecht bislang nur ebenso rudimentär erfasst,[29] wie die sog. intendierte, d.h. auf Konsens basierte Elternschaft im Wege medizinisch-assistierter Reproduktion.[30] Trotz der steigenden praktischen Bedeutung sozialer Elternschaft ist die rechtliche Stellung des sozialen Elternteils im deutschen Recht derzeit eher schwach ausgestaltet. Das gilt auch für den in die heterologe Samenspende einwilligenden Mann. Dieser kann als sog. intentionaler Elternteil durch das Kind, das über ein Anfechtungsrecht verfügt,[31] aus seiner Elternposition gedrängt werden. Möglichkeiten für gleichgeschlechtliche Paare, in die Elternposition für ein Kind einzurücken, sind ebenfalls begrenzt: Eine gemeinschaftliche Adoption durch gleichgeschlechtliche Ehegatten (nicht Lebenspartner!) ist erst jüngst mit dem Gesetz zur Einführung des Rechts auf Eheschließung für Personen gleichen Geschlechts ermöglicht worden.[32] Regelungen zu einer automatischen Elternschaft der gleichgeschlechtli-

---

[27] Vgl. eingehend *Reuß*, FamPra.ch 2015, 858 (zu gleichgeschlechtlichen Paaren); *Reuß*, StAZ 2016, 353 (zu alleinstehenden Frauen).

[28] *Reuß*, StAZ 2016, 353; eine Studie zu gleichgeschlechtlichen Paaren zeigt, dass bei im Ausland erfolgter Spende kein Spender im Geburtenregister registriert wurde, vgl. *Rupp, Staatsinstitut für Familienforschung an der Universität Bamberg (ifb)*, Die Lebenssituation von Kindern in gleichgeschlechtlichen Lebenspartnerschaften, 2009, 90.

[29] Vgl. § 1600 II BGB, dazu jedoch *OLG Hamm*, Beschl. v. 20.7.2016 – 12 UF 51/16, FamRZ 2016, 2135 m. krit. Anm. *Reuß*.

[30] § 1600 IV BGB.

[31] Dazu kritisch beispielsweise *Wellenhofer*, FamRZ 2013, 825, 829; *Helms*, FamRZ 2010, 1, 4.

[32] Gesetz v. 20.7.2017, BGBl. I, 2787. Kritisch zur handwerklichen Qualität der Regelung *Schwab*, FamRZ 2017, 1284, 1285 ff.; *Schmidt*, NJW 2017, 2225. Letzterer hält dieses sogar für verfassungswidrig, vgl. S. 2228. A.A. allerdings *Meyer*, FamRZ 2017, 1281. Zur Rechtslage bei eingetragenen Lebenspartnern siehe §§ 1741 II 1 BGB, 9 VI, VII LPartG. Dazu *Pätzold*, FPR 2005, 269. Über die Verfassungsmäßigkeit des Verbots hat das BVerfG aufgrund der Unzulässigkeit der Vorlage des *AG Berlin-Schöneberg*, Beschl. v. 11.3.2013 – 24 F 172/12, BeckRS 2013, 5298 leider nicht entschieden; vgl. *BVerfG*, Beschl. v. 23.1.2014 – 1 BvL 2/13 und 1 BvL 3/13, FamRZ 2014, 537. Das BVerfG hat allerdings das Verbot der Sukzessivadoption für verfassungswidrig erklärt,

chen Partnerin der Geburtsmutter bestehen – anders als in verschiedenen auslän-
dischen Rechtsordnungen[33] – bislang allerdings nicht.[34] Gleichgeschlechtliche
Paare sind daher je nach Ausgangskonstellation auf die Adoption angewiesen,
was nicht in jedem Fall als die angemessene Lösung angesehen werden kann.
Auch Leihmutterschaften sind nach deutschem Recht untersagt.[35] Das bedeutet
jedoch nicht, dass Leihmutterschaften nicht auch von in Deutschland lebenden
Personen durchgeführt würden. Besondere Regelungen zur Anerkennung von im
Ausland im Rahmen einer Leihmutterschaft zustande gekommenen Abstammungsbeziehungen fehlen allerdings bislang im Gesetz. Die Anerkennungs-
rechtsprechung des Bundesgerichtshofs ist letztlich einzelfallbezogen und kann
nicht abstrakt-generell zur Schaffung von Rechtssicherheit dienen. Auch das
Recht auf Kenntnis der eigenen Abstammung/Abkömmlinge ist nicht zufriedens-
tellend verwirklicht. § 1598a I BGB gewährt Ansprüche auf statusfolgenlose Abstammungsklärung lediglich innerhalb der rechtlichen Familie von Vater, Mutter
und Kind. Gegenüber Dritten, z.B. einem biologischen, nicht rechtlichen Vater,
kann hingegen kein Anspruch auf Einwilligung in die Abstammungsuntersuchung geltend gemacht werden.[36] Das erschwert die Kenntniserlangung für das
Kind. Darüber hinaus fehlte bislang für den Bereich der medizinisch-assistierten
Reproduktion ein Keimzellenspenderregister. Erst jüngst ist ein solches Gesetz
geworden.[37] Die Registrierungspflicht erfasst allerdings keine Embryonenspenden, die in Deutschland in bestimmten Fällen aber möglich sind. Es gibt daher
auch hier Nachbesserungsbedarf. Kinder, die im Wege der medizinisch-assistierten Reproduktion gezeugt wurden, verfügen zwar generell über einen Auskunftsanspruch gegen ihre Eltern und den behandelnden Arzt auf Nennung der Identität
des genetischen Vaters,[38] die Realisierung dieser Ansprüche steht allerdings im-

---

vgl. *BVerfG*, Urt. v. 19.2.2013 – 1 BvR 3247/09 und 1 BvL 1/11 (*Sukzessivadoption*),
NJW 2013, 847.

[33] Zur Rechtslage in den Niederlanden siehe *Reuß*, StAZ 2015, 139; zu Österreich
siehe *Ferrari* in: Dutta/Schwab/Henrich u. a. (Hrsg.), Künstliche Fortpflanzung und Europäisches Familienrecht, 2015, 182, 194.

[34] Zu Forderungen hiernach siehe beispielhaft Arbeitskreis Abstammungsrecht des
BMJV, Abschlussbericht – Empfehlungen für eine Reform des Abstammungsrechts,
2017, 70; Beschlüsse des 71. Deutschen Juristentags 2016, B.II.10 f., vgl. http://www.
djt.de/fileadmin/downloads/71/Beschluesse_gesamt.pdf (zuletzt geprüft am 17.8.2017).

[35] § 1 Nr. 7 EmbryonenschutzG, § 5 Abs. 3, 4, §§ 13c, 14b AdoptionsvermittlungsG.
Vgl. aber *Gassner/Kersten/Krüger u. a.*, Fortpflanzungsmedizingesetz, 2013, deren Entwurf eines Fortpflanzungsmedizingesetzes eine solche zulassen möchte.

[36] Dies sei verfassungsrechtlich auch nicht gefordert, so *BVerfG*, Urt. v. 19.4.2016 –
1 BvR 3309/13, BeckRS 2016, 44719; kritisch dazu BeckOGK/*Reuß*, § 1598a BGB
Rn. 11.6. Zur geänderten Stellung des Vaters im Abstammungsrecht siehe *Eckebrecht*,
NZFam 2016, 673.

[37] Gesetz zur Regelung des Rechts auf Kenntnis der Abstammung bei heterologer
Verwendung von Samen vom 17.7.2017, BGBl. I 2017, 2513.

[38] Dazu BeckOGK/*Reuß*, § 1598a BGB Rn. 9.2.

mensen praktischen Hürden gegenüber, da das Kind auf die Mitwirkungsbereitschaft der Eltern und des Arztes angewiesen ist.[39] Wie bereits die vorstehenden Beispiele verdeutlichen, ist das geltende Abstammungsrecht überarbeitungsbedürftig.

B. Ziel der Arbeit

Ziel dieser Arbeit ist es, auf interdisziplinärer und – schon wegen des internationalen und europarechtlichen Kontexts – rechtsvergleichender Grundlage die normativen Elemente eines modernen Abstammungsrechts zu entwickeln. Hierbei wird insbesondere zu hinterfragen sein, an welchen Kriterien sich die Abstammungszuordnung orientieren sollte und welche Korrekturmechanismen vorgehalten werden müssen, um einen gerechten Ausgleich der Interessen aller Beteiligter zu gewährleisten. Angesichts der grenzüberschreitenden Dimension abstammungsrechtlicher Sachverhalte sollen hierbei auch internationalprivat- und -verfahrensrechtliche Fragen berücksichtigt werden. Zu überdenken sein wird auch, ob nicht gar der Begriff des Abstammungsrechts zu eng gewählt ist. Zwar geht das derzeit geltende Recht von dem an die genetische Abstammung anknüpfenden Grundsatz der Abstammungswahrheit aus, das Konzept des Gleichlaufs genetischer Abstammung und rechtlicher Eltern-Kind-Zuordnung wird aber vom Gesetzgeber nicht stringent verfolgt. Dies lässt sich bereits bei dem an den biologischen Vorgang der Geburt anknüpfenden Mutterzuordnungsmechanismus des § 1591 BGB ablesen. Die Position der genetischen, nicht rechtlichen Mutter wird vom deutschen Gesetzgeber hingegen vernachlässigt.[40] Treffender könnte es daher sein, von einem *Recht der Elternschaft* oder einem *Elternschaftsrecht* zu sprechen.[41]

C. Inter- und intradisziplinäre Aspekte

Wie kann das Forschungsvorhaben von inter- und intradisziplinären Aspekten profitieren? Ausgangspunkt einer abstammungsrechtlichen Untersuchung sollten die bestehenden medizinischen Möglichkeiten der Reproduktion sein, denn nur wenn das faktisch Mögliche offenliegt, ist auch die Materie überblickbar, die ei-

---

[39] Siehe hierzu auch *Schumann* in: Coester-Waltjen/Lipp/Schumann u. a. (Hrsg.), „Kinderwunschmedizin" – Reformbedarf im Abstammungsrecht?, 2015, 7, 9. Zu Geheimhaltungsanreizen siehe *Helms* in: Coester-Waltjen/Lipp/Schumann u. a. (Hrsg.), „Kinderwunschmedizin" – Reformbedarf im Abstammungsrecht?, 2015, 47, 52 f.

[40] Siehe daher kritisch *Dethloff* in: Hilbig-Lugani/Jakob/Mäsch u. a. (Hrsg.), Zwischenbilanz, 2015, 41, 48; *Schumann* in: Coester-Waltjen/Lipp/Schumann u. a. (Hrsg.), „Kinderwunschmedizin" – Reformbedarf im Abstammungsrecht?, 2015, 7, 13; *Jestaedt* in: Coester-Waltjen/Lipp/Schumann u. a. (Hrsg.), „Kinderwunschmedizin" – Reformbedarf im Abstammungsrecht?, 2015, 23, 41.

[41] Vgl. auch Arbeitskreis Abstammungsrecht des BMJV, Abschlussbericht – Empfehlungen für eine Reform des Abstammungsrechts, 2017, 14 („rechtliche Eltern-Kind-Zuordnung").

ner rechtlichen Regelung zugeführt werden soll. Ein kurzer Überblick wird dazu genügen.[42]

Bedeutender wird sich allerdings die Forschung im Bereich der Psychologie, insbesondere der Kinderpsychologie erweisen. Die Frage, ob beispielsweise Adoptionen durch gleichgeschlechtliche oder intersexuelle Personen zuzulassen sind, hängt im Wesentlichen von deren Auswirkungen auf das Kindeswohl ab (§ 1741 I BGB). Die Rechtswissenschaft kann diese Frage umso treffender beantworten, je stärker sie die Erkenntnisse aus der kinderpsychologischen Forschung berücksichtigt. Vor einiger Zeit hat eine Studie aus den USA einen weiteren Baustein für die Beurteilung der Frage geliefert, inwieweit die sexuelle Orientierung von Eltern Einfluss auf das Kindeswohl von Adoptivkindern nimmt.[43] Die Autorinnen der Studie legen zwar grundsätzlich unterschiedliche Ansätze von gleich- und verschiedengeschlechtlichen Paaren bei der Wahrnehmung der elterlichen Verantwortung offen. Sie kommen aber zu dem Ergebnis, dass es für die Entwicklung des Kindes unwesentlich ist, ob die elterliche Verantwortung von homo- oder heterosexuellen Eltern wahrgenommen wird. Entscheidend sei vielmehr, inwieweit dem Kind mit Liebe und Wärme begegnet werde.[44] Die Ergebnisse legen nahe, neben dem nun eingeführten Adoptionsrecht für gleichgeschlechtliche Ehegatten auch eine abstammungsrechtliche Elternzuordnung zuzulassen.

Ein weiteres Element der interdisziplinären Ausrichtung des Forschungsvorhabens ist die Soziologie. Diese befasst sich generell mit den Strukturen und Ausformungen menschlichen Zusammenlebens und kann dabei hilfreich sein, die Werteordnung aufzudecken, die sich unsere Gesellschaft selbst gegeben hat und ständig neu gibt. Diese Werte beeinflussen nicht nur über die generalklauselartigen Einbruchstellen das Recht unmittelbar, sondern geben auch für Reformen eine Leitlinie. Eingangs wurde bereits der soziologische Befund des gewandelten Familienbildes dargestellt. Diese und weitere Erkenntnisse aus soziologischen Studien in die Bewertung der abstammungsrechtlichen Fragen einzubeziehen, erscheint lohnend, da Wandlungen der gesellschaftlichen Werteordnung besondere Auswirkungen auf das Abstammungsrecht zeitigen können. Bedeutenden Einfluss können auch theologische Aspekte haben. Zwar leben wir in Europa in weitgehend säkularen staatlichen Ordnungen. Religiöse Werte haben aber Einfluss auf unser menschliches Zusammenleben und prägen damit unsere Werteordnung mit. Für abstammungsrechtliche Fragen lassen sich Erkenntnisse aus der

---

[42] Vgl. eingehend zu diesen Methoden *Gernhuber/Coester-Waltjen,* Familienrecht, 2010, 638 ff.

[43] *Farr/Patterson,* 84 Child Development (2013) 1226.

[44] *Farr/Patterson,* 84 Child Development (2013) 1226, 1235 f. Zu einem ähnlichen Ergebnis kommt auch eine Studie von *Rupp, Staatsinstitut für Familienforschung an der Universität Bamberg (ifb),* Die Lebenssituation von Kindern in gleichgeschlechtlichen Lebenspartnerschaften, 2009, 305.

Theologie zweifelsohne nutzbar machen. Zum geänderten Familienbild hat der Rat der Evangelischen Kirche in Deutschland vor einiger Zeit eine Orientierungsschrift veröffentlicht und sein Familienbild neu justiert.[45] Des Weiteren ist in der Wissenschaft bereits auf die unterschiedlichen Positionen der Religionen zu Leihmutterschaften hingewiesen worden.[46]

Ferner erfordert das privatrechtliche Forschungsvorhaben einen Brückenschlag zu weiteren Disziplinen innerhalb der Rechtswissenschaften. Zunächst betrifft dies Rechtssoziologie und Rechtsphilosophie. Ein modernes Konzept eines Elternschaftsrechts zu entwickeln muss damit einhergehen, die Aufgaben des Rechts generell und in Bezug auf unser Abstammungssystem zu hinterfragen. Begreift man das Recht selbst im Sinne Kants als eine institutionelle Ordnung zwischen Individuen,[47] so hat sich die Funktion des Rechts in erster Linie auf die Organisation des individuellen Zusammenlebens zu beziehen.[48] Man kann dem Recht daher eine Art „Servicefunktion" zusprechen. Es unterstützt die Gesellschaft, im Rahmen ihrer Werteordnung zu existieren, indem es Konflikte löst und Verhaltensanweisungen für den Einzelnen setzt. Damit stellt sich sogleich die Frage, wie auf Veränderungen dieser Werteordnung zu reagieren ist. An welche Strömungen ist das Recht anzupassen? Vor welchen Strömungen hat es die Gesellschaft zu schützen? Erkenntnisse aus der rechtsphilosophischen und rechtssoziologischen Disziplin lassen sich für die noch ungeklärten und hochsensiblen Fragen des Elternschaftsrechts (intersexuelle Personen, Leihmutterschaft, gleichgeschlechtliche Elternschaft) fruchtbar machen und bedürfen eingehender Untersuchung.

Das Forschungsvorhaben weist darüber hinaus einen starken öffentlich-rechtlichen Bezug auf. Familiengründung, Fortpflanzung und die damit einhergehenden Rechte wurzeln tief im Kernbereich menschlicher Persönlichkeitsgestaltung. Fragen der Abstammung besitzen damit einen großen grund- und menschenrechtlichen Bezug. Dieser Bezug verweist nicht nur auf die Verbürgungen des Grundgesetzes. Die Bundesrepublik Deutschland ist als Mitgliedstaat der Europäischen Union Teil eines Verfassungsverbunds, der Grundrechtsschutz auf mehreren Ebenen gewährt. Hierzu zählen neben den nationalen Grundrechten in den Mitgliedstaaten auch die Verbürgungen der Europäischen Grundrechtecharta, die durch den EuGH entwickelten Unionsgrundrechte, soweit die Mitgliedstaaten der EU handeln, bereits seit langem auch die Verbürgungen der EMRK. Nach erfolgtem Beitritt der EU zur EMRK wird auch diese mit ihren Organen unmittelbar an die

---

[45] Rat der Evangelischen Kirche in Deutschland (EKD), Zwischen Autonomie und Angewiesenheit, 2013.

[46] *Kreß*, FPR 2013, 240, 242.

[47] *Kant,* Die Metaphysik der Sitten – Erster Teil: metaphysische Anfangsgründe der Rechtslehre, 1838, 79 f. Dazu eingehend *Seelmann/Demko,* Rechtsphilosophie, 2014, 46 ff.

[48] *Rehbinder,* Rechtssoziologie, 2009, 92 ff.

EMRK gebunden sein, und es ergibt sich für die Mitgliedstaaten im Anwendungsbereich des Unionsrechts eine weitere Bindung.[49] Damit besteht möglicherweise auf Unionsebene bald (?) ein dreifacher Grundrechtsschutz. Die Mehrebenensystematik kann auch für die Regulierung abstammungsrechtlicher Fragen Bedeutung haben. Gleichzeitig ergeben sich aus dem Völkerrecht, insbesondere aus der UN-Kinderrechtekonvention (KRK)[50] Vorgaben für das Abstammungsrecht.

D. Rechtsvergleichende Aspekte

Für das Forschungsvorhaben ist es letztlich unerlässlich, auch eine rechtsvergleichende Betrachtung abstammungsrechtlicher Fragen vorzunehmen. Zum einen lässt sich durch die Rechtsvergleichung ermitteln, wie andere Rechtsordnungen mit Problemkonstellationen umgehen, so dass sich hierdurch möglicherweise neue Lösungsaspekte ergeben. Zum anderen ist es notwendig, die Positionen und den Umgang mit rechtlichen Konstellationen in der anderen Rechtsordnung zu kennen, will man die im grenzüberschreitenden Kontext entstehenden Probleme effektiv lösen. Deutlich wird dies am Beispiel der Leihmutterschaft. Das deutsche Recht lässt eine solche nicht zu (s. o.), und es erkannte bis zur Entscheidung des BGH[51] eine im Ausland erfolgte Leihmutterschaft auch nicht im Inland an, da das deutsche Recht hierin einen Verstoß gegen den *ordre public* erblickte.[52] Kinder, die im Wege einer Leihmutterschaft gezeugt und geboren wurden, konnten bislang ihrer deutschen Wunschmutter daher nur im Wege der Adoption zugeordnet werden.[53] Anders handhabe dies das österreichische Recht. Hier ist die Leihmutterschaft im Inland zwar auch untersagt.[54] Das Verbot ist aber nach österreichischer Auffassung nicht Teil des *ordre public,* weshalb eine Zuordnung der Wunscheltern als rechtliche Eltern des Kindes in Österreich anerkannt werden kann.[55] Im Vereinigten Königreich ist die nicht-kommerzielle Leihmutterschaft bereits möglich. Die Regelungen erfordern ein genetisches Band zwischen dem Kind und nur einem Wunschelternteil; eine rechtliche Zuordnung des Kindes zu beiden Wunscheltern ist durch *parental order* möglich.[56] Erleichternd

---

[49] Dazu *Streinz/Ohler/Herrmann u. a.,* Der Vertrag von Lissabon zur Reform der EU, 2010, 119 ff. Bisher hat die EMRK in Deutschland nur den Rang eines einfachen Gesetzes.

[50] Übereinkommen vom 20. November 1989 über die Rechte des Kindes, BGBl. 1992 II S. 121, 122 (seit 5.4.1992 für die Bundesrepublik Deutschland im Rang des einfachen Bundesrechts, vgl. Art. 59 II GG, in Kraft).

[51] *BGH,* Beschl. v. 10.12.2014 – XII ZB 463/13, BeckRS 2014, 23505.

[52] Eingehend etwa *Benicke,* StAZ 2013, 101, 109 m.w.N. in Fn. 73.

[53] *Wagner,* StAZ 2012, 294.

[54] § 3 FortpflanzungsmedizinG im Umkehrschluss.

[55] Vgl. *VfGH,* Entsch. v. 14.12.2011 – B 13/11–10, BeckRS 2013, 80296; dazu *Lurger,* IPRax 2013, 282.

[56] Sec. 54 Human Fertilisation and Embryology Act 2008.

kommt hinzu, dass die Eizellenspende, anders als nach deutschem Recht, möglich ist.[57] Ganz anders verhält es sich in einigen Bundesstaaten der USA oder in der Ukraine.[58] Hier ist teils sogar eine entgeltliche Leihmutterschaft zulässig. Die Zuordnung der Wunscheltern als rechtliche Eltern geschieht direkt *ex lege* oder durch gerichtlichen/behördlichen Akt.[59] Diese gravierenden Unterschiede in der rechtlichen Einschätzung gilt es zu berücksichtigen, wenn ein Lösungsansatz präsentiert werden soll, der auch der praktischen Umsetzung und der internationalen Akzeptanz fähig ist.

E. Gang der Untersuchung

Die vorliegende Arbeit ist in zwei Teile gegliedert, wobei der erste Teil (aus § 1 und 2 bestehend) eine Art Bestandsaufnahme darstellt, in der der status quo näher betrachtet wird: § 1 analysiert daher zunächst das heutige gesellschaftliche Verständnis von Abstammung und Elternschaft und berücksichtigt hierbei insbesondere die sozial gelebten Realitäten, die sich stets im Wandel befinden. Dabei wird auch beleuchtet, welche Signifikanz Abstammung und Elternschaft vor dem Hintergrund interdisziplinärer Forschungsergebnisse zukommt. § 2 widmet sich darauffolgend der Ausarbeitung der Aufgaben und der Grundstruktur des Abstammungsrechts sowie der Bedeutung der rechtlichen Abstammungszuordnung. Es wird weiter hinterfragt, inwieweit das geltende Recht auf eine geänderte gesellschaftliche Werteordnung zu reagieren hat. Auf den im ersten Teil erarbeiteten Ergebnissen aufbauend wird im zweiten Teil der Arbeit (aus § 3–6 bestehend) eine Theorie eines Elternschaftsrechts entwickelt, in der die normativen Elemente einer modernen Eltern-Kind-Zuordnung im Mittelpunkt stehen: § 3 wird hierzu zunächst die Grundstruktur und relevante Orientierungslinien erarbeiten, die für die Zuordnungssystematik leitend sind. § 4 wird darauffolgend konkret Kriterien analysieren, die materiell-rechtlich die Eltern-Kind-Zuordnung bestimmen sollten und ein Zuordnungssystem eines modernen Elternschaftsrechts entwickeln. § 5 widmet sich dem Recht auf Kenntnis der eigenen Abstammung/Abkömmlinge. § 6 behandelt Problemstellungen, die sich in Sachverhalten mit Auslandsbezug ergeben. Die Arbeit schließt mit einer Schlussbetrachtung.

---

[57] Vgl. dazu *Coester* in: Mansel/Pfeiffer/Kronke u.a. (Hrsg.), Festschrift für Erik Jayme, 2004, 1243, 1254 f. Zu Fallzahlen *Kreß*, FPR 2013, 240, 242.

[58] Illinois und Utah, vgl. dazu die Berichte bei *Helms*, StAZ 2013, 114, 116–119.

[59] *Helms*, StAZ 2013, 114, 116–119.

Abstammung, Elternschaft und das Abstammungsrecht

§ 1 Abstammung und Elternschaft

Eine Untersuchung, deren Ziel es ist, die normativen Elemente eines modernen Abstammungsrechts zu entwickeln, kann ihren Ausgangspunkt nur in der näheren Betrachtung des gesellschaftlichen Grundverständnisses von Abstammung und Elternschaft haben. Was verstehen wir darunter, wenn wir in der heutigen Zeit von Abstammung oder Elternschaft sprechen? Wie gestalten sich Abstammung und Elternschaft in der modernen sozialen Lebenswirklichkeit und warum ist beides überhaupt bedeutsam? All diese Fragen werden im Folgenden untersucht. Unter (A.) wird das allgemeinsprachliche Begriffsverständnis von Abstammung und Elternschaft näher betrachtet, das wertvolle Rückschlüsse auf die gesellschaftliche Auffassung liefern kann. Ferner wird der in der Einführung bereits angesprochene soziale Wandel speziell mit Blick auf das Eltern-Kind-Verhältnis analysiert, um herauszuarbeiten, in welcher Form Abstammung und Elternschaft in der heutigen Zeit verwirklicht sind. Hierzu dient nicht nur eine Analyse der heutigen Lebensformen, sondern auch ein Blick auf die Vorstellungen der Bürger davon, wie Abstammung und Elternschaft heute gelebt werden sollten (sog. Familienleitbilder). Unter (B.) wird darauffolgend die Signifikanz von Abstammung und Elternschaft mit Blick auf medizinische, soziologische, (kinder)psychologische aber auch sozialanthropologische Studien näher herausgearbeitet. Das Kapitel schließt mit einer Zusammenfassung (C.).

A. Begrifflichkeiten und sozialer Wandel

I. Allgemeinsprachliches Verständnis von Abstammung und Elternschaft

Schlägt man in gängigen Wörterbüchern den Begriff *Abstammung* nach, so erhält man als Begriffsbedeutung die „Ab- oder Herkunft einer Person"[1] genannt. Als synonym zur Abstammung werden die Begriffe Abkunft, Geburt, Genealogie, Herkommen, Herkunft, Geblüt und Provenienz begriffen. Blättert bzw. klickt man tiefer in die Wortbedeutungen hinein, so erfährt man, dass beispielsweise

---

[1] Online-Wörterbuch von www.duden.de (zuletzt geprüft am 11.10.2016); so schon die 2. Auflage des Universalwörterbuchs, *Drosdowski*/et al., Duden – Deutsches Universalwörterbuch, 1989.

der für die Abstammung synonym verwendete Begriff der *Geburt* neben dem biologischen Aspekt des Gebärens und Geborenwerdens auch die Abstammung oder Herkunft einer Person meint.[2] Die *Herkunft* einer Person bezeichnet vor allem deren soziale Abstammung i. S. e. bestimmten, sozialen, nationalen oder kulturellen Bereichs, aus dem eine Person kommt.[3] In eine ähnliche Bedeutungsrichtung weist der für die Abstammung synonym verwendete Begriff der *Provenienz.* Hiermit ist der Ursprung, das Herkunftsland einer Person angesprochen.[4] Demgegenüber betreffen die Begriffe *Geblüt* oder *Genealogie* die Blutsverwandtschaft, die Geschlechterfolge einer Familie oder die Sippe[5] und damit genetische und biologische Faktoren. Unter dem Begriff der Abstammung wird im allgemeinsprachlichen Verständnis daher eine Vielzahl von Faktoren begriffen, die sowohl die genetische Verbindung oder die Blutsverwandtschaft einer Person erfassen, als auch die kulturelle, geographische oder soziale Verbundenheit einer Person im Sinne ihrer Herkunft ausdrücken. Die Bedeutung des Begriffs der Abstammung ist damit stark kontextabhängig. Fragt man beispielsweise nach dem geographischen Ursprung einer Person, unterliegen dem Begriff der Abstammung ganz andere Kriterien als bei der Frage nach ihrer Genealogie. Betrachtet man den Abstammungsbegriff ganz gezielt in dem hier interessierenden Kontext der Eltern-Kind-Zuordnung, so verengt sich die Begriffsbedeutung klar auf das genetische bzw. biologische Band zwischen Elternteil und Kind. In Wörterbüchern und Lexika wird diesbezüglich von einer „Herkunft aus ununterbrochener leiblicher Kindschaft",[6] einer „biologische[n] Herkunft",[7] oder „natürliche[n] Herkunft"[8] gesprochen. Die Verdichtung des Abstammungsbegriffs in diesem Kontext auf die Genetik und Biologie zeigt sich besonders deutlich an der Bedeutung des Verbums *abstammen,* worunter allgemeinsprachlich verstanden wird „der Nachfahre einer Person, eines Lebewesens [zu] sein".[9] Gleiches ergibt sich aus der Begriffsbedeutung des Wortes *Filiation.* Hierunter ist „die Abkunft einer Person von den leiblichen Eltern (Kindschaft)" zu verstehen.[10] Dem Begriff der Ab-

---

[2] Zu weiteren Wortbedeutungen des Wortes Geburt siehe Online-Wörterbuch von www.duden.de (zuletzt geprüft am 11.10.2016).

[3] Online-Wörterbuch von www.duden.de (zuletzt geprüft am 11.10.2016).

[4] Online-Wörterbuch von www.duden.de (zuletzt geprüft am 11.10.2016).

[5] Zu weiteren Wortbedeutungen des Wortes Genealogie siehe Online-Wörterbuch von www.duden.de (zuletzt geprüft am 11.10.2016).

[6] Brockhaus Enzyklopädie Online, https://uni-lmu-brockhaus-de.emedien.ub.uni-muenchen.de (zuletzt geprüft am 11.10.2016).

[7] *Tilch/Arloth,* Deutsches Rechts-Lexikon (Bd. 1 A–F), 2001.

[8] *Köbler/Pohl,* Deutsch-Deutsches Rechtswörterbuch, 1991.

[9] Online-Wörterbuch von www.duden.de (zuletzt geprüft am 11.10.2016); Deutscher Taschenbuch Verlag, dtv-Lexikon, Bd. 1, 1999, der auf die Herkunft aus ununterbrochener leiblicher Kindschaft abstellt.

[10] Brockhaus Enzyklopädie Online, https://uni-lmu-brockhaus-de.emedien.ub.uni-muenchen.de (zuletzt geprüft am 11.10.2016). Vgl. zur Bedeutung des Begriffes Ver-

stammung unterliegt daher im allgemeinsprachlichen Verständnis im Kontext der Eltern-Kind-Beziehung eine genetisch-biologische Determination. Mit Abstammung wird das genetische und/oder biologische Band beschrieben, das zwischen einem Elternteil und einem Kind besteht. Wird daher von der Abstammung eines Kindes von seinen Eltern gesprochen, ist nach allgemeinsprachlichem Verständnis die genetische und/oder biologische Abstammung gemeint.

Wie ist demgegenüber der Begriff der Elternschaft zu verstehen? Konsultiert man hierzu die einschlägigen Wörterbücher, so weisen diese – wenn der Begriff überhaupt aufscheint – folgende Bedeutungen für das Wort Elternschaft aus: „die Gesamtheit von Eltern, die (über ihre Kinder) ein gemeinsames Interesse verbindet" bzw. „das Elternsein".[11] Der Begriff der *Elternschaft* spricht letztlich einerseits die Eltern in ihrer personalen Gesamtheit an und begreift die Eltern damit als einheitliches Bezugsobjekt. Andererseits ist mit Elternschaft das Eltern*sein* und damit die tatsächliche und reale Ausübung bzw. Innehabung der Elternrolle gemeint. Als Eltern werden im allgemeinen Sprachgebrauch Vater und Mutter bezeichnet,[12] wobei eine genetische, biologische oder rechtliche Verbindung im allgemeinsprachlichen Verständnis des Begriffs nicht konstituierend ist.[13] Dies lässt sich beispielsweise an der Verwendung des Elternbegriffs in dem Kompositum *Pflegeeltern* sehen: Pflegeltern sind in der Regel weder die rechtlichen noch die genetischen/biologischen Eltern des Pflegekindes, werden aber dennoch allgemeinsprachlich als Elternteile bezeichnet. Ähnliches gilt für die Adoptiveltern, die in aller Regel nur rechtliche Eltern des Kindes sind.[14] Auch das Vorhandensein einer Vater- und Mutterperson ist, anders als dies die oben genannte Begriffsbedeutung zu erfordern scheint, nicht erforderlich, um von Eltern sprechen zu können. Im allgemeinen Sprachgebrauch wird der Elternbegriff beispielsweise auch bei gleichgeschlechtlichen Paaren verwandt, man spricht von gleichgeschlechtlicher Elternschaft.[15] Vielfach wird der Elternbegriff auch nur auf einen bestimmten Aspekt des Elternseins bezogen: Beispielsweise spricht man von

---

wandtschaft die Analyse bei *Jakoby,* (Wahl-)Verwandtschaft – Zur Erklärung verwandtschaftlichen Handelns, 2008, 19 ff.

[11] Online-Wörterbuch von www.duden.de (zuletzt geprüft am 11.10.2016); so schon die 2. Auflage des Universalwörterbuchs, *Drosdowski*/et al., Duden – Deutsches Universalwörterbuch, 1989.

[12] Online-Wörterbuch von www.duden.de (zuletzt geprüft am 11.10.2016); Brockhaus Enzyklopädie Online, https://uni-lmu-brockhaus-de.emedien.ub.uni-muenchen.de (zuletzt geprüft am 11.10.2016), wobei Brockhaus sich ausschließlich auf Vater und Mutter beschränkt.

[13] Brockhaus Enzyklopädie Online, https://uni-lmu-brockhaus-de.emedien.ub.uni-muenchen.de (zuletzt geprüft am 11.10.2016), zum pädagogischen Elternbegriff.

[14] Zum seltenen Fall der Karusselladoption *BGH,* Beschl. v. 15.1.2014 – XII ZB 443/13, NJW 2014, 934; *OLG Schleswig,* Beschl. v. 1.6.2015 – 12 UF 196/14, FamRZ 2015, 1985.

[15] Vgl. beispielhaft *Janisch,* Mutter, Mutter, Kind, Süddeutsche Zeitung, 16.6.2016, 5.

einem nur biologischen Elternteil, wenn der biologische, nicht rechtliche Vater i. S. d. § 1600 I Nr. 2 BGB genannt wird. Klassische Gametenspender (d. h. Samenspender bzw. Eizellenspenderin), die keine aktive Rolle im Leben des Kindes spielen, sind hingegen nur genetische Elternteile. Der Elternbegriff ist im allgemeinsprachlichen Verständnis daher sehr weit. Da die Elternrolle somit letztlich unabhängig davon ist, ob ein genetisches Band mit dem Kind besteht, oder ob die Elternperson tatsächlich rechtlicher Elternteil eines Kindes ist, ist das allgemeinsprachliche Verständnis von Elternschaft losgelöst von der Frage des Zuordnungsgrundes.[16] Als Eltern kann man damit all jene Personen begreifen, die mit einem Kind in einer besonderen Beziehung stehen, sei es durch eine genetische, biologische oder rechtliche Verbindung oder aufgrund der Tatsache, dass sie für ein Kind die tatsächliche Verantwortung tragen oder getragen haben.[17] Von einem Elternsein i. S. d. Elternschaft kann man also sprechen, wenn eine Person die Elternrolle, die ihr zukommt, tatsächlich wahrnimmt. Das bedeutet, dass ein Samenspender als nur genetischer Elternteil seine Elternrolle bereits durch die genetische Verbindung innehat, bei einem Pflegeelternteil aber nur dann ein Elternsein vorliegt, wenn die tatsächliche Verantwortung für das Kind getragen wird.

Abstammung und Elternschaft sind somit im allgemeinsprachlichen Verständnis nicht deckungsgleich, beide Begriffe beschreiben unterschiedliche Dinge. Festgehalten werden kann damit, dass im allgemeinsprachlichen Begriffsverständnis Abstammung das genetische oder biologische Band von Eltern und ihren Kindern bezeichnet, Elternschaft hingegen die Übernahme oder das Innehaben einer Elternrolle, sei es durch eine genetische, biologische und/oder rechtliche Verbindung bzw. durch die Übernahme und Tragung tatsächlicher Elternverantwortung.

II. Abstammungs- und Elternschaftsverhältnisse in der Gegenwart

Die vorausgehende Betrachtung des allgemeinen Sprachverständnisses von Abstammung und Elternschaft hat bereits einen Baustein zur Aufdeckung der Vorstellungen von Abstammung und Elternschaft unserer heutigen Gesellschaft geliefert. Im Folgenden wird nun ein weiterer untersucht, nämlich jener, wie Abstammungs- und Elternschaftsverhältnisse heute real gelebt werden und welche Vorstellungen die Gesellschaft davon hat, wie Abstammung und Elternschaft gelebt werden sollten.

---

[16] Insoweit stimmt der allgemeinsprachliche Begriff mit dem soziologischen Begriff der Elternschaft überein *Vaskovics* in: Schwab/Vaskovics (Hrsg.), Pluralisierung von Elternschaft und Kindschaft, 2011, 11, 13.

[17] Vgl. zum hiervon abweichenden Elternverständnis des Deutschen Ethikrats, Deutscher Ethikrat, Embryospende, Embryoadoption und elterliche Verantwortung, 2016, 79 ff.

1. Familialer Wandel

Der zentrale Ort, an dem Kinder aufwachsen, ist auch heute noch die Familie.[18] Damit erlangen Abstammung und Elternschaft im familialen Kontext besondere Relevanz. Familien sichern ganz wesentlich den Fortbestand unserer Gesellschaft.[19] Wir begreifen sie heute als eine vom Staat und staatlicher Intervention weitgehend befreite private Einheit.[20] Zu beachten ist, dass es nicht eine einzige Konzeption von Familie gibt. Familie, Familienformen und Vorstellungen von Familienleben sind stark abhängig von vielgestaltigen inneren und äußeren Faktoren des gesellschaftlichen Lebens. Konsequenterweise wandeln sich mit gesellschaftlichen Veränderungen auch Konzepte von Familie. Familialer Wandel ist damit nicht ungewöhnlich. Er gehört zu den Alltäglichkeiten unseres Seins.

a) Funktionswandel der Familie

Die Familie hat über die vergangenen Jahrhunderte vor allem einen Funktionswandel erfahren.[21] Zeichnete sich Familie früher insbesondere durch die Einheit von Produktions- und Familienleben aus (d.h. die Familienmitglieder – zu denen auch die Hausbediensteten zählten[22] – trugen gemeinschaftlich zur Erwirtschaftung des Lebensunterhalts bei, die Schul- und Berufsausbildung erfolgten innerhalb der Familie), sind viele Aspekte des Erwerbs- und Familienlebens heute entkoppelt.[23] Die Familie ist zwar immer noch die primäre Sozialisations- und Erziehungsinstanz,[24] die Schulausbildung wird aber beispielsweise durch den Staat, die Berufsausbildung nur noch selten in der Familie geleistet. Auch der Lebensunterhalt wird meist nicht mehr gemeinschaftlich in der Familie, sondern durch vielgestaltige Berufstätigkeit der Familienmitglieder außerhalb der Familie

---

[18] *Andresen/Hurrelmann,* Kindheit, 2010, 79.

[19] *Nave-Herz* in: Böllert/Peter (Hrsg.), Mutter + Vater = Eltern?, 2012, 33, 36.

[20] *Gernhuber/Coester-Waltjen,* Familienrecht, 2010, 622. Zur Kollision dieses Grundverständnisses mit staatlichen Schutzaufgaben siehe etwa *Steinvorth* in: Götz/Schwenzer/Seelmann u. a. (Hrsg.), Familie – Recht – Ethik, 2014, 791, 793 f.

[21] Siehe zur Entwicklung der Familie und zum Funktionswandel auch *Schelsky,* Wandlungen der deutschen Familie in der Gegenwart, 1953, 9 ff.; *Peuckert,* Familienformen im sozialen Wandel, 2012 m.w.N.; eingehend auch *Gernhuber/Coester-Waltjen,* Familienrecht, 2010, 4 f. Mit Blick auf Verwandtschaftsbeziehungen allgemein siehe *Jakoby,* (Wahl-)Verwandtschaft – Zur Erklärung verwandtschaftlichen Handelns, 2008, 99 ff.

[22] Vgl. so bereits bei Aristoteles, Politik – Herausgegeben von Christian Garve und Georg Gustav Füllleborn, 1799, vgl. *Pellegrin* in: Höffe (Hrsg.), Aristoteles – Politik, 2011, 29; dazu auch *Auer,* 216 AcP (2016) 239, 259.

[23] *Andresen/Hurrelmann,* Kindheit, 2010, 14; *Lipp* in: Schwab/Vaskovics (Hrsg.), Pluralisierung von Elternschaft und Kindschaft, 2011, 119, 122 f.; *Peuckert,* Familienformen im sozialen Wandel, 2012, 13.

[24] *Andresen/Hurrelmann,* Kindheit, 2010, 79. Zu den unterschiedlichen Funktionsschwerpunkten bei Kant und Hegel *Steinvorth* in: Götz/Schwenzer/Seelmann u. a. (Hrsg.), Familie – Recht – Ethik, 2014, 791, 792.

erworben. Auch Hausbedienstete zählen schon längst nicht mehr zum Regelfall. Die Familie wandelt sich daher funktional immer mehr zu einer Intimgruppe, in der das Familienleben, die Beziehungen der Familienmitglieder zueinander, das Private und die Bedürfnisse des Individuums im Mittelpunkt stehen.[25]

b) Wandel familialer Lebensformen

Gleichzeitig ist mit dem Funktionswandel der Familie auch ein Wandel familialer Lebensformen einhergegangen.[26] Das Ideal der Kernfamilie[27] bestehend aus verheirateten Ehegatten mit genetisch von diesen abstammenden Kindern, das sich erst spät im 19. Jahrhundert mit dem Einsetzen der Industrialisierung entwickelt hat,[28] wird heute durch eine Vielzahl weiterer familialer Lebensformen ergänzt.[29] Familien sind heute höchst divers zusammengesetzt, man spricht insoweit von einer Pluralisierung der Familienformen[30]: Familien organisieren sich neben dem klassischen Modell der Ehe in nichtehelichen Lebensgemeinschaften, (registrierten) gleichgeschlechtlichen Partnerschaften mit und ohne (eigene/adoptierte/durch Leihmütter ausgetragene/mittels Samen- bzw. Eizellenspende gezeugte) Kinder oder in (alleinerziehenden) Singlehaushalten.[31] Familien werden heute konsensorientierter gegründet und auch wieder konsensorientierter aufgelöst,[32] was der allgemeinen Entwicklung der Familie zur Intimgruppe entspricht. Der beschriebene Wandel resultiert somit aus einer stärkeren

---

[25] *Peuckert,* Familienformen im sozialen Wandel, 2012, 14; *Gernhuber/Coester-Waltjen,* Familienrecht, 2010, 5. Zu weiteren Aspekten des Funktionswandels siehe *Nave-Herz* in: Böllert/Peter (Hrsg.), Mutter + Vater = Eltern?, 2012, 33, 34 f.

[26] Der soziologische Begriff der Lebensform beschreibt relativ stabile Beziehungsmuster der Bevölkerung im privaten Bereich, vgl. *Peuckert,* Familienformen im sozialen Wandel, 2012, 20.

[27] Auch klassische Kleinfamilie genannt.

[28] Dazu eingehend *Peuckert,* Familienformen im sozialen Wandel, 2012, 12 f.

[29] Auch historisch gesehen ist die Vielfalt der Familienformen daher der „Normalfall" Rat der Evangelischen Kirche in Deutschland (EKD), Zwischen Autonomie und Angewiesenheit, 2013, 11; *Beck-Gernsheim,* Was kommt nach der Familie?, 2010, 29 f. Aufgrund hoher Sterblichkeit gab es früher auch viele Ein-Eltern-, Stief- und Patchwork-Familien, vgl. *Nave-Herz* in: Böllert/Peter (Hrsg.), Mutter + Vater = Eltern?, 2012, 33, 39 f.

[30] *Peuckert,* Familienformen im sozialen Wandel, 2012, 34; *Andresen/Hurrelmann,* Kindheit, 2010, 80 f.; *Schneider/Diabaté/Lück,* Studie der Konrad Adenauer Stiftung: Familienleitbilder in Deutschland, 2014, 30.

[31] *Beck-Gernsheim,* Was kommt nach der Familie?, 2010, 18–21; *Bernard,* StAZ 2013, 136, 139; zu Zahlenwerten vgl. *Eggen/Rupp* in: Rupp (Hrsg.), Partnerschaft und Elternschaft bei gleichgeschlechtlichen Paaren, 2011, 23, 27; *Rauscher,* Familienrecht, 2008, 11–24 sowie zu aktuellen Werten www.destatis.de.

[32] *Gernhuber/Coester-Waltjen,* Familienrecht, 2010, 5. Einen Überblick über die Entwicklung bieten *Dechant/Schreyer/Rost, Staatsinstitut für Familienforschung an der Universität Bamberg (ifb),* Familienleben und Familienformen nach Trennung und Scheidung – Zwischenbericht, ifb-Materialien 2-2015, 2015, 6 ff.

Intimisierung und Individualisierung der Familie und einer Konzentration auf die Wünsche und Bedürfnisse der einzelnen Familienmitglieder. Es kommt heute mehr auf das persönliche Glück sowie die Selbstverwirklichung des Einzelnen und weniger auf wirtschaftliche Notwendigkeiten an, so dass sich auch die Wahl der Familienform an den Prioritäten der Partner orientiert und konsensbasiert erfolgt.[33] Gleichzeitig beeinflusst auch der medizinische Fortschritt das Auftreten neuer Lebensformen. Die gemeinschaftliche Elternschaft für gleichgeschlechtliche weibliche Paare wurde beispielsweise erst durch die Entwicklung der medizinisch-assistierten Reproduktion möglich.[34] Charakteristisch auch für moderne Familienformen ist, dass sich diese wie auch die Ehe durch eine dauerhafte und verbindliche Verantwortungsübernahme füreinander auszeichnen.[35]

aa) Kernfamilie verheirateter Eltern

Kinder werden auch heute noch am häufigsten in Kernfamilien verheirateter Eltern groß.[36] Die Ehe ist trotz gestiegener Scheidungszahlen immer noch die am häufigsten gewählte Familienform.[37] Veranschaulichen lässt sich dies anhand der Mikrozensusdaten des Statistischen Bundesamtes im Zeitvergleich. Im April 1996 wurden in der Bundesrepublik vom Statistischen Bundesamt ca. 21,4 Millionen Paarbeziehungen registriert. Ca. 19,6 Millionen hiervon waren Ehepaare, nur 9 Millionen davon ohne Kinder.[38] Von den 9,4 Millionen Familien mit minderjährigen Kindern, die 1996 erfasst wurden, waren 7,6 Millionen Familien mit verheirateten Eltern.[39] Im Vergleich hierzu ist die Zahl der registrierten Paarbeziehungen im Jahr 2015 zwar auf 20,4 Millionen etwas gesunken. Der größte Anteil hiervon besteht allerdings immer noch aus Ehepaaren (17,5 Millionen).[40] Ebenso machen Ehepaare unter den Familien mit minderjährigen Kindern noch den größten Anteil aus: Von insgesamt 8 Millionen Familien mit minderjährigen

---

[33] *Peuckert,* Familienformen im sozialen Wandel, 2012, 673.

[34] *Beck-Gernsheim,* Was kommt nach der Familie?, 2010, 20. Hierzu auch *Spranger,* FamRZ 2017, 257 ff.

[35] Peter Dabrock, Vorsitzender des Deutschen Ethikrates, im Interview mit der SZ, *Zinkant,* Hat Gott in der Petrischale Platz?, Süddeutsche Zeitung, 31.10.2016, 18.

[36] Zur Einordnung der Kernfamilie in das System der Verwandtschaftsbeziehungen allgemein siehe *Jakoby,* (Wahl-)Verwandtschaft – Zur Erklärung verwandtschaftlichen Handelns, 2008, 35 ff.

[37] *Andresen/Hurrelmann,* Kindheit, 2010, 81 m.w.N.; *Feldhaus/Huinink* in: Schwab/Vaskovics (Hrsg.), Pluralisierung von Elternschaft und Kindschaft, 2011, 77, 88.

[38] Vgl. https://www.destatis.de/DE/ZahlenFakten/GesellschaftStaat/Bevoelkerung/HaushalteFamilien/Tabellen/3_3_LR_Paarformen.html (zuletzt geprüft am 2.11.2016).

[39] Vgl. https://www.destatis.de/DE/ZahlenFakten/GesellschaftStaat/Bevoelkerung/HaushalteFamilien/Tabellen/2_3_LR_Familien.html (zuletzt geprüft am 2.11.2016).

[40] Vgl. https://www.destatis.de/DE/ZahlenFakten/GesellschaftStaat/Bevoelkerung/HaushalteFamilien/Tabellen/3_3_LR_Paarformen.html (zuletzt geprüft am 2.11.2016).

Kindern waren 5,5 Millionen Familien mit verheirateten Eltern.[41] Damit wächst der Großteil der Kinder trotz familialen Wandels immer noch in der Kernfamilie verheirateter Eltern auf,[42] auch wenn sich die Rollenverteilung innerhalb der Familie – weg von der Alleinverdienerehe hin zu mehr Erwerbsbeteiligung der Frau und zu mehr Erziehungsbeteiligung des Mannes – gewandelt hat.[43]

Auch in anderen Staaten lässt sich diese Entwicklung aufzeigen: Ehepaare mit minderjährigen Kindern machen den Großteil der Familien mit minderjährigen Kindern etwa in England und Wales,[44] Österreich[45] oder den Niederlanden[46] aus. Die Ergebnisse liegen im europäischen Gesamtbild. Beim Bevölkerungszensus 2011 durch Eurostat machte die Zahl der Ehegatten, die mit ihren unter 25-jährigen Kindern in einem gemeinsamen Haushalt wohnen mit 46 Millionen den größten Teil der Familien mit Kindern im Alter von unter 25 Jahren aus.[47] Damit kann auch mit Blick auf die Europäische Union gesagt werden, dass der Großteil minderjähriger Kinder in Kernfamilien verheirateter Eltern aufwächst.

bb) Kernfamilie nichtehelicher, verschiedengeschlechtlicher Lebenspartner

Das Modell der Kernfamilie ist aber heute nicht mehr zwingend an die Eheschließung gebunden.[48] Kinder wachsen heute vielfach in einer nichtehelichen Partnerschaft mit Mutter und Vater auf. Der Mikrozensus weist im April 1996

---

[41] Vgl. https://www.destatis.de/DE/ZahlenFakten/GesellschaftStaat/Bevoelkerung/HaushalteFamilien/Tabellen/2_3_LR_Familien.html (zuletzt geprüft am 2.11.2016).

[42] *Alt/Lange* in: Schwab/Vaskovics (Hrsg.), Pluralisierung von Elternschaft und Kindschaft, 2011, 139, 146.

[43] *Schneider/Diabaté/Lück,* Studie der Konrad Adenauer Stiftung: Familienleitbilder in Deutschland, 2014, 5, 20.

[44] Office for National Statistics, Statistical Bulletin: Families and Households 2015, 2015, 5 (1996 waren von 7,39 Millionen Familien mit minderjährigen Kindern 5,2 Millionen Familien mit verheirateten Eltern. Im Jahr 2015 waren von insgesamt 7,9 Millionen Familien mit minderjährigen Kindern immerhin noch 4,7 Millionen Familien mit verheirateten Eltern).

[45] Bundesamt für Statistik, Familien 1985–2015, http://www.statistik.at/web_de/statistiken/menschen_und_gesellschaft/bevoelkerung/haushalte_familien_lebensformen/familien/index.html (1995 waren von insgesamt einer Millionen Familien mit minderjährigen oder noch nicht auf wirtschaftlich eigenen Füßen stehenden Kindern im Haushalt 865.000 Familien mit verheirateten Eltern. Im Jahr 2015 waren bei circa gleichbleibender Zahl von Familien mit minderjährigen Kindern immerhin noch 712.000 Familien mit verheirateten Eltern; zuletzt geprüft am 3.11.2016).

[46] Centraal Bureau voor de Statistiek, http://statline.cbs.nl/Statweb/publication/?DM=SLNL&PA=71487NED&D1=0,4,8,12&D2=0-6&D3=0&D4=a&VW=T (von 2,5 Millionen Haushalten mit minderjährigen Kindern waren im Jahr 2015 1,6 Millionen Ehepaare; zuletzt geprüft am 3.11.2016).

[47] Eurostat-Datenbank, http://ec.europa.eu/eurostat/de/data/database (zuletzt geprüft am 4.11.2016).

[48] *Beck-Gernsheim,* Was kommt nach der Familie?, 2010, 19; *Peuckert,* Familienformen im sozialen Wandel, 2012, 23 f.

noch 1,8 Millionen nichteheliche Lebenspartnerschaften aus. Im Jahr 2015 ist die Zahl auf 2,8 Millionen angestiegen.[49] Soziologische Untersuchungen belegen, dass bei der Mehrheit der Personen, die in dieser Familienform leben, ein übereinstimmender Kinderwunsch besteht.[50] Dieser Befund spiegelt sich auch in den statistischen Zahlen wider: Im Jahr 1996 waren unter den Familien mit minderjährigen Kindern 449.000 Familien mit Eltern, die in einer nichtehelichen Lebensgemeinschaft lebten. Die Zahlen steigen. Im Jahr 2015 weist der Mikrozensus bereits 836.000 Familien aus.[51] Bei jeder dritten Geburt in Deutschland sind die Eltern heute nicht verheiratet.[52] Dies bedeutet eine Verdoppelung in den letzten 25 Jahren.[53]

Eine steigende Zahl von nichtehelichen Lebensgemeinschaften mit minderjährigen Kindern lässt sich auch in vielen anderen Ländern verzeichnen, etwa in England und Wales,[54] in Österreich,[55] in den Niederlanden[56] oder in Frankreich.[57] Auch beim Bevölkerungszensus 2011 von Eurostat ist ein großer Anteil von nichtehelichen Lebenspartnerschaften mit Kindern unter 25 Jahren registriert worden. Insgesamt 7,9 Millionen Familien wies der Zensus insoweit aus.[58]

---

[49] https://www.destatis.de/DE/ZahlenFakten/GesellschaftStaat/Bevoelkerung/Haus halteFamilien/Tabellen/3_3_LR_Paarformen.html (zuletzt geprüft am 2.11.2016).

[50] *Vaskovics/Rupp,* Partnerschaftskarrieren, 1995, 58.

[51] https://www.destatis.de/DE/ZahlenFakten/GesellschaftStaat/Bevoelkerung/Haus halteFamilien/Tabellen/2_3_LR_Familien.html (zuletzt geprüft am 3.11.2016).

[52] Statistisches Bundesamt, Pressemitteilung vom 19.12.2016 – 461/16, www.des tatis.de (zuletzt geprüft am 10.02.2017).

[53] Statistisches Bundesamt, Pressemitteilung vom 19.12.2016 – 461/16, www.des tatis.de (zuletzt geprüft am 10.02.2017).

[54] Office for National Statistics, Statistical Bulletin: Families and Households 2015, 2015, 5 (im Jahre 1996 wurden 539.000 nichteheliche Paare mit minderjährigen Kindern statistisch erfasst, 2015 sind es bereits 1,2 Millionen).

[55] Bundesanstalt für Statistik, Pressemitteilung 11.242-053/16, abrufbar unter http:// www.statistik.at/web_de/statistiken/menschen_und_gesellschaft/bevoelkerung/haushalte_ familien_lebensformen/lebensformen/107362.html (hier stieg die Zahl der nichtehelichen Lebensgemeinschaften mit minderjährigen Kindern von 27.000 im Jahr 1985 auf 163.000 im Jahr 2014 an; zuletzt geprüft am 3.11.2016).

[56] Cetraal Bureau voor de Statistiek, http://statline.cbs.nl/Statweb/publication/ ?DM=SLNL&PA=71487NED&D1=0,4,8,12&D2=0-6&D3=0&D4=a&VW=T (hier lebten im Jahr 2001 noch 178.392 nichteheliche Lebenspartner mit minderjährigen Kindern in einem Haushalt, im Jahr 2015 waren es bereits 403.515; zuletzt geprüft am 3.11.2016).

[57] Institut national de la statistique et des études économiques, Proportion de nés vivants selon la situation matrimoniale des parents et conception prénuptiale ou postnuptiale, abrufbar unter http://www.insee.fr/fr/themes/detail.asp?reg_id=0&ref_id=ir-irsocsd20151#IRSOCSD20151_SERIE (im Jahr 2015 kamen 57,9 % der geborenen Kinder außerhalb einer Ehe zur Welt, 42,1 % wurden hingegen in eine Ehe hineingeboren. 1996 lag die Zahl der in eine Ehe geborenen Kinder noch über 60 %, lediglich 38 % kamen außerhalb einer Ehe zur Welt; zuletzt geprüft am 3.11.2016).

[58] Eurostat-Datenbank, http://ec.europa.eu/eurostat/de/data/database (zuletzt geprüft am 4.11.2016).

Auch wenn die statistischen Befunde eine stetig steigende Zahl von Kindern in nichtehelichen Lebensgemeinschaften belegen, treffen sie jedoch keine Aussage dazu, wie sich die Paarbeziehung der Eltern künftig entwickeln wird. Nicht gesagt ist daher, dass Kinder, die in eine nichteheliche Lebensgemeinschaft hineingeboren werden, auch dauerhaft Kinder unverheirateter Eltern bleiben. Eine soziologische Untersuchung zu den Partnerschaftsentwicklungen in Deutschland lebender nichtehelicher Paare hat diesbezüglich gezeigt, dass die nichteheliche Lebenspartnerschaft nur von den Wenigsten als eine echte Alternative zur Ehe angesehen wird.[59] Nichteheliche Lebenspartner stehen der Eheschließung in der Regel alles andere als verschlossen gegenüber. Viele sehen die nichteheliche Partnerschaft als eine Erprobungsphase oder etwa eine Vorstufe oder Übergangsphase zur Ehe.[60] Teils wird die Eingehung der Ehe sogar als Voraussetzung für die gemeinsame Elternschaft angesehen.[61] Festgestellt wurde in der genannten Studie zudem, dass die Heiratsbereitschaft bei Partnern einer nichtehelichen Lebensgemeinschaft sogar steigt, wenn die Kinderplanung nahe rückt.[62] In einer Langzeitbetrachtung zu nichtehelichen Lebensgemeinschaften hatten 9 von 10 Elternpaaren letztlich die Ehe geschlossen.[63] Damit wachsen Kinder, die in nichteheliche Lebenspartnerschaften hineingeboren werden, in der Regel doch nach dem o. g. „Normalitätsentwurf" der Kernfamilie verheirateter Eltern auf, auch wenn sich die Eheschließung der Eltern zeitlich nach hinten verschiebt und man somit von einem „zeitlich gestreckten Normalitätsentwurf" sprechen muss.

Es bleibt allerdings auch zu beachten, dass die Lebensform der nichtehelichen Lebenspartnerschaft eine höhere Instabilität aufweist als die Ehe. Die Trennungshäufigkeit ist bei nichtehelichen Lebenspartnern in den ersten sechs Jahren dreimal höher als bei verheirateten Paaren,[64] was mitunter an den geringeren formalen Trennungshürden durch geringere Verrechtlichung und häufig praktizierte Trennung der Vermögensmassen liegen dürfte. Mit einer gesteigerten Trennungshäufigkeit steigt auch die Wahrscheinlichkeit dessen, dass die in eine solche Verbindung geborenen oder zumindest innerhalb einer solchen Verbindung gezeugten Kinder nicht dauerhaft in dieser Partnerschaft aufwachsen werden. Die o. g. Untersuchungen zeigen allerdings, dass nichteheliche Lebenspartner mit Kindern in der großen Zahl der Fälle letztlich die Ehe eingehen,[65] nichteheliche Lebens-

---

[59] *Vaskovics/Rupp,* Partnerschaftskarrieren, 1995, 68 (nur ca. 10 % sehen dies so).

[60] *Vaskovics/Rupp,* Partnerschaftskarrieren, 1995, 17, 30 f., siehe ferner 67 ff. zu Typisierungen der nichtehelichen Lebenspartnerschaft; *Peuckert,* Familienformen im sozialen Wandel, 2012, 96 ff.

[61] *Vaskovics/Rupp,* Partnerschaftskarrieren, 1995, 62 (dies galt bei 1/3 der befragten Paare).

[62] *Vaskovics/Rupp,* Partnerschaftskarrieren, 1995, 65.

[63] *Vaskovics/Rupp,* Partnerschaftskarrieren, 1995, 185.

[64] *Peuckert,* Familienformen im sozialen Wandel, 2012, 121.

[65] So die vorgenannte Studie sowie *Vaskovics/Rupp,* Partnerschaftskarrieren, 1995, 110 f.

partnerschaften mit Kindern scheinen somit stabiler zu sein als Lebenspartnerschaften ohne Kinder.

Ferner sind Partnerschaften (egal ob mit oder ohne Trauschein) heute nicht mehr streng mit einem Ort verbunden. Vielfach gibt es sogar nicht einmal einen gemeinsamen Haushalt. Ehen aber auch nichteheliche Partnerschaften können daher auch in der Form des sog. *living apart together* auftreten.[66] Kinder leben auch in diesen Paarbeziehungen. Eine genaue statistische Erfassung ist allerdings nicht möglich, da die entsprechenden Kriterien im Zensus nicht abgefragt werden.[67]

Dieser kurze Blick auf Konzeptionen der Kernfamilie hat jedoch gezeigt, dass den Erscheinungsformen in der Lebenswirklichkeit nahezu keine Grenzen gesetzt sind. Familienformen sind heute komplexer geworden, was sich bereits an der Kernfamilie abzeichnet.[68]

cc) Alleinerziehende

Eine weitere Lebensform, die in der heutigen Zeit vermehrt gelebt wird, ist die der alleinerziehenden Elternschaft, d.h. das Zusammenleben eines Elternteils mit seinem Kind in einem gemeinsamen Haushalt.[69] Der Anteil Alleinerziehender an den Familien mit minderjährigen Kindern steigt stetig an.[70] Betrug der Anteil Alleinerziehender in Deutschland 1996 noch knapp 13,82 % (1.3 Mio. Familien),[71] ist er bis 2015 bereits auf 20,46 % (1.6 Mio. Familien) gestiegen.[72] Damit leben Kinder heute immer häufiger mit nur einem Elternteil, der in 90 % der Fälle die Mutter ist,[73] zusammen. Das ist nicht marginal, auch wenn in Deutsch-

---

[66] *Beck-Gernsheim,* Was kommt nach der Familie?, 2010, 19; *Peuckert,* Familienformen im sozialen Wandel, 2012, 131 ff.

[67] *Eggen/Rupp* in: Rupp (Hrsg.), Partnerschaft und Elternschaft bei gleichgeschlechtlichen Paaren, 2011, 23, 25.

[68] Zu Stiefkindkonstellationen siehe *Vaskovics/Rupp,* Partnerschaftskarrieren, 1995, 11 ff. sowie sogleich eingehend unten.

[69] Vgl. die amtliche Statistik https://www.destatis.de/DE/ZahlenFakten/GesellschaftStaat/Bevoelkerung/HaushalteFamilien/Tabellen/2_3_LR_Familien.html (zuletzt geprüft am 2.11.2016), vgl. so auch *Achatz,* NZFam 2016, 213; *Lois/Kopp* in: Schwab/Vaskovics (Hrsg.), Pluralisierung von Elternschaft und Kindschaft, 2011, 59, 60. Zum Fehlen einer allgemeinen Begriffsdefinition und zur fehlenden Berücksichtigung sorgerechtlicher Regelungen *Achatz,* NZFam 2016, 213.

[70] Vgl. zur Lebensform eingehend *Schneider,* Alleinerziehen – Vielfalt und Dynamik einer Lebensform, 2001.

[71] Vgl. *Achatz,* NZFam 2016, 213; bei 9,4 Millionen Familien mit minderjährigen Kindern, vgl. https://www.destatis.de/DE/ZahlenFakten/GesellschaftStaat/Bevoelkerung/HaushalteFamilien/Tabellen/2_8_LR_Familien.html (zuletzt geprüft am 2.11.2016).

[72] Vgl. https://www.destatis.de/DE/ZahlenFakten/GesellschaftStaat/Bevoelkerung/HaushalteFamilien/Tabellen/2_8_LR_Familien.html (zuletzt geprüft am 2.11.2016). Zu 2014 *Achatz,* NZFam 2016, 213.

land in der überwiegenden Zahl der alleinerziehenden Familien lediglich ein Kind lebt.[74] Auch in anderen Ländern in Europa, etwa in England und Wales,[75] den Niederlanden[76] oder in Frankreich[77] ist dieser Trend zu verzeichnen. Es gibt jedoch auch gegenläufige Entwicklungen: In Österreich ist die Zahl Alleinerziehender beispielsweise seit 2014 leicht rückläufig.[78] Die Ursache für die steigende Zahl Alleinerziehender sehen Soziologen vor allem in den gestiegenen Scheidungszahlen[79] und in der Instabilität der heute öfter als Familienform gewählten nichtehelichen Lebensgemeinschaft.[80] Diese Einschätzung bestätigt ein Blick auf die Zusammensetzung dieser Familienform. Der Hauptanteil der Alleinerziehenden besteht aus geschiedenen oder von ihrem Ehepartner getrennt lebenden Personen (54,5 %).[81] Nur ein geringer Anteil ist verwitwet (5,1 %).[82] Ein gegenüber 1996 (28,1 %) deutlich angestiegener Teil (40 %) der Alleinerziehenden ist heute ledig.[83] Die Mehrheit der Kinder, die heute in dieser Lebensform leben, ist daher in einer Ehe geboren worden, die im Anschluss geschieden wurde. Darüber hinaus ist ein nicht unerheblicher Anteil der Kinder außerhalb einer Ehe geboren worden, was die hohe Zahl lediger Eltern belegt.

---

[73] BMFSFJ, Lebenswelten und -wirklichkeiten von Alleinerziehenden, www.bmfsfj.de, 2; vgk. *Achatz*, NZFam 2016, 213, 214; *Lenze/Funke*, Alleinerziehende unter Druck, http://www.bertelsmann-stiftung.de/fileadmin/files/Projekte/Familie_und_Bildung/Stu die_WB_Alleinerziehende_Aktualisierung_2016.pdf, 6. Das ist ein europaweiter Befund, vgl. Eurostat-Datenbank, http://ec.europa.eu/eurostat/de/data/database (zuletzt geprüft am 4.11.2016).

[74] https://www.destatis.de/DE/ZahlenFakten/GesellschaftStaat/Bevoelkerung/Haus halteFamilien/Tabellen/FamilienKindern.html (zuletzt geprüft am 2.11.2016).

[75] Office for National Statistics, Statistical Bulletin: Families and Households 2015, 2015, 5.

[76] Centraal Bureau voor de Statistiek, http://statline.cbs.nl/Statweb/publication/? DM=SLNL&PA=71487NED&D1=0,4,8,12&D2=0-6&D3=0&D4=a&VW=T (zuletzt geprüft am 3.11.2016).

[77] Institut national de la statistique et des études économiques, Ménages – Familles, http://www.insee.fr/fr/themes/document.asp?reg_id=0&ref_id=T16F034 (zuletzt geprüft am 3.11.2016).

[78] Bundesamt für Statistik, http://www.statistik.at/web_de/statistiken/menschen_ und_gesellschaft/bevoelkerung/haushalte_familien_lebensformen/familien/index.html (zuletzt geprüft am 3.11.2016).

[79] So etwa *Achatz*, NZFam 2016, 213; *Dechant/Schreyer/Rost*, Staatsinstitut für Familienforschung an der Universität Bamberg (ifb), Familienleben und Familienformen nach Trennung und Scheidung – Zwischenbericht, ifb-Materialien 2-2015, 2015, 9.

[80] *Dechant/Schreyer/Rost*, Staatsinstitut für Familienforschung an der Universität Bamberg (ifb), Familienleben und Familienformen nach Trennung und Scheidung – Zwischenbericht, ifb-Materialien 2-2015, 2015, 9.

[81] *Achatz*, NZFam 2016, 213; vgl. zu Zahlen im Überblick https://www.destatis.de/ DE/ZahlenFakten/GesellschaftStaat/Bevoelkerung/HaushalteFamilien/Tabellen/2_3_LR _Familien.html (zuletzt geprüft am 2.11.2016); vgl. außerdem *Lois/Kopp* in: Schwab/ Vaskovics (Hrsg.), Pluralisierung von Elternschaft und Kindschaft, 2011, 59, 62.

[82] *Achatz*, NZFam 2016, 213.

[83] *Achatz*, NZFam 2016, 213.

Die statistisch steigende Zahl von alleinerziehenden Eltern berechtigt aller-dings nicht zu dem Schluss, dass Kinder in dieser Familienform dauerhaft auf-wachsen werden. Alleinerziehen ist in aller Regel kein bewusst gewählter Le-bensentwurf. Das sieht man einerseits an dem hohen Anteil Geschiedener unter den alleinerziehenden Eltern, der darauf hindeutet, dass die Lebensform in der Regel nicht von vornherein geplant ist.[84] Des Weiteren sieht man dies deutlich, wenn man die Dynamik der Lebensform im Zeitverlauf näher betrachtet. Der Status als Alleinerziehender ist meist nur vorübergehend. Alleinerziehende neh-men meist nach einiger Zeit eine neue Beziehung auf.[85] Einer Studie zu Folge lebt ein alleinerziehender Elternteil in der Regel fünf Jahre nach dem Beginn des Alleinerziehens mit einem neuen Partner zusammen,[86] wobei geschiedene Perso-nen sich für diesen Schritt mehr Zeit nehmen als ledige Alleinerziehende.[87] Dass ein Kind planmäßig nur mit einem Elternteil aufwächst, ist daher eher die Aus-nahme.[88] Zur Situation der Stieffamilie sogleich mehr.

dd) Gleichgeschlechtliche Familien

Eine relativ junge Familienform, die sich erst in der jüngeren Vergangenheit parallel zur Anerkennung gleichgeschlechtlicher Paarbeziehungen entwickelt hat, sind gleichgeschlechtliche Familien.[89] Der Mikrozensus weist für Deutschland im Jahr 2014 ca. 87.000 gleichgeschlechtliche Lebensgemeinschaften aus, wovon die Mehrzahl (54%) von Männern geführt wurde und etwa 41% eingetragene Lebenspartnerschaften i. S. d. LPartG sind.[90] Auch bei den nach dem LPartG ein-getragenen Lebenspartnerschaften machen männliche Partnerschaften den größe-ren Anteil aus.[91] Im Jahr 2015 ist die Zahl der gleichgeschlechtlichen Lebensge-

---

[84] *Achatz,* NZFam 2016, 213.

[85] *Achatz,* NZFam 2016, 213, 214. Das gilt für partnerlose Personen ganz allgemein, vgl. *Peuckert,* Familienformen im sozialen Wandel, 2012, 92 ff.

[86] *Achatz,* NZFam 2016, 213, 214.

[87] *Achatz,* NZFam 2016, 213, 214. Ähnliche Ergebnisse finden sich ganz allgemein in Untersuchungen zu heterosexuellen nichtehelichen Lebensgemeinschaften *Vaskovics/ Rupp,* Partnerschaftskarrieren, 1995, 188; vgl. zu ähnlichen Ergebnissen auch *Dechant/ Schreyer/Rost,* Staatsinstitut für Familienforschung an der Universität Bamberg (ifb), Familienleben und Familienformen nach Trennung und Scheidung – Zwischenbericht, ifb-Materialien 2-2015, 2015, 82.

[88] Zur Elternschaft alleinerziehender Mütter mittels medizinisch-assistierter Repro-duktion siehe eingehend *Reuß,* StAZ 2016, 353.

[89] Auch Regenbogenfamilien genannt.

[90] Statistisches Bundesamt/Wissenschaftszentrum Berlin für Sozialforschung, Fami-lie, Lebensformen und Kinder – Auszug aus dem Datenreport 2016, 2016, 46; vgl. zur Thematik auch *Banens* in: Rupp/Kapella/Schneider (Hrsg.), Die Zukunft der Familie, 2014, 203.

[91] *Eggen/Rupp* in: Rupp (Hrsg.), Partnerschaft und Elternschaft bei gleichgeschlecht-lichen Paaren, 2011, 23, 29.

meinschaften sogar auf 94.000 gestiegen,[92] ihr Anteil nimmt im Zeitvergleich somit ständig zu. Die soziologische Forschung geht jedoch real von deutlich höheren Zahlen aus. Da Angaben zur sexuellen Orientierung im Mikrozensus freiwillig sind, spiegelt der Mikrozensus die Realität sehr wahrscheinlich nicht korrekt wider.[93] Die Daten des Mikrozensus können daher nur einen Anhaltspunkt darstellen, um die tatsächliche Situation zu erfassen. Gleiches gilt für die Zahl der Kinder, die in gleichgeschlechtlichen Paarbeziehungen aufwachsen. Auch sie lässt sich nach dem Mikrozensus nicht genau bestimmen und kann daher nur als Minimalgrenze herangezogen werden.[94] 2008 lebten laut Mikrozensus ca. 7.200 Kinder in gleichgeschlechtlichen Lebensgemeinschaften, wobei die soziologische Forschung die genaue Zahl (um eine geschätzte Dunkelziffer bereinigt) bei etwa 18.000 Kindern ansetzt.[95] 2015 weist bereits der Mikrozensus rund 10.000 Kinder aus.[96] Nimmt man auch hier eine Bereinigung vor, lebten 2015 über 20.000 Kinder in gleichgeschlechtlichen Lebensgemeinschaften. Wie viele Kinder letztlich in faktischen Paarbeziehungen bzw. eingetragenen Lebenspartnerschaften groß werden, lässt sich aufgrund der bestehenden statistischen Ungenauigkeiten ebenfalls nicht sicher sagen. Untersuchungen sprechen davon, dass ca. 29 % der Kinder in gleichgeschlechtlichen Familien bei Eltern leben, die eine eingetragene Lebenspartnerschaft begründet haben.[97] Mit einem weiteren Anstieg der Zahlen darf angesichts des durchaus präsenten Kinderwunschs bei gleichgeschlechtlichen Paaren[98] gerechnet werden. Dies zeigt sich etwa in einer Betrachtung der Zahlen

---

[92] Vgl. https://www.destatis.de/DE/ZahlenFakten/GesellschaftStaat/Bevoelkerung/HaushalteFamilien/Tabellen/3_4_Gleichgeschlechtliche_Lebensgemeinschaften.html (zuletzt geprüft am 4.11.2016).

[93] *Eggen/Rupp* in: Rupp (Hrsg.), Partnerschaft und Elternschaft bei gleichgeschlechtlichen Paaren, 2011, 23, 25. Zur ähnlichen statistisch problematischen Situation in Spanien *Rose/Marquette* in: Rupp (Hrsg.), Partnerschaft und Elternschaft bei gleichgeschlechtlichen Paaren, 2011, 54, 64.

[94] *Eggen/Rupp* in: Rupp (Hrsg.), Partnerschaft und Elternschaft bei gleichgeschlechtlichen Paaren, 2011, 23, 26 f.

[95] *Eggen/Rupp* in: Rupp (Hrsg.), Partnerschaft und Elternschaft bei gleichgeschlechtlichen Paaren, 2011, 23, 27 f.; 2006 waren es noch rund 6.600 Kinder, vgl. *Rupp, Staatsinstitut für Familienforschung an der Universität Bamberg (ifb),* Die Lebenssituation von Kindern in gleichgeschlechtlichen Lebenspartnerschaften, 2009, 12, 15 (mit Schätzungen bis zu 19.000 Kindern).

[96] Vgl. www.destatis.de (zuletzt geprüft am 4.11.2016).

[97] *Rupp, Staatsinstitut für Familienforschung an der Universität Bamberg (ifb),* Die Lebenssituation von Kindern in gleichgeschlechtlichen Lebenspartnerschaften, 2009, 281.

[98] *Rose/Marquette* in: Rupp (Hrsg.), Partnerschaft und Elternschaft bei gleichgeschlechtlichen Paaren, 2011, 54, 56 (über 50 % der befragten Personen im Alter von unter 25 Jahren einer in Italien durchgeführten Studie wünschten sich Kinder); vgl. hierzu eingehend *Müller-Götzmann,* Artifizielle Reproduktion und gleichgeschlechtliche Elternschaft, 2009, 11 ff.; *Haag* in: Maio/Eichinger/Bozzaro (Hrsg.), Kinderwunsch und Reproduktionsmedizin, 2013, 400. Vgl. zur Thematik auch *Dethloff/Timmermann,* Gleichgeschlechtliche Paare und Familiengründung durch Reproduktionsmedizin – Gutachten im Auftrag der Friedrich Ebert Stiftung, 2016, 11.

der Familien mit minderjährigen Kindern. Die Zahl der gleichgeschlechtlichen Familien mit Kindern wird nach dem Mikrozensus 2015 auf ca. 7.000 Familien beziffert.[99] Im Jahre 2005 waren es noch ca. 2.000 Familien.[100] Die Zahl nimmt daher zu. Es handelt sich bei gleichgeschlechtlichen Familien mit Kindern in Deutschland zwar nur um eine kleine Gruppe, die Zahl der Familien ist aber nicht vernachlässigbar.

Ein ähnliches Bild zeigt sich auch für ganz Europa. Allein in England und Wales hat das Office for National Statistics für das Jahr 2015 ca. 10.000 gleichgeschlechtliche Familien mit minderjährigen Kindern registriert.[101] Der Bevölkerungszensus 2011 durch Eurostat weist bei sehr unvollständiger Datenlage in Europa immerhin 65.000 gleichgeschlechtliche Familien mit unter 25-jährigen Kindern aus.[102] Auch hier dürfte die tatsächliche Zahl deutlich höher liegen.

Gleichgeschlechtliche Familien sind eine höchst diverse Gruppe, die sich bereits in ihrer Entstehungshistorie stark unterscheidet.[103] Zu unterscheiden ist nach Familien, die als Stieffamilie aus früheren heterosexuellen Paarbeziehungen hervorgegangen sind, gleichgeschlechtlichen Pflegefamilien und solchen, die geplant über medizinisch-assistierte Reproduktion (sog. gleichgeschlechtliche Reproduktionsfamilien) und/oder über eine Adoption begründet wurden.[104] Zwar gestattet nicht jede Rechtsordnung gleichgeschlechtlichen Paaren ein Adoptionsrecht oder Zugang zu medizinisch-assistierter Reproduktion, einige Länder tun dies jedoch, so dass die Fälle auch im Inland praxisrelevant sind, wenn deutsche Paare im Ausland eine Adoption oder medizinisch-assistierte Reproduktion vor-

---

[99] https://www.destatis.de/DE/ZahlenFakten/GesellschaftStaat/Bevoelkerung/Haus halteFamilien/Tabellen/2_8_LR_Familien.html (zuletzt geprüft am 7.2.2017).

[100] https://www.destatis.de/DE/ZahlenFakten/GesellschaftStaat/Bevoelkerung/Haus halteFamilien/Tabellen/2_8_LR_Familien.html (zuletzt geprüft am 7.2.2017). Zu den Schwankungen im Zeitvergleich und mutmaßlichen Ursachen *Eggen/Rupp* in: Rupp (Hrsg.), Partnerschaft und Elternschaft bei gleichgeschlechtlichen Paaren, 2011, 23, 28 f.

[101] Office for National Statistics, Statistical Bulletin: Families and Households 2015, 2015, 5 (darunter 7.000 Familien gleichgeschlechtlicher Ehegatten, 3.000 Familien registrierter Partner und 3.000 Familien nichtehelicher Lebenspartner gleichen Geschlechts).

[102] Eurostat-Datenbank, http://ec.europa.eu/eurostat/de/data/database (zuletzt geprüft am 4.11.2016).

[103] Vgl. hierzu *Dethloff/Timmermann,* Gleichgeschlechtliche Paare und Familiengründung durch Reproduktionsmedizin – Gutachten im Auftrag der Friedrich Ebert Stiftung, 2016, 11 ff.

[104] *Bergold/Rupp* in: Rupp (Hrsg.), Partnerschaft und Elternschaft bei gleichgeschlechtlichen Paaren, 2011, 119, 121 ff.; *Herek* in: Rupp (Hrsg.), Partnerschaft und Elternschaft bei gleichgeschlechtlichen Paaren, 2011, 11, 14. Vgl. hierzu auch *Thorn* in: Maio/Eichinger/Bozzaro (Hrsg.), Kinderwunsch und Reproduktionsmedizin, 2013, 381. Zu ersteren siehe die Untersuchung von *Herrmann-Green/Hermann-Green,* 21 Zeitschrift für Sexualforschung (2008) 319.

nehmen.[105] Eine deutsche Studie zur Lebenssituation von Kindern in gleichgeschlechtlichen Lebenspartnerschaften hat ergeben,[106] dass der Großteil gleichgeschlechtlicher Familien aus geplanten gleichgeschlechtlichen Reproduktionsfamilien (45 %) und ungeplanten Stieffamilien (44 %) besteht.[107] Nur eine kleine
Gruppe sind geplante Adoptivfamilien (Fremdkindadoption, ca. 2 %)[108] oder gar
gleichgeschlechtliche Pflegefamilien (ca. 6 %).[109] Gleichgeschlechtliche Stieffamilien und geplante Reproduktionsfamilien weisen einen sehr hohen Frauenanteil auf (91 % bzw. 97,5 %) und einen hohen Grad an Verrechtlichung (d.h.
Eintragung der Lebenspartnerschaft nach dem LPartG; 78,3 % bzw. 87,7 %).[110]
Ein entsprechend hoher Frauenanteil zeigt sich auch im europäischen Ausland,
etwa in Schweden und Norwegen.[111] Der kleine Anteil geplanter Adoptivfamilien hängt mit den Hürden zusammen, die gleichgeschlechtliche Paare im Inland
überwinden müssen, um eine Adoption durchzuführen.[112] Gleiches gilt für den
geringen Anteil an Männerpaaren.[113] In Deutschland war von 2005 bis 2014 für
eingetragene Lebenspartner lediglich die Stiefkindadoption gem. § 9 VII LPartG
möglich, die Möglichkeit der Sukzessivadoption, d.h. der Annahme eines bereits
durch den anderen Lebenspartner angenommenen Kindes, wurde durch den Gesetzgeber erst auf Druck des BVerfG eingeführt.[114] Die gemeinschaftliche Adop-

---

[105] Vgl. zu einer Übersicht *Dethloff* in: Rupp (Hrsg.), Partnerschaft und Elternschaft
bei gleichgeschlechtlichen Paaren, 2011, 41, 46.

[106] *Rupp, Staatsinstitut für Familienforschung an der Universität Bamberg (ifb)*, Die
Lebenssituation von Kindern in gleichgeschlechtlichen Lebenspartnerschaften, 2009,
15.

[107] *Rupp, Staatsinstitut für Familienforschung an der Universität Bamberg (ifb)*, Die
Lebenssituation von Kindern in gleichgeschlechtlichen Lebenspartnerschaften, 2009,
284.

[108] Durchführung meist im Ausland, vgl. *Rupp, Staatsinstitut für Familienforschung*
an der Universität Bamberg (ifb), Die Lebenssituation von Kindern in gleichgeschlechtlichen Lebenspartnerschaften, 2009, 99 f.

[109] *Rupp, Staatsinstitut für Familienforschung an der Universität Bamberg (ifb)*, Die
Lebenssituation von Kindern in gleichgeschlechtlichen Lebenspartnerschaften, 2009,
284; *Buschner*, NZFam 2015, 1103.

[110] *Buschner*, NZFam 2015, 1103, 1104.

[111] *Andersson/Noack* in: Rupp (Hrsg.), Partnerschaft und Elternschaft bei gleichgeschlechtlichen Paaren, 2011, 87, 97.

[112] *Rupp, Staatsinstitut für Familienforschung an der Universität Bamberg (ifb)*, Die
Lebenssituation von Kindern in gleichgeschlechtlichen Lebenspartnerschaften, 2009,
286.

[113] *Buschner*, NZFam 2015, 1103, 1104.

[114] *BVerfG*, Urt. v. 19.2.2013 – 1 BvR 3247/09 und 1 BvL 1/11 (*Sukzessivadoption*),
NJW 2013, 847, sowie Gesetz zur Umsetzung der Entscheidung des Bundesverfas-
sungsgerichts zur Sukzessivadoption durch Lebenspartner vom 20.6.2014, BGBl. I 786.
Zur Verfassungsmäßigkeit der geltenden Regelung siehe etwa *BGH*, Beschl. v. 8.2.2017
– XII ZB 586/15, DNotZ 2017, 375; *OLG Hamburg*, Beschl. v. 14.3.2017 – 2 UF 160/
16, NZFam 2017, 382. Monographisch zur Thematik *Favier*, Die gemeinsame rechtliche
Elternschaft von eingetragenen Lebenspartnern durch die Annahme eines Kindes, 2014.

tion war bis 2017 nicht möglich.[115] Männerpaare waren daher bislang auf die Nutzung einer Leihmutterschaft verwiesen, die in Deutschland gem. § 1 Nr. 7 ESchG, § 5 Abs. 3, 4, §§ 13c, 14b AdVermG untersagt ist, und deren Durchführung im Ausland mit Anerkennungshindernissen und Kosten verbunden ist.[116] Kurz vor Ende der Wahlperiode hat der Gesetzgeber allerdings noch eine Reihe unerledigter Gesetze verabschiedet. Dazu zählt auch das Gesetz zur Einführung des Rechts auf Eheschließung für Personen gleichen Geschlechts, das ohne intensive Lesung in Bundestag und Bundesrat verabschiedet wurde.[117] Es ermöglicht gleichgeschlechtlichen Paaren nicht nur den Zugang zur Ehe sondern auch zu Folgewirkungen, wie der gemeinschaftlichen Adoption.[118] Eine automatische gemeinschaftliche Mutterschaft gleichgeschlechtlicher Ehegattinnen wird darüber allerdings nicht ermöglicht, da § 1592 BGB von „Mann" spricht.[119]

Vergleicht man die beiden größten Gruppen von gleichgeschlechtlichen Familien nach dem Alter der Paare, so zeigt sich,[120] dass Paare in ungeplanten Stieffamilien tendenziell älter sind als Paare in geplanten Reproduktionsfamilien. Das deutet darauf hin, dass heute mit der gesellschaftlichen Anerkennung gleichgeschlechtlicher Paarbeziehungen auch der Weg zum Kind nicht mehr über den „Umweg" der heterosexuellen Paarbeziehung verläuft.[121] Kinder werden heute

---

[115] Zu kritischen Stimmen siehe etwa *Favier,* Die gemeinsame rechtliche Elternschaft von eingetragenen Lebenspartnern durch die Annahme eines Kindes, 2014, 315 (Verfassungswidrigkeit des Verbots).

[116] Eingehend hierzu § 6 S. 510 ff.

[117] BGBl. I 2787 (sog. „Ehe für alle"). Kritisch zur handwerklichen Umsetzung *Schwab,* FamRZ 2017, 1284, 1285 ff.; *Schmidt,* NJW 2017, 2225. Das Gesetz sogar für verfassungswidrig haltend *Schmidt,* NJW 2017, 2225, 2228; a. A. allerdings *Meyer,* FamRZ 2017, 1281; dazu bereits *Dethloff,* FamRZ 2016, 351.

[118] *Hammer,* FamRZ 2017, 1236. Siehe zur praktischen Relevanz dieser Gesetzesänderung *Fischer,* Aus Roger Barta wird Roger Holzapfel, Süddeutsche Zeitung, 16.8.2017, M6 (zur geplanten Volljährigenadoption nach noch zu erfolgender Heirat der Inhaber des Homosexuellen-Treffpunkts „Deutsche Eiche" in München). Die erste gemeinschaftliche Adoption ist am 4.10.2017 wohl in Berlin erfolgt, vgl. AG Berlin Tempelhof-Kreuzberg, Beschl. v. 4.10.2017 – 166A F 8790/16 (noch unveröffentlicht), vgl. den Hinweis bei beck-aktuell, abrufbar unter https://rsw.beck.de/aktuell/meldung/ag-berlin-erste-kindesadoption-durch-gleichgeschlechtliches-paar (zuletzt geprüft am 11.10.2017).

[119] *Hammer,* FamRZ 2017, 1236; *Helms,* StAZ 2018, 33, 34. A. A., da analoge Anwendung *Löhnig,* NZFam 2017, 643; *Binder/Kiehnle,* NZFam 2017, 742; i. E. so auch *Engelhardt,* NZFam 2017, 1042, die zu einer direkten Anwendung im Wege der Auslegung kommen möchte, was den nicht auslegungsbedürftigen Wortlaut des Gesetzes überdehnt.

[120] *Patterson/Tornello* in: Rupp (Hrsg.), Partnerschaft und Elternschaft bei gleichgeschlechtlichen Paaren, 2011, 103, 109 ff. (jüngere schwule Männer hatten zu einem wesentlich geringeren Anteil die Vaterschaft für ein Kind über den Umweg einer heterosexuellen Paarbeziehung erlangt als schwule Männer über 50 Jahren).

[121] *Rupp, Staatsinstitut für Familienforschung an der Universität Bamberg (ifb),* Die Lebenssituation von Kindern in gleichgeschlechtlichen Lebenspartnerschaften, 2009, 85.

daher viel eher in gleichgeschlechtliche Paarbeziehungen hineingeboren als dies früher der Fall war.

ee) Reproduktionsfamilien

Eine weitere, relativ junge Erscheinung unter den Familienformen stellen sog. Reproduktionsfamilien dar. Aufgrund der rapiden Entwicklungen im Bereich der medizinisch-assistierten Reproduktion wird Personen, die mangels passenden Partners oder aufgrund medizinischer Indikation selbst keine Kinder bekommen können, ermöglicht, sich dennoch ihren Kinderwunsch zu erfüllen. Dabei können Reproduktionsfamilien in vielen denkbaren Konstellationen entstehen, etwa im homologen[122] oder heterologen System,[123] unter Einbezug eines Samenspenders, einer Eizellen- oder Mitochondrienspenderin, von Embryonenspendern oder sogar im Rahmen einer Leihmutterschaft. Eltern können verschiedenen oder gleichen Geschlechts sein, alleinerziehend oder in einer (verrechtlichten) Paarbeziehung leben. Auch hinsichtlich der Spender sind verschiedene Konstellationen denkbar. Es kann sich beispielsweise um einen *klassischen* Gametenspender handeln, der sein genetisches Material bei einer Samenbank/Fruchtbarkeitsklinik zum Zweck der Reproduktionsbehandlung bei unbekannten Dritten u.U. gegen Entgelt spendet.[124] Ferner kann es sich um einen bekannten oder unbekannten *privaten* Spender handeln, den die Wunscheltern selbst gesucht und gefunden haben.[125] Private Spenden können aus dem Bekanntenkreis stammen, es gibt aber auch einen immer größer werdenden Markt für Spendervermittlungen über das Internet.[126] Auch hinsichtlich der Art der assistierten Reproduktion lassen sich verschiedene Konstellationen unterscheiden. So kann beispielsweise eine Zeugung in engerem Sinne medizinisch-assistiert verlaufen, da sie durch einen Arzt vorgenommen wird. Eine assistierte Zeugung kann allerdings auch im Wege der Selbstinsemination geschehen. Nicht jede Rechtsordnung erlaubt darüber hinaus jede mögliche Methode der Reproduktion oder gewährt jeder Person Zugang zu medizinisch-assistierter Reproduktion.[127] Die Eizellenspende ist in Deutsch-

---

[122] Hier wird das genetische Material der Partner zur Zeugung verwandt.

[123] Hier wird zumindest ein Spender/eine Spenderin von genetischem Material einbezogen.

[124] Der Arbeitskreis Abstammungsrecht spricht diesbezüglich von offiziellem Samenspender, vgl. Arbeitskreis Abstammungsrecht des BMJV, Abschlussbericht – Empfehlungen für eine Reform des Abstammungsrechts, 2017, 105.

[125] Arbeitskreis Abstammungsrecht des BMJV, Abschlussbericht – Empfehlungen für eine Reform des Abstammungsrechts, 2017, 105.

[126] Dazu bereits eingehend *Reuß*, StAZ 2016, 353.

[127] Zum Zugang gleichgeschlechtlicher Paare siehe *Dethloff* in: Rupp (Hrsg.), Partnerschaft und Elternschaft bei gleichgeschlechtlichen Paaren, 2011, 41, 46; *Dethloff/ Timmermann*, Gleichgeschlechtliche Paare und Familiengründung durch Reproduktionsmedizin – Gutachten im Auftrag der Friedrich Ebert Stiftung, 2016, 17 ff.; *Reuß*, FamPra.ch 2015, 858; zum Zugang alleinstehender Personen siehe eingehend *Reuß*, StAZ 2016, 353.

land beispielsweise genauso untersagt,[128] wie die posthume Verwendung des Spermas eines bereits Verstorbenen.[129] Anders sehen dies in Bezug auf die Eizellenspende beispielsweise Österreich[130] oder die Niederlande.[131] Eine posthume Verwendung von kryokonserviertem Samen ist beispielsweise in den Niederlanden[132] oder in Japan[133] möglich.[134] Letzteres resultiert aus der besonderen Bedeutung der Genealogie in der japanischen Gesellschaft.[135] Paare, die sich aus den genannten oder weiteren Beschränkungen im Inland den Fortpflanzungswunsch nicht erfüllen können, nutzen alternativ Angebote aus dem Ausland, um sich den Kinderwunsch zu erfüllen (sogenannter Reproduktionstourismus).[136]

Verlässliche statistische Daten dazu, wie viele Paare in Deutschland die Möglichkeiten medizinisch-assistierter Reproduktion nutzen, wie viele Kinder jährlich unter Nutzung medizinisch-assistierter Reproduktionsmethoden geboren werden, wie sich Reproduktionsfamilien zusammensetzen und wie viele Paare aufgrund der beschränkten Möglichkeiten im Inland Angebote aus dem Ausland wahrnehmen, bestehen nicht.[137] In der Fachliteratur wird geschätzt, dass insge-

---

[128] § 1 I Nr. 1, 2 ESchG. Zu Argumenten für ihre Einführung MüKoBGB/*Wellenhofer,* § 1591 Rn. 45 ff.; siehe bereits *Coester-Waltjen* in: Ständige Deputation des Deutschen Juristentages (Hrsg.), Verhandlungen des 56. Deutschen Juristentages, 1986, 9, B 110 f.; vgl. auch die für eine Zulassung sprechende Studienlage *Söderström-Anttila/ Miettinen/Rotkirch u. a.,* 31 Human Reproduction (2016) 597, 601 f. (keine gesundheitlichen Langzeitrisiken); zu denselben Ergebnissen kommt eine qualitative Studie an kanadischen Spenderinnen, vgl. *Yee/Blyth/Tsang,* 29 Journal of Reproductive and Infant Psychology (2011) 404, 406.

[129] § 4 I Nr. 3 ESchG. Hierzu bereits *Coester-Waltjen* in: Ständige Deputation des Deutschen Juristentages (Hrsg.), Verhandlungen des 56. Deutschen Juristentages, 1986, 9, B 37 ff. (ablehnend, da mit dem Tod des Samenspenders auch das Bestimmungsrecht zur Verwendung des Spermas nicht mehr im konkreten Zeugungszeitpunkt ausgeübt werden kann).

[130] §§ 11, 13 FMedG.

[131] Art. 5(1), 9 Embryowet.

[132] Art. 7 Embryowet.

[133] Eine gesetzliche Regelung fehlt, die posthume Befruchtung wird allerdings durchgeführt. Das Entstehen einer rechtlichen Abstammungsbeziehung zwischen dem verstorbenen Vater und seinem Kind wurde in einem durch den Obersten Gerichtshof entschiedenen Verfahren allerdings verneint, hierzu Rieck – Ausländisches Familienrecht/ *Nagata,* Japan Rn. 30.

[134] Zu weiteren Nachweisen *Dethloff,* Familienrecht, 2015, 112 (gestattet in England und Wales, Belgien, Spanien, Griechenland).

[135] Dazu siehe eingehend unten S. 104 ff., sowie die die Studie von *Ueda/Kushi/Nakatsuka u. a.,* 62 Acta Medica Okayama (2008) 285 (große Befürwortung postmortaler Befruchtung zur Fortsetzung der Familienlinie des Verstorbenen).

[136] Dazu eingehend bereits *Reuß,* StAZ 2016, 353. Zur Kostenerstattung für im Ausland in Anspruch genommene Behandlungen, die im Inland untersagt sind, *BGH,* Urt. v. 14.6.2017 – IV ZR 141/16, r+s 2017, 423 (keine Pflicht zur Tragung der Kosten durch private Krankenversicherung).

[137] Siehe hierzu auch die Antwort der Bundesregierung auf eine kleine Anfrage der Fraktion Bündnis 90/die Grünen, BT-Drs. 18/4914, 3.

samt 1.000 Kinder pro Jahr im Wege medizinisch-assistierter Reproduktion in Deutschland gezeugt werden.[138] Das dürfte deutlich zu gering bemessen sein. Die *European Society of Human Reproduction and Embryology (ESHRE)*, die es sich zum Ziel gesetzt hat, medizinisch-assistierte Reproduktion europaweit zu überwachen, meldet für Deutschland (ohne Daten von allen Reproduktionszentren erhalten zu haben!) im Jahr 2011 bereits 13.757 nach medizinisch-assistierter Reproduktion geborene Kinder.[139] Für 2012 werden sogar 14.240 geborene Kinder verzeichnet.[140] Europaweit werden demgegenüber für 2011 insgesamt 134.106 Kinder, die durch medizinisch-assistierte Reproduktion zur Welt gekommen sind, statistisch ausgewiesen.[141] Im Jahr 2012 sind es sogar 143.844 Kinder.[142] Die Darstellung der Statistik gibt angesichts der Unvollständigkeit der Datenlage (nur aus 33 von 57 europäischen Ländern liegen überhaupt Daten vor; nicht alle Reproduktionszentren in den betreffenden Ländern stellen ihre Daten zur Verfügung) nur ein begrenzt verlässliches Bild.[143] Sie zeigt aber, dass jedes Jahr eine große Zahl an Kindern in Reproduktionsfamilien geboren wird.

Die o. g. Zahlen umfassen undifferenziert die Behandlung von Ehepaaren, nichtehelichen Lebenspartnern und Alleinstehenden, so dass nur gemutmaßt werden kann, wie sich Reproduktionsfamilien im Einzelnen zusammensetzen. Für England und Wales liefert die *Human Fertilisation and Embryology Authority,* die staatliche Aufsichtsbehörde für den Bereich der medizinisch-assistierten Reproduktion, zumindest für bestimmte Sachverhalte belastbare aber leider im Zeitvergleich nicht für alle Jahre zugängliche statistische Daten. Beispielsweise weist die Statistik für das Jahr 2010 ca. 1.380 Patientinnen aus, die eine Eizellenspende

---

[138] Vgl. *Thorn* in: Coester-Waltjen/Lipp/Schumann u. a. (Hrsg.), „Kinderwunschmedizin" – Reformbedarf im Abstammungsrecht?, 2015, 131, 132; *Helms* in: Röthel/Löhnig/Helms (Hrsg.), Ehe, Familie, Abstammung – Blicke in die Zukunft, 2010, 49, 50 (bezogen auf heterologe Samenspenden) m.w.N.; *Brügge/Simon,* DI-Familien fragen nach: was bieten uns deutsche Samenbanken? – Samenbankumfrage 2012, http://www.di-netz.de/wp-content/uploads/2014/03/Samenbank-Umfrage-Webseite.pdf (zuletzt geprüft am 09.02.2017) 1 ff. (deutlich höhere Zahl).

[139] European Society of Human Reproduction and Embryology, 31 Human Reproduction (2016) 233, 239.

[140] European Society of Human Reproduction and Embryology, 31 Human Reproduction (2016) 1638, 1643 (ohne intra-uterine Inseminationen).

[141] European Society of Human Reproduction and Embryology, 31 Human Reproduction (2016) 233, 239.

[142] European Society of Human Reproduction and Embryology, 31 Human Reproduction (2016) 1638, 1643.

[143] European Society of Human Reproduction and Embryology, 31 Human Reproduction (2016) 233; zu allgemeinen Zahlen *Todorova*, Recognition of parental responsibility: biological parenthood v. legal parenthood, i. e. mutual recognition of surrogacy agreements: Which is the current situation in the MS? Need for EU action?, Directorate-General for International Policies, Policy Department C, Note PE 432.738, 31 f.

in Anspruch genommen haben.[144] Die Zahl der Empfängerinnen von Embryonenspenden liegt in demselben Jahr bei 269 Personen.[145] Samenspenden wurden 2010 von 2.960 Patientinnen in Anspruch genommen.[146] Aus Behandlungen medizinisch-assistierter Reproduktion wurden im Jahr 2009 insgesamt 16.394 Kinder geboren.[147] 11 % (= 1.756 Kinder) dieser Kinder wurden unter Zuhilfenahme einer Gametenspende (d. h. Samenspende, Eizellenspende oder Embryonenspende) gezeugt und sind damit nicht mit beiden Eltern genetisch verwandt.[148] Mit Blick auf die Behandlung gleichgeschlechtlicher Paare ist festzuhalten, dass die Zahl der Behandlungszyklen bei gleichgeschlechtlichen weiblichen Paaren in England und Wales jährlich um ca. 20 % ansteigt.[149] 2014 wurden insoweit 3.107 Behandlungszyklen durchgeführt.[150] Im Jahre 2013 wurden letztlich 590 Kinder in gleichgeschlechtliche weibliche Paarbeziehungen nach medizinisch-assistierter Reproduktion geboren.[151] Die bereits oben angesprochene deutsche Studie zur Lebenssituation von Kindern in gleichgeschlechtlichen Lebensgemeinschaften enthält zu gleichgeschlechtlichen deutschen Reproduktionsfamilien einige detailliertere Informationen: So bestehen die meisten Familien aus weiblichen Paaren, in ca. 82 % der Fälle wurde eine Insemination im Inland vorgenommen; 18 % haben auf Angebote aus dem Ausland zurückgegriffen.[152] Trotz der Tatsache, dass es sich in 51 % der Fälle um bekannte Samenspender gehandelt hat, sind die Väter nur in 18 % der Fälle im Geburtenregister eingetragen.[153]

---

[144] http://www.hfea.gov.uk/donor-conception-treatments.html (zuletzt geprüft am 10.2. 2017).

[145] http://www.hfea.gov.uk/donor-conception-treatments.html (zuletzt geprüft am 10.2. 2017).

[146] http://www.hfea.gov.uk/donor-conception-treatments.html (zuletzt geprüft am 10.2. 2017).

[147] http://www.hfea.gov.uk/donor-conception-births.html (zuletzt geprüft am 10.2. 2017).

[148] http://www.hfea.gov.uk/donor-conception-births.html (den größten Teil hierunter machen Samenspenderkinder aus, 1.084 Kinder, gefolgt von Eizellenspenderkindern, 593 Kinder, und Embryonenspenderkindern, 79 Kinder; zuletzt geprüft am 10.2.2017).

[149] Human Fertilisation and Embryology Authority, Fertility treatment 2014 – Trends and figures, http://www.hfea.gov.uk/docs/HFEA_Fertility_treatment_Trends_and_figu res_2014.pdf (zuletzt geprüft am 10.02.2017), 40.

[150] Human Fertilisation and Embryology Authority, Fertility treatment 2014 – Trends and figures, http://www.hfea.gov.uk/docs/HFEA_Fertility_treatment_Trends_and_figu res_2014.pdf (zuletzt geprüft am 10.02.2017), 40.

[151] Human Fertilisation and Embryology Authority, Fertility treatment 2014 – Trends and figures, http://www.hfea.gov.uk/docs/HFEA_Fertility_treatment_Trends_and_figu res_2014.pdf (zuletzt geprüft am 10.02.2017), 40.

[152] *Rupp, Staatsinstitut für Familienforschung an der Universität Bamberg (ifb),* Die Lebenssituation von Kindern in gleichgeschlechtlichen Lebenspartnerschaften, 2009, 88 f.

[153] *Rupp, Staatsinstitut für Familienforschung an der Universität Bamberg (ifb),* Die Lebenssituation von Kindern in gleichgeschlechtlichen Lebenspartnerschaften, 2009, 89.

Was sich aus Statistiken jedoch nicht ablesen lässt, ist die Zahl von Personen, die ihre Familie nicht auf klassischem Wege der medizinisch-assistierten Reproduktion unter Mitwirkung eines Arztes gründen, sondern auf sog. private Spender zurückgreifen und ein Kind im Wege der Selbstinsemination zeugen. Auch diese Fälle gibt es. Wie sich an der Zahl der Internetseiten, die private Samenspenden vermitteln, zeigt, ist die Zahl solcher Fälle nicht gering. Nur dort besteht Anreiz zur Entfaltung von Geschäftstätigkeit, wo schließlich etwas zu holen ist.[154]

Daten zu Leihmutterschaften finden sich für Deutschland keine. Auch auf der Internetseite der *Human Fertilisation and Embryology Authority* sucht man leider vergeblich. Die Zahl der Familien, die über eine Leihmutterschaft gegründet werden, dürfte deutlich unter den Zahlen medizinisch-assistierter Reproduktion liegen. Für die Niederlande, wo die Leihmutterschaft zwar nicht umfassend geregelt ist, aber praktiziert wird, werden ca. 10 Behandlungen im Jahr angenommen.[155] In England und Wales dürfte jährlich eine etwas größere Behandlungszahl vorliegen. Insgesamt handelt es sich bei den statistisch nachgewiesenen Leihmutterschaften jedoch um geringe Fallzahlen. Die tatsächliche Zahl dürfte durchaus darüber liegen, denn die statistischen Einschätzungen beziehen sich nur auf Inlandssachverhalte. Schätzungen belaufen sich auf ca. 10.000 Fälle pro Jahr (weltweit).[156] Die tatsächliche Durchführung von Leihmutterschaften im Ausland, die sich an den Anerkennungsentscheidungen in den einzelnen europäischen Staaten (auch in Deutschland) mehr als deutlich ablesen lässt, zeigt, dass es eine signifikante Dunkelziffer gibt.[157]

Letztlich lässt sich zwar nicht genau nachvollziehen, wie sich Reproduktionsfamilien im Einzelnen zusammensetzen und wie viele Kinder heute tatsächlich in Reproduktionsfamilien leben, die zugänglichen Zahlen deuten jedoch darauf hin, dass Reproduktionsfamilien einen erheblichen Anteil an den heutigen Familien darstellen. Immer häufiger werden daher Kinder nicht bei ihren genetischen Eltern groß.

ff) Stieffamilien

Durch die stärkere Betonung individueller Bedürfnisse in unserem heutigen Verständnis von Familie, die damit einhergehende Orientierung von Familiengründung und Familienauflösung am Konsens der Familienmitglieder und einer dies widerspiegelnden erhöhten Scheidungs- und Trennungsrate ist als Folge

---

[154] Siehe eingehend *Reuß*, StAZ 2016, 353 ff. m.w.N.

[155] *Boele-Woelki/Curry-Sumner/Schrama u.a.,* Commercieel draagmoederschap en illegale opneming van kinderen, http://www.wodc.nl/onderzoeksdatabase/draagmoeder schap.aspx (zuletzt geprüft am 13.08.2013), 44.

[156] MüKoBGB/*Wellenhofer,* § 1591 Rn. 31; *Dethloff,* JZ 2014, 922 m.w.N.

[157] Im Einzelnen zur Behandlung der Leihmutterschaft im Inland § 4 S. 427 ff., zu Auslandssachverhalten siehe § 6 S. 510 ff.

auch die Zahl an Stieffamilien gestiegen. Paare (ob verheiratet oder nicht, ob homosexuell oder heterosexuell orientiert) trennen sich heute leichter. Die ehemaligen Partner bleiben allerdings nicht dauerhaft allein, sondern gehen nach einer gewissen Zeit neue Beziehungen ein, dazu bereits oben unter cc). Die soziologische Forschung hat diesen Befund als Kettenbiographie bezeichnet, d.h. Personen haben heute mehrere feste Partnerschaften hintereinander.[158] Sind Kinder vorhanden, so entstehen mit neuen Partnerschaften gleichzeitig Stieffamilien, d.h. Familien in denen ein genetisch mit dem Kind verwandter Elternteil mit einem neuen Partner und dem Kind zusammen in einem Haushalt lebt.[159] Der Generations and Gender Survey 2005 hat deutsche Haushalte analysiert und festgestellt, dass 71,5 % Kernfamilien, 14,8 % Ein-Eltern Haushalte und 13,6 % Stieffamilien, sind.[160] 10,9 % aller minderjährigen Kinder waren 2005 Stiefkinder.[161] Auch in anderen Ländern zeigt sich Entsprechendes. Beispielsweise belief sich der Anteil der Stiefkinder an minderjährigen Kindern in Frankreich im Jahr 2011 auf insgesamt 10,8 %.[162] Das ist signifikant. Ablesen lässt sich die steigende Bedeutung von Stieffamilienkonstellationen auch an der Zahl der Zweiteheschließungen in Deutschland. Waren 1990 noch bei 73,7 % der Eheschließungen nur ledige Partner beteiligt (Erst-Ehen), waren dies 2012 nur 65,1 %, d.h. ca. 1/3 der Eheschließungen erfolgte unter Beteiligung eines Ehepartners, der bereits verheiratet gewesen ist.[163]

Auch Stieffamilien sind keine homogene Gruppe, sondern können vielgestaltig strukturiert sein. Man spricht von einer *primären Stieffamilie* mit Blick auf die Familie, in der ein mit dem Kind genetisch verwandter Elternteil mit seinem Kind und einem neuen Partner zusammenlebt. Von einer *sekundären Stieffamilie* spricht man hingegen mit Blick auf die ggf. neue Familie des nicht mit dem Kind in einem Haushalt lebenden genetischen Elternteils und dessen neuen Partner.[164]

---

[158] *Peuckert,* Familienformen im sozialen Wandel, 2012, 160.

[159] *Walper* in: Götz/Schwenzer/Seelmann u.a. (Hrsg.), Familie – Recht – Ethik, 2014, 889, 891 f.

[160] *Leven,* Generations and Gender Survey durch tns-infratest im Auftrag des Bundesinstituts für Bevölkerungsforschung, http://www.bib-demografie.de/SharedDocs/Publikationen/DE/Forschung/GGS/GGS_grundauszaehlung_w1_hauptbefragung.pdf?__blob=publicationFile&v=5 (zuletzt geprüft am 11.10.2017); *Walper* in: Götz/Schwenzer/Seelmann u.a. (Hrsg.), Familie – Recht – Ethik, 2014, 889, 891 f.

[161] *Walper* in: Götz/Schwenzer/Seelmann u.a. (Hrsg.), Familie – Recht – Ethik, 2014, 889, 892.

[162] Institut national de la statistique et des éetudes économiques, Fiches thématiques: Familles avec enfants, 2015, 107.

[163] *Dechant/Schreyer/Rost, Staatsinstitut für Familienforschung an der Universität Bamberg (ifb),* Familienleben und Familienformen nach Trennung und Scheidung – Zwischenbericht, ifb-Materialien 2-2015, 2015, 9.

[164] *Walper* in: Götz/Schwenzer/Seelmann u.a. (Hrsg.), Familie – Recht – Ethik, 2014, 889, 892 ff.; *Feldhaus/Huinink* in: Schwab/Vaskovics (Hrsg.), Pluralisierung von Elternschaft und Kindschaft, 2011, 77, 80.

Stieffamilien können *einfach* sein, wenn nur Kinder eines Partners in der Familie leben. Leben Kinder von beiden Partnern in der Stieffamilie, spricht man von einer *zusammengesetzten* Stieffamilie. *Komplexe* Stieffamilien liegen vor, wenn die beiden neuen Partner zu den jeweils eigenen Kindern noch gemeinsame Kinder hinzubekommen. Stieffamilien werden als *mehrfach-fragmentiert* bezeichnet, wenn im Partnerschaftsverlauf auch die Stieffamilie zerbricht und die Partner neue Beziehungen eingehen.[165] Auch letzteres ist nicht unwahrscheinlich, betrachtet man die Entwicklung von Partnerschaftskarrieren im Zeitverlauf. Kinder wachsen daher heutzutage in oftmals komplexen Familiensituationen auf, die sich über die Zeit hinweg verändern können. Aus den vorstehend skizzierten Zahlen lässt sich ferner ablesen, dass es heute immer häufiger dazu kommt, dass Kinder nicht bei beiden genetischen Eltern groß werden, sondern sich im Rahmen von Stieffamiliengründungen weitere Familienkonstellationen ergeben.

gg) Adoptionsfamilien

Kein neues Phänomen stellen Adoptionsfamilien dar. Neu ist allerdings, dass vermehrt gleichgeschlechtliche Paare über die Adoption ihren Kinderwunsch erfüllen können. Dies hängt mit den geänderten rechtlichen Rahmenbedingungen zusammen, die neben der Stiefkindadoption, der Sukzessivadoption nun auch die gemeinschaftliche Adoption ermöglichen, dazu siehe bereits eingehend oben unter dd). Die Zahl der im Inland adoptierten Kinder sinkt jedoch insgesamt. Seit 1991 hat sich die Zahl nahezu halbiert. 2015 wurden in Deutschland noch 3.812 Kinder adoptiert.[166] Ein sehr geringer Teil der Kinder wurde im Verwandtschaftsverhältnis (Onkel, Tante etc.) adoptiert, der größte Teil sind Stiefkindadoptionen.[167] In 264 Fällen der in Deutschland für das Jahr 2015 registrierten Adoptionen handelte es sich darüber hinaus um eine grenzüberschreitende Adoption, bei der das Kind zum Zwecke der Adoption ins Inland geholt wurde.[168] Auslandsadoptionen, deren Wirksamkeit über den Weg der Anerkennung im Inland erreicht werden soll, scheinen in der Statistik nicht auf. Auch diese Fälle gibt es jedoch, vgl. beispielsweise die Daten zu gleichgeschlechtlichen Fremdkindadoptionen oben unter dd). Die statistischen Daten zeigen jedoch letztlich, dass auch ein signifikanter Teil von Kindern in Adoptivfamilien groß wird und somit in der Regel nicht bei seinen genetischen Eltern lebt.

---

[165] Zu allem *Feldhaus/Huinink* in: Schwab/Vaskovics (Hrsg.), Pluralisierung von Elternschaft und Kindschaft, 2011, 77, 80.

[166] https://www.destatis.de/DE/ZahlenFakten/GesellschaftStaat/Soziales/Sozialleistungen/KinderJugendhilfe/Tabellen/Adoptionen.html (zuletzt geprüft am 10.2.2017).

[167] https://www.destatis.de/DE/ZahlenFakten/GesellschaftStaat/Soziales/Sozialleistungen/KinderJugendhilfe/Tabellen/Adoptionen2015.html (zuletzt geprüft am 10.2.2017).

[168] Statistisches Bundesamt, Statistiken der Kinder- und Jugendhilfe – Adoptionen, https://www.destatis.de/DE/Publikationen/Thematisch/Soziales/KinderJugendhilfe/Adoptionen5225201157004.pdf?__blob=publicationFile (zuletzt geprüft am 10.02.2017), 10.

hh) Pflegefamilien

Kinder wachsen heute darüber hinaus vermehrt in Pflegefamilien auf. Eingangs ist bereits festgestellt worden, dass Pflegeeltern grundsätzlich nicht rechtliche Eltern des Pflegekindes sind, sie nehmen jedoch (begrenzt) elterliche Aufgaben wahr und können somit durchaus eine soziale Elternstellung erlangen.[169] Die Pflegeelternschaft betrifft eine Konstellation, in der die rechtlichen Eltern für ein Kind nicht sorgen können oder wollen, und das Kind (entweder von den Eltern selbst oder durch den Staat initiiert) vorübergehend in Fremdbetreuung gegeben wird.[170] Charakteristisch ist hierbei, dass die elterliche Sorge und damit auch die Verantwortung für das Kind grundsätzlich bei den rechtlichen Eltern verbleibt.[171] Die Pflegeperson tritt somit nicht an die Stelle der Eltern, sie übernimmt aber faktisch die Pflege- und Erziehungsaufgaben im Alltag für ein für sie „fremdes" Kind. Lediglich dann, wenn die Eltern das Kind für längere Zeit in Familienpflege geben, kann das Familiengericht auf Antrag der Eltern oder der Pflegeperson einzelne Angelegenheiten der elterlichen Sorge auf die Pflegeperson übertragen. Die Pflegeperson nimmt dann die Rechtsstellung eines Pflegers ein, vgl. § 1630 III BGB. Fälle von Pflegeelternschaften sind in Deutschland nicht vernachlässigbar gering. 2015 wuchsen ca. 71.501 junge Menschen in Vollzeitpflege auf.[172] Davon wird jedes vierte Pflegekind durch Verwandte in Vollzeitpflege betreut, der überwiegende Rest durch Dritte.[173] Die Pflegesituationen sind oftmals nicht nur von kurzer Dauer (im Schnitt 3,6 Jahre, teils sogar 5 Jahre und länger), was Auswirkungen auf die Eltern-Kind-Beziehung zeitigt, auch wenn das Gesetz im Grundsatz von anderem ausgeht.[174]

c) Wandel der Familienleitbilder

Dass sich das gesellschaftliche Familienbild gewandelt hat, zeigt auch ein Blick auf die heute bestehenden Familienleitbilder. Als Familienleitbilder bezeichnet die soziologische Forschung allgemeine Vorstellungen davon, wie ein

---

[169] Eine rudimentäre Regelung der Pflegeelternschaft findet sich in §§ 1630 und 1688 BGB.

[170] *Dethloff,* Familienrecht, 2015, § 14 Rn. 1–3.

[171] *Schwab,* Familienrecht, 2016, 327 Rn. 709.

[172] https://www.destatis.de/DE/ZahlenFakten/GesellschaftStaat/Soziales/Sozialleis tungen/KinderJugendhilfe/Tabellen/HilfenErziehungAusElternhaus.html (zuletzt geprüft am 10.2.2017); zu 2014 *Scheiwe/Schuler-Harms/Walper u.a.,* BMFSFJ-Gutachten: Pflegefamilien als soziale Familien, ihre rechtliche Anerkennung und aktuelle Herausforderungen, 2016, 8.

[173] *Scheiwe/Schuler-Harms/Walper u.a.,* BMFSFJ-Gutachten: Pflegefamilien als soziale Familien, ihre rechtliche Anerkennung und aktuelle Herausforderungen, 2016, 4 m.w.N.

[174] *Scheiwe/Schuler-Harms/Walper u.a.,* BMFSFJ-Gutachten: Pflegefamilien als soziale Familien, ihre rechtliche Anerkennung und aktuelle Herausforderungen, 2016, 9 m.w.N. zu einschlägigen Zahlen in Fn. 18.

Familienleben konkret aussehen sollte bzw. wie der „Normalfall" aussieht.[175] Familienleitbilder lassen daher einen recht präzisen Rückschluss darauf zu, welche Vorstellungen von Abstammung und Elternschaft heute unser Zusammenleben prägen.

aa) Leitbild des Lebens in festen, stabilen und langandauernden Partnerschaften

Aktuellen Studien zufolge ist das *Leitbild des Lebens in festen, stabilen und langandauernden Partnerschaften* heute das vorherrschende Familienleitbild in Deutschland. Die überwiegende Zahl der in Deutschland lebenden Personen geht davon aus, dass ein Leben in Partnerschaften erforderlich ist, um glücklich zu sein.[176] Gleiches lässt sich in anderen europäischen Ländern feststellen, etwa in Frankreich, Italien, Ungarn oder Polen,[177] wenngleich dieses Leitbild nicht überall in Europa dieselbe Bedeutung hat.[178] Das Leitbild des Lebens in Paarbeziehungen hat allerdings keinen Ausschließlichkeitscharakter. Trotz der großen Befürwortung eines Lebens in Paarbeziehungen werden auch andere Formen des Zusammenlebens, wie etwa das *Singleleben,* sozial akzeptiert.[179]

Im „Normalfall" sollten sich gute Partnerschaften nach der Vorstellung der in Deutschland lebenden Personen heute vor allem dadurch auszeichnen, dass sie auf gegenseitiger Liebe gründen und dem anderen Partner hinreichend Freiräume zur Selbstverwirklichung gelassen werden.[180] Dies äußert sich auch darin, dass von einem höheren Maß an Gleichberechtigung und -verpflichtung der Partner

---

[175] *Schneider/Diabaté/Lück,* Studie der Konrad Adenauer Stiftung: Familienleitbilder in Deutschland, 2014, 6, 13 ff. m.w.N.; *Gründler/Dorbitz/Lück u.a.,* Studie des BiB: Familienleitbilder – Vorstellungen. Meinungen. Erwartungen., 2013, 7.

[176] *Schneider/Diabaté/Lück,* Studie der Konrad Adenauer Stiftung: Familienleitbilder in Deutschland, 2014, 19; Statistisches Bundesamt/Wissenschaftszentrum Berlin für Sozialforschung, Familie, Lebensformen und Kinder – Auszug aus dem Datenreport 2016, 2016, 74.

[177] *Schneider/Diabaté/Lück,* Studie der Konrad Adenauer Stiftung: Familienleitbilder in Deutschland, 2014, 19.

[178] In Schweden, Dänemark, Österreich und Spanien haben sich in Studien jeweils weniger als der Hälfte der Befragten für dieses Leitbild ausgesprochen *Schneider/Diabaté/Lück,* Studie der Konrad Adenauer Stiftung: Familienleitbilder in Deutschland, 2014, 19.

[179] *Schneider/Diabaté/Lück,* Studie der Konrad Adenauer Stiftung: Familienleitbilder in Deutschland, 2014, 19; *Beck-Gernsheim,* Was kommt nach der Familie?, 2010, 19; vgl. auch Statistisches Bundesamt/Wissenschaftszentrum Berlin für Sozialforschung, Familie, Lebensformen und Kinder – Auszug aus dem Datenreport 2016, 2016, 60. Zu Zahlen betreffend das Singleleben *Peuckert,* Familienformen im sozialen Wandel, 2012, 80 ff.

[180] *Gründler/Dorbitz/Lück u.a.,* Studie des BiB: Familienleitbilder – Vorstellungen. Meinungen. Erwartungen., 2013, 8; ähnlich die Befunde bei *Allmendinger/Haarbrücker/Fliegner,* WZB-Studie: Lebensentwürfe heute – Wie junge Frauen und Männer in Deutschland leben wollen, 2012, 26.

mit Blick auf Erwerbstätigkeit und Kindererziehung ausgegangen wird, als dies früher der Fall war.[181] Damit spiegelt sich auch in den Familienleitbildern die bereits im Abschnitt des Funktionswandels angesprochene Entwicklung der Familie zur Intimgruppe wider. Auch Familienleitbilder sind daher geprägt von der Vorstellung, dass sich Familien stärker an den Bedürfnissen der einzelnen Familienmitglieder orientieren sollten.

Voraussetzung für eine verfestigte Paarbeziehung ist nach den Vorstellungen der in Deutschland lebenden Personen heute nicht mehr, dass diese in der Form einer Ehe gelebt wird.[182] Auch nichteheliche Paarbeziehungen werden als Familien sozial akzeptiert und fallen unter das Leitbild des Lebens in festen, stabilen und langandauernden Partnerschaften. Auch eine Trennung der Partner und die Eingehung neuer Beziehungen sind nicht mehr „verpönt".[183] Mit Trennungen wird sogar zum Teil gerechnet und das Trennungsszenario in die Entscheidungsprozesse der Familiengründung mit einkalkuliert.[184]

bb) Leitbild des Zusammenlebens von Eltern
  mit ihren Kindern

In der ganz überwiegenden Zahl der Fälle gehört zum Leitbild der in Deutschland lebenden Personen von Familie das *Zusammenleben von Eltern mit ihren Kindern*. In einer repräsentativen Studie des Bundesinstituts für Bevölkerungsforschung (BiB) haben 85 % der befragten 20–39 Jährigen angegeben, dass sie sich eigene Kinder wünschen.[185] Diesen Befund bestätigen auch andere Befragungen mit ähnlich hohen Ergebnissen.[186] 40 % der Befragten der Studie des BiB sahen

---

[181] Vgl. die Zahlen bei *Gründler/Dorbitz/Lück u. a.,* Studie des BiB: Familienleitbilder – Vorstellungen. Meinungen. Erwartungen., 2013, 9; ganz ähnlich die Ergebnisse der forsa-Studie forsa. Gesellschaft für Sozialforschung und statistische Analysen mbH, Familie und Wahl, 2013, 18–20; ähnlich Institut für Demoskopie Allensbach, Familienbilder in Deutschland und Frankreich, 2013, 90.

[182] *Schneider/Diabaté/Lück,* Studie der Konrad Adenauer Stiftung: Familienleitbilder in Deutschland, 2014, 19; Statistisches Bundesamt/Wissenschaftszentrum Berlin für Sozialforschung, Familie, Lebensformen und Kinder – Auszug aus dem Datenreport 2016, 2016, 74.

[183] *Schneider/Diabaté/Lück,* Studie der Konrad Adenauer Stiftung: Familienleitbilder in Deutschland, 2014, 20.

[184] *Maier* in: Rupp (Hrsg.), Partnerschaft und Elternschaft bei gleichgeschlechtlichen Paaren, 2011, 167, 180 f.

[185] *Gründler/Dorbitz/Lück u. a.,* Studie des BiB: Familienleitbilder – Vorstellungen. Meinungen. Erwartungen., 2013, 11.

[186] *Allmendinger/Haarbrücker/Fliegner,* WZB-Studie: Lebensentwürfe heute – Wie junge Frauen und Männer in Deutschland leben wollen, 2012, 18 (84 % der Befragten wünschen sich eigene Kinder); Diese Befunde bestätigt auch eine representative Studie des Allensbach-Instituts, Institut für Demoskopie Allensbach, Familienbilder in Deutschland und Frankreich, 2013 10 (18 % der in Deutschland lebenden Personen wollen keine Kinder, 10 % der Franzosen wollen keine Kinder).

gemeinsame Kinder sogar als Merkmal einer guten Paarbeziehung an.[187] Das Zusammenleben von Eltern mit Kindern ist somit eines der zentralen Familienleitbilder in Deutschland.[188] Auch mit Blick auf dieses Leitbild gilt jedoch keine Ausschließlichkeit. Auch Kinderlosigkeit ist als Lebensform durchaus sozial akzeptiert.[189] Kinder zu bekommen wird daher nicht mehr als gesellschaftliche Pflicht angesehen, sondern stellt heute eine Option dar.[190] Auch im europäischen Vergleich bestätigt sich dies.[191]

Die Entscheidung für oder wider eine Elternschaft ist nach den Vorstellungen der in Deutschland lebenden Personen heute vom Status der Paarbeziehung weitgehend entkoppelt.[192] Lediglich ein geringer Teil der Befragten der BiB Studie (10 % in Ostdeutschland, 18 % in Westdeutschland) sah es für die Elternschaft als erforderlich an, verheiratet zu sein.[193] Ähnliche Befunde zeigen sich in anderen Studien zu Familienleitbildern.[194] Der Familienstand oder etwa auch die sexuelle Orientierung der Eltern spielt für die Einordnung einer Paarbeziehung mit Kindern als Familie nach den Vorstellungen der in Deutschland lebenden Personen heute ebenfalls keine entscheidende Rolle mehr. Die Studie des BiB ergab eine weit überwiegende Einigkeit darin (jew. über 80 %), dass Ehepaare mit Kindern, nichteheliche Lebenspartner mit Kindern und homosexuelle Paare mit Kindern jeweils als Familie anzusehen sind.[195]. Damit ist auch die genetische Abstammung an sich zwar eine bedeutende aber keine zwingende Voraussetzung für die Elternschaft mehr.[196] Auch das Vorhandensein von zwei Elternteilen ist keine

---

[187] *Gründler/Dorbitz/Lück u.a.,* Studie des BiB: Familienleitbilder – Vorstellungen. Meinungen. Erwartungen., 2013, 8.

[188] *Schneider/Diabaté/Lück,* Studie der Konrad Adenauer Stiftung: Familienleitbilder in Deutschland, 2014, 21; vgl. ähnlich auch *Beck-Gernsheim,* Was kommt nach der Familie?, 2010, 42, 77.

[189] *Gründler/Dorbitz/Lück u.a.,* Studie des BiB: Familienleitbilder – Vorstellungen. Meinungen. Erwartungen., 2013, 13 (59 % der Befragten sahen dies so).

[190] *Schneider/Diabaté/Lück,* Studie der Konrad Adenauer Stiftung: Familienleitbilder in Deutschland, 2014, 21, 22; *Allmendinger/Haarbrücker/Fliegner,* WZB-Studie: Lebensentwürfe heute – Wie junge Frauen und Männer in Deutschland leben wollen, 2012, 34; *Peuckert,* Familienformen im sozialen Wandel, 2012, 269.

[191] *Schneider/Diabaté/Lück,* Studie der Konrad Adenauer Stiftung: Familienleitbilder in Deutschland, 2014, 22.

[192] *Eckebrecht,* NZFam 2016, 673.

[193] *Gründler/Dorbitz/Lück u.a.,* Studie des BiB: Familienleitbilder – Vorstellungen. Meinungen. Erwartungen., 2013, 15.

[194] Institut für Demoskopie Allensbach, Familienbilder in Deutschland und Frankreich, 2013, 38; vgl. ähnlich Statistisches Bundesamt/Wissenschaftszentrum Berlin für Sozialforschung, Familie, Lebensformen und Kinder – Auszug aus dem Datenreport 2016, 2016, 74.

[195] *Gründler/Dorbitz/Lück u.a.,* Studie des BiB: Familienleitbilder – Vorstellungen. Meinungen. Erwartungen., 2013, 10.

[196] Siehe hierzu Studien aus Schweden, in denen die Wichtigkeit des genetischen Links zwischen Eltern und Kind nur von einer Minderheit als wichtig bezeichnet

Voraussetzung für Elternschaft, das Konzept alleinerziehender Elternschaft wird heute sozial akzeptiert.[197] Keine hinreichenden wissenschaftlichen Nachweise finden sich jedoch darauf, dass eine Elternschaft von mehr als zwei Personen zu den Familienleitbildern zählen würde, auch wenn es Berichte darüber gibt, dass derartige Konstellationen tatsächlich, z. B. von einem gleichgeschlechtlichen weiblichen und einem gleichgeschlechtlichen männlichen Paar mit einem genetisch mit jeweils einem Partner verwandten Kind, gelebt werden.[198]

cc) Leitbild verantwortete Elternschaft

Das vorherrschende Leitbild der Elternschaft ist heute jenes einer *verantworteten Elternschaft*.[199] Das bedeutet, dass neben der finanziellen Absicherung der Familie[200] heute auch immer mehr eine Rolle spielt, ob die betreffenden Elternteile auch die nötige Reife für eine Elternschaft mitbringen. Die Vorstellungen der in Deutschland lebenden Personen von der Übernahme der Elternschaft werden charakterisiert durch eine stabile Lebensplanung und eine Verantwortungsbereitschaft der angehenden Eltern.[201]

dd) Familienleitbilder der großen christlichen Kirchen in Deutschland

Einfluss auf unser gesellschaftliches Familienverständnis nehmen heute immer noch die Kirchen. Trotz steigender Zahl der Kirchenaustritte ist das Weltbild der Mehrheit der in Deutschland lebenden Personen christlich und damit kirchlich beeinflusst. Kirchliche Vorstellungen davon, wie Familie gelebt werden sollte, sind daher besonders interessant.

---

wurde, wichtiger hingegen sei, dass das Kind in seinem Verhalten die Eltern widerspiegle, *Isaksson/Skoog Svanberg/Sydsjö u.a.,* 26 Human Reproduction (2011) 853, 855 f.

[197] *Bergold/Rupp* in: Rupp (Hrsg.), Partnerschaft und Elternschaft bei gleichgeschlechtlichen Paaren, 2011, 119, 120.

[198] Vgl. den Bericht bei *Lode,* Leben mit drei Eltern, Süddeutsche Zeitung, 3.5.2017, R2; sowie *Lode,* Leben mit Mama und Mami, Süddeutsche Zeitung, 3.5.2017, R2; ebenso *Wittmann,* Lenjas Welt, Süddeutsche Zeitung, 14./15.10.2017, 13 ff.; *Buschner,* NZFam 2015, 1103, 1105; *Bergold/Rupp* in: Rupp (Hrsg.), Partnerschaft und Elternschaft bei gleichgeschlechtlichen Paaren, 2011, 119, 124.

[199] *Schneider/Diabaté/Lück,* Studie der Konrad Adenauer Stiftung: Familienleitbilder in Deutschland, 2014, 22.

[200] Eine finanzielle Absicherung sehen 80 % der Befragten in Westdeutschland und 75 % der Befragten in Ostdeutschland als erforderlich an, vgl. *Gründler/Dorbitz/Lück u.a.,* Studie des BiB: Familienleitbilder – Vorstellungen. Meinungen. Erwartungen., 2013, 15.

[201] *Schneider/Diabaté/Lück,* Studie der Konrad Adenauer Stiftung: Familienleitbilder in Deutschland, 2014, 7, 21 ff.

(1) Evangelische Kirche in Deutschland

Der Rat der Evangelischen Kirche in Deutschland hat mit einer kontrovers diskutierten[202] Orientierungsschrift, die bewusst nicht als Denkschrift verfasst wurde,[203] vor wenigen Jahren sein Familienleitbild neu ausgerichtet.[204] Ausgangspunkt des neuen Familienleitbildes ist der oben beschriebene familiale Wandel. Angesichts gravierender gesellschaftlicher Veränderungen seien traditionelle Familienbilder ins Wanken geraten, so die Orientierungsschrift.[205] Gleichzeitig sei allerdings ein unbenommenes Streben zur Zugehörigkeit zu und zur Gründung von Familien festzustellen.[206] Familie werde dabei in ganz unterschiedlichen Formen gelebt. Das neu orientierte Familienleitbild nimmt diesen Befund auf und nimmt einen strukturfunktionalen Blickwinkel auf die Familie ein:[207] Familie zeichne sich insbesondere durch eine dauerhafte, auch generationenübergreifende Verbindung von Menschen aus, die miteinander Verantwortungs- und Fürsorgebeziehungen verbindlich eingehen.[208] Der einzelne Mensch lebe als Familienmitglied in der Familie einerseits seine autonome Eigenständigkeit, er sei aber gleichzeitig angewiesen auf die Unterstützung der übrigen Familienangehörigen, die die Eigenständigkeit des Einzelnen erst ermöglichten.[209] Damit stellt die EKD die Autonomie des Einzelnen, dessen Angewiesenheit auf andere und die Verantwortungsübernahme füreinander in das Zentrum ihres Familienleitbildes. Diese strukturfunktionalen Elemente fänden sich in vielgestaltigen Familienformen wieder, so die Orientierungsschrift, sei es in der klassischen Kleinfamilie,

---

[202] *Schneider,* Begrüßung zum Theologischen Symposium des Rates der EKD zur Orientierungshilfe „Zwischen Autonomie und Angewiesenheit – Familie als verlässliche Gemeinschaft stärken", http://www.ekd.de/download/20130928_schneider_ein fuehrung_symposium.pdf (zuletzt geprüft am 02.03.2017), der Vorsitzende des Rats der EKD spricht von sehr positiven Rückmeldungen bis hin zu diffamierenden Kommentaren.

[203] *Härle,* Die Orientierungshilfe (OH) der EKD „Zwischen Autonomie und Angewiesenheit" – Eine kritische Stellungnahme in konstruktiver Absicht, http://www.ekd. de/download/20130928_haerle_symposium.pdf (zuletzt geprüft am 02.03.2017), 2 (um eine breite Diskussion anzustoßen).

[204] Rat der Evangelischen Kirche in Deutschland (EKD), Zwischen Autonomie und Angewiesenheit, 2013.

[205] Rat der Evangelischen Kirche in Deutschland (EKD), Zwischen Autonomie und Angewiesenheit, 2013, 23.

[206] Rat der Evangelischen Kirche in Deutschland (EKD), Zwischen Autonomie und Angewiesenheit, 2013, 29.

[207] Aufgrund des geringen Anteils an theologischer Argumentation kritisch *Tanner,* Stellungnahme zur Orientierungshilfe der EKD „Zwischen Autonomie und Angewiesenheit", http://www.ekd.de/download/20130928_tanner_symposium.pdf (zuletzt geprüft am 02.03.2017), 3 ff.

[208] Rat der Evangelischen Kirche in Deutschland (EKD), Zwischen Autonomie und Angewiesenheit, 2013, 22, 26.

[209] Rat der Evangelischen Kirche in Deutschland (EKD), Zwischen Autonomie und Angewiesenheit, 2013, 20–22.

sei es in Stief-, Pflege- oder Adoptionsfamilien. Auch bei Familien von gleichgeschlechtlichen Partnern mit Kindern seien diese Merkmale vorhanden,[210] das gelte sogar unabhängig davon, ob es sich um Reproduktionsfamilien handelt.[211] Damit sieht die Evangelische Kirche in Deutschland jede Lebensform als Familie an, die die o. g. strukturfunktionalen Elemente verwirklicht.

Dieses Familienbild verankert der Rat der EKD letztlich auch theologisch. Familie habe in der Bibel eine herausragende Bedeutung, dort heißt es gleich zu Beginn im 1. Buch Mose: „Es ist nicht gut, dass der Mensch allein bleibt." (1. Buch Mose 2,18). Dieses Zitat stellt die EKD an den Anfang ihrer Neuorientierung des Familienleitbildes.[212] Die Vielfalt der Formen, in der Familie gelebt werde, sei historisch gesehen der Normalfall,[213] auch die Bibel enthalte eine Vielzahl von familiären Lebensformen:[214] Die Orientierungsschrift erwähnt hierbei etwa das Zusammenleben zweier Schwestern als familiäre Lebensform mit dem Verweis auf die beiden Jüngerinnen Maria und Martha (Lukas 10, 38–42, Johannes 11, 1–44 und Johannes 12, 1–8). Die Mehrgenerationenfamilie wird mit dem Verweis auf das Zusammenleben von Noomie und Rut im Buch Rut angesprochen. Als eine den herkömmlichen Familienformen ganz verschiedene Lebensform nennt die Orientierungsschrift das Zusammenleben von Jesus mit seinen Jüngern, der seine eigene Familie an einigen Stellen in der Bibel sogar zurückweist (als Junge im Tempel bei Lukas 2, 48–50 und später Lukas 8, 19–21, vgl. noch deutlicher bei Markus 3, 31–35).[215] Auch komplexere Gestaltungen von Familienformen, die die Orientierungsschrift vorsichtig (?) Patchwork-Fami-

---

[210] Rat der Evangelischen Kirche in Deutschland (EKD), Zwischen Autonomie und Angewiesenheit, 2013, 22. Zu den theologischen Problemen der Begründung der Eheschließung gleichgeschlechtlicher Paare in der protestantischen Lehre siehe *Markschies,* Einleitung zum theologischen Symposium über die Orientierungshilfe des Rates der EKD in Deutschland „Zwischen Autonomie und Angewiesenheit. Familie als verlässliche Gemeinschaft stärken", http://www.ekd.de/download/20130928_markschies_symposium.pdf (zuletzt geprüft am 02.03.2017). Kritisch dazu *Horn,* Stellungnahme zur Orientierungshilfe der EKD „Zwischen Autonomie und Angewiesenheit", http://www.ekd.de/download/20130928_horn_symposium.pdf (zuletzt geprüft am 02.03.2017), 2, der in dem strukturfunktionalen Ansatz eine ungerechtfertigte Herabstufung der Ehe sieht.

[211] Rat der Evangelischen Kirche in Deutschland (EKD), Zwischen Autonomie und Angewiesenheit, 2013, 66. Dem zustimmend *Gerber,* Wie wird Ehe- und Familienethik „schriftgemäß"? Eine Zustimmung zur Orientierungshilfe, http://www.ekd.de/download/20130928_gerber_symposium.pdf (zuletzt geprüft am 02.03.2017).

[212] Rat der Evangelischen Kirche in Deutschland (EKD), Zwischen Autonomie und Angewiesenheit, 2013, 11.

[213] Rat der Evangelischen Kirche in Deutschland (EKD), Zwischen Autonomie und Angewiesenheit, 2013, 11.

[214] Rat der Evangelischen Kirche in Deutschland (EKD), Zwischen Autonomie und Angewiesenheit, 2013, 56 ff.

[215] Rat der Evangelischen Kirche in Deutschland (EKD), Zwischen Autonomie und Angewiesenheit, 2013, 60.

lien nennt, werden mit dem Verweis auf das Zusammenleben von Jakob, Lea und Rahel und ihren Kindern (Genesis 29, 1–30 und Genesis 30 1–24) sowie Abraham, Sarah und Hagar (Genesis 16, 1–16) genannt.

Bei den beiden letztgenannten Familienformen handelt es sich genau genommen sogar um Leihmutterschaftskonstellationen. Die Geschichte um Abraham, Sarah und Hagar aus dem Buch Genesis (Genesis 16, 1–16) stellt den wohl bekanntesten Nachweis einer biblischen Leihmutterschaftskonstellation dar.[216] Hagar, die ägyptische Magd von Sarah, Abrahams zunächst unfruchtbarer Frau, gebiert ein Kind (Ismael), das sie von dem schon 86-jährigen Abraham empfangen hatte. Sarah erhoffte sich so, ein eigenes Kind zu erhalten. Dies wird in Genesis 16, 2 deutlich, wo es heißt: „Vielleicht komme ich durch sie zu einem Sohn." Dass sich dieser Wunsch aufgrund des zerrütteten Verhältnisses von Hagar und Sarah nicht erfüllt, ist bekannt. Anders sieht es hingegen im Fall von Jakob, Lea und Rahel aus. Jakob, der unter einer List seines Onkels Laban dazu gebracht worden war, beide Töchter seines Onkels, Lea und Rahel, zu ehelichen, liebte eigentlich nur Rahel. Diese blieb allerdings zunächst unfruchtbar. Mit Lea zeugte Jakob aber vier Söhne. Als Rahel sah, dass sie Jakob keine Kinder gebar, wurde sie eifersüchtig auf ihre Schwester. Sie gab Jakob ihre Magd Bilha, damit diese schwanger werden und „auf [ihre] Knie gebären"[217] würde, denn so würde auch Rahel zu Kindern kommen. Bilha wurde schwanger und gebar Jakob einen Sohn. Dass Rahel diesen als eigenen Sohn betrachtete zeigt sich an dem Ausspruch Rahels, die auf die Geburt des Sohnes sagt: „Gott hat mir Recht verschafft; er hat auch meine Stimme gehört und mir einen Sohn geschenkt." Das ändert sich auch nach der späteren eigenen Schwangerschaft Rahels nicht, die mit dem durch sie selbst geborenen Kind einen *weiteren* Sohn bekommt: „Gott hat die Schande von mir genommen. Sie nannte ihn Josef (Zufüger) und sagte: Der Herr gebe mir noch einen anderen Sohn hinzu." (Genesis 30, 23, 24). Auch Lea gab im Verlauf der Geschichte Jakob ihre Magd Silpa zur Frau, damit diese für sie weitere Kinder gebar. Es handelt sich daher um eine durchaus komplizierte Leihmutterschaftskonstellation unter Einbezug zweier Leihmütter, Bilha und Silpa.

Dass die Orientierungsschrift auf diese beiden biblischen Fundstellen verweist, bedeutet freilich nicht, dass sich die EKD nun offen zur Leihmutterschaft bekennen würde. Der Verweis zeigt allerdings, dass selbst die Bibel derartige Konstellationen nicht kategorisch ausschließt, sondern eine Vielfalt der Lebensformen kennt. Darüber hinaus bedeutet der Einbezug von gleichgeschlechtlichen Familien in der Form von Reproduktionsfamilien auch nicht, dass die EKD ihre grundlegende Meinung zu medizinisch-assistierter Reproduktion revidiert hätte. Der Rat der EKD vertritt einen Standpunkt reservierter Offenheit gegenüber me-

---

[216] Dazu etwa *Inglis,* Scots Law Times 2014, 105.
[217] Genesis 30, 3.

dizinisch-assistierter Reproduktion. In einer 1985 veröffentlichten Schrift[218] erkennt der Rat der EKD die Notwendigkeit an, Personen mit Kinderwunsch auch
im Wege extra-korporaler Zeugung zu helfen. Auch alleinstehenden Frauen
spricht er generell den Zugang zu medizinisch-assistierter Reproduktion nicht
ab. Einer extra-korporalen Befruchtung im heterologen System und einer Leihmutterschaft steht der Rat allerdings ablehnend gegenüber, da sie die Einheitlichkeit der Elternschaft durchbrechen würden. 1987 hat sich mit dieser Thematik
die 7. Synode der EKD befasst. Die Beschlüsse, die eine grundsätzliche Skepsis
und Ablehnung extra-korporaler medizinisch-assistierter Reproduktion und medizinisch-assistierter Reproduktion im heterologen System beinhalten und damit
reservierter sind als der Standpunkt des Rats der EKD, sind in einem Büchlein
veröffentlicht, das auch online abrufbar ist.[219]

(2) Katholische Kirche

Das Familienleitbild der Katholischen Kirche ist im Vergleich mit jenem der
EKD deutlich konservativer. Es bezieht sich im Wesentlichen auf die Kernfamilie von verschiedengeschlechtlichen Ehegatten mit genetisch von diesen abstammenden Kindern. Die Ehe gilt – anders als im Verständnis der EKD – nicht als
„weltlich Ding", sondern als Sakrament.[220] Diese hervorgehobene Stellung der
Ehe in der katholischen Lehre erschwert in gewisser Weise bereits strukturell
einen offenen Umgang mit alternativen Familienformen, da sich ein solcher aus
der kirchlichen Lehre selbst heraus entwickeln müsste. Das Familienleitbild der
Katholischen Kirche bleibt daher auch unter Papst Franziskus ein klassisch an
der Ehe von Mann und Frau orientiertes. Dies geht hervor aus dem nachsynodalen apostolischen Schreiben des Papstes „Amoris Laetitia" aus dem Jahr 2016.[221]
Angesichts der sich gesellschaftlich vollziehenden Wandlungen familialer Lebensformen und eingehender Diskussion hierüber in den Kirchen will das Schreiben anhand der biblischen Überlieferungen jedoch nicht blind vor gesellschaft-

---

[218] Kirchenamt der Evangelischen Kirche in Deutschland (EKD), EKD-Texte: Zur
Achtung vor dem Leben – Maßstäbe für Gentechnik und Fortpflanzungsmedizin, http://
www.ekd.de/EKD-Texte/achtungvordemleben_1987.html (zuletzt geprüft am 02.03.
2017), Anhang.

[219] Kirchenamt der Evangelischen Kirche in Deutschland (EKD), EKD-Texte: Zur
Achtung vor dem Leben – Maßstäbe für Gentechnik und Fortpflanzungsmedizin, http://
www.ekd.de/EKD-Texte/achtungvordemleben_1987.html (zuletzt geprüft am 02.03.
2017).

[220] Papst Franziskus, Nachsynodales apostolisches Schreiben „Amoris Laetitia" –
Über die Liebe in der Familie, http://w2.vatican.va/content/dam/francesco/pdf/apost_
exhortations/documents/papa-francesco_esortazione-ap_20160319_amoris-laetitia_ge.pdf
(zuletzt geprüft am 03.03.2017), 57 ff., 65 f.

[221] Papst Franziskus, Nachsynodales apostolisches Schreiben „Amoris Laetitia" –
Über die Liebe in der Familie, http://w2.vatican.va/content/dam/francesco/pdf/apost_
exhortations/documents/papa-francesco_esortazione-ap_20160319_amoris-laetitia_ge.pdf
(zuletzt geprüft am 03.03.2017).

licher Realität und selbstkritisch das Familienbild der Katholischen Kirche justieren. Die Kirche will hierbei nicht allzu lehramtlich (idealisiert) auftreten, sondern mit Barmherzigkeit auch jenen Familien begegnen, die nicht dem in der Bibel verankerten Idealbild entsprechen.[222] Wer sich angesichts dieser Zielsetzung eine Öffnung der Katholischen Kirche für die Vielfalt der Lebensformen erhofft hatte, wurde von dem Schreiben enttäuscht.[223] Die Ehe von Mann und Frau wird auch weiterhin als das Ideal familiären Zusammenlebens gesehen. Sie bleibt Sakrament und erfüllt mit ihrer Charakteristik eines gegenseitigen Einstehens füreinander und die Ausrichtung auf die Fortpflanzung in den Augen der Kirche eine enorm wichtige gesellschaftliche Funktion.[224] Alle anderen Beziehungsformen sind nach der Lehrmeinung der Katholischen Kirche der Ehe gegenüber unvollkommen. Dies gilt etwa beispielsweise dann, wenn Menschen ohne Trauschein zusammenleben, es sich um Geschiedene oder gleichgeschlechtliche Paare handelt.[225] Auch diese Lebensformen sind im Sinne der Katholischen Kirche zwar Familien, sie entsprechen dem Ideal der Ehe allerdings nicht.

Mit Blick auf Fragen der medizinisch-assistierten Fortpflanzung und Reproduktionsfamilien besteht in der Katholischen Kirche eine klare Ablehnung jeglicher assistierter Reproduktion,[226] das gilt auch für das homologe System[227] und

---

[222] Papst Franziskus, Nachsynodales apostolisches Schreiben „Amoris Laetitia" – Über die Liebe in der Familie, http://w2.vatican.va/content/dam/francesco/pdf/apost_exhortations/documents/papa-francesco_esortazione-ap_20160319_amoris-laetitia_ge.pdf (zuletzt geprüft am 03.03.2017), 27 ff.

[223] Vgl. beispielhaft für die kontroverse Aufnahme des Schreibens in der Medienberichterstattung *Keller*, Wie katholisch ist die Liebe?, Der Tagesspiegel Online vom 8.4.2016, http://www.tagesspiegel.de/politik/papst-schreiben-zu-ehe-und-familie-wie-katholisch-ist-die-liebe/13423168.html (zuletzt geprüft am 13.03.2017).

[224] Papst Franziskus, Nachsynodales apostolisches Schreiben „Amoris Laetitia" – Über die Liebe in der Familie, http://w2.vatican.va/content/dam/francesco/pdf/apost_exhortations/documents/papa-francesco_esortazione-ap_20160319_amoris-laetitia_ge.pdf (zuletzt geprüft am 03.03.2017), 16 f., 62 ff., 74.

[225] Papst Franziskus, Nachsynodales apostolisches Schreiben „Amoris Laetitia" – Über die Liebe in der Familie, http://w2.vatican.va/content/dam/francesco/pdf/apost_exhortations/documents/papa-francesco_esortazione-ap_20160319_amoris-laetitia_ge.pdf (zuletzt geprüft am 03.03.2017), 50, 72 f., 222.

[226] Kongregation für die Glaubenslehre, Instruktion über die Achtung vor dem beginnenden menschlichen Leben und die Würde der Fortpflanzung, http://www.vatican.va/roman_curia/congregations/cfaith/documents/rc_con_cfaith_doc_19870222_respect-for%20human-life_ge.html (zuletzt geprüft am 03.03.2017), dort heißt es unter II. A. 2.: „Der Rückgriff auf die Keimzellen einer dritten Person, um den Samen oder die Eizelle zur Verfügung zu haben, bedeutet einen Bruch der gegenseitigen Verpflichtung der Eheleute und eine schwere Verfehlung in Hinblick auf eine wesentliche Eigenschaft der Ehe, nämlich ihre Einheit".

[227] Kongregation für die Glaubenslehre, Instruktion über die Achtung vor dem beginnenden menschlichen Leben und die Würde der Fortpflanzung, http://www.vatican.va/roman_curia/congregations/cfaith/documents/rc_con_cfaith_doc_19870222_respect-for%20human-life_ge.html (zuletzt geprüft am 03.03.2017), unter II.B.5. heißt es: „ein homologes FIVET-Verfahren, das von jeder kompromittierenden Verbindung mit der

erst recht für die Leihmutterschaft.[228] Deutlich wird diese Haltung in der Instruktion „Donum Vitae", die die Glaubenskongregation des Vatikans 1987 unter Josef Ratzinger herausgegeben hat,[229] und deren Linie in der Instruktion „Dignitas Personae" aus dem Jahr 2008 fortgesetzt wird.[230] Auch das nachsynodale apostolische Schreiben von Papst Franziskus bestätigt diese Haltung,[231] in dem die Adoption als das Mittel zur Erfüllung des Kinderwunschs bei Unfruchtbarkeit der Ehegatten angesehen wird.[232]

So starr und unflexibel dies in manchen Ohren klingen mag, Papst Franziskus lässt für alternative Familienformen allerdings eine Hintertür offen: Bereits eingangs des nachsynodalen Schreibens klingt an, dass Franziskus an der Maßgeblichkeit der katholischen Lehrmeinung für die Praxis festhält. Er betrachtet es aber, insbesondere angesichts der kulturellen Unterschiede in den jeweiligen Ländern, durchaus als unschädlich, wenn die ein oder andere Frage oder Schlussfolgerung divergierend interpretiert wird.[233] Das gibt Raum für die Annahme al-

---

Abtreibungspraxis, der Zerstörung von Embryonen und der Masturbation frei wäre – [bleibt] eine moralisch unerlaubte Technik, weil sie die menschliche Fortpflanzung der ihr eigenen und naturgemäßen Würde beraubt".

[228] Kongregation für die Glaubenslehre, Instruktion über die Achtung vor dem beginnenden menschlichen Leben und die Würde der Fortpflanzung, http://www.vatican.va/ roman_curia/congregations/cfaith/documents/rc_con_cfaith_doc_19870222_respect-for %20human-life_ge.html (zuletzt geprüft am 03.03.2017). Unter II.A.3. heißt es: „[Die Leihmutterschaft] steht im Gegensatz zur Einheit der Ehe und zur Würde der Fortpflanzung der menschlichen Person. Die Ersatzmutterschaft stellt einen objektiven Verstoß gegenüber den Pflichten der Mutterliebe, der ehelichen Treue und der verantwortlichen Mutterschaft dar; sie beleidigt die Würde und das Recht des Kindes, von den eigenen Eltern empfangen, ausgetragen, zur Welt gebracht und erzogen zu werden; sie führt zum Schaden der Familie eine Trennung zwischen den physischen, psychischen und moralischen Elementen ein, aus denen die Familie besteht".

[229] Kongregation für die Glaubenslehre, Instruktion über die Achtung vor dem beginnenden menschlichen Leben und die Würde der Fortpflanzung, http://www.vatican.va/ roman_curia/congregations/cfaith/documents/rc_con_cfaith_doc_19870222_respect-for %20human-life_ge.html (zuletzt geprüft am 03.03.2017).

[230] Kongregation für die Glaubenslehre, Instruktion Dignitas Personae – Über einige Fragen der Biomedizin, http://www.vatican.va/roman_curia/congregations/cfaith/do cuments/rc_con_cfaith_doc_20081208_dignitas-personae_ge.html (zuletzt geprüft am 03.03.2017).

[231] Papst Franziskus, Nachsynodales apostolisches Schreiben „Amoris Laetitia" – Über die Liebe in der Familie, http://w2.vatican.va/content/dam/francesco/pdf/apost_ exhortations/documents/papa-francesco_esortazione-ap_20160319_amoris-laetitia_ge.pdf (zuletzt geprüft am 03.03.2017), 75.

[232] Papst Franziskus, Nachsynodales apostolisches Schreiben „Amoris Laetitia" – Über die Liebe in der Familie, http://w2.vatican.va/content/dam/francesco/pdf/apost_ exhortations/documents/papa-francesco_esortazione-ap_20160319_amoris-laetitia_ge.pdf (zuletzt geprüft am 03.03.2017), 157 f.

[233] Papst Franziskus, Nachsynodales apostolisches Schreiben „Amoris Laetitia" – Über die Liebe in der Familie, http://w2.vatican.va/content/dam/francesco/pdf/apost_ exhortations/documents/papa-francesco_esortazione-ap_20160319_amoris-laetitia_ge.pdf (zuletzt geprüft am 03.03.2017), 4.

ternativer Lebensformen, auch wenn die Lehrmeinung in ihnen nicht das Ideal erblicken mag.

2. Segmentierung und Pluralisierung von Elternschaft

In den vorangehenden Abschnitten ist herausgearbeitet worden, dass sich die gesellschaftlichen Vorstellungen davon, wie Familie, Abstammung und Elternschaft gelebt werden sollten, und die Formen, wie Abstammung und Elternschaft tatsächlich gelebt werden, gewandelt haben. Dieser Wandel bringt aber nicht nur vielgestaltige Familienformen hervor,[234] es entstehen durch neue Familienkonstellationen auch differenziertere, zum Teil auch bislang unbekannte Elternschafts- und Kindschaftskonstellationen.[235] Das führt zu einem Phänomen, das in der sozialwissenschaftlichen Literatur erst in jüngerer Zeit vertieft aufgegriffen wurde und das als Segmentierung und Pluralisierung von Elternschaft beschrieben worden ist.[236] Gemeint ist hiermit Folgendes:

a) Was ist Segmentierung und Pluralisierung von Elternschaft?

Elternschaft lässt sich anhand der sie konstituierenden Faktoren in verschiedene Teile, d.h. Segmente, untergliedern. Genauer gesagt: Ein Elternteil kann Elternteil aufgrund seiner genetischen, biologischen, sozialen, und/oder rechtlichen Verbindung zu seinem Kind sein. Die Untergliederung der Elternschaft in einzelne Segmente anhand deren Entstehungszusammenhang wird in der sozialwissenschaftlichen Forschung als *Segmentierung von Elternschaft* bezeichnet.[237]

In einer Elternperson können alle Segmente der Elternschaft gleichzeitig verwirklicht sein, das muss allerdings nicht der Fall sein. Eine Verteilung der Segmente auf mehrere Personen ist denkbar. Betrachtet man etwa ein im „Normalitätsentwurf" der klassischen Kleinfamilie von Ehegatten aufwachsendes Kind, so sind die Eltern dieses Kindes gleichzeitig dessen genetische, biologische, soziale und rechtliche Eltern. Die verschiedenen Segmente der Elternschaft sind in einer Elternperson vereint, die soziologische Forschung nennt dies *Volleltern-*

---

[234] Zur Diversifizierung der Paarbeziehungen siehe *Röthel,* StAZ 2006, 34, 36.

[235] Eingehend *Vaskovics* in: Schwab/Vaskovics (Hrsg.), Pluralisierung von Elternschaft und Kindschaft, 2011, 11, 13 f.

[236] *Vaskovics* in: Schwab/Vaskovics (Hrsg.), Pluralisierung von Elternschaft und Kindschaft, 2011, 11, 14. *Vaskovics,* RdJB 2016, 194. Zur bereits länger diskutierten Fragmentierung von Elternschaft in biologische und soziale Elternschaft *Hoffmann-Riem* in: Nave-Herz/Markefka (Hrsg.), Handbuch der Familien- und Jugendforschung, 1989, 389. Hierzu auch *Walper/Bovenschen/Entleitner-Phleps u.a.* in: Röthel/Heiderhoff (Hrsg.), Regelungsaufgabe Mutterstellung – Was kann, was darf, was will der Staat?, 2016, 31 ff. Eingehend hierzu auch *Sanders,* Mehrelternschaft, 2017 (im Erscheinen), Teil 3; *Brosius-Gersdorf,* RdJB 2016, 136.

[237] *Vaskovics* in: Schwab/Vaskovics (Hrsg.), Pluralisierung von Elternschaft und Kindschaft, 2011, 11, 14.

schaft.[238] Wächst hingegen ein im Wege heterologer Samenspende gezeugtes Kind in einer Reproduktionsfamilie auf, so sind nicht alle Segmente der Vaterschaft in einer Vaterperson vereint. Das Kind hat in diesem Fall einen sozialen und rechtlichen Vater (z. B. den in die heterologe Zeugung einwilligenden Ehemann der Geburtsmutter), der aber nicht genetischer Vater des Kindes ist. Genetischer Vater des Kindes ist hingegen der Samenspender. Die Sozialwissenschaft spricht hier insoweit von *Teil-Elternschaften,* d. h. die Elternschaft wird mit Blick auf ihren Begründungszusammenhang auf den sie konstituierenden Teil umgrenzt.[239] Durch das Entfallen einzelner Elternschaftssegmente auf unterschiedliche Personen tritt letztlich eine Vervielfältigung der Elternpersonen ein. Aus einem Vollelternteil werden mehrere Teil-Elternteile. Man spricht insoweit von *Pluralisierung der Elternschaft.*[240]

Pluralisierung von Elternschaft ist kein neues Phänomen. Ein Auseinanderfallen der einzelnen Elternschaftssegmente und deren Verteilung auf verschiedene Personen ist seit jeher schon möglich.[241] Beispielsweise fallen genetische, biologische Elternschaft einerseits und soziale und rechtliche Elternschaft andererseits bei der Adoption auseinander.[242] Auch ein Seitensprung in der Ehe führt zu einer Pluralisierung von Elternschaft, da der Scheinvater als rechtlicher und sozialer Vater des Kindes nicht sogleich genetischer und biologischer Elternteil des Kindes ist.[243] Auch bei der Kindesvertauschung fallen soziale Elternschaft einerseits, rechtliche, genetische und biologische Elternschaft andererseits auseinander.[244] Neu ist an dem Phänomen der Segmentierung und Pluralisierung von Elternschaft jedoch, dass das durch das Leben moderner Familienformen bewirkte Auseinanderfallen der Elternschaftssegmente heute viel mehr auf dem Konsens der Beteiligten beruht, oft sogar gerade gewollt ist,[245] wohingegen früher ganz wesentlich familien-externe Faktoren, wie z. B. eine hohe Sterblichkeit, die zu häufiger Wiederheirat und somit zu zahlreichen Stieffamilienkonstellationen führte,

---

[238] *Vaskovics* in: Schwab/Vaskovics (Hrsg.), Pluralisierung von Elternschaft und Kindschaft, 2011, 11, 18.

[239] *Vaskovics* in: Schwab/Vaskovics (Hrsg.), Pluralisierung von Elternschaft und Kindschaft, 2011, 11, 14, 18.

[240] *Peuckert,* Familienformen im sozialen Wandel, 2012, 21, 404.

[241] *Vaskovics* in: Schwab/Vaskovics (Hrsg.), Pluralisierung von Elternschaft und Kindschaft, 2011, 11, 15; *Peuckert,* Familienformen im sozialen Wandel, 2012, 13.

[242] *Vaskovics* in: Schwab/Vaskovics (Hrsg.), Pluralisierung von Elternschaft und Kindschaft, 2011, 11, 13; *Walper* in: Götz/Schwenzer/Seelmann u. a. (Hrsg.), Familie – Recht – Ethik, 2014, 889.

[243] *Vaskovics* in: Schwab/Vaskovics (Hrsg.), Pluralisierung von Elternschaft und Kindschaft, 2011, 11, 13; *Walper* in: Götz/Schwenzer/Seelmann u. a. (Hrsg.), Familie – Recht – Ethik, 2014, 889.

[244] Vgl. eingehend zur Kindesvertauschung *Willems,* NZFam 2016, 445.

[245] *Beck-Gernsheim,* Was kommt nach der Familie?, 2010, 21, 58 f.; *Peuckert,* Familienformen im sozialen Wandel, 2012, 13.

für eine Pluralisierung der Elternschaft verantwortlich waren.[246] Die gestiegenen Scheidungsraten, die Instabilität nichtehelicher Lebensgemeinschaften und die Bildung von Stieffamilien fördern heute die Wahrscheinlichkeit, dass es zu einer Pluralisierung von Elternschaft kommt.[247] Auch die Fortentwicklung medizinisch-assistierter Reproduktion fördert eine Pluralisierung von Elternschaft.[248]

b) Elternschaftssegmente im Einzelnen

Unter den verschiedenen Elternschaftssegmenten versteht die Soziologie Folgendes:[249] Als *rechtliche Eltern* werden all jene Personen bezeichnet, die in einem abstammungsrechtlichen Eltern-Kind-Verhältnis zum Kind stehen.[250] Rechtliche Elternteile sind demnach die Geburtsmutter (§ 1591 BGB), der Ehemann der Geburtsmutter (§ 1592 Nr. 1 BGB), der die Vaterschaft anerkennende Mann (§ 1592 Nr. 2 BGB) und der Mann, dessen Vaterschaft gerichtlich festgestellt worden ist (§ 1592 Nr. 3 BGB). Rechtliche Elternteile sind aber auch die Adoptiveltern, da zwischen dem Annehmenden und dem Angenommenen ein abstammungsrechtliches Eltern-Kind-Verhältnis begründet wird (§ 1754 BGB).

Als *soziale Eltern* werden hingegen Personen begriffen, die die tatsächliche Verantwortung für ein Kind übernommen haben und diese i. S. e. „situuative[n] Ausübung der in der Elternrolle enthaltenen gesellschaftlich sanktionierten Normen"[251] tragen. Der Kreis potentieller sozialer Eltern ist damit nicht auf die rechtlichen Eltern eines Kindes beschränkt. Vielmehr können auch andere Personen soziale Eltern eines Kindes sein, wenn sie die tatsächliche Verantwortung für ein Kind tragen. Das können etwa entfernter verwandte Personen wie Großeltern,

---

[246] *Peuckert,* Familienformen im sozialen Wandel, 2012, 13.

[247] *Walper* in: Götz/Schwenzer/Seelmann u. a. (Hrsg.), Familie – Recht – Ethik, 2014, 889, 891; *Vaskovics* in: Schwab/Vaskovics (Hrsg.), Pluralisierung von Elternschaft und Kindschaft, 2011, 11, 13; *Peuckert,* Familienformen im sozialen Wandel, 2012, 330 ff.

[248] *Beck-Gernsheim,* Was kommt nach der Familie?, 2010, 119.

[249] So im rechtlichen Kontext der Leihmutterschaft auch *Lederer,* Grenzenloser Kinderwunsch – Leihmutterschaft im nationalen, europäischen und globalen rechtlichen Spannungsfeld, 2016, 25 f.

[250] *Vaskovics* in: Schwab/Vaskovics (Hrsg.), Pluralisierung von Elternschaft und Kindschaft, 2011, 11, 17; *Scheiwe/Schuler-Harms/Walper u. a.,* BMFSFJ-Gutachten: Pflegefamilien als soziale Familien, ihre rechtliche Anerkennung und aktuelle Herausforderungen, 2016, 4 Fn. 2.

[251] *Vaskovics* in: Schwab/Vaskovics (Hrsg.), Pluralisierung von Elternschaft und Kindschaft, 2011, 11, 15; *Scheiwe/Schuler-Harms/Walper u. a.,* BMFSFJ-Gutachten: Pflegefamilien als soziale Familien, ihre rechtliche Anerkennung und aktuelle Herausforderungen, 2016, 4 Fn. 2 (gemeinsame Wohnung erforderlich); ähnlich Arbeitskreis Abstammungsrecht des BMJV, Abschlussbericht – Empfehlungen für eine Reform des Abstammungsrechts, 2017, 22; ähnlich auch *Helms* in: Ständige Deputation des Deutschen Juristentages (Hrsg.), Rechtliche, biologische und soziale Elternschaft – Herausforderungen durch neue Familienformen, 2016, F 1, F 9.

Onkel oder Tanten sein, die beispielsweise als Pflegeeltern fungieren. Sozialer Elternteil können aber auch ein Stiefelternteil oder im Einzelfall sogar Mitarbeiter einer Jugendhilfeeinrichtung sein.[252] Letztlich ist vor dem Hintergrund der o. g. Definition von sozialer Elternschaft sogar denkbar, dass mehr als zwei Personen für ein Kind als soziale Eltern fungieren, wenn sie die tatsächliche Verantwortung für das Kind i. S. e. „situative[n] Ausübung der in der Elternrolle enthaltenen gesellschaftlich sanktionierten Normen"[253] tragen.

Aufgrund der Neuerungen der Reproduktionsmedizin, die ein Auseinanderfallen der genetischen Mutterschaft und der Geburtsmutterschaft über die Eizellenspende möglich macht, unterscheidet die Soziologie für die Mutterschaft ferner nach *biologischer* (hierunter fällt die Geburtsmutterschaft, die über Schwangerschafts- und Geburtsvorgang eine biologische Verbindung zu dem Kind hat) und *genetischer Elternschaft* (hier ist die genetische Abstammung entscheidend).[254] Eine entsprechende Unterscheidung ist für die Vaterschaft nicht erforderlich, da biologische und genetische Faktoren (zumindest nach den derzeitigen wissenschaftlichen Möglichkeiten) stets zusammenfallen.[255] Genau genommen hat der medizinische Fortschritt auch diese Differenzierung bei der Mutterschaft bereits wieder überholt, denn die genetische Mutterschaft kann bei einer sog. Mitochondrienspende gleichzeitig bei zwei verschiedenen Frauen liegen. Bei dieser wird eine Eizelle technisch entkernt und mit dem Kern einer weiteren Eizelle, die von einer anderen Frau stammt, versehen.[256] Das Verfahren wird beispielsweise im Vereinigten Königreich seit 2015[257] durchgeführt und ist darüber hinaus auch in den Niederlanden zulässig.[258] Da sowohl in den Mitochondrien als auch im Eizellenkern DNA enthalten ist, bekommt das Kind zwei genetische Mütter. Man kann also bezogen auf die genetische Mutterschaft von einer *voll-genetischen Mutterschaft* nur dann sprechen, wenn eine Mitochondrienspende nicht

---

[252] *Scheiwe/Schuler-Harms/Walper u. a.,* BMFSFJ-Gutachten: Pflegefamilien als soziale Familien, ihre rechtliche Anerkennung und aktuelle Herausforderungen, 2016, 4 Fn. 2; *Fegert/Kliemann* in: Götz/Schwenzer/Seelmann u. a. (Hrsg.), Familie – Recht – Ethik, 2014, 173.

[253] *Vaskovics* in: Schwab/Vaskovics (Hrsg.), Pluralisierung von Elternschaft und Kindschaft, 2011, 11, 15; *Scheiwe/Schuler-Harms/Walper u. a.,* BMFSFJ-Gutachten: Pflegefamilien als soziale Familien, ihre rechtliche Anerkennung und aktuelle Herausforderungen, 2016, 4 Fn. 2 (gemeinsame Wohnung erforderlich)

[254] *Vaskovics* in: Schwab/Vaskovics (Hrsg.), Pluralisierung von Elternschaft und Kindschaft, 2011, 11, 15 ff.; *Beck-Gernsheim,* Was kommt nach der Familie?, 2010, 20.

[255] Vgl. so auch Arbeitskreis Abstammungsrecht des BMJV, Abschlussbericht – Empfehlungen für eine Reform des Abstammungsrechts, 2017, 21 f.

[256] Zu Risiken dieses Verfahrens *Reinhardt,* Geburtshilfe Frauenheilkunde 2015, 428.

[257] Sections 3ZA(5), (6), 31ZA(2)(a), 35A, 45(1), (3A) des HFEA 1990 i. V. m. den Human Fertilisation and Embryology (Mitochondrial Donation) Regulations 2015.

[258] Das Verbot des Art. 24 lit. g Embryowet erfasst die Mitochondrien-Spende nicht, vgl. die Gesetzesbegründung Embryowet, KSt. 27423 Nr. 3, 46.

vorliegt. Liegt eine solche vor, liegt auch nur eine *teil-genetische Mutterschaft* vor.[259]

In Literatur ist darauf hingewiesen worden, dass die vorstehenden Begrifflichkeiten nicht trennscharf sind. So kann unter die biologische Elternschaft begrifflich streng genommen auch die genetische Elternschaft subsumiert werden, da die genetische Verwandtschaft auch ein biologisches Zuordnungselement darstellt.[260] Die o. g. begriffliche Differenzierung hat sich allerdings bereits verfestigt, sie sollte der Klarheit halber insbesondere aber auch deshalb beibehalten werden, um eine einheitliche Basis für den interdisziplinären Austausch zu erhalten. Dies ist aus Sicht der Rechtswissenschaft deshalb „verschmerzlich", da diese Begrifflichkeiten bei der Ausgestaltung der Normtexte durchaus präzisiert werden können.

c) Zeitliche Dimension

Die Soziologie untersucht das Phänomen der Segmentierung und Pluralisierung von Elternschaft mitunter im zeitlichen Kontext. Einerseits wird daher situativ die Elternkonstellation zu einem bestimmten Zeitpunkt betrachtet, gleichzeitig wird aber auch die Veränderung dieser Konstellation im Zeitverlauf näher untersucht. So kann eine Vollvaterschaft durch das Zerbrechen der Familie zur Teil-Vaterschaft werden, etwa dann, wenn der genetische und rechtliche Vater nicht mehr sozialer Vater des Kindes ist.[261] Ferner können Elternschaftssegmente in mehreren Familien vorliegen und zu verschiedenen Kindern unterschiedlich stark ausgeprägt sein. Beispielsweise mag ein Vater Vollvater zu seinem Kind aus erster Ehe sein, zu dem Kind, das seine zweite Ehefrau mit in die Beziehung gebracht hat, ist er als rein sozialer Elternteil hingegen nur Teil-Vater, wenn die rechtliche und genetische Vaterschaft bei dem ersten Ehemann seiner neuen Partnerin liegt.[262]

d) Pluralisierung von Elternschaft in heute gelebten Familienformen

Wie stellen sich Segmentierung und Pluralisierung von Elternschaft mit Blick auf die heute gelebten Familienformen dar? Die vorstellbaren Elternschaftskon-

---

[259] Arbeitskreis Abstammungsrecht des BMJV, Abschlussbericht – Empfehlungen für eine Reform des Abstammungsrechts, 2017, 75.

[260] *Quantius,* FamRZ 1998, 1145, 1150; Arbeitskreis Abstammungsrecht des BMJV, Abschlussbericht – Empfehlungen für eine Reform des Abstammungsrechts, 2017, 22, der Begriff der biologischen Mutter erfasse die Geburtsmutter und die genetische Mutter. Auf die begrifflichen Unschärfen ebenfalls hinweisend auch MüKoBGB/*Wellenhofer,* § 1591 Rn. 2 m.w.N.; BeckOGK/*Haßfurter,* § 1591 BGB Rn. 16.1.

[261] *Vaskovics* in: Schwab/Vaskovics (Hrsg.), Pluralisierung von Elternschaft und Kindschaft, 2011, 11, 20 f.

[262] Vgl. zu diesen Konstellationen eingehend *Vaskovics* in: Schwab/Vaskovics (Hrsg.), Pluralisierung von Elternschaft und Kindschaft, 2011, 11, 20 f. („,turbulente' Vaterschaftskarriere").

stellationen[263] sind angesichts der Vielfalt an Kombinationsmöglichkeiten mannigfach.[264] Betrachtet man diese Konstellationen im Zeitverlauf, z. B. bei mehrfach sukzessiv gegründeten Stieffamilien, so werden sie sogar höchst komplex.[265] In welcher Form sich Elternschaftssegmente auf eine oder mehrere Personen verteilen, ist stark einzelfallabhängig und wird von den Umständen der Wahl und Ausgestaltung der jeweiligen Familienkonstellation bestimmt. Eine umfassende Erarbeitung aller erdenklichen Elternschaftskonstellationen und eine eingehende Untersuchung, wie Familien mit einer Pluralisierung von Elternschaft in der Lebenswirklichkeit umgehen, sind durch die Wissenschaft noch nicht vollständig geleistet. Sie kann auch in der vorliegenden Arbeit nicht erbracht werden. Für die hier verfolgten Zwecke soll genügen, einige Schlaglichter auf abstammungsrechtlich besonders bedeutende Konstellationen der Pluralisierung von Elternschaft zu werfen, um zu verdeutlichen, welche Fragen sich heute bei der abstammungsrechtlichen Regulierung der Elternzuordnung stellen, und wie Familien mit diesen Fragestellungen bereits umgehen.

aa) Kernfamilien verheirateter und nichtverheirateter Eltern

Vorausgehend ist festgestellt worden, dass Kinder in Deutschland noch am häufigsten in klassischen Kernfamilien verheirateter Ehegatten und nichtehelicher Lebenspartner aufwachsen. Sind diese Familien nicht zugleich Reproduktions- oder Adoptionsfamilien (dazu eingehend sogleich), kommt es durch die Begründung dieser Familienformen in der Regel nicht zu einer Pluralisierung der Elternschaft, da im „(zeitlich gestreckten) Normalitätsentwurf" aufwachsende Kinder bei ihren biologischen und genetischen Eltern leben, die zugleich rechtliche und soziale Eltern sind. Erst bei einem Zerbrechen der Paarbeziehung im Zeitverlauf und der sukzessiven Bildung von neuen Stieffamilien ergeben sich von der Vollelternschaft abweichende Elternschaftskonstellationen (dazu eingehend ebenfalls sogleich). Eine Pluralisierung der Elternschaft ist jedoch auch Kernfamilien nicht fremd, die im Wege natürlicher Zeugung entstanden sind. Sie ist, wie in der Praxis immer wieder aufkommende Fälle zeigen, auch nicht gänzlich unwahrscheinlich. Zu denken ist etwa an den Fall der Zeugung eines Kindes im Rahmen eines sog. Seitensprungs (sog. Kuckuckskind-Konstellation).[266] Das in die Partner-

---

[263] Zum Begriff *Vaskovics* in: Schwab/Vaskovics (Hrsg.), Pluralisierung von Elternschaft und Kindschaft, 2011, 11, 17.

[264] Siehe etwa hierzu mit Blick auf Folgefamilien *Feldhaus/Huinink* in: Schwab/Vaskovics (Hrsg.), Pluralisierung von Elternschaft und Kindschaft, 2011, 77. Siehe hierzu auch *Schröder,* Wer hat das Recht zur rechtlichen Vaterschaft?, 2015, 3–16.

[265] *Vaskovics* in: Schwab/Vaskovics (Hrsg.), Pluralisierung von Elternschaft und Kindschaft, 2011, 11, 20 ff.

[266] Der Gesetzgeber geht allerdings davon aus, dass 80 % der Vaterschaftsbegutachtungen die Vaterschaft des rechtlichen Vaters bestätigen, vgl. BT-Drs. 16/6561, 1. Zu weiteren Zahlen etwa *Braun,* MDR 2010, 482, 483 m.w.N. (Bestätigungs-Quoten von

schaft geborene Kind ist in diesem Fall nicht das genetische Kind beider Partner. Es kommt zu einer Pluralisierung der Elternschaft, in der der Ehe- oder nichteheliche Lebenspartner der Mutter rechtlicher und sozialer Vater des Kindes, aber nicht gleichzeitig dessen genetischer Elternteil ist. Diese Art der Pluralisierung von Elternschaft ist nicht neu, das geltende Abstammungsrecht begegnet ihr mit der grundsätzlichen Anfechtbarkeit der rechtlichen Vaterschaft, vgl. §§ 1599 ff. BGB, und stellt den Beteiligten ein Korrekturinstrument zur Verfügung, um die mit der genetischen Abstammung nicht übereinstimmende rechtliche Abstammungszuordnung zu beseitigen. Auch ein Ersatz für gezahlten Unterhalt ist für den Scheinvater (bald begrenzt)[267] einklagbar. Die rechtliche Vaterschaft des genetischen Vaters kann ferner über § 1600d BGB gerichtlich festgestellt werden, wenn dieser nicht von sich aus die Vaterschaft nach § 1592 Nr. 2 BGB anerkennt. Auch bei der gelegentlich vorkommenden Kindesvertauschung findet eine Pluralisierung der Elternschaft statt. Eltern, die das nicht von ihnen genetisch abstammende Kind aufziehen sind soziale Eltern, rechtliche, genetische und biologische Eltern bleiben hingegen die nach §§ 1591, 1592 BGB zugeordneten Personen.[268]

bb) Alleinerziehende

Durch die Begründung alleinerziehender Familien kommt es nicht *per se* zu einer Pluralisierung von Elternschaft. Diese Lebensform entsteht, wie oben gezeigt, in den meisten Fällen durch das Zerbrechen einer vorangegangenen Paarbeziehung der Eltern.[269] Das Kind hat daher in der Regel zwei rechtliche Elternteile, die je nach Konstellation auch genetische, biologische und soziale Elternteile sind. Durch die mitschwingenden Konflikte bei Trennung der Eltern und durch die, wie oben gezeigt, sehr wahrscheinliche Aufnahme einer weiteren Paarbeziehung durch den alleinerziehenden Elternteil und die damit verbundene Gründung einer Stieffamilie, kann es allerdings zu einer Pluralisierung der Elternschaft kommen. Beispielsweise dann, wenn der genetische Vater nicht länger als sozialer Vater agiert und an seine Stelle ein sozialer Stiefvater tritt. Wird eine Stiefkindadoption durchgeführt, kann auch die rechtliche Elternschaft des genetischen Vaters beseitigt werden (zu Stieffamilien eingehend unten).

70–97%) und *Bellis/Hughes/Hughes u. a.*, 59 Journal of Epidemial Community Health (2005) 749.

[267] Siehe den Regierungsentwurf zur Neuregelung des Scheinvaterregresses BT-Drs. 18/10343; dazu eingehend *Wellenhofer*, FamRZ 2016, 1717. Monographisch zur Thematik *Schrader*, Ansprüche des Scheinvaters nach erfolgreichem Regress des Sozialleistungsträgers, 2015.

[268] Zur Kindesvertauschung eingehend *Willems*, NZFam 2016, 445 sowie unten § 4, E.I.

[269] Zur Untersuchung der Bewältigung von Erziehungsaufgaben bei alleinerziehenden Familien *Lois/Kopp* in: Schwab/Vaskovics (Hrsg.), Pluralisierung von Elternschaft und Kindschaft, 2011, 59.

Anders liegt dies mit Blick auf die Pluralisierung von Elternschaft auch nicht bei alleinerziehenden Reproduktionsfamilien.[270] Hier besteht zwar die Vollelternschaft allenfalls zum alleinerziehenden Elternteil, wenn nicht auch hier über eine Gametenspende nur eine rechtliche, biologische und soziale Teil-Elternschaft vorliegt. Ein weiterer rechtlicher Elternteil ist regelmäßig aber nicht zugeordnet, da der genetische Elternteil (Gametenspender) in der Regel nicht als sozialer Elternteil auftritt und auch nicht als solcher oder gar als rechtlicher Elternteil fungieren möchte. Dies gilt für den Fall der klassischen Gametenspende, bei der der Spender sein genetisches Material bei einer Samen- oder Eizellenbank spendet.[271] Anderes mag bei einem privaten Gametenspender gelten, der sein genetisches Material beispielsweise über das Internet oder nach persönlicher Absprache zur Verfügung stellt (sog. Becherspender).[272] Hier kann eine Partizipation an der Elternrolle als auch sozialer und/oder auch rechtlicher Vater im Einzelfall durchaus gewollt und realisiert sein. Zu einer Pluralisierung der Elternschaft kommt es aber auch dadurch nicht. Eine solche tritt letztlich erst dann ein, wenn eine weitere Person in das Leben des Kindes tritt, wenn etwa ein neuer Partner der Mutter als sozialer Elternteil fungiert und ggf. sogar die rechtliche Vaterschaft, vielleicht sogar zeitlich vor einem anerkennungswilligen privaten Samenspender, anerkennt. Hier kann es sogar zu Konflikten um die rechtliche Elternstellung kommen.

cc) Gleichgeschlechtliche Familien

Gleichgeschlechtliche Familien zeichnen sich demgegenüber regelmäßig durch eine Pluralisierung von Elternschaft aus.[273] Das gilt für gleichgeschlechtliche Stieffamilien genauso, wie für geplante gleichgeschlechtliche Familien.

(1) Gleichgeschlechtliche Stieffamilien

Im Fall von gleichgeschlechtlichen Stieffamilien hat das Kind im Grundsatz zwei Vollelternteile, meist Vater und Mutter aus einer gescheiterten verschiedengeschlechtlichen Paarbeziehung, siehe oben. Durch die Bildung der gleichgeschlechtlichen Stieffamilie kann es allerdings dazu kommen, dass der hinzukommende Partner zu einem (weiteren) sozialen Elternteil wird. Eine Pluralisierung der Elternschaft tritt dann ein. Ob dies der Fall ist, hängt von der konkreten Situation im Einzelfall ab. Untersuchungen haben gezeigt, dass die Rolle des in die Familie kommenden neuen Partners stark davon abhängt, wann die Familienbildung erfolgt, wie alt die Kinder zu diesem Zeitpunkt sind, welche Rolle der nicht

---

[270] Hierzu eingehend *Reuß*, StAZ 2016, 353.
[271] *Jadva/Freeman/Kramer u. a.*, 26 Human Reproduction (2011) 638.
[272] Zu dieser Konstellation eingehend *Reuß*, StAZ 2016, 353, 354 f.
[273] *Buschner*, NZFam 2015, 1103.

in der Familie lebende Elternteil des Kindes spielt und wie das Familienumfeld auf die neue Situation reagiert.[274]

In der bereits vorstehend mehrfach erwähnten Langzeitstudie zur Lebenssituation von Kindern in gleichgeschlechtlichen Familien[275] ist herausgearbeitet worden, dass im Falle von gleichgeschlechtlichen Stieffamilien in der Minderheit der Fälle ein kompletter Kontaktabbruch des Kindes zu seinem aus der Familie scheidenden Vollelternteil erfolgt und sich dieser nur selten aus seiner sozialen Elternrolle zurückzieht. Das zeigt sich etwa daran, dass sich ca. 56 % der getrenntlebenden Eltern das elterliche Sorgerecht teilen. Nur 3,7 % der gleichgeschlechtlichen Partner des Vollelternteils sind auch rechtliche Eltern.[276] Ca. 33,6 % verfügen über das kleine Sorgerecht nach § 9 I LPartG, das aus der Formalisierung der Lebenspartnerschaft folgt.[277] In der Regel bleibt der aus der Familie scheidende Elternteil daher auch dauerhaft rechtlicher Elternteil des Kindes. Nur selten wird die Stiefkindadoption überhaupt erwogen.[278] Fälle in denen der gleichgeschlechtliche Partner des genetischen Elternteils daher auch rechtlicher Elternteil des Kindes wird, bleiben somit die Ausnahme.[279] In der ganz überwiegenden Zahl der Fälle besteht zwischen dem Kind und dem nicht in der Familie lebenden Elternteil ein regelmäßiger Umgangskontakt.[280] Anders ist dies nur in Fällen, in denen einem Elternteil das alleinige Sorgerecht zugesprochen wurde.[281] All dies spricht dafür, dass der aus der Familie scheidende Vollelternteil auch Vollelternteil bleibt.

Das soziale Verhältnis des Kindes zu dem gleichgeschlechtlichen Partner seines Vollelternteils wird in der überwiegenden Zahl der Fälle als gut beschrieben.[282] Das bedeutet jedoch nicht, dass der gleichgeschlechtliche Partner auch immer als (weiterer) sozialer Elternteil des Kindes fungieren würde. Zwar hat die Langzeitstudie ergeben, dass Aufgabenverteilung im Alltag in den meisten Familien relativ egalitär geregelt ist,[283] unabhängig davon, ob ein rechtliches[284]

---

[274] Zu Problemen diesbezüglich siehe *Maier* in: Rupp (Hrsg.), Partnerschaft und Elternschaft bei gleichgeschlechtlichen Paaren, 2011, 167, 180.

[275] *Rupp* (Hrsg.), Partnerschaft und Elternschaft bei gleichgeschlechtlichen Paaren, Opladen, u. a. 2011.

[276] *Buschner,* NZFam 2015, 1103, 1105.

[277] *Buschner,* NZFam 2015, 1103, 1105.

[278] *Rupp, Staatsinstitut für Familienforschung an der Universität Bamberg (ifb),* Die Lebenssituation von Kindern in gleichgeschlechtlichen Lebenspartnerschaften, 2009, 93.

[279] *Bergold/Rupp* in: Rupp (Hrsg.), Partnerschaft und Elternschaft bei gleichgeschlechtlichen Paaren, 2011, 119, 143.

[280] *Buschner,* NZFam 2015, 1103, 1105 (74,4 %).

[281] *Buschner,* NZFam 2015, 1103, 1105 (Umgang nur in 46,1 % der Fälle).

[282] *Bergold/Rupp* in: Rupp (Hrsg.), Partnerschaft und Elternschaft bei gleichgeschlechtlichen Paaren, 2011, 119, 139 f.

[283] Vgl. dazu und diesbezüglich die eher rollentypische Aufgabenverteilung bei verschiedengeschlechtlichen Paaren kontrastierend, *Buschner,* NZFam 2015, 1103, 1106;

oder genetisches[285] Band zwischen dem gleichgeschlechtlichen Partner und dem Kind besteht.[286] Diesen Befund spiegeln auch Studien aus anderen Ländern wider.[287] Bei der Wahrnehmung erzieherischer Grundsatzentscheidungen, die über Alltäglichkeiten hinausgehen, spielt die Beteiligung des außerhalb der Familie lebenden Elternteils allerdings eine entscheidende Rolle: Je mehr sich der außerhalb der Partnerschaft lebende Elternteil an der Erziehung beteiligt, desto geringer fällt, so der Befund der Studie, die Beteiligung des gleichgeschlechtlichen Partners des Vollelternteils aus.[288] Daraus kann man im Gegenschluss folgern: Je geringer die Erziehungsbeteiligung des außerhalb der Familie lebenden Vollelternteils ist, desto größer ist jene des gleichgeschlechtlichen Partners des in der Familie lebenden Vollelternteils, und umso größer ist die Wahrscheinlichkeit, dass diese Person sozialer Elternteil des Kindes wird. Aufgrund der Ausrichtung der Studie ist allerdings nicht klar ermittelbar gewesen, ob nicht auch eine erhöhte Erziehungsbeteiligung des gleichgeschlechtlichen Partners des Vollelternteils zu einem faktischen Ausschluss von der Erziehung des außerhalb der Familie lebenden Elternteils führen kann (Konkurrenzsituation).[289] Dies erscheint jedenfalls nicht ausgeschlossen, so dass die o. g. Schlussfolgerung nicht vorbehaltlos gilt. Denkbar erscheint auch eine parallele soziale Elternschaft des außerhalb der Familie lebenden Vollelternteils und des gleichgeschlechtlichen Partners. Angesichts der von der Studie aufgedeckten Relation des Grads der Erziehungsbeteiligung des gleichgeschlechtlichen Partners und jenes des aus der Familie scheidenden Vollelternteils erscheinen derartige Konstellationen in gleichgeschlechtlichen Stieffamilien aber unwahrscheinlicher. Ein weiterer Faktor, der das Entstehen der sozialen Elternschaft beeinflusst, ist das Alter des Kindes. Die Studie hat ermittelt, dass die Wahrscheinlichkeit des Entstehens einer sozialen Elternschaft des gleichgeschlechtlichen Partners des Vollelternteils abnimmt, je älter das betref-

---

Bergold/Rupp in: Rupp (Hrsg.), Partnerschaft und Elternschaft bei gleichgeschlechtlichen Paaren, 2011, 119, 124; detailliert hierzu *Dürnberger* in: Rupp (Hrsg.), Partnerschaft und Elternschaft bei gleichgeschlechtlichen Paaren, 2011, 147, 157 ff. (72 % der befragten Paare der BMJ-Studie teilten die kindbezogenen Tätigkeiten egalitär auf).

[284] *Buschner,* NZFam 2015, 1103, 1106.

[285] *Bergold/Rupp* in: Rupp (Hrsg.), Partnerschaft und Elternschaft bei gleichgeschlechtlichen Paaren, 2011, 119, 133.

[286] Einen Überblick über die theoretischen Modelle zur Erklärung der Aufgabenverteilungsprozesse bietet *Dürnberger* in: Rupp (Hrsg.), Partnerschaft und Elternschaft bei gleichgeschlechtlichen Paaren, 2011, 147, 149 ff.

[287] *Rose/Marquette* in: Rupp (Hrsg.), Partnerschaft und Elternschaft bei gleichgeschlechtlichen Paaren, 2011, 54, 59 (Italien), sowie für andere Bereiche der Welt, vgl. die Berichte bei *Bergold/Rupp* in: Rupp (Hrsg.), Partnerschaft und Elternschaft bei gleichgeschlechtlichen Paaren, 2011, 119, 124.

[288] *Buschner,* NZFam 2015, 1103. 1107.

[289] Darauf selbst hinweisend *Buschner,* NZFam 2015, 1103, 1107; ähnlich *Bergold/Rupp* in: Rupp (Hrsg.), Partnerschaft und Elternschaft bei gleichgeschlechtlichen Paaren, 2011, 119, 125 (Konkurrenz von genetischem Elternteil und Stiefelternteil).

fende Kind ist. Bei älteren Kindern entwickelte sich meist nur ein freundschaftliches Beziehungsverhältnis.[290]

Einfluss auf das Ent- und dauerhafte Bestehen einer sozialen Elternschaft des gleichgeschlechtlichen Partners des Vollelternteils kann auch das weitere familiäre Umfeld gleichgeschlechtlicher Stieffamilien nehmen. Der potentiell soziale Elternteil habe, sofern seine soziale Rolle nicht auch rechtlich abgesichert sei, in der gesellschaftlichen Wahrnehmung häufig mit Akzeptanz zu kämpfen.[291] Das kann die Entstehung sozialer Elternschaft behindern. Die rechtliche Absicherung (z. B. durch eine Stiefkindadoption) kann einer Ablehnung durch das familiäre Umfeld entgegenwirken. Studienteilnehmer berichten insoweit von einer Besserung der Situation, insbesondere auch gegenüber den Großeltern, nachdem eine Stiefkindadoption durchgeführt wurde.[292]

(2) Geplante gleichgeschlechtliche Familien

Ein mit Blick auf die Pluralisierung von Elternschaft deutlich komplexeres Bild bieten geplante gleichgeschlechtliche Familien. Elternschaftskonstellationen können in dieser Gruppe sehr stark variieren, je nachdem, wie die Umstände der Familien- und Elternschaftsbegründung beschaffen sind. Wurde das Kind von beiden Partnern gemeinschaftlich oder sukzessiv adoptiert, dann fallen soziale und rechtliche Elternschaft (Adoptiveltern) einerseits, und biologische und genetische Elternschaft (sog. „leibliche" Eltern) andererseits auseinander. Es kommt durch die Familiengründung notwendigerweise zu einer Pluralisierung von Elternschaft. Bekommen weibliche Paare im Wege medizinisch-assistierter Reproduktion ein Kind, kommt es ebenfalls notwendigerweise zu einer Pluralisierung der Elternschaft. Es können sich abhängig von den genutzten Behandlungsformen folgende Situationen ergeben: Ist die Geburtsmutter auch genetische Mutter, d. h. wird für die Zeugung des Kindes lediglich eine Samenspende benötigt, ist die Geburtsmutter als biologische, genetische und soziale und rechtliche Mutter Vollelternteil des Kindes. Der klassische Samenspender ist hingegen nur genetischer Vater, da er an der sozialen oder rechtlichen Elternschaft in der Regel kein Interesse hat.[293] Weiterer sozialer Elternteil ist die Partnerin der Geburtsmutter,

---

[290] *Bergold/Rupp* in: Rupp (Hrsg.), Partnerschaft und Elternschaft bei gleichgeschlechtlichen Paaren, 2011, 119, 126.

[291] *Bergold/Rupp* in: Rupp (Hrsg.), Partnerschaft und Elternschaft bei gleichgeschlechtlichen Paaren, 2011, 119, 125; auf Probleme hinweisend auch *Maier* in: Rupp (Hrsg.), Partnerschaft und Elternschaft bei gleichgeschlechtlichen Paaren, 2011, 167, 180.

[292] *Bergold/Rupp* in: Rupp (Hrsg.), Partnerschaft und Elternschaft bei gleichgeschlechtlichen Paaren, 2011, 119, 125; auf Probleme hinweisend auch *Maier* in: Rupp (Hrsg.), Partnerschaft und Elternschaft bei gleichgeschlechtlichen Paaren, 2011, 167, 180.

[293] *Jadva/Freeman/Kramer u. a.*, 26 Human Reproduction (2011) 638.

die die rechtliche Elternschaft in Deutschland nur im Wege der Stiefkindadoption erlangen kann. Der Fall lässt sich dahingehend modifizieren, dass zur Zeugung des Kindes nicht die Eizelle der Geburtsmutter verwandt wird, sondern eine Eizellenspende erfolgt. Eine solche kann derzeit nur im Ausland durchgeführt werden, da sie in Deutschland gem. § 1 Abs. 1 Nr. 1, 2 ESchG untersagt ist. Wird sie durchgeführt, ist die Geburtsmutter nur Teil-Elternteil. Sie ist biologische, rechtliche und soziale Mutter, die genetische Mutterschaft liegt allerdings bei der Eizellenspenderin. An der Position des Samenspenders und jener der gleichgeschlechtlichen Partnerin der Geburtsmutter ändert sich nichts. Das Kind bekommt somit eine weitere Person als Elternteil hinzu. Die Eizelle kann, so ist es unter gleichgeschlechtlichen Paaren mitunter Praxis,[294] auch von der Partnerin der Geburtsmutter gespendet werden (sog. reziproke Eizellenspende). Gleichgeschlechtliche Paare nutzen eine reziproke Spende oftmals, um die genetische Verbindung in verschiedengeschlechtlichen Paarbeziehungen nachzubilden und für beide Elternpersonen ein Abstammungsband zu dem Kind zu schaffen.[295] In einem solchen Fall hat das Kind mit der Geburtsmutter einen biologischen, sozialen und rechtlichen Elternteil. Mit der Partnerin der Geburtsmutter einen sozialen und genetischen Elternteil, der über die Stiefkindadoption auch rechtlicher Elternteil werden kann.[296] Mit dem Samenspender liegt ein weiterer genetischer Elternteil vor. Diese Konstellationen lassen sich noch verkomplizieren, nimmt man den Einsatz einer Mitochondrienspende hinzu. Da, wie bereits erwähnt, sowohl Mitochondrien als auch Eizellenkern DNA enthalten, bekommt das Kind zwei genetische Mütter. Ein Kind kann damit, um im Fallbeispiel zu bleiben, eine biologische, soziale und rechtliche Mutter haben, zwei jeweils teil-genetische Mütter (Eizellen- und Mitochondrienspenderin), eine weitere soziale Mutter, die über die Stiefkindadoption auch rechtliche Mutter werden kann (Partnerin der Geburtsmutter) und einen genetischen Vater (Samenspender). Über die Hinzufügung einer Leihmutterschaft (die freilich im Ausland durchgeführt und im Inland als wirksam anerkannt werden müsste)[297] ließe sich letztlich auch die biologische Mutterschaft noch von der rechtlichen und sozialen Elternschaft trennen. Das Kind hätte am Ende eine biologische Mutter (Leihmutter), zwei teil-genetische Mütter (Eizellen- und Mitochondrienspenderin), einen genetischen Vater (Samenspender) und zwei soziale und rechtliche Mütter (Wuscheltern). Eine Pluralisierung von Elternschaft lässt sich bei weiblichen gleichgeschlechtlichen Paaren nach derzeitigem Stand der Technik daher auf sechs Personen erstrecken. Bei gleichgeschlechtlichen männlichen Paaren ist bei medizinisch-assistierter Reproduktion stets die Einbindung einer Leihmutter erforderlich, zu den in der Zahl

---

[294] *Dethloff* in: Hilbig-Lugani/Jakob/Mäsch u. a. (Hrsg.), Zwischenbilanz, 2015, 41.

[295] *Dethloff* in: Hilbig-Lugani/Jakob/Mäsch u. a. (Hrsg.), Zwischenbilanz, 2015, 41.

[296] Zu einem rechtsvergleichenden Blick auf die Möglichkeiten gemeinsamer rechtlicher Elternschaft gleichgeschlechtlicher weiblicher Paare *Reuß,* FamPra.ch 2015, 858.

[297] Dazu eingehend unten § 6.

denkbaren Elternschaftskonstellationen gibt es letztlich keine Unterschiede zu weiblichen Paaren, die Begründung der rechtlichen Elternschaft des zweiten männlichen Partners kann sich allerdings umständlicher gestalten. Auch bei männlichen gleichgeschlechtlichen Reproduktionsfamilien kommt es somit zwingend zu einer Pluralisierung der Elternschaft.

Werden geplante gleichgeschlechtliche Familien allerdings nicht durch Adoption oder medizinisch-assistierte Reproduktion begründet, sondern durch eine Kooperation mit einem privaten Gametenspender, sehen die Elternschaftskonstellationen wiederum anders aus.[298] Je nachdem, ob der private Spender an der Erziehungsarbeit beteiligt sein soll bzw. will, kann sich die Zahl der sozialen Eltern gestalten. Beteiligen sich mehr als zwei Elternteile an der Ausübung der Elternrolle, spricht die Soziologie von „netzförmigen Elternschaften".[299] Eine Ausweitung der rechtlichen Eltern auf drei Personen ist in Deutschlang derzeit nicht möglich, hier gilt das „Zwei-Eltern"-Prinzip.[300] Anders ist dies allerdings in anderen Ländern.[301] Ob derartige ausländische Konstruktionen in Deutschland anerkannt würden, ist bislang ungeklärt.[302] Dass eine solche faktische Mehr-Eltern-Konstellation vorliegt, ist nicht vollkommen ungewöhnlich.[303] Gleichgeschlechtliche Paare suchen häufig im Freundeskreis nach bekannten Spendern.[304] Dies zeigt auch die o. g. Studie zur Situation von Kindern in gleichgeschlechtlichen Paarbeziehungen.[305] Auch ein Blick auf das Ausland bestätigt dies. In England und Wales lässt sich bereits an einigen Streitfällen ersehen, dass diese Konstellationen in der Praxis gelebt werden.[306] Sind die Beteiligten über die genaue Rollenverteilung nicht einig, kann es zu Streit um die rechtliche Elternschaft kommen.[307] Ein-

---

[298] *Dethloff* in: Rupp (Hrsg.), Partnerschaft und Elternschaft bei gleichgeschlechtlichen Paaren, 2011, 41 f.; ebenso *Bergold/Rupp* in: Rupp (Hrsg.), Partnerschaft und Elternschaft bei gleichgeschlechtlichen Paaren, 2011, 119, 123 f.

[299] *Vaskovics* in: Schwab/Vaskovics (Hrsg.), Pluralisierung von Elternschaft und Kindschaft, 2011, 11, 29.

[300] Siehe eingehend hierzu § 2, A.III.6.

[301] Dazu ebenfalls eingehend unten § 2, A.III.6.

[302] Eingehend dazu siehe § 6.

[303] Vgl. den Bericht bei *Wittmann,* Lenjas Welt, Süddeutsche Zeitung, 14./15.10. 2017, 13 ff. Zu bestehenden Interessenkonflikten eingehend *Reuß,* FamPra.ch 2015, 858, 878 f.

[304] Vgl. den Bericht bei *Lode,* Leben mit drei Eltern, Süddeutsche Zeitung, 3.5.2017, R2; sowie *Lode,* Leben mit Mama und Mami, Süddeutsche Zeitung, 3.5.2017, R2; *Wittmann,* Lenjas Welt, Süddeutsche Zeitung, 14./15.10.2017, 13 ff.

[305] *Buschner,* NZFam 2015, 1103, 1105; *Bergold/Rupp* in: Rupp (Hrsg.), Partnerschaft und Elternschaft bei gleichgeschlechtlichen Paaren, 2011, 119, 124.

[306] Eingehend *Wealstead* in: Atkin (Hrsg.), The international survey of family law 2014, 2014, 97, 125.

[307] Siehe etwa die Entscheidung des BGH zur Beteiligung des privaten Samenspenders an der Adoption, *BGH,* Beschl. v. 18.2.2015 – XII ZB 473/13, NJW 2015, 1820 mit Anmerkung *Reuß,* FamRZ 2015, 831.

gehende sozialwissenschaftliche Untersuchungen zu diesen Konstellationen fehlen allerdings bislang.[308]

Für geplante gleichgeschlechtliche Familien in Deutschland hat die bereits viel
zitierte Studie zur Situation von Kindern in gleichgeschlechtlichen Paarbeziehungen herausgearbeitet, dass in geplanten gleichgeschlechtlichen Familien anders
als bei gleichgeschlechtlichen Stieffamilien fast immer eine Stiefkindadoption
angestrebt wird.[309] 41,1 % der befragten Paare hatten eine solche bereits durchgeführt.[310] In den meisten Fällen wird daher auch die rechtliche Elternschaft der
gleichgeschlechtlichen Partnerin/des gleichgeschlechtlichen Partners angestrebt.[311]
Die Rolle des genetischen Vaters variiert, sie reicht vom klassischen Samenspender, der nur sein genetisches Material zur Verfügung stellt, bis hin zum partizi-
pationswilligen sozialen und genetischen Elternteil.[312] In den meisten Fällen hat
der genetische Vater aber keine rechtliche Elternrolle inne. Unter den Studienteilnehmern erfolgte die Aufgabe der rechtlichen Elternstellung durch den genetischen Vater in 31,3 % der Fälle problemlos über die Einwilligung in die Stiefkindadoption.[313] In der Mehrheit der Fälle war seine Einwilligung allerdings
nicht erforderlich (69,5 %), da die Annehmenden auf einen anonymen Samenspender zurückgegriffen hatten oder schlicht den Namen des genetischen Vaters
nicht angegeben hatten.[314] Nur vereinzelt machte der genetische Vater seine Einwilligung von bestimmten Bedingungen abhängig oder verweigerte diese sogar.[315]
Mütter, die einen bekannten Spender gewählt hatten, zeigten ferner eine gewisse
Offenheit für einen aktiven Umgang mit dem Spender. Sie machten allerdings
etwa zur Hälfte den Kontakt zum Samenspender vom Kindeswillen abhängig.[316]
Als praktisch schwierig kann sich die Integration des Samenspenders in die Familie dann darstellen, wenn die Familie unter der Prämisse der Zwei-Elternschaft
der lesbischen Partnerinnen gegründet wurde, da der Samenspender dann eine
nachgeordnete Rolle einnehmen soll und auch akzeptieren muss.[317] Mütter be-

---

[308] Darauf hinweisend *Buschner,* NZFam 2015, 1103, 1108.

[309] *Buschner,* NZFam 2015, 1103, 1105 (89,9 % aller Befragten beabsichtigen die
Durchführung oder haben sie bereits vorgenommen).

[310] *Buschner,* NZFam 2015, 1103, 1105.

[311] *Rupp, Staatsinstitut für Familienforschung an der Universität Bamberg (ifb),* Die
Lebenssituation von Kindern in gleichgeschlechtlichen Lebenspartnerschaften, 2009,
94.

[312] *Buschner,* NZFam 2015, 1103, 1105; *Bergold/Rupp* in: Rupp (Hrsg.), Partnerschaft und Elternschaft bei gleichgeschlechtlichen Paaren, 2011, 119, 124.

[313] *Buschner,* NZFam 2015, 1103, 1105.

[314] *Buschner,* NZFam 2015, 1103, 1105.

[315] *Buschner,* NZFam 2015, 1103. 1105.

[316] *Bergold/Rupp* in: Rupp (Hrsg.), Partnerschaft und Elternschaft bei gleichgeschlechtlichen Paaren, 2011, 119, 124.

[317] *Bergold/Rupp* in: Rupp (Hrsg.), Partnerschaft und Elternschaft bei gleichgeschlechtlichen Paaren, 2011, 119, 124; es gibt durchaus positive Berichte zu dieser Kon-

schreiben aber auch die Konstellation der Partizipation mehrerer Personen als soziale Eltern nicht *per se* als problematisch. Zwar sei die Abstimmung bei kontroversen Positionen anstrengend, man gewinne durch die weitere Person aber auch ein „mehr" an Unterstützung.[318]

dd) Reproduktionsfamilien

Eine weitere Familienkonstellation, in der es bereits durch die Familiengründung sehr wahrscheinlich zu einer Pluralisierung von Elternschaft kommt, sind Reproduktionsfamilien. Ausgenommen hiervon ist lediglich die assistierte Zeugung im homologen System, da hier alle Elternschaftssegmente in den beiden Elternpersonen verwirklicht sind. Im heterologen System findet allerdings in der Mehrheit der Fälle eine Pluralisierung von Elternschaft statt,[319] da das zur Zeugung des Kindes verwandte genetische Material zumindest zum Teil nicht von den Wunscheltern kommt. Im Rahmen der vorangehenden Betrachtung sind bereits viele Elternschaftskonstellationen und der Umgang mit den pluralisierten Elternrollen in den jeweiligen Familien angesprochen worden, so dass dies hier nicht wiederholt werden muss. Ein bislang nicht eingehend besprochener besonderer Aspekt, der hier vertiefungswürdig erscheint, ist allerdings der Umgang der Beteiligten mit der Abstammungswahrheit. Wie gehen Reproduktionsfamilien damit um, dass die genetische Elternschaft zumindest eines Elternteils außerhalb der Familie liegt? Soziologische Untersuchungen zum Umgang mit Abstammungswahrheiten bestehen hierzu bereits.

Im Umgang mit der Tatsache der Zeugung durch medizinisch-assistierte Reproduktion lassen sich deutliche Unterschiede feststellen, die von der jeweiligen Familienkonstellation abhängig sind. Generell gilt jedoch, dass Offenheit im Umgang mit der Tatsache der medizinisch-assistierten Zeugung für Eltern in der Praxis generell meist nicht unproblematisch ist. Studien deuten darauf hin, dass ein sehr großer Teil der Betroffenen sich hiermit schwer tut.[320] Die Offenheit im

---

stellation, vgl. etwa *Lode,* Leben mit Mama und Mami, Süddeutsche Zeitung, 3.5.2017, R2.

[318] *Bergold/Rupp* in: Rupp (Hrsg.), Partnerschaft und Elternschaft bei gleichgeschlechtlichen Paaren, 2011, 119, 136; siehe dazu auch die Berichte bei *Lode,* Leben mit drei Eltern, Süddeutsche Zeitung, 3.5.2017, R2; *Lode,* Leben mit Mama und Mami, Süddeutsche Zeitung, 3.5.2017, R2.

[319] Zur Ausnahme alleinerziehender Reproduktionsfamilien siehe bereits oben unter b).

[320] *Nordqvist,* 28 International Journal of Law Policy and Family (2014) 321 m.w.N.; *Murray/Golombok,* 6 Human Fertility (2003) 89 (47% der Eltern sind geneigt die Tatsache der medizinisch-assistierten Zeugung geheim zu halten); *Gottlieb/Lalos/Lindblad,* 15 Human Reproduction (2000) 2052, 2054 (52% offener Umgang mit der Thematik); *Lindblad/Gottlieb/Lalos,* 21 Journal of Psychonomatic Obstetrics & Gynecology (2000) 193. Positiver mit Blick auf Schweden: *Isaksson/Skoog Svanberg/Sydsjö u.a.,* 26 Human Reproduction (2011) 853, 855 (90% Offenheit).

Umgang mit der Abstammungswahrheit kann sich beispielsweise durch die öffentliche Stigmatisierung, z. B. der Ursachen von Unfruchtbarkeit, auf die gesamte Familie belastend auswirken.[321] Auch können Spenderinteressen eine Rolle spielen. Haben sich Reproduktionsfamilien etwa eines privaten Spenders bedient, kann die Offenlegung einen negativen Einfluss auf die Familie eines privaten Spenders nehmen.[322] Auch innerfamiliäre Abhängigkeiten (z. B. von den Großeltern) können die Offenlegung erschweren.[323] Untersuchungen zeigen jedoch generell, dass in die Geschehnisse sehr oft Dritte einbezogen sind, was eine Geheimhaltung ohnehin risikoreich gestaltet.[324] Im Einzelnen stellt sich der Umgang mit der Abstammungswahrheit bei Reproduktionsfamilien wie folgt dar:

Heterologe Samenspenden werden in den geringsten Fällen offengelegt, was wohl an der Stigmatisierung der Samenspende liegt.[325] Neuere Studien aus England zeigen eine Aufklärungsquote von 28–40 %.[326] Eine große Zahl von Eltern plant eine Offenlegung im Fall der heterologen Samenspende auch nicht.[327] Damit werden in der Mehrzahl der Fälle Kinder heterologer Samenspende nicht über ihre genetische Abstammung aufgeklärt. Bei Eizellenspenderkindern liegt die Aufklärungsquote etwas höher, bei über 40 %,[328] wobei der Umgang mit der Abstammungswahrheit im Falle einer bekannten Eizellenspenderin großzügiger gehandhabt wird als bei anonymer Spende.[329] Mütter gehen daher tendenziell offener mit der Tatsache der fehlenden genetischen Verbindung zum Kind um, als Väter. Bei Leihmutterschaftsfamilien liegt die Aufklärungsquote hingegen bei

---

[321] *Hargreaves/Daniels,* 21 Children & Society (2007) 420 m.w. N.; *Daniels/Taylor,* 12 Politics and the Life Sciences (1993) 155, vgl. den Bericht über eine bayerische Reproduktionsfamilie, die eine Embryonenspende im Ausland hat durchführen lassen *Heidenreich,* Von wem er die Hände hat?, Süddeutsche Zeitung, 24.–26.12.2016, 6 (Furcht vor Stigmatisierung hemmt offenen Umgang nach Außen).

[322] *Nordqvist,* 28 International Journal of Law Policy and Family (2014) 321.

[323] *Nordqvist,* 28 International Journal of Law Policy and Family (2014) 321.

[324] *Readings/Blake/Casey u. a.,* 22 Reproductive BioMedicine Online (2011) 485, 491 (85,9 % der Befragten); *Walper/Wendt* in: Schwab/Vaskovics (Hrsg.), Pluralisierung von Elternschaft und Kindschaft, 2011, 211, 232; vgl. auch die qualitative Studie aus Neuseeland von *Hargreaves/Daniels,* 21 Children & Society (2007) 420, 423 f.; *Gottlieb/Lalos/Lindblad,* 15 Human Reproduction (2000) 2052, 2054 (68 % der Fälle bei Geburtenjahrgängen 1995–1998); *Blyth/Langridge/Harris,* 28 Journal of Reproductive and Infant Psychology (2010) 116, 120.

[325] *Walper/Wendt* in: Schwab/Vaskovics (Hrsg.), Pluralisierung von Elternschaft und Kindschaft, 2011, 211, 222.

[326] *Readings/Blake/Casey u. a.,* 22 Reproductive BioMedicine Online (2011) 485, 486, 487.

[327] *Readings/Blake/Casey u. a.,* 22 Reproductive BioMedicine Online (2011) 485, 488 (38,9 % der Studienteilnehmer der Samenspendekategorie).

[328] *Readings/Blake/Casey u. a.,* 22 Reproductive BioMedicine Online (2011) 485, 487; *Walper/Wendt* in: Schwab/Vaskovics (Hrsg.), Pluralisierung von Elternschaft und Kindschaft, 2011, 211, 222.

[329] *Murray/Golombok,* 6 Human Fertility (2003) 89, 92 f.

über 90 %,[330] wobei hier zu beachten ist, dass die Aufklärung des Kindes über den Einbezug einer Leihmutter nicht immer auch die Tatsache genetischer Nichtabstammung umfasst.[331] Die Gründe für die Offenlegung sind in Leihmutterschaftsfamilien offensichtlich. Die Tatsache der Geburt eines Kindes ohne Schwangerschaft ruft bereits im Freundes- und Familienkreis gehörigen Erklärungsbedarf hervor.[332] Je mehr „Mitwisser" es um die Zeugung gibt, desto größer ist auch die Gefahr der ungewollten Offenlegung gegenüber dem Kind. Paare entscheiden sich bei Durchführung einer Leihmutterschaft deshalb fast immer für einen offenen Umgang.[333] In einer Langzeitstudie gaben 59 % der Familien an, Grund für die Offenlegung sei die Vermeidung von Aufdeckung durch Dritte.[334]

Unterschiede im Umgang mit der Tatsache medizinisch-assistierter Zeugung und der Abstammungswahrheit lassen sich auch im Vergleich von verschiedengeschlechtlichen und gleichgeschlechtlichen Paaren ausmachen. Eine geringere Aufklärungsquote ist insbesondere bei verschiedengeschlechtlichen Paaren zu verzeichnen.[335] Bei gleichgeschlechtlichen Paarbeziehungen liegt die Aufklärungsquote hingegen deutlich höher.[336] Diese Ergebnisse überraschen nicht, denn das Entstehen einer geplanten gleichgeschlechtlichen Familie führt bei medizinisch-assistierter Zeugung notwendigerweise über den Einbezug genetischen Materials von außen. Alleine gegenüber dem engeren Familien- und Freundeskreis entsteht hierdurch Erklärungsbedarf. Die o.g. Studie zur Lebenssituation von Kindern in gleichgeschlechtlichen Paarbeziehungen hat jedoch auch mit Blick auf geplante gleichgeschlechtliche Familien in Deutschland eine eher geringe Aufklärungsquote festgestellt. Trotz der Tatsache, dass es sich in 51 % der Fälle um bekannte Samenspender gehandelt hat, sind die Väter nur in 18 % der

---

[330] *Blyth*, 13 Journal of Reproductive and Infant Psychology (1995) 185; *MacCullum/Lycett/Murray u.a.*, 18 Human Reproduction (2003) 1334, 1339 (alle teilnehmenden Paare der einjährigen Kinder hatten der Familie und Freunden von der Leihmutterschaft erzählt und planten eine Aufklärung des Kindes); *Jadva/Blake/Casey u.a.*, 27 Human Reproduction (2012) 3008, 3012; *Readings/Blake/Casey u.a.*, 22 Reproductive BioMedicine Online (2011) 485, 487; *Walper/Wendt* in: Schwab/Vaskovics (Hrsg.), Pluralisierung von Elternschaft und Kindschaft, 2011, 211, 222 jew. m.w.N.; *Golombok/Blake/Casey u.a.*, 54 Journal of Child Psychology and Psychiatry (2013) 653.

[331] *Readings/Blake/Casey u.a.*, 22 Reproductive BioMedicine Online (2011) 485, 491 (partial disclosure); *Jadva/Blake/Casey u.a.*, 27 Human Reproduction (2012) 3008, 3013.

[332] *MacCullum/Lycett/Murray u.a.*, 18 Human Reproduction (2003) 1334, 1339.

[333] *Readings/Blake/Casey u.a.*, 22 Reproductive BioMedicine Online (2011) 485, 492; *Golombok/Blake/Casey u.a.*, 54 Journal of Child Psychology and Psychiatry (2013) 653 f.

[334] *Golombok/Murray/Jadva u.a.*, 21 Human Reproduction (2006) 1918.

[335] *Walper/Wendt* in: Schwab/Vaskovics (Hrsg.), Pluralisierung von Elternschaft und Kindschaft, 2011, 211, 224; *Golombok/Blake/Casey u.a.*, 54 Journal of Child Psychology and Psychiatry (2013) 653 f.

[336] *Walper/Wendt* in: Schwab/Vaskovics (Hrsg.), Pluralisierung von Elternschaft und Kindschaft, 2011, 211, 224.

Fälle im Geburtenregister registriert.[337] Die Gründe hierfür liegen insbesondere in der Vermeidung von Hindernissen bei der Stiefkindadoption,[338] denn der genetische Vater hat gem. § 1747 Abs. 1 S. 2 BGB in die Stiefkindadoption einzuwilligen.[339] Darüber hinaus haben die Paare Angst davor, dass ein Dritter von außen auf die Familie Einfluss nimmt, weshalb sehr häufig auch eine anonyme Samenspende im Ausland oder über einen Internetkontakt vorgenommen wird.[340]

Eine jüngere Studie aus dem Vereinigten Königreich hat ganz allgemein die Gründe erforscht, die Eltern zur Aufklärung ihres Kindes bewogen haben. Häufigst genannter Grund unter Müttern war die Ehrlichkeit gegenüber dem Kind („wanted to be honest"). Als zweithäufigster Grund wurde angegeben, dass das Kind ein Recht auf Kenntnis habe („right to know"). Dem folgte neben weiteren Gründen das Ziel eine Offenlegung durch Dritte zu vermeiden („to avoid disclosure by others").[341] Ähnliche Ergebnisse zeigen auch andere Studien.[342] Als Gründe, ihr Kind nicht aufzuklären und dies in der Zukunft auch nicht zu tun, gaben Mütter an, dass kein Grund für eine Offenlegung bestehe, dies zum Schutze des Kindes notwendig sei oder es sich um eine persönliche Angelegenheit handle,[343] wobei Mütter einer heterologen Samenspendekonstellation auch insbesondere ihren Partner und dessen Beziehung zum Kind schützen wollten.[344] Ein großer Teil hatte hierbei allerdings Bedenken, dass das Kind die Wahrheit zufällig herausfinden könnte.[345] Angesichts der hohen Quote des Einbezugs von

---

[337] *Rupp, Staatsinstitut für Familienforschung an der Universität Bamberg (ifb),* Die Lebenssituation von Kindern in gleichgeschlechtlichen Lebenspartnerschaften, 2009, 89.

[338] *Bergold/Rupp* in: Rupp (Hrsg.), Partnerschaft und Elternschaft bei gleichgeschlechtlichen Paaren, 2011, 119, 131.

[339] *BGH,* Beschl. v. 18.2.2015 – XII ZB 473/13, NJW 2015, 1820 mit Anmerkung *Reuß,* FamRZ 2015, 831.

[340] *Bergold/Rupp* in: Rupp (Hrsg.), Partnerschaft und Elternschaft bei gleichgeschlechtlichen Paaren, 2011, 119, 137.

[341] *Readings/Blake/Casey u.a.,* 22 Reproductive BioMedicine Online (2011) 485, 489 (wobei die Vermeidung der Offenlegung durch Dritte als Grund insbesondere bei Wunschmüttern nach einer Leihmutterschaft genannt wurde).

[342] Z.B. eine neuseeländische Studie, vgl. *Hargreaves/Daniels,* 21 Children & Society (2007) 420, 423 f., schwedische Studien *Lindblad/Gottlieb/Lalos,* 21 Journal of Psychonomatic Obstetrics & Gynecology (2000) 193, 195 f.; *Isaksson/Skoog-Svanberg/ Sydsjö u.a.,* 31 Human Reproduction (2016) 125, 127, sowie zwei weitere Studien aus dem Vereinigten Königreich *Murray/Golombok,* 6 Human Fertility (2003) 89; *Blyth/ Langridge/Harris,* 28 Journal of Reproductive and Infant Psychology (2010) 116, 119 (auf qualitativer Basis).

[343] *Readings/Blake/Casey u.a.,* 22 Reproductive BioMedicine Online (2011) 485, 490; vgl. so auch die ähnlichen Ergebnisse einer schwedischen Studie *Lindblad/Gottlieb/Lalos,* 21 Journal of Psychonomatic Obstetrics & Gynecology (2000) 193.

[344] Auf derartige Konfliktvermeidungsstrategien hinweisend auch *Vaskovics* in: Schwab/Vaskovics (Hrsg.), Pluralisierung von Elternschaft und Kindschaft, 2011, 11, 26.

[345] *Readings/Blake/Casey u.a.,* 22 Reproductive BioMedicine Online (2011) 485, 490; ähnliche Ergebnisse bei *Murray/Golombok,* 6 Human Fertility (2003) 89.

Dritten in das Wissen um die Zeugung ist diese Angst nachvollziehbar.[346] Die stets mitschwingende Ungewissheit stellt sich als Dauerbelastung für die Eltern dar, dies zeigen eingehende Studien.[347] Schutz des Partners, Angst vor Ablehnung durch das Kind und Stigmatisierung durch Offenbarwerden der Unfruchtbarkeit waren auch die Gründe für eine Nichtoffenlegung in einer weiteren, in Neuseeland durchgeführten Studie.[348]

Um den tatsächlichen Umgang mit pluralisierter Elternschaft bei Reproduktionsfamilien zu erhellen ist es lohnend, auch die noch längst nicht vollständig erforschte Position der Gametenspender in Blick zu nehmen. Studien haben herausgearbeitet, dass klassische Samenspender meist aus altruistischen Gründen oder aufgrund finanzieller Kompensation zur Samenspende bereit sind.[349] Sie wollen in der Regel nicht an der Elternschaft als sozialer oder gar rechtlicher Elternteil partizipieren.[350] Nur gelegentlich findet sich als sekundärer Grund das Interesse sich fortzupflanzen oder die eigene Fertilität zu prüfen.[351] Der Wunsch nach Kenntnis der Zahl der mit dem eigenen Material gezeugten Kinder und nach identitätsbezogenen Daten war allerdings bei der Vielzahl von anonymen Spendern einer US-amerikanischen Studie vorhanden.[352] Zu ähnlichen Ergebnissen kommt auch eine gegenwärtige Studie aus Finnland zu Eizellenspenderinnen.[353] Eine qualitative Studie zur Eizellenspende im Familien- oder Freundeskreis mit bekannten Spenderinnen aus Canada hat vor allem altruistische Gründe für die Spende aufgewiesen.[354] Auch hier berichten die Spenderinnen, dass sie keine soziale Elternrolle zum Kind einnehmen möchten.[355] Eine Studie zu einer Online-Plattform für Samenspende (private Samenspenden) arbeitete heraus, dass die Samenspender dort ebenfalls im Wesentlichen altruistisch agierten und zu 80 % vom Spender die anonyme Spende favorisiert wurde und grds. kein Kontakt zu den Kindern erstrebt war.[356] Ein größerer Teil der homosexuell oder bisexuell

---

[346] Vgl. hierzu *Readings/Blake/Casey u.a.,* 22 Reproductive BioMedicine Online (2011) 485, 491.

[347] *Hargreaves/Daniels,* 21 Children & Society (2007) 420, 425.

[348] *Hargreaves/Daniels,* 21 Children & Society (2007) 420, 425.

[349] *Jadva/Freeman/Kramer u.a.,* 26 Human Reproduction (2011) 638; *Wischmann,* 68 Geburtshilfe Frauenheilkunde (2008) 1147, 1149.

[350] *Jadva/Freeman/Kramer u.a.,* 26 Human Reproduction (2011) 638.

[351] *Freeman/Jadva/Transfield u.a.,* 31 Human Reproduction (2016) 2082, 2083 m.w.N.

[352] *Jadva/Freeman/Kramer u.a.,* 26 Human Reproduction (2011) 638.

[353] *Söderström-Anttila/Miettinen/Rotkirch u.a.,* 31 Human Reproduction (2016) 597, 603 (Hier lag die Motivation aufgrund finanzieller Kompensation zu spenden allerdings nur bei 5 % der Teilnehmer, was aber einen Anstieg gegenüber früheren Ergebnissen darstellt, damals 1 %).

[354] *Yee/Blyth/Tsang,* 29 Journal of Reproductive and Infant Psychology (2011) 404.

[355] *Yee/Blyth/Tsang,* 29 Journal of Reproductive and Infant Psychology (2011) 404, 410.

[356] *Freeman/Jadva/Transfield u.a.,* 31 Human Reproduction (2016) 2082.

orientierten Spender wünschte sich allerdings einen offenen Umgang und sogar Kontakt mit dem Kind.[357] Die Motivation der Gametenspender kann daher von Fall zu Fall variieren.

Ein Blick auf alleinerziehende Reproduktionsfamilien, bei denen es in der Regel allerdings erst mit Hinzutreten eines weiteren Partners des rechtlichen Elternteils zu einer Pluralisierung von Elternschaft kommt, zeigt, dass der Gametenspender eine besondere Rolle im Familienleben einnimmt. Eine qualitative Untersuchung aus dem Vereinigten Königreich behandelt die Einstellung alleinerziehender Mütter zu bekannten und unbekannten Samenspendern. Interessant ist, dass die Mehrheit der 46 Frauen berichtete, dass der Samenspender trotz seiner physischen Abwesenheit dennoch eine wichtige Funktion im Familienleben inne habe, sei es durch seine Eigenschaft als „Schenker", als Lieferant des genetischen Materials oder sogar als potentieller Partner.[358]

ee) Stieffamilien

Hinsichtlich gleichgeschlechtlicher Stieffamilien ist vorausgehend erwähnt worden, dass es hier in der Regel nicht zu einem vollständigen Kontaktabbruch zum aus der Familie scheidenden Vollelternteil kommt. Das gilt für Stieffamilien ganz allgemein.[359] Auch hier kommt es damit nicht *per se* zu einer Pluralisierung von Elternschaft.[360] Findet allerdings eine Stiefkindadoption durch den neuen Partner des in der Familie lebenden Vollelternteils statt, entsteht eine Pluralisierung durch die Begründung der rechtlichen Elternschaft dieser Person. Auch wenn die Zahl der Stiefkindadoptionen den größten Anteil aller in Deutschland durchgeführten Adoptionen einnimmt, s.o.,[361] ist die Durchführung einer solchen nicht die Regel. Allerdings kann das Kind durch die Bildung der Stieffamilie einen (weiteren) sozialen Elternteil hinzugewinnen.[362] Die Rolle des Stiefelternteils variiert jedoch bei Stieffamilien ganz allgemein. Ein Stiefelternteil kommt in der Regel erst recht spät in die Familie,[363] es ist daher nicht gesagt,

---

[357] *Freeman/Jadva/Transfield u.a.,* 31 Human Reproduction (2016) 2082.

[358] *Zadeh/Freeman/Golombok,* 31 Human Reproduction (2016) 117, 119 ff.

[359] *Walper* in: Götz/Schwenzer/Seelmann u.a. (Hrsg.), Familie – Recht – Ethik, 2014, 889, 894 m.w.N.; zu den Einflüssen auf die Erziehungsbeteiligung siehe *Walper/Entleitner-Phleps/Wendt,* RdJB 2016, 210, 213 f.

[360] Vgl. eingehend auch *Steinbach,* Generationenbeziehungen in Stieffamilien – Der Einfluss leiblicher und sozialer Elternschaft auf die Ausgestaltung von Eltern-Kind-Beziehungen im Erwachsenenalter, 2010.

[361] Siehe auch *Walper* in: Götz/Schwenzer/Seelmann u.a. (Hrsg.), Familie – Recht – Ethik, 2014, 889, 894.

[362] *Löhnig* in: Schwab/Vaskovics (Hrsg.), Pluralisierung von Elternschaft und Kindschaft, 2011, 157, 158 f.

[363] *Walper* in: Götz/Schwenzer/Seelmann u.a. (Hrsg.), Familie – Recht – Ethik, 2014, 889, 895.

dass der Stiefelternteil stets auch sozialer Elternteil wird. Wie bereits im Rahmen gleichgeschlechtlicher Stieffamilien gesehen, sinkt die Wahrscheinlichkeit, dass der Stiefelternteil auch sozialer Elternteil des Kindes wird, mit zunehmendem Lebensalter des Kindes.[364] Auch die Erziehungsbeteiligung des aus der Familie scheidenden Vollelternteils spielt eine Rolle, dazu siehe oben. Zu berücksichtigen ist ferner, dass nichteheliche Stieffamilien im Zeitverlauf nicht stabil sind. Eine Studie weist darauf hin, dass jedes vierte Paar einer heterosexuellen nichtehelichen Lebenspartnerschaft sich im Lauf der vier Beobachtungsjahre wieder getrennt hat.[365] Nimmt daher der Stiefelternteil eine soziale Elternrolle ein, kann sich diese im Zuge des Zerbrechens der Familie und der Gründung ggf. einer weiteren Stieffamilie verändern. Auch hier kann sich eine Pluralisierung von Elternschaft einstellen oder verändern.

ff) Adoptionsfamilien

In Adoptionsfamilien kommt es meist zu einer Pluralisierung von Elternschaft, da die Adoptiveltern in der Regel nicht die genetischen Eltern des Kindes sind.[366] Kommt es, wie nur selten der Fall, zu einer Adoption im Verwandtschaftsverhältnis (z. B. durch Onkel oder Tante), verschieben sich sogar die rechtlichen Verwandtschaftsverhältnisse.[367] Die Pluralisierung von Elternschaft ist bei der Adoption daher der Regelfall.

Der Umgang mit der von der rechtlichen Elternzuordnung abweichenden genetischen Abstammung ist bei Adoptionsfamilien im Grundsatz nicht von besonderer Offenheit geprägt.[368] Ein Kontakt des Kindes zu seinen genetischen Eltern ist eher die Ausnahme. In der Regel findet kein Austausch mit den genetischen Eltern des Kindes statt. Nur im Ausnahmefall, so zeigen Untersuchungen, finden regelmäßige Treffen statt.[369] Das deutsche Recht begünstigt diesen Befund struk-

---

[364] *Bergold/Rupp* in: Rupp (Hrsg.), Partnerschaft und Elternschaft bei gleichgeschlechtlichen Paaren, 2011, 119, 126.

[365] *Vaskovics/Rupp,* Partnerschaftskarrieren, 1995, 185; darauf hinweisend *Beck-Gernsheim,* Was kommt nach der Familie?, 2010, 41.

[366] Zum seltenen Fall der Karusselladoption *BGH,* Beschl. v. 15.1.2014 – XII ZB 443/13, NJW 2014, 934; *OLG Schleswig,* Beschl. v. 1.6.2015 – 12 UF 196/14, FamRZ 2015, 1985.

[367] *Vaskovics* in: Schwab/Vaskovics (Hrsg.), Pluralisierung von Elternschaft und Kindschaft, 2011, 11 ff.

[368] *Walper/Wendt* in: Schwab/Vaskovics (Hrsg.), Pluralisierung von Elternschaft und Kindschaft, 2011, 211, 216; *Textor,* 20 Jahre Adoptionsreform – 10 Jahre Adoptionsforschung: Konsequenzen aus veränderten Sichtweisen, http://www.ipzf.de/Adoptionsreform.pdf (zuletzt geprüft am 13.12.2016), 7.

[369] *Textor,* 20 Jahre Adoptionsreform – 10 Jahre Adoptionsforschung: Konsequenzen aus veränderten Sichtweisen, http://www.ipzf.de/Adoptionsreform.pdf (zuletzt geprüft am 13.12.2016), 7. Zu grenzüberschreitenden Adoptionen siehe *Fenton-Glynn,* Children's Rights in Intercountry Adoption, 2014, 185 ff.

turell, es sieht – anders als andere Staaten – vom Grundsatz her eine Inkognitoadoption vor, bei der die Tatsache der Adoption und die Identitätsdaten der genetischen Eltern Dritten gegenüber im Grundsatz nicht offenbart werden. Zwar
enthält das Geburtenregister diese Information (§ 21 I Nr. 4 PStG), die Geburtsurkunde, die gegenüber Dritten ab und an vorgelegt werden muss, weist allerdings die Adoptiveltern als Eltern des Kindes aus (§ 59 PStG).[370] Auch wird gegenüber den genetischen Eltern die Identität der Annehmenden in der Regel nicht
preisgegeben, wodurch Konflikte verhindert werden sollen.[371] § 1758 BGB stellt
insoweit ein Offenbarungs- und Ausforschungsverbot auf: Tatsachen, die geeignet
sind, die Annahme und ihre Umstände aufzudecken, dürfen ohne Zustimmung
des Annehmenden und des Kindes nicht offenbart oder ausgeforscht werden, es
sei denn, dass besondere Gründe des öffentlichen Interesses dies erfordern. Eine
einvernehmliche Abweichung von der Inkognitoadoption erfolgt in der Praxis nur
selten.[372] Das Offenbarungs- und Ausforschungsverbot gilt freilich nur im Au-
ßenverhältnis zu Dritten und nicht im Verhältnis von Adoptiveltern und Kind.[373]
Einen Anspruch auf Auskunft über den Adoptionssachverhalt und die genetische
Abstammung hat der Angenommene im Innenverhältnis freilich.[374] Auch über
eine Anfrage bei der zuständigen Personenstandsbehörde kann er ab dem 16. Lebensjahr die Identität seiner genetischen Eltern in Erfahrung bringen, da das Geburtenregister diese Information enthält (§ 62 I 1, 3, § 63 I PStG).

gg) Pflegefamilien

Zu Pluralisierung von Elternschaft kann es letztlich auch in Pflegefamilien
kommen. Pflegeeltern sind zwar weder rechtliche, biologische noch genetische
Eltern, im Alltag wird die Elternrolle durch die Pflegeeltern aber faktisch ausgeübt. Pflegeeltern können daher sozialer Elternteil des Kindes werden. Dies ist
auch nicht ungewöhnlich, da die Inpflegegabe oftmals mit einer Traumatisierung
der Kinder einhergeht und Pflegeeltern eine sichere Basis für diese Kinder darstellen.[375] Konflikte können sich insbesondere dann ergeben, wenn das Kind in

---

[370] *Dethloff,* Familienrecht, 2015, § 15 Rn. 58.

[371] *Dethloff,* Familienrecht, 2015, § 15 Rn. 58.

[372] *Walper/Wendt* in: Schwab/Vaskovics (Hrsg.), Pluralisierung von Elternschaft und
Kindschaft, 2011, 211, 216; *Textor,* 20 Jahre Adoptionsreform – 10 Jahre Adoptionsforschung: Konsequenzen aus veränderten Sichtweisen, http://www.ipzf.de/Adoptions
reform.pdf (zuletzt geprüft am 13.12.2016), 7.

[373] Vgl. beispielhaft MüKoBGB/*Maurer,* § 1758 Rn. 8.

[374] Zum Recht des Kindes auf Kenntnis seiner Abstammung eingehend § 5.

[375] *Scheiwe/Schuler-Harms/Walper u. a.,* BMFSFJ-Gutachten: Pflegefamilien als soziale Familien, ihre rechtliche Anerkennung und aktuelle Herausforderungen, 2016, 27,
sowie eingehend auch *Schmid/Fegert* in: Fegert/Eggers/Resch (Hrsg.), Psychiatrie und
Psychotherapie des Kindes- und Jugendalters, 2012, 63 ff.; *Diouani-Streek/Salgo,* RdJB
2016, 176.

die Pflegefamilie integriert ist, aber nach längerer Pflegedauer die rechtlichen Eltern das Kind aus der Pflegefamilie herausnehmen möchten.[376] Der 71. Deutsche Juristentag hat diese Problem gesehen und sich für die Übertragung der elterlichen Sorge auf die Pflegeeltern unter bestimmten Voraussetzungen ausgesprochen.[377]

3. Zusammenfassung

Festgehalten werden kann, dass die Familie über die vergangenen Jahrhunderte einen Funktionswandel erfahren hat. Geprägt ist die Familie heute von einer stärkeren Intimisierung und Individualisierung und einer Konzentration auf die Wünsche und Bedürfnisse der einzelnen Familienmitglieder. Es kommt heute mehr auf das persönliche Glück und die Selbstverwirklichung des Einzelnen an, so dass auch die Wahl der Familienform anhand der Prioritäten der Partner orientiert wird und konsensbasiert erfolgt.

Die vorausgehende Betrachtung hat aufgezeigt, dass Elternschaft und Abstammung heute in vielfältigen Formen gelebt werden. Die meisten Kinder werden zwar auch heute noch europaweit nach dem sog. „Normalitätsentwurf" in Kernfamilien verheirateter Eltern groß. In Deutschland wie auch in vielen europäischen Ländern ist allerdings eine steigende Zahl von alternativen Lebensformen zu verzeichnen, in denen Kinder in den verschiedensten Situationen leben. Der Wandel der Formen, in denen Familie tatsächlich gelebt wird, spiegelt sich wider in den gewandelten Vorstellungen der in Deutschland lebenden Personen, wie Familie und Elternschaft gelebt werden sollten (sog. Familienleitbilder). Auch hier hat die Untersuchung gezeigt, dass der „Normalitätsentwurf" des Lebens in einer Kernfamilie verheirateter Eltern heute zwar den Vorstellungen der in Deutschland lebenden Personen am häufigsten entspricht, alternative Lebensentwürfe aber durchaus bestehen und auch gesellschaftlich akzeptiert werden. Die Folge dieses sozialen Wandels auf Eltern- und Kindschaftskonstellationen ist spürbar. Mit der Entwicklung neuer Lebensformen entstehen auch vielgestaltige Elternschafts- und Kindschaftskonstellationen. In vielen Fällen kommt es dazu, dass die Segmente einer Elternschaft nicht mehr in einer Elternposition vereint, sondern auf mehrere Personen verteilt sind. Eine Pluralisierung von Elternschaft tritt heute häufiger ein als früher. In welcher Form (pluralisierte) Elternschaft heute gelebt wird, und wie die Beteiligten mit diesen Situationen umgehen, ist stark Einzelfall abhängig und hängt v.a. auch mit den Umständen der Familienentstehung zusammen.

---

[376] *Scheiwe/Schuler-Harms/Walper u. a.,* BMFSFJ-Gutachten: Pflegefamilien als soziale Familien, ihre rechtliche Anerkennung und aktuelle Herausforderungen, 2016, 10, 30 ff.

[377] Beschlüsse des 71. Deutschen Juristentags 2016, F. Nr. 26, vgl. http://www.djt. de/fileadmin/downloads/71/Beschluesse_gesamt.pdf (zuletzt geprüft am 17.8.2017).

B. Signifikanz von Abstammung und Elternschaft

Unter A. ist eingehend herausgearbeitet worden, welche Vorstellungen unsere heutige Gesellschaft von Abstammung und Elternschaft hat, und wie beides in der Gegenwart gelebt wird. Im Folgenden soll nun anhand von medizinischen, soziologischen, (kinder)psychologischen, aber auch sozialanthropologischen Studien hinterfragt werden, warum Abstammung und Elternschaft überhaupt Bedeutung zukommt, und welche Signifikanz beide Komplexe ganz konkret haben. Gemäß der vorausgehend angesprochenen Segmentierung von Elternschaft seien nun die einzelnen Segmente von Elternschaft näher beleuchtet. Unter (I.) wird die Signifikanz genetischer Abstammung behandelt, unter (II.) die Bedeutung biologischer Abstammung erörtert und unter (III.) die Relevanz von sozialer Elternschaft erarbeitet. Der Abschnitt schließt mit einigen Schlussfolgerungen (IV.). Der rechtlichen Elternschaft widmet sich § 2.

I. Signifikanz genetischer Abstammung

Die genetische Verbindung von Kindern zu ihren Eltern ist unter ganz verschiedenen Aspekten von entscheidender Bedeutung. Sie hat zunächst humangenetische Bedeutung (dazu unter 1.), aber sie ist auch aus entwicklungspsychologischer Sicht relevant (dazu unter 2.). Letztlich spielen zudem kulturelle Aspekte eine Rolle (dazu unter 3.).

1. Humangenetische Aspekte

Die humangenetische Bedeutung der genetischen Abstammung erschließt sich am einfachsten mit einem Blick auf den Aufbau des menschlichen Erbguts und auf die durch den Augustinermönch Gregor Mendel[378] im Zuge von Kreuzungsversuchen bei Pflanzen entdeckten, und durch die humangenetische Forschung mittlerweile auch technisch nachgewiesenen Vererbungsregeln (sog. Mendel'sche Vererbungsregeln).[379] Ausgangspunkt ist die Feststellung, dass das menschliche Erbgut praktisch in jeder menschlichen Zelle in Form von Desoxyribonukleinsäure (DNS oder englisch: DNA für deoxyribonucleic acid) enthalten ist. Die DNA besteht aus 23 Abschnitten (sog. Chromosomen), die in doppelter Ausfertigung vorliegen und in einer festen Doppelhelix-Struktur angeordnet sind.[380] Die DNA ist ein doppelstrangiges Molekül. Jeder Mensch verfügt somit über 46 Chromosomen, wobei zwei Chromosome sog. Geschlechtschromosome sind. Frauen haben bekanntermaßen zwei X-Chromosome, Männer ein X- und ein

---

[378] *Mendel,* Versuche über Pflanzenhybriden, 1923.

[379] *Fabricius,* FPR 2002, 376; *Pasternak,* An Introduction to Human Molecular Genetics, 2005, 37 ff.

[380] *Pasternak,* An Introduction to Human Molecular Genetics, 2005, 19 ff., 77; *Fabricius,* FPR 2002, 376, 378.

Y-Chromosom.[381] Zusammengesetzt ist die DNA letztlich aus nur vier Basenpaaren (Adenin, Guanin, Cytosin und Thymin), deren Reihenfolge das für den Menschen individuelle Muster seiner Person festlegt.[382] Die DNA ist in einen codierten und einen nicht-codierten Bereich zu unterteilt.[383] Der sog. „Bauplan des Körpers" (die Gene) eines Menschen findet sich nur im codierten Teil der DNA. Dieser enthält die wesentlichen Informationen für die Proteinbildung und ist somit für das menschliche Leben und den Aufbau des gesamten Organismus unerlässlich.[384] In den Genen finden sich auch die Informationen, die eine Person als Individuum definieren, z. B. die Anlage ihrer geistigen und körperlichen Eigenschaften, ihr Aussehen (etwa Haar- und Augenfarbe) aber auch Informationen über ihre Gesundheit.[385] Der codierte Teil der DNA macht nur ca. 5 % der gesamten DNA aus, 95 % der DNA sind hingegen nicht-codiert.[386] In den Geschlechtszellen einer Person (sog. Gameten, d.h. Ei- oder Samenzellen) findet sich jeweils nur ein Teil des Erbguts. Jede Geschlechtszelle enthält einen Strang von 23 Chromosomen, der bei der Befruchtung einer Ei- mit einer Samenzelle an das Kind weitergegeben wird.[387] Auf das Kind wird somit das Erbgut von Mutter und Vater je zur Hälfte übertragen.[388] Eine Ausnahme besteht allerdings mit Blick auf die mitochondriale DNA. In den Mitochondrien einer Eizelle findet sich ca. 1 % der gesamten DNA einer Zelle.[389] Mitochondriale DNA wird nicht im chromosomalen System von beiden Eltern an das Kind weitergereicht, sondern lediglich durch die Mutter an das Kind weitergegeben.[390]

Die genetische Abstammung eines Kindes von seinen Eltern beeinflusst somit maßgeblich die genetische Ausgestaltung dieses Individuums. Das durch die Abfolge der Basenpaare individuell hergestellte Muster wird somit maßgeblich durch die genetische Codierung der Eltern mitbestimmt. Erst jüngst haben Unter-

---

[381] *Pasternak,* An Introduction to Human Molecular Genetics, 2005, 24; *Podbregar/Lohmann/Schlager,* Im Fokus: Genetik, 2013, 4.

[382] *Pasternak,* An Introduction to Human Molecular Genetics, 2005, 76; *Fabricius,* FPR 2002, 376, 378.

[383] *Pasternak,* An Introduction to Human Molecular Genetics, 2005, 83; *Anslinger/Rolf/Eisenmenger,* DRiZ 2005, 165.

[384] *Pasternak,* An Introduction to Human Molecular Genetics, 2005, 80 f.

[385] *Podbregar/Lohmann/Schlager,* Im Fokus: Genetik, 2013, 3 f.

[386] *Fabricius,* FPR 2002, 376, 378; *Pasternak,* An Introduction to Human Molecular Genetics, 2005, 83; *Reichelt,* FamRZ 1991, 1265; *Anslinger/Rolf/Eisenmenger,* DRiZ 2005, 165. Da die Funktionen des nicht-codierten Teils der DNA erst in jüngerer Zeit bekannt geworden sind, wurde dieser Teil der DNA oft als „Junk-DNA" bezeichnet, vgl. *Makalowski,* 259 Gene (2000) 61; vgl. auch *Reichelt,* FamRZ 1991, 1265.

[387] *Pasternak,* An Introduction to Human Molecular Genetics, 2005, 20; *Fabricius,* FPR 2002, 376, 379.

[388] *Podbregar/Lohmann/Schlager,* Im Fokus: Genetik, 2013, 4.

[389] *Czihak/Langer/Ziegler,* Biologie – Ein Lehrbuch für Studenten der Biologie, 1976, 70.

[390] *Pasternak,* An Introduction to Human Molecular Genetics, 2005, 352.

suchungen aus den USA an Mäusen gezeigt, dass auch die Art und das Maß der elterlichen Fürsorge und Empathie genetisch angelegt sind.[391] Auch Erkrankungen sind im genetischen System teilweise angelegt. Dies gilt beispielsweise für Krebs oder Formen der Epilepsie.[392] Genetische Untersuchungen können daher bei der Familienplanung eine Hilfestellung bieten, Erbkrankheiten lassen sich so erkennen.[393] Da sich die individuell festgelegte Abfolge von Basenpaaren von Mutter und Vater auf das Kind überträgt, lässt sich die genetische Abstammung eines Menschen über die Analyse dieser Basenfolgen bestimmen.[394] Dies kann beispielsweise in Vaterschaftsfeststellungsverfahren oder aber auch bei der Aufdeckung von Straftaten eine entscheidende Rolle spielen. Da sich das genetische Material auch über die Generationen hinweg in einer Abstammungslinie fortsetzt, kann auch die Untersuchung entfernterer Verwandter Aufschluss über die genetische Abstammung geben.[395]

Die Gene sind freilich nicht der einzige Einflussfaktor auf die Individualität einer Person, ihr tatsächliches Aussehen und ihre tatsächlichen Eigenschaften. Auch weitere Einflüsse, wie etwa Umwelteinflüsse oder das persönliche Verhalten eines Individuums (z.B. das Treiben von Sport, das Rauchen oder die Ernährung) spielen hierbei eine entscheidende Rolle.[396] Diese Einflüsse, die Forschungsgegenstand der Epigenetik sind,[397] führen nicht nur zu rein körperlichen Veränderungen im Organismus des Sport treibenden, rauchenden, sich gut oder schlecht ernährenden Individuums, sie führen vielmehr über die Einflussnahme auf Boten-Ribonukleinsäure (mRNA), Histone und Methyl-Gruppen zu einer Veränderung der Informationen im menschlichen Erbgut.[398] Äußere Einflüsse können sogar selbst Auswirkungen auf die Gene haben und etwa zwischen Phänotyp und

---

[391] Vgl. *Bendesky/Kwon/Lassance u.a.*, 544 Nature (2017) 434 ff., sowie den Bericht bei *Bartens*, Das Eltern-Gen, Süddeutsche Zeitung, 20.4.2017, 1 (die Genetik ist freilich nicht der einzige Einflussfaktor).

[392] Dazu *Pasternak*, An Introduction to Human Molecular Genetics, 2005, 355 ff., 471 ff. Zu weiteren Beispielen *Siegler/Eisenberg/DeLoache u.a.* in: Siegler/Eisenberg/ DeLoache u.a. (Hrsg.), Entwicklungspsychologie im Kindes- und Jugendalter, 2016, 77, 82 ff.

[393] Vgl. dazu die Studie zu Maori, die an einer bestimmten genetischen Erkrankung litten und angesichts dieses Wissens ihre Familienplanung nun daran orientieren, *Evans*, 26 Bioethics (2012) 182, 187.

[394] Zu Untersuchungsmethoden eingehend BeckOGK/*Reuß*, § 1598a BGB Rn. 131 ff.

[395] *Lauterbach* in: Schwab/Vaskovics (Hrsg.), Pluralisierung von Elternschaft und Kindschaft, 2011, 191, 197 f.

[396] *Siegler/Eisenberg/DeLoache u.a.* in: Siegler/Eisenberg/DeLoache u.a. (Hrsg.), Entwicklungspsychologie im Kindes- und Jugendalter, 2016, 77, 78 f.

[397] Dazu *Asendorpf* in: Schneider/Lindenberger (Hrsg.), Entwicklungspsychologie, 2012, 81, 83 f.

[398] *Podbregar/Lohmann/Schlager*, Im Fokus: Genetik, 2013, 37 ff.; *Asendorpf* in: Schneider/Lindenberger (Hrsg.), Entwicklungspsychologie, 2012, 81, 83 f.; *Siegler/ Eisenberg/DeLoache u.a.* in: Siegler/Eisenberg/DeLoache u.a. (Hrsg.), Entwicklungspsychologie im Kindes- und Jugendalter, 2016, 77, 84.

Genotyp einzelner Merkmale entscheiden und diese somit quasi „stumm" schalten.[399] Auch äußere Einflüsse sind für die Entwicklung eines Menschen damit sehr bedeutend.[400] Dies gilt umso mehr, als epigenetische Veränderungen sich nicht nur auf die Person auswirken, bei der sie eintreten. Diese Veränderungen können vielmehr auf die Nachkommen vererbt werden.[401] Die Epigenetik steht mit der Erforschung dieser Zusammenhänge allerdings noch am Anfang.[402]

Festgehalten werden kann hier daher, dass die Vererbung der je 23 Chromosomen von Mutter und Vater auf das Kind einen ganz entscheidenden Einfluss auf die individuelle Ausgestaltung einer Person hat. Gleichsam sind aber auch äußere Einflüsse, die unter dem Stichwort der Epigenetik behandelt werden, für die tatsächlichen Eigenschaften einer Person mitbestimmend.

2. Entwicklungspsychologische Aspekte

Mit der Bedeutung der genetischen Abstammung hat sich ebenfalls die entwicklungspsychologische Forschung befasst.[403] Diese fragt einerseits danach, welche Auswirkungen es auf die Persönlichkeitsentwicklung eines Menschen hat, wenn ein genetisches Band zwischen einem Kind und seinen Eltern nicht besteht. Zum anderen untersucht sie, welche Bedeutung die Kenntnis der (Nicht)Abstammung für die Persönlichkeitsentwicklung, insbesondere mit Blick auf einen offenen Umgang in besonderen Familienkonstellationen einnimmt. Mit Blick auf ersteres weisen Studien zu Reproduktionsfamilien im heterologen System und zu Leihmutterschaftsfamilien keinerlei Entwicklungsbesonderheiten von Kindern aus.[404] Das lässt den Schluss zu, dass sich die Tatsache des Fehlens einer genetischen Verbindung zwischen Kind und Eltern isoliert betrachtet nicht negativ auf die Kindesentwicklung auswirkt.[405]

a) Relevanz der Kenntnis der genetischen Abstammung für die Persönlichkeitsentwicklung des Menschen

Bedeutender sind demgegenüber die Auswirkungen der (Un)Kenntnis der genetischen Abstammungsverhältnisse einzuschätzen. Nach derzeitigem Forschungs-

---

[399] *Podbregar/Lohmann/Schlager,* Im Fokus: Genetik, 2013, 31 ff.

[400] Im Einzelnen siehe auch *Asendorpf* in: Schneider/Lindenberger (Hrsg.), Entwicklungspsychologie, 2012, 81, 83 ff.

[401] *Podbregar/Lohmann/Schlager,* Im Fokus: Genetik, 2013, 38.

[402] Zum derzeitigen Stand siehe *Asendorpf* in: Schneider/Lindenberger (Hrsg.), Entwicklungspsychologie, 2012, 81, 83.

[403] Zu einem kurzen Überblick siehe etwa *Kindler/Walper/Lux/Bovenschen,* NZFam 2017, 929.

[404] *Golombok/Blake/Casey u.a.,* 54 Journal of Child Psychology and Psychiatry (2013) 653, 658.

[405] *Golombok/Blake/Casey u.a.,* 54 Journal of Child Psychology and Psychiatry (2013) 653, 658.

stand gilt als sicher, dass die Kenntnis der Abstammung eine besondere Bedeutung für die Entwicklung einer Person hat.[406] Sie nimmt, wie das BVerfG regelmäßig betont, eine „Schlüsselstellung für die Individualitätsfindung und das Selbstverständnis" einer Person ein.[407] Warum dies so ist, zeigt ein Blick auf die grundlegenden kinderpsychologischen Arbeiten von *Erik H. Erikson,* der den Prozess der Persönlichkeitsentwicklung von Menschen näher untersucht hat.[408] Das zentrale Alter für die Entwicklung der Persönlichkeit eines Menschen ist das Jugendalter, die Adoleszenz.[409] Dies beschreibt in etwa den Zeitraum zwischen Eintritt in die Pubertät und der Volljährigkeit eines Kindes.[410] In dieser Zeit werden erstmals verschiedene soziale Positionen und Rollen eingenommen, hier definiert sich das Individuum im Rahmen seines Umfeldes, auch über die soziale Interaktion.[411] Der Definitionsprozess findet daher im Rahmen einer Exploration, eines sich Ausprobierens in verschiedenen Rollen statt.[412]

Nach Erikson erfolgt die Persönlichkeitsentwicklung auf drei Ebenen:[413] Erstens betrifft die Persönlichkeitsentwicklung eine psycho-biologische Ebene, auf der bewusste und unbewusste innere Bedürfnisse des Kindes auf die Entwicklung Einfluss nehmen.[414] Zweitens bildet sich die Persönlichkeit auf psycho-sozialer Ebene dadurch heraus, dass sich das Kind mit Eindrücken und Einflüssen seiner Umwelt, insb. seines direkten Umfelds, auseinandersetzt.[415] Drittens vollzieht

---

[406] *Erikson,* Identität und Lebenszyklus, 1966; *Thorn* in: Coester-Waltjen/Lipp/Schumann u.a. (Hrsg.), „Kinderwunschmedizin" – Reformbedarf im Abstammungsrecht?, 2015, 131.

[407] *BVerfG,* Urt. v. 31.1.1989 – 1 BvL 17/87, NJW 1989, 891; *BVerfG,* Urt. v. 19.4.2016 – 1 BvR 3309/13, BeckRS 2016, 44719 Rn. 35. Hierzu siehe auch *Coester-Waltjen,* FF 2017, 224 ff.

[408] *Erikson,* Identität und Lebenszyklus, 1966.

[409] *Schneider/Lindenberger,* Entwicklungspsychologie, 2012, 554 ff.; *Walper/Wendt* in: Schwab/Vaskovics (Hrsg.), Pluralisierung von Elternschaft und Kindschaft, 2011, 211, 213; *Habermas* in: Silbereisen/Hasselhorn (Hrsg.), Entwicklungspsychologie des Jugendalters, 2008, 364.

[410] *Erikson,* Identität und Lebenszyklus, 1966, 123; *Erikson,* Identity: Youth and crisis, 1968, 23, 128; *Walper* in: Silbereisen/Hasselhorn (Hrsg.), Entwicklungspsychologie des Jugendalters, 2008, 135.

[411] *Erikson,* Identity: Youth and crisis, 1968, 128; *Walper/Wendt* in: Schwab/Vaskovics (Hrsg.), Pluralisierung von Elternschaft und Kindschaft, 2011, 211, 213; ausführlicher bei *Walper* in: Silbereisen/Hasselhorn (Hrsg.), Entwicklungspsychologie des Jugendalters, 2008, 135; siehe eingehend auch *Schneider/Lindenberger,* Entwicklungspsychologie, 2012, 545 ff.

[412] *Walper/Wendt* in: Schwab/Vaskovics (Hrsg.), Pluralisierung von Elternschaft und Kindschaft, 2011, 211, 213; *Habermas* in: Silbereisen/Hasselhorn (Hrsg.), Entwicklungspsychologie des Jugendalters, 2008, 364, 365.

[413] Eingehend *Erikson,* Identität und Lebenszyklus, 1966, 22 ff.; *Habermas* in: Silbereisen/Hasselhorn (Hrsg.), Entwicklungspsychologie des Jugendalters, 2008, 364, 366 f.

[414] *Walper/Wendt* in: Schwab/Vaskovics (Hrsg.), Pluralisierung von Elternschaft und Kindschaft, 2011, 211, 213.

sich die Persönlichkeitsentwicklung psycho-geschichtlich, indem sich das Kind mit seiner genealogischen Geschichte in eine Beziehung zu seiner Umwelt, insbesondere zu seinen Eltern setzt.[416] Die psycho-geschichtliche Ebene betrifft daher den Bereich der genetischen Abstammung. Fehlen Informationen auf dieser Ebene, kann das Kind diesen Entwicklungsprozess nicht vollziehen, es kann seine genealogischen Ursprünge nicht ermitteln und ist somit daran gehindert, psycho-geschichtlich seinen Platz in der Welt zu definieren. Dass diese Situation mit Unsicherheit und potentiell negativen Auswirkungen auf die Persönlichkeitsentwicklung des Kindes einhergeht, ist denklogisch. Untersuchungen zu Adoptivkindern weisen beispielsweise darauf hin, dass Adoptivkinder im Bereich der psycho-geschichtlichen Ebene der Identitätsfindung Nachteile gegenüber anderen Kindern haben, da die genealogische Geschichte dieser Kinder meist im Dunkeln liegt.[417] Fehlen daher Informationen über die genetische Abstammung, kann dies die künftige Entwicklung des Kindes und seine Zukunftsgestaltung behindern.[418]

Persönlichkeitsentwicklung ist allerdings kein einmal stattfindender Prozess, der, einmal durchlaufen, nicht mehr in Gang gesetzt werden könnte. Auch im Erwachsenenalter sind in der psychologischen Forschung noch Entwicklungsprozesse festgestellt worden.[419] Auch für Erwachsene ist die Kenntnis der genetischen Abstammungsverhältnisse bedeutend, denn auch sie setzen sich auf psycho-geschichtlicher Ebene mit anderen Personen (z.B. den eigenen Eltern bzw. Kindern) in eine Beziehung. Dies zeigt sich besonders im Bereich der medizinisch-assistierten Reproduktion: Beispielsweise lässt sich bei der Embryonenspende sehen, dass für die Eltern eine genetische Verbindung mit einem Kind bedeutsam ist. Eine neue Studie aus Neuseeland mit psychosozialen Beratern, die im Rahmen medizinisch-assistierter Reproduktion tätig sind, hat offenbart, dass viele Paare erst spät (quasi als *ultima ratio*) auf die Embryonenspende zurückgreifen, da ihnen das Bestehen eines genetischen Bandes zumindest von einem Elternteil zum Kind wichtig ist.[420] Auch für bereits erwachsene Kinder kann die Kenntnis der Abstammung bedeutend sein, um sich in psycho-geschichtlicher Weise in Beziehung zu ihrer Umwelt zu setzen. Dies zeigen insbesondere Streitfälle aus jüngerer Zeit, in denen Inseminationskinder Auskunft über ihre Abstam-

---

[415] *Walper/Wendt* in: Schwab/Vaskovics (Hrsg.), Pluralisierung von Elternschaft und Kindschaft, 2011, 211, 213.

[416] *Walper/Wendt* in: Schwab/Vaskovics (Hrsg.), Pluralisierung von Elternschaft und Kindschaft, 2011, 211, 213; *Habermas* in: Silbereisen/Hasselhorn (Hrsg.), Entwicklungspsychologie des Jugendalters, 2008, 364, 375 (mit Blick auf Adoptivkinder).

[417] *Walper/Wendt* in: Schwab/Vaskovics (Hrsg.), Pluralisierung von Elternschaft und Kindschaft, 2011, 211, 217.

[418] *Walper/Wendt* in: Schwab/Vaskovics (Hrsg.), Pluralisierung von Elternschaft und Kindschaft, 2011, 211, 217 m.w.N.

[419] *Montada/Schneider/Lindenberger* in: Schneider/Lindenberger (Hrsg.), Entwicklungspsychologie, 2012, 27, 53 f.

[420] *Goedeke/Daniels/Thrope,* 31 Human Reproduction (2016) 412, 413.

mung von Eltern und/oder behandelnden Ärzten begehrt haben.[421] Prominenz hat auch ein Verfahren vor dem BVerfG erlangt, in dem ein Kind gegen seinen potentiell genetischen Vater einen Anspruch aus § 1598a Abs. 1 BGB geltend machen wollte.[422] Gleichzeitig zeigen Studien allerdings auch, dass die Kenntnis der genetischen Abstammung nicht zwingend eine herausragende Rolle in der Persönlichkeitsentwicklung Erwachsener und die psycho-geschichtliche Definition ihres Platzes in der Familie und Gesellschaft einnehmen muss. Eine qualitative Studie zu Eizellenspenderinnen in Kanada, die mit der Empfängerin verwandt oder befreundet waren, zeigt, dass die Spenderinnen ein besonderes Band zum Kind nicht aufgrund der genetischen Verbindung zu diesem verspürt haben, sondern sie sich dem Kind aufgrund der verwandtschaftlichen oder freundschaftlichen Verbindung zur Mutter verbunden fühlten.[423] Die Kenntnis der genetischen Abstammung führt bei diesen Spenderinnen daher nicht dazu, dass sie sich psycho-geschichtlich als Mutter des Kindes definieren, sie bleiben in ihrem Selbstverständnis vielmehr Tante oder Freundin der Empfängerin.

b) Bedeutung von Offenheit im Umgang mit der Abstammungswahrheit in besonderen Familienkonstellationen

Aufgrund der soeben dargelegten Einflussfaktoren auf den Entwicklungsprozess der menschlichen Persönlichkeit verwundert es nicht, dass die aktuelle kinderpsychologische Forschung empfiehlt, einen offenen Umgang mit der Abstammungswahrheit anzustreben.[424] Beispielsweise zeigen Untersuchungen zur Persönlichkeitsentwicklung von Adoptivkindern, dass es insbesondere mit der elterlichen Offenheit im Umgang mit dem Vorliegen einer Adoption zusammenhängt, ob Kinder Zugang zu ihrer Abstammung erhalten und somit psycho-geschichtlich ihre Identität unter Nutzung dieser Information bilden können.[425]

---

[421] *BVerfG,* Beschl.v. 18.1.1988 – 1 BvR 1589/87, NJW 1988, 3010; *BVerfG,* Beschl. v. 6.5.1997 – 1 BvR 409/90, NJW 1997, 1769, dazu *Eidenmüller,* JuS 1998, 789; *BGH,* Beschl. v. 2.7.2014 – XII ZB 201/13, BeckRS 2014, 14404; *OLG Hamm,* Urt. v. 6.2.2013 – I-14 U 7/12, BeckRS 2013, 2505; *AG Essen,* Urt. v. 17.9.2014 – 17 C 288/ 13, MedR 2015, 434 m. krit. Anm. Budzikiewicz.

[422] *BVerfG,* Urt. v. 19.4.2016 – 1 BvR 3309/13, BeckRS 2016, 44719; dazu kritisch BeckOGK/*Reuß,* § 1598a BGB Rn. 11.1 ff. m.w.N.

[423] *Yee/Blyth/Tsang,* 29 Journal of Reproductive and Infant Psychology (2011) 404, 410.

[424] Für den Bereich medizinisch-assistierter Reproduktion etwa *Walper/Wendt* in: Schwab/Vaskovics (Hrsg.), Pluralisierung von Elternschaft und Kindschaft, 2011, 211, 222, 224 (insbesondere positive Auswirkung auf das Mutter-Kind-Verhältnis); vgl. bereits *Daniels/Taylor,* 12 Politics and the Life Sciences (1993) 155 mit vielen weiteren Nachweisen.

[425] *Walper/Wendt* in: Schwab/Vaskovics (Hrsg.), Pluralisierung von Elternschaft und Kindschaft, 2011, 211, 214, 217 f. m.w.N.; *Hoopes* in: Brodzinsky/Schechter (Hrsg.), The psychology of adoption, 1993, 144, 163 f.; *Golombok/Blake/Casey u.a.,* 54 Journal of Child Psychology and Psychiatry (2013) 653 m.w.N.

Dies gilt generell für Familienkonstellationen, in denen es zu einer Pluralisierung von Elternschaft durch ein Auseinanderfallen rechtlicher und sozialer Elternschaft einerseits und genetischer Elternschaft andererseits kommt, d. h. bei Kuckucksfamilien, Reproduktions- und Adoptionsfamilien, denn nur über eine Kenntnis der Zusammenhänge wird es dem Kind ermöglicht, seinen Platz in der Welt korrekt zu definieren.[426]

Ein frühzeitiger offener Umgang der Elternpersonen mit der Abstammungswahrheit wirkt sich auf die Kindesentwicklung nach heutigen Erkenntnissen generell positiv aus.[427] Ein genauer Zeitpunkt für die Offenlegung lässt sich zwar nicht konkret fixieren, er ist von der individuellen Situation und der Entwicklung des Kindes abhängig. Die Offenlegung ist auch eher als Prozess zu verstehen, denn als einmaliges Ereignis.[428] Er hat kindgerecht zu erfolgen und kann durch Aufklärungsmaterial (z. B. kindgerechte Bücher[429]) unterstützt werden.[430] In Studien zum Umgang mit der genetischen Abstammungswahrheit wird eine frühe Aufklärung, die bereits von Beginn an die Umstände der Kinderzeugung und der Hilfe durch medizinisch-assistierte Reproduktion kindgerecht darlegt, auch von Eltern favorisiert.[431] Wie gezeigt, weichen die tatsächlichen Aufklärungsquoten allerdings davon ab.

Nach derzeitigem Forschungsstand können Kinder durchschnittlich ab dem siebten Lebensjahr die genetischen Zusammenhänge ihrer Herkunft erfassen.[432] Ein fruheres Aufklaren ab dem dritten oder vierten Lebensjahr kann sich jedoch förderlich auswirken.[433] Kinder können in diesem Alter die Bedeutung einer Vater- und Mutterperson bereits verstehen. Eine Erläuterung der Entstehenszusammenhänge in diesem Alter kann zu einer intuitiven Aufnahme und Verarbeitung der Situation führen und die Akzeptanz und das Verständnis der genetischen Zusammenhänge fördern.[434] Eine Studie zu gleichgeschlechtlichen Familien berich-

---

[426] Siehe etwa auch *Walper/Wendt* in: Schwab/Vaskovics (Hrsg.), Pluralisierung von Elternschaft und Kindschaft, 2011, 211, 214.

[427] Siehe beispielhaft *Golombok/Blake/Casey u. a.,* 54 Journal of Child Psychology and Psychiatry (2013) 653, 657. *Walper/Wendt* in: Schwab/Vaskovics (Hrsg.), Pluralisierung von Elternschaft und Kindschaft, 2011, 211, 222, 224 (insbesondere positive Auswirkung auf das Mutter-Kind-Verhältnis); vgl. bereits *Daniels/Taylor,* 12 Politics and the Life Sciences (1993) 155 mit vielen weiteren Nachweisen.

[428] *Isaksson/Skoog-Svanberg/Sydsjö u. a.,* 31 Human Reproduction (2016) 125, 127.

[429] Z. B. das Buch *Offord/Mays/Heath,* My Story, 2001 des Infertility Research Trust.

[430] *Blyth/Langridge/Harris,* 28 Journal of Reproductive and Infant Psychology (2010) 116, 121 f.; *Hargreaves/Daniels,* 21 Children & Society (2007) 420, 423 f.

[431] *Isaksson/Skoog-Svanberg/Sydsjö u. a.,* 31 Human Reproduction (2016) 125, 127.

[432] *Gottlieb/Lalos/Lindblad,* 15 Human Reproduction (2000) 2052, 2055.

[433] Vgl. hierzu auch die Berichte der qualitativen Studie *Blyth/Langridge/Harris,* 28 Journal of Reproductive and Infant Psychology (2010) 116, 119, 121 f. (Beginn bereits vor der Vollendung des 5. Lebensjahres des Kindes).

[434] *Gottlieb/Lalos/Lindblad,* 15 Human Reproduction (2000) 2052, 2055.

tet, dass in der überwiegenden Zahl der Familien mit einer frühen Aufklärung keinerlei Belastung für das Kind einherging.[435] Eine andere Studie zeigte allerdings, dass Kinder, die früh aufgeklärt wurden, anfälliger auf mentalen Stress der Mutterperson reagieren.[436] Entwicklungsauffälligkeiten zeigen sich jedoch durch eine frühe Aufklärung *per se* nicht. Lediglich bei Leihmutterschaftskindern sind im Rahmen einer Langzeitstudie im Alter von sieben Jahren Entwicklungsauffälligkeiten festgestellt worden, die bei Kindern von Gametenspendern nicht bestehen.[437] Es wird vermutet, dass Kinder in diesem Alter das Fehlen der genetischen Verbindung zu einem Elternteil leichter verarbeiten können, als die Tatsache, dass sie von einer anderen Frau geboren wurden.[438] Dauerhafte Entwicklungsnachteile ergeben sich dadurch jedoch nicht. Die Langzeitstudie hat gezeigt, dass im Zeitverlauf (bereits im zehnten Lebensjahr) derartige Entwicklungsschwierigkeiten aufgelöst werden.[439]

Erfolgt die Aufklärung allerdings zu spät oder unerwartet durch Dritte, können sich problematische Situationen für das Kind ergeben. Bereits ab einem Alter von zehn oder zwölf Jahren sind signifikante Belastungen für das Kind möglich.[440] Studien weisen darauf hin, dass eine späte Aufklärung zu Irritationen in der Familie (z.B. Misstrauen des Kindes gegenüber den Eltern), die sogar bis zur Ablehnung der Eltern führen können.[441] Kinder, die erst spät von ihrer wahren Herkunft erfahren, fühlen sich oft verwirrt und haben grds. stärkere negative Assoziationen mit ihrer genetischen Herkunft als Kinder, die früh aufgeklärt werden.[442] Das Fehlen des genetischen Bandes zu einem betreffenden sozialen Elternteil wird hier als besonders schmerzlich empfunden.[443] Fehlende Offenheit im Umgang mit den Umständen der Zeugung des Kindes kann darüber hinaus

---

[435] *Rupp, Staatsinstitut für Familienforschung an der Universität Bamberg (ifb),* Die Lebenssituation von Kindern in gleichgeschlechtlichen Lebenspartnerschaften, 2009, 92.

[436] *Golombok/Blake/Casey u.a.,* 54 Journal of Child Psychology and Psychiatry (2013) 653, 658.

[437] *Golombok/Blake/Casey u.a.,* 54 Journal of Child Psychology and Psychiatry (2013) 653, 657.

[438] *Golombok/Blake/Casey u.a.,* 54 Journal of Child Psychology and Psychiatry (2013) 653, 657.

[439] *Golombok/Blake/Casey u.a.,* 54 Journal of Child Psychology and Psychiatry (2013) 653, 657 ff.

[440] *Gottlieb/Lalos/Lindblad,* 15 Human Reproduction (2000) 2052, 2055 m.w.N.

[441] *Readings/Blake/Casey u.a.,* 22 Reproductive BioMedicine Online (2011) 485, 486; *Walper/Wendt* in: Schwab/Vaskovics (Hrsg.), Pluralisierung von Elternschaft und Kindschaft, 2011, 211, 224; *Daniels/Taylor,* 12 Politics and the Life Sciences (1993) 155.

[442] *Readings/Blake/Casey u.a.,* 22 Reproductive BioMedicine Online (2011) 485, 486.

[443] *Walper/Wendt* in: Schwab/Vaskovics (Hrsg.), Pluralisierung von Elternschaft und Kindschaft, 2011, 211, 224.

auch die Eltern stark belasten. Eine jüngere Studie stellt insoweit ein höheres Stresslevel bei Müttern fest, die die Abstammungswahrheit nicht offengelegt hatten, da diese stets in der Ungewissheit und Angst leben, dass das Kind durch Dritte von den wahren Gegebenheiten erfährt.[444]

Damit kann festgehalten werden, dass eine frühe Aufklärung des Kindes über seine genetische Herkunft ab dem dritten oder vierten Lebensjahr generell positiv für die Kindesentwicklung ist. Ältere Stimmen aus der Literatur, die sich für eine Geheimhaltung der Tatsache der genetischen Nichtabstammung von den rechtlichen Eltern ausgesprochen hatten,[445] können damit als widerlegt angesehen werden.[446] Freilich ist vor dem Hintergund dieser Erkenntnisse bedauerlich, dass ein offener Umgang mit der genetischen Wahrheit auch in der heutigen Praxis, dazu siehe bereits oben, nicht umfassend erfolgt und auch in vielen Ländern bislang nicht praktiziert wird.[447]

3. Kulturelle Aspekte

Die genetische Verbindung von Eltern mit ihren Kindern kann auch unter einem ganz anderen Aspekt Bedeutung erlangen, sie kann geradezu prägend sein für die Ausgestaltung und das Selbstverständnis einer ganzen Gesellschaft. Nimmt die genetische Abstammung im Rahmen tatsächlich gelebter Familienformen und Elternschaftskonstellationen sowie den Vorstellungen davon, wie Familie und Elternschaft gelebt werden sollten, in Deutschland und vielen anderen Ländern Europas – wie oben gezeigt – zwar eine wichtige Rolle ein, ist die genetische Abstammungsbeziehung für die Begründung von Familie und Elternschaft heute generell keine Voraussetzung. Demgegenüber gibt es Gesellschaften, die sich gerade durch die genealogische Fortsetzung der Familienlinie über die Jahrhunderte hinweg definieren. Diese Gesellschaften zeichnen sich in Struktur und Handeln naturgemäß durch eine besondere Betonung des genealogischen Ursprungs aus, der sich in der Selbstdefinition der Gesellschaft in vielen Bereichen zeigt.[448] Die genetische Abstammung nimmt daher im gesellschaftlichen Selbstverständnis einen deutlich höheren Stellenwert ein, als dies in Deutschland und in vielen anderen europäischen Gesellschaften der Fall ist. Diese hervorgehobene Bedeutung der genetischen Abstammung zeigt sich beispielsweise in der recht-

---

[444] *Hargreaves/Daniels,* 21 Children & Society (2007) 420, 425.

[445] Vgl. die umfassenden Nachweise bei *Walper/Wendt* in: Schwab/Vaskovics (Hrsg.), Pluralisierung von Elternschaft und Kindschaft, 2011, 211, 219 zur früheren Befürwortung der Inkognitoadoption.

[446] *Walper/Wendt* in: Schwab/Vaskovics (Hrsg.), Pluralisierung von Elternschaft und Kindschaft, 2011, 211, 222; siehe auch *Golombok/Blake/Casey u.a.,* 54 Journal of Child Psychology and Psychiatry (2013) 653 f.

[447] *Hargreaves/Daniels,* 21 Children & Society (2007) 420 m.w.N.; sowie *Daniels/Taylor,* 12 Politics and the Life Sciences (1993) 155.

[448] *Sheils,* 54 Social Forces (1975) 427, 429.

lichen Ausgestaltung der Abstammungsrechte, der Haltung gegenüber medizinisch-assistierter Reproduktion oder aber auch in der internationalprivat- und -zi-
vilverfahrensrechtlichen Behandlung von Auslandssachverhalten. Sie wirkt sich
aber auch besonders auf die Familiengründung und Elternschaft in diesen Gesellschaften aus. Vorliegend sollen zwei Ausprägungen solcher Gesellschaften näher
betrachtet werden. Unter [a)] wird ein Blick auf Japan und den dort praktizierten
Ahnenkult bzw. die Ahnenverehrung gerichtet, unter [b)] werden Aspekte der
Kultur der Maori, neuseeländischer Ureinwohner, analysiert.

a) Ahnenkult und Ahnenverehrung in Japan

Eine Ausprägung hervorgehobener Bedeutung der genetischen Abstammung in
Gesellschaften, die sich durch eine besondere Betonung des genealogischen Ursprungs auszeichnen, sind Formen der Ahnenverehrung bzw. des Ahnenkults,[449]
d.h. die rituelle Verehrung der bereits verstorbenen Vorfahren durch die Hinterbliebenen. Die genealogische Beziehung einer Person zu ihren Vorfahren hat
hierbei zwar keinen zwingenden Charakter, sie stellt aber einen bedeutenden Faktor bei der Entwicklung und der Durchführung eines solchen Kultes dar.[450] Ahnenverehrung bzw. Ahnenkult findet sich in vielen Ländern, beides kommt neben
Japan beispielsweise in China, Taiwan oder Südkorea, aber auch außerhalb des
asiatischen Raums, etwa in Afrika oder auf dem Balkan vor.[451] Die Art und
Weise der Verehrung der Ahnen ist dabei von Land zu Land unterschiedlich und
ist dort am schwächsten, wo jeglicher religiöser Hintergrund fehlt.[452]

aa) Ausprägung von Ahnenkult und Ahnenverehrung in Japan

In Japan, das die Koexistenz vieler Religionen kennt, deren dominanteste Vertreter der Shintoismus[453] und der Buddhismus[454] sind, beruht der Ahnenkult im
Wesentlichen auf der gesellschaftlich-kulturellen Grundannahme, dass die Ahnen
nach dem Versterben nicht in ein irgendwie gestaltetes Totenreich übergehen, sondern als Geister im Diesseits weiterleben und am täglichen Leben partizipieren.[455]

---

[449] Zum Begriff und der Abgrenzung zur Ahnenverehrung siehe *Wöss,* Historische
Anthropologie 1993, 131, 132 ff., 137.

[450] *Sheils,* 54 Social Forces (1975) 427, 428.

[451] *Wöss,* Historische Anthropologie 1993, 131 (Japan, Balkan, Afrika); *Tsan,* 27 Altorientalische Forschungen (2000) 81 (Taiwan).

[452] *Sheils,* 54 Social Forces (1975) 427, 428.

[453] Auch als japanische Ur-Religion bezeichnet, vgl. *Aston,* 6 Man (1906) 35.

[454] Zur Entwicklung und Ausbreitung in Asien siehe *Scheid,* Religion-in-Japan: Ein
Web-Handbuch, http://www.univie.ac.at/rel_jap/an/Alltag/Ahnenkult (zuletzt geprüft
am 20.01.2017), Abschnitt Grundbegriffe/Buddhismus.

[455] *Wöss,* Historische Anthropologie 1993, 131, 132 f.; Brockhaus Enzyklopädie
Online, https://uni-lmu-brockhaus-de.emedien.ub.uni-muenchen.de (zuletzt geprüft am
11.10.2016), Shinto.

Nach dieser Grundannahme sind somit Lebende und Tote eng miteinander verbunden, die Ahnen nehmen weiterhin am Leben teil und bleiben daher Teil der familiären Gemeinschaft. Das Schicksal der Verstorbenen und jenes der Lebenden beeinflusst sich nach traditionellen Vorstellungen gegenseitig. Geht es beispielsweise der Seele der Großmutter oder Urgroßmutter schlecht, da sich etwa die Lebenden nicht hinreichend um sie gesorgt haben, kann dies dazu führen, dass die Nachkommen ebenfalls von einem Unglück betroffen sind.[456] Die Hinterbliebenen haben sich daher um das Wohl der Ahnen zu kümmern. Über Opfergaben, die die Hinterbliebenen den Ahnen darreichen, wird versucht, die Ahnen zu versorgen und wohlgesonnen zu stimmen, damit diese den Hinterbliebenen Schutz bringen.[457] Die Ahnwerdung ist dabei ein Prozess, den die Hinterbliebenen durch Opfergaben, Gebete u. a. unterstützen können. Erst wenn die Seele des Verstorbenen den „sicheren Zustand einer erwachsenen Seele" erreicht hat, ist der Verstorbene Ahn und kann sich bei der Familie für die Unterstützung revanchieren.[458] Die Ahnenverehrung obliegt in erster Linie den Hinterbliebenen. Wer keine Hinterbliebenen hat, kann somit auch nicht zum Ahn werden, da dann keine Verehrung des Verstorbenen stattfinden und dieser nicht auf dem Weg zur Ahnwerdung begleitet werden kann. Die Elternschaft ist die Hauptquelle für die Ahnwerdung.[459] Versterben auch die Nachkommen, wird die Verehrung der Ahnen durch deren Nachfahren in der genealogischen Linie fortgesetzt.[460] Erst, wenn die Hinterbliebenen keine direkte Beziehung mehr zu den Vorfahren haben, führt die Gemeinschaft die Verehrung im örtlichen Tempel fort.[461]

Ahnenkult ist in Japan ein bedeutender Aspekt des religiösen Alltagslebens. Er beinhaltet neben den Totenriten, die den Verstorbenen bei der etwas Zeit in Anspruch nehmenden Ahnwerdung unterstützen,[462] vor allem die Verehrung der Verstorbenen im regelmäßig buddhistischen Hausaltar, dem *butsudan*. An oder neben diesem befinden sich kleine schwarze Holztäfelchen (sog. *ihai*), die die Ahnen symbolisieren,[463] und die den Namen tragen, der dem betreffenden Vorfahren nach seinem Tod in einer buddhistischen Zeremonie posthum verliehen

---

[456] *Wöss*, Historische Anthropologie 1993, 131, 132.

[457] *Wöss*, Historische Anthropologie 1993, 131, 132 f.; *Stead*, 15 The Monthly review (1904) 98, 99 f.; *Frischkorn*, Zeitschrift für Religionswissenschaften 1993, 50, 56 f.

[458] Eingehend *Tsan*, 27 Altorientalische Forschungen (2000) 81, 82; *Wöss*, Historische Anthropologie 1993, 131, 133.

[459] *Tsan*, 27 Altorientalische Forschungen (2000) 81, 82.

[460] *Wöss*, Historische Anthropologie 1993, 131, 135.

[461] *Tsan*, 27 Altorientalische Forschungen (2000) 81, 84.

[462] *Wöss*, Historische Anthropologie 1993, 131, 133; *Tsan*, 27 Altorientalische Forschungen (2000) 81, 82.

[463] *Scheid*, Religion-in-Japan: Ein Web-Handbuch, http://www.univie.ac.at/rel_jap/an/Alltag/Ahnenkult (zuletzt geprüft am 20.01.2017), Abschnitt Alltag/Ahnenkult; *Stead*, 15 The Monthly review (1904) 98, 102 f.

worden ist.[464] Im Alltag wird den Toten mehrmals gedacht. Ihnen wird beispielsweise regelmäßig zu jeder Speise ein Opfer gebracht, d.h. ein Teil der Speise wird an den Hausaltar gestellt und soll symbolisch den Toten gebühren und ihre Teilnahme am alltäglichen Familienleben verdeutlichen. Auch Räucherstäbchen werden angezündet. Nach einiger Zeit werden die Speisen selbst gegessen.[465] Auch wenn die Ahnenverehrung religiöse Formen annimmt, ist sie doch nicht in der Religion selbst verankert.[466] Shintoismus und Buddhismus bieten mit ihren Grundannahmen allerdings ausreichend Möglichkeit, die Ahnenverehrung in religiöse Riten zu inkorporieren.[467] Beide Religionen sind in ihren Grundannahmen komplementär und werden in der Praxis, trotz der Versuche der Trennung beider Religionen und der Installierung des Shintoismus als japanische Volksreligion im Rahmen der Meji-Restauration 1868 in der Praxis nicht immer klar voneinander getrennt. So verfügen viele Haushalte sowohl über einen in der Regel der Ahnenverehrung dienenden buddhistischen als auch über einen shintoistischen Hausaltar.[468] Selbst in rein buddhistisch bzw. shintoistisch geprägten Haushalten findet sich stets ein eigener für die Ahnenverehrung vorgesehener Hausaltar.[469]

Die stärkste Verbindung von Verstorbenen und Lebenden resultiert letztlich aus den „Blutsbanden", d.h. der genetischen Abstammung.[470] Ahnen können somit in erster Linie die in linearer Geburtenfolge geborenen männlichen Mitglieder einer Familie werden, danach die Kinder und Erwachsenen des Haushalts, die unverheiratet geblieben sind und die Frau, oder der Mann, die in die Familie eingeheiratet haben.[471] Weibliche verheiratete Familienmitglieder werden nach dem Versterben in der Familie des Ehemannes verehrt. Letzteres zeigt, dass im japanischen Ahnenkult zwar primär die genetische Verwandtschaft den Ausschlag für die Ahnwerdung gibt, jedoch auch die Eheschließung für eine solche ausreichend ist. Trotz des grundsätzlich genealogisch geprägten Verständnisses der Ahnenverehrung können damit auch nicht genetisch verwandte Personen in begrenzten

---

[464] *Scheid,* Religion-in-Japan: Ein Web-Handbuch, http://www.univie.ac.at/rel_jap/an/Alltag/Ahnenkult (zuletzt geprüft am 20.01.2017), Abschnitt Alltag/Ahnenkult.

[465] *Scheid,* Religion-in-Japan: Ein Web-Handbuch, http://www.univie.ac.at/rel_jap/an/Alltag/Ahnenkult (zuletzt geprüft am 20.01.2017), Abschnitt Alltag/Ahnenkult; *Stead,* 15 The Monthly review (1904) 98, 108.

[466] *Wöss,* Historische Anthropologie 1993, 131; *Stead,* 15 The Monthly review (1904) 98, 99; *Aston,* 6 Man (1906) 35.

[467] *Scheid,* Religion-in-Japan: Ein Web-Handbuch, http://www.univie.ac.at/rel_jap/an/Alltag/Ahnenkult (zuletzt geprüft am 20.01.2017), Abschnitt Grundbegriffe/Buddhismus.

[468] *Scheid,* Religion-in-Japan: Ein Web-Handbuch, http://www.univie.ac.at/rel_jap/an/Alltag/Ahnenkult (zuletzt geprüft am 20.01.2017), Abschnitt Grundbegriffe/Shintoismus.

[469] *Stead,* 15 The Monthly review (1904) 98, 108.

[470] *Wöss,* Historische Anthropologie 1993, 131, 132.

[471] *Wöss,* Historische Anthropologie 1993, 131, 137 f.

Fällen zum Ahn werden und in der Familie des Mannes verehrt werden. Untersuchungen haben ferner ergeben, dass es in der heutigen Zeit immer mehr zu einer Aufweichung dieser Traditionen kommt. In vielen moderneren japanischen Familien findet beispielsweise keine allzu strenge Handhabung der Ahnenverehrung nach dem oben dargestellten Muster mehr statt. Vielfach werden die Ahnentafeln sowohl von väterlicher als auch von mütterlicher Seite am gemeinsamen Hausaltar verehrt, der Ahnenkult gleicht heute daher in diesen Fällen immer mehr einem gemeinsamen Erinnerungskult.[472]

bb) Auswirkungen auf Abstammung und Elternschaft

Die tiefe Verankerung der Ahnenverehrung in der japanischen Gesellschaft hat Auswirkung auf das Ob und das Wie von Abstammung und Elternschaft. Erstrebt eine Person, auch nach ihrem Tod als Ahn weiterzuleben, ist es wie gezeigt erforderlich, dass sie Kinder bekommt, die die Ahnenverehrung übernehmen können. Die Entscheidung für die Elternschaft hat daher herausragende Bedeutung, da sie die eigene Weiterexistenz als Ahn sichert.[473] Dies kann auch die abstammungsrechtliche Gesetzgebung beeinflussen. So wird beispielsweise die einstige Erleichterung der Adoption männlicher Erben auf eine Ermöglichung der Fortsetzung des Ahnenkults zurückgeführt.[474] Auch im Bereich medizinisch-assistierter Reproduktion zeigt sich der Einfluss der Ahnenverehrung. Medizinisch-assistierte Reproduktion ist in Japan nicht gesetzlich geregelt, die *Japanische Gesellschaft für Geburtshilfe und Gynäkologie* hat allerdings eine Mitteilung herausgegeben auf deren Grundlage medizinisch-assistierte Reproduktion auch im heterologen System praktiziert wird.[475] Eigentlich ließe sich bei streng an der Genealogie orientierten Gesellschaften grds. eine Abneigung gegen Formen der medizinisch-assistierten Reproduktion vermuten. Vor diesem Hintergrund verwundert die große Offenheit mit der in der japanischen Gesellschaft die postmortale Insemination diskutiert wurde.[476] In einer Studie zur postmortalen Insemination hat die Mehrheit der Befragten eine posthume Reproduktion befürwortet; neben den liberal eingestellten Befragten hat sich insbesondere auch ein großer Anteil der religiös eingestellten Konservativen für eine posthume Reproduktion mit dem Sperma des verstorbenen Vaters ausgesprochen.[477] Die Gründe, die für eine Befürwortung angegeben wurden, zielten insbesondere auf die Fortführung

---

[472] *Wöss,* Historische Anthropologie 1993, 131, 138.

[473] *Tsan,* 27 Altorientalische Forschungen (2000) 81, 82.

[474] *Stead,* 15 The Monthly review (1904) 98, 108; *Aston,* 6 Man (1906) 35.

[475] Rieck – Ausländisches Familienrecht/*Nagata,* Japan Rn. 30; *Jones,* 49 Family Law Quarterly (2015) 149, 166 f.

[476] Vgl. die Studie von *Ueda/Kushi/Nakatsuka u.a.,* 62 Acta Medica Okayama (2008) 285, 295.

[477] *Ueda/Kushi/Nakatsuka u.a.,* 62 Acta Medica Okayama (2008) 285, 292 ff.

der Familienlinie und die Achtung des Willens der Verstorbenen ab.[478] Das Entstehen einer rechtlichen Abstammungsbeziehung zwischen dem verstorbenen Vater und seinem Kind wurde in einem durch den Obersten Gerichtshof entschiedenen Verfahren allerdings verneint.[479]

Diese beiden Beispiele zeigen, dass entgegen einer intuitiven Vermutung auch in sehr streng an der genealogischen Generationenfolge orientierten Gesellschaften alternative Formen der Elternschaft und eine Pluralisierung dieser durchaus als nützlich und nutzbar erscheinen können, um eine Brücke zwischen den tatsächlichen Gegebenheiten (z. B. reduzierte Fertilität oder fehlender Partner zur Zeugung von Nachkommen) und Methoden medizinisch-assistierter Reproduktion bzw. Adoption zu schlagen. Alternative Familienformen und Elternschaftskonstellationen können daher durch kulturelle Vorstellungen auch in konservativen Gesellschaften geradezu gefördert werden.

b) Das Prinzip des „Whakapapa" bei Stämmen der Maori

Eine weitere Gesellschaft, die ihre Struktur sehr stark an der genetischen Abstammungsbeziehung orientiert, ist jene der Maori. Maori sind die ersten Einwohner Neuseelands, die als polynesische Siedler Neuseeland um ca. 900–1000 n. Chr. von Zentral- und Ostpolynesien aus besiedelt haben und in Stämmen organisiert sind.[480]

aa) Ausprägung des Prinzips des „Whakapapa"

Grundlegend für das Weltverständnis der Maori ist das Prinzip des „Whakapapa", was übersetzt so viel wie „eine solide Basis legen" bedeutet.[481] Unter „Whakapapa" wird im engeren Sinne die kulturelle Grundannahme verstanden, dass sich die Gesellschaft genealogisch von den Vorfahren bis in die Gegenwart spannen lässt.[482] In einem weiteren Sinne verstanden, beschreibt der Begriff als spirituelles Gesamtkonzept die Beziehung einer Person zu anderen Spezies, Orten, Dingen und Göttern im Zeitverlauf.[483] Nach Vorstellung der Maori ist alles miteinander verbunden und rückführbar auf einen Ursprung. Das Prinzip des

---

[478] *Ueda/Kushi/Nakatsuka u. a.*, 62 Acta Medica Okayama (2008) 285, 292 ff.

[479] Rieck – Ausländisches Familienrecht/*Nagata*, Japan Rn. 30.

[480] Vgl. Brockhaus Enzyklopädie Online, https://uni-lmu-brockhaus-de.emedien.ub. uni-muenchen.de/enzyklopaedie/maori (zuletzt geprüft am 12.1.2017), Maori.

[481] *Hudson/Ahuriri-Driscoll/Lea u. a.*, 4 Bioethical Inquiry (2007) 43, 44 („Whaka" meint dabei einen transitorischen Prozess, „Papa" eine solide Basis oder Grundlage).

[482] *Hudson/Ahuriri-Driscoll/Lea u. a.*, 4 Bioethical Inquiry (2007) 43 f.; *Roberts/Haami/Benton u. a.*, 16 The Contemporary Pacific (2004) 1.

[483] *Evans*, 26 Bioethics (2012) 182, 183; *Hudson/Ahuriri-Driscoll/Lea u. a.*, 4 Bioethical Inquiry (2007) 43 f.; *Haami/Roberts*, 54 International Social Science Journal (2002) 403.

„Whakapapa" stellt daher im weiteren Sinne eine spirituelle Schöpfungsge-
schichte dar, die die Schaffung der Welt, der ersten Menschen und Tiere, des
Himmels und der Erde mit einbezieht.[484] Spirituelle und materielle Welt sind
nach dem Verständnis der Maori nicht voneinander getrennt, sie sind miteinander
eng verwoben.[485] Die Grundannahme, dass alles auf seine Ursprünge hin rückführbar ist, ist in den Maori tief verwurzelt und im Alltag durchaus bedeutsam.
Die genealogische Rückbeziehung erfolgt praktisch bis zu den ersten Siedlern
und Stämmen Neuseelands. Individuum und Gesellschaft definieren sich anhand
dieser Rückbeziehung, anhand ihres sog. „Whakapapa". Informationen des
„Whakapapa" werden in der Maori Kultur daher als fundamental wichtig angesehen. Detaillierte Informationen des „Whakapapa" haben nur eine begrenzte Zahl
von Personen, die diese Informationen auch sorgsam hüten und anderen nur unter
hohen Anforderungen Zugang gewähren.[486] Das Prinzip des „Whakapapa" ist
somit nicht nur bedeutsam für die Identifikation einer Person, ihre Persönlichkeitsfindung und Positionierung in der Gesellschaft, sondern für die Strukturie-
rung der Gesellschaft generell.[487]

bb) Auswirkungen auf Abstammung und Elternschaft

Für Abstammung und Elternschaft hat das Prinzip des „Whakapapa" gehörige
Bedeutung. Dies zeigt sich zum einen in der Grundvorstellung der Maori, dass
die Fortpflanzung der eigenen Linie des „Whakapapa" besonders wichtig ist.[488]
Die Zeugung männlicher Nachkommen, die die Linie des eigenen „Whakapapa"
fortführen, ist daher bedeutsam. Dies bedeutet allerdings nicht, dass Maori alternativen Familien- und Elternschaftskonstellationen grundsätzlich verschlossen
gegenüberstehen. Kann ein Maori beispielsweise nicht selbst Kinder bekommen,
kommt durchaus eine Adoption in Betracht. Die Adoption erfolgt in der Regel
nicht nach dem allgemeinen neuseeländischen Adoptionsrecht sondern informell
nach Stammesrecht in Form der sog. „Whangai".[489] Deren Voraussetzung ist es,
dass die Adoption im Verwandtschaftsverhältnis i. S. d. „Whakapapa" erfolgt und
somit die Linie des „Whakapapa" in der Adoption fortgesetzt wird.[490] Die Zuge-

---

[484] *Haami/Roberts,* 54 International Social Science Journal (2002) 403 f.

[485] *Haami/Roberts,* 54 International Social Science Journal (2002) 403, 405.

[486] *Hudson/Ahuriri-Driscoll/Lea u. a.,* 4 Bioethical Inquiry (2007) 43, 46.

[487] *Hudson/Ahuriri-Driscoll/Lea u. a.,* 4 Bioethical Inquiry (2007) 43, 44; *Haami/
Roberts,* 54 International Social Science Journal (2002) 403; *Lilley,* 51 Proceedings of
the Association for Information Science and Technology (2015) 1. Finden lässt sich
diese Anschauung auch in anderen Kulturen polynesischen Ursprungs, dazu *Haami/Ro-
berts,* 54 International Social Science Journal (2002) 403, 405.

[488] Vgl. so auch die Studie *Evans,* 26 Bioethics (2012) 182, 188.

[489] *Gibbs/Scherman,* 8 Kōtuitui: New Zealand Journal of Social Sciences Online
(2013) 13, 19.

[490] *Evans,* 26 Bioethics (2012) 182, 186.

hörigkeit von Annehmendem und Angenommenem zu derselben genealogischen Gruppe (Stamm) ist somit entscheidend. Eine Adoption außerhalb der genealogischen Gruppe ist nur in Ausnahmefällen denkbar.[491]

Maori lehnen darüber hinaus auch Methoden medizinisch-assistierter Reproduktion nicht generell ab.[492] Aufgrund der Bedeutung genetischer Rückführbarkeit im gesamtgesellschaftlichen Konzept des „Whakapapa" sind Entscheidungen im Bereich der medizinisch-assistierten Reproduktion jedoch von besonderer Tragweite.[493] Die Entscheidung zur Durchführung einer medizinisch-assistierten Reproduktion ist aufgrund des Prinzips des „Whakapapa", das nicht nur das Individuum als Person, sondern dieses insbesondere in Relation zu anderen Individuen, der Familie, dem Stamm setzt, keine Individualentscheidung.[494] Der Kreis der Beteiligten, die bei der Einwilligung zur Behandlung nach den Vorstellungen der Maori mitzuwirken haben, geht über die unmittelbar an der Behandlung beteiligten Personen hinaus und schließt auch relevante Stammesmitglieder mit ein.[495]

Adoption und medizinisch-assistierte Reproduktion beinhalten jedoch vor dem Hintergrund des Selbstverständnisses der Maori auch Problempunkte. Ein künstliches Mischen oder Verändern der genetischen Wurzeln (z. B. durch eine Mitochondrienspende) ist beispielsweise aufgrund des Prinzips des genealogischen Rückbezugs für viele Maori undenkbar.[496] Vor dem Hintergrund des „Whakapapa" ist für Maori ebenfalls problematisch, dass nach neuseeländischem Recht Gametenspender nicht als rechtliche Eltern in die Pflicht genommen werden können, da hierdurch die genealogische Realität, die das „Whakapapa" als entscheidend betrachtet, nicht in der rechtlichen Situation widergespiegelt wird.[497] Darüber hinaus wurde in den 70er Jahren in Neuseeland bei der Insemination oftmals ein Spermiengemisch aus Spendersamen und Samen des Ehemannes der Geburtsmutter genutzt, sog. *artificial insemination combined* (AIC), und die anonyme Samenspende praktiziert, was eine Rückführung des genetischen Ursprungs im Sinne des „Whakapapa" verhindert bzw. zumindest erschwert. Dies ist aus Sicht der Maori problematisch.[498] Derartige Probleme stellten sich auch nach dem alten neuseeländischen Adoptionsrecht, das die Inkognitoadoption vor-

---

[491] *Lovelock,* 21 Anthropological Forum (2010) 125, 130; *Gibbs/Scherman,* 8 Kōtuitui: New Zealand Journal of Social Sciences Online (2013) 13, 19.

[492] *Lovelock,* 21 Anthropological Forum (2010) 125, 136.

[493] *Lovelock,* 21 Anthropological Forum (2010) 125, 136.

[494] *Lovelock,* 21 Anthropological Forum (2010) 125, 136.

[495] *Lovelock,* 21 Anthropological Forum (2010) 125.

[496] *Hudson/Ahuriri-Driscoll/Lea u.a.,* 4 Bioethical Inquiry (2007) 43, 46; *Haami/Roberts,* 54 International Social Science Journal (2002) 403, 406; ebenso *Roberts/Haami/Benton u.a.,* 16 The Contemporary Pacific (2004) 1, 2.

[497] *Lovelock,* 21 Anthropological Forum (2010) 125, 136 f.

[498] *Lovelock,* 21 Anthropological Forum (2010) 125, 132.

sah. Vereinzelt wurden Kinder der Maori durch europäisch-stämmige Familien nicht im Wege der „Whangai" sondern nach neuseeländischem Recht adoptiert. Eine Rückführung auf die genetischen Wurzeln wurde durch die Inkognitoadoption unmöglich, was dem Prinzip des „Whakapapa" widersprach.[499] Die jetzt bestehende Offenheit im Umgang mit der Abstammungswahrheit in Neuseeland ist mitunter durch die Maori beeinflusst worden.[500]

Weiterer Einfluss des Prinzips des „Whakapapa" lässt sich bei der Durchführung genetischer Untersuchungen erkennen. Genetische Untersuchungen, beispielsweise zur Klärung der Elternschaft oder zur Diagnose genetischer Erkrankungen, können das Prinzip des „Whakapapa" berühren, da die genetische Information eine Information ist, die von den Maori im Rahmen ihres genealogischen Selbstverständnisses gut gehütet wird. Das Bestehen einer bestimmten genealogischen Herkunft kann durch heutige Untersuchungsverfahren ebenso explizit nachgewiesen werden, wie ihr Fehlen.[501] Zugriff zur genetischen Information und damit zur Information über die genealogische Herkunft erhält damit jeder, der einen Gentest durchführt. Dies kann zu besonderem Rechtfertigungsbedarf bei der Durchführung genetischer Untersuchungen führen.[502] Eine Untersuchung kann aus Sicht der Maori daher generell nur dann erfolgen, wenn alle Beteiligten zustimmen.[503] Dies sind aufgrund der besonderen Wichtigkeit des „Whakapapa" für den gesamten Stamm allerdings nicht nur die unmittelbar an der Untersuchung beteiligten Personen, sondern auch Stammesangehörige, die über die Verwendung der Daten mitentscheiden. Eine qualitative Untersuchung in Neuseeland hat jedoch gezeigt, dass ein besonders hohes Interesse der befragten Maori auf tatsächliche Durchführung eines Gentests zur Überprüfung ihrer Ursprünge letztlich nicht bestand.[504] Die Untersuchungsmöglichkeiten wurden zwar generell als hilfreich angesehen, eine Überprüfung des „Whakapapa" anhand dieser Methoden wurde allerdings in der Regel nicht bewusst erstrebt.

Damit lässt sich festhalten, dass das genealogische Selbstverständnis der Maori im Rahmen des Prinzips des „Whakapapa" einen signifikanten Einfluss auf Fragen der Abstammung und Elternschaft zeitigt. Ein entsprechendes Selbstverständnis und vergleichbare Auswirkungen finden sich in Deutschland und anderen europäischen Ländern nicht.

---

[499] Dies wurde erst später geändert, vgl. *Haenga-Collins/Gibbs,* 39 Adoption & Fostering (2015) 62.

[500] *Hargreaves/Daniels,* 21 Children & Society (2007) 420, 422 f.; *Roberts/Haami/ Benton u.a.,* 16 The Contemporary Pacific (2004) 1, 2.

[501] *Evans,* 26 Bioethics (2012) 182, 183; *Hudson/Ahuriri-Driscoll/Lea u.a.,* 4 Bioethical Inquiry (2007) 43, 46.

[502] *Hudson/Ahuriri-Driscoll/Lea u.a.,* 4 Bioethical Inquiry (2007) 43; *Taupo,* 31 New Genetics and Society (2012) 25.

[503] *Evans,* 26 Bioethics (2012) 18.

[504] *Evans,* 26 Bioethics (2012) 182, 185.

II. Signifikanz biologischer Abstammung

Wie im Abschnitt zur Segmentierung und Pluralisierung von Elternschaft (siehe dazu oben A.II.2.) bereits ausgeführt wurde, ist durch die Fortschritte der Reproduktionsmedizin ein Auseinanderfallen von genetischer und biologischer Mutterschaft möglich, wohingegen hinsichtlich der Vaterschaft nach dem derzeitigen Stand der Technik stets von einem Zusammenfallen biologischer und genetischer Elternschaft auszugehen ist. Von der genetischen Abstammung gesonderte Bedeutung kommt der biologischen Abstammung somit nur mit Blick auf die Mutterschaft zu. Relevanz haben diesbezüglich insbesondere humanmedizinische und epigenetische Faktoren (dazu 1.) sowie psychologische Aspekte (dazu 2.).

1. Humanmedizinische und epigenetische Aspekte

Die Signifikanz der biologischen Abstammung zeigt sich bereits mit Blick auf Schwangerschaft und Geburt. Die Geburtsmutter ist *conditio sine qua non* für die Reifung eines Embryos zu einem vollständigen Menschen, denn sie ernährt diesen, schützt ihn mit diversen „Unterstützungssystemen" während der Schwangerschaft und bringt den reifen Fetus letztlich auch zur Welt. Auch wenn in der Wissenschaft fieberhaft an der Schaffung einer künstlichen Gebärmutter geforscht wird,[505] bedarf es für die menschliche Reproduktion nach derzeitigem Stand der Forschung zwingend einer Frau,[506] die das Kind austrägt und zur Welt bringt.

Bereits aus humanmedizinischer Sicht ist die biologische Abstammung daher bedeutend. Ab der Nidation, d.h. dem Zeitpunkt der Einnistung der Zygote in die Gebärmutterschleimhaut, ist der Embryo von der Ernährung durch die Mutter abhängig.[507] Damit ein Mensch im Mutterleib ungestört heranreifen kann, nutzt der mütterliche Körper eine Reihe von „Unterstützungssystemen". Zwei dieser Systeme sind die Fruchtblase, die einen schützenden Puffer und Temperaturregulierer darstellt, und die Plazenta, die als Organ den Austausch von Stoffen im Blutkreislauf von Mutter und Kind regelt, und mit der der Embryo über die Nabelschnur verbunden ist.[508] Auch wenn es in der Plazenta nicht zu einer tat-

---

[505] Beispielhaft siehe *Knight,* 419 Nature (2002) 106 sowie den Bericht bei *Zinkant,* Empfängnis im Glas, Süddeutsche Zeitung, 11.4.2017, 14 zu ersten Erfolgen bei der Nachbildung der Gebärmutterschleimhaut in vitro.

[506] Zum Sonderfall der Behandlung eines Frau-zu-Mann-Transsexuellen als Frau, der nach dem rechtlichen Wechsel des Geschlechts ein Kind zur Welt gebracht hat, *BGH,* Beschl. v. 06.09.2017 – XII ZB 660/14, www.bundesgerichtshof.de (zuletzt geprüft am 25.09.2017); *KG,* Beschl. v. 30.10.2014 – 1 W 48/14, NZFam 2015, 32 (beide § 11 TSG heranziehend).

[507] *Siegler/Eisenberg/DeLoache u.a.* in: Siegler/Eisenberg/DeLoache u.a. (Hrsg.), Entwicklungspsychologie im Kindes- und Jugendalter, 2016, 38, 44.

[508] *Siegler/Eisenberg/DeLoache u.a.* in: Siegler/Eisenberg/DeLoache u.a. (Hrsg.), Entwicklungspsychologie im Kindes- und Jugendalter, 2016, 38, 44.

sächlichen Vermischung des Bluts von Embryo und Mutter kommt,[509] wird der Embryo über diese mit lebenswichtigem Sauerstoff, Nährstoffen, Mineralien und Antikörpern versorgt. Gleichzeitig transportiert die Plazenta Ausscheidungsstoffe wie Harnstoff oder Kohlendioxyd vom Embryo zur Mutter.[510] Eine ausreichende Ernährung der Mutter ist daher nicht nur für diese, sondern auch für das Kind wichtig. Nimmt die Mutter zu wenig Nährstoffe zu sich, kann auch das Kind nur mit einer geringen Zahl an Nährstoffen versorgt werden.[511] Eine allgemeine Unterernährung kann beispielsweise das Gehirnwachstum des Kindes beeinträchtigen.[512] Nicht nur positive oder für das Kind unschädliche Stoffe gelangen über die Plazenta von der Mutter zum Kind, sondern auch Schadstoffe, die das Kind schädigen können oder sich für dieses sogar lebensbedrohlich auswirken. Ein gravierendes Beispiel hierfür sind die sog. „Contergan-Fälle", in denen der in einem Beruhigungs- und Schlafmittel enthaltene Wirkstoff Thalidomid bei Kindern zu erheblichen Fehlentwicklungen der Gliedmaßen geführt hatte, wenn die Mütter das betreffende Schlafmittel während der vierten bis sechsten Woche nach der Befruchtung (dem Zeitpunkt der Entwicklung der Gliedmaßen) eingenommen hatten.[513] Auch die Einnahme von Medikamenten, Alkohol, Drogen oder das Rauchen wirkt sich u. U. schädigend auf das Kind aus,[514] so dass die biologische Mutter bereits in der Schwangerschaft über ihr eigenes Verhalten einen bedeutenden Einfluss auf die Kindesentwicklung nimmt. Auch einige Krankheiten der Mutter haben Auswirkungen auf das Kind. Röteln können beispielsweise zu Gehörschädigungen des Kindes führen.[515] Eine angemessene Behandlung der Mutter und die Gesundheit der Mutter wirken sich somit entscheidend auf das Kind aus.

Das Verhalten der biologischen Mutter in der Schwangerschaft ist unter einem weiteren Aspekt bedeutsam. Die Epigenetik hat, wie bereits oben dargestellt, herausgefunden, dass Umwelteinflüsse wie das Verhalten oder die Ernährung Auswirkungen auf die Gene und die Genexpression zeitigen können. Einzelne gene-

---

[509] *Siegler/Eisenberg/DeLoache u. a.* in; Siegler/Eisenberg/DeLoache u. a. (Hrsg.), Entwicklungspsychologie im Kindes- und Jugendalter, 2016, 38, 45.

[510] *Siegler/Eisenberg/DeLoache u. a.* in: Siegler/Eisenberg/DeLoache u. a. (Hrsg.), Entwicklungspsychologie im Kindes- und Jugendalter, 2016, 38, 45.

[511] *Schneider*, 241 Archives of Gynecology and Obstetrics (1987) Supplement 1, S58, S62; *Pollitt/Golub/Gorman u. a.,* 10 Social Policy Report (1996) 1; *Siegler/Eisenberg/DeLoache u. a.* in: Siegler/Eisenberg/DeLoache u. a. (Hrsg.), Entwicklungspsychologie im Kindes- und Jugendalter, 2016, 38, 57.

[512] *Siegler/Eisenberg/DeLoache u. a.* in: Siegler/Eisenberg/DeLoache u. a. (Hrsg.), Entwicklungspsychologie im Kindes- und Jugendalter, 2016, 38, 57.

[513] Hierzu eingehend *Siegler/Eisenberg/DeLoache u. a.* in: Siegler/Eisenberg/DeLoache u. a. (Hrsg.), Entwicklungspsychologie im Kindes- und Jugendalter, 2016, 38, 51 f.

[514] *Siegler/Eisenberg/DeLoache u. a.* in: Siegler/Eisenberg/DeLoache u. a. (Hrsg.), Entwicklungspsychologie im Kindes- und Jugendalter, 2016, 38, 52 f.

[515] *Siegler/Eisenberg/DeLoache u. a.* in: Siegler/Eisenberg/DeLoache u. a. (Hrsg.), Entwicklungspsychologie im Kindes- und Jugendalter, 2016, 38, 57.

tische Anlagen können etwa „stumm" geschaltet werden, so dass angelegte Merkmale zwar im Genotyp bestehen, sich im Phänotyp aber nicht zeigen. Untersuchungen an anlagebedingt übergewichtigen, zu Krebs und Diabetes neigenden Agouti-Mäusen haben beispielsweise gezeigt, dass die diäthaltige Ernährung des Muttertieres dazu führt, dass die geborenen Jungmäuse schlank und ohne Anlage für Übergewicht, Diabetes oder Krebs auf die Welt kamen.[516] Das Ernährungsverhalten der biologischen Mutter wirkte sich somit unmittelbar auf die Genexpression bei den Kindern aus. Dies belegen auch Untersuchungen an monozygoten (d.h. eineiigen) Zwillingen, die sich zwar genetisch gleichen (Genotyp), sich aber dennoch tatsächlich z.B. in ihren Vorlieben, ihrem Verhalten, ihrer Anfälligkeit für Krankheiten usw. unterscheiden (Phänotyp).[517] Andere Studien zeigen, dass etwa eine mangelnde mütterliche Versorgung mit Nährstoffen beim Kind zu einer dauerhaften Veränderung der Genexpression führt.[518] Somit zeitigt die biologische Abstammung auch Auswirkungen auf die Gene des Kindes.

2. Psychologische Aspekte

Darüber hinaus lassen sich neben den humanmedizinischen und epigenetischen Einflüssen der biologischen Mutter auf das Kind auch psychologische Aspekte identifizieren, die der biologischen Abstammung gehöriges Gewicht verleihen. Wissenschaftlich gesichert ist die Erkenntnis, dass bereits während der Schwangerschaft eine Interaktion von Mutter und Kind erfolgt. Die Mutter nimmt beispielsweise Bewegungen des Embryo wahr (z.B. Schluckauf oder Tritte).[519] Gleiches gilt für das Kind. Untersuchungen haben gezeigt, dass das Kind sogar auf Bewegungen der Mutter reagiert.[520] Das Kind verfügt bereits im Mutterleib über viele seiner Sinnesorgane, über die es Eindrücke aufnehmen kann (z.B. Geruchs- und Geschmackssinn oder auch Gehör).[521] Da das Fruchtwasser nach heutigen Erkenntnissen etwa den Geruch von Speisen annehmen kann, die die Mutter zuvor gegessen hat (z.B. Curry), kann das Kind diese Gerüche bereits im Mutterleib über das Fruchtwasser erfahren.[522] Auch Geräusche kann das Kind wahrneh-

---

[516] *Podbregar/Lohmann/Schlager,* Im Fokus: Genetik, 2013, 38 f.

[517] *Podbregar/Lohmann/Schlager,* Im Fokus: Genetik, 2013, 41 f.

[518] *van Ijzendoorn/Bakermans-Kranenburg/Ebstein,* 5 Child Development Perspectives (2011) 305, 308.

[519] *Siegler/Eisenberg/DeLoache u.a.* in: Siegler/Eisenberg/DeLoache u.a. (Hrsg.), Entwicklungspsychologie im Kindes- und Jugendalter, 2016, 38, 46 f.

[520] *Thompson/Spencer,* 73 Psychological Review (1966) 16; *Siegler/Eisenberg/De-Loache u.a.* in: Siegler/Eisenberg/DeLoache u.a. (Hrsg.), Entwicklungspsychologie im Kindes- und Jugendalter, 2016, 38, 48.

[521] *Siegler/Eisenberg/DeLoache u.a.* in: Siegler/Eisenberg/DeLoache u.a. (Hrsg.), Entwicklungspsychologie im Kindes- und Jugendalter, 2016, 38, 48.

[522] *Mennella/Johnson/Baeuchamp,* 20 Chemical Senses (1995) 207; *Siegler/Eisenberg/DeLoache u.a.* in: Siegler/Eisenberg/DeLoache u.a. (Hrsg.), Entwicklungspsychologie im Kindes- und Jugendalter, 2016, 38, 48 m.w.N.

men. Ab der sechsten Schwangerschaftswoche reagiert es auch hierauf, was sich an Bewegungen oder einem veränderten Pulsschlag zeigt.[523] Das Kind nimmt nicht nur Geräusche wahr, die innerhalb des Körpers entstehen (z.B. den Herzschlag der Mutter, oder ihre Sprache) sondern auch solche, die außerhalb des Körpers erzeugt werden (z.B. Musik oder Lärm).[524] Feten können sogar, wie Untersuchungen zeigen, bereits im Mutterleib zwischen unterschiedlichen Geräuschen unterscheiden. Die Stimme der Mutter kann beispielsweise von den Stimmen anderer Frauen unterschieden werden.[525] Besonders bedeutsam ist diese Erkenntnis für kognitive Lernprozesse des Kindes. Die pränatale Forschung hat nachgewiesen, dass bei Feten etwa ab der dritten Schwangerschaftswoche das zentrale Nervensystem derart entwickelt ist, dass Lernprozesse und Kurzzeitgedächtnisleistungen möglich werden. Über die Methode der Habituation, d.h. die Erfassung einer Reaktion des Fetus auf wiederholte Reizgebung (etwa das Klingeln einer Glocke) ist nachgewiesen worden, dass Feten auf wiederholte Geräusche abnehmende Reaktionen zeigen. Sie erinnern sich daher an diese Geräusche.[526] Weitere Untersuchungen haben gezeigt, dass dieser Effekt sich bezüglich eines Reizes auch dann noch zeigt, wenn das Kind geboren ist.[527] Das Kind kann sich damit beispielsweise an die Stimme der Mutter, die es im Mutterbauch kennengelernt hat, auch nach der Geburt noch erinnern.[528] Pränatale Erfahrungen können ferner die Grundlage für spätere Präferenzen des Kindes sein, z.B. hinsichtlich gewisser Geschmacksrichtungen oder aber hinsichtlich von Geräuschen.[529] Beispielsweise haben Untersuchungen gezeigt, dass Kinder nach der Geburt lieber der Stimme ihrer Mutter zuhören als der einer anderen Frau.[530] Die

---

[523] *Kisilewsky/Kilpatrick/Low J.*, 81 Obstetrics and Gynecology (1993) 178; *Kisilewsky/Fearson/Muir*, 21 Infant Behavior and Development (1998) 25; *Siegler/Eisenberg/DeLoache u.a.* in: Siegler/Eisenberg/DeLoache u.a. (Hrsg.), Entwicklungspsychologie im Kindes- und Jugendalter, 2016, 38, 48.

[524] *Siegler/Eisenberg/DeLoache u.a.* in: Siegler/Eisenberg/DeLoache u.a. (Hrsg.), Entwicklungspsychologie im Kindes- und Jugendalter, 2016, 38, 48.

[525] *Siegler/Eisenberg/DeLoache u.a.* in: Siegler/Eisenberg/DeLoache u.a. (Hrsg.), Entwicklungspsychologie im Kindes- und Jugendalter, 2016, 38, 49.

[526] *Siegler/Eisenberg/DeLoache u.a.* in: Siegler/Eisenberg/DeLoache u.a. (Hrsg.), Entwicklungspsychologie im Kindes- und Jugendalter, 2016, 38, 49 f.; *Kirchhoff*, 42 Geburtshilfe und Frauenheilkunde (1982) 1, 2.

[527] *Marlier/Schaal/Soussignan*, 69 Child Development (1998) 611; *Varendi/Porter/Winberg*, 116 Behavioral Neuroscience (2002) 206.

[528] *Siegler/Eisenberg/DeLoache u.a.* in: Siegler/Eisenberg/DeLoache u.a. (Hrsg.), Entwicklungspsychologie im Kindes- und Jugendalter, 2016, 38, 49.

[529] *Mennella/Jagnow/Beauchamp*, 107 Pediatrics (2001) e88; *Siegler/Eisenberg/DeLoache u.a.* in: Siegler/Eisenberg/DeLoache u.a. (Hrsg.), Entwicklungspsychologie im Kindes- und Jugendalter, 2016, 38, 49.

[530] *DeCasper/Fifer*, 208 Science (1980) 1174; *Spence/Freeman*, 19 Infant Behavior and Development (1996) 199; *Mehler/Jusczyk/Lambertz u.a.*, 29 Cognition (1988) 143; *Moon/Cooper/Fifer*, 16 Infant Behavior and Development (1993) 495; *Siegler/Eisenberg/DeLoache u.a.* in: Siegler/Eisenberg/DeLoache u.a. (Hrsg.), Entwicklungspsychologie im Kindes- und Jugendalter, 2016, 38, 49 f.

Stimme der Mutter wird gegenüber Stimmen anderer Personen daher präferiert. Dies kann durchaus als Ausprägung einer ersten emotionalen, pränatalen Mutter-Kind-Bindung verstanden werden.[531]

Ferner ist festgestellt worden, dass die emotionale Gesundheit der biologischen Mutter Auswirkungen auf die Kindesentwicklung hat.[532] Untersuchungen an 7.000 Frauen und ihren Kindern hat gezeigt, dass bei Kindern, deren Mutter in der Schwangerschaft erhöhtem Stress (z.B. durch Angst oder Depression) ausgesetzt war, später Verhaltensauffälligkeiten nicht unwahrscheinlich waren.[533] Untersuchungen der Pränatalpsychologie haben ferner zwingende Einflüsse der bewussten und unbewussten Haltung der Mutter zu ihrem Kind und den Auswirkungen auf die spätere Bindung zur Mutter festgestellt.[534] Eine Langzeitbefragung zur Selbsteinschätzung des Bindungsverhaltens des Kindes von 121 Eltern über sieben Jahre stellt einen signifikanten Zusammenhang der Qualität der pränatalen Bindung und der Qualität der später erfolgten sozialen Bindungsbeziehung fest. Je besser sich die pränatale Bindungsqualität darstellt, desto besser gestaltet sich die Bindungsqualität in der Kindheit.[535] Diese Erkenntnisse zur pränatalen Bindung sind bislang allerdings nicht mit dem Konzept der Bindungstheorie (dazu ausführlich unten III.) erklärt worden, was die Pränatalforschung selbst zugesteht.[536] Es kann allerdings durchaus davon ausgegangen werden, dass während der Entwicklung im Mutterbauch bereits Vorstufen sozialer Bindungen entstehen und die biologische Mutter für das Kind nicht etwas unbedeutend Fremdes darstellt.[537] Darauf deuten auch Aussagen von mit den Eltern befreundeten oder verwandten Eizellenspenderinnen, dass das Fehlen der Tatsache der Schwangerschaft und der Geburt des Kindes ihnen geholfen hat, das Kind nicht

---

[531] Vgl. hierzu auch die Untersuchung von *Langer,* Untersuchungen zur frühen Mutter-Kind-Beziehung in Schwangerschaft, Geburt und Wochenbett unter besonderer Berücksichtigung der ersten Stunde nach der Geburt, 2002, 102 ff.

[532] *Siegler/Eisenberg/DeLoache u.a.* in: Siegler/Eisenberg/DeLoache u.a. (Hrsg.), Entwicklungspsychologie im Kindes- und Jugendalter, 2016, 38, 58 mit Verweis auf *DiPietro,* 51 Journal of Adoloscent Development (2012) S3.

[533] *O'Connor/Heron/Golding u.a.,* 180 British Journal of Psychology (2002) 502; *Siegler/Eisenberg/DeLoache u.a.* in: Siegler/Eisenberg/DeLoache u.a. (Hrsg.), Entwicklungspsychologie im Kindes- und Jugendalter, 2016, 38, 58.

[534] *Niederhofer,* Zeitschrift für Geburtshilfe und Neonatologie 2007, 82. Vgl. auch die Untersuchung von *Madigan/Hawkins/Plamondon u.a.,* 36 Infant Mental Health Journal (2015) 459; *McMahon/Camberis/Berry u.a.,* 37 Infant Mental Health Journal (2016) 17.

[535] *Niederhofer,* Zeitschrift für Geburtshilfe und Neonatologie 2007, 82.

[536] *Niederhofer,* Zeitschrift für Geburtshilfe und Neonatologie 2007, 82.

[537] Davon geht auch der Gesetzgeber aus BT-Drs. 11/4154, 6 f.; BT-Drs. 13/4899 S. 82; a.A. *Kaiser* in: Schwab/Vaskovics (Hrsg.), Pluralisierung von Elternschaft und Kindschaft, 2011, 239, 254 (Geburtsmutterschaft werde überhöht; medizinischer Nachweis fehle).

als ihres anzusehen, hin.[538] Keine Bedeutung für die pränatale Bindung hat Untersuchungen zufolge allerdings die Art der Konzeption.[539]

Es kann damit festgehalten werden, dass die biologische Abstammung eine ganz wesentliche Rolle für die Mutter-Kind-Beziehung spielt, die biologische Mutter ist nicht nur *conditio sine qua non* für die Geburt des Kindes, die das Kind ernährt und dessen Reifung erst ermöglicht. Über ihr Verhalten nimmt sie auch Einfluss auf die Genexpression des Kindes. Ferner entsteht durch eine Mutter-Kind-Interaktion in der Schwangerschaft bereits eine pränatale Bindung von Mutter und Kind.

III. Signifikanz von sozialer Elternschaft

Die soziologische Forschung hat mit dem Segment der sozialen Elternschaft einen weiteren Baustein der Elternschaft betrachtet. Vorangehend wurde bereits detailliert herausgearbeitet, in welchen Formen soziale Elternschaft heute gelebt wird und wie sie nach den Vorstellungen der in Deutschland lebenden Personen gelebt werden sollte. In diesem Abschnitt wird nun untersucht, welche Bedeutung diesem Elternschaftssegment zukommt.

1. Entstehen und Funktion von sozialen Bindungen

Soziale Elternschaft, d.h. das tatsächliche Ausüben der Elternrolle durch eine Elternperson, drückt sich neben dem Einfluss auf die Kindesentwicklung durch Erziehung und Sozialisation[540] und dem ebenfalls bestehenden Einfluss auf die Genexpression durch epigenetische Faktoren[541] insbesondere durch das Bestehen sozialer Bindungen aus. Als soziale Bindung wird das „imaginäre […] Band zwischen zwei Personen [begriffen], das in den Gefühlen verankert ist und das sie über Raum und Zeit hinweg miteinander verbindet".[542] Gemeint ist hier nicht eine Reziprozität der Beziehung im Sinne eines Gebens und Nehmens, gemeint ist vielmehr eine affektive Verbindung, die eine Person zu einer anderen unterhält, wobei diese Zuneigung von der anderen Person nicht erwidert werden muss.[543] Mit dem Entstehen und den Auswirkungen sozialer Bindungen hat sich

---

[538] *Yee/Blyth/Tsang,* 29 Journal of Reproductive and Infant Psychology (2011) 404, 410.

[539] *Kowalcek,* Zeitschrift für Geburtshilfe und Neonatologie 2011, 183, 185.

[540] Dazu *Siegler/Eisenberg/DeLoache u.a.* in: Siegler/Eisenberg/DeLoache u.a. (Hrsg.), Entwicklungspsychologie im Kindes- und Jugendalter, 2016, 439 ff.

[541] Siehe etwa hierzu *van Ijzendoorn/Bakermans-Kranenburg/Ebstein,* 5 Child Development Perspectives (2011) 305, 307 f. (zu messbaren Methylierungen durch Misshandlungen).

[542] *Grossmann/Grossmann,* Bindungen – Das Gefüge psychischer Sicherheit, 2014, 71.

[543] *Cassidy* in: Cassidy/Shaver (Hrsg.), Handbook of Attachment, 2016, 3, 13.

insbesondere die kinderpsychologische Bindungsforschung, angestoßen durch die Pionierarbeit von *John Bowlby* und *Mary D. Ainsworth,* befasst.[544] Das Entstehen sozialer Bindungen lässt sich nach heutigen Erkenntnissen evolutionsbiologisch begründen: Ein Bedürfnis, soziale Bindungen einzugehen, ist letztlich bei allen Menschen verankert.[545] Über die Schaffung sozialer Strukturen mit Bindungspersonen können Gefahren für ein Individuum abgewendet werden.[546] Das Überleben eines Kleinkindes lässt sich beispielsweise erst über den Aufbau von sozialen Bindungen mit seinen Eltern sichern, die seine Bedürfnisse (z. B. Nahrung, Nähe etc.) befriedigen, und die Gefahren von ihm fernhalten. Die Bindungsperson fungiert als sichere Basis, von der aus das Kind ungestört seine Umwelt erkunden kann (Explorationsbereich) bzw. als sicherer Hafen, der ihm in Gefahrsituationen Sicherheit gewährt (Schutzbereich).[547] Untersuchungen haben beispielsweise gezeigt, dass ein durch eine unbekannte Umgebung verängstigtes Kind in Abwesenheit seiner Bindungsperson nicht spielt, es kann sein exploratives Verhaltenssystem nicht aktivieren und damit seine Umwelt nicht in Erfahrung bringen.[548] Damit fehlt auch die Möglichkeit, etwas Neues kennenzulernen. Anders ist dies bei Kindern, die sich in derselben unbekannten Umgebung aber in der Nähe ihrer Mutter und damit im Schutz ihrer sicheren Basis befinden. Untersuchungen zeigen, dass diese Kinder ungestört ihre Umgebung erkunden.[549] Angstreaktionen, z. B. vor einer unbekannten Umgebung, können über die Präsenz einer Bindungsperson daher reduziert werden.[550] Generell lassen sich belastende Situationen über eine stabile Bindung leichter verarbeiten. So können

---

[544] Für eine Darstellung der Entwicklung siehe *Bolten* in: Schneider/Margraf (Hrsg.), Lehrbuch Verhaltenstherapie – Störungen im Kindes- und Jugendalter, 2009, 56, 57 ff. Hierzu auch *Keller,* NZFam 2017, 494 ff. (auch zu Schwächen in Bowlbys Ansatz).

[545] Grundlegend hierzu *Bowlby,* Bindung – Eine Analyse der Mutter-Kind-Beziehung, 1975, 171 ff.; siehe auch *Grossmann/Grossmann,* Bindungen – Das Gefüge psychischer Sicherheit, 2014, 31, 40 f., 53 ff.; *Scheiwe/Schuler-Harms/Walper u.a.,* BMFSFJ-Gutachten: Pflegefamilien als soziale Familien, ihre rechtliche Anerkennung und aktuelle Herausforderungen, 2016, 26; *Fegert/Kliemann* in: Götz/Schwenzer/Seelmann u. a. (Hrsg.), Familie – Recht – Ethik, 2014, 173, 180.

[546] *Bowlby,* Bindung – Eine Analyse der Mutter-Kind-Beziehung, 1975, 211 ff.; *Grossmann/Grossmann,* Bindungen – Das Gefüge psychischer Sicherheit, 2014, 31; *Fegert/Kliemann* in: Götz/Schwenzer/Seelmann u. a. (Hrsg.), Familie – Recht – Ethik, 2014, 173, 180; *Bakermans-Kranenburg/van Ijzendoorn* in: Cassidy/Shaver (Hrsg.), Handbook of Attachment, 2016, 155.

[547] *Ainsworth/Blenhar/Waters u.a.,* Patterns of Attachment – A Psychological Study of the Strange Situation, 1978, 255 ff., 264 ff.; siehe auch *Grossmann/Grossmann,* Bindungen – Das Gefüge psychischer Sicherheit, 2014, 57, 136 ff.; vgl. ebenfalls *Ainsworth/Wittig* in: Grossmann/Grossmann (Hrsg.), Bindungen und menschliche Entwicklung, 2003, 112, 141 (deutsche Übersetzung).

[548] *Grossmann/Grossmann,* Bindungen – Das Gefüge psychischer Sicherheit, 2014, 80.

[549] *Bowlby,* Bindung – Eine Analyse der Mutter-Kind-Beziehung, 1975, 236 ff.

[550] *Coan/Schaefer/Davidson,* 17 Psychological Science (2006) 1032, 1037; *Grossmann/Grossmann,* Bindungen – Das Gefüge psychischer Sicherheit, 2014, 46.

beispielsweise stressbehaftete Umstände über Trost und einfühlsame Reaktion der Bindungsperson kompensiert werden.[551] Bindungsbeziehungen dienen daher dem physischen und psychischen Schutz und schaffen für das Kind emotionale Sicherheit.[552]

Wie entstehen nun soziale Bindungen? Nach heutigen Erkenntnissen entstehen soziale Bindungen nicht bereits durch das Vorhandensein einer genetischen Abstammungsbeziehung eines Kindes zu seinen Eltern. Soziale Bindungen entstehen vielmehr durch eine soziale Interaktion der Bindungsperson mit dem Kind, z. B. durch Füttern des Kindes, insbesondere aber durch die Herstellung von körperlicher Nähe.[553] Nicht entscheidend ist hierbei allerdings die schlichte Befriedigung physischer Bedürfnisse, etwa durch die Sicherstellung der Nahrungsaufnahme oder das Wickeln des Kindes. Entscheidend ist vielmehr eine soziale und emotionale Interaktion mit dem Kind, die sich beispielsweise in dem Spenden von Trost, Schutz oder der Herstellung körperlicher Nähe äußert.[554] Kinder sind mit einer Vielzahl von Verhaltenssystemen von Geburt an ausgestattet, die sie zur Interaktion mit ihrer Umwelt zum Aufbau von sozialen Bindungen einsetzen können; dazu gehören das Schreien des Neugeborenen, das Weinen, das Lächeln, das Festhalten und so fort.[555] Die genetische Grundlage dieser Systeme und ihr Einfluss auf das Bindungsverhalten rücken derzeit in den Blickpunkt der Forschung.[556] Nach gegenwärtigen Erkenntnissen werden insbesondere innerhalb der ersten sechs Lebensmonate eines Kindes soziale Bindungen mit den Elternpersonen aufgebaut, mit zunehmendem Alter sinkt allerdings die Bindungsbereitschaft.[557] Je älter Kinder werden, desto schwieriger stellt sich der Aufbau von Bindungen dar. Dies lässt sich beispielsweise auch an soziologischen Studien gut ablesen. In Stiefkindsituationen kommt der Stiefelternteil recht spät in die Fami-

---

[551] *Fegert/Kliemann* in: Götz/Schwenzer/Seelmann u. a. (Hrsg.), Familie – Recht – Ethik, 2014, 173, 182.

[552] *Scheiwe/Schuler-Harms/Walper u. a.,* BMFSFJ-Gutachten: Pflegefamilien als soziale Familien, ihre rechtliche Anerkennung und aktuelle Herausforderungen, 2016, 26; *van Ijzendoorn/Schuengel/Bakermans-Kranenburg,* 11 Development and Psychopatology (1999) 225; vgl. auch *Cassidy* in: Cassidy/Shaver (Hrsg.), Handbook of Attachment, 2016, 3, 4 f.

[553] *Bowlby,* Bindung – Eine Analyse der Mutter-Kind-Beziehung, 1975, 172 ff.; *Fegert/Kliemann* in: Götz/Schwenzer/Seelmann u. a. (Hrsg.), Familie – Recht – Ethik, 2014, 173, 181; *Grossmann/Grossmann,* Bindungen – Das Gefüge psychischer Sicherheit, 2014, 31, 43 ff., 72 ff. mit Erläuterung der verschiedenen Phasen beim Entstehen von Bindungen S. 74 ff. Auf diesen Zusammenhang in der rechtlichen Diskussion am Rande hinweisend auch *Helms* in: Schwab/Vaskovics (Hrsg.), Pluralisierung von Elternschaft und Kindschaft, 2011, 105, 116.

[554] *Bowlby,* Bindung – Eine Analyse der Mutter-Kind-Beziehung, 1975, 288 ff.

[555] Eingehend *Bowlby,* Bindung – Eine Analyse der Mutter-Kind-Beziehung, 1975, 247 ff.

[556] *Bakermans-Kranenburg/van Ijzendoorn* in: Cassidy/Shaver (Hrsg.), Handbook of Attachment, 2016, 155 ff., 173.

[557] *Bowlby,* Bindung – Eine Analyse der Mutter-Kind-Beziehung, 1975, 248.

lie, er ist daher in der Regel nicht im ersten oder zweiten Lebensjahr des Kindes zugegen. Studien ergaben, dass die Wahrscheinlichkeit, dass der Stiefelternteil die Rolle als sozialer Elternteil einnehmen wird, mit steigendem Alter der Kinder abnimmt, und sich bei älteren Kindern meist nur ein freundschaftliches Beziehungsverhältnis entwickelt.[558] Entscheidend für die Herstellung einer Bindungsbeziehung im Sinne einer sozialen Elternschaft sind daher die ersten sechs Lebensmonate des Kindes.

2. Potentielle Bindungspersonen

Da es zur Herstellung sozialer Bindungen auf die soziale Interaktion mit dem Kind ankommt, müssen Bindungspersonen nicht zwingend die genetischen Eltern des Kindes sein. Als Bindungspersonen kommen auch andere Personen in Betracht. Bindungsperson können etwa die Großeltern, die Pflegeeltern, die nicht mit dem Kind verwandten Wunscheltern im Rahmen einer medizinisch-assistierten Reproduktion aber auch sonstige Pflegepersonen sein.[559] Untersuchungen haben sogar gezeigt, dass ein Kind soziale Bindungen zu mehr als zwei Personen entwickeln kann.[560] In einer Studie mit schottischen Kindern sind sogar mehr als fünf Bindungspersonen festgestellt worden.[561] Damit ist es durchaus möglich, dass ein Kind mehrere soziale Elternteile parallel hat, man denke nur an das Entstehen einer Stieffamilie in der der Stiefelternteil auch tatsächlich als sozialer Elternteil des Kindes fungiert und das Kind mit ihm eine soziale Bindung herstellt. Nach gegenwärtigem Stand der Erkenntnisse gibt es unter den Bindungspersonen eines Kindes meist, aber nicht immer,[562] eine klare Hierarchie der Bindungspersonen.[563] In den meisten Fällen handelt es sich bei der Hauptbindungsperson um die Mutter, d.h. die Person, die das Kind als Mutter erzieht und mit dem Kind emotional interagiert (z.B. durch Nahrungsaufnahme, Nähe, Schutz etc.).[564] Pflegepersonen, z.B. die Erziehungsperson in der Kinderkrippe, sind meist nachgeordnet, hier besteht daher eine reduzierte Bindungsintensität. Nicht jede soziale Bindungsperson muss damit im sozialwissenschaftlichen Sinne auch sozialer Elternteil sein. Zu beachten ist auch, dass es unterschiedliche Bindungsdauern gibt,

---

[558] *Bergold/Rupp* in: Rupp (Hrsg.), Partnerschaft und Elternschaft bei gleichgeschlechtlichen Paaren, 2011, 119, 126.

[559] *Bowlby,* Bindung – Eine Analyse der Mutter-Kind-Beziehung, 1975, 275 ff. *Grossmann/Grossmann,* Bindungen – Das Gefüge psychischer Sicherheit, 2014, 71; *Cassidy* in: Cassidy/Shaver (Hrsg.), Handbook of Attachment, 2016, 3, 15.

[560] *van Ijzendoorn/Sagi/Lambermon,* 57 New Directions for Child Development (1992) 5, 17; *Cassidy* in: Cassidy/Shaver (Hrsg.), Handbook of Attachment, 2016, 3, 15.

[561] *Bowlby,* Bindung – Eine Analyse der Mutter-Kind-Beziehung, 1975, 279 m.w.N.

[562] Zu unabhängig nebeneinander bestehenden Bindungen *van Ijzendoorn/Sagi/Lambermon,* 57 New Directions for Child Development (1992) 5.

[563] *Grossmann/Grossmann,* Bindungen – Das Gefüge psychischer Sicherheit, 2014, 71.

[564] *Bowlby,* Bindung – Eine Analyse der Mutter-Kind-Beziehung, 1975, 280.

manche Bindungspersonen bleiben langfristig (in der Regel die Eltern), manche nur für eine gewisse Dauer (meist die Ehrziehungsperson in Kindergarten oder Kinderkrippe). Oft werden Bindungen aber auch erst zu einem späteren Zeitpunkt aufgebaut (z. B. zu den Adoptiv- Stief- oder Pflegeeltern).[565] Als soziale Bindungsperson kommt damit eine Vielzahl von Personen in Betracht, wobei sich die Bindungsintensität und -dauer je nach Einzelfall unterscheidet.

3. Einfluss von sozialen Bindungen auf die Kindesentwicklung

Vorstehend ist erläutert worden, dass soziale Bindungen dem Zweck dienen, physischen und psychischen Schutz für das Kind zu schaffen. Bindungspersonen stellen daher eine sichere Basis dar, von der aus das Kind ungestört die Welt entdecken kann, bzw. sie sind ein sicherer Hafen, in dem das Kind in Gefahrsituationen Schutz suchen kann. Angesichts dieser Funktionsbestimmung sozialer Bindungen ist nicht verwunderlich, dass die Bindungsforschung diesen ein gehöriges Maß an Einfluss auf die Kindesentwicklung zuschreibt. Ob sich eine soziale Bindung als für die Kindesentwicklung förder- oder hinderlich auswirkt, ist im Wesentlichen abhängig von der Qualität der Bindungsbeziehung. Die Qualität der Bindungsbeziehung ist von dem natürlichen Bindungsbedürfnis grundsätzlich unabhängig, d.h. auch eine schlechte Bindungsqualität verhindert nicht das Entstehen einer Bindung.[566] Auch wenn Eltern ihrem Kind nicht mit besonderer Wärme begegnen, wird das Kind dennoch zu ihnen eine soziale Bindung aufbauen. Auch die von den Eltern gelebte Familienform (Ehe, nichteheliche Lebensgemeinschaft, gleichgeschlechtliche Partnerschaft etc.) ist *per se* ohne konkreten Einfluss auf die Qualität der Bindung. Entscheidend für die Qualität einer Bindung ist vielmehr, inwieweit die Familie einen sicheren Raum persönlicher Bindung darstellt, der den Kindesbedürfnissen gerecht wird.[567] Es kommt vor allem darauf an, mit welcher Feinfühligkeit die Bindungsperson auf das Kind und dessen Bedürfnisse eingeht.[568] Dies tritt insbesondere dann besonders deutlich zu Tage, wenn Kinder bereits problematische Situationen in einer Familie erfahren haben, etwa mit den genetischen Eltern. Hier ist die Fähigkeit, sichere

---

[565] *Howes/Spieker* in: Cassidy/Shaver (Hrsg.), Handbook of Attachment, 2016, 314 ff.

[566] *Fegert/Kliemann* in: Götz/Schwenzer/Seelmann u. a. (Hrsg.), Familie – Recht – Ethik, 2014, 173, 180.

[567] *Andresen/Hurrelmann,* Kindheit, 2010, 81.

[568] *Grossmann/Grossmann,* Bindungen – Das Gefüge psychischer Sicherheit, 2014, 117 ff.; *Wolff/van Ijzendoorn,* 68 Child Development (1997) 571, 585 (wenn auch nicht als einziger Faktor); *Scheiwe/Schuler-Harms/Walper u. a.,* BMFSFJ-Gutachten: Pflegefamilien als soziale Familien, ihre rechtliche Anerkennung und aktuelle Herausforderungen, 2016, 27; *Fegert/Kliemann* in: Götz/Schwenzer/Seelmann u. a. (Hrsg.), Familie – Recht – Ethik, 2014, 173, 182; *Siegler/Eisenberg/DeLoache u. a.* in: Siegler/ Eisenberg/DeLoache u. a. (Hrsg.), Entwicklungspsychologie im Kindes- und Jugendalter, 2016, 399, 405.

Bindungen zu weiteren Personen, etwa einem Pflegeelternteil, einzugehen, sehr stark davon abhängig, mit welcher Feinfühligkeit die neue Bindungsperson agiert.[569] Die Qualität der Bindung zur Hauptbindungsperson bestimmt somit oft auch die Bindungsqualität zu anderen Personen mit.[570]

Nach den Erkenntnissen der Bindungsforschung wirken sich insbesondere stabile und längerfristige Bindungen mit hohen emotionalen und sozialen Komponenten auf die Kindesentwicklung förderlich aus, da sie Kindern dauerhaft und verlässlich physischen und psychischen Schutz gewähren.[571] Auch die feinfühlige Betreuung durch mehr als zwei Bindungspersonen zeigt hierbei grundsätzlich positive Effekte.[572] Langfristige positive Wirkungen (z. B. erhöhte soziale Stabilität im Kindesalter) einer stabilen Bindungsbeziehung sind durch die empirische Forschung bereits nachgewiesen worden.[573] Besonders nachteilig sind hingegen desorganisierte Bindungsmuster.[574] Physischer und psychischer Schutz werden hier nicht konstant gewährleistet. Erhält ein Kind beispielsweise nach einer kritischen Situation bei seiner Bindungsperson regelmäßig Ablehnung und keinen Schutz, wird das Kind sich im Zwiespalt zwischen Schutzsuche und Vermeidung von Zurückweisung durch die Bindungsperson befinden und sein Verhalten entsprechend anpassen. Es wird sich, wie Untersuchungen zeigen, zwar in der Nähe der Bezugsperson aufhalten, um in den Schutzbereich zu gelangen, seine negativen Gefühle wird es aber nicht äußern.[575] Das Verschweigen von Angst oder Frustration hat dann aber wiederum negative Auswirkung auf das Wohlbefinden des Kindes.[576]

---

[569] *Howes/Spieker* in: Cassidy/Shaver (Hrsg.), Handbook of Attachment, 2016, 314, 325

[570] *Fegert/Kliemann* in: Götz/Schwenzer/Seelmann u. a. (Hrsg.), Familie – Recht – Ethik, 2014, 173.

[571] *Ainsworth/Bell* in: Grossmann/Grossmann (Hrsg.), Bindungen und menschliche Entwicklung, 2003, 217; *Grossmann/Grossmann*, Bindungen – Das Gefüge psychischer Sicherheit, 2014, 70 ff.; *Scheiwe/Schuler-Harms/Walper u. a.*, BMFSFJ-Gutachten: Pflegefamilien als soziale Familien, ihre rechtliche Anerkennung und aktuelle Herausforderungen, 2016, 26 f.

[572] *Grossmann/Grossmann*, Bindungen – Das Gefüge psychischer Sicherheit, 2014, 133; *van Ijzendoorn/Sagi/Lambermon*, 57 New Directions for Child Development (1992) 5, 22.

[573] *Siegler/Eisenberg/DeLoache u. a.* in: Siegler/Eisenberg/DeLoache u. a. (Hrsg.), Entwicklungspsychologie im Kindes- und Jugendalter, 2016, 399, 408.

[574] *Scheiwe/Schuler-Harms/Walper u. a.*, BMFSFJ-Gutachten: Pflegefamilien als soziale Familien, ihre rechtliche Anerkennung und aktuelle Herausforderungen, 2016, 27 (insbesondere bei Misshandlungstatbeständen); *van Ijzendoorn/Schuengel/Bakermans-Kranenburg*, 11 Development and Psychopatology (1999) 225.

[575] *Grossmann/Grossmann*, Bindungen – Das Gefüge psychischer Sicherheit, 2014, 81.

[576] Geradezu erschreckend sind die Berichte über den Umgang mit Kindern und dessen Folgen bei *DeMause* in: DeMause (Hrsg.), Hört ihr die Kinder weinen, 1977, 12 ff.

Soziale Bindungen sind hochgradig emotional. Eine Gefährdung, Störung oder ein abrupter Abbruch solcher Bindungen kann gravierende emotionale Folgen für ein Kind haben. Diese reichen von schlichter Trauer, Apathie und Verhaltensveränderung bis hin zu Hilflosigkeit oder Depression.[577] Die Ursache solcher Reaktionen liegt darin, dass die Störungen der Bindung durch Aufhebung der Verfügbarkeit der Bindungsperson in der Regel zu einem Angstverhalten des Kindes führen. Die Bindungsperson ist für Gefahrsituationen nicht mehr verfügbar und kann keinen Schutz leisten, die sichere Basis fehlt. Die Folge hieraus ist, dass das Kind nur noch begrenzt zu emotionaler Kommunikation mit seiner Umwelt fähig ist.[578] Bereits bei kurzen Trennungen der Mutter von Kindern im Kleinkindalter lassen sich Angstreaktionen wie Schreien und Weinen beobachten.[579] Längere Trennungen von engen Bindungspersonen können sogar im Extremfall zu negativen Effekten führen, die die Intensität von Misshandlungen erreichen.[580] Die Wirkung körperlicher Nähe und Trennung lässt sich neurologisch erklären. Durch den Körperkontakt enger Bindungspersonen wird das körpereigene Opiat Endorphin ausgeschüttet, das Bindungsperson und Kind entspannt. Eine Trennung beider führt zum Verlust dieser Wirkung, und kann durch externe Opiate nur begrenzt kompensiert werden.[581]

Auch künftiges Bindungsverhalten kann durch eine Bindungsstörung negativ beeinflusst werden.[582] So wurde bei Scheidungskindern festgestellt, dass diese angesichts der geringeren Entwicklung von Bindungssicherheit selbst zu einem „labilen, zwischen Extremen schwankenden, damit Enttäuschungen provozierendem Umgang" mit Bindungen neigen.[583] Töchter alleinerziehender Mütter sind beispielsweise reservierter was die Eingehung der Ehe angeht.[584] Auch bei

---

[577] *Scheiwe/Schuler-Harms/Walper u.a.,* BMFSFJ-Gutachten: Pflegefamilien als soziale Familien, ihre rechtliche Anerkennung und aktuelle Herausforderungen, 2016, 26 f.; zu weiteren Verhaltensauffälligkeiten siehe etwa *Bakermans-Kranenburg/van Ijzendoorn/Juffer,* 26 Infant Mental Health Journal (2005) 191, 193 sowie *van Ijzendoorn/Schuengel/Bakermans-Kranenburg,* 11 Development and Psychopatology (1999) 225, 227; siehe auch *Fegert/Kliemann* in: Götz/Schwenzer/Seelmann u.a. (Hrsg.), Familie – Recht – Ethik, 2014, 173, 180 ff.; *Kobak/Zajac/Madsen* in: Cassidy/Shaver (Hrsg.), Handbook of Attachment, 2016, 25, 28 f.

[578] *Kobak/Zajac/Madsen* in: Cassidy/Shaver (Hrsg.), Handbook of Attachment, 2016, 25, 28.

[579] *Bowlby,* Bindung – Eine Analyse der Mutter-Kind-Beziehung, 1975, 190 ff., 239 f.

[580] *Fegert/Kliemann* in: Götz/Schwenzer/Seelmann u.a. (Hrsg.), Familie – Recht – Ethik, 2014, 173, 181.

[581] *Grossmann/Grossmann,* Bindungen – Das Gefüge psychischer Sicherheit, 2014, 44 ff. m.w.N.

[582] *Fegert/Kliemann* in: Götz/Schwenzer/Seelmann u.a. (Hrsg.), Familie – Recht – Ethik, 2014, 173, 183.

[583] *Beck-Gernsheim,* Was kommt nach der Familie?, 2010, 52 m.w.N.

[584] *Beck-Gernsheim,* Was kommt nach der Familie?, 2010, 52 m.w.N.

Pflege- und Adoptivkindern zeigt sich, dass eine stabile, verlässliche Basis in der Eltern-Kind-Beziehung besonders wichtig für die Kindesentwicklung ist, insbesondere dann, wenn ein problematischer Familienhintergrund zur Pflegesituation bzw. Adoption geführt hat.[585] Problematisch, und von den klinischen Befunden her ebenso kritisch, kann sich eine Störung von Bindungen auch bei größeren Kindern oder Erwachsenen auswirken.[586] Die bestehende Angstreaktion vor dem Verlust der Bindungsperson und die Traurigkeit, die das Individuum begleitet, lassen es tägliche, mitunter stressintensive Alltagssituationen schlechter verarbeiten.[587]

Damit lässt sich festhalten, dass soziale Bindungen einen bedeutenden Einfluss auf die Kindesentwicklung haben. Besonders förderlich für die Kindesentwicklung wirkt es sich aus, wenn es sich um eine stabile und langfristige Bindung handelt, bei der die Bindungsperson feinfühlig auf die Bedürfnisse des Kindes reagiert.

IV. Schlussfolgerungen: Gleichbedeutender Einfluss aller Elternschaftssegmente auf die Eltern-Kind-Beziehung

Die vorstehenden Überlegungen haben gezeigt, dass jedes Elternschaftssegment für sich genommen einen bedeutenden Einfluss auf die Kindesentwicklung und die Eltern-Kind-Beziehung nimmt. Bedingt die genetische Abstammungsbeziehung etwa neben psychologischen und sogar kulturellen Einflüssen insbesondere über die je 23 von Ei- und Samenzelle stammenden Chromosomen den Bauplan für den Körper des Kindes, seine körperlichen und geistigen Eigenschaften, ist die biologische Abstammungsbeziehung der Geburtsmutter zum Kind für die Kindesentwicklung nicht minderbedeutend. Die Geburtsmutter ernährt das Kind über die Schwangerschaftszeit und ermöglicht damit erst die Reifung des Embryos zu einem vollständigen Menschen. Über die Plazenta gibt sie beispielsweise an das Kind Sauerstoff, wichtige Nährstoffe oder Antikörper weiter. Sie ist somit *conditio sine qua non* für menschliches Leben. Wie die Epigenetik festgestellt hat, kann die biologische Mutter über ihr Verhalten (z.B. die Art ihrer Ernährung) sogar Einfluss auf die Gene des Kindes nehmen (Genexpression). Biologische und genetische Elternschaft sind folglich in etwa gleich wichtig für die

---

[585] *Scheiwe/Schuler-Harms/Walper u.a.,* BMFSFJ-Gutachten: Pflegefamilien als soziale Familien, ihre rechtliche Anerkennung und aktuelle Herausforderungen, 2016, 27, sowie eingehend auch *Schmid/Fegert* in: Fegert/Eggers/Resch (Hrsg.), Psychiatrie und Psychotherapie des Kindes- und Jugendalters, 2012, 63 ff.; *Bakermans-Kranenburg/van Ijzendoorn/Juffer,* 26 Infant Mental Health Journal (2005) 191, 195 m.w.N.

[586] *Kobak/Zajac/Madsen* in: Cassidy/Shaver (Hrsg.), Handbook of Attachment, 2016, 25, 30 ff.; *Farley/Shaver* in: Cassidy/Shaver (Hrsg.), Handbook of Attachment, 2016, 40, 42 f.

[587] *Kobak/Zajac/Madsen* in: Cassidy/Shaver (Hrsg.), Handbook of Attachment, 2016, 25, 36.

Kindesentwicklung.[588] Aber auch die soziale Elternschaft steht den anderen Segmenten in ihrer Bedeutung nicht nach.[589] Über den Aufbau sozialer Bindungen wird die Kindesentwicklung gehörig beeinflusst. Bindungspersonen stellen für das Kind eine sichere Basis bzw. einen sicheren Hafen dar, von dem aus das Kind eine unbekannte Umgebung erkunden kann. Explorationsverhalten, d.h. das Erlernen von Unbekanntem wird durch das Vorhandensein einer Bindungsperson erst ermöglicht. Die Qualität der Bindungsbeziehung von Elternteil und Kind hat einen direkten Einfluss darauf, wie sich das Kind selbst in seiner Umgebung zurechtfindet, wie es mit seiner Umwelt interagiert und ob und in welcher Intensität das Kind selbst Bindungen oder soziale Beziehungen mit anderen Personen eingehen kann. Ohne eine sichere Basis interagiert ein Kind nicht mit seiner Umwelt, das eigene Bindungsverhalten und der Aufbau sozialer Beziehungen kann durch die dauerhafte Störung der Bindungsbeziehung nachhaltig behindert werden. Angesichts der vorstehend aufgefundenen interdisziplinären Forschungsergebnisse kann letztlich für jedes Elternschaftssegment ein bedeutendes Gewicht für die Eltern-Kind-Beziehung und die Kindesentwicklung festgestellt werden. Betrachtet man die Segmente im Vergleich, lässt sich keines identifizieren, das gegenüber den anderen eine herausgehobene Stellung einnehmen würde. Daher ist zu schlussfolgern, dass genetische, biologische und soziale Elternschaft einen jeweils ungefähr gleichbedeutenden Einfluss auf die Kindesentwicklung und die Eltern-Kind-Beziehung nehmen.

C. Zusammenfassung

Das vorliegende Kapitel hatte sich zur Aufgabe gesetzt herauszuarbeiten, wie Abstammung und Elternschaft in unserer heutigen Gesellschaft gelebt werden und nach den gegenwärtigen Vorstellungen der in Deutschland lebenden Personen gelebt werden sollten, und darzulegen, welche tatsächliche Bedeutung Abstammung und Elternschaft überhaupt zukommt. Als Ergebnis können die folgenden Punkte festgehalten werden:

Die Untersuchung hat ergeben, dass Abstammung und Elternschaft bereits im allgemeinsprachlichen Verständnis nicht deckungsgleich sind. Im allgemeinsprachlichen Begriffsverständnis beschreibt der Begriff *Abstammung* das genetische oder biologische Band von Eltern und ihren Kindern. *Elternschaft* bedeutet hingegen die Übernahme oder Innehabung einer Elternrolle, sei es durch eine

---

[588] Vgl. so auch von Münch/Kunig/*Coester-Waltjen,* Art. 6 GG Rn. 72 m.w.N. Davon geht auch der Gesetzgeber aus vgl. BT-Drs. 11/4154, 6 f.; BT-Drs. 13/4899 S. 82. A. A. *Kaiser* in: Schwab/Vaskovics (Hrsg.), Pluralisierung von Elternschaft und Kindschaft, 2011, 239, 254 (Geburtsmutterschaft werde überhöht; medizinischer Nachweis fehle).

[589] Dies gilt auch aus psychologischer Sicht, vgl. *Nordqvist,* 28 International Journal of Law Policy and Family (2014) 321.

genetische, biologische, rechtliche Verbindung oder durch die Übernahme und Tragung tatsächlicher Elternverantwortung.

Darüber hinaus werden Familien- und Elternschaftsverhältnisse heute in vielgestaltigen Formen gelebt. Neben den „Normalitätsentwurf" der Kernfamilie verheirateter Eltern mit genetisch von ihnen abstammenden Kindern sind weitere Familienformen getreten. Kinder werden heute trotz der Tatsache, dass die Kernfamilie der meistgewählte Lebensentwurf ist, immer häufiger in gleichgeschlechtlichen Familien, Stief- und Reproduktionsfamilien sowie in Familien nicht miteinander verheirateter Eltern oder in Ein-Elternfamilien groß. Mit der Veränderung der gelebten Familienformen geht oft auch eine Veränderung von Elternschaft einher, was in der sozialwissenschaftlichen Literatur mit Segmentierung und Pluralisierung von Elternschaft beschrieben wurde. Elternschaft lässt sich je nach Begründungszusammenhang in verschiedene Segmente unterteilen. So kann etwa je nach Konstellation von biologischer, genetischer, sozialer und rechtlicher Elternschaft gesprochen werden. Im Ideal der Kernfamilie fallen genetische, biologische, soziale und rechtliche Elternschaft stets zusammen. Durch die häufigere Wahl alternativer Familienformen ergeben sich heute aber immer öfter (auch gewollt) Situationen, in denen nicht alle Segmente der Elternschaft in einer Person verwirklicht sind. Beispielsweise hat ein im Wege heterologer Samenspende gezeugtes Kind verheirateter Eltern zwar in dem Ehemann der Mutter einen sozialen und rechtlichen Vater, genetischer Vater des Kindes ist allerdings der Samenspender.

Der mit Blick auf die real gelebten Familienformen zu verzeichnende Wandel spiegelt sich auch in den Vorstellungen der in Deutschland lebenden Personen darüber wider, wie Familie und Elternschaft heute gelebt werden sollten (sog. Familienleitbilder). Zum Kern des Familienleitbildes in Deutschland gehört heute das Leben in festen, auf Liebe gründenden, dauerhaften Paarbeziehungen, wobei es auf die Formalisierung der Paarbeziehung (Ehe, registrierte Lebenspartnerschaft) nicht mehr ankommt. Aber auch alternative Lebensformen, z.B. das Singleleben, werden sozial akzeptiert. Auch eine Trennung der Partner und die Eingehung neuer Beziehungen ist nicht mehr „verpönt", sie wird sogar in die Entscheidungsprozesse der Familiengründung mit einkalkuliert. In der ganz überwiegenden Zahl der Fälle gehört das Zusammenleben von Eltern mit ihren Kindern zum Leitbild der in Deutschland lebenden Personen von Familie hinzu, wobei allerdings auch die gewollte Kinderlosigkeit soziale Akzeptanz erfährt. Kinder zu bekommen ist daher heute keine gesellschaftliche Pflicht mehr, sondern eine Option. Die Entscheidung für oder wider eine Elternschaft ist nach den Vorstellungen der in Deutschland lebenden Personen heute vom Status der Paarbeziehung weitgehend entkoppelt. Auch die Geschlechtszugehörigkeit der Eltern oder deren sexuelle Orientierung spielen ganz überwiegend keine Rolle. Die Studie des Bundesinstituts für Bevölkerungsforschung ergab eine weit überwiegende Einigkeit darin (jew. über 80%), dass Ehepaare mit Kindern, nichteheliche Lebenspartner mit Kindern und homosexuelle Paare mit Kindern jeweils als Familie anzusehen sind.[590] Damit ist nach den Vorstellungen der in Deutschland lebenden Personen auch die genetische Abstammung an sich zwar eine bedeutende aber keine zwingende Voraussetzung für die Elternschaft mehr. Letztlich ist auch das Vorhandensein von zwei Elternteilen keine Voraussetzung für Elternschaft, das Konzept alleinerziehender Elternschaft wird heute sozial akzeptiert.[591] Keine hinreichenden wissenschaftlichen Nachweise finden sich jedoch darauf, dass eine Elternschaft von mehr als zwei Personen zu den Familienleitbildern in Deutschland zählen würde, auch wenn es an Berichten darüber nicht fehlt, dass derartige Konstellationen tatsächlich gelebt werden.[592]

Betrachtet man die einzelnen Elternschaftssegmente vor interdisziplinärem Hintergrund, so wird deutlich, dass jedes einzelne Segment für sich genommen einen wesentlichen Beitrag zur tatsächlichen Eltern-Kind-Beziehung liefert. Bedingt die genetische Abstammungsbeziehung etwa neben psychologischen und sogar kulturellen Einflüssen insbesondere über die je 23 von Ei- und Samenzelle stammenden Chromosomen den Bauplan für den Körper des Kindes, seine körperlichen und geistigen Eigenschaften, so ist die biologische Abstammungsbeziehung der Geburtsmutter zum Kind nicht minder bedeutend, da die Geburtsmutter das Kind über die Schwangerschaftszeit ernährt und damit erst die Reifung des Embryo zu einem vollständigen Menschen ermöglicht. Sie ist somit *conditio sine qua non* für menschliches Leben. Wie die Epigenetik festgestellt hat, kann die biologische Mutter über ihr Verhalten (z. B. die Art ihrer Ernährung) sogar Einfluss auf die Gene des Kindes nehmen (Genexpression). Letztlich entstehen bereits pränatal zur Geburtsmutter erste soziale Bindungsmuster. Aber auch die soziale Elternschaft steht den anderen Segmenten in ihrer Bedeutung nicht nach. Neben den ebenfalls bestehenden epigenetischen Einflussfaktoren ist insbesondere die Bindungsbeziehung des sozialen Elternteils zum Kind bedeutsam. Bindungspersonen stellen für das Kind eine sichere Basis bzw. einen sicheren Hafen dar, von dem aus das Kind eine unbekannte Umgebung erkunden kann. Explorationsverhalten, d.h. das Erlernen von Unbekanntem wird durch das Vorhandensein einer Bindungsperson erst ermöglicht. Die Qualität der Bindungsbeziehung von Elternteil und Kind hat einen direkten Einfluss darauf, wie sich das Kind selbst in seiner Umgebung zurechtfindet, wie es mit seiner Umwelt interagiert und ob und in welcher Intensität das Kind selbst Bindungen oder soziale Bezie-

---

[590] *Gründler/Dorbitz/Lück u. a.,* Studie des BiB: Familienleitbilder – Vorstellungen. Meinungen. Erwartungen., 2013, 10.

[591] *Bergold/Rupp* in: Rupp (Hrsg.), Partnerschaft und Elternschaft bei gleichgeschlechtlichen Paaren, 2011, 119, 120.

[592] Vgl. den Bericht bei *Lode,* Leben mit drei Eltern, Süddeutsche Zeitung, 3.5.2017, R2; sowie *Lode,* Leben mit Mama und Mami, Süddeutsche Zeitung, 3.5.2017, R2; *Buschner,* NZFam 2015, 1103, 1105; *Bergold/Rupp* in: Rupp (Hrsg.), Partnerschaft und Elternschaft bei gleichgeschlechtlichen Paaren, 2011, 119, 124.

hungen mit anderen Personen eingehen kann. Der Verlust einer Bindungsperson, sei es durch gewollte Trennung oder Unglück, kann darüber hinaus gravierende Auswirkungen auf das Wohlbefinden des Kindes zeitigen. Angesichts der Gesamtschau der interdisziplinären Forschungsergebnisse aus medizinischen, soziologischen, (kinder)psychologischen aber auch sozialanthropologischen Studien ist zu schlussfolgern, dass genetische, biologische und soziale Elternschaft einen jeweils ungefähr gleichbedeutenden Einfluss auf die Kindesentwicklung und die Eltern-Kind-Beziehung nehmen.

§ 2 Abstammungsrecht

In § 1 ist herausgearbeitet worden, dass Abstammung und Elternschaft in unserer heutigen Gesellschaft anders gelebt werden als noch vor einigen Jahren, und dass sich ebenfalls die Vorstellungen davon, wie Abstammung und Elternschaft gelebt werden sollten, verändert haben. Ferner ist in § 1 herausgearbeitet worden, welche tatsächliche Bedeutung Abstammung und Elternschaft vor dem Hintergrund interdisziplinärer Forschungsergebnisse zukommt. § 2 widmet sich nun dem bislang noch nicht eingehend besprochenen vierten Elternschaftssegment, d.h. der rechtlichen Elternschaft, dem Abstammungsrecht: In Abschnitt (A.) werden zunächst die abstammungsrechtlichen Grundlagen erläutert, wobei unter (I.) Aufgabe und Natur des Abstammungsrechts beschrieben werden und (II.) sich der Bedeutung der abstammungsrechtlichen Eltern-Kind-Zuordnung widmet. Gliederungspunkt (III.) wird darauffolgend herausarbeiten, welche abstammungsrechtlichen Grundprinzipien dem deutschen Abstammungsrecht eigen sind und bedeutende Systembrüche aufzeigen. In Abschnitt (B.) wird letztlich die Brücke zu den in § 1 aufgefundenen Ergebnissen geschlagen. Es wird vor dem Hintergrund des weiteren Gangs dieser Arbeit herausgearbeitet, inwieweit das Recht ganz generell auf eine geänderte gesellschaftliche Werteordnung zu reagieren hat und welche Maßstäbe für eine Anpassung des Rechts an gesellschaftlichen Wandel anzulegen sind. Das Kapitel schließt mit einer Zusammenfassung (C.).

A. Abstammungsrechtliche Grundlagen

Das Abstammungsrecht findet sich im vierten Buch des Bürgerlichen Gesetzbuches und ist konkret geregelt in §§ 1591–1600d BGB. Abstammungsrecht ist folglich Privatrecht und eingebettet in das vom sonstigen Personenrecht getrennt geregelte Familienrecht.[1] Dort bildet es den wesentlichen Kern des Rechts der Verwandtschaft (§ 1589 i.V.m. §§ 1591 ff. BGB). Voraussetzung der rechtlichen Verwandtschaft zweier Individuen ist grundsätzlich deren Abstammung; so formulieren es § 1589 I 1, 2 BGB.[2] Auf anderem Wege hergestellte Eltern-Kind-Verhältnisse (Adoption) sind abstammungsrechtlichen Eltern-Kind-Verhältnissen

---

[1] Zu den Diskussionen um die Einordnung des Familienrechts (auch eine öffentlich-rechtliche Kategorisierung wird vertreten) siehe eingehend *Müller-Freienfels,* 37 RabelsZ (1973) 609; *Müller-Freienfels,* 38 RabelsZ (1974) 533 jew. m.w.N., sowie *Gernhuber/Coester-Waltjen,* Familienrecht, 2010, 8 f. m.w.N. Vgl. auch *Windel* in: Lipp/Röthel/Windel (Hrsg.), Familienrechtlicher Status und Solidarität, 2008, 1, 3 f.

[2] *Dethloff,* Familienrecht, 2015, § 9 Rn. 1; *Gernhuber/Coester-Waltjen,* Familienrecht, 2010, 27.

rechtlich gleichgestellt (§ 1754 BGB).[3] Sie entfalten dieselben Wirkungen wie rechtliche Abstammungsverhältnisse und zählen somit zum weiteren Kreis des Abstammungsrechts.[4]

I. Aufgabe und Natur des Abstammungsrechts

Das über das Abstammungsrecht hergestellte Eltern-Kind-Verhältnis stellt ein Rechtsverhältnis zwischen Privatpersonen dar, es hat als familienrechtliches Rechtsverhältnis eine besondere Qualität, die sich nicht in schuld- oder vermögensrechtlichen Aspekten erschöpft.[5] Das Familienrecht ist zwar nicht frei von subjektiven Rechten und vermögensrechtlichen Positionen, es geht über diese Aspekte allerdings hinaus, was sich an der Höchstpersönlichkeit abstammungsrechtlicher Rechtspositionen, an der „*erga omnes*"-Wirkung statusbegründender Akte wie der Vaterschaftszuordnung, dem generellen Ausschluss gewillkürter Stellvertretung und an der starken Bindung an das Wohl des Vertretenen und dessen natürlichen Willen bei der gesetzlichen Stellvertretung zeigt (hierzu sogleich).[6]

1. Abstammungsrecht als Statusrecht

Das Abstammungsrecht ist – wie das Familienrecht im Allgemeinen – Statusrecht.[7] Als solches hat es ganz generell die Aufgabe einer Person ihren Platz in

---

[3] Siehe hierzu und zu bestehenden Ausnahmen hinsichtlich der Volljährigenadoption *Gernhuber/Coester-Waltjen,* Familienrecht, 2010, 27; MüKoBGB/*Wellenhofer,* § 1589 Rn. 1.

[4] Zu einem historischen Abriß der Entwicklung des Abstammungsrechts *Luh,* Die Prinzipien des Abstammungsrechts, 2008, 11 ff.; *Dieckmann,* Die rechtliche Stellung des lediglich biologischen Vaters im Wandel des gesellschaftlichen Familienbildes, 2013.

[5] *Gernhuber/Coester-Waltjen,* Familienrecht, 2010, 9.

[6] A. A. etwa *Löhnig,* Früher hatten Eltern viele Kinder – heute haben Kinder viele Eltern, 2015, 14 ff. (Eltern-Kind-Verhältnis als Treuhandverhältnis). Wie hier: *Gernhuber/Coester-Waltjen,* Familienrecht, 2010, 10 f., 15 ff.; zur Diskussion siehe auch *Müller-Freienfels,* 37 RabelsZ (1973) 609; *Müller-Freienfels,* 38 RabelsZ (1974) 533 jew. m.w.N. Zur allgemeinen Debatte zur Wandlung des Rechts vom Statusrecht zum Kontraktrecht bzw. *vice versa* und zur historischen Entwicklung des Statusrechts *Rehbinder,* Rechtssoziologie, 2014, 65 Rn. 67 ff.

[7] *Schwab,* Familienrecht, 2016, § 47 Rn. 543; *Helms* in: Schwab/Vaskovics (Hrsg.), Pluralisierung von Elternschaft und Kindschaft, 2011, 105, 106; *Muscheler,* Familienrecht, 2017, Rn. 183; *Wanitzek,* Rechtliche Elternschaft bei medizinisch unterstützter Fortpflanzung, 2002, 25; *Röthel* in: Röthel/Heiderhoff (Hrsg.), Regelungsaufgabe Vaterstellung – Was kann, was darf, was will der Staat?, 2014, 89; anders offenbar *Rauscher,* Familienrecht, 2008, 652 Rn. 755 (lediglich gesetzliche Verlautbarung der Verwandtschaftsbeziehung). Zum Familienrechtsbegriff und zum Einbezug auch sog. Realbeziehungen, d.h. von statusrechtlich nicht verfestigten Familienverhältnissen, *Windel* in: Lipp/Röthel/Windel (Hrsg.), Familienrechtlicher Status und Solidarität, 2008, 1, 2. Zur Entwicklung des Statusrechts im römischen Recht siehe etwa *Maine,* Ancient Law, 1861, 113 ff.

der Rechtsgemeinschaft mit ihren jeweiligen individuellen Bezügen und Rechtsverhältnissen, d.h. ihren Personenstand, zuzuweisen.[8] Es ist damit personenbezogenes Standortbestimmungsrecht.[9] Das Abstammungsrecht übernimmt diese Aufgabe mit Blick auf das Eltern-Kind-Verhältnis. Es weist einem Kind somit seine rechtlichen Eltern zu.[10] Die Abstammungszuordnung entfaltet dabei absolute Wirkung. Sie gilt gegenüber jedermann[11] und steht jeglicher anderweitiger Zuordnung entgegen. Die rechtliche Vaterschaft eines Mannes kann daher nur dann begründet werden, wenn keine rechtliche Vaterschaft eines anderen Mannes besteht bzw. diese zuvor rechtskräftig durch Vaterschaftsanfechtung beseitigt worden ist.[12] Auch das Bestreiten einer bestehenden Abstammungszuordnung ist bis zur wirksamen Beseitigung dieser Zuordnung nicht möglich.[13] Gleichzeitig können auch Rechte, die sich aus der Abstammungszuordnung ergeben, erst dann wahrgenommen werden, wenn die Zuordnung wirksam erfolgt ist.[14] §§ 1594 II, 1599 I, 1600d I BGB entfalten sowohl eine negative als auch eine positive Sperrwirkung.[15] Sogar eine inzidente Feststellung der tatsächlichen Abstammungsverhältnisse ist bei Bestehen einer anderweitigen rechtlichen Zuordnung grundsätzlich untersagt.[16] All dies entspricht der statusrechtlichen Natur des Abstammungsrechts.

Ein rechtsvergleichender Blick in das europäische Ausland zeigt, dass in den meisten kontinentaleuropäischen Rechtsordnungen das Abstammungsrecht als

---

[8] *Gernhuber/Coester-Waltjen,* Familienrecht, 2010, 9; MüKoBGB/*Wellenhofer,* Vor § 1591 Rn. 19. Zur Definition des Personenstandes siehe § 1 I PStG; *Röthel,* StAZ 2006, 34, 40 f.; zum familienrechtlichen Status siehe auch *Savigny,* System des heutigen römischen Rechts, 1840, 401 („Stellung des Einzelnen in den zur Familie gehörenden Rechtsverhältnissen").

[9] Zum Begriff der Standortbestimmung und der Aufgabe des Familienrechts als Statusrecht *Gernhuber/Coester-Waltjen,* Familienrecht, 2010, 9; *Röthel,* StAZ 2006, 34, 41 (Recht der „*personalen Binnenkoordination*"). Zu den möglichen Konzeptionen der Statusbestimmung siehe *Windel* in: Lipp/Röthel/Windel (Hrsg.), Familienrechtlicher Status und Solidarität, 2008, 1, 6 und 10 f. m.w.N. (relationales Statusverständnis im Familienrecht).

[10] *Schwab,* Familienrecht, 2016, § 47 Rn. 543.

[11] Vgl. hierzu *Dethloff,* Familienrecht, 2015, § 10 Rn. 2. Allgemein zum Statusrecht *Windel* in: Lipp/Röthel/Windel (Hrsg.), Familienrechtlicher Status und Solidarität, 2008, 1, 13; zum Statusrecht allgemein *Muscheler,* Familienrecht, 2017, Rn. 189; *Schröder,* Wer hat das Recht zur rechtlichen Vaterschaft?, 2015, 82.

[12] Eingehend hierzu BeckOGK/*Reuß,* § 1599 BGB Rn.9.3 m.w.N.

[13] *Gernhuber/Coester-Waltjen,* Familienrecht, 2010, 615 Rn.74; *Rauscher,* Familienrecht, 2008, 666.

[14] *Seidel,* FPR 2005, 181, 182.

[15] Staudinger/*Rauscher,* § 1599 Rn. 2; BeckOK BGB/*Hahn,* § 1599 Rn. 2; MüKoBGB/*Wellenhofer,* § 1599 Rn. 4; *Gaul,* FamRZ 1997, 1441, 1447 f. Eingehend zur Thematik BeckOGK/*Reuß,* § 1599 BGB Rn. 9.1 ff. m.w.N.

[16] Zu Ausnahmen siehe eingehend BeckOGK/*Reuß,* § 1599 BGB Rn. 9.9 f. m.w.N.

Statusrecht begriffen wird. Dies gilt etwa für Frankreich,[17] Österreich[18] oder für die Niederlande.[19]

2. Alternativkonzepte

Allerdings schreibt nicht jede europäische Rechtsordnung dem Abstammungsrecht statusrechtliche Qualität zu. Sie fehlt beispielsweise im Recht von England und Wales.[20] Das Abstammungsrecht hat hier gerade keine statusrechtliche Wirkung, die Abstammung wird vielmehr als Tatsache begriffen, die dem Beweis und Gegenbeweis zugänglich ist.[21] Die Vaterschaftsvermutung hinsichtlich des Ehemanns der Mutter, die es auch im Recht von England und Wales gibt, wirkt daher lediglich beweisrechtlich und nur bis zum Nachweis ihres Gegenteils.[22] Ferner kann die Abstammung in England und Wales letztlich in jedem Verfahren, in dem sie eine entscheidungserhebliche Tatsache darstellt, inzident festgestellt[23] und somit praktisch von jedem Verfahrensbeteiligten bestritten werden. Inzidente Abstammungsfeststellungen wirken lediglich *inter partes*[24] und beeinträchtigen Drittinteressen nicht.[25] Jedoch gibt es auch in Rechtsordnungen, die eine statusrechtliche Natur des Abstammungsrechts nicht kennen, einen Trend zur Inkorporierung statusrechtlicher Elemente. Beispielsweise weist im Recht von England und Wales der *Human Fertilisation and Embryology Act 2008* (HFEA 2008), der Regelungen über medizinisch-assistierte Reproduktion enthält, der Abstammungszuordnung eine quasi-statusrechtliche Wirkung zu. Unverrückbar bestimmen Sec. 35–37 HFEA 2008 die dort genannten Personen als rechtliche Eltern des Kindes. Die Elternzuordnung nach dem HFEA 2008 hat „*erga omnes*"-Wir-

---

[17] Siehe etwa Art. 320 Code Civil, dazu Rieck – Ausländisches Familienrecht/*Eber-Arampatsi,* Frankreich Rn. 36; Éditions Francis Lefebvre, Mémento Pratique – Droit de la famille 2016–2017, 2016 Rn. 27515; monographisch hierzu *Helms,* Die Feststellung der biologischen Abstammung, 1999, 220 ff.

[18] Vgl. § 140 ABGB, hier hat die Statuszuweisung ebenfalls „*erga omnes*"-Wirkung, vgl. dazu Bergmann/Ferid/Henrich/*Lurger/Schwimann,* Österreich, 60; *Steininger,* Reproduktionsmedizin und Abstammungsrecht, 2014, 185 ff.

[19] Vgl. Art. 207 (2) lit. a Burgerlijk Wetboek, der die gerichtliche Feststellung der Vaterschaft bei bereits bestehender anderweitiger Zuordnung ausschließt.

[20] Siehe hierzu eingehend *Helms* in: Schwab/Vaskovics (Hrsg.), Pluralisierung von Elternschaft und Kindschaft, 2011, 105, 111 f.

[21] Siehe hierzu eingehend *Helms* in: Schwab/Vaskovics (Hrsg.), Pluralisierung von Elternschaft und Kindschaft, 2011, 105, 111 f. Zu schwierigen Fragen, die sich hierbei auch mit Blick auf erbrechtliche Rückabwicklungen ergeben können siehe zu dem den britischen Adel betreffenden Fall *Häcker,* Law Quarterly Review 2017, 36.

[22] Sec. 26 Family Law Reform Act 1969, gleiches gilt für die Vaterschaftsvermutung durch Ausweis in der Geburtsurkunde, vgl. Sec. 10, 34 (2) Births and Deaths Registration Act 1953.

[23] Sec. 20 Family Law Reform Act 1969.

[24] Inzidente Abstammungsfeststellungen wirken *inter partes,* vgl. *Masson/Bailey-Harris/Probert,* Cretney's Principles of Family Law, 2008, 538.

[25] *Court of Appeal,* 22.1.1980 (*In Re J. S. (A Minor)*), [1981] Fam 22.

kung, gem. Sec. 38(1), 48(1) HFEA 2008 sind andere Personen von der Vaterzuordnung generell ausgeschlossen. Ein Bestreiten oder Anfechten der so hergestellten Abstammungsbeziehungen ist nicht möglich.[26] Auch eine gerichtliche
Elternschaftsfeststellung mit Wirkung gegenüber jedermann kennt das Recht von
England und Wales, vgl. Sec. 55A, 58(2) FLA 1986. Blickt man über Europa
hinaus, beispielsweise in das Recht der kanadischen Provinz British Columbia,
das ebenfalls stark vom Common Law beeinflusst ist,[27] fällt auf, dass es hier
noch stärkere Tendenzen zu statusrechtlichen Strukturen im Abstammungsrecht
gibt. Der *Family Law Act* (FLA), der erst im Jahre 2013 in Kraft getreten ist, legt
ganz allgemein die abstammungsrechtliche Zuordnung mit *„erga omnes"*-Wir-
kung verbindlich fest.[28] Er erfasst damit – anders als der HFEA 2008 für England und Wales – auch die Fälle natürlicher Zeugung. Auch das kalifornische
Recht[29] kennt die statusrechtliche Natur von Abstammungsbeziehungen.[30] Zwar
ist in Sec. 7610, 7611, 7540 Family Code die Elternzuordnung im Wesentlichen
durch widerlegliche Vermutungen gestaltet, für die Eltern-Kind-Zuordnung bei
medizinisch-assistierter Reproduktion sieht Sec. 7613 Family Code allerdings
eine zwingende Zuordnung vor. Darüber hinaus kommt der Elternschaftsbegründung durch freiwilliges Vaterschaftsanerkenntnis nach Sec. 7570 Family Code
ebenso *„erga omnes"*-Wirkung zu, wie der gerichtlichen Klärung der Elternschaft nach Sec. 7630 und Sec. 7650 Family Code (sog. *declarations of parentage*).[31]

Es kann damit festgehalten werden, dass das Abstammungsrecht in kontinentaleuropäischer Tradition Statusrecht ist, das zur Aufgabe hat, einem Kind seine
rechtlichen Eltern zuzuweisen und das Kind damit personenstandsrechtlich in die
Rechtsgemeinschaft zu integrieren. Das Eltern-Kind-Verhältnis stellt darüber hin-

---

[26] *Scherpe* in: Dutta/Schwab/Henrich u. a. (Hrsg.), Künstliche Fortpflanzung und Europäisches Familienrecht, 2015, 295, 307.

[27] Zur Prägung British Columbias durch das Common Law, vgl. Bergmann/Ferid/
Henrich/*Mayr,* Kanada – British Columbia, 5 f. Zur Geschichte und Prägung des ge-
samten kanadischen Rechtssystems sowohl durch englische als auch durch französische
Einflüsse siehe Bergmann/Ferid/Henrich/*Mayr,* Kanada, 4.

[28] Siehe Part 3 des FLA, insbesondere Sec. 23.

[29] Zur Beeinflussung der USA durch das Common Law siehe Bergmann/Ferid/Hen-
rich/*Seibl/Bardy/Rieck u. a.,* USA, 4 ff., 27 f.

[30] Vgl. Bergmann/Ferid/Henrich/*Lorenz,* USA – California, 19, was sich auch an der
Definition der Sec. 7601 (b) Family Code ablesen lässt („‚Parent and child relationship‘
as used in this part means the legal relationship existing between a child and the child's
natural or adoptive parents incident to which the law confers or imposes rights, privile-
ges, duties, and obligations. The term includes the mother and child relationship and the
father and child relationship.").

[31] Die *„erga omnes"*-Wirkung ergibt sich aus Sec. 7636 Family Code („The judg-
ment or order of the court determining the existence or nonexistence of the parent and
child relationship is determinative for all purposes except for actions brought pursuant
to Section 270 of the Penal Code.").

aus ein besonderes familienrechtliches Rechtsverhältnis zwischen Privatpersonen
dar.

II. Bedeutung abstammungsrechtlicher Eltern-Kind-Zuordnung

Die Bedeutung abstammungsrechtlicher Eltern-Kind-Zuordnung kann letztlich
nicht überschätzt werden. Das über §§ 1591 ff. BGB geschaffene rechtliche Band
zwischen Eltern und ihren Kindern ist von immenser rechtlicher Bedeutung, da
es eine Reihe von rechtlichen Folgewirkungen im Familienrecht und in anderen
Rechtsgebieten bewirkt.[32] Nicht umsonst hat die Haager Konferenz für Internationales Privatrecht das Abstammungsrecht daher als eine Schnittstelle beschrieben, durch die eine Vielzahl von elterlichen Pflichten fließt.[33]

Wirkungen zeigt das abstammungsrechtliche Band beispielsweise im Namensrecht. Gem. § 1616 BGB erhält das Kind etwa den Ehenamen seiner Eltern
als Geburtsnamen, wenn ein solcher vorhanden ist, und die Eltern verheiratet
sind.[34] Auch die elterliche Sorge folgt im Grundsatz der abstammungsrechtlichen Zuordnung. Sie liegt im Grundsatz bei den rechtlichen Eltern des Kindes,
vgl. §§ 1626 I, 1626a I BGB. Das bedeutet für Einzelausprägungen der elterlichen Sorge etwa konkret, dass den rechtlichen Eltern das Recht zukommt, den
Aufenthalt des Kindes zu bestimmen, vgl. §§ 1626, 1631 I BGB. Gleichzeitig
steht den rechtlichen Eltern ein Umgangsrecht i.S.d. §§ 1626, 1631, 1684 BGB
zu.[35] Mit Blick auf letzteres ist gleichwohl zu berücksichtigen, dass mit Einführung des § 1686a BGB vom rechtlichen Eltern-Kind-Verhältnis losgelöst auch
dem nicht-rechtlichen, biologischen Vater ein solches Recht zustehen kann. Ferner verpflichtet § 1618a BGB Eltern und Kinder zu gegenseitigem Beistand und
Rücksicht. Über § 1619 BGB obliegt dem Kind sogar die rechtliche Pflicht, in
einer seinen Kräften und seiner Lebensstellung entsprechenden Weise den Eltern
in ihrem Hauswesen und Geschäft Dienste zu leisten. Da das abstammungsrechtliche Eltern-Kind-Verhältnis zugleich ein rechtliches Verwandtschaftsverhältnis
i.S.d. § 1589 BGB begründet, bewirkt die rechtliche Abstammung auch Folgen
im Unterhalts-, Erb- und Pflichtteilsrecht. Gem. § 1601 BGB schulden sich Verwandte in gerader Linie (d.h. Eltern gegenüber Kindern aber auch Kinder gegenüber ihren Eltern) Unterhalt.[36] Auch das gesetzliche Erbrecht, nach dem sich das

---

[32] Für Übersichten siehe MüKoBGB/*Wellenhofer*, § 1589 Rn. 16–18 oder *Heiderhoff*
in: Schwab/Vaskovics (Hrsg.), Pluralisierung von Elternschaft und Kindschaft, 2011,
273, 275 (aus dem Blickwinkel der Anfechtungswirkung).

[33] Haager Konferenz für Internationales Privatrecht, Bericht der Expert Group on
Parentage/Surrogacy von Februar 2016, Nr. 4, 5, abrufbar unter https://assets.hcch.net/
docs/f92c95b5-4364-4461-bb04-2382e3c0d50d.pdf (zuletzt geprüft am 18.07.2017).

[34] In anderen Fällen gilt § 1617 ff. BGB.

[35] Dazu eingehend *Lipp* in: Schwab/Vaskovics (Hrsg.), Pluralisierung von Elternschaft und Kindschaft, 2011, 119.

[36] Zum Aszendentenunterhalt *Seibl*, NJW 2014, 1151.

Pflichtteilsrecht gem. § 2303 I BGB richtet, knüpft an das rechtliche Verwandt-schaftsverhältnis an, vgl. §§ 1922, 1924 I BGB, § 1925 I BGB. Darüber hinaus hat das Verwandtschaftsverhältnis im Vormundschaftsrecht Bedeutung. Gem. §§ 1779 II 2, III BGB hat das Familiengericht bei der Bestellung eines Vormunds beispielsweise die Verwandten und Abkömmlinge zu hören und das Verwandt-schaftsverhältnis bei der Auswahl einer geeigneten Person zu berücksichtigen.[37] § 1307 BGB stellt ferner ein Eheverbot für nahe Verwandte auf, das aufgrund der Regelungsintention aber nicht nur an die rechtliche sondern auch an die gene-tische Verwandtschaft anknüpft.[38] Auch Vermögenszuwendungen können – wer-den sie im rechtlichen Eltern-Kind-Verhältnis vorgenommen – gesetzlichen Son-derbestimmungen unterfallen. Dies gilt etwa für die Einordnung der Ausstattung als Schenkung gem. §§ 1624, 1625 BGB.

Aber auch losgelöst von klassisch familien- oder erbrechtlichen Folgen zeitigt das abstammungsrechtliche Eltern-Kind-Verhältnis bedeutende Wirkungen. Dies gilt beispielsweise für die Frage der Anfechtbarkeit von Vermögensübertragungen im Verwandtschaftsverhältnis.[39] §§ 3 IV, 15 II Nr. 2 AnfechtungsG und § 138 I Nr. 2 InsO regeln die Anfechtbarkeit bestimmter Vermögensübertragungen zum Schutze der von diesen betroffenen Gläubiger. Im Verfahrensrecht können sich durch das Verwandtschaftsverhältnis unter Umständen Zeugnisverweigerungs-rechte (z. B. § 383 I Nr. 3 ZPO, § 52 I Nr. 3 StPO) ergeben.[40] Ferner stellt das Strafrecht im rechtlichen Verwandtschaftsverhältnis einerseits besondere straf-rechtliche Sanktionen auf, vgl. §§ 170, 173 StGB (Strafbarkeit bei Verletzung einer Unterhaltpflicht bzw. Beischlaf unter Verwandten) bzw. begünstigt ande-rerseits gewisse Taten in diesem, vgl. § 247 StGB (Strafantragserfordernis bei Haus- und Familiendiebstahl). Auch die Staatsangehörigkeit einer Person wird durch das abstammungsrechtliche Eltern-Kind-Verhältnis bedingt, vgl. § 4 I 1 StAG.

Blickt man rechtsvergleichend in andere Rechtsordnungen, so wird deutlich, dass die soeben beschriebenen Wirkungen abstammungsrechtlicher Zuordnung des deutschen Rechts keine Ausnahme darstellen. Auch andere Rechtsordnungen knüpfen ebenso weitreichende familienrechtliche, allgemein zivilrechtliche oder öffentlichrechtliche Folgen an die abstammungsrechtliche Eltern-Kind-Zuord-nung. Dies lässt sich beispielsweise in Frankreich,[41] Dänemark,[42] den Niederlan-

---

[37] Dazu *Schwab,* Familienrecht, 2016, § 43 Rn. 518.

[38] MüKoBGB/*Wellenhofer,* § 1589 Rn. 16.

[39] Dazu *Gernhuber/Coester-Waltjen,* Familienrecht, 2010, 28; MüKoBGB/*Wellen-hofer,* § 1589 Rn. 17.

[40] Zu weiteren Wirkungen siehe MüKoBGB/*Wellenhofer,* § 1589 Rn. 16.18; *Schwab,* Familienrecht, 2016, § 43 Rn. 519.

[41] Beispielhaft: Elterliche Sorge gem. Art. 371-1 CC; Unterhalt gem. Art. 371-2 und Art. 203 CC, Art. 205 f. CC; Namensrecht gem. Art. 311-21 CC, Art. 357 (Adoption); Erbrecht Art. 734 ff. CC; Ehefähigkeit gem. Art. 364 CC für die *adoption simple* und

den,[43] Österreich[44] und Spanien[45] sehen. Das Abstammungsrecht und die abstammungsrechtliche Eltern-Kind-Zuordnung haben daher weltweit eine entscheidende Bedeutung und bringen eine Reihe von rechtlichen Folgewirkungen mit sich.

III. Grundprinzipien des Abstammungsrechts und Systembrüche

Jedes Rechtsgebiet verfügt über eine Zahl von bestimmenden Grundprinzipien, die einerseits aus einer rechtspolitischen Wertentscheidung des Gesetzgebers und/oder strukturbedingt aus der Aufgabe und Natur des Rechtsgebiets folgen können. Für das Abstammungsrecht ist dies nicht anders. Im Folgenden werden diese Grundprinzipien nun näher betrachtet.

Art. 356 CC für die *adoption pleniere*; Staatsangehörigkeit gem. Art. 17–Art. 33-2 CC; eingehend siehe *Voirin/Goubeaux*, Droit civil, 2013, 175, Bergmann/Ferid/Henrich/ *Henrich/Schönberger*, Frankreich, 5.

[42] Hier knüpft beispielsweise auch der Staatsangehörigkeitserwerb an die Abstammungszuordnung zu einem dänischen Elternteil an, vgl. Bergmann/Ferid/Henrich/*Giesen*, Dänemark, 1.

[43] Beispielhaft: weitere Verwandtschaft gem. Art. 1:197 BW; elterliche Sorge gem. Art. 1:245, 1:247(1) BW, wobei die elterliche Mitsorge auch von einem nicht rechtlichen Elternteil ausgeübt werden kann, wenn eine Ehe/eingetragene Lebenspartnerschaft mit dem sorgeberechtigten rechtlichen Elternteil besteht und das Kind nicht in einem Abstammungsverhältnis zu einem weiteren Elternteil steht, vgl. Art. 1:253sa(1), Art. 1:253t(1), (2) BW; Erbrecht gem. Art. 4:10 ff. BW; Namensrecht gem. Art. 1:5 BW; auch das Unterhaltsrecht knüpft im Grundsatz hieran an, vgl. Art. 1:392 BW, wobei auch der genetische, nicht rechtliche Vater dem Kind Unterhalt zu leisten hat, wenn das Kind nicht über zwei rechtliche Elternteile verfügt, Art. 1:394 BW, dazu *Boele-Woelki/Jonker* in: Swennen (Hrsg.), XIXth Congress of the International Academy of Comparative Law (Vienna 20–26 July 2014), 2015, 311, 319. Auch umgekehrt besteht im Prinzip eine Unterhaltspflicht des Kindes gegenüber dem genetischen, nicht rechtlichen Elternteil, vgl. *Wortmann/van Duijvendijk-Brand*, Compendium Personen- en familierecht, 2015, 286, die jedoch keine explizite rechtliche Regelung gefunden hat. Unterhaltsverpflichtet können ferner ein nur rechtlicher (Art. 1:394(1) BW) oder aber auch ein nur sozialer Elternteil (Art. 1:395 BW Stiefelternteil ohne elterliche Sorge, die Verantwortlichkeit endet mit Aufhebung der formalen Beziehung zum Elternteil und Art. 1:253w BW, Stiefelternteil als Träger der elterlichen Sorge, auch nach Aufhebung formaler Partnerschaft zum rechtlichen Elternteil bleibt die Verpflichtung bestehen) sein, vgl. *Boele-Woelki/Jonker* in: Swennen (Hrsg.), XIXth Congress of the International Academy of Comparative Law (Vienna 20–26 July 2014), 2015, 311, 319. Zur Staatsangehörigkeit *Wortmann/van Duijvendijk-Brand*, Compendium Personen- en familierecht, 2015, 194.

[44] Beispielhaft: Staatsangehörigkeit, vgl. §§ 6 Nr. 1, 7 Abs. 1 StbG und *VfGH*, Entscheidung vom 11.10.2012 – B 99/12 u.a., BeckRS 2013, 51139; *VfGH*, Entsch. v. 14.12.2011 – B 13/11-10, BeckRS 2013, 80296 (Elternbegriff knüpft an rechtliche Elternschaft an); Namensrecht gem. § 155 ABGB; elterliche Sorge (Obsorge) gem. § 177 ABGB; Erbrecht gem. §§ 730, 731 Abs. 1 ABGB; Unterhalt gem. § 231 Abs. 1 ABGB.

[45] Beispielhaft: Staatsangehörigkeit, vgl. Art. 17 Abs. 1 lit. a Codigo Civil; Namensrecht gem. Art. 109 Abs. 1 Codigo Civil; elterliche Sorge gem. Art. 110 Codigo Civil.

1. Statuswahrheit

Ein ganz entscheidender statusrechtlicher Grundsatz ist jener der Statuswahrheit. Abstrakt betrachtet besagt er letztlich nichts anderes, als dass der rechtlich zugewiesene Status dem „real begründeten Status" entsprechen soll.[46] Recht und Lebenswirklichkeit sollen somit übereinstimmen.

a) Primat der genetischen Abstammung

Statuswahrheit bedeutet im konkreten Verständnis des deutschen Abstammungsrechts die Übereinstimmung der abstammungsrechtlichen Eltern-Kind-Zuordnung mit der genetischen Abstammung.[47] Rechtliche Eltern eines Kindes sollen daher in erster Linie die genetischen Eltern des Kindes sein. Dies zeigt sich beispielsweise bereits am Begriffsverständnis des § 1589 BGB, der an die genetische Abstammung als Grundlage der rechtlichen Verwandtschaftsverhältnisse anknüpft,[48] aber auch an den vom Gesetzgeber für die Abstammungszuordnung in §§ 1591, 1592 BGB verwandten Zuordnungskriterien: § 1591 BGB weist die rechtliche Mutterschaft der Frau zu, die das Kind geboren hat,[49] § 1592 Nr. 1 und 2 BGB bestimmen den Ehemann der Geburtsmutter bzw. den die Vaterschaft anerkennenden Mann als rechtlichen Vater. Die Wahl von Kriterien (Geburt, Ehe, Vaterschaftsanerkennung), die es als sehr wahrscheinlich erscheinen lassen, dass die das jeweilige Kriterium erfüllende Person auch genetischer Elternteil des Kindes ist (im Regelfall ist beispielsweise die Geburtsmutter auch genetischer und sozialer Elternteil des Kindes), dient letztlich der Herstellung eines Gleichlaufs von rechtlicher und genetischer Abstammung.[50] Darüber hinaus knüpfen §§ 1600d I und 1599 I BGB bei der gerichtlichen Vaterschaftsfeststellung bzw.

---

[46] *Muscheler*, Familienrecht, 2017, Rn. 190; *Helms*, Die Feststellung der biologischen Abstammung, 1999, 223. Siehe etwa zu diesem Verständnis die Ausführungen bei, vgl. Spickhoff, MedR/*Spickhoff*, Abstammung – Vorbemerkung Rn. 1.

[47] BT-Drs. 13/4899, 82; *Dethloff*, Familienrecht, 2015, § 10 Rn. 1; *Rauscher*, Familienrecht, 2008, 658 Rn. 758; *Schwab*, Familienrecht, 2016, § 47 Rn. 543; *Gernhuber/Coester-Waltjen*, Familienrecht, 2010, 27, 590; MüKoBGB/*Wellenhofer*, § 1589 Rn. 1, 6; Vor § 1591 Rn. 18; Palandt/*Brudermüller*, Einf. v. § 1591 Rn. 1; BeckOGK/*Haßfurter*, § 1591 BGB Rn. 6; *Hepting/Dutta*, Familie und Personenstand, 2015, 56 Rn. I-21; *Voigt*, Abstammungsrecht 2.0, 2015, 37; *Schröder*, Wer hat das Recht zur rechtlichen Vaterschaft?, 2015, 87. A. A. allerdings *Wanitzek*, Rechtliche Elternschaft bei medizinisch unterstützter Fortpflanzung, 2002, 29 ff., 136 ff., 180 ff.; *Luh*, Die Prinzipien des Abstammungsrechts, 2008, 7.

[48] BT-Drs. 13/4899, 82 („Der in § 1589 Satz 1 und 2 enthaltene Begriff der Abstammung ist im Sinne genetischer Abstammung zu verstehen.").

[49] Zu den Hintergründen der Einführung *Dethloff*, Familienrecht, 2015, § 10 Rn. 5; *Rauscher*, Familienrecht, 2008, 662 Rn. 763 f.

[50] Vgl. so auch *Dethloff*, Familienrecht, 2015, § 10 Rn. 1, 7; BT-Drs. 13/4899, 52, 82 (zum Kindschaftsrechtsreformgesetz); MüKoBGB/*Wellenhofer*, Vor § 1591 Rn. 20–21 (es bedarf griffiger Kriterien).

der Anfechtung der Vaterschaft an den Feststellungs- bzw. Anfechtungsgrund des Bestehens bzw. Nichtbestehens der genetischen Abstammung an.[51] Zwar können durch die vom Gesetzgeber in §§ 1591, 1592 Nr. 1 und 2 BGB genutzten Zuordnungskriterien systembedingt rechtliche und genetische Abstammung auseinanderfallen,[52] z.B. wenn der Ehemann der Mutter aufgrund der Zeugung des Kindes im Rahmen eines Seitensprungs nicht der genetische Vater des Kindes ist oder ein anderer Mann als der genetische Vater die Vaterschaft anerkannt hat,[53] dieser Zustand wird allerdings vom Gesetzgeber als „Störzustand"[54] begriffen, der der Korrektur (durch Vaterschaftsanfechtung) bedarf und der nur im Ausnahmefall dauerhaft als solcher zu tolerieren ist. So schließt beispielsweise § 1600 IV BGB zwar die Vaterschaftsanfechtung durch die Eltern bei konsentierter heterologer Insemination aus, das Kind bleibt allerdings anfechtungsberechtigt[55] und kann somit die nicht der genetischen Wahrheit entsprechende rechtliche Vaterzuordnung beseitigen.[56] Auch der biologische, nicht rechtliche Vater hat ein Recht zur Vaterschaftsanfechtung gem. § 1600 I Nr. 2 BGB und kann die rechtliche Vaterschaft eines anderen Mannes mit dem Argument beseitigen, dass das Kind von diesem nicht genetisch abstammt. Nur im Ausnahmefall, d.h. wenn eine sozialfamiliäre Beziehung zwischen dem Kind und dem rechtlich als Vater zugeordneten Mann besteht, ist die Anfechtung gem. § 1600 II BGB ausgeschlossen.[57] Das deutsche Abstammungsrecht geht somit bei der Eltern-Kind-Zuordnung und deren Korrektur vom Primat der genetischen Abstammung aus und weist daher in erster Linie die genetischen Eltern einem Kind als rechtliche Eltern zu.[58] Im gesetzgeberischen Idealbild fallen rechtliche, genetische aber auch soziale Eltern-

---

[51] Für § 1600d I BGB siehe Palandt/*Brudermüller,* § 1600d Rn. 1; MüKoBGB/*Wellenhofer,* § 1600d Rn. 3; BeckOGK/*Reuß,* § 1600d BGB Rn. 6 m.w.N. in Fn. 8; für § 1599 BGB siehe MüKoBGB/*Wellenhofer,* § 1599 Rn. 21; BeckOGK/*Reuß,* § 1599 BGB Rn. 102 m.w.N. in Fn. 287.

[52] *Dethloff,* Familienrecht, 2015 § 10 Rn. 1; *Gernhuber/Coester-Waltjen,* Familienrecht, 2010, 590.

[53] *Schwab* in: Schwab/Vaskovics (Hrsg.), Pluralisierung von Elternschaft und Kindschaft, 2011, 41, 46.

[54] So treffend *Schwab* in: Schwab/Vaskovics (Hrsg.), Pluralisierung von Elternschaft und Kindschaft, 2011, 41.

[55] Palandt/*Brudermüller,* § 1600 Rn. 13; MüKoBGB/*Wellenhofer,* § 1600 Rn. 67; Staudinger/*Rauscher,* § 1600 Rn. 89, 92; *Wehrstedt,* DNotZ 2005, 649, 652; BeckOGK/*Reuß,* § 1600 BGB Rn. 126.

[56] Zur Kritik: *Wellenhofer,* FamRZ 2013, 825, 829; *Roth,* DNotZ 2003, 805, 816; *Wanitzek,* FamRZ 2003, 730, 734; *Helms,* FamRZ 2010, 1, 4; *Wehrstedt,* DNotZ 2005, 649, 653 ff., zu weiteren Nachweisen siehe BeckOGK/*Reuß,* § 1600 BGB Rn. 29.

[57] Die Bestimmung ist verfassungsgemäß, vgl. so zutreffend *BGH,* Beschl. v. 18.10. 2017 – XII ZB 525/16, BeckRS 2017, 131155.

[58] An der Vereinbarkeit dieser Ausrichtung mit dem GG mit Blick auf Leihmutterschaftskonstellationen zweifelnd *Duden,* Leihmutterschaft im Internationalen Privat- und Verfahrensrecht, 2015, 299.

schaft daher wie im Idealtypus der klassischen Kernfamilie in einer Elternperson zusammen.[59]

b) Systembrüche

Der Gesetzgeber verfolgt seinen regulatorischen Ansatz allerdings nicht konsequent. Das geltende Recht weist eine Reihe von (teils beabsichtigten) Systembrüchen auf, die zu einer Vielzahl von systemischen Inkonsistenzen führen. Am anschaulichsten zeigt sich dies an der Mutterschaft. Hier kann es beispielsweise durch die Anknüpfung der rechtlichen Mutterschaft an die Geburtsmutterschaft zu einem dauerhaften Auseinanderfallen von rechtlicher und genetischer Abstammung kommen. In der Regel wird zwar die Geburtsmutter auch die genetische Mutter des Kindes sein,[60] ist die Schwangerschaft allerdings im Wege medizinisch-assistierter Reproduktion unter Einbezug einer Eizellen- oder Embryonenspende zustande gekommen,[61] fallen rechtliche und genetische Mutterschaft dauerhaft auseinander. Die rechtliche Mutterschaft ist vom Gesetzgeber bewusst nicht als anfechtbar ausgestaltet worden.[62] Der genetischen Elternschaft der Eizellen- oder Embryonenspenderin wird vom Gesetzgeber daher in diesen Fällen – trotz Primats der genetischen Abstammung – keinerlei abstammungsrechtliches Gewicht zugesprochen.[63] Ein dauerhaftes Auseinanderfallen von rechtlicher und genetischer Abstammung toleriert der Gesetzgeber daher ganz bewusst.

Auch in anderen Bereichen zeigen sich entscheidende Systembrüche. Neben dem bereits erwähnten Fall des Ausschlusses der Anfechtung durch den biologischen, nicht rechtlichen Vater bei Bestehen einer sozial-familiären Beziehung von rechtlichem Vater und Kind gem. § 1600 II BGB (Schutz der sozialen Eltern-Kind-Beziehung) zeigt sich dies etwa im Bereich der Adoption.[64] § 1754 I BGB stellt die Annahme eines Minderjährigen in ihren Wirkungen der rechtli-

---

[59] *Schwab* in: Schwab/Vaskovics (Hrsg.), Pluralisierung von Elternschaft und Kindschaft, 2011, 41, 46; *Eckebrecht,* NZFam 2016, 673, 674; MüKoBGB/*Wellenhofer,* Vor § 1591 Rn. 24.

[60] Davon geht auch der Gesetzgeber aus, sowie BT-Drs. 11/5460, 17.

[61] Zur rechtlichen Situation in Deutschland und den Möglichkeiten im Ausland siehe den diesbezüglichen Tagungsband *Dutta u. a.* (Hrsg.), Künstliche Fortpflanzung und Europäisches Familienrecht, Bielefeld 2015 mit entsprechenden Länderberichten.

[62] BT-Drs. 13/4899, 82 f.

[63] Kritisch *Dethloff* in: Hilbig-Lugani/Jakob/Mäsch u. a. (Hrsg.), Zwischenbilanz, 2015, 41, 48; *Schumann* in: Coester-Waltjen/Lipp/Schumann u. a. (Hrsg.), „Kinderwunschmedizin" – Reformbedarf im Abstammungsrecht?, 2015, 7, 8; *Jestaedt* in: Coester-Waltjen/Lipp/Schumann u. a. (Hrsg.), „Kinderwunschmedizin" – Reformbedarf im Abstammungsrecht?, 2015, 23, 41; BeckOGK/*Reuß,* § 1599 BGB Rn. 40.

[64] Vgl. so auch *Schwab* in: Schwab/Vaskovics (Hrsg.), Pluralisierung von Elternschaft und Kindschaft, 2011, 41, 46; vgl. *Schwab,* Familienrecht, 2016, § 47 Rn. 543; dazu auch MüKoBGB/*Wellenhofer,* § 1589 Rn. 7 ff. m.w.N., Vor § 1591 Rn. 25. Die Bestimmung ist verfassungsgemäß, vgl. so zutreffend *BGH,* Beschl. v. 18.10.2017 – XII ZB 525/16, BeckRS 2017, 131155.

chen Abstammung gleich. Da – vom seltenen Fall der „Karusselladoption" eines Kindes durch einen genetischen Elternteil abgesehen[65] – die Adoptiveltern in der Regel nicht mit dem Angenommenen genetisch verwandt sind, entsteht auch hier ein rechtliches Eltern-Kind-Verhältnis, das in der genetischen Abstammung keine Entsprechung findet.[66] Auch das durch Adoption hergestellte Eltern-Kind-Verhältnis ist nur in Ausnahmefällen aufhebbar,[67] so dass der Gesetzgeber auch in diesen Fällen ein dauerhaftes Auseinanderfallen genetischer und rechtlicher Eltern-Kind-Zuordnung akzeptiert. Gleiches gilt letztlich für den bereits vorstehend erwähnten Fall der heterologen Samenspende. § 1600 IV BGB schließt das Anfechtungsrecht der Eltern bei Einwilligung in die heterologe Samenspende aus und zielt damit gerade darauf ab, ein dauerhaftes Auseinanderfallen von genetischer und rechtlicher Abstammung zu stabilisieren, indem die Eltern an der Entscheidung zur Übernahme der Elternverantwortung festgehalten werden sollen (Stabilisierung der sozialen Elternschaft).[68] Dass das Kind zur Anfechtung berechtigt bleibt, stellt eine systemische Inkonsistenz dar, die im Lichte des Primats der genetischen Abstammung das Stabilisierungsziel des § 1600 IV BGB konterkariert.[69] Im Rahmen der heterologen Insemination ist noch eine weitere systemische Inkonsistenz zu verzeichnen. Ist das die heterologe Insemination durchführende Paar nicht verheiratet, kann es zu der Situation kommen, dass der Partner der Geburtsmutter zwar in die Durchführung der medizinisch-assistierten Reproduktion einwilligt und damit seinen Willen zur Übernahme von Elternverantwortung ausdrückt, später allerdings die Vaterschaftsanerkennung unterlässt, da die Beziehung zur Mutter zwischenzeitlich zerbrochen ist.[70] Mutter und Kind können ihn nicht in die rechtliche Verantwortung nehmen, da § 1600d I BGB als Feststellungsgrund nur die genetische Abstammungsbeziehung kennt.[71] Weitere Inkonsistenzen zeigten sich zumindest bislang bei der rechtlichen Stellung des Samenspenders. Der klassische Samenspender wurde im deutschen Abstammungsrecht bislang als Pflichten tragender aber rechtloser Lieferant des genetischen Materials angesehen. Er konnte gem. § 1600d I BGB als genetischer Vater

---

[65] *BGH,* Beschl. v. 15.1.2014 – XII ZB 443/13, NJW 2014, 934; *OLG Schleswig,* Beschl. v. 1.6.2015 – 12 UF 196/14, FamRZ 2015, 1985 (Adoption des eigenen Kindes).

[66] Vgl. hierzu bereits *Schwab* in: Schwab/Vaskovics (Hrsg.), Pluralisierung von Elternschaft und Kindschaft, 2011, 41, 43.

[67] §§ 1759 ff. BGB.

[68] *Schwab* in: Schwab/Vaskovics (Hrsg.), Pluralisierung von Elternschaft und Kindschaft, 2011, 41, 47.

[69] Das Anfechtungsrecht des Kindes in diesem Fall daher als Fremdkörper bezeichnend, vgl. die Persönlichen Leitlinien der Mitglieder des Arbeitskreis Abstammungsrecht des BMJV, Abschlussbericht – Empfehlungen für eine Reform des Abstammungsrechts, 2017, 114 (Tobias Helms).

[70] *Roth,* DNotZ 2003, 805, 807; BeckOGK/*Reuß,* § 1600d BGB Rn. 27.

[71] A. A. *Löhnig/Runge-Rannow,* NJW 2015, 3757, 3759 (analoge Anwendung).

des Kindes auch rechtlich in die Elternpflicht gedrängt werden,[72] ein eigenes Anfechtungsrecht versagte die ganz herrschenden Meinung dem klassischen Samenspender allerdings im Rahmen des § 1600 I Nr. 2 BGB,[73] da er der Mutter nicht beigewohnt hat.[74] Das ist mit Blick auf die Interessen des Samenspenders einerseits unangemessen gewesen, andererseits entsprach es dem Primat der genetischen Abstammung nur insoweit, als der Samenspender in die Pflicht genommen werden sollte. Die Rechtslage hat sich mit Verabschiedung des Gesetzes zur Regelung des Rechts auf Kenntnis der Abstammung bei heterologer Verwendung von Samen verändert.[75] Der Gesetzgeber sieht hierin vor, den klassischen Samenspender mit Wirkumg vom 1.7.2018 von der gerichtlichen Vaterschaftsfeststellung auszunehmen. Dies regelt § 1600d IV BGB n.F. Diese Entscheidung ist letztlich zu begrüßen. Allerdings lässt der Gesetzgeber die Möglichkeit ungenutzt, die o.g. Inkonsistenz der fehlenden Feststellungsmöglichkeit des in die heterologe Insemination einwilligenden, die Vaterschaftsanerkennung aber verweigernden nichtehelichen Lebenspartners der Geburtsmutter zu beseitigen. Die Freistellung des Samenspenders verschlimmert die Situation letztlich zulasten des Kindes. Das Kind kann in diesen Fällen fortan überhaupt keinen Mann in die Verantwortung nehmen. Letztlich fehlt auch weiterhin eine Klarstellung im Gesetzestext, dass der klassische Samenspender nicht zur Anfechtung berechtigt ist.

Festgehalten werden kann auch nach der Gesetzesänderung letztlich, dass der deutsche Gesetzgeber zwar vom Grundsatz des Primats der genetischen Abstammung im Abstammungsrecht ausgeht, durch die nicht konsequente Umsetzung dieses Grundsatzes allerdings zahlreiche systemische Inkonsistenzen entstehen, die zu problematischen Ergebnissen führen.

c) Rechtsvergleichende Betrachtung

Ein Blick in das europäische Ausland verdeutlicht, dass die genetische Abstammungsbeziehung zwar in vielen Rechtsordnungen bei der rechtlichen Eltern-Kind-Zuordnung eine entscheidende Rolle spielt,[76] jedoch nicht jede Rechtsordnung dem Primat der genetischen Abstammung bedingungslos folgt. Deutlich zeigt sich dies etwa im Recht von England und Wales. Dieses folgt zwar grundsätzlich dem Ansatz der Übereinstimmung von genetischer und rechtlicher Ab-

---

[72] BeckOGK/*Reuß*, § 1600d BGB Rn. 50.

[73] *Höfelmann*, FamRZ 2004, 745, 749; Palandt/*Brudermüller*, § 1600 Rn. 3, 12; *Wehrstedt*, DNotZ 2005, 649, 651; BeckOGK/*Reuß*, § 1600 BGB Rn. 74.

[74] BT-Drs. 15/2492, 9. Anders ist die Situation beim privaten Samenspender, vgl. *BGH*, Urt. v. 15.5.2013 – XII ZR 49/11, NJW 2013, 2589, eingehen hierzu BeckOGK/ *Reuß*, § 1600 BGB Rn. 4.

[75] Gesetz zur Regelung des Rechts auf Kenntnis der Abstammung bei heterologer Verwendung von Samen vom 17.7.2017, BGBl. I 2513.

[76] Zur Tendenz zur Stärkung der genetischen Abstammung *Stathopoulos* in: Hilbig-Lugani/Jakob/Mäsch u.a. (Hrsg.), Zwischenbilanz, 2015, 257, 260.

stammung,[77] an vielen Stellen weicht das englische Recht allerdings hiervon ab.[78] *Lady Hale* hat in einem viel zitierten und kontrovers diskutierten Urteil des House of Lords aus dem Jahre 2006 verdeutlicht, dass die rechtliche Elternschaft im Recht von England und Wales nicht stets der genetischen Abstammung folgt.[79] Beispielsweise nehmen die Regelungen des HFEA 2008 mit der unverrückbaren Zuweisung der Elternschaft an den in die (heterologe) medizinisch-assistierte Reproduktion einwilligenden Partner/die einwilligende Partnerin der Geburtsmutter hiervon Abstand und nehmen eine Abstammungszuordnung anhand von Elementen der sozialen Elternschaft vor, indem sie an den Willen zur tatsächlichen und dauerhaften Verantwortungsübernahme für ein Kind anknüpfen.[80] Auch mit Blick auf die Wirkungen der rechtlichen Eltern-Kind-Zuordnung knüpft das englische Recht nicht zwingend an die Genetik an. Deutlich sehen lässt sich dies beispielsweise an der Rechtsfigur des sog. *child of the family,* mit deren Hilfe sich auch einem genetisch nicht verwandten Kind gewisse Rechte eröffnen, wenn dieses von Ehegatten oder registrierten Lebenspartnern als eigenes Kind behandelt wurde.[81] Die Rechtsfigur dient letztlich dem Schutz und der Absicherung des als eigenes Kind behandelten Kindes.[82] Beispielsweise bestehen auch bei Zerbrechen der elterlichen Paarbeziehung unter Umständen Unterhaltspflichten gegenüber einem *child of the family* fort.[83] Darüber hinaus zeigt sich das Nebeneinander mehrerer Elternschaftssegmente im englischen Abstammungssystem auch deutlich anhand eines – wenn auch sorgerechtlichen – Falls, der in der jüngeren Zeit den UKSC beschäftigt hat.[84] In der Urteilsbegründung

---

[77] *High Court of England and Wales* (Fam.), 15.2.1996 (*Re B (Minors) (Parentage)*), [1996] 2 FLR 15 (Selbstinsemination eingeschlossen); vgl. so auch Bergmann/Ferid/ Henrich/*Henrich,* Vereinigtes Königreich, 47; *Lowe/Douglas,* Bromley's family law, 2015, 244; *Probert/Harding,* Cretney and Probert's Family Law, 2015, 239. Dies zeigt sich etwa auch bei der Mutterschaft, die zwar anhand des Geburtstatbestandes vermutet wird, vgl. *House of Lords (Ampthill Peerage Case)*, [1977] AC 547, 577 („Motherhood, although also a legal relationship, is based on fact, being proved demonstrably by parturition"); *Masson/Bailey-Harris/Probert,* Cretney's Principles of Family Law, 2008, 527; *Lowe/Douglas,* Bromley's family law, 2015, 246, bei Zweifeln über die Geburt von einer bestimmten Frau ist jedoch die genetische Abstammung entscheidend, vgl. *Court of Appeal (Civ) (Re P (Identity of Mother)*), [2011] EWCA Civ 795; *Probert/Harding,* Cretney and Probert's Family Law, 2015, 240.

[78] Siehe zu einem Trend zur Durchbrechung des Prinzips der Abstammungswahrheit im Recht von England und Wales *Lowe/Douglas,* Bromley's family law, 2015, 257.

[79] Zur lesenswerten Urteilsbegründung siehe *House of Lords (Re G (Children) (Residence: Same-Sex partners)*), [2006] UKHL 43 Rz. 32, 33.

[80] Sec. 35–37 und 42–44 HFEA 2008.

[81] Vgl. zur Definition Sec. 105 Children Act 1989; Sec. 52(1) Matrimonial Causes Act 1973.

[82] *Lowe/Douglas,* Bromley's family law, 2015, 297.

[83] Sec. 23 Matrimonial Causes Act 1973. Vgl. zu weiteren Wirkungen *Lowe/Douglas,* Bromley's family law, 2015, 297; *Helms* in: Schwab/Vaskovics (Hrsg.), Pluralisierung von Elternschaft und Kindschaft, 2011, 105, 112 f.

[84] *UKSC (Re B (A Child) (Residence)*), [2009] UKSC 5.

stellt *Lord Kerr* fest, dass es zwar in der Regel im Interesse eines Kindes sei, bei seinen genetischen Eltern aufzuwachsen, dass aber eine Zuweisung der elterlichen Verantwortung zu den sozialen, oder nur biologischen Eltern demgegenüber keinen Nachrang habe, wenn eine solche Zuordnung dem Kindeswohl entspräche.[85] Zwar spielen bei der Zuweisung der elterlichen Verantwortung ganz andere Erwägungen eine Rolle als bei der abstammungsrechtlichen Eltern-Kind-Zuordnung,[86] die Entscheidungsbegründung ist jedoch gerade wegen des Fehlens einer statusrechtlichen Natur im englischen System des Abstammungsrechts besonders aufschlussreich, da sie zeigt, dass das englische Recht bei der Herstellung des rechtlichen Eltern-Kind-Verhältnisses durchaus ein Nebeneinander mehrerer Zuordnungskriterien kennt und der genetischen Abstammungsbeziehung nicht stets den Vorrang einräumt.

Auch andere Rechtsordnungen sehen entsprechende Abweichungen vom Prinzip der genetischen Abstammungswahrheit vor. Das österreichische Recht verfolgt zwar auch den Grundsatz eines Gleichlaufs genetischer und rechtlicher Abstammung,[87] es kennt aber beispielsweise seit 2015 auch eine Regelung der automatischen Zuordnung der registrierten Lebenspartnerin der Geburtsmutter bei medizinisch-assistierter Zeugung gem. § 144 II Nr. 1 ABGB.[88] Hiermit wird die rechtliche Elternschaft an Elemente der sozialen Elternschaft geknüpft, da in diesen Fällen regelmäßig nicht die genetische Abstammung die Elternschaft der Partnerin begründet,[89] sondern deren Wille zur dauerhaften Verantwortungsübernahme für ein Kind, der sich in der Einwilligung in die medizinisch-assistierte Reproduktion ausdrückt. Entsprechende Regelungen zur Mutterschaft gleichgeschlechtlicher weiblicher Paare finden sich auch in Dänemark,[90] Spanien,[91] Schweden,[92] Norwegen[93] oder Belgien.[94] Auch die Niederlande verfügen über

---

[85] *UKSC (Re B (A Child) (Residence))*, [2009] UKSC 5 in Klarstellung der Entscheidung des House of Lords in *House of Lords (Re G (Children) (Residence: Same-Sex partners))*, [2006] UKHL 43; wie der UKSC *Standley*, Family law, 2013, 232. Zur Unterscheidung nach genetischer, biologischer und sozialer Elternschaft siehe auch *England and Wales High Court*, 19.3.2014 (*Re D (A Child)*), 2014 EWHC 2121(Fam).

[86] Siehe eingehend auch § 3 S. 247 ff.

[87] Vgl. § 40 ABGB, vgl. Bergmann/Ferid/Henrich/*Lurger/Schwimann*, Österreich, 60.

[88] Eingeführt durch das Fortpflanzungsmedizinrechts-Änderungsgesetz 2015 – FMedRÄG 2015; BGBl. I Nr. 35/2015.

[89] Zur Ausnahmekonstellation der reziproken Eizellenspende *Dethloff* in: Hilbig-Lugani/Jakob/Mäsch u. a. (Hrsg.), Zwischenbilanz, 2015, 41.

[90] Eingehend hierzu *Fötschl*, FamRZ 2013, 1445.

[91] Eingeführt durch das Gesetz 14/2006; eingehend dazu *Dethloff* in: Rupp (Hrsg.), Partnerschaft und Elternschaft bei gleichgeschlechtlichen Paaren, 2011, 41, 47.

[92] Eingehend dazu *Dethloff* in: Rupp (Hrsg.), Partnerschaft und Elternschaft bei gleichgeschlechtlichen Paaren, 2011, 41, 46.

[93] Sec. 4a Act of 8 April 1981 No. 7 relating to Children and Parents (the Children Act), abrufbar in englischer Sprache unter https://www.regjeringen.no/en/dokumenter/the-children-act/id448389/ (zuletzt geprüft am 26.5.2017).

ein entsprechendes Instrument.[95] Mit dessen Einführung hat der niederländische Gesetzgeber sogar explizit beabsichtigt, eine Gleichstellung genetischer und sozialer Elternschaft im *Burgerlijk Wetboek* zu etablieren.[96]

Konsequent wird in Rechtsordnungen, die eine automatische Mutterschaft gleichgeschlechtlicher weiblicher Paare kennen (wozu auch das Recht von England und Wales gehört), der Samenspender als genetischer Elternteil des Kindes vollständig von der rechtlichen Elternposition ausgeschlossen. Dies gilt beispielsweise für Österreich,[97] England und Wales,[98] die Niederlande[99] und Belgien.[100] Ein Ausschluss des klassischen Samenspenders findet sich darüber hinaus auch in Frankreich,[101] was belegt, dass auch das französische Recht nicht von einem absoluten Vorrang genetischer Abstammung ausgeht. Kriterien sozialer Elternschaft finden sich dort trotz einer grundsätzlichen Orientierung an der genetischen Abstammung[102] ferner bei der Abstammungszuordnung im Wege der *possession d'état* (Statusbesitz):[103] Die Zuordnung durch Statusbesitz knüpft an den

---

[94] Art. 325/1 ff. Code Civil; dazu siehe *Sieberichs,* StAZ 2015, 1; Rieck – Ausländisches Familienrecht/*Heitmüller,* Belgien Rn. 26.

[95] Eingeführt durch das *Wet van 25 november 2013 tot wijziging van Boek 1 van het Burgerlijk Wetboek in verband met het juridisch ouderschap van de vrouwelijke partner van de moeder anders dan door adoptie,* StBl. 2013, 480, 1 ff.; vgl. dazu eingehend *Reuß,* StAZ 2015, 139.

[96] Vgl. die Gesetzesbegründung vom 13.10.2011, KSt. 33032 Nr. 3, S. 1.

[97] § 148 IV ABGB. Auch ein Vaterschaftsanerkenntnis soll nach einer Ansicht in der Literatur ausgeschlossen sein Bergmann/Ferid/Henrich/*Lurger/Schwimann,* Österreich, 61 (allerdings mit direktem Verweis auf § 148 IV ABGB, der die gerichtliche Feststellung betrifft).

[98] Ausschluss des lizensierten Samenspenders gem. Sec. 41 HFEA 2008. Eine Eizellenspenderin kann nur über eine *parental order* im Rahmen der Leihmutterschaftsvereinbarung oder durch Adoption rechtliche Mutter werden, da die Mutterschaft generell unanfechtbar der Geburtsmutter zugewiesen wird, vgl. Sec. 33 HFEA 2008, Nr. 170 Explanatory Note HFEA 2008, *Vonk,* Children and their parents, 2007, 44; *Scherpe* in: Dutta/Schwab/Henrich u. a. (Hrsg.), Künstliche Fortpflanzung und Europäisches Familienrecht, 2015, 295, 306; eine Mitochondrienspenderin kann keinen Antrag auf *parental order* stellen, vgl. Reg. 18 HFEA Reg 2015.

[99] Er ist nicht „*verwekker*" (Erzeuger) des Kindes i. S. d. Art. 1:207(1) BW, da er der Mutter nicht beigewohnt hat, vgl. Gesetzesbegründung vom 13.10.2011 siehe KSt. 33032 Nr. 3, S. 9; dazu siehe *Wortmann/van Duijvendijk-Brand,* Compendium Personen- und familierecht, 2015, 195.

[100] Dazu *Pintens* in: Dutta/Schwab/Henrich u. a. (Hrsg.), Künstliche Fortpflanzung und Europäisches Familienrecht, 2015, 105, 119.

[101] Art. 311-19 Code Civil.

[102] Siehe dazu etwa *Voirin/Goubeaux,* Droit civil, 2013, 157. Abweichungen hiervon finden sich etwa im Ausschluss der rechtlichen Zuordnung zu beiden genetischen Eltern bei inzestuöser Fallkonstellation, siehe Art. 310-2 Code Civil i. V. m. Art. 161, 162 Code Civil; dazu Éditions Francis Lefebvre, Mémento Pratique – Droit de la famille 2016–2017, 2016 Rn. 27310 sowie *Helms,* Die Feststellung der biologischen Abstammung, 1999, 223.

[103] Art. 301-1, Art. 311-1 Code Civil; dazu Éditions Francis Lefebvre, Mémento Pratique – Droit de la famille 2016–2017, 2016 Rn. 27200.

dreifach verfestigten objektiven Anschein an, dass eine Person einen bestimmten Status tatsächlich innehat, weil sie einen Namen der Familie führt (*nomen*), objektiv von der Familie als Kind der Familie behandelt wird (*tractatus*) und Dritte die Person als Kind der Familie ansehen (*fama*).[104] Damit spiegeln die Voraussetzungen Elemente der sozialen Elternschaft im Sinne einer tatsächlich gelebten sozial-familiären Eltern-Kind-Beziehung wider und sind damit *per se* von der genetischen Abstammung losgelöst.[105] Rechtlich verfestigt ist ein Statusbesitz allerdings erst dann, wenn er im Rahmen einer *acte de notoriété* (Art. 317 Code Civil), eine Art öffentliche Bescheinigung des Bestehens des Statusbesitzes (Offenkundigkeitsurkunde), die durch ein Gericht auf Antrag der Beteiligten und unter Einvernahme von drei Zeugen erteilt wird,[106] oder durch die gerichtliche Feststellung des Statusbesitzes in einem Urteil (Art. 330 Code Civil) bestätigt wurde. Eine Anfechtung der durch *possession d'état* hergestellten Eltern-Kind-Beziehung ist im Falle der *acte de notoriété* gleichwohl möglich.[107] Anfechtungsgrund ist hier die Ungültigkeit der Erteilung der Offenkundigkeitsurkunde oder aber das Fehlen einer genetischen Abstammungsbeziehung zwischen Elternteil und Kind.[108] Somit knüpft das französische Recht bei der Statuskorrektur wieder an den Grundsatz des Gleichlaufs genetischer und rechtlicher Abstammung an.[109] Eine echte Gleichwertigkeit von genetischer und sozialer Elternschaft ist daher im französischen Recht nicht gegeben.

d) Zusammenfassung

Insgesamt hat die vorgehende Analyse ergeben, dass der deutsche Gesetzgeber bei der abstammungsrechtlichen Eltern-Kind-Zuordnung das Primat der genetischen Abstammung verfolgt. Das deutsche Abstammungsrecht favorisiert somit letztlich das Segment der genetischen Elternschaft. Im gesetzgeberischen Idealbild fallen rechtliche, genetische aber auch soziale Elternschaft daher wie im Idealtypus der klassischen Kernfamilie in einer Elternperson zusammen. Andere

---

[104] Siehe *Voirin/Goubeaux,* Droit civil, 2013, 147; Bergmann/Ferid/Henrich/*Henrich/Schönberger,* Frankreich, 50, 91 Fn. 60.

[105] Vgl. eingehend hierzu auch *Helms,* Die Feststellung der biologischen Abstammung, 1999, 216 ff.

[106] Zum Verfahren siehe Éditions Francis Lefebvre, Mémento Pratique – Droit de la famille 2016–2017, 2016 Rn. 27250 f.

[107] Art. 335 Code Civil.

[108] Éditions Francis Lefebvre, Mémento Pratique – Droit de la famille 2016–2017, 2016 Rn. 28365.

[109] Zum Verständnis des französischen Systems *Pauli,* Der sogenannte biologische Vater – Ein Vergleich der deutschen und französischen Rechtsentwicklung, 2016, 81 ff. Ist die Frist für eine Anfechtung allerdings abgelaufen, setzt sich die rechtliche Zuordnung auch gegenüber einer genetischen Elternschaft durch, vgl. *Cour de Cassation,* Urt. v. 1.2.2017 – No 15-27245, www.legifrance.gouv.fr (zuletzt geprüft am 10.10.2017).

Elemente der Elternschaft spielen im deutschen Recht unter dem Aspekt der Statuswahrheit nur eine untergeordnete Rolle, etwa beim Anfechtungsausschluss nach § 1600 II BGB. Gleichwohl toleriert das deutsche Recht durch einige (teils bewusste) Systembrüche bereits im jetzigen System ein dauerhaftes Auseinanderfallen genetischer und rechtlicher Abstammung.[110] Durch diese Systembrüche, die nicht stets stringent vollzogen werden, bedingen sich teilweise systemische Inkonsistenzen, die zu unangemessenen Ergebnissen führen und die der Korrektur bedürfen. Letztlich zeigt sich bereits am Grundsatz der Statuswahrheit, dass die primäre Orientierung an der genetischen Abstammung den in § 1 aufgefundenen Ergebnissen nicht vollständig gerecht wird. Dies gilt vor allem für die herausgearbeitete Gleichwertigkeit der einzelnen Elternschaftssegmente. Darüber hinaus gestattet die Orientierung an der genetischen Abstammung in vielen Fällen keine hinreichende Berücksichtigung gewandelter Elternschafts- und Kindschaftskonstellationen, was sich deutlich bei Reproduktionsfamilien im heterologen System sehen lässt. Beispielsweise kann das Kind seinen sozialen und rechtlichen Vater nach einer heterologen Insemination unabhängig davon aus der Vaterposition drängen, ob der soziale Vater seine Elternrolle möglicherweise über Jahre hinweg aktiv gelebt hat, da § 1600 IV BGB das Anfechtungsrecht des Kindes nicht erfasst. Das wird den Interessen der Beteiligten, insbesondere jenen des sozialen, rechtlichen Vaters nicht hinreichend gerecht. Auch kann beispielsweise der in die heterologe Insemination einwilligende, die Vaterschaftsanerkennung später aber absprachewidrig unterlassende nichteheliche Lebenspartner der Geburtsmutter nicht als rechtlicher Vater gerichtlich festgestellt werden, da § 1600d I BGB als Feststellungsgrund nur die genetische Abstammung kennt. Er kann daher nicht an seiner Bereitschaft, Verantwortung für das Kind zu übernehmen, festgehalten werden, was den Interessen des Kindes nicht gerecht wird.[111] Ein Blick in das europäische Ausland hat gezeigt, dass viele Rechtsordnungen der genetischen Abstammung zwar ein großes Gewicht bei der Eltern-Kind-Zuordnung zumessen. Nicht jede Rechtsordnung sieht die genetische Abstammung im Vergleich zur biologischen oder sozialen Elternschaft bei der Frage der rechtlichen Eltern-Kind-Zuordnung allerdings stets als vorrangig an. Vielmehr finden sich in vielen Rechtsordnungen auch zahlreich Belege dafür, dass neben der genetischen Abstammung auch andere Kriterien eine Rolle für die Eltern-Kind-Zuordnung spielen. Hierüber wird in einigen Rechtsordnungen mitunter die Berücksichtigung gewandelter Elternschaftskonstellationen ermöglicht.

---

[110] Vgl. so auch *Schwab* in: Schwab/Vaskovics (Hrsg.), Pluralisierung von Elternschaft und Kindschaft, 2011, 41, 46; vgl. *Schwab*, Familienrecht, 2016, § 47 Rn. 543; dazu auch MüKoBGB/*Wellenhofer*, § 1589 Rn. 7 ff. m.w.N., Vor § 1591 Rn. 25; *Schröder*, Wer hat das Recht zur rechtlichen Vaterschaft?, 2015, 89.

[111] BeckOGK/*Reuß*, § 1600d BGB Rn. 27.

2. Statuserkennbarkeit und -klarheit

Aus der Funktion des Abstammungsrechts als Statusrecht und der Auswirkung statusrechtlicher Zuordnungen auf viele weitere rechtliche Folgefragen resultiert ein allen Beteiligten innewohnendes Interesse an Rechtssicherheit über die statusrechtliche Zuordnung. Das Statusrecht begegnet diesem Interesse mit den Grundsätzen der Statuserkennbarkeit und der Statusklarheit:[112] Konkret bedeutet dies, dass für alle Beteiligten Klarheit darüber bestehen soll, welcher Status rechtswirksam besteht und anhand welcher Kriterien die Statuszuordnung vorgenommen worden ist.[113] Ferner soll der Status für alle Beteiligten erkennbar sein, damit die Beteiligten ihr Verhalten entsprechend dieser Statuszuordnung ausrichten können.[114] Statusklarheit erstrebt der deutsche Gesetzgeber, indem er sich in §§ 1591, 1592 BGB gewisser Zuordnungskriterien bedient, die von außen leicht feststellbar sind. Anstelle der Durchführung einer zeit- und kostenintensiven genetischen Abstammungsuntersuchung vor oder bei Geburt eines jeden Kindes ordnet das deutsche Abstammungsrecht Mutter- und Vaterschaft anhand der Geburt des Kindes durch eine bestimmte Frau (§ 1591 BGB), des Bestehens einer Ehe mit der Geburtsmutter (§ 1592 Nr. 1 BGB) oder der Abgabe eines Vaterschaftsanerkenntnisses (§ 1592 Nr. 2 BGB) zu, da diese Kriterien von außen schnell, leicht und kostengünstig feststellbar sind und es in der Regel zu einer Übereinstimmung der rechtlichen mit der genetischen Abstammung kommt.[115] Im Falle der gerichtlichen Vaterschaftsfeststellung nach § 1600d I BGB wird hingegen eine genetische Abstammungsuntersuchung durchgeführt. Lediglich wenn diese nicht zu einem rechtssicheren Ergebnis führt, werden Vermutungsregelungen zur Auflösung des *non liquet* bemüht.[116] § 1600d II BGB vermutet widerleglich als genetischen Vater den Mann, der der Mutter in der Empfängniszeit beigewohnt hat und knüpft damit wiederum an ein (allerdings nicht für jedermann bzw. nicht leicht) erkennbares äußeres Kriterium für die rechtliche Abstammungszuordnung an. Statuserkennbarkeit erreicht der Gesetzgeber über die Führung eines Personenstandsregisters durch die Standesämter,[117] in das die rechtliche Eltern-Kind-Zuordnung mit lediglich deklaratorischer Wirkung eingetragen[118]

---

[112] *Gernhuber/Coester-Waltjen,* Familienrecht, 2010, 9, 10; *Dethloff,* Familienrecht, 2015 § 10 Rn. 1; MüKoBGB/*Wellenhofer,* Vor § 1591 Rn. 19; BeckOGK/*Haßfurter,* § 1591 BGB Rn. 7; *Helms,* Die Feststellung der biologischen Abstammung, 1999, 223; *Wanitzek,* Rechtliche Elternschaft bei medizinisch unterstützter Fortpflanzung, 2002, 25; *Voigt,* Abstammungsrecht 2.0, 2015, 38 f.; *Schröder,* Wer hat das Recht zur rechtlichen Vaterschaft?, 2015, 80 f.

[113] *Gernhuber/Coester-Waltjen,* Familienrecht, 2010, 9, 10.

[114] *Gernhuber/Coester-Waltjen,* Familienrecht, 2010, 10 (Transparenz).

[115] BT-Drs. 13/4899, 82, sowie BT-Drs. 11/5460, 17.

[116] *BGH,* Urt. v. 6.6.1973 – IV ZR 164/71, NJW 1973, 1924; sowie BeckOGK/*Reuß,* § 1600d BGB Rn. 58 m.w.N.

[117] Vgl. §§ 3 I Nr. 3, 21 PStG.

[118] § 21 I Nr. 4 PStG.

wird und jedermann, der ein berechtigtes bzw. rechtliches Interesse zur Einsicht geltend machen kann,[119] Rechtssicherheit darüber gibt, wer einer bestimmten Person als Elternteil zugeordnet ist.[120]

Derartige Regelungen stellen keine Besonderheit des deutschen Rechts dar. Auch andere Rechtsordnungen verfügen über entsprechende Instrumente der Statusklarheit und Statuserkennbarkeit. Beispielsweise bedienen sich das englische, das französische und das niederländische Recht bei der Zuordnung der rechtlichen Mutterschaft dem Anknüpfungspunkt der Geburt. Für England und Wales gilt dies bei medizinisch-assistierter Zeugung (die Selbstinsemination ohne Beteiligung eines Arztes ist hierbei mitumfasst), die in den Anwendungsbereich der HFEA 1990 und 2008 fällt, aufgrund Sec. 33 HFEA 2008 sowie Sec. 27 HFEA 1990. Handelt es sich um eine natürliche Zeugung, greift das Common Law ein, das ebenfalls die Geburtsmutter als rechtliche Mutter ansieht.[121] Auch das französische Recht knüpft für die Mutterzuordnung an den Geburtstatbestand an.[122] Nach französischem Recht erfolgt die Zuordnung der Geburtsmutter allerdings nicht automatisch. Art. 311-25 CC weist die rechtliche Mutterschaft zwar von Gesetzes wegen der Frau zu, die als Mutter aus der Geburtsurkunde hervorgeht. Die Herstellung der rechtlichen Mutterschaft setzt somit aber voraus, dass die Geburt des Kindes zuvor registriert wurde und die Geburtsmutter aus dieser Urkunde auch hervorgeht. Letzteres ist aufgrund der Möglichkeit der anonymen Geburt in Frankreich nicht immer der Fall. Für die Niederlande ergibt sich die automatische Zuordnung der Geburtsmutter aus Art. 1:198(1) lit. a Burgerlijk Wetboek. England und Wales, Frankreich und die Niederlande knüpfen auch bei der Vaterzuordnung an von außen leicht feststellbare Kriterien an. Beispielsweise wird die rechtliche Vaterschaft ebenfalls an die Ehe mit der Geburtsmutter geknüpft, bzw. es wird auf die Anerkennung der Vaterschaft abgestellt.[123] Auch

---

[119] § 61 I, II PStG.

[120] *Hepting/Dutta,* Familie und Personenstand, 2015, 54.

[121] *House of Lords (Ampthill Peerage Case),* [1977] AC 547, 577, dazu *Masson/Bailey-Harris/Probert,* Cretney's Principles of Family Law, 2008, 527; *Lowe/Douglas,* Bromley's family law, 2015, 246.

[122] Siehe Art. 332 CC sowie *Voirin/Goubeaux,* Droit civil, 2013, 162.

[123] Für England und Wales: Common Law-Vermutung, dass der Ehemann der Mutter auch der rechtliche Vater des Kindes ist, vgl. etwa *House of Lords,* 17.5.1877 (*Gardner v. Gardner*), (1877) 2 App Cas 723; *Lowe/Douglas,* Bromley's family law, 2015, 260 f.; vgl. auch *Probert/Harding,* Cretney and Probert's Family Law, 2015, 240 bei natürlicher Zeugung und Zuordnung des Ehemanns der Geburtsmutter als Vater gem. Sec. 35 HFEA 2008; Sec. 28 HFEA 1990 für medizinisch-assistierte Zeugung. Eine echte Anerkennung der Vaterschaft kennt das englische Recht nicht, durch die Eintragung eines Mannes in der Geburtsurkunde wird aber eine Vermutung für dessen Vaterschaft begründet. Die Anzeige der Geburt und die Angabe des Namens in der Geburtsurkunde kann daher als quasi-Anerkennung betrachtet werden, vgl. Sec. 10, 10A, 34 Births and Deaths Registration Act 1953. Für Frankreich: Art. 312 CC (Vaterschaftszuordnung des Ehemannes der Geburtsmutter), Art. 316 ff. CC (Anerkennung der Vaterschaft). Für die

Personenstandsregister werden in den meisten Staaten geführt,[124] und hierüber die Erkennbarkeit des rechtlichen Status gesichert.

3. Statusbeständigkeit

Ebenfalls aus der Aufgabe und Funktion des Abstammungsrechts als Statusrecht folgt der Grundsatz der Statusbeständigkeit.[125] Es besteht ein schützenswertes und grundsätzliches Interesse aller an einer Statusbeziehung beteiligter Personen, dass die betreffende Statusbeziehung auch dauerhaft Bestand hat und nicht allzu leicht oder ggf. unvorhergesehen verändert wird oder verloren gehen kann.[126] Dies folgt daraus, dass die Zuordnung des Personenstands, d.h. die Lokalisierung einer Person mit ihren jeweiligen individuellen Bezügen und Rechtsverhältnissen in der Rechtsgemeinschaft, weitreichende rechtliche Folgewirkungen zeitigt. Wäre das Statusverhältnis leicht änderbar, würde sich mit dem Statusverhältnis regelmäßig eine Vielzahl weiterer Rechtsbeziehungen schlagartig ändern, was für die beteiligten Individuen weder hinreichend vorhersehbar noch vollständig überblickbar wäre.[127] Rechtsunterworfene könnten ihre Handlungen kaum rechtssicher gestalten und abwägen, welche Handlungen sie vornehmen oder unterlassen möchten. Dies gilt besonders im Abstammungsrecht und leuchtet umso stärker ein, blickt man auf die Rechtswirkungen, die das abstammungsrechtliche Eltern-Kind-Verhältnis zeitigt. Könnte das abstammungsrechtliche Band problemlos und schnell verändert werden, ließe sich hierüber auch das Erbrecht oder das Unterhaltsrecht problemlos beeinflussen. Eine als stabil geglaubte Rechtsposition, die unter Umständen bei der Vornahme von bestimmten Rechtshandlungen ein entscheidendes Einflusskriterium dargestellt hat (z. B. die Vermögensübertragung auf das Kind im Wege vorweggenommener Erbfolge), entfiele möglicherweise unvorhergesehen mit „ex tunc"-Wirkung. Auch wäre denkbar, dass durch eine jederzeitige Wandelbarkeit abstammungsrechtlicher Rechtsverhältnisse (etwa über eine Entfristung der Vaterschaftsanfechtung,

---

Niederlande: Art. 1:199 lit.a, b BW (Vaterzuordnung aufgrund Ehe oder registrierter Lebenspartnerschaft mit der Geburtsmutter), Art. 1:199 lit. c BW (Anerkennung der Vaterschaft).

[124] Beispielhaft für England und Wales Sec. 1 Births and Deaths Registration Act 1953; für Frankreich Art. 34 ff. CC, siehe zur jüngsten Änderung des Personenstandsrechts in Frankreich Dekret Nr. 2017-890 vom 6.5.2017; für die Niederlande Art. 1:16 ff. BW.

[125] *Muscheler*, Familienrecht, 2017, Rn. 187 (Stabilität); *Helms*, Die Feststellung der biologischen Abstammung, 1999, 221; *Wanitzek*, Rechtliche Elternschaft bei medizinisch unterstützter Fortpflanzung, 2002, 25.

[126] MüKoBGB/*Wellenhofer*, Vor § 1591 Rn. 19; *Voigt*, Abstammungsrecht 2.0, 2015, 38 f.; *Gernhuber/Coester-Waltjen*, Familienrecht, 2010, 9, 591.

[127] Vgl. zur stabilisierenden Funktion des Statusrechts *Windel* in: Lipp/Röthel/Windel (Hrsg.), Familienrechtlicher Status und Solidarität, 2008, 1, 11 f.

wie sie teils in der Literatur vorgeschlagen wird[128]) vermögensrechtlich moti-
vierte Druckpositionen entstehen. Beispielsweise könnte ein vermögender Erblasser seinen nicht von ihm abstammenden Kindern mit der Beseitigung des
Erb- und Pflichtteilsrechts mittels Vaterschaftsanfechtung drohen, wenn sie nicht
seinem Willen entsprächen. Gleichsam könnte ein Kind seinem pflege- und somit
unterhaltsbedürftigen Elternteil mit Anfechtung der Vaterschaft drohen, um sich
der gesetzlichen Unterhaltspflicht zu entziehen, obwohl die sozial-familiäre Beziehung trotz Kenntnis der fehlenden biologischen Abstammung über Jahre
hinweg gelebt wurde.[129] Unter dem Aspekt der Rechtssicherheit müssen Status-
beziehungen daher bestandsfest sein.[130]

Das deutsche Abstammungsrecht schafft Statusbeständigkeit dadurch, dass es
die personenstandsrechtliche Zuordnung in der Regel im Zeitpunkt der Geburt
vornimmt und die Korrektur der Statuszuordnung an vielen Stellen begrenzt.[131]
Dies gilt erstens für die Befristung der Vaterschaftsanfechtung.[132] § 1600b BGB
sieht ein kompliziertes und individuell von der Kenntnis des Anfechtungsberechtigten abhängiges Befristungssystem vor.[133] Nach Ablauf der Anfechtungsfrist ist
die Anfechtung durch den Beteiligten, bei dem die Frist abgelaufen ist, nicht
mehr möglich. Auch der Ausschluss der Vaterschaftsanfechtung nach § 1600 IV
BGB soll Statusbeständigkeit schaffen,[134] indem er die Anfechtung durch die Eltern bei Durchführung einer konsentierten heterologen Insemination ausschließt.
Das Kind ist aber weiterhin zur Anfechtung berechtigt und kann somit den Bestand der rechtlichen Eltern-Kind-Zuordnung stören. Letztlich dient auch § 1600
II BGB der Statusbeständigkeit,[135] indem es die soziale Elternschaft, die sich

---

[128] *Heiderhoff,* FamRZ 2010, 8, 14 ff. sowie *Heiderhoff* in: Schwab/Vaskovics
(Hrsg.), Pluralisierung von Elternschaft und Kindschaft, 2011, 273, 281 (für die biologisch unwahre aber gelebte Vaterschaft) und *Heiderhoff/Schekhan,* FPR 2011, 360,
365 ff.; *Wolf,* NJW 2005, 2417, 2418; *Rittner/Rittner,* NJW 2005, 945, 948 (Fristen-
lockerung).

[129] Vgl. die Erwägungen des Gesetzgebers BT-Drs. 13/4899, 87; MüKoBGB/*Wellenhofer,* § 1600b Rn. 4. Siehe dazu bereits BeckOGK/*Reuß,* § 1600b BGB Rn. 15.

[130] Ähnlich kritisch zur Entfristung der Vaterschaftsanfechtung *Helms* in: Schwab/
Vaskovics (Hrsg.), Pluralisierung von Elternschaft und Kindschaft, 2011, 105, 116.

[131] *Gernhuber/Coester-Waltjen,* Familienrecht, 2010, 9 f.; *Helms,* Die Feststellung
der biologischen Abstammung, 1999, 222; Arbeitskreis Abstammungsrecht des BMJV,
Abschlussbericht – Empfehlungen für eine Reform des Abstammungsrechts, 2017, 24.

[132] Vgl. BT-Drs. 13/4899, 87; *BGH,* Urt. v. 24.3.1999 – XII ZR 190/97, NJW 1999,
1862, 1863 MüKoBGB/*Wellenhofer,* § 1600b Rn. 3 f.; *Gernhuber/Coester-Waltjen,* Familienrecht, 2010, 591, 631; BeckOGK/*Reuß,* § 1600b BGB Rn. 2 m.w.N.

[133] Anders noch das alte Recht, das eine kenntnisunabhängige Frist vorsah §§ 1598
Hs. 2 i.V.m. §§ 1596 I Nr. 1, 3, § 1593 BGB aF. Zu den Hintergründen der Einführung
der Neuregelung siehe *BVerfG,* Beschl. v. 26.4.1994 – 1 BvR 1299/89, 1 BvL 6/90,
NJW 1994, 2475 (kenntnisunabhängiges System ist unverhältnismäßig) sowie Beck-
OGK/*Reuß,* § 1600b BGB Rn. 15 m.w.N.

[134] BT-Drs. 14/2096, 7; *Gernhuber/Coester-Waltjen,* Familienrecht, 2010, 591; Beck-
OGK/*Reuß,* § 1600 BGB Rn. 16.

zwischen rechtlichem Vater und Kind verfestigt hat, vor einer Anfechtung durch den biologischen, nicht rechtlichen Vater schützt. Zudem schafft der Gesetzgeber auch dadurch Statusbeständigkeit, dass er den Kreis der anfechtungsberechtigten Personen auf die in § 1600 I BGB genannten, unmittelbar an der rechtlichen Abstammungsbeziehung beteiligten Personen begrenzt.[136] Entferntere Personen, z. B. die Großeltern, sind nicht anfechtungsberechtigt.[137] Die rechtliche Mutterschaft ist hingegen gänzlich unanfechtbar und damit weitgehend bestandsfest.[138] Eine Veränderung der rechtlichen Mutterschaft ist nur durch Adoption möglich. Letztlich schafft der Gesetzgeber Statusbeständigkeit auch insoweit, als er die Instrumente zur Korrektur der Abstammungszuordnung auf wenige beschränkt. Rechtsgeschäftliche Austritte aus der Familie oder Verstoßungen sind nicht (mehr) möglich.[139] Eine Korrektur der Abstammungszuordnung kann nur im Wege der §§ 1599 ff. BGB oder durch Adoption erfolgen.

Nicht schützenswert und damit auch nicht vom Grundsatz der Statusbeständigkeit umfasst, ist der Zustand fehlender Statuszuordnung. Ist dem Kind kein rechtlicher Vater zugeordnet, kann eine Statuszuordnung jederzeit und zeitlich unbefristet erfolgen. Auch posthum ist eine Statuszuordnung noch möglich.[140] Konkret bedeutet dies: Die Vaterschaft für ein Kind kann daher vollkommen unbefristet gerichtlich festgestellt werden, da § 1600d BGB keine Ausschlussfristen kennt. Auch die Statusbegründung durch Anerkennung der Vaterschaft nach § 1592 Nr. 2 BGB ist zeitlich unbegrenzt möglich. Beiden Zuordnungsgründen steht lediglich eine bereits bestehende Elternzuordnung entgegen.[141]

Der Grundsatz der Statusbeständigkeit ist auch in anderen Rechtsordnungen, die von einer statusrechtlichen Natur des Abstammungsrechts ausgehen, zu finden. Beispielsweise ist die Geburtsmutterschaft unanfechtbar im niederländischen[142] und österreichischen Recht.[143] Auch das englische Recht, das bei

---

[135] *Gernhuber/Coester-Waltjen,* Familienrecht, 2010, 591; BeckOGK/*Reuß,* § 1600 BGB Rn. 15.

[136] *Gernhuber/Coester-Waltjen,* Familienrecht, 2010, 591.

[137] Zum alten Recht, das ein Anfechtungsrecht der Großeltern väterlicherseits vorsah siehe *Wanitzek,* FPR 2002, 390, 393; BeckOGK/*Reuß,* § 1600 BGB Rn. 19.

[138] BT-Drs. 13/4899, 82 f.

[139] *Gernhuber/Coester-Waltjen,* Familienrecht, 2010, 10.

[140] *OLG Dresden,* Beschl. v. 7.5.2002 – 10 WF 215/02, FPR 2002, 570; *OLG Celle,* Beschl. v. 13.3.2000 – 15 UFH 1/00, NJW-RR 2000, 1100; zu weiteren Beispielen aus der Rechtsprechung siehe BeckOGK/*Reuß,* § 1600d BGB Rn. 56.

[141] Zur Sperrwirkung bereits oben unter I.

[142] Eine Anfechtung ist lediglich bei der Partnerin der Geburtsmutter als weiterem Elternteil gem. Art. 1:198(2) BW oder gem. Art. 1:205a BW bei der Elternschaftsanerkennung möglich.

[143] Eine Anfechtung ist lediglich bei der Partnerin der Geburtsmutter als weiterem Elternteil gem. § 144 Abs. 3 ABGB möglich, die Geburtsmutterschaft ist unanfechtbar, vgl. Rieck – Ausländisches Familienrecht/*Nademleinsky,* Österreich Rn. 28.

medizinisch-assistierter Zeugung im Rahmen des HFEA 2008 statusrechtliche Elemente enthält, sieht mit der Unanfechtbarkeit der im Rahmen des HFEA 2008 begründeten Elternschaft ein Instrument der Bestandsfestigkeit abstammungsrechtlicher Zuordnung vor.[144] Eine zeitliche Befristung der Elternschaftsanfechtung (Vaterschaft bzw. sog. Mit-Mutterschaft) ist beispielsweise in den Niederlanden[145] oder in Österreich[146] vorgesehen. Auch Frankreich kennt mit Blick auf die Anfechtung der Elternzuordnung eine Fristenregelung.[147] Nicht alle Rechtsordnungen nutzen allerdings dieselben Instrumente, um den Bestand des Status zu sichern. Beispielsweise besteht in einigen Ländern eine kenntnisunabhängige Ausschlussfrist für die Vaterschaftsanfechtung.[148] Andere Rechtsordnungen gewähren deutlich längere Anfechtungsfristen als das deutsche Recht.[149] Wiederum andere begrenzen den Kreis der Anfechtungsberechtigten deutlich stärker.[150] Derartige Regelungen zielen allerdings stets auf eine gewisse Bestandsfestigkeit des Status ab, so dass der Grundsatz der Statusbeständigkeit vielen Rechtsordnungen gemein ist. Gleichzeitig hält nicht jede Rechtsordnung strikt am Grundsatz der Statusbeständigkeit fest. Außerhalb medizinisch-assistierter Reproduk-

---

[144] *Scherpe* in: Dutta/Schwab/Henrich u. a. (Hrsg.), Künstliche Fortpflanzung und Europäisches Familienrecht, 2015, 295, 307.

[145] Art. 1:200(5)(6) BW, Art. 1:202a(3) BW; Art. 1:205 BW, Art. 1:205a BW.

[146] §§ 153, 154 ABGB i.V.m. § 144 III ABGB.

[147] Art. 321, 333 I CC. Ist die Frist abgelaufen, setzt sich die rechtliche Zuordnung auch gegenüber einer genetischen Elternschaft durch, vgl. *Cour de Cassation,* Urt. v. 1.2.2017 – No 15-27245, www.legifrance.gouv.fr (zuletzt geprüft am 10.10.2017).

[148] Vgl. beispielhaft die 5-jährige Ausschlussfrist des Art. 333 CC für die Anfechtung der *possession d'état* im französischen Recht, dazu Bergmann/Ferid/Henrich/*Henrich/Schönberger,* Frankreich, 51 m.w.N.; siehe auch die 30-jährige, mit der Geburt/Abstammungszuordnung beginnende, absolute Ausschlussfrist im österreichischen Recht nach § 153 III ABGB, die allerdings für Anträge durch das Kind nicht gilt. Im niederländischen Recht beträgt die Anfechtungsfrist für die Mutter zur Anfechtung der Vaterschaft des Ehemannes ein Jahr und beginnt kenntnisunabhängig mit Geburt des Kindes, vgl. Art. 1:200(5) BW.

[149] Vgl. wiederum Art. 333 CC (5 Jahre) für Anfechtungen in Frankreich; im niederländischen Recht beträgt die Anfechtungsfrist zur Anfechtung der Vaterschaft des Ehemannes der Geburtsmutter für das Kind drei Jahre ab Kenntnis von Umständen, die auf die Nichtabstammung schließen lassen, vgl. Art. 1:200(6) BW.

[150] Kein Anfechtungsrecht des genetischen, nicht rechtlichen Vaters im niederländischen Recht, vgl. zur Anfechtung der durch Ehe hergestellten Elternschaft *HR,* 9.12.2005 – R04/142HR, NJ 2006, 560 (betraf allerdings die Befugnis zur Einlegung eines Rechtsmittels gegen die erfolgreiche Anfechtung der Vaterschaft des als Ehemann der Mutter zugeordneten Mannes); *HR,* 17.5.2013 – 12/02270, NJ 2013, 382; *Wortmann/van Duijvendijk-Brand,* Compendium Personen- en familierecht, 2015, 201; vgl. zur durch Elternschaftsanerkennung hergestellten Elternschaft Asser/*Boer,* Boek 1 BW Rn. 733; vgl. ferner GS/*Vlaardingerbroek,* Art. 1:205 BW Rn. 6, wobei in Ausnahmefällen ein Anfechtungsrecht des anerkennungswilligen Mannes besteht, wenn die Mutter die Anerkennung durch einen Dritten betreibt, um dem anerkennungswilligen Mann den Zugang zur Elternschaft zu verwehren, vgl. *HR,* 12.11.2004 – R03/098HR, NJ 2005, 248, hierzu auch *Curry-Sumner/Vonk* in: Atkin (Hrsg.), The international survey of family law 2014, 2014, 361, 365.

tion und damit außerhalb statusrechtlicher Elemente kann in England und Wales prinzipiell jederzeit und in jedem Verfahren die Abstammung bestritten werden.[151] Auch in Norwegen hat der Bestand der Elternzuordnung nicht dasselbe Gewicht, wie im deutschen Recht. Das norwegische Recht der Vaterschaftsanfechtung kennt beispielsweise gar keine Befristung, so dass eine Anfechtung der Vaterschaft jederzeit möglich ist.[152]

4. Höchstpersönlichkeit statusrechtlicher Rechtspositionen

Abstammungsrechtliche Rechtspositionen betreffen den Kernbereich des Persönlichkeitsrechts, Art. 2 I i.V.m. Art. 1 I GG, und haben daher höchstpersönlichen Charakter.[153] Sie sind aus diesem Grund im Grundsatz unverzichtbar und auch rechtsgeschäftlich nicht auf andere Personen übertragbar.[154] Auch eine Verwirkung der Abstammungszuordnung oder eine einseitige Aufhebung etwa durch Verstoßung ist nicht möglich.[155] Selbst durch eine gravierende Veränderung im Leben einer Person wie einer Geschlechtsumwandlung geht eine abstammungsrechtliche Rechtsposition (z. B. die Mutter- oder Vaterstellung oder die Stellung als Kind seiner Eltern) nicht verloren, vgl. § 11 TSG.[156] Ferner zeigt sich die Höchstpersönlichkeit in dem Ausschluss gewillkürter Stellvertretung bei der Wahrnehmung abstammungsrechtlicher Rechtspositionen.[157] Eine Anerkennung der Vaterschaft durch einen Bevollmächtigten ist ebenso unzulässig, vgl. § 1596 IV BGB, wie die Anfechtung der Vaterschaft durch einen solchen, vgl. § 1600a I BGB. Auch bei einem Blick auf die Gestaltung der Regelungen über die gesetzliche Stellvertretung zeigt sich die Höchstpersönlichkeit abstammungsrechtlicher Rechtspositionen. Gem. § 1596 I 1 BGB kann ein beschränkt Geschäftsfähiger die Vaterschaft nur selbst anerkennen, wenngleich er für die Wirksamkeit dieser Anerkennung die Zustimmung seines gesetzlichen Vertreters bedarf, vgl. § 1596 I 2 BGB. Entsprechendes gilt für die Zustimmung des beschränkt geschäftsfähigen Kindes zur Vaterschaftsanerkennung, vgl. § 1596 II 2 BGB. Ein Geschäftsunfähiger muss bei der Vaterschaftsanerkennung hingegen gesetzlich vertreten werden,

---

[151] Sec. 20 Family Law Reform Act 1969.

[152] Vgl. Sec. 6 Act of 8 April 1981 No. 7 relating to Children and Parents (the Children Act), abrufbar in englischer Sprache unter https://www.regjeringen.no/en/dokumenter/the-children-act/id448389/ (zuletzt geprüft am 26.5.2017); zu den Hintergründen der Regelung kritisch *Helms* in: Schwab/Vaskovics (Hrsg.), Pluralisierung von Elternschaft und Kindschaft, 2011, 105, 110.

[153] *Gernhuber/Coester-Waltjen,* Familienrecht, 2010, 587.

[154] *Lipp* in: Schwab/Vaskovics (Hrsg.), Pluralisierung von Elternschaft und Kindschaft, 2011, 119, 127 m.w.N.; *Dethloff,* Familienrecht, 2015, § 10 Rn. 15; *Gernhuber/Coester-Waltjen,* Familienrecht, 2010, 10.

[155] *Rauscher,* Familienrecht, 2008, 659 Rn. 760; *Gernhuber/Coester-Waltjen,* Familienrecht, 2010, 10; MüKoBGB/*Wellenhofer,* § 1589 Rn. 10.

[156] Dazu MüKoBGB/*Wellenhofer,* § 1589 Rn. 10 m.w.N.

[157] *Gernhuber/Coester-Waltjen,* Familienrecht, 2010, 10.

§ 1596 I 3 BGB, zur Wirksamkeit der Vaterschaftsanerkennung bedarf es allerdings in diesen Fällen zusätzlich der familiengerichtlichen Genehmigung. Hinsichtlich der Zustimmung des geschäftsunfähigen Kindes ist die Zustimmung des gesetzlichen Vertreters allerdings ausreichend, vgl. § 1596 II 1 BGB. Auch die Vaterschaftsanfechtung ist nur persönlich möglich, was auch dann gilt, wenn der Anfechtungsberechtigte in seiner Geschäftsfähigkeit beschränkt ist, vgl. § 1600a II 1 BGB. Der Zustimmung des gesetzlichen Vertreters bedarf es bei der Anfechtung nicht.[158] Für das anfechtungsberechtigte und in der Geschäftsfähigkeit beschränkte Kind kann allerdings nur der gesetzliche Vertreter des Kindes anfechten.[159] Der gesetzliche Vertreter ist in seinem Handlungsspielraum an das Wohl des Vertretenen gebunden, § 1600a IV BGB, was wiederum Ausprägung der höchstpersönlichen Natur der Vaterschaftsanfechtung ist. Ist die Anfechtung nicht dem Wohl des Vertretenen dienlich, darf der Vertreter die Vaterschaft nicht anfechten.

Auch andere Rechtsordnungen weisen abstammungsrechtlichen Positionen höchstpersönlichen Charakter zu. So ist beispielsweise eine Vaterschaftsanerkennung im französischen Recht nach Art. 316 II CC nur persönlich möglich, eine gewillkürte Stellvertretung ist ausgeschlossen.[160] Ein in der Geschäftsfähigkeit Beschränkter kann daher nach französischem Recht nur selbst anerkennen. Er bedarf hierfür, anders als im deutschen Recht, keiner Zustimmung des gesetzlichen Vertreters.[161] Auch das Recht von England und Wales anerkennt die höchstpersönliche Natur abstammungsrechtlicher Positionen. Beispielsweise ist eine Freizeichnung von elterlichen Pflichten oder eine Übertragung auf Dritte im englischen Recht nicht möglich.[162] Ausprägungen der Höchstpersönlichkeit finden sich beispielsweise auch im österreichischen Abstammungsrecht. § 141 ABGB verlangt bei der gesetzlichen Stellvertretung eine strenge Orientierung am Wohl des Vertretenen, Handlungen des Vertreters sind nur mit Einwilligung des nicht eigenberechtigten aber einsichts- und urteilsfähigen Vertretenen wirksam. Auch

---

[158] Zur Sinnhaftigkeit dieser Regelung *Gernhuber/Coester-Waltjen,* Familienrecht, 2010, 628; BeckOGK/*Reuß,* § 1600a BGB Rn. 8.

[159] Dies soll dem Familienfrieden dienen, vgl. BT-Drs. 13/4899, 87; dazu BeckOGK/ *Reuß,* § 1600a BGB Rn. 4, 9 m.w.N.

[160] Éditions Francis Lefebvre, Mémento Pratique – Droit de la famille 2016–2017, 2016 Rn. 27145.

[161] Éditions Francis Lefebvre, Mémento Pratique – Droit de la famille 2016–2017, 2016 Rn. 27145.

[162] *Lowe/Douglas,* Bromley's family law, 2015, 682 sowie die Nachweise dort in Fn. 5 zum common law: *Court of Chancery,* 11.3.1858 (*Vansittart v. Vansittart*), 44 ER 984 (keine Freizeichnung von elterlicher Pflicht); *Court of King's Bench,* 12.11.1858 (*Walrond v. Walrond*), 70 ER 322 (Verweis auf Vansittart v. Vansittart); *Court of Appeal,* 11.6.1901 (*Humphrys v. Polak*), [1901] 2 KB 385 (keine Übertragung der Elternrechte auf Dritte); *High Court of England and Wales* (KB), 14.12.1922 (*Brooks v. Blount*), [1923] 1 KB 257 (keine Freizeichnung von einzelnen elterlichen Pflichten, hier: custody).

die Zustimmung zur Vornahme einer medizinisch-assistierten Reproduktion ist nur höchstpersönlich und von einer einsichts- und urteilsfähigen Person vornehmbar, vgl. § 8 II FMedG. Obschon das österreichische Recht ebenfalls den Grundsatz der Höchstpersönlichkeit verfolgt, weicht es hiervon an manchen Stellen ab. Beispielsweise gestattet es auch den Rechtsnachfolgern des vorverstorbenen, unmittelbar an der rechtlichen Eltern-Kind-Beziehung Beteiligten, die Feststellung oder Anfechtung der Abstammung zu betreiben, vgl. § 142 ABGB. Anfechtungsrechte enden daher nicht mit dem Tod des unmittelbar Betroffenen. Eine vergleichbare Regelung kennen auch andere Rechte, z. B. das französische[163] oder das niederländische Recht.[164]

Damit lässt sich festhalten, dass abstammungsrechtliche Positionen im deutschen Recht und in vielen weiteren Rechtsordnungen höchstpersönlichen Charakter haben. Nicht jede Rechtsordnung gestaltet jedoch diese Höchstpersönlichkeit immer gleich, oftmals finden sich auch signifikante Abweichungen von diesem Grundsatz, wie beispielsweise bei der Berechtigung, die rechtliche Vaterschaft anzufechten.

5. Privatautonomie und zwingendes Recht

Das Abstammungsrecht steht, wie das Familienrecht im Allgemeinen, im Spannungsfeld von staatlichen Ordnungs-[165] und privatautonomen Gestaltungsinteressen.[166] Die Familie, begriffen als eine von staatlichem Einfluss weitgehend befreite Intimgruppe,[167] strebt im Grundsatz nach Autonomie, d.h. sie begehrt die eigenständige Gestaltung ihrer Verhältnisse.[168] Das Recht steht dem in gewisser Weise antipodisch gegenüber. Es hat die Aufgabe, die sozialethischen Grundwerte der Gesellschaft zu sichern und menschliches Verhalten so zu ordnen, dass die Freiheitsräume des Einzelnen gesichert sind.[169] Das Recht setzt der Familie damit einen rechtlichen Rahmen, in dem die Familienmitglieder ihre autonomen Entscheidungen treffen können und in dem die autonome Entscheidungsfreiheit

---

[163] Art. 322 CC.

[164] Art. 1:201(1) BW; Art. 1:202b(1) BW.

[165] Vgl. zur Aufgabe des Rechts allgemein unten Abschnitt B.I. sowie zu den im Abstammungsrecht mitschwingenden fiskalischen Interessen des Staates an Zuordnung des Kindes zu Eltern Spickhoff, MedR/*Spickhoff,* Abstammung – Vorbemerkung Rn. 5; BeckOGK/*Haßfurter,* § 1591 BGB Rn. 9.

[166] Vgl. hierzu *Budzikiewicz* in: Boele-Woelki/Dethloff/Gephart (Hrsg.), Family Law and Culture in Europe, 2014, 151 ff.

[167] Eingehend zum heutigen Familienverständnis § 1 S. 40 ff.

[168] *Gernhuber/Coester-Waltjen,* Familienrecht, 2010, 7.

[169] *Coester-Waltjen* in: Wiesemann/Simon (Hrsg.), Patientenautonomie, 2013, 222; *Seelmann/Demko,* Rechtsphilosophie, 2014, 66 § 3 Rn. 11 ff., 16; *Raiser,* Grundlagen der Rechtssoziologie, 2013, 162, 187; *Rehbinder,* Rechtssoziologie, 2014, 98 Rn. 96; speziell mit Bezug auf die Grundrechte des Einzelnen siehe *Luhmann,* Grundrechte als Institution, 1965, 53.

jedes einzelnen auch gewährleistet ist.[170] Konkret bedeutet dies für die hier interessierenden Fragestellungen, dass das Abstammungsrecht als Statusrecht dafür
zu sorgen hat, dass Rechtssicherheit über die abstammungsrechtliche Eltern-
Kind-Zuordnung und über die Kriterien, die zu dieser Zuordnung geführt haben,
besteht. Es hat die Eltern-Kind-Zuordnung rechtssicher und unter Ausgleich aller
berührten Interessen zu organisieren. Gleichzeitig betreffen Fragen des „Für" und
„Wider" für eine Elternschaft und der eigenen Fortpflanzung den Kernbereich
der persönlichen Lebensgestaltung.[171] Privatautonome Entscheidungen und Entscheidungsfreiheiten haben daher in diesem Bereich besonderes Gewicht. Das
Abstammungsrecht muss folglich dem Einzelnen ausreichend Raum gewähren,
die abstammungsrechtlichen Verhältnisse selbst zu bestimmen.

Das geltende Abstammungsrecht sucht eine Balance der in diesem Spannungsfeld befindlichen Interessen, indem es im Grundsatz ein Regelungssystem der
Eltern-Kind-Zuordnung zwingend vorgibt – es ist insoweit nicht-dispositives,
d.h. zwingendes Recht[172] –, an entscheidenden Stellen der privatautonomen Gestaltung allerdings Raum lässt.[173] Weitgehend frei von direktem staatlichem Einfluss ist zunächst die Frage des „Ob" der Fortpflanzung. Die Entscheidung, ein
Kind zu zeugen, liegt autonom bei den betroffenen Eltern, wobei es bei medizinisch-assistierter Fortpflanzung derzeit rechtliche Beschränkungen des Zugangs
zu medizinisch-assistierter Reproduktion gibt.[174] Bei der Schaffung des abstammungsrechtlichen Bandes gestattet der Gesetzgeber allerdings nur gewisse
Entscheidungsspielräume. Er sieht zunächst zwingend die rechtliche Zuordnung
der Geburtsmutter als rechtliche Mutter und ihres Ehemannes als rechtlichen Vater vor (§§ 1591, 1592 Nr. 1 BGB). Ist die Geburtsmutter allerdings nicht verheiratet, bleibt Raum für die privatautonome Entscheidung der Beteiligten ein rechtliches Abstammungsband durch Vaterschaftsanerkennung gem. §§ 1592 Nr. 2,
1594 ff. BGB herzustellen.[175] Anerkennungs- und Zustimmungserklärung sind
jeweils als privatautonome Akte (Willenserklärungen) ausgestaltet.[176] Die Betei-

---

[170] *Gernhuber/Coester-Waltjen,* Familienrecht, 2010, 7.

[171] Dazu näher § 3 S. 201 ff.

[172] *Dethloff,* Familienrecht, 2015, § 10 Rn. 2; *Gernhuber/Coester-Waltjen,* Familienrecht, 2010, 10.

[173] Vgl. zum Familien- und Statusrecht allgemein *Gernhuber/Coester-Waltjen,* Familienrecht, 2010, 6 f.; *Rehbinder,* Rechtssoziologie, 2014, 67 Rn. 68 f. (Mischsystem);
zur Thematik auch *Schröder,* Wer hat das Recht zur rechtlichen Vaterschaft?, 2015,
89 f.

[174] Hierzu kritisch *Reuß,* StAZ 2016, 353 m.w.N.

[175] Dazu *Dethloff,* Familienrecht, 2015 § 10 Rn. 2.

[176] Zur Anerkennungserklärung: *Gernhuber/Coester-Waltjen,* Familienrecht, 2010,
607; MüKoBGB/*Wellenhofer,* § 1594 Rn. 4; Palandt/*Brudermüller,* § 1594 Rn. 4 (Dop-
pelnatur als Willens- und Wissenserklärung); BeckOGK/*Balzer,* § 1594 BGB Rn. 3, 14.
Zur Zustimmungserklärung: MüKoBGB/*Wellenhofer,* § 1595 Rn. 8; BeckOGK/*Balzer,*
§ 1595 BGB Rn. 14 jew. m.w.N.

ligten sind daher darin frei, einen auf die Anerkennung der Vaterschaft abzielen-
den Willen zu erklären. Letztlich stellt auch die Ausgestaltung der gerichtlichen
Vaterschaftsfeststellung als Antragsverfahren,[177] das nur auf Antrag von Mutter,
Kind oder biologischem, nicht rechtlichem Vater betrieben werden kann,[178] die
rechtliche Vaterzuordnung in die privatautonome Entscheidung der Antragsberechtigten, denn den Antragsberechtigten obliegt es, ein Verfahren einzuleiten.[179]
Der Staat selbst hat keine Möglichkeit – und auch kein schützenswertes Interesse
– die Elternzuordnung selbst zu bewirken.[180] Letztlich stellt auch der scheidungsakzessorische Statuswechsel durch qualifizierte Vaterschaftsanerkennung nach
§ 1599 II BGB einen privatautonomen Akt der Elternzuordnung dar, indem er in
bestimmten Konstellationen eine statusrechtliche „Umordnung" des Kindes vom
früheren Ehemann der Geburtsmutter zum die Vaterschaft anerkennenden Mann
bewirkt, wenn alle Beteiligten dieser „Umordnung" zustimmen.[181] Gleichzeitig
wird durch den Gesetzgeber die privatautonome Gestaltungsfreiheit im Bereich
der Abstammungszuordnung dadurch beschränkt, dass er mit den §§ 1591 ff.
BGB einen abschließenden Katalog an Zuordnungsgründen normiert.[182] Eine Elternschaftsbegründung durch Vertrag ist daher nicht möglich. Ferner beschränkt
der Gesetzgeber privatautonome Gestaltungen, indem er die Gründe zur Aufhebung rechtsgeschäftlich begründeter Statuszuordnungen (§ 1598 I BGB) umgrenzt.[183] Anerkennungserklärung und Zustimmungserklärung sind nur dann
unwirksam, wenn die Bestimmungen der §§ 1594–1597a BGB nicht beachtet
wurden.[184] Eine Anfechtung dieser Erklärungen beispielsweise wegen Irrtums
nach § 119 I BGB oder eine Beseitigung der Vaterschaftsanerkennung durch Auf-
hebungsvertrag sind somit nicht möglich.[185]

Ein gewisses Maß an privatautonomer Entscheidungsfreiheit haben die an einem abstammungsrechtlichen Band beteiligten Familienmitglieder auch über die
Beseitigung der rechtlichen Abstammung durch Vaterschaftsanfechtung.[186] Das

---

[177] Dazu etwa *Gernhuber/Coester-Waltjen*, Familienrecht, 2010, 614 f.

[178] Zur Antragsberechtigung, die nach dem FGG-ReformG keinen Niederschlag
mehr im Gesetz gefunden hat: *Gernhuber/Coester-Waltjen*, Familienrecht, 2010, 615;
MüKoBGB/*Wellenhofer*, § 1600d Rn. 13; Staudinger/*Rauscher*, § 1600d Rn. 8; *Schwonberg*, FuR 2014, 634, 636; BeckOGK/*Reuß*, § 1600d BGB Rn. 8, 41.

[179] *Gernhuber/Coester-Waltjen*, Familienrecht, 2010, 614 f.

[180] *Schwenzer*, 71 RabelsZ (2007) 706, 711 (Prinzip der Nichteinmischung); MüKo-
BGB/*Wellenhofer*, § 1600d Rn. 13; *Schwonberg*, FuR 2014, 634, 636; BeckOGK/*Reuß*,
§ 1600d BGB Rn. 8.

[181] Vgl. zur Kritik hieran die Behandlung bei BeckOGK/*Reuß*, § 1599 BGB
Rn. 29 ff.

[182] *Gernhuber/Coester-Waltjen*, Familienrecht, 2010, 583 ff., 594.

[183] *Gernhuber/Coester-Waltjen*, Familienrecht, 2010, 10.

[184] Eingehend etwa BeckOGK/*Balzer*, § 1598 BGB Rn. 2 ff., 7.

[185] BeckOGK/*Balzer*, § 1598 BGB Rn. 7 (insbesondere zur Reichweite des § 1598
BGB).

[186] *Dethloff*, Familienrecht, 2015 § 10 Rn. 2.

System der Vaterschaftsanfechtung ist als privates Gestaltungsrecht zur Korrektur
der nicht der genetischen Abstammung entsprechenden rechtlichen Eltern-Kind-
Zuordnung ausgestaltet worden, über das die zur Anfechtung berechtigten Personen frei entscheiden können.[187] Die Vaterschaftsanfechtung ist allerdings auch
das einzige Instrument, das der Gesetzgeber zur Beseitigung einer bestehenden
Abstammungszuordnung – mit Ausnahme des § 1599 II BGB und der Adoption –
bereithält.[188] Einer privatautonomen Gestaltung der Aufhebung des abstammungsrechtlichen Eltern-Kind-Verhältnisses steht somit der Typenzwang des Abstammungsrechts gegenüber. Rechtsgeschäftliche Austritte aus der Familie oder
einseitige Verstoßungen sind nicht möglich.[189] Ferner ist die Anfechtung der Vaterschaft auf die in § 1600 I BGB genannten Personen begrenzt, nicht jede Willensäußerung zur Anfechtung einer rechtlichen Eltern-Kind-Beziehung hat damit
auch rechtliche Erfolgskraft. Selbst ein rechtsgeschäftlicher Verzicht auf das Anfechtungsrecht ist unzulässig, was dem Anfechtungsberechtigten letztlich seine
Entscheidungsfreiheit über die Ausübung des Rechts sichert.[190] Ein Anspruch
auf Ausübung des Anfechtungsrechts kann gegen einen Anfechtungsberechtigten
nicht geltend gemacht werden.[191] Die Privatheit der Familie und die Autonomie
bei der Gestaltung abstammungsrechtlicher Verhältnisse spiegeln sich letztlich
auch darin wider, dass dem Staat eigene Anfechtungsrechte nicht (mehr) zukommen.[192] Er kann somit auf das Bestehen der rechtlichen Eltern-Kind-Zuordnung
durch Anfechtung keinen Einfluss nehmen.[193] Dazu und zur Privatheit der Familie passt es hingegen nicht, wenn der Gesetzgeber nun mit dem Gesetz zur besseren Durchsetzung der Ausreisepflicht[194] kurz vor Schluss der Legislaturperiode
die durch das BVerfG für verfassungswidrig erklärte Behördenanfechtung durch
eine präventive Anerkennungskontrolle ersetzt.[195] Auch hier gilt der bereits an
anderer Stelle zur Behördenanfechtung geäußerte Kritikpunkt, dass aufenthaltsrechtliche Problemfragen besser im Aufenthaltsrecht gelöst werden und nicht
systemwidrig das Abstammungsrecht belasten sollten.[196]

---

[187] BeckOGK/*Reuß*, § 1599 BGB Rn. 7, 11 m.w.N.

[188] BT-Drs. 13/4899, 83; Staudinger/*Rauscher*, § 1599 Rn. 3; *Gaul*, FamRZ 1997,
1441, 1454.

[189] *Gernhuber/Coester-Waltjen*, Familienrecht, 2010, 10.

[190] *BGH*, Urt. v. 12.7.1995 – XII ZR 128/94, NJW 1995, 2921.

[191] *AG Duisburg-Hamborn*, Beschl. v. 20.4.2004 – 21 F 101/04, FamRZ 2005, 291;
MüKoBGB/*Wellenhofer*, § 1600 Rn. 7; BeckOGK/*Reuß*, § 1600 BGB Rn. 59.

[192] Zur Verfassungswidrigkeit der Behördenanfechtung siehe *BVerfG*, Beschl. v.
17.12.2013 – 1 BvL 6/10, FamRZ 2014, 449 sowie eingehend BeckOGK/*Reuß*, § 1599
BGB Rn. 6.1.

[193] Zum alten Recht siehe BeckOGK/*Reuß*, § 1600 BGB Rn. 88 ff.

[194] BGBl. I 2780.

[195] Dazu kritisch *Schwonberg*, StAZ 2018, 5; *Sanders*, FamRZ 2017, 1189.

[196] BeckOGK/*Reuß*, § 1600 BGB Rn. 88 ff.

Mit dem oben beschriebenen Spannungsfeld von staatlichen Ordnungs- und privaten Gestaltungsinteressen sieht sich letztlich jede Rechtsordnung konfrontiert, die sich der Regelung abstammungsrechtlicher Fragen annimmt. Nicht jede Rechtsordnung löst es wie die deutsche auf. In vielen Rechtsordnungen finden sich jedoch ganz ähnliche Elemente eines Kanons zwingender Bestimmungen und von in begrenztem Rahmen bestehenden privatautonomen Entscheidungsfreiheiten. Beispielsweise wird in den Niederlanden,[197] in Österreich[198] und in England und Wales[199] die Geburtsmutter zwingend als rechtliche Mutter des Kindes bestimmt. Entscheidungsfreiheit besteht über diese Zuordnung nicht. Auch eine Korrektur dieser Mutterzuordnung durch Anfechtung der Geburtsmutterschaft ist in diesen Ländern nicht möglich.[200] Bei der Zuordnung des weiteren Elternteils bestehen allerdings zum Teil privatautonome Entscheidungsfreiheiten. Ist die Geburtsmutter nicht verheiratet und lebt sie auch nicht in einer registrierten Partnerschaft, kann beispielsweise in den Niederlanden und in Österreich eine Elternschaftsanerkennung erfolgen.[201] In diesen Fällen ist im niederländischen[202] und im österreichischen Recht[203] auch eine Korrektur durch Elternschaftsanfechtung möglich. Das englische Recht kennt hingegen keine Elternschaftsanerkennung mit statusrechtlichem Charakter.[204] Im Rahmen des HFEA 2008 werden die in die Zeugung des Kindes einwilligenden Personen automatisch als rechtliche Eltern zugeordnet.[205] Eine Korrektur durch Anfechtung ist nicht möglich.[206] Privatautonome Entscheidungsspielräume ergeben sich dort somit lediglich im Vorfeld der Zeugung des Kindes, da für diese und für die rechtliche Elternzuordnung die vorherige Zustimmung der Wunscheltern in die Vornahme der medizinisch-assistierten Reproduktion notwendig ist.[207] Bei der Abstammungskorrektur bestehen beispielsweise in den Niederlanden,[208] in Österreich[209] oder in Frank-

---

[197] Art. 1:198(1) lit. a BW.

[198] § 143 ABGB.

[199] *House of Lords (Ampthill Peerage Case)*, [1977] AC 547, 577, sowie Sec. 33 HFEA 2008.

[200] Dies ergibt sich jeweils im Umkehrschluss aus den Regelungen zur Elternschaftsanfechtung.

[201] Für die Niederlande: Art. 1:198(1) lit. c, Art. 1:199 lit.c jew. i.V.m. 1:203 BW; für Österreich: § 144 I Nr. 2 und II Nr. 2 ABGB.

[202] Art. 1:198(2) BW und Art. 1:205a BW.

[203] § 144 III ABGB, vgl. Rieck – Ausländisches Familienrecht/*Nademleinsky*, Österreich Rn. 28.

[204] Eine freiwillige Registrierung eines Mannes als Vater in der Geburtsurkunde hat nur eine beweisrechtliche Vermutungswirkung, die letztlich widerleglich ist, vgl. Sec. 34 Births and Deaths Registration Act 1953.

[205] Sec. 35–37 und Sec. 42–44 HFEA 2008.

[206] *Scherpe* in: Dutta/Schwab/Henrich u.a. (Hrsg.), Künstliche Fortpflanzung und Europäisches Familienrecht, 2015, 295, 307.

[207] Sec. 35–37 und Sec. 42–44 HFEA 2008.

[208] Z.B. Art. 1:200(1) BW und Art. 1:205 BW.

reich[210] mit der Anfechtung der Elternschaft privatautonom ausgestaltete Korrekturinstrumente. Auch diese sind in der Regel nur einem bestimmten Personenkreis eröffnet, wenngleich dieser mitunter oftmals recht weit ausgestaltet ist,[211] und nicht stets der Staat als Anfechtungsberechtigter ausgeschlossen ist.[212] Selbst in British Columbia, das ein besonders modernes Familienrecht erlassen hat, welches sogar die Zuordnung von bis zu fünf rechtlichen Elternteilen durch Elternschaftsvereinbarung gestattet,[213] sind privatautonome Elternschaftsbegründungen nur in begrenztem Ausmaß möglich. Im Wesentlichen bestehen auch dort zwingende Bestimmungen der Abstammungszuordnung und -korrektur.[214]

Es kann damit festgehalten werden, dass das Abstammungsrecht im Spannungsfeld von staatlichen Ordnungs- und privaten Gestaltungsinteressen liegt. Es hat im deutschen Recht, wie auch in vielen anderen Rechtsordnungen, den Charakter zwingenden Rechts, das dem Einzelnen aber an vielen Stellen privatautonome Entscheidungsfreiheiten lässt, um die Abstammungszuordnung und -korrektur zu beeinflussen.

6. „Ein-Vater"- und „Eine-Mutter"-Prinzip

Ein weiteres Grundprinzip des deutschen Abstammungsrechts ist das sog. „Ein-Vater"- und „Eine-Mutter"-Prinzip.[215] Es besagt letztlich, dass ein Kind lediglich einen rechtlichen Vater und lediglich eine rechtliche Mutter haben

---

[209] § 151 ABGB und § 154 ABGB.

[210] Art. 332 ff. CC.

[211] Art. 334 CC lässt beispielsweise die Anfechtung der Elternschaft von jedem zu, der ein berechtigtes Interesse geltend machen kann, wenn die Statuszuordnung nicht dem Statusbesitz entspricht. Darauf weist beispielsweise auch *Helms,* Die Feststellung der biologischen Abstammung, 1999, 222 hin.

[212] Die Niederlande kennen beispielsweise eine Behördenanfechtung zur Vermeidung von Scheinanerkennungen der Vaterschaft Art. 1:205(2) BW. Das österreichische Recht kennt in gewissen Konstellationen eine amtswegige gerichtliche Rechtsunwirksamerklärung des Vaterschaftsanerkenntnisses gem. § 154 I Nr. 1 ABGB; das französische Recht sieht ebenfalls eine Behördenanfechtung in begrenzten Ausnahmefällen, z. B. Rechtsmissbrauch, vor, Art. 336 CC. In manchen Rechtsordnungen wird ein Anfechtungsinteresse, z. B. des biologischen, nicht rechtlichen Vaters, ausschließlich vom Staat wahrgenommen, vgl. hierzu die Entscheidung des *EGMR,* Entsch. v. 8.12.2016 – Nr. 7949/11 und 45522/13 (*L.D. und P.K./Bulgarien*), FamRZ 2017, 385 zum bulgarischen Recht.

[213] Sec. 30 Family Law Act von British Columbia.

[214] Sec. 26(1) Family Law Act von British Columbia knüpft im Regelfall die rechtliche Elternschaft an die Geburtsmutterschaft und die biologische Vaterschaft, wobei letztere aufgrund einer Ehe mit der Geburtsmutter vermutet wird. Auch bei medizinisch-assistierter Zeugung sehen Sec. 27, 28 Family Law Act nur zwei rechtliche Elternteile vor. Nur im Ausnahmefall ist Sec. 30 Family Law Act daher anwendbar.

[215] Dazu beispielhaft *Gernhuber/Coester-Waltjen,* Familienrecht, 2010, 591; mit Blick auf die Vaterschaft *Schröder,* Wer hat das Recht zur rechtlichen Vaterschaft?, 2015, 83 ff.

kann.[216] Dieses Grundprinzip folgt nicht so sehr aus der statusrechtlichen Natur des Abstammungsrechts, als vielmehr aus der rechtspolitischen Wertentscheidung des Gesetz- und Verfassunggebers, wie viele Elternteile einem Kind rechtlich zugeordnet werden können. Aus statusrechtlicher Perspektive ist die Zahl nicht auf zwei rechtliche Elternteile begrenzt, denn die statusrechtliche Aufgabe der Personenstandszuordnung und die aus dieser Aufgabe folgenden Grundprinzipien der Statuswahrheit, -erkennbarkeit, -klarheit und -beständigkeit lassen sich prinzipiell auch bei mehr als zwei rechtlichen Elternteilen verwirklichen.[217] Das Grundgesetz, das in Art. 6 II 1 GG das Elternrecht gewährleistet und damit die rechtliche Elternschaft verfassungsrechtlich verankert, geht derzeit allerdings davon aus, dass die Zahl der rechtlichen Elternteile auf zwei Personen begrenzt ist. Das BVerfG hat hierzu im Rahmen seiner Entscheidung zum Anfechtungsrecht des biologischen, nicht rechtlichen Vaters festgestellt, dass „Träger des Elternrechts nach Art. 6 II 1 GG […] für ein Kind nur eine Mutter und ein Vater sein [können]", „[e]in Nebeneinander von zwei Vätern, denen zusammen mit der Mutter jeweils die gleiche grundrechtlich zugewiesene Elternverantwortung für das Kind zukommt, entspricht nicht der Vorstellung von elterlicher Verantwortung, die Art. 6 II 1 GG zu Grunde liegt."[218] Aus verfassungsrechtlicher Sicht kann ein Kind daher lediglich einen Vater und eine Mutter als rechtlichen Elternteil zugewiesen bekommen.

a) Verständnis als „Zwei-Eltern"-Prinzip

Im einfachen Recht drückt sich das „Ein-Vater"- und „Eine-Mutter"-Prinzip dadurch aus, dass die rechtliche Mutterschaft in § 1591 BGB unanfechtbar mit der Geburtsmutterschaft verknüpft ist.[219] Rechtliche Mutter des Kindes kann somit nur eine Person sein: die Frau, die das Kind geboren hat. Der Gesetzgeber intendierte damit gerade, eine Aufspaltung der Mutterschaft zu verhindern.[220] Der deutsche Gesetzgeber verfolgt in seinem Regulierungsideal das Konzept einer Vollelternschaft,[221] eine partielle Elternschaft von mehreren Personen ist im

---

[216] *BVerfG,* Beschl. v. 9.4.2003 – 1 BvR 1493/96 u.a., NJW 2003, 2151, 2153 („Träger des Elternrechts nach Art. 6 II 1 GG können für ein Kind nur eine Mutter und ein Vater sein."); MüKoBGB/*Wellenhofer,* Vor § 1591 Rn. 19; BeckOGK/*Balzer,* § 1592 BGB Rn. 22 ff.

[217] Vgl. etwa hierzu den Vorschlag von *Plettenberg,* Vater, Vater, Mutter, Kind – Ein Plädoyer für die rechtliche Mehrvaterschaft, 2016, 84 ff.; dies zeigt auch deutlich die bisher geltende Rechtslage bei der Volljährigenadoption.

[218] *BVerfG,* Beschl. v. 9.4.2003 – 1 BvR 1493/96 u.a., NJW 2003, 2151, 2153.

[219] Zur Unanfechtbarkeit MüKoBGB/*Wellenhofer,* § 1591 Rn. 25.

[220] BT-Drs. 13/4899, 52, 82 (zum Kindschaftsrechtsreformgesetz); BT-Drs. 11/5460, 17 (zum EmbryonenschutzG).

[221] Zum Begriff *Lipp* in: Schwab/Vaskovics (Hrsg.), Pluralisierung von Elternschaft und Kindschaft, 2011, 119, 122 (Vollelternschaft in diesem Kontext bedeutet: rechtliche Elternschaft = biologische Elternschaft = soziale Elternschaft).

deutschen Recht nicht angelegt. Auch bei der Vaterschaft zeigt sich dies, blickt man beispielsweise auf die Sperrwirkung, die die rechtliche Vaterzuordnung entfaltet.[222] Nimmt ein Mann bereits die Stellung als rechtlicher Vater ein, sind sowohl die Vaterschaftsanerkennung durch einen anderen Mann (§ 1594 II BGB) als auch die gerichtliche Feststellung der Vaterschaft eines anderen Mannes (§ 1600d I BGB) unmöglich.[223] Soll ein anderer Mann als rechtlicher Vater zugeordnet werden, bedarf es zuvor der Beseitigung der bestehenden rechtlichen Vaterzuordnung durch Vaterschaftsanfechtung. Auch an anderer Stelle scheint das „Ein-Vater"-Prinzip auf. Besteht eine Konkurrenz mehrerer Vaterzuordnungsmöglichkeiten wie im Falle der Eheauflösung durch Tod und zeitnaher Wiederheirat der Geburtsmutter,[224] regelt § 1593 S. 3 BGB den Zuordnungskonflikt dahingehend, dass nur der neue Ehemann der Mutter als rechtlicher Vater gilt. Auch in diesen Situationen werden nicht etwa zwei Personen als Vater zugeordnet, das Gesetz entscheidet vielmehr zugunsten des neuen Ehemannes der Geburtsmutter. Rechtlich gesehen kann ein Kind daher im deutschen Abstammungsrecht nur einen Mann als rechtlichen Vater zugeordnet bekommen.

Das „Ein-Vater"- und „Eine-Mutter"-Prinzip gilt im deutschen Recht allerdings nicht ausnahmslos. Der Gesetzgeber sieht durchaus Regelungen vor, die es ermöglichen, dass ein Kind mehr als einen Mann und mehr als eine Frau als rechtlichen Elternteil zugeordnet bekommt. Eine solche Zuordnung kann sich beispielsweise bei einer Sukzessivadoption oder einer Stiefkindadoption nach § 9 VII LPartG durch gleichgeschlechtliche eingetragene Lebenspartner ergeben.[225] Mit Inkrafttreten des Gesetzes zur Einführung des Rechts auf Eheschließung für Personen gleichen Geschlechts[226] am 1.10.2017 ist nunmehr auch eine gemeinschaftliche Adoption durch gleichgeschlechtliche Ehegatten (nicht allerdings durch registrierte Lebenspartner!) möglich.[227] Adoptiert ein gleichgeschlecht-

---

[222] BeckOGK/*Balzer*, § 1592 BGB Rn. 23.

[223] Staudinger/*Rauscher*, § 1599 Rn. 2; BeckOK BGB/*Hahn*, § 1599 Rn. 2; MüKo-BGB/*Wellenhofer*, § 1599 Rn. 4; *Gaul*, FamRZ 1997, 1441, 1447 f. Eingehend zur Thematik BeckOGK/*Reuß*, § 1599 BGB Rn. 9.1 ff. m.w.N.

[224] Hier kommen gem. § 1593 S. 1, 2 BGB sowohl der verstorbene Ehemann als auch gem. § 1592 Nr. 1 BGB der neue Ehemann der Geburtsmutter als rechtlicher Vater in Betracht.

[225] Zur Verfassungsmäßigkeit der Regelung siehe etwa *BGH,* Beschl. v. 8.2.2017 – XII ZB 586/15, DNotZ 2017, 375; *OLG Hamburg,* Beschl. v. 14.3.2017 – 2 UF 160/16, NZFam 2017, 382. Monographisch zur Thematik *Favier,* Die gemeinsame rechtliche Elternschaft von eingetragenen Lebenspartnern durch die Annahme eines Kindes, 2014.

[226] Gesetz zur Einführung des Rechts auf Eheschließung für Personen gleichen Geschlechts v. 20.7.2017, BGBl. I 2787 (sog. „Ehe für alle"). Kritisch zur handwerklichen Umsetzung der Öffnung *Schwab,* FamRZ 2017, 1284, 1285 ff.; *Schmidt,* NJW 2017, 2225. Das Gesetz sogar für verfassungswidrig haltend *Schmidt,* NJW 2017, 2225, 2228; a. A. allerdings *Meyer,* FamRZ 2017, 1281.

[227] *Hammer,* FamRZ 2017, 1236. Gefordert bereits bei *Favier,* Die gemeinsame rechtliche Elternschaft von eingetragenen Lebenspartnern durch die Annahme eines Kindes,

liches Paar ein Kind nach den genannten Bestimmungen, hat dieses Kind zwei Männer bzw. zwei Frauen als rechtliche Eltern. Es lässt sich daher durchaus mit guten Argumenten vertreten, dass das „Ein-Vater"- und „Eine-Mutter"-Prinzip im deutschen Recht heute streng genommen eher im Sinne eines „Zwei-Eltern"-Prinzips zu verstehen ist.[228] Nach diesem Verständnis kann ein Kind daher unabhängig vom Geschlecht der Eltern maximal zwei rechtliche Elternteile zugeordnet bekommen. Auch das BVerfG stützt dieses Verständnis, wie sich unzweifelhaft aus der Urteilsbegründung der Entscheidung zur Sukzessivadoption eingetragener Lebenspartner ergibt.[229] Hier heißt es: „Sofern das einfache Recht die rechtliche Elternschaft zweier gleichgeschlechtlicher Partner begründet, sind diese auch im verfassungsrechtlichen Sinne als Eltern anzusehen. Art. 6 II 1 GG schützt nicht nur verschiedengeschlechtliche Eltern, sondern schützt auch zwei Elternteile gleichen Geschlechts." Nicht möglich ist im deutschen Recht allerdings auch weiterhin die automatische Elternschaft gleichgeschlechtlicher Paare, da die §§ 1591 ff. BGB keine Lösungsansätze hierfür bereithalten und geschlechtsspezifisch die Elternschaft einer Frau bzw. einem Mann zuweisen.[230] Aus dem „Zwei-Eltern"-Prinzip folgt freilich nicht, dass einem Kind zwingend zwei rechtliche Elternteile zugewiesen werden müssen.[231] Der Staat hat daher von Verfassung wegen nicht die Pflicht, einem Kind in jedem Fall zwei rechtliche Elternteile zuzuweisen.

b) Abweichungen vom „Zwei Eltern"-Prinzip

Letztlich kennt das deutsche Recht aber auch begrenzte Ausnahmen von dem Grundsatz, dass ein Kind maximal zwei rechtliche Elternteile haben kann.[232] Bei der Annahme Volljähriger kommt es gem. §§ 1767 II 1, 1754 I BGB zur Begründung eines Verwandtschaftsverhältnisses des Angenommenen mit dem Annehmenden. Gemäß § 1770 II BGB erlöschen jedoch die abstammungsrechtlichen

---

2014, 315. Die erste gemeinschaftliche Adoption ist am 4.10.2017 wohl in Berlin erfolgt, vgl. AG Berlin Tempelhof-Kreuzberg, Beschl. v. 4.10.2017 – 166A F 8790/16 (noch unveröffentlicht), vgl. den Hinweis bei beck-aktuell, abrufbar unter https://rsw. beck.de/aktuell/meldung/ag-berlin-erste-kindesadoption-durch-gleichgeschlechtliches-paar (zuletzt geprüft am 11.10.2017).

[228] Ausländische Regelungen zur automatischen Mutterschaft gleichgeschlechtlicher weiblicher Paare verstoßen insoweit auch nicht gegen den ordre public, vgl. *Reuß* in: Hilbig-Lugani/Jakob/Mäsch u.a. (Hrsg.), Zwischenbilanz, 2015, 681.

[229] *BVerfG*, Urt. v. 19.2.2013 – 1 BvR 3247/09 und 1 BvL 1/11 (*Sukzessivadoption*), NJW 2013, 847, 849.

[230] Vgl. etwa *Gernhuber/Coester-Waltjen*, Familienrecht, 2010, 589, 590; BeckOGK/ *Balzer*, § 1592 BGB Rn. 41; NK-BGB/*Gutzeit*, § 1591 Rn. 5; *Hammer*, FamRZ 2017, 1236; DNotI-Reprot 2018, 19; *Helms*, StAZ 2018, 33, 34. a.A. wohl BeckOGK/*Haßfurter*, § 1591 BGB Rn. 123 (analoge Anwendung andenkend); i.E. so auch *Engelhardt*, NZFam 2017, 1042, die zu einer direkten Anwendung im Wege der Auslegung kommen möchte, was den nicht auslegungsbedürftigen Wortlaut des Gesetzes überdehnt.

[231] Eingehend hierzu *Reuß*, StAZ 2016, 353, 361.

[232] Hierzu eingehend *Sanders*, Mehrelternschaft, 2017 (im Erscheinen), Teil 3 IX.2.

Beziehungen zu den bisherigen Verwandten des Angenommenen nicht. Das bedeutet, dass zwischen Annehmendem und Angenommenem ein neues rechtliches
Eltern-Kind-Verhältnis entsteht, das Eltern-Kind-Verhältnis des Angenommenen
zu seinen bisherigen rechtlichen Eltern aber fortbesteht.[233] Es kommt damit zu
einer Kumulation der Eltern-Kind-Beziehungen, der Angenommene hat folglich
mehr als zwei rechtliche Elternteile (maximal vier).[234] Auch mit Blick auf die
Einzelausprägungen des Elternrechts (Umgangsrecht, Sorgerecht) ist eine Verteilung dieser Rechte auf mehr als zwei Personen und auf Personen, die nicht die
rechtliche Elternposition innehaben, im deutschen Recht denkbar. Beispielsweise
weist § 1686a I BGB dem biologischen, nicht rechtlichen Vater, der ein ernsthaftes
Interesse an dem Kind gezeigt hat, ein selbstständiges Umgangsrecht zu, das neben dem Elternrecht der Geburtsmutter und dem des rechtlichen Vaters besteht.
Auch §§ 1685 II, 1626 III 2 BGB gewähren Personen, die nicht rechtliche Elternteile des Kindes sind, aber eine enge Bezugsperson des Kindes darstellen und für
das Kind soziale Verantwortung tragen oder getragen haben, ein entsprechendes
Recht auf Umgang, wenn dies dem Kindeswohl dient.[235] Ein Umgangsrecht des
nur-sozialen Elternteils lässt sich hierunter subsumieren. Auch dieses Recht besteht neben den Elternrechten der rechtlichen Eltern. Gleichzeitig sieht das geltende Recht in Stieffamilien ein sog. „kleines Sorgerecht" des Stiefelternteils, der
nicht rechtlicher Elternteil des Kindes ist, vor, vgl. § 1687b BGB, der gem. § 9
LPartG auch in eingetragenen Lebenspartnerschaften gilt. In Fragen des täglichen
Lebens kann der Stiefelternteil im Einvernehmen mit dem allein sorgeberechtigten rechtlichen Elternteil mitentscheiden.[236] Auch wenn es sich bei diesen Einzelausprägungen des Elternrechts nicht um abstammungsrechtliche Rechtspositionen
handelt, zeigt die vorstehende Analyse jedoch, dass es sich bei dem im deutschen
Recht verwirklichten rechtlichen Elternkonzept maximal zweier Elternpersonen
nicht um ein ausnahmslos auf eine rechtliche Mutter und einen rechtlichen Vater
zugeschnittenes Konzept handelt. Vielmehr sind neben dem Bereich der abstammungsrechtlichen Zuordnungen, d.h. beim Elternrecht, auch im Bereich der Einzelausprägungen dieses Rechts gewisse Abweichungen von dem Grundsatz des
„Zwei-Eltern"-Prinzips festzustellen.

c) Rechtsvergleichende Betrachtung

Die meisten Rechtsordnungen halten es mit der Maximalzahl der einem Kind
rechtlich zuordenbaren Eltern im Grundsatz wie das deutsche Recht. Es gilt das

---

[233] Darauf hinweisend *Plettenberg,* Vater, Vater, Mutter, Kind – Ein Plädoyer für die
rechtliche Mehrvaterschaft, 2016, 89.
[234] MüKoBGB/*Maurer,* § 1770 Rn. 5; BeckOGK/*Löhnig,* § 1770 BGB Rn. 16
m.w.N.; siehe zur Thematik auch *Löhnig,* NZFam 2017, 879.
[235] Vgl. hierauf hinweisend *Lipp* in: Schwab/Vaskovics (Hrsg.), Pluralisierung von
Elternschaft und Kindschaft, 2011, 119, 128 ff.
[236] *Löhnig* in: Schwab/Vaskovics (Hrsg.), Pluralisierung von Elternschaft und Kindschaft, 2011, 157, 161.

„Ein-Vater"- und „Eine-Mutter"-Prinzip bzw., wenn die betreffenden Rechtsordnungen Instrumente der gleichgeschlechtlichen Elternschaft vorsehen, das „Zwei-Eltern"-Prinzip.[237] Auch in anderen Rechtsordnungen, die im Grundsatz dem „Zwei-Eltern"-Prinzip folgen, kann es aber durchaus zu der Situation kommen, dass einem Kind mehr als zwei Personen als rechtliche Elternteile zugeordnet sind. Dies gilt etwa dann, wenn eine Rechtsordnung lediglich eine schwache Adoption vorsieht, die – wie die Volljährigenadoption nach deutschem Recht – das Eltern-Kind-Verhältnis zu den bisherigen rechtlichen Eltern des Angenommenen unberührt lässt. Dies ist etwa der Fall im österreichischen Recht. Hier erlöschen auch bei der Minderjährigenadoption die Verwandtschaftsbeziehungen zu den bisherigen rechtlichen Eltern nicht. Durch die Adoption entfallen lediglich das Sorge- und Kontaktrecht der bisherigen Eltern, vgl. § 197 I, II ABGB. Deren Unterhaltspflichten bleiben aber beispielsweise – wenn auch gegenüber jenen der Annehmenden nachrangig – erhalten, vgl. § 198 ABGB. Auch das Erbrecht besteht fort, vgl. § 199 ABGB.[238] Im französischen Recht gibt es eine derartige Konstellation ebenfalls. Dieses sieht im Grunde zwei Arten der Adoption vor: Einerseits kennt das französische Recht die sog. *adoption plénière,* die eine Volladoption im Sinne der Minderjährigenadoption des deutschen Rechts darstellt, und die die rechtliche Abstammungsbeziehung zu den bisherigen rechtlichen Eltern kappt, vgl. Art. 356 CC. Darüber hinaus gibt es die auch bei Minderjährigen anwendbare sog. *adoption simple,* bei der neben dem rechtlichen Abstammungsverhältnis zum Annehmenden auch die Eltern-Kind-Beziehung zu den bisherigen rechtlichen Eltern fortbesteht, vgl. Art. 364 CC.[239] Auch hier entfällt das Sorge-

---

[237] Beispielhaft: Für *Argentinien*: Art. 558 III Codigo Civil („*Ninguna persona puede tener más de dos vínculos filiales, cualquiera sea la naturaleza de la filiación.*"). Für *Frankreich* folgt dies aus Art. 316 CC und Art. 320 CC, Art. 310 CC, vgl. *Guiomard/Wiederkehr/Henry u.a., France,* Code civil, 2017, Art. 310 CC Rn. 1; Éditions Francis Lefebvre, Mémento Pratique – Droit de la famille 2016–2017, 2016 Rn. 27040; 27515. Für *England und Wales* folgt dies aus Sec. 28 (4) HFEA 1990; Sec. 45 HFEA 2008 Sperrwirkung einer Vaterschaft/Co-Mutterschaft, Sec. 53 (2) HFEA 2008 (Co-Mutter tritt an Stelle des Vaters), vgl. dazu *Masson/Bailey-Harris/Probert,* Cretney's Principles of Family Law, 2008, 532 (elterliche Verantwortung für Dritte allerdings herstellbar); *Probert/Harding,* Cretney and Probert's Family Law, 2015, 248. Für die *Niederlande* ergibt sich dies ebenfalls aus der Systematik der abstammungsrechtlichen Zuordnung, vgl. insb. Art. 1:204(1) lit. e BW (Elternschaftsanerkennung ist nicht möglich, wenn zwei rechtliche Eltern bereits vorhanden sind), dazu *Wortmann/van Duijvendijk-Brand,* Compendium Personen- en familierecht, 2015, 206. Für *Österreich* ergibt sich dies aus der Unanfechtbarkeit der rechtlichen Mutterschaft, dazu Rieck – Ausländisches Familienrecht/*Nademleinsky,* Österreich Rn. 28, und der Sperrwirkung der Vaterschaftszuordnung, vgl. etwa § 147 I ABGB (Vaterschaftsanerkennung ist ausgeschlossen, wenn bereits ein anderer Mann rechtlicher Vater des Kindes ist). Zu *Italien* siehe *Cubeddu-Wiedemann,* StAZ 2015, 228, 234.

[238] Dazu und zu sonstigen Wirkungen *Hinteregger/Ferrari,* Familienrecht, 2015, 197 ff.; Rieck – Ausländisches Familienrecht/*Nademleinsky,* Österreich Rn. 37.

[239] Dazu siehe Rieck – Ausländisches Familienrecht/*Eber-Arampatsi,* Frankreich Rn. 48; Bergmann/Ferid/Henrich/*Henrich/Schönberger,* Frankreich, 53.

recht der bisherigen rechtlichen Eltern, vgl. Art. 365 CC, ein Erbrecht bleibt allerdings bestehen, vgl. Art. 364 CC. Gleiches gilt für Unterhaltspflichten der bisherigen rechtlichen Eltern, die allerdings der Unterhaltspflicht des Annehmenden nachrangig sind.[240] Demgegenüber gibt es vereinzelt aber auch Rechtsordnungen, die bewusst von dem „Zwei-Eltern"-Prinzip abweichen, und die rechtliche Zuordnung von mehr als zwei rechtlichen Elternteilen ab Geburt des Kindes und damit losgelöst von Adoptionssachverhalten zulassen. Hierzu zählt seit der im Jahre 2013 in Kraft getretenen Familienrechtsreform beispielsweise das Recht von British Columbia.[241] Dieses hält zwar in den meisten Fällen der rechtlichen Abstammungszuordnung am „Zwei-Eltern"-Prinzip fest,[242] für den Fall der Zeugung des Kindes im Wege medizinisch-assistierter Reproduktion kann im Rahmen einer Elternschaftsvereinbarung allerdings festgelegt werden, dass das Kind bis zu fünf rechtliche Elternteile haben soll, vgl. Sec. 30 Family Law Act (FLA).[243] Dies können gem. Sec. 30 (1)(b)(ii) FLA die Geburtsmutter und ihr Ehegatte/Lebenspartner, bis zu zwei Wunscheltern und der Samenspender/die Eizellenspenderin sein. Eine rechtliche Elternschaft von mehr als zwei Personen sieht auch das Recht Kaliforniens vor. Sec. 7601(c) Family Code legt fest, dass über die gesetzlichen Bestimmungen zur Abstammungszuordnung, die ebenfalls im Grundsatze dem „Zwei-Eltern"-Prinzip folgen, nicht ausgeschlossen wird, dass einem Kind mehr als zwei rechtliche Elternteile zugeordnet werden.[244] Sec. 7612(c) Family Code sieht sogar explizit für den Fall, dass die Vermutungsregelungen der Sec. 7611 Family Code zur Vaterschaft mehrerer Männer führen, vor, dass durch Gerichtsbeschluss eine Zuordnung von mehr als zwei Elternteilen erfolgen kann, wenn dies dem Kindeswohl nicht entgegenläuft. Auch die Niederlande denken derzeit darüber nach, das „Zwei-Eltern"-Prinzip zugunsten einer rechtlichen Mehrelternschaft aufzugeben.[245] Im Jahre 2014 wurde eine Staats-

---

[240] Dazu Éditions Francis Lefebvre, Mémento Pratique – Droit de la famille 2016–2017, 2016 Rn. 45011. Zur entsprechenden Differenzierung der Adoptionsformen in *Argentinien* siehe Art. 558 II, Art. 619 f. Codigo Civil.

[241] Zur Prägung British Columbias durch das Common Law, vgl. Bergmann/Ferid/Henrich/*Mayr,* Kanada – British Columbia, 5 f. Zur Geschichte und Prägung der kanadischen Rechtssysteme durch englische und französische Einflüsse siehe Bergmann/Ferid/Henrich/*Mayr,* Kanada, 4. Zur Gesetzesnovelle kritisch *Treloar,* 28 International Journal of Law, Policy and the Family (2014) 77 ff.

[242] Vgl. Sec. 26–29 Family Law Act (FLA), abrufbar unter http://www.bclaws.ca/EPLibraries/bclaws_new/document/ID/freeside/00_11025_01 (zuletzt geprüft am 12.10.2017).

[243] Abrufbar unter http://www.bclaws.ca/EPLibraries/bclaws_new/document/ID/freeside/00_11025_01 (zuletzt geprüft am 12.10.2017); hierzu siehe auch Bergmann/Ferid/Henrich/*Mayr,* Kanada – British Columbia, 43 f.

[244] Sec. 7601(c) Family Code lautet: „This part does not preclude a finding that a child has a parent and child relationship with more than two parents."

[245] Auch in England und Wales wird dies bereits in der Literatur debattiert, vgl. *Lowe/Douglas,* Bromley's family law, 2015. 259.

kommission zur Erarbeitung von Reformvorschlägen im Bereich Abstammung und Leihmutterschaft eingesetzt, die 2016 Bericht erstattet hat.[246] Die Kommission hat sich für die Einführung einer Mehrelternschaft (maximal vier Personen) ausgesprochen.

d) Zusammenfassung

Festgehalten werden kann daher, dass in den meisten Rechtsordnungen einem Kind abstammungsrechtlich lediglich zwei rechtliche Elternteile zugeordnet werden können. Im deutschen Recht gilt der Grundsatz des „Ein-Vater"- und „Eine-Mutter"-Prinzips aufgrund der Anerkennung gleichgeschlechtlicher Elternschaft im Rahmen der Stiefkind- und Sukzessivadoption eher im Sinne eines „Zwei-Eltern"-Prinzips, d.h. dass geschlechtsneutral dem Kind maximal zwei Elternteile zugeordnet werden können. Die Wandlung des strikten „Ein-Vater"- und „Eine-Mutter"-Prinzips zu einem „Zwei-Eltern"-Prinzip liegt im internationalen Trend. Zahlreiche Rechtsordnungen haben Regelungen zur Verwirklichung gleichgeschlechtlicher Elternschaft erlassen. Selbst das „Zwei-Eltern"-Prinzip gilt heute nicht ausnahmslos. Nicht wenige Rechtsordnungen kennen Ausnahmen von dem Grundsatz, dass ein Kind lediglich zwei rechtliche Elternteile haben kann. Auch das deutsche Recht kennt im Rahmen der Volljährigenadoption die rechtliche Elternschaft von mehr als zwei Personen. Einzelne Rechtsordnungen wie das Recht von British Columbia und vielleicht auch bald das Recht der Niederlande weichen demgegenüber aber auch bewusst von dem Prinzip ab.

7. Zuordnungszeitpunkt

Eine maßgebliche Komponente der abstammungsrechtlichen Eltern-Kind-Zuordnung ist die Frage, an welchen Zeitpunkt die Abstammungszuordnung und deren Korrektur anknüpfen sollte. Sie ist letztlich mit Blick auf die Funktion und Bedeutung des Abstammungsrechts als Statusrecht zu beantworten. Die Personenstandszuweisung ist für das Individuum von immenser Wichtigkeit, da dem Einzelnen hierdurch sein Platz in der Rechtsgemeinschaft mit all seinen jeweiligen individuellen Bezügen und Rechtsverhältnissen rechtssicher zugewiesen wird.[247] Sie ist ferner entscheidend für eine Vielzahl rechtlicher Folgewirkungen, die an die Abstammungszuordnung anknüpfen. Es besteht daher ein besonderes Interesse des Einzelnen daran, die Personenstandszuordnung möglichst rasch, zu dem frühestmöglichen Zeitpunkt zu bewirken, damit so schnell wie möglich Rechts-

---

[246] Der Bericht ist abrufbar unter https://www.rijksoverheid.nl/documenten/rapporten/2016/12/07/rapport-van-de-staatssommissie-herijking-ouderschap-kind-en-ouders-in-de-21ste-eeuw (zuletzt geprüft am 12.10.2017).
[247] Zur Aufgabe des Abstammungsrechts und zur Bedeutung der Zuordnung siehe Abschnitte I. und II.

sicherheit über die abstammungsrechtliche Zuordnung und die durch sie bewirkten, weitreichenden Folgen besteht.[248]

Nach deutschem Recht ist der frühestmögliche Zeitpunkt, in dem die Abstammungszuordnung rechtlich bewirkt werden kann, der Zeitpunkt der Geburt.[249] Sowohl § 1591 BGB als auch § 1592 Nr. 1 BGB knüpfen für die automatische Abstammungszuordnung hieran an.[250] Auch die Vaterschaftsanerkennung nach § 1592 Nr. 2 i.V.m. § 1594 BGB, die zwar gem. § 1594 IV BGB pränatal abgegeben werden kann,[251] wird erst mit Geburt des Kindes wirksam.[252] Ferner ist eine Abstammungszuordnung durch gerichtliche Vaterschaftsfeststellung nach § 1592 Nr. 3 i.V.m. § 1600d I BGB erst ab Geburt des Kindes möglich. Eine gerichtliche Vaterschaftsfeststellung vor Geburt des Kindes oder gar an noch kryokonservierten Embryonen ist im deutschen Recht nicht möglich.[253] Selbst wenn die Abstammungszuordnung erst später, d.h. nach Geburt des Kindes erfolgt, ist der Geburtszeitpunkt ein bedeutendes Fixum, denn: Sowohl die Vaterschaftsanerkennung als auch die gerichtliche Vaterschaftsfeststellung bewirken die Abstammungszuordnung ab Geburt des Kindes, d.h. sie wirken auf den Geburtszeitpunkt zurück.[254] Dies dient dem Zweck, dass selbst bei anfänglich unklarem Personenstand des Kindes eine lückenlose Zuordnung zum frühestmöglichen Zeitpunkt bewirkt wird. Der Geburtszeitpunkt ist auch im Rahmen der Abstammungskorrektur von Relevanz. Wird die Vaterschaft erfolgreich angefochten, entfällt die Vaterzuordnung gem. §§ 1599 ff. BGB rückwirkend ab Geburt.[255] Auch der scheidungsakzessorische Statuswechsel durch qualifizierte Vaterschaftsaner-

---

[248] Vgl. etwa BeckOGK/*Balzer,* § 1592 BGB Rn. 24; Arbeitskreis Abstammungsrecht des BMJV, Abschlussbericht – Empfehlungen für eine Reform des Abstammungsrechts, 2017, 24 (als Leitprinzip zur Reform des Abstammungsrechts); *Muscheler,* Familienrecht, 2017 Rn. 516.

[249] *Gernhuber/Coester-Waltjen,* Familienrecht, 2010, 9; *Muscheler,* Familienrecht, 2017 Rn. 519.

[250] MüKoBGB/*Wellenhofer,* § 1591 Rn. 5.

[251] Dazu *Gernhuber/Coester-Waltjen,* Familienrecht, 2010, 611 f. (eine präkonzeptionelle Anerkennung ist nicht möglich, da sie sich auf ein bestimmtes Subjekt beziehen muss).

[252] MüKoBGB/*Wellenhofer,* § 1594 Rn. 41; BeckOGK/*Balzer,* § 1594 BGB Rn. 8, 94.

[253] *BGH,* Beschl. v. 24.8.2016 – XII ZB 351/15, NJW 2016, 3174; siehe hierzu *BVerfG,* Beschl. v. 11.1.2017 – 1 BvR 2322/16 (*Nichtannahmebeschluss*), NZFam 2017, 168; *Mayer,* IPRax 2016, 432; vgl. zur Thematik eingehend BeckOGK/*Reuß,* § 1600d BGB Rn. 51 m.w.N. Zur vorgeburtlichen Antragstellung *OLG Schleswig,* Beschl. v. 15.12.1999 – 13 WF 122/99, NJW 2000, 1271; MüKoBGB/*Wellenhofer,* § 1600d Rn. 20; BeckOGK/*Reuß,* § 1600d BGB Rn. 41.

[254] *BSG,* Urt. v. 28.10.1982 – 10 RKg 51/81, FamRZ 1983, 270; MüKoBGB/*Wellenhofer,* § 1592 Rn. 14; BeckOGK/*Reuß,* § 1600d BGB Rn. 39 m.w.N.

[255] *BGH,* Urt. v. 20.5.1981 – IVb ZR 571/80, NJW 1981, 2183; *Gernhuber/Coester-Waltjen,* Familienrecht, 2010, 634; BeckOGK/*Reuß,* § 1599 BGB Rn. 112 m.w.N.

kennung nach § 1599 II BGB bewirkt den Statuswechsel ab diesem Zeitpunkt.[256] Den Zeitpunkt der Geburt als Anknüpfungspunkt für die Personenstandszuweisung in Abstammungssachen zu wählen, ist sinnvoll, da hierüber ein Gleichlauf mit der Rechtsfähigkeit eines Menschen hergestellt wird.[257] Diese beginnt gem. § 1 BGB mit Vollendung der Geburt. Für die Lokalisierung einer Person in der Rechtsgemeinschaft den Zeitpunkt zu wählen, in dem ihre Rechtsfähigkeit beginnt und rechtliche Beziehungen ihre Wirkungen entfalten können, ist sinnvoll und logisch.[258]

Anders als die originäre Abstammungszuordnung nach den §§ 1591 ff. BGB knüpft die Eltern-Kind-Zuordnung durch Adoption jedoch nicht an den Geburtszeitpunkt des Kindes an, sondern an die Wirksamkeit des gerichtlichen Beschlusses, der die Adoption ausspricht, vgl. § 1752 BGB.[259] Dies ist letztlich Ausdruck der besonderen Konstellation der Adoption, bei der eine originäre Abstammungszuordnung in der Regel über einen bestimmten Zeitraum bestanden hat und erst später, im Adoptionszeitpunkt, durch die Zuordnung zu den oder dem Annehmenden *verändert* wird.[260] Hierin liegt ein maßgeblicher Unterschied zur Vaterschaftsanfechtung oder dem scheidungsakzessorischen Statuswechsel, die eine in Augen des Gesetzgebers falsche Abstammungszuordnung *korrigieren*.[261] Die „*ex nunc*"-Wirkung wird diesem Unterschied gerecht.

Blickt man in das europäische Ausland, so lässt sich feststellen, dass der Geburtszeitpunkt bei der originären abstammungsrechtlichen Zuordnung ebenfalls eine besondere Rolle spielt. Die Anknüpfung der Mutterschaftszuordnung an den Zeitpunkt der Geburt und die gleichzeitige und automatische Zuordnung des Ehemanns der Geburtsmutter findet sich in vielen Rechtsordnungen.[262] Auch die

---

[256] Staudinger/*Rauscher,* § 1599 Rn. 107; BeckOGK/*Reuß,* § 1599 BGB Rn. 177.

[257] MüKoBGB/*Wellenhofer,* § 1589 Rn. 11 m.w.N. zu einem gewissen Vorwirken des Schutzes des werdenden Lebens; *Hepting/Dutta,* Familie und Personenstand, 2015, 56 Rn. IV-1 ff.; vgl. auch BeckOGK/*Haßfurter,* § 1589 BGB Rn. 22.

[258] Wird ein Kind tot geboren, hat es mangels Erlangung der Rechtsfähigkeit auch keinen Status, Bedarf für die personenrechtliche Zuordnung entsprechend §§ 1591 ff. BGB kann aber aufgrund der rechtlichen Folgewirkungen (etwa Totenfürsorge gem. § 1615n BGB) bestehen, vgl. *Gernhuber/Coester-Waltjen,* Familienrecht, 2010, 590.

[259] MüKoBGB/*Wellenhofer,* § 1589 Rn. 11.

[260] *Gernhuber/Coester-Waltjen,* Familienrecht, 2010, 869 f.

[261] Eingehend *Gernhuber/Coester-Waltjen,* Familienrecht, 2010, 622 ff.; BeckOGK/ *Reuß,* § 1599 BGB Rn. 7 m.w.N.

[262] Für *England & Wales*: Sec. 33 Human Fertilisation and Embryology Act 2008 (HFEA 2008) sowie Sec. 27 HFEA 1990, Sec. 35 HFEA 2008; Sec. 28 HFEA 1990. Für *Frankreich*: Art. 311-25, 332, 325, 312, 316 II CC zur Rückwirkung der Vaterschaftsanerkennung auf den Geburtszeitpunkt Éditions Francis Lefebvre, Mémento Pratique – Droit de la famille 2016–2017, 2016 Rn. 27185, zur Rückwirkung der gerichtlichen Vaterschaftsfeststellung Éditions Francis Lefebvre, Mémento Pratique – Droit de la famille 2016–2017, 2016 Rn. 27840. Für *Dänemark*: §§ 30, 1 I, II Nr. 1–3 KinderG, dazu siehe Bergmann/Ferid/Henrich/*Giesen,* Dänemark, 44. Für die *Niederlande*:

Vaterschaftsanerkennung wirkt in vielen Rechtsordnungen auf den Zeitpunkt der Geburt zurück.[263] Gleiches gilt für die Abstammungskorrektur durch Vaterschafts- oder Elternschaftsanfechtung.[264] Nicht jede Rechtsordnung knüpft allerdings bei jeder Form der Abstammungszuordnung an den Geburtszeitpunkt an. Das niederländische Recht sieht beispielsweise abweichend von dieser Anknüpfung für den Fall der Elternschaftsanerkennung eine „ex nunc"-Wirkung vor, d. h. sie lässt die Elternschaftszuordnung erst im Zeitpunkt des Wirksamwerdens des Anerkenntnisses entstehen.[265] Bei der gerichtlichen Elternschaftsfeststellung wird allerdings auch in den Niederlanden eine Rückwirkung auf den Geburtszeitpunkt angenommen.[266] Abweichungen zu der im deutschen Recht vorgesehenen Anknüpfungssystematik finden sich auch bei der Adoption nach niederländischem Recht. Hier ist zwar wie im deutschen Recht im Grundsatz eine „ex nunc"-Wirkung ab dem Zeitpunkt des Wirksamwerdens des Adoptionsbeschlusses vorgesehen (Art. 1:230 (1) BW), für bestimmte Fälle der Stiefkindadoption sieht das niederländische Recht aber eine Rückwirkung auf den Geburtszeitpunkt vor.[267] Auch über Europa hinaus ist der Geburtszeitpunkt ein entscheidendes Kriterium für die Abstammungszuordnung. Beispielsweise besteht im kalifornischen Recht die Möglichkeit ein gerichtliches Verfahren zur Klärung der Elternschaft bereits vorgeburtlich durchzuführen, d. h. auch eine gerichtliche Entscheidung kann bereits vor Geburt des Kindes ergehen. Die Vollziehung der Entscheidung ist in derartigen Fällen aber auf den Zeitpunkt der Geburt ausgesetzt, so dass ihre Wirkungen erst mit Geburt durchgesetzt werden können, vgl. Sec. 7633 Family Code.

Es lässt sich damit festhalten, dass aus der Bedeutung der abstammungsrechtlichen Zuordnung und der Aufgabe des Abstammungsrechts als Statusrecht ein Interesse aller Beteiligten besteht, dass die Personenstandszuordnung möglichst

---

Art. 1:198(1) lit. a, 1:199 lit. a, b BW. Für *Österreich*: §§ 143, 144 I Nr. 1, II Nr. 1 ABGB.

[263] Beispielhaft für *Frankreich*: Art. 316 ff. CC, Éditions Francis Lefebvre, Mémento Pratique – Droit de la famille 2016–2017, 2016 Rn. 27185.

[264] Für *Frankreich*: *Voirin/Goubeaux,* Droit civil, 2013, 156; Éditions Francis Lefebvre, Mémento Pratique – Droit de la famille 2016–2017, 2016 Rn. 28265. Für die *Niederlande*: Art. 1:202 BW (Unter Ausschluss der Beeinträchtigung der Rechte gutgläubiger Dritter und Ausschluss der Rückforderung gezahlten Unterhalts); Wird die Elternschaftsanerkennung angefochten, wirkt die Anfechtung ebenfalls auf den Begründungszeitpunkt zurück, vgl. Art. 1:206 BW. Für *Österreich*: *OGH*, Spruch v. 11.7.2005 – 7 Ob 141/05 v, www.ris.bka.gv.at (zuletzt geprüft am 1.8.2017); Rieck – Ausländisches Familienrecht/*Nademleinsky,* Österreich Rn. 29. Für *Italien*: Rieck – Ausländisches Familienrecht/Pesce, Italien, Rn. 44; *Cubeddu-Wiedemann,* StAZ 2015, 228 ff.

[265] Art. 1:203(2) BW, vgl. *Wortmann/van Duijvendijk-Brand,* Compendium Personenen familierecht, 2015, 205.

[266] Art. 1:207(5) BW.

[267] Art. 1:230(2) S. 1 BW (für die Stiefkindadoption, wenn das Adoptionsgesuch vor Geburt gestellt wurde).

rasch, zu dem frühestmöglichen Zeitpunkt bewirkt wird, damit so schnell wie möglich Rechtssicherheit über die abstammungsrechtliche Zuordnung und die durch sie bewirkten, weitreichenden Folgen hergestellt wird. Das deutsche Recht sieht als frühestmöglichen Zeitpunkt entsprechend die Geburt des Kindes vor. Auch im internationalen Vergleich stellt der Geburtszeitpunkt im Regelfall den für die Abstammungszuordnung maßgeblichen Zeitpunkt dar, wenngleich nicht jede Rechtsordnung für jede Sachverhaltskonstellation an diesen Zeitpunkt anknüpft.

B. Wandelbarkeit des Rechts

In § 1 ist herausgearbeitet worden, dass sich die Vorstellungen davon, wie Familie und Elternschaft gelebt werden sollten, grundlegend geändert haben. Es ist daher ein familialer Wandel zu verzeichnen, der nicht nur auf horizontaler Ebene die Paarbeziehung, sondern auch auf vertikaler Ebene die Eltern-Kind-Beziehung tangiert. Elternschaft und Abstammung werden heute in vielfältigeren Konstellationen gelebt, als dies noch vor einigen Jahren der Fall war. Wie bereits vorstehend an vielen Stellen herausgearbeitet wurde, bildet das deutsche Abstammungsrecht bereits konzeptionell mit seiner Orientierung an der genetischen Abstammung die heute gelebten Konstellationen von Elternschaft und Kindschaft nicht vollständig ab. Es finden sich heute eine Vielzahl von „Realbeziehungen",[268] die statusrechtlich keine oder nur unzureichende Entsprechung finden. Es stellt sich daher die Frage, inwieweit das Abstammungsrecht einer Änderung bedarf. Vor dem Hintergrund des weiteren Gangs dieser Arbeit wird nun zunächst einmal ganz generell zu hinterfragen sein, inwieweit das Recht im Allgemeinen auf eine geänderte gesellschaftliche Werteordnung zu reagieren hat und welche Maßstäbe für eine Anpassung des Rechts an gesellschaftlichen Wandel anzulegen sind.

I. Natur, Aufgabe und Funktion von Recht

Hierzu sind zunächst einmal Natur, Aufgabe und Funktion des Rechts näher zu betrachten, denn ohne Vergegenwärtigung dieser Komplexe lässt sich die hier herauszuarbeitende Frage schlicht nicht beantworten.

Über das, was Recht ist, und darüber, welche Aufgaben und Funktionen es hat, ist in vielfältiger Weise und unter diversen Aspekten seit Jahrhunderten diskutiert worden.[269] Die Erkenntnis, dass sich menschliche Gesellschaften durch überindividuelle Verhaltensnormen, d.h. über einfache Verhaltensanforderungen

---

[268] Zum Begriff *Schwenzer,* Vom Status zur Realbeziehung, 1987; sowie *Windel* in: Lipp/Röthel/Windel (Hrsg.), Familienrechtlicher Status und Solidarität, 2008, 1, 39 ff.

[269] Einen eingehenden Überblick gebend *Seelmann/Demko,* Rechtsphilosophie, 2014, 83 § 3 Rn. 11 ff.; *Rehbinder,* Rechtssoziologie, 2014, 46 Rn. 51 f.; *von der Pfordten,* Rechtsethik, 2011, 63 ff.

wie Sitte, Brauch oder Gewohnheit, aber auch über verbindliche soziale Normen,[270] die aus vorgegebenen Mustern bestehen und eine gewisse zeitliche Beständigkeit aufweisen, organisieren, ist ein Ertrag der Soziologie, insb. der Rechtssoziologie.[271] Das Individuum wird durch solche Verhaltensnormen erst in die Lage versetzt, sein Verhalten sicher zu steuern, indem Ursache und Wirkung in einer Welt voller komplexer Handlungsmöglichkeiten abschätzbar werden.[272] Der Einzelne soll Sicherheit darüber erlangen, was sein Verhalten bewirkt und wie sich andere Personen ihm gegenüber in der Regel verhalten werden.[273] Das gilt sowohl für das Zweierverhältnis, d.h. das Verhältnis zwischen zwei Personen, als auch in der Gruppe.[274] Stört ein Student beispielsweise die Aufmerksamkeit in einer Vorlesung durch laute und wiederholte Zwischenrufe, so kann er erwarten, dass er von dem Dozenten zur Ordnung gerufen wird. Teil der diesbezüglichen Verhaltensnorm ist das Verhaltensmuster, dass in universitären Vorlesungen die Aufmerksamkeit anderer nicht durch laute Zwischenrufe gestört werden soll, um den Zweck der Wissensvermittlung nicht zu behindern.[275] Nicht jede Verhaltensnorm kann jedoch als Recht bezeichnet werden. Das Recht weist besondere Merkmale auf, die es von anderen Verhaltensnormen unterscheiden.[276] Insbesondere hebt sich das Recht von einfachen Verhaltensanforderungen wie Sitte, Brauch oder Gewohnheit durch dessen Verbindlichkeit ab.[277] *Luhmann* nennt die Gruppe von verbindlichen Verhaltensnormen, zu denen das Recht zählt, normative Verhaltenserwartungen.[278] Charakteristisch hieran ist, dass im Gegensatz zu anderen, einfachen Verhaltensnormen bei Enttäuschung einer normativen Verhaltenserwartung – beispielsweise durch die Nichtzahlung eines ver-

---

[270] Zum Begriff *Raiser,* Grundlagen der Rechtssoziologie, 2013, 173 f.

[271] Siehe hierzu bereits die Erkenntnisse *Ehrlich,* Grundlegung der Soziologie des Rechts, 1967 oder etwa die Arbeiten von *Geiger,* Vorstudien zu einer Soziologie des Rechts, 1964, 43 ff.; *Luhmann,* Rechtssoziologie, 2008, 31 ff. bzw. *Schelsky,* Die Soziologen und das Recht, 1980, 77 ff. Dazu *Raiser,* Grundlagen der Rechtssoziologie, 2013, 162.

[272] Siehe etwa *Geiger,* Vorstudien zu einer Soziologie des Rechts, 1964, 47 ff.; *Luhmann,* Rechtssoziologie, 2008, 38; *Luhmann,* Das Recht der Gesellschaft, 1995, 132.

[273] Siehe etwa *Luhmann,* Rechtssoziologie, 2008, 132 f.

[274] *Raiser,* Grundlagen der Rechtssoziologie, 2013, 167.

[275] Zu diesem und weiteren Beispielen *Raiser,* Grundlagen der Rechtssoziologie, 2013, 162 f.

[276] *Raiser,* Grundlagen der Rechtssoziologie, 2013, 172, 177.

[277] *Raiser,* Grundlagen der Rechtssoziologie, 2013, 177 ff., der insbesondere auf die Abgrenzungsschwierigkeiten im Einzelnen eingeht und den Theorienstreit in dieser Frage anschaulich darstellt; ebenso *Rehbinder,* Rechtssoziologie, 2014, 37 Rn. 43; zur Thematik eingehend auch *Luhmann,* Rechtssoziologie, 2008, 33 ff.; vgl. hierzu auch *Baer,* Rechtssoziologie, 2017, 86 Rn. 3 ff.

[278] *Luhmann,* Rechtssoziologie, 2008, 40 ff., 42–43. Teils werden diese auch als „sozialen Normen" bezeichnet, vgl. zur Uneinheitlichkeit der Terminologie *Raiser,* Grundlagen der Rechtssoziologie, 2013, 173; *Rehbinder,* Rechtssoziologie, 2014, 37 Rn. 43.

einbarten Kaufpreises oder das Rauchen in einem universitären Gebäude trotz Geltung eines allgemeinen Rauchverbots – nicht etwa die enttäuschte Verhaltenserwartung aufgegeben wird, es wird vielmehr an ihr festgehalten und ihre Einhaltung weiterhin gefordert.[279] Ein Kaufpreis ist somit auch dann zu zahlen, wenn der Käufer die Zahlung unberechtigt verweigert. Das Rauchen ist auch dann verboten, wenn trotz Rauchverbots in einem universitären Gebäude geraucht wird. Damit ist freilich nichts darüber gesagt, wie sich das Recht als normative Verhaltenserwartung von anderen normativen Verhaltenserwartungen wie beispielsweise Konventionen, sittlichen und religiösen Normen unterscheidet.[280] Auch über diese Frage ist in den einschlägigen Disziplinen umfangreich diskutiert worden.[281] Für die Zwecke dieser Arbeit müssen diese Fragen nicht eingehend erörtert werden, es genügt vielmehr festzuhalten, dass es sich bei Rechtsnormen um verbindliche Verhaltenserwartungen handelt, die auch dann Geltung und Beachtung beanspruchen, und deren Einhaltung auch dann weiterhin eingefordert wird, wenn die Verhaltenserwartung durch das Verhalten eines Individuums enttäuscht wird. Das Recht stellt somit, wie auch andere soziale Normen, verbindliche Verhaltenserwartungen auf, und erstrebt hierüber menschlichem Verhalten eine Ordnung zu geben.[282] Recht hat daher ganz allgemein gesprochen eine *Ordnungsfunktion.*

Neben der soeben beschriebenen generellen Ordnungsfunktion des Rechts lassen sich viele Unterfunktionen identifizieren: Hierzu zählt beispielsweise die Schaffung von *Rechtssicherheit.*[283] Über das Setzen verbindlicher Verhaltenserwartungen wird dem Individuum ermöglicht, sein Verhalten entsprechend zu steuern, und die Folgen seines Verhaltens rechtssicher abzuschätzen. Der Käufer kann sich somit im Vorfeld überlegen, ob er eine fällige und einredefreie Kaufpreisverpflichtung erfüllt oder nicht und mit welchen Folgen er bei Nichterfüllung seiner Pflicht zu rechnen hat. Gleichsam weiß ein Verkäufer, welche Instrumente ihm zur Verfügung stehen, wenn ein Käufer seiner Kaufpreiszahlungsverpflichtung nicht nachkommt. Gleiches gilt konkret für das Abstammungsrecht. Da der Gesetzgeber die Voraussetzungen und Rechtsfolgen einer Vaterschaftsanerkennung i.S.d. § 1592 Nr. 2 BGB normiert hat, kann jede Person, die erstrebt, eine solche Vaterschaftsanerkennung abzugeben, *ex ante* die rechtlichen Folge-

---

[279] *Luhmann,* Rechtssoziologie, 2008, 40 ff., 42–43.

[280] *Raiser,* Grundlagen der Rechtssoziologie, 2013, 177 ff.; ebenso *Rehbinder,* Rechtssoziologie, 2014, 37 Rn. 43; zur Thematik eingehend auch *Luhmann,* Rechtssoziologie, 2008, 33 ff.; vgl. hierzu auch *Baer,* Rechtssoziologie, 2017, 86 Rn. 3 ff.

[281] Zu einem Überblick über den Streitstand eingehend *Seelmann/Demko,* Rechtsphilosophie, 2014, 83 § 3 Rn. 11 ff.; *Rehbinder,* Rechtssoziologie, 2014, 37, Rn. 44–47, 46 Rn. 51 f.; *von der Pfordten,* Rechtsethik, 2011, 63 ff.; *Raiser,* Grundlagen der Rechtssoziologie, 2013, 177 ff.

[282] Zu einer Übersicht über mögliche rechtsphilosophische Begründungsansätze *Seelmann/Demko,* Rechtsphilosophie, 2014, 5 § 1 Rn. 1 ff.

[283] *Rehbinder,* Rechtssoziologie, 2014, 104 Rn. 101.

wirkungen absehen und daher in die Überlegungen, ob sie ein solches Anerkenntnis abgeben möchte, einbeziehen.

Ferner lässt sich über die Gestaltung der rechtlichen Folgen, die an die Missachtung der Verhaltenserwartung geknüpft werden, menschliches Verhalten steuern, noch bevor es überhaupt zu einer Missachtung der Verhaltenserwartung gekommen ist. Ein Raucher wird beispielsweise bei sehr hohen Bußgelddrohungen sehr wahrscheinlich davon absehen, in einem universitären Gebäude trotz allgemeinen Rauchverbots zu rauchen; anders hingegen bei rein sanktionsloser Geltung des Verbots. Die Gestaltung von Verhaltensanforderungen kann daher menschliches Verhalten in gewisser Weise lenken. Dem Recht kommt somit auch eine *Lenkungsfunktion* zu.[284]

Des Weiteren ermöglicht das Recht jedem Einzelnen durch eine Beschränkung der Ausübung hoheitlicher Macht und der Begrenzung individueller Herrschaftssphären, sich innerhalb dieser verbindlichen Ordnung frei zu entfalten, es *sichert* somit jedem Einzelnen seinen *individuellen Freiheitsraum,*[285] oder wie es in der Rechtsphilosophie *Kants* heißt: „Das Recht ist also der Inbegriff der Bedingungen, unter denen die Willkür des einen mit der Willkür des anderen nach einem allgemeinen Gesetze der Freiheit zusammen vereinigt werden kann."[286] Das Recht schafft somit eine Balance zwischen den berührten Interessen der einzelnen Mitglieder einer Gesellschaft und der Gesellschaft als Ganzes.[287] Recht kommt damit gleichzeitig eine *Konfliktbeilegungsfunktion* zu.[288] Dies wird etwa dann deutlich, wenn individuelle Freiheitsräume in Konflikt miteinander geraten. Wird beispielsweise eine fällige und einredefreie Kaufpreiszahlungsverpflichtung vom Käufer letztlich nicht erfüllt, gibt das Recht dem Verkäufer Instrumente an die Hand, den Zahlungsanspruch wirksam durchzusetzen. Das Recht legt somit den Konflikt der berührten Freiheitssphären über einen Ausgleich der berührten Interessen bei. Es gebietet dem Käufer den Kaufpreis zu entrichten, wenn dieser keine guten Gründe für die Nichtzahlung vorbringen kann. Viele weitere Funktionen sind für das Recht identifiziert worden,[289] etwa die Legitimation hoheit-

---

[284] *Raiser,* Grundlagen der Rechtssoziologie, 2013, 187; *Rehbinder,* Rechtssoziologie, 2014, 103 Rn. 100; *Schelsky,* Die Soziologen und das Recht, 1980, 77 f.

[285] *Coester-Waltjen* in: Wiesemann/Simon (Hrsg.), Patientenautonomie, 2013, 222; *Seelmann/Demko,* Rechtsphilosophie, 2014, 83 § 3 Rn. 11 ff., 16; *Raiser,* Grundlagen der Rechtssoziologie, 2013, 162, 187; *Rehbinder,* Rechtssoziologie, 2014, 98 Rn. 96; speziell mit Bezug auf die Grundrechte des Einzelnen *Luhmann,* Grundrechte als Institution, 1965, 53.

[286] *Kant,* Die Metaphysik der Sitten – Erster Teil: metaphysische Anfangsgründe der Rechtslehre, 1838, 79 f.

[287] *Raiser,* Grundlagen der Rechtssoziologie, 2013, 187.

[288] *Raiser,* Grundlagen der Rechtssoziologie, 2013, 188; siehe auch *Schelsky,* Die Soziologen und das Recht, 1980, 77; *Rehbinder,* Rechtssoziologie, 2014, 100 Rn. 97.

[289] Zu weiteren Funktionen siehe etwa *Rehbinder,* Rechtssoziologie, 2014, 99 ff. Rn. 96 ff.

licher Machtausübung,[290] die Gestaltung der Lebensbedingungen (z. B. im Rahmen einer sozialstaatlichen Infrastruktur),[291] aber auch eine Bildungsfunktion,[292] Sie sind für die hier interessierenden Zwecke nicht entscheidend und bedürfen daher an dieser Stelle keiner weiteren Vertiefung.

Es kann damit festgehalten werden, dass das Recht nach heutigem Verständnis über die Schaffung einer aus verbindlichen Verhaltenserwartungen bestehenden Ordnungsstruktur menschliches Verhalten ordnet und letztlich die individuellen Freiräume des Einzelnen im Kollektiv der Gesellschaft sichert.[293] Das Recht verfolgt damit keinen Selbstzweck. Es dient vielmehr dem Individuum und der Gesellschaft als Ganzes, indem es einen rechtlichen Rahmen für menschliches Verhalten setzt, Konfliktbeilegungsmechanismen vorsieht und Sicherheit darüber schafft, welche Folgen ein bestimmtes Verhalten zeitigen wird.

II. Wandelbarkeit von Recht

Dass Recht wandelbar ist, ist eine Binsenwahrheit. Alleine ein Blick auf die jährlichen Agenden des Gesetzgebers lässt daran nicht zweifeln. Wie alle Verhaltenserwartungen, über die sich eine Gesellschaft organisiert, ist auch das Recht als verbindliche Verhaltenserwartung nicht *per se* vorgegeben, sondern das Ergebnis von in der Gesellschaft stattfindenden Normungsprozessen, die sich im

---

[290] *Raiser,* Grundlagen der Rechtssoziologie, 2013, 188; *Rehbinder,* Rechtssoziologie, 2014, 108 Rn. 106.

[291] *Raiser,* Grundlagen der Rechtssoziologie, 2013, 189 f.; *Rehbinder,* Rechtssoziologie, 2014, 99 Rn. 96.

[292] *Raiser,* Grundlagen der Rechtssoziologie, 2013, 1990; *Rehbinder,* Rechtssoziologie, 2014, 108 Rn. 106. Hierunter fällt beispielsweise das Informationsmodell im Verbraucherrecht, dazu etwa *Dauner-Lieb,* Verbraucherschutz durch Ausbildung eines Sonderprivatrechts für Verbraucher, 1983, 62 ff., das eine Aufklärung des Verbrauchers über die mit dem Vertragsschluss verbundenen Risiken und die entsprechenden Verbraucherrechte vorsieht. In einigen Rechtsordnungen wurde die Bildungsfunktion allerdings als eine Art Erziehungsfunktion verstanden. Das Recht sah insbesondere die Erziehung der Gesellschaft zu einem gewissen Ideal vor. Deutlich wird dies etwa anhand von vgl. § 42 II 2 FamG-DDR (*„Durch verantwortungsbewußte Erfüllung ihrer Erziehungspflichten, durch eigenes Vorbild und durch übereinstimmende Haltung gegenüber den Kindern erziehen die Eltern ihre Kinder zur sozialistischen Einstellung zum Lernen und zur Arbeit, zur Achtung vor den arbeitenden Menschen, zur Einhaltung der Regeln des sozialistischen Zusammenlebens, zur Solidarität, zum sozialistischen Patriotismus und Internationalismus."*). Das Recht hat allerdings nicht die Gesellschaft zu einem gewissen Ideal zu erziehen, es hat der Gesellschaft zu dienen. Erzieherische Ansätze sind daher in der Vergangenheit zu recht sehr oft gescheitert, sozialethische Werte haben sich gegen das Recht durchgesetzt, vgl. so auch *Gernhuber/Coester-Waltjen,* Familienrecht, 2010, 6.

[293] *Coester-Waltjen* in: Wiesemann/Simon (Hrsg.), Patientenautonomie, 2013, 222; *Seelmann/Demko,* Rechtsphilosophie, 2014, 83 § 3 Rn. 11 ff., 16; *Raiser,* Grundlagen der Rechtssoziologie, 2013, 162, 187; *Rehbinder,* Rechtssoziologie, 2014, 98 Rn. 96; speziell mit Bezug auf die Grundrechte des Einzelnen siehe *Luhmann,* Grundrechte als Institution, 1965, 53.

Laufe der Zeit wiederholen und Verhaltenserwartungen und somit auch das Recht verändern können.[294] Das Recht selbst ist Teil der sozialen Ordnung und somit wandelbar.[295] Sozialen Wandel und Anpassungen des Rechts gab es schon immer.[296] Anschaulich lässt sich dies an der erst 2017 eingeführten, sog. „Ehe für alle" sehen, d.h. der Öffnung der Ehe für Personen des gleichen Geschlechts.[297] Über Jahrhunderte hinweg wurde die Ehe im deutschen Recht als die Verbindung von Mann und Frau angesehen, teils wurde sogar in den besonderen Eheschutz, den Art. 6 I GG normiert,[298] ein vom BVerfG später für nicht verfassungskonform gehaltenes Abstandsgebot hineingelesen,[299] das verlangte, andere Paarbeziehungen in rechtlichem Abstand zur Ehe zu verorten, d.h. diesen keine gleich weitreichenden rechtlichen Wirkungen zukommen zu lassen.[300] Bundestag und Bundesrat haben 2017 nun eine Öffnung der Ehe für gleichgeschlechtliche Paare bewirkt. Das Recht hat sich somit gewandelt, es hat sich den mittlerweile geänderten gesellschaftlichen Wertvorstellungen angepasst.

Der gesellschaftliche Wandlungsprozess und damit auch die Wandlung von Recht vollzieht sich in der Regel innerhalb der von der Gesellschaft selbst gesetzten Struktur, d.h. in unserem Falle in der Regel durch die demokratischen Gesetzgebungsverfahren.[301] *Luhmann* beschreibt die Gesellschaftsordnung daher – wie auch im Speziellen das Recht – als autopoietisches System, d.h. als sich aus sich selbst heraus und damit selbstreferenziell fortentwickelnd.[302] Das Recht und die Akteure des Rechts wirken an dem Wandlungsprozess selbst mit, so dass auch das Recht selbst Einfluss auf diesen nimmt.[303] Im deutschen Rechtssystem sieht beispielsweise das Grundgesetz mit Art. 70–82 GG konkrete Bestimmungen

---

[294] *Raiser*, Grundlagen der Rechtssoziologie, 2013, 170.

[295] Vgl. etwa hierzu *Ehrlich*, Grundlegung der Soziologie des Rechts, 1967, 315 ff.; *Baer*, Rechtssoziologie, 2017, 86 Rn. 3 ff.; *Jellinek*, Die sozialethische Bedeutung von Recht, Unrecht und Strafe, 1908, 59.

[296] Vgl. hierzu auch *Baer*, Rechtssoziologie, 2017, 86 Rn. 3 ff. Zu einem rechtsvergleichenden Blick auf die Anpassung des Rechts an geänderte gesellschaftliche Vorstellungen im Bereich der Paarbeziehungen siehe *Röthel*, StAZ 2006, 34, 35 ff.

[297] Gesetz zur Einführung des Rechts auf Eheschließung für Personen gleichen Geschlechts v. 20.7.2017, BGBl. I 2787. Kritisch zur handwerklichen Umsetzung *Schwab*, FamRZ 2017, 1284, 1285 ff.; *Schmidt*, NJW 2017, 2225.

[298] Dazu etwa von Münch/Kunig/*Coester-Waltjen*, Art. 6 GG Rn. 12 ff.; Maunz/Dürig/*Badura*, Art. 6 GG Rn. 1 ff. oder BeckOK GG/*Uhle*, Art. 6 GG Rn. 20–38.

[299] *BVerfG*, Beschl. vom 7.7.2009 – 1 BvR 1164/07, NJW 2010, 1439, 1442. Dazu eingehend und m.w.N. zur verfestigten Rechtsprechung des BVerfG von Münch/Kunig/*Coester-Waltjen*, Art. 6 GG Rn. 16.

[300] So gleichwohl auch heute noch gefordert bei BeckOK GG/*Uhle*, Art. 6 GG Rn. 38; Maunz/Dürig/*Badura*, Art. 6 GG Rn. 56.

[301] *Schelsky*, Die Soziologen und das Recht, 1980, 78; *Rehbinder*, Rechtssoziologie, 2014, 92 Rn. 92.

[302] *Luhmann*, Soziale Systeme, 1984, 28.

[303] *Luhmann*, Rechtssoziologie, 2008, 213 f. (Beispielsweise über die Normierung von Normierungsbestimmungen); *Ostner/Schumann* in: Schwab/Vaskovics (Hrsg.), Plu-

vor, die ein Tätigwerden des demokratischen Gesetzgebers ermöglichen und der Setzung und Wandlung von (neuem) Recht einen Rahmen geben.[304] Selbst für die Änderung dieser Normierungsregeln sieht das Grundgesetz Bestimmungen vor. Eine Änderung des Grundgesetzes und damit auch des Gesetzgebungsverfahrens kann gem. Art. 79 GG nur in der dort festgelegten Form geschehen. Selbst die sog. „Ewigkeitsgarantie", die Art. 79 III GG für das deutsche föderale System und die in Art. 1 und Art. 20 GG niedergelegten Grundsätze normiert, führt nicht zur Unwandelbarkeit des Rechts. Es bleibt dem deutschen Volk als verfassunggebende Gewalt unbenommen, sich eine neue Verfassung zu geben, selbst wenn diese die in Art. 79 III GG gewährten Grundsätze nicht inkorporieren sollte.[305] Selbst dies sieht das Grundgesetz letztlich mit Art. 146 GG vor. Aber auch ohne eine konkrete Verfassungsänderung im Rahmen eines Gesetzgebungsverfahrens ist das Recht wandelbar. Das Bundesverfassungsgericht hat in der Vergangenheit bereits mehrfach eine dynamische Auslegung des Verfassungsrechts angenommen,[306] es begreift Verfassungsbestimmungen nicht ausschließlich nach historischen Kriterien, sondern erforscht den objektiven Willen des Gesetzgebers, wobei auch die gegenwärtigen gesellschaftlichen Auffassungen, d. h. die Verfassungswirklichkeit Relevanz entfalten.[307] Auch die Rechtsfortentwicklung durch richterliche Rechtsfortbildung ist anerkannt.[308] Das Recht setzt letztlich mit der für unser Rechtssystem geltenden Orientierung an Freiheitsrechten sogar selbst die Bedingungen für gesellschaftlichen Wandel und damit auch für den Wandel des Rechts.[309] Art. 4 I und Art. 5 I GG sichern die Freiheit der Meinung, des Glaubens, des Gewissens und der Religion und schaffen damit die Grundlage dafür, dass sich Moralvorstellungen und sonstige gesellschaftliche Wertvorstellungen innerhalb einer Gesellschaft frei bilden und verändern können.[310]

---

ralisierung von Elternschaft und Kindschaft, 2011, 289, 293; vgl. auch die Diskussion bei *Schelsky,* Die Soziologen und das Recht, 1980, 78 f.

[304] Zu weiteren Formen des Wandels von Recht eingehend *Ostner/Schumann* in: Schwab/Vaskovics (Hrsg.), Pluralisierung von Elternschaft und Kindschaft, 2011, 289.

[305] *Maurer,* Staatsrecht I, 2010, § 22 Rn. 23. Die Frage ist in der Staatsrechtswissenschaft allerdings sehr umstritten, vgl. a. A. beispielsweise Maunz/Dürig/*Herdegen,* Art. 79 GG m. w. N. zur Literatur.

[306] Beispielhaft siehe zur Entwicklung der leistungsstaatlichen Funktion der Grundrechte *BVerfG,* Urt. v. 18.7.1972 – 1 BvL 32/70 und 25/71 (*numerus clausus*), NJW 1972, 1561, zu weiteren Beispielen *Maurer,* Staatsrecht I, 2010, § 1 Rn. 74.

[307] *Kaufhold* in: Röthel/Heiderhoff (Hrsg.), Regelungsaufgabe Mutterstellung – Was kann, was darf, was will der Staat?, 2016, 87, 88. Zur Verfassungsauslegung allgemein siehe *Maurer,* Staatsrecht I, 2010, § 1 Rn. 47 ff.

[308] Vgl. etwa aus jüngerer Zeit zum Auskunftsanspruch des Scheinvaters *BVerfG,* Beschluss vom 24.2.2015 – 1 BvR 472/14, NZFam 2015, 355 („Schöpferische Rechtsfindung durch gerichtliche Rechtsauslegung und Rechtsfortbildung ist praktisch unentbehrlich und wird vom BVerfG seit jeher anerkannt").

[309] *Steiger,* 45 VVDStRL (1987) 55, 56.

[310] *Rehbinder,* Rechtssoziologie, 2014, 92 Rn. 92.

III. Leitlinien für eine Anpassung des Rechts an gesellschaftlichen Wandel

Damit stellt sich letztendlich die entscheidende Frage, anhand welcher Leitlinien sich ein rechtlicher Wandel zu vollziehen hat. Welchen Strömungen hat das Recht beispielsweise über eine Anpassung Folge zu leisten, an welcher Stelle hat es aber möglicherweise gesellschaftlichen Vorstellungen Einhalt zu gebieten? Die Feststellung eines gesellschaftlichen Wandels an sich bedeutet ja schließlich nicht, dass das Recht diesem Wandel stets folgen muss.[311]

Letztlich kann sich die Beantwortung dieser Frage nur an Wesen, Aufgabe und Funktion des Rechts orientieren und mit Blick auf die unserer Gesellschaftsordnung zugrundeliegende Ausrichtung an Freiheitsrechten beantwortet werden.[312] Aufgabe des Rechts kann es in einer freiheitlich organisierten, pluralistischen Gesellschaft letztlich nur sein, einen ethischen Minimalstandard (sog. *ethisches Minimum*) zu schaffen, der all jenes beinhaltet, was für unser gedeihliches Zusammenleben zwingend erforderlich ist;[313] darüber hinausgehende Wertvorstellungen sind in einer freiheitlichen Gesellschaftsordnung hingegen dem Individuum überlassen.[314] Es gibt letztlich keinen gesellschaftlichen Idealstandard, dem jeder Einzelne zu folgen hätte, sondern eine Pluralität individueller Idealvorstellungen.[315] Das Recht kann dem Einzelnen daher nicht *per se* vorschreiben, wie das Leben oberhalb der Schwelle des ethischen Minimums zu gestalten ist. Da das Recht die Aufgabe hat, individuelle Freiheitssphären im Rahmen des gesellschaftlichen Gesamtgefüges zu sichern, hat es im Grundsatz auch gesell-

---

[311] Ähnlich zur Frage der Institutionalisierung von Lebensformen auf Paarebene *Röthel,* StAZ 2006, 34, 40. Vgl. auch Persönliche Leitlinien der Mitglieder des Arbeitskreis Abstammungsrecht des BMJV, Abschlussbericht – Empfehlungen für eine Reform des Abstammungsrechts, 2017, 107 (Meo-Micaela Hahne: „[Recht] muss auch Grenzen setzen, …").

[312] *Steiger,* 45 VVDStRL (1987) 55, 75.

[313] Vgl. so etwa bereits *Jellinek,* Die sozialethische Bedeutung von Recht, Unrecht und Strafe, 1908, 45 f.

[314] *Frankena,* Ethik, 2017, 88 ff.; *Coester-Waltjen* in: Wiesemann/Simon (Hrsg.), Patientenautonomie, 2013, 222; so auch *Seelmann/Demko,* Rechtsphilosophie, 2014, 83 § 3 Rn. 18; *Rehbinder,* Rechtssoziologie, 2014, 47 Rn. 51, 92 Rn. 92; *von der Pfordten,* Rechtsethik, 2011, 478 ff., 517 ff.; vgl. dazu auch *Jellinek,* Die sozialethische Bedeutung von Recht, Unrecht und Strafe, 1908; 45 („Das Recht ist nichts anderes, als das ethische Minimum.", dieses Verständnis greift jedoch zu kurz, da das Recht ja auch die über das ethische Minimum hinausgehende Freiheitsausübung normiert, vgl. darauf hinweisend *Kreß,* Ethik der Rechtsordnung, 2011, 72.). Vgl. zum Rückbezug der Rechtfertigung sozialer Entscheidungsfindung auf das Individuum *von der Pfordten,* Rechtsethik, 2011, 461 f. Zur Bildung von moralischen Werten siehe *Frankena,* Ethik, 2017, 6 ff.

[315] *Campenhausen,* 45 VVDStRL (1987) 7, 10; vgl. zur Wandelbarkeit mit Blick auf das Grundgesetz auch *Böhm,* VVDStRL (2014) 211; ebenso *Germann,* VVDStRL (2014) 257; so auch *Schwenzer,* 71 RabelsZ (2007) 706, 711 (Schwenzer folgert aus dem Freiheitsgedanken ein Prinzip der Nichteinmischung des Staates).

schaftlichen Wandel abzubilden, sofern das ethische Minimum gewahrt bleibt. Gleichzeitig ist es Aufgabe des Rechts, das gesellschaftliche Zusammenleben so zu organisieren, dass ein stabiles Zusammenleben tatsächlich ermöglicht wird. Eine zu schnelle Anpassung des Rechts und eine zu unreflektierte Preisgabe von Wertentscheidungen des Gesetzgebers kann dieses Ziel gefährden.[316] Funktionsbedingt ist Rechtsnormen daher eine gewisse „Starrheit"[317] immanent. Anders als einfache Verhaltensanforderungen wie Bräuche oder Gewohnheiten wandeln sich rechtliche Normen somit nicht ebenso schnell.[318] Deshalb trifft in vielen Konstellationen die Feststellung, dass das Recht sozialem Wandel hinterherhinke, bereits aus systemischen Gründen zu.[319]

Dies zeigt zusammenfassend, dass sich ein Wandel des Rechts daher sowohl an den gewandelten gesellschaftlichen Wertvorstellungen, als auch an den Aufgaben und der Funktion des Rechts selbst zu orientieren hat.[320] Das Recht hat in einer freiheitlich organisierten Gesellschaftsstruktur sozialen Wandel abzubilden, solange das ethische Minimum, d.h. das Substrat dessen, was für unser gedeihliches Zusammenleben zwingend erforderlich ist, gewahrt bleibt.

Letztlich stellt sich damit aber die Frage, wie dieser ethische Minimalstandard konkret auszusehen hat, oder wie *Seelmann* treffend fragt: „Was […] schützt das Recht eigentlich?".[321] Die Frage lässt sich nur bedingt generalisiert beantworten, die konkrete Ausprägung des Minimalstandards zeigt sich letztlich erst individuell für jede einzelne Regelungskonstellation, da erst mit Blick auf diese definitiv feststeht, mit welcher Intensität Interessen Einzelner oder der Gesellschaft berührt werden und welche ethischen Erwägungen bei der Beantwortung der Frage Beachtung finden müssen. Ganz allgemein lassen sich jedoch gewisse Grundprinzipien identifizieren, die für die Feststellung des ethischen Minimums ganz besondere Relevanz entfalten. Dies sind jene Prinzipien, die als allgemeine Rechtsprinzipien in unserer Gesellschaftsordnung letztlich deshalb Verbindlichkeit beanspruchen und als verbindliche Verhaltensanforderungen ganz grundsätzlich unser Zusammenleben entscheidend mitbestimmen, da sie für das gedeihliche Zusammenleben unserer Gesellschaft geradezu konstituierend sind.[322] Aufgrund

---

[316] *Steiger,* 45 VVDStRL (1987) 55, 74 f.

[317] *Raiser,* Grundlagen der Rechtssoziologie, 2013, 176.

[318] *Raiser,* Grundlagen der Rechtssoziologie, 2013, 176 (auch zur Verdichtung sozialer Gewohnheiten zu sozialen Normen und *vice versa*).

[319] Siehe etwa *Ehrlich,* Grundlegung der Soziologie des Rechts, 1967, 323 („Es ist klar, daß dieser nie rastenden Entwicklung des gesellschaftlichen Rechts gegenüber das starre und unbewegliche staatliche Recht nur zu oft im Rückstande bleibt"); mit Blick auf den familialen Wandel *Beck-Gernsheim,* Was kommt nach der Familie?, 2010, 18.

[320] Steiger, 45 VVDStRL (1987) 55, 75.

[321] *Seelmann/Demko,* Rechtsphilosophie, 2014, 87 § 3 Rn. 21.

[322] Der ethische Minimalstandard kann sich von Gesellschaft zu Gesellschaft unterschiedlich darstellen, vgl. eingehend *Jellinek,* Die sozialethische Bedeutung von Recht, Unrecht und Strafe, 1908, 45 f.

der freiheitlichen Grundstruktur unserer Gesellschaft ist als allgemeines Rechtsprinzip der Grundsatz der *Autonomie* anerkannt, der das Individuum als eigenständige, einen Selbstzweck verkörpernde Person begreift, die ihr Leben selbstbestimmt gestalten kann und können muss.[323] Die Anerkennung des Grundsatzes der Autonomie des Individuums bedeutet somit gleichzeitig die Anerkennung der *Würde des Menschen,* vgl. Art. 1 GG. Da Autonomie jedem Individuum zukommt, folgen aus dem Grundsatz der Autonomie weitere Prinzipien, nämlich jene der *Gleichbehandlung,*[324] der *Schutz des Lebens und der körperlichen Unversehrtheit* (vgl. etwa Art. 2 II GG) sowie die Notwendigkeit eines *gerechten Ausgleichs der individuellen Interessen* (ausgleichende Gerechtigkeit).[325] Aus der gleichberechtigten Autonomie aller Individuen folgt letztlich das Prinzip der *Reziprozität*: die Autonomie des einen schränkt somit die Autonomie des anderen ein und *vice versa.*[326] Hieraus ergibt sich letztlich auch der *Schwächerenschutz,*[327] der mit Blick auf das Abstammungsrecht insbesondere in Gestalt des Kindeswohlprinzips Relevanz entfaltet.[328] Leitend für das ethische Minimum ist letztlich auch der Grundsatz der *Verteilungsgerechtigkeit,* d.h. der gerechte Zugang zu staatlich kontrollierten, knappen Gütern.[329] Es lassen sich weitere allgemeine Rechtsprinzipien definieren, die die Feststellung des ethischen Minimums leiten,[330] deren abstrakte Behandlung an dieser Stelle nicht erforderlich ist. Deutlich wird aus dem bereits Gesagten jedoch, dass all diese allgemeinen Rechtsprinzipien, die in unserer gesellschaftlichen Ordnung Anerkennung finden, letztlich ganz generell für unser gesellschaftliches Zusammenleben konstituierend sind. Sie zählen somit bereits zum ethischen Minimalstandard und bestimmen die Grenzen einer Anpassung des Rechts an den sozialen Wandel daher im Einzelfall.[331]

---

[323] *Raiser,* Grundlagen der Rechtssoziologie, 2013, 201; hierzu eingehend *Bumke* in: Bumke/Röthel (Hrsg.), Autonomie im Recht, 2017, 3. Zur Ausprägung im Bereich der freien Persönlichkeitsentfaltung *Britz* in: Bumke/Röthel (Hrsg.), Autonomie im Recht, 2017, 535 ff.

[324] *von der Pfordten,* Rechtsethik, 2011, 494 f.

[325] *Rehbinder,* Rechtssoziologie, 2014, 106 Rn. 105. Zur Frage, wann Recht gerecht ist, siehe eingehend die Darstellung der Theoriestreitigkeit *von der Pfordten,* Rechtsethik, 2011, 231 ff.

[326] *Raiser,* Grundlagen der Rechtssoziologie, 2013, 203; *Rehbinder,* Rechtssoziologie, 2014, 105 Rn. 102.

[327] Zu den bekannten Fällen der Ehegattenbürgschaft *BVerfG,* Beschl. v. 10.10.1993 – 1 BvR 567/89 u.a., NJW 1994, 36. Als Leitlinie für das Abstammungsrecht begreifend auch Persönliche Leitlinien der Mitglieder des Arbeitskreis Abstammungsrecht des BMJV, Abschlussbericht – Empfehlungen für eine Reform des Abstammungsrechts, 2017, 107 (Meo-Micaela Hahne).

[328] Zum Kindeswohl *Coester,* Das Kindeswohl als Rechtsbegriff, 1983.

[329] *Raiser,* Grundlagen der Rechtssoziologie, 2013, 206.

[330] Hierzu etwa *Raiser,* Grundlagen der Rechtssoziologie, 2013, 216 (etwa die prozedurale Gerechtigkeit).

[331] Vgl. so auch mit Blick auf den Grundsatz des *neminem laedere Jellinek,* Die sozialethische Bedeutung von Recht, Unrecht und Strafe, 1908, 51.

Damit ist festzuhalten, dass ein Wandel des Rechts sich sowohl an den geänderten gesellschaftlichen Wertvorstellungen als auch an Wesen, Aufgabe und Funktion des Rechts zu orientieren hat. Einem gesellschaftlichen Wandel hat das Recht im Grundsatz zu folgen, vorausgesetzt, das ethische Minimum wird durch die Wandlung des Rechts gewahrt und die Funktionen des Rechts bleiben weiterhin erfüllbar. Somit gilt auch für das Abstammungsrecht, dass es sozialem Wandel zu entsprechen hat, sofern die abstammungsrechtlichen Funktionen weiterhin erfüllbar sind und das ethische Minimum beachtet wird. Im weiteren Gang der Arbeit wird nun ganz konkret herausgearbeitet werden, inwieweit das Abstammungsrecht auf den in § 1 beschriebenen familialen Wandel zu reagieren hat und inwieweit ein ethischer Minimalstandard konkret zu sichern ist.

C. Zusammenfassung

Dieses Kapitel hatte sich zur Aufgabe gesetzt, Aufgabe und Natur des Abstammungsrechts, Bedeutung der abstammungsrechtlichen Eltern-Kind-Zuordnung und abstammungsrechtlichen Grundprinzipien näher zu beleuchten und bedeutende Systembrüche des deutschen Abstammungsrechts aufzeigen. Darüber hinaus ist vor dem Hintergrund der in § 1 aufgefundenen Ergebnisse zu hinterfragen gewesen, inwieweit das Recht ganz generell auf eine geänderte gesellschaftliche Werteordnung zu reagieren hat und welche Maßstäbe für eine Anpassung des Rechts an gesellschaftlichen Wandel anzulegen sind. Folgende Ergebnisse können festgehalten werden:

I. Abstammungsrechtliche Grundlagen

Das Abstammungsrecht ist als Teil des Familienrechts Statusrecht. Als solches hat es ganz generell die Aufgabe, einer Person ihren Platz in der Rechtsgemeinschaft mit ihren jeweiligen individuellen Bezügen und Rechtsverhältnissen, d.h. ihren Personenstand, zuzuweisen. Abstammungsrecht ist daher personenbezogenes Standortbestimmungsrecht.[332] Konkret weist das Abstammungsrecht einem Kind seine rechtlichen Eltern allgemeinverbindlich zu. Die statusrechtliche Natur des Abstammungsrechts steht in kontinentaleuropäischer Tradition. Jurisdiktionen, die der abstammungsrechtlichen Beziehung hingegen keine Statusqualität zuweisen (z. B. das Recht von England und Wales) nutzen jedoch in bestimmten Regelungskonstellationen (insbesondere in Fällen medizinisch-assistierter Reproduktion) ebenfalls statusrechtliche Elemente, die die rechtliche Elternschaft allgemeinverbindlich festlegen.

Die Bedeutung abstammungsrechtlicher Eltern-Kind-Zuordnung kann letztlich nicht überschätzt werden. Das über §§ 1591 ff. BGB geschaffene rechtliche Band

---

[332] Zum Begriff der Standortbestimmung und der Aufgabe des Familienrechts als Statusrecht *Gernhuber/Coester-Waltjen*, Familienrecht, 2010, 9.

zwischen Eltern und ihren Kindern ist von immenser rechtlicher Bedeutung, da es eine Reihe von rechtlichen Folgewirkungen im Familienrecht und in anderen Rechtsgebieten (z.B. Elterliche Verantwortung, Unterhaltsrecht, Erbrecht, Staatsangehörigkeitsrecht etc.) mit sich bringt. Auch dies ist ein im internationalen Vergleich nahezu einheitlicher Befund.

Aus der statusrechtlichen Natur des Abstammungsrechts folgen einige Grundprinzipien, die für das Abstammungsrecht leitend sind. Dies sind der Grundsatz der Statuswahrheit, der Grundsatz der Statuserkennbarkeit und der -klarheit sowie jener der Statusbeständigkeit. Dies bedeutet konkret, dass die rechtliche Eltern-Kind-Zuordnung möglichst der Realität entsprechen, d.h. wahr sein soll, sowie aufgrund der weitreichenden Folgen möglichst bestandsfest, klar und leicht erkennbar auszugestalten ist, damit für die an einer abstammungsrechtlichen Beziehung beteiligten Personen Rechtssicherheit über die Zuordnung und die Zuordnungswirkungen besteht. Dem Aspekt der Rechtssicherheit entspricht auch ein möglichst früher Zeitpunkt der Herstellung der Abstammungszuordnung. Das deutsche Abstammungsrecht und die Abstammungsrechte anderer Staaten setzen diese Prinzipien auf verschiedenste Weise um:

Mit Blick auf die Herstellung von Statuswahrheit unterliegt dem deutschen Abstammungsrecht das Primat der genetischen Abstammung. Die rechtlichen Abstammungsbeziehungen sollen somit generell den genetischen Abstammungsbeziehungen entsprechen. Das deutsche Abstammungsrecht favorisiert somit letztlich das Segment der genetischen Elternschaft. Im gesetzgeberischen Idealbild fallen rechtliche, genetische aber auch soziale Elternschaft daher wie im Idealtypus der klassischen Kernfamilie in einer Elternperson zusammen. Andere Aspekte der Elternschaft und moderne Eltern-Kind-Konstellationen spielen im deutschen Abstammungsrecht nur eine untergeordnete Rolle, etwa beim Anfechtungsausschluss nach § 1600 II BGB.[333] Gleichwohl toleriert das deutsche Recht durch einige (teils bewusste) Systembrüche bereits im jetzigen System ein dauerhaftes Auseinanderfallen genetischer und rechtlicher Abstammung.[334] Durch diese Systembrüche, die nicht stets stringent vollzogen werden, bedingen sich teilweise systemische Inkonsistenzen, die zu unangemessenen Ergebnissen führen und die der Korrektur bedürfen. Letztlich zeigt sich bereits an dieser konzeptionellen Grundausrichtung, dass das Abstammungsrecht den in § 1 aufgefundenen Ergebnissen nicht vollständig gerecht wird. Dies gilt vor allem für die herausgearbeitete Gleichwertigkeit der Elternschaftssegmente. Darüber hinaus gestattet die Orientierung an der genetischen Abstammung in vielen Fällen keine

---

[333] Die Bestimmung ist verfassungsgemäß, vgl. so zutreffend *BGH,* Beschl. v. 18.10.2017 – XII ZB 525/16, BeckRS 2017, 131155.

[334] Vgl. so auch *Schwab* in: Schwab/Vaskovics (Hrsg.), Pluralisierung von Elternschaft und Kindschaft, 2011, 41, 46; vgl. *Schwab,* Familienrecht, 2016, § 47 Rn. 543; dazu auch MüKoBGB/*Wellenhofer,* § 1589 Rn. 7 ff. m.w.N., Vor § 1591 Rn. 25; *Schröder,* Wer hat das Recht zur rechtlichen Vaterschaft?, 2015, 89.

hinreichende Berücksichtigung gewandelter Elternschafts- und Kindschaftskonstellationen. Letzteres lässt sich beispielsweise deutlich bei Reproduktionsfamilien im heterologen System sehen: Das Kind kann seinen sozialen und rechtlichen Vater nach einer heterologen Insemination unabhängig davon aus der Vaterposition drängen, ob der soziale Vater seine Elternrolle möglicherweise über Jahre hinweg aktiv gelebt hat, da § 1600 IV BGB zwar das Recht der Eltern, die rechtliche Vaterschaft anzufechten, ausschließt, das Anfechtungsrecht des Kindes allerdings nicht erfasst. Das wird den Interessen der Beteiligten, insbesondere jenen des sozialen, rechtlichen Vaters nicht hinreichend gerecht. Auch kann beispielsweise der in die heterologe Insemination einwilligende, die Vaterschaftsanerkennung später aber absprachewidrig unterlassende nichteheliche Lebenspartner der Geburtsmutter nicht als rechtlicher Vater gerichtlich festgestellt werden, da § 1600d I BGB als Feststellungsgrund nur die genetische Abstammung kennt.[335] Er kann daher nicht an seiner Bereitschaft, Verantwortung für das Kind zu übernehmen, festgehalten werden, was den Interessen des Kindes nicht gerecht wird. Da der Gesetzgeber mittlerweile auch den klassischen Samenspender von der Vaterschaftsfeststellung ausgenommen hat, kann das Kind „aus eigener Kraft" damit überhaupt keine Vaterzuordnung bewirken.

Ein Blick in das europäische Ausland hat gezeigt, dass viele Rechtsordnungen der genetischen Abstammung zwar ein großes Gewicht bei der Eltern-Kind-Zuordnung zumessen. Nicht jede Rechtsordnung sieht die genetische Abstammung aber im Vergleich zur biologischen oder sozialen Elternschaft stets als vorrangig an. Vielmehr finden sich in vielen Rechtsordnungen auch zahlreich Belege dafür, dass neben der genetischen Abstammung auch andere Kriterien eine Rolle für die Eltern-Kind-Zuordnung spielen. Hierüber wird mitunter die Berücksichtigung gewandelter Elternschaftskonstellationen ermöglicht. Für den weiteren Gang dieser Arbeit wird daher konkret zu hinterfragen sein, inwieweit das geltende deutsche Abstammungsrecht der Anpassung bedarf.

Darüber hinaus hat die vorstehende Betrachtung ergeben, dass abstammungsrechtliche Positionen höchstpersönlicher Natur sind, da sie den Kernbereich des Persönlichkeitsrechts, Art. 2 I i.V.m. Art. 1 I GG, betreffen. Dies hat insbesondere Auswirkungen auf die Frage der Begründungs- und Aufhebungsmodalitäten abstammungsrechtlicher Beziehungen (insb. auf die Möglichkeit der Stellvertretung und die Antragsberechtigung im Verfahren der gerichtlichen Feststellung der Vaterschaft bzw. die Anfechtungsberechtigung im Vaterschaftsanfechtungsverfahren) sowie auf die Frage der Verzichtbarkeit abstammungsrechtlicher Positionen. In vielen weiteren Rechtsordnungen haben abstammungsrechtliche Beziehungen höchstpersönlichen Charakter. Nicht jede Rechtsordnung gestaltet jedoch diese Höchstpersönlichkeit immer gleich aus. Oftmals finden sich auch signifikante Abweichungen von diesem Grundsatz, wie beispielsweise bei der Berechti-

---

[335] BeckOGK/*Reuß*, § 1600d BGB Rn. 27 m.w.N.

gung die rechtliche Vaterschaft anzufechten. Auch hier stellt sich im Konkreten die Frage, ob ein Anpassungsbedarf des deutschen Abstammungsrechts besteht.

Aufgrund der Natur und Aufgabe des Abstammungsrechts und der Höchstpersönlichkeit abstammungsrechtlicher Positionen steht das Abstammungsrecht letztlich im Spannungsfeld von staatlichen Ordnungs- und privatautonomen Gestaltungsinteressen. Das geltende Abstammungsrecht sucht eine Balance der in diesem Spannungsfeld befindlichen Interessen, indem es im Grundsatz ein Regelungssystem der Eltern-Kind-Zuordnung zwingend vorgibt, an entscheidenden Stellen der privatautonomen Gestaltung allerdings Raum lässt. Mit einem derartigen Spannungsfeld sieht sich letztlich jede Rechtsordnung konfrontiert, die abstammungsrechtliche Fragen regelt. Nicht jede Rechtsordnung geht bei der Auflösung des Spannungsfeldes den Weg, den der deutsche Gesetzgeber eingeschlagen hat. In vielen Rechtsordnungen finden sich jedoch ganz ähnliche Elemente eines Kanons zwingender Bestimmungen, die von in begrenztem Rahmen bestehenden privatautonomen Entscheidungsfreiheiten flankiert werden.

Kein statusrechtlicher Grundsatz, sondern Ausprägung der rechtspolitischen Wertentscheidung des Gesetzgebers ist die Geltung des „Ein-Vater"- und „Eine-Mutter"-Prinzips, das im deutschen Recht aufgrund der Möglichkeit gleichgeschlechtlicher Elternschaft mittlerweile eher im Sinne eines „Zwei-Eltern"-Prinzips zu verstehen ist und das besagt, dass ein Kind maximal zwei rechtliche Eltern haben kann. Die meisten Rechtsordnungen verfolgen das „Zwei-Eltern"-Prinzip ebenfalls im Grundsatz. Das deutsche Recht macht bei der Volljährigenadoption eine Ausnahme hiervon, indem es die bisherigen rechtlichen Abstammungsbeziehungen zu den Eltern des Kindes nicht kappt, sondern das Eltern-Kind-Verhältnis zum Annehmenden neben diese stellt. Dieses Phänomen findet sich letztlich in jenen Rechtsordnungen, die Elemente der schwachen Adoption kennen. Andere Rechtsordnungen haben jedoch konzeptionell von dem „Zwei-Eltern"-Prinzip Abstand genommen (siehe etwa British Columbia bzw. das kalifornische Recht). Hier werden zwar im Grundsatz weiterhin einem Kind maximal zwei Eltern zugeordnet, das Recht sieht jedoch in Ausnahmefällen die Zuordnung von mehr als zwei Personen vor, um den tatsächlichen Gegebenheiten der Pluralisierung von Elternschaft gerecht zu werden. Auch hierüber wird mit Blick auf eine Reform des deutschen Rechts nachzudenken sein.

II. Wandelbarkeit des Rechts

Da das geltende Abstammungsrecht wie vorstehend herausgearbeitet bereits konzeptionell durch die Orientierung an der genetischen Abstammung die heute gelebten Konstellationen von Elternschaft und Kindschaft nicht vollständig abbildet, stellt sich die Frage, inwieweit das Abstammungsrecht einer Änderung bedarf. Vor diesem Hintergrund war zunächst einmal ganz generell zu hinterfragen, inwieweit das Recht im Allgemeinen auf eine geänderte gesellschaftliche Werteordnung zu reagieren hat, und welche Maßstäbe für eine Anpassung des Rechts an gesellschaftlichen Wandel anzulegen sind.

Recht erstrebt nach heutigem Verständnis über die Schaffung einer aus verbindlichen Verhaltenserwartungen bestehenden Ordnungsstruktur menschliches Verhalten zu ordnen und die individuellen Freiräume des Einzelnen im Kollektiv der Gesellschaft zu sichern. Das Recht verfolgt damit keinen Selbstzweck. Es dient vielmehr dem Individuum und der Gesellschaft als Ganzes, indem es einen rechtlichen Rahmen für menschliches Verhalten setzt, Konfliktbeilegungsmechanismen vorsieht und Sicherheit darüber schafft, welche Folgen ein bestimmtes Verhalten zeitigen wird. Wie alle Verhaltenserwartungen, über die sich eine Gesellschaft organisiert, ist auch das Recht als verbindliche Verhaltenserwartung nicht *per se* vorgegeben, sondern das Ergebnis von in der Gesellschaft stattfindenden Normungsprozessen, die sich im Laufe der Zeit wiederholen und Verhaltenserwartungen und somit auch das Recht verändern können. Das Recht ist als Teil der sozialen Ordnung somit wandelbar. Das Recht setzt letztlich mit der für unser Rechtssystem geltenden Orientierung an Freiheitsrechten sogar selbst die Bedingungen für gesellschaftlichen Wandel und damit auch für den Wandel des Rechts. Art. 4 I und Art. 5 I GG sichern die Freiheit der Meinung, des Glaubens, des Gewissens und der Religion und schaffen damit die Grundlage dafür, dass sich Moralvorstellungen und sonstige gesellschaftliche Wertvorstellungen innerhalb einer Gesellschaft frei bilden und verändern können.

Ein Wandel des Rechts hat sich aufgrund der dienenden Funktion von Recht einerseits an den gewandelten gesellschaftlichen Wertvorstellungen zu orientieren, andererseits sind auch Aufgabe und Funktion des Rechts zu beachten. Einerseits hat das Recht somit gewandelten gesellschaftlichen Vorstellungen Raum zu geben, andererseits muss dabei gewährleistet sein, dass das Recht seine Funktion als Ordnungssystem noch erfüllen kann. Fraglich ist nun allerdings ganz konkret, anhand welcher Maßstäbe diese Trennlinie zu ziehen ist. Welchen Strömungen hat das Recht beispielsweise über eine Anpassung Folge zu leisten, an welcher Stelle hat es aber möglicherweise gesellschaftlichen Vorstellungen Einhalt zu gebieten? Aufgabe des Rechts kann es in einer freiheitlich organisierten, pluralistischen Gesellschaft letztlich nur sein, einen ethischen Minimalstandard (sog. *ethisches Minimum*) zu schaffen, der all jenes beinhaltet, was für unser gedeihliches Zusammenleben zwingend erforderlich ist. Hierzu zählen die die Gesellschaftsordnung konstituierenden allgemeinen Rechtsprinzipien (z.B. der Grundsatz der Autonomie, der Schutz der Würde des Menschen, der Schutz des Lebens und der körperlichen Unversehrtheit, der Grundsatz der Gleichbehandlung, sowie die Notwendigkeit eines gerechten Ausgleichs der individuellen Interessen, das Prinzip der Reziprozität, der Schwächerenschutz insbesondere in Gestalt des Kindeswohlprinzips und letztlich auch der Grundsatz der Verteilungsgerechtigkeit). Über diesen ethischen Minimalstandard hinausgehende Wertvorstellungen sind in einer freiheitlichen Gesellschaftsordnung hingegen dem Individuum überlassen.

Das Recht kann dem Einzelnen nicht *per se* vorschreiben, wie das Leben oberhalb der Schwelle des ethischen Minimums zu gestalten ist. Konkret bedeutet dies für das Abstammungsrecht, dass das Recht in einer freiheitlich organisierten Gesellschaftsstruktur sozialen Wandel generell abzubilden hat, solange das ethische Minimum, d.h. das Substrat dessen, was für unser gedeihliches Zusammenleben zwingend erforderlich ist, gewahrt bleibt und die oben identifizierten Funktionen des Abstammungsrechts noch entsprechend erfüllt werden können.

Damit ist letztlich für das deutsche Abstammungsrecht zu schlussfolgern, dass das gegenwärtige Abstammungsrecht bereits konzeptionell dem gesellschaftlichen Wertewandel nicht entspricht und sich somit ein Anpassungsbedarf ergibt.[336] Eine Anpassung des Rechts hat sich an den geänderten Vorstellungen davon, wie Familie und Elternschaft gelebt werden und gelebt werden sollten zu orientieren, wobei die Wahrung des ethischen Minimums und die Aufrechterhaltung der Funktion des Abstammungsrechts gesichert bleiben muss. Inwieweit eine Reform des Abstammungsrechts im Einzelnen konkret auszugestalten ist, um den genannten Anforderungen zu entsprechen, ist Gegenstand des zweiten Teils dieser Arbeit.

---

[336] Hiervon ausgehend auch Arbeitskreis Abstammungsrecht des BMJV, Abschlussbericht – Empfehlungen für eine Reform des Abstammungsrechts, 2017, 23; siehe etwa auch *Löhnig*, ZRP 2017, 205.

Teil 2

Theorie eines Elternschaftsrechts

Wie sich in Teil 1 dieser Arbeit gezeigt hat, bildet das derzeitige deutsche Recht bereits konzeptionell mit seiner primären Orientierung an der genetischen Abstammung weder den aufgezeigten sozialen Wandel noch die Gleichwertigkeit der einzelnen Elternschaftssegmente vollständig ab. Es enthält deshalb nicht für jede Eltern-Kind-Konstellation eine angemessene rechtliche Regelung. Das Abstammungsrecht bedarf daher der Reform.[1] Der zweite Teil dieser Arbeit wird sich deshalb als *Theorie eines Elternschaftsrechts*[2] der Entwicklung der normativen Elemente eines modernen Abstammungsrechts annehmen, das dem in § 1 beschriebenen familialen Wandel entspricht und die in § 2 dieser Arbeit herausgestellten Anforderungen an den Wandel des Rechts berücksichtigt, d.h. insbesondere die Wahrung des ethischen Minimums und die Erfüllung der Funktionen des Abstammungsrechts sicherstellt. Hierbei sind auch die Leitlinien des geltenden Rechts grundlegend zu überdenken.[3]

Der weitere Gang der Arbeit stellt sich wie folgt dar: § 3 wird zunächst die Struktur eines modernen Elternschaftsrechts erarbeiten, wozu dessen konzeptionelle Grundausrichtung als Statusrecht und die Herausarbeitung relevanter Orientierungslinien gehören. § 4 wird darauffolgend einen Vorschlag für ein konkretes System der Elternschaftszuordnung und -korrektur beinhalten. § 5 behandelt das Recht auf Kenntnis der eigenen Abstammung/Abkömmlinge aufgrund dessen herausragender Bedeutung hiervon gesondert. § 6 nimmt sich Sachverhalten mit Auslandsbezug an.

---

[1] Reformbedarf sehend ebenfalls *Coester-Waltjen,* JZ 2016, 101, 103; *Helms* in: Ständige Deputation des Deutschen Juristentages (Hrsg.), Rechtliche, biologische und soziale Elternschaft – Herausforderungen durch neue Familienformen, 2016, F 1, F8; *Vaskovics* in: Schwab/Vaskovics (Hrsg.), Pluralisierung von Elternschaft und Kindschaft, 2011, 11, 33 f.; *Schneider/Diabaté/Lück,* Studie der Konrad Adenauer Stiftung: Familienleitbilder in Deutschland, 2014, 31; Rat der Evangelischen Kirche in Deutschland (EKD), Zwischen Autonomie und Angewiesenheit, 2013, 70; *Campbell,* NZFam 2016, 721.

[2] Zur Begriffswahl siehe unten S. 188 f.

[3] So auch Persönliche Leitlinien der Mitglieder des Arbeitskreis Abstammungsrecht des BMJV, Abschlussbericht – Empfehlungen für eine Reform des Abstammungsrechts, 2017, 109 (Dagmar Coester-Waltjen).

§ 3 Struktur eines modernen Elternschaftsrechts

§ 3 widmet sich nun der Entwicklung der Struktur eines modernen Elternschaftsrechts. Vorangestellt seien unter (A.) zunächst einige Vorbemerkungen zur Wahl des Begriffs *Elternschaftsrecht* und eine Vergegenwärtigung der Anforderungen, die an ein modernes Elternschaftsrecht zu stellen sind. Unter (B.) werden darauffolgend verfassungsrechtliche und menschenrechtliche Vorgaben erarbeitet, die die Struktur eines modernen Elternschaftsrechts bestimmen. Abschnitt (C.) widmet sich der konzeptionellen Grundausrichtung eines modernen Elternschaftsrechts, d.h. der Entwicklung des „zentralen Nervensystems" eines modernen Elternschaftsrechts über die Bestimmung von dessen Natur und von Orientierungslinien, die die Ausgestaltung der Eltern-Kind-Zuordnung im Konkreten leiten werden. Das Kapitel schließt mit einer Zusammenfassung (D.).

A. Vorbemerkung

I. Zur Begriffswahl: Elternschaftsrecht

Die vorliegende Arbeit trägt den Titel „Theorie eines Elternschaftsrechts". Die Wahl des Begriffs *Elternschaftsrecht* ist hierbei nicht zufällig. Er orientiert sich vor allem an den heute gelebten Eltern-Kind-Konstellationen, die immer häufiger nicht den genetischen Abstammungslinien folgen. Der biologisch-genetisch determinierte Begriff des Abstammungsrechts[1] sollte aufgegeben werden, da er der gelebten Realität und den Vorstellungen der in Deutschland lebenden Personen davon, wie Familie und Elternschaft heute gelebt werden sollten, nicht vollständig entspricht.[2] Nicht nur das Recht, sondern auch dessen Begrifflichkeiten sollten jedoch gesellschaftlichen Wandel abbilden. Auch der durch das Bundesministerium der Justiz und für Verbraucherschutz eingesetzte Arbeitskreis Abstammungsrecht, der jüngst Vorschläge zu einer Reform des Abstammungsrechts unterbreitet hat, schlägt daher einen Begriffswandel vor.[3] Die vom Arbeitskreis vorgeschlagene Bezeichnung als „rechtliche Eltern-Kind-Zuordnung" ist zwar sachlich zutreffend, erscheint allerdings zu sperrig. Passender und für die Ver-

---

[1] Zum allgemeinsprachlichen Begriffsverständnis siehe § 1 S. 36 ff.; zur Orientierung des Abstammungsrechts an der genetischen Abstammung siehe oben, § 2 S. 137 ff.

[2] Aus soziologischer Sicht etwa auch *Peuckert,* Familienformen im sozialen Wandel, 2012, 21.

[3] Arbeitskreis Abstammungsrecht des BMJV, Abschlussbericht – Empfehlungen für eine Reform des Abstammungsrechts, 2017, 14, 19 f., 30.

wendung im Rahmen der Gesetzesterminologie geeigneter ist hingegen der Begriff des *Elternschaftsrechts* bzw. die Bezeichnung als *Recht der Elternschaft*. Bereits im allgemeinsprachlichen Verständnis bezeichnet der Begriff der Elternschaft unabhängig vom Grund der Zuordnung prägnant die Innehabung oder Übernahme der Elternrolle.[4] Er erscheint daher für die rechtliche Terminologie im Rahmen der Herstellung des rechtlichen Eltern-Kind-Verhältnisses ebenfalls treffend. Er lässt durch seine Unabhängigkeit vom Zuordnungsgrund Raum für eine Abbildung genetischer, biologischer aber auch sozialer Elternschaft so, wie sie heute gelebt werden. Darüber hinaus ist der Begriff deshalb vorzugswürdig, da er einen begrifflichen Gleichlauf mit der in der Soziologie verwandten Terminologie herbeiführt und daher auch interdisziplinär die Orientierung erleichtert.[5] Es wird deshalb fortan von Elternschaftsrecht bzw. von einem Recht der Elternschaft gesprochen, gemeint ist hiermit die rechtliche Eltern-Kind-Zuordnung.

II. Anforderungen an ein modernes Elternschaftsrecht

Welche Anforderungen sind nun an ein modernes Elternschaftsrecht zu stellen? Bereits in § 2 ist herausgearbeitet worden, dass ein modernes Elternschaftsrecht im Grundsatz sozialem Wandel entsprechen sollte. Das bedeutet, dass für die heute gelebten Eltern-Kind-Konstellationen angemessene rechtliche Lösungen gefunden werden müssen, die diesen Konstellationen einen entsprechenden rechtlichen Rahmen geben.[6] Hierbei ist zu berücksichtigen, dass die Lebenswirklichkeit komplex ist. Das rechtliche Instrumentarium, das dieser Komplexität gerecht werden muss, darf daher nicht zu vereinfachend oder pauschalisierend sein.[7] Darüber hinaus muss sichergestellt sein, dass das Elternschaftsrecht seine Aufgaben als solches auch weiterhin sachgerecht erfüllt, und das ethische Mini-

---

[4] Zum allgemeinsprachlichen Verständnis von Elternschaft siehe § 1 S. 36 ff.

[5] Begriffswahl offen lassend Persönliche Leitlinien der Mitglieder des Arbeitskreis Abstammungsrecht des BMJV, Abschlussbericht – Empfehlungen für eine Reform des Abstammungsrechts, 2017, 133 (Christiane Woopen). Wie hier bereits *Dethloff* in: Röthel/Heiderhoff (Hrsg.), Regelungsaufgabe Mutterstellung – Was kann, was darf, was will der Staat?, 2016, 19, 22. Für Beibehaltung des Begriffs *Abstammungsrecht* Persönliche Leitlinien der Mitglieder des Arbeitskreis Abstammungsrecht des BMJV, Abschlussbericht – Empfehlungen für eine Reform des Abstammungsrechts, 2017, 112 (Rüdiger Ernst). Den Begriff der Abstammung weiter verstehend und damit auch weitere Elternschaftsegmente mit einbeziehend etwa *Wanitzek,* Rechtliche Elternschaft bei medizinisch unterstützter Fortpflanzung, 2002, 25 ff., 136 ff.

[6] *Schwab,* Familienrecht, 2016, § 47 Rn. 545; *Helms* in: Ständige Deputation des Deutschen Juristentages (Hrsg.), Rechtliche, biologische und soziale Elternschaft – Herausforderungen durch neue Familienformen, 2016, F 1, F 9; Arbeitskreis Abstammungsrecht des BMJV, Abschlussbericht – Empfehlungen für eine Reform des Abstammungsrechts, 2017, 23; Arbeitskreis Abstammungsrecht des BMJV, Abschlussbericht – Empfehlungen für eine Reform des Abstammungsrechts, 2017, 114 (Tobias Helms).

[7] Vor Vereinfachung warnend auch *Vaskovics* in: Schwab/Vaskovics (Hrsg.), Pluralisierung von Elternschaft und Kindschaft, 2011, 11, 25 ff.

mum hinreichend gewahrt ist. Ein modernes Elternschaftsrecht hat daher in einem stimmigen, systemische Inkonsistenzen vermeidenden Gesamtkonzept[8] eine rechtssichere, rechtsklare, vorhersehbare, bestandsfeste[9] und eine der Realität weitest möglich entsprechende Eltern-Kind-Zuordnung zu ermöglichen, die einen gerechten Ausgleich aller berührter Interessen vornimmt.[10] Leitend für diesen Interessenausgleich sind insbesondere die Grundsätze der Autonomie, des Schutzes der Würde des Menschen, des Schutzes des Lebens und der körperlichen Unversehrtheit, der Gleichbehandlung und das Kindeswohlprinzip als Ausprägung des Schwächerenschutzes.

Aufgrund der freiheitlichen Grundausrichtung unserer Gesellschaftsstruktur ist darüber hinaus den Freiheitsrechten der Beteiligten ein weitest möglicher Raum zu gewähren.[11] Der autonomen Gestaltbarkeit und der Höchstpersönlichkeit des Eltern-Kind-Verhältnisses ist somit hinreichend Rechnung zu tragen. Es ist daher bei der Ausgestaltung eines modernen Elternschaftsrechts dafür Sorge zu tragen, dass die autonomen Entscheidungen der an einem Eltern-Kind-Verhältnis beteiligten Personen größtmögliches Gewicht erhalten. Dies gilt zum einen im Hinblick auf die Bereitstellung und Ausgestaltung von Zuordnungs- und Korrekturmöglichkeiten. Zum anderen bezieht es sich auf die Effektuierung des persönlichen Willens der Beteiligten und betrifft somit die Frage, inwieweit auch bei nicht voll geschäftsfähigen Personen die höchstpersönliche Willensentschließung Berücksichtigung finden kann. Gleichzeitig stellt sich die entscheidende Frage, wer elternschaftsrechtliche Beziehungen überhaupt gestalten können soll. Hier ist aufgrund der Höchstpersönlichkeit der Beziehungen generell (staatliche) Zurückhaltung geboten.[12] Dort, wo es der Schutz berührter Interessen allerdings erfordert, sind der autonomen Gestaltbarkeit durch zwingendes Recht Grenzen zu setzen.

Des Weiteren unterscheidet bereits das geltende Abstammungsrecht klar zwischen originärer Abstammungszuordnung (§§ 1591, 1592, 1600d BGB) und Kor-

---

[8] So auch Arbeitskreis Abstammungsrecht des BMJV, Abschlussbericht – Empfehlungen für eine Reform des Abstammungsrechts, 2017, 23.

[9] Vgl. ähnlich Arbeitskreis Abstammungsrecht des BMJV, Abschlussbericht – Empfehlungen für eine Reform des Abstammungsrechts, 2017, 24; Persönliche Leitlinien der Mitglieder des Arbeitskreis Abstammungsrecht des BMJV, Abschlussbericht – Empfehlungen für eine Reform des Abstammungsrechts, 2017, 126 (Wolfgang Schwackenberg).

[10] Persönliche Leitlinien der Mitglieder des Arbeitskreis Abstammungsrecht des BMJV, Abschlussbericht – Empfehlungen für eine Reform des Abstammungsrechts, 2017, 109 (Dagmar Coester-Waltjen): „[E]inheitlicher Ansatz, der sowohl den soziomoralischen, gesellschaftlich verankerten und kulturellen Vorstellungen als auch den verfassungs- und menschenrechtlichen Vorgaben [...] entspricht".

[11] Persönliche Leitlinien der Mitglieder des Arbeitskreis Abstammungsrecht des BMJV, Abschlussbericht – Empfehlungen für eine Reform des Abstammungsrechts, 2017, 112 (Rüdiger Ernst).

[12] *Schwenzer,* 71 RabelsZ (2007) 706, 711.

rektur dieser Zuordnung (§ 1599 BGB). Der Arbeitskreis Abstammungsrecht hat zu Recht vorgeschlagen, diesen Ansatz auch künftig zu verfolgen.[13] Es ist durchaus sinnvoll Zuordnungs- und Korrekturtatbestände zu trennen, und auch für Fälle einer nicht der Wahrheit entsprechenden Zuordnung Korrekturinstrumente vorzusehen.[14] Hierbei ist als Anforderung zu berücksichtigen, dass im Lichte einer bestandsfesten und rechtssicheren Zuordnung bereits die originäre Eltern-Kind-Zuordnung so ausgestaltet sein sollte, dass nur im Ausnahmefall ein Korrekturbedarf überhaupt entsteht.[15] Grund dafür ist, dass jede Korrektur der rechtlichen Eltern-Kind-Beziehung das Potential mit sich bringt, Störungen im tatsächlichen Familiengefüge hervorzurufen. Diese können sich mitunter sehr nachteilig auf die Familienmitglieder, insbesondere das Kind auswirken.[16]

Wenn ein modernes Elternschaftsrecht angemessene Lösungen für die gelebte Realität bereithalten soll, so kommt es ferner nicht umhin, auch für jene Realitäten eine angemessene Lösung zu präsentieren, die dem Wertesystem der deutschen Gesellschaft möglicherweise nicht vollständig entsprechen.[17] Dies betrifft insbesondere Fälle, in denen Personen Angebote medizinisch-assistierter Reproduktion im Ausland wahrnehmen, die im Inland nicht zugänglich oder unzulässig sind, bzw. im Ausland durchgeführte Leihmutterschaften. Aufgabe einer Theorie eines Elternschaftsrechts ist es zwar nicht, über die medizinrechtlichen Fragen der Zulässigkeit von Methoden medizinisch-assistierter Reproduktion zu befinden, es ist allerdings eine Tatsache, dass im Rahmen von Reproduktions- und Leihmutterschaftstourismus auch in Deutschland lebende Personen derartige Angebote wahrnehmen. Diese Sachverhalte werden daher auch in Deutschland real, so dass ein modernes Elternschaftsrecht hierfür angemessene Lösungen bereitstellen muss.

Schlussendlich bietet es sich an, dass ein modernes Elternschaftsrecht bereits einen Blick in die Zukunft richtet und auch für absehbare, künftige Entwicklungen Lösungen bereithält.[18] Es erscheint daher durchaus sinnvoll, bei der Ausge-

---

[13] Arbeitskreis Abstammungsrecht des BMJV, Abschlussbericht – Empfehlungen für eine Reform des Abstammungsrechts, 2017, 24.

[14] Arbeitskreis Abstammungsrecht des BMJV, Abschlussbericht – Empfehlungen für eine Reform des Abstammungsrechts, 2017, 25.

[15] Arbeitskreis Abstammungsrecht des BMJV, Abschlussbericht – Empfehlungen für eine Reform des Abstammungsrechts, 2017, 24.

[16] Siehe hierzu die Ergebnisse aus § 1 S. 121 ff. Wie hier auch bereits Persönliche Leitlinien der Mitglieder des Arbeitskreis Abstammungsrecht des BMJV, Abschlussbericht – Empfehlungen für eine Reform des Abstammungsrechts, 2017, 120 (Heinz Kindler).

[17] Vgl. hierzu den Hinweis bei *Britz,* StAZ 2016, 8; Persönliche Leitlinien der Mitglieder des Arbeitskreis Abstammungsrecht des BMJV, Abschlussbericht – Empfehlungen für eine Reform des Abstammungsrechts, 2017, 127 (Wolfgang Schwackenberg).

[18] Persönliche Leitlinien der Mitglieder des Arbeitskreis Abstammungsrecht des BMJV, Abschlussbericht – Empfehlungen für eine Reform des Abstammungsrechts, 2017, 109 (Dagmar Coester-Waltjen).

staltung des Rechts bereits einen Blick etwa auf gesellschaftliche oder medizinische Entwicklungstrends zu richten. So können auch diese Entwicklungen, wenn sie denn tatsächlich eintreten, im rechtlichen System angemessen erfasst werden, ohne dass es einer erneuten, ggf. auch zeitintensiven Rechtsanpassung bedarf. Auch dies gilt es zu berücksichtigen.

B. Verfassungsrechtliche, menschenrechtliche und supranationale Vorgaben

Die Regulierung der rechtlichen Eltern-Kind-Zuordnung berührt eine Reihe verfassungsrechtlicher und menschenrechtlicher Verbürgungen, von denen die wichtigsten im Folgenden erläutert werden.[19] Aspekte des Rechts auf Kenntnis der eigenen Abstammung/Abkömmlinge werden hierbei bewusst ausgespart. Sie finden eingehende Berücksichtigung in § 5.

I. Verfassungsrechtliche Gewährleistungen

1. Elternrecht, Art. 6 II GG

Für die Regulierung elternschaftsrechtlicher Fragen ist in erster Linie das sog. Elternrecht relevant, welches das rechtliche Eltern-Kind-Verhältnis im Ganzen betrifft und in Art. 6 II 1, 2 GG gewährleistet wird.

a) Gewährleistungsgehalt

Art. 6 II 1 GG ordnet als Menschenrecht[20] an, dass Pflege und Erziehung der Kinder das natürliche Recht der Eltern und die zuvörderst ihnen obliegende Pflicht sind. Art. 6 II 1 GG enthält damit einen dreifachen Gewährleistungsgehalt: Erstens weist das Grundgesetz zunächst der Eltern-Kind-Beziehung als solcher verfassungsrechtlichen Schutz zu und garantiert damit ihren Bestand als Rechtsinstitut (sog. Institutsgarantie).[21] Da das Grundgesetz von einem „natürlichen Recht der Eltern" spricht, wird deutlich, dass es das Bestehen des Elternrechts als solches voraussetzt.[22] Der Staat kann die rechtliche Eltern-Kind-Beziehung daher nicht einfach abschaffen und etwa durch ein staatliches Kollektiverziehungssystem ersetzen.[23] Ferner obliegt es dem Staat, Elternrecht und

---

[19] Zur verfassungsrechtlichen Ausgangslage auch *Wanitzek,* Rechtliche Elternschaft bei medizinisch unterstützter Fortpflanzung, 2002, 161 ff. Siehe zur Rolle des BVerfG in diesem System *Neuner* FamRZ 2017, 1805.

[20] von Münch/Kunig/*Coester-Waltjen,* Art. 6 GG Rn. 2.

[21] von Münch/Kunig/*Coester-Waltjen,* Art. 6 GG Rn. 1, 58; BeckOK GG/*Uhle,* Art. 6 GG Rn. 49.

[22] *BVerfG,* Urt. v. 9.2.1982 – 1 BvR 845/79, NJW 1982, 1375; *BVerfG,* Beschl. v. 17.2.1982 – 1 BvR 188/80, NJW 1982, 1379.

[23] von Münch/Kunig/*Coester-Waltjen,* Art. 6 GG Rn. 59 m.w. N.

Elternpflicht so auszugestalten, dass die Familienerziehung im Innen- und Au-
ßenverhältnis effektiv wahrgenommen werden kann und unerwünschter Einfluss
durch Dritte nötigenfalls effektiv abwehrbar ist.[24] Der Institutsgarantie wohnt daher ein Ordnungsauftrag inne.

Art. 6 II GG ist zweitens wertentscheidende Grundsatznorm, indem es die
Autonomie der Eltern gegenüber staatlichem Einfluss stärkt (Primat der Elternautonomie, „zuvörderst ihnen obliegende …") und gleichzeitig die Elternverantwortung klar kindeswohlorientiert ausgestaltet.[25] Die elterliche Entscheidungsautonomie hat daher zwar grundsätzlichen Vorrang vor staatlichem Eingriff,[26] sie
ist allerdings nicht in erster Linie ein elternbezogenes Recht, sondern vor allem
kindbezogen und daher kindeswohlgebunden.[27] Art. 6 II 1 GG postuliert damit
ein primär (aber nicht nur) fremdnütziges Recht der Eltern zugunsten des Kindes.[28] Wenn Art. 6 II 2 GG ein selbst am Kindeswohl zu orientierendes staatliches Wächteramt postuliert,[29] in dem es Ausübung von Elternrecht und Elternpflicht unter Überwachung der staatlichen Gemeinschaft stellt, bedeutet dies
jedoch nicht, dass der Staat unter Verweis auf eine größere Kindeswohldienlich-
keit beliebig in das Elternrecht eingreifen könnte.[30]

Art. 6 II 1 GG gewährt seinen Trägern vor allem auch dadurch Autonomie,
indem er drittens, den Eltern ein (eigennütziges) Abwehrrecht gegen den Staat
zur Seite stellt,[31] das staatliche Eingriffe unter Rechtfertigungsvorbehalt stellt.[32]

b) Korrespondieren von Elternrecht und Elternpflicht

Wie Art. 6 II 1 GG unmissverständlich formuliert, korrespondieren Elternrecht
und Elternpflicht. Das bedeutet, dass nur derjenige das Elternrecht beanspruchen

---

[24] von Münch/Kunig/*Coester-Waltjen,* Art. 6 GG Rn. 59.

[25] von Münch/Kunig/*Coester-Waltjen,* Art. 6 GG Rn. 60; BeckOK GG/*Uhle,* Art. 6
GG Rn. 50; Maunz/Dürig/*Badura,* Art. 6 GG Rn. 91.

[26] *BVerfG,* Beschl. vom 29.7.1968 – 1 BvL 20/63, 31/66 und 5/67, NJW 1968, 2233;
BeckOK GG/*Uhle,* Art. 6 GG Rn. 48.

[27] *Wanitzek,* Rechtliche Elternschaft bei medizinisch unterstützter Fortpflanzung,
2002, 166 f.

[28] von Münch/Kunig/*Coester-Waltjen,* Art. 6 GG Rn. 78; BeckOK GG/*Uhle,* Art. 6
GG Rn. 48; Maunz/Dürig/*Badura,* Art. 6 GG Rn. 94.

[29] von Münch/Kunig/*Coester-Waltjen,* Art. 6 GG Rn. 78. Vgl. zum daraus resultierenden verfassungsrechtlichen Dreiecksverhältnis Eltern-Kind-Staat eingehend *Jestaedt*
in: Deutscher Familiengerichtstag e. V. (Hrsg.), 21. Deutscher Familiengerichtstag vom
21. bis 24. Oktober 2015 in Brühl, 2016, 65, 66 f.

[30] *BVerfG,* Beschl. v. 17.2.1982 – 1 BvR 188/80, NJW 1982, 1379, 1380.

[31] von Münch/Kunig/*Coester-Waltjen,* Art. 6 GG Rn. 78 (kein Recht des Kindes);
BeckOK GG/*Uhle,* Art. 6 GG Rn. 48.

[32] *BVerfG,* Beschl. v. 17.2.1982 – 1 BvR 188/80, NJW 1982, 1379; von Münch/Ku-
nig/*Coester-Waltjen,* Art. 6 GG Rn. 61.

kann, der auch bereit ist, die Elternpflichten zu übernehmen.[33] Ein pflichtenfreies Elternrecht ist somit nicht denkbar. Deshalb ordnet beispielsweise § 182 I 1 FamFG einfachrechtlich an, dass der die rechtliche Vaterschaft eines anderen Mannes anfechtende genetische, nicht rechtliche Vater mit der erfolgreichen Anfechtung der Vaterschaft selbst als rechtlicher Vater festzustellen ist.[34] Auch eine nur teilweise Übernahme elterlicher Verantwortung bzw. ein Ausschluss bestimmter Wirkungen im Rahmen der Vaterschaftsanerkennung ist deshalb nach deutschem Recht nicht möglich.[35] Ein Mann kann daher eine Vaterschaftsanerkennung beispielsweise nicht wirksam unter Ausschluss vermögensrechtlicher Folgen (z. B. Unterhalt) erklären.

c) Träger des Elternrechts

aa) Grundlagen

Das Elternrecht im Sinne des Art. 6 II 1 GG steht nur den rechtlich zugeordneten Elternteilen zu, und es erlischt auch erst wieder mit Aufhebung der Stellung als rechtlicher Elternteil.[36] Personen, die nicht rechtlicher Elternteil des Kindes sind, können sich daher – auch wenn sie vom Eltern*begriff* des Grundgesetzes prinzipiell erfasst sind – nicht auf das Elternrecht berufen. Verfassungsrechtlicher Elternbegriff und Trägerschaft des Elternrechts sind somit voneinander zu trennen. Dies lässt sich aus der Rechtsprechung zum Anfechtungsrecht des genetischen, nicht rechtlichen Vaters ablesen, der zwar unter den verfassungsrechtlichen Elternbegriff fällt,[37] der allerdings nicht Träger des Elternrechts ist.[38]

Wie bereits in § 2 eingehend dargestellt wurde, gilt im derzeitigen deutschen Abstammungsrecht das „Zwei-Eltern-Prinzip". Rechtliche Eltern eines Kindes können daher lediglich ein Mann und eine Frau bzw. bei gleichgeschlechtlicher Elternschaft zwei Personen des gleichen Geschlechts sein.[39] Dies entspricht letztlich dem verfassungsrechtlichen Gehalt des Elternrechts aus Art. 6 II 1 GG. Zwar hatte das BVerfG bislang noch nicht zur verfassungsrechtlichen Zulässigkeit der Elternschaft von mehr als zwei Personen zu entscheiden,[40] aus einer Ent-

---

[33] *BVerfG*, Beschl. vom 29.7.1968 – 1 BvL 20/63, 31/66 und 5/67, NJW 1968, 2233, 2237; *BVerfG*, Beschl. v. 9.4.2003 – 1 BvR 1493/96 u. a., NJW 2003, 2151, 2153; *Wanitzek*, Rechtliche Elternschaft bei medizinisch unterstützter Fortpflanzung, 2002, 168 (Elternrecht sei daher eher im Sinne von Elternverantwortung zu verstehen).

[34] BeckOGK/*Reuß*, § 1600 BGB Rn. 79.

[35] *BGH*, Beschl. v. 19.3.1975 – IV ZB 28/74, NJW 1975, 1069, 1070.

[36] *BVerfG*, Beschl. v. 9.4.2003 – 1 BvR 1493/96 u. a., NJW 2003, 2151, 2153; *BVerfG*, Beschl. v. 13.10.2008 – 1 BvR 1548/03, FamRZ 2008, 2257.

[37] Dazu sogleich unter ii.

[38] *BVerfG*, Beschl. v. 9.4.2003 – 1 BvR 1493/96 u. a., NJW 2003, 2151, 2153.

[39] Siehe hierzu S. 160 ff.

[40] Darauf hinweisend Arbeitskreis Abstammungsrecht des BMJV, Abschlussbericht – Empfehlungen für eine Reform des Abstammungsrechts, 2017, 76; Persönliche Leitli-

scheidung zum Anfechtungsrecht des genetischen, nicht rechtlichen Vaters scheint allerdings hervor, von welchem Stand des Verfassungsrechts das BVerfG derzeit ausgeht. Es hat hierzu festgestellt, dass „Träger des Elternrechts nach Art. 6 II 1 GG [...] für ein Kind nur eine Mutter und ein Vater sein [können]", „[e]in Nebeneinander von zwei Vätern, denen zusammen mit der Mutter jeweils die gleiche grundrechtlich zugewiesene Elternverantwortung für das Kind zukommt, entspricht nicht der Vorstellung von elterlicher Verantwortung, die Art. 6 II 1 GG zu Grunde liegt."[41] Die Zahl der rechtlichen Elternteile, die sowohl verschiedenen als auch gleichen Geschlechts sein können,[42] ist nach derzeitigem Stand damit wohl auf zwei Personen begrenzt,[43] da eine umfassende Verantwortungsgemeinschaft, d.h. Elternschaft, von drei Personen nach Sichtweise des BVerfG nicht dem (derzeitigen) verfassungsrechtlichen Verständnis von Elternschaft entspricht. Das bedeutet jedoch nicht, dass beispielsweise die Wirkungen der Volljährigenadoption, die ein rechtliches Eltern-Kind-Verhältnis zu mehr als zwei Personen entstehen lassen können, gegen das Verfassungsrecht verstießen. Insbesondere bestehen gerade bei volljährigen Kindern keine elterlichen Sorgerechte mehr,[44] so dass es keine volle Verantwortlichkeit im Sinne einer umfassenden Verantwortungsgemeinschaft mehr geben kann. Ferner bedeutet die derzeitige verfassungsrechtliche Ausrichtung auf das „Zwei-Eltern"-Prinzip nicht, dass nicht einzelne Aspekte des Elternrechts (Sorge- oder Umgangsrecht) auf mehr als zwei Personen übertragen werden könnten.[45] Die Verfassung lässt daher Raum dafür, auch pluralisierte Formen von Elternschaft zu berücksichtigen.

Das BVerfG hat über den vorstehend dargestellten Gewährleistungsgehalt zum Schutz der rechtlichen Eltern hinaus weitere Schutzwirkungen in Art. 6 II 1 GG hineingelesen. So ist der genetische, nicht rechtliche Vater zwar nicht selbst Träger des Elternrechts. Art. 6 II 1 GG schützt allerdings sein Interesse daran, die

---

nien der Mitglieder des Arbeitskreis Abstammungsrecht des BMJV, Abschlussbericht – Empfehlungen für eine Reform des Abstammungsrechts, 2017, 117 (Matthias Jestaedt).

[41] *BVerfG*, Beschl. v. 9.4.2003 – 1 BvR 1493/96 u.a., NJW 2003, 2151, 2153.

[42] *BVerfG*, Urt. v. 19.2.2013 – 1 BvR 3247/09 und 1 BvL 1/11 (*Sukzessivadoption*), NJW 2013, 847; dies erläuternd etwa *Britz*, StAZ 2016, 8, 10.

[43] *Britz* in: Boele-Woelki/Dethloff/Gephart (Hrsg.), Family Law and Culture in Europe, 2014, 169, 172; *Kaufhold* in: Röthel/Heiderhoff (Hrsg.), Regelungsaufgabe Mutterstellung – Was kann, was darf, was will der Staat?, 2016, 87, 105; *Sanders,* Mehrelternschaft, 2017 (im Erscheinen), Teil 1 IV.1.b.; *Brosius-Gersdorf,* RdJB 2016, 136, 154. A.A. *Dethloff/Timmermann,* Gleichgeschlechtliche Paare und Familiengründung durch Reproduktionsmedizin – Gutachten im Auftrag der Friedrich Ebert Stiftung, 2016, 54 f.; Persönliche Leitlinien der Mitglieder des Arbeitskreis Abstammungsrecht des BMJV, Abschlussbericht – Empfehlungen für eine Reform des Abstammungsrechts, 2017, 125 (Ute Sacksofsky); *Osthold,* Die rechtliche Behandlung von Elternkonflikten, 2016, 91 ff.

[44] MüKoBGB/*Veit,* § 1626 Rn. 34.

[45] *Britz,* JZ 2014, 1069, 1071; *Jestaedt* in: Coester-Waltjen/Lipp/Schumann u.a. (Hrsg.), „Kinderwunschmedizin" – Reformbedarf im Abstammungsrecht?, 2015, 23, 29.

rechtliche Elternstellung zu erlangen. Ihm ist eine verfahrensrechtliche Möglichkeit zu eröffnen, die rechtliche Vaterposition zu erlangen, wenn dem nicht der Schutz einer sozial-familiären Beziehung zwischen Kind und rechtlichem Elternteil entgegensteht.[46] Gleiches muss aus Gleichbehandlungsgründen letztlich auch der genetischen, nicht rechtlichen Mutter zugestanden werden.[47] Dies können in Konstellationen der Mitochondrienspende auch zwei Frauen sein, da dort genetisches Material beider Frauen in einer Eizelle verbunden wird.[48] Das Grundgesetz anerkennt damit ein generelles Interesse der genetischen Eltern, ihrem Kind auch als rechtliche Eltern zugeordnet zu werden.

bb) Leitlinien für die gesetzgeberische Ausgestaltung
der rechtlichen Eltern-Kind-Zuordnung –
insbesondere der verfassungsrechtliche Elternbegriff

Wer rechtlicher Elternteil eines Kindes und damit Träger des Elternrechts ist, ist im Grundgesetz nicht geregelt. Dies bestimmt vielmehr das einfache Recht, mithin §§ 1591 ff. BGB. Damit ist Art. 6 II 1 GG prinzipiell ein (zumindest zum Teil) normgeprägtes Grundrecht.[49] Der Gesetzgeber verfügt bei der Ausgestaltung der Eltern-Kind-Zuordnung über einen generellen Gestaltungsspielraum.[50]

---

[46] *BVerfG,* Beschl. v. 9.4.2003 – 1 BvR 1493/96 u.a., NJW 2003, 2151, 2152 f.; *BVerfG,* Beschl. v. 13.10.2008 – 1 BvR 1548/03, FamRZ 2008, 2257. Weniger weitgehend der *EGMR,* Urt. v. 22.3.2012 – 45071/09 (*Ahrens/Deutschland*), http://hudoc. echr.coe.int/sites/eng/pages/search.aspx?i=001-109815 (zuletzt geprüft am 08.10.2017) Rn. 74; *EGMR,* Urt. v. 22.3.2012 – 23338/09 (*Kautzor/Deutschland*), NJW 2013, 1937, 1940, der den Mitgliedstaaten bei der Ermöglichung der Anfechtung einen weiten Beurteilungsspielraum belässt.

[47] Vgl. etwa *OLG Köln,* Beschl. v. 27.8.2014 – 2 Wx 222/14, BeckRS 2014, 17504 (allerdings verneint das Gericht im konkreten Fall eine Pflicht zur Eintragung der genetischen Mutter neben der gebärenden Mutter im Geburtenregister). *Schuler-Harms,* RdJB 2016, 157, 162; *Kaufhold* in: Röthel/Heiderhoff (Hrsg.), Regelungsaufgabe Mutterstellung – Was kann, was darf, was will der Staat?, 2016, 87, 97. Siehe zur Thematik auch *Dethloff* in: Hilbig-Lugani/Jakob/Mäsch u.a. (Hrsg.), Zwischenbilanz, 2015, 41, 48 f.; *Seidl,* FPR 2002, 402. A.A. wohl Maunz/Dürig/*Badura,* Art. 6 GG Rn. 102.

[48] A.A. wohl *Kaufhold* in: Röthel/Heiderhoff (Hrsg.), Regelungsaufgabe Mutterstellung – Was kann, was darf, was will der Staat?, 2016, 87, 99, die Mitochondrienspenderin wegen zu geringer Prägung wohl ausschließend. Zur Mitochondrienspende siehe § 1 S. 81 ff.

[49] Vgl. so auch *Britz* in: Boele-Woelki/Dethloff/Gephart (Hrsg.), Family Law and Culture in Europe, 2014, 169, 170; ebenfalls jüngst Arbeitskreis Abstammungsrecht des BMJV, Abschlussbericht – Empfehlungen für eine Reform des Abstammungsrechts, 2017, 20. Kritisch zu diesem Verständnis hat sich allerdings *Jestaedt* in einem Vortrag mit dem Titel „Eltern im Rechtssinne – Identität und Differenz des Eltern-Kind-Begriffs von GG und BGB" im Rahmen des Symposiums anlässlich des 75. Geburtstages von Michael Coester in der Carl Friedrich von Siemens Stiftung am 14.9.2017 in München geäußert, da der verfassungsrechtliche Elternbegriff autonom zu bestimmen sei.

[50] *BVerfG,* Beschl. v. 9.4.2003 – 1 BvR 1493/96 u.a., NJW 2003, 2151, 2154; vgl. dies erläuternd mit Blick auf Art. 2 I i.V.m. Art. 6 II 1 GG *Britz,* JZ 2014, 1069, 1071; *Britz* in: Boele-Woelki/Dethloff/Gephart (Hrsg.), Family Law and Culture in Europe,

Für die rechtliche Eltern-Kind-Zuordnung leitend ist allerdings der verfassungsrechtliche Elternbegriff,[51] d.h. das verfassungsrechtliche Verständnis davon, welche Personen überhaupt als Elternteile eines Kindes angesehen werden können.

Welche Kriterien genau zum verfassungsrechtlichen Elternbegriff zählen und wie dieser konkret ausgestaltet ist, hat das BVerfG bislang nicht eingehend dargelegt.[52] Betrachtet man die Rechtsprechung zu den verschiedenen entschiedenen Einzelfragen, so unterscheidet das BVerfG im Detail begrifflich nicht immer klar nach Trägerschaft des Elternrechts und verfassungsrechtlichem Elternbegriff. Vielfach werden die Begriffe Eltern, Elternschaft, Träger des Elternrechts, Elternposition untechnisch gebraucht.[53] Aus der Rechtsprechung hat sich allerdings Folgendes herauskristallisiert:

Elternteil im verfassungsrechtlichen Sinne und somit potentieller Träger des Elternrechts i.S.d. Art 6 II 1 GG sind zunächst die biologischen und genetischen Eltern eines Kindes. Wenn Art. 6 II 1 GG vom „natürlichen Recht der Eltern" spricht, bringt die Verfassung damit zum Ausdruck, dass sie die biologischen und genetischen Eltern eines Kindes als „von Natur aus bereit und berufen [ansieht], die Verantwortung für [die] Pflege und Erziehung [des Kindes] zu übernehmen".[54] Der Gesetzgeber habe, so das BVerfG, somit die rechtliche Eltern-Kind-Zuordnung daran auszurichten, dass in der Regel den biologischen und genetischen Eltern auch die rechtliche Elternstellung einzuräumen ist.[55] Das bedeutet für die elternschaftsrechtliche Ausgestaltung der Zuordnung konkret, dass es von Verfassung wegen den biologischen und genetischen Eltern möglich sein muss, die rechtliche Elternposition zu erlangen.[56] Ein Recht, das genetischen oder biologischen Eltern die rechtliche Zuordnung zu ihren Kindern vollständig verwei-

---

2014, 169, 171; vgl. auch Persönliche Leitlinien der Mitglieder des Arbeitskreis Abstammungsrecht des BMJV, Abschlussbericht – Empfehlungen für eine Reform des Abstammungsrechts, 2017, 118 (Matthias Jestaedt).

[51] Wer Elternteil im verfassungsrechtlichen Sinne ist, muss damit nicht zwingend die volle Elternverantwortung tragen, vgl. *Jestaedt* in: Coester-Waltjen/Lipp/Schumann u.a. (Hrsg.), „Kinderwunschmedizin" – Reformbedarf im Abstammungsrecht?, 2015, 23, 24 f.

[52] Darauf hat jüngst zutreffend *Jestaedt* in einem Vortrag mit dem Titel „Eltern im Rechtssinne – Identität und Differenz des Eltern-Kind-Begriffs von GG und BGB" im Rahmen des Symposiums anlässlich des 75. Geburtstages von Michael Coester in der Carl Friedrich von Siemens Stiftung am 14.9.2017 in München hingewiesen.

[53] Vgl. *BVerfG,* Urt. v. 19.2.2013 – 1 BvR 3247/09 und 1 BvL 1/11 (*Sukzessivadoption*), NJW 2013, 847(„Soziale Elternschaft allein begründet grundsätzlich keine Elternposition i.S. des Art. 6 II 1 GG"); unklar auch *Britz,* StAZ 2016, 8, 11.

[54] *BVerfG,* Beschl. vom 29.7.1968 – 1 BvL 20/63, 31/66 und 5/67, NJW 1968, 2233, 2237. Kritisch zu diesem Ansatzpunkt *Willekens,* RdJB 2016, 130, 131 f.

[55] *BVerfG,* Beschl. v. 9.4.2003 – 1 BvR 1493/96 u.a., NJW 2003, 2151, 2153.

[56] So auch *Lipp* in: Schwab/Vaskovics (Hrsg.), Pluralisierung von Elternschaft und Kindschaft, 2011, 119, 127; Arbeitskreis Abstammungsrecht des BMJV, Abschlussbericht – Empfehlungen für eine Reform des Abstammungsrechts, 2017, 20.

gert, wäre verfassungswidrig. Diesem Gedanken entspringt letztlich auch das bereits erwähnte Recht des genetischen, nicht rechtlichen Vaters, über ein verfahrensrechtliches System in die Elternstellung einrücken zu können.

Aus dem Vorstehenden folgt jedoch letztlich nicht, dass das Segment der sozialen Elternschaft keinen verfassungsrechtlichen Schutz genießen würde.[57] Vom verfassungsrechtlichen Elternbegriff sind – dies entspricht der vorherrschenden Ansicht – neben den genetischen und biologischen Eltern auch all jene Personen umfasst, denen der Gesetzgeber das Elternrecht zuweist und die somit aufgrund ihrer rechtlichen Stellung als Eltern die volle Elternverantwortung tragen.[58] Hierzu zählen unabhängig von der genetischen oder biologischen Beziehung neben den rechtlichen Eltern i. S. d. §§ 1591 ff. BGB auch die Adoptiveltern,[59] da sie das volle Elternrecht erhalten (§ 1754 I BGB), nicht hingegen die Pflegeeltern[60] oder rein soziale Elternteile,[61] da ihnen einfachrechtlich keine volle rechtliche Elternstellung zugewiesen ist. Deshalb umfasst der verfassungsrechtliche Elternbegriff neben den genetischen und biologischen Eltern, wie das BVerfG ebenfalls an mehreren Stellen festgestellt hat, auch die soziale Elternschaft i. S. e. umfassenden (d.h. verrechtlichten) Verantwortungsverhältnisses.[62] Zu beachten ist jedoch, dass das BVerfG in einer die Ersetzung der elterlichen Zustimmung zur Adoption betreffenden Entscheidung konkretisierend Folgendes ausgeführt hat:

> „Der Verfassunggeber geht davon aus, daß diejenigen, die einem Kinde das Leben geben, von Natur aus bereit und berufen sind, die Verantwortung für seine Pflege und Erziehung zu übernehmen. *Fehlt es ausnahmsweise an dieser Voraussetzung,* so trifft die Ersetzung der Einwilligung zur Adoption die Eltern-Kind-Beziehung in einer Lage, *in der ein verfassungsrechtlich schutzwürdiges Recht der natürlichen Eltern*

---

[57] *Britz,* StAZ 2016, 8, 10.

[58] Vgl. beispielhaft von Münch/Kunig/*Coester-Waltjen,* Art. 6 GG Rn. 70, 72, 74 m.w.N. (nur bei rechtlicher Verfestigung); ebenso BeckOK GG/*Uhle,* Art. 6 GG Rn. 58; Maunz/Dürig/*Badura,* Art. 6 GG Rn. 99; *Britz,* StAZ 2016, 8, 10. *Jestaedt* spricht insoweit von *geborenen* (biologische und genetische Eltern) und *gekorenen* (rechtliche Eltern) *Eltern* im verfassungsrechtlichen Sinne, vgl. so in einem Vortrag mit dem Titel „Eltern im Rechtssinne – Identität und Differenz des Eltern-Kind-Begriffs von GG und BGB" im Rahmen des Symposiums anlässlich des 75. Geburtstages von Michael Coester in der Carl Friedrich von Siemens Stiftung am 14.9.2017 in München.

[59] *BVerfG,* Beschl. vom 29.7.1968 – 1 BvL 20/63, 31/66 und 5/67, NJW 1968, 2233.

[60] *BVerfG,* Beschl. v. 12.10.1988 – 1 BvR 818/88, NJW 1989, 519.

[61] von Münch/Kunig/*Coester-Waltjen,* Art. 6 GG Rn. 70, 72, 74 m.w.N. (nur bei rechtlicher Verfestigung).

[62] *BVerfG,* Beschl. vom 29.7.1968 – 1 BvL 20/63, 31/66 und 5/67, NJW 1968, 2233, 2237 (Adoptiveltern); *BVerfG,* Beschl. v. 9.4.2003 – 1 BvR 1493/96 u.a., NJW 2003, 2151 (sozialer, rechtlicher aber nicht genetischer Vater des Kindes bei originärer Elternzuordnung); Arbeitskreis Abstammungsrecht des BMJV, Abschlussbericht – Empfehlungen für eine Reform des Abstammungsrechts, 2017, 20. Die Eltern-Kind-Zuordnung ebenfalls als umfassende Verantwortungsbeziehung begreifend *Wanitzek,* Rechtliche Elternschaft bei medizinisch unterstützter Fortpflanzung, 2002, 168 f.

nicht mehr besteht. Es handelt sich daher nicht um einen zwangsweisen „*Eltern-tausch*". *Eltern, die im Sinne des GG diesen Namen verdienen, weil sie bereit sind, die mit dem Elternrecht untrennbar verbundenen Pflichten auf sich zu nehmen* [...], erhält das Kind erst durch die Adoption".[63] [Hervorhebungen durch kursive Schrift durch den Verf.]

Hieran lässt sich ablesen, dass das entscheidende Kriterium des verfassungs-rechtlichen Elternbegriffs letztlich nicht in einem genetischen, biologischen oder rechtlichen Band von Elternteil und Kind gesehen werden kann, sondern viel-mehr die Bereitschaft und Berufung zur dauerhaften Übernahme der Elternver-antwortung den Ausschlag geben muss,[64] eine Person – unabhängig von der Trä-gerschaft des Elternrechts – als Elternteil im verfassungsrechtlichen Sinne zu qualifizieren. Genetik und Biologie mögen darauf schließen lassen, dass die ge-netischen und biologischen Eltern umfassende Elternverantwortung tatsächlich zu übernehmen bereit sind, als Eltern im verfassungsrechtlichen Sinne qualifi-ziert sie jedoch letztlich die Bereitschaft und Berufung Elternverantwortung tat-sächlich zu übernehmen. Der verfassungsrechtliche Elternbegriff schließt somit neben den genetischen und biologischen Eltern eines Kindes zu Recht mit der ganz herrschenden Meinung all jene sozialen Eltern ein, die bereits die recht-liche Elternschaft innehaben und damit Träger des Elternrechts sind.[65] Eltern im verfassungsrechtlichen Sinne sind aber – legt man den oben genannten Maßstab an – auch soziale Elternteile, die das Elternrecht erst erwerben möchten, und die die Bereitschaft gezeigt haben, dauerhaft für das Kind Elternverantwortung zu übernehmen.[66] Das bedeutet, dass auch genetisch oder biologisch nicht mit dem Kind verwandte Personen unabhängig vom Bestehen eines rechtlichen Eltern-Kind-Verhältnisses und damit unabhängig von der Trägerschaft des Elternrechts verfassungsrechtlich als Eltern angesehen werden können, wenn sie als soziale Eltern umfassende Verantwortung für das Kind tragen oder zu tragen bereit sind.[67]

---

[63] *BVerfG,* Beschl. vom 29.7.1968 – 1 BvL 20/63, 31/66 und 5/67, NJW 1968, 2233, 2237. Hierauf verweist auch *Osthold,* Die rechtliche Behandlung von Elternkonflikten, 2016, 76 Fn. 225.

[64] Dieses Merkmal ebenfalls hervorhebend *Wanitzek,* Rechtliche Elternschaft bei me-dizinisch unterstützter Fortpflanzung, 2002, 168.

[65] So explizit entschieden bei *BVerfG,* Beschl. v. 9.4.2003 – 1 BvR 1493/96 u.a., NJW 2003, 2151 (sozialer, rechtlicher aber nicht genetischer Vater des Kindes bei origi-närer Elternzuordnung).

[66] Unklar aber wohl ablehnend *BVerfG,* Urt. v. 19.2.2013 – 1 BvR 3247/09 und 1 BvL 1/11 (*Sukzessivadoption*), NJW 2013, 847(„Soziale Elternschaft allein begründet grundsätzlich keine Elternposition i.S. des Art. 6 II 1 GG"); unklar auch *Britz,* StAZ 2016, 8, 11. Sowohl BVerfG als auch *Britz* unterscheiden nicht trennscharf nach verfas-sungsrechtlichem Elternbegriff und Trägerschaft des Elternrechts. Ähnlich unscharf auch *Osthold,* Die rechtliche Behandlung von Elternkonflikten, 2016, 84 ff. Die nur soziale Elternschaft wird letztlich aber unter den Schutz des Art. 6 I GG gefasst und somit auch verfassungsrechtlich geschützt.

[67] Enger die hM, die für die Subsumtion von Personen unter den verfassungsrecht-lichen Elternbegriff zumindest eine rechtliche Elternstellung verlangt, vgl. beispielhaft

Elternschaft wird nach der hier vertretenen Ansicht somit im verfassungsrechtlichen Verständnis nicht genetisch oder biologisch determiniert, sondern vielmehr im Sinne einer umfassenden Verantwortungsbeziehung verstanden.[68]

Konfligieren mehrere Elternschaftssegmente mit Blick auf das Elternrecht miteinander, kommt nach dem Verständnis des BVerfG der genetischen Elternschaft kein genereller Vorrang zu. Das BVerfG hat in einem die Zuordnungskorrektur betreffenden Fall, der die Anfechtung der rechtlichen Vaterschaft durch den genetischen, nicht rechtlichen Vater betraf, entschieden, dass auch das soziale Band zwischen dem als rechtlicher Vater zugeordneten Mann und seinem Kind Schutz verdient und nicht per se hinter die genetische Elternschaft zurückzutreten hat.[69] Ein abstraktes Rangverhältnis bestehe explizit nicht.[70] Die Feststellungen des Gerichts lassen sich letztlich auf die originäre Eltern-Kind-Zuordnung übertragen. Bei der Zuordnung der Elternschaft kann den einzelnen Elternschaftssegmenten letztlich kein anderer abstrakter Schutzgehalt zukommen, als bei der Zuordnungskorrektur, auch wenn je nach Konstellation eine Interessengewichtung im Einzelfall unterschiedlich ausgestaltet sein mag.[71] Die Übereinstimmung von biologischer, genetischer und rechtlicher Abstammung stellt zwar den verfassungsrechtlichen Regelfall dar, es ist jedoch Art. 6 II 1 GG nicht zu entnehmen, dass sich die Segmente der genetischen und biologischen Elternschaft in einem Konfliktfall stets gegen die soziale Elternschaft durchsetzen würden.[72] Der verfassungsrechtliche Elternbegriff umfasst daher gleichberechtigt biologische, genetische und soziale Elternschaft im Sinne einer umfassenden Verantwortungsgemeinschaft.[73] Bei der Ausgestaltung der rechtlichen Eltern-Kind-Zuordnung hat der Gesetzgeber im Rahmen seines Gestaltungsspielraums entsprechend abzuwägen und die verschiedenen Elternschaftssegmente in einen gerechten Ausgleich zu bringen.[74]

---

von Münch/Kunig/*Coester-Waltjen,* Art. 6 GG Rn. 70, 72, 74 m.w.N. (nur bei rechtlicher Verfestigung); ebenso BeckOK GG/*Uhle,* Art. 6 GG Rn. 58; Maunz/Dürig/*Badura,* Art. 6 GG Rn. 99; *Osthold,* Die rechtliche Behandlung von Elternkonflikten, 2016, 80; mit durchaus berechtigter Kritik hieran siehe *Sanders,* Mehrelternschaft, 2017 (im Erscheinen), Teil 2 IV.2. Ähnlich aber weitergehender als hier *Schwenzer* in: Deutscher Familiengerichtstag e. V. (Hrsg.), Siebzehnter Deutscher Familiengerichtstag vom 12. bis 15. September 2007 in Brühl, 2008, 27, 37 f. (intentionale Elternschaft).

[68] Ähnlich *Wanitzek,* Rechtliche Elternschaft bei medizinisch unterstützter Fortpflanzung, 2002, 168 ff.

[69] *BVerfG,* Beschl. v. 9.4.2003 – 1 BvR 1493/96 u.a., NJW 2003, 2151, 2154.

[70] *BVerfG,* Beschl. v. 9.4.2003 – 1 BvR 1493/96 u.a., NJW 2003, 2151, 2154.

[71] Wie hier Arbeitskreis Abstammungsrecht des BMJV, Abschlussbericht – Empfehlungen für eine Reform des Abstammungsrechts, 2017, 25; Spickhoff, MedR/*Spickhoff,* Abstammung – Vorbemerkung Rn. 3. A.A. etwa BeckOGK/*Haßfurter,* § 1591 BGB Rn. 10 (Übereinstimmung von genetischer Abstammung und rechtlicher Abstammung sei verfassungsrechtlich geboten).

[72] *BVerfG,* Beschl. v. 9.4.2003 – 1 BvR 1493/96 u.a., NJW 2003, 2151, 2154.

[73] *BVerfG,* Beschl. v. 9.4.2003 – 1 BvR 1493/96 u.a., NJW 2003, 2151, 2154.

[74] *BVerfG,* Beschl. v. 9.4.2003 – 1 BvR 1493/96 u.a., NJW 2003, 2151, 2154.

Vor diesem Hintergrund ist es auch durchaus in bestimmten Konstellationen verfassungsrechtlich angebracht, dem sozialen, nicht rechtlichen Elternteil ein dem verfahrensrechtlichen Recht des genetischen, nicht rechtlichen Elternteils auf Erlangung der Elternstellung entsprechendes Recht einzuräumen.[75] Dies gilt beispielsweise in Fällen, in denen nichteheliche Lebenspartner eine heterologe medizinisch-assistierte Reproduktion veranlassen, vor Anerkennung des einwilligenden Elternteils, aber nach Zeugung, die Beziehung der Wunscheltern zerbricht, und die Mutter die Anerkennung durch einen Dritten betreibt. Hier besteht ein Interesse des sozialen, nicht rechtlichen Elternteils, die rechtliche Elternposition zu erlangen. Auch dieses kann prinzipiell im Rahmen des Art. 6 II 1 GG verankert werden.

2. Recht auf Fortpflanzung, Art. 6 I, IV GG

Der rechtlichen Elternzuordnung vorgelagert ist letztlich die Familiengründung durch Fortpflanzung. Das Grundgesetz schützt das Interesse daran, sich fortzupflanzen und eine Familie zu gründen, im Rahmen eines Rechts auf Fortpflanzung.[76] Geht es um die Entscheidung eines Paares dafür, ein Kind zu bekommen, verortet die ganz herrschende Meinung das Recht auf Fortpflanzung im Familienschutz und dem Schutz der Mutter gem. Art. 6 I, IV GG.[77] Bei alleinstehenden Personen ist die Verortung des Rechts jedoch umstritten.[78] Richtigerweise ist dieses ebenfalls unter Art. 6 I, IV GG zu fassen,[79] da dies dem Wesensgehalt

---

[75] A. A. wohl *Britz* in: Boele-Woelki/Dethloff/Gephart (Hrsg.), Family Law and Culture in Europe, 2014, 169, 171 f.; *Britz*, StAZ 2016, 8, 11; *Lembke* in: Röthel/Heiderhoff (Hrsg.), Regelungsaufgabe Vaterstellung – Was kann, was darf, was will der Staat?, 2014, 37, 55; *Kaufhold* in: Röthel/Heiderhoff (Hrsg.), Regelungsaufgabe Mutterstellung – Was kann, was darf, was will der Staat?, 2016, 87, 100.

[76] Dazu bereits eingehend mit Blick auf alleinstehende Frauen *Reuß,* StAZ 2016, 353. Die Bedeutung dieses Grundrechts hervorhebend Deutscher Ethikrat, Embryospende, Embryoadoption und elterliche Verantwortung, 2016, 76 ff.

[77] BVerfGE 105, 1 Rn. 31 – juris; BeckOK GG/*Uhle,* Art. 6 GG Rn. 26; von Münch/Kunig/*Coester-Waltjen,* Art. 6 GG Rn. 49; *Coester-Waltjen* in: Wiesemann/Simon (Hrsg.), Patientenautonomie, 2013, 222, 223 m.w.N.; Spickhoff, MedR/*Müller-Terpitz,* Art. 6 GG Rn. 3 ff.

[78] Art. 2 I GG heranziehend *Strack* in: Ständige Deputation des Deutschen Juristentages (Hrsg.), Die künstliche Befruchtung beim Menschen, 1986, A 1, A 12, A 17 ff.; *Coester-Waltjen* in: Wiesemann/Simon (Hrsg.), Patientenautonomie, 2013, 222, 224, 226 m.w.N. Art. 2 I i.V.m. Art.1 I GG heranziehend: *Gassner/Kersten/Krüger u.a.,* Fortpflanzungsmedizingesetz, 2013, 22, 31 f.; *Lehmann,* Die In-vitro-Fertilisation und ihre Folgen, 2007, 203; *Heun* in: Bockenheimer-Lucius/Thorn/Wendehorst (Hrsg.), Umwege zum eigenen Kind, 2008, 49, 51. So bereits *Zumstein* in: Bundesministerium für Gesundheit (Hrsg.), Fortpflanzungsmedizin in Deutschland, 2001, 134, 136. Ähnlich das Schweizer Recht, dazu *Belser/Jungo,* Zeitschrift für Schweizerisches Recht 2016, 175, 186.

[79] Spickhoff, MedR/*Müller-Terpitz,* Art. 6 GG Rn. 2 m.w.N.

des Grundrechts am besten entspricht.[80] Das Recht auf Fortpflanzung wird damit (im positiven wie im negativen Sinne) als besondere Ausprägung der Familiengründung in Art. 6 I, IV GG (Schutz der Familie) mit Verfassungsrang gewährleistet.[81] Es umfasst inhaltlich nicht nur den Bereich der natürlichen Zeugung, sondern auch die medizinisch-assistierte Reproduktion.[82] Ein positiv-rechtlicher Leistungsanspruch auf erfolgreiche Fortpflanzung lässt sich aus Art. 6 I, IV GG allerdings nicht ableiten. Art. 6 I, IV GG schützt als Abwehrrecht aber vor ungerechtfertigter Vorenthaltung zugänglicher Methoden.[83]

Auch das Recht auf Fortpflanzung wird unmittelbar durch elternschaftsrechtliche Regulierung berührt. Hält das Recht keine Möglichkeiten bereit, ein durch (natürliche/medizinisch-assistierte) Fortpflanzung entstandenes tatsächliches Eltern-Kind-Verhältnis rechtlich abzubilden, hat dies unweigerlich Auswirkungen auf die Familiengründungsfreiheit, indem es die Familiengründung rechtlich erschwert. Der Gewährleistungsgehalt des Art. 6 I, IV GG ist somit ebenfalls zu berücksichtigen.[84]

3. Recht des Kindes auf elterliche Pflege und Erziehung, Art. 2 I i.V.m. Art. 6 II GG

Erst in neuerer Zeit hat das BVerfG ein Grundrecht des Kindes auf elterliche Pflege und Erziehung gem. Art. 2 I i.V.m. 6 II GG entwickelt,[85] welches als

---

[80] Zu einer unterschiedlichen Beurteilung des Schutzgehalts führt diese Verortung nicht, vgl. so auch *Gassner/Kersten/Krüger u.a.*, Fortpflanzungsmedizingesetz, 2013, 32; Spickhoff, MedR/*Müller-Terpitz*, Art. 6 GG Rn. 2.

[81] BeckOK GG/*Uhle*, Art. 6 GG Rn. 27; Spickhoff, MedR/*Müller-Terpitz*, Art. 6 GG Rn. 5; *Böhm*, VVDStRL (2014) 211, 233.

[82] *Coester-Waltjen* in: Wiesemann/Simon (Hrsg.), Patientenautonomie, 2013, 222, 226 m.w.N.; vgl. *Coester-Waltjen* in: Bundesministerium für Gesundheit (Hrsg.), Fortpflanzungsmedizin in Deutschland, 2001, 158, 159; Dreier/*Brosius-Gersdorf*, Art. 6 GG Rn. 117; BeckOK GG/*Uhle*, Art. 6 GG Rn. 26; Spickhoff, MedR/*Müller-Terpitz*, Art. 6 GG Rn. 4; *Zumstein* in: Bundesministerium für Gesundheit (Hrsg.), Fortpflanzungsmedizin in Deutschland, 2001, 134, 136; *Heun* in: Bockenheimer-Lucius/Thorn/Wendehorst (Hrsg.), Umwege zum eigenen Kind, 2008, 49, 52; *Lehmann*, Die In-vitro-Fertilisation und ihre Folgen, 2007, 65 ff.; *Gassner/Kersten/Krüger u.a.*, Fortpflanzungsmedizingesetz, 2013, 32 f. (Art. 2 I, i.V.m. 1 I GG); *Gutmann* in: Röthel/Heiderhoff (Hrsg.), Regelungsaufgabe Mutterstellung – Was kann, was darf, was will der Staat?, 2016, 63, 67 ff.

[83] *Coester-Waltjen* in: Wiesemann/Simon (Hrsg.), Patientenautonomie, 2013, 222, 226; *Coester-Waltjen* in: Bundesministerium für Gesundheit (Hrsg.), Fortpflanzungsmedizin in Deutschland, 2001, 158, 159; *Zumstein* in: Bundesministerium für Gesundheit (Hrsg.), Fortpflanzungsmedizin in Deutschland, 2001, 134, 136; BeckOK GG/*Uhle*, Art. 6 GG Rn. 26 (für Art. 6 GG); Spickhoff, MedR/*Müller-Terpitz*, Art. 6 GG Rn. 4 (ebenso Art. 6 GG); *Gutmann* in: Röthel/Heiderhoff (Hrsg.), Regelungsaufgabe Mutterstellung – Was kann, was darf, was will der Staat?, 2016, 63, 67 ff. Ebenso das Schweizer Recht *Belser/Jungo*, Zeitschrift für Schweizerisches Recht 2016, 175, 187 f.

[84] Darüber hinaus ist er beachtlich bei Fragen des Zugangs zu medizinisch-assistierter Reproduktion und bei Fragen der Zulässigkeit von Reproduktionsmaßnahmen, die jedoch nicht Gegenstand dieser Arbeit sind.

Leistungs- und Abwehrrecht[86] das besondere Interesse des Kindes daran schützt, in einer stabilen Familiensituation in Geborgenheit aufzuwachsen, um sich selbst ungestört entwickeln zu können.[87] Dem Staat verbleibt im Rahmen seines Wächteramts, wie es das BVerfG formuliert, eine Kontroll- und Sicherungsverantwortung dafür, dass sich ein Kind in der Obhut seiner Eltern tatsächlich zu einer eigenverantwortlichen Persönlichkeit entwickeln kann.[88] Aus dem Recht des Kindes auf elterliche Pflege und Erziehung folgt letztlich ein subjektives Gewährleistungsrecht des Kindes gegenüber dem Staat, die spezifisch elterliche Hinwendung zu den Kindern dem Grunde nach zu ermöglichen und zu sichern. Hierzu zählt das BVerfG explizit auch die Verpflichtung des Staates (Leistungsdimension), rechtliche Vorkehrungen dafür zu treffen, dass in Fällen, in denen die leiblichen Eltern nicht bereit oder nicht in der Lage sind, die elterlichen Funktionen wahrzunehmen, elterliche Verantwortung von anderen Personen übernommen werden kann.[89] Das Grundrecht betrifft damit unmittelbar die rechtliche Eltern-Kind-Zuordnung,[90] da es den Staat verpflichtet, in den genannten Fällen die Elternschaftszuordnung zu verantwortungsübernahmebereiten Personen zu ermöglichen. Gleichzeitig schützt das Recht das Interesse des Kindes vor Entzug seiner Eltern (Abwehrdimension).[91] Mit Blick auf den noch recht neuen und damit noch nicht vollständig überblickbaren Gewährleistungsgehalt des Grundrechts sind insbesondere zwei Fragen zu diskutieren, die für die Ausgestaltung der Elternzuordnung leitend sind.[92]

a) Recht auf Zuordnung zu zwei rechtlichen Elternteilen?

Fraglich ist, ob das neue Grundrecht dem Kind ein Recht auf Zuordnung zu zwei rechtlichen Elternteilen gewährt und den Staat somit dazu verpflichtet, dem Kind stets zwei rechtliche Elternteile zuzuordnen.[93] Relevanz hätte ein derartiges

---

[85] *BVerfG*, Urt. v. 19.2.2013 – 1 BvR 3247/09 und 1 BvL 1/11 (*Sukzessivadoption*), NJW 2013, 847 Rn. 48 ff.; siehe die Erläuterungen der Rechtsprechung durch *Britz*, JZ 2014, 1069. Kritisch zur Entscheidung *Reimer/Jestaedt*, JZ 2013, 468, 470 ff.

[86] *Britz*, JZ 2014, 1069, 1070.

[87] Hierzu bereits eingehend *Reuß*, StAZ 2016, 353.

[88] *BVerfG*, Urt. v. 19.2.2013 – 1 BvR 3247/09 und 1 BvL 1/11 (*Sukzessivadoption*), NJW 2013, 847 Rn. 42 m.w.N.

[89] *BVerfG*, Urt. v. 19.2.2013 – 1 BvR 3247/09 und 1 BvL 1/11 (*Sukzessivadoption*), NJW 2013, 847 Rn. 43.

[90] So auch *Britz*, JZ 2014, 1069, 1070.

[91] *Britz*, JZ 2014, 1069, 1072.

[92] Hierzu bereits in anderem Kontext eingehend *Reuß*, StAZ 2016, 353. Vgl. ebenfalls *Lembke* in: Röthel/Heiderhoff (Hrsg.), Regelungsaufgabe Vaterstellung – Was kann, was darf, was will der Staat?, 2014, 37, 39 f.

[93] Vgl. die anklingende Argumentation bei Deutscher Ethikrat, Embryospende, Embryoadoption und elterliche Verantwortung, 2016, 72 ff.; ähnlich auch *Osthold*, Die rechtliche Behandlung von Elternkonflikten, 2016, 395, 406, 409 (mit pauschalem Ver-

Verständnis insbesondere hinsichtlich der Zulassung alleinstehender Frauen zu medizinisch-assistierter Reproduktion, da hier das Kind typischerweise nur einen rechtlichen Elternteil zugeordnet bekommt, da der Samenspender als weiterer Elternteil regelmäßig fortfällt.[94] Bedeutung käme dem aber ferner bei der Frage der Antragsberechtigung des Staates bei der Elternschaftsfeststellung und bei der Einzeladoption zu.[95]

Dass ein Interesse des Kindes bestehen kann, zwei Elternteilen rechtlich zugeordnet zu sein, lässt sich letztlich kaum bestreiten. Es kann sicherlich auch nicht in Zweifel gezogen werden, dass das Grundgesetz in Art. 6 I und II GG (ggf. auch i.V.m. Art. 2 I GG) das Interesse des Kindes schützt, seinen Eltern rechtlich zugeordnet zu sein. Aus Art. 2 I i.V.m. Art. 6 II GG ist allerdings keine Verpflichtung des Staates ableitbar, in jedem Fall eine Zuordnung zu zwei Eltern zu bewirken.[96] Die o.g. Entscheidung zur Sukzessivadoption gleichgeschlechtlicher Lebenspartner,[97] die das Recht des Kindes auf elterliche Pflege und Erziehung entwickelt hat, kann nicht dahingehend verstanden werden. Im konkreten Fall hat das BVerfG letztlich lediglich festgestellt, dass der Staat dafür Sorge zu tragen hat, die elterliche Pflege und Erziehung zu sichern, wenn dies durch die leiblichen Eltern nicht möglich oder nicht gewollt ist. Das bedeutet jedoch nicht, dass in Fällen, in denen ein genetischer Elternteil bereits die Pflege und Erziehung übernimmt (z.B. die Mutter), verfassungsrechtlich gesehen zwingend ein weiterer hinzukommen muss.[98] Somit erfordert das Grundrecht bei Bestehen einer rechtlichen Elternschaft der Geburtsmutter auch nicht die zwingende Her-

---

weis auf das Kindeswohl). So bereits *Benda,* NJW 1985, 1730, 1732 (ohne nähere Begründung). Siehe ähnlich aber mit deutlicher Kritik *Reimer/Jestaedt,* JZ 2013, 468, 471 (Grundrecht auf Gestellung von Eltern). Ähnlich die Argumentation zu Art. 8 EMRK bei *Singer* in: Boele-Woelki/Dethloff/Gephart (Hrsg.), Family Law and Culture in Europe, 2014, 137, 139 f. (Recht auf Gestellung von Eltern).

[94]   So bereits *Reuß,* StAZ 2016, 353.

[95]   Zur Einzeladoption bereits *Coester-Waltjen* in: Ständige Deputation des Deutschen Juristentages (Hrsg.), Verhandlungen des 56. Deutschen Juristentages, 1986, 9, B 74; so aus jüngster Zeit *Helms* in: Ständige Deputation des Deutschen Juristentages (Hrsg.), Rechtliche, biologische und soziale Elternschaft – Herausforderungen durch neue Familienformen, 2016, F 1, F 22. Mit Blick auf die ähnliche Situation im Schweizer Recht siehe *Belser/Jungo,* Zeitschrift für Schweizerisches Recht 2016, 175, 198. A.A. *Lehmann,* Die In-vitro-Fertilisation und ihre Folgen, 2007, 204.

[96]   Vgl. auch *Britz,* JZ 2014, 1069, 1071; Arbeitskreis Abstammungsrecht des BMJV, Abschlussbericht – Empfehlungen für eine Reform des Abstammungsrechts, 2017, 61; *Helms* in: Ständige Deputation des Deutschen Juristentages (Hrsg.), Rechtliche, biologische und soziale Elternschaft – Herausforderungen durch neue Familienformen, 2016, F 1, F 22.

[97]   *BVerfG,* Urt. v. 19.2.2013 – 1 BvR 3247/09 und 1 BvL 1/11 (*Sukzessivadoption*), NJW 2013, 847 Rn. 43.

[98]   *BVerfG,* Urt. v. 19.2.2013 – 1 BvR 3247/09 und 1 BvL 1/11 (*Sukzessivadoption*), NJW 2013, 847 Rn. 46; so ebenfalls vertreten bei *Reuß,* StAZ 2016, 353.

stellung einer weiteren rechtlichen Elternschaft.[99] Eine solche Pflicht lässt sich letztlich auch nicht aus Art. 2 I i.V.m. Art. 6 II 1 GG i.V.m. dem „Zwei-Eltern"-Prinzip ableiten, denn dieses Prinzip stellt letztlich nur klar, dass ein Kind maximal zwei rechtliche Elternteile haben kann.[100] Hieraus zu folgern, dass ein Kind zwingend zwei Elternteile haben muss, überzeugt nicht.

b) Recht auf Zuordnung zu den genetischen Eltern?

In der Diskussion ist mit Blick auf die Anerkennung von im Ausland durchgeführten Leihmutterschaften in letzter Zeit immer öfter auch das Interesse des Kindes an einer rechtlichen Zuordnung zu seinen genetischen Eltern betont worden.[101] Das Interesse des Kindes, seinen genetischen Eltern rechtlich zugeordnet zu sein, korreliert letztlich mit dem Interesse der genetischen Eltern, das Elternrecht für ihre genetischen Kinder zu erlangen, und kann daher prinzipiell unter den Schutz des Grundgesetzes gefasst werden.[102] Art. 6 I (Familienschutz) bzw. Art. 6 II GG bzw. Art. 2 I i.V.m. Art. 6 II GG bieten im Grundsatz hierfür Raum. Aus Art. 2 I i.V.m. Art. 6 II GG kann aber letztlich kein positiver Gewährleistungsanspruch des Kindes gegen den Staat auf Bewirkung der rechtlichen Zuordnung des Kindes zu seinen genetischen Eltern abgeleitet werden.[103] Das BVerfG geht bei der Formulierung dieses Anspruchs gerade davon aus, dass die leiblichen Eltern u.U. zur Übernahme rechtlicher Verantwortung nicht bereit sind, und verpflichtet den Gesetzgeber letztlich nur zur Sicherung der Pflege und Erziehung, ggf. durch (genetisch gerade nicht verwandte) Dritte.[104] Das Grundgesetz erfordert damit keine Zuordnung zum nicht sorgebereiten genetischen Elternteil. Ein solcher Gewährleistungsanspruch würde indessen auch nicht zum verfassungsrechtlichen Verständnis von Elternschaft im Sinne einer umfassenden Verantwortungsgemeinschaft passen, denn: Sind die genetischen Eltern nicht willens oder unfähig Verantwortung für das Kind zu übernehmen, macht es aus Sicht der Verfassungsgewährleistungen auch keinen Sinn, den nicht willigen oder

---

[99] Zum erweiterten Beurteilungsspielraum in dieser Frage siehe *Britz,* JZ 2014, 1069, 1071.

[100] *BVerfG,* Beschl. v. 9.4.2003 – 1 BvR 1493/96 u.a., NJW 2003, 2151, 2152 f.

[101] *EGMR,* Urt. v. 26.6.2014 – Nr. 65192/11 (*Mennesson/Frankreich*), FamRZ 2014, 1525; *EGMR,* Urt. v. 26.6.2014 – Nr. 65941/11 (*Labassée/Frankreich*), FamRZ 2014, 1525. Siehe auch die Entscheidung des *BGH,* Beschl. v. 10.12.2014 – XII ZB 463/13, FamRZ 2015, 240, wo es freilich um die Zuordnung des zweiten, nicht genetisch verwandten Wunschelternteils ging.

[102] Hierzu bereits eingehend *Reuß,* StAZ 2016, 353.

[103] *Coester-Waltjen,* FF 2017, 224, 232 ff.

[104] *BVerfG,* Urt. v. 19.2.2013 – 1 BvR 3247/09 und 1 BvL 1/11 (*Sukzessivadoption*), NJW 2013, 847 Rn. 43. Eingehend zum Ausschluss des klassischen Samenspenders auch *Helms* in: Ständige Deputation des Deutschen Juristentages (Hrsg.), Rechtliche, biologische und soziale Elternschaft – Herausforderungen durch neue Familienformen, 2016, F 1, F 21.

unfähigen Personen die Elternverantwortung zu übertragen. Dies wäre nicht im Interesse des Kindes. Aus Art. 2 I i.V.m. Art. 6 II GG folgt damit kein Gewährleistungsrecht des Kindes auf Zuordnung zu seinen genetischen Eltern. Dies entfaltet insbesondere Relevanz hinsichtlich der Stellung des Samenspenders. Aus Art. 2 I i.V.m. Art. 6 II GG folgt damit kein Gewährleistungsrecht des Kindes auf Feststellung des Samenspenders als rechtlicher Vater gem. § 1600d I BGB.[105] Gleiches gilt für die Fälle der anonymen und vertraulichen Geburt bzw. für die Fälle der Babyklappe mit Blick auf die Zuordnung der nicht verantwortungsbereiten genetischen Mutter.

4. Weitere wichtige Verbürgungen mit elternschaftsrechtlicher Relevanz

Die Regulierung der rechtlichen Eltern-Kind-Zuordnung berührt eine Reihe weiterer verfassungsrechtlicher Verbürgungen und wird letztlich durch diese geleitet. Dazu gehört ganz allgemein der Schutz der Ehe und Familie in Art. 6 I GG.[106] Auch losgelöst von einem Recht auf Fortpflanzung (dazu bereits oben) wird etwa die Familiengründung zwangsläufig davon berührt, wie das System der Eltern-Kind-Zuordnung ausgestaltet ist, und welche Möglichkeiten Personen haben, ihre Familiengründungspläne auch rechtlich umzusetzen. Hat ein genetischer, nicht rechtlicher Vater beispielsweise keine Möglichkeit eine soziale Beziehung zu seinem Kind aufzubauen, da die Mutter jeglichen Kontakt blockiert, und er an der Erlangung der rechtlichen Elternposition in Ermangelung eines Anfechtungsrechts gehindert ist, wird sein Recht auf Familiengründung intensiv beeinträchtigt.

Elternschaftsrechtliche Fragen berühren ferner den Schutz von Ehe und Familie im Bereich der Korrekturinstrumente. Wird eine bestehende rechtliche Elternzuordnung beispielsweise angefochten, kann dies ebenfalls störenden Einfluss auf eine bestehende Familie/Ehe nehmen.[107] Dies gilt insbesondere dann, wenn nicht die Familienmitglieder selbst, sondern daran unbeteiligte Dritte die Anfechtung betreiben. Art. 6 I GG ist daher im Rahmen der Schaffung praktischer Konkordanz der berührten Grundrechtspositionen zu beachten.

Elternschaftsrecht berührt ferner den Schutz des allgemeinen Persönlichkeitsrechts und dessen spezieller Ausprägungen, z.B. als Recht auf informationelle

---

[105] Es folgt hieraus auch kein Recht auf Zuordnung zum nur sozialen Elternteil, vgl. so zutreffend *Lembke* in: Röthel/Heiderhoff (Hrsg.), Regelungsaufgabe Vaterstellung – Was kann, was darf, was will der Staat?, 2014, 37, 40.

[106] Arbeitskreis Abstammungsrecht des BMJV, Abschlussbericht – Empfehlungen für eine Reform des Abstammungsrechts, 2017, 20.

[107] Vgl. mit Blick auf § 1598a BGB *BVerfG*, Urt. v. 19.4.2016 – 1 BvR 3309/13, BeckRS 2016, 44719; vgl. dazu auch die Argumentation des Landes Baden-Württemberg in BR-Drs. 280/05, 5 f.

Selbstbestimmung, Art. 2 I i.V.m. Art. 1 I GG.[108] Elternschaftsrechtliche Beziehungen sind höchstpersönlicher Natur. Ihre Zuordnung und Korrektur betrifft den Kern des Persönlichkeitsrechts. Deshalb erwächst beispielsweise aus dem Recht auf Kenntnis der eigenen Abstammung/Abkömmlinge auch ein Interesse des Elternteils/Kindes daran, bei Fehlen einer genetischen Abstammung die dieser Zuordnung nicht entsprechende rechtliche Eltern-Kind-Zuordnung zu beseitigen.[109] Kind und rechtlichem Vater stehen deshalb Anfechtungsrechte nach § 1600 I Nr. 1, 4 BGB zu.[110] Darüber hinaus ist beispielsweise nach einer neuen Entscheidung des BVerfG[111] bei statusfolgenloser Abstammungsfeststellung nach § 1598a BGB das allgemeine Persönlichkeitsrecht des rechtlichen Vaters betroffen. Über die Anzweiflung der genetischen Abstammung sei, so das BVerfG, sein Selbstverständnis berührt, in genealogischer Beziehung zum Kind zu stehen.[112] Die Regulierung elternschaftsrechtlicher Materien hat somit auch den Gewährleistungsgehalt des allgemeinen Persönlichkeitsrechts und seiner speziellen Ausprägungen zu berücksichtigen.

Zu berücksichtigen ist ferner das allgemeine Gleichheitsgebot, Art. 3 I GG, sowie spezielle Ausprägungen des Gleichheitssatzes, z.B. Art. 3 II GG (Gleichbehandlung von Mann und Frau), Art. 3 III GG (Verbot der Diskriminierung aufgrund des Geschlechts, der Abstammung, der Rasse, der Sprache, der Heimat und Herkunft, des Glaubens, der religiösen oder politischen Anschauungen und wegen Behinderung), Art. 6 V GG (Gleichstellung von nicht ehelichen und ehelichen Kindern).[113] Bei der Konzipierung eines Systems der Eltern-Kind-Zuordnung muss daher darauf geachtet werden, dass Gleiches gleich und Ungleiches ungleich behandelt wird. Zuordnungsgründe müssen somit derart gestaltet sein, dass sie in vergleichbaren Situationen eine gleich gestaltete rechtliche Eltern-Kind-Zuordnung bereitstellen, und auch im Rahmen der Zuordnungskorrektur ungerechtfertigte Ungleichbehandlungen vermieden werden. So ist beispielsweise durchaus unter dem Gleichheitsgrundsatz problematisch, dass der Gesetzgeber im geltenden Abstammungsrecht zwar für den genetischen, nicht rechtlichen Vater ein Anfechtungsrecht vorsieht, die genetische, nicht rechtliche Mutter allerdings ohne abstammungsrechtliche Instrumente lässt, die Elternposition zu erlan-

---

[108] Arbeitskreis Abstammungsrecht des BMJV, Abschlussbericht – Empfehlungen für eine Reform des Abstammungsrechts, 2017, 20.

[109] *BVerfG,* Urt. v. 31.1.1989 – 1 BvL 17/87, NJW 1989, 891, 892 (Kindesinteresse); *BVerfG,* Beschl. v. 4.12.1974 – 1 BvL 14/73, NJW 1975, 203 (Elterninteresse, Art. 2 I i.V.m. Art. 1 I GG); *BVerfG,* Urt. v. 13.2.2007 – 1 BvR 421/05, NJW 2007, 753 (Elterninteresse, Art. 6 II 1 GG heranziehend).

[110] BeckOGK/*Reuß,* § 1598a BGB Rn. 12 f.

[111] *BVerfG,* Urt. v. 19.4.2016 – 1 BvR 3309/13, BeckRS 2016, 44719.

[112] Krit. zu einem solchen Recht *Löhnig/Plettenberg/Runge-Rannow,* NZFam 2016, 400.

[113] Arbeitskreis Abstammungsrecht des BMJV, Abschlussbericht – Empfehlungen für eine Reform des Abstammungsrechts, 2017, 20, 28.

gen. Sie wird auf die Adoption verwiesen.[114] Auch Gleichbehandlungsaspekte spielen daher eine entscheidende Rolle bei der Entwicklung eines modernen Elternschaftsrechts.

Beachtung zu finden haben ebenfalls die Menschenwürdegarantie des Art. 1 I GG und der Lebens- und Gesundheitsschutz gem. Art. 2 II 1 GG. Dem Gesetzgeber ist es verboten durch entsprechende Regulierung die Subjektqualität des Menschen in Frage zu stellen. Sofern das Individuum zum bloßen Objekt staatlichen Handelns degradiert wird, liegt ein nicht rechtfertigbarer Verstoß gegen die Würde des Menschen vor.[115] Gleichzeitig schützt Art. 2 II 1 GG das Recht auf Leben und die körperliche Unversehrtheit. Eingriffe in den Lebens- und Gesundheitsschutz bedürfen der Rechtfertigung. Die Berührung dieser Verbürgungen hat besondere Brisanz im Rahmen der Regulierung von Leihmutterschaftsfällen. Insbesondere ein Ausbeutungsschutz der Leihmütter und ein Schutz der betreffenden Kinder (Stichwort: Kommerzialisierung des Lebens) ist verfassungsrechtlich zu gewährleisten.[116]

Letztlich betreffen elternschaftsrechtliche Fragen auch das Verbot der Entziehung der Staatsangehörigkeit nach Art. 16 I 1 GG. Nach § 4 Abs. 1 StAG erwirbt ein Kind nämlich die deutsche Staatsangehörigkeit, wenn ein Elternteil die deutsche Staatsangehörigkeit besitzt. Beispielsweise ist dies der Fall, wenn ein deutscher Mann die Vaterschaft für ein Kind gem. § 1592 Nr. 2 BGB anerkennt. Ist die Mutter nicht selbst deutsche Staatsangehörige entfällt mit Wirksamkeit der Vaterschaftsanfechtung mit „*ex tunc*"-Wirkung die Grundlage für die Zuordnung der Staatsangehörigkeit nach § 4 StAG. Ein Entzug der Staatsangehörigkeit kann unter gewissen Umständen widerrechtlich sein.[117] Auch derartige Fragen gilt es daher zu berücksichtigen.

5. Beschränkbarkeit der Grundrechte und Beurteilungsspielraum des Gesetzgebers

Die einzelnen Verbürgungen des Grundgesetzes gelten letztlich nicht schrankenlos. Enthalten die einzelnen Grundrechte wie Art. 6 I GG keinen expliziten Schrankenvorbehalt, können sie jedenfalls durch verfassungsimmanente Schran-

---

[114] Kritisch daher Arbeitskreis Abstammungsrecht des BMJV, Abschlussbericht – Empfehlungen für eine Reform des Abstammungsrechts, 2017, 35; MüKoBGB/*Wellenhofer*, § 1591 Rn. 43; *Schumann*, MedR 2014, 736, 738, 747.

[115] StRSpr. *BVerfG*, Urt. v. 21.6.1977 – 1 BvL 14/76, NJW 1977, 1525, 1526.

[116] Persönliche Leitlinien der Mitglieder des Arbeitskreis Abstammungsrecht des BMJV, Abschlussbericht – Empfehlungen für eine Reform des Abstammungsrechts, 2017, 107 (Meo-Micaela Hahne); ähnlich Persönliche Leitlinien der Mitglieder des Arbeitskreis Abstammungsrecht des BMJV, Abschlussbericht – Empfehlungen für eine Reform des Abstammungsrechts, 2017, 124 (Ute Sacksofsky).

[117] Zur Behördenanfechtung siehe *BVerfG*, Beschl. v. 17.12.2013 – 1 BvL 6/10, FamRZ 2014, 449; krit. *Helms*, FamRZ 2014, 459; *Neubauer*, NJ 2014, 155; *Schwonberg*, FamRB 2014, 95.

ken eingeschränkt werden.[118] Hierzu zählen insbesondere berührte Grundrechte anderer Grundrechtsträger, aber auch das sonstige Verfassungsrecht.[119] Beschränkungen sind nach den allgemeinen Regeln nur dann gerechtfertigt, wenn sie einem legitimen Zweck dienen, zur Zweckerreichung geeignet und erforderlich und letztlich auch angemessen, d. h. verhältnismäßig im engeren Sinne, sind.[120]

Das Grundgesetz gewährt dem Gesetzgeber bei der Ausgestaltung der gesetzlichen Regelungen eine gewisse Einschätzungsprärogative.[121] Diese bezieht sich allerdings nur auf komplexe und nicht leicht zu überblickende empirische Zusammenhänge, die die Geeignetheit und Erforderlichkeit eines Eingriffs betreffen.[122] Damit stellt das GG deutlich höhere Anforderungen an die Rechtfertigung der Beschränkung von Grundrechtspositionen als die EMRK.[123]

II. Menschenrechtliche Verbürgungen

Auch auf menschenrechtlicher Ebene lässt sich eine Vielzahl von Verbürgungen feststellen, die von elternschaftsrechtlicher Regulierung berührt werden. Zuvörderst gehören hierzu die Gewährleistungen der Europäischen Menschenrechtskonvention (EMRK), die für Deutschland verbindlich ist, und, obschon sie formell im Rang des einfachen Bundesrechts steht,[124] aufgrund der Völkerrechtsfreundlichkeit des Grundgesetzes gleichwohl für die Auslegung der Grundrechte des GG von Bedeutung ist.[125] Aber auch andere völkerrechtliche Gewährleistungen wie die UN-Kinderrechte Konvention (KRK)[126] haben Beachtung zu finden. Im Folgenden werden die wichtigsten Verbürgungen besprochen.

1. Schutz des Privat- und Familienlebens gem. Art. 8 EMRK

a) Gewährleistungsgehalt

Die rechtliche Beziehung zwischen Eltern und ihren Kindern unterfällt Art. 8 I EMRK.[127] Das Elternrecht ist dabei jedenfalls unter den Begriff des Privatlebens

---

[118] Spickhoff, MedR/*Müller-Terpitz,* Art. 6 GG Rn. 8.

[119] *Pieroth/Schlink/Kingreen u. a.,* Grundrechte – Staatsrecht II, 2015 Rn. 338 ff.

[120] *Pieroth/Schlink/Kingreen u. a.,* Grundrechte – Staatsrecht II, 2015 Rn. 289 ff.

[121] Siehe etwa m.w.N. *BVerfG,* Urt. v. 19.2.2013 – 1 BvR 3247/09 und 1 BvL 1/11 (*Sukzessivadoption*), NJW 2013, 847 Rn. 45.

[122] *Pieroth/Schlink/Kingreen u. a.,* Grundrechte – Staatsrecht II, 2015 Rn. 292 ff.

[123] Hierzu sogleich.

[124] Art. 59 II GG.

[125] Vgl. *BVerfG,* Beschl. v. 26.3.1987 – 2 BvR 589/79, BVerfGE 74, 358; ebenso, das Umgangsrecht des genetischen, nicht rechtlichen Vaters betreffend *BVerfG,* Beschl. v. 14.10.2004 – 2 BvR 1481/04, BVerfGE 111, 307; dazu Meyer-Ladewig/*Meyer-Ladewig/Nettesheim,* Einleitung Rn. 19 m.w. N.

[126] Übereinkommen über die Rechte des Kindes vom 20.11.1989, BGBl. 1992 II S. 121, 122.

(Art. 8 I Var. 1 EMRK) zu subsumieren, der wichtige Aspekte der Identität einer Person erfasst.[127] Besteht eine sozial-familiäre Beziehung zwischen Elternteil und Kind, ist auch der Schutz des Familienlebens (Art. 8 I Var. 2 EMRK) eröffnet.[129] Dabei werden die bestehende genetische, die biologische sowie die rechtliche Elternschaft generell tatbestandlich unter das Familienleben gefasst, wenn die Beziehung tatsächlich durch enge persönliche Bindungen gekennzeichnet ist.[130] Das Familienleben umfasst darüber hinaus die reine „de facto"-Familie und somit auch die rein faktische Elternschaft.[131] Somit werden letztlich genetische, biologische und soziale Elternschaft im Rahmen des Familienlebens durch Art. 8 I EMRK gewährleistet.[132] Allein die biologische Abstammung reicht allerdings für die Annahme einer sozial-familiären Beziehung nicht aus,[133] hier kommt allenfalls eine Subsumtion unter Art. 8 I Var. 1 EMRK in Betracht.[134]

---

[127] Beispielhaft: *EGMR*, Urt. v. 21.12.2010 – 20578/07 (*Anayo/Deutschland*), NJW 2011, 3565, 3566; Karpenstein/Mayer/*Pätzold*, Art. 8 EMRK, Rn. 17. Hierzu bereits eingehend bei BeckOGK/*Reuß*, § 1598a BGB Rn. 14; eingehend auch *Pintens*, FamRZ 2016, 341. Zu neuerer Rechtsprechung und dem Einfluss auf die Schweiz, siehe *Cottier/Wyttenbach*, FamPra.ch 2016, 75 ff.

[128] *EGMR*, Urt. v. 21.12.2010 – 20578/07 (*Anayo/Deutschland*), NJW 2011, 3565, 3566; *EGMR*, Urt. v. 15.9.2011 – 17080/07 (*Schneider/Deutschland*), NJW 2012, 2781, 2784; Karpenstein/Mayer/*Pätzold*, Art. 8 EMRK, Rn. 17.

[129] *EGMR*, Urt. v. 21.12.2010 – 20578/07 (*Anayo/Deutschland*), NJW 2011, 3565, 3566, der auch faktische Lebensgemeinschaften neben Ehe und gleichgeschlechtlicher Lebenspartnerschaft umfasst, vgl. *EGMR*, Urt. v. 26.5.1994 – 16969/90 (*Keegan/Irland*), http://hudoc.echr.coe.int/sites/eng/pages/search.aspx?i=001-57881 (zuletzt geprüft am 14.03.2014), 14; *EGMR*, Urt. v. 27.10.1994 – 18535/91 (*Kroon u.a./Niederlande*), http://hudoc.echr.coe.int/sites/eng/pages/search.aspx?i=001-57904 (zuletzt geprüft am 14.03.2014), 12; *EGMR*, Entsch. v. 18.3.2008 – 33375/03 (*Hülsmann/Deutschland*), NJW-RR 2009, 1585; *EGMR*, Urt. v. 22.3.2012 – 23338/09 (*Kautzor/Deutschland*), NJW 2013, 1937 (je für die faktische Lebensgemeinschaft); *EGMR*, Urt. v. 19.2.2013 – 19010/07 (*X u.a./Österreich*), NJW 2013, 2173; *EGMR*, Entsch. v. 7.5.2013 – 8017/11 (*B. und G.B./Deutschland*), FamRZ 2014, 97 (jeweils für gleichgeschlechtliche Lebenspartnerschaften). Zur Definition des Familienlebens eingehend *Crowley* in: Atkin/Banda (Hrsg.), The International Survey of Family Law 2015 Ed., 2015, 54.

[130] *EGMR*, Urt. v. 4.12.2007 – Nr. 44362/04 (*Dickson/Vereinigtes Königreich*), http://hudoc.echr.coe.int/eng?i=001-83788 (zuletzt geprüft am 08.10.2017) (Große Kammer); *EGMR*, Urt. v. 3.11.2011 – Nr. 57813/00 (*S. H. u.a./Österreich*), http://hudoc.echr.coe.int/eng?i=001-107325; *EGMR*, Urt. v. 24.1.2017 – Nr. 25358/12 (*Paradiso u. Campanelli/Italien*), http://hudoc.echr.coe.int/eng?i=001-170359 (zuletzt geprüft am 08.10.2017) (Große Kammer).

[131] *EGMR*, Urt. v. 21.12.2010 – 20578/07 (*Anayo/Deutschland*), NJW 2011, 3565; *EGMR*, Urt. v. 24.06.2010 – 30141/04 (*Schalk und Kopf/Österreich*), http://cmiskp.echr.coe.int/tkp197/view.asp?item=1&portal=hbkm=&action=html&source=tkp&highlight=30141/04&sessionid=70144808&skin=hudoc-en (zuletzt geprüft am 26.04.2011); Karpenstein/Mayer/*Pätzold*, Art. 8 EMRK, Rn. 41, 44.

[132] Hierzu siehe auch *Singer* in: Boele-Woelki/Dethloff/Gephart (Hrsg.), Family Law and Culture in Europe, 2014, 137, 139.

[133] *EGMR*, Entsch. v. 18.3.2008 – 33375/03 (*Hülsmann/Deutschland*), NJW-RR 2009, 1585; bestätigt durch *EGMR*, Urt. v. 15.9.2011 – 17080/07 (*Schneider/Deutschland*),

Um von einer Familie sprechen zu können, muss jedoch das Familienleben nicht immer bereits entstanden sein. Zwar betont der Gerichtshof stets, dass Art. 8 I Var. 2 EMRK eine bestehende Familie voraussetze und die Familiengründung nicht erfasse,[135] die Rechtsprechung des Gerichtshofs ist insoweit allerdings nicht stringent: Erstens wendet die neuere Rechtsprechung den Tatbestand des Familienlebens auch auf Vorfeldentscheidungen im Rahmen der medizinisch-assistierten Reproduktion und damit auf die Familiengründung an.[136] Zweitens kann nach ständiger Rechtsprechung des EGMR auch dann, wenn eine sozial-familiäre Beziehung nicht besteht, der Schutzbereich des Art. 8 I Var. 2 EMRK eröffnet sein. Dies gilt dann, wenn die Herstellung eines Familienlebens beabsichtigt ist und dem Elternteil nicht zugerechnet werden kann, dass es bislang noch nicht zur Herstellung eines Familienlebens gekommen ist.[137] Entsprechendes kann etwa dann der Fall sein, wenn ein genetischer, nicht rechtlicher Vater sich um die Erlangung der rechtlichen Elternstellung bemüht, die Mutter dies aber durch die ihr zur Verfügung stehenden rechtlichen und tatsächlichen Mittel (z. B. Zustimmung zur Vaterschaftsanerkennung durch einen anderen Mann) ver-

---

NJW 2012, 2781; *EGMR,* Urt. v. 01.06.2004 – 45582/99 (*Lebbink/Niederlande*), http://hudoc.echr.coe.int/eng?i=001-61799 (zuletzt geprüft am 05.09.2017).

[134] *EGMR,* Entsch. v. 18.3.2008 – 33375/03 (*Hülsmann/Deutschland*), NJW-RR 2009, 1585; bestätigt durch *EGMR,* Urt. v. 15.9.2011 – 17080/07 (*Schneider/Deutschland*), NJW 2012, 2781; *Meyer-Ladewig/Meyer-Ladewig,* Art. 8 EMRK Rn. 57; Karpenstein/Mayer/*Pätzold,* Art. 8 EMRK, Rn. 18.

[135] *EGMR,* Urt. v. 24.1.2017 – Nr. 25358/12 (*Paradiso u. Campanelli/Italien*), http://hudoc.echr.coe.int/eng?i=001-170359 (zuletzt geprüft am 08.10.2017); *EGMR,* Urt. v. 26.2.2002 – Nr. 36515/97 (*Frette/Frankreich*), http://hudoc.echr.coe.int/eng?i=001-60168 (zuletzt geprüft am 08.10.2017) Rn. 32 (Art. 8 setze eine bestehende Familie voraus); *EGMR,* Urt. v. 22.01.2008 – Nr. 43546/02 (*E.B./Frankreich*), http://hudoc.echr.coe.int/eng?i=001-84571 (zuletzt geprüft am 08.10.2017) Rn. 41; auch Art. 12 EMRK hilft bei Einzelpersonen und unverheirateten Paaren nicht, dazu *EGMR,* Urt. v. 13.12.2007 – Nr. 39051/03 (*Emonet u. a./Schweiz*), http://hudoc.echr.coe.int/eng?i=001-83992 (zuletzt geprüft am 08.10.2017) Rn. 92; so auch Karpenstein/Mayer/*Pätzold,* Art. 8 EMRK, Rn. 40.

[136] *EGMR,* Urt. v. 3.11.2011 – Nr. 57813/00 (*S. H. u. a./Österreich*), http://hudoc.echr.coe.int/eng?i=001-107325 Rn. 82; dazu *Coester-Waltjen* in: Wiesemann/Simon (Hrsg.), Patientenautonomie, 2013, 222, 225 m.w.N.

[137] Dazu beispielhaft: *EGMR,* Urt. v. 26.5.1994 – 16969/90 (*Keegan/Irland*), http://hudoc.echr.coe.int/sites/eng/pages/search.aspx?i=001-57881 (zuletzt geprüft am 14.03.2014), 15; *EGMR,* Entsch. v. 29.6.1999 – 27110/95 (*Nylund/Finnland*), http://hudoc.echr.coe.int/sites/eng/pages/search.aspx?i=001-21999 (zuletzt geprüft am 13.03.2014), 14; *EGMR,* Urt. v. 22.6.2004 – Nr. 78028/01 u. a. (*Pini/Rumänien*), http://hudoc.echr.coe.int/eng?i=001-61837 (zuletzt geprüft am 13.03.2014) Rn. 143; *EGMR,* Entsch. v. 18.3.2008 – 33375/03 (*Hülsmann/Deutschland*), NJW-RR 2009, 1585; *EGMR,* Urt. v. 21.12.2010 – 20578/07 (*Anayo/Deutschland*), NJW 2011, 3565; *EGMR,* Urt. v. 22.3.2012 – 23338/09 (*Kautzor/Deutschland*), NJW 2013, 1937; *EGMR,* Urt. v. 5.6.2014 – Nr. 31021/08 (*I. S./Deutschland*), http://hudoc.echr.coe.int/eng?i=001-146785 (zuletzt geprüft am 05.09.2017); mit Blick auf biologische Väter: *EGMR,* Beschl. v. 19.6.2003 – Nr. 46165/99 (*Nekvedavcius/Deutschland*), http://hudoc.echr.coe.int/eng?i=001-23277 (zuletzt geprüft am 05.09.2017).

hindern möchte. Auch das Interesse des genetischen, nicht rechtlichen Vaters an der Feststellung seiner Vaterschaft kann daher im Rahmen des Familienlebens schutzwürdig sein. Zu beachten ist hierbei jedoch, dass dann, wenn das intendierte Familienleben allerdings keinem biologischen, genetischen oder rechtlichen Band entspricht – es sich somit um die intendierte nur soziale Elternschaft handelt – es nach neuerer Rechtsprechung des EGMR einer gewissen Verfestigung des faktischen Zusammenlebens bedarf.[138] Im elternschaftsrechtlichen Kontext hat der EGMR ein 6- bis 8-monatiges Familienleben nicht ausreichen lassen,[139] was vor dem Hintergrund der bindungstheoretischen Forschung[140] bedenklich erscheint.[141] Die Möglichkeit, ein intendiertes Familienleben unter den Schutzbereich des Privatlebens (Art. 8 I Var. 1 EMRK) zu fassen, bleibt jedoch eröffnet, so dass auch intendierte nur soziale Eltern nicht schutzlos gestellt sind.[142]

Der Schutz des Privat- und Familienlebens umfasst ferner das Interesse des Kindes/der Eltern,[143] die bestehende Elternschaft feststellen zu lassen und im Gegenzug eine rechtliche Eltern-Kind-Beziehung bei Fehlen der genetischen Abstammungsbeziehung zu beseitigen. Art. 8 I EMRK verpflichtet die Mitgliedstaaten nach bisher ständiger Rechtsprechung des EGMR allerdings nicht dazu, dem genetischen, nicht rechtlichen Vater ein verfahrensrechtliches Recht auf Erlangung der rechtlichen Elternstellung einzuräumen.[144] Die EMRK bleibt in ih-

---

[138] *EGMR,* Urt. v. 24.1.2017 – Nr. 25358/12 (*Paradiso u. Campanelli/Italien*), http://hudoc.echr.coe.int/eng?i=001-170359 (zuletzt geprüft am 08.10.2017).

[139] *EGMR,* Urt. v. 24.1.2017 – Nr. 25358/12 (*Paradiso u. Campanelli/Italien*), http://hudoc.echr.coe.int/eng?i=001-170359 (zuletzt geprüft am 08.10.2017). Kritisch zu der Entscheidung *Duden,* FamRZ 2017, 445, 446.

[140] Dazu siehe § 1 S. 117 ff.

[141] Kritisch zu Recht daher *Sanders,* NJW 2017, 925, 926.

[142] Das Elternrecht ist des Weiteren konkret in dem für Deutschland ebenfalls verbindlichen Protokoll Nr. 1 zur EMRK (Zusatzprotokoll zum Schutze der Menschenrechte und Grundfreiheiten in der Fassung der Bekanntmachung vom 22. Oktober 2010, BGBl. II S. 1198, 1218) im Rahmen des Rechts auf Bildung gem. Art. 2 S. 2 verbürgt, wo es heißt: „Der Staat hat bei Ausübung der von ihm auf dem Gebiet der Erziehung und des Unterrichts übernommenen Aufgaben das Recht der Eltern zu achten, die Erziehung und den Unterricht entsprechend ihren eigenen religiösen und weltanschaulichen Überzeugungen sicherzustellen".

[143] *EGMR,* Urt. vom 18.2.2014 – Nr. 28609/08 (*A. L./Polen*), http://hudoc.echr.coe.int/eng?i=001-140920 (zuletzt geprüft am 10.03.2014), 10; *EGMR,* Urt. v. 12.1.2006 – Nr. 26111/02 (*Mizzi/Malta*), http://hudoc.echr.coe.int/sites/eng/pages/search.aspx?i=001-71983 (zuletzt geprüft am 14.03.2014), 21; ähnlich *EGMR,* Urt. v. 15.9.2011 – 17080/07 (*Schneider/Deutschland*), NJW 2012, 2781; *EGMR,* Urt. v. 28.11.1984 – Nr. 9/1983/65/100 (*Rasmussen*), NJW 1986, 2176; *EGMR,* Urt. v. 7.5.2009 – Nr. 3451/05 (*Kalcheva/Russland*), http://hudoc.echr.coe.int/eng?i=001-92572 (zuletzt geprüft am 05.09.2017) Rn. 28–30 *(Elterninteresse).* Weitergehend noch *Singer* in: Boele-Woelki/Dethloff/Gephart (Hrsg.), Family Law and Culture in Europe, 2014, 137, 139 f. (Recht auf Gestellung von Eltern).

[144] *EGMR,* Urt. v. 10.10.2006 – Nr. 10699/05 (*Paulik/Slowenien*), http://hudoc.echr.coe.int/eng?i=001-77327 (zuletzt geprüft am 05.09.2017) Rn. 41–47; *EGMR,* Urt. v.

rem Schutzgehalt daher hinter dem Grundgesetz zurück. In einer jüngeren Entscheidung zu einem Bulgarien betreffenden Fall hat der EGMR aber nun einen Konventionsverstoß angenommen, da das bulgarische Recht dem genetischen, nicht rechtlichen Vater keinerlei Möglichkeit gewährte, die Vaterschaftsanerkennung eines anderen Mannes anzufechten.[145] Der EGMR gründete seine Entscheidung allerdings nicht darauf, dass dem genetischen, nicht rechtlichen Vater ganz generell ein Anfechtungsrecht versagt wurde, da eine Anfechtungsmöglichkeit durch staatliche Behörden sogar vorlag. Das bulgarische Recht spezifizierte allerdings nicht hinreichend genug, unter welchen Voraussetzung eine Anfechtung durch den Staatsanwalt betrieben werden bzw. abgelehnt werden könne und welche Interessen bei der Entscheidung eine Rolle spielen sollten. Das Fehlen der Berücksichtigung der Interessen des genetischen, nicht rechtlichen Vaters stellte somit den eigentlichen Konventionsverstoß dar,[146] so dass aus Art. 8 I EMRK auch weiterhin keine generelle Verpflichtung der Konventionsstaaten abzuleiten ist, dem genetischen, nicht rechtlichen Vater ein Anfechtungsrecht zu gewähren. Eine Rechtfertigung des Ausschlusses bedarf allerdings stets der umfassenden Abwägung der Interessen im Einzelfall. Letztlich ist damit auch im positiven Konflikt mehrerer Elternschaften nicht stets ein Vorrang der genetischen Abstammung konventionsseitig angezeigt. § 1600 II BGB ist daher vom EGMR als konventionskonform eingestuft worden.[147]

Auch mit Blick auf Leihmutterschaften sind die Verbürgungen des Art. 8 I EMRK relevant. In zwei Entscheidungen zu einem in Frankreich spielenden Sachverhalt hat der EGMR die Versagung der abstammungsrechtlichen Zuordnung zu den genetisch mit dem Kind verwandten Wunscheltern durch die französischen Behörden aufgrund des Rechts des Kindes (nicht der Eltern!) aus Art. 8 I EMRK, seinen Eltern rechtlich zugeordnet zu sein, als Konventionsverstoß angesehen.[148] Die Große Kammer des EGMR hat jüngst in einem Italien betreffenden

---

22.3.2012 – 23338/09 (*Kautzor/Deutschland*), NJW 2013, 1937; *EGMR*, Entsch. v. 5.11.2013 – 26610/09 (*Hülsmann/Deutschland*), NJW 2014, 3083.

[145] *EGMR*, Entsch. v. 8.12.2016 – Nr. 7949/11 und 45522/13 (*L. D. und P. K./Bulgarien*), FamRZ 2017, 385 mit kritischer Anmerkung *Frank*. In den betreffenden Fällen hatte die Mutter versucht, die Erlangung der rechtlichen Vaterstellung durch den genetischen Vater zu verhindern und die Anerkennung durch einen Dritten betrieben.

[146] *EGMR*, Entsch. v. 8.12.2016 – Nr. 7949/11 und 45522/13 (*L. D. und P. K./Bulgarien*), FamRZ 2017, 385 insb. Rn. 67–76.

[147] *EGMR*, Urt. v. 22.3.2012 – 23338/09 (*Kautzor/Deutschland*), NJW 2013, 1937; zust. *OLG Nürnberg*, Beschl. v. 6.11.2012 – 11 UF 1141/12, BeckRS 2012, 22634. Das gilt auch dann, wenn der biologische, nicht rechtliche Vater mit dem Kind ebenfalls eine sozial-familiäre Beziehung unterhält *EGMR*, Beschl. v. 10.3.2015 – Nr. 42719/14 (*Markgraf/Deutschland*), http://hudoc.echr.coe.int/eng?i=001-153536 (zuletzt geprüft am 08.10.2017).

[148] *EGMR*, Urt. v. 26.6.2014 – Nr. 65192/11 (*Mennesson/Frankreich*), FamRZ 2014, 1525; *EGMR*, Urt. v. 26.6.2014 – Nr. 65941/11 (*Labassée/Frankreich*), FamRZ 2014, 1525.

Fall bei Fehlen einer genetischen Verbindung von Kind und Wuncheltern allerdings einen Konventionsverstoß durch die Inobhutnahme des Kindes durch italienische Behörden verneint.[149] Auch hier hat Art. 8 I EMRK Auswirkungen auf die Gestaltung eines modernen Elternschaftsrechts.

Ebenfalls in den Gewährleistungsgehalt des Art. 8 I EMRK fällt letztlich die Fortpflanzungsfreiheit.[150] Der Schutzgehalt der Fortpflanzungsfreiheit erfasst dabei nicht nur die positive Entscheidung, sich fortpflanzen zu wollen, sondern auch die negative Entscheidung gegen eine Fortpflanzung.[151] Unerheblich ist dabei, ob die Fortpflanzung auf natürlichem Wege oder medizinisch-assistiert erfolgen soll.[152] Art. 8 EMRK ist jedoch in erster Linie ein Abwehrrecht. Die Bestimmung gewährt – wie auch Art. 6 I, IV GG – dem Einzelnen daher keinen positivrechtlichen Anspruch auf Nutzung einer bestimmten Fortpflanzungsmethode oder gar auf die erfolgreiche Durchführung der Fortpflanzung. Sie schützt den Einzel-

---

[149] *EGMR*, Urt. v. 24.1.2017 – Nr. 25358/12 (*Paradiso u. Campanelli/Italien*), http://hudoc.echr.coe.int/eng?i=001-170359 (zuletzt geprüft am 08.10.2017); anders noch die Vorinstanz *EGMR*, Urt. v. 27.1.2015 – Nr. 25358/12 (*Paradiso und Campanelli/Italien*), http://hudoc.echr.coe.int/eng?i=001-150770 (zuletzt geprüft am 08.10.2017). Zu einem weiteren Leihmutterschaftsfall siehe *EGMR*, Beschl. v. 8.7.2014 – Nr. 29176/13 (*D. u. a./Belgien*), http://hudoc.echr.coe.int/eng?i=001-155182 (zuletzt geprüft am 10.10. 2017), hier war ein Konventionsverstoß wegen nicht sofort ausgestellter Reisepapiere durch die belgischen Behörden verneint worden.

[150] Beispielhaft: *EGMR*, Urt. v. 29.10.1992 – Nr. 14234/88 u. 14235/88 (*Open Door and Dublin Well Women/Irland*), http://hudoc.echr.coe.int/eng?i=001-57789 (zuletzt geprüft am 08.10.2017) Rn. 83 (negative Fortpflanzungsfreiheit, hier Schwangerschaftsabbruch); *EGMR*, Urt. v. 7.3.2006 – Nr. 6339/05 (*Evans/Vereinigtes Königreich*), http://hudoc.echr.coe.int/eng?i=001-80046 (zuletzt geprüft am 08.10.2017) Rn. 71 (positive Fortpflanzungsfreiheit, hier Embryotransfer); *EGMR*, Urt. v. 16.12.2010 – Nr. 25579/10 (*A, B und C/Irland*), http://hudoc.echr.coe.int/eng?i=001-102332 (zuletzt geprüft am 08.10.2017) Rn. 212 (negative Fortpflanzungsfreiheit, hier Schwangerschaftsabbruch); *EGMR*, Urt. v. 3.11.2011 – Nr. 57813/00 (*S. H. u. a./Österreich*), http://hudoc.echr.coe. int/eng?i=001-107325 Rn. 80 (positive Fortpflanzungsfreiheit, hier medizinisch-assistierte Reproduktion); *EGMR*, Urt. v. 4.12.2007 – Nr. 44362/04 (*Dickson/Vereinigtes Königreich*), http://hudoc.echr.coe.int/eng?i=001-83788 (zuletzt geprüft am 08.10.2017) Rn. 66 (positive Fortpflanzungsfreiheit; Zugang zu medizinisch-assistierter Reproduktion). Zur Entwicklung *EGMR*, Urt. v. 4.12.2007 – Nr. 44362/04 (*Dickson/Vereinigtes Königreich*), http://hudoc.echr.coe.int/eng?i=001-83788 (zuletzt geprüft am 08.10. 2017); *Coester-Waltjen* in: Wiesemann/Simon (Hrsg.), Patientenautonomie, 2013, 222, 223 ff. Monographisch hierzu *Czech*, Fortpflanzungsfreiheit, 2015. Vgl. auch *VfGH*, Entsch. v. 10.12.2013 – G 16/2013 und G 44/2014, www.ris.bka.gv.at (zuletzt geprüft am 15.10.2017).

[151] s. etwa *EGMR*, Urt. v. 3.11.2011 – Nr. 57813/00 (*S. H. u. a./Österreich*), http://hudoc.echr.coe.int/eng?i=001-107325 Rn. 80 m.w.N.; *Czech*, Fortpflanzungsfreiheit, 2015, 9 ff., 49 ff.

[152] *EGMR*, Urt. v. 7.3.2006 – Nr. 6339/05 (*Evans/Vereinigtes Königreich*), http://hudoc.echr.coe.int/eng?i=001-80046 (zuletzt geprüft am 08.10.2017) Rn. 77; *EGMR*, Urt. v. 4.12.2007 – Nr. 44362/04 (*Dickson/Vereinigtes Königreich*), http://hudoc.echr.coe. int/eng?i=001-83788 (zuletzt geprüft am 08.10.2017) Rn. 66; *EGMR*, Urt. v. 3.11.2011 – Nr. 57813/00 (*S. H. u. a./Österreich*), http://hudoc.echr.coe.int/eng?i=001-107325 Rn. 82; dazu auch *Czech*, Fortpflanzungsfreiheit, 2015, 49 ff.

nen jedoch davor, dass ihm in ungerechtfertigter Weise zur Verfügung stehende Fortpflanzungsmethoden vorenthalten werden.[153]

b) Beschränkbarkeit

Art. 8 EMRK wird nicht schrankenlos gewährleistet.[154] Gem. Art. 8 II EMRK sind Eingriffe in das Privat- und Familienleben dann gerechtfertigt, wenn der Eingriff in einer demokratischen Gesellschaft zum Schutz der Gesundheit, der Moral oder zum Schutz der Rechte und Freiheiten anderer notwendig ist. Beschränkungen müssen daher einem der genannten Zwecke dienen und notwendig, d. h. verhältnismäßig sein.[155] Den Mitgliedstaaten kommt hierbei ein Beurteilungsspielraum zu.[156] Das Maß dieses Spielraums kann variieren. Der Spielraum für Beschränkungen wird umso enger, je fundamentaler der Eingriff in eine Rechtsposition ist.[157] Betrifft er allerdings schwierige Fragen der Moral oder besteht in der Behandlung der Sachmaterie innerhalb der Mitgliedstaaten des Europarats keine Einigkeit, so ist den Mitgliedstaaten ein deutlich größerer Spielraum gegeben.[158] In elternschaftsrechtlichen Fragen ist aufgrund der Unterschiedlichkeit der Rechtssysteme zumeist ein weiter Beurteilungsspielraum gegeben. Ob ein weiter oder enger Beurteilungsspielraum vorliegt, kann allerdings nicht pauschal beantwortet werden, sondern ist auf den konkreten Regelungskontext bezogen.

2. Weitere menschenrechtliche Verbürgungen

Von den Verbürgungen der EMRK sind des Weiteren Art. 2 und 14 EMRK für die elternschaftsrechtliche Regulierung leitend. Art. 2 EMRK gewährleistet das Recht auf Leben, Art. 14 EMRK enthält ein auf die Bestimmungen der Konvention bezogenes Diskriminierungsverbot und verbietet Ungleichbehandlungen ins-

---

[153] *EGMR,* Urt. v. 3.11.2011 – Nr. 57813/00 (*S. H. u. a./Österreich*), http://hudoc. echr.coe.int/eng?i=001-107325 Rn. 87 (der nicht vollkommen trennscharf zwischen Abwehrrecht und positivem Anspruch unterscheidet); ebenso auch *Czech,* Fortpflanzungsfreiheit, 2015, 49 ff.

[154] Dazu bereits eingehend *Reuß,* StAZ 2016, 353.

[155] Meyer-Ladewig/*Meyer-Ladewig,* Art. 8 EMRK Rn. 101; Karpenstein/Mayer/*Pätzold,* Art. 8 EMRK, Rn. 90 ff.

[156] *EGMR,* Urt. v. 7.3.2006 – Nr. 6339/05 (*Evans/Vereinigtes Königreich*), http://hu doc.echr.coe.int/eng?i=001-80046 (zuletzt geprüft am 08.10.2017) Rn. 77–81; Meyer-Ladewig/*Meyer-Ladewig,* Art. 8 EMRK Rn. 111; Karpenstein/Mayer/*Pätzold,* Art. 8 EMRK, Rn. 98.

[157] *Coester-Waltjen* in: Wiesemann/Simon (Hrsg.), Patientenautonomie, 2013, 222, 225; Karpenstein/Mayer/*Pätzold,* Art. 8 EMRK, Rn. 98.

[158] *EGMR,* Urt. v. 7.3.2006 – Nr. 6339/05 (*Evans/Vereinigtes Königreich*), http://hu doc.echr.coe.int/eng?i=001-80046 (zuletzt geprüft am 08.10.2017) Rn. 77 (hier „invitro"-Fertilisation); *Coester-Waltjen* in: Wiesemann/Simon (Hrsg.), Patientenautonomie, 2013, 222, 225; Karpenstein/Mayer/*Pätzold,* Art. 8 EMRK, Rn. 98.

besondere aus Gründen des Geschlechts, der Rasse, der Hautfarbe, der Sprache, der Religion, der politischen oder sonstigen Anschauung, der nationalen oder sozialen Herkunft, der Zugehörigkeit zu einer nationalen Minderheit, des Vermögens, der Geburt oder eines sonstigen Status.[159] Bei der Ausgestaltung eines elternschaftsrechtlichen Zuordnungssystems hat dies Beachtung zu finden. Mit Blick auf Ehegatten ist zudem Art. 12 EMRK relevant. Ein Recht auf Familiengründung wird Ehegatten in Art. 12 EMRK explizit gewährt.[160]

Auch außerhalb der EMRK finden sich menschenrechtliche Verbürgungen, die im Rahmen der rechtlichen Eltern-Kind-Zuordnung Relevanz entfalten. Hierzu zählen zuvörderst die Verbürgungen der UN-Kinderrechtekonvention (KRK).[161] Art. 2 I KRK enthält beispielsweise ein allgemeines Diskriminierungsverbot, Art. 3 KRK verpflichtet die Vertragsstaaten darüber hinaus auf vorrangige Berücksichtigung des Kindeswohls, Art. 6 KRK enthält eine Verpflichtung zur Anerkennung des Lebensrechts des Kindes und Art. 7 KRK enthält insbesondere ein Recht des Kindes auf Kenntnis seiner Abstammung. Des Weiteren verpflichtet Art. 12 KRK auf Anhörung des Kindes und Berücksichtigung des Kindeswillens, was vor allem bei der Mitwirkung noch nicht voll geschäftsfähiger Kinder bei der Elternschaftsanerkennung und Elternschaftsanfechtung Bedeutung erlangt. Auch das Elternrecht und das Primat der Elternautonomie finden sich im Rahmen der KRK verankert, Art. 18 I trifft entsprechende Regelungen. Teil der KRK ist eine Reihe von Fakultativprotokollen. Für elternschaftsrechtliche Fragen enthält das für Deutschland verbindliche Zweite Fakultativprotokoll (2. ZP-KRK) betreffend den Verkauf von Kindern, die Kinderprostitution und die Kinderpornographie relevante Inhalte, das das Verbot des Kinderhandels in Art. 35 KRK konkretisiert.[162] Art. 1 2. ZP-KRK verbietet den Verkauf von Kindern, der in Art. 2 lit. a 2. ZP-KRK als „jede Handlung oder jedes Geschäft, mit denen ein Kind gegen Bezahlung oder für eine andere Gegenleistung von einer Person oder Personengruppe an eine andere übergeben wird" definiert wird.[163] Insbesondere für Fragen der Leihmutterschaft gilt es, das Verbot des Kinderhandels zu berücksichtigen und sicherzustellen, dass ein kommerzieller Handel mit Kindern unterbunden wird.[164]

---

[159] Zu einer geplanten erheblichen Ausweitung siehe Protokoll Nr. 12 zur EMRK, dazu Meyer-Ladewig/*Meyer-Ladewig/R. Lehner,* Art. 14 EMRK Rn. 3, 4.

[160] Meyer-Ladewig/*Meyer-Ladewig/Nettesheim,* Art. 12 EMRK Rn. 13 (kein Recht zur Adoption ableitbar).

[161] Übereinkommen vom 20. November 1989 über die Rechte des Kindes, BGBl. 1992 II S. 121, 122 (seit 5.4.1992 für die Bundesrepublik Deutschland im Rang des einfachen Bundesrechts, vgl. Art. 59 II GG, in Kraft).

[162] BGBl. 2008 II S. 1222.

[163] Hierzu mit Blick auf Adoptionssachverhalte *Fenton-Glynn,* Children's Rights in Intercountry Adoption, 2014, 89 ff.

[164] Hierzu siehe *Wade,* 29 Child and Family Law Quarterly (2017) 113 ff.

Weitere Verbürgungen enthalten der Internationale Pakt über bürgerliche und politische Rechte vom 19.12.1966 (IPbpR)[165] und der Internationale Pakt über wirtschaftliche, soziale und kulturelle Rechte vom 19.12.1966 (IPwskR).[166] Art. 24 I IPbpR normiert ein Diskriminierungsverbot Minderjähriger und enthält in Art. 23 II IPbpR das Gebot, dass jedes Kind unverzüglich nach seiner Geburt in ein Register einzutragen ist. Art. 6 IPbpR normiert den Lebensschutz. Art. 13 IPwskR gewährleistet das Elternrecht mit Blick auf ein Recht auf Bildung. Darüber hinaus ist das Elternrecht im Rahmen des allgemeinen Familienschutzes nach Art. 12, 16 der Allgemeinen Erklärung der Menschenrechte verbürgt.[167]

III. Unionsrechtliche Vorgaben

Neben verfassungsrechtlichen und menschenrechtlichen Verbürgungen sind für den Bereich elternschaftsrechtlicher Regulierung in bestimmten Fällen auch supranationale Vorgaben relevant. Die Europäische Union verfügt zwar nicht selbst über eine Regelungskompetenz im Bereich des materiellen Familienrechts, insbesondere in innerunional grenzüberschreitenden Fällen können durch elternschaftsrechtliche Regulierung aber auch unionsrechtliche Verbürgungen berührt sein.[168] Dies gilt insbesondere dann, wenn den in einem anderen Mitgliedstaat zustande gekommenen Eltern-Kind-Beziehungen im Inland die Anerkennung versagt wird.[169]

Berührt sein können hierbei insbesondere Freizügigkeitsrechte, wie die Dienstleistungsfreiheit, Art. 56 AEUV, die Freizügigkeit der Unionsbürger, Art. 21 AEUV, aber auch die Unionsbürgerschaft gem. Art. 20 AEUV. Zu denken ist beispielsweise an den Fall der Leihmutterschaft.[170] Wird eine solche von zwei in Deutschland lebenden Wuscheltern beispielsweise in Griechenland durchgeführt, erfolgt die Anerkennung der in Griechenland hergestellten rechtlichen Elternschaft der Wuscheltern in Deutschland allerdings nicht, kann dies den Anwendungsbereich des Unionsrechts berühren. Insbesondere eine Beschränkung der in Art. 56 AEUV verbürgten negativen Dienstleistungsfreiheit der Wuscheltern, Leihmutterschaftsangebote im europäischen Ausland wahrzunehmen, wird in Be-

---

[165] BGBl. 1973 II S. 1533.

[166] BGBl. 1973 II S. 1569.

[167] Resolution 217 A (III) vom 10.12.1948 der Generalversammlung der Vereinten Nationen.

[168] Zur Europäisierung des Familienrechts durch das Unionsrecht siehe eingehend *Streinz* in: Hilbig-Lugani/Jakob/Mäsch u. a. (Hrsg.), Zwischenbilanz, 2015, 271 ff., insb. 273 f.

[169] Zutreffend *Duden,* Leihmutterschaft im Internationalen Privat- und Verfahrensrecht, 2015, 253 ff.

[170] Eingehend hierzu *Duden,* Leihmutterschaft im Internationalen Privat- und Verfahrensrecht, 2015, 253 ff.

tracht kommen.[171] Zwar fallen nach stetiger Rechtsprechung schlechthin verbotene Tätigkeiten nicht unter den Tatbestand der Grundfreiheit.[172] Anders als im Bereich des Drogenhandels wird man die Leihmutterschaft allerdings nicht als schlechthin verbotene Tätigkeit einstufen können, da sie durchaus in mehreren Mitgliedsstaaten zulässig ist. Auch im Bereich der Prostitution, die teils in den Mitgliedstaaten untersagt, teils gestattet ist, hat der EuGH den Anwendungsbereich des Unionsrechts als eröffnet angesehen.[173] Es kommt daher durchaus eine Beschränkung der Dienstleistungsfreiheit der Eltern in Betracht. Ferner ergeben sich unter Umständen Beschränkungen auf Seiten des Kindes. Dies gilt zunächst für die Unionsbürgerschaft, die sog. „Grundfreiheit ohne Markt".[174] Da die Unionsbürgerschaft akzessorisch zur mitgliedstaatlichen Staatsbürgerschaft verliehen wird,[175] kann das Entfallen des rechtlichen Eltern-Kind-Verhältnisses zum Entfallen der Staatsangehörigkeit (hier gilt Art. 16 GG)[176] und somit zum Entfallen bzw. Entzug der Unionsbürgerschaft führen.[177] Wird dem Kind in Ermangelung eines an die Staatsangehörigkeit anknüpfenden Aufenthaltstitels ferner die Einreise verweigert, könnte davon auch sein Recht betroffen sein, sich im Unionsgebiet frei aufzuhalten und zu bewegen.[178] In anderen Bereichen des Familienrechts, z.B. dem Namensrecht, hat der EuGH bereits eine Beschränkung des Art. 21 AEUV durch Nichtanerkennung namensrechtlicher Bestandteile angenommen.[179] Eine generelle Pflicht zur Anerkennung ausländischer Rechtslagen im Elternschaftsrecht lässt sich aus der Rechtsprechung nicht ableiten.[180]

---

[171] Lediglich auf Art. 21 AEUV abstellend etwa *Thomale,* Mietmutterschaft, 2015, 53.

[172] *EuGH,* Urt. v. 16.12.2010 – C-137/09 (*Josemans*), EuZW 2011, 219 (Drogenverkauf in Coffeeshops). Vgl. allgemein zur Problematik „schlechthin verbotener" Tätigkeiten *Streinz,* Europarecht, 2016, 310 Rn. 820.

[173] *EuGH,* Urt. v. 20.11.2001 – C-268/99 (*Jany u.a./Staatssecretaris van Justitie*), Slg. 2001, I-8657 ff.

[174] *Wollenschläger,* Grundfreiheit ohne Markt, 2007.

[175] Streinz EUV/AEUV/Magiera, Art. 20 AEUV Rn. 26.

[176] Vgl. § 4 StAG.

[177] Vgl. zur Beachtlichkeit des Fortfalls der Unionsbürgerschaft bei der Entziehung der Staatsangehörigkeit *EuGH,* Urt. v. 2.3.2010 – C-135/08 (*Rottmann/Freistaat Bayern*), NVwZ 2010, 509 Rn. 39 ff., 56 ff. (Entzug durch Rücknahme der Einbürgerung wegen Falschangaben zulässig, sofern Verhältnismäßigkeitsgrundsatz berücksichtigt wurde).

[178] Vgl. eingehend *Duden,* Leihmutterschaft im Internationalen Privat- und Verfahrensrecht, 2015, 254 mit Verweis auf die Problematik der Herleitung einer Unionsbürgerschaft, wenn die rechtliche Abstammung, die die Grundlage des Staatsangehörigkeitserwerbs und damit des Erwerbs der Unionsbürgerschaft darstellt, im Inland nicht anerkannt wird.

[179] *EuGH,* Urt. v. 02.10.2003 – Rs. C-148/02 (*Garcia Avello*), Slg. 2003, 1, *EuGH,* Urt. v. 14.10.2008 – C-353/06 (*Grunkin Paul*), NJW 2009, 135; *EuGH,* Urt. v. 22.12.2010 – C-208/09 (*Sayn-Wittgenstein*), NJOZ 2011, 1346; *EuGH,* Urt. v. 2.6.2016 – C-438/14 (*Bogendorff v. Wolffersdorff*), NJW 2016, 2093.

[180] Dazu bereits *Reuß* in: Hilbig-Lugani/Jakob/Mäsch u.a. (Hrsg.), Zwischenbilanz, 2015, 681 m.w.N. zur Streitfrage. Siehe ebenso ausführlich unten § 6 S. 507 ff.

Bei der Regulierung grenzüberschreitender Sachverhalte sind unionsrechtliche entsprechenden Verbürgungen aber dennoch zu beachten.

Auch wenn dem Unionsrecht Anwendungsvorrang vor dem nationalen Recht zukommt,[181] bedeutet dies jedoch nicht, dass das Unionsrecht schrankenlos gewährleistet würde. Sowohl Grundfreiheiten als auch Unionsbürgerschaft sind im Grundsatz einschränkbar.[182] Zwingende Gründe des Allgemeinwohls, zu denen auch die Grundrechte (insbesondere die Menschenwürdegarantie) zählen,[183] können beispielsweise Beschränkungen der Freizügigkeiten rechtfertigen.[184] Auch ein Entzug der Unionsbürgerschaft ist prinzipiell möglich,[185] so dass jeweils im konkreten Fall betrachtet werden muss, ob eine Beschränkung gerechtfertigt erscheint.

Darüber hinaus ergibt sich bei der Auslegung und Anwendung unionsrechtlicher Bestimmungen, d.h. bei der Auslegung der o.g. Freizügigkeitsrechte, auch eine Beachtlichkeit der EU-Grundrechtecharta, vgl. Art. 51 EU-Grundrechtecharta.[186] Entsprechende grundrechtliche Verbürgungen, z.B. der Menschenrechtsschutz gem. Art. 1, das Recht auf Leben gem. Art. 2, das Recht auf Achtung des Privat- und Familienlebens gem. Art. 7, der Schutz personenbezogener Daten gem. Art. 8, die Eheschließungs- und Familiengründungsfreiheit gem. Art. 9, die Gleichheitsrechte gem. Art. 20 ff., die Rechte des Kindes, insbesondere auf Schutz der persönlichen Beziehung zu seinen Eltern gem. Art. 24 sind in diesen Fällen daher zu beachten.

Damit ist festzuhalten, dass bei der Regulierung elternschaftsrechtlicher Fragen verfassungsrechtliche und menschenrechtliche Verbürgungen zu beachten sind, bei grenzüberschreitenden Sachverhalten mit unionalem Bezug sind darüber

---

[181] *EuGH*, Beschl. v. 3.6.1964 – Rs. 6/64 (*Costa/ENEL*), Slg. 1964, 1307, vgl. eingehend *Streinz*, Europarecht, 2016, 70 Rn. 194 ff.

[182] Vgl. besonders mit Blick auf das Namensrecht *EuGH*, Urt. v. 2.6.2016 – C-438/14 (*Bogendorff v. Wolffersdorff*), NJW 2016, 2093. Zum allgemeinen Beschränkungsverbot der Grundfreiheiten siehe *Streinz*, Europarecht, 2016, 311 Rn. 824 ff., zur Beschränkbarkeit der Freizügigkeit nach Art. 21 AEUV *Streinz*, Europarecht, 2016, 394 Rn. 1012 ff.

[183] *EuGH*, Rs. C-36/02 (*OMEGA*), Slg. 2004, 1; Streinz EUV/AEUV/*Müller-Graff*, Art. 56 AEUV Rn. 107.

[184] Vgl. zur Dienstleistungsfreiheit Streinz EUV/AEUV/*Müller-Graff*, Art. 56 AEUV Rn. 107; zur Unionsbürgerfreizügigkeit Streinz EUV/AEUV/*Magiera*, Art. 20 AEUV Rn. 19 ff.

[185] *EuGH*, Urt. v. 2.3.2010 – C-135/08 (*Rottmann/Freistaat Bayern*), NVwZ 2010, 509 Rn. 39 ff., 56 ff. (Entzug durch Rücknahme der Einbürgerung wegen Falschangaben zulässig, sofern Verhältnismäßigkeitsgrundsatz berücksichtigt wurde).

[186] Eine direkte Bindung an die EU-Grundrechtecharta ergibt sich für die EU und deren Organe sowie für die Mitgliedstaaten bei der Durchführung von Unionsrecht. Umstritten ist die Bindung der Mitgliedstaaten bei der Einschränkung von unionsrechtlichen Bestimmungen, vgl. dazu *Streinz*, Europarecht, 2016, 281 Rn. 770 f.; Meyer-EU-GRC/*Borowsky*, Art. 51 Rn. 24.

hinaus Verbürgungen des Unionsrechts, insbesondere die Freizügigkeitsrechte, zu berücksichtigen.

C. Konzeptionelle Grundausrichtung eines modernen Elternschaftsrechts

Vorstehend wurden die Anforderungen an und die verfassungs- und menschenrechtlichen Vorgaben für ein modernes Elternschaftsrechts herausgestellt. Im Folgenden wird nun das „zentrale Nervensystem" eines modernen Elternschaftsrechts erarbeitet, indem dessen Natur überdacht (I.), und modernen Anforderungen entsprechende Orientierungslinien gesetzt werden (II.), anhand derer die Zuordnungs- und Korrektursystematik konkret zu gestalten ist.

I. Elternschaftsrecht als Statusrecht

Das Recht der Eltern-Kind-Zuordnung ist, wie in § 2 eingehend herausgearbeitet wurde, in kontinentaleuropäischer Tradition Statusrecht. Dies gilt auch für das geltende deutsche Abstammungsrecht. Es hat die Aufgabe einer Person ihren Platz in der Rechtsgemeinschaft mit ihren jeweiligen individuellen Bezügen und Rechtsverhältnissen, d.h. ihren Personenstand, rechtssicher und zu einem möglichst frühen Zeitpunkt zuzuweisen.[187] Selbst Rechtsordnungen, die nicht dem Statusprinzip folgen, haben für besondere Konstellationen statusrechtliche Elemente inkorporiert.[188] In der Literatur ist unter dem auf Untersuchungen von *Henry Sumner Maine* zum römischen Recht zurückgehenden Stichwort „*from status to contract*"[189] in den vergangenen Jahren immer wieder hinterfragt worden, ob an der statusrechtlichen Natur des Familienrechts festzuhalten, oder ob dessen Aufgabe angezeigt sei.[190] Insbesondere *Ingeborg Schwenzer* hat sich für eine Aufgabe ausgesprochen.[191] In der Sache drehen sich die Argumente im Wesentlichen darum, wie viel privatautonome Entscheidungsfreiheit dem Einzelnen

---

[187] *Gernhuber/Coester-Waltjen,* Familienrecht, 2010, 9; MüKoBGB/*Wellenhofer,* Vor § 1591 Rn. 19. Zur Definition des Personenstandes siehe § 1 I PStG; *Röthel,* StAZ 2006, 34, 40 f.; zum familienrechtlichen Status siehe auch *Savigny,* System des heutigen römischen Rechts, 1840, 401 („Stellung des Einzelnen in den zur Familie gehörenden Rechtsverhältnissen").

[188] Siehe eingehend § 2, A.I.

[189] *Maine,* Ancient Law, 1861, 113 ff., 170.

[190] Vgl. beispielhaft *Schwenzer,* Vom Status zur Realbeziehung, 1987; *Schwenzer,* 71 RabelsZ (2007) 706; *Hofer u. a.* (Hrsg.), From status to contract?, Bielefeld 2005; in diese Richtung gehend wohl auch *Stathopoulos* in: Hilbig-Lugani/Jakob/Mäsch u.a. (Hrsg.), Zwischenbilanz, 2015, 257 ff.; zum Statusrecht allgemein *Windel,* StAZ 2006, 125.

[191] *Schwenzer,* Vom Status zur Realbeziehung, 1987; *Schwenzer,* 71 RabelsZ (2007) 706, 712 ff., 720 ff.; kritisch zum Ansatz von Schwenzer *Windel* in: Lipp/Röthel/Windel (Hrsg.), Familienrechtlicher Status und Solidarität, 2008, 1, 43 f.; skeptisch auch *Muscheler,* Familienrecht, 2017, Rn. 197 f.

bei der Begründung familienrechtlicher Rechtsverhältnisse zukommen soll und wie viel Zurückhaltung bei staatlicher Regulierung von familienrechtlichen Rechtsverhältnissen angebracht ist (vgl. *Schwenzers* Prinzip der Nichteinmischung).[192] Darüber hinaus steht im Fokus, wie sichergestellt werden kann, dass Personen, die Verantwortung für andere beispielsweise im Wege privatautonomer Gestaltung übernommen haben, auch dauerhaft an dieser Verantwortung (ggf. durch zwingende staatliche Regulierung) festgehalten werden können, damit rechtssichere und dauerhaft verlässliche familiäre Verbindungen entstehen (vgl. *Schwenzers* Prinzip der Verantwortung).[193] All jene Argumente sind Sachargumente, die sich im Wesentlichen nicht gegen die Natur des Familienrechts als Statusrecht richten, sondern vielmehr die Frage betreffen, wie im Einzelnen die Interessen der Beteiligten in einen gerechten Ausgleich gebracht werden können (z. B. Gewährleistung des Schwächerenschutzes, insb. des Kindeswohls)[194] und wie konkret das Spannungsfeld von autonomer Gestaltung familienrechtlicher Verhältnisse und zwingender staatlicher Regulierung aufzulösen ist. Wenn es aber tatsächlich um diese konkreten Sachfragen, nicht hingegen um die Natur eines Rechtsbereichs geht, erscheint es lohnender, sich auf die konkreten Sachfragen zu konzentrieren und die Frage der Natur des Familien- bzw. Elternschaftsrechts beiseite zu lassen.[195] Eine Aufgabe des Statusrechts tut auch nicht Not, denn auch eine bislang vom Statusrecht nicht umfasste Realbeziehung[196] lässt sich ja letztlich, wenn dies einem gerechten Interessenausgleich entspricht, regulatorisch als Statusbeziehung begreifen. Auch ein modernes Elternschaftsrecht sollte somit Statusrecht sein.[197] Es hat somit auch weiterhin die Aufgabe, einer Person ihren Platz in der Rechtsgemeinschaft mit ihren jeweiligen individuellen Bezügen und Rechtsverhältnissen zuzuweisen. Inhaltlich ist allerdings eingehend zu diskutieren, wie viele Statustypen ein modernes Recht der Eltern-Kind-Zuordnung bereithalten sollte und welche Möglichkeiten der Statusbegründung, Statuskorrektur und Statusveränderung bestehen sollten.[198]

Mit der Entscheidung für die statusrechtliche Natur des Elternschaftsrechts folgt unweigerlich die Entscheidung für die Beibehaltung von aus dieser Natur resultierenden Grundsätzen. Somit ist künftig auch an den Grundsätzen der Statuswahrheit, der Statusklarheit, der Statuserkennbarkeit und der Statusbeständig-

---

[192] Vgl. *Schwenzer,* 71 RabelsZ (2007) 706, 711 f.

[193] *Schwenzer,* 71 RabelsZ (2007) 706, 711 f.

[194] *Schwenzer,* 71 RabelsZ (2007) 706, 711 f. (Schutz des Kindeswohls als drittes grundlegendes Prinzip).

[195] So auch *Muscheler,* Familienrecht, 2017, Rn. 200.

[196] Zum Begriff *Schwenzer,* Vom Status zur Realbeziehung, 1987.

[197] Für Beibehaltung der statusrechtlichen Natur *Windel* in: Lipp/Röthel/Windel (Hrsg.), Familienrechtlicher Status und Solidarität, 2008, 1, 17; *Muscheler,* Familienrecht, 2017 Rn. 193 ff.; *Sanders,* Mehrelternschaft, 2017 (im Erscheinen), Teil 5 III.1.a)aa).

[198] *Muscheler,* Familienrecht, 2017, Rn. 200 („status in contract").

keit festzuhalten.[199] Auch sollte der rechtlichen Eltern-Kind-Zuordnung weiterhin „*erga omnes*"-Wirkung zukommen, und an einer entsprechenden Sperrwirkung der Zuordnung festgehalten werden.[200] Diese Elemente machen die Natur des Statusrechts aus und haben sich generell bewährt.[201] Die Beibehaltung rechtfertigt sich in der Sache daraus, dass die Beteiligten eines rechtlichen Eltern-Kind-Verhältnisses aufgrund der weitreichenden Folgen dieses Rechtsverhältnisses ein großes Interesse daran haben, dass Sicherheit über den Status besteht, der Status verlässlich und damit bestandsfest ausgestaltet und allen Beteiligten klar und erkennbar ist.[202] Auch sollte der Status der Lebenswirklichkeit entsprechen und damit wahr sein. Im Einzelnen wird sich anhand der Erarbeitung der Orientierungslinien eines modernen Elternrechts allerdings zeigen, dass einzelne Aspekte in einem modernen Elternschaftsrecht mitunter anders nuanciert sein werden, als dies im gegenwärtigen Abstammungsrecht der Fall ist. Beispielsweise hat *Vaskovics* angemerkt, die Rechtswissenschaft betrachte nicht genügend die Dynamik von Elternkonstellationen, d. h. die Entwicklung von Eltern-Kind-Verhältnissen im Zeitverlauf.[203] Eine Veränderbarkeit der rechtlichen Elternschaftszuordnung sollte aufgrund des Grundsatzes der Statusbeständigkeit und der Sicherung stabiler Zuordnungsverhältnisse auf ein notwendiges Mindestmaß begrenzt werden. Eltern bzw. Kinder sollte man nicht einfach „wechseln" können, wie beispielsweise einen Mobilfunkvertrag. Gleichwohl wird darüber nachzudenken sein, wie mit Formen veränderter Eltern-Kind-Verhältnisse rechtlich umzugehen ist, beispielsweise, ob der Grundsatz der Statusbeständigkeit in bestimmten Konstellationen zu begrenzen ist (z. B. in Fällen der Embryonenvertauschung), oder ob in Bereichen der Einzelausprägungen des Elternrechts, z. B. des Umgangs- oder Sorgerechts, der Dynamik der Eltern-Kind-Beziehung durch eine Übertragung von Rechten auf weitere Personen Rechnung getragen werden kann (Stichwort: Pluralisierung von Elternschaft).

Letztlich ist auch mit Blick auf den Zuordnungszeitpunkt festgestellt worden, dass ein möglichst früher Zeitpunkt der Zuordnung den Interessen der an einem elternschaftsrechtlichen Band Beteiligten am meisten entspricht.[204] Die generelle

---

[199] Zu diesen Grundsätzen im Einzelnen § 2, A.III.

[200] Hierzu im Einzelnen § 2 S. 130 ff.

[201] Vgl. auch *Windel* in: Lipp/Röthel/Windel (Hrsg.), Familienrechtlicher Status und Solidarität, 2008, 1, 17; *Muscheler,* Familienrecht, 2017 Rn. 193 ff.

[202] Persönliche Leitlinien der Mitglieder des Arbeitskreis Abstammungsrecht des BMJV, Abschlussbericht – Empfehlungen für eine Reform des Abstammungsrechts, 2017, 108 (Meo-Micaela Hahne) und 109 (Dagmar Coester-Waltjen).

[203] *Vaskovics* in: Schwab/Vaskovics (Hrsg.), Pluralisierung von Elternschaft und Kindschaft, 2011, 11, 35.

[204] Siehe eingehend § 2 S. 167 ff., so auch Persönliche Leitlinien der Mitglieder des Arbeitskreis Abstammungsrecht des BMJV, Abschlussbericht – Empfehlungen für eine Reform des Abstammungsrechts, 2017, 109 (Dagmar Coester-Waltjen); Persönliche Leitlinien der Mitglieder des Arbeitskreis Abstammungsrecht des BMJV, Abschlussbe-

Anknüpfung an den Zeitpunkt der Vollendung der Geburt ist sinnvoll, da in diesem Zeitpunkt die Rechtsfähigkeit des Menschen beginnt, und somit die rechtlichen Beziehungen ihre Wirkungen entfalten können, sie sollte daher beibehalten werden.

II. Orientierungslinien eines modernen Elternschaftsrechts

Im Folgenden werden nun sieben Orientierungslinien eines modernen Elternschaftsrechts erarbeitet, die die konkrete Ausgestaltung der Zuordnungssystematik und der Zuordnungskorrektur leiten werden. Dies sind die Gleichwertigkeit genetischer, biologischer und sozialer Elternschaft (1.), die Höchstpersönlichkeit der Eltern-Kind-Beziehung und die besondere Relevanz privatautonomer Willensentschließung (2.), die Orientierung am Verantwortlichkeitsprinzip (3.), die Relevanz des Kindeswohls bei der Elternschaftszuordnung und der Zuordnungskorrektur (4.), die Unbeachtlichkeit von Geschlecht und sexueller Orientierung der Eltern (5.), die Unbeachtlichkeit der Zeugungsumstände (6.) und das „Zwei-Eltern"-Prinzip (7.).

1. Gleichwertigkeit genetischer, biologischer und sozialer Elternschaft

Ein modernes Elternschaftsrecht sollte sich, so die These dieser Arbeit, bei der Zuordnung des rechtlichen Eltern-Kind-Verhältnisses und bei dessen Korrektur davon leiten lassen, dass genetische, biologische und soziale Elternschaft im Wesentlichen gleichbedeutend sind.[205]

---

richt – Empfehlungen für eine Reform des Abstammungsrechts, 2017, 122 (Thomas Meysen); Persönliche Leitlinien der Mitglieder des Arbeitskreis Abstammungsrecht des BMJV, Abschlussbericht – Empfehlungen für eine Reform des Abstammungsrechts, 2017, 126 (Wolfgang Schwackenberg); Persönliche Leitlinien der Mitglieder des Arbeitskreis Abstammungsrecht des BMJV, Abschlussbericht – Empfehlungen für eine Reform des Abstammungsrechts, 2017, 131 (Christiane Woopen).

[205] Gleichwertigkeit der Segmente mit Blick auf die Vaterschaft annehmend *Schröder,* Wer hat das Recht zur rechtlichen Vaterschaft?, 2015, 75, gleichwohl am Primat der Abstammungswahrheit festhaltend S. 155. Zur intentionalen und biologischen Elternschaft *Budzikiewicz* in: Boele-Woelki/Dethloff/Gephart (Hrsg.), Family Law and Culture in Europe, 2014, 151, 167 f.; aus US-amerikanischer Perspektive so ebenfalls *Nejaime,* 126 Yale LJ (2017) 2263, 2332 ff. (genetische, biologische und soziale Elternschaft). A.A. allerdings *Wittmann,* Genetische Realität anstelle der pater-est-Doktrin, 2012; *Helms* in: Schwab/Vaskovics (Hrsg.), Pluralisierung von Elternschaft und Kindschaft, 2011, 105, 119; *Stathopoulos* in: Hilbig-Lugani/Jakob/Mäsch u.a. (Hrsg.), Zwischenbilanz, 2015, 257, 268. Anders auch Staudinger/*Rauscher,* § 1592 Rn. 20, der wohl auch für die Zukunft an einer rein an der Genetik orientierten Eltern-Kind-Zuordnung festhalten möchte; ähnlich BeckOGK/*Haßfurter,* § 1591 BGB Rn. 10 (Übereinstimmung von genetischer und rechtlicher Abstammung verfassungsrechtlich geboten). Sympathie für einen Vorrang der genetischen Abstammungsmerkmale äußert auch Spickhoff, MedR/*Spickhoff,* Abstammung – Vorbemerkung Rn. 3; auch *Osthold,* Die rechtliche Behandlung von Elternkonflikten, 2016, 448. Für einen *Vorrang der sozialen Elternschaft*: *Koch,* FamRZ 1990, 569 ff.; *Wanitzek,* Rechtliche Elternschaft bei medizi-

a) Begründung der These

Dafür sprechen im Wesentlichen die in § 1 aufgefundenen Ergebnisse: Dort ist eingehend vor interdisziplinärem Hintergrund erarbeitet worden, dass sich die gelebten Familienformen und die Vorstellungen der in Deutschland lebenden Personen davon, wie Familie und Elternschaft gelebt werden sollten, gewandelt haben. Elternschaftsverhältnisse werden heute in vielgestaltigen Formen gelebt. Neben den „Normalitätsentwurf" der Kernfamilie verheirateter Eltern mit genetisch von ihnen abstammenden Kindern sind weitere Familienformen getreten. Kinder werden heute trotz der Tatsache, dass die Kernfamilie der meistgewählte Lebensentwurf ist, immer häufiger in gleichgeschlechtlichen Familien, Stief- und Reproduktionsfamilien sowie in Familien nicht miteinander verheirateter Eltern oder in Ein-Elternfamilien groß.[206] Auch eine Untersuchung der Familienleitbilder spiegelt diesen gesellschaftlichen Wandel wider.[207]

Mit dieser Veränderung der gelebten Familienformen geht oft auch eine Veränderung von Elternschaft einher. Im Ideal der Kernfamilie fallen genetische, biologische, soziale und rechtliche Elternschaft stets zusammen. Durch die häufigere Wahl alternativer Familienformen ergeben sich heute aber immer öfter (auch gewollt) Situationen, in denen nicht alle Segmente der Elternschaft in einer Person verwirklicht sind.[208] Ein modernes Elternschaftsrecht, das diesem immer häufigeren Auftreten eines Auseinanderfallens von genetischer, biologischer und sozialer Elternschaft gerecht werden will und letztlich aufgrund seiner Aufgabenstellung auch gerecht werden muss, kann sich bei der Zuordnung des Eltern-Kind-Verhältnis und deren Korrektur konzeptionell nicht im Wesentlichen auf nur ein Ideal von Elternschaft konzentrieren. Einen rechtlichen Idealstandard, wie Elternschaft auszusehen hat, gibt es in einer freiheitlich organisierten Gesellschaft letztlich nicht.[209]

Die Untersuchung in § 1 hat ferner ergeben, dass jedes Elternschaftssegment für sich genommen einen bedeutenden Einfluss auf die Eltern-Kind-Beziehung und die Kindesentwicklung nimmt, und keines der Segmente im Vergleich eine

---

nisch unterstützter Fortpflanzung, 2002, 142 ff., 290 ff., 294. *Intentionale Elternschaft* bevorzugend *Schwenzer,* 71 RabelsZ (2007) 706, 722 f.

[206] Hierzu siehe § 1 S. 41 ff.

[207] Hierzu siehe § 1 S. 60 ff.

[208] Vgl. eingehend § 1 S. 75 ff. Dies ist allerdings kein neues Phänomen, vgl. *Steininger,* Reproduktionsmedizin und Abstammungsrecht, 2014, 4; *Walper* in: Götz/Schwenzer/Seelmann u. a. (Hrsg.), Familie – Recht – Ethik, 2014, 889; *Walper* in: Götz/Schwenzer/Seelmann u. a. (Hrsg.), Familie – Recht – Ethik, 2014, 889.

[209] Anders offenbar *Helms* in: Ständige Deputation des Deutschen Juristentages (Hrsg.), Rechtliche, biologische und soziale Elternschaft – Herausforderungen durch neue Familienformen, 2016, F 1, F 9 („Idealerweise fallen rechtliche, biologische und soziale Elternschaft zusammen").

gehobenere Stellung einnimmt.[210] Auch aus diesem Grund verbietet es sich letzt-lich, eines der Elternschaftssegmente als primär für die Elternschaftszuordnung ausschlaggebend anzusehen. Ein modernes Elternschaftsrecht sollte daher, um die gewandelte Lebenswirklichkeit mit Blick auf Elternschaftskonstellationen und die festgestellte Gleichwertigkeit genetischer, biologischer und sozialer El-ternschaft abzubilden, auch in seinem Zuordnungs- und Korrektursystem von ei-ner Gleichwertigkeit aller Elternschaftssegmente ausgehen.

Eine gleichberechtigte Berücksichtigung aller Elternschaftssegmente ist letzt-lich mit verfassungsrechtlichen und menschenrechtlichen Vorgaben in Ein-klang.[211] Sowohl genetische, biologische als auch soziale Elternschaft werden vom Grundgesetz und der EMRK gewährleistet. Weder das Grundgesetz noch menschenrechtliche Verbürgungen geben ein klares Rangverhältnis der Eltern-schaftssegmente vor, so dass konzeptionell eine Orientierung an einer Gleich-berechtigung der Elternschaftssegmente möglich ist. Gleichberechtigte Zuord-nungsgründe sind somit in einem modernen Elternschaftsrecht die genetische, biologische und soziale Elternschaft.

b) Schlussfolgerungen mit Blick auf die Zuordnungssystematik

aa) Abkehr vom Primat genetischer Elternschaft

Die Orientierung an der Gleichwertigkeit der Elternschaftssegmente bedeutet im Wesentlichen eine Abkehr vom Primat der genetischen Abstammung, dem das geltende deutsche Abstammungsrecht – wenn auch nicht stringent – folgt.[212] Insbesondere bedarf es im Vergleich zur derzeitigen Rechtslage einer Stärkung des Elements der sozialen Elternschaft, die bislang im deutschen Recht nur eine untergeordnete Rolle, insbesondere im Rahmen des § 1600 II BGB, spielt.[213] Ein Vorbild für eine derartige Abkehr findet sich im europäischen Ausland bereits im niederländischen Abstammungsrecht, das explizit das Primat der genetischen Ab-stammung aufgegeben hat und von einer Gleichwertigkeit sozialer und gene-tischer Elternschaft ausgeht.[214] Auch in anderen Rechtsordnungen finden sich Elemente sozialer Elternschaft, auch wenn diese der genetischen Abstammung bei der Elternzuordnung großes Gewicht zuweisen.[215] Dies gilt beispielsweise bei der automatischen Elternzuordnung von gleichgeschlechtlichen weiblichen Paaren bei heterologer medizinisch-assistierter Reproduktion im österreichischen,

---

[210] Siehe eingehend § 1 S. 124 ff.

[211] Dazu eingehend oben Abschnitt B.

[212] *Helms* in: Schwab/Vaskovics (Hrsg.), Pluralisierung von Elternschaft und Kind-schaft, 2011, 105, 119 (tief verwurzeltes Prinzip).

[213] *Coester-Waltjen,* JZ 2016, 101, 103. Für die Berücksichtigung sozialer Bindungen auch *Schwab,* Familienrecht, 2016, § 47 Rn. 545.

[214] Vgl. die Gesetzesbegründung vom 13.10.2011, KSt. 33032 Nr. 3, S. 1.

[215] Dazu § 2 S. 141 ff.

belgischen, norwegischen, schwedischen, spanischen und dänischen Recht sowie dem Recht von England und Wales.[216] Auch das französische Recht, das eine entsprechende Regelung zu gleichgeschlechtlichen Paaren nicht kennt, enthält Elemente der sozialen Elternschaft, indem es beispielsweise über den Statusbesitz (*possession d'état*) die rechtliche Elternstellung zuweist.[217] Von einem klaren Bekenntnis zur Gleichwertigkeit der Elternschaftssegmente kann gleichwohl nur im Fall der Niederlande gesprochen werden.

bb) Gestaltungen des Zuordnungs- und Korrektursystems
   anhand der Gleichwertigkeit aller Elternschaftssegmente

Konkret bedeutet die hier vertretene These für die Gestaltung des Zuordnungs- und Korrektursystems, dass durch die Wahl von Zuordnungskriterien und das Vorhalten und die Ausgestaltung von Korrekturmechanismen der Gleichwertigkeit der Segmente zu entsprechen ist. Dabei ist zu berücksichtigen, dass die Komplexität der Lebenswirklichkeit auch eine gewisse Komplexität des Rechts nach sich ziehen kann. Es muss daher bei der Ausgestaltung des Zuordnungssystems ganz konkret darauf geachtet werden, dass die Interessen der Beteiligten in einen gerechten Ausgleich gebracht werden.

Die Interessenlage genetischer, biologischer und sozialer Eltern ist dabei nicht immer dieselbe. Beispielsweise wird ein genetischer Vater, der in einer Stieffamilien-Konstellation auch nach Auflösung des ursprünglichen Familienverbandes eine soziale Beziehung zu seinem Kind unterhält, auch weiterhin an der Wahrnehmung der rechtlichen Elternrolle interessiert sein.[218] Ganz andere Interessen hat der genetische Vater allerdings bei einer klassischen Samenspende-Konstellation, in der der Samenspender nur als Lieferant des genetischen Materials auftritt, an der Elternrolle aber keinerlei Interesse hat. Es würde den Interessen des genetischen Vaters in einer Stiefkind-Konstellation genauso wenig gerecht, wenn man dem Stiefelternteil aufgrund eines ebenfalls bestehenden sozialen Eltern-Kind-Verhältnisses die Möglichkeit gäbe, die rechtliche Elternschaft des genetischen Vaters anzufechten und einseitig zu beseitigen, wie den Interessen des genetischen Vaters in der Samenspende-Konstellation darüber entsprochen würde, wenn man ihn durch Vaterschaftsfeststellung in die rechtliche Elternposition zwänge.[219] Die Zuordnungssystematik hat daher ganz konkret die jeweiligen Interessen der Beteiligten zu berücksichtigen.[220]

---

[216] Vgl. § 4 S. 309 ff.

[217] Vgl. § 2 S. 141 ff.

[218] Zu derartigen Konstellationen siehe eingehend § 1 S. 90 ff.

[219] Das alte Recht ermöglichte dies in § 1600d I BGB. Hierzu BeckOGK/*Reuß*, § 1600d BGB Rn. 50 m.w.N. auch zu den Kritikpunkten.

[220] So auch MüKoBGB/*Wellenhofer*, Vor § 1591 Rn. 28. Siehe eingehend zu den Interessen der Samenspender § 1 S. 85 ff.

Bei der Gestaltung eines Zuordnungssystems wird der genetischen Abstammung auch weiterhin bedeutendes Gewicht zukommen.[221] Dies ergibt sich alleine daraus, dass auch heute noch die meisten Fortpflanzungsentscheidungen mit Blick auf eine natürliche Zeugung getroffen werden.[222] In der Regel werden daher genetische, biologische und rechtliche Elternschaft in der Lebenswirklichkeit zusammenfallen.[223] Die Anknüpfung der rechtlichen Elternschaft an die genetische Abstammung führt in den meisten Fällen somit auch zu einer rechtlichen Elternschaft der sozialen und biologischen Eltern. Die Wahl der genetischen Abstammung als Zuordnungsgrund ist darüber hinaus angesichts der heute bestehenden wissenschaftlichen Nachweisverfahren[224] ein weitgehend klares und in den meisten Fällen auch eindeutig ermittelbares Faktum,[225] das für eine statusklare, statuswahre, statusbeständige Zuordnung von Eltern zu ihren Kindern geeignet ist, so dass keinerlei Gründe gegen die Heranziehung dieses Zuordnungsgrundes sprechen.[226] Letztlich kann auch der allgemeinen Grundannahme zugestimmt werden, dass im Regelfall die genetischen Eltern auch am ehesten bereit sein werden, für das Kind lebenslang tatsächlich Verantwortung zu tragen, so dass die Anknüpfung der Zuordnung an die genetische Abstammungsbeziehung auch aus diesem Blickwinkel Bestandsfestigkeit verspricht.[227] Eine Anknüpfung an die genetische Abstammungsbeziehung bedeutet jedoch nicht, dass fortan im Regelfall bei Geburt eines Kindes oder bereits nach dessen Zeugung genetische Tests durchgeführt werden müssten. Dies entspricht nicht der geltenden abstammungsrechtlichen Rechtslage,[228] die Durchführung genetischer Abstam-

---

[221] *Coester-Waltjen,* JZ 2016, 101, 103; eine steigende Bedeutung stellt MüKoBGB/ *Wellenhofer,* Vor § 1591 Rn. 27 fest.

[222] *Coester-Waltjen* in: Wiesemann/Simon (Hrsg.), Patientenautonomie, 2013, 222.

[223] Vgl. zur Zuordnung des Ehemanns der Geburtsmutter als vermuteter genetischer Vater Arbeitskreis Abstammungsrecht des BMJV, Abschlussbericht – Empfehlungen für eine Reform des Abstammungsrechts, 2017, 41; *Gernhuber/Coester-Waltjen,* Familienrecht, 2010, 603; MüKoBGB/*Wellenhofer,* § 1592 Rn. 3; Staudinger/*Rauscher,* § 1592 Rn. 14; BeckOGK/*Balzer,* § 1592 BGB Rn. 49, 49.1; *Wanitzek,* Rechtliche Elternschaft bei medizinisch unterstützter Fortpflanzung, 2002, 36.

[224] BeckOGK/*Reuß,* § 1598a BGB Rn. 131 ff.

[225] Zum Ausnahmefall monozygoter Zwillinge, bei dem eine sichere Abstammungsfeststellung auch durch ein sog. *whole genome sequencing* nicht möglich ist, vgl. BeckOGK/*Reuß,* § 1598a BGB Rn. 132.3 sowie *BVerfG,* Beschl. v. 18.8.2010 – 1 BvR 811/09, NJW 2010, 3772 und *OLG Celle,* Urt. v. 30.1.2013 – 15 UF 51/06, FamRZ 2013, 1669; kritisch zum Verfahren *Rittner,* FPR 2011, 372.

[226] So auch Arbeitskreis Abstammungsrecht des BMJV, Abschlussbericht – Empfehlungen für eine Reform des Abstammungsrechts, 2017, 26.

[227] So auch Persönliche Leitlinien der Mitglieder des Arbeitskreis Abstammungsrecht des BMJV, Abschlussbericht – Empfehlungen für eine Reform des Abstammungsrechts, 2017, 114 (Tobias Helms); vgl. auch zum entsprechenden Verständnis des deutschen Verfassungsrechts *BVerfG,* Beschl. vom 29.7.1968 – 1 BvL 20/63, 31/66 und 5/67, NJW 1968, 2233, 2237.

[228] *Schwab* in: Schwab/Vaskovics (Hrsg.), Pluralisierung von Elternschaft und Kindschaft, 2011, 41, 46. Gefordert aber bei *Wittmann,* Genetische Realität anstelle der pa-

mungsuntersuchungen wird von Verfassung wegen auch nicht gefordert.[229] Ganz im Gegenteil wäre eine zwingende Durchführung solcher Tests ein unverhältnismäßiger Eingriff in die Grundrechte der betroffenen Familienmitglieder (insbesondere in das Recht auf informationelle Selbstbestimmung gem. Art. 2 I i.V.m. Art. 1 I GG).[230] Der Gesetzgeber sollte sich daher auch weiterhin bei der Zuordnung Kriterien bedienen, die in der Regel zu einer Übereinstimmung von genetischer und rechtlicher Elternschaft führen.[231] Dies ist verfassungsrechtlich unproblematisch, solange Korrekturmechanismen vorgesehen werden, die Fehlzuordnungen korrigierbar ausgestalten.[232]

Die biologische Elternschaft erlangt als Zuordnungsgrund von der genetischen Elternschaft nur mit Blick auf die Mutterschaft gesonderte Bedeutung, da bei der Vaterschaft genetische und biologische Faktoren nach derzeitigem Stand der Reproduktionsmedizin untrennbar miteinander verbunden sind.[233] Die biologische Mutterschaft drückt sich im Wesentlichen durch das Austragen und Gebären des Kindes aus. Auch die Fakten Schwangerschaft und Geburt sind leicht erkenn- und feststellbar,[234] so dass sich auch die biologische Mutterschaft in den meisten Fällen frühzeitig und zuverlässig ermitteln lässt und eine bestandsfeste Statuszuordnung gewährleistet.[235] Darüber hinaus wird im Regelfall die gebärende Frau auch genetisch mit dem Kind verwandt sein und die tatsächliche Elternverantwortung übernehmen, weshalb im Regelfall die biologische Elternschaft als Zuordnungsgrund auch zur rechtlichen Elternschaft der genetischen und sozialen Eltern führen wird.[236]

---

ter-est-Doktrin, 2012, 203 und etwa von Väterinitiativen wie dem Kuckucksvaterblog (https://kuckucksvater.wordpress.com/2016/09/01/forderungen-nach-dem-obligatorischen-vaterschaftstest-ab-geburt-ovag-werden-lauter/).

[229] Explizit *BVerfG*, Beschl. v. 9.4.2003 – 1 BvR 1493/96 u. a., NJW 2003, 2151.

[230] So auch MüKoBGB/*Wellenhofer*, Vor § 1591 Rn. 21; Arbeitskreis Abstammungsrecht des BMJV, Abschlussbericht – Empfehlungen für eine Reform des Abstammungsrechts, 2017, 42; Persönliche Leitlinien der Mitglieder des Arbeitskreis Abstammungsrecht des BMJV, Abschlussbericht – Empfehlungen für eine Reform des Abstammungsrechts, 2017, 111 (Dagmar Coester-Waltjen); *Schröder*, Wer hat das Recht zur rechtlichen Vaterschaft?, 2015, 152; dagegen auch *Dieckmann*, Die rechtliche Stellung des lediglich biologischen Vaters im Wandel des gesellschaftlichen Familienbildes, 2013, 266.

[231] *Dethloff*, Familienrecht, 2015, § 10 Rn. 1; *Wanitzek*, Rechtliche Elternschaft bei medizinisch unterstützter Fortpflanzung, 2002, 30.

[232] *BVerfG*, Beschl. v. 9.4.2003 – 1 BvR 1493/96 u. a., NJW 2003, 2151.

[233] Siehe Kap 1 S. 73 ff. Dazu siehe auch *Jestaedt* in: Coester-Waltjen/Lipp/Schumann u. a. (Hrsg.), „Kinderwunschmedizin" – Reformbedarf im Abstammungsrecht?, 2015, 23, 32.

[234] *Gernhuber/Coester-Waltjen*, Familienrecht, 2010, 584; MüKoBGB/*Wellenhofer*, § 1591 Rn. 3, 5 m.w.N.; BeckOGK/*Haßfurter*, § 1591 BGB Rn. 14; *Wanitzek*, Rechtliche Elternschaft bei medizinisch unterstützter Fortpflanzung, 2002, 30.

[235] Zu Ausnahmefällen der anonymen/vertraulichen Geburt siehe unten § 5 S. 480 ff.

Elternschaftsrechtlich hingegen schwerer greifbar zu machen ist demgegenüber die sich vor allem durch Bindungsbeziehungen auszeichnende soziale Elternschaft.[237] Abgesehen von der Pränatalbindung, die die Geburtsmutter bereits während der Schwangerschaft mit ihrem Kind entwickelt, entstehen soziale Bindungen des Kindes zu seinen Eltern erst nach einer gewissen Zeitspanne, nach dem derzeitigen Stand der Forschung insbesondere innerhalb der ersten sechs Lebensmonate.[238] Ein Elternschaftsrecht, das im Interesse von Rechtssicherheit und -klarheit eine möglichst frühe Statuszuordnung möglichst bereits im Geburtszeitpunkt bewirken möchte, kann auf eine sich erst entwickelnde Bindung praktisch nicht abstellen.[239] Diese Schwierigkeiten schmälern letztlich aber nicht die Bedeutung der sozialen Elternschaft für die Kindesentwicklung und die Eltern-Kind-Beziehung. Will man daher auch der sozialen Elternschaft als Zuordnungsgrund schon zu einem möglichst frühen Zeitpunkt Gewicht verleihen, muss auf andere Tatsachen als eine sich erst künftig entwickelnde Bindung abgestellt werden. Da sich das Konzept von Elternschaft im Sinne eines umfassenden Verantwortungsverhältnisses nicht alleine durch die Tragung von Elternverantwortung, sondern insbesondere auch durch die Bereitschaft zur Übernahme dieser Verantwortung auszeichnet – so auch das dieser Arbeit unterliegende Verfassungsverständnis von Elternschaft – kann letztlich für die Zuordnung auf die Bereitschaft einer Person zur Übernahme von Elternverantwortung abgestellt werden.[240] Denn aus der Äußerung des Willens zur dauerhaften Übernahme von Verantwortung für ein Kind kann letztlich darauf geschlossen werden, dass diese Person diese Verantwortung auch dauerhaft tragen wird.[241] Dem steht die grundsätzliche Wandelbarkeit des individuellen Willens im Zeitverlauf nicht entgegen.

---

[236] *Gernhuber/Coester-Waltjen,* Familienrecht, 2010, 584, MüKoBGB/*Wellenhofer,* § 1591 Rn. 3; *Voigt,* Abstammungsrecht 2.0, 2015, 42; BeckOGK/*Haßfurter,* § 1591 BGB Rn. 14; *Wanitzek,* Rechtliche Elternschaft bei medizinisch unterstützter Fortpflanzung, 2002, 29; *Schröder,* Wer hat das Recht zur rechtlichen Vaterschaft?, 2015, 151.

[237] Eingehend zur sozialen Elternschaft § 1 S. 117 ff. Zur begrifflichen Abgrenzung *Jestaedt* in: Coester-Waltjen/Lipp/Schumann u.a. (Hrsg.), „Kinderwunschmedizin" – Reformbedarf im Abstammungsrecht?, 2015, 23, 32.

[238] *Bergold/Rupp* in: Rupp (Hrsg.), Partnerschaft und Elternschaft bei gleichgeschlechtlichen Paaren, 2011, 119, 134; eingehend zur Entstehung sozialer Bindungen § 1 S. 117 ff.

[239] Darauf hinweisend auch Arbeitskreis Abstammungsrecht des BMJV, Abschlussbericht – Empfehlungen für eine Reform des Abstammungsrechts, 2017, 28.

[240] So auch Persönliche Leitlinien der Mitglieder des Arbeitskreis Abstammungsrecht des BMJV, Abschlussbericht – Empfehlungen für eine Reform des Abstammungsrechts, 2017, 110 (Dagmar Coester-Waltjen); Persönliche Leitlinien der Mitglieder des Arbeitskreis Abstammungsrecht des BMJV, Abschlussbericht – Empfehlungen für eine Reform des Abstammungsrechts, 2017, 131 (Christiane Woopen).

[241] Arbeitskreis Abstammungsrecht des BMJV, Abschlussbericht – Empfehlungen für eine Reform des Abstammungsrechts, 2017, 43; Arbeitskreis Abstammungsrecht des BMJV, Abschlussbericht – Empfehlungen für eine Reform des Abstammungsrechts, 2017, 114 (Tobias Helms); *Wanitzek,* Rechtliche Elternschaft bei medizinisch unterstützter Fortpflanzung, 2002, 54 ff., 65 ff.

Zwar ist in der Literatur bereits vermehrt darauf hingewiesen worden, dass das genetische Band gegenüber intentionalen Elementen eine größere Dauerhaftigkeit und Beständigkeit aufweise,[242] auch wenn das genetische Band ein dauerhaft beständiges ist, gibt es jedoch – genauso wie die verbindliche Äußerung der Bereitschaft zur Übernahme von Elternverantwortung – keine Gewähr dafür, dass auch die Bereitschaft zur lebenslangen Verantwortungsübernahme dauerhaft gegeben ist.[243] Dies zeigen zahlreiche Fälle aus dem Bereich des Kindesunterhalts, in denen Kinder zumindest eine finanzielle Verantwortung ihrer genetischen Väter gerichtlich geltend zu machen suchen.[244] Deshalb überzeugt es kaum, wenn die willentliche Übernahme von Elternverantwortung nicht genetisch mit dem Kind verwandter Personen im Sinne einer sozialen Elternschaft aufgrund der Wandelbarkeit des Willens als weniger beständiges Faktum für die Elternzuordnung angesehen wird. Dies gilt umso mehr, wenn man sich vergegenwärtigt, dass die bewusste willentliche Übernahme von Elternverantwortung meist gründlich überlegt sein wird, was für die Herstellung der genetischen Abstammungsbeziehung hingegen nicht stets gilt.[245]

Letztlich muss bei der Wahl der Zuordnungsgründe auch die Aufgabe des Elternschaftsrechts als personales Standortbestimmungsrecht beachtet werden. Das Elternschaftsrecht hat in einem möglichst frühen Zeitpunkt über die Personenstandszuweisung zu entscheiden. Dies sollte es möglichst so tun, dass der zugewiesene Status bestandsfest, d.h. in der Regel nicht korrekturbedürftig ist.[246] Elternschaftsrecht weist Kindern ihre Eltern daher zu einem möglichst frühen Zeitpunkt zu. Dabei kann das Elternschaftsrecht aus seiner „ex ante"-Perspektive die Entwicklung der Eltern-Kind-Beziehung lediglich abstrakt-generell betrachten,[247] es kann seinen Entscheidungen Vermutungen über mögliche Beziehungsverläufe unterlegen, es kann jedoch nicht konkret die Entwicklung des Eltern-

---

[242] Dies so verstehend Arbeitskreis Abstammungsrecht des BMJV, Abschlussbericht – Empfehlungen für eine Reform des Abstammungsrechts, 2017, 41; Persönliche Leitlinien der Mitglieder des Arbeitskreis Abstammungsrecht des BMJV, Abschlussbericht – Empfehlungen für eine Reform des Abstammungsrechts, 2017, 114 (Tobias Helms: „[D]ie Orientierung an den genetischen Banden [...] [verspricht] Kontinuität und Stabilität im Eltern-Kind-Verhältnis").

[243] So auch zutreffend *Schröder,* Wer hat das Recht zur rechtlichen Vaterschaft?, 2015, 75.

[244] Wie hier mit Verweis auf das Sorgerecht nach Scheidung, *Heiderhoff* in: Röthel/Heiderhoff (Hrsg.), Regelungsaufgabe Vaterstellung – Was kann, was darf, was will der Staat?, 2014, 9, 17. Hierzu aus US-amerikanischer Perspektive *Mutcherson,* 49 Family Law Quarterly (2015) 117, 123.

[245] Vgl. etwa so auch Peter Dabrock, Vorsitzender des Deutschen Ethikrates, im Interview mit der SZ, *Zinkant,* Hat Gott in der Petrischale Platz?, Süddeutsche Zeitung, 31.10.2016, 18.

[246] Arbeitskreis Abstammungsrecht des BMJV, Abschlussbericht – Empfehlungen für eine Reform des Abstammungsrechts, 2017, 24.

[247] Zur Berücksichtigung des Kindeswohls sogleich.

Kind-Verhältnisses im Zeitverlauf bei seiner Zuweisungsentscheidung berücksichtigen. Wer das Kind daher im jeweiligen Lebensabschnitt versorgt, wer die elterliche Verantwortung zu tragen geeignet und bereit ist, sind Fragen, die das Elternschaftsrecht letztlich nicht in die Betrachtung mit einbeziehen kann, sie fallen in die Domäne des Rechts der elterlichen Sorge. Das Elternschaftsrecht knüpft im Wesentlichen an den Geburtszeitpunkt an, so dass auch an die in diesem Zeitpunkt bestehende Faktenlage anzuknüpfen ist. Die Bereitschaft zur Übernahme der Elternverantwortung besteht in diesem Zeitpunkt genauso, wie die genetische Abstammungsbeziehung, beide Zuordnungsgründe lassen darauf schließen, dass die tatsächliche Verantwortung auch dauerhaft getragen wird, beide geben aber keine Gewähr dafür. Als Zuordnungsgrund sind sie daher durchaus gleichwertig.

cc) Berücksichtigung positiver und negativer Konflikte
von Trägern einzelner Elternschaftssegmente

Ein Zuordnungssystem, das auf der Gleichwertigkeit der Elternschaftssegmente gründet, muss des Weiteren Vorsorge dafür treffen, dass für denkbare Konfliktfälle zwischen Personen, die jeweils verschiedene Elternschaftssegmente in ihrer Person verwirklichen, angemessene Lösungen bereitgehalten werden. Hierbei sind im Wesentlichen zwei Konfliktkonstellationen zu unterscheiden.

Erstens kann es vorkommen, dass zwei Elternpersonen etwa ganz aktiv um die rechtliche Elternrolle streiten (positiver Konflikt).[248] Ein positiver Konfliktfall, der auch das BVerfG in der Vergangenheit bereits befasst hat, betrifft beispielsweise das Anfechtungsrecht des genetischen, nicht rechtlichen Vaters.[249] Ficht dieser die rechtliche Vaterschaft eines anderen Mannes an, stehen sich das Interesse des genetischen, nicht rechtlichen Vaters an der Erlangung der rechtlichen Elternschaft und das Interesse des sozialen, rechtlichen Vaters an Erhalt seiner rechtlichen Elternschaft gegenüber. Der Gesetzgeber hat diesen Konflikt im geltenden Recht derzeit zugunsten des sozialen, rechtlichen Vaters gem. § 1600 II BGB aufgelöst.[250]

Zweitens kann es aber ebenso zu der Konstellation kommen, dass keiner der in Betracht kommenden Elternpersonen die rechtliche Elternstellung einnehmen möchte (negativer Konfliktfall).[251] Ein negativer Konfliktfall, der bislang durch den Gesetzgeber noch keine zufriedenstellende Lösung erfahren hat, betrifft bei-

---

[248] Ähnlich *Steininger*, Reproduktionsmedizin und Abstammungsrecht, 2014, 198 ff.

[249] *BVerfG*, Beschl. v. 9.4.2003 – 1 BvR 1493/96 u. a., NJW 2003, 2151.

[250] Vgl. hierzu und zu den im geltenden Recht bestehenden Problemstellungen bei Bestehen einer sozial-familiären Beziehung zu beiden Vätern, BeckOGK/*Reuß*, § 1600 BGB Rn. 84 m.w.N. § 1600 II BGB schließt die Anfechtung auch in diesem Fall aus, so jetzt auch *BGH*, Beschl. v. 15.11.2017 – XII ZB 389/16, NZFam 2018, 76.

[251] Ähnlich *Steininger*, Reproduktionsmedizin und Abstammungsrecht, 2014, 198 ff.

spielsweise die rechtliche Vaterschaft bei unterbliebener Vaterschaftsanerkennung des in die heterologe Insemination einwilligenden nichtehelichen Lebenspartners der Mutter.[252] Weder er noch der Samenspender haben ein Interesse daran, in die rechtliche Elternrolle einzurücken. Mit der Freistellung des Samenspenders von der gerichtlichen Vaterschaftsfeststellung ist den Interessen des Samenspenders nun entsprochen. Zu beachten bleibt jedoch, dass der in die Insemination einwilligende Mann auch weiterhin nicht als rechtlicher Vater festgestellt werden kann, da das derzeitige Abstammungsrecht keine Instrumente hierfür bereithält. Dies erscheint misslich, da er mit seiner Einwilligung in die heterologe Insemination einen wesentlichen Beitrag zur Entstehung des Kindes geleistet hat. Die soziale Verantwortungsübernahme als Aspekt der sozialen Elternschaft wird somit nicht hinreichend vom geltenden Recht berücksichtigt.

Wie diese Beispiele bereits zeigen, muss je nach Fallkonstellation konkret abgewogen werden, welchem Segment das stärkere Gewicht für die Zuordnung einzuräumen ist.

2. Höchstpersönlichkeit der Eltern-Kind-Beziehung und besondere Relevanz privatautonomer Willensentschließung

Des Weiteren sollte sich ein modernes Elternschaftsrecht daran orientieren, dass dem Eltern-Kind-Verhältnis höchstpersönliche Natur zukommt, und privatautonome Willensentschließungen besondere Relevanz entfalten.

a) Begründung der These

Bereits in § 2 ist darauf hingewiesen worden, dass die Eltern-Kind-Beziehung den Kernbereich des allgemeinen Persönlichkeitsrechts (Art. 2 I i.V.m. Art. 1 I GG) betrifft, somit höchstpersönlicher Natur ist, und dass die Höchstpersönlichkeit der rechtlichen Eltern-Kind-Zuordnung zu den Grundprinzipien des derzeit geltenden Abstammungsrechts zählt.[253] Dies entspricht letztlich dem gesellschaftlichen Verständnis von Familie, die als private, von staatlichem Einfluss weitgehend befreite Einheit, d.h. als Intimgruppe angesehen wird, in der das Familienleben, die Beziehungen der Familienmitglieder zueinander, das Private und die Bedürfnisse des Individuums im Mittelpunkt stehen.[254] Auch in vielen weiteren Rechtsordnungen kommt der rechtlichen Eltern-Kind-Beziehung höchstpersönlicher Charakter zu, auch wenn nicht jede Rechtsordnung diesen Grundsatz

---

[252] Eingehend hierzu bereits § 2 S. 139 ff.

[253] Siehe § 2 S. 153 ff.; *Gernhuber/Coester-Waltjen*, Familienrecht, 2010, 587.

[254] *Peuckert*, Familienformen im sozialen Wandel, 2012, 14; *Gernhuber/Coester-Waltjen*, Familienrecht, 2010, 5. Zu weiteren Aspekten des Funktionswandels siehe *Nave-Herz* in: Böllert/Peter (Hrsg.), Mutter + Vater = Eltern?, 2012, 33, 34 f. Ausführlich § 1 S. 40 ff.

immer gleich stark ausgestaltet, und sich oftmals signifikante Abweichungen hiervon finden.[255] An der Höchstpersönlichkeit elternschaftsrechtlicher Zuordnung will auch die vorliegende Arbeit nicht rütteln.

Da Fragen des „Für" und „Wider" für eine Elternschaft und die eigene Fortpflanzung den Kernbereich der persönlichen Lebensgestaltung betreffen,[256] sind privatautonome Entscheidungen und Entscheidungsfreiheiten von besonderer Bedeutung. Auch ein modernes Elternschaftsrecht muss daher dem Einzelnen ausreichend Raum gewähren, die elternschaftsrechtlichen Verhältnisse selbst zu bestimmen. Das gilt insbesondere mit Blick darauf, dass auch die nur soziale Elternschaft als Zuordnungsgrund gleichwertig ist. Eine Elternschaft durch Willensakt ist somit im Grundsatz zu ermöglichen.[257] Dabei ist jedoch zu berücksichtigen, dass ein gerechter Ausgleich der Interessen aller Beteiligter, insbesondere bei einer Aufteilung einzelner Elternschaftssegmente auf verschiedene Personen, erfolgt. Zu beachten ist insbesondere auch, dass das Elternschaftsrecht als Statusrecht eine klare, erkennbare, wahre und möglichst bestandsfeste Eltern-Kind-Zuordnung zu bewirken hat.[258] Es muss im Sinne der Schaffung von Rechtssicherheit und -klarheit die Entscheidungsautonomie der Beteiligten daher begrenzen. Das derzeitige Abstammungsrecht sucht eine Balance der in diesem Spannungsfeld befindlichen Interessen, indem es im Grundsatz ein Regelungssystem der Eltern-Kind-Zuordnung zwingend vorgibt, an entscheidenden Stellen der privatautonomen Gestaltung allerdings Raum lässt.[259] An diesem Ansatz wird weiter festzuhalten sein.

b) Schlussfolgerungen mit Blick auf die Zuordnungssystematik

aa) Gewährleistung privatautonomer Gestaltbarkeit der Elternzuordnung

Die Gewährleistung privatautonomer Gestaltbarkeit der Elternzuordnung verlangt letztlich dreierlei: Erstens muss intentionalen Elementen bei der Statuszuordnung und -korrektur überhaupt Bedeutung zukommen. Zweitens muss sichergestellt sein, dass im Lichte einer bestandsfesten und verlässlichen Statuszuordnung intentionalen Gestaltungen ein ausreichendes Maß an Verbindlichkeit

---

[255] Siehe bereits eingehend § 2 S. 153 ff.

[256] Verfassungsrechtlich in Art. 6 I, IV GG mit dem Recht auf Familiengründung und dem Recht auf Fortpflanzung gewährleistet, dazu eingehend oben S. 201 ff.

[257] *Coester-Waltjen,* JZ 2016, 101, 103.

[258] Persönliche Leitlinien der Mitglieder des Arbeitskreis Abstammungsrecht des BMJV, Abschlussbericht – Empfehlungen für eine Reform des Abstammungsrechts, 2017, 110 (Dagmar Coester-Waltjen).

[259] Siehe eingehend § 2 S. 155 ff. Vgl. zum Familien- und Statusrecht allgemein *Gernhuber/Coester-Waltjen,* Familienrecht, 2010, 6 f.; *Rehbinder,* Rechtssoziologie, 2014, 67 Rn. 68 f. (Mischsystem); zur Thematik auch *Schröder,* Wer hat das Recht zur rechtlichen Vaterschaft?, 2015, 89 f.

zukommt.[260] Drittens ist aufgrund der weitreichenden Folgen statusrechtlicher Zuordnung sicherzustellen, dass im Rahmen intentionaler Elternzuordnung eine hinreichende Aufklärung über die Folgen der Willensentschließung erfolgt, die Freiwilligkeit der Entschließung gesichert ist und die Willensentschließung im Lichte der Statusklarheit und -erkennbarkeit auch einer gewissen Form entspricht.[261]

Bereits das derzeit geltende Abstammungsrecht beinhaltet eine Reihe von Instrumenten, die privatautonomer Entschließung Raum eröffnen und die o. g. Anforderungen (zumindest teilweise) verwirklichen. Hierzu zählen beispielsweise die formgebundene Vaterschaftsanerkennung gem. §§ 1594, 1597 I BGB,[262] die im Rahmen eines scheidungsakzessorischen Statuswechsels auch qualifiziert erfolgen kann, vgl. § 1599 II BGB, und die nur unter umgrenzten Umständen unwirksam ist, vgl. § 1598 I BGB,[263] aber auch die Ausgestaltung der Vaterschaftsanfechtung als privates Gestaltungsrecht.[264] Auch § 1600 IV BGB, der bei Einwilligung in die heterologe Insemination das Anfechtungsrecht der Eltern ausschließt, dient letztlich der Stabilisierung der sozialen Elternschaft, die sich über das intentionale Element der Einwilligung in die Zeugung des Kindes ausgedrückt hat. Letztlich enthält auch die Regelung über die vertrauliche Geburt entsprechende privatautonome Elemente, da sie der Mutter ermöglicht, das Kind zur Welt zu bringen, ohne die rechtliche Elternrolle zwingend übernehmen zu müssen.[265] Gleiches gilt für die erst am 1.7.2018 in Kraft tretende Regelung des § 1600d IV BGB n. F., der den Ausschluss des klassischen Samenspenders von der gerichtlichen Vaterschaftsfeststellung anordnet. Voraussetzung für den Ausschluss ist, dass das Kind durch eine ärztlich unterstützte künstliche Befruchtung in einer Einrichtung der medizinischen Versorgung im Sinne von § 1a Nr. 9 des Transplantationsgesetzes unter heterologer Verwendung von Samen gezeugt wurde, der vom Spender einer Entnahmeeinrichtung im Sinne von § 2 I 1 Sa-

---

[260] Arbeitskreis Abstammungsrecht des BMJV, Abschlussbericht – Empfehlungen für eine Reform des Abstammungsrechts, 2017, 27; *Coester-Waltjen,* JZ 2016, 101, 103.

[261] Für eine Formalisierung zur besseren Beweisbarkeit Arbeitskreis Abstammungsrecht des BMJV, Abschlussbericht – Empfehlungen für eine Reform des Abstammungsrechts, 2017, 27, wobei keine Einigkeit darüber bestand, ob die Einhaltung der Form zwingend sein sollte oder lediglich fakultativ.

[262] § 1597 I BGB (öffentliche Beurkundung); vgl. hierzu auch Arbeitskreis Abstammungsrecht des BMJV, Abschlussbericht – Empfehlungen für eine Reform des Abstammungsrechts, 2017, 27.

[263] Abschließende Regelung Palandt/*Brudermüller,* § 1589 Rn. 2; Staudinger/*Rauscher,* § 1598 Rn. 3.

[264] Dazu § 2 S. 155 ff. Dazu auch MedR/*Spickhoff,* Abstammung – Vorbemerkung Rn. 4.

[265] Persönliche Leitlinien der Mitglieder des Arbeitskreis Abstammungsrecht des BMJV, Abschlussbericht – Empfehlungen für eine Reform des Abstammungsrechts, 2017, 110 (Dagmar Coester-Waltjen).

menspenderregistergesetzes zur Verfügung gestellt wurde. Die Regelung erfasst damit allerdings nur im Inland durchgeführte Samenspenden.

(1) Überlegungen mit Blick auf die Beachtlichkeit privatautonomer Gestaltung

Vor dem Hintergrund der in § 1 dargestellten Veränderung familialer Konstellationen und Elternschaftsverhältnisse erscheint es durchaus angebracht, zusätzliche Elemente privatautonomer Gestaltung vorzuhalten bzw. bestehende Instrumente anzupassen, um dem Willen zur Übernahme von Elternverantwortung hinreichend Raum zu geben. Dies gilt besonders mit Blick auf die Elternschaft gleichgeschlechtlicher Paare und auf die Konstellationen medizinisch-assistierter Reproduktion. Gerade dort drückt sich Elternschaft durch eine intentionale Übernahme der elterlichen Verantwortung aus, wo eine genetische Beziehung des weiteren Elternteils zum Kind nicht besteht. Das geltende Recht erfasst diese Konstellationen nur bedingt und ermöglicht die privatautonome Gestaltung der elternschaftsrechtlichen Verhältnisse nur in engen Grenzen:

Wollen beispielsweise gleichgeschlechtliche Paare die gemeinschaftliche rechtliche Elternrolle für ein Kind erlangen, sind sie auf die Adoption verwiesen. Eine Anerkennung der Elternschaft durch die weibliche Partnerin der Geburtsmutter ist im derzeit geltenden Recht nicht möglich,[266] so dass dem Willen der gleichgeschlechtlichen Partnerin der Geburtsmutter zur Übernahme der Elternverantwortung nur bedingt Rechnung getragen wird. Das zeitintensive und mit Beeinträchtigungen für die Familie einhergehende staatliche Adoptionsverfahren ist nicht in jeder Konstellation die angemessene Lösung.[267]

Der intentionalen Übernahme von Elternverantwortung wird auch im Rahmen der heterologen Insemination bei nichtehelichen Lebenspartnern nicht hinreichend Rechnung getragen. Der mit der Geburtsmutter nicht verheiratete, in die heterologe Insemination einwilligende Mann kann die rechtliche Elternstellung nur dann erlangen, wenn er die Vaterschaft gem. § 1594 BGB anerkennt. Für die Anerkennung bedarf es allerdings der Zustimmung der Mutter, vgl. § 1595 I BGB. Ist die Beziehung zur Mutter aber zwischenzeitlich zerbrochen, hat die Mutter es in der Hand, den nur sozialen Elternteil aus der Elternposition herauszuhalten.[268] Eine Ersetzung der Zustimmung der Mutter ist genauso wenig mög-

---

[266] *Gernhuber/Coester-Waltjen,* Familienrecht, 2010, 590; Palandt/*Brudermüller,* § 1592 Rn. 3; NK-BGB/*Gutzeit,* § 1591 Rn. 5; *Hammer,* FamRZ 2017, 1236.

[267] MüKoBGB/*Wellenhofer,* § 1591 Rn. 10; vgl. auch *Budzikiewicz* in: Boele-Woelki/ Dethloff/Gephart (Hrsg.), Family Law and Culture in Europe, 2014, 151, 163. Dazu sogleich mehr.

[268] *Gernhuber/Coester-Waltjen,* Familienrecht, 2010, 609; *Muscheler,* Familienrecht, 2017, Rn. 549; *Dethloff,* Familienrecht, 2015, § 10 Rn. 14; *Schwab,* Familienrecht, 2016, § 49 Rn. 558; MüKoBGB/*Wellenhofer,* § 1595 Rn. 9; Staudinger/*Rauscher,* § 1595 Rn. 5.

lich wie die gerichtliche Feststellung seiner Elternschaft gem. § 1600d I BGB. Der nur soziale Elternteil hat daher keine Chance, gegen den Willen der Mutter rechtlicher Elternteil des Kindes zu werden. Dies wird den Interessen des nur sozialen Elternteils, der sich durch seine Bereitschaft zur Übernahme von Elternverantwortung zu dem Kind bekannt hat und der nach dem hier vertretenen Verständnis auch im verfassungsrechtlichen Sinne als Elternteil anzusehen ist, nicht hinreichend gerecht. Eine Zuordnungssystematik, die von der Gleichwertigkeit der sozialen Elternschaft als Zuordnungsgrund ausgeht, hat daher insoweit Instrumente vorzusehen, die auch die Interessen des sozialen Elternteils hinreichend berücksichtigen.

Ferner ist mit Blick auf die Beachtlichkeit privatautonomer Entschließungsfreiheit insbesondere an den Kindeswillen zu denken.[269] Art. 12 KRK verpflichtet letztlich zur angemessenen Beachtung des Kindeswillens. Das geltende Recht trägt dem derzeit keine hinreichende Rechnung. Bei der Vaterschaftsanerkennung ist die Zustimmung des Kindes gem. § 1595 II BGB beispielsweise nur im Ausnahmefall relevant und zwar nur dann, wenn der Mutter die elterliche Sorge nicht zusteht. Dies vernachlässigt den Kindeswillen zum einen immer dann, wenn die Mutter die elterliche Sorge trägt, da es in diesen Fällen auf die Zustimmung des Kindes nicht ankommt, unabhängig davon, ob das Kind bereits einen entsprechenden Willen bilden kann. Dem Kind kann daher gegen seinen Willen ein Elternteil aufgedrängt werden.[270] Anders ist dies etwa bei der Stiefkindadoption gem. § 1746 I 3 BGB.[271] Zum anderen wird die Regelung insbesondere dem volljährigen Kind nicht gerecht, da auch hier stets die Zustimmung der Mutter erforderlich ist, sie kann daher die Elternzuordnung des Vaters gegen den Willen des Kindes blockieren. Auch diese Zustimmung ist nicht ersetzbar.[272] Ein modernes Elternschaftsrecht hat bereits vor dem Hintergrund des Art. 12 KRK dafür Sorge zu tragen, dass dem Kindeswillen entsprechend Raum gewährt wird.[273]

Letztendlich besteht durchaus auch die Möglichkeit, die Regelung des § 1599 II BGB geringfügig auszuweiten.[274] Die Regelung dient in scheidungsnahen Konstellationen dazu, ohne zeit- und kostenintensives gerichtliches Vaterschaftsanfechtungsverfahren eine Korrektur der Abstammungszuordnung zu bewirken,

---

[269] *Wellenhofer* in: Schwab/Vaskovics (Hrsg.), Pluralisierung von Elternschaft und Kindschaft, 2011, 173 ff.

[270] *Wellenhofer* in: Schwab/Vaskovics (Hrsg.), Pluralisierung von Elternschaft und Kindschaft, 2011, 173, 176 (anders die alte Rechtslage).

[271] *Wellenhofer* in: Schwab/Vaskovics (Hrsg.), Pluralisierung von Elternschaft und Kindschaft, 2011, 173, 178 hin.

[272] Daher kritisch MüKoBGB/*Wellenhofer*, § 1595 Rn. 3; Staudinger/*Rauscher*, § 1595 Rn. 5 ff.; NK-BGB/*Gutzeit*, § 1595 Rn. 2.

[273] MüKoBGB/*Wellenhofer*, § 1595 Rn. 5.

[274] So bereits Arbeitskreis Abstammungsrecht des BMJV, Abschlussbericht – Empfehlungen für eine Reform des Abstammungsrechts, 2017, 41.

wenn ein Kind durch das Eingreifen der gesetzlichen Zuordnungsgründe sehr wahrscheinlich dem „falschen" Vater zugeordnet würde.[275] Neben der Konstellation des scheidungsakzessorischen Statuswechsels sind weitere, allerdings begrenzte Fallkonstellationen denkbar, in denen die gesetzlichen Zuordnungskriterien ersichtlich nicht zu einer Zuordnung der Person führen, die tatsächlich bereit und berufen ist, die Elternverantwortung zu übernehmen.[276] Daher sollte auch in jenen Fällen ein privatautonomer Statuswechsel durch qualifiziertes Anerkenntnis möglich sein, ohne dass es eines gerichtlichen Verfahrens bedarf.

(2) Überlegungen zur Verbindlichkeit der privatautonomen Gestaltung

Wenn die Beachtlichkeit privatautonomer Elternzuordnung im Lichte der Verlässlichkeit und Bestandsfestigkeit der Zuordnung ferner deren Verbindlichkeit erfordert, muss das Zuordnungssystem sicherstellen, dass diejenigen Personen, die ihren Willen zur Übernahme von Elternverantwortung kundgetan haben, an dieser Verantwortung auch festgehalten werden können.[277] Wie sich mit Blick auf den nichtehelichen Partner der Geburtsmutter, der in die heterologe Insemination einwilligt, die Vaterschaftsanerkennung aber unterlässt, gezeigt hat, schafft das geltende Recht nicht immer eine interessengerechte Verwirklichung dieses Gedankens, da der in die Reproduktion einwilligende Mann nicht im Rahmen des § 1600d I BGB als rechtlicher Vater des Kindes festgestellt werden kann, obwohl er die Entstehung des Kindes veranlasst hat. Auch hier gilt es, im Rahmen der Zuordnungssystematik Vorsorge zu treffen, dass eine dauerhafte Verbindlichkeit der Verantwortungsübernahme gesichert ist.

(3) Überlegungen zu Aufklärung, Freiwilligkeit und Form
   privatautonomer Gestaltung

Integrales Kriterium privatautonomer Entscheidungen ist deren Freiwilligkeit. Ein Zuordnungssystem, das privatautonomen Elementen Raum gewähren will, hat sicherzustellen, dass privatautonome Gestaltungen freiwillig vorgenommen werden können. Hierzu gehört es auch, dass die gestaltenden Personen über die rechtlichen Folgen ihrer Handlungen aufgeklärt werden und somit eine möglichst gut informierte Entscheidung treffen können.[278] Eine Aufklärung verwirklicht das Privatrecht oftmals dadurch, dass es für die Vornahme gewisser Handlungen

---

[275] BeckOGK/*Reuß,* § 1599 BGB Rn. 13 ff.

[276] Arbeitskreis Abstammungsrecht des BMJV, Abschlussbericht – Empfehlungen für eine Reform des Abstammungsrechts, 2017, 44.

[277] Arbeitskreis Abstammungsrecht des BMJV, Abschlussbericht – Empfehlungen für eine Reform des Abstammungsrechts, 2017, 27; *Coester-Waltjen,* JZ 2016, 101, 103.

[278] Persönliche Leitlinien der Mitglieder des Arbeitskreis Abstammungsrecht des BMJV, Abschlussbericht – Empfehlungen für eine Reform des Abstammungsrechts, 2017, 110 (Dagmar Coester-Waltjen).

eine Form vorschreibt, die den Gestaltenden vor den Folgen der Handlung warnt und gleichzeitig eine Aufklärung über die rechtlichen Folgen der Handlung bewirkt. So knüpft das geltende Recht die Vaterschaftsanerkennung und die Zustimmung gem. § 1597 I BGB an die öffentliche Beurkundung. Kein Formzwang besteht allerdings für den Anfechtungsausschluss nach § 1600 IV BGB bei der Einwilligung in die medizinisch-assistierte Reproduktion.[279] In der Literatur ist vorgeschlagen worden, auch im Rahmen des § 1600 IV BGB[280] und in weiteren Fällen die Einhaltung einer verbindlichen Form vorzusehen (z. B. bei der Elternzuordnung durch medizinisch-assistierte Reproduktion bzw. bei der Freistellung des klassischen Samenspenders).[281] Vor einer zu schnellen Bejahung dieser Forderung ist allerdings zu warnen. Zwar mag die Formgebundenheit aufgrund der damit verfolgten Formzwecke prinzipiell auch im Rahmen des § 1600 IV BGB sinnvoll sein. Zu beachten ist jedoch, welche Folgen sich aus einem Formverstoß dann ergeben.[282] Konkret bezogen auf § 1600 IV BGB bedeutete dies, dass bei Nichteinhaltung der Form die Einwilligung in die medizinisch-assistierte Reproduktion gem. § 125 BGB nichtig, und damit eine Anfechtung der Vaterschaft durch die rechtlichen Eltern nicht ausgeschlossen wäre. Ein Mann, der die Zeugung des Kindes durch Einwilligung in die medizinisch-assistierte Zeugung beeinflusst, könnte sich später aufgrund eines erkannten Formverstoßes somit umentscheiden und seine Vaterschaft mit dem Argument anfechten, er sei nicht genetisch mit dem Kind verwandt. Dies entspricht nicht der Vorstellung von Verbindlichkeit privatautonomer Gestaltung, wie sie vorstehend dargelegt wurde.[283] Es ist daher insbesondere im Rahmen des § 1600 IV BGB sinnvoll, eine Formvorschrift allenfalls als „Soll"-Bestimmung auszugestalten, so dass die Nichteinhaltung der Form nicht einen für die Beteiligten, insbesondere für das Kind nachteiligen, aber von diesem selbst nicht beeinflussbaren Effekt hat. Knüpft man etwa, wie dies im Rahmen des Arbeitskreises Abstammungsrecht auch diskutiert wurde und wie es der Rechtslage in einigen Staaten entspricht,[284] die automa-

---

[279] *BGH,* Urt. v. 23.9.2015 – XII ZR 99/14, NJW 2015, 3434; BeckOGK/*Reuß,* § 1600 BGB Rn. 135.

[280] *Roth,* DNotZ 2003, 805, 813; Staudinger/*Rauscher,* § 1600 Rn. 78; *Wehrstedt,* DNotZ 2005, 649, 652.

[281] Arbeitskreis Abstammungsrecht des BMJV, Abschlussbericht – Empfehlungen für eine Reform des Abstammungsrechts, 2017, 57.

[282] Kontrovers daher auch die Abstimmung im Arbeitskreis Abstammungsrecht des BMJV, Abschlussbericht – Empfehlungen für eine Reform des Abstammungsrechts, 2017, 57 (6 für Formzwang, 3 für Sollvorschrift).

[283] Kritisch bereits *Roth,* DNotZ 2003, 805, 813; Staudinger/*Rauscher,* § 1600 Rn. 78.

[284] Differenzierend Arbeitskreis Abstammungsrecht des BMJV, Abschlussbericht – Empfehlungen für eine Reform des Abstammungsrechts, 2017, 57 ff. Beispielhaft die Rechtslage in England und Wales, Sec. 37(1)(2) HFEA 2008 (Schriftform). Die Gerichte haben eine Zustimmung aber auch dann als wirksam angesehen, wenn die dokumentationspflichtige Klinik die Zustimmungserklärungen nicht hinreichend dokumen-

tische Elternzuordnung im Rahmen der medizinisch-assistierten Reproduktion an die Einwilligung in die Zeugung des Kindes, hätte ein Formverstoß mitunter sogar die Folge, dass es schon gar nicht zu einer Elternschaftszuordnung käme. Dies ist besonders misslich, denn anders als bei der der Vaterschaftsanerkennung nach § 1594 BGB findet die medizinisch-assistierte Reproduktion nicht immer im Inland statt, so dass auch die Einhaltung der Form durch ein Reproduktionszentrum im Ausland nicht stets sichergestellt werden kann. Aufgrund der höchst diversen staatlichen Systeme im Bereich der Reproduktionsmedizin, die je nach Auffassung die unterschiedlichsten Zulassungsvoraussetzungen vorsehen und die verschiedensten Methoden als zulässig erachten, gibt es einen großen Anreiz für Paare reproduktionsmedizinische Maßnahmen im Ausland wahrzunehmen.[285] Aufgrund der Diversität der Systeme überzeugt der pauschale Hinweis nicht, Paare müssten für eine rechtssichere Elternschaftszuordnung eben auf Inlandsangebote zurückgreifen.[286] Dies wird dem Fortpflanzungsinteresse der betroffen Personen nicht gerecht. Wie sich anhand von Fällen aus dem Vereinigten Königreich, wo Reproduktionszentren zahlreich ihre Dokumentationspflichten verletzt hatten, ferner zeigt, ist die Einhaltung der geltenden gesetzlichen Bestimmungen auch nicht immer von den Eltern beeinflussbar.[287] Die Nichtigkeitsfolge der Elternzuordnung trifft Eltern und Kinder dann besonders hart. Ein Formzwang wird vielfach von juristischen Laien letztlich schon gar nicht bewusst wahrgenommen werden, wenn er nicht zwingend bei der Zuordnung von staatlicher Seite durchgesetzt wird. So sinnvoll Formbestimmungen unter einem Warn- und Aufklärungsaspekt sein mögen, so viel Vorsicht ist geboten bei der Regulierung der rechtlichen Folgen bei Missachtung dieser Bestimmungen.

bb) Unverzichtbarkeit elternschaftsrechtlicher Positionen
und Ausschluss gewillkürter Stellvertretung

Die Höchstpersönlichkeit elternschaftsrechtlicher Beziehungen führt nach derzeitigem Abstammungsrecht dazu, dass elternschaftsrechtliche Positionen außerhalb der durch das zwingende Recht gesetzten Grenzen unverzichtbar und auch

---

tiert hatte *Family Court,* 13.2.2015 (*X v Y*), [2015] EWFC 13; *England and Wales High Court,* 11.9.2015 (*Re A (Human Fertilisation and Embryology Act 2008: Assisted Reproduction: Parent)*), [2015] EWHC 2602 (Fam); vgl. auch *England and Wales High Court,* 10.12.2015 (*F v M*), [2015] EWHC 3601 (Fam).

[285] Dazu sogleich mehr.

[286] So aber bei *Voigt,* Abstammungsrecht 2.0, 2015, 71.

[287] Anschaulich *England and Wales High Court (Re D (Children) (Parental Order: Foreign Surrogacy)),* [2012] EWHC 2631 (Fam); *Family Court,* 13.2.2015 (*X v Y*), [2015] EWFC 13; *England and Wales High Court,* 11.9.2015 (*Re A (Human Fertilisation and Embryology Act 2008: Assisted Reproduction: Parent)*), [2015] EWHC 2602 (Fam); vgl. auch *England and Wales High Court,* 10.12.2015 (*F v M*), [2015] EWHC 3601 (Fam).

rechtsgeschäftlich nicht auf andere Personen übertragbar sind.[288] Auch eine Verwirkung der Abstammungszuordnung oder eine einseitige Aufhebung etwa durch Verstoßung ist nicht möglich.[289] Ferner zeigt sich die Höchstpersönlichkeit in dem Ausschluss gewillkürter Stellvertretung bei der Wahrnehmung abstammungsrechtlicher Rechtspositionen.[290] Eine Anerkennung der Vaterschaft durch einen Bevollmächtigten ist ebenso unzulässig, vgl. § 1596 IV BGB, wie die Anfechtung der Vaterschaft durch einen solchen, vgl. § 1600a I BGB. Hieran ist letztlich festzuhalten, da sie der höchstpersönlichen Natur elternschaftsrechtlicher Rechtsverhältnisse entsprechen.

cc) Minimierung staatlicher Einwirkung auf die Elternschaftszuordnung und die Zuordnungskorrektur

Letztlich folgt aus der Höchstpersönlichkeit elternschaftsrechtlicher Positionen ein Gebot zur Minimierung staatlicher Einmischung. Dies entspricht auch dem gesellschaftlichen Familienverständnis, das die Familie als Intimgruppe begreift. Nur dort, wo es die Interessen des Einzelnen zwingend erfordern, ist staatlicher Einfluss geboten. Ist dies nicht der Fall, hat der Staat der Familie und ihren Mitgliedern Autonomie zu gewähren.[291] Das bedeutet, dass staatliche Eigeninteressen, seien sie etwa fiskalischer Natur[292] oder durch aufenthaltsrechtliche Gründe motiviert,[293] bei der Regulierung elternschaftsrechtlicher Beziehungen in den Hintergrund zu treten haben. Dazu und zur Privatheit der Familie passt es somit nicht, wenn der Gesetzgeber nun mit dem Gesetz zur besseren Durchsetzung der Ausreisepflicht[294] die durch das BVerfG für verfassungswidrig erklärte Behördenanfechtung durch eine präventive Anerkennungskontrolle ersetzt.[295] Auch hier gilt der bereits an anderer Stelle zur Behördenanfechtung geäußerte Kritikpunkt, dass aufenthaltsrechtliche Problemfragen besser im Aufenthaltsrecht gelöst werden und nicht systemwidrig das Elternschaftsrecht belasten sollten.[296] Entsprechende Regelungen sind daher zu streichen.

---

[288] *Lipp* in: Schwab/Vaskovics (Hrsg.), Pluralisierung von Elternschaft und Kindschaft, 2011, 119, 127 m.w.N.; *Dethloff,* Familienrecht, 2015, § 10 Rn. 15; *Gernhuber/ Coester-Waltjen,* Familienrecht, 2010, 10.

[289] *Rauscher,* Familienrecht, 2008, 659 Rn. 760; *Gernhuber/Coester-Waltjen,* Familienrecht, 2010, 10; MüKoBGB/*Wellenhofer,* § 1589 Rn. 10.

[290] *Gernhuber/Coester-Waltjen,* Familienrecht, 2010, 10.

[291] *Schwenzer,* 71 RabelsZ (2007) 706, 711 (Prinzip der Nichteinmischung); MüKoBGB/*Wellenhofer,* § 1600d Rn. 13; *Schwonberg,* FuR 2014, 634, 636; BeckOGK/*Reuß,* § 1600d BGB Rn. 8.

[292] Vermeidung von Kosten für die Gesellschaft durch Zuordnung des Kindes zu Eltern, dazu Spickhoff, MedR/*Spickhoff,* Abstammung – Vorbemerkung Rn. 5.

[293] Gesetz zur besseren Durchsetzung der Ausreisepflicht vom 20.7.2017, BGBl. I 2780.

[294] Gesetz zur besseren Durchsetzung der Ausreisepflicht vom 20.7.2017, BGBl. I 2780.

[295] Dazu kritisch *Schwonberg,* StAZ 2018, 5; *Sanders,* FamRZ 2017, 1189.

3. Orientierung am Verantwortlichkeitsprinzip

Ein modernes Elternschaftsrecht sollte sich am Verantwortlichkeitsprinzip orientieren, d.h. es sollte sichergestellt sein, dass die Beteiligten für ihre autonomen Handlungen verantwortlich zeichnen, und Personen unter bestimmten Umständen auch dann als Eltern in die Pflicht genommen werden können, wenn ein Wille zur Übernahme von Elternverantwortung nicht vorliegt.

a) Begründung der These

Im jüngst erschienenen Bericht des Arbeitskreis Abstammungsrecht ist auf einer knappen halben Seite vorgeschlagen worden, eine Reform des Rechts der Eltern-Kind-Zuordnung an einem sog. „*Verursacherprinzip*" zu orientieren. Die Autoren des Berichts meinen damit, dass Personen, die einen „wesentlichen Beitrag zur Entstehung des Kindes geleistet und in diesem Sinne die Existenz des Kindes ‚verursacht' haben" auch unabhängig von ihrer konkreten Willensäußerung als rechtliche Eltern angesehen werden können und damit Elternverantwortung tragen sollten.[297] Bereits bislang sei die Elternzuordnung unabhängig von dem Willen zur Elternschaft aufgrund einer genetischen Abstammungsverbindung bzw. aufgrund der Geburt des Kindes durch die Mutter möglich. Gleiches müsse auch für die Zuordnung einer Person aufgrund ihrer Einwilligung in die medizinisch-assistierte Reproduktion gelten, da die in die Reproduktion einwilligende Person mit ihrer Einwilligung die Entstehung des Kindes maßgeblich bewirke.[298] Eine eingehendere Erläuterung des Prinzips erfolgt allerdings nicht, was angesichts der hohen Qualität des gesamten Berichts etwas verwundert. So wird beispielsweise nicht weiter spezifiziert, was einen wesentlichen von einem unwesentlichen Beitrag zur Entstehung des Kindes unterscheidet. Fragen stellen sich hier insbesondere bei medizinisch-assistierter Reproduktion. Der die Befruchtung vornehmende Arzt ist ja ebenfalls *conditio sine qua non* für die Entstehung des Kindes. Ohne ihn gäbe es das Kind nicht. Von einem unwesentlichen Beitrag zur Entstehung des Kindes wird man hier kaum sprechen können.[299]

In der Sache geht es den Autoren des Berichts – anders als der Begriff des Verursacherprinzips dies vielleicht suggeriert – freilich nicht um ein kausal im Sinne eines Ursächlichkeitszusammenhangs verstandenes Prinzip der Verursachungsbeiträge, in dem wesentliche von unwesentlichen Kausalbeiträgen der

---

[296] BeckOGK/*Reuß*, § 1600 BGB Rn. 88 ff.

[297] Arbeitskreis Abstammungsrecht des BMJV, Abschlussbericht – Empfehlungen für eine Reform des Abstammungsrechts, 2017, 27.

[298] Arbeitskreis Abstammungsrecht des BMJV, Abschlussbericht – Empfehlungen für eine Reform des Abstammungsrechts, 2017, 27.

[299] Vgl. hierzu beispielsweise die Überlegungen bei *Wanitzek*, Rechtliche Elternschaft bei medizinisch unterstützter Fortpflanzung, 2002, 428.

Kindesentstehung voneinander zu trennen wären. Es geht den Autoren vielmehr darum, Verantwortlichkeiten mit Blick auf die Eltern-Kind-Zuordnung zu definieren. Die Begrenztheit der Zuordnung von Elternverantwortung aufgrund autonomer Willensentschließung verlangt letztlich im Sinne der Ermöglichung einer verlässlichen und bestandsfesten Zuordnung, dass Verantwortlichkeiten losgelöst von einer Bereitschaft zur Übernahme der Elternverantwortung zugewiesen werden können. Erinnert sei an das vorstehend herausgestellte Fallbeispiel des negativen Elternschafts-Konflikts, in dem der in die heterologe Insemination einwilligende nichteheliche Lebenspartner der Geburtsmutter die Vaterschaftsanerkennung unterlässt. Er willigt damit zwar autonom in die Zeugung des Kindes ein, eine Bereitschaft, die elterliche Verantwortung zu übernehmen, kann darin jedoch nicht zugleich erblickt werden. Da der in die Reproduktion einwilligende Mann die Entstehung des Kindes allerdings durch seine Einwilligung in Gang gesetzt hat, ist er für die Entstehung des Kindes letztlich verantwortlich. An dieser Verantwortungsübernahme sollte er auch mit Blick auf seine rechtliche Verantwortlichkeit, d.h. die rechtliche Elternstellung festgehalten werden, zumal die Entscheidung für die Zeugung eines Kindes nicht reversibel ist.[300] Die unterhaltsrechtliche Lösung, die der Bundesgerichtshof hierzu entwickelt hat,[301] wahrt die Interessen der Beteiligten nicht vollumfänglich.[302] Gleiches gilt letztlich für Personen, die willentlich miteinander ungeschützt natürlich verkehren, die Elternrolle für ein gezeugtes Kind aber explizit nicht übernehmen möchten. Auch sie sollten in die Verantwortung genommen werden, da sie für die Entstehung des Kindes verantwortlich sind.[303]

Wie diese Überlegungen zeigen, geht es beim Verursacherprinzip somit um Zuweisung von Verantwortlichkeit. Derartige Fragen sind in der familienrechtlichen und abstammungsrechtlichen Literatur bereits eingehend unter den Begriffen des Prinzips der Verantwortung, des Verantwortlichkeitsprinzips bzw. des Verantwortungsprinzips diskutiert worden.[304] Es bietet sich an, den Begriff

---

[300] So bereits *Coester-Waltjen* in: Ständige Deputation des Deutschen Juristentages (Hrsg.), Verhandlungen des 56. Deutschen Juristentages, 1986, 9, B 49.

[301] Einwilligung in die heterologe Insemination stellt einen Vertrag zugunsten des Kindes auf Leistung von Unterhalt dar, vgl. *BGH*, Urt. v. 23.9.2015 – XII ZR 99/14, NJW 2015, 3434.

[302] *Dethloff*, Familienrecht, 2015, § 10 Rn. 84 (Erbrecht, etc.).

[303] *Wanitzek*, Rechtliche Elternschaft bei medizinisch unterstützter Fortpflanzung, 2002, 181 f.

[304] *Wanitzek*, Rechtliche Elternschaft bei medizinisch unterstützter Fortpflanzung, 2002, 161 ff.; unter leicht anderer Nuancierung *Schwenzer*, 71 RabelsZ (2007) 706, 711 ff.; *Dethloff* in: Röthel/Heiderhoff (Hrsg.), Regelungsaufgabe Mutterstellung – Was kann, was darf, was will der Staat?, 2016, 19, 22; zur Diskussion in den Niederlanden etwa *Vonk*, Children and their parents, 2007, 267 ff. (*procreational responsibility*); *Steininger*, Reproduktionsmedizin und Abstammungsrecht, 2014, 369 (Selbstverantwortung), 375 (Zeugungsveranlassung).

des *Verantwortlichkeitsprinzips* hier fortzuführen, da er die kausalitätsorientierte Konnotation des Begriffs des Verursacherprinzips vermeidet.[305] Das Verantwortlichkeitsprinzip ist letztlich Ausfluss der allgemeinen Rechtsprinzipien der Autonomie, der Reziprozität und der Verbindlichkeit rechtlicher Normen.[306] Jedem Individuum kommt zwar letztlich Handlungsautonomie zu, um ein gedeihliches und verlässliches Zusammenleben der Gesellschaft zu ermöglichen, ist es jedoch notwendig, dass die autonomen Entscheidungen des Individuums betroffenen Dritten gegenüber auch verbindlich sind, damit diese verlässlich ihre eigenen autonomen Entscheidungen daran ausrichten können. Dies verlangt letztlich danach, das Individuum im Grundsatz als für seine autonom vorgenommenen Handlungen verantwortlich anzusehen. Darüber hinaus verlangt die reziproke Begrenzung der autonomen Freiheitssphären, dass Verantwortlichkeiten auch dann zugewiesen werden, wenn eine Willensentschließung fehlt.[307]

b) Schlussfolgerungen mit Blick auf die Zuordnungssystematik

Im Kern befasst sich das Verantwortlichkeitsprinzip mit zwei Fragestellungen: Wie kann erstens sichergestellt werden, dass Personen für ihre eigenen, autonom vorgenommenen Handlungen verantwortlich zeichnen?[308] Wie kann zweitens die Zuweisung von Verantwortlichkeit sichergestellt werden, wenn ein Wille zur Verantwortungsübernahme nicht vorliegt?[309]

Bezogen auf das rechtliche Eltern-Kind-Verhältnis bedeutet dies Folgendes: Haben zwei Personen miteinander ungeschützten natürlichen Verkehr, so haben sie für die (möglicherweise ungewünschten) Folgen dieses Verkehrs genauso einzutreten, wie Personen, die die Entstehung des Kindes durch eine Einwilligung in die medizinisch-assistierte Reproduktion bewirkt haben.[310] Es ist somit sicherzu-

---

[305] Siehe dazu auch die Begriffswahl bei Persönliche Leitlinien der Mitglieder des Arbeitskreis Abstammungsrecht des BMJV, Abschlussbericht – Empfehlungen für eine Reform des Abstammungsrechts, 2017, 110 (Dagmar Coester-Waltjen). Siehe dazu bereits *Wanitzek,* Rechtliche Elternschaft bei medizinisch unterstützter Fortpflanzung, 2002, 161 ff.; unter leicht anderer Nuancierung bereits *Schwenzer,* 71 RabelsZ (2007) 706, 711 ff. *Sanders,* Mehrelternschaft, 2017 (im Erscheinen), Teil 4 I.3. meint dies ebenfalls, wenn sie von *Initiativeltern* spricht.

[306] *Kaufmann,* Rechtsphilosophie, 1997, 185 f. Dazu eingehend § 2 S. 178 ff.

[307] *Wanitzek,* Rechtliche Elternschaft bei medizinisch unterstützter Fortpflanzung, 2002, 161 ff.

[308] *Wanitzek,* Rechtliche Elternschaft bei medizinisch unterstützter Fortpflanzung, 2002, 181 f.

[309] Arbeitskreis Abstammungsrecht des BMJV, Abschlussbericht – Empfehlungen für eine Reform des Abstammungsrechts, 2017, 27; *Wanitzek,* Rechtliche Elternschaft bei medizinisch unterstützter Fortpflanzung, 2002, 138, 178 f.

[310] *Wanitzek,* Rechtliche Elternschaft bei medizinisch unterstützter Fortpflanzung, 2002, 181 f.

stellen, dass durch die Wahl der Zuordnungssystematik eine Elternzuordnung für diese Personen erfolgen kann.[311]

Gleichzeitig ist sicherzustellen, dass auch dann, wenn ein Wille zur Übernahme von Elternverantwortung nicht vorliegt, eine Zuordnung erfolgen kann.[312] Dies betrifft beispielsweise Fälle, in denen wie im o. g. Fallbeispiel des negativen Elternschafts-Konflikts der in die heterologe medizinisch-assistierte Reproduktion einwilligende nichteheliche Lebenspartner der Mutter die Vaterschaftsanerkennung unterlässt. Es ist Vorsorge dafür zu treffen, dass er dennoch als rechtlicher Vater zugeordnet werden kann. Gleichzeitig betrifft dies Fallkonstellationen wie anonyme Geburt, Samenraub, absprachewidrige Verwendung selbst eingefrorenen Spermas des verstorbenen Ehemannes, Zeugung im bewusstseinsausschließenden Zustand, Vergewaltigung, zwangsweise medizinisch-assistierte Reproduktion und Gameten- oder Embryonenvertauschung. Ein Zuordnungsmechanismus muss auch für diese Fälle Instrumente vorsehen, die insbesondere im Interesse des gezeugten Kindes eine bestandsfeste Elternzuordnung und damit die Zuweisung von Verantwortlichkeit ermöglichen. In derartigen Fällen ist ersichtlich weder ein Wille zur Elternschaft für das konkret gezeugte Kind noch ggf. zur Vornahme einer Zeugungshandlung gegeben. Auf Elemente der sozialen Elternschaft kann in derartigen Fällen somit bei der originären Elternschaftszuordnung kaum abgestellt werden. Auch eine Zuordnung aufgrund einer autonom vorgenommenen Handlung kann nur in den wenigsten Fällen erfolgen. Auch in diesen Fällen muss eine Verantwortungszuweisung jedoch möglich sein.[313] Die genetische Elternschaft und die biologische Elternschaft bieten für diese Situationen aufgrund ihrer Bedeutung für und Auswirkungen auf die Eltern-Kind-Beziehung hinreichende Zuordnungsgründe.[314] Auf ein Zeugungsbewusstsein und einen Zeugungswillen kommt es somit nicht an.[315]

4. Relevanz des Kindeswohls

Ein modernes Elternschaftsrecht hat sich im Grundsatz abstrakt-generell an einem als Minimalstandard verstandenen Kindeswohl zu orientieren.[316]

---

[311] Die Zuordnung des die assistierte Reproduktion vornehmenden Arztes ist nicht sinnvoll, er hat kein Interesse die Elternrolle einzunehmen, er wird letztlich auch auf Veranlassung der Wunscheltern tätig, so dass eine Verantwortlichkeit der Wunscheltern näherliegt, vgl. so auch *Wanitzek,* Rechtliche Elternschaft bei medizinisch unterstützter Fortpflanzung, 2002, 428.

[312] *Wanitzek,* Rechtliche Elternschaft bei medizinisch unterstützter Fortpflanzung, 2002, 178 f.

[313] *Coester-Waltjen* in: Ständige Deputation des Deutschen Juristentages (Hrsg.), Verhandlungen des 56. Deutschen Juristentages, 1986, 9, B 25; *Wanitzek,* Rechtliche Elternschaft bei medizinisch unterstützter Fortpflanzung, 2002, 178 f.

[314] Zur Bedeutung von genetischer und biologischer Elternschaft siehe § 1 S. 94 ff.

[315] *Coester-Waltjen* in: Ständige Deputation des Deutschen Juristentages (Hrsg.), Verhandlungen des 56. Deutschen Juristentages, 1986, 9, B 25.

a) Begründung der These

Das Kindeswohl nimmt im Familienrecht und daher auch im Elternschaftsrecht eine herausragende Stellung ein.[317] Es wird beispielsweise gewährleistet in Art. 3 und Art. 18 KRK, es fällt aber auch in den Schutz der EMRK[318] und des Grundgesetzes. Dass das Kindeswohl verfassungsrechtlichen Schutz genießt, ergibt sich letztlich bereits aus der Pflichtenbindung von Elternrecht und staatlichem Wächteramt, Art. 6 II 1, 2 GG.[319] Aber auch Art. 2 I i.V. m. Art. 6 II GG dient letztlich dem Kindeswohl, indem es sicherstellt, dass der Staat die Pflege und Erziehung des Kindes sicherstellt, wenn die genetischen Eltern des Kindes dies nicht tun wollen bzw. können.[320] Da das Kind selbst Rechtssubjekt und damit Grundrechtsträger ist, sind seine Interessen ohnehin zu beachten.[321] Der Schutz des Kindeswohls ist letztlich ein Grundsatz, der sich aus den allgemeinen Rechtsprinzipien herleitet. Er folgt aus den Grundsätzen der Autonomie, des gerechten Interessenausgleichs und dem Schwächerenschutz.[322] Der Schutz des Kindeswohls gehört somit wie diese Grundsätze auch, zum ethischen Minimum, das der Gesetzgeber bei der Gestaltung des Rechts zu beachten hat. Kindeswohlerwägungen haben somit bei der Gestaltung von Zuordnungssystem und Korrekturmechanismen Berücksichtigung zu finden.[323]

b) Schlussfolgerungen mit Blick auf die Zuordnungssystematik

aa) Maximal- vs. Minimalstandard

Das Kindeswohl ist ein facettenreicher Begriff.[324] Es kann als Maximalstandard verstanden werden, der die optimale Förderung des Kindes als Leitlinie

---

[316] Zur Berücksichtigung des Kindes*willens* bereits oben unter Abschnitt C.II.2.b).

[317] Hierzu im Kontext der Elternschaft alleinstehender Frauen durch medizinisch-assistierte Reproduktion bereits eingehend *Reuß*, StAZ 2016, 353; *Reuß*, StAZ 2016, 353.

[318] Beispielhaft *EGMR*, Urt. v. 5.12.2002 – Nr. 28422/95 (*Hoppe/Deutschland*), http://hudoc.echr.coe.int/eng?i=001-139193 (zuletzt geprüft am 08.10.2017) Rn.48.

[319] Vgl. so auch *Jestaedt* in: Deutscher Familiengerichtstag e. V. (Hrsg.), 21. Deutscher Familiengerichtstag vom 21. bis 24. Oktober 2015 in Brühl, 2016, 65, 70 f. Siehe auch *BVerfG*, Urt. v. 19.2.2013 – 1 BvR 3247/09 und 1 BvL 1/11 (*Sukzessivadoption*), NJW 2013, 847 Rn. 41 ff. Siehe dazu auch *Heun* in: Bockenheimer-Lucius/Thorn/Wendehorst (Hrsg.), Umwege zum eigenen Kind, 2008, 49, 55 f.

[320] Siehe eingehend hierzu oben Abschnitt B.I.

[321] Z.B. gebührt ihm Persönlichkeitsrechtsschutz nach Art. 2 I i.V. m. 1 I GG, vgl. Spickhoff, MedR/*Müller-Terpitz*, Art. 6 GG Rn. 12. *Schneider/Diabaté/Lück*, Studie der Konrad Adenauer Stiftung: Familienleitbilder in Deutschland, 2014, 16.

[322] Siehe eingehend § 2 S. 178 ff. Zum Leitbild des Kindes als schutzbedürftige Person *Schneider/Diabaté/Lück*, Studie der Konrad Adenauer Stiftung: Familienleitbilder in Deutschland, 2014, 16; vgl. dazu aus historischer Perspektive *Andresen/Hurrelmann*, Kindheit, 2010, 15 f., 23 ff.

[323] *Wanitzek*, Rechtliche Elternschaft bei medizinisch unterstützter Fortpflanzung, 2002, 25; vgl. auch *Schwenzer*, 71 RabelsZ (2007) 706, 712; *Heiderhoff* in: Schwab/Vaskovics (Hrsg.), Pluralisierung von Elternschaft und Kindschaft, 2011, 273, 279.

setzt. Das Kindeswohl kann aber auch als Minimalstandard begriffen werden, der als Untergrenze schwerwiegende Beeinträchtigungen für das Kind zu verhindern sucht.[325] Es fragt sich daher letztlich, welche Variante im Elternschaftsrecht herangezogen werden sollte. Leitend kann letztlich kein Maximalstandard sein, der darauf bedacht wäre, die rechtliche Elternzuordnung so zu gestalten, dass im Sinne des Wohls des Kindes stets die Zuordnung den Vorzug erhält, die die beste Art und Weise des Aufwachsens für ein Kind verspricht. Wer könnte dies in einer freiheitlich orientierten Gesellschaft mit einer Vielzahl von divergierenden Lebensvorstellungen auch allgemeinverbindlich entscheiden? Leitend muss daher der Minimalstandard sein,[326] d.h. es ist zu hinterfragen, ob es aufgrund der minimalen Schutzgewährgrenze (ethisches Minimum) zur Vermeidung schwerwiegender Eingriffe in das Wohl des Kindes notwendig ist, eine bestimmte Zuordnung zu bewirken bzw. zu unterbinden. Der Gesetzgeber muss somit einen ethischen Mindeststandard sicherstellen. Hierzu gehört es unzweifelhaft, zu verhindern, dass das Kind als Ware begriffen und entgeltlich gehandelt wird.[327] Dazu gehört freilich ferner, dass einem Kind überhaupt fürsorgebereite Eltern zugewiesen werden, vgl. insoweit den Gewährleistungsgehalt des Art. 2 I i.V.m. Art. 6 II 1, 2 GG. Es kann im Elternschaftsrecht aber letztlich nicht darum gehen, aus dem Kreis der in Betracht kommenden Personen diejenigen herauszufiltern, die am besten als Eltern geeignet wären.[328] Es ist vielmehr Sorge dafür zu tragen, dass einem Kind überhaupt fürsorgebereite Personen als Eltern zugewiesen werden, die möglichst lebenslang die elterliche Verantwortung tragen.[329]

---

[324] Im Einzelnen *Coester,* Das Kindeswohl als Rechtsbegriff, 1983, 171, 173 ff. Kritisch zum Pauschaleinwand des Kindeswohls bzw. eines Lebensschutzes des Kindes bei medizinisch-assistierter Reproduktion *Coester-Waltjen* in: Ständige Deputation des Deutschen Juristentages (Hrsg.), Verhandlungen des 56. Deutschen Juristentages, 1986, 9, B 45 f. („Die Gesellschaft ist nicht berufen zu entscheiden, ob Kinder hieran teilhaben werden, um aus einer negativen Antwort ein Recht zur Verhinderung der Zeugung dieser Kinder herzuleiten. Das Kindeswohl ist daher weder als Kriterium für die Sittenwidrigkeit einer Vereinbarung über die Zeugung eines Kindes geeignet, noch kann es rechtspolitisch eingesetzt werden, um de lege ferenda Zeugungen im Rahmen der Befruchtungstechnik zu verbieten oder zu beschränken.").

[325] Deutscher Ethikrat, Embryospende, Embryoadoption und elterliche Verantwortung, 2016, 85 ff. Siehe zum Facettenreichtum und kritisch zum oft einseitigen, objektiv verstandenen Charakter des Kindeswohls *Wiesemann* in: Ach/Lüttenberg/Quante (Hrsg.), wissen.leben.ethik., 2014, 155, 159 ff.

[326] So im Rahmen der Fortpflanzungsmedizin: *Coester-Waltjen* in: Bundesministerium für Gesundheit (Hrsg.), Fortpflanzungsmedizin in Deutschland, 2001, 158, 158; Spickhoff, MedR/*Müller-Terpitz,* Art. 6 GG Rn. 14.

[327] Zum Verbot des Kinderhandels siehe das 2. ZP-KRK, dazu bereits oben Abschnitt B.II.2.

[328] *Heiderhoff* in: Röthel/Heiderhoff (Hrsg.), Regelungsaufgabe Vaterstellung – Was kann, was darf, was will der Staat?, 2014, 9, 17.

[329] Persönliche Leitlinien der Mitglieder des Arbeitskreis Abstammungsrecht des BMJV, Abschlussbericht – Empfehlungen für eine Reform des Abstammungsrechts, 2017, 119 (Heinz Kindler); Persönliche Leitlinien der Mitglieder des Arbeitskreis Ab-

bb) Im Grundsatz abstrakt-generelle Berücksichtigung von Kindeswohlerwägungen

Kindeswohlerwägungen können im Rahmen elternschaftsrechtlicher Zuordnung im Grundsatz nur abstrakt-generell in die Betrachtung einfließen.[330] Dies folgt daraus, dass das Elternschaftsrecht ein bestandsfestes, verlässliches und vorhersehbares Zuordnungssystem schaffen muss, das eine Personenstandszuweisung möglichst frühzeitig vornimmt. Anders würde es seinen Aufgaben als Statusrecht nicht gerecht. Eine konkret-individuelle Betrachtung von Kindeswohlfragen, die je nach Einzelfallsituation darüber entscheiden würde, wer rechtlicher Elternteil des Kindes ist, steht diesen Zwecken diametral entgegen, da sie nicht rechtssicher, nicht vorhersehbar und auch nicht ohne zeitintensive Einzelfallbetrachtung möglich wäre.[331] Darüber hinaus ist zu beachten, dass sich kindeswohlbezogene Erwägungen im Zeitverlauf ändern können. Wer tatsächliche Elternverantwortung im Geburtszeitpunkt trägt, muss diese nicht zwingend im Zeitverlauf weiterhin tragen. Würde jedoch auch im Zeitverlauf eine Berücksichtigung von Veränderungen des Kindeswohls eine Änderung der Elternzuordnung bewirken, wäre damit auch stets eine Veränderung der weitreichenden Folgen der Statuszuordnung verbunden (Unterhaltsrechte, Erbrechte, Staatsangehörigkeit). Die Folgen wären für den Einzelnen nicht mehr absehbar.

Eine abstrakt-generelle Betrachtung des Kindeswohls entspricht bereits jetzt geltendem Recht. Rechtliche Eltern bleiben auch dann rechtliche Eltern des Kindes, wenn sie zur Wahrnehmung tatsächlicher Elternverantwortung vollkommen ungeeignet sind, der Entzug der elterlichen Sorge im Rahmen des § 1666 BGB berührt die rechtliche Elternstellung nicht.[332] Das bedeutet nicht, dass das Kin-

---

stammungsrecht des BMJV, Abschlussbericht – Empfehlungen für eine Reform des Abstammungsrechts, 2017, 122 (Thomas Meysen); ähnlich bereits *Schwenzer,* 71 RabelsZ (2007) 706, 722 f. mit Blick auf die intentionale Elternschaft. *Helms* bezeichnet die Familienzugehörigkeit daher auch als „ein Stück weit Schicksal", vgl. Persönliche Leitlinien der Mitglieder des Arbeitskreis Abstammungsrecht des BMJV, Abschlussbericht – Empfehlungen für eine Reform des Abstammungsrechts, 2017, 114 (Tobias Helms).

[330] Arbeitskreis Abstammungsrecht des BMJV, Abschlussbericht – Empfehlungen für eine Reform des Abstammungsrechts, 2017, 28 f.; vgl. auch *Helms* in: Röthel/Heiderhoff (Hrsg.), Regelungsaufgabe Vaterstellung – Was kann, was darf, was will der Staat?, 2014, 19 ff.; *Helms* in: Ständige Deputation des Deutschen Juristentages (Hrsg.), Rechtliche, biologische und soziale Elternschaft – Herausforderungen durch neue Familienformen, 2016, F 1, F 10; Persönliche Leitlinien der Mitglieder des Arbeitskreis Abstammungsrecht des BMJV, Abschlussbericht – Empfehlungen für eine Reform des Abstammungsrechts, 2017, 114 (Tobias Helms); Persönliche Leitlinien der Mitglieder des Arbeitskreis Abstammungsrecht des BMJV, Abschlussbericht – Empfehlungen für eine Reform des Abstammungsrechts, 2017, 124 (Ute Sacksofsky).

[331] Arbeitskreis Abstammungsrecht des BMJV, Abschlussbericht – Empfehlungen für eine Reform des Abstammungsrechts, 2017, 29.

[332] Vgl. Persönliche Leitlinien der Mitglieder des Arbeitskreis Abstammungsrecht des BMJV, Abschlussbericht – Empfehlungen für eine Reform des Abstammungsrechts, 2017, 114 (Tobias Helms).

deswohl betreffende Veränderungen in der Eltern-Kind-Beziehung im Zeitverlauf rechtlich keine Berücksichtigung fänden. Sie finden Eingang beispielsweise in das Recht der elterlichen Verantwortung und das Umgangsrecht.[333] Das Elternschaftsrecht ist allerdings aus den genannten Gründen für konkret-individuelle Kindeswohlüberlegungen nicht der richtige Ort.[334] Zu Recht ist daher im Recht der Vaterschaftsanfechtung ein Vorschlag für einen generellen Kindeswohlvorbehalt nicht Gesetz geworden.[335]

Bei der Gestaltung der Zuordnungssystematik ist daher mit Blick auf das Kindeswohl abstrakt-generell sicherzustellen, dass dem Kind fürsorgebereite Eltern zugewiesen werden.[336] Auf die Zuordnungsgründe der biologischen, genetischen und sozialen Elternschaft kann hierbei insoweit zurückgegriffen werden, denn: sowohl aus dem genetischen und biologischen Band, als auch aus der erklärten Bereitschaft zur Übernahme von Elternverantwortung kann abstrakt-generell darauf geschlossen werden, dass diese Personen lebenslang Verantwortung für das Kind tragen werden und somit fürsorgebereite Eltern sind.[337]

cc) Konkret-individuelle Beachtung von Kindeswohlerwägungen in Ausnahmefällen?

Blickt man auf Elternschaftsrecht und Adoptionsrecht im Vergleich, so fällt auf, dass im Rahmen der Adoptionsentscheidung, anders als im Elternschaftsrecht, auf konkret-individuelle Kindeswohlerwägungen abgestellt wird. Gem.

---

[333] *Helms* in: Ständige Deputation des Deutschen Juristentages (Hrsg.), Rechtliche, biologische und soziale Elternschaft – Herausforderungen durch neue Familienformen, 2016, F 1, F 10.

[334] Anders mit Blick auf pluralisierte Elternschaft *Plettenberg*, Vater, Vater, Mutter, Kind – Ein Plädoyer für die rechtliche Mehrvaterschaft, 2016, 53, 84 ff.; anders auch *Osthold*, Die rechtliche Behandlung von Elternkonflikten, 2016, 448.

[335] Vgl. zum Vorschlag eines § 1600 V BGB-E durch BT-Drs. 16/6561, 5, 10, 14, der die Anfechtung bei Kindeswohlgefährdung ausgeschlossen hätte. Hierzu eingehend BeckOGK/*Reuß*, § 1598a BGB Rn. 41.1 m.w. N. Eine konkret-individuelle Kindeswohlprüfung bei der Vaterschaftsanfechtung klingt an bei *EGMR*, Beschl. v. 14.1.2016 – Nr. 30955/12 (*Mandet/Frankreich*), http://hudoc.echr.coe.int/eng?i=001-159795 (zuletzt geprüft am 08.10.2017), zu Recht sehr kritisch dazu *Frank*, FamRZ 2016, 530, da die Anfechtung mehr nicht korrigierbar ist, wenn das Kindeswohl u. U. eine andere Entscheidung zu einem späteren Zeitpunkt erfordert, und bei der Abstammungszuordnung ohnehin nicht zu fragen ist, wer für das Kind besser sorgen kann; so auch *Helms* in: Röthel/Heiderhoff (Hrsg.), Regelungsaufgabe Vaterstellung – Was kann, was darf, was will der Staat?, 2014, 19 ff., 23 f.

[336] Persönliche Leitlinien der Mitglieder des Arbeitskreis Abstammungsrecht des BMJV, Abschlussbericht – Empfehlungen für eine Reform des Abstammungsrechts, 2017, 119 (Heinz Kindler); Persönliche Leitlinien der Mitglieder des Arbeitskreis Abstammungsrecht des BMJV, Abschlussbericht – Empfehlungen für eine Reform des Abstammungsrechts, 2017, 122 (Thomas Meysen); ähnlich bereits *Schwenzer*, 71 RabelsZ (2007) 706, 722 f. mit Blick auf die intentionale Elternschaft.

[337] Dazu bereits eingehend oben.

§ 1741 I 1 BGB ist die Minderjährigenadoption daran geknüpft, dass die Adoption dem Wohl des Kindes dient. Im Adoptionsverfahren wird somit überprüft, ob die Annahme eines bestimmten Kindes durch bestimmte Annehmende seinem Wohl konkret entspricht.[338] Berücksichtigt werden dabei umfassend alle Aspekte des Einzelfalls. Elternschaftsrecht und Adoptionsrecht sind somit an unterschiedliche Voraussetzungen geknüpft. Diese Unterscheidung rechtfertigt sich letztlich aus der Funktion beider Regelungskomplexe.[339] Das Elternschaftsrecht ist mit einer originären, d.h. *erstmaligen* Elternzuordnung zum frühestmöglichen Zeitpunkt befasst. Sie wird daher wirksam mit Geburt. Auch die Korrektur der Zuordnung knüpft an diesen Zeitpunkt an und *korrigiert* fehlerhafte Zuordnungen mit „*ex tunc*"-Wirkung. Für die Zuordnungsentscheidung können Kindeswohlerwägungen somit auch nur abstrakt-generell aus der „*ex ante*"-Perspektive berücksichtigt werden, siehe dazu bereits eingehend oben. Die Adoptionsentscheidung bewirkt hingegen keine erstmalige Elternzuordnung oder deren rückwirkende Korrektur. Sie *verändert* vielmehr eine bereits bestehende Zuordnung, indem sie das Kind verantwortungsbereiten Dritten zuordnet.[340] Sie wirkt nicht zurück, sondern *ex nunc,* vgl. § 1752 BGB.[341] Bei einer solchen nachträglichen Veränderung einer bereits nach bestimmten Kriterien erfolgten Elternzuordnung können die zu diesem Zeitpunkt bestehenden Kindeswohlerwägungen konkret-individuell berücksichtigt werden. Die Ausgangssituation beider Regelungskomplexe ist somit eine grundlegend verschiedene.

Nun gibt es aber doch Grenzbereiche, in denen durchaus fraglich sein kann, ob nicht auch bei einer originären Elternzuordnung konkret-individuelle Kindeswohlerwägungen angebracht sind. Dies wäre insbesondere dann berechtigt, wenn es sich um Fallgestaltungen handelt, die faktisch der Adoptionskonstellation entsprechen. Zu denken ist – der Frage der Zulässigkeit im Inland einmal ungeachtet – insbesondere an die Embryonenspende[342] und die Leihmutterschaft.[343] Bei der Embryonenspende, die auch gelegentlich Embryonenadoption genannt wird, sind die empfangenden Wunscheltern nicht mit dem Kind genetisch verwandt. Auch bei der Adoption ist dies typischerweise der Fall. Dem Wesen einer Adoption ist die Embryonenspende dennoch nicht vergleichbar. Anders als bei der Adoption besteht bei der Embryonenspende keine Erstzuordnung, die verän-

---

[338] *Gernhuber/Coester-Waltjen,* Familienrecht, 2010, 897 f. Rn. 98.

[339] Vgl. ähnlich Arbeitskreis Abstammungsrecht des BMJV, Abschlussbericht – Empfehlungen für eine Reform des Abstammungsrechts, 2017, 23.

[340] *Gernhuber/Coester-Waltjen,* Familienrecht, 2010, 869 f.

[341] MüKoBGB/*Wellenhofer,* § 1589 Rn. 11.

[342] Dazu Deutscher Ethikrat, Embryospende, Embryoadoption und elterliche Verantwortung, 2016, 92 ff.; Arbeitskreis Abstammungsrecht des BMJV, Abschlussbericht – Empfehlungen für eine Reform des Abstammungsrechts, 2017, 73.

[343] Für eine konkret-individuelle Kindeswohlprüfung *Lederer,* Grenzenloser Kinderwunsch – Leihmutterschaft im nationalen, europäischen und globalen rechtlichen Spannungsfeld, 2016, 232 (inkl. Eignungsprüfung der Wunscheltern).

dert würde. Es geht vielmehr um die Erstzuordnung der Wunscheltern.[344] Ferner ist bei einer Embryonenspende in jedem Fall die biologische Elternschaft der Wunschmutter gegeben, da sie den gespendeten Embryo austrägt und das Kind zur Welt bringt. Aufgrund der Gleichwertigkeit der Elternschaftssegmente rechtfertigt alleine die biologische Elternschaft die Zuordnung der rechtlichen Elternposition. Eine weitergehende Kindeswohlprüfung ist damit genauso wenig angebracht wie bei der einfachen heterologen Gametenspende.[345]

Bei der Leihmutterschaft ist zu unterscheiden:[346] Der Adoption ähnelt die Leihmutterschaft in der Regel deshalb, weil rechtlicher Elternteil des Kindes zumindest in den meisten Rechtsordnungen zunächst die Geburtsmutter (Leihmutter) wird. Erst im Nachgang zu dieser Zuordnung wird die rechtliche Elternschaft auf die Wunscheltern übertragen. Es handelt sich daher um eine Veränderung der Erstzuordnung. Ist einer der Wunscheltern mit dem Kind genetisch verwandt, ist eine konkret-individuelle Kindeswohlprüfung dennoch nicht gerechtfertigt.[347] Die genetische Verwandtschaft reicht aufgrund der Gleichwertigkeit der einzelnen Elternschaftssegmente an sich als Zuordnungsgrund aus, um die rechtliche Eltern-Kind-Zuordnung zu rechtfertigen, so dass auch hier konkret-individuelle Kindeswohlerwägungen keine Rolle spielen dürfen.[348] Ist hingegen keiner der Wunscheltern mit dem Kind genetisch verwandt, ist die Konstellation der Leihmutterschaft der Adoption durchaus vergleichbar.[349] Konkret-individuelle Kindeswohlerwägungen erscheinen schon deshalb angebracht, da sich sonst die Gewährleistungen des Adoptionsrechts einfach umgehen ließen.[350] Dagegen lässt sich nicht einwenden, dass auch bei der Embryonenspende genetisch mit dem Kind nicht verwandte Wunscheltern ohne Kindeswohlprüfung zugeordnet wür-

---

[344] Ähnlich Arbeitskreis Abstammungsrecht des BMJV, Abschlussbericht – Empfehlungen für eine Reform des Abstammungsrechts, 2017, 35.

[345] Wie hier Arbeitskreis Abstammungsrecht des BMJV, Abschlussbericht – Empfehlungen für eine Reform des Abstammungsrechts, 2017, 73. Vgl. Deutscher Ethikrat, Embryospende, Embryoadoption und elterliche Verantwortung, 2016, 106 (bei Auswahl der Empfänger sollen Kindeswohlerwägungen eine Rolle spielen was durchaus sinnvoll erscheint, aber im Fortpflanzungsmedizinrecht geregelt werden sollte).

[346] A. A. stets Kindeswohlprüfung *Lederer*, Grenzenloser Kinderwunsch – Leihmutterschaft im nationalen, europäischen und globalen rechtlichen Spannungsfeld, 2016, 232.

[347] A. A. *Thomale*, Mietmutterschaft, 2015, 14 ff.

[348] A. A. *Lederer*, Grenzenloser Kinderwunsch – Leihmutterschaft im nationalen, europäischen und globalen rechtlichen Spannungsfeld, 2016, 232.

[349] Zur Abgrenzung von Adoption und Leihmutterschaft siehe auch *Bertschi*, Leihmutterschaft – Theorie, Praxis und rechtliche Perspektiven in der Schweiz, den USA und Indien, 2014, 9 f.

[350] *Rauscher*, JR 2016, 97, 104 (mit Blick auf den nicht genetisch verwandten Elternteil). Vgl. zur Umgehungsproblematik auch *Schweizer Bundesgericht*, Urt. v. 14.9.2015 – 5A 443/2014, StAZ 2016, 179. Adoptionsverfahren andenkend etwa *Helms*, StAZ 2016, 185, 186. Bei der Leihmutterschaft wegen einer Umgehung des Adoptionsrechts generell für die Adoption etwa *Thomale*, Mietmutterschaft, 2015, 16.

den. Dort besteht aber anders als bei dem Fall der Leihmutterschaft eine biologische Verbindung der Mutter zum Kind. Leihmutterschaftskonstellationen mit und ohne genetische Verbindung der Wuscheltern zum Kind, können daher durchaus unterschiedlich behandelt werden.

5. Unerheblichkeit von Geschlecht und sexueller Orientierung der Eltern

Im Rahmen eines modernen Elternschaftsrechts sollten für die Zuordnung und Korrektur der rechtlichen Elternschaft die sexuelle Orientierung und das Geschlecht der Eltern unerheblich sein.

a) Begründung der These

aa) Sexuelle Orientierung

In der in § 1 erfolgten Analyse der Familienformen hat sich gezeigt, dass heute immer häufiger Kinder in gleichgeschlechtlichen Familien aufwachsen.[351] Dabei entstehen gleichgeschlechtliche Familien zwar zu einem großen Anteil durch das Zerbrechen früherer verschiedengeschlechtlicher Familien und die anschließende Bildung einer gleichgeschlechtlichen Folgefamilie. Sie stellen somit Stieffamilien dar, in denen das Kind in der Regel bereits zwei rechtliche Elternteile hat. Ein ebenso großer Anteil gleichgeschlechtlicher Familien entsteht aber geplant, z.B. durch medizinisch-assistierte Zeugung oder durch Vereinbarung mit einem privaten Samenspender.[352] Hier stellen sich Fragen der originären Elternzuordnung ganz konkret. Die Zahlen von Kindern in gleichgeschlechtlichen Paarbeziehungen steigen stetig, angesichts der Ergebnisse von Untersuchungen zum Kinderwunsch homosexueller Paare, ist von einem weiteren Anstieg auszugehen.[353] Gleichgeschlechtliche Elternschaft ist in Deutschland daher eine gelebte Realität.[354] Auch

---

[351] 2008 lebten laut Mikrozensus ca. 7.200 Kinder in gleichgeschlechtlichen Lebensgemeinschaften, wobei die soziologische Forschung die genaue Zahl (um eine geschätzte Dunkelziffer bereinigt) bei etwa 18.000 Kindern ansetzt *Eggen/Rupp* in: Rupp (Hrsg.), Partnerschaft und Elternschaft bei gleichgeschlechtlichen Paaren, 2011, 23, 27 f. Siehe eingehend § 1 S. 57 ff.

[352] Siehe eingehend § 1 S. 57 ff.

[353] *Rose/Marquette* in: Rupp (Hrsg.), Partnerschaft und Elternschaft bei gleichgeschlechtlichen Paaren, 2011, 54, 56 (über 50% der befragten Personen im Alter von unter 25 Jahren einer in Italien durchgeführten Studie wünschten sich Kinder). Von starkem Kinderwunsch ausgehend auch *Dethloff* in: Ackermann/Köndgen (Hrsg.), Privat- und Wirtschaftsrecht in Europa, 2015, 51 ff. m.w.N.; Persönliche Leitlinien der Mitglieder des Arbeitskreis Abstammungsrecht des BMJV, Abschlussbericht – Empfehlungen für eine Reform des Abstammungsrechts, 2017, 119 (Heinz Kindler); vgl. auch die Medienberichte *Lode,* Geboren unter dem Regenbogen, Süddeutsche Zeitung, 3.5.2017, R2; *Wittmann,* Lenjas Welt, Süddeutsche Zeitung, 14./15.10.2017, 13 ff.

[354] *Beck-Gernsheim,* Was kommt nach der Familie?, 2010, 18–21; *Eggen/Rupp* in: Rupp (Hrsg.), Partnerschaft und Elternschaft bei gleichgeschlechtlichen Paaren, 2011, 23, 27; *Helms* in: Ständige Deputation des Deutschen Juristentages (Hrsg.), Rechtliche,

der in § 1 genommene Blick auf die Familienleitbilder in Deutschland hat gezeigt, dass nach den ganz überwiegenden Vorstellungen der in Deutschland lebenden Personen die sexuelle Orientierung für die Einordnung als Familie keine
entscheidende Rolle mehr spielt,[355] auch wenn gleichgeschlechtliche Eltern noch
mit Stigmatisierung zu kämpfen haben.[356] Familie und Elternschaft sind somit
unabhängig von der sexuellen Orientierung der Eltern. An dieser Lebenswirklichkeit sollte sich auch ein modernes Elternschaftsrecht orientieren.[357] Dies gilt
umso mehr, als ein modernes Elternschaftsrecht von der Gleichwertigkeit genetischer, biologischer und sozialer Elternschaft ausgehen sollte (dazu oben 1.) und
somit in der Bereitschaft zur Übernahme der Elternverantwortung durch den nur
sozialen Elternteil unabhängig von dessen Geschlecht oder sexueller Orientierung ein gleichwertiger Zuordnungsgrund für die rechtliche Elternschaft zu
sehen ist.

Kindeswohlgesichtspunkte stehen der Ermöglichung gleichgeschlechtlicher Elternschaft letztlich nicht entgegen. Insbesondere früher artikulierte Bedenken gegen die Elternschaft gleichgeschlechtlicher Paare, wie das Fehlen von Rollen-
vorbildern,[358] nachteilige Auswirkung auf die Kindesentwicklung, u. a. durch das
behauptete Fehlen einer Fähigkeit homosexueller Paare, langfristige Bindungen
einzugehen, o. ä.,[359] sind heute wissenschaftlich widerlegt.[360] Eine umfassende

---

biologische und soziale Elternschaft – Herausforderungen durch neue Familienformen,
2016, F 1, F 30.

[355] *Gründler/Dorbitz/Lück u. a.,* Studie des BiB: Familienleitbilder – Vorstellungen.
Meinungen. Erwartungen., 2013, 10; vgl. etwa auch die nicht representative Befragung
von *Steffens/Jonas* in: Rupp (Hrsg.), Partnerschaft und Elternschaft bei gleichgeschlechtlichen Paaren, 2011, 205 ff.

[356] *Lode,* Geboren unter dem Regenbogen, Süddeutsche Zeitung, 3.5.2017, R2.

[357] Arbeitskreis Abstammungsrecht des BMJV, Abschlussbericht – Empfehlungen für
eine Reform des Abstammungsrechts, 2017, 68 ff.; Persönliche Leitlinien der Mitglieder des Arbeitskreis Abstammungsrecht des BMJV, Abschlussbericht – Empfehlungen
für eine Reform des Abstammungsrechts, 2017, 124 (Ute Sacksofsky); *Helms* in: Ständige Deputation des Deutschen Juristentages (Hrsg.), Rechtliche, biologische und soziale Elternschaft – Herausforderungen durch neue Familienformen, 2016, F 1, F 28 ff.;
MüKoBGB/*Wellenhofer,* § 1591 Rn. 10; offen lassend *Britz,* StAZ 2016, 8, 11.

[358] Eine Vorstellung, die sich bis heute hält, vgl. etwa die Aussage des Psychiaters
Karl Heinz Brisch in *Bartens,* Stark fürs Leben, Süddeutsche Zeitung, 24.11.2016, 1;
siehe etwa auch *Eichinger* in: Maio/Eichinger/Bozzaro (Hrsg.), Kinderwunsch und Reproduktionsmedizin, 2013, 65, 75 f.; weitere Nachweise dazu bei *Bergold/Rupp* in:
Rupp (Hrsg.), Partnerschaft und Elternschaft bei gleichgeschlechtlichen Paaren, 2011,
119, 122.

[359] Vgl. Nachweise bei *Maier* in: Rupp (Hrsg.), Partnerschaft und Elternschaft bei
gleichgeschlechtlichen Paaren, 2011, 167, 168; *Bergold/Rupp* in: Rupp (Hrsg.), Partnerschaft und Elternschaft bei gleichgeschlechtlichen Paaren, 2011, 119, 122.

[360] *Farr/Patterson,* 84 Child Development (2013) 1226; *Golombok,* Modern families,
2015, 198 f.; *Helms* in: Ständige Deputation des Deutschen Juristentages (Hrsg.),
Rechtliche, biologische und soziale Elternschaft – Herausforderungen durch neue Familienformen, 2016, F 1, F 29; *Rose/Marquette* in: Rupp (Hrsg.), Partnerschaft und Eltern-

Studienlage zu Lebensverläufen in gleichgeschlechtlichen Familien und der Entwicklung von in solchen Familien lebenden Kindern weist nach, dass gegenüber verschiedengeschlechtlichen Paarbeziehungen keinerlei Nachteile für Kinder zu erwarten sind.[361] Nicht das Geschlecht oder die sexuelle Orientierung der Eltern stellt den entscheidenden Faktor für die Kindesentwicklung dar, sondern vielmehr mit wie viel Liebe und Zuneigung die Eltern dem Kind begegnen.[362] Das gilt gleichsam für gleichgeschlechtliche Stieffamilien und für geplante gleichgeschlechtliche Familien.[363] Das Kindeswohl kann daher nicht mehr gegen die Zulassung gleichgeschlechtlicher Elternschaft ins Feld geführt werden.[364]

Das derzeitige deutsche Recht ermöglicht gleichgeschlechtlichen Paaren eine gemeinsame rechtliche Elternschaft nur in begrenztem Umfang.[365] Seit Verabschiedung des Gesetzes zur Einführung der Eheschließung für Personen gleichen Geschlechts[366] ist gleichgeschlechtlichen Ehegatten (nicht Lebenspartnern!) nun die gemeinschaftliche Adoption eines Kindes möglich.[367] Eine automatische gemeinschaftliche Mutterschaft gleichgeschlechtlicher Ehegattinnen wird darüber allerdings nicht ermöglicht, da § 1592 BGB von „Mann" spricht.[368] Auch eine

---

schaft bei gleichgeschlechtlichen Paaren, 2011, 54, 55 (zur Stabilität homosexueller Beziehungen).

[361] *Walper/Wendt* in: Schwab/Vaskovics (Hrsg.), Pluralisierung von Elternschaft und Kindschaft, 2011, 211, 223 (keine Verhaltensauffälligkeiten feststellbar); ebenso *Farr/Patterson*, 84 Child Development (2013) 1226, 1235 ff.; *Golombok/Badger*, 25 Human Reproduction (2010) 150 ff.

[362] *Farr/Patterson*, 84 Child Development (2013) 1226, 1235 ff.; *Golombok*, Modern families, 2015, 198 f.; *Herek* in: Rupp (Hrsg.), Partnerschaft und Elternschaft bei gleichgeschlechtlichen Paaren, 2011, 11, 14 m.w.N. Vgl. hierzu auch die Berichte der betroffenen Kinder bei *Lode*, Leben mit Mama und Mami, Süddeutsche Zeitung, 3.5.2017, R2 und *Lode*, Leben mit drei Eltern, Süddeutsche Zeitung, 3.5.2017, R2.

[363] *Walper/Wendt* in: Schwab/Vaskovics (Hrsg.), Pluralisierung von Elternschaft und Kindschaft, 2011, 211, 223 (keine Verhaltensauffälligkeiten feststellbar).

[364] *Britz*, StAZ 2016, 8, 12.

[365] Monographisch zur Thematik *Favier*, Die gemeinsame rechtliche Elternschaft von eingetragenen Lebenspartnern durch die Annahme eines Kindes, 2014; vgl. auch *Campbell*, NZFam 2016, 296; vgl. auch *Löhnig/Runge-Rannow*, FamRZ 2018, 10.

[366] V. 20.7.2017, BGBl. I 2017, 2787 (sog. „Ehe für alle"). Kritisch zur handwerklichen Umsetzung *Schwab*, FamRZ 2017, 1284, 1285 ff.; *Schmidt*, NJW 2017, 2225. Das Gesetz sogar für verfassungswidrig haltend *Schmidt*, NJW 2017, 2225, 2228; a.A. allerdings *Meyer*, FamRZ 2017, 1281; vgl. bereits *Dethloff*, FamRZ 2016, 351.

[367] *Hammer*, FamRZ 2017, 1236. Gefordert zuvor auch bei *Helms* in: Ständige Deputation des Deutschen Juristentages (Hrsg.), Rechtliche, biologische und soziale Elternschaft – Herausforderungen durch neue Familienformen, 2016, F 1, F 32; dafür auch Beschlüsse des 71. Deutschen Juristentags 2016, B.I.9., vgl. http://www.djt.de/file admin/downloads/71/Beschluesse_gesamt.pdf (zuletzt geprüft am 17.8.2017); monographisch zur Thematik etwa *Favier*, Die gemeinsame rechtliche Elternschaft von eingetragenen Lebenspartnern durch die Annahme eines Kindes, 2014.

[368] *Hammer*, FamRZ 2017, 1236; DNotI-Report 2018, 19; *Helms*, StAZ 2018, 33, 34. A.A., da analoge Anwendung *Löhnig*, NZFam 2017, 643; *Binder/Kiehnle*, NZFam 2017, 742; i.E. so auch *Engelhardt*, NZFam 2017, 1042, die zu einer direkten Anwen-

Anerkennung der Elternschaft durch die Partnerin der Geburtsmutter ist nach ganz herrschender Ansicht nicht möglich.[369] Die Durchführung eines Adoptionsverfahrens ist als zeit- und kostenintensives,[370] mit staatlicher Intervention in die Familie einhergehendes Verfahren (Kindeswohlprüfung!) allerdings nicht in jeder Situation die angemessene Lösung, dem Familiengründungsinteresse gleichgeschlechtlicher Paare zu entsprechen.[371] Dies gilt insbesondere dann, wenn die Partner die genetischen und biologischen Eltern des Kindes sind. Dass dies der Fall ist, ist nicht unwahrscheinlich, denn über eine im Ausland durchgeführte, unter lesbischen Paaren nicht selten praktizierte reziproke Eizellenspende[372] kann ein genetisches bzw. biologisches Band zu den Partnerinnen hergestellt werden. Aber auch wenn nur eine Partnerin mit dem Kind ein genetisches und/oder biologisches Band aufweist, besteht ein Interesse der Partnerin an einer schnellen und unkomplizierten Elternschaftszuordnung der Partnerin der Geburtsmutter, um möglichst schnell Rechtssicherheit über die Statuszuordnung zu bewirken.[373] Ein entsprechendes Interesse, die faktische Elternsituation rechtlich abzusichern, hat letztlich auch das Kind.[374] Bei verschiedengeschlechtlichen Paaren ist entsprechendes ohne Adoptionsverfahren und ohne Kindeswohlprüfung möglich, auch wenn kein genetisches Band des Partners der Geburtsmutter zum Kind besteht. Unter Gleichbehandlungsgesichtspunkten (Art. 3 GG) gebietet es sich daher eine Elternschaftszuordnung unabhängig von der sexuellen Orientierung der Eltern einzuführen.[375] Je nach Regelungskonstellation wird dabei zu hinterfragen

---

dung im Wege der Auslegung kommen möchte, was den nicht auslegungsbedürftigen Wortlaut des Gesetzes überdehnt.

[369] *Gernhuber/Coester-Waltjen,* Familienrecht, 2010, 590; Palandt/*Brudermüller,* § 1592 Rn. 3; NK-BGB/*Gutzeit,* § 1591 Rn. 5; *Hammer,* FamRZ 2017, 1236.

[370] *Rupp, Staatsinstitut für Familienforschung an der Universität Bamberg (ifb),* Die Lebenssituation von Kindern in gleichgeschlechtlichen Lebenspartnerschaften, 2009, 94 (im Schnitt 2-jährige Dauer des Verfahrens).

[371] MüKoBGB/*Wellenhofer,* § 1591 Rn. 10.

[372] *Dethloff* in: Hilbig-Lugani/Jakob/Mäsch u. a. (Hrsg.), Zwischenbilanz, 2015, 41.

[373] Vgl. zu den Motiven gleichgeschlechtlicher Paare für eine Adoption insbesondere *Rupp, Staatsinstitut für Familienforschung an der Universität Bamberg (ifb),* Die Lebenssituation von Kindern in gleichgeschlechtlichen Lebenspartnerschaften, 2009, 93 (überwiegend war das Motiv für eine Stiefkindadoption, gleichwertige rechtliche Elternschaftsverhältnisse zu erzeugen, d.h. den nicht leiblichen Elternteil als rechtlichen Elternteil zu etablieren, da die Partnerinnen sich das Kind gemeinsam gewünscht hatten (85%) und auch gemeinsam das Sorgerecht (84%) ausüben wollten. 78% nannten darüber hinaus die aus der rechtlichen Absicherung folgende Anerkennung als Familie als Grund).

[374] *Dethloff* in: Rupp (Hrsg.), Partnerschaft und Elternschaft bei gleichgeschlechtlichen Paaren, 2011, 41, 50; *Schwab* in: Schwab/Vaskovics (Hrsg.), Pluralisierung von Elternschaft und Kindschaft, 2011, 41, 53.

[375] *Dethloff/Timmermann,* Gleichgeschlechtliche Paare und Familiengründung durch Reproduktionsmedizin – Gutachten im Auftrag der Friedrich Ebert Stiftung, 2016, 28 ff.; *Dethloff* in: Röthel/Heiderhoff (Hrsg.), Regelungsaufgabe Mutterstellung – Was

sein, wie die Elternzuordnung konkret auszugestalten ist, und ob Personen, die Elternschaftssegmente verwirklichen, aber nicht als rechtliche Eltern zugeordnet sind, ggf. Korrekturinstrumente an die Hand zu geben sind, um in die rechtliche Elternposition einrücken zu können. Die verfassungs- und menschenrechtliche Ausgangslage, dazu s. o., wird hierbei leitend sein. Mit Blick auf gleichgeschlechtliche männliche Paare ergibt sich die Besonderheit, dass sie ihr gemeinschaftliches Familiengründungs- und Fortpflanzungsinteresse von der Adoption abgesehen nur über die Einschaltung einer Leihmutter verwirklichen können. Die Elternschaft gleichgeschlechtlicher männlicher und gleichgeschlechtlicher weiblicher Paare ist daher nicht vollständig vergleichbar. Es handelt sich um einen Sonderfall. Auch hier ist jedoch eingehend zu analysieren, ob entsprechende Regelungen zu schaffen sind, die die Durchführung von Leihmutterschaften im Inland ermöglichen.[376]

Blickt man in das europäische Ausland, so zeigt sich, dass bereits einige Staaten eine Elternschaft gleichgeschlechtlicher weiblicher Paare jenseits der Adoption ermöglichen.[377] Entsprechende Regelungen bestehen beispielsweise in Österreich,[378] den Niederlanden,[379] Dänemark,[380] Spanien,[381] Schweden,[382] Nor-

---

kann, was darf, was will der Staat?, 2016, 19, 23 ff.; *Heiderhoff,* NJW 2016, 2629; Arbeitskreis Abstammungsrecht des BMJV, Abschlussbericht – Empfehlungen für eine Reform des Abstammungsrechts, 2017, 68 ff.; Persönliche Leitlinien der Mitglieder des Arbeitskreis Abstammungsrecht des BMJV, Abschlussbericht – Empfehlungen für eine Reform des Abstammungsrechts, 2017, 124 (Ute Sacksofsky); *Sanders,* Mehrelternschaft, 2017 (im Erscheinen), Teil 5 III.1.a.bb.; *Helms* in: Ständige Deputation des Deutschen Juristentages (Hrsg.), Rechtliche, biologische und soziale Elternschaft – Herausforderungen durch neue Familienformen, 2016, F 1, F28 ff.; MüKoBGB/*Wellenhofer,* § 1591 Rn. 10; so auch Beschlüsse des 71. Deutschen Juristentags 2016, B.II.10., vgl. http://www.djt.de/fileadmin/downloads/71/Beschluesse_gesamt.pdf (zuletzt geprüft am 17.8.2017); aus US-amerikanischer Perspektive so ebenfalls *Nejaime,* 126 Yale LJ (2017) 2263, 2332 ff.; *Willekens,* RdJB 2016, 130, 133; offen lassend *Britz,* StAZ 2016, 8, 11. Zu einer entsprechenden Argumentation des BVerfG im Rahmen der Sukzessivadoption gleichgeschlechtlicher Lebenspartner und verschiedengeschlechtlicher Ehegatten *BVerfG,* Urt. v. 19.2.2013 – 1 BvR 3247/09 und 1 BvL 1/11 (*Sukzessivadoption*), NJW 2013, 847.

[376] Dazu siehe unten § 4, D.

[377] Dazu bereits *Reuß,* FamPra.ch 2015, 858; *Dethloff* in: Rupp (Hrsg.), Partnerschaft und Elternschaft bei gleichgeschlechtlichen Paaren, 2011, 41, 43 ff. Zu Schwierigkeiten bei der Beurkundung von Co-Mutterschaften Fachausschus des Bunds der Standesbeamten, StAZ 2015, 24 (Geburtsurkunde weist Co-Mutter als Elternteil aus, Register bezeichnet sie als Vater). Zur Entwicklung in weiteren Rechtsordnungen *Müller-Götzmann,* Artifizielle Reproduktion und gleichgeschlechtliche Elternschaft, 2009, 175 ff. Aus rechtsvergleichendem Blick zu Dänemark und den Niederlanden *Jeppesen de Boer/Kronborg,* 17 European Journal of Law Reform (2015) 232. Zur Realisierung des Kinderwunschs gleichgeschlechtliche Paare in Frankreich siehe *Monéger* in: Boele-Woelki/Dethloff/Gephart (Hrsg.), Family Law and Culture in Europe, 2014, 175 ff. Vgl. monographisch *Weber,* Gleichgeschlechtliche Elternschaft im Internationalen Privatrecht, 2017, 29 ff.

[378] Eingeführt durch das Fortpflanzungsmedizinrechts-Änderungsgesetz 2015 – FMedRÄG 2015; BGBl. I Nr. 35/2015.

wegen[383] oder Belgien.[384] Die Regelungskomplexe differieren im Detail stark.[385] Insbesondere die Fallkonstellationen, in denen sie die gleichgeschlechtliche Elternschaft weiblicher Paare ermöglichen (z. B. Beschränkung auf medizinisch-assistierte Reproduktion) und die Voraussetzungen, die jeweils für die Bewirkung der Zuordnung zu erfüllen sind (z. B. Behandlung in einer lizensierten Klinik), weisen deutliche Unterschiede auf. An ihrer Existenz lässt sich jedoch ablesen, dass international derzeit ein Trend zur Einführung derartiger Regelungen besteht. Vorbilder für eine Regelung sind somit ausreichend vorhanden. Die Einführung von Regelungen zur Ermöglichung der Elternschaft von gleichgeschlechtlichen Paaren (elternschaftsrechtliche Vertikalbeziehung) hat ihren Ursprung letztlich in der gesellschaftlichen Anerkennung gleichgeschlechtlicher Paarbeziehung (partnerschaftliche Horizontalbeziehung).[386] Sie stellt somit den konsequenten Folgeschritt zur Anerkennung der Paarbeziehung dar. Ein modernes Elternschaftsrecht sollte diesen Schritt, der sich in der gelebten Wirklichkeit bereits wiederfindet, somit ebenfalls vollziehen.

Eine von der sexuellen Orientierung unabhängige Zuordnungssystematik gestattet letztlich auch das Verfassungsrecht. Auch wenn das BVerfG in seiner Entscheidung zur Sukzessivadoption gleichgeschlechtlicher Lebenspartner davon ausgegangen ist, dass eine Pflicht zur Ermöglichung gleichgeschlechtlicher Elternschaft zumindest nicht aus der Familiengründungsfreiheit, Art. 6 I GG, der Eltern zu folgern ist, so fällt die gleichgeschlechtliche Elternschaft jedoch unter

---

[379] Eingeführt durch das *Wet van 25 november 2013 tot wijziging von Boek 1 van het Burgerlijk Wetboek in verband met het juridisch ouderschap van de vrouwelijke partner van de moeder anders dan door adoptie,* StBl. 2013, 480, 1 ff.; vgl. dazu eingehend *Reuß,* StAZ 2015, 139; *Jeppesen de Boer/Kronborg,* 17 European Journal of Law Reform (2015) 232.

[380] Eingehend hierzu *Fötschl,* FamRZ 2013, 1445; *Jeppesen de Boer/Kronborg,* 17 European Journal of Law Reform (2015) 232. Zu weiteren nordischen Ländern *Giesen,* StAZ 2015, 193 ff.

[381] Eingeführt durch das Gesetz 14/2006; eingehend dazu *Dethloff* in: Rupp (Hrsg.), Partnerschaft und Elternschaft bei gleichgeschlechtlichen Paaren, 2011, 41, 47.

[382] Eingehend dazu *Dethloff* in: Rupp (Hrsg.), Partnerschaft und Elternschaft bei gleichgeschlechtlichen Paaren, 2011, 41, 46.

[383] Sec. 4a Act of 8 April 1981 No. 7 relating to Children and Parents (the Children Act), abrufbar in englischer Sprache unter https://www.regjeringen.no/en/dokumenter/the-children-act/id448389/ (zuletzt geprüft am 26.5.2017).

[384] Art. 325/1 ff. Code Civil; dazu siehe *Sieberichs,* StAZ 2015, 1; Rieck – Ausländisches Familienrecht/*Heitmüller,* Belgien Rn. 26; *Pintens* in: Dutta/Schwab/Henrich u. a. (Hrsg.), Künstliche Fortpflanzung und Europäisches Familienrecht, 2015, 105 ff.; *Pintens,* FamRZ 2014, 1504 ff.

[385] MüKoBGB/*Wellenhofer,* § 1591 Rn. 30 mit vielen weiteren Nachweisen zu Regelungen in den Fn.

[386] *Dethloff* in: Rupp (Hrsg.), Partnerschaft und Elternschaft bei gleichgeschlechtlichen Paaren, 2011, 41, 42; zur historischen Entwicklung homosexueller Paarbeziehungen und deren Verrechtlichung *Lautmann* in: Rupp (Hrsg.), Partnerschaft und Elternschaft bei gleichgeschlechtlichen Paaren, 2011, 185.

verfassungsrechtlichen Schutz, d. h. im Rahmen des Elternbegriffs des Art. 6 II GG und unter die Gewährleistungen der Fortpflanzungs- und Familiengründungsfreiheit.[387] Einer Öffnung der elternschaftsrechtlichen Zuordnungsmechanismen für gleichgeschlechtliche Paare ist mit dem Grundgesetz daher nicht *per se* unvereinbar, sofern die Zuordnungssystematik die hiervon berührten Interessen in einen gerechten Ausgleich bringt. Aus Gleichbehandlungsgesichtspunkten erscheint sie mit Blick auf gleichgeschlechtliche weibliche Paare sogar geboten.[388]

bb) Geschlecht

Das Geschlecht spielt eine zentrale Rolle in der Persönlichkeitsfindung einer Person. Art. 2 I i.V.m. Art. 1 I GG schützt mit der engeren persönlichen Lebenssphäre daher auch den intimen Sexualbereich des Menschen, der die sexuelle Selbstbestimmung und damit auch das Finden und Erkennen der eigenen geschlechtlichen Identität sowie der eigenen sexuellen Orientierung umfasst.[389] Die Geschlechtszugehörigkeit einer Person bestimmt sich dabei nicht nur durch biologische Faktoren, das sogenannte biologische Geschlecht, sondern auch durch die Geschlechtsidentität, d. h. das Geschlecht, dem sich eine Person zugehörig fühlt.[390] Biologisches Geschlecht und Geschlechtsidentität müssen dabei nicht immer übereinstimmen. Fällt beides auseinander, spricht man von Transsexualität.[391] Entspricht das empfundene Geschlecht nicht dem biologischen, gebieten es die Menschenwürdegarantie und das allgemeine Persönlichkeitsrecht (Art. 1 I i.V.m. Art. 2 I GG), dem Selbstbestimmungsrecht des Betroffenen Rechnung zu tragen und seine selbstempfundene geschlechtliche Identität rechtlich anzuerkennen, um ihm damit zu ermöglichen, entsprechend dem empfundenen Geschlecht leben zu können.[392] Ferner gibt es Fälle, in denen eine Person keinem biologischen Geschlecht eindeutig zugeordnet werden kann, da sie Geschlechtsmerkmale beider Geschlechter besitzt. Ist dies der Fall, spricht man von Intersexualität.[393]

---

[387] *BVerfG*, Urt. v. 19.2.2013 – 1 BvR 3247/09 und 1 BvL 1/11 (*Sukzessivadoption*), NJW 2013, 847; *Britz*, StAZ 2016, 8, 10.

[388] Kritisch zur Rechtslage im Schweizer Recht *Lombard*, FamPra.ch 2017, 725.

[389] *BVerfG*, Beschl. v. 11.10.1978 – 1 BvR 16/72, NJW 1978, 595; *BVerfG*, Beschl. v. 11.1.2011 – 1 BvR 3295/07, NJW 2011, 909, 910; BVerfG, Beschl. v. 10.10.2017 – 1 BvR 2019/16, NJW 2017, 3643 (das Recht umfasst auch die Fälle der Intersexualität).

[390] *BVerfG*, Beschl. v. 11.1.2011 – 1 BvR 3295/07, NJW 2011, 909, 910; vgl. auch die Abgrenzung von Trans- und Intersexualität bei Deutscher Ethikrat, Stellungnahme Intersexualität, BT-Drs. 17/9088, 4.

[391] Siehe etwa *BVerfG*, Beschl. v. 11.10.1978 – 1 BvR 16/72, NJW 1978, 595.

[392] *BVerfG*, Beschl. v. 18.7.2006 – 1 BvL 1/04 u. a., NJW 2007, 900, 902.

[393] Vgl. etwa Deutscher Ethikrat, Stellungnahme Intersexualität, BT-Drs. 17/9088, 4. *Gössl*, NZFam 2016, 1122. Zu einem rechtsvergleichenden Blick siehe *van den Brink/ Reuß/Tighelaar*, 17 European Journal of Law Reform (2015) 282.

Das deutsche Recht geht im Wesentlichen von einer Binarität der Geschlechtstypen aus.[394] Es kennt das männliche und das weibliche Geschlecht.[395] Rechtlich gesehen kann eine Person daher im Grundsatz nur dem einen oder dem anderen Geschlecht zugeordnet sein. Für die beschriebenen Fälle der Transsexualität sieht das deutsche Recht mit den Bestimmungen des Transsexuellengesetzes (TSG)[396] die Möglichkeit vor, unter bestimmten Voraussetzungen die dem biologischen Geschlecht entsprechende rechtliche Geschlechtszuordnung zu ändern und in Übereinstimmung mit der Geschlechtsidentität zu bringen.[397] Intersexualität bildet das deutsche Recht allerdings nur rudimentär ab. Mit Einführung des neuen – und vom BVerfG bereits für verfassungswidrig erklärten und damit unanwendbaren[398] – § 22 III PStG[399] war es zumindest möglich geworden bei nicht klarer Zuordenbarkeit einer Person zum männlichen oder weiblichen Geschlecht den Geschlechtseintrag in der Geburtsurkunde offen zu lassen. Die Regelung erstrebte durch einen expliziten Verzicht auf eine zwingende Geschlechtseintragung verhindern, dass Eltern unter dem Druck der Zuordnungspflicht einer medizinischen Maßnahme zur Geschlechtsdefinition des Kindes zustimmen, wie es vor einigen Jahren Praxis war, da dies schwerwiegende Auswirkungen auf das Wohl des Kindes haben kann.[400] Wurde von dieser Regelung Gebrauch gemacht, war die betreffende Person rechtlich gesehen weder dem männlichen noch dem weiblichen Geschlecht zugeordnet. Eine echte Anerkennung eines dritten Geschlechts war darin zwar nicht zu erkennen,[401] es kam durch diese Regelung aber dazu, dass es im Inland Personen geben konnte, die keinem rechtlichen Geschlechtstypus zugeordnet waren. Zu ähnlichen Ergebnissen kann es in grenz-

---

[394] *BGH,* Beschl. v. 22.6.2016 – XII ZB 52/15, NJW 2016, 2885.

[395] Wie sich an § 22 III PStG zeigt.

[396] Gesetz über die Änderung der Vornamen und die Feststellung der Geschlechtszugehörigkeit in besonderen Fällen v. 10.9.1980, BGBl I 1980, 1654. Zu grenzüberschreitenden Konstellationen siehe die aktuellen Entscheidungen des *BGH,* Beschl. v. 29.11.2017 – XII ZB 346/17, NJW-RR 2018, 133 und *BGH,* Beschl. v. 29.11.2017 – XII ZB 345/15, NJW-RR 2018, 129 m. Anm. *Gössl* FamRZ 2018, 383 und 387.

[397] Zur Verfassungswidrigkeit des Erfordernisses einer dauerhaften Zeugungsunfähigkeit für den rechtlichen Geschlechtswechsel, den § 8 I Nr. 3 TSG vorsah, *BVerfG,* Beschl. v. 11.1.2011 – 1 BvR 3295/07, NJW 2011, 909. Zum Namenseintrag im Personenstandsregister *Croon-Gestefeld,* StAZ 2016, 37.

[398] BVerfG, Beschl. v. 10.10.2017 – 1 BvR 2019/16, NJW 2017, 3643 Rn. 35 ff. (Verstoß gegen das allgemeine Persönlichkeitsrecht Art. 2 I i.V.m. Art. 1 I GG sowie das Diskriminierungsverbot des Art. 3 III 1 GG) m. Anm. Gössl. Zur Entscheidung siehe auch *Märker,* NZFam 2018, 1.

[399] Eingeführt durch das Gesetz zur Änderung personenstandsrechtlicher Vorschriften v. 7.5.2013, BGBl. 2013 I 1122. Hierzu siehe *Helms* in: Götz/Schwenzer/Seelmann u.a. (Hrsg.), Familie – Recht – Ethik, 2014, 301 ff. Zu den Folgefragen der Eintragungsmöglichkeit als „inter/divers" siehe *Dutta/Helms,* StAZ 2017, 98. Siehe eingehend auch *Theilen,* StAZ 2014, 1; vgl. ferner *Gössl,* StAZ 2018, 40.

[400] Siehe die Gesetzesbegründung BT-Drs. 17/12192, 11. Zu entsprechenden Interventionen und den rechtlichen Problemstellungen *Rothärmel,* MedR 2006, 274.

[401] Str., im Einzelnen zur Streitfrage *Gössl,* NZFam 2016, 1122.

überschreitenden Fällen kommen, d.h. dann, wenn eine im Ausland als intersexuell im Personenstandsregister eingetragene Person nach Deutschland kommt.[402] Das BVerfG hat in der Ausgestaltung des § 22 III PStG letztlich einen Verstoß gegen das allgemeine Persönlichkeitsrecht (Art. 2 I i.V.m. Art. 1 I GG) und das Diskriminierungsverbot des Art. 3 III 1 GG erkannt. Personen, die sich dauerhaft weder dem einen noch dem anderen Geschlecht zuordnen lassen, werden in beiden Grundrechten verletzt, wenn das Personenstandsrecht dazu zwingt, das Geschlecht zu registrieren, neben dem männlichen und dem weiblichen Geschlechtseintrag aber keinen weiteren positiven Geschlechtseintrag vorsieht. Der Gesetzgeber, dem das BVerfG eine Frist bis zum 31.12.2018 gesetzt hat, muss das Personenstandsrecht nun verfassungskonform ausgestalten. Nach dem Verständnis des BVerfG bestehen für den Gesetzgeber insoweit mehrere Regelungsoptionen: Er kann entweder ganz von einer Registrierung des Geschlechts absehen (in diesem Fall würde das Geschlecht eine personenstandsrechtlich nicht relevante Größe darstellen, es bestünde somit kein Eingriff in die genannten Grundrechte durch das PStG)[403] bzw. einen dritten, positiven Geschlechtseintrag schaffen. Prinzipiell lassen sich die Erwägungen des BVerfG mutatis mutandis auch auf andere Rechtsbereiche übertragen, so dass sich auch jenseits des Personenstandsrechts die Frage stellt, inwieweit eine binär ausgestaltete Regelung mit dem GG in Einklang steht.

Das deutsche Abstammungsrecht geht selbst von der Geschlechts-Binarität aus, indem es als Mutter die *Frau* ansieht, die das Kind geboren hat und als Vater den *Mann* bestimmt, der mit der Mutter im Zeitpunkt der Geburt verheiratet ist, der die Vaterschaft anerkennt, oder der gerichtlich als Vater festgestellt worden ist, §§ 1591, 1592 Nr. 1–3 BGB. Schwierigkeiten bei der Anwendung dieser Bestimmungen können sich ergeben, wenn beispielsweise ein Frau-zu-Mann Transsexueller ein Kind zur Welt gebracht hat.[404] Fraglich ist, ob diese Person als Vater (rechtliches Geschlecht) oder Mutter (biologisches Geschlecht) anzusehen ist. Die Fälle löst § 11 TSG dahingehend, dass die Eltern-Kind-Beziehung von

---

[402] Hierzu vgl. eingehend *Hepting/Dutta,* Familie und Personenstand, 2015, Rn. IV-227; *Gössl,* StAZ 2013, 301; und *Gössl,* NZFam 2016, 1122 mit Nachweisen zu Ländern, die ein drittes Geschlecht anerkennen; zu einer rechtsvergleichenden Betrachtung siehe auch *van den Brink/Reuß/Tighelaar,* 17 European Journal of Law Reform (2015) 282.

[403] BVerfG, Beschl. v. 10.10.2017 – 1 BvR 2019/16, NJW 2017, 3643 Rn. 46 (ein Anspruch auf personenstandsrechtliche Anerkennung beliebiger Identitätsmerkmale ist aus dem allgemeinen Persönlichkeitsrecht nicht abzuleiten).

[404] *BGH,* Beschl. v. 06.09.2017 – XII ZB 660/14, www.bundesgerichtshof.de (zuletzt geprüft am 25.09.2017); *KG,* Beschl. v. 30.10.2014 – 1 W 48/14, NZFam 2015, 32; darauf hinweisend Arbeitskreis Abstammungsrecht des BMJV, Abschlussbericht – Empfehlungen für eine Reform des Abstammungsrechts, 2017, 73 f. Zur Verfassungswidrigkeit des Erfordernisses einer dauerhaften Zeugungsunfähigkeit für den rechtlichen Geschlechtswechsel, den § 8 I Nr. 3 TSG vorsah, *BVerfG,* Beschl. v. 11.1.2011 – 1 BvR 3295/07, NJW 2011, 909.

der Geschlechtszuordnung unberührt bleibt. Es ist daher das Geburtsgeschlecht entscheidend. Ein Frau-zu-Mann Transsexueller, der vor dem Geschlechtswechsel ein Kind zur Welt gebracht hat, bleibt somit als Mutter anzusehen.[405] Gleiches gilt für den Fall, dass er ein Kind nach dem Geschlechtswechsel zur Welt bringt, auch hierfür ist gem. § 11 TSG das Geburtsgeschlecht entscheidend.[406] Dahinter steht der Gedanke, dass es ein berechtigtes Anliegen darstellt, Kinder ihren biologischen Eltern auch rechtlich so zuzuweisen, dass ihre Abstammung nicht im Widerspruch zu ihrer biologischen Zeugung auf zwei rechtliche Mütter oder Väter zurückgeführt wird.[407]

Problematischer sind demgegenüber Fälle, in denen es sich um intersexuelle Personen handelt. Da diese Personen weder Mann noch Frau im biologischen und rechtlichen Sinne sind, kann eine Subsumtion unter die Tatbestände der §§ 1591, 1592 BGB praktisch nicht erfolgen. Die herrschende Lehre behilft sich im geltenden Abstammungsrecht genauso wie in anderen Bereichen des Familienrechts mit einer analogen Anwendung der Bestimmungen.[408] Bringt eine intersexuelle Person ein Kind zur Welt, ist derzeit folglich § 1591 BGB analog heranzuziehen, für den Fall der Zeugung eines Kindes mit dem Sperma einer intersexuellen Person ist § 1592 BGB analog anzuwenden.

Eine Einpassung trans- und intersexueller Personen über derartige rechtliche Kunstgriffe kann allerdings nur eine Notlösung sein. Das gilt umso mehr vor dem Hintergrund der jüngsten Entscheidung des BVerfG zu § 22 III PStG.[409] Auch der Gesetzgeber hat (bereits vor der Entscheidung des BVerfG) erkannt, dass Handlungsbedarf besteht. In einer Entschließung aus dem Jahr 2017 hat sich

---

[405] Vgl. vice versa für den Fall, dass der Vater nach der Geburt dem weiblichen Geschlecht zugeordnet wird, *BGH,* Beschl. v. 29.11.2017 – XII ZB 459/16, NJW 2018, 471 (bei Zeugung mit kryokonserviertem Samen); *OLG Schleswig,* Beschl. v. 25.8.1989 – 13 UF 119/89 und 13 WF 123/89, FamRZ 1990, 433, 434 (Mann-zu-Frau Transsexuelle).

[406] *OLG Köln,* Beschl. v. 30.11.2009 – 16 Wx 94/09, NJW 2010, 1295 (zur Vaterschaftsanerkennung durch eine Mann-zu-Frau Transsexuelle); *BGH,* Beschl. v. 06.09.2017 – XII ZB 660/14, www.bundesgerichtshof.de (zuletzt geprüft am 25.09.2017); *KG,* Beschl. v. 30.10.2014 – 1 W 48/14, NZFam 2015, 32 (zum Fall der Geburt eines Kindes durch eine Frau-zu-Mann Transsexuellen).

[407] *BVerfG,* Beschl. v. 11.1.2011 – 1 BvR 3295/07, NJW 2011, 909, 913 Rn. 72.

[408] *Dethloff,* Familienrecht, 2015, § 10 Rn. 6; MüKoBGB/*Wellenhofer,* § 1591 Rn. 2; *Sieberichs,* FamRZ 2013, 1180, 1182; *Hepting/Dutta,* Familie und Personenstand, 2015 Rn. IV-226 (über funktionale Auslegung der Begrifflichkeiten); BeckOGK/*Reuß,* § 1598a BGB Rn. 91 f. Auch bei der Einführung der sog. „Ehe für alle" wurde die Problematik der Intersexualität nicht berücksichtigt, die Ehe steht nur Personen des gleichen bzw. des verschiedenen Geschlechts offen, was aber, wenn ein Geschlechtseintrag nach § 22 III PStG fehlt? Darauf hinweisend *Schwab,* FamRZ 2017, 1284, 1286. Zur Verfassungswidrigkeit des § 22 III PStG siehe BVerfG, Beschl. v. 10.10.2017 – 1 BvR 2019/16, NJW 2017, 3643 m. Anm. Gössl.

[409] BVerfG, Beschl. v. 10.10.2017 – 1 BvR 2019/16, NJW 2017, 3643, m. Anm. Gössl.

der Bundesrat dafür ausgesprochen das TSG aufzuheben und durch ein Ge-
schlechteridentitätsgesetz zu ersetzen.[410] Ferner hat die Bundesregierung unter
Federführung des Bundesministeriums für Familie, Senioren, Frauen und Jugend
eine umfassende Studie in Auftrag gegeben, die nun mit dem sog. Gutachten Ge-
schlechtervielfalt im Recht vorliegt.[411] Bis entsprechende Regelungen erarbeitet
sind, sollte aber nicht auf die derzeit praktizierte Notlösung der analogen Anwendung des geltenden Rechts zurückgegriffen werden. Bei der Gestaltung eines
modernen Elternschaftsrechts lassen sich Einordnungsprobleme durch eine geschlechtsneutrale Formulierung einfach beseitigen.[412] So kann auch der Situation
angemessen begegnet werden, dass ein Kind von Eltern geboren wird, die keinem
der beiden Geschlechter zugeordnet werden können bzw. das biologische Geschlecht eines Elternteils der Geschlechtsidentität dieses Elternteils nicht entspricht.

b) Schlussfolgerungen mit Blick auf die Zuordnungssystematik

Die Gestaltung einer von der sexuellen Orientierung unabhängigen Zuordnungssystematik verlangt letztlich eine Anwendung der für die Vaterschaftszuordnung geltenden Regelungen auf gleichgeschlechtliche weibliche Paare. § 1592
Nr. 1–3 BGB sollten daher auch auf die weibliche Partnerin der Geburtsmutter
Anwendung finden. Notwendig ist hierfür, die Streichung des Begriffes „Mann",
so dass auch eine Frau als Ehegattin der Geburtsmutter als rechtlicher Elternteil
zugeordnet werden kann, und eine Elternschaftsanerkennung durch weibliche
Personen möglich ist. Darüber hinaus ist in § 1600d I BGB ein weiterer Feststellungsgrund aufzunehmen, der es ermöglicht, auch die in die Zeugung einwilligende Person als rechtlichen Elternteil des Kindes feststellen zu können, denn
auch eine nichteheliche Partnerin der Geburtsmutter, die in die medizinisch-
assistierte Reproduktion einwilligt und damit die Entstehung des Kindes erst veranlasst, sollte an dieser Verantwortlichkeit festgehalten werden (vgl. bereits oben
zum Verantwortlichkeitsprinzip).

---

[410] Entschließung des Bundesrates zur Aufhebung des Transsexuellengesetzes sowie
zur Erarbeitung eines Gesetzes zur Anerkennung der Geschlechtsidentität und zum
Schutz der Selbstbestimmung bei der Geschlechterzuordnung vom 2.6.2017, BR-Drs.
362/17.

[411] Abrufbar unter https://www.bmfsfj.de/blob/114066/7830 f689ccdfead8bbc30439
a0ba32b9/geschlechtervielfalt-im-recht-band-8-data.pdf (zuletzt geprüft am 12.9.2017)
hierzu und zu einer Ergänzung um eine internationalprivatrechtliche Bestimmung des
im Gutachten enthaltenen Gesetzesvorschlags *Gössl*, IPRax 2017, 339.

[412] Ähnlich Arbeitskreis Abstammungsrecht des BMJV, Abschlussbericht – Empfehlungen für eine Reform des Abstammungsrechts, 2017, 74 (Zuordnung der Mutterschaft unabhängig vom rechtlichen Geschlecht); vgl. zur alternativen Verwendung des
Wortes „Elter" für einen Elternteil in der sozialwissenschaftlichen Forschung *Hoffmann-Riem* in: Nave-Herz/Markefka (Hrsg.), Handbuch der Familien- und Jugendforschung, 1989, 389 f.

Eine von der sexuellen Orientierung der Eltern losgelöste Zuordnung der rechtlichen Elternschaft berührt die Interessen verschiedener Personen.[413] Dazu zählen in erster Linie das Kind, die Wunscheltern, aber auch Interessen des genetischen, nicht rechtlichen Vaters sind betroffen. Je nach Einzelfall können diese variieren und unterschiedlich stark ausgestaltet sein. Dies zeigt sich anschaulich mit einem Blick auf den genetischen Vater. Ist er ein klassischer Samenspender, der lediglich sein genetisches Material (gegen die Zahlung eines Geldbetrags) bei einer Samenbank abgibt, will er in aller Regel keine Elternrolle einnehmen oder an der Ausübung der Elternposition partizipieren.[414] Ist er hingegen ein privater Samenspender, der im Wege der Becherspende oder auf dem Weg natürlicher Zeugung zur Entstehung des Kindes beigetragen hat, kann dies anders sein. Ggf. möchte dieser Mann ebenfalls sein Fortpflanzungsinteresse verwirklichen und an der Elternrolle partizipieren.[415] All diese Interessen sind in einen angemessenen Ausgleich zu bringen.

Mit Blick auf die Unabhängigkeit eines modernen Elternschaftsrechts vom Geschlecht der Eltern bedarf es letztlich einer textlichen Anpassung der Zuordnungssystematik. Geschlechtlich determinierte Begrifflichkeiten wie Mann oder Frau, Mutter oder Vater sollten vermieden werden. Sie sind durch den neutralen Begriff der *Person* zu ersetzen. Auch sollte ferner nicht mehr von Mutter- oder Vaterschaft gesprochen werden sondern von *Elternteilen*.[416] Dadurch lassen sich Schwierigkeiten, die sich aus der Geschlechtszuordnung einer Person ergeben, vermeiden.

6. Unbeachtlichkeit der Zeugungsumstände

Für die Zuordnungssystematik eines modernen Elternschaftsrechts sollten die Zeugungsumstände im Grundsatz irrelevant sein.[417]

---

[413] Hierzu bereits eingehend *Reuß*, FamPra.ch 2015, 858, 875 f.

[414] So die eingehenden Studien zur Situation von Gametenspendern, *Jadva/Freeman/Kramer u. a.*, 26 Human Reproduction (2011) 638.

[415] Dies zeigen etwa Fälle in Deutschland, die zur Ausweitung des § 1600 Abs. 1 Nr. 2 BGB auf den privaten Samenspender geführt haben, *BGH*, Urt. v. 15.5.2013 – XII ZR 49/11, NJW 2013, 2589. Eine Fortführung dieser Rechtsprechung findet sich im Bereich der Adoption gem. § 1747 Abs. 1 S. 2 BGB, vgl. *BGH*, Beschl. v. 18.2.2015 – XII ZB 473/13, NJW 2015, 1820 mit kritischer Anm. *Reuß*, FamRZ 2015, 831. Vgl. zur Thematik *Keuter*, NZFam 2017, 873.

[416] Vgl. zur alternativen Verwendung des Wortes „Elter" für einen Elternteil in der sozialwissenschaftlichen Forschung *Hoffmann-Riem* in: Nave-Herz/Markefka (Hrsg.), Handbuch der Familien- und Jugendforschung, 1989, 389 f. Ähnlich: Für eine geschlechtsunabhängige Zuordnung auch Arbeitskreis Abstammungsrecht des BMJV, Abschlussbericht – Empfehlungen für eine Reform des Abstammungsrechts, 2017, wobei die Terminologie nicht einheitlich geschlechtsneutral bleibt vgl. S. 71 (Zuordnung der Person, die mit der Mutter des Kindes im Zeitpunkt der Geburt …).

[417] So bereits *Coester-Waltjen* in: Ständige Deputation des Deutschen Juristentages (Hrsg.), Verhandlungen des 56. Deutschen Juristentages, 1986, 9, B 25.

a) Begründung der These

aa) Gesellschaftliche Ausgangslage

Kinder werden heute auf vielfältige Weise gezeugt. Am häufigsten geschieht dies noch immer auf natürlichem Wege, d.h. durch Geschlechtsverkehr der Eltern. Die Zahl der Kinder, die durch medizinisch-assistierte Reproduktion zur Welt kommen, steigt jedoch stetig an.[418] Nach Schätzungen ist in Deutschland eine große Zahl von Personen ungewollt kinderlos. Die konkreten Zahlen schwanken von 0,4–1,75 Millionen Menschen.[419] Bei 3–9 % dieser Gruppe ergibt sich die ungewollte Kinderlosigkeit aus einer medizinischen Indikation.[420] Andere Ursachen können beispielsweise im Fehlen eines geeigneten Partners liegen. Die Entwicklung neuer medizinischer Möglichkeiten, die Gründe ungewollter Kinderlosigkeit zu überwinden,[421] ermöglicht es heute immer mehr Menschen, sich den Kinderwunsch zu erfüllen. Verlässliche statistische Daten dazu, wie viele Paare in Deutschland die Möglichkeiten medizinisch-assistierter Reproduktion nutzen, und wie viele Kinder jährlich unter Nutzung medizinisch-assistierter Reproduktionsmethoden geboren werden, liegen zwar nicht vor, die *European Society of Human Reproduction and Embryology* (ESHRE), die es sich zum Ziel gesetzt hat, medizinisch-assistierte Reproduktion europaweit zu überwachen, meldet für Deutschland (ohne Daten von allen Reproduktionszentren erhalten zu haben!) im Jahr 2011 bereits 13.757 nach medizinisch-assistierter Reproduktion geborene Kinder.[422] Im Jahr 2012 werden 14.240 geborene Kinder verzeichnet.[423] Gelegentlich in der Fachliteratur lesbare Schätzungen, die von ca. 1.000 Kindern pro Jahr ausgehen,[424] dürften somit deutlich zu gering bemessen sein.

---

[418] Eingehend zu Reproduktionsfamilien bereits § 1 S. 53 ff.

[419] *Lode,* Unerfüllter Kinderwunsch, Süddeutsche Zeitung, 22.12.2016, R2 (1,75 Millionen); *Dethloff,* Familienrecht, 2015, § 10 Rn. 70 (0,4–1,4 Mio. Paare); *Maio* in: Maio/Eichinger/Bozzaro (Hrsg.), Kinderwunsch und Reproduktionsmedizin, 2013, 11; vgl. zur ungewollten Kinderlosigkeit ebenfalls *Voigt,* Abstammungsrecht 2.0, 2015, 6 m.w.N. zu entsprechenden Schätzungen. Zur Kinderlosigkeit in Deutschland allgemein und mit einem Blick auf Europa *Dorbitz/Ruckdeschel* in: Konietzka/Kreyenfeld (Hrsg.), Ein Leben ohne Kinder – Kinderlosigkeit in Deutschland, 2007, 45 ff.

[420] *Dethloff,* Familienrecht, 2015, § 10 Rn. 70.

[421] Zu neuen Entwicklungen siehe etwa § 4 S. 458 ff.

[422] European Society of Human Reproduction and Embryology, 31 Human Reproduction (2016) 233, 239.

[423] European Society of Human Reproduction and Embryology, 31 Human Reproduction (2016) 1638, 1643 (ohne intra-uterine Inseminationen).

[424] Vgl. *Thorn* in: Coester-Waltjen/Lipp/Schumann u.a. (Hrsg.), „Kinderwunschmedizin" – Reformbedarf im Abstammungsrecht?, 2015, 131, 132; *Helms* in: Röthel/Löhnig/Helms (Hrsg.), Ehe, Familie, Abstammung – Blicke in die Zukunft, 2010, 49, 50 (bezogen auf heterologe Samenspenden) m.w.N.; *Brügge/Simon,* DI-Familien fragen nach: was bieten uns deutsche Samenbanken? – Samenbankumfrage 2012, http://www.di-netz.de/wp-content/uploads/2014/03/Samenbank-Umfrage-Webseite.pdf (zuletzt geprüft am 09.02.2017) 1 ff. (deutlich höhere Zahl).

Angesichts der o. g. Zahlen ist mit einem Anstieg der durch medizinisch-assistierte Reproduktion gezeugte Kinder auszugehen.

Wie die Untersuchung in § 1 deutlich herausgestellt hat, können Reproduktionsfamilien in vielen denkbaren Konstellationen entstehen, etwa im homologen oder heterologen System, unter Einbezug einer Samenspende, einer Eizellen- oder Mitochondrienspende, einer Embryonenspende oder sogar im Rahmen einer Leihmutterschaft. Eltern können verschiedenen oder gleichen Geschlechts sein, alleinerziehend oder in einer (verrechtlichten) Paarbeziehung leben. Ferner ist es denkbar, dass die assistierte Zeugung mit bzw. ohne Mitwirkung eines Arztes erfolgt, beispielsweise im Wege der Selbstinsemination. Auch die Vermittlung von privaten Spendern mag unterschiedlich erfolgen. Dabei können diese aus dem Bekanntenkreis stammen, es gibt allerdings, wie die Zahl der Internetangebote deutlich zeigt, einen großen Markt für private Samenspenden über das Internet.[425]

bb) Zugang zu und Zulässigkeit von medizinisch-assistierter Reproduktion – insbesondere Reproduktionstourismus

Nicht jede Reproduktionsmethode ist in Deutschland zulässig, und nicht für jede Person mit Kinderwunsch ermöglicht das deutsche Recht Zugang zu medizinisch-assistierter Reproduktion.[426] Das bedeutet jedoch nicht, dass nicht auch in Deutschland lebende Menschen mit Kinderwunsch entsprechende Angebote wahrnehmen würden. Bereits die in Europa bestehenden Unterschiede der Rechtsordnungen im Bereich der Reproduktionsmedizin fördern einen regen Reproduktionstourismus.[427] Reproduktionszentren in Dänemark,[428] Spanien[429] oder den Niederlanden[430] werben sogar aktiv mit Webseiten in deutscher Sprache. Konkrete Zahlen, wie viele Personen Angebote aus dem Ausland in Anspruch nehmen, liegen freilich nicht vor, die Existenz kommerzieller Angebote zeigt je-

---

[425] *Thorn/Wischmann,* Journal f. Reproduktionsmedizinische Endokrinologie 2008, 39, 42. Hierzu eingehend *Reuß,* StAZ 2016, 353 m.w.N.

[426] Zum Zugang gleichgeschlechtlicher weiblicher Paare vgl. *Reuß,* FamPra.ch 2015, 858 (rechtsvergleichend), zum Zugang alleinstehender Personen vgl. *Reuß,* StAZ 2016, 353. Zu ethischen Fragestellungen mit Blick auf das reproduktive Klonen und die Keimbahnveränderung *Beier/Wiesemann,* 58 DZPhil (2010) 855.

[427] *Thorn/Wischmann,* Journal f. Reproduktionsmedizinische Endokrinologie 2008, 39, 42; kritisch deshalb zur Haltung des deutschen Gesetzgebers *Gassner/Kersten/Krüger u. a.,* Fortpflanzungsmedizingesetz, 2013, 21. Vgl. eingehend auch *Knoll* in: Bockenheimer-Lucius/Thorn/Wendehorst (Hrsg.), Umwege zum eigenen Kind, 2008, 63. Eingehend dazu und zu den damit verbundenen Gefahren *Reuß,* StAZ 2016, 353. Zu einem rechtsvergleichenden Blick auf die Regulierung medizinisch-assistierter Reproduktion siehe *Pennings/Klitzman/Zegers-Hochschild* in: Golombok/Scott/Appleby u.a. (Hrsg.), Regulating reproductive donation, 2016, 39.

[428] Beispielhaft: https://vitanova.dk/de/werte/.

[429] Beispielhaft: https://www.klinikeugin.de/alleinerziehende-mutter/.

[430] Beispielhaft: http://www.nijgeertgen.de/alleinstehende-frauen-mit-kinderwunsch/.

doch, dass es einen Markt hierfür gibt. Ein modernes Elternschaftsrecht, das dieser Ausgangslage gerecht werden will, steht vor der Herausforderung, diese Komplexität in abstrakt-generellen Tatbeständen zu erfassen.

cc) Unbeachtlichkeit der Zeugungsumstände im geltenden deutschen Abstammungsrecht

Die Zeugungsumstände sind für die originäre Eltern-Kind-Zuordnung nach bislang geltendem Abstammungsrecht weitgehend unbeachtlich. §§ 1591 ff. BGB ordnen die rechtliche Mutter- und Vaterschaft unabhängig davon zu, ob das Kind auf natürlichem oder medizinisch-assistiertem Wege gezeugt wurde.[431] Lediglich im Rahmen der Vaterschaftsanfechtung wird indirekt auf die Zeugungsumstände abgestellt, indem die Einwilligung der Eltern in die heterologe Insemination gem. § 1600 IV BGB die Anfechtung der Vaterschaft durch diese ausschließt. Künftig wird § 1600d IV BGB n.F., der erst am 1.7.2018 in Kraft treten wird, den Ausschluss des klassischen Samenspenders von der gerichtlichen Vaterschaftsfeststellung anordnen. Voraussetzung für den Ausschluss ist, dass das Kind durch eine ärztlich unterstützte künstliche Befruchtung in einer Einrichtung der medizinischen Versorgung im Sinne von § 1a Nr. 9 des Transplantationsgesetzes unter heterologer Verwendung von Samen gezeugt wurde, der vom Spender einer Entnahmeeinrichtung im Sinne von § 2 I 1 Samenspenderregistergesetz zur Verfügung gestellt wurde. Damit wird zumindest mit Blick auf den Ausschluss des Samenspenders von der gerichtlichen Vaterschaftsfeststellung künftig eine auf Zeugungsumstände bezogene Spezialvorschrift geschaffen.

dd) Rechtsvergleichende Betrachtung

Nicht jede Rechtsordnung beschreitet den soeben skizzierten Weg. Einige Rechtsordnungen enthalten ganz generell unterschiedliche Regelungen zur Elternzuordnung bei natürlicher und medizinisch-assistierter Zeugung. Die Systeme unterscheiden sich in den Details stark. Beispielsweise ordnet das Recht von England und Wales die Eltern eines Kindes im Falle natürlicher Zeugung nach den Regelungen des Common Law zu. Mutter ist hiernach die Frau, die das Kind geboren hat.[432] Für die Vaterschaftszuordnung stellt das Common Law primär auf die genetische Vaterschaft ab,[433] wobei es eine Vermutung enthält, dass der Ehemann der Mutter auch genetischer Vater des Kindes ist.[434] Bei medi-

---

[431] MüKoBGB/*Wellenhofer*, § 1592 Rn. 17.

[432] *House of Lords (Ampthill Peerage Case)*, [1977] AC 547, 577, dazu *Masson/Bailey-Harris/Probert*, Cretney's Principles of Family Law, 2008, 527; *Lowe/Douglas*, Bromley's family law, 2015, 246.

[433] Bergmann/Ferid/Henrich/*Henrich*, Vereinigtes Königreich, 47.

[434] *House of Lords*, 17.5.1877 (*Gardner v. Gardner*), (1877) 2 App Cas 723. Sog. *presumption of paternity* beruht auf *presumption of legitimacy*, vgl. *Lowe/Douglas*,

zinisch-assistierter Zeugung sehen die Regelungen der *Human Fertilisation and Embryology Acts 1990* und *2008* ein hiervon gesondertes Zuordnungsregime vor. Sec. 33 HFEA 2008 sowie Sec. 27 HFEA 1990 bestimmen, dass rechtliche Mutter im Falle medizinisch-assistierter Reproduktion die Frau ist, die das Kind geboren hat. Nach Sec. 35 HFEA 2008; Sec. 28 HFEA 1990 wird daran anknüpfend der Ehemann der Mutter als rechtlicher Vater bestimmt. Eine entsprechende Regelung zur Vaterzuordnung bei medizinisch-assistierter Reproduktion ist auch für die Ehegattin/registrierte Partnerin der Geburtsmutter vorgesehen, vgl. Sec. 42 HFEA 2008. Sec. 35, 42 HFEA 2008 und Sec. 28 HFEA 1990 unterscheiden nicht danach, ob die Zeugung tatsächlich medizinisch-assistiert, d.h. durch einen Arzt erfolgt ist, auch die Selbstinsemination außerhalb eines Krankenhauses und ohne Beteiligung eines Arztes führt zur rechtlichen Elternzuordnung des Ehegatten/der Ehegattin der Mutter.[435] Anders als im Common Law ist bei medizinisch-assistierter Zeugung ferner erforderlich, dass der Ehegatte/Lebenspartner der Mutter in die medizinisch-assistierte Zeugung eingewilligt hat. Von diesen Regelungen abweichend sehen Sec. 36, 37 und Sec. 43, 44 HFEA 2008 sowie Sec. 28 HFEA 1990 für nicht verheiratete oder in registrierter Partnerschaft lebende Paare erhöhte Anforderungen vor. Hier ist die Elternzuordnung mit Blick auf den nichtehelichen Partner/die nichteheliche Partnerin der Mutter nur im Rahmen von sog. *agreed fatherhood/female parenthood conditions* möglich. Diese beinhalten unter anderem die Vornahme einer durch einen Arzt assistierten, in einem lizensierten Krankenhaus im Inland vorgenommenen Reproduktion. Werden die Voraussetzungen nicht eingehalten etwa, weil die Reproduktion im Ausland erfolgt ist, kann eine Zuordnung nicht nach diesen Bestimmungen erfolgen. Es gilt dann das Common Law.[436] Bei verschiedengeschlechtlichen Ehegatten führen beide Regime, auch wenn sie in unterschiedlichen Regelungskomplexen enthalten sind, in der Regel zu demselben Ergebnis, dass die Ehegatten als rechtliche Eltern anzusehen sind. Unterschiede ergeben sich allerdings dann, wenn es sich um gleichgeschlechtliche Ehegatten/registrierte Partner, nichteheliche verschieden- oder gleichgeschlechtliche Partner handelt. Im Anwendungsbereich der HFEA lässt sich eine Zuordnung der nicht mit dem Kind genetisch verwandten Person bei natürlicher Zeugung bewirken, entsprechendes ist im Common Law nicht vorgesehen, da hier die genetische Beziehung den Ausschlag gibt.[437]

Bromley's family law, 2015, 260 f.; vgl. auch *Probert/Harding,* Cretney and Probert's Family Law, 2015, 240.

[435] *High Court of England and Wales* (Fam.), 5.7.2013 (*M v. F (Legal Paternity)*), [2013] EWHC 1901 Rn. 28; *Probert/Harding,* Cretney and Probert's Family Law, 2015, 246; *Scherpe* in: Dutta/Schwab/Henrich u.a. (Hrsg.), Künstliche Fortpflanzung und Europäisches Familienrecht, 2015, 295, 308; *Lowe/Douglas,* Bromley's family law, 2015, 256.

[436] *High Court of England and Wales* (Fam.), 19.2.1997 (*U v. W (Attorney General Intervening) (No. 2)*), [1997] 2 FLR 282.

Einen anderen Ansatz wählt demgegenüber das niederländische Recht.[438] Es enthält im Grundsatz eine zeugungsunabhängige Zuordnungssystematik, die in wenigen Fallgestaltungen jedoch durch Spezialbestimmungen für Reproduktionssachverhalte ergänzt wird. Unabhängig von der genetischen Abstammungsbeziehung bzw. dem Vorliegen einer medizinisch-assistierten Reproduktion wird als Mutter die Frau angesehen, die das Kind geboren hat, Art. 1:198(1) lit. a BW.[439] Als Vater wird im niederländischen Recht ebenfalls unabhängig von dessen genetischer Verwandtschaft bzw. dem Vorliegen einer medizinisch-assistierten Zeugung der Mann zugeordnet, der mit der Mutter im Geburtszeitpunkt verheiratet war bzw. der die Vaterschaft anerkannt hat, vgl. Art. 1:199 lit. a, c BW. Auch die gerichtliche Vaterschaftsfeststellung nach Art. 1:199 lit. d BW ist unabhängig vom Vorliegen der medizinisch-assistierten Reproduktion. Als rechtlicher Vater können im niederländischen Recht sowohl der genetische Vater als Erzeuger (*verwekker*), als auch der in die Zeugung des Kindes einwilligende Lebensgefährte (*levensgezel*) der Mutter gerichtlich festgestellt werden, vgl. Art. 1:207 (1) BW. Auch mit Blick auf die Zuordnung der weiblichen Partnerin der Geburtsmutter als Elternteil[440] kennt das niederländische Recht im Grundsatz eine von den Zeugungsumständen unabhängige Zuordnung, da die Elternschaftsanerkennung nach Art. 1:198(1) lit. c i.V.m. Art. 1:203 BW und die gerichtliche Elternschaftsfeststellung nach Art. 1:198(1) lit. d BW, Art. 1:207 ff. BW den Regelungen zur Vaterschaft entsprechend ausgestaltet sind. Einzig für die automatische Zuordnung der Elternschaft der Ehegattin/registrierten Partnerin der Geburtsmutter gibt es eine Beschränkung auf Sachverhalte medizinisch-assistierter Reproduktion, vgl. Art. 1:198(1) lit. b BW. Die Bestimmung setzt insoweit voraus, dass das Kind durch medizinisch-assistierte Reproduktion i.S.d. Art. 1 lit. c Nr. 1 *Wet donorgegevens kunstmatige bevruchting* (WDKB) gezeugt wurde. Die Selbstinsemination ist somit nicht von der Regelung umfasst.[441] Gleich- und verschiedengeschlechtliche Ehegatten werden daher mit Blick auf die Elternschaftszuordnung unterschiedlich behandelt.

Wiederum davon abweichend regelt das österreichische Abstammungsrecht die Zuordnung des rechtlichen Eltern-Kind-Verhältnisses. Auch das österreichische Recht geht im Grundsatz von einer von der Zeugungsart unabhängigen Eltern-Kind-Zuordnung aus. Mutter ist somit stets die Frau, die das Kind geboren hat,

---

[437] *Lowe/Douglas,* Bromley's family law, 2015, 261. Vgl. insbesondere keine Anwendung der Vaterschaftsvermutung auf die gleichgeschlechtliche Ehegattin, vgl. Sec. 2 Schedule 4 Marriage (Same Sex Couples) Act 2013.

[438] Dazu eingehend *Reuß* in: Dutta/Schwab/Henrich u.a. (Hrsg.), Künstliche Fortpflanzung und Europäisches Familienrecht, 2015, 127.

[439] *Boele-Woelki/Jonker* in: Swennen (Hrsg.), XIXth Congress of the International Academy of Comparative Law (Vienna 20–26 July 2014), 2015, 311, 318.

[440] Zu den Hintergründen dieser Regelung *Reuß,* StAZ 2015, 139.

[441] T&C Gezondheidsrecht I/Kalkman-Bogert, Art. 1 Wet donorgegevens kunstmatige bevruchting Rn. 2.

§ 143 ABGB. Die Vaterschaft wird darüber hinaus gem. § 144 I Nr. 1, 2, 3 ABGB unabhängig von der Zeugungsart aufgrund einer Ehe mit der Geburtsmutter, aufgrund einer Vaterschaftsanerkennung oder aufgrund des Bestehens einer genetischen Abstammungsbeziehung[442] zugeordnet. Seit 2015 ist darüber hinaus eine abstammungsrechtliche Zuordnung bei gleichgeschlechtlichen weiblichen Paaren möglich.[443] Ähnlich wie in den Niederlanden ist die Zuordnungssystematik jener der Vaterschaft angenähert.[444] § 144 II ABGB ermöglicht es, die eingetragene Partnerin der Geburtsmutter aufgrund des Bestehens der eingetragenen Partnerschaft automatisch zuzuordnen, darüber hinaus sind auch eine Elternschaftsanerkennung und eine gerichtliche Feststellung der Elternschaft möglich. § 144 Abs. 2 ABGB setzt allerdings in allen Fällen voraus, dass in nicht mehr als 300 und nicht weniger als 180 Tagen vor der Geburt eine künstliche Befruchtung auf medizinisch-assistiertem Weg durchgeführt wurde. Becherspende und Selbstinsemination reichen somit nicht aus,[445] um eine rechtliche Elternschaft der Partnerin der Geburtsmutter zu begründen. Damit kennt das österreichische Recht mit Blick auf die Elternzuordnung der Partnerin der Geburtsmutter ein auf die medizinisch-assistierte Reproduktion bezogenes Sonderrecht.

ee) Wertende Betrachtung

Bei der Gestaltung eines modernen Elternschaftsrechts stellt sich letztlich die Frage, ob die Zuordnungssystematik grundsätzlich unabhängig von den Zeugungsumständen sein soll, oder ob es erforderlich und sinnvoll ist, Spezialbestimmungen für Sachverhalte medizinisch-assistierter Reproduktion vorzusehen.

Gegen die Einführung von Sonderbestimmungen für medizinisch-assistierte Zeugungen sprechen letztlich mehrere Gründe: Erstens spricht dagegen die Aufgabe des Statusrechts, klare, erkennbare und bestandsfeste Statusverhältnisse zu begründen. Wäre für die Elternzuordnung nach der Zeugungsart zu unterscheiden, müsste stets ermittelt werden, welche Zeugungsmethode ganz konkret zum Zeugungserfolg geführt hat.[446] Da Paare, die Methoden medizinisch-assistierter Reproduktion in Anspruch nehmen, durchaus auch noch natürlich miteinander

---

[442] § 148 Abs. 1 ABGB, vgl. dazu Bergmann/Ferid/Henrich/*Lurger/Schwimann,* Österreich, 66.

[443] Eingeführt durch Fortpflanzungsmedizinrechts-Änderungsgesetz 2015 – FMed-RÄG 2015; BGBl. I Nr. 35/2015.

[444] *Ferrari* in: Dutta/Schwab/Henrich u.a. (Hrsg.), Künstliche Fortpflanzung und Europäisches Familienrecht, 2015, 182, 194. Vgl. die Tabelle der auf Frauenpaare anwendbaren Vorschriften bei *Voithofer/Flatscher-Thöni,* iFamZ 2015, 10.

[445] *Ferrari,* FamRZ 2015, 1556, 1557; *Steininger,* Reproduktionsmedizin und Abstammungsrecht, 2014, 49 ff.

[446] Persönliche Leitlinien der Mitglieder des Arbeitskreis Abstammungsrecht des BMJV, Abschlussbericht – Empfehlungen für eine Reform des Abstammungsrechts, 2017, 109 f. (Dagmar Coester-Waltjen).

verkehren können und dies auch tun,[447] bestünde bei einer unterschiedlichen rechtlichen Behandlung der Zeugungsarten somit stets die Notwendigkeit des Nachweises im Einzelfall. Dies erscheint einer schnellen, bestandsfesten und sicheren Statuszuordnung nicht gerade zuträglich. Blickt man zweitens ferner auf die skizzierten gegenwärtigen Entwicklungen zu einem Reproduktionstourismus und zu privater Vermittlung von Samenspenden, erscheint eine unterschiedliche Behandlung natürlicher und medizinisch-assistierter Zeugung ebenfalls nicht besonders praktikabel, da der Umstand der medizinisch-assistierten Zeugung im Ausland sowie das Vorliegen einer privaten Samenspende dem Standesbeamten in der Regel verborgen bleiben dürfte. Die Praxis, die die Zuordnung dann als natürliche Zeugung einstufen würde, liefe somit am Recht vorbei. Eine rechtssichere Zuordnung ist so letztlich nicht möglich. Drittens müssten dem Standesbeamten auch im Inlandsfall bei der Geburtsregistrierung stets die Zeugungsumstände mitgeteilt werden, um eine der rechtlichen Lage entsprechende Beurkundung zu bewirken. Dies erscheint mit Blick auf die Privatheit der Zeugungsumstände und mit Blick auf das Recht auf informationelle Selbstbestimmung, Art. 2 I i.V.m. Art. 1 I GG, allerdings nicht angebracht.[448] Sinnvoller erscheint es daher, bei der Eltern-Kind-Zuordnung im Grundsatz nicht nach den Zeugungsumständen zu differenzieren, sondern ein System zu schaffen, das sowohl die Sachverhalte natürlicher als auch medizinisch-assistierter Zeugung umfasst.[449] Wo es mit Blick auf die berührten Interessen angemessen und notwendig erscheint, ist den Besonderheiten durch entsprechende Sonderbestimmungen punktuell Rechnung zu tragen, wie dies das derzeitige Recht in § 1600 IV BGB bereits tut. Dies hat darüber hinaus den Vorteil, dass eine Elternschaftszuordnung auch dann rechtssicher vorgenommen werden kann, wenn die Zeugung im Ausland mittels einer Reproduktionsmethode vorgenommen wurde, die im Inland untersagt ist, z.B. die Eizellenspende, oder wenn Personen eine Reproduktion vorgenommen haben, denen im Inland der Zugang zu medizinisch-assistierter Reproduktion (zum Teil) verwehrt ist.[450] Auch für derartige Fälle hat das Recht angemessene Lösungen bereit zu halten.

---

[447] Vgl. beispielhaft aus dem Recht von England und Wales *High Court of England and Wales* (Fam.), 5.7.2013 (*M v. F (Legal Paternity)*), [2013] EWHC 1901.

[448] Persönliche Leitlinien der Mitglieder des Arbeitskreis Abstammungsrecht des BMJV, Abschlussbericht – Empfehlungen für eine Reform des Abstammungsrechts, 2017, 109 f. (Dagmar Coester-Waltjen).

[449] So ebenfalls im Ergebnis der Arbeitskreis Abstammungsrecht des BMJV, Abschlussbericht – Empfehlungen für eine Reform des Abstammungsrechts, 2017, 55 ff.; vgl. bereits *Coester-Waltjen* in: Ständige Deputation des Deutschen Juristentages (Hrsg.), Verhandlungen des 56. Deutschen Juristentages, 1986, 9, B 25.

[450] Persönliche Leitlinien der Mitglieder des Arbeitskreis Abstammungsrecht des BMJV, Abschlussbericht – Empfehlungen für eine Reform des Abstammungsrechts, 2017, 109 f. (Dagmar Coester-Waltjen).

Für die Unabhängigkeit des Zuordnungssytems von den Zeugungsumständen spricht letztlich auch die Gleichwertigkeit der einzelnen Elternschaftssegmente. Biologische, genetische und soziale Elternschaft stellen jeweils für sich genommen einen hinreichenden Grund für die Zuordnung der rechtlichen Elternschaft dar (siehe dazu oben 1.). Für das Bestehen dieser Zuordnungsgründe ist es unerheblich, ob ein Kind natürlich oder medizinisch-assistiert gezeugt wurde. Liegt beispielsweise eine medizinisch-assistierte Reproduktion im homologen System vor, so besteht ebenso eine genetische Abstammungsbeziehung des Vaters zum Kind wie bei einer natürlichen Zeugung. Gleichsam kann aus dem sich in der Anerkennung der Elternschaft ausdrückenden Willen zur Übernahme elterlicher Verantwortung darauf geschlossen werden, dass die die Elternschaft anerkennende Person dauerhaft Elternverantwortung tragen wird. Auch dies gilt unabhängig davon, ob die Person mit dem Kind genetisch verwandt ist und auch unabhängig davon, ob das Kind natürlich oder medizinisch-assistiert gezeugt wurde.[451] Auch mit Blick auf das Verantwortlichkeitsprinzip ergibt sich keine abweichende Beurteilung. Sowohl in der einvernehmlichen natürlichen Zeugung als auch in der Einwilligung in die medizinisch-assistierte Reproduktion lässt sich der Ursprung der Entstehung des Kindes erkennen, so dass eine Zuordnung der betreffenden Personen als rechtliche Eltern in Betracht kommt.[452] Natürliche und medizinisch-assistierte Zeugung sind somit gleichwertig.[453] Diese Feststellung bestätigen letztlich auch die Ergebnisse kinderpsychologischer Forschung. In eingehenden Vergleichen der Entwicklung von Kindern natürlicher und medizinisch-assistierter Zeugung, lassen sich keinerlei Entwicklungsauffälligkeiten bei Reproduktionskindern feststellen.[454] Voraussetzung einer guten Elternschaft ist

---

[451] *Peter Dabrock,* Vorsitzender des Deutschen Ethikrates, im Interview mit der SZ, *Zinkant,* Hat Gott in der Petrischale Platz?, Süddeutsche Zeitung, 31.10.2016, 18; Persönliche Leitlinien der Mitglieder des Arbeitskreis Abstammungsrecht des BMJV, Abschlussbericht – Empfehlungen für eine Reform des Abstammungsrechts, 2017, 119 (Heinz Kindler).

[452] Arbeitskreis Abstammungsrecht des BMJV, Abschlussbericht – Empfehlungen für eine Reform des Abstammungsrechts, 2017, 58; für die Zuordnung des in die medizinisch-assistierte Reproduktion einwilligenden Elternteils hat sich auch der DJT ausgesprochen, vgl. Beschlüsse des 71. Deutschen Juristentags 2016, A.I.1.a., vgl. http://www.djt.de/fileadmin/downloads/71/Beschluesse_gesamt.pdf (zuletzt geprüft am 17.8. 2017).

[453] Vgl. so bereits *Coester-Waltjen* in: Ständige Deputation des Deutschen Juristentages (Hrsg.), Verhandlungen des 56. Deutschen Juristentages, 1986, 9, B 25. ähnlich aber im Einzelnen differenzierend Arbeitskreis Abstammungsrecht des BMJV, Abschlussbericht – Empfehlungen für eine Reform des Abstammungsrechts, 2017, 57; *Helms* in: Ständige Deputation des Deutschen Juristentages (Hrsg.), Rechtliche, biologische und soziale Elternschaft – Herausforderungen durch neue Familienformen, 2016, F 1, F 19, F 37 f.; so letztlich auch *Wanitzek,* Rechtliche Elternschaft bei medizinisch unterstützter Fortpflanzung, 2002, 428 f., die allerdings die Zeugungsumstände i. S. e. Zeugungshandlung und die Handlungsanteile hieran für die Abstammungsbegründung als relevant erachtet. A. A. allerdings BeckOGK/*Haßfurter,* § 1591 BGB Rn. 12.

nicht notwendigerweise ein genetisches oder biologisches Band zwischen Eltern und Kind. Dies zeigen Studien zu Leihmutterschaftsfamilien, die bei Wunschmüttern ein deutlich höheres Level an affektiver Haltung (z. B. Freude) über die Elternschaft, eine größere Wärme in der Eltern-Kind-Beziehung und ein intensiveres Eltern-Kind-Verhalten bei Leihmutter- und Eizellenspendefamilien festgestellt haben, als bei natürlichen Familien.[455] Gleiches zeigt sich auch bei Adoptivfamilien, in denen Kinder früh adoptiert wurden. Hier ist ein stabiles Bindungsverhalten festzustellen, obwohl kein genetischer oder biologischer Link besteht.[456] In der Forschung zu Samenspendefamilien ist insbesondere hinsichtlich der genetisch nicht mit dem Kind verwandten Väter letztlich auch kein Rückzug aus der sozialen Vaterrolle zu sehen.[457]

b) Schlussfolgerungen mit Blick auf die Zuordnungssystematik

Die vorstehend begründete These erfordert letztlich mit Blick auf die Zuordnungssystematik die Wahl von Zuordnungskriterien, die vom Vorliegen einer natürlichen oder medizinisch-assistierten Reproduktion unabhängig, eine Zuordnung bewirken, und sowohl natürlich als auch im Wege medizinisch-assistierter Reproduktion gezeugte Kinder ihren Eltern bestandsfest zuweisen. Die Tatsache des Vorliegens einer medizinisch-assistierten Reproduktion bzw. die Nutzung einer im Inland untersagten Reproduktionsmethode sollten an sich kein Grund für eine Korrektur der Zuordnung sein.[458] Dies bedeutet letztlich, dass alle unter [a)] genannten Konstellationen in das Zuordnungssystem einzupassen sind. Die Regeln der Eltern-Kind-Zuordnung sollten somit im Grundsatz unterschiedslos bei Samenspende, Eizellen- oder Mitochondrienspende, Embryonenspende und Leihmutterschaft die Elternzuordnung bewirken. Systeme, die unterschiedlich an

---

[454] So auch Persönliche Leitlinien der Mitglieder des Arbeitskreis Abstammungsrecht des BMJV, Abschlussbericht – Empfehlungen für eine Reform des Abstammungsrechts, 2017, 119 (Heinz Kindler). Vgl. die Studien zu Eizellenspende- und Leihmutterschaftsfamilien: Kinder im Alter von 7 Jahren aus Eizellenspende- und Leihmutterschaftsfamilien wiesen keine Besonderheiten zu Kindern natürlicher Zeugung auf, vgl. *Golombok/Readings/Blake u.a.*, 47 Developmental Psychology (2011) 1579; *Golombok*, Modern families, 2015, 193 f. Auch im Umgang bekannter Spenderinnen mit dem Kind ergeben sich laut einer kanadischen Studie zu einem allerdings kleinen Sample keine Schwierigkeiten *Yee/Blyth/Tsang*, 29 Journal of Reproductive and Infant Psychology (2011) 404, 410.

[455] *Golombok/MacCullum/Murray u.a.*, 47 Journal of Child Psychology and Psychiatry (2006) 213, 220; *Golombok/Murray/Jadva u.a.*, 21 Human Reproduction (2006) 1918, 1922 f.

[456] *Golombok/MacCullum/Murray u.a.*, 47 Journal of Child Psychology and Psychiatry (2006) 213, 220 m.w.N.; *Golombok*, Modern families, 2015, 193.

[457] *Walper/Wendt* in: Schwab/Vaskovics (Hrsg.), Pluralisierung von Elternschaft und Kindschaft, 2011, 211, 223.

[458] *Coester-Waltjen* in: Ständige Deputation des Deutschen Juristentages (Hrsg.), Verhandlungen des 56. Deutschen Juristentages, 1986, 9, B 25.

Sachverhalte medizinisch-assistierter und natürlicher Zeugung anknüpfen, kommen somit nicht in Betracht.[459] Auch sollte es keinen Unterschied machen, ob die Zeugung unter Mitwirkung eines Arztes oder im Wege der Selbstinsemination mittels privatem oder klassischem Gametenspender erfolgt.[460] Die vielgestaltigen Konstellationen berühren freilich die Interessen der beteiligten Akteure in unterschiedlichem Maße. Beispielsweise wird ein klassischer Samenspender in der Regel genauso auf seine Elternrolle verzichten wollen (in der Terminologie des Arbeitskreises Abstammungsrecht ist er sog. „NO-Spender"[461]), wie ein privater Spender, der im Rahmen einer offiziellen Krankenhausbehandlung seinen Samen zur Erfüllung des Kinderwunschs bei anderen Personen spendet. Bei privaten Spendern ist es allerdings durchaus vorstellbar, dass eine Partizipation an der Elternrolle gewollt ist (in der Terminologie des Arbeitskreises Abstammungsrecht ist er sog. „YES-Spender"[462]). Bei der Gestaltung angemessener Regelungen ist diesen unterschiedlichen Interessenlagen angemessen Rechnung zu tragen. Den Interessen der rechtlich nicht als Eltern zugeordneten Personen, die allerdings ebenfalls Elternschaftssegmente verwirklichen, kann beispielsweise durch Anfechtungsrechte entsprochen werden.[463]

7. Orientierung am „Zwei-Eltern"-Prinzip

Ein modernes Elternschaftsrecht sollte sich bei der Zuordnungssystematik am „Zwei-Eltern"-Prinzip orientieren,[464] einem Kind sollten damit maximal zwei rechtliche Eltern zugeordnet werden können.

---

[459] Hierzu etwa die Überlegungen bei *Voigt,* Abstammungsrecht 2.0, 2015, 56; zur Thematik auch *Gernhuber/Coester-Waltjen,* Familienrecht, 2010, 641 m.w.N. Wie hier Arbeitskreis Abstammungsrecht des BMJV, Abschlussbericht – Empfehlungen für eine Reform des Abstammungsrechts, 2017, 59.

[460] Persönliche Leitlinien der Mitglieder des Arbeitskreis Abstammungsrecht des BMJV, Abschlussbericht – Empfehlungen für eine Reform des Abstammungsrechts, 2017, 110 (Dagmar Coester-Waltjen); *Helms* in: Ständige Deputation des Deutschen Juristentages (Hrsg.), Rechtliche, biologische und soziale Elternschaft – Herausforderungen durch neue Familienformen, 2016, F 1, F 33, den Interessen des privaten Spenders kann durch Anfechtungsrechte entsprochen werden. Ähnlich der gesamte Arbeitskreis Abstammungsrecht des BMJV, Abschlussbericht – Empfehlungen für eine Reform des Abstammungsrechts, 2017, 59. A.A. MüKoBGB/*Wellenhofer,* § 1591 Rn. 10 für automatische Co-Mutterzuordnung sollte Vorliegen einer medizinisch-assistierten Reproduktion erforderlich sein.

[461] Arbeitskreis Abstammungsrecht des BMJV, Abschlussbericht – Empfehlungen für eine Reform des Abstammungsrechts, 2017, 55.

[462] Arbeitskreis Abstammungsrecht des BMJV, Abschlussbericht – Empfehlungen für eine Reform des Abstammungsrechts, 2017, 55.

[463] Arbeitskreis Abstammungsrecht des BMJV, Abschlussbericht – Empfehlungen für eine Reform des Abstammungsrechts, 2017, 60; *Helms* in: Ständige Deputation des Deutschen Juristentages (Hrsg.), Rechtliche, biologische und soziale Elternschaft – Herausforderungen durch neue Familienformen, 2016, F 1, F 33.

[464] So auch Arbeitskreis Abstammungsrecht des BMJV, Abschlussbericht – Empfehlungen für eine Reform des Abstammungsrechts, 2017, 29, 30, 76 f.; vgl. auch Persön-

a) Begründung der These

In § 1 ist eingehend beschrieben worden, dass ein familialer Wandel zu verzeichnen ist, der dazu führt, dass es immer häufiger zu einer Pluralisierung von Elternschaft kommt.[465] Pluralisierung von Elternschaft ist kein neues Phänomen,[466] sie tritt seit jeher beispielsweise bei der Adoption[467] oder bei Zeugung eines in eine Ehe geborenen Kindes im Rahmen eines Seitensprungs auf.[468] Auch in Fällen der Kindesvertauschung liegt sie vor.[469] Durch den reproduktionsmedizinischen Fortschritt ergibt sie sich heute regelmäßig im heterologen System.[470] Sie ist letztlich auch im homologen System bei Embryonen- oder Gametenvertauschung denkbar. Die gestiegenen Scheidungsraten und die Instabilität nichtehelicher Lebensgemeinschaften führen ferner zur Bildung von Stieffamilien. Dies fördert heute die Wahrscheinlichkeit, dass es auch diesbezüglich zu einer Pluralisierung von Elternschaft kommt.[471] Letztlich kann sich eine Pluralisierung von Elternschaft auch im Rahmen von Pflegefamilien ergeben, nämlich dann, wenn die Pflegeverhältnisse sehr lange andauern und eine Bindungsbeziehung von Pflegeelternteil und Kind entsteht.

In § 2 ist detailliert herausgearbeitet worden, dass das derzeit geltende deutsche Abstammungsrecht von einem „Zwei-Eltern"-Prinzip ausgeht.[472] Ein Kind kann daher maximal zwei rechtliche Elternteile zugeordnet bekommen. Dies sind in der Regel eine rechtliche Mutter und ein rechtlicher Vater, im Falle gleichgeschlechtlicher Elternschaft sind auch zwei Mütter und zwei Väter denkbar. Eine Ausnahme hiervon macht allerdings das Recht der Volljährigenadoption, das ein neues Verwandtschaftsverhältnis zu dem bzw. zu den Annehmenden begründet,

---

liche Leitlinien der Mitglieder des Arbeitskreis Abstammungsrecht des BMJV, Abschlussbericht – Empfehlungen für eine Reform des Abstammungsrechts, 2017, 109 (Dagmar Coester-Waltjen); so auch mit knapper Entscheidung die Beschlüsse des 71. Deutschen Juristentags 2016, B.II.12., vgl. http://www.djt.de/fileadmin/downloads/71/Beschluesse_gesamt.pdf (zuletzt geprüft am 17.8.2017).

[465] Siehe eingehend § 1 S. 71 ff.

[466] *Vaskovics* in: Schwab/Vaskovics (Hrsg.), Pluralisierung von Elternschaft und Kindschaft, 2011, 11, 15; *Peuckert,* Familienformen im sozialen Wandel, 2012, 13.

[467] *Vaskovics* in: Schwab/Vaskovics (Hrsg.), Pluralisierung von Elternschaft und Kindschaft, 2011, 11, 13; *Walper* in: Götz/Schwenzer/Seelmann u.a. (Hrsg.), Familie – Recht – Ethik, 2014, 889.

[468] *Vaskovics* in: Schwab/Vaskovics (Hrsg.), Pluralisierung von Elternschaft und Kindschaft, 2011, 11, 13; *Walper* in: Götz/Schwenzer/Seelmann u.a. (Hrsg.), Familie – Recht – Ethik, 2014, 889.

[469] Vgl. eingehend zur Kindesvertauschung *Willems,* NZFam 2016, 445.

[470] *Beck-Gernsheim,* Was kommt nach der Familie?, 2010, 119.

[471] *Walper* in: Götz/Schwenzer/Seelmann u.a. (Hrsg.), Familie – Recht – Ethik, 2014, 889, 891; *Vaskovics* in: Schwab/Vaskovics (Hrsg.), Pluralisierung von Elternschaft und Kindschaft, 2011, 11, 13; *Peuckert,* Familienformen im sozialen Wandel, 2012, 330 ff.

[472] Siehe § 2 S. 160 ff.

die Abstammungsbeziehung zu den Eltern des Angenommenen allerdings bestehen lässt.[473] Einer Person können daher auch nach derzeitigem deutschen Recht bis zu vier Personen als rechtliche Elternteile zugeordnet werden.[474] Der Blick in andere Rechtsordnungen hat ferner gezeigt, dass in den meisten Rechtsordnungen ganz ähnliches gilt. In einer Vielzahl von Rechtsordnungen können einem Kind maximal zwei rechtliche Eltern zugeordnet werden. Das gilt für Argentinien, Frankreich, England und Wales, die Niederlande, für Österreich und Italien.[475] Auch in anderen Rechtsordnungen kann es aber im Ausnahmefall zu einer rechtlichen Zuordnung von mehr als zwei Eltern kommen. Dies gilt letztlich für alle Rechtsordnungen, die das Instrument der schwachen Adoption kennen, das – wie das deutsche Recht der Volljährigenadoption – zu einer Kumulation der rechtlichen Elternschaften führt. Eine derartige Regelung findet sich beispielsweise in Frankreich bzw. in Österreich; dort jedoch auch mit Blick auf die Adoption Minderjähriger.[476] Eine echte vollberechtigte Elternschaft von mehr als zwei Personen entsteht in beiden Fällen jedoch nicht. Mit der Adoption erlöschen nämlich Sorge und Umgangsrechte der bisherigen Eltern, so dass dem Kind zwar abstammungsrechtlich tatsächlich mehr als zwei rechtliche Eltern zugewiesen sind, Träger der elterlichen Sorge und damit voll berechtigte Elternteile sind allerdings nur die annehmenden Personen.[477] Es gibt jedoch auch Rechtsordnungen, die bereits eine Abkehr vom „Zwei-Eltern"-Prinzip vorgenommen haben.

---

[473] §§ 1767 II 1, 1754 I, 1770 II BGB.

[474] MüKoBGB/*Maurer,* § 1770 Rn. 5; BeckOGK/*Löhnig,* § 1770 BGB Rn. 16 m.w.N.

[475] Beispielhaft: Für *Argentinien*: Art. 558 III Codigo Civil (*„Ninguna persona puede tener más de dos vínculos filiales, cualquiera sea la naturaleza de la filiación."*). Für *Frankreich* folgt dies aus Art. 316 CC und Art. 320 CC, Art. 310 CC, vgl. *Guiomard/Wiederkehr/Henry u.a., France,* Code civil, 2017, Art. 310 CC Rn. 1; Éditions Francis Lefebvre, Mémento Pratique – Droit de la famille 2016–2017, 2016 Rn. 27040; 27515. Für *England und Wales* folgt dies aus Sec. 28 (4) HFEA 1990; Sec. 45 HFEA 2008 Sperrwirkung einer Vaterschaft/Co-Mutterschaft, Sec. 53 (2) HFEA 2008 (Co-Mutter tritt an Stelle des Vaters), vgl. dazu *Masson/Bailey-Harris/Probert,* Cretney's Principles of Family Law, 2008, 532 (elterliche Verantwortung für Dritte allerdings herstellbar); *Probert/Harding,* Cretney and Probert's Family Law, 2015, 248. Eine Abkehr von dem Prinzip fordern *Alghrani/Griffiths,* 29 Child and Family Law Quarterly (2017) 165, 184. Für die *Niederlande* ergibt sich dies ebenfalls aus der Systematik der abstammungsrechtlichen Zuordnung, vgl. insb. Art. 1:204(1) lit. e BW (Elternschaftsanerkennung ist nicht möglich, wenn zwei rechtliche Eltern bereits vorhanden sind), dazu *Wortmann/van Duijvendijk-Brand,* Compendium Personen- en familierecht, 2015, 206. Für *Österreich* ergibt sich dies aus der Unanfechtbarkeit der rechtlichen Mutterschaft, dazu Rieck – Ausländisches Familienrecht/*Nademleinsky,* Österreich Rn. 28, und der Sperrwirkung der Vaterschaftszuordnung, vgl. etwa § 147 I ABGB (Vaterschaftsanerkennung ist ausgeschlossen, wenn bereits ein anderer Mann rechtlicher Vater des Kindes ist). Zu *Italien* siehe *Cubeddu-Wiedemann,* StAZ 2015, 228, 234.

[476] Siehe §§ 197 ff. ABGB im österreichischen Recht und Art. 364 CC für die *adoption simple* im französischen Recht.

[477] Für Österreich: § 197 I, II ABGB. Für Frankreich: Art. 365 CC.

Hierzu zählt das Recht von British Columbia,[478] das mit der Spezialvorschrift des Sec. 30 Family Law Act (FLA)[479] unter bestimmten Umständen (medizinisch-assistierte Reproduktion i.V.m. Leihmutterschaft) per Elternschaftsvereinbarung eine Zuordnung von bis zu fünf Personen als vollberechtigte Elternteile vorsieht. Gleichwohl werden im Regelfall auch in British Columbia maximal zwei Elternteile zugeordnet.[480] Eine Abkehr vom „Zwei-Eltern"-Prinzip erwägen derzeit explizit auch die Niederlande.[481]

Vor diesem Hintergrund stellt sich die Frage, ob ein modernes Recht der Elternschaft – der Frage der verfassungsrechtlichen Zulässigkeit dieser Abkehr einmal ungeachtet[482] – nicht auch eine Abkehr vom „Zwei-Eltern"-Prinzip vollziehen sollte. Pluralisierung von Elternschaft ließe sich so flexibler abbilden. Beispielsweise könnten einem Kind, das im Wege der medizinisch-assistierten Reproduktion unter Beteiligung eines gleichgeschlechtlichen weiblichen und eines gleichgeschlechtlichen männlichen Paares gezeugt wird, alle beteiligten Personen, die die tatsächliche Verantwortung für das Kind übernehmen wollen, als rechtliche Eltern zugeordnet werden. Entsprechendes könnte für Stieffamilien gelten. Hier könnte der Stiefelternteil, der eine soziale Elternrolle einnimmt, dem bisherigen rechtlichen Eltern als weiterer rechtlicher Elternteil beigefügt werden.

Auch wenn der Gedanke der elternschaftsrechtlichen Zuordnung von mehr als zwei Elternteilen *prima facie* einen charmanten Lösungsansatz darstellt, plurale Elternschaft zu erfassen, ist gleichwohl eine Aufgabe des „Zwei-Eltern"-Prinzips bei der rechtlichen Eltern-Kind-Zuordnung abzulehnen.[483] Dies folgt nicht so

---

[478] Zur Prägung British Columbias durch das Common Law, vgl. Bergmann/Ferid/Henrich/*Mayr*, Kanada – British Columbia, 5 f. Zur Geschichte und Prägung der kanadischen Rechtssysteme durch englische und französische Einflüsse siehe Bergmann/Ferid/Henrich/*Mayr*, Kanada, 4.

[479] Abrufbar unter http://www.bclaws.ca/EPLibraries/bclaws_new/document/ID/free side/00_11025_01; hierzu siehe auch Bergmann/Ferid/Henrich/*Mayr*, Kanada – British Columbia, 43 f.

[480] Siehe eingehend § 2 S. 164 ff.

[481] Der Bericht der betreffenden Staatskommission ist abrufbar unter https://www.rijksoverheid.nl/documenten/rapporten/2016/12/07/rapport-van-de-staatsommissie-herij king-ouderschap-kind-en-ouders-in-de-21ste-eeuw (zuletzt geprüft am 15.10.2017).

[482] Dazu bereits oben in Abschnitt B.I.

[483] So auch Arbeitskreis Abstammungsrecht des BMJV, Abschlussbericht – Empfehlungen für eine Reform des Abstammungsrechts, 2017, 29, 30, 76 f.; vgl. auch Persönliche Leitlinien der Mitglieder des Arbeitskreis Abstammungsrecht des BMJV, Abschlussbericht – Empfehlungen für eine Reform des Abstammungsrechts, 2017, 109 (Dagmar Coester-Waltjen); so auch mit knapper Entscheidung die Beschlüsse des 71. Deutschen Juristentags 2016, B.II.12., vgl. http://www.djt.de/fileadmin/downloads/71/Beschluesse_gesamt.pdf (zuletzt geprüft am 17.8.2017); kritisch auch *Buschner*, NZFam 2015, 1103, 1108. A.A. *Sanders*, Mehrelternschaft, 2017 (im Erscheinen), Teil 4, 5 (unterscheidend nach einzelnen Elternverbindungen, kooperativer Mehrelternschaft bzw. Haupt- und Nebenelternschaft); *Schröder*, Wer hat das Recht zur rechtlichen Vaterschaft?, 2015, 249 ff., 260 (für ein abgestuftes System der rechtlichen Elternschaft, die

sehr aus den rechtlichen Folgeproblemen, die eine rechtliche Zuordnung von mehr als zwei Elternteilen nach sich zöge.[484] Zwar werden, wie der Arbeitskreis Abstammungsrecht treffend festgestellt hat, die Problempunkte, die sich aus einer Pluralisierung von Elternschaft, insbesondere aus einem positiven Elternschafts-Konflikt um die Zuordnung als rechtlicher Elternteil ergeben können, nicht gelöst, sondern verkompliziert.[485] Sie lassen sich allerdings durch entsprechende Ergänzungsregelungen lösen. Beispielsweise gilt dies für die Frage, von welchem Elternteil das Kind die Staatsangehörigkeit erwerben können soll, wie Konflikte der Eltern bei der Ausübung der Sorgerechte zu lösen sind (Mehrheitsprinzip, Gerichtsentscheid entsprechend § 1628 BGB) und wie Namens- und Unterhaltsrechte auszugestalten sind.

Gegen die Aufgabe des „Zwei-Eltern"-Prinzips sprechen aber vor allem folgende Gründe: Dem Elternschaftsrecht kommt in erster Linie die Aufgabe zu, einem Kind möglichst frühzeitig seine rechtlichen Eltern und damit seinen Personenstand zuzuweisen, damit über die weitreichenden, an das Eltern-Kind-Verhältnis anknüpfenden Wirkungen dieser Personenstandszuweisung Klarheit besteht. Elternschaftsrecht ist in erster Linie personenbezogenes Standortbestimmungsrecht. Darüber hinaus ist es mit Blick auf das Verantwortlichkeitsprinzip (siehe hierzu oben 3.) ferner Aufgabe des Elternschaftsrechts, Verantwortlichkeiten zuzuweisen, um aus dem Kreis der in Betracht kommenden Personen die Träger des vollen Elternrechts und der vollen Elternpflicht zu bestimmen. Es geht

---

subsidiäre Elternschaft soll u. U. zur Vollelternschaft erstarken, was wenig glücklich erscheint unter dem Aspekt der Statusklarheit); ähnlich *Müller-Götzmann,* Artifizielle Reproduktion und gleichgeschlechtliche Elternschaft, 2009, 337 f. Forderungen hierzu auch bei *Aust,* Das Kuckuckskind und seine drei Eltern, 2015, 279 ff.; *Plettenberg,* Vater, Vater, Mutter, Kind – Ein Plädoyer für die rechtliche Mehrvaterschaft, 2016, 84 ff. (für eine gleichberechtigte Vollelternschaft zu dritt); *Löhnig,* NZFam 2017, 141, 143; *Löhnig,* ZRP 2017, 205, 206. Offen gegenüber einer multiplen Elternschaft *Tobin,* 63 International and Comparative Law Quarterly (2014) 317; *Heiderhoff* in: Schwab/Vaskovics (Hrsg.), Pluralisierung von Elternschaft und Kindschaft, 2011, 273, 286 (allerdings wohl eher auf die elterliche Verantwortung verweisend); deutlicher bei *Heiderhoff,* NJW 2016, 2629, 2630; Persönliche Leitlinien der Mitglieder des Arbeitskreis Abstammungsrecht des BMJV, Abschlussbericht – Empfehlungen für eine Reform des Abstammungsrechts, 2017, 125 (Ute Sacksofsky); offen auch *Dieckmann,* Die rechtliche Stellung des lediglich biologischen Vaters im Wandel des gesellschaftlichen Familienbildes, 2013, 266 ff. *Dethloff/Timmermann,* Gleichgeschlechtliche Paare und Familiengründung durch Reproduktionsmedizin – Gutachten im Auftrag der Friedrich Ebert Stiftung, 2016, 53 ff.; *Willekens,* RdJB 2016, 130, 133; *Caspary,* AnwBl 2016, 632.

[484] Zutreffend verweist *Budzikiewicz* in: Boele-Woelki/Dethloff/Gephart (Hrsg.), Family Law and Culture in Europe, 2014, 151, 165 darauf, dass das Kind nicht nur Vorteile von mehr als zwei Elternteilen hätte, z. B. ergäben sich auch mehrfach Elternunterhaltsansprüche.

[485] Arbeitskreis Abstammungsrecht des BMJV, Abschlussbericht – Empfehlungen für eine Reform des Abstammungsrechts, 2017, 76; auf Rollen- und Kompetenzkonflikte hinweisend bereits *BVerfG,* Beschl. v. 9.4.2003 – 1 BvR 1493/96 u. a., NJW 2003, 2151, 2153; *Budzikiewicz* in: Boele-Woelki/Dethloff/Gephart (Hrsg.), Family Law and Culture in Europe, 2014, 151, 165.

bei der Elternschaftszuordnung somit in erster Linie um die Primärlokalisierung eines Menschen in der Rechtsgemeinschaft, d.h. um einen eigentlich formalen Lokalisationsakt, der von der Entscheidung über die tatsächliche Versorgung des Kindes im Zeitverlauf zu unterscheiden ist. Bestehen zwei Personen, die rechtliche Volleltern des Kindes sind, gibt es letztlich unter diesen Aspekten keinen Bedarf, eine dritte Person hinzuzunehmen – auch wenn dies aus dem statusrechtlichen Blickwinkel nicht ausgeschlossen wäre, wie das Beispiel der Volljährigenadoption zeigt.[486]

Aufgabe des Elternschaftsrechts ist es demgegenüber letztlich nicht zu entscheiden, wer für das Kind in dessen jeweiliger Lebenssituation die tatsächliche Verantwortung tragen und wer somit Inhaber des elterlichen Sorgerechts i. S. d. §§ 1626 ff. BGB sein sollte.[487] Bei den in der Praxis relevant gewordenen Fällen pluralisierter Elternschaft ist aber vor allem dies die Frage. Es geht somit in der Praxis nicht so sehr um die elternschaftsrechtliche Zuordnung an sich, als vielmehr um die Wirkungen, die sich aus dieser ergeben. Dies gilt beispielsweise für die Konstellation der Stieffamilie. In der Diskussion dreht sich die Argumentation insbesondere um die Zuweisung von Sorgerechten an den Stiefelternteil.[488] Entsprechend streben auch genetische, nicht rechtliche Väter regelmäßig ein Umgangs- oder Sorgerecht an, nicht so sehr geht es ihnen um die elternschaftsrechtliche Zuordnung an sich.[489] Wie letztlich Fälle aus dem Vereinigten Königreich zeigen, geht es auch dort um die Zuweisung der Rechte der elterlichen Sorge, wenn sich zwei gleichgeschlechtliche Paare nach Zeugung eines Kindes über die ursprünglichen Abreden uneinig sind.[490] Diese Befunde überraschen nicht, denn Triebfeder hinter den im Recht ausgetragenen Streitigkeiten ist letztlich der Erhalt bzw. die Schaffung der realen Beziehung zum Kind. Für die Beantwortung dieser Fragen ist es stets erforderlich in der jeweiligen Einzelfallkonstellation zu entscheiden, welche Lösung dem Kindeswohl und den Interessen der übrigen Beteiligten am zuträglichsten ist.

Eingedenk dieser Überlegungen erscheint es allerdings treffender, derartige Fallgestaltungen auf der Ebene der Einzelausprägungen der Elternrechte zu lösen.[491] Erstens erscheint eine Einzelfallbetrachtung im Elternschaftsrecht aus den

---

[486] So auch *Lipp* in: Schwab/Vaskovics (Hrsg.), Pluralisierung von Elternschaft und Kindschaft, 2011, 119, 125.

[487] Dazu bereits oben zum Kindeswohl unter 4.

[488] Siehe die Nachweise hierzu in § 1 S. 90 ff.

[489] Beispielhaft *EGMR*, Urt. v. 21.12.2010 – 20578/07 (*Anayo/Deutschland*), NJW 2011, 3565 (Umgangsrecht).

[490] *Wealstead* in: Atkin (Hrsg.), The international survey of family law 2014, 2014, 97, 125.

[491] Arbeitskreis Abstammungsrecht des BMJV, Abschlussbericht – Empfehlungen für eine Reform des Abstammungsrechts, 2017, 29, 77; Persönliche Leitlinien der Mitglieder des Arbeitskreis Abstammungsrecht des BMJV, Abschlussbericht – Empfehlungen

vorstehend unter 4. genannten Gründen nicht angebracht. Zweitens hat eine Lösung auf Ebene der Einzelausprägungen des Elternrechts den Vorteil, dass auf die verschiedensten Konstellationen pluralisierter Elternschaft viel flexibler und intelligenter eingegangen werden kann, als mit der Zuweisung der rechtlichen Vollelternschaft.[492] Die Vollelternschaft ist nicht in jedem Fall sinnvoll oder gar die von den Beteiligten erstrebte Lösung. Man denke etwa an die Konstellation der Gametenspende aus dem Bekanntenkreis. Nicht stets wird hier die volle Elternrolle erstrebt werden. Qualitative Untersuchungen zu kanadischen Eizellenspenderinnen, die eine Spende im Bekannten- oder Freundeskreis vorgenommen haben, zeigen, dass Eizellenspenderinnen nicht stets ein Interesse an der Elternrolle haben, da sie das Kind nicht als ihr eigenes ansehen.[493] Zwar bestehe, so einige Studienteilnehmerinnen, eine besondere Beziehung zum Kind, diese resultiere aber nicht so sehr aus der genetischen Verbindung zum Kind, sondern aus der engen sozialen Beziehung zu der Empfängerin der Spende.[494] Es mag daher in diesen konkreten Fällen durchaus ein Interesse an regelmäßigen Umgangskontakten, an Informationsaustausch usw. geben, die Tragung der elterlichen Sorge oder gar die Erlangung der vollen Elternposition sind dagegen nicht erwünscht. Entsprechende Ergebnisse weist eine Untersuchung zu privaten Samenspendern aus, die über ein Online-Portal vermittelt wurden. Auch hier ist ein Interesse der Spender an der vollen Elternrolle oder gar an Sorgerechten in den meisten Fällen nicht gegeben, Interesse an Umgang mit dem Kind und an Information über dessen Entwicklung bestand hingegen teilweise.[495] Eine Lösung auf Ebene der Einzelausprägungen des Elternrechts und die Zuweisung von Umgangsrechten erscheint daher in diesen Fällen sinnvoller. Bereits jetzt ist dies – wenn auch in sehr begrenztem Umfang, vgl. § 1686a BGB – der Fall.[496]

Zu beachten ist ferner ein weiterer Aspekt. Lebensverläufe sind heute nicht mehr ortsgebunden. Ein Blick auf die Wanderungszahlen des Statistischen Bun-

---

für eine Reform des Abstammungsrechts, 2017, 109 (Dagmar Coester-Waltjen); sich hierfür im Interview ebenfalls aussprechend Götz, NJW 2017, 12, 13 (Heft 34; gemeinsame Sorgeerklärung mehrerer andenkend); Budzikiewicz in: Boele-Woelki/Dethloff/ Gephart (Hrsg.), Family Law and Culture in Europe, 2014, 151, 165.

[492] Helms in: Ständige Deputation des Deutschen Juristentages (Hrsg.), Rechtliche, biologische und soziale Elternschaft – Herausforderungen durch neue Familienformen, 2016, F 1, F 10.

[493] Yee/Blyth/Tsang, 29 Journal of Reproductive and Infant Psychology (2011) 404, 410.

[494] Yee/Blyth/Tsang, 29 Journal of Reproductive and Infant Psychology (2011) 404, 406, 410.

[495] Freeman/Jadva/Transfield u.a., 31 Human Reproduction (2016) 2082 (Interesse an Umgang mit dem Kind bestand vor allem bei homosexuellen Spendern).

[496] Helms in: Ständige Deputation des Deutschen Juristentages (Hrsg.), Rechtliche, biologische und soziale Elternschaft – Herausforderungen durch neue Familienformen, 2016, F 1, F 10.

desamtes veranschaulicht, dass oftmals im Inland lebende Personen abwandern, um im Ausland einer Beschäftigung nachzugehen. Ziehen Familienangehörige mit, finden sie sich in einem ganz anderen Rechtsregime wieder. Auch familienrechtliche Rechtsverhältnisse unterliegen möglicherweise dann einem anderen Recht. Eine Lösung pluralisierter Elternschaft auf Ebene der Einzelausprägungen des Elternrechts verspricht insbesondere eine höhere Anerkennungswahrscheinlichkeit der geschaffenen Rechte in Rechtsordnungen, die dem „Zwei-Eltern"-Prinzip folgen, da dort unter Umständen eine Vollelternschaft einer dritten Person nicht anerkannt würde.[497]

Letztlich ergibt sich auch aus dem in § 1 eingehend betrachteten gesellschaftlichen Wandel keine unmittelbare Notwendigkeit, das „Zwei-Eltern"-Prinzip aufzugeben. Zwar ist aus der Studienlage durchaus ersichtlich, dass auch Elternschaftskonstellationen gelebt werden, in denen mehr als zwei Personen ein Kind tatsächlich versorgen, daraus lässt sich jedoch nicht ableiten, dass sich die gesellschaftliche Vorstellung von Elternschaft bereits grundlegend dahingehend gewandelt hätte, dass eine volle Elternschaft von mehr als zwei Personen bereits den Vorstellungen der in Deutschland lebenden Personen entspräche. Insbesondere finden sich in den Familienleitbildern hierzu keine belastbaren Erkenntnisse. Ein gesellschaftlicher Wandel zu einer Elternschaft zu dritt hat sich nach derzeitigen Erkenntnissen daher noch nicht vollzogen. Es entspricht der gelebten Realität daher am ehesten, pluralisiert gelebter Elternschaft im Rahmen der Einzelausprägungen des Elternrechts zu entsprechen.[498]

Eine derartige Lösung wäre letztlich auch mit dem Verfassungsrecht in Einklang zu bringen. Wenn das BVerfG davon spricht, dass „[e]in Nebeneinander von zwei Vätern, denen zusammen mit der Mutter jeweils die gleiche grundrechtlich zugewiesene Elternverantwortung für das Kind zukommt, […] nicht der Vorstellung von elterlicher Verantwortung [entspricht], die Art. 6 II 1 GG zu Grunde liegt[.]"[499] dann lässt sich daraus im Umkehrschluss ableiten, dass für das BVerfG eine Zuweisung von Einzelausprägungen des Elternrechts durchaus in Betracht kommt.[500]

---

[497] Zur Frage der Anerkennung einer Vollelternschaft von mehr als zwei Personen nach ausländischem Recht im Inland siehe unten § 6.

[498] Kritisch allerdings *Vaskovics* in: Schwab/Vaskovics (Hrsg.), Pluralisierung von Elternschaft und Kindschaft, 2011, 11, 35. Kritisch zu einer sozialen Akzeptanz dieses Konzepts *Pauli*, Der sogenannte biologische Vater – Ein Vergleich der deutschen und französischen Rechtsentwicklung, 2016, 159 ff.

[499] *BVerfG*, Beschl. v. 9.4.2003 – 1 BvR 1493/96 u. a., NJW 2003, 2151, 2153.

[500] So jüngst auch *Jestaedt* in einem Vortrag mit dem Titel „Eltern im Rechtssinne – Identität und Differenz des Eltern-Kind-Begriffs von GG und BGB" im Rahmen des Symposiums anlässlich des 75. Geburtstages von Michael Coester in der Carl Friedrich von Siemens Stiftung am 14.9.2017 in München; *Heiderhoff* in: Röthel/Heiderhoff (Hrsg.), Regelungsaufgabe Vaterstellung – Was kann, was darf, was will der Staat?, 2014, 9, 15.

b) Schlussfolgerungen mit Blick auf die Zuordnungssystematik

Aus der Orientierung am „Zwei-Eltern"-Prinzip folgt letztlich, dass wie bisher einem Kind maximal zwei rechtliche Elternteile zugeordnet werden können. Es muss allerdings vor dem Hintergrund des beschriebenen häufigeren Auftretens pluralisierter Elternschaft Vorsorge dafür getroffen werden, dass die berührten Interessen der Beteiligten in einen gerechten Ausgleich gebracht werden. Kommt es daher insbesondere zu einem positiven Elternschafts-Konflikt mehrerer Personen, die Elternschaftssegmente verwirklichen, so hat ein modernes Elternschaftsrecht die jeweiligen Interessen auszubalancieren.

Zur Schaffung dieses gerechten Interessenausgleichs gehört es letztlich auch, auf Ebene der Einzelausprägungen des Elternrechts Instrumente zu schaffen, die der jeweiligen Konstellation pluralisierter Elternschaft angemessen Rechnung tragen. Dies gilt insbesondere in Fällen, in denen mehr als zwei Personen die rechtliche Elternschaft angestrebt haben. Dem bei der Zuordnung nicht zum Zuge kommenden Elternteil sind angemessene und interessengerechte Rechtspositionen zuzuweisen.

Zu denken wäre etwa an elterliche Mit-Sorgerechte, die beispielsweise je nach Fallkonstellation über eine einvernehmliche Sorgeerklärung[501] oder aber auch durch Gerichtsbeschluss gegen den Willen der rechtlichen Eltern zugewiesen werden könnten.[502] Die Ermöglichung der Tragung der elterlichen Sorge zu Dritt oder zu viert erscheint sinnvoll. Untersuchungen der Bindungsforschung haben gezeigt, dass Kinder problemlos zu mehr als zwei Personen Bindungsbeziehungen aufbauen können.[503] Auch zeigen Berichte zu gleichgeschlechtlichen Familien, dass die tatsächliche Versorgung des Kindes durch mehr als zwei Personen durchaus positive Aspekte mit sich bringen kann. Mütter beschreiben auch die Konstellation der Partizipation mehrerer Personen als soziale Eltern nicht *per se* als problematisch. Zwar sei die Abstimmung bei kontroversen Positionen anstrengend, man gewinne durch die weitere Person aber auch ein „mehr" an Unterstützung.[504] Dies muss nicht stets der Fall sein. Praktisch schwierig kann sich bei-

---

[501] *Götz,* NJW 2017, 12, 13 (Heft 34).

[502] *Schröder,* Wer hat das Recht zur rechtlichen Vaterschaft?, 2015, 273 (allerdings im Rahmen eines abgestuften, statusrechtlichen Systems der rechtlichen Elternschaft); *Helms* in: Ständige Deputation des Deutschen Juristentages (Hrsg.), Rechtliche, biologische und soziale Elternschaft – Herausforderungen durch neue Familienformen, 2016, F 1, F 65 ff., F 101 (Stiefkindkonstellationen). Zur übertragung des kleinen Sorgerechts aus § 1687b BGB auf weitere soziale Elternteile *Brosius-Gersdorf,* RdJB 2016, 136, 140 f.; vgl. eigehend auch *Walper/Entleitner-Phleps/Wendt,* RdJB 2016, 210 ff.; *Scheiwe,* RdJB 2016, 227 ff.

[503] Eingehend hierzu § 1 S. 120 ff.

[504] *Bergold/Rupp* in: Rupp (Hrsg.), Partnerschaft und Elternschaft bei gleichgeschlechtlichen Paaren, 2011, 119, 136; vgl. hierzu auch den durchaus positiven Bericht einer Münchener Familie *Lode,* Leben mit drei Eltern, Süddeutsche Zeitung, 3.5.2017, R2.

spielsweise die Integration des Samenspenders in die Familie dann darstellen, wenn die Familie unter der Prämisse der Zwei-Elternschaft der lesbischen Partnerinnen gegründet wurde, da der Samenspender dann eine nachgeordnete Rolle einnehmen soll und auch akzeptieren muss.[505] Ein Blick auf andere Rechtsordnungen zeigt, dass das „Zwei-Personen"-Modell bei der elterlichen Sorge bereits in verschiedenen Rechtsordnungen aufgegeben wurde.[506] Das gilt für Australien,[507] die kanadische Provinz Ontario,[508] Finnland,[509] oder das Recht von England und Wales.[510] Mit Blick auf Stief- und Pflegefamilien ist bereits vorgeschlagen worden, auch eine Übertragung der Sorgerechte auf den nur sozialen Stiefelternteil bzw. die Pflegeeltern unter bestimmten Umständen vorzusehen.[511] Andere Rechtsordnungen sehen entsprechendes vor.[512] Auch eine dauerhafte Verbleibensanordnung kann etwa bei Auflösung einer Stieffamilie oder in bestimmten Situationen mit Blick auf Pflegefamilien angebracht sein, um den Interessen der nur sozialen Elternteile und den Interessen der betroffenen Kinder gerecht zu werden.[513]

---

[505] *Bergold/Rupp* in: Rupp (Hrsg.), Partnerschaft und Elternschaft bei gleichgeschlechtlichen Paaren, 2011, 119, 124; es gibt aber auch durchaus positive Berichte *Lode,* Leben mit Mama und Mami, Süddeutsche Zeitung, 3.5.2017, R2.

[506] Darauf hinweisend beispielsweise *Schwenzer,* 71 RabelsZ (2007) 706, 725.

[507] Sec. 61D, 64B, 64C Family Law Act 1975, abrufbar unter https://www.legislation.gov.au/Details/C2016C01106 (zuletzt geprüft am 15.9.2017).

[508] Dazu eingehend *Schwenzer,* 71 RabelsZ (2007) 706, 725.

[509] *Dethloff* in: Rupp (Hrsg.), Partnerschaft und Elternschaft bei gleichgeschlechtlichen Paaren, 2011, 41, 49.

[510] Sec. 2(6), 4A Children Act 1989, abrufbar unter http://www.legislation.gov.uk/ukpga/1989/41 (zuletzt geprüft am 15.9.2017); hierzu siehe *Scheiwe,* RdJB 2016, 227, 229 ff.

[511] *Helms* in: Ständige Deputation des Deutschen Juristentages (Hrsg.), Rechtliche, biologische und soziale Elternschaft – Herausforderungen durch neue Familienformen, 2016, F 1, F 101, 102; zu beidem siehe die Beschlüsse Nr. 22a, 26b des 71. DJT, Beschlüsse des 71. Deutschen Juristentags 2016, vgl. http://www.djt.de/fileadmin/down loads/71/Beschluesse_gesamt.pdf (zuletzt geprüft am 17.8.2017); vgl. *Diouani-Streek/Salgo,* RdJB 2016, 176 ff.

[512] Zum finnischen Recht *Dethloff* in: Rupp (Hrsg.), Partnerschaft und Elternschaft bei gleichgeschlechtlichen Paaren, 2011, 41, 49. Einen rechtsvergleichenden Blick auf elterliche Sorgerechte nimmt ein *Nikolina,* Divided parents, shared children, 2015, 45 ff.; vgl. auch *Budzikiewicz* in: Boele-Woelki/Dethloff/Gephart (Hrsg.), Family Law and Culture in Europe, 2014, 151, 160 f.

[513] Zur Verbleibensanordnung siehe die Beschlüsse des 71. Deutschen Juristentags 2016, Nr. 22b, vgl. http://www.djt.de/fileadmin/downloads/71/Beschluesse_gesamt.pdf (zuletzt geprüft am 17.8.2017); vgl. auch mit Blick auf die Stieffamilie *Helms* in: Ständige Deputation des Deutschen Juristentages (Hrsg.), Rechtliche, biologische und soziale Elternschaft – Herausforderungen durch neue Familienformen, 2016, F 1, F 61 ff., F 101; siehe aus soziologischer Perspektive *Scheiwe/Schuler-Harms/Walper u.a.,* BMFSFJ-Gutachten: Pflegefamilien als soziale Familien, ihre rechtliche Anerkennung und aktuelle Herausforderungen, 2016, 10; 52.

Zu denken ist auch an die Schaffung von über § 1686a BGB hinausgehenden Umgangs- und Informationsrechten.[514] Auch eine Überarbeitung des Unterhaltsrechts kommt in Betracht. Beispielsweise könnte das Unterhaltsrecht neben der rechtlichen Verwandschaftsbeziehung zusätzlich an die Tragung der elterlichen Sorge gekoppelt werden, so dass auch ein im elternschaftsrechtlichen Sinne nicht rechtlicher Elternteil, der aber neben den rechtlichen Eltern die elterliche Sorge innehat, neben den rechtlichen Eltern unterhaltsverpflichtet wäre.[515] Im niederländischen Recht hat beispielsweise auch der genetische, nicht rechtliche Vater dem Kind Unterhalt zu leisten, wenn das Kind nicht über zwei rechtliche Elternteile verfügt, Art. 1:394 BW.[516] Unterhaltsverpflichtet kann unter denselben Voraussetzungen auch ein nur sozialer Elternteil sein, wenn es sich um den nicht als rechtlicher Elternteil zugeordneten Lebenspartner/die Lebenspartnerin der Mutter handelt, der/die in die Zeugung des Kindes eingewilligt hat, vgl. Art. 1:394 BW. Ferner sieht Art. 1:395 BW eine Unterhaltspflicht des nicht sorgeberechtigten Stiefelternteils vor, dessen Verantwortlichkeit allerdings mit Aufhebung der formalisierten Beziehung zum Elternteil endet. Art. 1:253w BW sieht ferner für den Stiefelternteil als Träger der elterlichen Sorge eine Unterhaltspflicht vor, die auch nach Aufhebung der formalisierten Beziehung zum rechtlichen Elternteil bestehen bleibt.[517] Schlussendlich ist an die Schaffung von Erbrechten zu denken.[518] Diese Fragen, die sich in den unterschiedlichsten Konstellationen stellen, bedürfen eingehender weiterer Untersuchung, die die vorliegende Arbeit, die sich ausschließlich mit der rechtlichen Eltern-Kind-Zuordnung befasst, nicht vollumfassend leisten kann. Im Bereich pluralisierter Elternschaft sind für die Zukunft daher noch viele Forschungsfragen offen.[519]

---

[514] *Schröder,* Wer hat das Recht zur rechtlichen Vaterschaft?, 2015, 273 (allerdings im Rahmen eines abgestuften, statusrechtlichen Systems der rechtlichen Elternschaft).

[515] *Schwenzer,* 71 RabelsZ (2007) 706, 727. Ähnlich *Schröder,* Wer hat das Recht zur rechtlichen Vaterschaft?, 2015, 273 (allerdings im Rahmen eines abgestuften, statusrechtlichen Systems der rechtlichen Elternschaft). So auch der Beschluss Nr. 23a des 71. DJT mit Blick auf Stiefeltern, vgl. Beschlüsse des 71. Deutschen Juristentags 2016, vgl. http://www.djt.de/fileadmin/downloads/71/Beschluesse_gesamt.pdf (zuletzt geprüft am 17.8.2017).

[516] Dazu *Boele-Woelki/Jonker* in: Swennen (Hrsg.), XIXth Congress of the International Academy of Comparative Law (Vienna 20–26 July 2014), 2015, 311, 319. Auch umgekehrt besteht im Prinzip eine Unterhaltspflicht des Kindes gegenüber dem genetischen, nicht rechtlichen Elternteil, die jedoch keine explizite rechtliche Regelung gefunden hat, vgl. *Wortmann/van Duijvendijk-Brand,* Compendium Personen- en familierecht, 2015, 286 ff.

[517] Vgl. *Boele-Woelki/Jonker* in: Swennen (Hrsg.), XIXth Congress of the International Academy of Comparative Law (Vienna 20–26 July 2014), 2015, 311, 319.

[518] Zum US-amerikanischen Recht siehe *Daar,* 49 Family Law Quarterly (2015) 71 ff. Zu weiteren Überlegungen gewisse Rechtspositionen auch außerhalb des Statusverhältnisses zuzuweisen siehe etwa *Frank* in: Hilbig-Lugani/Jakob/Mäsch u.a. (Hrsg.), Zwischenbilanz, 2015, 53; *Plettenberg,* NZFam 2017, 889 (allerdings mit Blick auf eine Statuszuordnung im Sinne der Mehrelternschaft).

D. Zusammenfassung

Der zweite Teil dieser Arbeit widmet sich als *Theorie eines Elternschaftsrechts* der Entwicklung der normativen Elemente eines modernen Rechts der Eltern-Kind-Zuordnung, das den Anforderungen, die an ein solches zu stellen sind, gerecht wird. Die Wahl des Begriffs *Elternschaftsrecht* ist hierbei nicht zufällig. Er orientiert sich vor allem an den heute gelebten Eltern-Kind-Konstellationen, die immer häufiger nicht den genetischen Abstammungslinien folgen. Der Begriff des Elternschaftsrechts lässt durch seine Unabhängigkeit vom Zuordnungsgrund Raum für die Abbildung genetischer, biologischer aber auch sozialer Elternschaft so, wie sie heute gelebt wird. Der biologisch-genetisch determinierte Begriff des Abstammungsrechts sollte aufgegeben werden.[520]

I. Anforderungen an ein modernes Elternschaftsrecht

Zu den Anforderung an ein modernes Elternschaftsrecht gehört es, für die heute gelebten Eltern-Kind-Konstellationen angemessene rechtliche Lösungen zu finden, die diesen Konstellationen einen entsprechenden rechtlichen Rahmen geben.[521] Das Recht hat, wie sich bereits aus der Betrachtung in § 2 ergeben hat, gesellschaftlichem Wandel zu entsprechen und dabei sicherzustellen, dass das ethische Minimum eingehalten, und die Erfüllung der Funktionen des Elternschaftsrechts auch künftig sichergestellt werden.

Ein modernes Elternschaftsrecht hat daher in einem stimmigen, systemische Inkonsistenzen vermeidenden Gesamtkonzept[522] eine rechtssichere, rechtsklare, vorhersehbare, bestandsfeste[523] und eine der Realität weitest möglich entspre-

---

[519] Weiteren Forschungsbedarf im soziologischen Bereich sehend *Buschner,* NZFam 2015, 1103, 1108.

[520] Eine Aufgabe des Begriffs schlägt auch der Arbeitskreis Abstammungsrecht vor, vgl. Arbeitskreis Abstammungsrecht des BMJV, Abschlussbericht – Empfehlungen für eine Reform des Abstammungsrechts, 2017, 14, 19 f., 30.

[521] *Schwab,* Familienrecht, 2016, § 47 Rn. 545; *Helms* in: Ständige Deputation des Deutschen Juristentages (Hrsg.), Rechtliche, biologische und soziale Elternschaft – Herausforderungen durch neue Familienformen, 2016, F 1, F 9; Arbeitskreis Abstammungsrecht des BMJV, Abschlussbericht – Empfehlungen für eine Reform des Abstammungsrechts, 2017, 23; Arbeitskreis Abstammungsrecht des BMJV, Abschlussbericht – Empfehlungen für eine Reform des Abstammungsrechts, 2017, 114 (Tobias Helms).

[522] So auch Arbeitskreis Abstammungsrecht des BMJV, Abschlussbericht – Empfehlungen für eine Reform des Abstammungsrechts, 2017, 23.

[523] Vgl. ähnlich Arbeitskreis Abstammungsrecht des BMJV, Abschlussbericht – Empfehlungen für eine Reform des Abstammungsrechts, 2017, 24; Persönliche Leitlinien der Mitglieder des Arbeitskreis Abstammungsrecht des BMJV, Abschlussbericht – Empfehlungen für eine Reform des Abstammungsrechts, 2017, 126 (Wolfgang Schwackenberg).

chende Eltern-Kind-Zuordnung zu ermöglichen, die einen gerechten Ausgleich aller berührter Interessen vornimmt.[524]

Leitend für diesen Interessenausgleich sind insbesondere die Grundsätze der Autonomie, des Schutzes der Würde des Menschen, des Schutzes des Lebens und der körperlichen Unversehrtheit, der Gleichbehandlung und das Kindeswohlprinzip als Ausprägung des Schwächerenschutzes, die als allgemeine, die Gesellschaftsordnung wesentlich konstituierende Rechtsgrundsätze, Teil des ethischen Minimalstandards sind.

Aufgrund der freiheitlichen Grundausrichtung unserer Gesellschaftsstruktur und der Höchstpersönlichkeit elternschaftsrechtlicher Rechtsverhältnisse ist darüber hinaus den Freiheitsrechten der Beteiligten ein weitest möglicher Raum zu gewähren.[525] Das rechtliche Eltern-Kind-Verhältnis muss daher soweit als möglich autonom gestaltbar sein, staatliche Zurückhaltung ist generell geboten.[526] Wo es die Funktion des Elternschaftsrechts und die Interessen der Beteiligten es allerdings erfordern, ist die Autonomie durch zwingendes Recht zu begrenzen.

Auch weiterhin sollte wie bereits im geltenden Abstammungsrecht klar zwischen originärer Zuordnung und Zuordnungskorrektur unterschieden werden.[527] Im Lichte einer bestandsfesten und rechtssicheren Zuordnung und zur möglichst familienschonenden Regelung der Elternschaftsverhältnisse sollte die originäre Eltern-Kind-Zuordnung so ausgestaltet sein, dass nur im Ausnahmefall ein Korrekturbedarf überhaupt entsteht,[528] da Korrekturen stets das Potential bergen, sich auf die bestehende Familie belastend auszuwirken.

Ein modernes Elternschaftsrecht sollte, wenn es die Lebenswirklichkeit angemessen erfassen möchte, auch Lösungen für Fälle vorsehen, die der Werteordnung des deutschen Rechts nicht vollständig entsprechen. Dies betrifft vor allem den Bereich der medizinisch-assistierten Reproduktion und Konstellationen der Leihmutterschaft. Es ist eine Tatsache, dass auch im Inland lebende Personen entsprechende Angebote aus dem Ausland wahrnehmen. Ein modernes Elternschaftsrecht muss daher auch für diese Konstellationen eine angemessene Regelung treffen.[529]

---

[524] Persönliche Leitlinien der Mitglieder des Arbeitskreis Abstammungsrecht des BMJV, Abschlussbericht – Empfehlungen für eine Reform des Abstammungsrechts, 2017, 109 (Dagmar Coester-Waltjen).

[525] Persönliche Leitlinien der Mitglieder des Arbeitskreis Abstammungsrecht des BMJV, Abschlussbericht – Empfehlungen für eine Reform des Abstammungsrechts, 2017, 112 (Rüdiger Ernst).

[526] *Schwenzer,* 71 RabelsZ (2007) 706, 711.

[527] So auch Arbeitskreis Abstammungsrecht des BMJV, Abschlussbericht – Empfehlungen für eine Reform des Abstammungsrechts, 2017, 24.

[528] Arbeitskreis Abstammungsrecht des BMJV, Abschlussbericht – Empfehlungen für eine Reform des Abstammungsrechts, 2017, 24.

Schlussendlich bietet es sich an, bereits einen Blick auf absehbare, künftige Entwicklungen zu nehmen und bereits vorausschauend angemessene Lösungen zu integrieren.[530]

II. Verfassungsrechtliche, menschenrechtliche und unionsrechtliche Vorgaben

Elternschaftsrechtliche Fragen berühren eine Reihe von verfassungsrechtlichen, menschenrechtlichen und unionsrechtlichen Verbürgungen. Diese setzten letztlich Vorgaben für die Ausgestaltung des einfachen Rechts. Sie sind daher bei der Ausgestaltung eines modernen Elternschaftsrechts leitend.

Herausragende Bedeutung kommt vor allem Art. 6 II GG zu, der das Elternrecht und damit die rechtliche Eltern-Kind-Zuordnung verbürgt. Art. 6 II GG enthält einen dreifachen Gewährleistungsgehalt. Er ist Institutsgarantie, indem er die rechtliche Eltern-Kind-Beziehung als solche verfassungsrechtlich garantiert, er ist wertentscheidende Grundsatznorm, indem er den Vorrang der Elternautonomie gegenüber staatlichem Einfluss statuiert und das Elternrecht gleichzeitig an das Kindeswohl bindet, er ist letztlich auch Abwehrrecht der Eltern gegen den Staat und stellt staatliche Einflüsse unter Rechtfertigungsvorbehalt. Träger des Elternrechts sind nur die rechtlichen Eltern, d.h. die Personen, die dem Kind als rechtliche Eltern zugeordnet sind. Da dies von §§ 1591 ff. BGB geregelt wird, stellt Art. 6 II GG ein zumindest teilweise normgeprägtes Grundrecht dar. Dem Gesetzgeber kommt bei der Ausgestaltung der rechtlichen Eltern-Kind-Zuordnung ein grundsätzlicher Gestaltungsspielraum zu. Leitend ist hierfür allerdings der verfassungsrechtliche Elternbegriff, d.h. die Vorstellung davon, wer als Elternteil im verfassungsrechtlichen Sinne anzusehen ist und somit als geeigneter Träger des Elternrechts in Betracht kommt. Das BVerfG hat die Elemente des verfassungsrechtlichen Elternbegriffs bislang nicht genauer präzisiert. Es kann angesichts der bislang zum Elternrecht ergangenen Entscheidungen von Folgendem ausgegangen werden: Die natürlichen und biologischen Eltern sind als die Personen, die dem Kind das Leben gegeben haben, unter den Elternbegriff zu fassen. Das Grundgesetz sieht sie als von Natur aus bereit und berufen an, die Elternverantwortung zu tragen. Der Gesetzgeber hat sich hieran zu orientieren, und die rechtliche Eltern-Kind-Zuordnung so auszugestalten, dass in der Regel die genetischen und biologischen Eltern auch die rechtlichen Eltern des Kindes sind. Das bedeutet für die elternschaftsrechtliche Ausgestaltung der Zuordnung konkret, dass es von Verfassung wegen den biologischen und genetischen Eltern

---

[529] Vgl. hierzu den Hinweis bei *Britz,* StAZ 2016, 8; Persönliche Leitlinien der Mitglieder des Arbeitskreis Abstammungsrecht des BMJV, Abschlussbericht – Empfehlungen für eine Reform des Abstammungsrechts, 2017, 127 (Wolfgang Schwackenberg).

[530] Persönliche Leitlinien der Mitglieder des Arbeitskreis Abstammungsrecht des BMJV, Abschlussbericht – Empfehlungen für eine Reform des Abstammungsrechts, 2017, 109 (Dagmar Coester-Waltjen).

möglich sein muss, die rechtliche Elternposition zu erlangen. Darüber hinaus erstreckt sich der verfassungsrechtliche Elternbegriff nach ständiger Rechtsprechung und ganz herrschender Lehre auch auf diejenigen Personen, die einfachrechtlich Eltern des Kindes und somit Träger des Elternrechts sind. Unabhängig von Geschlecht, sexueller Orientierung, genetischer oder biologischer Verbindung zum Kind sind somit die als rechtliche Eltern zugeordneten Personen auch Eltern im verfassungsrechtlichen Sinne. Letzteres umfasst somit auch nur soziale Elternteile, die in einem rechtlichen Eltern-Kind-Verhältnis zum Kind stehen. Nach der hier vertretenen Ansicht umfasst der verfassungsrechtliche Elternbegriff allerdings ferner Personen, die die Bereitschaft gezeigt haben dauerhaft für ein Kind elterliche Verantwortung zu tragen und somit bereit sind, die mit dem Elternrecht untrennbar verbundenen Pflichten auf sich zu nehmen. Der verfassungsrechtliche Elternbegriff umfasst daher auch nur soziale Elternteile, die die rechtliche Elternstellung erst anstreben. Sie sind, wie der genetische, nicht rechtliche Vater zwar ebenfalls nicht Träger des Elternrechts, ihnen ist aber in bestimmten Situationen ebenfalls ein verfahrensrechtliches Recht zu gewährleisten, in die rechtliche Elternstellung einrücken zu können. Bei der Ausgestaltung des Zuordnungssystems hat der Gesetzgeber sich zwar daran zu orientieren, dass die genetischen und biologischen Eltern des Kindes auch rechtliche Eltern des Kindes werden können, genetischer und biologischer Elternschaft kommt aber kein genereller Vorrang vor sozialer Elternschaft zu. Der Gesetzgeber ist frei, unter Beachtung eines gerechten Interessenausgleichs auch der sozialen Elternschaft den Vorrang einzuräumen.

Weitere für das Elternschaftsrecht zu beachtende Verbürgungen stellen das Recht auf Fortpflanzung, Art. 6 I, IV GG, das Recht des Kindes auf elterliche Pflege und Erziehung (Art. 2 I i.V.m. Art. 6 II 1, 2 GG), das allerdings kein Gewährleistungsrecht auf Zuordnung zu zwei rechtlichen Elternteilen bzw. zum genetischen Elternteil schafft, das Recht auf Familiengründung, Art. 6 I GG, das allgemeine Persönlichkeitsrecht Art. 2 I i.V.m. Art. 1 I GG insbesondere in der Ausprägung des Rechts auf informationelle Selbstbestimmung, aus dem unter anderem ein schutzwürdiges Interesse des Kindes/des rechtlichen Vaters gefolgert wurde, eine der Wahrheit nicht entsprechende rechtliche Eltern-Kind-Zuordnung zu beseitigen, das Gleichheitsgebot, Art. 3 I GG, und spezielle Ausprägungen desselben, die Menschenwürdegarantie des Art. 1 I GG und der Lebens- und Gesundheitsschutz gem. Art. 2 II 1 GG dar. Auch das Verbot der Entziehung der Staatsangehörigkeit in Art. 16 GG ist beachtlich, da die Staatsangehörigkeit nach § 4 StAG an die rechtliche Eltern-Kind-Zuordnung geknüpft ist.

Mit Blick auf menschenrechtliche Gewährleistungen ist insbesondere Art. 8 I EMRK von Bedeutung, der das rechtliche Eltern-Kind-Verhältnis sowohl unter dem Tatbestandsmerkmal des Privatlebens, als auch unter jenem des Familienlebens erfasst. Auch ein intendiertes Familienleben kann in den Schutzbereich des Art. 8 I EMRK fallen, wobei hier genau zu differenzieren ist, ob es sich um das intendierte Familienleben eines biologischen, genetischen bzw. rechtlichen Elternteils einerseits, oder um das eines nur sozialen aber nicht rechtlichen Elternteils andererseits handelt. Letzteres ist nach der Rechtsprechung des Gerichtshofs nur unter den Schutzbereich des Familienlebens zu fassen, wenn eine Verfestigung der Familienbeziehung vorliegt. Im elternschaftsrechtlichen Kontext hat der EGMR ein 6- bis 8-monatiges Familienleben nicht ausreichen lassen,[531] was vor dem Hintergrund der bindungstheoretischen Forschung bedenklich erscheint. Im Rahmen des Privatlebens kann die Eltern-Kind-Beziehung aber auch ohne eine entsprechende Verfestigung erfasst werden. Art. 8 I EMRK erfasst somit ebenfalls genetische, biologische und soziale Elternschaft. Ein Rangverhältnis der einzelnen Segmente gibt es nicht, insbesondere erfordert die EMRK nicht, dem genetischen, nicht rechtlichen Vater ein Anfechtungsrecht zu gewähren, seine Interessen sind allerdings stets zu berücksichtigen. Bei der Ausgestaltung elternschaftsrechtlicher Fragen verfügt der Gesetzgeber auch nach Art. 8 I EMRK über einen Beurteilungsspielraum, der je nach Einzelfrage unterschiedlich stark ausgeprägt sein kann. Der Schutz des Privat- und Familienlebens umfasst ferner das Interesse des Kindes/der Eltern, die bestehende Elternschaft feststellen zu lassen und im Gegenzug eine rechtliche Eltern-Kind-Beziehung bei Fehlen der genetischen Abstammungsbeziehung zu beseitigen.

Darüber hinaus sind im Rahmen der EMRK noch Art. 2, 12 und 14 EMRK relevant. Auf menschenrechtlicher Ebene haben ferner die Verbürgungen der UN-Kinderrechtekonvention, deren 2. Zusatzprotokoll (betr. Kinderhandel) und die Menschenrechtspakte, d.h. der Internationale Pakt über bürgerliche und politische Rechte vom 19.12.1966 und der Internationale Pakt über wirtschaftliche, soziale und kulturelle Rechte vom 19.12.1966 Bedeutung.

Auf supranationaler Ebene sind für elternschaftsrechtliche Fragen die Dienstleistungsfreiheit, Art. 56 AEUV, die Freizügigkeit der Unionsbürger, Art. 21 AEUV, und die Unionsbürgerschaft, Art. 20 AEUV, beachtlich, wenn es um die Anerkennung von Eltern-Kind-Verhältnissen geht, die in einem anderen Mitgliedstaat begründet wurden. Eine Anerkennung von Rechtslagen lässt sich aus Art. 21 AEUV allerdings nicht ableiten. Für die Auslegung der unsionsrechtlichen Bestimmungen sind ferner die grundrechtlichen Verbürgungen der EU-Grundrechtecharta von Bedeutung.

III. Konzeptionelle Grundausrichtung eines modernen Elternschaftsrechts

§ 3 hatte sich ganz konkret die Aufgabe gesetzt, die Struktur eines modernen Elternschaftsrechts zu erarbeiten, wozu dessen konzeptionelle Grundausrichtung

---

[531] *EGMR*, Urt. v. 24.1.2017 – Nr. 25358/12 (*Paradiso u. Campanelli/Italien*), http://hudoc.echr.coe.int/eng?i=001-170359 (zuletzt geprüft am 08.10.2017).

als Statusrecht und die Herausarbeitung relevanter Orientierungslinien gehören. Als Ergebnis der Untersuchung kann Folgendes festgehalten werden:

Einem modernen Elternschaftsrecht sollte trotz gelegentlich kritischer Stimmen in der Literatur auch weiterhin statusrechtliche Natur zukommen. Es besteht kein Anlass vom Statusprinzip Abstand zu nehmen und die rechtliche Eltern-Kind-Verbindung etwa dem Vertragsrecht zu überantworten. In der Sache drehen sich die ausgetauschten Argumente ohnehin nicht so sehr um die statusrechtliche Kategorisierung als solche, sondern vielmehr darum, wie viel Gestaltungsautonomie den Familienmitgliedern konkret zukommen sollte und wie viel staatliche Intervention notwendig erscheint. Aus der statusrechtlichen Natur folgt unweigerlich eine Beibehaltung statusrechtlicher Prinzipien. Dies sind die Grundsätze der Statuswahrheit, der Statusklarheit, der Statuserkennbarkeit und der Statusbeständigkeit. Auch sollte der rechtlichen Eltern-Kind-Zuordnung weiterhin „*erga omnes*"-Wirkung zukommen und an einer entsprechenden Sperrwirkung der Zuordnung festgehalten werden. Diese Elemente machen die Natur des Statusrechts aus und haben sich generell bewährt.[532] Die Beibehaltung rechtfertigt sich in der Sache dadurch, dass die Beteiligten eines rechtlichen Eltern-Kind-Verhältnisses aufgrund der weitreichenden Folgen dieses Rechtsverhältnisses ein großes Interesse daran haben, dass Sicherheit über den Status besteht, der Status verlässlich und damit bestandsfest ausgestaltet und allen Beteiligten klar und erkennbar ist. Auch sollte der Status der Lebenswirklichkeit entsprechen und damit wahr sein. Aufgrund der erarbeiteten Orientierungslinien eines modernen Elternrechts sind einzelne Aspekte in einem modernen Elternschaftsrecht mitunter anders nuanciert, als dies im gegenwärtigen Abstammungsrecht der Fall ist. Letztlich ist auch an einem möglichst frühen Zeitpunkt der Zuordnung festzuhalten, die generelle Anknüpfung an den Zeitpunkt der Vollendung der Geburt ist sinnvoll, da in diesem Zeitpunkt die Rechtsfähigkeit des Menschen beginnt und somit die rechtlichen Beziehungen ihre Wirkungen entfalten können.

Ein modernes Elternschaftsrecht sollte sich ferner an folgenden Orientierungslinien ausrichten:

1. Ein modernes Elternschaftsrecht sollte sich bei der Zuordnung des rechtlichen Eltern-Kind-Verhältnisses und bei dessen Korrektur davon leiten lassen, dass genetische, biologische und soziale Elternschaft im Wesentlichen gleichbedeutend sind. Die eingehende Untersuchung in § 1 hat gezeigt, dass jedem Elternschaftssegment für sich genommen ein bedeutender Einfluss auf die Eltern-Kind-Beziehung und die Kindesentwicklung zukommt, und dass vor interdisziplinärem Hintergrund nicht ersichtlich wäre, dass eines der Elternschaftssegmente diesbezüglich bedeutenderes Gewicht hätte. Auch ein Blick auf die heute gelebten Familienformen und Familienleitbilder zeigt, dass Familie und Eltern-

---

[532] Vgl. auch *Windel* in: Lipp/Röthel/Windel (Hrsg.), Familienrechtlicher Status und Solidarität, 2008, 1, 17; *Muscheler,* Familienrecht, 2017 Rn. 193 ff.

schaft im Verständnis der in Deutschland lebenden Personen nicht rein über genetische bzw. biologische Faktoren determiniert werden. Elternschaft ist vielmehr heute unabhängig von genetischer Abstammung. Die Orientierung an der Gleichwertigkeit der Elternschaftssegmente entspricht daher den gesellschaftlichen Wertvorstellungen und sollte somit rechtlich vollzogen werden. Mit höherrangigem Recht ist diese Orientierung vereinbar. Aus dieser Orientierungslinie lassen sich einige Schlussfolgerungen für die Zuordnungssystematik ziehen. Erstens ist eine grundsätzliche Abkehr vom Primat der genetischen Abstammung, wie sie dem geltenden System unterliegt, notwendig. Die Gestaltung des Zuordnungssystems muss sich daher an Zuordnungskriterien orientieren, die der Gleichwertigkeit der Elternschaftssegmente angemessen Rechnung tragen. Insbesondere muss zweitens Sorge dafür getroffen werden, dass für Konfliktsituationen, die sich in Form von positiven Elternschafts-Konflikten, d. h. dem aktiven Konflikt mehrerer Personen, die Elternschaftssegmente verwirklichen, um eine rechtliche Elternstellung, und negativen Elternschafts-Konflikten, in denen keine in Betracht kommende Person die Elternrolle einnehmen möchte, angemessene Lösungen bereitgehalten werden. Der Gesetzgeber muss bei der Elternschaftszuordnung nicht stets *ex ante* ermitteln, ob ein Zuordnungsgrund auch tatsächlich gegeben ist, z. B. eine genetische Abstammungsuntersuchung vorgeburtlich durchführen. Es ist durchaus sinnvoll und mit der Verfassung in Einklang zu bringen, wenn Zuordnungskriterien gewählt werden, die in der Regel zu einer Übereinstimmung von genetischer, biologischer und/oder sozialer Elternschaft einerseits und rechtlicher Elternschaft andererseits führen, wenn für Fehlzuordnungen Korrekturinstrumente vorgehalten werden.

2. Des Weiteren sollte sich ein modernes Elternschaftsrecht daran orientieren, dass dem Eltern-Kind-Verhältnis höchstpersönliche Natur zukommt und privatautonome Willensentschließungen besondere Relevanz entfalten. Fragen des „Für" und „Wider" für eine Elternschaft und die eigene Fortpflanzung betreffen den Kernbereich der persönlichen Lebensgestaltung, privatautonome Entscheidungen und Entscheidungsfreiheiten sind daher von besonderer Bedeutung. Auch ein modernes Elternschaftsrecht muss daher dem Einzelnen ausreichend Raum gewähren, die elternschaftsrechtlichen Verhältnisse selbst zu bestimmen. Das gilt insbesondere mit Blick darauf, dass auch die nur soziale Elternschaft als Zuordnungsgrund gleichwertig ist. Eine Elternschaft durch Willensakt ist somit im Grundsatz zu ermöglichen. Dabei ist jedoch zu beachten, dass das Elternschaftsrecht als Statusrecht eine klare, erkennbare, wahre und möglichst bestandsfeste Eltern-Kind-Zuordnung zu bewirken hat. Es muss im Sinne der Schaffung von Rechtssicherheit und -klarheit die Entscheidungsautonomie der Beteiligten daher begrenzen. Die Balance der in diesem Spannungsfeld befindlichen Interessen wird durch das derzeit geltende Abstammungsrecht bewirkt, indem es im Grundsatz ein Regelungssystem der Eltern-Kind-Zuordnung zwingend vorgibt, an entscheidenden Stellen der privatautonomen Gestaltung allerdings Raum lässt.

An diesem Ansatz wird weiter festzuhalten sein. Die Zuordnungssystematik hat somit erstens sicherzustellen, dass privatautonome Entscheidungen hinreichende Berücksichtigung erlangen. Das derzeitige System weist unter diesem Aspekt gehörigen Verbesserungsbedarf auf. Dies gilt etwa für die Beachtlichkeit des Kindeswillens bei der Zustimmung zur Elternschaftsanerkennung oder aber für die Beachtlichkeit des Willens zur Übernahme von Elternverantwortung bei gleichgeschlechtlichen weiblichen Paaren. Gleichzeitig ist im Lichte einer bestandsfesten und verlässlichen Zuordnung zweitens sicherzustellen, dass privatautonomen Entscheidungen gewisse Verbindlichkeit zukommt. Auch hier haben sich im derzeitigen System Versäumnisse aufgetan, z. B. bei der fehlenden Möglichkeit den in die heterologe Insemination einwilligenden nichtehelichen Lebenspartner der Geburtsmutter gerichtlich als Vater feststellen lassen zu können. Drittens ist dafür Sorge zu tragen, dass privatautonome Entscheidungen angesichts der weitreichenden Folgen nachweisbar und gut informiert getroffen werden können. Über eine gewisse Formalisierung privatautonomer Willensentschließung ist somit im Grundsatz nachzudenken, wobei bei der Bestimmung der Folgen eines Formverstoßes Vorsicht geboten ist, nicht in jeder Konstellation ist die Nichtigkeitsfolge des § 125 BGB die angemessene Rechtsfolge. Letztlich folgt aus dem Grundsatz der Höchstpersönlichkeit die rechtsgeschäftliche Unverzichtbarkeit, ein Ausschluss gewillkürter Stellvertretung und das Gebot zur Minimierung staatlicher Einflussnahme bei der Gestaltung elternschaftsrechtlicher Beziehungen. § 1597a BGB sollte somit gestrichen werden.

3. Ein modernes Elternschaftsrecht sollte sich am Verantwortlichkeitsprinzip orientieren, d.h. es sollte sichergestellt sein, dass die Beteiligten für ihre autonomen Handlungen verantwortlich zeichnen, und Personen unter bestimmten Umständen auch dann als Eltern in die Pflicht genommen werden können, wenn ein Wille zur Übernahme von Elternverantwortung nicht vorliegt. Die Begrenztheit der Zuordnung von Elternverantwortung aufgrund autonomer Willensentschließung verlangt letztlich im Sinne der Ermöglichung einer verlässlichen und bestandsfesten Zuordnung, dass durch das Elternschaftsrecht auch dann Verantwortlichkeiten definiert werden, wenn eine Bereitschaft zur Übernahme der Elternverantwortung fehlt. Erinnert sei an das vorstehend herausgestellte Fallbeispiel des negativen Elternschafts-Konflikts, in dem der in die heterologe Insemination einwilligende nichteheliche Lebenspartner der Geburtsmutter die Vaterschaftsanerkennung unterlässt. Da er die Entstehung des Kindes durch seine Einwilligung in Gang gesetzt hat, ist er für die Entstehung des Kindes letztlich verantwortlich. An dieser Verantwortungsübernahme sollte er auch mit Blick auf seine rechtliche Verantwortlichkeit, d.h. die rechtliche Elternstellung festgehalten werden, zumal die Entscheidung für die Zeugung eines Kindes nicht umkehrbar ist. Gleiches gilt letztlich für Personen, die willentlich miteinander ungeschützt natürlich verkehren, die Elternrolle für ein gezeugtes Kind aber explizit nicht übernehmen möchten. Die Zuordnungssystematik hat somit insoweit Instrumente vorzusehen, die es ermöglichen entsprechende Verantwortlichkeiten zuzuweisen.

4. Ein modernes Elternschaftsrecht hat sich im Grundsatz abstrakt-generell an einem als Minimalstandard verstandenen Kindeswohl zu orientieren. Das Kindeswohl nimmt im Familienrecht und daher auch im Elternschaftsrecht eine herausragende Stellung ein. Es wird in der EMRK und im GG gewährleistet. Der Schutz des Kindeswohls ist als ein aus den Grundsätzen der Autonomie, des gerechten Interessenausgleichs und dem Schwächerenschutz hergeleiteter Grundsatz Teil des ethischen Minimums. Das Kindeswohl ist im Bereich der staatlichen Regulierung von rechtlichen Eltern-Kind-Verhältnissen als Minimalstandard zu verstehen und aufgrund der Aufgabe des Elternschaftsrechts nur abstrakt-generell zu berücksichtigen. Es geht somit nicht darum zu beurteilen, wer der beste Elternteil für das Kind im jeweiligen Einzelfall ist. Es geht im Wesentlichen darum abstrakt-generell zu beurteilen, ob eine Zuweisung des Elternrechts an eine in Betracht kommende Person für das Kind nachteilige Wirkungen im Sinne schwerwiegender Gefahren zeitigen würde. Bei der Gestaltung der Zuordnungssystematik ist daher mit Blick auf das Kindeswohl abstrakt-generell sicherzustellen, dass dem Kind fürsorgebereite Eltern zugewiesen werden. Auf die Zuordnungsgründe der biologischen, genetischen und sozialen Elternschaft kann hierbei insoweit zurückgegriffen werden, denn: sowohl aus dem genetischen und biologischen Band wie aus der erklärten Bereitschaft zur Übernahme von Elternverantwortung kann abstrakt-generell darauf geschlossen werden, dass diese Personen lebenslang Verantwortung für das Kind tragen werden und somit fürsorgebereite Eltern sind. Auch für Fälle der Embryonenspende und der Leihmutterschaft bei bestehender genetischer Verwandtschaft zumindest eines Wunschelternteils ist eine andere Beurteilung nicht angezeigt. In Leihmutterschaftsfällen, bei denen keiner der Wunschelternteile mit dem Kind genetisch verwandt ist, besteht durchaus eine der Adoption vergleichbare Konstellation, die eine konkret-individuelle Kindeswohlprüfung rechtfertigt.

5. Im Rahmen eines modernen Elternschaftsrechts sollten für die Zuordnung und Korrektur der rechtlichen Elternschaft die sexuelle Orientierung und das Geschlecht der Eltern unerheblich sein. Die vorstehende Untersuchung hat gezeigt, dass Familie und Elternschaft unabhängig von Geschlecht und sexueller Orientierung der Eltern gelebt werden. Auch vor kinderpsychologischem Hintergrund ergibt sich keine Notwendigkeit, die rechtliche Eltern-Kind-Zuordnung geschlechtsspezifisch oder an der sexuellen Orientierung der Eltern geleitet auszugestalten. Untersuchungen zu Kindern in gleich- und verschiedengeschlechtlichen Familien haben gezeigt, dass keinerlei Entwicklungsauffälligkeiten auftreten, wenn Kinder in gleichgeschlechtlichen Familien groß werden. Frühere Bedenken hierzu sind somit durch die heutigen Forschungsergebnisse widerlegt. Unter Berücksichtigung der Interessen aller Beteiligten ist somit eine von der sexuellen Orientierung der Eltern neutrale Zuordnungssystematik zu entwickeln.

Dies beinhaltet vor allem die Schaffung von Möglichkeiten für gleichgeschlechtliche weibliche Paare, eine originäre Elternschaftszuordnung beider Partnerinnen
losgelöst von der Adoption zu ermöglichen. Um Fällen der Trans- und Intersexualität angemessener gerecht zu werden, sind die entsprechenden Bestimmungen geschlechtsneutral zu formulieren.

6. *Für die Zuordnungssystematik eines modernen Elternschaftsrechts sollten
die Zeugungsumstände im Grundsatz irrelevant sein.* Kinder werden heute auf
vielfältige Weise gezeugt. Medizinisch-assistierte und natürliche Zeugung sind
letztlich als gleichwertig anzusehen. Insbesondere kinderpsychologische Studien
räumen heute Bedenken aus, Kinder erführen durch die assistierte Reproduktion
einen Entwicklungsnachteil. Von geringen Ausnahmen abgesehen, gilt bereits im
derzeitigen Recht eine von den Zeugungsumständen losgelöste Zuordnungssystematik. Dies sollte beibehalten werden. Eine solche ermöglicht es, rechtsklar
und losgelöst von Beweiserhebungen über die im konkreten Fall zum Zeugungserfolg führende Methode, eine Eltern-Kind-Zuordnung zu bewirken. Auch im
Ausland vorgenommene Fälle, die unter Umständen den im Inland bestehenden
Tatbestandsvoraussetzungen (z. B. speziell lizensierte Klinik) entsprechen, können somit erfasst werden. Die Regeln der Eltern-Kind-Zuordnung sollten somit
im Grundsatz unterschiedslos bei Samenspende, Eizellen- oder Mitochondrienspende, Embryonenspende und Leihmutterschaft die Elternzuordnung bewirken.
Auch sollte es keinen Unterschied machen, ob die Zeugung unter Mitwirkung
eines Arztes oder im Wege der Selbstinsemination mittels privatem oder klassischem Gametenspender erfolgt. Da in den verschiedensten Konstellationen die
Interessen der Beteiligten unterschiedlich berührt sind (vgl. alleine die Konstellationen klassischer Spender mit medizinisch-assistierter Reproduktion und bekannter privater Spender mit Selbstinsemination), sind im Rahmen der Statuskorrektur Instrumente vorzusehen, die einen angemessenen Ausgleich der Interessen
bewirken (z. B. Anfechtungsrechte).

7. *Ein modernes Elternschaftsrecht sollte sich bei der Zuordnungssystematik
am „Zwei-Eltern"-Prinzip orientieren, einem Kind sollten damit maximal zwei
rechtliche Eltern zugeordnet werden können.* Aufgrund des in § 1 dargestellten
Wandels familialer Strukturen und Eltern-Kind-Konstellationen, mit dem eine
verstärkte Pluralisierung von Elternschaft einhergeht, ist in der jüngeren Zeit darüber nachgedacht worden, das im deutschen Abstammungsrecht geltende „Zwei-
Eltern"-Prinzip zugunsten einer Elternschaft von mehr als zwei Personen aufzugeben. Betrachtet man die konkreten Fallgestaltungen, in denen es zu Konflikten
mehrerer Elternteile kam, wird deutlich, dass es in diesen Fällen nicht so sehr
darum ging, wer die Stellung als rechtlicher Elternteil an sich einnimmt, sondern
vielmehr um die Wirkungen, die sich aus dieser Rechtsstellung ergeben (Sorgerechte, Umgangs- und Informationsrechte). Bei der Zuweisung dieser Rechte
stellen sich konkret-individuelle Fragen, z. B. ob es dem Kindeswohl entspricht,
wenn eine bestimmte Person das Sorgerecht für ein Kind übertragen bekommen

soll. Mit derartigen Fragestellungen befasst sich das Elternschaftsrecht hingegen nicht. Dieses hat abstrakt-generell die Elternzuordnung zu einem möglichst frühen Zeitpunkt zu bewirken. Konkret-individuelle Erwägungen spielen keine Rolle. Daher erscheint es sinnvoller, dem Phänomen pluralisierter Elternschaft auf der Ebene der Einzelausprägungen des Elternrechts zu begegnen, d.h. je nach Konstellation Sorgerechte, Umgangs- und Informationsrechte, Unterhaltsrechte, Erbrechte usw. zuzuweisen. Eine Ermöglichung der elterlichen Sorge durch mehr als zwei Personen, wie sie in einigen Rechtsordnungen bereits praktiziert wird, erscheint sinnvoll. Eine Lösung auf dieser Ebene ist auch viel geeigneter, flexibel auf die unterschiedlichen Konstellationen pluralisierter Elternschaft einzugehen. Die rechtliche Vollelternschaft ist nicht stets die interessengerechteste Lösung. Im Bereich pluralisierter Elternschaft sind noch viele Forschungsfragen offen, die die Wissenschaft in der Zukunft befassen werden.

§ 4 Zuordnungssystematik
eines modernen Elternschaftsrechts

In § 3 ist eingehend die Struktur eines modernen Elternschaftsrechts herausgearbeitet worden. Das vorliegende Kapitel widmet sich nun der Entwicklung eines darauf aufbauenden Zuordnungssystems der rechtlichen Eltern-Kind-Zuordnung. Die vorliegende Theorie eines Elternschaftsrechts geht vom Grundsatz des „Zwei-Eltern"-Prinzips aus. Einem Kind können somit maximal zwei rechtliche Elternteile zugeordnet werden. Bei der Entwicklung eines entsprechenden Zuordnungssystems bietet es sich daher an, nach erster und zweiter Elternstelle zu unterscheiden.[1] Deshalb wird die Zuordnung der rechtlichen Eltern nach den jeweiligen Elternstellen getrennt behandelt (A. und B.). Darauffolgend werden Mechanismen der Zuordnungskorrektur ebenfalls gesondert für jede Elternstelle näher erörtert (C.). Abschnitt (D.) widmet sich dem Sonderfall der Leihmutterschaft. Abschnitt (E.) behandelt die Sonderfälle der Kindes-, Gameten- und Embryonenvertauschung. Das Kapitel schließt mit einer Zusammenfassung (F.).

A. Zuordnung des Elternteils (erste Elternstelle)

Ein modernes Elternschaftsrecht sollte als (ersten) Elternteil die Person zuordnen, die das Kind geboren hat (Geburtselternschaft).[2]

I. Begründung des Anknüpfungskriteriums

1. Derzeitige Rechtslage

Eine Anknüpfung der Elternschaft an die Geburt entspricht bereits jetzt mit Blick auf die Mutterschaft geltendem Recht. § 1591 BGB bestimmt als rechtliche

---

[1] Ähnlich Arbeitskreis Abstammungsrecht des BMJV, Abschlussbericht – Empfehlungen für eine Reform des Abstammungsrechts, 2017.

[2] Für die Beibehaltung dieser Regelung auch Arbeitskreis Abstammungsrecht des BMJV, Abschlussbericht – Empfehlungen für eine Reform des Abstammungsrechts, 2017, 34 (Einstimmigkeit bei der Beschlussfassung); Persönliche Leitlinien der Mitglieder des Arbeitskreis Abstammungsrecht des BMJV, Abschlussbericht – Empfehlungen für eine Reform des Abstammungsrechts, 2017, 109 (Dagmar Coester-Waltjen); *Voigt,* Abstammungsrecht 2.0, 2015, 190 f. Vgl. so auch die Draft recommendation on the rights and legal status of children and parental responsibilities des Europarats, CDJC 2011, 15, die allerdings bislang nicht angenommen worden ist, vgl. dazu *Lederer,* Grenzenloser Kinderwunsch – Leihmutterschaft im nationalen, europäischen und globalen rechtlichen Spannungsfeld, 2016, 259 ff.; *Nikolina,* Divided parents, shared children, 2015, 33 ff.

Mutter die Frau, die das Kind geboren hat. Die Bestimmung wurde erst 1989 mit dem KindRG in das BGB eingeführt.[3] Der bis zu dieser Änderung geltende römischrechtliche Grundsatz „*mater semper certa est*"[4] erschien dem Gesetzgeber aufgrund der Entwicklungen der Reproduktionsmedizin und der damit einhergehenden Möglichkeit der Trennung von genetischer und biologischer Mutterschaft nicht mehr hinreichend, um eine rechtssichere Mutterzuordnung zu gewährleisten. Das KindRG schaffte vor dem Hintergrund, eine sog. „gespaltene Mutterschaft" zu verhindern,[5] daher eine Festlegung der rechtlichen Mutterschaft auf die Geburtsmutter, unabhängig von deren genetischer Beziehung zum Kind.[6] Gleichzeitig wollte man damit das Leihmutterschaftsverbot stärken, indem eine Zuordnung zur Wunschmutter verwehrt wurde. Begründet wurde die Festlegung auf die Geburtsmutter insbesondere mit dem Argument der Pränatalbindung, die sich zwischen Geburtsmutter und Kind entwickelt.[7]

Für die Bewirkung der rechtlichen Zuordnung kommt es allein auf die Vollendung der Geburt an.[8] Die Mutterzuordnung erfolgt somit von Gesetzes wegen, d. h. automatisch. Die Eintragung in das Geburtenregister ist lediglich deklaratorischer Natur.[9] Eine Fälschung des Registers oder gar der Personenstandsurkunde ist für die rechtliche Elternschaft unbeachtlich.[10] Steht die rechtliche Mutterschaft in Streit, beispielsweise bei einer behaupteten Kindesvertauschung, haben Geburtsurkunde und Registerauszug allenfalls Indizwirkung. Für den Nachweis der Tatsache der Geburt des Kindes durch die betreffende Frau stehen alle nutz-

---

[3] Gesetz zur Reform des Kindschaftsrechts vom 16.12.1997, BGBl. I S. 2942. Zur Gesetzgebungsgeschichte *Coester-Waltjen* in: Ständige Deputation des Deutschen Juristentages (Hrsg.), Verhandlungen des 56. Deutschen Juristentages, 1986, 9 ff.; *Gernhuber/Coester-Waltjen*, Familienrecht, 2010, 583 f.; *Schwab*, Familienrecht, 2016, § 48 Rn. 546; MüKoBGB/*Wellenhofer*, § 1591 Rn. 1, 3; Staudinger/*Rauscher*, § 1591 Rn. 1, 9 ff.; BeckOGK/*Haßfurter*, § 1591 BGB Rn. 18–43; *Voigt*, Abstammungsrecht 2.0, 2015, 41 ff.; *Gietl*, Abstammung – Dogmatik einer normativen Kategorie, 2014, 49 ff.

[4] Paulus Dig. 2, 4, 5; erläuternd *Coester-Waltjen* in: Ständige Deputation des Deutschen Juristentages (Hrsg.), Verhandlungen des 56. Deutschen Juristentages, 1986, 9, B 29 f.; MüKoBGB/*Wellenhofer*, § 1591 Rn. 1; Spickhoff, MedR/*Spickhoff*, § 1591 BGB Rn. 1; *Wanitzek*, Rechtliche Elternschaft bei medizinisch unterstützter Fortpflanzung, 2002, 27.

[5] BT-Drs. 13/4899, 82; vgl. so auch zum ESchG, BT-Drs. 11/5460, 17. MüKoBGB/*Wellenhofer*, § 1591 Rn. 3; Staudinger/*Rauscher*, § 1591 Rn. 10; BeckOGK/*Haßfurter*, § 1591 BGB Rn. 14; Spickhoff, MedR/*Spickhoff*, § 1591 BGB Rn. 1.

[6] *Wohn*, Medizinische Reproduktionstechniken und das neue Abstammungsrecht, 2001, 54.

[7] BT-Drs. 13/4899, 82.

[8] Stirbt die Mutter während der Geburt, überlebt aber das Kind, ist § 1591 BGB entsprechend heranzuziehen, vgl. MüKoBGB/*Wellenhofer*, § 1592 Rn. 12.

[9] *Gernhuber/Coester-Waltjen*, Familienrecht, 2010, 584; zur Eintragungspflicht siehe MüKoBGB/*Wellenhofer*, § 1591 Rn. 6.

[10] *BGH*, Beschl. v. 26.7.2017 – XII ZB 125/17, BeckRS 2017, 121234 (hins. Vaterstellung).

baren Beweismittel zur Verfügung, auch eine genetische Abstammungsuntersuchung, wenn nicht gar eine Embryonen- oder Gametenvertauschung vorgelegen hat, bei der die Abstammungsuntersuchung keinen Beitrag für den Nachweis der Geburt leisten kann.[11] Verfahrensrechtlich steht zur Klärung der Geburtsmutterschaft das Statusverfahren nach § 169 Nr. 1 FamFG zur Verfügung.[12] Andere Wege, die Mutterschaft zu begründen bestehen – abgesehen von der Adoption – nicht, insbesondere ist keine rechtsgeschäftliche Mutterschaftsübernahme oder Mutterschaftsanerkennung (etwa § 1594 BGB analog) möglich.[13]

Da die Mutterschaftszuordnung des § 1591 BGB unanfechtbar ausgestaltet ist[14] und sich an ihr die Zuordnung der Vaterschaft orientiert, stellt sie im derzeitigen System einen Fixpunkt dar.[15] Die Mutterzuordnung entfaltet aufgrund der statusrechtlichen Natur des Abstammungsrechts darüber hinaus eine Sperrwirkung und hindert die Zuordnung einer anderen Frau als Mutter außerhalb der Adoption.[16]

2. Rechtsvergleichende Betrachtung

Die rechtliche Mutterschaft ist in fast allen Rechtsordnungen automatisch der Person zugeordnet, die das Kind geboren hat.[17] Hiervon weichen traditionell gesehen die romanischen Rechtsordnungen ab, die ein System der Mutterschaftsanerkennung, aber auch Zuordnungsmechanismen wie die *possession d'état* (Statusbesitz) vorsehen.[18] Das Anerkennungssystem verliert international gese-

---

[11] *Gernhuber/Coester-Waltjen,* Familienrecht, 2010, 584; MüKoBGB/*Wellenhofer,* § 1591 Rn. 9; Staudinger/*Rauscher,* § 1591 Rn. 27; BeckOGK/*Haßfurter,* § 1591 BGB Rn. 80.

[12] MüKoBGB/*Wellenhofer,* § 1591 Rn. 9; BeckOGK/*Haßfurter,* § 1591 BGB Rn. 80; *Wanitzek,* Rechtliche Elternschaft bei medizinisch unterstützter Fortpflanzung, 2002, 28.

[13] *Gernhuber/Coester-Waltjen,* Familienrecht, 2010, 584; NK-BGB/*Gutzeit,* § 1591 Rn. 5.

[14] Hierzu siehe eingehend unten.

[15] *Gernhuber/Coester-Waltjen,* Familienrecht, 2010, 583. *Voigt,* Abstammungsrecht 2.0, 2015, 42.

[16] MüKoBGB/*Wellenhofer,* § 1591 Rn. 4; *OLG Köln,* Beschl. v. 26.03.2015 – II-14 UF 181/14, BeckRS 2015, 12463; zur ausnahmsweisen Inzidenzfeststellung der Mutterschaft einer anderen Frau z.B. im Rahmen des § 1307 BGB MüKoBGB/*Wellenhofer,* § 1591 Rn. 8; *Gaul,* FamRZ 1997, 1441, 1464; Spickhoff, MedR/*Spickhoff,* § 1591 BGB Rn. 2; BeckOGK/*Haßfurter,* § 1591 BGB Rn. 88.

[17] *Dethloff,* Familienrecht, 2015, § 10 Rn. 102; MüKoBGB/*Wellenhofer,* § 1591 Rn. 30 m.w.N. in den Fn. Zu einem vergleichenden Blick auf das deutsche und das Schweizer Recht *Valentin,* Biologische Abstammung als Maßstab rechtlicher Zuordnung? – Eine rechtsvergleichende Betrachtung des Abstammungsrechts in Deutschland und der Schweiz, 2010, 163. Zur Rechtslage in den Bundesstaaten der USA *Nejaime,* 126 Yale LJ (2017) 2263, 2339 ff.

[18] *Dethloff,* Familienrecht, 2015, § 10 Rn. 102.

hen allerdings an Bedeutung, auch in Frankreich gilt es nicht mehr absolut.[19] Eine automatische Zuordnung der rechtlichen Mutterschaft zur Geburtsmutter sieht beispielsweise das niederländische Recht in Art. 1:198(1) lit. a BW vor.[20]

Gleiches gilt für das Recht von England und Wales, wobei hier nach der jeweiligen Zeugungsmethode zu unterscheiden ist: Handelt es sich um eine medizinisch-assistierte Reproduktion (die Selbstinsemination ohne Beteiligung eines Arztes ist hierbei mitumfasst), die in den Anwendungsbereich der HFEA 1990 und 2008 fällt, ergibt sich die rechtliche Mutterschaft automatisch aus Sec. 33 HFEA 2008 sowie Sec. 27 HFEA 1990.[21] Handelt es sich um eine natürliche Zeugung, die beispielsweise auch bei gleichgeschlechtlichen Paaren von Frauen über die Zusammenarbeit mit einem privaten Samenspender in Betracht kommt, greift das Common Law, das ebenfalls die Geburtsmutter als rechtliche Mutter ansieht.[22]

Die Geburtsmutter wird auch im österreichischen Abstammungsrecht automatisch als rechtliche Mutter zugeordnet, vgl. § 143 ABGB.[23]

Anders verläuft der Zuordnungsmechanismus in Frankreich. Das französische Recht verfolgt zwar ebenfalls den Grundsatz, dass die Geburtsmutter unabhängig von ihrer genetischen Verwandtschaft mit dem Kind rechtliche Mutter des Kindes ist.[24] Nach französischem Recht erfolgt die Zuordnung der Geburtsmutter allerdings nicht automatisch. Art. 311-25 CC weist die rechtliche Mutterschaft zwar von Gesetzes wegen der Frau zu, die als Mutter aus der Geburtsurkunde hervorgeht. Die Herstellung der rechtlichen Mutterschaft setzt somit aber voraus, dass die Geburt des Kindes zuvor registriert wurde und die Geburtsmutter aus dieser Urkunde auch hervorgeht. Letzteres ist aufgrund der Möglichkeit der anonymen Geburt in Frankreich nicht immer der Fall.[25] Ist die Mutterschaft nicht bereits durch die Registrierung festgestellt, bleibt Raum für eine Anerkennung der Mutterschaft, für die Etablierung der rechtlichen Mutter-

---

[19] *Dethloff,* Familienrecht, 2015, § 10 Rn. 102.

[20] Ebenfalls unabhängig von der genetischen Abstammung, vgl. dazu *Boele-Woelki/Jonker* in: Swennen (Hrsg.), XIXth Congress of the International Academy of Comparative Law (Vienna 20–26 July 2014), 2015, 311, 318; *Vonk,* Children and their parents, 2007, 54.

[21] Zur intertemporalen Abgrenzung der Bestimmungen siehe Sec. 57 HFEA 2008.

[22] *House of Lords (Ampthill Peerage Case)*, [1977] AC 547, 577, dazu *Probert/Harding,* Cretney and Probert's Family Law, 2015, 527; *Lowe/Douglas,* Bromley's family law, 2015, 246. Die genetische Abstammung kann aber eine Rolle spielen, wenn unklar ist, ob die betreffende Frau das Kind geboren hat, vgl. *Court of Appeal (Civ) (Re P (Identity of Mother))*, [2011] EWCA Civ 795; *Probert/Harding,* Cretney and Probert's Family Law, 2015, 240.

[23] Auch bei medizinisch-assistierter Reproduktion und fehlender genetischer Abstammung Bergmann/Ferid/Henrich/*Lurger/Schwimann,* Österreich, 60.

[24] Siehe Art. 332 Code Civil (CC) sowie *Voirin/Goubeaux,* Droit civil, 2013, 162.

[25] Vgl. zum sog. *accouchement sous X* Art. 326 CC.

schaft durch Bestätigung des Statusbesitzes,[26] oder für eine gerichtliche Feststellung der Mutterschaft oder des Statusbesitzes gem. Art. 316 ff. CC, Art. 311-1 CC oder Art. 325 und 330 CC.

3. Geburt als Kriterium der rechtlichen Eltern-Kind-Zuordnung

Die Geburt als Kriterium der rechtlichen Eltern-Kind-Zuordnung zu wählen, ist durchaus sinnvoll. Nicht nur entspricht sie der Zuordnungssystematik in den meisten Rechtsordnungen und wird daher mit Blick auf grenzüberschreitende Sachverhalte in den meisten Ländern Anerkennung finden. Auch in der Sache ist sie ein treffendes Zuordnungskriterium. Für die Anknüpfung an die Geburt spricht erstens, dass der Geburtsvorgang ein objektiv anknüpfbarer Akt ist, der sich von außen leicht erkennen und feststellen lässt.[27] Die Anknüpfung der Elternzuordnung an die Geburt entspricht somit den statusrechtlichen Grundsätzen der Statuserkennbarkeit und der Statusklarheit.

Zweitens führt die Anknüpfung an die Geburt in aller Regel dazu, dass alle Elternschaftssegmente in einer Person zusammenfallen, denn in der großen Zahl der Fälle wird die Person, die das Kind geboren hat, auch dessen genetischer Elternteil sein, der ferner bereit ist, die tatsächliche Verantwortung für das Kind dauerhaft zu tragen (soziale Elternschaft),[28] denn auch heute werden Fortpflanzungsentscheidungen in der Regel mit Blick auf die natürliche Zeugung getroffen.

Doch auch wenn genetische und biologische Elternschaft auseinanderfallen, da die Zeugung unter Einbezug einer Eizellen- oder Embryonenspende durchgeführt

---

[26] Der Statusbesitz (*possession d'état*) ist ein Institut des französischen Rechts, das als subsidiäres Beweismittel des Personenstands fungiert und in den romanischen Rechtsordnungen von großer Bedeutung ist, vgl. Bergmann/Ferid/Henrich/*Henrich/Schönberger*, Frankreich, 91. Er beruht auf dem verfestigten äußeren Anschein, dass eine Person einen bestimmten Status innehat, weil sie einen Namen der Familie führt, objektiv von der Familie als Kind der Familie behandelt wird, und Dritte die Person als Kind der Familie ansehen, siehe *Voirin/Goubeaux*, Droit civil, 2013, 147; Bergmann/Ferid/Henrich/*Henrich/Schönberger*, Frankreich, 50, 91 Fn. 60.

[27] BT-Drs. 11/5460, 17; *Gernhuber/Coester-Waltjen*, Familienrecht, 2010, 584; MüKoBGB/*Wellhofer*, § 1591 Rn. 3, 5 m.w.N.; BeckOGK/*Haßfurter*, § 1591 BGB Rn. 14; *Wanitzek*, Rechtliche Elternschaft bei medizinisch unterstützter Fortpflanzung, 2002, 30.

[28] So auch *Gernhuber/Coester-Waltjen*, Familienrecht, 2010, 584; *Dethloff* in: Röthel/Heiderhoff (Hrsg.), Regelungsaufgabe Mutterstellung – Was kann, was darf, was will der Staat?, 2016, 19, 20 f.; MüKoBGB/*Wellhofer*, § 1591 Rn. 3; *Voigt*, Abstammungsrecht 2.0, 2015, 42; BeckOGK/*Haßfurter*, § 1591 BGB Rn. 14; *Wanitzek*, Rechtliche Elternschaft bei medizinisch unterstützter Fortpflanzung, 2002, 29; *Schröder*, Wer hat das Recht zur rechtlichen Vaterschaft?, 2015, 151; *Luh*, Die Prinzipien des Abstammungsrechts, 2008, 86 ff.; *Sanders*, Mehrelternschaft, 2017 (im Erscheinen), Teil 5 III.1.a)bb).

wurde, führt die Anknüpfung an das Kriterium der Geburt zu einer treffenden Elternzuordnung. Die Person, die das Kind geboren hat, ist auch in diesen Fällen biologischer Elternteil des Kindes und wird in aller Regel (von den Fällen der Leihmutterschaft abgesehen) bereit sein, auch die soziale Elternrolle dauerhaft einzunehmen. Darüber hinaus geht die biologische Elternschaft des gebärenden Elternteils mit Elementen der sozialen Elternschaft einher.[29] Wie in § 1 herausgearbeitet wurde, entsteht bereits während der Schwangerschaft eine auch nach der Geburt messbare pränatale Bindung zwischen Elternteil und Kind, so dass der biologische Elternteil zugleich bestimmte Elemente der sozialen Elternschaft verwirklicht und eine Zuordnung auch insoweit gerechtfertigt ist.[30] Die Anknüpfung an die Geburtselternschaft verspricht somit in der Regel Bestandsfestigkeit, sowohl der realen, als auch der statusrechtlichen Beziehung. Sie schafft somit Statusbeständigkeit und entspricht dem Grundsatz der Statuswahrheit.

Auch wenn es, wie im Falle der Leihmutterschaft, explizit an einem Willen zur dauerhaften Übernahme der Elternverantwortung fehlen sollte, ist die Anknüpfung an die Geburt eine treffende. Einerseits ergibt sich dies aus dem Verantwortlichkeitsprinzip, das eine Zuordnung auch bei fehlendem Willen zur Übernahme von Elternverantwortung rechtfertigt. Andererseits stellt die biologische Elternschaft aufgrund der Gleichwertigkeit der einzelnen Elternschaftssegmente für sich genommen bereits einen hinreichenden Zuordnungsgrund dar, der zur rechtlichen Zuordnung des biologischen Elternteils berechtigt. Auch in Fällen der Leihmutterschaft ist somit eine rechtliche Zuordnung der Person, die das Kind geboren hat, gerechtfertigt.[31]

Es ist durchaus denkbar, dass die Anknüpfung an die Geburtselternschaft in bestimmten Konstellationen zu Konflikten um die rechtliche Elternposition führt, beispielsweise, wenn der genetische Elternteil (d.h. die genetische Mutter) dem Kind nicht zugeordnet wurde, da er das Kind nicht geboren hat. Vorstellbar ist dies in Fällen der reziproken Eizellenspende, d.h. wenn die gleichgeschlechtliche weibliche Partnerin des Geburtselternteils ihre Eizellen spendet, nach zwischenzeitlich zerbrochener Beziehung allerdings aus der Elternposition herausgehalten werden soll. Vorstellbar ist dies auch bei der Gameten- oder Embryonenvertauschung, bei denen die genetischen Eltern dem Kind rechtlich nicht zugeordnet sind. Dies spricht nicht *per se* gegen die Wahl des Anknüpfungskriteriums der

---

[29] Vgl. so auch Arbeitskreis Abstammungsrecht des BMJV, Abschlussbericht – Empfehlungen für eine Reform des Abstammungsrechts, 2017, 34.

[30] BT-Drs. 13/4899, 82. So auch Arbeitskreis Abstammungsrecht des BMJV, Abschlussbericht – Empfehlungen für eine Reform des Abstammungsrechts, 2017, 34; *Gernhuber/Coester-Waltjen,* Familienrecht, 2010, 584; MüKoBGB/*Wellenhofer,* § 1591 Rn. 3, 5 m.w.N. Das alleine will Staudinger/*Rauscher,* § 1591 Rn. 12 als Rechtfertigung noch nicht ausreichen lassen.

[31] *Steininger,* Reproduktionsmedizin und Abstammungsrecht, 2014, 413. Zur möglichen Veränderung der Elternschaftszuordnung siehe eingehend unten.

Geburt. Den Interessen nicht berücksichtigter Elternteile kann über andere Instrumente hinreichend entsprochen werden, dazu siehe unten.

Gewisse Schwierigkeiten kann die Anknüpfung an die Geburtselternschaft in Fällen der anonymen Kindesabgabe und der anonymen bzw. der vertraulichen Geburt bereiten. Bereits im derzeit geltenden Recht erfasst § 1591 BGB jedoch diese Fälle und ordnet die rechtliche Mutterschaft nach § 1591 BGB der Frau zu, die das Kind geboren hat. Die das Kind zur Welt bringende Frau ist somit rechtliche Mutter, unabhängig davon, ob sie das Kind anonym in einer Babyklappe abgibt, es anonym oder unter Nutzung der Regelung der vertraulichen Geburt zur Welt bringt.[32] Dies gilt beispielsweise auch in Frankreich, wo eine Regelung zur anonymen Geburt explizit vorgesehen ist.[33] Die Schwierigkeiten der Anknüpfung ergeben sich letztlich aus der praktischen Nachweisbarkeit des Geburtsvorgangs. Besteht Unklarheit über die Zuordnung, steht das Statusverfahren nach § 169 Nr. 1 FamFG zur Klärung der Geburtselternschaft zur Verfügung, so dass auch in diesen Fällen eine Möglichkeit zur rechtssicheren Zuordnungsklärung besteht.

Alternativ zur automatischen Elternschaftszuordnung aufgrund der Geburt ließe sich durchaus auch ein System der Elternschaftsanerkennung mit Blick auf die erste Elternstelle einführen, sofern es in eine Ehe geborenen Kinder mit außerhalb einer Ehe geborenen Kindern gleichbehandelt.[34] Aufgrund der dann möglicherweise entstehenden Kinder, denen kein Elternteil zugeordnet ist (sog. „Niemandskinder"), ist eine automatische Zuordnung durch Anknüpfung an den Geburtsakt vorzuziehen.[35] Letztlich bewirkt eine automatische Zuordnung auch eine schnellere Zuordnung und schafft somit schneller Rechtssicherheit für die Beteiligten. Für eine Elternschaftsanerkennung mit Blick auf die erste Elternstelle besteht somit kein Bedarf.[36]

II. Formulierungsvorschlag

Eine Regelung, die die vorstehend genannten Erwägungen umsetzt, könnte in die derzeit geltende Systematik problemlos integriert werden. Dazu sollte § 1591 BGB wie folgt neu gefasst werden:

---

[32] *Gernhuber/Coester-Waltjen,* Familienrecht, 2010, 587 f.; *Schwab,* Familienrecht, 2016, § 48 Rn. 546; *Dethloff,* Familienrecht, 2015, § 10 Rn. 98; MüKoBGB/*Wellenhofer,* § 1591 Rn. 9, 62.

[33] *Cour d'Appel d'Anger,* Beschl. v. 26.1.2011 – 10/01339, www.legifrance.gouv.fr; Éditions Francis Lefebvre, Mémento Pratique – Droit de la famille 2016–2017, 2016 Rn. 27275, dazu auch *Dethloff,* Familienrecht, 2015, § 10 Rn. 102.

[34] *EGMR,* Urt. v. 13.6.1979 – Nr. 6833/74 (*Marckx/Belgien*), NJW 1979, 2449. Zur Thematik auch *Pintens,* 63 RabelsZ (1999) 696, 702.

[35] *Gernhuber/Coester-Waltjen,* Familienrecht, 2010, 587; vgl. auch *Wanitzek,* Rechtliche Elternschaft bei medizinisch unterstützter Fortpflanzung, 2002, 30.

[36] Insbesondere entspricht dies dem Kindesinteresse *Wanitzek,* Rechtliche Elternschaft bei medizinisch unterstützter Fortpflanzung, 2002, 31.

§ 1591 Elternteil. Elternteil eines Kindes ist die Person, die es geboren hat.

Damit entspricht die Zuordnung der ersten Elternstelle dem bereits jetzt geltenden Recht. Einer Umformulierung des derzeitigen § 1591 BGB bedarf es letztlich deshalb, da ein modernes Elternschaftsrecht im Lichte der in § 3 herausgearbeiteten Orientierungslinien im Grundsatz geschlechtsneutral ausgestaltet sein sollte. Die vorgeschlagene Formulierung ermöglicht es insbesondere, Fälle der Trans- und Intersexualität ohne den Umweg der analogen Anwendung geschlechtsbezogener Bestimmungen zu erfassen, und erscheint damit einer geschlechtsbezogenen Formulierung vorzugswürdig. Darüber hinaus zeigt die neutrale Formulierung letztlich, dass es für die Elternzuordnung nicht auf die sexuelle Orientierung der Elternteile ankommt. Eine spezielle Berücksichtigung von Fällen medizinisch-assistierter Reproduktion in einer Sonderbestimmung ist nicht angezeigt, da das Zuordnungssystem, so die in § 3 herausgearbeitete Orientierungslinie, im Grundsatz von den Zeugungsumständen unabhängig sein sollte. Der Begriff „Elternteil" wird technisch verwandt und bezeichnet die Person, der die erste Elternstelle zugewiesen ist.

B. Zuordnung des weiteren Elternteils (zweite Elternstelle)

Im derzeit geltenden Abstammungsrecht formuliert § 1592 BGB einen abschließenden Katalog[37] von alternativen Zuordnungstypen für die Vaterschaftszuordnung, die zwar in keinem Rangverhältnis zueinander stehen,[38] aufgrund ihrer Ausgestaltung allerdings eine gewisse logische Folge einnehmen.[39] § 1592 BGB ist darüber hinaus zwingendes Recht.[40] Die Vaterschaftszuordnung entfaltet aufgrund ihrer statusrechtlichen Natur ferner „*erga omnes*"-Wirkung und sperrt anderweitige Zuordnungen.[41] Die Zuordnung des weiteren Elternteils, d.h. die Zuweisung der zweiten Elternstelle, sollte sich im Grundsatz hieran orientieren. Vor dem Hintergrund der in § 3 herausgearbeiteten Orientierungslinien sollte eine Kombination aus Kriterien vorgehalten werden, die an soziale Tatbestände und privatautonome Elemente anknüpft.[42]

---

[37] Staudinger/*Rauscher*, § 1592 Rn. 10.

[38] MüKoBGB/*Wellenhofer*, § 1592 Rn. 1; Staudinger/*Rauscher*, § 1592 Rn. 11; Beck-OGK/*Balzer*, § 1592 BGB Rn. 50; NK-BGB/*Gutzeit*, § 1592 Rn. 11.

[39] MüKoBGB/*Wellenhofer*, § 1592 Rn. 2; Staudinger/*Rauscher*, § 1592 Rn. 11; Beck-OGK/*Balzer*, § 1592 BGB Rn. 51; NK-BGB/*Gutzeit*, § 1592 Rn. 11.

[40] Staudinger/*Rauscher*, § 1592 Rn. 16; BeckOGK/*Balzer*, § 1592 BGB Rn. 40.

[41] MüKoBGB/*Wellenhofer*, § 1592 Rn. 2; Staudinger/*Rauscher*, § 1592 Rn. 11, zu Inzidenzfeststellungsmöglichkeiten Rn. 12.

[42] So auch Arbeitskreis Abstammungsrecht des BMJV, Abschlussbericht – Empfehlungen für eine Reform des Abstammungsrechts, 2017, 41.

I. Zuordnung aufgrund Ehe bzw. eingetragener Lebenspartnerschaft mit dem Elternteil

Weiterer Elternteil des Kindes sollte zunächst die mit dem Elternteil (Geburtselternteil) verheiratete bzw. in eingetragener Lebenspartnerschaft lebende Person sein, unabhängig davon, ob die Zeugung natürlich oder medizinisch-assistiert erfolgt ist, und unabhängig vom Geschlecht und der sexuellen Orientierung dieser Person.[43]

1. Begründung der Anknüpfungskriterien

a) Derzeitige Rechtslage

Bereits das derzeitige Abstammungsrecht entspricht dieser Regelung, soweit sie sich auf die Zuordnung des Ehemannes der Geburtsmutter als Vater bezieht. § 1592 Nr. 1 BGB bestimmt als Vater den Mann, der mit der Mutter im Zeitpunkt der Geburt verheiratet ist. Damit kodifiziert die Bestimmung den römischrechtlichen Grundsatz des *„pater vero is est, quem nuptiae demonstrant"*.[44] Der Gesetzgeber stützt diese Anknüpfungssystematik auf den Erfahrungssatz,[45] dass in der Regel der Ehemann der Mutter auch genetischer Vater des Kindes ist.[46]

Zuordnungsvoraussetzung im gegenwärtigen Abstammungsrecht ist das Bestehen einer wirksamen Ehe im Geburtszeitpunkt,[47] d.h. dem Tag der Voll-

---

[43] So auch mit überwiegender Mehrheit der Stimmen Arbeitskreis Abstammungsrecht des BMJV, Abschlussbericht – Empfehlungen für eine Reform des Abstammungsrechts, 2017, 41, 70 f.; *Müller-Götzmann,* Artifizielle Reproduktion und gleichgeschlechtliche Elternschaft, 2009, 333. *Dethloff/Timmermann,* Gleichgeschlechtliche Paare und Familiengründung durch Reproduktionsmedizin – Gutachten im Auftrag der Friedrich Ebert Stiftung, 2016, 33 f. Zur Erstreckung des § 1592 Nr. 1 auf gleichgeschlechtliche Paare Arbeitskreis 12 in: Deutscher Familiengerichtstag e. V. (Hrsg.), 21. Deutscher Familiengerichtstag vom 21. bis 24. Oktober 2015 in Brühl, 2016, 166. Vgl. hierzu auch die Draft recommendation on the rights and legal status of children and parental responsibilities des Europarats, CDJC 2011, 15, die allerdings bislang nicht angenommen worden ist, vgl. dazu *Lederer,* Grenzenloser Kinderwunsch – Leihmutterschaft im nationalen, europäischen und globalen rechtlichen Spannungsfeld, 2016, 259 ff.; *Nikolina,* Divided parents, shared children, 2015, 33 ff.

[44] Paulus Dig. 2, 4, 5; MüKoBGB/*Wellenhofer,* § 1592 Rn. 6; Staudinger/*Rauscher,* § 1592 Rn. 14; BeckOGK/*Balzer,* § 1592 BGB Rn. 49.

[45] Gelegentlich ist auch von „Vermutung" die Rede, es handelt sich freilich nicht um eine klassische Vermutungsregelung, sondern um eine zwingende Zuweisung (vgl. „ist"), so auch BeckOGK/*Balzer,* § 1592 BGB Rn. 53 f.

[46] Eingehend zum Primat der genetischen Abstammung im Rahmen des Grundsatzes der Statuswahrheit siehe § 2 S. 137 ff.

[47] *Gernhuber/Coester-Waltjen,* Familienrecht, 2010, 603; *Schwab,* Familienrecht, 2016, § 49 Rn. 550; MüKoBGB/*Wellenhofer,* § 1592 Rn. 7; BeckOGK/*Balzer,* § 1592 BGB Rn. 57.

endung der Geburt.[48] Eine nichtige Ehe erfüllt die Zuordnungsvoraussetzungen somit nicht.[49] Das gilt auch dann, wenn die nichtige Ehe fälschlicherweise geschieden wurde.[50] Eine entsprechende Zuordnung des vermeintlichen Ehegatten ist damit in diesen Konstellationen über § 1592 Nr. 1 BGB nicht möglich. Demgegenüber kann eine aufhebbare Ehe, die bis zur rechtskräftigen Aufhebungsentscheidung wirksam ist, die Zuordnungswirkungen des § 1592 Nr. 1 BGB auslösen.[51] Eine spätere Aufhebung der Ehe berührt die Zuordnung dann nicht mehr, da die Aufhebungsentscheidung gem. § 1313 S. 2 BGB lediglich *ex nunc* wirkt. Die rechtliche Elternschaft des früheren Ehemannes bleibt somit auch nach Aufhebung der Ehe bestehen.[52]

Bei der Zuordnung nach § 1592 Nr. 1 BGB ist ferner unerheblich, ob die Ehegatten getrennt leben, oder ob sie eine Lebensgemeinschaft unterhalten. Ein solches Erfordernis wäre mit Blick auf eine rechtssichere Zuordnung auch nicht sinnvoll, da über das Getrenntleben stets Beweis erhoben werden müsste.[53] Eine förmliche Trennung von Tisch und Bett, wie sie in anderen Rechtsordnungen zu finden ist (siehe unten zu Frankreich und zu England und Wales), kennt das deutsche Recht nicht.

Wird die Ehe vor Geburt des Kindes durch Tod des Ehemannes aufgelöst, bestimmt § 1593 S. 1 BGB, dass der verstorbene Ehemann auch dann als rechtlicher Vater des Kindes gilt, wenn das Kind innerhalb von 300 Tagen nach der Auflösung geboren wird.[54] Gem. § 1593 S. 2 BGB kann auch eine Geburt des Kindes zu einem späteren Zeitpunkt die Zuordnung bewirken, wenn feststeht, dass das Kind mehr als 300 Tage vor seiner Geburt empfangen worden ist. Die Bestimmung trägt damit dem Umstand Rechnung, dass der verstorbene Ehegatte in der

---

[48] MüKoBGB/*Wellenhofer*, § 1593 Rn. 7; BeckOGK/*Balzer*, § 1592 BGB Rn. 46.

[49] *Schwab*, Familienrecht, 2016, § 49 Rn. 549; Palandt/*Brudermüller*, § 1593 Rn. 1; MüKoBGB/*Wellenhofer*, § 1592 Rn. 6 (auch nicht, wenn sie geschieden wird); Staudinger/*Rauscher*, § 1592 Rn. 27; BeckOGK/*Balzer*, § 1592 BGB Rn. 61; Spickhoff, MedR/ *Spickhoff*, § 1592 BGB Rn. 2.

[50] Palandt/*Brudermüller*, § 1593 Rn. 1; Staudinger/*Rauscher*, § 1592 Rn. 27; Beck-OGK/*Balzer*, § 1592 BGB Rn. 61. Zur Problematik der Elternschaftszuordnung bei rückwirkender Heilung der Nichtehe BeckOGK/*Balzer*, § 1592 BGB Rn. 62.1.

[51] *Schwab*, Familienrecht, 2016, § 49 Rn. 549; Palandt/*Brudermüller*, § 1592 Rn. 3; Staudinger/*Rauscher*, § 1592 Rn. 28; MüKoBGB/*Wellenhofer*, § 1592 Rn. 6 (auch bei Bigamie oder Scheinehe); BeckOGK/*Balzer*, § 1592 BGB Rn. 58; Spickhoff, MedR/ *Spickhoff*, § 1592 BGB Rn. 2.

[52] Palandt/*Brudermüller*, § 1593 Rn. 1; MüKoBGB/*Wellenhofer*, § 1592 Rn. 6; Staudinger/*Rauscher*, § 1592 Rn. 28.

[53] Palandt/*Brudermüller*, § 1592 Rn. 3; *Schröder*, Wer hat das Recht zur rechtlichen Vaterschaft?, 2015, 154.

[54] Zur Anwendung bei Verschollenheit und Todeserklärung Palandt/*Brudermüller*, § 1593 Rn. 3; MüKoBGB/*Wellenhofer*, § 1593 Rn. 11; Staudinger/*Rauscher*, § 1592 Rn. 28a; BeckOGK/*Balzer*, § 1593 BGB Rn. 24 ff. Zur analogen Anwendung bei Tod der Mutter vor Vollendung der Geburt MüKoBGB/*Wellenhofer*, § 1592 Rn. 12.

Regel der genetische Vater des Kindes sein wird[55] und vermeidet über die Zuordnung des verstorbenen Ehegatten die Vaterlosigkeit des Kindes.[56] Gleichzeitig erübrigt die Regelung die Durchführung eines zeitintensiven gerichtlichen Vaterschaftsfeststellungsverfahrens und vermeidet damit erstens Kosten für die Beteiligten, zweitens schafft es automatisch und damit im Geburtszeitpunkt eine in der Regel nicht mehr zu korrigierende Zuordnung. Auch andere Rechtsordnungen verfügen über ähnliche Regelungen, dazu gleich unten.

Ist die Mutter bei Geburt des Kindes wiederverheiratet, entsteht ein Zuordnungskonflikt zwischen dem neuen Ehemann der Mutter (Zuordnung über § 1592 Nr. 1 BGB) und dem Verstorbenen (§§ 1592 Nr. 1, 1593 S. 1, 2 BGB).[57] Das Gesetz löst ihn gem. § 1593 S. 3 BGB zutreffend zugunsten des neuen Ehemanns der Mutter auf, da es bei einer zeitnah eingegangenen weiteren Ehe sehr wahrscheinlich ist, dass der neue Ehemann der Vater des Kindes ist.[58] Ein unnötiges Verfahren zur Anfechtung der Vaterschaft des verstorbenen Ehemannes, um die Zuordnung zum neuen Ehemann zu bewirken, wird so vermieden.[59] Wird die Vaterschaft des neuen Ehemannes allerdings erfolgreich angefochten, was möglich bleibt, lebt die Vaterschaft des Verstorbenen wieder auf, § 1593 S. 4 BGB.[60] Auch dies verhindert die Vaterlosigkeit des Kindes.

Übersehen hat der Gesetzgeber den Fall, dass eine Mutter auch entgegen § 1306 BGB mehrere Ehen gleichzeitig eingehen kann. Die zweite Ehe ist in diesem Fall zwar gem. §§ 1313, 1314 I BGB aufhebbar, sie ist jedoch bis zum Aufhebungszeitpunkt wirksam.[61] Die herrschende Ansicht wendet § 1593 S. 3, 4 BGB daher auf diese Fälle analog an, was sinnvoll ist, da auch hier die Vermutung nahe liegt, dass der neue Ehemann auch genetisch mit dem Kind verwandt ist.[62] Rechtlicher Vater wird in diesen Fällen somit der Ehemann, der mit der Mutter zuletzt die Ehe geschlossen hat. Damit findet § 1593 S. 3, 4 BGB auch auf Fälle Anwendung, in denen tatsächlich kein Ehegatte verstorben ist.[63]

---

[55] *Muscheler,* Familienrecht, 2017, Rn. 544; Palandt/*Brudermüller,* § 1593 Rn. 2; MüKoBGB/*Wellenhofer,* § 1593 Rn. 2; BeckOGK/*Balzer,* § 1593 BGB Rn. 3; Spickhoff, MedR/*Spickhoff,* § 1593 BGB Rn. 1.

[56] *Wanitzek,* Rechtliche Elternschaft bei medizinisch unterstützter Fortpflanzung, 2002, 42 f.

[57] Zum Fall des Versterbens mehrerer Ehemänner vor Geburt BeckOGK/*Balzer,* § 1593 BGB Rn. 50 f.

[58] MüKoBGB/*Wellenhofer,* § 1593 Rn. 14. Kritisch allerdings Staudinger/*Rauscher,* § 1593 Rn. 7, 8; Spickhoff, MedR/*Spickhoff,* § 1593 BGB Rn. 3.

[59] Palandt/*Brudermüller,* § 1593 Rn. 4.

[60] Auch diese Elternschaft ist anfechtbar, Palandt/*Brudermüller,* § 1593 Rn. 4.

[61] Vgl. eingehend zu polygamen Paarbeziehungen und deutschem Recht *Coester/ Coester-Waltjen,* FamRZ 2017, 1618 ff.

[62] *Gernhuber/Coester-Waltjen,* Familienrecht, 2010, 604; MüKoBGB/*Wellenhofer,* § 1593 Rn. 16; Staudinger/*Rauscher,* § 1592 Rn. 28; BeckOGK/*Balzer,* § 1593 BGB Rn. 53. A. A. NK-BGB/*Gutzeit,* § 1592 Rn. 8.

[63] Staudinger/*Rauscher,* § 1593 Rn. 38.

Das alte Recht kannte über die Regelung des § 1593 S. 1 BGB hinaus noch die Bestimmung, dass auch im Falle der Auflösung der Ehe durch Scheidung eine Zuordnung des früheren Ehemannes erfolgte, wenn das Kind in der entsprechenden Frist geboren worden war.[64] Die Regelung, die es vergleichbar noch in einigen anderen Rechtsordnungen gibt, ist zu Recht aus dem Gesetz gestrichen worden, da in der Regel ein nach Scheidung geborenes Kind nicht vom früheren Ehemann abstammt und dieser auch keine dauerhafte Verantwortung für das Kind tragen möchte.[65] Eine Zuordnung zum geschiedenen Ehegatten bringt somit in der Regel Korrekturbedarf mit sich und entspricht daher nicht den Anforderungen an ein modernes Zuordnungssystem.

Eine Anwendung der §§ 1592 Nr. 1, 1593 BGB auf gleichgeschlechtliche weibliche Paare ist nach ganz herrschender Meinung nicht möglich.[66] Auch mit der Öffnung der Ehe für Personen gleichen Geschlechts[67] ergibt sich kein anderes Bild, da § 1592 BGB von „Mann" spricht.[68] Für eine analoge Anwendung ist letztlich kein Raum.[69] Angesichts der durchaus zurückhaltenden Ermöglichung von gleichgeschlechtlicher Elternschaft durch Adoption lässt sich nur schwer auf eine planwidrige Regelungslücke schließen. Der o. g. Vorschlag geht insoweit über das geltende Recht hinaus, als auch die gleichgeschlechtliche weibliche Partnerin, die mit dem Geburtselternteil verheiratet ist, oder in eingetragener Lebenspartnerschaft lebt, automatisch Elternteil des Kindes werden kann.

b) Rechtsvergleichende Betrachtung

Viele Rechtsordnungen knüpfen die Zuordnung eines weiteren Elternteils an das Bestehen einer Ehe mit der Geburtsmutter an.[70] Im Einzelnen unterscheiden sich die Zuordnungssysteme jedoch stark.

---

[64] Dazu *Gernhuber/Coester-Waltjen*, Familienrecht, 2010, 603; *Schwab*, Familienrecht, 2016, § 49 Rn. 551; BeckOGK/*Balzer*, § 1593 BGB Rn. 30 ff.; *Wanitzek*, Rechtliche Elternschaft bei medizinisch unterstützter Fortpflanzung, 2002, 37 ff.

[65] Palandt/*Brudermüller*, § 1593 Rn. 2; Staudinger/*Rauscher*, § 1592 Rn. 28a. Zur Regelung des § 1599 II BGB siehe eingehend unten.

[66] Staudinger/*Rauscher*, § 1592 Rn. 25a (keine Anwendung auf gleichgeschlechtliche Paare als „Vaterin").

[67] Gesetz zur Einführung des Rechts auf Eheschließung für Personen gleichen Geschlechts v. 20.7.2017, BGBl. I 2787.

[68] *Gernhuber/Coester-Waltjen*, Familienrecht, 2010, 589, 590; BeckOGK/*Balzer*, § 1592 BGB Rn. 41; NK-BGB/*Gutzeit*, § 1591 Rn. 5; *Hammer*, FamRZ 2017, 1236. A. A. BeckOGK/*Haßfurter*, § 1591 BGB Rn. 123 (analoge Anwendung), ebenso *Löhnig*, NZFam 2017, 643; *Binder/Kiehnle*, NZFam 2017, 742.

[69] So aber BeckOGK/*Haßfurter*, § 1591 BGB Rn. 123; *Löhnig*, NZFam 2017, 643; *Binder/Kiehnle*, NZFam 2017, 742.

[70] *Dethloff*, Familienrecht, 2015, § 10 Rn. 103. Zu einem vergleichenden Blick auf das deutsche und das Schweizer Recht *Valentin*, Biologische Abstammung als Maßstab rechtlicher Zuordnung? – Eine rechtsvergleichende Betrachtung des Abstammungsrechts in Deutschland und der Schweiz, 2010, 164. Zur Rechtslage in den Bundesstaa-

aa) Vaterzuordnung kraft Ehe bzw. eingetragener Lebenspartnerschaft

Mit Blick auf die Zuordnung der rechtlichen Vaterschaft gilt die Zuordnung kraft Ehe beispielsweise für England und Wales. Eine Vaterzuordnung aufgrund einer eingetragenen Lebenspartnerschaft ist allerdings nicht vorgesehen, da das englische Recht eine eingetragene Partnerschaft verschiedengeschlechtlicher Paare nicht kennt.[71] Wie bei der Mutterschaft ist für die Vaterzuordnung aufgrund bestehender Ehe nach den Zeugungsumständen zu unterscheiden: Wird das Kind natürlich gezeugt, regelt das Common Law die Vaterzuordnung. Dieses geht zwar im Grundsatz davon aus, dass der genetische Vater auch rechtlicher Vater des Kindes ist, das Common Law kennt jedoch eine widerlegliche Vermutungsregelung,[72] die den Ehemann der Mutter als Vater erachtet.[73] Die Vermutung gilt auch bei Scheidung oder Auflösung der Ehe durch Tod, wenn das Kind in der normalen Tragezeit geboren wird.[74] Ist das Kind nachweislich nach einer *judicial separation*,[75] d.h. einer förmlichen Trennung der Ehegatten empfangen worden, greift die Vermutung allerdings nicht ein.[76] Eine nichtige Ehe kann unter gewissen Umständen die Vermutungsregelung begründen.[77] Bei medizinisch-assistierter Zeugung enthalten die HFEA 1990 und 2008 Sonderbestimmungen. Sec. 35 HFEA 2008 und Sec. 28 HFEA 1990 bestimmen die Zuordnung des Ehemanns der Geburtsmutter, wenn an dieser eine medizinisch-assistierte Reproduktion (Selbstinsemination ist umfasst)[78] durchgeführt wurde und der Ehemann der

---

ten der USA *Nejaime*, 126 Yale LJ (2017) 2263, 2339 ff. Zum niederländischen Recht mit Blick auf die Vaterposition *Smeuninx*, Family & Law 2017, (online) DOI: 10.5553/ FenR/.000023 abrufbar unter http://www.familyandlaw.eu/tijdschrift/fenr/2016/01/ FENR-D-15-00005 (zuletzt geprüft am 10.10.2017).

[71] Sec. 3(1) *Civil Partnership Act 2004*.

[72] Zu den Anforderungen an die Widerlegung siehe *Probert/Harding*, Cretney and Probert's Family Law, 2015, 240 f.

[73] *House of Lords*, 17.5.1877 (*Gardner v. Gardner*), (1877) 2 App Cas 723; *Lowe/ Douglas*, Bromley's family law, 2015, 260 f.; vgl. auch *Probert/Harding*, Cretney and Probert's Family Law, 2015, 240.

[74] *High Court of England and Wales* (Probate, Divorce & Admiralty), 21.11.1961 (*Knowles v. Knowles*), [1962] P 161 (für nach Ehescheidung geborenes Kind); *High Court of England and Wales (Ch)*, 11.7.1945 (*Re Heath (Deceased)*), [1945] Ch 417, 421 f. (für den Fall der Eheauflösung durch Tod); siehe *Lowe/Douglas*, Bromley's family law, 2015, 261 m.w.N.

[75] Eingehend hierzu *Lowe/Douglas*, Bromley's family law, 2015, 241 ff.

[76] *Court of Appeal*, 23.1.1940 (*Ettenfield v. Ettenfield*), [1940] P 96; *High Court of England and Wales* (Probate, Divorce & Admiralty), 22.2.1887 (*Hetherington v. Hetherington*), (1887) 12 P.D. 112; *Masson/Bailey-Harris/Probert*, Cretney's Principles of Family Law, 2008, 529.

[77] Nämlich dann, wenn die vermeintlichen Ehegatten von der Wirksamkeit der Ehe ausgingen, Sec. 1(1) Legitimacy Act 1976, dazu Rieck – Ausländisches Familienrecht/ Woelke, England Rn. 58.

[78] *Probert/Harding*, Cretney and Probert's Family Law, 2015, 246; *Scherpe* in: Dutta/ Schwab/Henrich u.a. (Hrsg.), Künstliche Fortpflanzung und Europäisches Familien-

Mutter in die Behandlung eingewilligt hat. Liegt keine Einwilligung vor, ist nach diesen Bestimmungen keine Vaterzuordnung möglich.[79] Das Kind bleibt in diesen Situationen allerdings nicht vaterlos. Sec. 38(2) HFEA 2008 bestimmt, dass die eingangs beschriebene Vermutungsregelung des Common Law zugunsten des Ehemannes der Geburtsmutter von den Regelungen des HFEA 2008 unberührt bleibt, so dass auch bei Nichtvorliegen der Voraussetzungen der Sec. 35 HFEA 2008 eine Vermutung der Vaterschaft des Ehemannes der Geburtsmutter möglich bleibt.[80] Liegt eine *judicial separation* der Ehegatten vor, ist der Zuordnungsmechanismus der Sec. 35 HFEA 2008 der Rechtslage bei natürlicher Zeugung entsprechend nicht anwendbar, vgl. Sec. 49(1)(a) HFEA 2008. Für nichtige Ehen gilt das zum Common Law Gesagte gem. Sec. 49(1)(b) HFEA 2008 entsprechend.

Auch Frankreich kennt eine Zuordnung des Ehemanns der Geburtsmutter. Art. 312 CC bestimmt unabhängig von der Zeugungsmethode[81] den Ehemann der Geburtsmutter als rechtlichen Vater des Kindes, wenn das Kind innerhalb der Ehe geboren oder gezeugt wurde. Gem. Art. 311 CC wird die innereheliche Zeugung vermutet, wenn das Kind nicht früher als 180 Tage nach Eheschließung und nicht später als 300 Tage nach Ehescheidung oder Eheauflösung durch Tod des Ehemannes geboren worden ist.[82] Die Regelung des Art. 312 CC gilt allerdings gem. Art. 313 CC in bestimmten Fallkonstellationen nicht: Einerseits ist Art. 312 CC dann nicht heranzuziehen, wenn der Ehemann in der Geburtsurkunde des Kindes nicht als Vater ausgewiesen wird.[83] Andererseits schließen ein eingereichter Scheidungsantrag bzw. eine förmliche Trennung von Tisch und Bett bei Vorliegen weiterer Voraussetzungen die Anwendung des Art. 312 CC aus.[84] Gem. Art. 314 CC kann die Zuordnung des Art. 312 CC allerdings wiedererstarken, wenn ein Statusbesitz (*possession d'état*) besteht und keine anderweitige Vaterzuordnung zwischenzeitlich erfolgt ist. Auf gleichgeschlechtliche Lebenspartner

---

recht, 2015, 295, 308; *High Court of England and Wales* (Fam.), 5.7.2013 (*M v. F (Legal Paternity)*), [2013] EWHC 1901 Rn. 28.

[79] Vgl. zum Fall der Einwilligung aber Samenvertauschung *High Court of England and Wales (QB)*, 26.2.2003 (*L Teaching Hospitals NHS Trust v. A*), [2003] EWHC 259 (keine Zuordnung).

[80] Dazu *Lowe/Douglas,* Bromley's family law, 2015, 252.

[81] *Voirin/Goubeaux,* Droit civil, 2013, 162.

[82] Dazu *Voirin/Goubeaux,* Droit civil, 2013, 152.

[83] Dazu Rieck – Ausländisches Familienrecht/*Eber-Arampatsi,* Frankreich Rn. 35; *Voirin/Goubeaux,* Droit civil, 2013, 153; Éditions Francis Lefebvre, Mémento Pratique – Droit de la famille 2016–2017, 2016 Rn. 27110.

[84] Art. 313 CC, dazu Rieck – Ausländisches Familienrecht/*Eber-Arampatsi,* Frankreich Rn. 35; *Voirin/Goubeaux,* Droit civil, 2013, 153; Éditions Francis Lefebvre, Mémento Pratique – Droit de la famille 2016–2017, 2016 Rn. 27105; Bergmann/Ferid/Henrich/*Henrich/Schönberger,* Frankreich, 50.

und Paare, die einen PACS (*pacte civil de solidarité*) geschlossen haben, findet Art. 312 CC allerdings keine Anwendung.[85]

Für die Niederlande regeln Art. 1:199 lit. a, b BW die Zuordnung des Ehemannes der Mutter.[86] Da die Niederlande das Institut der registrierten Lebenspartnerschaft auch verschiedengeschlechtlichen Paaren eröffnen, knüpft die Bestimmung entsprechend zur Ehe auch an das Bestehen einer registrierten Lebenspartnerschaft an, so dass bei einer wirksamen Ehe bzw. registrierten Lebenspartnerschaft zum Geburtszeitpunkt der Ehemann bzw. registrierte Lebenspartner der Geburtsmutter als rechtlicher Vater angesehen wird. Die Zuordnung ist unabhängig vom Zeitpunkt und der Art der Zeugung, so dass auch Zeugungen vor Eheschließung und solche im Wege medizinisch-assistierter Reproduktion erfasst sind.[87] Bei Auflösung der Ehe bzw. registrierten Lebenspartnerschaft durch Tod gilt der verstorbene Ehemann/registrierte Lebenspartner auch dann als Vater, wenn das Kind binnen 306 Tagen geboren wird. Das gilt selbst dann, wenn die Mutter wiederverheiratet ist oder zwischenzeitlich eine neue Lebenspartnerschaft begründet hat. Die Auflösung des Konflikts bei Wiederverheiratung der Mutter wird somit anders gelöst, als im deutschen Recht. Die Beteiligten haben aber die Möglichkeit zur Bewirkung eines Statuswechsels auf Antrag der Mutter beim zuständigen Standesbeamten, Art. 1:199 lit. b BW.[88] Eine entsprechende Regelung zur Zuordnung des früheren Ehemanns ist für die Auflösung der Ehe durch Scheidung, wie im deutschen Recht, nicht mehr vorgesehen.[89] Heiratet die Mutter nach einer Scheidung erneut, und wird das Kind in diese neue Ehe geboren, ist der neue Ehemann automatisch Vater des Kindes, vgl. Art. 1:199 lit. a BW.

Auch das österreichische Recht ordnet den Ehemann der Mutter einem innerhalb der Ehe geborenen Kindes als rechtlichen Vater zu, vgl. § 144 I Nr. 1 ABGB. Wird die Ehe durch Tod des Ehemannes aufgelöst und das Kind innerhalb von 300 Tagen geboren, gilt der frühere Ehemann als Vater des Kindes. Für den Fall der Wiederverheiratung der Mutter im Zeitpunkt der Geburt bestimmt § 144 IV ABGB allerdings die Vaterschaft des neuen Ehemannes, was der Rechtslage in Deutschland entspricht.

---

[85] Éditions Francis Lefebvre, Mémento Pratique – Droit de la famille 2016–2017, 2016 Rn. 27100.

[86] *Vonk*, Children and their parents, 2007, 54 ff.

[87] *Wortmann/van Duijvendijk-Brand*, Compendium Personen- en familierecht, 2015, 198 f.

[88] Dazu eingehend siehe unten.

[89] *Wortmann/van Duijvendijk-Brand*, Compendium Personen- en familierecht, 2015, 198.

bb) Mit-Mutterzuordnung aufgrund Ehe bzw.
eingetragener Lebenspartnerschaft

Über die vorstehend genannten Regelungen zur Vaterzuordnung kraft Ehe bzw. eingetragener Lebenspartnerschaft hinaus, kennen einige Rechtsordnungen ferner die Zuordnung einer weiteren Frau als „Mit-Mutter" oder weiteren „Elternteil" kraft bestehender Ehe bzw. eingetragener Lebenspartnerschaft.[90] Regelungen zur automatischen Zuordnung der gleichgeschlechtlichen weiblichen Partnerin der Geburtsmutter kennen mittlerweile eine Reihe von Rechtsordnungen, dies ist der Fall beispielsweise in Österreich,[91] den Niederlanden,[92] Dänemark,[93] Spanien,[94] Schweden,[95] Norwegen,[96] Belgien[97] und das Recht von England und Wales.[98] Die Regelungskomplexe differieren im Detail stark.[99]

Eine automatische Zuordnung der gleichgeschlechtlichen weiblichen Partnerin der Geburtsmutter aufgrund einer bestehenden Ehe bzw. eingetragenen Lebenspartnerschaft sieht beispielsweise das Recht von England und Wales mit Sec. 42 HFEA 2008 vor, wenn die Zeugung im Wege medizinisch-assistierter Reproduktion erfolgt (Selbstinsemination ist umfasst)[100] und die Ehegattin/Lebenspartne-

---

[90] Zur Rechtslage in den Bundesstaaten der USA *Nejaime,* 126 Yale LJ (2017) 2263, 2339 ff. Mit rechtsvergleichendem Blick *Antokolskaya,* Family & Law 2014, (online) DOI: 10.5553/FenR/.000015 abrufbar unter: https://www.bjutijdschriften.nl/tijdschrift/fenr/2014/02/FENR-D-13-00002.pdf (zuletzt geprüft am 15.10.2017)

[91] Eingeführt durch das Fortpflanzungsmedizinrechts-Änderungsgesetz 2015 – FMed-RÄG 2015; BGBl. I Nr. 35/2015.

[92] Eingeführt durch das *Wet van 25 november 2013 tot wijziging von Boek 1 van het Burgerlijk Wetboek in verband met het juridisch ouderschap van de vrouwelijke partner van de moeder anders dan door adoptie,* StBl. 2013, 480, 1 ff.; vgl. dazu eingehend *Reuß,* StAZ 2015, 139; *Vonk/Bos,* Family & Law 2012, (online) DOI: 10.5553/FenR/.000005, abrufbar unter: http://www.familyandlaw.eu/tijdschrift/fenr/2012/08/FENR-D-12-00003 (zuletzt geprüft am 15.10.2017).

[93] Eingehend hierzu *Fötschl,* FamRZ 2013, 1445.

[94] Eingeführt durch das Gesetz 14/2006; eingehend dazu *Dethloff* in: Rupp (Hrsg.), Partnerschaft und Elternschaft bei gleichgeschlechtlichen Paaren, 2011, 41, 47.

[95] Eingehend dazu *Dethloff* in: Rupp (Hrsg.), Partnerschaft und Elternschaft bei gleichgeschlechtlichen Paaren, 2011, 41, 46.

[96] Sec. 4a Act of 8 April 1981 No. 7 relating to Children and Parents (the Children Act), abrufbar in englischer Sprache unter https://www.regjeringen.no/en/dokumenter/the-children-act/id448389/ (zuletzt geprüft am 26.5.2017).

[97] Art. 325/1 ff. Code Civil; dazu siehe *Sieberichs,* StAZ 2015, 1; Rieck – Ausländisches Familienrecht/*Heitmüller,* Belgien Rn. 26; *Pintens* in: Dutta/Schwab/Henrich u. a. (Hrsg.), Künstliche Fortpflanzung und Europäisches Familienrecht, 2015, 105 ff.; *Pintens,* FamRZ 2014, 1504 ff.

[98] Siehe dazu sogleich.

[99] MüKoBGB/*Wellenhofer,* § 1591 Rn. 30 mit vielen weiteren Nachweisen zu Regelungen in den Fn.

[100] So auch *Lowe/Douglas,* Bromley's family law, 2015, 256. Dies gilt ebenfalls bei der wortlautgleichen Bestimmung zur Vaterzuordnung bei heterologer Insemination (Sec. 35 HFEA 2008), vgl. *Probert/Harding,* Cretney and Probert's Family Law, 2015,

rin der Geburtsmutter in die assistierte Zeugung eingewilligt hat.[101] Bei einer natürlichen Zeugung ist der HFEA 2008 allerdings nicht einschlägig,[102] so dass in diesem Falle die Regeln des Common Law gelten. Die Anwendung der Common Law-Vermutung zugunsten des Ehemanns der Geburtsmutter ist mit Blick auf gleichgeschlechtliche Ehepaare aber durch den Gesetzgeber explizit ausgeschlossen worden, so dass es im Falle natürlicher Zeugung nach den Regeln des Common Law nicht zu einer automatischen Zuordnung der Partnerin der Geburtsmutter kommen kann.[103] Sec. 42 HFEA 2008 findet entsprechend der zur Vaterschaft geltenden Rechtslage ferner keine Anwendung, wenn eine gerichtliche Trennung ohne Aufhebung des Ehebandes (sog. *judicial separation*) vorliegt.[104]

Das niederländische Recht[105] ist mit Blick auf die automatische Mutterzuordnung restriktiver ausgestaltet. Es gestattet sie lediglich bei medizinisch-assistierter Reproduktion in einer Klinik i. S. d. Art. 1 lit. c Nr. 1 *Wet donorgegevens kunstmatige bevruchting* (WDKB) – nicht daher bei Selbstinsemination oder natürlicher Zeugung – und lediglich bei verheirateten/in eingetragener Lebenspartnerschaft lebenden Paaren.[106] Voraussetzung für die Zuordnung ist ferner, dass die für die Aufbewahrung der Daten des Samenspenders zuständige Stiftung (die sog. *Stichting donorgegevens kunstmatige bevruchting*) i. S. d. Art. 1 lit. b WDKB erklärt, dass der Geburtsmutter die Identität des Samenspenders unbekannt ist, vgl. Art. 3a WDKB. Es muss sich daher für die Geburtsmutter um eine anonyme Samenspende handeln. Liegen die vorstehend genannten Voraussetzungen nicht vor, ist eine automatische Zuordnung der Elternschaft ausgeschlossen.[107] Besteht die Ehe oder eingetragene Lebenspartnerschaft deshalb nicht mehr, weil sie durch Tod der Ehegattin bzw. Lebenspartnerin aufgelöst wurde, bestimmt Art. 1:198(1)(b) BW a. E., entsprechend der Regelung zur Vaterschaft des verstorbenen Ehemannes, dass die verstorbene Ehegattin/Lebenspartnerin ungeachtet einer Wiederverheiratung bzw. Neueingehung einer Lebenspartnerschaft Elternteil des Kindes wird. Art. 1:199(2) und Art. 1:198(2) BW erstrecken diese Regelungen sowohl auf gleich- als auch verschiedengeschlechtliche Paarbeziehungen, so

---

246; *Scherpe* in: Dutta/Schwab/Henrich u. a. (Hrsg.), Künstliche Fortpflanzung und Europäisches Familienrecht, 2015, 295, 308; *High Court of England and Wales* (Fam.), 5.7.2013 (*M v. F (Legal Paternity)*), [2013] EWHC 1901.

[101] Dazu auch Rieck – Ausländisches Familienrecht/Woelke, England, Rn. 59.

[102] Vgl. so zur wortlautgleichen Bestimmung des Sec. 35 HFEA 2008, *High Court of England and Wales* (Fam.), 5.7.2013 (*M v. F (Legal Paternity)*), [2013] EWHC 1901.

[103] Sec. 2 Schedule 4 Marriage (Same Sex Couples) Act 2013.

[104] Sec. 49 (1) (a) HFEA 2008.

[105] Eingehend dazu *Reuß* in: Dutta/Schwab/Henrich u. a. (Hrsg.), Künstliche Fortpflanzung und Europäisches Familienrecht, 2015, 127, 142 ff.; *Reuß*, StAZ 2015, 139.

[106] Art. 1:198(1) lit. b BW.

[107] Vgl. die Gesetzesbegründung vom 13.10.2011, KSt. 33032 Nr. 3, 4; sowie *Boele-Woelki/Jonker* in: Swennen (Hrsg.), XIXth Congress of the International Academy of Comparative Law (Vienna 20–26 July 2014), 2015, 311, 318.

dass beispielsweise die verstorbene Ehegattin der Geburtsmutter auch dann Elternteil des Kindes wird, wenn die Mutter zur Geburt mit einem Mann eine neue Ehe eingegangen ist.

Auch das österreichische Recht kennt eine automatische Zuordnung der gleichgeschlechtlichen weiblichen Partnerin der Geburtsmutter, die durch das Fortpflanzungsmedizinrechts-Änderungsgesetz erst kürzlich, im Jahre 2015,[108] eingeführt worden ist. Die Zuordnungssystematik ist den Bestimmungen der Vaterschaft angenähert.[109] Gem. § 144 II Nr. 1 ABGB ist weiterer rechtlicher Elternteil des Kindes die Frau, die mit der Geburtsmutter im Zeitpunkt der Geburt in einer eingetragenen Partnerschaft lebt. Eine Anknüpfung an die gleichgeschlechtliche Ehe ist nicht vorgesehen, da das österreichische Recht keine Ehe gleichgeschlechtlicher Paare kennt. Ist die Partnerin der Geburtsmutter vor Geburt des Kindes verstorben, bestimmt § 144 II Nr. 1 ABGB, dass sie als rechtlicher Elternteil zugeordnet wird, wenn sie nicht früher als 300 Tage vor der Geburt des Kindes verstorben ist. Ist die Mutter nach dem Tod der Partnerin, aber vor Geburt des Kindes, erneut eine Partnerschaft mit einer anderen Frau eingegangen, gilt hingegen die neue Partnerin als weiterer Elternteil des Kindes. Dies bestimmt § 144 IV ABGB, der somit einen Gleichlauf mit der Vaterzuordnung kraft Ehe schafft. Voraussetzung der Zuordnung ist nach österreichischem Recht allerdings die Durchführung einer medizinisch-assistierten Reproduktion, vgl. § 144 II ABGB, die in nicht mehr als 300 und nicht weniger als 180 Tagen vor der Geburt durchgeführt worden ist. Eine Selbstinsemination reicht für die Zuordnung nicht aus.[110]

c) Ehe bzw. eingetragene Lebenspartnerschaft als Kriterien der rechtlichen Eltern-Kind-Zuordnung

aa) Begründung der Wahl der Zuordnungskriterien

Bei der Zuordnung des weiteren Elternteils an den sozialen Tatbestand der Ehe bzw. der eingetragenen Lebenspartnerschaft mit dem Geburtselternteil anzuknüpfen, ist durchaus sinnvoll. Das Bestehen einer Ehe ist, wie das Bestehen einer eingetragenen Lebenspartnerschaft, aufgrund der in fast allen Staaten erfolgenden Personenstandsregistrierung ohne größere Schwierigkeiten eindeutig und leicht festzustellen und auch von Außenstehenden leicht zu erkennen. Die An-

---

[108] FMedRÄG 2015; BGBl. I Nr. 35/2015.

[109] *Ferrari* in: Dutta/Schwab/Henrich u. a. (Hrsg.), Künstliche Fortpflanzung und Europäisches Familienrecht, 2015, 182, 194. Vgl. die Tabelle der auf Frauenpaare anwendbaren Vorschriften bei *Voithofer/Flatscher-Thöni*, iFamZ 2015, 10.

[110] *Ferrari*, FamRZ 2015, 1556, 1557. Zu den Hintergründen vgl. ErläutRV zum FMedRÄG 2015, 455 BlgNR 25. GP S. 12 (Verhinderung einer der Wahrheit nicht entsprechenden automatischen Zuordnung); dem zustimmend *Ferrari* in: Dutta/Schwab/Henrich u. a. (Hrsg.), Künstliche Fortpflanzung und Europäisches Familienrecht, 2015, 182, 194.

knüpfung an Ehe und eingetragene Lebenspartnerschaft entspricht somit den Grundsätzen der Statusklarheit und -erkennbarkeit.[111] Da die Anknüpfung an diese Zuordnungskriterien eine automatische Zuordnung zum Geburtszeitpunkt möglich macht,[112] ist sie deutlich praktikabler als etwa die Durchführung eines vor- oder nachgeburtlichen Gentests oder die Begutachtung von Bindungsverhalten der beteiligten Personen im Nachgang zur Geburt.[113] Sie wird daher auch der Aufgabe des Elternschaftsrechts, eine möglichst frühzeitige Personenstandszuweisung zu bewirken, gerecht.

Darüber hinaus ist die Ehe (sofern sie verschiedengeschlechtliche Paare betrifft) mit Ausnahme der nordischen Länder europaweit ein für die Eltern-Kind-Zuordnung genutztes Zuordnungskriterium,[114] weshalb die Anknüpfung an die Ehe mit dem Geburtselternteil ein hohes Maß an internationaler Bestandsfestigkeit der Zuordnung verspricht. Da immer mehr Staaten die Ehe auch für gleichgeschlechtliche Paare öffnen, und als konsequente Folge der Anerkennung der Paarbeziehung auch Möglichkeiten für die Elternschaft gleichgeschlechtlicher Paare jenseits der Adoption schaffen, lässt sich für die Bestandsfestigkeit der Zuordnung in diesen Fällen ebenfalls eine positive Prognose treffen. Die o. g. Zuordnungskriterien dienen somit der Statusbeständigkeit.

Ferner spricht für die Wahl der Ehe als Anknüpfungskriterium, dass sie in der Regel zu einer Übereinstimmung aller Elternschaftssegmente führt, denn auch heute werden Kinder noch in den meisten Fällen in eine verschiedengeschlechtliche Ehe hineingeboren, dazu eingehend § 1. Der Ehegatte des Geburtselternteils wird somit meist auch genetischer, biologischer und sozialer Elternteil des Kindes sein.[115] Die Anknüpfung verspricht somit in der Regel wenig Korrekturbedarf und entspricht damit den Grundsätzen der Statuswahrheit und der -beständigkeit.

Doch auch wenn der weitere Elternteil nicht mit dem Kind genetisch verwandt sein sollte, kann in der Regel davon ausgegangen werden, dass ein in die Ehe bzw. in eine registrierte Lebenspartnerschaft geborenes Kind von beiden Elternteilen gewollt ist, sozial angenommen wird, und die Eltern tatsächlich bereit sind,

---

[111] *Gernhuber/Coester-Waltjen,* Familienrecht, 2010, 602; MüKoBGB/*Wellenhofer,* § 1592 Rn. 1, 3; *Dethloff,* Familienrecht, 2015, § 10 Rn. 9; *Kropholler,* 185 AcP (1985) 244, 260; *Luh,* Die Prinzipien des Abstammungsrechts, 2008, 99.

[112] MüKoBGB/*Wellenhofer,* § 1592 Rn. 3.

[113] *Gernhuber/Coester-Waltjen,* Familienrecht, 2010, 589.

[114] Vgl. dazu *Dethloff,* Familienrecht, 2015, § 10 Rn. 103; MüKoBGB/*Wellenhofer,* § 1592 Rn. 3.

[115] Arbeitskreis Abstammungsrecht des BMJV, Abschlussbericht – Empfehlungen für eine Reform des Abstammungsrechts, 2017, 41; *Gernhuber/Coester-Waltjen,* Familienrecht, 2010, 603; MüKoBGB/*Wellenhofer,* § 1592 Rn. 3; *Staudinger/Rauscher,* § 1592 Rn. 14; BeckOGK/*Balzer,* § 1592 BGB Rn. 49, 49.1; *Wanitzek,* Rechtliche Elternschaft bei medizinisch unterstützter Fortpflanzung, 2002, 36; *Luh,* Die Prinzipien des Abstammungsrechts, 2008, 96 ff.

die Verantwortung für das Kind dauerhaft zu tragen.[116] Dies gilt besonders dann, wenn die Zeugung im Rahmen einer medizinisch-assistierten Reproduktion im heterologen System erfolgt und eine Einwilligung des weiteren Elternteils in die Zeugung vorliegt.[117] Die intentionale Übernahme von Elternverantwortung ist als Ausprägung des Segments der sozialen Elternschaft für sich genommen ein ausreichender Zuordnungsgrund, s. o., so dass die Anknüpfung an die Ehe/eingetragene Lebenspartnerschaft auch der Gleichwertigkeit der Elternschaftssegmente entspricht. Bei gleichgeschlechtlichen weiblichen Paaren kann der zugeordnete weitere Elternteil sogar selbst mit dem Kind genetisch verwandt sein, die reziproke Eizellenspende ist unter gleichgeschlechtlichen weiblichen Paaren nicht unüblich,[118] so dass auch hier die Anknüpfungskriterien zu einer zutreffenden Zuordnung führen. Sowohl die Anknüpfung an die Ehe als auch jene an die eingetragene Lebenspartnerschaft lassen somit darauf schließen, dass die zugeordneten Personen in der Regel dauerhaft Elternverantwortung tragen werden. Damit ist auch abstrakt-generell dem Kindeswohl entsprochen.

Freilich ist nicht in jedem Fall eine der Wahrheit entsprechende Zuordnung sichergestellt. Fehlzuordnungen können sich beispielsweise dann ergeben, wenn es sich bei dem Kind um ein Kuckuckskind handelt, das im Seitensprung gezeugt wurde, und die als weiterer rechtlicher Elternteil zugeordnete Person nicht bereit ist, dauerhaft Elternverantwortung für das nicht von ihr genetisch abstammende Kind zu tragen.[119] Ferner ist eine Fehlzuordnung denkbar, wenn der Geburtselternteil das Kind mit einem neuen Partner zeugt, die bereits zerbrochene Beziehung zum Ehepartner/eingetragenen Lebenspartner aber noch nicht geschieden bzw. aufgelöst worden ist. Fehlzuordnungen sind ferner bei Embryonen- und Gametenvertauschung denkbar. Dass es zu Fehlzuordnung kommen kann, spricht jedoch nicht gegen die Wahl der o. g. Anknüpfungskriterien, da sie im Regelfall eine bestandsfeste und der Wahrheit entsprechende Zuordnung bewirken werden. Zwar ließe sich durchaus über ein zusätzliches Anerkennungserfordernis sicherstellen, dass der zugeordnete Elternteil auch tatsächlich dauerhaft Elternverantwortung zu tragen bereit ist, dies erscheint vor dem Hintergrund einer schnellen Zuordnung nicht praktikabel.[120] Fehlzuordnungen kann auf Ebene der Korrekturinstrumente eingehend Rechnung getragen werden.

---

[116] Arbeitskreis Abstammungsrecht des BMJV, Abschlussbericht – Empfehlungen für eine Reform des Abstammungsrechts, 2017, 42.

[117] Arbeitskreis Abstammungsrecht des BMJV, Abschlussbericht – Empfehlungen für eine Reform des Abstammungsrechts, 2017, 60; *Luh,* Die Prinzipien des Abstammungsrechts, 2008, 98 f.

[118] *Dethloff* in: Hilbig-Lugani/Jakob/Mäsch u. a. (Hrsg.), Zwischenbilanz, 2015, 41 ff.

[119] Zum Anfechtungsrecht des zugeordneten weiterne Elternteils siehe deshalb unten.

[120] So auch Arbeitskreis Abstammungsrecht des BMJV, Abschlussbericht – Empfehlungen für eine Reform des Abstammungsrechts, 2017, 42.

Des Weiteren ist in § 3 herausgearbeitet worden, dass ein modernes Elternschaftsrecht eine Zuordnungssystematik unabhängig von Geschlecht und sexueller Orientierung vorsehen sollte. Auch gleichgeschlechtlichen weiblichen Paaren ist somit eine automatische Elternschaft der Partnerin des Geburtselternteils zu ermöglichen.[121] Die vorstehend vorgeschlagenen Anknüpfungskriterien ermöglichen dies prinzipiell, da die Ehe sowohl gleichgeschlechtlichen als auch verschiedengeschlechtlichen Personen offensteht, die registrierte Lebenspartnerschaft zuminest durch gleichgeschlechtliche Paaren begründet werden kann. Letztere ist durch die Öffnung der Ehe für Personen gleichen Geschlechts nicht obsolet geworden. Zwar können keine neuen Lebenspartnerschaften begründet werden,[122] eine Umwandlungspflicht für Altfälle besteht allerdings nicht. Das Rechtsinstitut der eingetragenen Lebenspartnerschaft wird die Rechtswirklichkeit daher noch einige Zeit begleiten. Eine Gleichbehandlung mit gleichgeschlechtlichen Ehepaaren erscheint vor dem Hintergrund der Orientierungslinien daher geboten. Die eingetragene Lebenspartnerschaft ist somit ebenfalls als Zuordnungskriterium aufzunehmen.

Auf eine geschlechtsneutrale Formulierung („Person") ist zu achten, um Trans- und Intersexualität angemessen zu erfassen, eingehend hierzu bereits oben.

Letztlich lässt sich auch anhand der Anknüpfungskriterien eine von den Zeugungsumständen unabhängige Zuordnungssystematik herstellen, wie es ebenfalls den oben herausgearbeiteten Orientierungslinien entspricht. Dabei ist letztlich nicht zu übersehen, dass es durchaus zu positiven Elternschafts-Konflikten kommen kann, beispielsweise dann, wenn eine Zeugung des Kindes durch einen Dritten im Wege natürlicher Beiwohnung bzw. mittels privater Samenspende und Selbstinsemination erfolgt ist, und der Dritte selbst die Elternstellung einnehmen möchte. Für diese Fälle ist auf Ebene der Korrekturinstrumente entsprechend Vorsorge zu treffen.

bb) Anknüpfung an die nichteheliche Lebensgemeinschaft?

Da heute immer häufiger auch miteinander nicht verheiratete Paare Kinder zeugen, siehe dazu eingehend § 1, lässt sich durchaus hinterfragen, ob nicht auch im Falle einer verfestigten faktischen, d.h. nichtehelichen Lebensgemeinschaft

---

[121] Arbeitskreis Abstammungsrecht des BMJV, Abschlussbericht – Empfehlungen für eine Reform des Abstammungsrechts, 2017, 70; *Helms* in: Ständige Deputation des Deutschen Juristentages (Hrsg.), Rechtliche, biologische und soziale Elternschaft – Herausforderungen durch neue Familienformen, 2016, F 1, F 33 ff.; *Dethloff,* Familienrecht, 2015, § 10 Rn. 86 m.w.N.; MüKoBGB/*Wellenhofer,* § 1591 Rn. 10. So auch Beschlüsse des 71. Deutschen Juristentags 2016, B.II.10 f., vgl. http://www.djt.de/file admin/downloads/71/Beschluesse_gesamt.pdf (zuletzt geprüft am 17.8.2017). A.A. *Schröder,* Wer hat das Recht zur rechtlichen Vaterschaft?, 2015, 155 f.

[122] Vgl. Art. 3 III Gesetz zur Einführung des Rechts auf Eheschließung für Personen gleichen Geschlechts v. 20.7.2017, BGBl. I 2787.

eine automatische Elternschaftszuordnung möglich sein sollte. Dies ist jedoch abzulehnen.[123] Faktische Paarbeziehungen sind aufgrund ihrer fehlenden Formalisierung nicht ebenso eindeutig zu identifizieren wie Ehe oder registrierte Lebenspartnerschaft.[124] Eine leicht erkennbare und sichere Zuordnung ließe sich somit nicht bewerkstelligen. Insbesondere bedürfte die Zuordnung stets der Feststellung im Einzelfall, ob die Form des Zusammenlebens der Eltern sich tatsächlich hinreichend verfestigt hat, um von einer verfestigten faktischen Paarbeziehung sprechen zu können. Bereits das geltende Recht sieht daher insoweit keine automatische Zuordnungsmöglichkeit vor.[125] Für Fälle nicht verheirateter Eltern sind somit andere Zuordnungskriterien zu wählen,[126] da auch hier freilich ein berechtigtes Interesse an einer rechtssicheren Elternzuordnung besteht.

2. Zuordnungsvoraussetzungen und Formulierungsvorschlag

a) Zuordnungsvoraussetzungen

Die eingangs erläuterten Zuordnungsvoraussetzungen des bereits derzeit geltenden Rechts können letztlich *mutatis mutandis* auf die hier vorgeschlagene Zuordnungssystematik übertragen werden. Angesichts der Ermöglichung einer automatischen Elternschaft bei gleichgeschlechtlichen Ehepaaren und eingetragenen Lebenspartnern sind die Zuordnungsvoraussetzungen um das Kriterium der eingetragenen Lebenspartnerschaft zu erweitern und die Beschränkung des § 1592 Nr. 1 auf männliche Personen zu streichen. Für die Zuordnung des Ehegatten/der Ehegattin bzw. der eingetragenen Lebenspartnerin des Geburtselternteils als weiterer Elternteil ist daher erforderlich, dass im Zeitpunkt der Geburt eine wirksame Ehe bzw. eingetragene Lebenspartnerschaft besteht.

Auch § 1593 BGB ist in der Folge entsprechend anzupassen. Die Norm enthält eine angemessene Regelung der angesprochenen Konstellationen und sollte beibehalten werden. Somit sollte auch fortan eine Zuordnung zum früheren Ehegatten/zur früheren Ehegattin bzw. eingetragenen Lebenspartnerin gelten, wenn die Ehe bzw. die eingetragene Lebenspartnerschaft durch Tod aufgelöst worden ist und das Kind innerhalb von 300 Tagen nach der Auflösung geboren wird. Für

---

[123] Ebenso *Gernhuber/Coester-Waltjen,* Familienrecht, 2010, 602 f.; *Kropholler,* 185 AcP (1985) 244, 260; *Gaul,* FamRZ 1997, 1441, 1446; MüKoBGB/*Wellenhofer,* § 1592 Rn. 4.

[124] BT-Drs. 13/4899, 52, 83; Staudinger/*Rauscher,* § 1592 Rn. 17; BeckOGK/*Balzer,* § 1592 BGB Rn. 67; *Wanitzek,* Rechtliche Elternschaft bei medizinisch unterstützter Fortpflanzung, 2002, 36.

[125] Palandt/*Brudermüller,* § 1592 Rn. 2; MüKoBGB/*Wellenhofer,* § 1592 Rn. 4; BeckOGK/*Balzer,* § 1592 BGB Rn. 66; Spickhoff, MedR/*Spickhoff,* § 1592 BGB Rn. 2; *Wanitzek,* Rechtliche Elternschaft bei medizinisch unterstützter Fortpflanzung, 2002, 36.

[126] Beispielsweise das Kriterium der Anerkennung der Elternschaft, dazu siehe unten.

Wiederheirat und Begründung einer erneuten eingetragenen Lebenspartnerschaft sollte künftig eine Zuordnung des neuen Ehegatten/der neuen Ehegattin bzw. Lebenspartnerin vorgesehen werden. Dies rechtfertigt sich auch in Fällen, in denen eine verschiedengeschlechtliche Paarbeziehung mit einer gleichgeschlechtlichen Paarbeziehung zusammenfällt, beispielsweise, wenn eine verschiedengeschlechtliche Ehe durch Tod des Ehemannes aufgelöst wird und die Mutter vor Geburt des Kindes eine Frau heiratet. Zwar ist hier nicht zwangsläufig wahrscheinlich, dass die neue Ehegattin der Mutter genetisch mit dem Kind verwandt ist,[127] bei einer nahe am Auflösungszeitpunkt der Erstehe geschlossenen weiteren Ehe liegt aber die Wahrscheinlichkeit nahe, dass das Kind von den neuen Ehegatten gewollt ist. In der Regel wird der neue Ehegatte somit auch sozialer Elternteil des Kindes sein, was für die Elternzuordnung ausreichend ist.

Darüber hinaus sollte eine Regelung zur Problematik bigamer formalisierter Paarbeziehungen eingeführt werden, da dies der bisherigen Lösung über die Analogie aus Rechtssicherheits- und Rechtsklarheitsaspekten vorzuziehen ist. Dabei ist zu berücksichtigen, dass sich die Problematik bigamischer Paarbeziehungen auch bei gleichgeschlechtlichen Paaren stellt, und sich durch das Nebeneinander von gleichgeschlechtlicher Ehe und eingetragener Lebenspartnerschaft je nach Fallkonstellation unterschiedliche rechtliche Fragen stellen. Für den Fall, dass die bereits (mit einem Mann oder einer Frau) verheiratete Geburtsmutter im Zeitpunkt der Geburt eine weitere (gleichgeschlechtliche oder verschiedengeschlechtliche) Ehe geschlossen hat, greifen die Wirkungen der §§ 1306 BGB ff. unterschiedslos ein und führen zu einem Zuordnungskonflikt von neuem und altem Ehegatten. Hier ist somit eine entsprechende Anwendung des § 1593 S. 3 und 4 BGB angezeigt (Fallkonstellation 1). Hat die in einer eingetragenen Lebenspartnerschaft lebende Geburtsmutter zum Geburtszeitpunkt eine (gleich- oder verschiedengeschlechtliche) Ehe geschlossen, entsteht der Zuordnungskonflikt ebenfalls, da für die später geschlossene Ehe §§ 1306 ff. BGB gelten. Auch hier ist eine entsprechende Anwendung des § 1593 S. 3 und 4 BGB angezeigt (Fallkonstellation 2). Liegt der Fall umgekehrt, hat also die verheiratete Geburtsmutter im Zeitpunkt der Geburt eine eingetragene Lebenspartnerschaft begründet, kann auf eine entsprechende Anwendung des § 1593 S. 3 und 4 BGB hingegen verzichtet werden, da eine entgegen § 1 I Nr. 1 LPartG geschlossene Lebenspartnerschaft nicht wirksam begründet ist.[128] Ein Zuordnungskonflikt entsteht somit nicht (Fallkonstellation 3). Entsprechendes gilt für den Fall der in einer registrierten Lebenspartnerschaft lebenden Geburtsmutter, die im relevanten Zeitpunkt eine weitere Lebenspartnerschaft begründet hat. Auch hier bestimmt § 1 I Nr. 1 LPartG die Unwirksamkeit der zweiten Lebenspartnerschaft (Fallkonstellation 4).

---

[127] Ausgeschlossen ist dies nicht, zur reziproken Eizellenspende siehe *Dethloff* in: Hilbig-Lugani/Jakob/Mäsch u. a. (Hrsg.), Zwischenbilanz, 2015, 41.

[128] BeckOK BGB/*Hahn*, § 1 LPartG Rn. 26; MüKoBGB/Wacke, § 1 LPartG Rn. 9.

§ 1 I Nr. 1 LPArtG führt in Fallkonstellationen der später geschlossenen eingetragenen Lebenspartnerschaft aus Gleichbehandlungsgesichtspunkten zu einem gewissen Widerspruch. Die später geschlossene gleichgeschlechtliche Ehe ist wirksam, aber aufhebbar, die später begründete Lebenspartnerschaft ist hingegen unwirksam. Einer Korrektur dieses Wertungswiderspruchs bedarf es allerdings nicht, da es letztlich nicht mehr zu einer Realisierung dieses Widerspruchs in der Praxis kommen kann. Weitere eingetragene Lebenspartnerschaften können künftig nicht mehr begründet werden, vgl. Art. 3 III Gesetz zur Einführung des Rechts auf Eheschließung für Personen gleichen Geschlechts. § 1 I Nr. 1 LPartG hat daher derzeit kein Anwendungsfeld mehr.

b) Formulierungsvorschlag

Auch mit Blick auf die Zuordnung des weiteren Elternteils lässt sich eine Regelung, die die vorstehend genannten Erwägungen umsetzt, einfach in die derzeit geltende Systematik integrieren. Dazu sollten §§ 1592, 1593 BGB wie folgt neu gefasst werden:

§ 1592 Weiterer Elternteil. Weiterer Elternteil des Kindes ist die Person,

1. die im Zeitpunkt der Geburt des Kindes mit dem Elternteil verheiratet ist, beziehungsweise mit dem Elternteil in einer eingetragenen Lebenspartnerschaft lebt, [...]

§ 1593 Elternschaft bei Auflösung der Ehe beziehungsweise der eingetragenen Lebenspartnerschaft durch Tod. § 1592 Nr. 1 gilt entsprechend, wenn die Ehe beziehungsweise die eingetragene Lebenspartnerschaft durch Tod aufgelöst wurde und innerhalb von 300 Tagen nach der Auflösung ein Kind geboren wird. Steht fest, dass das Kind mehr als 300 Tage vor seiner Geburt empfangen wurde, so ist dieser Zeitraum maßgebend. Wird von einer Person, die eine weitere Ehe geschlossen hat bzw. eine weitere eingetragene Lebenspartnerschaft eingegangen ist, ein Kind geboren, das sowohl nach den Sätzen 1 und 2 Kind des früheren Ehegatten bzw. des früheren eingetragenen Lebenspartners als auch nach § 1592 Nr. 1 Kind des neuen Ehegatten bzw. des neuen eingetragenen Lebenspartners wäre, so ist es nur als Kind des neuen Ehegatten bzw. eingetragenen Lebenspartners anzusehen. Wird die Elternschaft angefochten und wird rechtskräftig festgestellt, dass der neue Ehegatte bzw. der neue eingetragene Lebenspartner nicht weiterer Elternteil des Kindes ist, so ist es Kind des früheren Ehegatten bzw. eingetragenen Lebenspartners. S. 3 und 4 gelten auch dann, wenn der Elternteil entgegen § 1306 I BGB mit mehreren Personen gleichzeitig verheiratet ist bzw. gleichzeitig in einer Ehe und in einer eingetragenen Lebenspartnerschaft lebt.

Die vorgeschlagene Regelung entspricht zum Teil dem bereits jetzt geltenden Recht, indem aufgrund der Ehe mit dem Geburtselternteil eine Elternzuordnung ermöglicht wird. Einer Umformulierung des derzeitigen § 1592 BGB bedarf es letztlich deshalb, da ein modernes Elternschaftsrecht im Lichte der in § 3 herausgearbeiteten Orientierungslinien im Grundsatz geschlechtsneutral ausgestaltet sein sollte. Die vorgeschlagene Formulierung ermöglicht es insbesondere, Fälle der Trans- und Intersexualität ohne den Umweg der analogen Anwendung geschlechtsbezogener Bestimmungen zu erfassen, und erscheint damit einer geschlechtsbezogenen Formulierung vorzugswürdig. Darüber hinaus wird die geschlechtsneutrale Formulierung der gesellschaftlichen Entwicklung gerecht. Insbesondere die automatische Elternschaft gleichgeschlechtlicher weiblicher Paare wird durch die Formulierung ermöglicht, da sie die bislang bestehenden Beschränkungen auf männliche Ehegatten aufhebt. Darüber hinaus wird die Regelung auf die noch weiterhin bestehenden Fälle der eingetragenen Lebenspartnerschaft erweitert. Eine Gleichbehandlung mit gleichgeschlechtlichen Ehegatten erscheint geboten. Die in § 3 herausgearbeitete Orientierungslinie der Unabhängigkeit der Zuordnung von einer sexuellen Orientierung der Eltern wird somit umgesetzt. Die Änderungen zu § 1593 BGB-E setzen dies konsequent um. Darüber hinaus wird in § 1593 BGB-E ein Satz 5 angefügt, der den bislang vom Gesetzgeber nicht geregelten Fall bigamer formalisierter Paarbeziehungen erfasst, um auch hier eine angemessene und rechtssichere Konfliktregelung für konfligierende Elternschaftszuordnungen bereitzustellen. Der Begriff „weiterer Elternteil" wird technisch gebraucht, er beschreibt die Person, der die zweite Elternstelle zugewiesen ist.

II. Zuordnung aufgrund Elternschaftsanerkennung

Als weiterer Elternteil des Kindes sollte ferner die Person gelten, die die Elternschaft für das Kind anerkannt hat, unabhängig davon, ob die Zeugung natürlich oder medizinisch-assistiert erfolgt ist, und unabhängig vom Geschlecht und der sexuellen Orientierung dieser Person.[129]

1. Begründung des Anknüpfungskriteriums

a) Derzeitige Rechtslage

Das derzeitige Abstammungsrecht ermöglicht eine Anerkennung der Vaterschaft gem. § 1592 Nr. 2, 1594 BGB. Sie stellt eine § 1592 Nr. 1 BGB gleichwertige Zuordnung her, steht in der logischen Folge allerdings der automatischen

---

[129] Dafür einstimmig Arbeitskreis Abstammungsrecht des BMJV, Abschlussbericht – Empfehlungen für eine Reform des Abstammungsrechts, 2017, 42: *Dethloff/Timmermann,* Gleichgeschlechtliche Paare und Familiengründung durch Reproduktionsmedizin – Gutachten im Auftrag der Friedrich Ebert Stiftung, 2016, 34; zur Erstreckung des § 1592 Nr. 2 auf gleichgeschlechtliche Paare Arbeitskreis 12 in: Deutscher Familiengerichtstag e. V. (Hrsg.), 21. Deutscher Familiengerichtstag vom 21. bis 24. Oktober 2015 in Brühl, 2016, 166. Vgl. so auch die Draft recommendation on the rights and legal status of children and parental responsibilities des Europarats, CDJC 2011, 15, die allerdings bislang nicht angenommen worden ist, vgl. dazu *Lederer,* Grenzenloser Kinderwunsch – Leihmutterschaft im nationalen, europäischen und globalen rechtlichen Spannungsfeld, 2016, 259 ff.; *Nikolina,* Divided parents, shared children, 2015, 33 ff.

Zuordnung kraft Ehe nach.[130] Ist die Geburtsmutter verheiratet, kann eine Anerkennung durch einen anderen Mann erst dann wirksam werden, wenn die Vaterschaft des Ehemannes beseitigt ist.[131] Treffen mehrere Anerkennungen aufeinander, gilt das Prioritätsprinzip.[132] Eine Anerkennung der Elternschaft durch eine Frau ist im geltenden Recht allerdings nicht möglich.[133] Auch mit Blick auf die Öffnung der Ehe für Personen gleichen Geschlechts ergibt sich aus den bereits oben unter (B.I.) genannten Gründen nichts anderes.[134] Die hier vorgeschlagene Regelung geht somit über das geltende Recht hinaus.

Die Anerkennungsmöglichkeit ist unabhängig von einer genetischen Verwandtschaft des Anerkennenden mit dem Kind und gilt auch losgelöst von dem Vorliegen einer medizinisch-assistierten Reproduktion.[135] Sie wird nach der bisherigen Rechtstatsachenlage vor allem bei Kindern relevant, die außerhalb einer Ehe geboren werden. Bei etwa 90 % dieser Kinder wird die Vaterschaftsanerkennung tatsächlich vorgenommen.[136]

aa) Anerkennungserklärung als nicht empfangsbedürftige Willenserklärung

Die Vaterschaftsanerkennung ist als formgebundene, keiner Frist unterliegende[137] und nicht empfangsbedürftige Willenserklärung ausgestaltet,[138] die neben

---

[130] *Gernhuber/Coester-Waltjen,* Familienrecht, 2010, 611; *Dethloff,* Familienrecht, 2015, § 10 Rn. 15; Palandt/*Brudermüller,* § 1592 Rn. 3; MüKoBGB/*Wellenhofer,* § 1594 Rn. 44; Staudinger/*Rauscher,* § 1594 Rn. 52.

[131] BeckOGK/*Balzer,* § 1592 BGB Rn. 95; *Schwab,* Familienrecht, 2016, § 49 Rn. 556; zur Sperrwirkung ausführlich siehe § 2 S. 130 ff., sowie Staudinger/*Rauscher,* § 1594 Rn. 8 ff. Nach hM ist eine Anerkennung auch nach erfolgter Adoption möglich, vgl. beispielhaft Staudinger/*Rauscher,* § 1594 Rn. 40, wofür durchaus ein Bedürfnis bestehen kann. Beispielsweise lässt die Volljährigenadoption die ursprünglichen Verwandtschaftsbeziehungen unberührt, so dass eine freie Vaterstelle durch Anerkennung etwa noch besetzt werden kann.

[132] *OLG München,* Beschl. v. 3.12.2009 – 31 Wx 129/09, FamRZ 2017, 743; Palandt/*Brudermüller,* § 1594 Rn. 8; MüKoBGB/*Wellenhofer,* § 1594 Rn. 30 ff., 32; Staudinger/*Rauscher,* § 1594 Rn. 28.

[133] *Gernhuber/Coester-Waltjen,* Familienrecht, 2010, 590; Palandt/*Brudermüller,* § 1592 Rn. 3; NK-BGB/*Gutzeit,* § 1591 Rn. 5.

[134] *Hammer,* FamRZ 2017, 1236.

[135] Palandt/*Brudermüller,* § 1592 Rn. 3; *Voigt,* Abstammungsrecht 2.0, 2015, 46 f.; Arbeitskreis Abstammungsrecht des BMJV, Abschlussbericht – Empfehlungen für eine Reform des Abstammungsrechts, 2017, 42.

[136] Vgl. *Muscheler,* Familienrecht, 2017 Rn. 547 mit Verweis auf die Statistiken der Kinder- und Jugendhilfe v. 15.7.2010; *Dethloff,* Familienrecht, 2015, § 10 Rn. 14 m.w.N.

[137] *Gernhuber/Coester-Waltjen,* Familienrecht, 2010, 613.

[138] *Gernhuber/Coester-Waltjen,* Familienrecht, 2010, 607; *Dethloff,* Familienrecht, 2015, § 10 Rn. 15; MüKoBGB/*Wellenhofer,* § 1594 Rn. 4, 6; Staudinger/*Rauscher,* § 1592 Rn. 51; BeckOGK/*Balzer,* § 1592 BGB Rn. 83; Spickhoff, MedR/*Spickhoff,* § 1592 BGB Rn. 3; *Wanitzek,* Rechtliche Elternschaft bei medizinisch unterstützter

der Erklärung, rechtlicher Elternteil des Kindes sein zu wollen, selbst von keinen weiteren inhaltlichen Voraussetzungen abhängig ist,[139] und die mit ihrer Abgabe und dem Vorliegen der nach § 1595 BGB erforderlichen Zustimmungen wirksam wird.[140] Sie ist vor allem nicht gleichzeitig eine Wissenserklärung, da über die Aussage, rechtlicher Elternteil des Kindes sein zu wollen, kein weiterer Erklärungsinhalt mitschwingt, insbesondere nicht mit Blick auf etwaige Zeugungsumstände.[141] Auch eine bewusst der Abstammungswahrheit nicht entsprechende Anerkennungserklärung ist grds. zulässig.[142] Die Ausgestaltung als Willenserklärung entspricht letztlich der Höchstpersönlichkeit abstammungsrechtlicher Beziehungen.[143] Gem. § 1594 III BGB ist die Anerkennung darüber hinaus bedingungs- und befristungsfeindlich,[144] eine Anerkennung lässt sich somit nicht auf bestimmte Rechtsfolgen der Vaterschaft begrenzen.[145] Die abstammungsrechtliche Beziehung wird durch die Anerkennungserklärung begründet, die Anerkennung hat somit konstitutive Wirkung.[146] Eine Anerkennung kann ferner vor[147] oder nach der Geburt erfolgen, vgl. § 1594 IV BGB. Wird sie nachgeburtlich erklärt, wirkt sie auf den Geburtszeitpunkt zurück.[148] Auch eine vorgeburtliche

---

Fortpflanzung, 2002, 52; a.A. Palandt/*Brudermüller,* § 1594 Rn. 4 (Wissen- und Willenserklärung); ebenso *Muscheler,* Familienrecht, 2017, Rn. 547.

[139] Insbesondere ist sie nicht an einen Gentest oder ein zusätzliches Bestehen einer Lebensgemeinschaft mit der Mutter geknüpft. Letzteres wäre auch nicht sinnvoll, da die Eltern-Kind-Beziehung ja letztlich von der Paarbeziehung der Eltern unabhängig ist. Entsprechendes wäre nicht mit der EMRK vereinbar *EGMR,* Entsch. v. 27.10.1994 – 29/1993/424/503, FamRZ 2003, 813.

[140] *Gernhuber/Coester-Waltjen,* Familienrecht, 2010, 608; Staudinger/*Rauscher,* § 1592 Rn. 52.

[141] BeckOGK/*Balzer,* § 1592 BGB Rn. 83; sowie BeckOGK/*Balzer,* § 1594 BGB Rn. 17–20; *Wanitzek,* Rechtliche Elternschaft bei medizinisch unterstützter Fortpflanzung, 2002, 53; *Luh,* Die Prinzipien des Abstammungsrechts, 2008, 104.

[142] *Gernhuber/Coester-Waltjen,* Familienrecht, 2010, 608; Staudinger/*Rauscher,* § 1592 Rn. 53; BeckOGK/*Balzer,* § 1592 BGB Rn. 85; Spickhoff, MedR/*Spickhoff,* § 1592 BGB Rn. 3; *Wanitzek,* Rechtliche Elternschaft bei medizinisch unterstützter Fortpflanzung, 2002, 53.

[143] BeckOGK/*Balzer,* § 1594 BGB Rn. 3.

[144] Dazu im einzelnen MüKoBGB/*Wellenhofer,* § 1594 Rn. 38 f.

[145] *BGH,* Beschl. v. 19.3.1975 – IV ZB 28/74, NJW 1975, 1069, 1072; *BGH,* Urt. v. 21.9.1973 – IV ZR 136/72, NJW 1973, 2249, 2251 MüKoBGB/*Wellenhofer,* § 1594 Rn. 7.

[146] So auch MüKoBGB/*Wellenhofer,* § 1594 Rn. 18; *Gietl,* Abstammung – Dogmatik einer normativen Kategorie, 2014, 192. A.A. *Gernhuber/Coester-Waltjen,* Familienrecht, 2010, 607; Staudinger/*Rauscher,* § 1592 Rn. 19 (statuskonkretisierend); differenzierend: deklaratorisch bei genetischer Abstammung, konstitutiv, wenn sie fehlt Palandt/*Brudermüller,* § 1594 Rn. 4. Anders auch *Gaul,* FamRZ 1997, 1441.

[147] Dies dient der schnellen Schaffung von Rechtssicherheit über die Statuszuordnung *Wanitzek,* Rechtliche Elternschaft bei medizinisch unterstützter Fortpflanzung, 2002, 59; Palandt/*Brudermüller,* § 1594 Rn. 8; MüKoBGB/*Wellenhofer,* § 1594 Rn. 41.

[148] MüKoBGB/*Wellenhofer,* § 1592 Rn. 14; *Dethloff,* Familienrecht, 2015, § 10 Rn. 25; *Schwab,* Familienrecht, 2016, § 49 Rn. 563 (mit Ausnahme der elterlichen Sorge, hier „ex nunc"-Wirkung).

Anerkennung wird erst im Geburtszeitpunkt wirksam, vor diesem Zeitpunkt ist die Erklärung schwebend unwirksam.[149] Eine präkonzeptionelle Anerkennung ist nach umstrittener aber herrschender Meinung nicht möglich,[150] was deshalb zutrifft, da es an einem tauglichen Bezugsobjekt für die Anerkennungserklärung fehlt.[151]

bb) Formvoraussetzung des § 1597 I BGB

Die Anerkennungserklärung ist gem. § 1597 I BGB formgebunden, sie bedarf der öffentlichen Beurkundung.[152] Dies dient einerseits dazu, den Anerkennenden in die Lage zu versetzen, die Anerkennungsentscheidung wohl überlegt und informiert vorzunehmen,[153] andererseits begünstigt es die Nachweisbarkeit der Anerkennung und schafft somit Statuserkennbarkeit und -klarheit.[154] Ist die Form nicht eingehalten, ist die Anerkennung unwirksam, vgl. § 1598 I i.V.m. § 125

---

[149] *BGH,* Beschl. v. 17.12.1986 – IV b ZB 79/86, NJW 1987, 899; *Gernhuber/Coester-Waltjen,* Familienrecht, 2010, 611; *Wanitzek,* Rechtliche Elternschaft bei medizinisch unterstützter Fortpflanzung, 2002, 57; *Dethloff,* Familienrecht, 2015, § 10 Rn. 15; Palandt/*Brudermüller,* § 1594 Rn. 6; MüKoBGB/*Wellenhofer,* § 1594 Rn. 42; Staudinger/*Rauscher,* § 1594 Rn. 35.

[150] *Muscheler,* Familienrecht, 2017, Rn. 548; Arbeitskreis Abstammungsrecht des BMJV, Abschlussbericht   Empfehlungen für eine Reform des Abstammungsrechts, 2017, 56; *Gernhuber/Coester-Waltjen,* Familienrecht, 2010, 612; *Wanitzek,* Rechtliche Elternschaft bei medizinisch unterstützter Fortpflanzung, 2002, 55 f.; *Dethloff,* Familienrecht, 2015, § 10 Rn. 11 (wie hier zur natürlichen Zeugung, anders allerdings bei medizinisch-assistierter Zeugung, hier teleologische Reduktion des § 1594 III BGB andenkend, vgl. Rn. 82). A.A. *Voigt,* Abstammungsrecht 2.0, 2015, 61 ff. (de lege ferenda); Palandt/*Brudermüller,* § 1594 Rn. 8 MüKoBGB/*Wellenhofer,* § 1594 Rn. 43; *Spickhoff,* 197 AcP (1997) 398, 426 f.; Spickhoff, MedR/*Spickhoff,* § 1594 BGB Rn. 6 (bereits *de lege lata*) m.w.N.; *van de Loo,* FF 2016, 62, 63.

[151] Das noch nicht gezeugte Kind besitzt keine Rechtssubjektivität, vgl. *Gernhuber/Coester-Waltjen,* Familienrecht, 2010, 612; *Wanitzek,* Rechtliche Elternschaft bei medizinisch unterstützter Fortpflanzung, 2002, 55 f.; *Muscheler,* Familienrecht, 2017, Rn. 548; Arbeitskreis Abstammungsrecht des BMJV, Abschlussbericht – Empfehlungen für eine Reform des Abstammungsrechts, 2017, 56. Daher helfen auch Ausnahmen von der Bedingungsfeindlichkeit der Anerkennung nicht, um eine präkonzeptionelle Anerkennung zu ermöglichen, vgl. so aber *Voigt,* Abstammungsrecht 2.0, 2015, 70.

[152] Diese können vornehmen der Notar gem. § 20 BnotO, der Standesbeamte gem. § 44 I PStG, der Rechtspfleger beim Amtsgericht, vgl. § 67 I Nr. 1 BeurkG n.F., § 3 Nr. 1 lit. f RPflG, das Gericht gem. § 180 FamFG, oder der ausdrücklich ermächtigte Beamte/Angestellte des Jugendamts gem. § 59 I 1 Nr. 1, III 1 SGB VIII, vgl. eingehend *Dethloff,* Familienrecht, 2015, § 10 Rn. 15; MüKoBGB/*Wellenhofer,* § 1597 Rn. 3. Zur im Ausland erfolgten Anerkennung siehe *BGH,* Beschl. v. 5.7.2017 – XII ZB 277/16, BeckRS 2017, 121457 (Anerkennung vor dem spanischen Jugendamt deutscher Anerkennung gleichwertig).

[153] BT-Drs. 13/4899, 85; *Dethloff,* Familienrecht, 2015, § 10 Rn. 15; Palandt/*Brudermüller,* § 1597 Rn. 1; MüKoBGB/*Wellenhofer,* § 1597 Rn. 1; Staudinger/*Rauscher,* § 1597 Rn. 3.

[154] MüKoBGB/*Wellenhofer,* § 1594 Rn. 8.

BGB.[155] Der Statusklarheit und Statuserkennbarkeit dient auch, dass beglaubigte Abschriften der Anerkennung, und aller deren Wirksamkeit betreffender Erklärungen, an Vater, Mutter, Kind und das Standesamt zu senden sind, vgl. hierzu § 1597 II BGB, was ebenfalls der Statuserkennbarkeit dient. Eine Wirksamkeitsvoraussetzung stellt die Übersendung der Abschriften allerdings nicht dar.[156]

cc) Widerruflichkeit der Anerkennungserklärung

Ein Widerruf der Anerkennung ist gem. § 1597 III BGB möglich. Dies jedoch nur dann, wenn sie ein Jahr nach der Beurkundung noch nicht wirksam geworden ist. Da der Widerruf *actus contrarius* zur Anerkennung ist, handelt es sich auch hier um eine Willenserklärung, die derselben Formbestimmung und derselben Bedingungs- und Befristungsfeindlichkeit unterliegt, wie die Anerkennung selbst, vgl. § 1597 III 2 BGB.[157] Die Widerrufsmöglichkeit schafft für den anerkennenden Mann Rechtssicherheit, da er den Schwebezustand der noch nicht wirksamen Anerkennungserklärung aus eigener Kraft beseitigen kann, wenn die erforderlichen Zustimmungen nicht erklärt bzw. versagt werden.

dd) Zustimmungserklärungen von Mutter und Kind gem. § 1595 BGB

Wirksamkeitsvoraussetzung der Vaterschaftsanerkennung ist ferner das Vorliegen der nach § 1595 BGB erforderlichen Zustimmungserklärungen.[158] Liegen sie nicht vor, wird eine Vaterschaftsanerkennung nicht wirksam. Eine gerichtliche Ersetzbarkeit der Zustimmungen ist bewusst nicht vorgesehen.[159]

Erforderlich ist gem. § 1595 I BGB *stets* die Zustimmung der Mutter. Die Zustimmungserklärung des Kindes ist gem. § 1595 II BGB *zusätzlich* immer dann notwendig,[160] wenn der Mutter insoweit die elterliche Sorge nicht zusteht. Dies ist beispielsweise bei einem Entzug des Sorgerechts nach § 1666 BGB der Fall, aber auch bei Volljährigkeit des Kindes. Die Zustimmungsrechte von Mutter und Kind rechtfertigen sich letztlich daraus, dass beiden keine Vaterschaft unberechtigt aufgedrängt werden können soll.[161] Die Mutter weiß darüber hinaus am bes-

---

[155] *Schwab,* Familienrecht, 2016, § 49 Rn. 556; MüKoBGB/*Wellenhofer,* § 1597 Rn. 5.

[156] Palandt/*Brudermüller,* § 1597, Rn. 3; MüKoBGB/*Wellenhofer,* § 1597 Rn. 8; Staudinger/*Rauscher,* § 1597 Rn. 22.

[157] MüKoBGB/*Wellenhofer,* § 1597 Rn. 9–12; Staudinger/*Rauscher,* § 1597 Rn. 23 ff.

[158] *Gernhuber/Coester-Waltjen,* Familienrecht, 2010, 609; *Dethloff,* Familienrecht, 2015, § 10 Rn. 16; MüKoBGB/*Wellenhofer,* § 1594 Rn. 6; Staudinger/*Rauscher,* § 1592 Rn. 52.

[159] BT-Drs. 13/4899, 54; *Gernhuber/Coester-Waltjen,* Familienrecht, 2010, 609; *Muscheler,* Familienrecht, 2017, Rn. 549; *Dethloff,* Familienrecht, 2015, § 10 Rn. 14; *Schwab,* Familienrecht, 2016, § 49 Rn. 558; MüKoBGB/*Wellenhofer,* § 1595 Rn. 9; Staudinger/*Rauscher,* § 1595 Rn. 5.

[160] Palandt/*Brudermüller,* § 1595 Rn. 4.

[161] Staudinger/*Rauscher,* § 1595 Rn. 3.

ten, wer der tatsächliche Vater des Kindes ist.[162] Da auch sie in ihrem Verhältnis zum Kind von der Zuordnung der Vaterschaft betroffen ist, kommt ihr ein eigenes Zustimmungsrecht zu.[163] Umstritten ist, ob die Vaterschaftsanerkennung auch bei Tod der Mutter mit alleiniger Zustimmung des Kindes noch vorgenommen werden kann. Dies ist zu bejahen,[164] da eine Vaterschaftszuordnung sonst in manchen Fällen überhaupt nicht möglich wäre. Zu denken ist beispielsweise an den Fall der Zeugung des Kindes im Wege heterologer Insemination bei nichtehelichen Lebenspartnern. Stirbt die Mutter bei Geburt und fehlt es an vorgeburtlichen Anerkennungs- und Zustimmungserklärungen, könnte keine Elternzuordnung des in die Reproduktion einwilligenden Mannes vorgenommen werden, da § 1600d I BGB den Fall nicht erfasst. Dies stünde aber mit dem Interesse dieses Mannes in Widerspruch, rechtlicher Elternteil des Kindes zu werden. Auch das Kindesinteresse an Sicherstellung elterlicher Pflege und Erziehung, vgl. Art. 2 I i.V.m. Art. 6 II 1 GG, wäre hiervon beeinträchtigt.

Auch nach dem Tod des Kindes ist eine Anerkennung möglich.[165] Ist hingegen der Vater vor Abgabe der Anerkennungserklärung gestorben, ist eine wirksame Zuordnung durch Anerkennung aufgrund der Höchstpersönlichkeit der Anerkennung nicht mehr möglich.[166]

Die Zustimmungserklärungen sind ebenfalls wie die Anerkennungserklärung formgebundene, nicht empfangsbedürftige befristungs- und bedingungsfeindliche Willenserklärungen,[167] die gem. §§ 183, 184 BGB vor oder nach der Anerkennung abgegeben werden können.[168] Auch eine vorgeburtliche Zustimmung ist möglich, vgl. § 1595 III, 1594 IV BGB. § 1597 II BGB gilt ebenfalls für die Zustimmungserklärungen, sie bedürfen daher der öffentlichen Beglaubigung. Ein Widerruf der Zustimmung ist nicht möglich.[169]

[162] *Dethloff*, Familienrecht, 2015, § 10 Rn. 17.
[163] BT-Drs. 13/4899, 54; *Dethloff*, Familienrecht, 2015, § 10 Rn. 16, 17; Palandt/*Brudermüller*, § 1595 Rn. 1; MüKoBGB/*Wellenhofer*, § 1595 Rn. 1. A.A. Staudinger/*Rauscher*, § 1595 Rn. 5a.
[164] So auch *KG*, Beschl. v. 3.1.2017 – 1 W 483/16, StAZ 2017, 305; MüKoBGB/*Wellenhofer*, § 1595 Rn. 14; Staudinger/*Rauscher*, § 1592 Rn. 56; a.A. Palandt/*Brudermüller*, § 1595 Rn. 3 m.w.N.
[165] *BayObLG*, Beschl. v. 17.7.2000 – 1Z BR 96/00, NJW-RR 2000, 1602; *BayObLG*, Beschl. v. 17.7.2000 – 1Z BR 57/00, FamRZ 2000, 1543; MüKoBGB/*Wellenhofer*, § 1594 Rn. 40; *Muscheler*, Familienrecht, 2017, Rn. 547; *Dethloff*, Familienrecht, 2015, § 10 Rn. 15; Palandt/*Brudermüller*, § 1594 Rn. 8; a.A. Staudinger/*Rauscher*, § 1592 Rn. 56.
[166] Staudinger/*Rauscher*, § 1592 Rn. 56.
[167] §§ 1595 III, 1594 III BGB; *Gernhuber/Coester-Waltjen*, Familienrecht, 2010, 609; Palandt/*Brudermüller*, § 1595 Rn. 2; MüKoBGB/*Wellenhofer*, § 1595 Rn. 8; Staudinger/*Rauscher*, § 1595 Rn. 10 f.; BeckOGK/*Balzer*, § 1592 BGB Rn. 84.
[168] Palandt/*Brudermüller*, § 1595 Rn. 2; MüKoBGB/*Wellenhofer*, § 1595 Rn. 8, 18.
[169] MüKoBGB/*Wellenhofer*, § 1597 Rn. 12.

Die Ausgestaltung der Zustimmungssystematik ist in der Literatur vor allem aus zwei Gründen zu Recht stark kritisiert worden:[170] Erstens kommt der Mutter durch die fehlende Ersetzbarkeit der Zustimmung ein gewaltiges Blockadepotential zu.[171] Sie kann die Vaterzuordnung einseitig verhindern, unabhängig davon, ob der anerkennende Mann tatsächlich genetischer Vater des Kindes ist. Es bleibt dann nur das gerichtliche Verfahren nach § 1600d BGB. Der ehemalige nichteheliche Lebenspartner der Mutter, der in die Zeugung des Kindes durch medizinisch-assistierte Reproduktion eingewilligt hat, kann hier aus eigener Kraft die Vaterposition überhaupt nicht erlangen. Hier hilft auch § 1600d I BGB nicht, da eine genetische Verwandtschaft und damit ein Feststellungsgrund nicht bestehen. Auch kann die Mutter letztlich willkürlich jeder Vaterschaftsanerkennung durch einen anderen Mann zustimmen und so den genetischen Vater zum Betreiben der Vaterschaftsanfechtung zwingen.[172] Bei der Adoption ist demgegenüber eine gerichtliche Ersetzbarkeit der Zustimmung der rechtlichen Eltern vorgesehen, vgl. § 1748 BGB, so dass sich ein gewisser Wertungswiderspruch von Abstammungs- und Adoptionsrecht ergibt.[173]

Zweitens wird die nur ausnahmsweise Notwendigkeit der Kindeszustimmung den Kindesinteressen nicht hinreichend gerecht.[174] Art. 12 I KRK sieht vor, dass die Vertragsstaaten der KRK einem Kind, das fähig ist, sich eine eigene Meinung zu bilden, das Recht zusichern, diese Meinung in allen das Kind berührenden Angelegenheiten frei zu äußern, und verpflichtet sie ferner dazu, den geäußerten Kindeswillen angemessen, dem Alter und der Reife des Kindes entsprechend, zu berücksichtigen. Indem § 1595 II BGB den Kindeswillen nur dann für beachtlich erklärt, wenn der Mutter die elterliche Sorge nicht zusteht, wird das geltende Recht dieser Anforderung nicht gerecht.[175] Die Mutter kann daher beispielsweise einem bereits 14-jährigen Kind, das seinen Willen bereits eingehend bilden und

---

[170] Beispielhaft: *Gaul,* FamRZ 1997, 1441; MüKoBGB/*Wellenhofer,* § 1595 Rn. 3; Staudinger/*Rauscher,* § 1595 Rn. 5 ff.; NK-BGB/*Gutzeit,* § 1595 Rn. 2. Zum alten Recht, das ausschließlich die Zustimmung des Kindes wegen Betroffenheit von dessen Status erforderte, *Wanitzek,* Rechtliche Elternschaft bei medizinisch unterstützter Fortpflanzung, 2002, 63 ff.; *Luh,* Die Prinzipien des Abstammungsrechts, 2008, 106 f.

[171] Anders bei der Adoption, hier ist die Zustimmung sehr wohl ersetzbar, vgl. *Dethloff,* Familienrecht, 2015, § 10 Rn. 17.

[172] Staudinger/*Rauscher,* § 1595 Rn. 5.

[173] *Dethloff,* Familienrecht, 2015, § 10 Rn. 17. Zur Verfassungsmäßigkeit der adoptionsrechtlichen Bestimmung siehe *BVerfG,* Beschl. vom 29.7.1968 – 1 BvL 20/63, 31/66 und 5/67, NJW 1968, 2233.

[174] *Gaul,* FamRZ 1997, 1441, 1449; Gernhuber/Coester-Waltjen, Familienrecht, 2010, 610; Dethloff, Familienrecht, 2015, § 10 Rn. 18; Wanitzek, Rechtliche Elternschaft bei medizinisch unterstützter Fortpflanzung, 2002, 68; MüKoBGB/*Wellenhofer,* § 1595 Rn. 4; Staudinger/*Rauscher,* § 1595 Rn. 5.

[175] MüKoBGB/*Wellenhofer,* § 1595 Rn. 5. Differenzierend: mit Blick auf das minderjährige geschäftsunfähige Kind kein Verstoß gegen Art. 12 KRK, BeckOGK/*Balzer,* § 1594 BGB Rn. 70, mit Blick auf das 14-jährige Kind sollte ein Zustimmungsrecht vorgesehen werden, BeckOGK/*Balzer,* § 1594 BGB Rn. 72.

äußern kann, einen rechtlichen Vater gegen den erklärten Willen aufdrängen, indem sie der Anerkennungserklärung eines Mannes zustimmt.[176] Ferner kann sie auch die Zuordnung eines Mannes gegen den Willen des mindestens 14-jährigen Kindes verhindern, indem sie ihr o. g. Blockadepotential ausnutzt und ihre Zustimmung versagt.[177] Zwar besteht grundsätzlich die Möglichkeit der Mutter im Verfahren nach § 1666 BGB die elterliche Sorge zu entziehen, so dass die Kindeszustimmung notwendig würde, diese Regelung führt aber in Fällen, in denen die Mutter die Zuordnung einer bestimmten Person erstrebt, dazu, dass ein Wettlauf zwischen Mutter und Kind entsteht. Je schneller die Mutter die Zustimmung erklärt, desto weniger Chance hat das Kind über das Verfahren nach § 1666 BGB seinen Willen durchzusetzen.[178]

Dass darüber hinaus auch bei einem volljährigen Kind die Mutter stets ein Zustimmungsrecht hat, und sogar entgegen des klar erklärten Willens des volljährigen Kindes eine Zuordnung verhindern kann, erscheint deshalb unangebracht, da die Mutter-Kind-Beziehung bei Volljährigkeit des Kindes von der Vaterschaftsanerkennung deutlich geringer berührt ist, als dies bei minderjährigen Kindern, beim Bestehen von elterlichen Sorgerechten, der Fall ist.[179] Der Kindeswille wiegt hier somit schwerer. Auch unter diesem Aspekt steht § 1595 BGB mit Art. 12 I KRK in Konflikt.

Blickt man wiederum ins Adoptionsrecht, ergibt sich auch mit Blick auf den Kindeswillen ein anderes Bild. § 1746 I BGB erklärt die Einwilligung des Kindes für die Annahme als stets erforderlich und bestimmt, dass das mindestens 14-jährige Kind nur persönlich zustimmen kann. Wie mit Blick auf die Ersetzbarkeit der Zustimmung der Mutter, ergibt sich auch mit Blick auf die Beachtlichkeit des Kindeswillens ein Wertungswiderspruch von Abstammungs- und Adoptionsrecht.[180]

Auch verfassungsrechtliche Bedenken sind in der Literatur geäußert worden. Diskutiert wird insbesondere ein Verstoß gegen Art. 1 I GG, Art. 2 I i.V.m. Art. 1 I GG, Art. 6 II GG. Der Vorwurf eines Verstoßes gegen die Menschenwürdegarantie des Art. 1 I GG wiegt freilich schwer.[181] Es ist gleichwohl nicht von der

---

[176] MüKoBGB/*Wellenhofer,* § 1595 Rn. 4; Staudinger/*Rauscher,* § 1595 Rn. 5. Das Kind bleibt allerdings zur Anfechtung berechtigt und kann eine zumindest der genetischen Abstammung nicht entsprechende Zuordnung wieder beseitigen.

[177] *Dethloff,* Familienrecht, 2015, § 10 Rn. 19 f.; MüKoBGB/*Wellenhofer,* § 1595 Rn. 3; Staudinger/*Rauscher,* § 1595 Rn. 5.

[178] Staudinger/*Rauscher,* § 1595 Rn. 23.

[179] Kritisch auch *Gernhuber/Coester-Waltjen,* Familienrecht, 2010, 610; *Dethloff,* Familienrecht, 2015, § 10 Rn. 18; *Wanitzek,* Rechtliche Elternschaft bei medizinisch unterstützter Fortpflanzung, 2002, 68.

[180] *Dethloff,* Familienrecht, 2015, § 10 Rn. 19.

[181] So Staudinger/*Rauscher,* § 1595 Rn. 8; *Ramm,* JZ 1996, 987, 992; *Gaul,* FamRZ 1997, 1441, 1450; NK-BGB/*Gutzeit,* § 1595 Rn. 2.

Hand zu weisen, dass das Kind nur geringe Einflussmöglichkeiten auf die Bewirkung der abstammungsrechtlichen Zuordnung aufgrund Vaterschaftsanerkennung hat. Ob es hierdurch jedoch zum Objekt *staatlichen* Handelns wird, wie es die verfassungsrechtliche Prüfformel vorsieht, dazu § 3 S. 206, darf allerdings bezweifelt werden. Dies gilt schon deshalb, da das Recht noch weitere Möglichkeiten der Vaterzuordnung bereithält, auch wenn diese nicht in jedem Fall den heutigen Anforderungen genügen. Ein Verstoß gegen das allgemeine Persönlichkeitsrecht des Kindes nach Art. 2 I GG ist allerdings anzunehmen,[182] da der Kindeswille nicht hinreichend berücksichtigt wird. Auf Seite der Mutter sind keine hinreichend gewichtigen Interessen erkennbar, die eine derart große Machtstellung bei der Elternzuordnung kraft Anerkennung der Vaterschaft begründen würden. Dies gilt vor allem im Vergleich mit dem Adoptionsrecht. Auch Art. 6 II GG ist letztlich berührt.[183] Indem nach der hier vertretenen Auffassung auch dem nur sozialen, nicht rechtlichen Elternteil in bestimmten Konstellationen ein schutzwürdiges Interesse zukommt, in die rechtliche Elternposition einrücken zu können,[184] verwehrt das gegenwärtige Recht mangels einer Möglichkeit, die Zustimmung der Mutter zu ersetzen, jedwede Möglichkeit des sozialen nicht rechtlichen Elternteils, die Elternposition zu erlangen. Dies gilt auch vor dem Hintergrund, dass § 1600d I BGB keine Lösung bereit hält, da eine Feststellung der Vaterschaft nur aufgrund einer genetischen Abstammungsbeziehung möglich ist.

ee) Höchstpersönlichkeit und Anerkennung bzw. Zustimmung bei fehlender oder beschränkter Geschäftsfähigkeit

Da der rechtlichen Eltern-Kind-Zuordnung höchstpersönliche Natur zukommt, ist auch die Vaterschaftsanerkennung von höchstpersönlichem Charakter.[185] Dies zeigt nicht nur die Ausgestaltung als Willenserklärung, sondern auch die Tatsache des Ausschlusses der gewillkürten Stellvertretung gem. § 1596 IV BGB.[186] Anerkennung und Zustimmung können somit nicht von rechtsgeschäftlichen Vertretern abgegeben werden. Ferner besteht auch kein einklagbarer Anspruch auf Abgabe einer Anerkennungs- oder Zustimmungserklärung.[187] Aus dem Grundsatz der Höchstpersönlichkeit folgt letztlich, dass voll geschäftsfähige Personen nur selbst zustimmen können. Dies gilt gem. § 1596 III BGB auch für geschäftsfähige Betreute, § 1903 BGB bleibt allerdings unberührt, so dass die Anordnung

---

[182] Staudinger/*Rauscher,* § 1595 Rn. 8.

[183] So auch aber unter anderem Aspekt Staudinger/*Rauscher,* § 1595 Rn. 8.

[184] Siehe § 3 S. 196 ff.

[185] MüKoBGB/*Wellenhofer,* § 1594 Rn. 6; Staudinger/*Rauscher,* § 1596 Rn. 3; Beck-OGK/*Balzer,* § 1596 BGB Rn. 1; *Wanitzek,* Rechtliche Elternschaft bei medizinisch unterstützter Fortpflanzung, 2002, 53.

[186] MüKoBGB/*Wellenhofer,* § 1596 Rn. 1; BeckOGK/*Balzer,* § 1596 BGB Rn. 1.

[187] MüKoBGB/*Wellenhofer,* § 1594 Rn. 6.

eines Einwilligungsvorbehalts möglich ist.[188] Mit Blick auf die gesetzliche Stellvertretung bestimmt § 1596 BGB im Lichte des Schutzes der nicht voll verantwortlichen Person Folgendes:[189]

Die Vaterschaftsanerkennung kann durch einen beschränkt Geschäftsfähigen nur persönlich vorgenommen werden, vgl. § 1596 I 1 BGB. Er bedarf zur Wirksamkeit der Anerkennung allerdings der Zustimmung des gesetzlichen Vertreters,[190] vgl. § 1596 I 2 BGB, was die nicht voll verantwortliche Person vor nicht absehbaren Folgen schützen soll.[191] Die Zustimmung ist Wirksamkeitsvoraussetzung.[192] Im Zustimmungserfordernis liegt ein wesentlicher Unterschied zur korrespondierenden Regelung aus dem Vaterschaftsanfechtungsrecht.[193] Für die Anfechtung der Vaterschaft bedarf der anfechtende Elternteil gem. § 1600a II 2 BGB gerade keiner Zustimmung des gesetzlichen Vertreters.[194] Der Gesetzgeber scheint hier Schutzwürdigkeit und Höchstpersönlichkeit in beiden Fällen unterschiedlich zu beurteilen. Allein die Tatsache des Vorliegens einer gerichtlichen Entscheidung im Falle der Anfechtung reicht allerdings nicht aus, um den Unterschied zu § 1596 zu erklären. Das Gericht kann nämlich bei der Vaterschaftsanfechtung generell kein Veto einlegen, wenn der Antragsteller sich der Folgen nicht vollständig bewusst ist.[195] Ferner wird die Unterscheidung auch nicht deshalb sachgerecht, weil die Risiken einer für die schutzwürdige Person ungewollten Folge bei der Anerkennung deshalb größer sind, weil die Anerkennung stets wirksam wird, die Anfechtung aber nur bei Nichtvorliegen der genetischen Abstammung erfolgreich ist.[196] Ob ein Anfechtungsgrund im Einzelfall besteht, ist für die schutzwürdige Person letztlich zufällig. Die Folgen einer erfolgreichen Anfechtung sind vielmehr ebenso weitreichend, wie die einer erfolgreichen Vaterschaftsanerkennung. Die vom Gesetzgeber intendierten Kriterien für eine Unterscheidung beider Fallgestaltungen könnten allerdings Folgende sein: Anerkennung bedeutet Pflichtenübernahme und sollte somit zustimmungsabhängig sein; Anfechtung bedeutet Freiwerden von Pflichten und sollte daher nicht abhängig

---

[188] MüKoBGB/*Wellenhofer*, § 1596 Rn. 13.

[189] MüKoBGB/*Wellenhofer*, § 1596 Rn. 1.

[190] Sie ist ebenfalls formgebundene, nicht empfangsbedürftige Willenserklärung und mit den anderen in § 1595, 1597 BGB genannten Zustimmungen gleich zu behandeln, vgl. MüKoBGB/*Wellenhofer*, § 1596 Rn. 3; Staudinger/*Rauscher*, § 1596 Rn. 5; Beck-OGK/*Balzer*, § 1596 BGB Rn. 81; NK-BGB/*Gutzeit*, § 1596 Rn. 7, 14. A.A. mit Blick auf die einzuhaltende Form *Gernhuber*/*Coester-Waltjen*, Familienrecht, 2010, 613 (öffentliche Beglaubigung soll hier ausreichend sein).

[191] Vorherige Zustimmung erforderlich Palandt/*Brudermüller*, § 1596 Rn. 3; MüKoBGB/*Wellenhofer*, § 1596 Rn. 7.

[192] MüKoBGB/*Wellenhofer*, § 1596 Rn. 3.

[193] Staudinger/*Rauscher*, § 1600a Rn. 5; BeckOGK/*Reuß*, § 1600a BGB Rn. 8.

[194] Zur Thematik bereits eingehend BeckOGK/*Reuß*, § 1600a BGB Rn. 8.

[195] So aber Staudinger/*Rauscher*, § 1600a Rn. 5.

[196] So aber BeckOGK/*Balzer*, § 1596 BGB Rn. 10.

von einer Zustimmung sein. In ihrer Systematik sind Anerkennung und Anfechtung somit verschieden. Gemein ist beiden Konstellationen jedoch, dass sie auch nachteilige Folgen mit sich bringen, denn auch die Anfechtung birgt nicht bloß ein Freiwerden von Pflichten in sich, es tritt vielmehr auch ein Rechtsverlust ein.[197] Unterhaltsansprüche, die aufseiten des Vaters gegenüber dem Kind bestehen können, Erbrechte usw. gehen verloren.[198] Diese Folgen können im Prinzip ein Zustimmungserfordernis als Schutzmechanismus auch bei der Vaterschaftsanfechtung rechtfertigen.[199] Ein Gleichlauf beider Bestimmungen ist somit angezeigt.

Ist die anerkennende Person hingegen geschäfts*unfähig*, kann die Anerkennung ausschließlich der gesetzliche Vertreter vornehmen. Zum Schutz des Geschäftsunfähigen steht der Vertreter allerdings unter gerichtlicher Kontrolle.[200] Das Familiengericht (bzw. bei gesetzlicher Vertretung durch einen Betreuer das Betreuungsgericht) muss die Anerkennung genehmigen, vgl. § 1596 I 3 BGB. Auch hierin liegt ein Unterschied zu § 1600a II BGB. Die Vaterschaftsanfechtung durch einen gesetzlichen Vertreter des Geschäftsunfähigen bedarf gerade keiner familiengerichtlichen Genehmigung. Eine solche ist allerdings auch nicht nötig. § 1600a IV BGB verpflichtet den Vertreter bei der Anfechtung auf das Wohl des Vertretenen. Eine Anfechtung ist daher nur dann möglich (Antragsvoraussetzung),[201] wenn sie dem Wohl des Vertretenen dient. Tut sie das nicht, kann das Familiengericht, das in der Anfechtungssache ohnehin befasst ist, die Vaterschaftsanfechtung verhindern. Dem Schutz des Geschäftsunfähigen ist in dieser Situation hinreichend gedient.[202] Das Gericht prüft bei seiner Entscheidung zur Genehmigung der Vaterschaftsanerkennung im Wesentlichen, ob eine genetische Abstammung des Anerkennenden zum Kind besteht.[203] Da bereits jetzt Vaterschaftsanerkennungen auch losgelöst von der genetischen Abstammung möglich sind, sollten zudem auch andere Kriterien eine Rolle spielen.[204] Vor dem Hintergrund der in § 1 herausgearbeiteten Gleichwertigkeit aller Elternschaftssegmente gilt dies umso mehr.

---

[197] Vgl. bereits *Gernhuber/Coester-Waltjen,* Familienrecht, 2010, 628 Rn. 115; BeckOGK/*Reuß,* § 1600a BGB Rn. 8.

[198] BeckOGK/*Reuß,* § 1600a BGB Rn. 8.

[199] BeckOGK/*Reuß,* § 1600a BGB Rn. 8.

[200] MüKoBGB/*Wellenhofer,* § 1596 Rn. 5.

[201] BeckOGK/*Reuß,* § 1600a BGB Rn. 30; *OLG Köln,* Urt. v. 20.4.2000 – 14 UF 275/99, NJW-RR 2000, 1459; MüKoBGB/*Wellenhofer,* § 1600a Rn. 17; Staudinger/*Rauscher,* § 1600a Rn. 63; *Wanitzek,* FPR 2002, 390, 393.

[202] BT-Drs. 13/4899, 87; BeckOGK/*Reuß,* § 1600a BGB Rn. 32; Palandt/*Brudermüller,* § 1600a Rn. 10; Staudinger/*Rauscher,* § 1600a Rn. 18.

[203] MüKoBGB/*Wellenhofer,* § 1596 Rn. 9.

[204] MüKoBGB/*Wellenhofer,* § 1596 Rn. 9. Zur Abgrenzung von § 1822 Nr. 5 BGB vgl. MüKoBGB/*Wellenhofer,* § 1596 Rn. 10.

Für die mütterliche Zustimmung gilt gem. § 1596 I 4 BGB entsprechendes, es ist somit ebenso nach beschränkt geschäftsfähiger und geschäftsunfähiger Mutter zu unterscheiden.

Für die Zustimmung des Kindes enthält § 1596 II BGB eine Sonderbestimmung. Bei geschäftsunfähigen und beschränkt geschäftsfähigen Kindern, die das 14. Lebensjahr noch nicht vollendet haben, ist eine Zustimmung nur durch den gesetzlichen Vertreter erklärbar. Eine familiengerichtliche Genehmigung ist nicht erforderlich, sie wäre auch nicht praktikabel.[205] Ab dem 14. Lebensjahr kann das beschränkt geschäftsfähige Kind nur selbst zustimmen. Es bedarf hierzu allerdings der Zustimmung seines gesetzlichen Vertreters. Auch mit Blick auf die Zustimmung des Kindes gibt es einen entscheidenden Unterschied zum Anfechtungsrecht. Gem. § 1600a III BGB kann für ein geschäftsunfähiges bzw. in der Geschäftsfähigkeit beschränktes Kind nur der gesetzliche Vertreter anfechten. Letzteres ist mit Blick auf die Berücksichtigung des Kindeswillens problematisch.[206] Auch hier sollte ein Gleichlauf mit dem Recht der Vaterschaftsanerkennung erfolgen.[207]

ff) Präventive Anerkennungskontrolle zur Verhinderung missbräuchlicher Vaterschaftsanerkennungen, § 1597a BGB

§ 1597a BGB enthält eine relativ neue, mit dem Gesetz zur besseren Durchsetzung der Ausreisepflicht vom 20.7.2017[208] in das BGB eingefügte Regelung zur Verhinderung missbräuchlicher Vaterschaftsanerkennungen.[209] Anstelle der durch das BVerfG für verfassungswidrig erklärten Behördenanfechtung nach § 1600 I Nr. 5 BGB a. F. wird nun eine präventive Anerkennungskontrolle in das Abstammungsrecht integriert. § 1597a I BGB bestimmt insoweit, dass die Vaterschaft nicht gezielt gerade zu dem Zweck anerkannt werden darf, die rechtlichen Voraussetzungen für die erlaubte Einreise oder den erlaubten Aufenthalt des Kindes, des Anerkennenden oder der Mutter zu schaffen. Sie darf auch nicht anerkannt werden, um die rechtlichen Voraussetzungen für die erlaubte Einreise oder den erlaubten Aufenthalt des Kindes durch den Erwerb der deutschen Staatsangehörigkeit des Kindes nach § 4 I, III 1 StAG zu schaffen. Bestehen konkrete Anhaltspunkte für eine missbräuchliche Vaterschaftsanerkennung, so

---

[205] MüKoBGB/*Wellenhofer*, § 1596 Rn. 11.

[206] Eingehend bereits BeckOGK/*Reuß*, § 1600a BGB Rn. 9; so auch MüKoBGB/ *Wellenhofer*, § 1600a Rn. 7; Staudinger/*Rauscher*, § 1600a Rn. 6.

[207] BeckOGK/*Reuß*, § 1600a BGB Rn. 9; so auch MüKoBGB/*Wellenhofer*, § 1600a Rn. 7; Staudinger/*Rauscher*, § 1600a Rn. 6.

[208] BGBl. I 2780.

[209] Dazu kritisch *Schwonberg*, StAZ 2018, 5; *Kaesling*, NJW 2017, 3686; *Sanders*, FamRZ 2017, 1189 (von Verfassungsmäßigkeit der Regelung ausgehend); vgl. auch *Balzer*, NZFam 2018, 5.

bestimmt § 1597a II BGB, dass die beurkundende Behörde den Beurkundungs-
prozess auszusetzen, und die nach § 85a AufenthaltsG zuständige Behörde nach
Anhörung des Anerkennenden und der Mutter über die Anhaltspunkte zu infor-
mieren hat. Stellt die nach § 85a AufenthaltsG zuständige Behörde eine missbräuchliche Vaterschaftsanerkennung fest, darf eine Beurkundung nicht mehr
erfolgen.

Die Regelung stellt letztlich einen Fremdkörper im abstammungsrechtlichen
System dar. Sie schafft eine staatliche Einflussnahme in höchstpersönliche Bereiche, die mit der Grundkonzeption des Abstammungsrechts in Widerspruch steht.
Auch hier gilt daher der bereits an anderer Stelle zur Behördenanfechtung geäußerte Kritikpunkt, dass aufenthaltsrechtliche Problemfragen besser im Aufenthaltsrecht gelöst werden und nicht systemwidrig das Abstammungsrecht belasten
sollten.[210] Dass der Gesetzgeber die o. g. Regelung kurz vor Schluss der Legislaturperiode verabschiedet hat, ohne eingehend über die Sinnhaftigkeit der Bestimmung zu befinden, ist bereits für sich genommen ein Kritikpunkt.[211] Dass der
Gesetzgeber sich ferner nicht einmal mit dem konkreten Bedarf eines so ein-
schneidenden Instruments befasst hat, ist allerdings mehr als bedenklich. Nicht
nur das BVerfG hatte in seiner Entscheidung zur Behördenanfechtung keinen tatsächlichen Bedarf für eine solche Regelung gesehen,[212] auch die Bundesregierung musste jüngst in einer Antwort auf eine kleine Anfrage einzelner Abgeordneter der Fraktion Die Linke eingestehen, dass überhaupt keine Erkenntnisse über
missbräuchliche Vaterschaftsanerkennungen vorliegen.[213] Es wäre daher angebracht gewesen, vor einem gesetzgeberischen Schnellschuss zunächst einmal die
Rechtstatsachen zu ermitteln.

*gg) Beschränkte Unwirksamkeit der Anerkennung und Heilung
von Mängeln gem. § 1598 BGB*

Statusbeständigkeit schafft der Gesetzgeber darüber,[214] dass er die Unwirksamkeitsgründe der Vaterschaftsanerkennung begrenzt. § 1598 I BGB bestimmt
in einer abschließenden Regelung, dass Anerkennung, Zustimmung und Wider-

---

[210] BeckOGK/*Reuß*, § 1600 BGB Rn. 88 ff. Ablehnend auch Arbeitskreis Abstammungsrecht des BMJV, Abschlussbericht – Empfehlungen für eine Reform des Abstammungsrechts, 2017, 43 (einstimmig).

[211] Vgl. insoweit auch *Kaesling*, NJW 2017, 3686, 3688.

[212] *BVerfG*, Beschl. v. 17.12.2013 – 1 BvL 6/10, FamRZ 2014, 449 sowie eingehend
BeckOGK/*Reuß*, § 1599 BGB Rn. 6.1.

[213] Antwort der Bundesregierung auf eine kleine Anfrage mehrerer Abgeordneter der
Fraktion Die Linke (BT-Drs. 18/12911) zu Aufenthaltstitelerschleichung durch missbräuchliche Vaterschaftsanerkennungen BT-Drs. 18/13097 v. 12.7.2017. Ein Medienbe-
richt des RBB will angeblich 700 Fälle identifiziert haben, vgl. https://www.rbb24.de/
politik/beitrag/2017/06/vaterschaftsanerkennung-als-kriminelles-geschaeftsmodell.html
(ohne Quellenangabe, Berufung auf Schätzungen; zuletzt geprüft am 15.10.2017).

[214] *Dethloff*, Familienrecht, 2015, § 10 Rn. 27; Palandt/*Brudermüller*, § 1589 Rn. 1.

ruf nur unwirksam sind, wenn sie den Erfordernissen der §§ 1594 II–IV, 1595–1597 BGB nicht genügen.[215] Darüber hinaus sind sie auch in den Fällen der §§ 1597a III, IV i.V.m. III BGB unwirksam. Die Unwirksamkeit tritt *ipso iure* ein.[216] Eine Heilung ist von § 1598 II BGB abgesehen nicht möglich, es bleibt daher nur die Neuvornahme.[217] Der abschließende Charakter schließt andere als die genannten Unwirksamkeitsgründe aus. Mängel i.S.d. §§ 116–123 BGB lassen sich somit gegen eine Anerkennung nicht ins Feld führen.[218] Eine bewusst wahrheitswidrige Anerkennung ist daher genauso wirksam, wie die zum Scherz abgegebene oder die durch Täuschung erwirkte.[219] Dass eine Anerkennung oder Zustimmung als rechtsmissbräuchlich einzustufen ist, wird hiervon nicht ausgeschlossen.[220]

Sind seit der Eintragung in ein deutsches Personenstandsregister fünf Jahre verstrichen, führt § 1598 II BGB trotz einer Nichtbeachtung der in § 1598 I BGB genannten Bestimmungen zur vollen Wirksamkeit der Anerkennung[221] von Anfang an.[222] § 1598 II BGB ermöglicht daher eine „Quasi-Ersitzung" der Vaterstellung durch Heilung mangelhafter Vaterschaftsanerkennungen. Eine Anfechtung bleibt allerdings auch bei nach § 1598 II BGB zur Wirksamkeit erstarkten Vaterschaften bestehen, so dass die Anfechtungsberechtigten bei Fehlen der genetischen Abstammung vom Vater eine Anfechtung betreiben können.[223]

b) Rechtsvergleichende Betrachtung

Instrumente der Elternschaftsanerkennung bzw. der Vaterschaftsanerkennung als Mechanismus der rechtlichen Eltern-Kind-Zuordnung sind nicht in allen Rechtsordnungen bekannt, wenngleich viele die Vaterschaftsanerkennung kennen.[224] Die

---

[215] Palandt/*Brudermüller*, § 1589 Rn. 2; Staudinger/*Rauscher*, § 1598 Rn. 3.

[216] MüKoBGB/*Wellenhofer*, § 1597 Rn. 3 ff.; Staudinger/*Rauscher*, § 1598 Rn. 8.

[217] Palandt/*Brudermüller*, § 1589 Rn. 3.

[218] *Gernhuber/Coester-Waltjen*, Familienrecht, 2010, 613 f.; *Dethloff*, Familienrecht, 2015, § 10 Rn. 27; *Schwab*, Familienrecht, 2016, § 49 Rn. 561; Palandt/*Brudermüller*, § 1589 Rn. 1; MüKoBGB/*Wellenhofer*, § 1597 Rn. 18; Staudinger/*Rauscher*, § 1598 Rn. 3.

[219] Palandt/*Brudermüller*, § 1589 Rn. 4; MüKoBGB/*Wellenhofer*, § 1594 Rn. 29.

[220] MüKoBGB/*Wellenhofer*, § 1594 Rn. 29; eingehend auch BeckOGK/*Reuß*, § 1599 BGB Rn. 26.

[221] BT-Drs. 13/4899, 85; Palandt/*Brudermüller*, § 1589 Rn. 5; Staudinger/*Rauscher*, § 1598 Rn. 4.

[222] Staudinger/*Rauscher*, § 1598 Rn. 4.

[223] Palandt/*Brudermüller*, § 1589 Rn. 5; Staudinger/*Rauscher*, § 1598 Rn. 4.

[224] *Dethloff*, Familienrecht, 2015, § 10 Rn. 104. Zu einem vergleichenden Blick auf das deutsche und das Schweizer Recht *Valentin*, Biologische Abstammung als Maßstab rechtlicher Zuordnung? – Eine rechtsvergleichende Betrachtung des Abstammungsrechts in Deutschland und der Schweiz, 2010, 164. Zur Rechtslage in den Bundesstaaten der USA *Nejaime*, 126 Yale LJ (2017) 2263, 2343 ff.

Systeme unterscheiden sich im Einzelnen stark. Unterschiede bestehen insbesondere bei den Voraussetzungen der Anerkennung, z. B. mit Blick auf das Erfordernis von Zustimmungen weiterer Beteiligter[225] und deren Ersetzbarkeit. Im Einzelnen werden nun einige Systeme besprochen.

aa) Vaterzuordnung durch Anerkennung

(1) England und Wales

Eine echte Anerkennung der Vaterschaft nach deutschem Verständnis fehlt beispielsweise im englischen Recht.[226] Dieses verfügt zwar über die mit „*erga omnes*"-Wirkung[227] ausgestattete Möglichkeit einer intentionalen Vaterschaftszuordnung im Rahmen der Sec. 36, 37 HFEA 2008, diese ist jedoch begrenzt auf die Fälle der konsentierten heterologen medizinisch-assistierten Reproduktion in einem lizensierten Krankenhaus im Vereinigten Königreich und an das Vorliegen sog. *agreed fatherhood conditions* gekoppelt. Voraussetzung der Vaterzuordnung nach Sec. 36, 37 HFEA 2008 ist, dass sowohl Vater als auch Mutter schriftlich in die assistierte Reproduktion eingewilligt und sich darüber hinaus damit einverstanden erklärt haben, dass der Mann als rechtlicher Vater des Kindes anzusehen ist. Dies wird in der Regel nur bei Paaren in Betracht kommen, die in einer funktionierenden Paarbeziehung leben. Liegen die Voraussetzungen nicht vor, kommt eine Zuordnung des Mannes nach den Bestimmungen nicht in Betracht. Das Lizensierungserfordernis der betreffenden Klinik soll letztlich sicherstellen, dass in Fällen, in denen der Anknüpfungspunkt der Formalisierung der Paarbeziehung für die Vaterzuordnung fehlt, eine hinreichende Dokumentation des Willens des sozialen Vaters, die dauerhafte Verantwortung für das Kind zu übernehmen, erfolgt.[228] Darüber hinaus fehlen allerdings weitere Möglichkeiten im Gesetz. Auch in den Wirkungen der Eintragung eines Mannes in der Geburtsurkunde ist eine dem deutschen Recht vergleichbare Anerkennung der Vaterschaft nicht zu erkennen. Zwar begründet die Eintragung eine Vermutung für die Vaterschaft des eingetragenen Mannes. Die Anzeige der Geburt und die Angabe des Namens in der Geburtsurkunde kann daher durchaus als Quasi-Anerkennung betrachtet

---

[225] Zustimmungserfordernisse fehlen beispielsweise in Frankreich, Portugal (mit Ausnahme volljähriger Kinder) und in der Schweiz, dazu *Dethloff,* Familienrecht, 2015, § 10 Rn. 104.

[226] *Dethloff,* Familienrecht, 2015, § 10 Rn. 105.

[227] Sec. 28(4), 29 (1), (2) HFEA 1990; Sec. 38 (1), 48 (1) HFEA 2008.

[228] Nr. 172 Explanatory Note HFEA 2008. Vgl. zum Fall Fehlender Dokumentation der Erklärungen durch das Krankenhaus *Family Court,* 13.2.2015 (*X v Y*), [2015] EWFC 13; *England and Wales High Court,* 11.9.2015 (*Re A (Human Fertilisation and Embryology Act 2008: Assisted Reproduction: Parent)*), [2015] EWHC 2602 (Fam); vgl. auch *England and Wales High Court,* 10.12.2015 (*F v M*), [2015] EWHC 3601 (Fam).

werden, vgl. Sec. 10, 10A, 34 *Births and Deaths Registration Act 1953* (BDRA 1953). Die Vermutung ist nach Sec. 34 BDRA 1953 allerdings jederzeit widerleglich, so dass ihr keinerlei statusähnliche Wirkung zukommt. Paare, die aufgrund fehlender Formalisierung ihrer Paarbeziehung weder in den Genuss der Common Law-Regelung (Vermutung des Ehegatten) kommen, noch aufgrund der Voraussetzungen der HFEA 1990 und 2008 als Eltern gelten, können daher über die Geburtsregistrierung eine Vermutung für die Vaterschaft begründen, die allerdings aufgrund der Widerlegbarkeit keine Bestandsfestigkeit verspricht. In gerichtlichen Verfahren der *declarations of parentage*[229] kommt derartigen Vermutungsregelungen kein großes Gewicht zu,[230] so dass bei Fehlen einer genetischen Verbindung dauerhaft Unsicherheit über den Bestand der Vermutung besteht.[231] Bei Bestehen eines genetischen Bands ist die Vermutung hingegen nicht widerlegbar.[232] Damit ist praktisch eine umfassende Vaterschaftsanerkennung durch einen Mann, die unabhängig vom Beziehungsstatus mit der Mutter die Herstellung des Eltern-Kind-Verhältnisses begründen würde, in England und Wales nicht möglich.

(2) Frankreich

Demgegenüber sieht das französische Recht eine Vaterschaftsanerkennung in Art. 316 ff. CC vor. Die Vaterschaftsanerkennung ist ein der Vaterschaftsvermutung subsidiärer Zuordnungsmechanismus, d.h. die Zuordnung kraft Ehe geht der Zuordnung kraft Anerkennung vor.[233] Sie stellt aber eine ebenso voll wirksame Elternzuordnung dar. Sie ist prä- und postnatal erklärbar, vgl. Art. 316 I CC,[234] eine präkonzeptionelle Anerkennung ist allerdings nicht möglich.[235] Auch im französischen Recht ist die Anerkennungserklärung als formgebundene,[236] ein-

---

[229] Sec. 55A *Family Law Act 1986* (FLA 1986). Zu unterscheiden von den *declarations of parentage* nach Sec. 55A FLA 1986 ist der Erlass einer *parental order* nach Sec. 54 HFEA 2008, die Bindungswirkung *erga omnes* entfaltet.

[230] *Court of Appeal (Civ), 21.3.2002 (In Re H and A (Children) (Paternity: Blood Tests)),* [2002] EWCA Civ 383; *Standley,* Family law, 2013, 236; *Masson/Bailey-Harris/Probert,* Cretney's Principles of Family Law, 2008, 534.

[231] Kritisch daher *Lowe/Douglas,* Bromley's family law, 2015, 269 f.

[232] *Vonk,* Children and their parents, 2007, 44.

[233] Éditions Francis Lefebvre, Mémento Pratique – Droit de la famille 2016–2017, 2016 Rn. 27140. Für die pränatale Anerkennung durch einen Dritten ergibt sich allerdings ein Konflikt, der der gerichtlichen Klärung gem. Art. 336-1 CC i.V.m. Art. 336 CC zugeführt wird, vgl. *Voirin/Goubeaux,* Droit civil, 2013,154.

[234] Mit Rückwirkung auf den Zeitpunkt der Geburt, vgl. Éditions Francis Lefebvre, Mémento Pratique – Droit de la famille 2016–2017, 2016 Rn. 27185.

[235] Éditions Francis Lefebvre, Mémento Pratique – Droit de la famille 2016–2017, 2016 Rn. 27165.

[236] Vgl. Art. 316 III CC (Geburtsurkunde, sonstige Urkunde gegenüber Standesamt, andere öffentliche Urkunde); ein eigenhändiges Testament reicht nicht, vgl. *Cour de*

seitige Willenserklärung ausgestaltet, die dem anderen Elternteil nicht zugehen muss.[237] Aufgrund der Höchstpersönlichkeit kann sie nur von dem Anerkennenden selbst erklärt werden, eine gewillkürte Stellvertretung ist ausgeschlossen.[238] Auch ein minderjähriger Elternteil kann daher nur selbst anerkennen. Er bedarf hierzu – anders als im deutschen Recht – nicht der Zustimmung seines gesetzlichen Vertreters.[239] Die Anerkennungserklärung ist bedingungs- und befristungsfeindlich, ein Widerruf kommt nicht in Betracht.[240] Anders als im deutschen Recht bedarf die Anerkennungserklärung auch keiner Zustimmung des anderen Elternteils. Eine solche ist im Gesetz schlicht nicht vorgesehen.

Neben der Zuordnungsmöglichkeit der Anerkennung kennt das französische Recht noch eine Elternschaftsbegründung durch Statusbesitz (*possession d'état*).[241] Hierbei handelt es sich nicht um eine klassische Anerkennung der Elternschaft, sondern vielmehr um ein in den romanischen Rechtsordnungen bedeutsames Institut, das als subsidiäres Beweismittel des Personenstands fungiert.[242] Die Zuordnung durch Statusbesitz knüpft an den dreifach verfestigten objektiven Anschein an, dass eine Person einen bestimmten Status tatsächlich innehat, weil sie einen Namen der Familie führt (*nomen*), objektiv von der Familie als Kind der Familie behandelt wird (*tractatus*) und Dritte die Person als Kind der Familie ansehen (*fama*).[243] Rechtlich verfestigt ist ein Statusbesitz allerdings erst dann, wenn er im Rahmen einer *acte de notoriété* (Art. 317 Code Civil), eine Art öffentliche Bescheinigung des Bestehens des Statusbesitzes (Offenkundigkeitsurkunde), die durch ein Gericht auf Antrag der Beteiligten und unter Einvernahme von drei Zeugen erteilt wird,[244] oder durch die gerichtliche Feststellung des Statusbesitzes in einem Urteil (Art. 330 Code Civil) bestätigt wurde. Über den Statusbesitz lassen sich somit auch rechtliche Eltern-Kind-Beziehungen begründen.

Cassation, Beschl. v. 2.2.1977 – 75-14101, www.legifrance.gouv.fr, Bergmann/Ferid/ Henrich/*Henrich*/*Schönberger,* Frankreich, 94 Fn. 69.

[237] Éditions Francis Lefebvre, Mémento Pratique – Droit de la famille 2016–2017, 2016 Rn. 27145.

[238] Art. 316 II CC, Éditions Francis Lefebvre, Mémento Pratique – Droit de la famille 2016–2017, 2016 Rn. 27145.

[239] Éditions Francis Lefebvre, Mémento Pratique – Droit de la famille 2016–2017, 2016 Rn. 27145.

[240] Éditions Francis Lefebvre, Mémento Pratique – Droit de la famille 2016–2017, 2016 Rn. 27160.

[241] Art. 301-1, Art. 311-1 Code Civil; dazu Éditions Francis Lefebvre, Mémento Pratique – Droit de la famille 2016–2017, 2016 Rn. 27200.

[242] Bergmann/Ferid/Henrich/*Henrich*/*Schönberger,* Frankreich, 91.

[243] Siehe *Voirin*/*Goubeaux,* Droit civil, 2013, 147; Bergmann/Ferid/Henrich/*Henrich*/*Schönberger,* Frankreich, 50, 91 Fn. 60.

[244] Zum Verfahren siehe Éditions Francis Lefebvre, Mémento Pratique – Droit de la famille 2016–2017, 2016 Rn. 27250 f.

(3) Niederlande

Das niederländische Recht kennt die Vaterschaftsanerkennung in Art. 1:199 lit. c, Art. 1:203 BW (*erkenning*). Die Anerkennungserklärung ist im Recht der Niederlande eine formgebundene Erklärung, sie kann gem. Art. 1:203(1) BW durch die Erklärung, rechtlicher Elternteil des Kindes sein zu wollen, vor einem Standesbeamten oder in notarieller Urkunde erfolgen. Weitere inhaltliche Voraussetzungen hat die Anerkennungserklärung nicht, insbesondere ist sie nicht vom Bestehen eines genetischen Bands[245] oder an ein bestimmtes familienrechtliches Verhältnis zur Mutter geknüpft.[246] Die Vaterschaftsanerkennung begründet die Elternschaft des Anerkennenden, sie wirkt somit konstitutiv.[247] Anders als in anderen Rechtsordnungen hat sie „*ex nunc*"-Wirkung.[248] Weitere Wirksamkeitsvoraussetzungen der Anerkennung sind allerdings in Art. 1:204 BW normiert, der *ipso iure* eintretende Nichtigkeitsgründe enthält. Nichtig ist eine Vaterschaftsanerkennung erstens, wenn sie durch einen Mann erfolgt, der aufgrund eines nahen Verwandtschaftsverhältnisses zur Mutter mit dieser keine Ehe eingehen könnte (Art. 1:204(1) lit. a BW).[249] Zweitens ist sie nichtig, wenn der Anerkennende das 16. Lebensjahr noch nicht vollendet hat (Art. 1:204(1) lit. b BW). Drittens ist eine Anerkennung unmöglich, wenn das Kind bereits zwei Elternteile hat (Art. 1:204(1) lit. e BW). Viertens ist die Anerkennung unwirksam, wenn die erforderlichen schriftlichen Zustimmungen von Mutter und Kind nicht vorliegen (Art. 1:204(1) lit. c und d BW), wobei eine Zustimmung der Mutter zur Anerkennung nur erforderlich ist, solange das Kind noch nicht das 16. Lebensjahr vollendet hat. Die Zustimmung des Kindes ist hingegen ab Vollendung des 12. Lebensjahres stets notwendig.

Sowohl die Zustimmung der Mutter als auch die Zustimmung des Kindes können gerichtlich ersetzt werden. Hierbei gilt es zwei Konstellationen zu unterscheiden:

Erstens kann gem. Art. 1:204(3) BW unabhängig von einer Paarbeziehung zur Mutter der genetische Vater des Kindes, der aufgrund natürlicher Zeugung der Erzeuger (*verwekker*) oder aufgrund medizinisch-assistierter Zeugung (Selbstinsemination ist umfasst) ein privater oder klassischer Samenspender mit naher

---

[245] *Wortmann/van Duijvendijk-Brand,* Compendium Personen- en familierecht, 2015, 204.

[246] *Curry-Sumner/Vonk* in: Atkin (Hrsg.), The international survey of family law 2014, 2014, 361, 363.

[247] *Wortmann/van Duijvendijk-Brand,* Compendium Personen- en familierecht, 2015, 204 f. m.w.N. zum vor 1947 bestehenden Streit über die Wirkung der Anerkennung.

[248] Art. 1:203(2) BW; *Wortmann/van Duijvendijk-Brand,* Compendium Personen- en familierecht, 2015, 205.

[249] Hierdurch soll inzestuösen Verbindungen die rechtliche Anerkennung versagt werden, vgl. *Wortmann/van Duijvendijk-Brand,* Compendium Personen- en familierecht, 2015, 206.

persönlicher Beziehung zum Kind sein kann,[250] eine richterliche Ersetzung der Zustimmung der Mutter und des Kindes beantragen. Eine Ersetzung kann immer dann vorgenommen werden, wenn der Ersetzung nicht das Interesse der Mutter an einem ungestörten Verhältnis mit ihrem Kind bzw. ein anderer, für die sozial-psychologische und emotionale Entwicklung des Kindes ebenso wichtiger Belang, entgegenstehen. Das Gericht verfügt hier über einen großen Spielraum, es hat hierbei alle Umstände des Einzelfalls zu würdigen.[251] Beispielsweise berechtigt eine missbräuchliche Verweigerung der Zustimmung durch die Mutter, um den genetischen Vater aus der rechtlichen Vaterrolle herauszuhalten, zur Ersetzung der Einwilligung.[252] Die Bestimmung ermöglicht es daher dem genetischen Vater, in die Elternrolle auch gegen den Willen der Mutter einzurücken. Das im deutschen Recht bestehende Blockadepotential der Mutter wird somit vermieden. Dies wird beispielsweise auch relevant in Fallgestaltungen gleichgeschlechtlicher weiblicher Paare, die mit einem befreundeten Mann ein Kind zeugen. Ist eine Beteiligung des Mannes an der Elternrolle vereinbart, wird im Nachhinein allerdings versucht den Mann aus der Vaterrolle herauszuhalten, ermöglicht die Bestimmung eine Ersetzung der Zustimmung der Mutter.

Zweitens kann gem. Art. 1:204(4) BW darüber hinaus der (frühere) Lebensgefährte der Mutter (*levensgezel*),[253] d.h. die Person, die mit der Mutter zum Zeugungszeitpunkt in einer nicht notwendig formalisierten Paarbeziehung gelebt, und die in die (natürliche/medizinisch-assistierte) Zeugung des Kindes eingewilligt hat, die Ersetzung der Zustimmung beantragen. Diese Person muss nicht zwangsläufig eine genetische Verwandtschaftsbeziehung aufweisen. Das Gesetz erfasst somit hier auch Fälle rein sozialer Elternschaft. Es ermöglicht daher auch dem nur sozialen Elternteil, der im Rahmen einer bestehenden Beziehung zur Mutter in die Zeugung des Kindes eingewilligt hat, rechtlicher Elternteil des Kindes werden. Auch dies vermeidet die oben angesprochene Situation im deutschen Recht, dass der in die heterologe Insemination einwilligende nichteheliche Lebenspartner der Mutter aus der Elternrolle ferngehalten werden kann. Die Ersetzung ist in diesen Fällen an andere Voraussetzungen geknüpft. Sie kann immer dann vorgenommen werden, wenn dies dem Kindeswohl dient.

---

[250] Ob eine solche Beziehung besteht, hängt vom Einzelfall ab, vgl. Gesetzesbegründung vom 13.10.2011 siehe KSt. 33032 Nr. 3, S. 18.

[251] Gesetzesbegründung vom 13.10.2011 siehe KSt. 33032 Nr. 3, S. 17 (alle Umstände des Falls können Berücksichtigung finden, d.h. Absprachen zwischen Mutter und biologischem Vater, etc.). Dies setzt Vorgaben der Rechtsprechung zum alten Recht um *Curry-Sumner/Vonk* in: Atkin (Hrsg.), The international survey of family law 2014, 2014, 361, 364.

[252] *Hoge Raad Nederlanden,* Entsch. v. 24.1.2003 – R02/007HR, NJ 2003, 386; *Hoge Raad Nederlanden,* Entsch. v. 31.5.2002 – R01/120HR, NJ 2002, 470. Zum Missbrauchsverbot siehe Art. 3:13 BW.

[253] Kritisch zum Verständnis des Begriffs *Curry-Sumner/Vonk* in: Atkin (Hrsg.), The international survey of family law 2014, 2014, 361, 364.

Damit unterscheidet der niederländische Gesetzgeber im Wesentlichen danach, ob das Kind innerhalb oder außerhalb einer Beziehung gezeugt wurde. Ist es außerhalb einer Beziehung gezeugt worden, stellt das Recht höhere Anforderungen an die Ersetzung, indem es die Interessen der Mutter mit einbezieht.

(4) Österreich

Auch das österreichische Recht kennt letztlich eine Regelung über die Anerkennung der Vaterschaft. § 144 I Nr. 2 ABGB bestimmt als Vater den Mann, der die Elternschaft anerkannt hat. Die Vaterschaftsanerkennung ist die formgebundene, persönliche Erklärung[254] eines Mannes,[255] sie kann vor- und nachgeburtlich erfolgen und wirkt ab dem Zeitpunkt, indem die Erklärung dem Standesbeamten zugeht.[256] Die Vaterschaftsanerkennung ist, vom qualifizierten Anerkenntnis nach § 147 II ABGB abgesehen (dazu unten S. 379 ff.), nicht von einer Zustimmung abhängig. Das österreichische Recht sieht vielmehr eine Widerspruchslösung vor. Mutter und Kind können gem. § 146 I ABGB binnen zwei Jahren ab Kenntnis der Rechtswirksamkeit der Anerkennung Widerspruch bei Gericht einlegen. Ist das Kind nicht eigenberechtigt, d.h. noch nicht volljährig bzw. unter Sachwalterschaft stehend,[257] aber einsichts- und urteilsfähig, muss der gesetzliche Vertreter dem Widerspruch des Kindes zustimmen.[258] Gem. § 154 I Nr. 2 ABGB kann das Gericht das Anerkenntnis dann für rechtsunwirksam erklären, es sei denn, die genetische Vaterschaft des anerkennenden Mannes steht fest bzw. das Kind wurde medizinisch-assistiert gezeugt und der Anerkennende hat in einem Notariatsakt der Zeugung zugestimmt.

bb) Mit-Mutterzuordnung durch Anerkennung

Eine immer größer werdende Zahl von Rechtsordnungen verfügt über die Möglichkeit einer automatischen Elternschaft gleichgeschlechtlicher weiblicher

---

[254] § 145 ABGB setzt eine inländische öffentliche oder öffentlich beglaubigte Urkunde voraus, die den Anerkennenden, die Mutter und das Kind bezeichnen soll.

[255] Ein Anerkenntnis des klassischen Samenspenders soll nach einer in der Literatur vertetenen Ansicht gem. § 148 Abs. 4 ABGB ausgeschlossen sein, vgl. Bergmann/Ferid/Henrich/*Lurger*/*Schwimann*, Österreich, 61, die Norm bezieht sich allerdings nur auf die gerichtliche Vaterschaftsfeststellung, so dass wohl allenfalls eine analoge Anwendung in Betracht kommen dürfte.

[256] § 145 I 3 ABGB.

[257] Bergmann/Ferid/Henrich/*Lurger*/*Schwimann*, Österreich, 60.

[258] Vgl. § 141 I ABGB. Eine gerichtliche Genehmigung ist für Vertreterhandeln nicht erforderlich, Vgl. § 141 II ABGB. Zur neuen Terminologie ab 1.7.2018 siehe das 2. Erwachsenen-Schutz-Gesetz vom 25.4.2017, BGBl. I Nr. 59/2017 abrufbar unter https://www.ris.bka.gv.at/Dokumente/BgblAuth/BGBLA_2017_I_59/BGBLA_2017_I_59.html (zuletzt geprüft am 21.09.2017).

Paare,[259] dazu bereits oben. In einigen dieser Rechtsordnungen ist auch eine Begründung der Elternschaft durch Elternschaftsanerkennung vorgesehen.

(1) England und Wales

Das Recht von England und Wales, das im Grundsatz eine automatische Elternschaft der Ehegattin bzw. registrierten Partnerin der Geburtsmutter kennt, ermöglicht eine umfassende Elternschaftsanerkennung allerdings nicht. Zwar kennt dieses eine der Vaterzuordnung nach Sec. 36, 37 HFEA 2008 entsprechende Regelung in Sec. 43, 44 HFEA 2008. Diese unterliegt aber denselben Beschränkungen, d.h. sie ist lediglich im Fall medizinisch-assistierter Reproduktion in einem lizensierten Krankenhaus bei Vorliegen von *agreed female parenthood conditions* möglich. Auch über andere Wege, etwa eine Geburtsregistrierung lässt sich keine rechtssichere Elternzuordnung durch Willensakt herbeiführen, dazu bereits oben.

(2) Frankreich

Das französische Recht kennt in Art. 316 CC zwar an sich eine Anerkennung der Mutterschaft (*reconnaissance de maternité*), eine neben der Anerkennung der Geburtsmutter zusätzliche Anerkennung der Elternschaft durch die Partnerin der Geburtsmutter wird hierdurch aber nicht ermöglicht, da das französische Recht dem „Ein-Vater"- „Eine-Mutter"-Prinzip folgt.[260] Die gemeinsame Elternschaft gleichgeschlechtlicher weiblicher Paare ist in Frankreich daher nicht über eine Mutterschaftsanerkennung möglich.

(3) Niederlande

Eine Bestimmung zur Anerkennung der gleichgeschlechtlichen Partnerin der Geburtsmutter kennt allerdings das niederländische Recht, vgl. Art. 1:198(1) lit. c, Art. 1:203 BW ff. Die Anerkennungsbestimmungen sind geschlechtsneutral formuliert, d.h. Anerkennung durch Vater oder „Mit-Mutter" unterliegen denselben Regeln.[261] Dies bedeutet, dass auch bei Vorliegen einer natürlichen Zeugung durch einen Mann eine Anerkennung durch die Partnerin der Mutter erfolgen kann. Eine Möglichkeit, die Zustimmung von Mutter und Kind gerichtlich zu ersetzen besteht wie im Fall der Vaterschaft. Ein genetischer Vater kann daher die Ersetzung der Zustimmung beantragen, wenn diese von der Mutter mit dem Zweck verweigert wird, die Anerkennung durch ihre Partnerin zu betreiben.

---

[259] Vgl. monographisch hierzu auch *Weber,* Gleichgeschlechtliche Elternschaft im Internationalen Privatrecht, 2017, 29 ff.

[260] Dies ergibt sich aus Art. 310, 316, 320 CC; vgl. *Guiomard/Wiederkehr/Henry u.a., France,* Code civil, 2017, Art. 310 CC, Rn. 1.

[261] Dazu *Boele-Woelki/Jonker* in: Swennen (Hrsg.), XIXth Congress of the International Academy of Comparative Law (Vienna 20–26 July 2014), 2015, 311, 319.

(4) Österreich

Das österreichische Recht verfügt ebenfalls über eine Regelung der Anerkennung der Elternschaft gem. § 144 II Nr. 2 ABGB. Diese ist der Vaterschaftsanerkennung angenähert, sie bedarf daher auch keiner Zustimmung von Mutter und Kind. Es gilt auch hier die Widerspruchslösung des § 146 I ABGB. Da die Elternschaft der weiblichen Partnerin der Geburtsmutter allerdings auf die Fälle medizinisch-assistierter Reproduktion beschränkt ist, ist dem Anerkenntnis ein Nachweis über die Durchführung einer solchen beizulegen, vgl. § 145 I 2 ABGB.

c) Elternschaftsanerkennung als Zuordnungskriterium

aa) Begründung der Wahl des Zuordnungskriteriums

Die Anerkennung der Elternschaft als Zuordnungskriterium zu wählen ist aus mehreren Gründen berechtigt:[262]

Erstens führt sie in aller Regel zu einer Übereinstimmung von genetischer, biologischer und sozialer Elternschaft,[263] da vor allem die genetischen und biologischen Eltern eines Kindes die Elternschaft anerkennen werden.[264] Darüber hinaus drückt sich in der privatautonomen Entscheidung zur Anerkennung der Elternschaft letztlich die Bereitschaft aus, dauerhaft Verantwortung für ein Kind zu tragen zu wollen.[265] Die Ausgestaltung als Willenserklärung, die nur dann abgegeben wird, wenn sie der Abgebende auch tatsächlich abgeben will, gibt letztlich einen Anhaltspunkt (keine Gewähr!) für die Dauerhaftigkeit dieser Verantwortungsübernahme.[266] Somit wird auch in Fällen, in denen wie bei medizinisch-assistierter Reproduktion im heterologen System bzw. in vielen Fällen der gleichgeschlechtlichen Elternschaft keine genetische Verbindung der anerkennenden Person zum Kind besteht, in aller Regel die tatsächliche Verantwortung für das Kind dauerhaft getragen werden.[267] Die in der Anerkennung geäußerte Be-

---

[262] Dafür einstimmig Arbeitskreis Abstammungsrecht des BMJV, Abschlussbericht – Empfehlungen für eine Reform des Abstammungsrechts, 2017, 42.

[263] *Muscheler,* Familienrecht, 2017, Rn. 547; MüKoBGB/*Wellenhofer,* § 1592 Rn. 14; *Wanitzek,* Rechtliche Elternschaft bei medizinisch unterstützter Fortpflanzung, 2002, 54 ff.; *Luh,* Die Prinzipien des Abstammungsrechts, 2008, 107 ff.

[264] Arbeitskreis Abstammungsrecht des BMJV, Abschlussbericht – Empfehlungen für eine Reform des Abstammungsrechts, 2017, 43; Persönliche Leitlinien der Mitglieder des Arbeitskreis Abstammungsrecht des BMJV, Abschlussbericht – Empfehlungen für eine Reform des Abstammungsrechts, 2017, 114 (Tobias Helms); *Wanitzek,* Rechtliche Elternschaft bei medizinisch unterstützter Fortpflanzung, 2002, 54 ff., 65 ff.

[265] Dazu bereits eingehend § 3 S. 225 ff.

[266] *Wanitzek,* Rechtliche Elternschaft bei medizinisch unterstützter Fortpflanzung, 2002, 54.

[267] Arbeitskreis Abstammungsrecht des BMJV, Abschlussbericht – Empfehlungen für eine Reform des Abstammungsrechts, 2017, 60 f.

reitschaft zur Übernahme von Elternverantwortung rechtfertigt als Element der sozialen Elternschaft für sich genommen die Zuordnung. Das Zuordnungskriterium steht ferner mit dem Grundsatz der Statusbeständigkeit in Einklang, da die Zuordnung nach dem vorstehend Gesagten in der Regel nicht korrekturbedürftig ist.

Zweitens ermöglicht die Anknüpfung an das Kriterium der Anerkennung im Grundsatz eine gleichberechtigte Berücksichtigung der Elternschaftssegmente, da es die Elternzuordnung auch dann ermöglicht, wenn eine genetische Abstammung fehlt.

Drittens lässt es darüber hinaus eine von Geschlecht und sexueller Orientierung losgelöste Ausgestaltung der Eltern-Kind-Zuordnung zu, so dass Fälle gleichgeschlechtlicher Elternschaft und Fälle der Trans- und Intersexualität ohne größere Schwierigkeiten erfasst werden können.

Das Kriterium steht als privatautonomes Kriterium viertens auch mit dem Grundsatz der Höchstpersönlichkeit und der Beachtlichkeit privatautonomen Gestaltungswillens in Einklang, so dass den in § 3 herausgearbeiteten Orientierungslinien mit dem genannten Zuordnungskriterium entsprochen werden kann.

bb) Alternativkonzepte

Da sich letzten Endes die Anforderungen an ein modernes Recht der Eltern-Kind-Zuordnung über das Zuordnungskriterium der Elternschaftsanerkennung hinreichend verwirklichen lassen, besteht letztlich auch kein weiterer Bedarf alternative Konzepte, wie beispielsweise das Institut des Statusbesitzes in das deutsche Recht zu übertragen. Eine Parallelität der Systeme ist nicht erforderlich, da letztlich auch die gerichtliche Feststellung der Elternschaft, dazu s. u., entsprechend angepasst werden kann, um eine Gleichwertigkeit der Elternschaftssegmente abzubilden und die derzeit gelebten Familienformen zu erfassen.

2. Zuordnungsvoraussetzungen und Formulierungsvorschlag

a) Zuordnungsvoraussetzungen

Wie sollten nun in einem modernen Elternschaftsrecht die Voraussetzungen einer wirksamen Elternschaftsanerkennung ausgestaltet sein?

Die derzeitige Ausgestaltung der Anerkennung als formgebundene, nicht empfangsbedürftige und von keiner Frist abhängige Willenserklärung entspricht durchaus den Anforderungen an ein modernes Elternschaftsrecht. Der Charakter als Willenserklärung entspricht der Höchstpersönlichkeit statusbegründender Akte und die Formgebundenheit schafft die Voraussetzungen dafür, dass die Willensentschließung aufgeklärt, informiert, nicht überstürzt und vor allen Dingen nachweisbar geschieht. Sie dient somit der Statuserkennbarkeit und -klarheit. Dass § 1598 I BGB die Unwirksamkeitsfolge an die Nichteinhaltung der Form knüpft, ist nicht unangemessen. Zwar ist in § 3 eingehend vor den weitreichenden Folgen von Formverstößen im Elternschaftsrecht gewarnt worden. Vorliegend erscheint die Unwirksamkeit einer formwidrigen Anerkennung aber durchaus angemessen. Zum einen ist über die Wahl der öffentlichen Beurkundung sichergestellt, dass die Urkundsperson eine ausreichende Aufklärung vornimmt, was bei schlichter Schriftform nicht sichergestellt wäre. Darüber hinaus mildert § 1598 II BGB die Unwirksamkeitsfolge bei Eintragung der Anerkennung in das Personenstandsregister ab, indem er nach fünf Jahren Rechtssicherheit über die Wirksamkeit der Anerkennung schafft, wenn Anerkennungsvoraussetzungen nicht eingehalten wurden.

Auch die begrenzte Widerruflichkeit der Anerkennungserklärung, die in anderen Rechtsordnung nicht vorgesehen ist, ist letztlich sinnvoll. Die anerkennende Person kann so selbst Rechtssicherheit schaffen, wenn eine Zustimmung zur Anerkennung schlicht nicht erteilt wird, und sich von der Anerkennung befreien. Letztlich entspricht auch die Begrenzung der Unwirksamkeitsgründe auf § 1598 I BGB dem Grundsatz der Statusbeständigkeit und ist somit beizubehalten.

Da die eingangs vorgeschlagene Anknüpfungssystematik aber teilweise über die derzeitige Rechtslage des § 1592 Nr. 2, 1594 BGB hinausgeht, und im geltenden System einige Schwachstellen identifiziert wurden, die nicht mit den in § 3 herausgearbeiteten Orientierungslinien vereinbar sind, sind auch einige Änderungen zum derzeitigen System notwendig:

Vor dem Hintergrund einer geschlechtsneutralen und von der sexuellen Orientierung der Eltern unabhängigen Anknüpfungssystematik ist zunächst die Beschränkung auf männliche Personen zu streichen, und geschlechtsneutral die Anerkennung auch für Personen ohne rechtliches Geschlecht und für weibliche Personen zu öffnen. Insbesondere sollte die Anerkennung auch weiblichen gleichgeschlechtlichen Paaren offenstehen.[268]

Ferner ist mit Blick auf die nach § 1595 BGB erforderlichen Zustimmungen von Geburtselternteil und Kind Reformbedarf identifiziert worden. Zunächst sollte für die Elternschaftsanerkennung stets die Zustimmung des Kindes notwendig sein, um den Kindesinteressen und letztlich dem in Art. 12 KRK verbürgten Schutz des Kindeswillens angemessen Raum zu geben.[269] Mit Blick auf die Vornahme der Zustimmung stellt § 1596 II BGB eine angemessene Regelung

---

[268] So auch Arbeitskreis Abstammungsrecht des BMJV, Abschlussbericht – Empfehlungen für eine Reform des Abstammungsrechts, 2017, 70 so auch Beschlüsse des 71. Deutschen Juristentags 2016, B.II.10 f., vgl. http://www.djt.de/fileadmin/down loads/71/Beschluesse_gesamt.pdf (zuletzt geprüft am 17.8.2017).
[269] Arbeitskreis Abstammungsrecht des BMJV, Abschlussbericht – Empfehlungen für eine Reform des Abstammungsrechts, 2017, 43; BeckOGK/*Balzer,* § 1595 BGB Rn. 72.

auf,[270] so dass bei einem Kind, welches das 14. Lebensjahr noch nicht vollendet hat, ausschließlich die gesetzlichen Vertreter (dies ist in der Regel der Geburtselternteil),[271] ab dem 14. Lebensjahr nur noch das Kind persönlich zustimmen kann, wobei hierfür die Zustimmung des gesetzlichen Vertreters notwendig ist. Dies schafft einen Gleichlauf mit dem Adoptionsrecht, d.h. § 1746 I BGB und beseitigt den o.g. Wertungswiderspruch.

Darüber hinaus sollte das Zustimmungsrecht des Geburtselternteils, das diesem nach § 1595 I BGB zukommt, auf noch nicht volljährige Kinder beschränkt sein.[272] Ab Erreichen der Volljährigkeit erlöschen die elterlichen Sorgerechte. Somit ist ab diesem Zeitpunkt das Eltern-Kind-Verhältnis des Geburtselternteils zu seinem Kind von der Anerkennung der Elternschaft durch den weiteren Elternteil geringer betroffen. Das Kind ist vielmehr selbst voll verantwortlich. Der Geburtselternteil sollte daher keinen Einfluss mehr auf die Begründung der Elternschaft einer weiteren Person nehmen können. Das Zustimmungsrecht der Person, die das Kind geboren hat, ist aufgrund ihrer eigenen Betroffenheit allerdings nicht ganz verzichtbar.[273] Ihre Beziehung zum minderjährigen Kind, für das sie die tatsächliche Verantwortung trägt, wird durch die Elternzuordnung zweifelsohne berührt. Dem ist durch das Zustimmungsrecht Rechnung zu tragen.[274]

Ein zusätzliches Zustimmungsrecht des genetischen, nicht rechtlichen Elternteils, wie dies in der Literatur entsprechend § 1747 I BGB angedacht wird, ist allerdings für eine schnelle und rechtssichere Zuordnung nicht praktikabel.[275] Oftmals wird der genetische Elternteil auch gar nicht feststehen, was eine genetische Abstammungsuntersuchung zwingend machen würde. Die Interessen des genetischen Elternteils können über Anfechtungsrechte daher systemstimmiger gewährleistet werden, als über ein Zustimmungsrecht bei der Elternschaftsanerkennung.

---

[270] Für ein nach Altersstufen gestaffeltes Modell auch Arbeitskreis Abstammungsrecht des BMJV, Abschlussbericht – Empfehlungen für eine Reform des Abstammungsrechts, 2017, 42; BeckOGK/*Balzer*, § 1595 BGB Rn. 72.

[271] §§ 1626, 1629 BGB, die Mutter ist aufgrund der Parallelität der Erklärungen nicht nach § 1795 BGB von der Vertretung des Kindes ausgeschlossen, vgl. so *Gernhuber/Coester-Waltjen*, Familienrecht, 2010, 610 f. Rn. 51. A.A. Staudinger/*Rauscher*, § 1595 Rn. 22 (§ 1795 Nr. 1 analog).

[272] Vgl. so bereits *Gernhuber/Coester-Waltjen*, Familienrecht, 2010, 610; *Schwenzer, Deutscher Juristentag*, Gutachten A für den 59. Deutschen Juristentag – Empfiehlt es sich, das Kindschaftsrecht neu zu regeln?, 1992, A 107. A.A., da für vollständige Abschaffung, nun Arbeitskreis Abstammungsrecht des BMJV, Abschlussbericht – Empfehlungen für eine Reform des Abstammungsrechts, 2017, 43.

[273] So auch *Schröder*, Wer hat das Recht zur rechtlichen Vaterschaft?, 2015, 173. A.A. Arbeitskreis Abstammungsrecht des BMJV, Abschlussbericht – Empfehlungen für eine Reform des Abstammungsrechts, 2017, 43.

[274] A.A. Arbeitskreis Abstammungsrecht des BMJV, Abschlussbericht – Empfehlungen für eine Reform des Abstammungsrechts, 2017, 43.

[275] *Schröder*, Wer hat das Recht zur rechtlichen Vaterschaft?, 2015, 164 im Vergleich zur Adoption.

Zur Vermeidung des Blockadepotentials der zustimmungsberechtigten Personen sollten ferner alle für die Anerkennung relevanten Zustimmungen familiengerichtlich ersetzbar ausgestaltet werden. Auch dies schafft einen Gleichlauf von Adoptions- und Elternschaftsrecht und vermeidet den oben aufgezeigten Wertungswiderspruch. Letztlich erfordern dies sogar die Interessen des anerkennungswilligen Elternteils, dem ein schutzwürdiges Interesse an der Erlangung der rechtlichen Elternstellung zukommt. Dieses ergibt sich für den genetischen, nicht rechtlichen Elternteil aus Art. 6 II 1 GG. Nach der hier vertretenen Auffassung gebührt dieser Schutz aber genauso dem sozialen, nicht rechtlichen Elternteil, der in die Zeugung des Kindes eingewilligt hat. Dieser hat im derzeitigen Recht mangels gerichtlicher Vaterschaftsfeststellungsmöglichkeit überhaupt keine Möglichkeit, gegen den Willen des Geburtselternteils in die rechtliche Elternposition einzurücken. Auch die Vaterschaftsfeststellungsmöglichkeit bzw. die Möglichkeit der Vaterschaftsanfechtung sind mit Blick auf den genetischen, nicht rechtlichen Elternteil – anders als der Gesetzgeber des KindRG meinte[276] – derzeit nicht ausreichend, da eine gerichtliche Feststellung nur möglich ist, wenn keine anderweitige Vaterschaft besteht und die Vaterschaft eines Dritten, der in Zusammenarbeit mit dem Geburtselternteil die Elternschaft schnell anerkannt hat, nur solange anfechtbar ist, als keine sozial-familiäre Beziehung von Anerkennendem und Kind besteht, § 1600 II BGB.

Das niederländische Recht vermeidet durch die grundsätzliche Ersetzbarkeit der Zustimmungen eine solche Blockademöglichkeit auf sinnvollem Wege. Die oben dargestellten Bestimmungen können somit für eine Lösung der Problematik Pate stehen. Die Zustimmungen nach § 1595 BGB sollten letztlich auf Antrag des genetischen Elternteils, des Kindes bzw. der Person, die mit Blick auf die Übernahme der Elternrolle in die Zeugung des Kindes eingewilligt hat, ersetzbar sein. Eine derartige Regelung ermöglicht es nicht nur dem genetischen, nicht rechtlichen Elternteil die Elternposition direkt über den Weg der Anerkennung zu erreichen, sie ermöglicht dasselbe auch dem sozialen, nicht rechtlichen Elternteil, der in die Zeugung des Kindes eingewilligt und damit die Zeugung des Kindes erst veranlasst hat.

Eine Beschränkung auf den (faktischen) Lebenspartner des Geburtselternteils, wie sie das niederländische Recht vorsieht, erscheint nicht angebracht, da die Schutzwürdigkeit der sozialen Elternschaft, die sich in der Bereitschaft zur Übernahme der Elternverantwortung ausdrückt, letztlich von der Existenz einer Paarbeziehung der Eltern nicht abhängen kann. Wer die Bereitschaft äußert, Verantwortung für ein Kind zu tragen und seine Zeugung veranlasst, der ist nach dem in § 3 herausgearbeiteten Verantwortlichkeitsprinzip an dieser Verantwortungsbereitschaft festzuhalten, unabhängig davon, ob er mit dem Geburtselternteil in

---

[276] BT-Drs. 13/4899, 54.

einer (faktischen) Paarbeziehung lebt.[277] Im Umkehrschluss kann diesem Elternteil somit nicht mit Blick auf das Nichtbestehen einer (faktischen) Paarbeziehung
zum Geburtselternteil die rechtliche Elternposition vorenthalten werden. Der Person, die mit Blick auf die Übernahme der Elternrolle die Einwilligung in die
Zeugung des Kindes erklärt, ist somit ein Antragsrecht auf Ersetzung einer verweigerten Zustimmung zu gewähren. Somit kann auch der zum Zeitpunkt der
Einwilligung in die Zeugung nicht mit dem Geburtselternteil in einer Paarbeziehung lebende soziale Elternteil die gerichtliche Ersetzung der Zustimmung beantragen. Erfasst werden damit auch Fälle, in denen zwei Personen die Elternschaft
für ein Kind übernehmen möchten, ohne in einer Paarbeziehung zu leben. Diese
Fälle sind sicherlich angesichts der in § 1 herausgearbeiteten gelebten Realitäten
nicht der Regelfall, sie können jedoch vorkommen, so dass das Recht eine angemessene Regelung bereithalten muss.

Gemessen an der o. g. Orientierungslinie sollte die Einwilligung in die Zeugung ferner nicht auf medizinisch-assistierte Zeugungen beschränkt sein, sondern auch den konsentierten Seitensprung umfassen. Den Interessen des genetischen Vaters, der ebenfalls an der rechtlichen Elternrolle interessiert sein kann
(z. B. bei einer privaten Samenspende), ist über die auch für ihn bestehende Anerkennungsmöglichkeit hinreichend gedient. Ferner kann seinen Interessen über die
Anfechtungsmöglichkeit Rechnung getragen werden.

Dabei wird letztlich nicht außer Acht gelassen, dass es sich bei dem Kriterium
einer Einwilligung in die Zeugung mit Blick auf die Übernahme der Elternrolle
um ein faktensensitives Tatbestandsmerkmal handelt, das im Einzelfall des Nachweises bedarf. Auch dieses knüpft jedoch an objektive Tatsachen an, die dem
Nachweis zugänglich sind. Zweifelsohne kann sich eine Ermittlung der notwendigen Elemente im Einzelfall als praktisch schwierig gestalten, z. B. dann, wenn
entsprechende Entscheidungen, wie bei einem konsentierten Seitensprung, im
rein privaten Bereich getroffen werden, und somit nicht stets dokumentiert sind.
Die möglichen Schwierigkeiten bei der Ermittlung der Tatbestandsvoraussetzungen im Einzelfall sollten einer stimmigen und in sich konsistenten Lösung jedoch
nicht im Wege stehen. Wird eine gerichtliche Ersetzung der Zustimmung beantragt, ist das Gerichtsverfahren letztlich der richtige Ort, an dem die entsprechenden Nachweise im Amtsermittlungsverfahren, vgl. § 26 FamFG, erhoben und erbracht werden können.

Eine Ersetzung der Zustimmung sollte letztlich nur dann nicht in Betracht
kommen, wenn zwingende schutzwürdige Interessen der Beteiligten dem entgegenstehen, z. B., wenn eine Elternzuordnung bei einem vollkommen zerrütteten
Verhältnis von Geburtselternteil und anerkennender Person eine schwerwiegend
nachteilige Auswirkung auf das Kindeswohl hätte. Zu beachten ist, dass das El-

---

[277] Zur gerichtlichen Feststellbarkeit eingehend S. 360 ff.

ternschaftsrecht nicht damit befasst ist, den besten Elternteil für ein Kind zu identifizieren. Es hat die Aufgabe, dem Kind seine Eltern zuzuweisen und beachtet Kindeswohlerwägungen daher abstrakt-generell. Sorge zu tragen hat das Elternschaftsrecht nur insoweit, dass schwerwiegende Beeinträchtigungen von dem Kind ferngehalten werden. Die Schwelle für eine Verweigerung der Ersetzung der Zustimmung sollte somit sehr hoch liegen, wenn die antragstellende Person die persönlichen Antragsvoraussetzungen erfüllt.

Auch dem Kind sollte letztlich ein Antragsrecht zukommen, wenn der Geburtselternteil gegen seinen Willen die Zustimmung verweigert, um sicherzustellen, dass auch das Kind aus eigener Kraft und ohne ein deutlich länger dauerndes gerichtliches Elternschaftsfeststellungsverfahren nach § 1600d BGB durchlaufen zu müssen, seine Interessen entsprechend durchsetzen kann.

Anders als im niederländischen Recht sollte für die gerichtliche Ersetzung der Zustimmungserklärungen kein unterschiedlicher Prüfungsmaßstab mit Blick auf das Bestehen einer Paarbeziehung zwischen Geburtselternteil und anerkennender Person vorgesehen werden. Das Elternschaftsrecht sollte im Grundsatz von der Paarbeziehung unabhängig sein. Zuordnungsgrund sind allein die genetische, biologische und soziale Elternschaft bzw. das Verantwortlichkeitsprinzip. Das Bestehen der Paarbeziehung der Eltern hat mit Blick auf diese Zuordnungsgründe keinerlei Relevanz, so dass auch die Anforderungen an die Ersetzung der Einwilligung nicht höher sein können, wenn eine Paarbeziehung der Eltern nicht besteht.

Demgegenüber hat der Arbeitskreis Abstammungsrecht, wenn auch mit knapper Mehrheit, dafür plädiert, bei einer Verweigerung der Zustimmung durch die Mutter eines minderjährigen Kindes alternativ von Amts wegen ein Verfahren zur Feststellung der genetischen Vaterschaft des Anerkennenden einzuleiten, um die Zuordnung trotz Zustimmungsverweigerung zu bewirken.[278] Ein solcher Ansatz ist gegenüber dem vorgeschlagenen Weg der familiengerichtlichen Ersetzbarkeit der Zustimmungserklärung nachteilig.[279] Erstens ist die amtswegige Ausgestaltung mit dem Grundsatz der Höchstpersönlichkeit weniger vereinbar als die Ausgestaltung der auf Antrag erfolgenden gerichtlichen Ersetzung der Zustimmung. Zweitens überbetont der vom Arbeitskreis vorgeschlagene Weg die Genetik als Zuordnungsgrund und hilft in Fällen der nur sozialen Elternschaft nicht über die Verweigerung der Zustimmung hinweg. Der hier dargelegte Vorschlag berücksichtigt diese Fälle hingegen. Letztlich berücksichtigt die amtswegige Einleitung des Verfahrens auch nicht, ob es nicht tatsächlich im Interesse des Kindes war,

---

[278] Arbeitskreis Abstammungsrecht des BMJV, Abschlussbericht – Empfehlungen für eine Reform des Abstammungsrechts, 2017, 43.

[279] A. A. auch Staudinger/*Rauscher*, § 1595 Rn. 7; *Schröder*, Wer hat das Recht zur rechtlichen Vaterschaft?, 2015, 169 ff., dem Stabilitätsinteresse sei über die gerichtliche Feststellung mehr gedient; a. A. auch *Löhnig*, ZRP 2017, 205.

die Zustimmung zu verweigern, was bei dem hier vertretenen Lösungsweg allerdings ebenfalls berücksichtigt werden kann.

Nicht vorzugswürdig erscheint ferner das System der Widerspruchslösung, die der österreichische Gesetzgeber inkorporiert hat.[280] Einwände gegen die Zuordnung erst auf Ebene der Anfechtung der Elternschaft zu berücksichtigen, erscheint angesichts des Interesses aller Beteiligten an einer rechtssicheren Statuszuweisung unglücklich, da die weitreichenden Zuordnungswirkungen erst einmal eintreten und erst nachträglich wieder entfallen. Besser erscheint es demgegenüber, vor Statusbegründung entsprechende Einwände gegen die Zuordnung zu berücksichtigen, damit von den Beteiligten ungewollte oder vom Gesetzgeber unbeabsichtigte Wirkungen erst gar nicht eintreten können.

§ 1597a BGB sollte aus den o. g. Gründen ersatzlos entfallen, § 1598 I BGB ist entsprechend anzupassen.

b) Formulierungsvorschlag

Auch mit Blick auf die Zuordnung des weiteren Elternteils durch Elternschaftsanerkennung lässt sich eine Regelung, die die vorstehend genannten Erwägungen umsetzt, einfach in die derzeit geltende Systematik integrieren. Dazu sollten §§ 1592 Nr. 2, 1594, 1595, 1597 BGB wie folgt neu gefasst werden:

§ 1592 Weiterer Elternteil. Weiterer Elternteil des Kindes ist die Person, […]

2. die die Elternschaft für ein Kind anerkannt hat, oder […]

§ 1594 Anerkennung der Elternschaft. (1) Die Rechtswirkungen der Anerkennung können, soweit sich nicht aus dem Gesetz anderes ergibt, erst von dem Zeitpunkt an geltend gemacht werden, zu dem die Anerkennung wirksam wird.

(2) Eine Anerkennung der Elternschaft ist nicht wirksam, solange die Vaterschaft einer anderen Person besteht.

(3) Eine Anerkennung unter einer Bedingung oder Zeitbestimmung ist unwirksam.

(4) Die Anerkennung ist schon vor der Geburt des Kindes zulässig.

§ 1595 Zustimmungsbedürftigkeit der Anerkennung. (1) Die Anerkennung bedarf der Zustimmung des Elternteils i. S. d. § 1591 solange das Kind noch nicht volljährig ist.

(2) Die Anerkennung bedarf auch der Zustimmung des Kindes.

(3) Für die Zustimmung gilt § 1594 Abs. 3 und 4 entsprechend.

(4) Die Zustimmungen nach Abs. 1 und Abs. 2 können auf Antrag des genetischen Elternteils, des Kindes sowie der Person, die mit Blick auf die Übernahme der Elternrolle in die Zeugung des Kindes eingewilligt hat, durch das Familiengericht ersetzt werden, es sei denn dem stehen zwingende schutzwürdige Interessen der Beteiligten, insbesondere das Wohl des Kindes entgegen.

---

[280] Ablehnend auch *Schröder,* Wer hat das Recht zur rechtlichen Vaterschaft?, 2015, 171.

§ 1597 Formerfordernisse; Widerruf. (1) Anerkennung und Zustimmung müssen öffentlich beurkundet werden.

(2) Beglaubigte Abschriften der Anerkennung und aller Erklärungen, die für die Wirksamkeit der Anerkennung bedeutsam sind, sind dem Elternteil, dem weiteren Elternteil und dem Kind sowie dem Standesamt zu übersenden.

(3) Die anerkennende Person kann die Anerkennung widerrufen, wenn sie ein Jahr nach der Beurkundung noch nicht wirksam geworden ist. Für den Widerruf gelten die Absätze 1 und 2 sowie § 1594 Abs. 3 und § 1596 Abs. 1, 3 und 4 entsprechend.

§ 1598 Unwirksamkeit von Anerkennung, Zustimmung und Widerruf. (1) Anerkennung, Zustimmung und Widerruf sind nur unwirksam, wenn sie den Erfordernissen nach § 1594 Absatz 2 bis 4 und der §§ 1595 bis 1597 nicht genügen.

(2) Sind seit der Eintragung in ein deutsches Personenstandsregister fünf Jahre verstrichen, so ist die Anerkennung wirksam, auch wenn sie den Erfordernissen der vorstehenden Vorschriften nicht genügt.

§ 1592 Nr. 2 BGB-E setzt die geschlechtsneutrale und von der sexuellen Orientierung der Eltern unabhängige Elternschaftsanerkennung um und ermöglicht weiblichen Personen die Anerkennung. § 1595 BGB-E setzt die Überlegungen zur Zustimmung von Geburtselternteil und Kind um. Im Übrigen ergeben sich textliche Änderungen aufgrund der geschlechtsneutralen Terminologie und aufgrund der vorgeschlagenen Streichung des § 1597a BGB.

III. Zuordnung aufgrund gerichtlicher Feststellung der Elternschaft

Weiterer Elternteil des Kindes sollte ferner die Person sein, die gerichtlich als Elternteil festgestellt worden ist, unabhängig davon, ob die Zeugung natürlich oder medizinisch-assistiert erfolgt ist, und unabhängig vom Geschlecht und der sexuellen Orientierung dieser Person.[281]

1. Begründung des Anknüpfungskriteriums

a) Derzeitige Rechtslage

Eine Elternschaftszuordnung durch gerichtliche Feststellung kennt das derzeitige Abstammungsrecht nur mit Blick auf die Vaterschaft. § 1600d I BGB bestimmt, dass die Vaterschaft gerichtlich festzustellen ist, wenn keine anderweitige Vaterschaft nach § 1592 Nr. 1, 2 und § 1593 BGB besteht. Die Zuordnung

---

[281] Vgl. etwa *Dethloff/Timmermann,* Gleichgeschlechtliche Paare und Familiengründung durch Reproduktionsmedizin – Gutachten im Auftrag der Friedrich Ebert Stiftung, 2016, 34. Vgl. so auch die Draft recommendation on the rights and legal status of children and parental responsibilities des Europarats, CDJC 2011, 15, die allerdings bislang nicht angenommen worden ist, vgl. dazu *Lederer,* Grenzenloser Kinderwunsch – Leihmutterschaft im nationalen, europäischen und globalen rechtlichen Spannungsfeld, 2016, 259 ff.; *Nikolina,* Divided parents, shared children, 2015, 33 ff.

aufgrund gerichtlicher Feststellung tritt neben die übrigen Zuordnungsinstrumente.[282] In deren logischer Folge steht die gerichtliche Vaterschaftsfeststellung auf letzter Stufe.[283] Gleichwohl stellt auch § 1600d I BGB eine vollwertige Eltern-Kind-Beziehung her, so dass sich kein echtes Rangverhältnis zu anderen Zuordnungsinstrumenten ergibt.[284]

§ 1600d BGB hat letztlich die Aufgabe, auch in Fällen, in denen die rechtliche Beziehung zwischen Vater und Kind nicht bereits anderweitig hergestellt ist (z. B. weil die Eltern des Kindes nicht verheiratet sind) bzw. hergestellt werden kann (z. B. weil der genetische Vater die Vaterschaftsanerkennung verweigert) eine Eltern-Kind-Zuordnung zu bewirken und Verantwortlichkeit, notfalls auch gegen den Willen einer Person, verlässlich und bestandsfest zuzuweisen.[285] Aufgrund der steigenden Zahl von Kindern, deren Eltern keine Ehe geschlossen haben (dazu siehe § 1), und denen somit nicht gem. § 1592 Nr. 1 ein Ehemann der Mutter als rechtlicher Vater zugeordnet werden kann, schafft die gerichtliche Feststellung der Vaterschaft eine rasche Möglichkeit die Vaterzuordnung zu ermöglichen.[286] Gleichzeitig schafft § 1600d I BGB die Möglichkeit für den genetischen, nicht rechtlichen Vater, die Elternzuordnung zu bewirken, wenn die Mutter seiner Vaterschaftsanerkennung die Zustimmung verweigert und sichert somit das ihm aus Art. 6 II 1 GG zukommende Interesse, das Elternrecht zu erlangen.

§ 1600d I BGB gewährt den Beteiligten neben der Möglichkeit zur Antragstellung keinerlei weitere Dispositionsbefugnis über die Feststellung der Vaterschaft, diese „ist" letztlich gerichtlich festzustellen.[287] Die Bestimmung ist somit zwingendes Recht.[288] Die gerichtliche Vaterschaftsfeststellung hat darüber hinaus „erga omnes"-Wirkung[289] und entfaltet, wie § 1600d I, V BGB zeigt, Sperrwirkung gegenüber anderen Vaterschaftsprätendenten.[290] Auch inzidente Vaterschaftsfeststellungen werden im Grundsatz von der Sperrwirkung umfasst.[291] Die Zuordnung erfolgt durch gestaltenden Beschluss,[292] der mit Rechtskraft wirksam

---

[282] *Gaul,* FamRZ 2000, 1461; Palandt/*Brudermüller,* § 1600d Rn. 1, 4; Staudinger/*Rauscher,* § 1600d Rn. 8; BeckOGK/*Reuß,* § 1600d BGB Rn. 4.

[283] *Schwonberg,* FuR 2014, 634, 635.

[284] MüKoBGB/*Wellenhofer,* § 1600d Rn. 7; Staudinger/*Rauscher,* § 1600d Rn. 8; BeckOGK/*Reuß,* § 1600d BGB Rn. 12.

[285] *BVerfG,* Beschl. v. 13.10.2008 – 1 BvR 1548/03, FamRZ 2008, 2257, 2258.

[286] MüKoBGB/*Wellenhofer,* § 1600d Rn. 6.

[287] MüKoBGB/*Wellenhofer,* § 1600d Rn. 5; BeckOGK/*Reuß,* § 1600d BGB Rn. 7.

[288] MüKoBGB/*Wellenhofer,* § 1600d Rn. 1; BeckOGK/*Reuß,* § 1600d BGB Rn. 7.

[289] Palandt/*Brudermüller,* § 1600d Rn. 7; MüKoBGB/*Wellenhofer,* § 1600d Rn. 38.

[290] Zur Sperrwirkung siehe § 2 S. 130 ff.

[291] Hierzu und zu Ausnahmen BeckOGK/*Reuß,* § 1600d BGB Rn. 11.

[292] MüKoBGB/*Wellenhofer,* § 1600d Rn. 35; Staudinger/*Rauscher,* § 1600d Rn. 8; *Wieser,* NJW 1998, 2023; BeckOGK/*Reuß,* § 1600d BGB Rn. 8; a. A. lediglich deklaratorischer Beschluss, etwa noch bei Zöller/Philippi, 27. Aufl. 2009, ZPO § 640 Rn. 4.

wird,[293] gleichwohl Rückwirkung auf den Geburtszeitpunkt entfaltet.[294] Eine vorgeburtliche Feststellung der Vaterschaft, insbesondere an kryokonservierten Embryonen, ist nicht möglich, da § 1600d I BGB auf den Geburtszeitpunkt abstellt.[295] Die Vaterschaft entfaltet ihre Wirkungen daher erst mit Geburt des Kindes. Auch eine Antragstellung des Kindes vor Geburt ist nicht denkbar,[296] eine vorgeburtliche Beweissicherung durch Abstammungsuntersuchung ist hingegen möglich.[297] Die Antragstellung ist nicht an eine Frist gebunden.[298]

Eine Regelung dazu, wer zum Kreis der Antragsberechtigten zählt, findet sich seit der Reform des Familienverfahrensrechts 2008 weder im BGB (so noch § 1600e a.F.)[299] noch im FamFG.[300] Die herrschende Ansicht bestimmt die Antragsberechtigung aufgrund der höchstpersönlichen Natur abstammungsrechtlicher Beziehungen sehr restriktiv, und gewährt die Antragsberechtigung nur dem engsten Personenkreis. Hierzu gehören der Mann, der meint genetischer Vater des Kindes zu sein (das umfasst auch private Samenspender, die ihren Samen nicht im Rahmen einer klassischen durch einen Arzt assistierten Fremdbefruchtung gespendet haben),[301] die Mutter und das Kind.[302] Entfernteren Verwandten (Großeltern, Geschwistern und Ähnlichen), Ehegatten, außenstehenden Dritten

---

[293] BeckOGK/*Reuß*, § 1600d BGB Rn. 38.

[294] *BSG*, Urt. v. 28.10.1982 – 10 RKg 51/81, FamRZ 1983, 270; *Wieser*, NJW 1998, 2023, 2025; Palandt/*Brudermüller*, § 1600d Rn. 19; MüKoBGB/*Wellenhofer*, § 1600d Rn. 97.

[295] *BGH*, Beschl. v. 24.8.2016 – XII ZB 351/15, NJW 2016, 3174 m. Anm. Dutta/ Hammer FamRZ 2016, 1852; *OLG Düsseldorf*, Beschl. v. 31.7.2015 – II-1 UF 83/14, FamRZ 2015, 1979 mit zu Recht sehr kritischer Anmerkung *Mankowski* und *Coester-Waltjen*. Siehe ferner den Nichtannahmebeschluss des *BVerfG*, Beschl. v. 11.1.2017 – 1 BvR 2322/16 (*Nichtannahmebeschluss*), NZFam 2017, 168 m. Anm. *Schwonberg* FamRB 2017, 140 zur Verfassungsbeschwerde gegen die vorstehende Entscheidung des BGH, die aufgrund fehlender Substantiierung nicht zur Entscheidung angenommen wurde. Wie hier auch *Mayer*, IPRax 2016, 432.

[296] MüKoBGB/*Wellenhofer*, § 1600d Rn. 20 (für die Einführung de lege ferenda); *Schwonberg*, FuR 2014, 634, 635; BeckOGK/*Reuß*, § 1600d BGB Rn. 41. A.A. allerdings *OLG Schleswig*, Beschl. v. 15.12.1999 – 13 WF 122/99, NJW 2000, 1271; jetzt auch *OLG München*, Beschl. v. 13.4.2016 – 16 UF 242/16, NJW-RR 2016, 902.

[297] *OLG Schleswig*, Beschl. v. 15.12.1999 – 13 WF 122/99, NJW 2000, 1271; MüKo-BGB/*Wellenhofer*, § 1600d Rn. 20; BeckOGK/*Reuß*, § 1600d BGB Rn. 41.

[298] Entsprechendes wäre mit Blick auf die Verbürgungen der EMRK allerdings zulässig, vgl. *EGMR*, Urt. v. 3.10.2017 – Nr. 72105/14 und 20415/15 (*Silva u. a./Portugal*), http://hudoc.echr.coe.int/eng?i=001-177229 (zuletzt geprüft am 10.10.2017).

[299] So aber die Vorstellung des Gesetzgebers des FGG-Reformgesetzes, vgl. BT-Drs. 16/6308, 185.

[300] MünchKomm-FamFG/*Coester-Waltjen*/*Hilbig-Lugani*, § 169 Rn. 23.

[301] *OLG Zweibrücken*, Beschl. v. 8.3.2016 – 2 UF 9/16, NJW 2016, 3252; Beck-OGK/*Reuß*, § 1600d BGB Rn. 8.

[302] *Gernhuber/Coester-Waltjen*, Familienrecht, 2010, 615; MüKoBGB/*Wellenhofer*, § 1600d Rn. 13; Staudinger/*Rauscher*, § 1600d Rn. 8; *Schwonberg*, FuR 2014, 634, 636; BeckOGK/*Reuß*, § 1600d BGB Rn. 8.

oder sogar einer Behörde kommt nach herrschender Auffassung kein eigenes Antragsrecht zu.[303] Das Antragsrecht der Mutter ist bei der Einführung des KindRG in der Literatur als ungewöhnlich kritisiert worden.[304] Da sie allerdings in ihrem Verhältnis zum Kind durch die Möglichkeit, die Vaterschaft feststellen zu lassen, durchaus betroffen ist – vgl. die Argumentation *vice versa* bei der Elternschaftsanerkennung – kommt ihr ein solches zu Recht zu.[305]

Als Feststellungsgrund kennt § 1600d I BGB nur die genetische Abstammungsbeziehung. Als rechtlicher Vater kann im Rahmen der gerichtlichen Feststellung daher nur der genetische Vater festgestellt werden.[306] Durch die heute ausgereiften Begutachtungsmethoden kann die genetische Vaterschaft in den meisten Fällen sicher geklärt werden.[307] Es kann jedoch in den seltenen Fällen, in denen eine Mutter mit monozygoten Zwillingen im Empfängniszeitraum verkehrt hat, dazu kommen, dass eine Vaterschaftsfeststellung nicht sicher erfolgen kann.[308] Für diese Fälle des *non liquet* enthält § 1600d II BGB eine Lösung, indem bei Nichtaufklärbarkeit der Abstammungsbeziehung vermutet wird, dass die Person, die der Mutter im Empfängniszeitraum (vgl. § 1600d III BGB) beigewohnt hat, der genetische Vater des Kindes ist.[309] Die Vermutung ist widerleglich ausgestaltet, so dass bei schwerwiegenden Zweifeln an der genetischen Vaterschaft des beiwohnenden Mannes (etwa bei zugestandenem Verkehr mit mehreren Männern) eine Zuordnung aufgrund der Vermutung auszuscheiden hat, vgl. § 1600d II 2 BGB.[310] Eine Heranziehung der Vermutung kommt aber auch dann in Betracht, wenn der betreffende Mann an einer genetischen Abstammungsbegutachtung nicht mitwirkt, Beachtung finden hier insbesondere die Grundsätze der Beweisvereitelung.[311]

---

[303] *OLG Hamburg*, Beschl. v. 2.7.2001 – 12 WF 44/01, FamRZ 2002, 842; MüKo-BGB/*Wellenhofer*, § 1600d Rn. 13; *Schwonberg*, FuR 2014, 634, 636; BeckOGK/*Reuß*, § 1600d BGB Rn. 8.

[304] *Gaul*, FamRZ 2000, 1461, 1452; *Mutschler*, FamRZ 1996, 1381, 1386.

[305] BeckOGK/*Reuß*, § 1600d BGB Rn. 25.

[306] *Gernhuber/Coester-Waltjen*, Familienrecht, 2010, 617; Palandt/*Brudermüller*, § 1600d Rn. 1; MüKoBGB/*Wellenhofer*, § 1600d Rn. 3; Staudinger/*Rauscher*, § 1600d Rn. 3; BeckOGK/*Reuß*, § 1600d BGB Rn. 6.

[307] BeckOGK/*Reuß*, § 1598a BGB Rn. 131 ff.

[308] Auch ein sog. *whole genome sequencing* war nicht ausreichend, vgl. BeckOGK/*Reuß*, § 1598a BGB Rn. 132.3 sowie *BVerfG*, Beschl. v. 18.8.2010 – 1 BvR 811/09, NJW 2010, 3772 und *OLG Celle*, Urt. v. 30.1.2013 – 15 UF 51/06, FamRZ 2013, 1669; kritisch zum Verfahren *Rittner*, FPR 2011, 372.

[309] Zur subsidiären Natur der Vermutung BT-Drs. V/4479, 2; *Gaul*, FamRZ 1997, 1441, 1472.

[310] Zum Verständnis eingehend BeckOGK/*Reuß*, § 1600d BGB Rn. 55 ff.

[311] Dazu und zur Anwendung der Grundsätze der Beweisvereitelung BeckOGK/*Reuß*, § 1600d BGB Rn. 18, 55 m.w.N. Die Heranziehung der Grundsätze der Beweisvereitelung ist mit Art. 8 EMRK in Einklang, vgl. *EGMR*, Entsch. v. 2.6.2015 – Nr. 22037/13 (*Canonne/Frankreich*), http://hudoc.echr.coe.int/eng?i=001-155722 (zuletzt geprüft am 08.10.2017).

Eine bereits in der Literatur[312] geforderte Ausnahme von der gerichtlichen Feststellung des genetischen Vaters wird mit Wirkung vom 1.7.2018 gem. § 1600d IV BGB n.F.[313] für den *klassischen* Samenspender[314] gelten. Damit wird ein Wertungswiderspruch des bisherigen Rechts beseitigt:[315] Der klassische Samenspender war bislang Pflichten tragender, aber rechteloser Lieferant des genetischen Materials. Er konnte gem. § 1600d I BGB als genetischer Vater des Kindes auch rechtlich in die Elternpflicht gedrängt werden,[316] ein eigenes Anfechtungsrecht versagte die ganz herrschende Meinung dem klassischen Samenspender allerdings im Rahmen des § 1600 I Nr. 2 BGB,[317] da er der Mutter nicht beigewohnt hat.[318] Die Änderung ist somit zu begrüßen.[319] Sie ist letztlich auch mit dem Grundgesetz vereinbar. Insbesondere lässt sich aus Art. 2 I i.V.m. Art. 6 II 1 GG kein Recht des Kindes ableiten, stets dem genetischen Elternteil rechtlich zugeordnet zu sein. Dem Interesse des Kindes an einer tatsächlichen und dauerhaften Übernahme der Elternverantwortung entspricht es daher, die die Reproduktion in Gang setzenden Personen, d.h. die intendierten Eltern als rechtliche Eltern zuzuordnen und den Samenspender, der an der Elternverantwortung kein Interesse hat, von der Zuordnung auszunehmen. Voraussetzung für den Ausschluss des Samenspenders ist gem. § 1600d IV BGB n.F., dass das Kind durch eine ärztlich unterstützte künstliche Befruchtung in einer Einrichtung der medizinischen Versorgung im Sinne von § 1a Nr. 9 des Transplantationsgesetzes unter heterologer Verwendung von Samen gezeugt wurde, der vom Spender einer Entnahmeeinrichtung im Sinne von § 2 1 1 Samenspenderregistergesetzes zur Verfügung gestellt wurde. Die Regelung erfasst damit allerdings nur im Inland durchgeführte Samenspenden. Private Spender, die ihren Samen außerhalb dieses Systems zu Befruchtungszwecken weitergeben, können weiterhin als rechtlicher Elternteil gerichtlich festgestellt werden.

---

[312] *Wellenhofer,* FamRZ 2013, 825, 829; BeckOGK/*Reuß,* § 1600d BGB Rn. 29. Für den Ausschluss sprach sich beispielsweise auch der 71. Deutsche Juristentag mehrheitlich aus, vgl. A.II.2. der Beschlüsse, abrufbar unter http://www.djt.de/fileadmin/down loads/71/Beschluesse_gesamt.pdf; so bereits *Helms* in: Ständige Deputation des Deutschen Juristentages (Hrsg.), Rechtliche, biologische und soziale Elternschaft – Herausforderungen durch neue Familienformen, 2016, F 1, These I.4. Dagegen allerdings *Voigt,* Abstammungsrecht 2.0, 2015, 117 ff.

[313] Eingeführt durch das Gesetz zur Regelung des Rechts auf Kenntnis der Abstammung bei heterologer Verwendung von Samen vom 17.7.2017, BGBl. I 2513.

[314] Zur Begrifflichkeit siehe § 1 S. 53 ff.

[315] Dazu ebenfalls *Wehrstedt,* DNotZ 2005, 649, 654.

[316] BeckOGK/*Reuß,* § 1600d BGB Rn. 50.

[317] *Höfelmann,* FamRZ 2004, 745, 749; Palandt/*Brudermüller,* § 1600 Rn. 3, 12; *Wehrstedt,* DNotZ 2005, 649, 651; BeckOGK/*Reuß,* § 1600 BGB Rn. 74.

[318] BT-Drs. 15/2492, 9. Anders ist die Situation beim privaten Samenspender, vgl. *BGH,* Urt. v. 15.5.2013 – XII ZR 49/11, NJW 2013, 2589, eingehen hierzu BeckOGK/ *Reuß,* § 1600 BGB Rn. 4.

[319] Nicht überzeugend die Kritik bei *Pauli,* Der sogenannte biologische Vater – Ein Vergleich der deutschen und französischen Rechtsentwicklung, 2016, 160 f.

Lücken weist § 1600d I BGB aufgrund der oben aufgezeigten Singularität des Feststellungsgrundes in Fällen der konsentierten heterologen Insemination bei nichtehelichen Lebenspartnern auf, wenn der in die Reproduktion einwilligende Mann die Vaterschaftsanerkennung unterlässt.[320] Er kann sich somit aus der Verantwortung ziehen. Da er nicht mit dem Kind genetisch verwandt ist, kommt auch eine Vaterschaftsfeststellung nach § 1600d nicht in Betracht.[321] Aus Sicht des nicht zugeordneten Elternteils ergibt sich beispielsweise nach der hier vertretenen Auffassung eine entsprechende Lücke mit Blick auf den sozialen, nicht rechtlichen Vater, der in die Zeugung des Kindes eingewilligt hat, dessen Vaterschaftsanerkennung aber durch die Mutter blockiert wird. Auch über § 1600d I BGB kann er seine rechtliche Vaterschaft nicht begründen, obwohl ihm ein verfassungsrechtlich geschütztes Interesse hieran zukommt.[322]

Letztlich ist auch eine gerichtliche Feststellung der Mutterschaft im derzeit geltenden Recht nicht möglich, so dass weder die Geburtsmutterschaft nach § 1600d I BGB festgestellt werden könnte,[323] noch eine gerichtliche Feststellung der Elternschaft der weiblichen Partnerin der Geburtsmutter über § 1600d I BGB möglich ist.[324] Der vorstehend unterbreitete Vorschlag, der § 1600d I auch auf die Partnerin der Geburtsmutter erstrecken möchte, geht daher über das geltende Recht hinaus.

b) Rechtsvergleichende Betrachtung

Instrumente der gerichtlichen Elternschaftsfeststellung sind in vielen Rechtsordnungen bekannt.[325] Gegenstand und Ausgestaltung dieser variieren stark. Nicht in jeder Rechtsordnung ist eine gerichtliche Feststellung mit Blick auf gleichgeschlechtliche Paare möglich, oftmals ist nur eine gerichtliche Vaterschaftsfeststellung vorgesehen. Auch hinsichtlich der Antragsberechtigung sind die Systeme unterschiedlich ausgestaltet.[326] Nachfolgend soll ein eingehender Blick auf besonders interessante Rechtsordnungen genommen werden:

---

[320] Dazu bereits eingehend BeckOGK/*Reuß*, § 1600d BGB Rn. 27; kritisch auch *Helms* in: Ständige Deputation des Deutschen Juristentages (Hrsg.), Rechtliche, biologische und soziale Elternschaft – Herausforderungen durch neue Familienformen, 2016, F 1, These I.1.b.; sowie *Mayer*, IPRax 2016, 432, 436; *Löhnig/Runge-Rannow*, NJW 2015, 3757, 3759.

[321] A.A. *Löhnig/Runge-Rannow*, NJW 2015, 3757, 3759 (*de lege lata* analoge Anwendung möglich).

[322] Dazu bereits oben im Rahmen der Elternschaftsanerkennung.

[323] Hier ist das Statusverfahren nach § 169 Nr. 1 FamFG einschlägiger Rechtsbehelf, vgl. MünchKomm-FamFG/*Coester-Waltjen/Hilbig-Lugani*, § 169 Rn. 19.

[324] *OLG Köln*, Beschl. v. 26.03.2015 – II-14 UF 181/14, BeckRS 2015, 12463; *Schwonberg*, FuR 2014, 634, 635; BeckOGK/*Reuß*, § 1600d BGB Rn. 33.

[325] *Dethloff*, Familienrecht, 2015, § 10 Rn. 106.

[326] Einen Überblick gibt *Dethloff*, Familienrecht, 2015, § 10 Rn. 106.

aa) England und Wales

Ein Verfahren zur gerichtlichen Feststellung der Elternschaft kennt beispielsweise das Recht von England und Wales. Es ermöglicht mit einer sog. *declaration of parentage* i. S. d. Sec. 55A FLA 1986 die Feststellung der rechtlichen Eltern eines Kindes. Es ist – anders als das deutsche Recht – nicht auf die Feststellung der Vaterschaft beschränkt, sondern ermöglicht auch die Feststellung der Elternschaft der gleichgeschlechtlichen weiblichen Partnerin der Geburtsmutter. Es findet somit unabhängig von den Zeugungsumständen Anwendung. Die Feststellungsentscheidung ist gem. Sec. 58(2) FLA 1986 mit „*erga omnes*"-Wirkung ausgestattet und ist im Geburtenregister beizuschreiben, vgl. Sec. 14A BDRA 1953. Unbeschränkt antragsberechtigt sind gem. Sec. 55A(4) FLA 1986 das Kind, die Person, die vorgibt Elternteil des Kindes zu sein, sowie der andere rechtliche Elternteil des Kindes, d. h. die Mutter. Gem. Sec. 55A(3) FLA 1986 haben auch weitere Personen ein Antragsrecht, aber nur dann, wenn sie ein berechtigtes Interesse an der Feststellung der Elternschaft geltend machen können. Das Verfahren nach Sec. 55A FLA 1986 ist an keine Frist gebunden, es kann daher jederzeit durchgeführt werden.[327]

Feststellungsgrund ist grundsätzlich, d. h. wenn nicht ein Zuordnungstatbestand der HFEA 1990, 2008 eingreift, die genetische Abstammung.[328] Ein klassischer Samenspender, der seinen Samen in einer Fortpflanzungseinrichtung zu Befruchtungszwecken bei Dritten abgegeben hat, ist von der Feststellung, anders als der private Spender,[329] allerdings ausgeschlossen.[330] Liegt hingegen eine medizinisch-assistierte Zeugung vor, ist als Feststellungsgrund auf die Zuordnungstatbestände der HFEA 1990, 2008 abzustellen. Da die Zuordnung im Rahmen der HFEA 1990, 2008 bei Vorliegen der Tatbestandsvoraussetzungen allerdings *ex lege,* d. h. automatisch erfolgt, kommt der Entscheidung des Gerichts lediglich feststellende, d. h. deklaratorische Wirkung zu. Gleiches gilt für die Zuordnung aufgrund der genetischen Abstammung bei natürlicher Zeugung, die ohnehin nicht als Statusbeziehung verstanden wird.[331] Das Verfahren ist daher nicht so sehr vergleichbar mit § 1600d I BGB, der ein rechtliches Eltern-Kind-Verhältnis neu begründet, als vielmehr mit dem Verfahren nach § 169 Nr. 1 FamFG über die

---

[327] *Lowe/Douglas,* Bromley's family law, 2015, 269 f.

[328] *High Court of England and Wales* (Fam.), 15.2.1996 (*Re B (Minors) (Parentage)*), [1996] 2 FLR 15; Bergmann/Ferid/Henrich/*Henrich,* Vereinigtes Königreich, 47.

[329] *Lowe/Douglas,* Bromley's family law, 2015, 249; *High Court of England and Wales (QB),* 26.2.2003 (*L Teaching Hospitals NHS Trust v. A*), [2003] EWHC 259.

[330] Sec. 28(6)(a) HFEA 1990, Sec. 41 HFEA 2008 i. V. m. Para. 5 Schedule 3 HFEA 1990; *Lowe/Douglas,* Bromley's family law, 2015, 249; *Probert/Harding,* Cretney and Probert's Family Law, 2015, 247; *High Court of England and Wales* (Fam.), 5.7.2013 (*M v. F (Legal Paternity)*), [2013] EWHC 1901 (natürliche Samenspende über Geschlechtsverkehr, HFEA war daher nicht einschlägig).

[331] Dazu bereits § 2 S. 130 ff.

Feststellung des Bestehens- oder Nichtbestehens des Eltern-Kind-Verhältnisses. Dieses schafft insoweit Klarheit über die Abstammungszuordnung, als das Vorliegen der Zuordnungstatbestände festgestellt wird.

Darüber hinaus kennt das Recht von England und Wales auch die Möglichkeit inzidenter Abstammungsfeststellungen. Eine solche kann praktisch von jedermann in jedem erdenklichen Zivilverfahren, in dem die Abstammung als Tatsache relevant wird, geltend gemacht werden, vgl. Sec. 20 Family Law Reform Act 1969.[332] Die Feststellung wirkt lediglich *inter partes* und hat somit keinerlei, einem Status vergleichbare, Wirkung.[333] Es handelt sich hierbei ebenfalls nicht um eine § 1600d I BGB vergleichbare gerichtliche Vaterschaftsfeststellung. Sec. 20 FLRA (1969) spiegelt letztlich die Grundausrichtung des englischen Rechts wider, das die Abstammung im Wesentlichen nicht als Status, sondern als eine dem Beweis zugängliche Tatsache begreift.[334]

bb) Frankreich

Dem deutschen gerichtlichen Feststellungsverfahren ähnlicher ist zumindest mit Blick auf seine Statuswirkung die gerichtliche Feststellungsmöglichkeit der Elternschaft im französischen Recht. Eine solche ist vorgesehen in Art. 310-1 i.V.m. Art. 325 ff. CC. Eine Entscheidung, die die Elternschaft feststellt wirkt für und gegen alle[335] und, wie im deutschen Recht, auf den Geburtszeitpunkt zurück.[336] Eine Befristung ergibt sich allerdings aus Art. 321, 329, 330 CC.[337] Das französische Recht kennt letztlich drei Feststellungsgründe mit Blick auf die Vaterschaft: Festgestellt werden kann erstens die Vaterschaft des Ehemannes, bei nach Art. 313 CC entkräfteter Vermutungsregelung, vgl. Art. 329 CC. Festgestellt werden kann zweitens aber auch die Vaterschaft des mit der Mutter nicht verheirateten Mannes nach Art. 327 CC, wenn nicht eine andere Vaterschaft bereits besteht (Sperrwirkung!). In beiden Fällen ist Feststellungsgrund die genetische Abstammungsbeziehung von Vater und Kind.[338] Der klassische Samenspender ist von der Feststellung als rechtlicher Vater allerdings ausgenommen, vgl. Art. 311-19 CC. Die Feststellung der genetischen Abstammung im Rahmen einer Abstammungsbegutachtung kann im Verfahren durch das Gericht angeordnet

---

[332] *Lowe/Douglas,* Bromley's family law, 2015, 265.

[333] *Masson/Bailey-Harris/Probert,* Cretney's Principles of Family Law, 2008, 538.

[334] Hierzu bereits § 2 S. 130 ff.

[335] Zur „*erga omnes*"-Wirkung *Voirin/Goubeaux,* Droit civil, 2013, 148.

[336] Éditions Francis Lefebvre, Mémento Pratique – Droit de la famille 2016–2017, 2016 Rn. 27840.

[337] Vgl. zur Zulässigkeit von Befristungen der gerichtlichen Vaterschaftsfeststellung *EGMR,* Urt. v. 3.10.2017 – Nr. 72105/14 und 20415/15 (*Silva u. a./Portugal*), http://hudoc.echr.coe.int/eng?i=001-177229 (zuletzt geprüft am 10.10.2017).

[338] *Voirin/Goubeaux,* Droit civil, 2013, 155.

werden. Weigert sich der potentielle Vater an der Begutachtung mitzuwirken, kann wie im deutschen Recht nach den Grundsätzen der Beweisvereitelung seine Vaterschaft vermutet werden.[339] Ausnahmsweise kann als Vater aber auch ein nicht genetisch mit dem Kind verwandter Mann festgestellt werden. Art. 311-20 CC i.V.m. Art. 328, 331 CC ermöglichen die gerichtliche Feststellung des mit der Geburtsmutter nicht verheirateten Mannes, der in die heterologe Insemination eingewilligt und die Vaterschaftsanerkennung unterlassen hat.[340] Dies vermeidet die im deutschen Recht bestehenden Unbilligkeiten und macht einen Einbezug des einwilligenden Mannes in die Verantwortung möglich. Bei konsentiertem Seitensprung ist die Feststellungsmöglichkeit aber nicht eröffnet. Der dritte Feststellungsgrund des französischen Rechts ist gem. Art. 330 CC ein bestehender Statusbesitz (*possession d'état*), zu den Voraussetzungen bereits oben. Aufgrund der Möglichkeit, über die gerichtliche Feststellung eines Statusbesitzes ein rechtliches Eltern-Kind-Verhältnis zu etablieren, wird letztlich auch die gerichtliche Feststellung einer Elternschaft, die sich nicht in einem genetischen Band widerspiegelt, ermöglicht.[341] Das französische Recht erlaubt daher im Bereich der gerichtlichen Elternschaftsfeststellung die Abbildung rein sozialer Elternschaft.

Die gerichtliche Feststellung der Elternschaft ist im französischen Recht nicht auf die Feststellung der Vaterschaft beschränkt. Mit Blick auf die Mutterschaft kennt das französische Recht zwei Feststellungsgründe: Einerseits kann gem. Art. 325 CC die rechtliche Mutterschaft gerichtlich festgestellt werden, wenn bislang keine rechtliche Mutterschaft aufgrund Registrierung in der Geburtsurkunde, durch Anerkennung oder durch Statusbesitz besteht. Die Feststellung erfolgt aufgrund der Eigenschaft der Frau als Geburtsmutter, so dass es auf die genetische Abstammung des Kindes von der Mutter nicht ankommt.[342] Das Bestehen einer genetischen Abstammungsbeziehung kann aber ein Indiz für die Geburtsmutterschaft sein.[343] Anders als im englischen und deutschen Recht, wo die Elternschaft mit Geburt automatisch zugewiesen wird, stellt die gerichtliche Feststellung die abstammungsrechtliche Beziehung im französischen Recht originär

---

[339] Art. 11 Code de procédure civile. Zur Vereinbarkeit mit der EMRK siehe *EGMR*, Entsch. v. 2.6.2015 – Nr. 22037/13 (*Canonne/Frankreich*), http://hudoc.echr.coe.int/eng?i=001-155722 (zuletzt geprüft am 22.9.2017) (zuletzt geprüft am 08.10.2017). Hierzu siehe die rechtsvergleichende Arbeit von *Pauli*, Der sogenannte biologische Vater – Ein Vergleich der deutschen und französischen Rechtsentwicklung, 2016 30 f.

[340] Kritisch dazu *Voirin/Goubeaux*, Droit civil, 2013, 163; vgl. eingehend auch Éditions Francis Lefebvre, Mémento Pratique – Droit de la famille 2016–2017, 2016 Rn. 27295.

[341] *Voirin/Goubeaux*, Droit civil, 2013, 156, zu den Voraussetzungen einer *possession d'état* bereits oben.

[342] Art. 325 Abs. 2 CC; Rieck – Ausländisches Familienrecht/*Eber-Arampatsi*, FrankreichRn. 38.

[343] *Voirin/Goubeaux*, Droit civil, 2013, 154 (zur lediglich indiziellen Bedeutung von DNA-Tests).

her, da die Geburtsmutter nicht automatisch als rechtliche Mutter zugeordnet wird, vgl. bereits oben. Eine durch das Kind initiierte Abstammungsfeststellungsklage ist auch dann möglich, wenn die Mutter ihre Identität im Rahmen der Regelung zur anonymen Geburt nicht preisgegeben hat, und das Kind anderweitige Anhaltspunkte zur Identifizierung der Mutter hat. Das Kindesinteresse ist insoweit vorrangig.[344] Andererseits ermöglicht Art. 330 CC die gerichtliche Feststellung des Statusbesitzes auch mit Blick auf die Mutter. Auch hier kommt es, s. o., nicht auf die genetische Abstammungsbeziehung an. Eine Möglichkeit der gerichtlichen Feststellung der Mutterschaft bei gleichgeschlechtlichen Paaren im Sinne einer weiteren Elternschaft der Partnerin der Geburtsmutter, besteht allerdings nicht.[345]

Die Antragsberechtigung in Verfahren der gerichtlichen Elternschaftsfeststellung ist unterschiedlich ausgestaltet. Verfahren nach Art. 325, 327 CC stehen nur dem Kind offen. Ein Verfahren auf Feststellung des Ehemanns als rechtlicher Vater nach Art. 329 CC ist von beiden Ehegatten sowie dem Kind einleitbar. Die gerichtliche Feststellung des Statusbesitzes ist dem größten Personenkreis eröffnet. Antragsberechtigt ist jede Person mit berechtigtem Interesse, vgl. Art. 330 CC. Der Grundsatz der Höchstpersönlichkeit wird im französischen Recht ganz anders umgesetzt als dies im deutschen Recht der Fall ist.

cc) Niederlande

Eine gerichtliche Elternschaftsfeststellung kennt auch das niederländische Recht, Art. 1:198(1) lit. d, 1:199 lit. d BW i.V.m. Art. 1:207 ff. BW (*gerechtelijke vaststelling van het ouderschap*). Diese bezieht sich ausschließlich auf die zweite Elternstelle, da die Mutterschaft automatisch zugewiesen wird, vgl. dazu bereits oben. Die Bestimmungen sind geschlechtsneutral formuliert und erfassen sowohl die gerichtliche Feststellung der Vaterschaft als auch der Elternschaft einer Frau.[346] Als Elternteil kann gerichtlich festgestellt werden, wer Erzeuger (*verwekker*) des Kindes ist, oder wer als Lebensgefährte (*levensgezel*) der Geburtsmutter in die Zeugung des Kindes (die in diesem Falle auch auf natürlichem Wege erfolgt sein kann) eingewilligt hat.[347] Letzteres können, unabhängig davon, ob die Geburtsmutter mit dem prospektiven weiteren Elternteil in einer verrechtlichten Paarbeziehung lebt oder gelebt hat oder auf welche Weise das Kind gezeugt wurde, sowohl ein Mann als auch eine Frau sein.[348] Die Bestimmung ist

---

[344] *Cour d'Appel d'Anger,* Beschl. v. 26.1.2011 – 10/01339, www.legifrance.gouv.fr (zuletzt geprüft am 9.10.2017); Éditions Francis Lefebvre, Mémento Pratique – Droit de la famille 2016–2017, 2016 Rn. 27275.

[345] Dazu bereits *Reuß,* FamPra.ch 2015, 858.

[346] Hierzu bereits *Reuß,* FamPra.ch 2015, 858.

[347] *Vonk,* Children and their parents, 2007, 57.

[348] *Reuß* in: Dutta/Schwab/Henrich u. a. (Hrsg.), Künstliche Fortpflanzung und Europäisches Familienrecht, 2015, 127, 144.

Ausdruck der Gleichstellung von sozialer und genetischer Elternschaft, die der niederländische Gesetzgeber mit seiner Reform im Jahre 2014 erzielen wollte.[349] Die Antragsberechtigung steht nur der Geburtsmutter und dem Kind zu, vgl. Art. 1:207 (1) lit. a und b BW. Die gerichtliche Feststellung dient daher in erster Linie als Instrument, um den weiteren Elternteil in die Pflicht nehmen zu können, wenn sich dieser seiner Verantwortung entziehen will.[350] Der Frau oder dem Mann, die jeweils weiterer Elternteil werden möchten, steht kein eigenes Antragsrecht zu. Die Anerkennung der Elternschaft steht ihnen insoweit offen.[351]

dd) Österreich

Eine unbefristete gerichtliche Feststellung der Elternschaft mit „*ex tunc*"-Wirkung[352] kennt letztlich auch das österreichische Recht. Sie ist ebenfalls begrenzt auf die zweite Elternstelle und umfasst die Elternschaftsfeststellung des Vaters und in Fällen medizinisch-assistierter Reproduktion, der weiblichen Partnerin der Geburtsmutter, vgl. § 144 I Nr. 3, II Nr. 3 ABGB. Für beide Fälle gelten dieselben Bestimmungen, vgl. §§ 144 III ABGB, 148 ABGB. Eine gerichtliche Feststellung der Elternschaft kommt nur in Betracht, wenn nicht bereits eine andere Elternschaft besteht (Sperrwirkung!).[353] Antragsberechtigt sind das Kind und der Elternteil, dessen Elternschaft festgestellt werden soll, vgl. § 148 I ABGB. Feststellungsgrund ist gem. § 148 I ABGB die genetische Abstammung,[354] wobei im Verfahren auf Antrag des Kindes der Nachweis der Beiwohnung bzw. Durchführung einer homologen Insemination im Empfängniszeitraum ausreicht, es sei denn der Vater weist seine Nichtabstammung nach, § 148 II ABGB. Auch eine posthume Feststellung ist möglich.[355] Ein klassischer Samenspender ist von der Feststellung als Elternteil gem. § 148 IV ABGB ausgeschlossen, einer besonderen Form bedarf es für den Ausschluss allerdings nicht. Er hat auch keine Restrechte wie Umgangs- oder Informationsrechte.[356] Private Spender sind freilich hiervon

---

[349] Gesetzesbegründung vom 13.10.2011 siehe KSt. 33032 Nr. 3, 1.

[350] Die Vorschrift erfasst aber auch Fälle, in denen der weitere Elternteil gar nicht mehr aus eigener Kraft anerkennen kann, weil er beispielsweise bereits verstorben ist, vgl. dazu GS/Schrama/*Vlaardingerbroek,* Art. 1:198 BW, Art. 1:198 BW Rn. 11.

[351] *Reuß,* FamPra.ch 2015, 858.

[352] *OGH,* Beschl. v. 5.6.2008 – 6 Ob 65/08 i, Zak 2008, 295; *OGH,* Entsch. v. 16.4.2009 – 6 Ob 51/09 g, www.ris.bka.gv.at (zuletzt geprüft am 9.10.2017).

[353] Rieck – Ausländisches Familienrecht/*Nademleinsky,* Österreich Rn. 30; Bergmann/Ferid/Henrich/*Lurger/Schwimann,* Österreich, 65.

[354] Bergmann/Ferid/Henrich/*Lurger/Schwimann,* Österreich, 66 (Feststellung durch DNA-Gutachten).

[355] Vgl. § 142 ABGB.

[356] Kritisch daher *Ferrari* in: Dutta/Schwab/Henrich u.a. (Hrsg.), Künstliche Fortpflanzung und Europäisches Familienrecht, 2015, 182, 192 f., die ein Informations- und Auskunftsrecht ebenso fordert, wie ein Umgangsrecht.

nicht betroffen.[357] Ist das Kind im Wege medizinisch-assistierter Reproduktion im heterologen System gezeugt worden, ist als Feststellungsgrund gem. § 148 III ABGB die förmliche (Notariatsakt) Einwilligung in die Zeugung als Feststellungsgrund ausreichend. Wie das französische und das niederländische Recht vermeidet daher auch das österreichische Recht die Situation, dass die in die Reproduktion einwilligende Person, die mit der Mutter nicht verheiratet ist und auch nicht in eingetragener Lebenspartnerschaft mit dieser lebt, die Elternschaftsanerkennung unterlässt und sich aus der Verantwortung zieht. Eine Anwendung auf den konsentierten Seitensprung ist – anders als im niederländischen Recht – allerdings nicht vorgesehen. Ist die Form allerdings nicht eingehalten, etwa bei Insemination im Ausland oder bei schlichtem Formverstoß, kann es zur Vaterlosigkeit des Kindes kommen, da der einwilligende Mann nicht als Vater festgestellt werden kann.[358] Die gerichtliche Feststellung der Vaterschaft kann nicht vertraglich abbedungen werden.[359]

c) Gerichtliche Feststellung der Elternschaft als Zuordnungskriterium

Dafür, die gerichtliche Feststellung der Elternschaft als Zuordnungskriterium der rechtlichen Eltern-Kind-Beziehung zu wählen, spricht erstens, dass sehr viele Rechtsordnungen dieses Zuordnungsinstrument kennen und somit eine derart geschaffene Zuordnung durchaus auch Bestandsfestigkeit mit Blick auf ihre internationale Anerkennung verspricht. Zweitens ist die gerichtliche Feststellung der Elternschaft ein Instrument, das es je nach Ausgestaltung der Feststellungsgründe und der Antragsberechtigungen gestattet, ein geschlechtsneutrales, von sexueller Orientierung und von den Zeugungsumständen unabhängiges Zuordnungsverfahren zu schaffen, das den in § 3 herausgearbeiteten Orientierungslinien entspricht und die Gleichwertigkeit genetischer, biologischer und sozialer Elternschaft berücksichtigt. Darüber hinaus gestattet es in Fällen, in denen eine automatische oder freiwillige Übernahme von Elternverantwortung nicht gegeben ist, eine rechtssichere Zuordnung zu bewirken, die notfalls gegen den Willen der Beteiligten durchsetzbar ist. Verantwortlichkeit kann damit über dieses Instrument angemessen zugewiesen werden. Da in einem gerichtlichen Verfahren das Vorliegen der Zuordnungsgründe eingehend geprüft werden kann, und eine die Elternschaft feststellende Entscheidung letztlich nur dann ergeht, wenn ein Zuordnungsgrund tatsächlich besteht, verspricht dieses Zuordnungsinstrument auch die größte Treffsicherheit in Sachen Statuswahrheit und Statusbeständigkeit. Mit großer Wahrscheinlichkeit wird hier ein Korrekturbedarf nicht entstehen. Status-

---

[357] *Ferrari* in: Dutta/Schwab/Henrich u.a. (Hrsg.), Künstliche Fortpflanzung und Europäisches Familienrecht, 2015, 182, 190.

[358] Kritisch Bergmann/Ferid/Henrich/*Lurger*/*Schwimann*, Österreich, 61.

[359] *OGH,* Entsch. v. 25.1.2001 – 2 Ob 322/00 t, Zak 2012, 403; *OGH,* Beschl. v. 11.11.2010 – 2 Ob 74/10 m, Zak 2012, 403.

beständigkeit ergibt sich letztlich auch daraus, dass eine tatsächliche Korrektur gerichtlicher Entscheidungen nur im Ausnahmefall möglich ist, vgl. zum Restitutionsverfahren § 185 FamFG.

2. Zuordnungsvoraussetzungen und Formulierungsvorschlag

a) Zuordnungsvoraussetzungen

Wie sollten die Zuordnungsvoraussetzungen einer gerichtlichen Feststellung der Elternschaft in einem modernen Elternschaftsrecht ausgestaltet sein?

Im Grundsatz besteht kein Änderungsbedarf, was die Grundsystematik des gerichtlichen Feststellungsverfahrens nach § 1600d BGB als von Fristen unabhängiges und in die Systematik des § 1592 Nr. 1–3 BGB eingebundenes Verfahren zur Feststellung der rechtlichen Eltern-Kind-Zuordnung mit „*erga omnes*"-Wirkung, sowie die Anknüpfung an den Geburtszeitpunkt für die Bewirkung der Zuordnung angeht.[360] Die gerichtliche Elternschaftsfeststellung erfüllt insoweit durchaus ihren Zweck als Instrument einer bestandsfesten, klaren, rechtssicheren, der Wirklichkeit entsprechenden und erkennbaren Statuszuordnung und wird daher den Anforderungen an ein modernes Elternschaftsrecht gerecht. In vielen Punkten sind jedoch vor dem Hintergrund der in § 3 herausgearbeiteten Orientierungslinien, insbesondere vor dem Hintergrund der Erstreckung auf die Elternschaft gleichgeschlechtlicher weiblicher Paare,[361] und der oben teils aufgezeigten Schwachstellen Anpassungen geboten.

aa) Feststellungsgründe

Änderungsbedarf besteht zunächst im Bereich der Feststellungsgründe. Um ein von Geschlecht, sexueller Orientierung und Zeugungsumständen unabhängiges Zuordnungssystem zu gestalten, das die Gleichwertigkeit genetischer, biologischer und sozialer Elternschaft angemessen berücksichtigt, kann es letztlich nicht nur die genetische Abstammungsbeziehung des Kindes zu einem Mann sein, die als Feststellungsgrund zur Verfügung steht. Bereits jetzt ergeben sich im deutschen Abstammungsrecht Probleme, Fälle medizinisch-assistierter Reproduktion angemessen zu erfassen, wenn der in die heterologe Insemination einwilligende, mit dem Mutter nicht verheiratete Mann die Vaterschaftsanerkennung unterlässt. Die gleichgeschlechtliche weibliche Partnerin der Mutter kann überhaupt nicht als Elternteil festgestellt werden, selbst dann nicht, wenn sie mit dem Kind auf-

---

[360] Vgl. hierzu ähnlich Arbeitskreis Abstammungsrecht des BMJV, Abschlussbericht – Empfehlungen für eine Reform des Abstammungsrechts, 2017, 46.

[361] Für eine Erweiterung auf gleichgeschlechtliche Eltern auch die Beschlüsse des 71. Deutschen Juristentags 2016, B.II.10 f., vgl. http://www.djt.de/fileadmin/down loads/71/Beschluesse_gesamt.pdf (zuletzt geprüft am 17.8.2017).

grund einer reziproken Eizellenspende genetisch verwandt ist. Beides steht mit den Orientierungslinien der Gleichwertigkeit genetischer, biologischer und sozialer Elternschaft, der Unabhängigkeit des Zuordnungssystems von Geschlecht und sexueller Orientierung der Eltern und dem Verantwortlichkeitsprinzip nicht in Einklang.

Zur Umsetzung der herausgearbeiteten Vorgaben bedarf es zunächst einer geschlechtsneutralen Formulierung der Bestimmung, damit auch die weibliche Partnerin des ersten Elternteils erfasst werden kann,[362] und Fälle von Trans- und Intersexualität ohne Umweg über eine Analogie unter die Tatbestandsmerkmale subsumiert werden können. Eine Umsetzung der Zielvorgaben erfordert daher die Streichung geschlechtlich determinierter Begriffe in §§ 1592, 1600d BGB und eine Ersetzung durch den geschlechtsneutralen Begriff der „Person". Ferner ist neben der genetischen Abstammung notwendigerweise ein weiterer Feststellungsgrund einzuführen, der auch Elemente der sozialen Elternschaft abbildet, um eine Elternschaftszuordnung losgelöst von genetischer Verwandtschaft in den oben genannten Problemkonstellationen zu ermöglichen.

(1) Zuordnung der Person, die mit Blick auf die Übernahme
    der Elternrolle in die Zeugung eingewilligt hat

Regelungen, die die genannten Fälle erfassen, und die eine angemessene Lösung für die Beteiligten bereithalten, bestehen bereits in anderen europäischen Ländern. So sehen beispielsweise das niederländische, das österreichische und das französische Recht jeweils vor, dass der in die heterologe Insemination einwilligende Mann als rechtlicher Vater festgestellt werden kann, siehe dazu bereits oben. Das ermöglicht es, den Mann, der die Entstehung des Kindes maßgeblich beeinflusst hat, in die Verantwortung zu nehmen. Für gleichgeschlechtliche Paare sehen das österreichische und das niederländische Recht entsprechende Möglichkeiten der Zuordnung vor. Auch hier ist eine Zuordnung des in die Zeugung des Kindes einwilligenden Elternteils möglich. Die im deutschen Recht bestehenden Probleme mit Blick auf gleichgeschlechtliche weibliche Paare werden somit vermieden. § 1600d BGB sollte daher entsprechend angepasst werden.[363]

Fraglich ist allerdings, wie diese Zuordnungssystematik konkret auszugestalten ist. Sowohl das österreichische als auch das niederländische Recht rekurrieren als

---

[362] Für eine Erweiterung auf gleichgeschlechtliche Eltern auch die Beschlüsse des 71. Deutschen Juristentags 2016, B.II.10 f., vgl. http://www.djt.de/fileadmin/down loads/71/Beschluesse_gesamt.pdf (zuletzt geprüft am 17.8.2017); Arbeitskreis Abstammungsrecht des BMJV, Abschlussbericht – Empfehlungen für eine Reform des Abstammungsrechts, 2017, 70.

[363] Eine Vaterschaftsvermutung in diesen Fällen andenkend *Schwenzer, Deutscher Juristentag,* Gutachten A für den 59. Deutschen Juristentag – Empfiehlt es sich, das Kindschaftsrecht neu zu regeln?, 1992, A 107. A.A. *Luh,* Die Prinzipien des Abstammungsrechts, 2008, 215.

zusätzliches Anknüpfungskriterium für die Zuordnung auf die Einwilligung in die Zeugung des Kindes. Aus dieser privatautonomen Entschließung lässt sich zwar nicht gleichzeitig auf die Bereitschaft zur Übernahme der Elternrolle schließen, dazu siehe bereits oben § 3 S. 241 ff., in der konsentierten Zeugung ist allerdings im Sinne des Verantwortlichkeitsprinzips ein hinreichender Anknüpfungspunkt für die Zuordnung der rechtlichen Elternschaft zu sehen, da die einwilligende Person mit der Einwilligung die Entstehung des Kindes erst in Gang setzt.[364] Wer die Zeugung des Kindes willentlich veranlasst, der soll an dieser Verantwortungsübernahme festgehalten werden können. Es ist damit durchaus sinnvoll, die Einwilligung in die Zeugung als maßgebliches Zuordnungskriterium auch in § 1600d I BGB zu etablieren.[365]

Fraglich erscheint, welche Fälle in diesem Bereich erfasst werden sollten, d. h. ob die Regelung nur für Fälle medizinisch-assistierter Reproduktion oder auch bei natürlicher Zeugung gelten sollten. Die o. g. Rechtsordnungen knüpfen hierbei unterschiedlich an:

Das österreichische Recht beschränkt seine Zuordnung aufgrund der Einwilligung in die Zeugung des Kindes auf die Fälle medizinisch-assistierter Reproduktion durch einen Arzt, siehe dazu oben. Gleiches gilt für die Zuordnung des in die Reproduktion einwilligenden Mannes in Frankreich. Das bedeutet, dass die Zuordnung des in die Zeugung einwilligenden Mannes bzw. der in die Zeugung einwilligenden Partnerin des Geburtselternteils lediglich im Falle medizinisch-assistierter Reproduktion möglich ist, wohingegen im Falle natürlicher Zeugung (konsentierter Seitensprung) bzw. bei privater Samenspende und Selbstinsemination eine Zuordnungsmöglichkeit nur zum genetischen Elternteil besteht. Der Lebenspartner/ die Lebenspartnerin des Geburtselternteils kann in diesen Fällen nicht als rechtlicher Elternteil gerichtlich festgestellt werden. Eine Verantwortungszuweisung ist in diesen Fällen nicht möglich. Das erscheint aber insbesondere dann misslich, wenn der genetische Elternteil im Einvernehmen mit den intendierten Eltern von vornherein nur als Lieferant des genetischen Materials auftreten wollte und keinerlei Interesse an der Elternrolle hat. Gravierender wirkt es sich aus, wenn etwa aufgrund einer anonymen Samenspende über das Internet ein genetischer Vater überhaupt nicht feststellbar ist. Eine Zuordnung des in die Zeugung einwilligenden Elternteils ist dann ebenfalls nicht möglich. Elternteil und Kind können diese Person daher nicht an ihrer Verantwortungsübernahme festhalten.

Das niederländische Recht ermöglicht demgegenüber eine von den Zeugungsumständen unabhängige Feststellung des einwilligenden Elternteils. Damit kann

---

[364] Zum Verantwortlichkeitsprinzip siehe eingehend § 3 S. 241 ff.
[365] Arbeitskreis Abstammungsrecht des BMJV, Abschlussbericht – Empfehlungen für eine Reform des Abstammungsrechts, 2017, 61. Dafür auch Beschlüsse des 71. Deutschen Juristentags 2016, A.I.1.c. Vgl. http://www.djt.de/fileadmin/downloads/71/Be schluesse_gesamt.pdf (zuletzt geprüft am 17.8.2017).

auch die Person, die als Lebenspartner der Mutter in die natürliche Zeugung des Kindes mit einem Dritten bzw. in die Zeugung über eine private Samenspende und Selbstinsemination eingewilligt hat, als rechtlicher Elternteil des Kindes festgestellt werden. Auch in Fällen, in denen gleichgeschlechtliche weibliche Paare mit einem privaten Spender ein Kind zeugen, kann die die Zeugung mitveranlassende Partnerin somit in die Verantwortung genommen werden, auch wenn der Spender an dem Kind von vorneherein kein Interesse hat bzw. anonym geblieben ist und eine alternative Elternzuordnung somit faktisch ausscheidet. Es erscheint auch mit Blick auf die Kindesinteressen sinnvoller, den die Zeugung veranlassenden, sozialen Elternteil in die Verantwortung zu nehmen, als den nicht erreichbaren genetischen Elternteil, von dem das Kind ohnehin nichts zu erwarten hat.

Gegen eine entsprechende Lösung hat sich jüngst allerdings der Arbeitskreis Abstammungsrecht ausgesprochen. Zwar nimmt auch dieser im Bereich der klassischen Spende mit ärztlich assistierter Zeugung an, dass eine Zuordnung des intendierten Elternteils, der als Partner der Geburtsmutter in die Zeugung einwilligt, der Zuordnung des klassischen Spenders, der an der Elternrolle keinerlei Interesse hat, vorzuziehen ist.[366] Dies wird allerdings an förmliche Voraussetzungen (öffentliche Beurkundung) geknüpft, die sicherstellen sollen, dass die Feststellbarkeit der in die Zeugung einwilligenden Person als rechtlicher Elternteil auch tatsächlich gewollt ist. Es muss nach Vorstellung der Autoren eine förmliche Einwilligung der intendierenden Eltern, ein ausdrücklicher und förmlicher Verzicht des Samenspenders auf die Elternstellung und die Registrierung des Spenders zur Gewährleistung des Rechts auf Kenntnis der eigenen Abstammung des Kindes vorliegen.[367] Vorbilder für derartige Förmlichkeiten finden sich auch in anderen Rechtsordnungen, z. B. im Recht von England und Wales, das die automatische Elternzuordnung bei medizinisch-assistierter Reproduktion an die schriftliche Einwilligung der Eltern und der Spender und eine eingehende Beratung vorsieht.[368] Diese Voraussetzungen lassen sich im Falle von privaten Spenden, die im Wege der Selbstinsemination zur Zeugung des Kindes geführt haben bzw. im Falle der konsentierten natürlichen Zeugung mit einem Spender letztlich nicht sicherstellen. Nach Ansicht des Arbeitskreises Abstammungsrecht sollten deshalb die Regelungen über die natürliche Zeugung auf derartige Fälle Anwendung finden.[369]

---

[366] So auch *Helms* in: Ständige Deputation des Deutschen Juristentages (Hrsg.), Rechtliche, biologische und soziale Elternschaft – Herausforderungen durch neue Familienformen, 2016, F 1, These I.1.b.; sowie *Mayer*, IPRax 2016, 432, 436; *Löhnig/Runge-Rannow*, NJW 2015, 3757, 3759 (mit Verweis auf das Tschechische ZGB).

[367] Arbeitskreis Abstammungsrecht des BMJV, Abschlussbericht – Empfehlungen für eine Reform des Abstammungsrechts, 2017, 67.

[368] Para 1–4 Sch. 3 HFEA1990.

[369] Arbeitskreis Abstammungsrecht des BMJV, Abschlussbericht – Empfehlungen für eine Reform des Abstammungsrechts, 2017, 67.

So gut gemeint es sein mag, durch die oben genannten Förmlichkeiten sicherstellen zu wollen, dass die Einwilligung in die Reproduktion durch die intendierten Eltern und der Verzicht auf die eigene Elternstellung durch den Samenspender aufgeklärt und wohl überlegt stattfinden, so sehr spricht jedoch gegen diesen Ansatz, dass bei Nichteinhaltung dieser Förmlichkeiten, d.h. bei privater Spende und Selbstinsemination bzw. bei konsentierter natürlicher Zeugung mit einem Dritten, die in die Reproduktion einwilligende Person, die die Zeugung des Kindes erst veranlasst hat, nicht in die Verantwortung genommen werden kann. Das gerichtliche Elternschaftsfeststellungsverfahren dient vor allem dazu, Verantwortlichkeiten auch dann zuzuweisen, wenn die die Zeugung des Kindes veranlassende Person sich aus der Verantwortung ziehen möchte, etwa, weil sie die Elternschaftsanerkennung unterlässt. Besonders misslich erscheint es daher, wenn man in diesen Fällen eine Zuordnung aufgrund nicht eingehaltener Förmlichkeiten verwehrt, eine Zuordnung zum genetischen Elternteil aber beispielsweise mangels Kenntnis seiner Person vollkommen ausscheidet. Es ist eine Tatsache, dass Personen nicht stets die staatlich vorgesehenen Wege der Reproduktion wählen und im privaten Bereich Absprachen tätigen, die staatlicher Registrierung und Formalisierung entzogen bleiben. Das Recht sollte jedoch auch hierfür eine angemessene Lösung bereithalten.

Ferner ist mit der Ermöglichung der gerichtlichen Feststellung der in die Reproduktion einwilligenden Person nicht gleichzeitig ein Ausschluss des genetischen Elternteils als Spender verbunden. Die Interessen des genetischen Elternteils bleiben durch die Feststellungsmöglichkeit letztlich nicht unberücksichtigt.[370] Vor dem Hintergrund des Verantwortlichkeitsprinzips sollte daher auch die in die Reproduktion einwilligende Person im Falle einer privaten Samenspende und Zeugung mittels Selbstinsemination sowie die in die konsentierte natürliche Zeugung mit einem Dritten einwilligende Person als rechtlicher Elternteil gerichtlich festgestellt werden können. Der Ansatz des niederländischen Rechts erscheint letztlich vor dem Hintergrund der in § 3 herausgearbeiteten Orientierungslinien für ein modernes Elternschaftsrecht praktikabler als der im österreichischen Recht gewählte und durch den Arbeitskreis Abstammungsrecht vorgeschlagene Weg, und damit vorzugswürdig. Es sollte somit für die Zuordnung des weiteren Elternteils nach § 1600d I BGB auch die Einwilligung in die Zeugung des Kindes im konsentierten Seitensprung bzw. bei privater Samenspende und Selbstinsemination ausreichen.

Wie bereits im Rahmen der Antragsberechtigung zur gerichtlichen Ersetzung der verweigerten Zustimmung zur Elternschaftsanerkennung ist die im niederländischen Recht vorgesehene Breschränkung auf den in die Zeugung einwilligenden (faktischen) Lebenspartner des Geburtselternteils bei der gerichtlichen Elternschaftsfeststellung nicht angebracht. Die Bereitschaft zur Übernahme von

---

[370] Zu letzterem gleich.

Elternverantwortung hängt von dem Bestehen einer Paarbeziehung zum Geburtselternteil letztlich nicht ab. Somit kann es mit Blick auf das Verantwortlichkeitsprinzip auch keine Rolle spielen, ob die in die Zeugung einwilligende Person, die die Entstehung des Kindes erst veranlasst, mit dem Geburtselternteil in einer Paarbeziehung lebt.[371] Zur Vermeidung, dass unbeteiligte Dritte (z. B. die Partnerin eines privaten Samenspenders), die möglicherweise ebenfalls in die Zeugung eingewilligt haben, als Elternteil des Kindes festgestellt werden, sollte die Zuordnung entsprechend der oben zur Elternschaftsanerkennung gewählten Terminologie auf Personen beschränkt sein, die mit Blick auf die Übernahme der Elternrolle in die Zeugung des Kindes eingewilligt haben. Auch hier ist letztlich zu konstatieren, dass es sich bei dem genannten Anknüpfungskriterium um ein faktensensitives Kriterium handelt, das in der Praxis, insbesondere bei im Rahmen konsentierter natürlicher Zeugung einhergehender Absprachen im Privatbereich, zu Nachweisschwierigkeiten führen kann. Auch hier bietet das gerichtliche Feststellungsverfahren aufgrund der Amtsermittlungspflicht gem. § 26 FamFG den geeigneten Ort, um derartige Nachweise zu führen und die Elternschaft verbindlich und rechtssicher zuzuordnen. Im Lichte eines stimmigen Zuordnungssystems sind auch gewisse praktische Schwierigkeiten, die freilich nicht in jedem Fall gegeben sein werden, hinzunehmen, zumal die Alternativlösung, das für die Zeugungsumstände nicht verantwortliche Kind auf einen möglicherweise anonymen Samenspender zu verweisen, nicht angemessen erscheint.

Aufgrund der Höchstpersönlichkeit der Einwilligung in die Zeugung eines Kindes muss ein Widerruf der Einwilligung letztlich ebenfalls möglich sein. Hier sind dieselben Anforderungen anzulegen wie im Rahmen des Ausschlusses des Anfechtungsrechts bei konsentierter heterologer Zeugung, dazu eingehend unten S. 414 ff.

(2) Zuordnung des genetischen Elternteils

Darüber hinaus bedarf es mit Blick auf die Zuordnungssystematik des § 1600d I BGB noch einer Ergänzung im Bereich des Feststellungsgrundes der genetischen Elternschaft. Derzeit ist der Zuordnungsgrund der genetischen Abstammung auf die Feststellung der Vaterschaft begrenzt. Er ist konsequenter Weise künftig unabhängig vom Geschlecht einer Person anzuwenden. Damit wird über § 1600d I BGB nicht nur die Zuordnung des genetischen Vaters sondern auch die Zuordnung der genetischen Mutter möglich. Somit kann beispielsweise eine Partnerin des Geburtselternteils, die ihre Eizelle zum Zweck der Zeugung des Kindes gespendet hat, als rechtlicher Elternteil festgestellt werden. Gleiches gilt letztlich im Grundsatz für die Mitochondrienspenderin, da auch sie genetischer Elternteil des Kindes ist. Über die Anwendung des Feststellungsgrundes unabhängig vom Geschlecht lässt sich künftig auch den Interessen der genetischen, nicht recht-

---

[371] Siehe eingehend bereits oben S. 340 ff.

lichen Mutter an einer rechtlichen Elternzuordnung angemessen Rechnung tragen,[372] was bislang nicht möglich war.

An der Vermutungsregelung des § 1600d III BGB ist festzuhalten. Zwar können aufgrund der heutigen Begutachtungsmöglichkeiten in den meisten Fällen eindeutige Aussagen über die genetische Abstammung getroffen werden, im Falle monozygoter Zwillinge kommen die gängigen Begutachtungsverfahren an ihre Grenze.[373] Hier kann die Vermutung, dass die Person, die dem Elternteil beigewohnt hat, eine Lösung bieten.

(3) Erweiterung des Ausschlusses des klassischen Samenspenders
　　auf alle klassischen Gameten- und Embryonenspender,
　　einschließlich Mitochondrienspende

Des Weiteren schließt § 1600d IV BGB n. F. mit Wirkung vom 1.7.2018 den klassischen Samenspender von der Elternschaftsfeststellung aus.[374] Die Regelung ist zu begrüßen, da sie den Interessen der Beteiligten angemessen gerecht wird, dazu bereits oben.[375] Der Ausschluss sollte letztlich auf alle klassischen Gameten-, Mitochondrien- und Embryonenspenden ausgeweitet werden.[376] Zwar ist die Eizellenspende in Deutschland unzulässig und die Embryonenspende nur in manchen Konstellationen zugelassen, im Ausland werden derartige Verfahren allerdings praktiziert. Im Lichte eines stimmigen Systems, das den klassischen Spender deshalb aus der Elternzuordnung heraushält, da er mit seiner Spende auf die rechtliche Elternstellung verzichtet und an ihr keinerlei Interesse hat, sollte

---

[372] Vgl. hierzu Art. 6 II 1 GG, dazu eingehend oben § 3 S. 194 ff.

[373] Auch ein sog. *whole genome sequencing* war nicht ausreichend, vgl. BeckOGK/ *Reuß*, § 1598a BGB Rn. 132.3 sowie *BVerfG*, Beschl. v. 18.8.2010 – 1 BvR 811/09, NJW 2010, 3772 und *OLG Celle*, Urt. v. 30.1.2013 – 15 UF 51/06, FamRZ 2013, 1669; kritisch zum Verfahren *Rittner*, FPR 2011, 372.

[374] Zu den haftungsrechtlichen Problemen des alten Rechts, die durch die Zusicherung von Anonymität an den Samenspender, wie sie vor Freistellung der Samenspender praktiziert wurde, entstanden sind *Coester-Waltjen* in: Ständige Deputation des Deutschen Juristentages (Hrsg.), Verhandlungen des 56. Deutschen Juristentages, 1986, 9, B 68 ff. Kritisch zu diesem Ausschluss *Runge-Rannow*, ZRP 2017, 43, 45 f.

[375] Arbeitskreis Abstammungsrecht des BMJV, Abschlussbericht – Empfehlungen für eine Reform des Abstammungsrechts, 2017, 58, 61; *Helms* in: Ständige Deputation des Deutschen Juristentages (Hrsg.), Rechtliche, biologische und soziale Elternschaft – Herausforderungen durch neue Familienformen, 2016, F 1, F 21, 26 (mit zutreffender Ablehnung einer teilweisen Entlassung des klassischen Samenspenders aus der Verantwortung gemessen an der Zuordnung eines weiteren rechtlichen Elternteils, anders allerdings hinsichtlich privater Spende); Beschlüsse des 71. Deutschen Juristentags 2016, A.II.5., vgl. http://www.djt.de/fileadmin/downloads/71/Beschluesse_gesamt.pdf (zuletzt geprüft am 17.8.2017); vgl. auch *Steininger*, Reproduktionsmedizin und Abstammungsrecht, 2014, 204 ff. Gefordert wurde ein Ausschluss bereits durch *Coester-Waltjen* in: Ständige Deputation des Deutschen Juristentages (Hrsg.), Verhandlungen des 56. Deutschen Juristentages, 1986, 9, B 51. Dagegen allerdings *Voigt*, Abstammungsrecht 2.0, 2015, 124 f.

[376] So auch MüKoBGB/*Wellenhofer*, § 1591 Rn. 58.

§ 1600d IV BGB auf alle Fälle der klassischen Spende von Gameten, Mitochondrien oder Embryonen zu Fortpflanzungszwecken bei Dritten angewandt werden. § 1600d IV BGB sollte somit auch dann klassische Gameten-, Mitochondrienbzw. Embryonenspenden ausschließen, wenn die Spende im Ausland vorgenommen wurde und es sich bei der betreffenden Einrichtung um eine dem deutschen Recht vergleichbare Entnahmeeinrichtung handelt, da dann sichergestellt ist, dass die betreffenden Gameten-, Mitochondrien- bzw. Embryonenspender ihren Verzicht auf die Elternstellung informiert und überlegt erklärt haben. Mit dem Grundgesetz ist dies insoweit vereinbar, als dem Kind selbst aus Art. 2 I i.V.m. Art 6 II 1 GG kein Anspruch auf Zuordnung zum genetischen Elternteil zusteht, dazu bereits oben.

(4) Ausweitung von § 1600d IV BGB auf private Spenden

Fraglich ist ferner, ob nicht auch private Spender, die ihren Verzicht auf die Elternstellung im Einvernehmen mit den intendierten Eltern erklärt haben, von der gerichtlichen Feststellung der Elternschaft ausgeschlossen sein sollten. Der vorstehend durchgeführte rechtsvergleichende Blick hat gezeigt, dass in der Regel ein privater Spender nicht von der Feststellung als rechtlicher Elternteil ausgeschlossen ist. Prinzipiell kommt ein derartiger Ausschluss jedoch ebenfalls in Betracht, denn ein Spender kann im Einvernehmen mit den intendierten Eltern seinen Willen zum Verzicht auf die Elternschaft unabhängig davon erklären, ob er sein genetisches Material klassisch bei einer Gametenbank oder privat über das Internet spendet. Gleiches gilt für die Person, die konsentiert auf natürlichem Wege das Kind zeugt und ihren Samen auf diese Weise spendet. Der Arbeitskreis Abstammungsrecht hat allerdings zu Recht angemerkt, dass ein Verzicht auf die Elternstellung weitreichende Folgen hat und nur dann in Betracht kommen sollte, wenn er wohl informiert und nachweisbar erklärt worden ist. Es ist daher sicherzustellen, dass nicht etwa eine Person von der Feststellung als rechtlicher Elternteil ausgeschlossen wird, obwohl sie Interesse an der Übernahme der Elternrolle hat.[377] Bei einem privaten Spender kann anders als bei einem klassischen Spender nicht *per se* vermutet werden, dass er an der Elternrolle kein Interesse hat,[378] auch wenn Untersuchungen zu privaten Spendern in einem Online-Portal darauf hindeuten, dass zumindest bei dieser Gruppe ein Interesse an der Elternrolle im Grundsatz nicht besteht.[379] Bei privaten Spenden aus dem Bekanntenkreis ist dies aber nicht zwingend der Fall. Daher sollte § 1600d IV BGB vorsehen, dass der Ausschluss privater Spender allenfalls dann in Betracht kommt, wenn zweifelsfrei sichergestellt ist, dass ein Verzicht auf die Elternrolle im Einvernehmen

---

[377] Arbeitskreis Abstammungsrecht des BMJV, Abschlussbericht – Empfehlungen für eine Reform des Abstammungsrechts, 2017, 54 ff.

[378] Arbeitskreis Abstammungsrecht des BMJV, Abschlussbericht – Empfehlungen für eine Reform des Abstammungsrechts, 2017, 54 ff.

[379] Siehe § 1 S. 85 ff.

mit den intendierten Eltern erklärt worden ist. Sowohl durch den Arbeitskreis Abstammungsrecht als auch in der Literatur ist diesbezüglich festgestellt worden, dass zur Sicherstellung der tatsächlichen Erklärung des Verzichts und zur Einwilligung der intendierten Eltern eine besondere Form einzuhalten sei, und dass dies im Rahmen der privaten Spende mit Selbstinsemination und einer konsentierten natürlichen Zeugung mit einem Dritten nicht eingehalten werden könne. Hieraus ist jedoch nicht zu folgern, dass ein Ausschluss des privaten Spenders unmöglich wäre. Im Rahmen des gerichtlichen Elternschaftsfeststellungsverfahrens gereicht die Nichteinhaltung dieser Form in der Regel nämlich nicht zum Nachteil des Spenders, da sie seine Rechte nicht ausschließt, sondern erhält. Er würde nur dann von der Feststellung als rechtlicher Elternteil ausgeschlossen, wenn er tatsächlich im Einvernehmen mit den Eltern auf seine Elternstellung verzichtet hat. Liegt ein privatautonomer Verzicht im Einverständnis mit den intendierten Eltern vor, erscheint es angemessen, den privaten Samenspender von der gerichtlichen Feststellung auszunehmen. Dies schützt seine Interessen als Spender und vermeidet, dass die intendierten Eltern den Spender etwa nach Zerbrechen ihrer Paarbeziehung in die Pflicht nehmen. Ist eine solche Abrede hingegen nicht nachweisbar, kann der Spender weiterhin als rechtlicher Elternteil festgestellt werden. Er hat daher auch selbst die Möglichkeit, seine Elternschaft gerichtlich feststellen zu lassen. Die Interessen des privaten Spenders, der ein Interesse an der Elternrolle hat, wären somit ebenfalls gewahrt. Eine Beweiserhebung über die Frage des allseits konsentierten Verzichts kann im Rahmen des gerichtlichen Amtsermittlungsverfahrens, § 26 FamFG, eingehend erfolgen. Der Spender, der tatsächlich auf die Elternrolle im Einvernehmen mit den intendierten Eltern verzichtet hat, trägt somit lediglich das Risiko bei fehlender Nachweisbarkeit in die Pflicht genommen werden zu können, was deshalb hinzunehmen ist, weil ihm ja parallel der Weg zur klassischen Spende offensteht. Er kann hiergegen letztlich selbst Vorsorge treffen, indem er die Vereinbarung schriftlich fixiert.

Damit kann festgehalten werden, dass der private Spender, der außerhalb der Konstellation des § 1600d IV BGB n. F. seinen Samen spendet, von der Feststellung als rechtlicher Elternteil dann ausgeschlossen ist, wenn zweifelsfrei feststeht, dass er im Einvernehmen mit den intendierten Eltern auf seine Elternrolle verzichtet hat.[380]

bb) Antragsberechtigungen

Des Weiteren besteht im derzeitigen Recht keine Regelung zu einer Antragsberechtigung im Bereich der gerichtlichen Vaterschaftsfeststellung nach § 1600d

---

[380] Für einen Ausschluss auch Beschlüsse des 71. Deutschen Juristentags 2016, A.II.6., vgl. http://www.djt.de/fileadmin/downloads/71/Beschluesse_gesamt.pdf (zuletzt geprüft am 17.8.2017), es sei denn dem Kind kann kein zweiter Elternteil zugeordnet werden.

BGB. Im Sinne der Schaffung von Rechtsklarheit und Rechtssicherheit über die antragsberechtigten Personen sollte eine solche Regelung allerdings vorgesehen werden.

Die Bestimmung der antragsberechtigten Personen hat sich an der Höchstpersönlichkeit elternschaftsrechtlicher Beziehungen zu orientieren, so dass die Antragsberechtigung auf den engsten Personenkreis beschränkt sein sollte. In anderen Rechtsordnungen wird der Kreis der Antragsberechtigten zwar einerseits durchaus weiter gezogen (z.B. bei der gerichtlichen Feststellung des Statusbesitz im französischen Recht) andererseits auf wenige Personen beschränkt (vgl. die Antragsberechtigung von Mutter und Kind im niederländischen Recht). Eine zu weite Berechtigung zur Feststellung der Elternschaft entspricht nicht unserer Vorstellung von Privatheit der Familie des Eltern-Kind-Verhältnisses. Antragsberechtigt sollten somit nur die unmittelbar an der Eltern-Kind-Beziehung beteiligten Personen sein. Eine zu enge Berechtigung wird allerdings nicht den Interessen aller Beteiligter gerecht. Anders als im niederländischen Recht dient die gerichtliche Elternschaftsfeststellung nicht nur als Instrument den nicht zugeordneten Elternteil gegen dessen Willen in die Pflicht nehmen zu können, sie ist auch ein Instrument des nicht zugeordneten Elternteils die rechtliche Elternstellung überhaupt erlangen zu können. Zwar ist vorstehend vorgeschlagen worden, über die Ersetzbarkeit der Zustimmung bei der Elternschaftsanerkennung Möglichkeiten für den nicht zugeordneten Elternteil zu schaffen, in die rechtliche Elternstellung zu gelangen, die gerichtliche Feststellung der Elternschaft wird für den nicht zugeordneten Elternteil damit aber nicht obsolet. Die gerichtliche Feststellung schafft gegenüber der Anerkennung der Elternschaft eine nicht mehr anfechtbare und daher deutlich bestandsfestere Zuordnung. Der nicht zugeordnete Elternteil kann daher hierüber eine rechtssicherere Zuordnung erreichen als im Wege der Anerkennung. Somit sollten Antragsberechtigungen für folgende Personen vorgesehen werden: 1. die Person, die Elternteil i.S.d. § 1591 BGB ist, 2. die Person, die schlüssig behauptet, genetischer Elternteil des Kindes zu sein, 3. die Person, die schlüssig behauptet, mit Blick auf die Übernahme der Elternrolle in die Zeugung des Kindes eingewilligt zu haben, und 4. das Kind. Um einen Gleichlauf der Antragsberechtigung und Feststellungsmöglichkeit herbeizuführen, sollte der genetische Elternteil dann nicht antragsberechtigt sein, wenn er als Elternteil gem. § 1600d IV BGB-E auch nicht festgestellt werden kann.

Entferntere Verwandte wie Geschwister oder Großeltern sollten ebenso ausgeschlossen sein, wie der Staat. Letzterer hat kein berechtigtes Interesse an einer Bewirkung der Elternzuordnung.[381] Auch der Scheinvater, der seine Vaterschaft erfolgreich angefochten hat und nun die Feststellung des tatsächlichen Erzeugers

---

[381] Arbeitskreis Abstammungsrecht des BMJV, Abschlussbericht – Empfehlungen für eine Reform des Abstammungsrechts, 2017, 46. Kritisch demgegenüber allerdings MüKoBGB/*Wellenhofer,* § 1592 Rn. 16.

begehrt, sollte kein Antragsrecht haben.[382] Er gehört ebenfalls nicht (mehr) zum Kreis der unmittelbar Beteiligten. Seine Interessen können anderweitig gewahrt werden, z. B. über eine inzidente Feststellungsmöglichkeit der Abstammung im Verfahren.[383]

cc) Elternschafts-Konflikte

Durch die vorstehend vorgeschlagene Neukonzeption des § 1600d BGB können sich Elternschafts-Konflikte zwischen Personen ergeben, die jeweils einzelne Elternschaftssegmente verwirklichen (Pluralisierung von Elternschaft).

(1) Positiver Elternschafts-Konflikt eines genetischen und eines sozialen Elternteils

So kann es beispielsweise vor allem bei einer privaten Spende und Zeugung im Wege der Selbstinsemination und bei konsentierter natürlicher Zeugung mit einem bekannten Spender dazu kommen, dass sowohl der in die Zeugung einwilligende Partner des Elternteils, als auch der private Spender aktiv um die Elternrolle streiten. Anders als bei einer Vaterschaftsanerkennung, bei der eine nachträgliche Anfechtungsmöglichkeit noch besteht, ist eine gerichtliche Feststellung der Elternschaft nicht anfechtbar und nur ausnahmsweise im Restitutionsverfahren nach § 185 FamFG umkehrbar. Es kann somit zwischen den Personen zu einem Wettlauf um die Elternstellung kommen. Betroffen sind hier insbesondere die Interessen des genetischen, nicht rechtlichen Elternteils, die rechtliche Elternstellung zu erlangen, vgl. Art. 6 II 1 GG sowie das entsprechende Interesse des in die Zeugung einwilligenden Lebenspartners als sozialer Elternteil, das nach der hier vertretenen Auffassung ebenfalls unter den Schutz des Art. 6 II 1 GG, jedenfalls aber unter Art. 6 I GG fällt. Wer ein solches Verfahren als erster einleitet und abschließt, ist für die Beteiligten letztlich zufällig. Es ist daher eine Konfliktregel vorzusehen.

Im Bereich der Vaterschaftsanfechtung wurde in der Literatur und jüngst auch durch den Arbeitskreis Abstammungsrecht eine Konfliktregel vorgeschlagen, die dem Interesse des genetischen Vaters im ersten Jahr nach der Geburt den Vorrang zuweist.[384] Der Anfechtungsausschluss des § 1600 II BGB soll bei einer Anfechtung durch den genetischen, nicht rechtlichen Vater somit in diesem Zeitraum unbeachtlich sein. Begründen lässt sich eine entsprechende Regelung deshalb, weil der genetische, nicht rechtliche Elternteil in diesem Wege die Chance erhält,

---

[382] A. A. *Wellenhofer,* FamRZ 2017, 903. m.w.N.

[383] Zur Inzidentfeststellung siehe § 4 S. 347 ff.

[384] *Helms,* FamRZ 2010, 1, 7 m.w.N. Ähnlich aber ohne zeitliche Angabe Arbeitskreis Abstammungsrecht des BMJV, Abschlussbericht – Empfehlungen für eine Reform des Abstammungsrechts, 2017, 41, 52 (Diskussion von Zeiträumen von 6 Monaten bis 2 Jahren).

in die rechtliche Elternposition einzurücken. Die soziale Elternschaft, des rechtlich zugeordneten Elternteils muss in Form von Bindungsbeziehungen hingegen erst entstehen, so dass bei einer geburtsnahen Anfechtung das Interesse des genetischen Elternteils vorrangberechtigt erscheint. Fraglich ist, welche Zeitspanne hierfür zu etablieren ist? Die bindungstheoretische Forschung geht von einem Entstehen sozialer Bindungen bereits innerhalb der ersten sechs Lebensmonate aus.[385] Würde man diesen Zeitraum als ausschlaggebend erachten, müsste sich der genetische Vater beeilen, eine Anfechtung zu betreiben. Dies erscheint dann misslich, wenn er von der Geburt nicht erfährt und erst später entdeckt, dass er Vater eines Kindes geworden ist. Die von *Helms* vorgeschlagene Jahresfrist,[386] die im Geburtszeitpunkt zu laufen beginnt, erscheint als ein angemessener Kompromiss aus dem Anfechtungsinteresse des genetischen Elternteils und dem Interesse am Erhalt der sozialen Beziehung des sozialen Elternteils.

Eine entsprechende Regelung lässt sich letztlich auch für den eingangs beschriebenen Konfliktfall bei der gerichtlichen Elternschaftsfeststellung etablieren. So sollte vorgesehen werden, dass dann, wenn mehrere Personen einen Antrag auf Feststellung ihrer Elternschaft gestellt haben, im Konflikt von genetischer und sozialer Elternschaft im ersten Jahr nach der Geburt dem genetischen Elternteil der Vorrang gebührt. Nach diesem Zeitraum sollte – wie allgemein im Elternschaftsrecht – die Priorität gelten. Wer nach der Jahresfrist daher als erster eine Feststellung als rechtlicher Elternteil beantragt und bewirkt, sperrt weitere Zuordnungen. Damit ist den Interessen der Beteiligten angemessen entsprochen und darüber hinaus die Gleichwertigkeit der Elternschaftssegmente gewahrt.

Darüber hinaus lassen sich jenseits dieser elternschaftsrechtlichen Konfliktsituation im Bereich der Einzelausprägung des Elternrechts durchaus Erleichterungen für die Beteiligten schaffen, die eine Abbildung pluralisierter Eltern- und Kindschaft abbilden können. So ist es durchaus denkbar, dass einem sozialen Elternteil, der aufgrund der Feststellung des genetischen Elternteils nicht rechtlicher Elternteil geworden ist, elterliche Sorgerechte zugewiesen werden, um so dem Familiengründungsinteresse des sozialen Elternteils zu entsprechen. Gleiches gilt in der umgekehrten Situation der Zuordnung des sozialen Elternteils. Hier kann man den Interessen des genetischen Elternteils ebenfalls im Bereich der Einzelausprägungen des Elternrechts gerecht werden, indem Sorgerechte usw. im Einzelfall vorgesehen werden.[387]

(2) Positiver Elternschafts-Konflikt zweier genetischer Elternteile

Denkbar ist ferner, dass es zu einem Elternschafts-Konflikt zweier genetischer Elternteile kommt. Dies ist denkbar etwa bei gleichgeschlechtlichen weiblichen

---

[385] Siehe hierzu eingehend § 1 S. 117 ff.
[386] *Helms,* FamRZ 2010, 1, 7.
[387] Eingehend siehe § 3 S. 280 ff.

Paaren, die unter Zuhilfenahme eines privaten Spenders aus dem Bekanntenkreis ein Kind zeugen. Hat beispielsweise die Partnerin der Geburtsmutter ihre Eizelle zur Befruchtung gespendet, kann aufgrund der oben vorgeschlagenen Gestaltung ein Konflikt zwischen der genetischen Mutter des Kindes (eizellenspendende Partnerin der Geburtsmutter) und dem genetischen Vater (privater Samenspender aus dem Bekanntenkreis) kommen, wenn nicht von vornherein klar verabredet war, dass der Samenspender nur eine Rolle als Lieferant des genetischen Materials spielen soll. Hier stehen sich somit zwei genetische Elternteile gegenüber, denen mit Geburt gleiches Gewicht zukommt. Die unter (1) vorgeschlagene Konfliktregel kann in diesem Fall keine Lösung bringen. Letztlich sollte die Lösung, wie im Elternschaftsrecht allgemein, durch die Priorität gelöst werden. Dass dies zwangsläufig zu einer schweren Beeinträchtigung der Rechte des nicht zugeordneten Elternteils führt, ist unausweichlich. Diese Beeinträchtigungen können aber auch im Bereich der Einzelausprägungen des Elternrechts abgefangen werden, so dass etwa für die genetische Mutter bzw. den genetischen Vater Sorgerechte, Umgangs-, Kontakt- und Informationsrechte vorgehalten werden können. Da diese Rechte in der Realität die für die Herstellung und das Leben der realen Eltern-Kind-Beziehung entscheidenderen sind, als die elternschaftsrechtliche Zuordnung, kann die Beeinträchtigung des Rechts aus Art. 6 II 1 GG entschieden abgemildert werden.[388]

(3) Negativer Elternschafts-Konflikt

Liegt ein negativer Elternschafts-Konflikt vor, d.h. will keine der in Betracht kommenden Personen die rechtliche Elternstellung erlangen, können die Antragsberechtigten wahlweise die Feststellung des genetischen Elternteils, bzw. der Person, die mit Blick auf die Übernahme der Elternrolle in die Zeugung des Kindes eingewilligt hat, als rechtlichen Elternteil feststellen lassen. Beide Personen haben, sofern kein klarer Ausschlussgrund besteht, hinreichende Beiträge zur Entstehung des Kindes gesetzt, so dass sie als rechtliche Elternteile mit Blick auf das Verantwortlichkeitsprinzip zugeordnet werden können. Mit Blick auf den genetischen Elternteil genügt für die Zuordnung ohnehin die genetische Elternschaft als Zuordnungsgrund.

b) Formulierungsvorschlag

Auch mit Blick auf die Zuordnung des weiteren Elternteils durch gerichtliche Feststellung der Elternschaft lässt sich eine Regelung, die die vorstehend genannten Erwägungen umsetzt, in die derzeit geltende Systematik integrieren. Dazu sollten §§ 1592 Nr. 3 und 1600d BGB wie folgt neu gefasst werden:

---

[388] Zur Pluralität von Elternschaft auch § 3 S. 280 ff.

§ 1592 Weiterer Elternteil. Weiterer Elternteil des Kindes ist die Person, [...]

3. deren Elternschaft nach § 1600d oder § 182 Abs. 1 des Gesetzes über das Verfahren in Familiensachen und in den Angelegenheiten der freiwilligen Gerichtsbarkeit gerichtlich festgestellt ist.

§ 1600d Gerichtliche Feststellung der Elternschaft. (1) Besteht keine Elternschaft nach § 1592 Nr. 1 und 2, § 1593, so ist die Elternschaft des weiteren Elternteils gerichtlich festzustellen.

(1a) Einen Antrag auf Feststellung der Elternschaft können stellen

1. die Person, die Elternteil des Kindes i. S. d. § 1591 BGB ist,

2. die Person, die schlüssig behauptet, der genetische Elternteil des Kindes zu sein, es sei denn sie wäre von der Feststellung als Elternteil gem. Abs. 4 ausgeschlossen,

3. die Person, die schlüssig behauptet, mit Blick auf die Übernahme der Elternrolle in die Zeugung des Kindes eingewilligt zu haben, sowie

4. das Kind.

(1b) Als weiterer Elternteil kann die Person festgestellt werden, die genetischer Elternteil des Kindes ist, bzw. die mit Blick auf die Übernahme der Elternrolle in die Zeugung des Kindes eingewilligt hat.

(1c) Stellen mehrere Personen einen Antrag auf Feststellung ihrer Elternschaft, und kann jede von ihnen gem. Abs. 1b als weiterer Elternteil zugeordnet werden, so ist der genetische Elternteil als weiterer Elternteil festzustellen, wenn der Antrag des genetischen Elternteils auf Feststellung der Elternschaft binnen eines Jahres nach Geburt des Kindes gestellt worden ist. Im Übrigen ist die Person festzustellen, die als erstes den Antrag gestellt hat.

(2) Im Verfahren auf gerichtliche Feststellung der Elternschaft wird als Elternteil vermutet, wer dem Elternteil während der Empfängniszeit beigewohnt hat. Die Vermutung gilt nicht, wenn schwerwiegende Zweifel an der genetischen Elternschaft bestehen.

(3) Als Empfängniszeit gilt die Zeit von dem 300. bis zu dem 181. Tage vor der Geburt des Kindes, mit Einschluss sowohl des 300. als auch des 181. Tages. Steht fest, dass das Kind außerhalb des Zeitraums des Satzes 1 empfangen worden ist, so gilt dieser abweichende Zeitraum als Empfängniszeit.

(4) Ist das Kind durch eine ärztlich unterstützte künstliche Befruchtung in einer Einrichtung der medizinischen Versorgung im Sinne von § 1a Nummer 9 des Transplantationsgesetzes unter heterologer Verwendung von Gameten, Mitochondrien oder Embryonen gezeugt worden, die vom Spender bzw. den Spendern einer Entnahmeeinrichtung im Sinne von § 2 Absatz 1 Satz 1 des Samenspenderregistergesetzes bzw. einer vergleichbaren ausländischen Einrichtung zur Verfügung gestellt wurden, so kann der Spender bzw. können die Spender nicht als Elternteil dieses Kindes festgestellt werden. Ein Spender, der außerhalb der in S. 1 genannten Konstellation eine Spende abgibt, ist nur dann von der Feststellung als rechtlicher Elternteil ausgeschlossen, wenn unzweifelhaft feststeht, dass er im Einvernehmen mit dem Elternteil und gegebenenfalls der mit Blick auf die Übernahme der Elternrolle in die Zeugung einwilligenden Person auf seine rechtliche Elternstellung ausdrücklich verzichtet hat.

(5) Die Rechtswirkungen der Elternschaft können, soweit sich nicht aus dem Gesetz etwas Anderes ergibt, erst vom Zeitpunkt ihrer Feststellung an geltend gemacht werden.

§ 1592 Nr. 2, § 1600d I, II, V BGB-E setzen die oben genannten Vorgaben zur geschlechtsneutralen Formulierung und Ermöglichung der Feststellung der Elternschaft weiblicher Paare um. § 1600d Ia BGB-E setzt die oben vorgesehene Regelung zur Antragsberechtigung um. § 1600d Ib BGB-E formuliert die oben herausgearbeiteten Feststellungsgründe. § 1600d Ic BGB-E formuliert die angesprochene Konfliktregel bei bestehenden Elternschaftskonflikten. § 1600d IV BGB-E erweitert den Ausschluss des klassischen Samenspenders auf alle klassischen Gametenspender, Mitochondrien- und Embryonenspender. Darüber hinaus wird klargestellt, dass ein privater Spender nur dann von der Feststellung als Elternteil ausgeschlossen ist, wenn unzweifelhaft feststeht, dass er im Einvernehmen mit den intendierten Eltern ausdrücklich auf die Elternstellung verzichtet hat.

IV. Statuswechsel durch qualifizierte Anerkennung

Neben den vorstehend genannten Instrumenten der originären Elternschaftsbegründung kennen einige Rechtsordnungen, darunter das deutsche Recht, die Möglichkeit eine originäre Elternschaftsbegründung im Rahmen eines Statuswechsels bei der zweiten Elternstelle durch qualifiziertes Anerkenntnis herbeizuführen.[389] Die Elternschaft wird, vereinfacht gesprochen, durch privatautonome Gestaltung von einer Person auf eine andere übertragen. Im geltenden deutschen Recht besteht eine solche Möglichkeit bei scheidungsnahen Vaterschaftsanerkennungen gem. § 1599 II BGB, dazu (1.). Es sind über die geregelten Fälle hinaus Fallgestaltungen denkbar, die ebenfalls mittels qualifizierten Anerkenntnisses gelöst werden können, dazu (2.).

1. Scheidungsakzessorischer Statuswechsel
durch qualifizierte Anerkennung

§ 1599 II BGB bestimmt, dass § 1592 Nr. 1 und § 1593 BGB dann nicht gelten, wenn das Kind nach Anhängigkeit eines Scheidungsantrags geboren wird und ein Dritter spätestens bis zum Ablauf eines Jahres nach Rechtskraft des dem Scheidungsantrag stattgebenden Beschlusses die Vaterschaft anerkennt. § 1599 II BGB formuliert daher eine Ausnahmeregelung zum Vaterschaftsanfechtungsverfahren und lässt eine außergerichtliche, mit „ex tunc"-Wirkung[390] ausgestattete Statusveränderung mit rechtsgeschäftlichem Element in begrenzten Fällen zu (sog.

---

[389] Die gilt beispielsweise im niederländischen Recht Art. 1:199 lit. b BW, im österreichischen Recht ist entsprechendes in § 147 ABGB vorgesehen.

[390] Staudinger/*Rauscher,* § 1599 Rn. 107.

scheidungsakzessorischer Statuswechsel).[391] Es erfolgt eine statusrechtliche „Um-ordnung" des Kindes vom früheren Ehemann der Geburtsmutter zum die Vater-schaft anerkennenden Mann. Zweck der Regelung ist es, ein zeit-, kosten- und beeinträchtigungsintensives Anfechtungsverfahren in Fällen zu vermeiden, in denen die genetische Vaterschaft des Noch-Ehemannes nicht besonders wahr-scheinlich ist.[392] Der Wahrscheinlichkeitsvermutung, die § 1592 Nr. 1 unter-liegt,[393] kommt in solchen Fällen geringeres Gewicht zu.[394] Die Richtigkeits-vermutung der genetischen Abstammung des Kindes vom Ehemann der Geburts-mutter wird daher ersetzt durch die Richtigkeitsvermutung der genetischen Abstammung des Kindes von dem Mann, der die Vaterschaft in den genannten Konstellationen freiwillig anerkennt.[395] Fehlzuordnungen sind natürlich auch hier möglich, solche können durch Vaterschaftsanfechtung wieder korrigiert wer-den. Dass die Anerkennung innerhalb der Jahresfrist erfolgen muss, soll verhin-dern, dass überlange Schwebezustände entstehen, in denen die Abstammungszu-ordnung ungeklärt ist.[396] Um den Interessen aller Beteiligten zu entsprechen und nicht gegen den Willen einzelner Beteiligter einen Statuswechsel zu bewirken, ist neben der Anerkennung durch einen Dritten und der Zustimmungserklärungen von Mutter und ggf. Kind auch die Zustimmung des Ehegatten erforderlich.

Voraussetzung des scheidungsakzessorischen Statuswechsels ist (1.) die An-hängigkeit eines Scheidungsverfahrens,[397] (2.) die Geburt des Kindes nach An-hängigkeit des Scheidungsantrags, aber vor Rechtskraft der Scheidung[398] und (3.) die Anerkennung der Vaterschaft für das Kind durch einen Dritten, spätes-tens zum Ablauf eines Jahres nach Rechtskraft des Scheidungsbeschlusses,[399] wobei § 1599 II 1 HS 2 BGB anordnet, dass § 1594 II BGB nicht gilt. Die Zuord-nung des Ehemannes steht der wirksamen Anerkennung somit ausnahmsweise nicht entgegen. (4.) ist Voraussetzung des § 1599 II BGB, dass alle erforderlichen

---

[391] BeckOGK/*Reuß,* § 1599 BGB Rn. 13; BeckOK BGB/*Hahn,* § 1599 Rn. 3; Stau-dinger/*Rauscher,* § 1599 Rn. 4; MüKoBGB/*Wellenhofer,* § 1599 Rn. 67; monographisch hierzu *Billig,* Der scheidungsakzessorische Statuswechsel gemäß § 1599 II BGB, 2000, 30 ff.

[392] BT-Drs. 13/4899, 53.

[393] Dazu oben § 4 S. 311 ff.

[394] Staudinger/*Rauscher,* § 1599 Rn. 4.

[395] BeckOGK/*Reuß,* § 1599 BGB Rn. 13.

[396] BT-Drs. 13/4899, 53, kritisch zum dennoch eintretenden Schwebezustand die Stellungnahme des Bundesrats, BT-Drs. 13/4899, 147; BeckOGK/*Reuß,* § 1599 BGB Rn. 14.

[397] Zur analogen Anwendung auf Verfahren auf Aufhebung der Ehe *AG Hagen,* Beschl. v. 27.12.2004 – 8 III 115/04, BeckRS 2005, 14520; *AG Saarbrücken,* Beschl. v. 12.5.2005 – 10 III ST 75-04, StAZ 2006, 77; Staudinger/*Rauscher,* § 1599 Rn. 87a; MüKoBGB/*Wellenhofer,* § 1599 Rn. 72; BeckOGK/*Reuß,* § 1599 BGB Rn. 151.

[398] BeckOGK/*Reuß,* § 1599 BGB Rn. 152–159 (bei Geburt nach Rechtskraft der Scheidung würde § 1592 Nr. 1 nicht mehr eingreifen).

[399] BeckOGK/*Reuß,* § 1599 BGB Rn. 160–164.

Zustimmungen vorliegen. Hierbei ist umstritten, ob neben der Anerkennung auch alle erforderlichen Zustimmungen innerhalb der Jahresfrist des Abs. 2 erklärt werden müssen. Der BGH hat dies mit dem Argument verneint, der Wortlaut decke ein solches Erfordernis nicht.[400] Dem ist allerdings zu widersprechen. Eine Ausnahme der Zustimmungen vom Fristerfordernis führt letztlich zu einer unnötigen Verlängerung des Schwebezustands mit Blick auf den Status des Kindes, den der Gesetzgeber mit dem Fristerfordernis eigentlich verhindern wollte.[401] Es ist daher mit dem Normzweck durchaus besser vereinbar, das Fristerfordernis auch auf die Zustimmungen zu erstrecken. Abschließend ist (5.) Voraussetzung, dass die Rechtskraft des stattgebenden Beschlusses eintritt.[402]

Die Regelung des § 1599 II BGB ist in der Literatur gemischt aufgenommen worden.[403] Lob erfahren hat der Gesetzgeber für seinen Realitätsbezug mit Blick auf die Vaterschaftswahrscheinlichkeit bei scheidungsnahem Anerkenntnis[404] und die Schonung des Familienfriedens durch Vermeidung eines gerichtlichen Anfechtungsverfahrens.[405] Heftige Kritik wurde demgegenüber geäußert mit Blick auf die fehlende Mitwirkung des Staates beim Statuswechsel, der Überbetonung privatautonomer Gestaltung und die fehlende Mitwirkung des Kindes an diesem.[406]

---

[400] *BGH*, Beschl. v. 27.3.2013 – XII ZB 71/12, NJW-RR 2013, 705, 706; *OLG Zweibrücken*, Beschl. v. 27.12.1999 – 2 UF 228/99, NJW-RR 2000, 881, 882 (keine Wortlautdeckung eines solchen Erfordernisses, keine Schutzbedürftigkeit des Anerkennenden, er könne jederzeit widerrufen; Gesetzgeber habe in Begründung auch nur die Anerkennung in Bezug genommen, BT-Drs. 13/4899, 53 (84, 86); *OLG Köln*, Beschl. v. 22.9.2010 – 16 Wx 32/10, FPR 2011, 413; *OLG Brandenburg*, Beschl. v. 29.4.2011 – 7 Wx 8/11, BeckRS 2011, 11561; *OLG Oldenburg*, Beschl. v. 20.8.2010 – 12 W 167/10, RNotZ 2011, 304,305 f.; zustimmend etwa auch MüKoBGB/*Wellenhofer*, § 1599 Rn. 77; Palandt/*Brudermüller*, § 1599 Rn. 11.

[401] So zutreffend *OLG Stuttgart*, Urt. v. 18.12.2003 – 16 UF 221/03, FPR 2004, 401; *AG Darmstadt*, Beschl. v. 12.2.2008 – 41 III 136/07, BeckRS 2008, 12462; *Gernhuber/Coester-Waltjen*, Familienrecht, 2010, 606; Staudinger/*Rauscher*, § 1599 Rn. 92; so wohl auch *Will*, FPR 2005, 172, 175; *Kraus*, StAZ 2005, 238, 239; *Wachsmann*, StAZ 2000, 375; *Gaul*, FamRZ 2000, 1461, 1466); *Reinemann*, FfJ 2005, 151, 152; BeckOGK/*Reuß*, § 1599 BGB Rn. 172.

[402] BeckOGK/*Reuß*, § 1599 BGB Rn. 173–175.

[403] Vgl. etwa *Ramm*, JZ 1996, 987, 991; *Richter*, FamRZ 1994, 5, 8; *Mutschler*, FamRZ 1994, 65, 68; monographisch hierzu *Billig*, Der scheidungsakzessorische Statuswechsel gemäß § 1599 II BGB, 2000.

[404] So auch BeckOK BGB/*Hahn*, § 1599 Rn. 4; *Hepting/Dutta*, Familie und Personenstand, 2015 Rn. IV-75.

[405] Staudinger/*Rauscher*, § 1599 Rn. 7; MüKoBGB/*Wellenhofer*, § 1599 Rn. 70.

[406] *Gaul*, FamRZ 1997, 1441, 1448, 1454, 1463 (da der Status des Kindes zur rechtsgeschäftlichen Disposition stehe); *Gaul*, FamRZ 2000, 1461, 1464; MüKoBGB/*Wellenhofer*, § 1599 Rn. 69 (Unvereinbarkeit mit der UN-Kinderrechtskonvention); bereits *Ramm*, JZ 1996, 987, 991; *Keller*, NJ 1998, 234; *Richter*, FamRZ 1994, 5, 8; *Mutschler*, FamRZ 1994, 65, 68; *Billig*, Der scheidungsakzessorische Statuswechsel gemäß § 1599 II BGB, 2000, 255 ff.

Die Regelung ist letztlich zu begrüßen.[407] Ausgangspunkt der Regelung ist es, eine Lösung für Fälle zu schaffen, in denen die gesetzliche Vermutung der Vaterschaft des Ehemannes der Geburtsmutter ihre Glaubwürdigkeit verliert und die Zuordnung zum Ehemann der Mutter im Regelfall nicht mehr tragfähig ist. Das rechtsgeschäftliche Element der Anerkennung, das den Statuswechsel letztlich bewirkt, ist daher nur ein einfaches Mittel zur Korrektur der nicht mehr tragbaren originären Statuszuweisung an den Ehemann und zur Herstellung einer demgegenüber tragfähigen Abstammungszuordnung zum anerkennenden Mann.[408] Die Kritik, es fehle hierbei an einem behördlichen Genehmigungsakt, lässt außer Acht, dass elternschaftsrechtliche Rechtsverhältnisse höchstpersönlicher Natur sind und staatliche Einflussnahme auf diese im Grundsatz die Ausnahme bleiben sollten.[409] Der dem Gesetzgeber vorgeworfene Systembruch läge somit vielmehr in einer staatlichen Einflussnahme auf diesen Statuswechsel.[410] Darüber hinaus ist auch im Normalfall der Elternschaftsbegründung durch Elternschaftsanerkennung eine staatliche Mitwirkung nicht vorgesehen. Zum Schutz der Interessen aller Beteiligter, insbesondere des Kindes, ist eine behördliche Mitwirkung auch nicht angezeigt.[411] Die Zustimmungserfordernisse der Beteiligten sichern die Interessenwahrung letztlich ausreichend. Dabei ist es allerdings durchaus berechtigt, wenn die Kritiker der Bestimmung darauf hinweisen, dass das Kind nur unzureichend beteiligt wird. Die Kritik hieran richtet sich aber im Wesentlichen an die unzureichende Kindesbeteiligung aufgrund § 1595 II BGB.[412] Die Korrekturbedürftigkeit dieser Vorschrift ist bereits oben eingehend dargelegt worden, so dass bei einer Umsetzung der oben vorgeschlagenen Änderungen eine hinreichende Kindesbeteiligung auch im Rahmen des § 1599 II BGB gewährleistet wäre.

Originär kritikwürdig an § 1599 II BGB ist der durch die Jahresfrist und das Erfordernis der Rechtskraft des Scheidungsbeschlusses entstehende Schwebezustand.[413] Bei einem Scheidungsverfahren handelt es sich um einen gestreckten Vorgang, bei dem bis zum Vorliegen aller Tatbestandsvoraussetzungen unklar bleibt, ob ein Statuswechsel eintreten wird.[414] Es wäre daher sinnvoller, auf das Erfordernis des Eintritts der Rechtskraft des Beschlusses zu verzichten, da sich letztlich an der Ausgangssituation, dass das scheidungsnah geborene Kind wahr-

---

[407] Hierzu bereits eingehend BeckOGK/*Reuß*, § 1599 BGB Rn. 30–34; *Luh,* Die Prinzipien des Abstammungsrechts, 2008, 194.

[408] BeckOGK/*Reuß*, § 1599 BGB Rn. 31.

[409] Zum Spannungsfeld von Autonomie und staatlichen Regulierungsinteressen § 2 S. 155 ff. und § 3 S. 233 ff.

[410] A. A. *Gaul,* FamRZ 2000, 1461, 1464.

[411] Staudinger/*Rauscher,* § 1599 Rn. 5; *Wagner,* FamRZ 1999, 7, 9.

[412] BeckOGK/*Reuß*, § 1599 BGB Rn. 34.

[413] BeckOGK/*Reuß*, § 1599 BGB Rn. 34.

[414] Siehe die Kritik bei *Gaul,* FamRZ 1997, 1441, 1456.

scheinlich das Kind des anerkennenden Mannes ist, nichts ändert.[415] Ferner wird die Problematik des Schwebezustands dadurch verschärft, dass innerhalb des Jahres nur die Vaterschaftsanerkennung vorgenommen werden muss. Die Frist sollte auch für die Zustimmungserklärungen gelten, um den Schwebezustand nicht noch weiter zu verlängern, wenn die Beteiligten nicht zustimmen. Insbesondere in konfliktbehafteten Scheidungssituationen könnte die Zustimmung als Druckmittel eingesetzt werden, was es zu verhindern gilt. Eine entsprechende Anpassung der Bestimmung ist daher vorzunehmen.[416] Letztlich entspricht die Beibehaltung der Regelung auch den in § 3 herausgearbeiteten Orientierungslinien, denn mit Blick auf die Gleichwertigkeit genetischer, biologischer und sozialer Elternschaft ist es angebracht, die anerkennende Person als Elternteil anzusehen und den Statuswechsel zuzulassen. Die willentliche Übernahme von Elternverantwortung berechtigt als Element sozialer Elternschaft zur dauerhaften Zuordnung der Elternstellung. Die Bestimmung ist somit unabhängig vom Geschlecht der Personen auch auf gleichgeschlechtliche Paare zu erweitern, da das Zuordnungssystem insoweit nicht unterscheiden sollte. Auch dem Grundsatz der Höchstpersönlichkeit wird durch die Gestaltung als Statuswechsel durch qualifizierte Anerkennung entsprochen.

2. Statuswechsel durch qualifizierte Anerkennung in Fällen der §§ 1592 Nr. 1, 1593 BGB unabhängig vom Scheidungsverfahren

Darüber hinaus hat der Arbeitskreis Abstammungsrecht vorgeschlagen, § 1599 II BGB auf Fälle unabhängig von einer konkreten Scheidung zu erweitern.[417] Ist die werdende Mutter verheiratet, soll auch ein Dritter die Vaterschaft mit Zustimmung der Schwangeren und ihres Ehemannes vorgeburtlich bzw. innerhalb von 8 Wochen nach der Geburt anerkennen können, so dass der Dritte trotz der Ehe mit Geburt des Kindes rechtlicher Elternteil werden kann.[418] Die Zustimmung des Kindes soll hierbei entbehrlich sein, da der Austausch der Elternstelle anders gelagert sei, als die Besetzung einer zuvor unbesetzten Elternstelle.[419]

Der Vorschlag ist durchaus befürwortenswert, denn auch losgelöst von einem laufenden Scheidungsverfahren ist bei längerer Trennung der Ehegatten nicht un-

---

[415] Arbeitskreis Abstammungsrecht des BMJV, Abschlussbericht – Empfehlungen für eine Reform des Abstammungsrechts, 2017, 44; BeckOGK/*Reuß*, § 1599 BGB Rn. 34.

[416] Ähnlich Arbeitskreis Abstammungsrecht des BMJV, Abschlussbericht – Empfehlungen für eine Reform des Abstammungsrechts, 2017, 44 (einstimmig); *Dethloff*, Familienrecht, 2015 § 10 Rn. 13 („plausibel und ausbaufähig").

[417] Arbeitskreis Abstammungsrecht des BMJV, Abschlussbericht – Empfehlungen für eine Reform des Abstammungsrechts, 2017, 44; *Luh*, Die Prinzipien des Abstammungsrechts, 2008, 194.

[418] Arbeitskreis Abstammungsrecht des BMJV, Abschlussbericht – Empfehlungen für eine Reform des Abstammungsrechts, 2017, 44 (einstimmig).

[419] Arbeitskreis Abstammungsrecht des BMJV, Abschlussbericht – Empfehlungen für eine Reform des Abstammungsrechts, 2017, 45.

wahrscheinlich, dass das Kind mit einem neuen Partner gezeugt wird. Ist unter den Beteiligten in einer solchen Situation unstrittig, dass der neue Partner des Geburtselternteils der Elternteil des Kindes ist, und stimmen alle Beteiligten einem Statuswechsel zu, dann spricht viel dafür, auf ein langwieriges, kosten- und zeitintensives Anfechtungsverfahren zu verzichten.[420] Dass die Zustimmung des Kindes allerdings nicht benötigt werden soll, ist nicht verständlich. Der Kindeswille hat bei einem Statuswechsel durch qualifizierte Elternschaftsanerkennung nicht weniger Bedeutung, als bei der originären Statusbegründung durch einfache Elternschaftsanerkennung. Tatsache ist insoweit, dass dem Kind jeweils eine bislang nicht zugeordnete Person als Elternteil zugeordnet wird. Dies sollte nicht gegen den erklärten Kindeswillen möglich sein, da dem Kind sonst ein Elternteil aufgedrängt werden könnte. Auch bei der Adoption, bei der ebenfalls ein Wechsel einer bereits besetzten Elternstelle vorliegt, wird die Einwilligung des Kindes verlangt, § 1746 I BGB. Auf die Zustimmung des Kindes sollte es daher auch bei einem Statuswechsel durch qualifizierte Anerkennung ankommen. Die 8-Wochenfrist, die der Arbeitskreis für die Anerkennung intendiert, ist angemessen kurz, um überlange Schwebezustände zu verhindern.

Der Vorschlag sollte daher modifiziert umgesetzt werden. Zu beachten ist auch hier, dass der Statuswechsel auch die Situation gleichgeschlechtlicher Paare betreffen sollte und geschlechtsneutral zu formulieren ist, um mit den Orientierungslinien eines modernen Elternschaftsrechts übereinzustimmen. Auch sollte er von den Zeugungsumständen unabhängig sein. Bei der Zeugung des Kindes im Wege medizinisch-assistierter Reproduktion ergeben sich dieselben Erwägungen wie bei natürlicher Zeugung, so dass es angebracht erscheint, den neuen Partner des Geburtselternteils als den die Elternschaft anerkennenden sozialen Elternteil zuzuordnen. Dies entspricht letztlich der Orientierungslinie, dass das Zuordnungssystem von den Zeugungsumständen unabhängig sein sollte und berücksichtigt die Gleichwertigkeit genetischer, biologischer und sozialer Elternschaft.

Das niederländische Recht sieht mit Blick auf die Fallkonstellation, dass der Ehemann der Mutter vor Geburt verstorben ist und die Mutter eine neue Ehe/ registrierte Lebenspartnerschaft eingegangen ist vor, dass durch Erklärung der Mutter vor dem Standesbeamten unter bestimmten Umständen eine Übertragung der Elternschaft auf den neuen Ehemann/registrierten Lebenspartner möglich ist, vgl. Art. 1:199 lit. b HS 2 BW. Es handelt sich streng genommen nicht um einen Statuswechsel durch qualifizierte Anerkennungserklärung, sondern um eine Elternschaftsübertragung durch einseitige Erklärung der Mutter. Hinter der Regelung steckt der Gedanke, dass die genetische Elternschaft des neuen Ehegatten/ registrierten Lebenspartners der Mutter bei einer nahe an der Auflösung der ers-

---

[420] So zutreffend Arbeitskreis Abstammungsrecht des BMJV, Abschlussbericht – Empfehlungen für eine Reform des Abstammungsrechts, 2017, 45.

ten Ehe gelagerten Wiederverheiratung bzw. Verpartnerung wahrscheinlicher ist, als jene des Verstorbenen. Eine entsprechende Regelung ist im deutschen Recht allerdings nicht erforderlich, da § 1593 S. 3 BGB – anders als Art. 1:199 lit. b HS 1 BW – die Elternschaft ohnehin dem neuen Ehemann zuweist, vgl. dazu bereits oben.

3. Statuswechsel durch qualifizierte Anerkennung in Fällen des § 1592 Nr. 2 BGB

Darüber hinaus ist im Arbeitskreis Abstammungsrecht darüber diskutiert worden, ob ein Statuswechsel durch qualifiziertes Anerkenntnis auch in dem Fall in Betracht kommen sollte, indem die Elternschaft nicht automatisch kraft Ehe zugewiesen worden ist, sondern ein Vaterschaftsanerkenntnis nach § 1592 Nr. 2 BGB vorliegt. Das würde bedeuten, dass die Elternschaft des die Vaterschaft anerkennenden Mannes durch ein später erfolgendes, entsprechend § 1599 II BGB qualifiziertes Anerkenntnis eines Dritten übertragen werden könnte. Der Dritte wäre dann als rechtlicher Elternteil des Kindes anzusehen. Auf eine eindeutige Empfehlung konnte sich der Arbeitskreis aufgrund kontroverser Ansichten der Mitglieder nicht einigen.[421]

Eine solche Regelung wäre international gesehen nicht einzigartig. Das österreichische Recht kennt eine sehr umfangreiche, auch diesen Fall erfassende Möglichkeit des Statuswechsels mittels qualifizierten Anerkenntnisses in § 147 II ABGB. Hiernach kann abweichend von der allgemeinen Sperrwirkung einer bestehenden Elternzuordnung ein abgegebenes Vaterschaftsanerkenntnis rechtswirksam werden, wenn das Kind dem Anerkenntnis in öffentlicher oder öffentlich beglaubigter Urkunde zustimmt. Ist das Kind nicht eigenberechtigt, so wird das Anerkenntnis überdies nur rechtswirksam, wenn die einsichts- und urteilsfähige Mutter selbst den Anerkennenden in der genannten Form als Vater bezeichnet. Eine Zustimmung des rechtlichen Vaters ist hingegen nicht vorgesehen. Das österreichische Recht sieht auch insoweit eine Widerspruchslösung vor, vgl. § 147 III i.V.m. § 146 ABGB. Der rechtliche Vater kann sich über den Widerspruch gegen den Verlust seiner rechtlichen Vaterschaft wehren. § 147 II ABGB erfasst nach einhelliger Meinung nicht nur den Statuswechsel im Fall eines vorherigen Vaterschaftsanerkenntnisses, sondern auch den Wechsel der Statuszuordnung bei kraft Gesetzes hergestellter und bei gerichtlich festgestellter Elternschaft.[422] Da § 147 II ABGB keine Fristenbindung kennt, sind die Möglichkeiten eines Statuswechsels nach österreichischem Recht sehr weitreichend.[423]

---

[421] Arbeitskreis Abstammungsrecht des BMJV, Abschlussbericht – Empfehlungen für eine Reform des Abstammungsrechts, 2017, 45.

[422] Bergmann/Ferid/Henrich/*Lurger*/*Schwimann*, Österreich, 61, 65.

[423] Bergmann/Ferid/Henrich/*Lurger*/*Schwimann*, Österreich, 63.

Die Einführung einer derartigen Regelung ist jedoch abzulehnen. Abgesehen von den durch eine derartige Regelung entstehenden Schwebezuständen ist nach dem geltenden System der Vaterschaftsanerkennung eine einmal wirksam vorgenommene Anerkennung der Elternschaft prinzipiell – jenseits der Anfechtung – nicht wieder aufhebbar. § 1598 I BGB beschränkt darüber hinaus die Gründe, die zur Unwirksamkeit des Anerkenntnisses führen können. Ist eine einmal vorgenommene Anerkennung erfolgt, soll die so hergestellte Statuszuordnung Bestand haben. Die Person, die die Anerkennungserklärung abgibt soll an ihrer Bereitschaft, die Elternverantwortung für das Kind zu übernehmen, möglichst ein Leben lang festgehalten werden. Zu dieser Vorstellung von der Dauerhaftigkeit und Bestandsfestigkeit der Verantwortungsübernahme passt es nicht, könnte sich die Person, die Verantwortung übernommen hat, durch privatautonome Erklärung im Einvernehmen mit dem Elternteil und dem Drittem (aus welchen Motiven er auch immer anerkennen mag) wieder aus dieser Verantwortung lösen. Die Möglichkeit, die Elternposition einfach an einen Dritten „weiterzureichen", entspricht nicht dem Gedanken der dauerhaften Verantwortungsübernahme, der dem Elternschaftsrecht unterliegt. Hat der Dritte ein berechtigtes Interesse an der Elternstellung, etwa, weil er genetischer Elternteil des Kindes ist, steht ihm die Anfechtung offen. Der Anerkennende kann ebenfalls anfechten, wenn er irrig davon ausgegangen ist, dass er genetischer Elternteil des Kindes ist. Letztlich müsste eine entsprechende Regelung auf einen ebenfalls kurzen (z. B. 8 Wochen) Zeitraum nach Geburt des Kindes beschränkt sein, um Schwebezustände und Unsicherheit über die finale Zuordnung zu verhindern, so dass sich die berechtigte Frage stellt, ob für eine derartige Regelung überhaupt praktische Relevanz gegeben wäre. Dass in diesem kurzen Zeitraum mehrere Anerkennungen durch verschiedene Personen stattfinden, denen der Geburtselternteil jeweils zustimmt, ist zwar nicht unvorstellbar, aber doch nicht sehr wahrscheinlich. Der Weg über die Anfechtung erscheint daher ausreichend, um den Interessen der Beteiligten gerecht zu werden.

4. Formulierungsvorschlag

Eine Regelung, die die vorstehend genannten Erwägungen umsetzt, ist letztlich in die derzeit geltende Systematik zu integrieren. Dazu sollte § 1599 BGB wie folgt neu gefasst werden:

§ 1599 Anfechtung der Elternschaft und Statuswechsel mittels qualifizierter Anerkennung. [...]

(2) § 1592 Nr. 1 und § 1593 gelten auch nicht, wenn das Kind nach Anhängigkeit eines Scheidungsantrags geboren wird und ein Dritter spätestens bis zum Ablauf eines Jahres nach Rechtskraft des dem Scheidungsantrag stattgebenden Beschlusses die Elternschaft anerkennt; § 1594 Abs. 2 ist nicht anzuwenden. Neben den nach den §§ 1595 und 1596 notwendigen Erklärungen bedarf die Anerkennung der Zustimmung des Elternteils, der im Zeitpunkt der Geburt mit dem nach § 1591 zugeordneten Elternteil des Kindes verheiratet ist bzw. in eingetragener Lebenspartnerschaft

lebt; für diese Zustimmung gelten § 1594 Abs. 3 und 4, § 1596 Abs. 1 Satz 1 bis 3, Abs. 3 und 4, § 1597 Abs. 1 und 2 und § 1598 Abs. 1 entsprechend. Die Zustimmungen sind ebenfalls in der Jahresfrist zu erklären. Die Anerkennung wird unabhängig von der Rechtskraft des dem Scheidungsantrag stattgebenden Beschlusses wirksam.

(3) § 1592 Nr. 1 und § 1593 gelten auch nicht, wenn der Elternteil i. S. d. § 1591 bei Geburt des Kindes verheiratet ist bzw. in eingetragener Lebenspartnerschaft lebt und ein Dritter die Vaterschaft vor Geburt bzw. binnen 8 Wochen nach Geburt des Kindes anerkennt. Neben den nach den §§ 1595 und 1596 notwendigen Erklärungen bedarf die Anerkennung der Zustimmung des Elternteils, der im Zeitpunkt der Geburt mit dem nach § 1591 zugeordneten Elternteil des Kindes verheiratet ist bzw. in eingetragener Lebenspartnerschaft lebt; für diese Zustimmung gelten § 1594 Abs. 3 und 4, § 1596 Abs. 1 Satz 1 bis 3, Abs. 3 und 4, § 1597 Abs. 1 und 2 und § 1598 Abs. 1 entsprechend. § 1594 Abs. 2 ist nicht anzuwenden.[424]

§ 1599 II BGB-E setzt die vorstehend dargestellten Kritikpunkte um und schafft eine geschlechtsneutrale und für weibliche Paare anwendbare Bestimmung. § 1599 III BGB-E enthält die durch den Arbeitskreis Abstammungsrecht vorgeschlagene, unter den oben dargelegten Gesichtspunkten modifizierte Regelung zu einem von einem Scheidungsverfahren unabhängigen Statuswechsel durch qualifizierte Anerkennung. Die Bestimmung ist ebenfalls auf gleichgeschlechtliche Paare anzuwenden und daher geschlechtsneutral formuliert.

C. Zuordnungskorrektur

Vorstehend wurde die Zuordnungssystematik eines modernen Elternschaftsrechts herausgearbeitet, die sich an den in § 3 herausgearbeiteten Vorgaben orientiert. Ein modernes Elternschaftsrecht muss aber auch Korrekturmechanismen vorsehen, die es ermöglichen, eine nicht der Wahrheit entsprechende Zuordnung zu korrigieren.[425] Im Folgenden wird nun eine Systematik der Zuordnungskorrektur entwickelt. Hierbei ist nach den beiden Elternstellen zu unterscheiden. Unter (I.) wird daher die Korrektur der Elternschaft des Elternteils (erste Elternstelle) behandelt, unter (II.) die Korrektur der Elternschaft des weiteren Elternteils (zweite Elternstelle).

I. Korrektur der Elternschaft des Elternteils (erste Elternstelle)

Die Elternschaft der Person, die das Kind geboren hat (erste Elternstelle), sollte nicht der Korrektur durch Elternschaftsanfechtung unterliegen.[426]

---

[424] Angelehnt an die Formulierung des Arbeitskreis Abstammungsrecht des BMJV, Abschlussbericht – Empfehlungen für eine Reform des Abstammungsrechts, 2017, 45.

[425] *Schwab*, Familienrecht, 2016, § 47 Rn. 544.

[426] Offenlassend die Draft recommendation on the rights and legal status of children and parental responsibilities des Europarats, CDJC 2011, 15, die allerdings bislang nicht angenommen worden ist, vgl. dazu *Lederer*, Grenzenloser Kinderwunsch – Leih-

1. Derzeitige Rechtslage

Die vorstehend formulierte These entspricht dem geltenden deutschen Abstammungsrecht. Eine Anfechtung der Mutterschaft ist nach §§ 1599 ff. BGB nicht – auch nicht analog – möglich,[427] da der Gesetzgeber die Mutterschaft nicht als anfechtbar ausgestalten wollte,[428] wenngleich dies im Gesetzgebungsprozess durchaus gefordert worden war.[429] Sie ist auch nicht durch einen anderweitigen privatautonomen Akt beseitigbar.[430] Nur im Wege der Adoption kann die rechtliche Mutterschaft verändert werden.[431] Das Statusverfahren nach § 169 Nr. 1 FamFG kann ebenfalls nicht zur Beseitigung der Mutterschaft führen, da darin lediglich das Vorliegen bzw. Nichtvorliegen der Zuordnungsvoraussetzungen geprüft wird.[432] Aufgrund dieser Ausgestaltung stellt die Mutterschaft im derzeitigen System einen Fixpunkt dar,[433] an der sich auch die Ausgestaltung der Vaterschaft derzeit orientiert.

2. Rechtsvergleichende Betrachtung

Die wenigsten Rechtsordnungen kennen eine echte Anfechtbarkeit der Mutterschaft.[434] Die Mutterschaft ist unanfechtbar ausgestaltet etwa im niederländischen[435] und österreichischen Recht.[436] Auch das englische Recht geht im Rah-

---

mutterschaft im nationalen, europäischen und globalen rechtlichen Spannungsfeld, 2016, 259 ff.; *Nikolina,* Divided parents, shared children, 2015, 33 ff.

[427] So die einhellige Meinung, vgl. *Gernhuber/Coester-Waltjen,* Familienrecht, 2010, 639; *Schwab,* Familienrecht, 2016, § 48 Rn. 546; MüKoBGB/*Wellenhofer,* § 1591 Rn. 3, 4; Palandt/*Brudermüller,* § 1591 Rn. 2; Staudinger/*Rauscher,* § 1591 Rn. 16; *Voigt,* Abstammungsrecht 2.0, 2015, 42 f.; BeckOGK/*Reuß,* § 1599 BGB Rn. 45; *OLG Köln,* Beschl. v. 27.8.2014 – 2 Wx 222/14, NJW-RR 2014, 1409.

[428] BT-Drs. 13/4899, 82 f.

[429] *Coester-Waltjen* in: Ständige Deputation des Deutschen Juristentages (Hrsg.), Verhandlungen des 56. Deutschen Juristentages, 1986, 9, B 113; *Schwenzer, Deutscher Juristentag,* Gutachten A für den 59. Deutschen Juristentag – Empfiehlt es sich, das Kindschaftsrecht neu zu regeln?, 1992, A 39.

[430] *Gernhuber/Coester-Waltjen,* Familienrecht, 2010, 584, 587; *Schwab,* Familienrecht, 2016, § 48 Rn. 546; Staudinger/*Rauscher,* § 1591 Rn. 16.

[431] Palandt/*Brudermüller,* § 1591 Rn. 2; MüKoBGB/*Wellenhofer,* § 1591 Rn. 10.

[432] *Gernhuber/Coester-Waltjen,* Familienrecht, 2010, 584. Von der Unmöglichkeit eines solchen Verfahrens ausgehend allerdings *Muscheler,* Familienrecht, 2017 Rn. 528.

[433] *Gernhuber/Coester-Waltjen,* Familienrecht, 2010, 583. *Voigt,* Abstammungsrecht 2.0, 2015, 42.

[434] *Dethloff,* Familienrecht, 2015, § 10 Rn. 102.

[435] Eine Anfechtung ist lediglich bei der Partnerin der Geburtsmutter als weiterem Elternteil gem. Art. 1:198(2) BW oder gem. Art. 1:205a BW bei der Elternschaftsanerkennung möglich.

[436] Eine Anfechtung ist lediglich bei der Partnerin der Geburtsmutter als weiterem Elternteil gem. § 144 Abs. 3 ABGB möglich, die Geburtsmutterschaft ist unanfechtbar, vgl. Rieck – Ausländisches Familienrecht/*Nademleinsky,* Österreich Rn. 28.

men medizinisch-assistierter Zeugung im Anwendungsbereich der HFEA 1990, 2008 von der Unanfechtbarkeit der Mutterschaft aus.[437] Bei natürlicher Zeugung wird mit Blick auf die Mutterschaft ohnehin nur auf die Eigenschaft als Geburtsmutter abgestellt.[438] Zwar kennt das Recht von England und Wales mit Sec. 55A FLA 1986 ein gerichtliches Verfahren zur Klärung der Elternschaft, eine echte Anfechtung stellt dieses Verfahren nicht dar, da darin lediglich die Zuordnungsvoraussetzungen der Zuordnungstatbestände geprüft werden, die Geburtsmutter somit auch weiterhin Mutter des Kindes bleibt. Auch in der Möglichkeit der *parental order* gem. Sec. 54 HFEA 2008 ist keine echte Anfechtung zu sehen. Zwar ermöglicht das Instrument in Leihmutterschafts-Konstellationen eine Übertragung der Elternschaft von der Leihmutter und ggf. ihrem Partner/ihrer Partnerin auf die Wunscheltern. Der einvernehmlich ablaufende Vorgang ist aber kaum mit einem einseitigen Anfechtungsrecht vergleichbar. Eine Anfechtungsmöglichkeit der Mutterschaft ist allerdings traditionell in den Rechtsordnungen gegeben, die dem Anerkennungsprinzip folgen, vgl. oben zur Mutterschaftsanerkennung, d.h. in der romanischen Rechtstradition.[439] Das französische Recht sieht daher Anfechtungsmöglichkeiten auch mit Blick auf die Mutterschaft vor, vgl. Art. 332 CC (Anfechtung der Mutterschaft), Art. 335 CC (Anfechtung der durch Statusbesitz hergestellten Elternschaft der Mutter). Eine Anfechtung der Mutterschaft nach Art. 332 CC ist dann begründet, wenn die Frau, die als rechtliche Mutter angesehen wird, das Kind nicht geboren hat. Das bedeutet letztlich, dass eine genetische Mutter, die in die rechtliche Elternposition einrücken möchte, die Mutterschaft der Frau, die das Kind tatsächlich geboren hat, nicht erfolgreich anfechten kann.

3. Begründung der Unanfechtbarkeit der Elternschaft des Elternteils

Gegen die Unanfechtbarkeit der Mutterschaft ist in der Literatur nicht ganz unberechtigte Kritik artikuliert worden. Insbesondere ist vorgebracht worden, dass in der Unanfechtbarkeit der Mutterschaft ein Gleichheitsverstoß im Sinne des Art. 3 II GG zu sehen sei.[440] Dies resultiere erstens daraus, dass ein Vater im Einvernehmen mit einer anderen Person auf die Vaterschaft verzichten könne,

---

[437] *Scherpe* in: Dutta/Schwab/Henrich u.a. (Hrsg.), Künstliche Fortpflanzung und Europäisches Familienrecht, 2015, 295, 307.

[438] *House of Lords (Ampthill Peerage Case)*, [1977] AC 547, 577 („Motherhood, although also a legal relationship, is based on fact, being proved demonstrably by parturition"); *Masson/Bailey-Harris/Probert*, Cretney's Principles of Family Law, 2008, 527; *Lowe/Douglas*, Bromley's family law, 2015, 246.

[439] *Dethloff*, Familienrecht, 2015, § 10 Rn. 102.

[440] Arbeitskreis Abstammungsrecht des BMJV, Abschlussbericht – Empfehlungen für eine Reform des Abstammungsrechts, 2017, 35; MüKoBGB/*Wellenhofer*, § 1591 Rn. 43; *Schumann*, MedR 2014, 736, 738, 747. A.A. *Wanitzek*, Rechtliche Elternschaft bei medizinisch unterstützter Fortpflanzung, 2002, 215.

was der Mutter nicht möglich sei. Ferner liege ein Gleichheitsverstoß vor, da die rechtliche Vaterschaft beseitigt werden könne, die rechtliche Mutterschaft allerdings nicht. Da aber beide Elternschaften gleich zu bewerten seien, liege eine Ungleichbehandlung von wesentlich Gleichem vor. Der Kritik ist im Grundsatz zuzustimmen. Darüber hinaus berührt die Unanfechtbarkeit der Mutterschaft im derzeitigen Abstammungsrecht auch das verfassungsrechtliche Interesse der genetischen, nicht rechtlichen Mutter, in die rechtliche Elternstellung einrücken zu können, Art. 6 II 1 GG. Dem genetischen, nicht rechtlichen Vater wird die Vaterschaftsanfechtung gem. § 1600 I Nr. 2 BGB ermöglicht, die genetische, nicht rechtliche Mutter hat hingegen keinerlei Möglichkeit die rechtliche Elternschaft zu erlangen. Die Mutterschaft ist unanfechtbar, die Vaterschaft kann von ihr, da sie nicht „Mann" i. S. d. § 1600 I Nr. 2 BGB ist, nicht erlangt werden.

Fraglich ist, ob aus dieser berechtigten Kritik zu folgern ist, die rechtliche Elternschaft des Elternteils (erste Elternstelle) anfechtbar auszugestalten.[441] Das wäre jedenfalls dann der Fall, wenn den Interessen der Beteiligten nicht anderweitig entsprochen werden kann.

In der Konstellation natürlicher Zeugung eines Kindes ergibt sich letztlich ebenso wenig ein Bedarf für die Anfechtung der ersten Elternstelle wie bei der medizinisch-assistierten Zeugung im homologen System, da genetische, biologische und soziale Elternschaft stets in der zugeordneten Person zusammenfallen.[442] Ein Bedarf für die Anfechtbarkeit der Geburtselternschaft ergibt sich letztlich erst dann, wenn biologische Elternschaft und genetische Elternschaft auseinanderfallen, d. h. im Falle der Eizellen-, Mitochondrien- und Embryonenspende. Hier besteht unter Umständen ein Interesse der genetischen, nicht rechtlichen Mutter, in die rechtliche Elternposition zu gelangen. Ein solches Interesse kann allerdings in all jenen Fällen ausgeschlossen werden, in denen die Eizellen-, Mitochondrien- oder Embryonenspende auf klassischem Wege erfolgt ist. Die Spender haben in dieser Situation in die Spende zu Befruchtungszwecken bei Dritten eingewilligt, und somit an der eigenen Elternrolle kein Interesse.[443] Art. 6 II 1 GG ist somit in diesen Fällen nicht berührt, die Ungleichbehandlung von Vaterschaft und Mutterschaft wirkt sich somit nicht praktisch aus. Aufgrund der für die Eizellen-, Mitochondrien- und Embryonenspende erforderlichen medizinischen Eingriffe kann ferner praktisch ausgeschlossen werden, dass eine Spende im privaten Bereich und im Wege der Selbstbefruchtung vorgenommen

---

[441] So etwa *Kaiser* in: Schwab/Vaskovics (Hrsg.), Pluralisierung von Elternschaft und Kindschaft, 2011, 239, 255; *Muscheler,* Familienrecht, 2017 Rn. 530.

[442] *Helms* in: Ständige Deputation des Deutschen Juristentages (Hrsg.), Rechtliche, biologische und soziale Elternschaft – Herausforderungen durch neue Familienformen, 2016, F 1, F 39.

[443] *Helms* in: Ständige Deputation des Deutschen Juristentages (Hrsg.), Rechtliche, biologische und soziale Elternschaft – Herausforderungen durch neue Familienformen, 2016, F 1, F 39.

wird. Es bleiben damit lediglich Fälle, in denen die Partnerin des Geburtselternteils als gleichgeschlechtliche Partnerin ihre Eizelle zur Befruchtung spendet. Trennt sich das Paar nach erfolgreicher Befruchtung und willigt die Geburtsmutter nicht in die Adoption des Kindes ein, so ist eine rechtliche Elternschaft für die genetische, nicht rechtliche Mutter unerreichbar. Die Unanfechtbarkeit der Mutterschaft berührt das Recht aus Art. 6 II 1 GG und wirkt sich in diesen Fällen im Vergleich zur Anfechtbarkeit der Vaterschaft gleichheitswidrig aus.

Zur Beseitigung des Gleichheitsverstoßes ist es allerdings nicht erforderlich, die erste Elternstelle der Elternschaftsanfechtung zu unterwerfen.[444] Zu beachten ist, dass die Situation der biologischen, nicht rechtlichen Mutter nicht immer der des biologischen, nicht rechtlichen Vaters im Rahmen der §§ 1599 ff. BGB vergleichbar ist;[445] geht es bei diesem in der Regel um die Korrektur der bestehenden rechtlichen Vaterzuordnung zugunsten der eigenen Vaterschaft, geht es bei der biologischen, nicht rechtlichen Mutter immer öfter auch um die Schaffung einer weiteren rechtlichen Mutterschaft neben jener der Geburtsmutter.[446] Diese Fälle betreffen letztlich nicht die Anfechtbarkeit/Korrektur der rechtlichen Mutterschaft der Geburtsmutter sondern die Ermöglichung gleichgeschlechtlicher Elternschaft.[447] Den Interessen der genetischen Mutter, die als Partnerin der Geburtsmutter ihre Eizelle gespendet hat, kann somit über die Anfechtbarkeit der zweiten Elternstelle entsprochen werden.[448] Sollte es an dieser Stelle ganz konkret zu einem positiven Elternschafts-Konflikt kommen, da auch der private Samenspender ein Interesse an der Elternstellung hat, kann dem nicht zugeordneten Elternteil auf Ebene der Einzelausprägungen des Elternrechts entsprochen werden. Der Konflikt zweier genetischer Elternteile ist entsprechend der Regelung bei der gerichtlichen Elternschaftsfeststellung zu lösen, dazu siehe bereits oben S. 370 f. Letztlich erfordert auch das Interesse des Geburtselternteils keine Anfechtung der Elternschaft, denn selbst im seltenen Fall der zwangsweisen Einsetzung eines fremden Embryos kann der Elternteil,[449] wenn er das Kind nicht selbst als seines ansieht, das Kind zur Adoption freigeben.[450]

---

[444] Nicht einigen konnte sich in dieser Frage der Arbeitskreis Abstammungsrecht des BMJV, Abschlussbericht – Empfehlungen für eine Reform des Abstammungsrechts, 2017, 73.

[445] Hierzu bereits BeckOGK/*Reuß*, § 1599 BGB Rn. 45.

[446] *Dethloff* in: Hilbig-Lugani/Jakob/Mäsch u.a. (Hrsg.), Zwischenbilanz, 2015, 41, 49.

[447] Rechtsvergleichend hierzu *Reuß*, FamPra.ch 2015, 858.

[448] Entsprechendes gilt für die private Spenderin, die Verantwortung für das Kind übernehmen möchte, wenn die Geburtsmutter plötzlich gestorben ist, auf den Fall hinweisend MüKoBGB/*Wellenhofer*, § 1591 Rn. 16 ff., hier kann die Erlangbarkeit der zweiten Elternstelle durch Elternschaftsanerkennung helfen.

[449] Für die Fälle der Gameten- bzw. Embryonenvertauschung den Korrekturausschluss kritisch sehend *Gernhuber/Coester-Waltjen*, Familienrecht, 2010, 639 m.w.N.; MüKoBGB/*Wellenhofer*, § 1591 Rn. 57; *Voigt*, Abstammungsrecht 2.0, 2015, 192 ff.

Die Unanfechtbarkeit der ersten Elternstelle steht mit der in § 3 herausgearbeiteten Orientierungslinie der Gleichwertigkeit von genetischer, biologischer und sozialer Elternschaft in Einklang. Die Person, die das Kind geboren hat, weist als einzige Person ab dem Geburtszeitpunkt bereits eine biologische und soziale Bindung zum Kind auf. Eine Anfechtung der Elternschaft aufgrund des Nichtbestehens einer genetischen Beziehung zum Kind zuzulassen, erscheint aufgrund der Gleichwertigkeit der einzelnen Elternschaftssegmente daher nur schwer rechtfertigbar. Dies lässt nicht außer Acht, dass in bestimmten Konstellationen durchaus ein Bedürfnis der Beteiligten daran bestehen kann, die rechtliche Elternzuordnung mit Blick auf die erste Elternstelle zu verändern. Dies gilt etwa dann, wenn es bei einer medizinisch-assistierten Reproduktion zu einer Gameten- oder Embryonenvertauschung gekommen ist bzw. eine Leihmutterschafts-Konstellation vorliegt, in der die Geburtsmutter kein Interesse an der Elternstellung hat. Für diese Konstellationen werden nachstehend von der Anfechtung gesonderte Lösungsvorschläge unterbreitet, die den Interessen aller Beteiligter besser entsprechen, als ein einseitiges Korrekturinstrument.[451]

Die Unanfechtbarkeit der ersten Elternstelle sollte schlussendlich auch nicht leichtfertig aufgegeben werden. Letztlich liegt in der Unanfechtbarkeit der Geburtselternschaft ein zentraler Punkt des gesamten Zuordnungssystems. An die Zuordnung der ersten Elternstelle knüpfen die übrigen Zuordnungstatbestände an. Deshalb fungiert die Geburtselternschaft im gegenwärtigen deutschen Abstammungsrecht ebenfalls wie in der hier erarbeiteten Theorie eines modernen Elternschaftsrechts als eine Art Gravitationszentrum, um das die einzelnen Zuordnungstatbestände des § 1592 BGB kreisen. Gibt man einen solchen Fixpunkt auf, muss man sich darüber im Klaren sein, dass die Elternzuordnung vollkommen neu zu konzipieren ist. Nach der hier vertretenen Auffassung tut dies weder Not, noch ist es aufgrund der Gleichwertigkeit genetischer, biologischer und sozialer Elternschaft rechtfertigbar, die Elternschaft der Person, die das Kind geboren hat, der Anfechtung zu unterwerfen. Dies gilt umso mehr, als den Interessen des genetischen, nicht rechtlichen Elternteils hinreichend auf andere Weise entsprochen werden kann. Es besteht in Anbetracht der vorstehenden Erwägungen auch kein Bedarf für eine Ausweitung des § 1599 II BGB auf die Geburtselternschaft.[452]

---

[450] MüKoBGB/*Wellenhofer,* § 1591 Rn. 56. Gegen eine Anfechtung auch Staudinger/ *Rauscher,* § 1591 Rn. 18 („Eine abweichende Mutterzuordnung steht aber dort erst recht nicht zur Diskussion"); BeckOGK/*Haßfurter,* § 1591 BGB Rn. 82, 82.1.

[451] Siehe zur Embryonen- und Gametenvertauschung unten S. 457 ff. und zur Leihmutterschaft S. 427 ff.

[452] Arbeitskreis Abstammungsrecht des BMJV, Abschlussbericht – Empfehlungen für eine Reform des Abstammungsrechts, 2017, 35 f.

II. Korrektur der Elternschaft des weiteren Elternteils
(zweite Elternstelle)

Bereits unter (I.) ist herausgearbeitet worden, dass es in gewissen Situationen angebracht sein kann, eine Korrektur der Elternschaft mit Blick auf die zweite Elternstelle zu ermöglichen. Dies gilt umso mehr, als die verschiedenen Zuordnungskriterien zwar im Regelfall, aber nicht stets, zu einer der Wahrheit entsprechenden Zuordnung führen. Im Folgenden werden daher Korrekturinstrumente eingehend untersucht, die eine Korrektur der zweiten Elternstelle ermöglichen sollen.

1. Korrigierbarkeit der zweiten Elternstelle
durch Elternschaftsanfechtung

Die zweite Elternstelle sollte auch weiterhin als durch Elternschaftsanfechtung korrigierbar ausgestaltet sein.

a) Derzeitige Rechtslage

Das derzeit geltende Recht sieht in §§ 1599 ff. BGB vor, dass die rechtliche Vaterschaft im Grundsatz durch Vaterschaftsanfechtung korrigierbar ist. § 1599 I BGB bestimmt, dass § 1592 Nr. 1 und 2 und § 1593 BGB nicht gelten, wenn aufgrund der Anfechtung rechtskräftig festgestellt ist, dass der Mann nicht der Vater des Kindes ist. Eine Anfechtung der Mutterschaft ist über § 1599 I BGB nicht möglich, vgl. dazu bereits oben. Die Anfechtung bezieht sich als Korrekturinstrument daher ausschließlich auf die zweite Elternstelle. Die Anfechtung ist als privates Gestaltungsrecht konzipiert,[453] was dem Grundverständnis von Familie als Intimgruppe und der Höchstpersönlichkeit der Eltern-Kind-Beziehung letztlich entspricht.[454]

b) Rechtsvergleichende Betrachtung

Die Anfechtung ist als Korrekturinstrument in vielen Rechtsordnungen vorgesehen.[455] Das österreichische,[456] das französische[457] und das niederländische[458] Recht kennen sie beispielsweise. Auch dort bezieht sie sich (nur bzw. auch) auf die zweite Elternstelle. Es gibt aber durchaus Rechtsordnungen, die keinerlei Anfechtbarkeit der zweiten Elternstelle vorsehen. Hierzu zählt beispielsweise das

---

[453] *BGH,* Urt. v. 20.1.1999 – XII ZR 117/97, NJW 1999, 1632; *Gernhuber/Coester-Waltjen,* Familienrecht, 2010, 623; BeckOGK/*Reuß,* § 1599 BGB Rn. 51 m.w.N.

[454] *Gernhuber/Coester-Waltjen,* Familienrecht, 2010, 622; BeckOGK/*Reuß,* § 1599 BGB Rn. 51.

[455] *Dethloff,* Familienrecht, 2015, § 10 Rn. 107.

[456] §§ 151 ff., §§ 154 ff. ABGB.

[457] Art. 332 ff. CC.

[458] Art. 1:200 ff. und Art. 1:205 ff. BW.

Recht von England und Wales.[459] Die Abstammung wird hier im Wesentlichen nicht als Status, sondern als Tatsache begriffen, die prinzipiell in jedem Verfahren festgestellt und bestritten werden kann.[460] Sec. 20 *Family Law Reform Act 1969* ermöglicht es daher letztlich in jedem Gerichtsverfahren eine genetische Abstammungsuntersuchung durchzuführen, wenn der Abstammung Entscheidungsrelevanz zukommt. Statusrechtliche Wirkung kommt einer derartigen Feststellung allerdings nicht zu, sie wirkt nur *inter partes*.[461] Auch die mit Wirkung für und gegen jeden ausgestatteten Zuordnungsgründe im Bereich der HFEA 1990, 2008 sind letztlich der Anfechtung nicht zugänglich.[462] In dem mit „*erga omnes*"-Wirkung ausgestatteten Verfahren der *declaration of parentage* nach Sec. 55A FLA 1986 lässt sich lediglich das Eingreifen bzw. Nichteingreifen der automatisch wirkenden Zuordnungsgründe feststellen. Es ähnelt seiner Funktion nach daher eher § 169 Nr. 1 FamFG.

c) Schlussfolgerungen für die Korrektursystematik

Auch weiterhin sollte eine Anfechtbarkeit der zweiten Elternstelle in der Ausgestaltung als privates Gestaltungsrecht vorgesehen werden, um Fehlzuordnungen zu beseitigen. International gesehen ist eine Korrektur der zweiten Elternstelle über das Instrument der Anfechtung der Regelfall. Angesichts der in § 3 herausgearbeiteten Orientierungslinien und der vorangehend vorgeschlagenen Erweiterungen der Zuordnungsgründe auf gleichgeschlechtliche weibliche Paare, sollte konsequenterweise eine geschlechtsneutrale Formulierung gewählt und nicht mehr von „Mann" und „Vater", sondern von „Person" und „Elternteil" gesprochen werden.

2. Anfechtungsgegenstand

Anfechtungsgegenstand sollte weiterhin einheitlich die nach § 1592 Nr. 1, 2 und § 1593 BGB zustande gekommene Elternschaft des weiteren Elternteils sein.

a) Derzeitige Rechtslage

Indem § 1599 I BGB bestimmt, dass die §§ 1592 Nr. 1, und 2, 1593 BGB nicht gelten, wenn rechtskräftig festgestellt ist, dass der als Vater zugeordnete Mann nicht der Vater des Kindes ist, umgrenzt die Bestimmung den Gegenstand der

---

[459] So auch *Dethloff*, Familienrecht, 2015, § 10 Rn. 107.

[460] Siehe hierzu eingehend *Helms* in: Schwab/Vaskovics (Hrsg.), Pluralisierung von Elternschaft und Kindschaft, 2011, 105, 111 f.

[461] Vgl. im Einzelnen hierzu *Masson/Bailey-Harris/Probert*, Cretney's Principles of Family Law, 2008, 538.

[462] *Scherpe* in: Dutta/Schwab/Henrich u. a. (Hrsg.), Künstliche Fortpflanzung und Europäisches Familienrecht, 2015, 295, 307.

Anfechtung. Angefochten werden können lediglich die nach § 1592 Nr. 1 BGB zustande gekommene Vaterschaft des Ehemanns der Geburtsmutter, die durch Vaterschaftsanerkennung im Sinne des § 1592 Nr. 2 BGB zustande gekommene Vaterschaft[463] und die Vaterschaft, die im Wege des § 1593 BGB zugewiesen wurde.[464] Eine Anfechtung der gerichtlich festgestellten Vaterschaft i. S. d. § 1592 Nr. 3 BGB ist nicht vorgesehen.[465] Gleiches gilt für die Vaterschaft des genetischen, ursprünglich nicht rechtlichen Vaters, der aufgrund von § 182 I 1 FamFG als rechtlicher Vater festgestellt wird.[466] Liegt bereits eine gerichtliche Feststellungsentscheidung über die Vaterschaft vor, ist eine Änderung dieser Zuordnung nur im Rahmen eines Restitutionsverfahrens nach § 185 FamFG möglich. Dies dient letztlich der Schaffung von Statusbeständigkeit.[467] Die durch Adoption hergestellte Elternschaft unterliegt gesonderten Aufhebungsbestimmungen, vgl. §§ 1759 ff. BGB.[468] § 1599 I BGB umfasst letztlich einen einheitlichen Anfechtungsgegenstand und unterscheidet – anders als das alte Recht der Ehelichkeitsanfechtung und der Anfechtung des Vaterschaftsanerkenntnisses[469] – in den Voraussetzungen der Anfechtung und mit Blick auf den Anfechtungsgrund im Grundsatz nicht nach den jeweiligen Zuordnungstatbeständen.[470]

Voraussetzung einer erfolgreichen Anfechtung ist jedoch, dass ein Anfechtungsgegenstand auch tatsächlich gegeben ist. Liegt eine nach § 1599 I BGB anfechtbare Vaterschaft gar nicht vor, etwa, weil eine wirksame Ehe mit der Geburtsmutter nicht bestand und die Zuordnungswirkung des § 1592 Nr. 1 BGB nicht ausgelöst wurde, kann auch eine Anfechtung dieser Elternschaft nicht erfolgen.[471] Aus diesem Grund ist ebenfalls eine Vaterschaftsanfechtung vor Geburt nicht möglich, da die Wirkungen der Vaterschaft erst mit Geburt des Kindes entstehen.[472] Ein Anfechtungsgegenstand liegt somit erst mit Geburt des Kindes vor.

---

[463] Umfasst sind hierbei sowohl die von Anfang an wirksame, als auch die nach § 1598 II BGB wirksam gewordene Anerkennung, vgl. MüKoBGB/*Wellenhofer*, § 1599 Rn. 27; Staudinger/*Rauscher*, § 1599, Rn. 8; BeckOGK/*Reuß*, § 1599 BGB Rn. 63.

[464] Staudinger/*Rauscher*, § 1599 Rn. 11; BeckOGK/*Reuß*, § 1599 BGB Rn. 63.

[465] Staudinger/*Rauscher*, § 1599, Rn. 10; MüKoBGB/*Wellenhofer*, § 1599 Rn. 30; *Wanitzek*, FPR 2002, 390.

[466] BeckOGK/*Reuß*, § 1599 BGB Rn. 64.

[467] MüKoBGB/*Wellenhofer*, § 1592 Rn. 17; BeckOGK/*Balzer*, § 1592 BGB Rn. 105.

[468] Zur Aufhebbarkeit der Minderjährigenadoption eingehend *Frank*, StAZ 2016, 33.

[469] Dazu siehe BeckOGK/*Reuß*, § 1600 BGB Rn. 13 m.w. N.

[470] Ausnahme § 1600c II BGB.

[471] *Gernhuber/Coester-Waltjen*, Familienrecht, 2010, 623; Staudinger/*Rauscher*, § 1599, Rn. 9, 11; MüKoBGB/*Wellenhofer*, § 1599 Rn. 23; BeckOGK/*Reuß*, § 1599 BGB Rn. 57.

[472] *OLG Rostock*, Beschl. v. 30.11.2006 – 10 WF 206/06, NJW-RR 2007, 291; Staudinger/*Rauscher*, § 1599, Rn. 10a, 11; MüKoBGB/*Wellenhofer*, § 1599 Rn. 23; BeckOGK/*Reuß*, § 1599 BGB Rn. 57 m.w. N.

b) Rechtsvergleichende Betrachtung

Blickt man in andere Rechtsordnungen, die die Vaterschafts- bzw. Elternschaftsanfechtung kennen, so fällt auf, dass nicht alle Rechtsordnungen den Anfechtungsgegenstand ebenso einheitlich definieren, wie das deutsche Recht. Zwar ist in vielen Ländern die Anfechtung der durch gerichtliche Feststellung hergestellten Eltern-Kind-Beziehung genauso von der Anfechtung ausgenommen und Sonderbestimmungen unterworfen,[473] wie die Aufhebung der durch Adoption hergestellten Elternschaft.[474] Unterscheidungen ergeben sich allerdings dadurch, dass viele Rechtsordnungen je nach Zuordnungskriterium verschiedene Anfechtungsvoraussetzungen und Anfechtungsberechtigungen vorsehen.[475]

Beispielsweise unterscheiden das österreichische und das niederländische Recht nach der Anfechtung der automatisch zugeordneten Elternschaft und der Anfechtung des Elternschaftsanerkenntnisses. §§ 151 ff. ABGB (Feststellung der Nichtabstammung vom Ehemann der Mutter) bzw. Art. 1:200(1) BW (*ontkennen*)[476] regeln die Anfechtung der durch Ehe/registrierte Lebenspartnerschaft mit der Geburtsmutter zugewiesenen Elternschaft, § 154 ABGB (Rechtsunwirksamerklärung des Vaterschaftsanerkenntnisses) bzw. Art. 1:205 BW (*vernietiging*) betreffen die Anfechtung des Elternschaftsanerkenntnisses. In den Niederlanden besteht zwar im Grundsatz in beiden Fällen ein einheitlicher Anfechtungsgrund, d.h. die Nichtabstammung des Kindes von der zugeordneten Person. Anders als bei der Anfechtung der Elternschaft des Ehegatten kann die Anfechtung bei der Anerkennung auch durch eine Behörde erfolgen.[477] Die Anfechtungsberechtigungen sind ebenfalls unterschiedlich ausgestaltet. So ist der zugeordnete Elternteil bei automatischer Zuordnung aufgrund Ehe im Grundsatz stets anfechtungsberechtigt (ungeachtet der Ausschlusstatbestände), die anerkennende Person hingegen nur dann, wenn sie durch Drohung, Zwang, Täuschung während der Minderjährigkeit oder durch sonstigen Missbrauch von Umständen (auch während der Volljährigkeit) zur Anerkennung bewogen wurde.[478] Auch die Fristenregelungen unterscheiden sich.[479] Im österreichischen Recht sind beispielsweise im Rahmen

---

[473] Für Frankreich: vgl. Art. 318 ff., Art. 332 ff. CC, Art. 324 Abs. 1 CC, dazu Éditions Francis Lefebvre, Mémento Pratique – Droit de la famille 2016–2017, 2016 Rn. 28055. Für Österreich: §§ 151 ff., 154 ABGB. Für die Niederlande: Art. 1:200 ff. und Art. 1:205 BW.

[474] Für Frankreich: Art. 359 CC (Unaufhebbarkeit). Für Österreich: §§ 200 ff. ABGB. Für die Niederlande: Art. 1:231 ff. BW.

[475] *Dethloff,* Familienrecht, 2015, § 10 Rn. 108.

[476] Zu den erbrechtlichen Folgen der Anfechtung der durch Ehe hergestellten Abstammungsbeziehung siehe *Verhagen/Visser,* Tijdschrift voor Familie- en Jeugdrecht 2014, 45.

[477] Art. 1:205(2) BW.

[478] Vgl. Art. 1:205(1) lit. b BW.

[479] Vgl. etwa die zusätzliche Fristenregelung bei Missbrauch Art. 1:205(3) BW.

der automatischen Elternschaftszuordnung nur das Kind und der Ehemann anfechtungsberechtigt.[480] Der Mutter kommt kein eigenes Anfechtungsrecht zu.[481] Im Verfahren um die Rechtsunwirksamerklärung kann sie über ihren Widerspruch gegen das Anerkenntnis (kein echtes Antragsrecht) allerdings die Rechtsunwirksamerklärung des Anerkenntnisses bewirken.[482] Stellt die Feststellung der Nichtabstammung vom Ehemann der Mutter ferner ein reines Antragsverfahren dar, kann die Rechtsunwirksamerklärung des Vaterschaftsanerkenntnisses unter Umständen sogar von Amts wegen erfolgen, vgl. § 151 I Nr. 1 ABGB. Die Systeme der Anfechtung der Elternschaft und die Ausgestaltung des Anfechtungsgegenstands unterscheiden sich somit im internationalen Vergleich deutlich.

c) Schlussfolgerungen für die Korrektursystematik

Welche Schlussfolgerungen sind letztlich hieraus für die Gestaltung der Korrektursystematik eines modernen Elternschaftsrechts zu ziehen? Traditionell verfügt das deutsche Abstammungsrecht über einen einheitlichen Anfechtungsgegenstand, der die Zuordnungstatbestände der §§ 1592 Nr. 1, 2, 1593 BGB erfasst, die gerichtliche Feststellung allerdings ausklammert. Es wird ferner weder bei der Anfechtungsberechtigung noch bei den Anfechtungsgründen unterschieden, auf welcher Grundlage die Zuordnung erfolgt ist. Auch die Fristenregelungen sind letztlich einheitlich ausgestaltet. Andere Rechtsordnungen verfahren mit Blick auf den Ausschluss der gerichtlich festgestellten Elternschaft zwar ähnlich, sie unterscheiden demgegenüber aber bei der Anfechtung nach den unterschiedlichen Zuordnungskriterien und knüpfen unterschiedliche Voraussetzungen an diese. Im Lichte eines klaren und vorhersehbaren Systems der Elternschaftsanfechtung sollte letztlich an der einheitlichen Ausgestaltung des Anfechtungsgegenstands festgehalten werden. Würden unterschiedliche Bestimmungen für die Anfechtung je nach Zuordnungskriterium vorgehalten, wären die Anfechtungsvoraussetzungen deutlich schwerer zu überblicken, als bei einem einheitlichen System. Dafür spricht letztlich insbesondere, dass die Zuordnungstatbestände des § 1592 BGB jeweils vollwertige Elternschaften begründen, die sich in ihrer Wertigkeit nicht unterscheiden. Es ist daher durchaus sinnvoll, auf gleichwertige Zuordnungen dieselben Anfechtungsbestimmungen anzuwenden.[483]

Mit Blick auf die Ausklammerung der gerichtlich festgestellten Elternschaft besteht allerdings im internationalen Vergleich keine ebenso große Abweichung.

---

[480] § 151 II ABGB.

[481] *Ferrari* in: Dutta/Schwab/Henrich u. a. (Hrsg.), Künstliche Fortpflanzung und Europäisches Familienrecht, 2015, 182, 189 Fn. 49.

[482] § 154 I Nr. 2 ABGB.

[483] Wie hier *Helms* in: Ständige Deputation des Deutschen Juristentages (Hrsg.), Rechtliche, biologische und soziale Elternschaft – Herausforderungen durch neue Familienformen, 2016, F 1, F 42.

Die Ausklammerung macht auch Sinn, da anders als bei §§ 1592 Nr. 1, 2, 1593 BGB in einem gerichtlichen Verfahren die Zuordnungsgründe geprüft worden sind. Die Richtigkeitsgewähr der Zuordnung ist deshalb höher, als bei den übrigen Zuordnungsgründen. Die gerichtliche Feststellung daher nur im Ausnahmefall aufhebbar auszugestalten, entspricht dem Grundsatz der Statusbeständigkeit.[484]

Auch weiterhin kommt eine vorgeburtliche Anfechtung nicht in Betracht, da sich an der Zuordnungssystematik mit Blick auf den Zeitpunkt der Zuordnung nach hier vertretener Auffassung keine Änderung ergibt.[485] Ein Anfechtungsgegenstand entsteht daher auch weiterhin erst mit Geburt.[486]

3. Anfechtungsgrund

Anfechtungsgrund sollte auch weiterhin ausschließlich das Nichtbestehen einer genetischen Abstammungsbeziehung des Kindes zum weiteren Elternteil sein, wobei die Tatsache, dass das Kind mit dem weiteren Elternteil nicht genetisch verwandt ist, nicht in jedem Fall zu einer erfolgreichen Anfechtung führen sollte.[487]

a) Derzeitige Rechtslage

§ 1599 I BGB bestimmt, dass die Anfechtung erfolgreich ist, wenn der als Vater zugeordnete Mann nicht der Vater des Kindes ist. Damit meint der Gesetzgeber die fehlende genetische Vaterschaft des Mannes.[488] In § 1599 I BGB ist somit der Anfechtungsgrund formuliert. Weitere Anfechtungsgründe bestehen aufgrund der abschließenden Natur des § 1599 BGB nicht. Das bedeutet, dass eine Anfechtung auch nicht aufgrund von Willensmängeln, Täuschungen, Drohungen etc. erfolgreich vorgenommen werden kann.[489] Der dem Kind zugeordnete genetische Vater kann sich daher nicht mit dem Argument von seiner Vaterschaft befreien, er habe sich in den wesentlichen Eigenschaften des Kindes geirrt und fechte somit gem. § 119 II BGB seine Vaterschaft an. Die Begrenzung der Anfechtungsgründe schafft letztlich Statusbeständigkeit und spiegelt anfechtungsrechtlich die

---

[484] MüKoBGB/*Wellenhofer,* § 1592 Rn. 17; BeckOGK/*Balzer,* § 1592 BGB Rn. 105.

[485] Dazu siehe oben § 3 S. 220 ff.

[486] So auch Arbeitskreis Abstammungsrecht des BMJV, Abschlussbericht – Empfehlungen für eine Reform des Abstammungsrechts, 2017, 42.

[487] Zum Anfechtungsausschluss bei konsentierter Zeugung des Kindes im heterologen System siehe unten S. 414 ff. Zum Ausschluss der Anfechtung bei Bestehen einer sozial-familiären Beziehung zum weiteren Elternteil siehe S. 407 ff. und S. 411 ff.

[488] *Gernhuber/Coester-Waltjen,* Familienrecht, 2010, 630; *Schwab,* Familienrecht, 2016 Rn. 576; MüKoBGB/*Wellenhofer,* § 1599 Rn. 21; BeckOGK/*Reuß,* § 1599 BGB Rn. 102 m.w.N.

[489] *Gernhuber/Coester-Waltjen,* Familienrecht, 2010, 625; Staudinger/*Rauscher,* § 1599 Rn. 13; BeckOGK/*Reuß,* § 1599 BGB Rn. 103.

Regelung des § 1598 I BGB wider, der die Unwirksamkeitsgründe des Vaterschaftsanerkenntnisses umgrenzt.[490]

Die Feststellung der Nichtabstammung erfolgt im Anfechtungsverfahren nach denselben Grundsätzen, die auch für die gerichtliche Vaterschaftsfeststellung gelten. Im Rahmen der Amtsermittlung sind alle erdenklichen Beweise einzuholen, die zur Klärung der Vaterschaft führen können.[491] Aufgrund der heute bestehenden umfassenden Begutachtungsmöglichkeiten, ist die genetische Abstammung in den meisten Fällen mit an Sicherheit grenzender Wahrscheinlichkeit feststellbar.[492] Die Mitwirkung der Beteiligten kann gem. § 178 II FamFG sogar erzwungen werden. Entzieht sich der betreffende Mann der Begutachtung, greifen die Grundsätze der Beweisvereitelung ein, und seine Vaterschaft kann nach vorheriger Belehrung über die Folgen einer Vereitelung der Abstammungsuntersuchung und erneuter Fristsetzung zur Mitwirkung als gegeben angesehen werden.[493]

Wie bereits vorstehend im Rahmen der gerichtlichen Elternschaftsfeststellung dargelegt, kann es dazu kommen, dass trotz der umfassenden Begutachtungsmethoden keine sichere Vaterschaftsfeststellung möglich ist. Dies betrifft den Fall des Mehrverkehrs der Mutter mit monozygoten Zwillingen. Selbst umfassende Verfahren wie das *whole genome sequencing* können hier keine sichere Zuordnung bewirken.[494] In diesen Fällen eines *non liquet* hilft auch im Bereich der Vaterschaftsanfechtung eine widerleglich ausgestaltete Vermutungsregelung.[495] Gemäß § 1600c I 1 BGB wird im Verfahren auf Anfechtung der Vaterschaft vermutet, dass das Kind von dem Mann abstammt, dessen Vaterschaft nach § 1592 Nr. 1, 2 oder § 1593 BGB besteht. Die Vermutung dient somit der Statusbeständigkeit bei unklarem Vaterschaftsnachweis.[496] Da die Zuordnungstatbestände der §§ 1592 Nr. 1, 2 und 1593 BGB selbst die Herstellung einer Übereinstimmung von biologischer und rechtlicher Vaterschaft aufgrund einer Wahrscheinlichkeitsannahme verfolgen, dient die Vermutung des § 1600c I BGB ebenfalls diesem Ziel.[497] Hat der anfechtende Mann allerdings die Vaterschaft anerkannt, und leidet diese unter einem Willensmangel nach § 119 Abs. 1, § 123 BGB, ist anstelle

---

[490] *Gernhuber/Coester-Waltjen*, Familienrecht, 2010, 625.

[491] BeckOGK/*Reuß*, § 1599 BGB Rn. 104 m.w.N.

[492] Zu einem Überblick siehe BeckOGK/*Reuß*, § 1598a BGB Rn. 131 ff.

[493] Vgl. für das Verfahren nach § 1600d: *BGH*, Urt. v. 10.2.1993 – XII ZR 241/91, NJW 1993, 1391; *BGH*, Urt. v. 9.4.1986 – IVb ZR 27/85, NJW 1986, 2371. Im Bereich der Vaterschaftsanfechtung: *OLG Hamburg*, 14 U 111/84, DAVorm 1987, 359 (Rückgriff auf die gesetzliche Vermutungsregelung).

[494] BeckOGK/*Reuß*, § 1598a BGB Rn. 132.3 sowie *BVerfG*, Beschl. v. 18.8.2010 – 1 BvR 811/09, NJW 2010, 3772 und *OLG Celle*, Urt. v. 30.1.2013 – 15 UF 51/06, FamRZ 2013, 1669; kritisch zum Verfahren *Rittner*, FPR 2011, 372.

[495] Zur Widerleglichkeit Staudinger/*Rauscher*, § 1600c, Rn. 5.

[496] *Gernhuber/Coester-Waltjen*, Familienrecht, 2010, 632; dazu bereits BeckOGK/ *Reuß*, § 1599 BGB Rn. 110.

[497] BT-Drs. V/2370, 35; vgl. so BeckOGK/*Reuß*, § 1600c BGB Rn. 5 m.w.N.

der Vermutung des § 1600c I BGB auf die Vermutung des § 1600d II und III BGB abzustellen, d.h. es wird die Vaterschaft des Mannes vermutet, der der Mutter während der Empfängniszeit beigewohnt hat. Damit verfolgt der Gesetzgeber auch hier das Ziel der Statuswahrheit, denn es ist nicht besonders wahrscheinlich, dass der unter Irrtum, Drohung oder Zwang anerkennende Mann auch tatsächlich der biologische Vater des Kindes ist. In den genannten Fällen liegt es vielmehr näher, dass nicht der anerkennende Mann, sondern der Mann, der der Mutter in der Empfängniszeit beigewohnt hat, der genetische Vater des Kindes ist.[498] Da die Vermutungsregelung des § 1600c II BGB lediglich Mängel bei der Anerkennung des Mannes in Betracht zieht, Mängel bei der Zustimmung des Kindes und der Mutter allerdings unbeachtlich lässt (auch hier liegt es nahe, die Vermutung des § 1600c I BGB als entkräftet anzusehen), ist die Bestimmung gleichheitswidrig. Aufgrund der fehlenden Beachtlichkeit des Kindeswillens steht sie ebenfalls in Konflikt mit Art. 12 KRK.[499] § 1600c II BGB sollte daher auf Mängel im Bereich der Zustimmung erweitert werden.

b) Rechtsvergleichende Betrachtung

Blickt man in andere Rechtsordnungen, so lässt sich feststellen, dass in Verfahren um die Anfechtung der Elternschaft als Anfechtungsgrund in den meisten Fällen die fehlende genetische Abstammung fungiert. Dies gilt beispielsweise bei der Anfechtung der Elternschaftszuordnung aufgrund Ehe/registrierter Lebenspartnerschaft in Österreich,[500] hinsichtlich der Elternschaftsanfechtung in allen Fällen in den Niederlanden[501] und mit Blick auf die Anfechtung der Vaterschaft auch in Frankreich.[502] Lediglich bei der Anfechtung der Mutterschaft und der Anfechtung des Statusbesitzes ergeben sich im französischen Recht hiervon Abweichungen. Bei ersterem stellt das französische Recht auf die Tatsache ab, dass die betreffende Frau das Kind nicht geboren hat.[503] Die Anfechtung des Statusbesitzes ist sowohl mit dem Argument der genetischen Nichtabstammung,[504] als auch mit dem Argument, dass ein Statusbesitz gar nicht vorgelegen habe, möglich.[505] Das österreichische Recht macht von diesem Grundsatz bei der Anfech-

---

[498] BeckOGK/*Reuß*, § 1600c BGB Rn. 6.

[499] Zu beidem Staudinger/*Rauscher,* § 1600c Rn. 3 f.; *Gaul,* FamRZ 2000, 1461, 1460; BeckOGK/*Reuß*, § 1600c BGB Rn. 10.

[500] § 151 ABGB.

[501] Art. 1:200 BW, Art. 1:202a BW, Art. 1:205 BW, *Wortmann/van Duijvendijk-Brand,* Compendium Personen- en familierecht, 2015, 199 ff.

[502] Art. 332 II CC.

[503] Art. 332 I CC.

[504] Respektive dem Fehlen der Geburtsmutterschaft.

[505] Vgl. Art. 335 CC, dazu Éditions Francis Lefebvre, Mémento Pratique – Droit de la famille 2016–2017, 2016 No. 28365.

tung des Elternschaftsanerkenntnisses eine Ausnahme. Hier ist eine Vielzahl von Anfechtungsgründen in § 154 ABGB vorgesehen, mitunter die fehlende Form (§ 154 I Nr. 1 lit. a ABGB), Mängel der Einsichts- und Urteilsfähigkeit, bzw. Vertretung (§ 154 I Nr. 1 lit. b ABGB), das Vorliegen eines Widerspruchs gegen die Vaterschaftsanerkennung (§ 154 I Nr. 2 ABGB), wobei das Bestehen einer genetischen Verbindung zwischen Anerkennendem und Kind die Anfechtung verhindert. Ferner können bestehende Willensmängel des Anerkennenden die Anfechtung begründen (§ 154 I Nr. 3 ABGB).

In den meisten Rechtsordnungen kann im Anfechtungsverfahren die genetische Abstammung gutachterlich festgestellt werden.[506] Eine zwangsweise Durchsetzbarkeit der Abstammungsfeststellung ist allerdings nicht überall vorgesehen. Meistens bestehen aber gleichwohl Möglichkeiten, bei Verweigerung der Mitwirkung an einer Begutachtung entsprechende beweisrechtliche Schlüsse abzuleiten, die sich – ähnlich den Grundsätzen der Beweisvereitelung im deutschen Recht – zum Nachteil der sich weigernden Person auswirken können.[507]

Damit lässt sich festhalten, dass international im Grundsatz als Anfechtungsgrund auf die genetische Nichtabstammung abgestellt wird. Auch für Konstellationen der gleichgeschlechtlichen Elternschaft ist dies regelmäßig der Fall. Teilweise werden auch andere Gründe für die Anfechtung herangezogen, etwa das Bestehen von Willensmängeln.

c) Schlussfolgerungen für die Korrektursystematik
und Formulierungsvorschlag

Für die Korrektursystematik eines modernen Elternschaftsrechts sollte letztlich das Nichtbestehen der genetischen Abstammung den einzigen Anfechtungsgrund darstellen. Eine Konzentration auf diesen Korrekturgrund entspricht dem bisherigen Ansatz des deutschen Abstammungsrechts. Er ist deshalb zu befürworten, da das Eingreifen des Anfechtungsgrundes aufgrund der bestehenden Begutachtungsmöglichkeiten im Anfechtungsverfahren meist sicher zu ermitteln ist. In den wenigen Fällen, in denen dies nicht der Fall ist, kann die Vermutungsregelung des § 1600c BGB helfen. Auch international wird in vielen Rechtsordnun-

---

[506] Beispielhaft in Frankreich: Art. 16-11 CC. Für die Niederlande siehe *Wortmann/ van Duijvendijk-Brand*, Compendium Personen- en familierecht, 2015, 200. Für Österreich siehe Rieck – Ausländisches Familienrecht/*Nademleinsky*, Österreich Rn. 29.

[507] Für Frankreich: *Voirin/Goubeaux*, Droit civil, 2013, 150; *Guiomard/Wiederkehr/ Henry u. a., France*, Code civil, 2017, Art. 310-3 CC Rn. 4. Dies ist mit der EMRK vereinbar, vgl. *EGMR*, Entsch. v. 2.6.2015 – Nr. 22037/13 (*Canonne/Frankreich*), http://hudoc.echr.coe.int/eng?i=001-155722 (zuletzt geprüft am 08.10.2017). Für die Niederlande siehe Art. 193 *Wetboek van Burgerlijke Rechtsvordering*, dazu *Wortmann/ van Duijvendijk-Brand*, Compendium Personen- en familierecht, 2015, 200. Dazu *Hoge Raad Nederlanden*, Entsch. v. 15.2.2008 – R07/013HR, NJ 2008, 106.

gen auf die genetische Abstammung bei der Elternschaftsanfechtung rekurriert, auch wenn einige Rechtsordnungen durchaus hiervon abweichen. Im Lichte einer bestandsfesten und rechtssicheren Statuszuordnung sollten nicht allzu viele Möglichkeiten bestehen, die Anfechtung der Elternschaft zu bewirken. Es ist daher durchaus zu befürworten, wenn das deutsche Recht, anders beispielsweise als das österreichische Recht, eine Anfechtung des Vaterschaftsanerkenntnisses aufgrund von Willensmängeln ausschließt. Da ferner die Zuordnungstatbestände des § 1592 BGB einheitlich zu einer gleichwertigen Elternschaft führen, sollte auch über § 1599 I BGB ein einheitlicher Aufhebungsgrund bestehen, so dass die Einheitlichkeit des Systems gewahrt ist.

Es besteht letztlich auch durch die Erweiterung der zweiten Elternstelle auf weibliche Personen kein Bedarf für einen zusätzlichen Anfechtungsgrund. Abgesehen von dem Fall der reziproken Eizellenspende ist der zugeordneten Partnerin eine Anfechtung aufgrund des Nichtbestehens eines genetischen Abstammungsverhältnisses zum Kind möglich. Eines neuen Anfechtungsgrundes dahingehend, dass die Partnerin in die Zeugung des Kindes nicht eingewilligt habe, bedarf es deshalb nicht.[508] Auch dann nicht, wenn wie im reziproken Eizellenspende-Fall eine Einwilligung in die medizinisch-assistierte Reproduktion rechtzeitig widerrufen wurde, eine Verwendung der Eizelle aber dennoch erfolgt ist. Das Bestehen der genetischen Abstammungsbeziehung ist als Zuordnungsgrund ausreichend, auf einen Zeugungswillen und ein Zeugungsbewusstsein kommt es gerade nicht an. Deshalb ist auch eine Anfechtung bei Samenraub oder Vergewaltigung ausgeschlossen.[509]

Letztlich besteht abgesehen von dem bereits oben angesprochenen Änderungsbedarf auch kein Reformbedarf mit Blick auf § 1600c BGB. Insbesondere führt die Beiwohnensvermutung des § 1600c II BGB nicht zu ungerechten Ergebnissen mit Blick auf gleichgeschlechtliche Paare. Da dort eine Beiwohnung nicht zur Zeugung eines Kindes führen kann, ist die Vermutungsregelung regelmäßig widerlegt. Im Lichte der in § 3 herausgearbeiteten Orientierungslinien ist allerdings wiederum eine geschlechtsneutrale Formulierung der Bestimmungen notwendig.

Eine Regelung, die die vorstehend genannten Erwägungen umsetzt, ist letztlich in die derzeit geltende Systematik zu integrieren. Dazu sollten §§ 1599 I und 1600c BGB wie folgt neu gefasst werden:

> *§ 1599 Anfechtung der Elternschaft und Statuswechsel mittels qualifizierter Anerkennung.* (1) § 1592 Nr. 1 und 2 und § 1593 gelten nicht, wenn auf Grund einer Anfechtung rechtskräftig festgestellt ist, dass der weitere Elternteil nicht der genetische Elternteil des Kindes ist. [...]

---

[508] A. A. wohl Arbeitskreis Abstammungsrecht des BMJV, Abschlussbericht – Empfehlungen für eine Reform des Abstammungsrechts, 2017, 62.

[509] So aber für den Samenraub fordernd *Voigt*, Abstammungsrecht 2.0, 2015, 110.

§ 1600c Elternschaftsvermutung im Anfechtungsverfahren

(1) In dem Verfahren auf Anfechtung der Elternschaft wird vermutet, dass das Kind von der Person abstammt, deren Elternschaft nach § 1592 Nr. 1 und 2, § 1593 besteht.

(2) Die Vermutung nach Absatz 1 gilt nicht, wenn die Anerkennungserklärung bzw. eine oder mehrere Zustimmungen unter einem Willensmangel nach § 119 Abs. 1, § 123 leidet; in diesem Falle ist § 1600d Abs. 2 und 3 entsprechend anzuwenden.

§ 1599 I BGB-E enthält lediglich textliche Anpassungen. § 1600c II BGB-E wurde im Lichte der vorstehend geäußerten Kritik neu gefasst und erfasst daher Willensmängel sowohl im Bereich der Anerkennung als auch der Zustimmungen.

4. Anfechtungsberechtigung

Anfechtungsberechtigt sollten in einem modernen Elternschaftsrecht ausschließlich der Elternteil, der weitere Elternteil, die Person, die schlüssig behauptet, genetischer Elternteil des Kindes zu sein, die Person, die schlüssig behauptet, mit Blick auf die Übernahme der Elternrolle in die Zeugung des Kindes eingewilligt zu haben, und das Kind sein.

a) Derzeitige Rechtslage

Das geltende Abstammungsrecht bestimmt den Kreis der anfechtungsberechtigten Personen abschließend in § 1600 I BGB.[510] Anfechtungsberechtigt sind hiernach der Mann, dessen Vaterschaft nach § 1592 Nr. 1 und 2, § 1593 BGB besteht (§ 1600 I Nr. 1 BGB), der Mann, der an Eides statt versichert, der Mutter des Kindes während der Empfängniszeit beigewohnt zu haben (§ 1600 I Nr. 2 BGB), die Mutter (§ 1600 I Nr. 3 BGB) und das Kind (§ 1600 I Nr. 4 BGB). Anfechtungsberechtigt war bislang auch die staatliche Behörde (§ 1600 I Nr. 5 BGB). Die Behördenanfechtung ist vom BVerfG allerdings als verfassungswidrig[511] eingestuft worden und ist nun der ebenso kritisch zu sehenden präventiven behördlichen Anerkennungskontrolle bei der Vaterschaftsanerkennung gewichen,[512] dazu siehe bereits oben. Nicht (mehr) anfechtungsberechtigt sind darüber hinaus entferntere Verwandte wie Großeltern oder Geschwister. Das früher bestehende Recht der Eltern des Vaters, die Ehelichkeit des Kindes nach dem Tode des Vaters anzufechten, ist mit dem KindRG gestrichen worden.[513] Ein sol-

---

[510] BT-Drs. 16/3291, 10; MüKoBGB/*Wellenhofer*, § 1600 Rn. 1; Staudinger/*Rauscher*, § 1600 Rn. 19; *Höfelmann*, FamRZ 2004, 745, 748. Zu historischen Entwicklung der Anfechtungsberechtigungen *Helms* in: Ständige Deputation des Deutschen Juristentages (Hrsg.), Rechtliche, biologische und soziale Elternschaft – Herausforderungen durch neue Familienformen, 2016, F 1, F 39 ff.

[511] *BVerfG*, Beschl. v. 17.12.2013 – 1 BvL 6/10, FamRZ 2014, 449.

[512] Gesetz zur besseren Durchsetzung der Ausreisepflicht vom 20.7.2017, BGBl. I 2780.

[513] BT-Drs. 13/4899, 57. Dazu *Wanitzek*, FPR 2002, 390, 393.

ches Anfechtungsrecht ist verfassungsrechtlich weder geboten,[514] noch entspricht es der Höchstpersönlichkeit elternschaftsrechtlicher Rechtsverhältnisse. Es ist insbesondere vor dem Hintergrund der Privatheit der Familie und der höchstpersönlichen Natur der Eltern-Kind-Beziehung durchaus sinnvoll, dass der Gesetzgeber den Kreis der Anfechtungsberechtigten klein hält und auf den Kern der Familie beschränkt.[515] Das Anfechtungsrecht ist aus diesem Grunde auch nicht übertragbar bzw. vererbbar.[516] Eine Anfechtung durch die Erben ist daher nicht möglich.[517] Für die Ausübung des Anfechtungsrechts bei nicht voll verantwortlichen Personen enthält § 1600a BGB eine mit § 1596 BGB vergleichbare Regelung, die im Lichte der Höchstpersönlichkeit dem Willen des unmittelbar an der elternschaftsrechtlichen Beziehung Beteiligten größtmögliche Geltung verschaffen soll. Aufgrund der bereits oben im Rahmen der Elternschaftsanerkennung angebrachten Kritikpunkte sollte diese an die Regelung des Anerkennungsrechts angepasst werden.[518]

Das Anfechtungsrecht des genetischen, nicht rechtlichen Vaters nach § 1600 I Nr. 2 BGB ist erst auf Anstoß des BVerfG[519] im Jahre 2004 in § 1600 BGB aufgenommen worden.[520] Es dient letztlich der Umsetzung des Rechts aus Art. 6 II 1 GG, das dem genetischen Vater ein verfahrensrechtliches Recht gewährt, in die rechtliche Elternposition einrücken zu können, hierzu siehe bereits oben in § 3 S. 194 ff. Mit Blick auf das Anfechtungsrecht des genetischen, nicht rechtlichen Vaters ist zu unterscheiden: § 1600 I Nr. 2 BGB umschreibt die materiell-rechtlichen Voraussetzungen der Anfechtungsberechtigung, wohingegen § 1600 II BGB zusätzliche Voraussetzungen der Anfechtung formuliert.[521] Für die Anfechtungsberechtigung genügt somit, dass der Antragsteller an Eides statt versichert, der Mutter des Kindes während der Empfängniszeit beigewohnt zu haben.[522] Die Anfechtung setzt neben der Feststellung der Nichtvaterschaft des rechtlichen Vaters

---

[514] *BVerfG*, Beschl. v. 23.11.2015 – 1 BvR 2269/15, FamRZ 2016, 199 (Nichtannahmebeschluss).

[515] BeckOGK/*Reuß*, § 1599 BGB Rn. 72.

[516] BeckOGK/*Reuß*, § 1600 BGB Rn. 9 m.w.N.

[517] BeckOGK/*Reuß*, § 1600 BGB Rn. 38.

[518] Zur Frage der gesetzlichen Vertretung des minderjährigen Kindes siehe bereits eingehend BeckOGK/*Reuß*, § 1599 BGB Rn. 54 ff. mit vielen weiteren Nachweisen.

[519] *BVerfG*, Beschl. v. 9.4.2003 – 1 BvR 1493/96 u.a., NJW 2003, 2151.

[520] Gesetz zur Änderung der Vorschriften über die Anfechtung der Vaterschaft und das Umgangsrecht von Bezugspersonen des Kindes, zur Registrierung von Vorsorgeverfügungen und zur Einführung von Vordrucken für die Vergütung von Berufsbetreuern v. 23.4.2004, BGBl. 2004 I 598.

[521] *Höfelmann*, FamRZ 2004, 745, 749; BeckOGK/*Reuß*, § 1600 BGB Rn. 8, 62; hierzu auch *Wellenhofer*, NZFam 2017, 898.

[522] *Gernhuber/Coester-Waltjen*, Familienrecht, 2010, 626 Fn. 257. A.A. *Eckebrecht*, FPR 2005, 205, 208; *Wieser*, FamRZ 2004, 1773, 1774.

allerdings zusätzlich voraus,[523] dass zwischen dem rechtlichen Vater und dem Kind keine sozial-familiäre Beziehung besteht (negatives Tatbestandsmerkmal) und der Antragsteller ferner genetischer Vater des Kindes ist. Diese zusätzlichen Voraussetzungen stellen letztlich einerseits den Schutz der sozialen Familie zwischen rechtlichem Vater und Kind nach Art. 6 I GG sicher,[524] und ermöglichen andererseits eine Anfechtung auch nur dann, wenn der Antragsteller auch tatsächlich mit dem Kind genetisch verwandt ist.[525] Korrespondierend bestimmt insoweit § 182 I 1 FamFG, dass der genetische, nicht rechtliche Vater bei einer erfolgreichen Anfechtung als rechtlicher Vater zuzuordnen ist. Dass das Merkmal der sozial-familiären Beziehung als negatives Tatbestandsmerkmal[526] ausgestaltet ist, verhindert, dass die Anfechtungsentscheidung in „non liquet"-Situationen zulasten des rechtlichen Vaters ausgeht.[527] Auch hierüber wird der Bestand des Status gestärkt. Mit Blick auf das Bestehen einer sozial-familiären Beziehung enthält § 1600 III BGB eine Vermutungsregelung.

Genetischer, nicht rechtlicher Vater ist nach ganz herrschender Ansicht nicht der klassische Samenspender, der seinen Samen zur Fremdverwendung bei einer Samenbank abgibt und auf die eigene Elternrolle verzichtet. Ihm kommt kein Anfechtungsrecht zu.[528] Dogmatisch lässt sich dies damit begründen, dass er der Mutter nicht beigewohnt hat, wie dies § 1600 I Nr. 2 BGB vorsieht.[529] Anders ist dies allerdings nach der neueren Rechtsprechung des BGH bei einem privaten Samenspender, der der Mutter im Wege der Becherspende seinen Samen zur Selbstinsemination übergeben hat.[530] Ihm wird in verfassungskonformer Ausle-

---

[523] *BGH*, Urt. v. 6.12.2006 – XII ZR 164/04, NJW 2007, 1677, 1679; *OLG Stuttgart*, Urt. v. 6.9.2007 – 11 UF 61/07, BeckRS 2008, 5723; so auch *Höfelmann*, FamRZ 2004, 745, 749; eingehend bereits BeckOGK/*Reuß*, § 1600 BGB Rn. 8. A.A. *Eckebrecht*, FPR 2005, 205, 208.

[524] Vgl. *OLG Celle*, Beschl. v. 8.3.2011 – 15 UF 238/10, NJOZ 2011, 1118.

[525] Zur Schonung der bestehenden Familie ist das negative Tatbestandsmerkmal zuerst zu prüfen, vgl. BeckOGK/*Reuß*, § 1600 BGB Rn. 78; *Gernhuber/Coester-Waltjen*, Familienrecht, 2010, 627; Staudinger/*Rauscher*, § 1600 Rn. 47. Ebenso im Rahmen des § 1686a BGB *BVerfG*, Beschl. v. 19.11.2014 – 1 BvR 2843/14, BeckRS 2014, 58865.

[526] *BGH*, Urt. v. 6.12.2006 – XII ZR 97/04, NJW 2007, 912; Palandt/*Brudermüller*, § 1600 Rn. 8; BeckOGK/*Reuß*, § 1600 BGB Rn. 15.

[527] *Höfelmann*, FamRZ 2004, 745, 749; Palandt/*Brudermüller*, § 1600 Rn. 8; Beck-OGK/*Reuß*, § 1600 BGB Rn. 15.

[528] *Höfelmann*, FamRZ 2004, 745, 749; Palandt/*Brudermüller*, § 1600 Rn. 3, 12; *Wehrstedt*, DNotZ 2005, 649, 651 (ausgehend allerdings von Verzichtbarkeit des Anfechtungsrechts); s. auch BT-Drs. 15/2942, 9.

[529] BT-Drs. 15/2942, 9.

[530] *BGH*, Urt. v. 15.5.2013 – XII ZR 49/11, NJW 2013, 2589; vgl. zur Fortführung der Rechtsprechungslinie im Adoptionsrecht *BGH*, Beschl. v. 18.2.2015 – XII ZB 473/13, NJW 2015, 1820 m. Anm. *Reuß*, FamRZ 2015, 831; *OLG Bamberg*, Beschl. v. 26.4.2017 – 2 UF 70/17, FamRZ 2017, 1236 (im Anschluss an den BGH) m. Anm. *Heiderhoff*; dazu auch *Osthold*, FF 2016, 53. Zur Thematik auch *Keuter*, NZFam 2017, 873.

gung des Beiwohnungsbegriffs des Abs. 1 Nr. 2 ein Anfechtungsrecht zugestanden. Dies sichert – zwar methodisch nicht ganz sauber, da den Wortsinn der Beiwohnung überdehnend[531] – in Fällen jenseits der klassischen medizinisch-assistierten und von allen Beteiligten (d.h. auch dem Samenspender) konsentierten heterologen Insemination, dem Samenspender sein Recht aus Art. 6 II 1 GG.[532]

Ein Anfechtungsrecht der genetischen, nicht rechtlichen Mutter sieht § 1600 I BGB konsequent deshalb nicht vor, da die Vaterrolle bislang einer Frau nicht offensteht und die Mutterschaft unanfechtbar ausgestaltet ist, dazu s. o.

b) Rechtsvergleichende Betrachtung

Blickt man rechtsvergleichend auf die Anfechtungsberechtigungen in anderen Rechtssystemen, so lassen sich deutliche Unterschiede darin ausmachen, welchen Personen ein Anfechtungsrecht zugestanden wird. Teilweise wird die Anfechtungsberechtigung sogar nach den einzelnen Anfechtungstatbeständen unterschieden. So ist beispielsweise im französischen Recht die Anfechtung der Mutter- und der Vaterschaft bei Übereinstimmung der Zuordnung mit dem Statusbesitz nur durch das Kind, die Mutter, den rechtlichen Vater und einen Vaterschaftsprätendenten (d.h. den genetischen, nicht rechtlichen Vater) zulässig, vgl. Art. 333 CC. Stimmt die rechtliche Zuordnung allerdings nicht mit dem Statusbesitz überein, ist eine Anfechtung von jedermann mit berechtigtem Interesse möglich, Art. 334 CC. Eine Anfechtung der durch Statusbesitz mittels Offenkundigkeitsurkunde (*acte de notoriété*) hergestellten Elternschaft steht ganz generell jedem mit berechtigtem Interesse offen. Dabei wird das Tatbestandsmerkmal des berechtigten Interesses durchaus weit verstanden, hierunter fallen ideelle sowie materielle Interessen.[533] Allen, in Abstammungsbeziehung zum Elternteil, dessen Elternschaft angefochten werden soll, stehenden Personen wird ein solches Interesse zugesprochen, z.B. Geschwistern, Erben aber auch den Eltern des Elternteils usw.[534] Darüber hinaus ist auch in der Rechtsprechung bereits ein Interesse der geschiedenen Ehefrau des Elternteils angenommen worden.[535] Gläubigern

---

[531] Krit. auch *Hilbig-Lugani*, LMK 2013, 349336; *Löhnig*, JA 2014, 69; *Voigt*, Abstammungsrecht 2.0, 2015, 103.

[532] So bereits BeckOGK/*Reuß*, § 1600 BGB Rn. 4.

[533] Éditions Francis Lefebvre, Mémento Pratique – Droit de la famille 2016–2017, 2016 Rn. 28250.

[534] Éditions Francis Lefebvre, Mémento Pratique – Droit de la famille 2016–2017, 2016 Rn. 28250; *Guiomard/Wiederkehr/Henry u.a.*, France, Code civil, 2017 Art. 334 CC Rn. 1.

[535] *Cour de Cassation*, Beschl. v. 7.1.1992 – 90-10192, www.legifrance.gouv.fr (sowohl aufgrund eigenen als auch aufgrund des Interesses der gemeinsamen Kinder). Zurückhaltend ist die Rechtsprechung bei den Großeltern mütterlicherseits, vgl. Éditions Francis Lefebvre, Mémento Pratique – Droit de la famille 2016–2017, 2016 Rn. 28250; *Guiomard/Wiederkehr/Henry u.a.*, France, Code civil, 2017 Art. 334 CC Rn. 2.

des Elternteils oder der Kinder kommt hingegen kein berechtigtes Interesse zu, dies ginge aufgrund der in Frankreich ebenfalls bestehenden Höchstpersönlichkeit elternschaftsrechtlicher Beziehungen zu weit.[536] Anfechtungsrechte enden letztlich auch nicht mit dem Tod des Anfechtungsberechtigten. Wie Art. 322 CC bestimmt, kann eine Anfechtung durch die Erben auch dann noch durchgeführt, werden, wenn die Anfechtungsfrist für den Berechtigten noch nicht abgelaufen war. Auch eine Fortführung eines laufenden Verfahrens ist möglich. Darüber hinaus sieht das französische Recht eine Anfechtung durch eine Behörde vor (*le ministère public*), wenn sich aus den Urkunden Anhaltspunkte für die Unrichtigkeit der Elternschaft ergeben bzw. bei einer rechtsmissbräuchlichen Begründung der Elternschaft, vgl. Art. 336 CC.

Das niederländische Recht umgrenzt den Kreis der Anfechtungsberechtigten deutlich enger. Anfechtungsberechtigt sind bei der Anfechtung der durch Ehe/registrierte Lebenspartnerschaft begründeten Elternschaft rechtlicher Vater, Mutter und Kind, vgl. Art. 1:200(1) BW bzw. im Fall gleichgeschlechtlicher Paare die Geburtsmutter, die „Mit-Mutter" und das Kind, vgl. Art. 1:202a(1) BW. Entsprechendes ergibt sich mit Blick auf die Anfechtung der Elternschaftsanerkennung, vgl. Art. 1:205(1) und Art. 1:205a (1) BW. Auch das niederländische Recht kennt mit Blick auf die Elternschaftsanerkennung ein Anfechtungsrecht der Behörde (*openbaar ministerie*), um Anerkennungen, die der niederländischen öffentlichen Ordnung nicht entsprechen (insb. Scheinanerkennungen)[537], zu beseitigen. Ein Anfechtungsrecht des genetischen, nicht rechtlichen Vaters ist ganz grundsätzlich nicht vorgesehen.[538] Gleiches gilt für die genetische, nicht rechtliche Mutter.[539] Die Rechtsprechung hat allerdings in einem Fall, in dem die Mutter missbräuchlich die Vaterschaftsanerkennung betrieben hatte, um den genetischen Vater aus der Elternrolle herauszuhalten und eine eigene Anerkennungserklärung ohne Verschulden des genetischen Vaters nicht mehr rechtzeitig möglich war, ausnahmsweise eine Anfechtungsberechtigung angenommen.[540] Ein entsprechendes Recht muss wohl auch der intendierten „Mit-Mutter" in derartigen Fällen zuge-

---

[536] So Éditions Francis Lefebvre, Mémento Pratique – Droit de la famille 2016–2017, 2016, Rn. 28250.

[537] Vgl. *Wortmann/van Duijvendijk-Brand,* Compendium Personen- en familierecht, 2015, 211.

[538] Ihm komme kein berechtigtes Interesse zu, so *HR,* 9.12.2005 – R04/142HR, NJ 2006, 560 (betraf allerdings die Befugnis zur Einlegung eines Rechtsmittels gegen die erfolgreiche Anfechtung der Vaterschaft des als Ehemann der Mutter zugeordneten Mannes); *HR,* 17.5.2013 – 12/02270, NJ 2013, 382; *Wortmann/van Duijvendijk-Brand,* Compendium Personen- en familierecht, 2015, 202; Asser/*Boer,* Boek 1 BW Rn. 733; vgl. ferner GS/*Vlaardingerbroek,* Art. 1:205 BW Rn. 6 (mit Hinweis auf die Korrekturmöglichkeiten bei Missbrauch).

[539] GS/*Vlaardingerbroek,* Art. 1:205 BW Rn. 6.

[540] *HR,* 12.11.2004 – R03/098HR, NJ 2005, 248; hierzu auch *Curry-Sumner/Vonk* in: Atkin (Hrsg.), The international survey of family law 2014, 2014, 361, 365.

standen werden da sich dies aus der Gleichstellung genetischer und sozialer Elternschaft ergibt.[541]

Im österreichischen Recht sind hingegen im Rahmen der automatischen Elternschaftszuordnung nur das Kind und der Ehemann anfechtungsberechtigt.[542] Der Mutter kommt hingegen kein eigenes Anfechtungsrecht zu.[543] Gleiches gilt für den genetischen, nicht rechtlichen Vater, das ergibt sich im Umkehrschluss aus §§ 146 I, 151 II ABGB.[544] Im Verfahren um die Rechtsunwirksamerklärung kommt nur dem Anerkennenden ein Anfechtungsrecht zu, Mutter und Kind können über ihren Widerspruch gegen das Anerkenntnis (kein echtes Antragsrecht) allerdings die Rechtsunwirksamerklärung des Anerkenntnisses erwirken.[545] Die genetische, nicht rechtliche Mutter ist auch hier nicht anfechtungsberechtigt.

c) Schlussfolgerungen für die Korrektursystematik und Formulierungsvorschlag

Der vorliegend unterbreitete Vorschlag entspricht nur teilweise der geltenden Rechtslage, er ist wie folgt zu begründen:

aa) Anfechtungsrecht der Person, die das Kind geboren hat (Elternteil)

Wie sich anhand des vorstehenden kurzen rechtsvergleichenden Blicks gezeigt hat, gewährt nicht jede Rechtsordnung der Mutter als Person, die das Kind geboren hat, ein Anfechtungsrecht. Das deutsche Abstammungsrecht tut dies erstmals seit dem KindRG.[546] Ein solches Recht ist in der Literatur gemischt aufgenommen worden, teils wurde es kritisiert,[547] teils befürwortet.[548] Teils wurde von den Kritikern auch eine Beschränkung des Anfechtungsrechts durch einen Kindeswohlvorbehalt gefordert.[549] Der Kritik ist nicht zuzustimmen.[550] Der Person, die

---

[541] Offenlassend allerdings *Curry-Sumner/Vonk* in: Atkin (Hrsg.), The international survey of family law 2014, 2014, 361, 366.

[542] § 151 II ABGB.

[543] *Ferrari* in: Dutta/Schwab/Henrich u. a. (Hrsg.), Künstliche Fortpflanzung und Europäisches Familienrecht, 2015, 182, 189 Fn. 49.

[544] Dazu und zum internationalen Trend, der ein solches vorsieht, *Frank,* FamRZ 2016, 530 f.

[545] § 154 I Nr. 2 ABGB.

[546] Gesetz zur Reform des Kindschaftsrechts v. 16.12.1997, BGBl. 1997 I 2942. Zur historischen Entwicklung BeckOGK/*Reuß*, § 1600 BGB Rn. 18 und zur rechtspolitischen Bewertung Rn. 24.

[547] *Gaul,* FamRZ 2000, 1461, 1470; *Zimmermann,* DNotZ 1998, 404, 412.

[548] MüKoBGB/*Wellenhofer,* § 1600 Rn. 6; *Finger,* NJW 1984, 846; *Kropholler,* 185 AcP (1985) 244, 261; *Schwenzer,* FamRZ 1985, 1, 5 f.; *Dethloff,* NJW 1992, 2200, 2208; *Mutschler,* FamRZ 1994, 65, 69 (mit Einschränkungen).

[549] Entsprechende Pläne hat der Gesetzgeber nicht umgesetzt, vgl. BeckOGK/*Reuß*, § 1600 BGB Rn. 18.

das Kind geboren hat, kommt aufgrund der Tatsache, dass ihre rechtliche Beziehung zum Kind durch das (Nicht-)Bestehen der rechtlichen Elternschaft des weiteren Elternteils mitgeprägt wird (Sorgerechte, Umgangsrechte, Unterhalt etc.), ein originäres Interesse an der Anfechtung der Elternschaft des weiteren Elternteils zu.[551] Das Anfechtungsrecht entspringt somit dem Elternrecht des Geburtselternteils und kann verfassungsrechtlich in Art. 6 II 1 GG verankert werden.[552] Auch Art. 8 I EMRK erfasst es letztlich und steht einem gesetzgeberischen Ausschluss des Anfechtungsrechts des Geburtselternteils entgegen.[553] Darüber hinaus ist eine Beschränkung des Anfechtungsrechts durch einen Kindeswohlvorbehalt weder notwendig, noch angesichts des unbeschränkten Anfechtungsrechts des weiteren Elternteils mit Art. 3 GG zu vereinbaren.[554] Die Anfechtungsrechte sind zu Recht gleichwertig ausgestaltet.[555] Das Anfechtungsrecht des Geburtselternteils ist somit auch künftig beizubehalten.[556]

Nach Ansicht des Arbeitskreises Abstammungsrecht ist das Anfechtungsrecht jenem des rechtlichen Vaters entsprechend auszugestalten.[557] Hat die Mutter der Vaterschaftsanerkennung allerdings zugestimmt, soll die Anfechtung ausgeschlossen sein. Ein solcher Ausschluss ergibt sich bereits jetzt regelmäßig nach derzeitigem Recht, da die Anfechtungsfrist der Mutter meist mit Geburt zu laufen beginnt, da sie zumindest die Umstände kennt, die gegen die Vaterschaft des Anerkennenden sprechen. Einer Beschränkung des Anfechtungsrechts bedarf es daher nicht. Zu weiteren Ausschlussgründen siehe unten.

Es kann somit festgehalten werden, dass das Anfechtungsrecht des Geburtselternteils daher weiterhin unbeschränkt beizubehalten ist. Es ist, da die in § 3 herausgearbeiteten Orientierungslinien ein von Geschlecht und sexueller Orientierung unabhängiges Zuordnungs- und Korrektursystem erfordern, geschlechtsneutral zu formulieren.

---

[550] Bereits BeckOGK/*Reuß*, § 1600 BGB Rn. 24; so Staudinger/*Rauscher*, § 1600 Rn. 33 ff.

[551] So auch Arbeitskreis Abstammungsrecht des BMJV, Abschlussbericht – Empfehlungen für eine Reform des Abstammungsrechts, 2017, 49.

[552] BeckOGK/*Reuß*, § 1600 BGB Rn. 3. So bereits *Mutschler*, FamRZ 1994, 65, 69 (mit Einschränkungen); s. hierzu krit. *Frank*, StAZ 2003, 129, 130.

[553] Vgl. die Argumentation des *EGMR*, Urt. v. 27.10.1994 – 18535/91 (*Kroon u.a./ Niederlande*), http://hudoc.echr.coe.int/sites/eng/pages/search.aspx?i=001-57904 (zuletzt geprüft am 14.03.2014) (freilich mit Blick auf die Zuordnung des genetischen, nicht rechtlichen Vaters); *Dethloff*, Familienrecht, 2015, § 10 Rn. 107.

[554] Staudinger/*Rauscher*, § 1600 Rn. 33 ff.

[555] Dazu siehe die Argumentation des Rechtsausschusses, BT-Drs. 13/8511, 70, 72 und des Bundesrates, BT-Drs. 13/4899, 148.

[556] Arbeitskreis Abstammungsrecht des BMJV, Abschlussbericht – Empfehlungen für eine Reform des Abstammungsrechts, 2017, 49.

[557] Arbeitskreis Abstammungsrecht des BMJV, Abschlussbericht – Empfehlungen für eine Reform des Abstammungsrechts, 2017, 49.

bb) Anfechtungsrecht des Kindes

Nach der hier vertretenen These soll weiterhin das Kind die Möglichkeit haben, die Elternschaft des weiteren Elternteils anzufechten.[558] In § 3 ist herausgearbeitet worden, dass das Anfechtungsrecht des Kindes aus dem Allgemeinen Persönlichkeitsrecht gem. Art. 2 I i.V.m. Art. 1 I GG folgt. Die genetische Abstammung ist ein wesentlicher Bestandteil der personalen Identität eines Individuums, da sich der Einzelne hierüber selbst definiert und sich gleichzeitig in Beziehung zu anderen setzt. Es nimmt daher eine Schlüsselstellung für die Individualitätsfindung und das Selbstverständnis ein, vgl. eingehend hierzu § 1 und 5.[559] Aus dem der Persönlichkeitsentwicklung entspringenden Interesse an Kenntnis der eigenen Abstammung des Kindes folgt ein Interesse des Kindes, eine der genetischen Wahrheit nicht entsprechende rechtliche Eltern-Kind-Beziehung zu beseitigen.[560] Auch Art. 8 I EMRK gewährt dem Kind einen entsprechenden Interessenschutz.[561] Ein gänzlicher gesetzgeberischer Verzicht auf ein Anfechtungsrecht des Kindes wäre somit nicht möglich. Eine Beschränkbarkeit ist allerdings denkbar, wenn sich hierfür Rechtfertigungsgründe finden lassen.

Das im derzeitigen Recht geltende unbeschränkte Anfechtungsrecht des Kindes ist als solches erst mit dem KindRG Gesetz geworden,[562] erstmals wurde ein Anfechtungsrecht des Kindes im deutschen Recht im Jahr 1961 (allerdings beschränkt) vorgesehen.[563] Die mit dem KindRG wegfallenden Beschränkungen des Anfechtungsrechts des Kindes sind in der Literatur kritisch aufgenommen worden. Ein unbeschränktes Anfechtungsrecht wirke sich insbesondere störend auf den Familienfrieden aus.[564] Dass sich eine Elternschaftsanfechtung auf den Familienfrieden störend auswirkt, ist letztlich eine Tatsache, die bei einer Anfechtung durch das Kind nicht anders zu beurteilen ist, als bei der Anfechtung durch andere Personen. Es leutet vor diesem Hintergrund daher nicht ein, warum ausgerechnet das Anfechtungsrecht des Kindes zum Schutze des Familienfriedens beschränkt werden sollte. Gewisse Schutzvorkehrungen davor, dass ein Anfechtungsverfahren z.B. durch ein ggf. pubertierendes Kind zweckwidrig ein-

---

[558] So auch aber i.E. differenzierend Arbeitskreis Abstammungsrecht des BMJV, Abschlussbericht – Empfehlungen für eine Reform des Abstammungsrechts, 2017, 49.

[559] *BVerfG*, Urt. v. 31.1.1989 – 1 BvL 17/87, NJW 1989, 891.

[560] *BVerfG*, Urt. v. 31.1.1989 – 1 BvL 17/87, NJW 1989, 891, 892. So auch Arbeitskreis Abstammungsrecht des BMJV, Abschlussbericht – Empfehlungen für eine Reform des Abstammungsrechts, 2017, 50.

[561] *EGMR*, Urt. vom 18.2.2014 – Nr. 28609/08 (*A.L./Polen*), http://hudoc.echr.coe.int/eng?i=001-140920 (zuletzt geprüft am 10.03.2014).

[562] Zur historischen Entwicklung siehe BeckOGK/*Reuß*, § 1600 BGB Rn. 18, 52.

[563] Vgl. § 1596 BGB a.F., eingeführt durch Art. 1 Nr. 4 des Gesetzes zur Vereinheitlichung und Änderung familienrechtlicher Vorschriften v. 11.8.1961, BGBl. 1961 I 1221.

[564] *Gaul*, FamRZ 2000, 1461, 1469; *Gaul*, FamRZ 1997, 1441, 1459; *Zimmermann*, DNotZ 1998, 404, 413; *Diederichsen*, NJW 1998, 1977, 1991.

gesetzt wird, schafft letztlich § 1600a BGB, indem die Anfechtung durch das noch nicht voll verantwortliche Kind nicht ohne Beteiligung des gesetzlichen Vertreters möglich ist. Kommt es soweit, dass das Kind die Elternschaft tatsächlich und ernsthaft anfechten möchte, ist der Familienfrieden ohnehin bereits nachhaltig gestört. Ein in der Regel juristisch nicht vorgebildetes, noch nicht voll verantwortliches Kind, wird daher zur Anfechtung der Elternschaft ohnehin nur im Ausnahmefall greifen. Ein Bedarf für eine Beschränkung des Anfechtungsrechts lässt sich vor diesem Hintergrund daher nicht erkennen. Eine Beschränkung des Anfechtungsrechts des Kindes wäre letztlich auch nicht mit Art. 3 GG vereinbar, da sie die mit dem KindRG eigentlich auf eine Stufe gestellten Anfechtungsrechte ohne eingehende Rechtfertigung ungleich behandeln würde.[565]

Aus diesem Grunde ist auch der Vorschlag des Arbeitskreises Abstammungsrecht abzulehnen, dem Kind nur dann ein Anfechtungsrecht zuzugestehen, wenn der weitere Elternteil gestorben, eine schwere Verfehlung des weiteren Elternteils gegenüber dem Kind gegeben, der weitere Elternteil einverstanden oder eine gefestigte sozial-familiäre Beziehung zum weiteren Elternteil nicht entstanden ist.[566] Zwar ist den Autoren des Arbeitskreises durchaus darin beizupflichten, dass auch gelebte sozial-familiäre Beziehungen erhaltungswürdig sind.[567] Dies ergibt sich bereits aus der Gleichwertigkeit genetischer, biologischer und sozialer Elternschaft. Auch im Bereich der Adoption ist eine entsprechende Aufhebbarkeit nur im Ausnahmefall möglich.[568] Dies rechtfertigt es aus den vorstehend genannten Gründen allerdings nicht, die Anfechtungsberechtigung des Kindes im Vergleich zu den übrigen Anfechtungsberechtigungen unterschiedlich zu behandeln.[569] Es erscheint demgegenüber sinnvoller, allgemeine Ausschlussgründe zu definieren, die nicht an das Anfechtungsrecht nur einzelner Berechtigter anknüpfen.

Letztlich ist auch das Konzept des Arbeitskreises nicht überzeugend: Erstens ist es mit einem bestandsfesten Zuordnungssystem nicht vereinbar, wenn das Kind die Elternschaft bei einer schweren Verfehlung des Elternteils gegen das Kind anfechten können soll. Der Begriff der schweren Verfehlung ist auslegungsbedürftig, ohne klare Leitlinien für dessen Verständnis lässt sich praktisch nicht sicher vorhersehen, ob im Einzelfall eine bestimmte Verfehlung tatsächlich die Aufhebung des abstammungsrechtlichen Bandes rechtfertigt. Für die Beteiligten

---

[565] Staudinger/*Rauscher,* § 1600 Rn. 29 ff. Befürwortet so bereits bei *Mutschler,* FamRZ 1994, 65, 69; BeckOGK/*Reuß,* § 1600 BGB Rn. 25.

[566] Arbeitskreis Abstammungsrecht des BMJV, Abschlussbericht – Empfehlungen für eine Reform des Abstammungsrechts, 2017, 49.

[567] Arbeitskreis Abstammungsrecht des BMJV, Abschlussbericht – Empfehlungen für eine Reform des Abstammungsrechts, 2017, 50.

[568] § 1763 BGB, Arbeitskreis Abstammungsrecht des BMJV, Abschlussbericht – Empfehlungen für eine Reform des Abstammungsrechts, 2017, 50.

[569] Zu generell bestehenden Ausschlussgründen des Anfechtungsrechts s. u.

wäre somit bis zum Anfechtungsbeschluss des erkennenden Gerichts unklar, ob dem Kind überhaupt ein Anfechtungsrecht zusteht. Dass das Kind nach dem Tode des Elternteils anfechten können soll, berücksichtigt zweitens nicht, dass die Beziehung zum verstorbenen Elternteil real gelebt worden ist.[570] Auch wenn ein genetisches Band zu diesem Elternteil nicht besteht, ist nicht ersichtlich, warum in diesem konkreten Fall eine Anfechtungsberechtigung gegeben sein soll. Es liegt vielmehr näher auch in diesen Fällen dauerhaft die Statuszuordnung zu erhalten. Letztlich ist es auch mit der Gleichwertigkeit genetischer, biologischer und sozialer Elternschaft nicht vereinbar, wenn das Kind die Vaterschaft des sozialen Elternteils zu dessen Lebzeiten nicht, nach dessen Tod aber wohl beseitigen können soll. Schlussendlich passt auch eine Beschränkung des Anfechtungsrechts des Kindes auf eine Anfechtung im Einvernehmen mit dem zugeordneten Elternteil nicht ins System. Eine rechtsgeschäftliche Aufhebung der Elternschaft ist systemfremd. Sie ist auch mit dem Gedanken einer dauerhaften, möglichst lebenslang bestehenden Eltern-Kind-Zuordnung nicht vereinbar.

Es bleibt somit festzuhalten, dass das Kind auch weiterhin unbeschränkt anfechtungsberechtigt sein sollte.[571]

cc) Anfechtungsrecht der Person, deren Elternschaft
  nach § 1592 Nr. 1 und 2, § 1593 BGB besteht (weiterer Elternteil)

Eine Anfechtungsberechtigung des nach § 1592 Nr. 1 und 2, § 1593 BGB zugeordneten Elternteils entspricht geltendem Recht. Sie sollte beibehalten werden, da sich auch nach dem hier vorgeschlagenen Zuordnungssystem Fehlzuordnungen ergeben können, die der Korrektur bedürfen. Auch aus der Gleichstellung genetischer, biologischer und sozialer Elternschaft ergibt sich kein anderes Ergebnis. Dass der soziale, rechtliche Elternteil die Elternstellung einnimmt und tatsächlich lebt, reicht nicht in jeder Situation aus, um ihn an der rechtlichen Elternstellung festzuhalten.[572] Hat er diese Elternstellung unter den falschen Prämissen erlangt, etwa, weil er als Scheinvater mit der Mutter des Kindes verheiratet war, kommt ihm ein Interesse zu, sich von der rechtlichen Elternstellung zu lösen. Derartige Fälle kommen vor, auch wenn die immer wieder genannte 10 %-Quote an Scheinvaterschaften[573] wohl deutlich zu hoch gegriffen ist.[574] Dies gilt

---

[570] Kritisch zu Recht auch *Löhnig,* ZRP 2017, 205, 206.

[571] Noch weitergehend (gar kein Anfechtungsausschluss, auch nicht im Rahmen des § 1600 V BGB) Persönliche Leitlinien der Mitglieder des Arbeitskreis Abstammungsrecht des BMJV, Abschlussbericht – Empfehlungen für eine Reform des Abstammungsrechts, 2017, 108 (Meo-Micaela Hahne).

[572] *Schröder,* Wer hat das Recht zur rechtlichen Vaterschaft?, 2015, 204. Persönliche Leitlinien der Mitglieder des Arbeitskreis Abstammungsrecht des BMJV, Abschlussbericht – Empfehlungen für eine Reform des Abstammungsrechts, 2017, 111 (Dagmar Coester-Waltjen).

[573] Beispielhaft *Luh,* Die Prinzipien des Abstammungsrechts, 2008, 96.

auch dort, wo die zweite Elternstelle nicht durch einen Mann, sondern durch eine Frau bekleidet wird. Ein solches Interesse ist verfassungsrechtlich im Elternrecht nach Art. 6 II 1 GG und im allgemeinen Persönlichkeitsrecht gem. Art. 2 I i.V.m. Art. 1 I GG zu verorten, vgl. bereits eingehend § 3.[575] Auch Art. 8 I EMRK schützt dieses Interesse.[576] Es ergibt sich mit Blick auf das Anfechtungsrecht dieser Person keine Änderung zur derzeitigen Rechtslage.[577] Aufgrund der Öffnung der zweiten Elternstelle für weibliche Paare und im Lichte einer geschlechtsneutralen Formulierung sollten die Begrifflichkeiten entsprechend angepasst werden.

dd) Anfechtungsrecht des genetischen, nicht rechtlichen Elternteils des Kindes

Darüber hinaus sollte ein Anfechtungsrecht auch dem genetischen, nicht rechtlichen Elternteil des Kindes zukommen.[578] Ein solches Recht ist mit Blick auf den genetischen, nicht rechtlichen Vater bereits im deutschen Recht in § 1600 I Nr. 2 BGB vorgesehen und wurzelt, wie das BVerfG eingehend festgestellt hat, in Art. 6 II 1 GG. Dem genetischen, nicht rechtlichen Elternteil ist ein verfahrensmäßiges Recht zu gewähren, in die rechtliche Elternposition einrücken zu können. Ein solches Recht stellt die Elternschaftsanerkennung dar. Das Interesse des genetischen, nicht rechtlichen Elternteils fällt letztlich ebenfalls unter den Schutz des Art. 8 I EMRK, auch wenn der dort gewahrte Schutz hinter dem des Grundgesetzes zurückbleibt. Eine Pflicht der Mitgliedstaaten zur Einführung eines Anfechtungsrechts des genetischen, nicht rechtlichen Elternteils lässt sich daraus nicht ableiten.

Das Anfechtungsrecht des genetischen, nicht rechtlichen Vaters sollte ferner auf die genetische, nicht rechtliche Mutter erweitert werden, der der Schutz des Art. 6 II 1 GG nach der hier vertretenen Auffassung ebenso zukommt, dazu siehe § 3 S. 194 ff. Auch ihr sollte ermöglicht werden, durch Anfechtung die rechtliche Elternposition zu erlangen. Ein Interesse hierfür kann sich durchaus ergeben. Zu

---

[574] *Helms* in: Ständige Deputation des Deutschen Juristentages (Hrsg.), Rechtliche, biologische und soziale Elternschaft – Herausforderungen durch neue Familienformen, 2016, F 1, F 41 m.w.N.; so auch die Einschätzung bei *Schröder,* Wer hat das Recht zur rechtlichen Vaterschaft?, 2015, 17; *Wolf,* Untreue in Partnerschaften, https://docserv. uni-duesseldorf.de/servlets/DerivateServlet/Derivate-19824/Dissertation_Michael_Wolf_ PDF-A.pdf (zuletzt geprüft am 13.10.2017).

[575] *BVerfG,* Beschl. v. 4.12.1974 – 1 BvL 14/73, NJW 1975, 203 (Art. 2 I i.V.m. Art. 1 I GG); *BVerfG,* Urt. v. 13.2.2007 – 1 BvR 421/05, NJW 2007, 753 (Art. 6 II 1 GG heranziehend).

[576] *EGMR,* Urt. v. 7.5.2009 – Nr. 3451/05 (*Kalcheva/Russland*), http://hudoc.echr. coe.int/eng?i=001-92572 (zuletzt geprüft am 05.09.2017) Rn. 28–30.

[577] Zu Ausschlussgründen siehe sogleich.

[578] So mit Blick auf den Vater auch Arbeitskreis Abstammungsrecht des BMJV, Abschlussbericht – Empfehlungen für eine Reform des Abstammungsrechts, 2017, 52.

denken ist an den Fall der reziproken Eizellenspende gleichgeschlechtlicher weiblicher Paare. Hat die Partnerin der Geburtsmutter ihre Eizelle zu Befruchtungszwecken gespendet, betreibt die Mutter allerdings nach Geburt des Kindes und nach Zerbrechen der Paarbeziehung zur Eizellenspenderin die Elternschaftsanerkennung durch einen Dritten, hat die Eizellenspenderin ein valides Interesse daran, die durch Anerkennung zustande gekommene Elternschaft anzufechten. § 1600 I Nr. 2 BGB bedarf daher auch einer textlichen Anpassung.

Bereits der kurze vorangehende rechtsvergleichende Blick hat gezeigt, dass die einzelnen Rechtsordnungen ganz generell höchst unterschiedlich mit Anfechtungsberechtigungen umgehen. Die wenigsten Rechtsordnungen kennen hierbei Anfechtungsrechte der genetischen, nicht rechtlichen Eltern.[579] Trotz der Tatsache, dass von den oben dargestellten Rechtsordnungen lediglich das französische und das deutsche Recht die Anfechtung durch den genetischen, nicht rechtlichen Vater zulassen, ist international ein Trend zur Stärkung der Rechte des genetischen Vaters erkennbar.[580] Beschränkte Anfechtungsrechte sind beispielsweise in der Schweiz, in Portugal, in Kroatien und in Belgien vorgesehen.[581] Unbeschränkte Anfechtungsrechte bestehen sogar in Spanien, Norwegen, Russland, Weißrussland, Slowenien, Estland, Serbien, Rumänien und Griechenland.[582] So dass auch dies für die Beibehaltung des Anfechtungsrechts spricht.

Von der Anfechtungsberechtigung ausgeschlossen sein sollten allerdings die genetischen Elternteile in Konstellationen, in denen sie lediglich als Spender des genetischen Materials fungiert haben. Dies betrifft die Fälle der klassischen Spende[583] und ärztlich assistierter Reproduktion ebenso, wie die Fälle privater Spende mittels Selbstinsemination bzw. konsentierter natürlicher Zeugung mit einem Dritten, der im Einvernehmen mit den intendierten Eltern auf die eigene Elternrolle verzichtet hat. Bereits im Bereich der gerichtlichen Elternschaftsfest-

---

[579] *Dethloff,* Familienrecht, 2015, § 10 Rn. 107. Auch Schweden kennt ein solches nicht, vgl. *Helms* in: Ständige Deputation des Deutschen Juristentages (Hrsg.), Rechtliche, biologische und soziale Elternschaft – Herausforderungen durch neue Familienformen, 2016, F 1, F 42.

[580] *Helms* in: Ständige Deputation des Deutschen Juristentages (Hrsg.), Rechtliche, biologische und soziale Elternschaft – Herausforderungen durch neue Familienformen, 2016, F 1, F 41; *Frank,* FamRZ 2016, 530, 531 m.w.N.

[581] *Helms* in: Ständige Deputation des Deutschen Juristentages (Hrsg.), Rechtliche, biologische und soziale Elternschaft – Herausforderungen durch neue Familienformen, 2016, F 1, F 42; *Dethloff,* Familienrecht, 2015, § 10 Rn. 107.

[582] Zu allem *Helms* in: Ständige Deputation des Deutschen Juristentages (Hrsg.), Rechtliche, biologische und soziale Elternschaft – Herausforderungen durch neue Familienformen, 2016, F 1, F 43.

[583] Arbeitskreis Abstammungsrecht des BMJV, Abschlussbericht – Empfehlungen für eine Reform des Abstammungsrechts, 2017, 56, 64; so auch *Voigt,* Abstammungsrecht 2.0, 2015, 108 ff.; zur Erfassung der klassischen Eizellenspenderin MüKoBGB/*Wellenhofer,* § 1591 Rn. 58.

stellung ist diesbezüglich vertreten worden, dass ein Ausschluss dieser Personen von der Elternschaftsfeststellung angemessen ist, da sie kein Interesse an der Elternrolle haben und somit die Zuordnung des Kindes zum sozialen Elternteil, der in die Zeugung eingewilligt hat, treffender erscheint, siehe dazu bereits oben. Mit dem Ausschluss von der gerichtlichen Elternschaftsfeststellung sollte ein Ausschluss von der Anfechtungsberechtigung korrelieren. Wer nicht in die Pflicht genommen werden kann, soll auch nicht anfechtungsberechtigt sein. Der Ausschluss ist textlich in § 1600 I BGB zu verankern und auf die weiteren auszuschließenden Personen zu erweitern.

Antragsvoraussetzung ist nach § 1600 I Nr. 2 BGB, dass der Vaterschaftsprätendent an Eides statt versichert, der Mutter im Empfängniszeitraum beigewohnt zu haben. Die Regelung soll „Anfechtungen ins Blaue hinein" verhindern[584] und bewirkt dies mit dem scharfen Schwert der Strafdrohung der § 156 (vorsätzlich falsche Versicherung an Eides statt), § 161 (fahrlässige falsche Versicherung an Eides statt) StGB. Bei Vorsatz ist eine Freiheitsstrafe bis zu 3 Jahren vorgesehen.[585] Eine derart scharfe Sanktion erscheint insbesondere in Fällen unangemessen, in denen nicht zu 100 % Sicherheit über die Beiwohnung besteht.[586] Es sollte daher genügen, dass die Umstände, die zur genetischen Elternschaft des Anfechtenden geführt haben, schlüssig vorgebracht werden. Bereits über die richterliche Prüfung dieser Zusammenhänge lassen sich unangemessene Einflussnahmen auf die Familie von außen verhindern.

Nach derzeitigem Recht ist es für die Anfechtung des genetischen, nicht rechtlichen Elternteils ferner erforderlich (zusätzliche Anfechtungsvoraussetzungen), dass er genetischer Elternteil des Kindes ist, und eine sozial-familiäre Beziehung zum rechtlichen Elternteil (negatives Tatbestandsmerkmal) nicht besteht.[587] An diesen Voraussetzungen ist festzuhalten, da sie im Lichte der Statusbeständigkeit und des Schutzes der sozialen Familie sinnvoll erscheinen.[588] Nicht unberechtigt ist allerdings die in der Literatur vorgebrachte Kritik, dass § 1600 II BGB nicht hinreichend berücksichtige, dass möglicherweise auch der genetische, nicht rechtliche Vater eine sozial-familiäre Beziehung zu seinem Kind unterhalte bzw.

---

[584] BT-Drs. 15/2253, 10.

[585] Hierzu bereits BeckOGK/*Reuß,* § 1600 BGB Rn. 69–72.

[586] Kritisch daher MüKoBGB/*Wellenhofer,* § 1600 Rn. 16.

[587] Zur Problematik der bestehenden sozial-familiären Beziehung zu beiden Elternschaftsprätendenten BeckOGK/*Reuß,* § 1600 BGB Rn. 84. § 1600 II BGB schließt die Anfechtung auch in diesem Fall aus, so jetzt auch *BGH,* Beschl. v. 15.11.2017 – XII ZB 389/16, NZFam 2018, 76.

[588] *Schröder,* Wer hat das Recht zur rechtlichen Vaterschaft?, 2015, 200 f.; Arbeitskreis Abstammungsrecht des BMJV, Abschlussbericht – Empfehlungen für eine Reform des Abstammungsrechts, 2017, 52; Persönliche Leitlinien der Mitglieder des Arbeitskreis Abstammungsrecht des BMJV, Abschlussbericht – Empfehlungen für eine Reform des Abstammungsrechts, 2017, 124 (Ute Sacksofsky). A. A. auch *Osthold,* Die rechtliche Behandlung von Elternkonflikten, 2016, 448.

erst aufbauen möchte.[589] Teils wird daher eine teleologische Reduktion des Abs. 2 erwogen.[590] Auch vor dem Hintergrund der Rechtsprechung des EGMR, der in einer Vielzahl von Entscheidungen immer wieder betont hat, dass auch die geplante und unverschuldet noch nicht vollzogene Herstellung eines Familienlebens in den Schutzbereich des Art. 8 EMRK fällt,[591] ist eine Überarbeitung zu überdenken.[592] Einen recht interessanten Vorschlag *de lege ferenda* hat *Helms* hierzu vorgelegt:[593] Um zu verhindern, dass ein biologischer Vater an der Wahrnehmung seiner Vaterrolle gehindert wird, könnte der Ausschluss der Anfechtung zeitlich aufgeschoben sein, etwa um ein Jahr. Hat der biologische Vater sich in dieser Zeit nicht um seine Elternrolle bemüht, erscheint es angemessen, ihn von der Anfechtung auszuschließen, da die sozial-familiäre Beziehung zum rechtlichen Vater dann verfestigt genug erscheint, um ihm den Vorrang einzuräumen.[594] Der Vorschlag erscheint, wie vorstehend mit Blick auf ähnliche Konfliktfälle im Bereich der gerichtlichen Elternschaftsfeststellung bereits eingehend begründet wurde, angemessen, und sollte umgesetzt werden.[595] Kommt es über diese Rege-

---

[589] *Helms,* FamRZ 2010, 1, 5; krit. Bereits *Helms,* FamRZ 1997, 913; Staudinger/ Rauscher, 2011, Rn. 12; *Hager* in: Hofer/Klippel/Walter (Hrsg.), Perspektiven des Familienrechts, 2005, 773, 777 f.; krit. auch Palandt/*Brudermüller,* § 1600 Rn. 8; ebenso *Peschel-Gutzeit,* NJW 2013, 2465, 2469. Krit. auch *Remus/Liebscher,* NJW 2013, 2558, 2560 wegen des fehlenden Schutzes der sozial-familiären Beziehung zur Lebenspartnerin der Geburtsmutter im Falle lesbischer Paarbeziehungen. Mit nicht überzeugender Argumentation von Verfassungswidrigkeit des Abs. 2 ausg. *Daiber,* NZFam 2016, 916, 922. Gegen eine Berücksichtigung dieser Elemente auch *Schröder,* Wer hat das Recht zur rechtlichen Vaterschaft?, 2015, 210.

[590] *Helms,* FamRZ 2010, 1, 6; ähnlich MüKoBGB/*Wellenhofer,* § 1600 Rn. 6. Siehe bereits die Erwägungen von *Schwenzer,* FamRZ 1985, 1, 8.

[591] Dazu beispielhaft: EGMR http://hudoc.echr.coe.int/sites/eng/pages/search.aspx ?i=001-57881 – Keegan/Irland, 15; http://hudoc.echr.coe.int/sites/eng/pages/search. aspx?i=001-21999 – Nylund/Finnland, 14; EGMR http://hudoc.echr.coe.int/sites/eng/ Pages/search.aspx#{%22fulltext%22:[%22Pini%22],%22documentcollectionid2%22:[% 22GRANDCHAMBER%22,%22CHAMBER%22],%22itemid%22:[%22001-61837% 22]} – Pini/Rumänien Rn. 143; EGMR NJW-RR 2009, 1585 – Hülsmann/Deutschland; NJW 2011, 3565 f. – Anayo/Deutschland; EGMR NJW 2013, 1937 f. – Kautzor/ Deutschland.

[592] Eingehend zur Thematik bereits BeckOGK/*Reuß,* § 1600 BGB Rn. 26; vgl. auch *Wellenhofer,* NZFam 2017, 898.

[593] *Helms,* FamRZ 2010, 1, 7 m.w.N. Ähnlich aber ohne zeitliche Angabe Arbeitskreis Abstammungsrecht des BMJV, Abschlussbericht – Empfehlungen für eine Reform des Abstammungsrechts, 2017, 41, 52 (Diskussion von Zeiträumen von 6 Monaten bis 2 Jahren). Kritisch hierzu *Wellenhofer,* NZFam 2017, 898.

[594] Dafür hat sich auch der 71. Deutsche Juristentag ausgesprochen, vgl. Beschluss D.15.b., abrufbar unter http://www.djt.de/fileadmin/downloads/71/Beschluesse_ge samt.pdf (zuletzt geprüft am 26.09.2017). Vgl. auch *Duden,* FamRZ 2018, 355.

[595] Dagegen ist das Anfechtungsrecht in diesen Fällen nicht unter einen Kindeswohlvorbehalt zu stellen, da es nicht Aufgabe des Abstammungsrechts ist, die besten Eltern unter mehreren in Betracht kommenden Personen herauszufiltern, dazu bereits eingehend § 3 S. 244 ff., einen solchen andenkend aber *Wellenhofer* in einem Vortrag mit dem Titel „Grundzüge einer Reform des Abstammungsrechts" im Rahmen des Sympo-

lung hinaus zu positiven Elternschafts-Konflikten, kann eine Lösung über Einzel-ausprägungen des Elternrechts angestrebt werden.[596]

§ 1600 III BGB bestimmt das Tatbestandsmerkmal der sozial-familiären Bezie-hung näher. Sie besteht dann, wenn der rechtlich zugeordnete Elternteil im maß-geblichen Zeitpunkt tatsächlich Verantwortung für das Kind trägt oder getragen hat. Dies wird gem. S. 2 vermutet, wenn er mit der Mutter verheiratet ist bzw. mit dem Kind über längere Zeit in häuslicher Gemeinschaft gelebt hat. Die Re-gelung sollte trotz der in der Literatur teilweise vorgebrachten Kritik an den Ver-mutungstatbeständen beibehalten werden,[597] da sie die Anwendung des Tat-bestandsmerkmals der sozial-familiären Beziehung erleichtert.[598] Sie ist freilich geschlechtsneutral zu formulieren und zur Gleichbehandlung mit gleichge-schlechtlichen Ehegatten um den Tatbestand der eingetragenen Lebenspartner-schaft zu erweitern.

ee) Anfechtungsrecht des sozialen, nicht rechtlichen Elternteils des Kindes

Letztlich sollte auch die Person ein Anfechtungsrecht zur Verfügung gestellt bekommen, die mit Blick auf die Übernahme der Elternrolle in die Zeugung des Kindes eingewilligt hat.[599] Nach der hier vertretenen Auffassung fällt das Recht des sozialen, nicht rechtlichen Elternteils ebenfalls unter den Schutz des Art. 6 II 1 GG. Ihm ist daher ein verfahrensmäßiges Instrument zur Erlangung der recht-lichen Elternposition zu gewähren. Jedenfalls fällt sein Familiengründungsinte-resse unter den Schutz des Art. 6 I GG.

Hat beispielsweise eine Person als Lebenspartner des Geburtselternteils in die Zeugung des Kindes eingewilligt, ist die Beziehung später aber wieder zerbro-chen und verhindert der Geburtselternteil nun durch das Betreiben der Anerken-nung durch einen Dritten die Elternschaft des sozialen, nicht rechtlichen Eltern-teils, so ergibt sich ein Interesse dieser Person, die Elternschaft der anerken-nenden Person anzufechten, vgl. bereits zur ähnlichen Konstellation bei der Ersetzung der Zustimmung zur Anerkennung S. 340 ff. Entsprechendes gilt in Konstellationen, in denen im Zeitpunkt der Einwilligung in die Zeugung des Kin-des eine Paarbeziehung zum Geburtselternteil nicht besteht. Dem sozialen, nicht rechtlichen Elternteil sollte somit ein Anfechtungsrecht zukommen.

---

siums anlässlich des 75. Geburtstages von Michael Coester in der Carl Friedrich von Siemens Stiftung am 14.9.2017 in München; so auch Beschlüsse des 71. Deutschen Juristentags 2016, D.15.c., vgl. http://www.djt.de/fileadmin/downloads/71/Beschlues se_gesamt.pdf (zuletzt geprüft am 17.8.2017).

[596] Hierzu eingehend § 3 S. 280 ff.

[597] Hohe Scheidungsraten einwendend *Roth,* NJW 2003, 3153, 3154.

[598] Hierzu bereits BeckOGK/*Reuß,* § 1600 BGB Rn. 112–120.

[599] Wie hier, allerdings mit Blick auf die medizinisch-assistierte Zeugung beschränkt Arbeitskreis Abstammungsrecht des BMJV, Abschlussbericht – Empfehlungen für eine Reform des Abstammungsrechts, 2017, 59, 63.

Das Anfechtungsrecht ist in den Voraussetzungen jenen des genetischen, nicht rechtlichen Elternteils anzunähern, da auch hier eine Anfechtung „von außen" erfolgt. Es sollte daher Antragsvoraussetzung sein, dass der soziale, nicht rechtliche Elternteil schlüssig behauptet, mit Blick auf die Übernahme der Elternrolle in die Zeugung des Kindes eingewilligt zu haben. Als zusätzliche Voraussetzung der Anfechtung ist vorzusehen, dass der Anfechtende tatsächlich mit Blick auf die Übernahme der Elternrolle in die Zeugung eingewilligt hat und eine sozialfamiliäre Beziehung zum rechtlichen Elternteil nicht besteht. Das Bestehen einer sozial-familiären Beziehung kann letztlich auch zu dem weiteren rechtlichen Elternteil entstehen und somit der intendierten Elternschaft des Anfechtenden gleichwertig entgegenstehen. Im Einzelnen ist das Vorliegen dieser Voraussetzungen im gerichtlichen Verfahren zu prüfen. Einer Ausnahme von dieser Voraussetzung binnen des ersten Jahres nach Geburt, wie im Fall der Anfechtung durch den genetischen, nicht rechtlichen Elternteil bedarf es letztlich nicht, da in den hier bestehenden Fällen bei zwei aufeinandertreffenden sozialen Elternschaften keine dieser Elternschaften bereits im Geburtszeitpunkt entstanden ist. Erkennt hingegen der genetische Elternteil die Elternschaft an, ist eine Anfechtung aufgrund der bestehenden genetischen Abstammung ohnehin nicht möglich. Dies ist für den sozialen Elternteil hinzunehmen, da die genetische Elternschaft bei geburtsnaher Anfechtung Vorrang hat, da die soziale Elternschaft noch nicht entstanden ist.

Das Anfechtungsrecht sollte im Lichte der Orientierungslinien unabhängig von der Art der Zeugung sein.

ff) Anfechtungsrecht einer Behörde

Für ein behördliches Anfechtungsrecht besteht, auch wenn dies andere Rechtsordnungen anders sehen,[600] kein Bedarf, es ist letztlich auch mit dem Grundsatz der Höchstpersönlichkeit unvereinbar. Dazu bereits eingehend mit Blick auf die präventive behördliche Anerkennungskontrolle oben S. 329 f.[601] Es sollte daher von einer Wiedereinführung eines solchen abgesehen werden.

gg) Formulierungsvorschlag

Eine Regelung, die die vorstehend genannten Erwägungen umsetzt, ist letztlich in die derzeit geltende Systematik zu integrieren. Dazu sollten §§ 1600, 1600a BGB wie folgt neu gefasst werden:

---

[600] Dazu bereits oben; zum polnischen Recht *Dethloff,* Familienrecht, 2015, § 10 Rn. 107. Zum Anfechtungsrecht des Staates in der nationalsozialistischen Zeit zur Durchsetzung der Rassenideologie siehe *Gernhuber/Coester-Waltjen,* Familienrecht, 2010, 624.

[601] Wie dort auch *Windel* in: Lipp/Röthel/Windel (Hrsg.), Familienrechtlicher Status und Solidarität, 2008, 1, 14 ff.

§ 1600 Anfechtungsberechtigung. (1) Berechtigt, die Elternschaft anzufechten, sind:

1. die Person, deren Elternschaft nach § 1591 besteht,

2. das Kind,

3. die Person, deren Elternschaft nach § 1592 Nr. 1 und 2, § 1593 besteht,

4. die Person, die ohne rechtlicher Elternteil des Kindes zu sein, schlüssig behauptet, genetischer Elternteil des Kindes zu sein, es sei denn, es handelt sich um eine Person, die von der gerichtlichen Feststellung nach § 1600d IV ausgenommen wäre, und

5. die Person, die ohne rechtlicher Elternteil des Kindes zu sein, schlüssig behauptet, mit Blick auf die Übernahme der Elternrolle in die Zeugung eingewilligt zu haben.

(2) Die Anfechtung nach Absatz 1 Nr. 4 setzt voraus, dass zwischen dem Kind und seinem Elternteil im Sinne von Absatz 1 Nr. 3 keine sozial-familiäre Beziehung besteht oder im Zeitpunkt seines Todes bestanden hat und dass der Anfechtende genetischer Elternteil des Kindes ist. S. 1 gilt nicht, wenn die Anfechtung binnen eines Jahres nach Geburt des Kindes beantragt wird.

(3) Die Anfechtung nach Absatz 1 Nr. 5 setzt voraus, dass zwischen dem Kind und seinem Elternteil im Sinne von Absatz 1 Nr. 3 keine sozial-familiäre Beziehung besteht oder im Zeitpunkt seines Todes bestanden hat und dass der Anfechtende mit Blick auf die Übernahme der Elternrolle in die Zeugung des Kindes eingewilligt hat.

(4) Eine sozial-familiäre Beziehung nach Absatz 2 und 3 besteht, wenn der Elternteil im Sinne von Absatz 1 Nr. 3 zum maßgeblichen Zeitpunkt für das Kind tatsächliche Verantwortung trägt oder getragen hat. Eine Übernahme tatsächlicher Verantwortung liegt in der Regel vor, wenn der Elternteil im Sinne von Absatz 1 Nr. 3 mit dem Elternteil im Sinne von Absatz 1 Nr. 1 verheiratet ist, in einer eingetragenen Lebenspartnerschaft lebt, oder mit dem Kind längere Zeit in häuslicher Gemeinschaft zusammengelebt hat. [...]

§ 1600a Persönliche Anfechtung; Anfechtung bei fehlender oder beschränkter Geschäftsfähigkeit. (1) Die Anfechtung kann nicht durch einen Bevollmächtigten erfolgen.

(2) Die Anfechtungsberechtigten im Sinne von § 1600 Abs. 1 Nr. 1 und Nr. 3 bis 5 können die Elternschaft nur selbst anfechten. Dies gilt auch, wenn sie in der Geschäftsfähigkeit beschränkt sind; sie bedürfen hierzu der Zustimmung ihres gesetzlichen Vertreters. Sind sie geschäftsunfähig, so kann nur ihr gesetzlicher Vertreter anfechten.

(3) Für ein Kind, das geschäftsunfähig oder noch nicht 14 Jahre alt ist, kann nur der gesetzliche Vertreter anfechten. Im Übrigen kann ein Kind, das in der Geschäftsfähigkeit beschränkt ist, nur selbst anfechten; es bedarf hierzu der Zustimmung des gesetzlichen Vertreters.

(4) Die Anfechtung durch den gesetzlichen Vertreter ist nur zulässig, wenn sie dem Wohl des Vertretenen dient.

(5) Ein geschäftsfähiger Betreuter kann die Elternschaft nur selbst anfechten.

§ 1600 I BGB-E setzt die vorstehenden Überlegungen zur Anfechtungsberechtigung um. § 1600 II BGB-E formuliert zusätzliche Anfechtungsvoraussetzungen zur Anfechtung des genetischen, nicht rechtlichen Elternteils, zur Umsetzung der o. g. Anforderungen. § 1600 III BGB-E betrifft entsprechend zusätzliche Anfechtungsvoraussetzungen zur Anfechtung des sozialen, nicht rechtlichen Elternteils, der mit Blick auf die Übernahme der Elternrolle in die Zeugung des Kindes eingewilligt hat. § 1600 IV BGB-E enthält lediglich textliche Änderungen. § 1600a II, III BGB-E setzen die bereits oben begründeten Gleichlauf mit dem Anerkennungsrecht um.

5. Ausschluss der Anfechtung bei konsentierter Zeugung im heterologen System

Die Anfechtung der Elternschaft durch den Elternteil, den weiteren Elternteil und das Kind sollte bei einer konsentierten Zeugung im heterologen System ausgeschlossen sein.[602]

a) Derzeitige Rechtslage

§ 1600 IV BGB schließt das Anfechtungs*recht* des Mannes und der Mutter aus,[603] wenn das Kind durch die konsentierte künstliche Befruchtung mittels Samenspende eines Dritten gezeugt wurde, da es unbillig wäre, eine Anfechtung aufgrund Nichtbestehens der biologischen Abstammung zuzulassen, obwohl die Eltern bereits vor dem Zeugungszeitpunkt wissen, dass das Kind genetisch nicht von ihnen abstammt.[604] Die Bestimmung gilt nicht nur für Ehepaare, sondern auch für Personen, die in faktischer Lebensgemeinschaft leben.[605] Der Ausschluss betrifft allerdings nicht das Anfechtungsrecht des Kindes.[606] Es kann selbstständig die Vaterschaft des rechtlichen Vaters anfechten, was zwar mit Blick auf das Primat der genetischen Abstammung im geltenden System konsequent ist, mit Blick auf die Zweckrichtung des § 1600 IV BGB allerdings eine systemische Inkonsistenz darstellt.[607]

Die Bestimmung gilt nur für die künstliche Befruchtung im heterologen System, d.h. die assistierte Reproduktion, unabhängig davon, ob sie durch einen

---

[602] Zu weiteren Ausschlussgründen wie Verwirkung oder Rechtsmissbrauch siehe BeckOGK/*Reuß,* § 1599 BGB Rn. 96 ff., 101.

[603] Zur Problematik bei Einwilligung nur einer Person BeckOGK/*Reuß,* § 1600 BGB Rn. 139 m.w. N. (hier ist richtigerweise die Anfechtung des einwilligenden Elternteils ausgeschlossen).

[604] BT-Drs. 14/2096, 7. BeckOGK/*Reuß,* § 1600 BGB Rn. 16 auch mit Blick auf die historische Entwicklung der Norm.

[605] BeckOGK/*Reuß,* § 1600 BGB Rn. 124 m.w. N.

[606] Palandt/*Brudermüller,* § 1600 Rn. 13; MüKoBGB/*Wellenhofer,* § 1600 Rn. 67; Staudinger/*Rauscher,* § 1600 Rn. 89, 92; *Wehrstedt,* DNotZ 2005, 649, 652; BeckOGK/*Reuß,* § 1600 BGB Rn. 126.

[607] Dazu bereits § 2 S. 139 ff.

Arzt oder im Wege der Selbstinsemination vorgenommen wurde.[608] Auch eine ärztliche Aufklärung ist nicht erforderlich.[609] Auf den konsentierten Seitensprung, d. h. die konsentierte natürliche Zeugung mit einem Dritten, ist sie nicht anzuwenden,[610] was angesichts des Normzwecks inkonsequent ist.[611] Sie gilt auch nicht, wenn der Samen vertauscht worden ist,[612] bzw. das Kind aus einem weiteren, nicht konsentierten Befruchtungsakt stammt.[613]

Die Einwilligung ist als empfangsbedürftige Willenserklärung[614] ausgestaltet, die das Vorliegen eines Rechtsbindungswillens[615] erfordert. Ein solcher ist vom erkennenden Gericht im jeweiligen Fall sorgfältig zu prüfen.[616] Empfänger der Einwilligung ist der jeweils andere Elternteil,[617] nicht der Arzt,[618] wobei die Einwilligung auch vor einem Arzt und auf dessen Veranlassung im Rahmen der Behandlungsphase erklärt werden kann, wenn die Erklärung zumindest auch gegenüber der Frau erfolgt.[619] Eine besondere Form ist für die Einwilligung nicht vorgesehen.[620] Der Gesetzgeber hat entsprechende Forderungen hierzu bewusst nicht umgesetzt.[621] Das erschwert freilich den Nachweis der Einwilligung im Einzel-

---

[608] BeckOGK/*Reuß*, § 1600 BGB Rn. 129; Staudinger/*Rauscher,* § 1600 Rn. 77; Palandt/*Brudermüller,* § 1600 Rn. 11; MüKoBGB/*Wellenhofer,* § 1600 Rn. 60; *Spickhoff,* ZfPW 2017, 257, 262; *OLG Hamm,* Urt. v. 2.2.2007 – 9 UF 19/06, NJW 2007, 3733; a. A. *Wanitzek,* FamRZ 2003, 730, 732; wohl auch *Roth,* DNotZ 2003, 805, 806.

[609] Zum Streit BeckOGK/*Reuß*, § 1600 BGB Rn. 133; *Spickhoff,* ZfPW 2017, 257, 263.

[610] BeckOGK/*Reuß*, § 1600 BGB Rn. 129; *Spickhoff,* ZfPW 2017, 257, 262. Offen gelassen bei *BGH,* Urt. v. 23.9.2015 – XII ZR 99/14, NJW 2015, 3434.

[611] Vgl. auch *Gernhuber/Coester-Waltjen,* Familienrecht, 2010, 625; Staudinger/*Rauscher,* § 1600 Rn. 77a; *Roth,* DNotZ 2003, 805, 811; BeckOGK/*Reuß*, § 1600 BGB Rn. 129.

[612] BT-Drs. 14/8131, 7 f.; Palandt/*Brudermüller,* § 1600 Rn. 11; MüKoBGB/*Wellenhofer,* § 1600 Rn. 60; Staudinger/*Rauscher,* § 1600 Rn. 91; *Peschel-Gutzeit,* FPR 2002, 285, 287; *Roth,* DNotZ 2003, 805, 810.

[613] Staudinger/*Rauscher,* § 1600 Rn. 91.

[614] *BGH,* Urt. v. 23.9.2015 – XII ZR 99/14, NJW 2015, 3434; *Spickhoff,* ZfPW 2017, 257, 263.

[615] Staudinger/*Rauscher,* § 1600 Rn. 78; BeckOGK/*Reuß*, § 1600 BGB Rn. 133.

[616] *BGH,* Urt. v. 23.9.2015 – XII ZR 99/14, NJW 2015, 3434; *OLG Oldenburg,* Beschl. v. 30.6.2014 – 11 UF 179/13, FamRZ 2015, 67; *OLG Karlsruhe,* Beschl. v. 25.1.2012 – 18 UF 257/11, BeckRS 2012, 7414; Palandt/*Brudermüller,* § 1600 Rn. 11; MüKoBGB/*Wellenhofer,* § 1600 Rn. 61 m.w.N.; Staudinger/*Rauscher,* § 1600 Rn. 78, 80, 83; *Roth,* DNotZ 2003, 805, 810; BeckOGK/*Reuß*, § 1600 BGB Rn. 133. A.A. *Wanitzek,* FamRZ 2003, 730, 733 f. (willensgetragener Realakt); offenlassend *Wehrstedt,* DNotZ 2005, 649, 652.

[617] *BGH,* Urt. v. 23.9.2015 – XII ZR 99/14, NJW 2015, 3434, 3435.

[618] *Roth,* DNotZ 2003, 805, 810; BeckOGK/*Reuß*, § 1600 BGB Rn. 133.

[619] *BGH,* Urt. v. 23.9.2015 – XII ZR 99/14, NJW 2015, 3434, 3435.

[620] *BGH,* Urt. v. 23.9.2015 – XII ZR 99/14, NJW 2015, 3434.

[621] *Roth,* DNotZ 2003, 805, 813; Staudinger/*Rauscher,* § 1600 Rn. 78; *Wehrstedt,* DNotZ 2005, 649, 652.

fall.[622] *De lege ferenda* wird daher die Einführung einer Formbindung gefordert,[623] so jüngst auch vom Arbeitskreis Abstammungsrecht.[624] Von einer zwingenden Ausgestaltung der Formvorschriften ist allerdings abzusehen, da sonst die Nichtigkeitsfolge des § 125 S. 1 BGB droht. Die Nichteinhaltung der Form könnte damit genutzt werden, um sich aus der Verantwortlichkeit herauszuwinden.[625] Somit sollten entsprechende Formvorschriften als „Soll"-Bestimmung ausgestaltet sein, und letztlich durch fortpflanzungsmedizinrechtliche Regelungen gestaltet werden.

Ein Widerruf der Einwilligung ist aufgrund der höchstpersönlichen Natur der Fortpflanzungsentscheidung möglich.[626] Nach herrschender Meinung ist ein Widerruf abweichend von § 130 BGB bis zum Zeitpunkt des Erfolgs der Insemination jederzeit möglich.[627] Unklar ist, wem gegenüber der Widerruf zu erklären ist.[628] Als *actus contrarius* zur Einwilligung ist letztlich der andere Elternteil richtiger Adressat.[629]

b) Rechtsvergleichende Betrachtung

Auch andere Rechtsordnungen kennen den Ausschluss der Eltern bei Einwilligung in die medizinisch-assistierte Reproduktion. Eine Anfechtung ist beispielsweise gem. Art. 311-20 CC nach französischem Recht ausgeschlossen, wenn eine Einwilligung in die Reproduktion vorliegt. In Art. 311-20 CC heißt es: „*Le con-*

---

[622] *Roth,* DNotZ 2003, 805, 813; Staudinger/*Rauscher,* § 1600 Rn. 78.

[623] MüKoBGB/Wellenhofer Rn. 62 (notarielle Form); *Bongartz,* NZFam 2016, 865, 866; *Spickhoff,* ZfPW 2017, 257, 272.

[624] Arbeitskreis Abstammungsrecht des BMJV, Abschlussbericht – Empfehlungen für eine Reform des Abstammungsrechts, 2017, 57 (öffentliche Beurkundung); *Helms* in: Ständige Deputation des Deutschen Juristentages (Hrsg.), Rechtliche, biologische und soziale Elternschaft – Herausforderungen durch neue Familienformen, 2016, F 1, F 20. (Schriftform). Für Formerfordernis Beschlüsse des 71. Deutschen Juristentags 2016, A.I.3., vgl. http://www.djt.de/fileadmin/downloads/71/Beschluesse_gesamt.pdf (zuletzt geprüft am 17.8.2017).

[625] Vgl. bereits in Bezug auf Auslandsfälle *Roth,* DNotZ 2003, 805, 813; s. auch *Coester-Waltjen,* JZ 2016, 101, 102; BeckOGK/*Reuß,* § 1600 BGB Rn. 135.

[626] Zur Anfechtbarkeit aufgrund von Willensmängeln siehe BeckOGK/*Reuß,* § 1600 BGB Rn. 136 m.w.N.

[627] *BGH,* Urt. v. 3.5.1995 – XII ZR 29/94, NJW 1995, 2028, 2030; *BGH,* Urt. v. 21.2.2001 – XII ZR 34/99, NJW 2001, 1789, 1790; Staudinger/*Rauscher,* § 1600 Rn. 87; *Roth,* DNotZ 2003, 805, 814; vgl. zum Widerruf der Einwilligung in die Befruchtung bei Zellen im Vorkernstadium (sog. 2-PN-Zelle) *LG Bonn,* Urt. v. 19.10.2016 – 1 O 42/16, BeckRS 2016, 19072.

[628] Offen gelassen bei *BGH,* Urt. v. 3.5.1995 – XII ZR 29/94, NJW 1995, 2028.

[629] BeckOGK/*Reuß,* § 1600 BGB Rn. 137; Staudinger/*Rauscher,* § 1600 Rn. 87; *Eckersberger,* MittBayNot 2002, 261, 264; *Spickhoff* in: Hofer/Klippel/Walter (Hrsg.), Perspektiven des Familienrechts, 2005, 923, 937; MüKoBGB/*Wellenhofer,* § 1600 Rn. 64. A.A. *Roth,* DNotZ 2003, 805, 814 (auch ggü. dem Arzt); *Voigt,* Abstammungsrecht 2.0, 2015, 90.

sentement donné à une procréation médicalement assistée interdit toute action aux fins [...]" [Hervorhebung durch Verf.], sodass zumindest der Wortlaut darauf schließen lässt, dass niemand, d.h. auch nicht das Kind, in diesen Fällen anfechtungsberechtigt wäre. In der Literatur wird am Ausschluss des Kindes jedoch gezweifelt.[630]

Im niederländischen Recht ist das Anfechtungsrecht der Eltern sowohl bei heterologer medizinisch-assistierter Zeugung, als auch bei konsentierter Zeugung mit einem Dritten ausgeschlossen, vgl. Art. 1:200(3) BW,[631] wobei das Anfechtungsrecht des Kindes hiervon unberührt bleibt.[632] Der rechtliche Vater ist bereits dann von der Anfechtung ausgeschlossen, wenn er wissentlich eine schwangere Frau geheiratet hat, es sei denn das Kind wurde in einem vom Vater nicht konsentierten Seitensprung gezeugt.[633] Im Bereich der Anerkennung ist die Anfechtung ohnehin auf bestimmte Fälle der Drohung, des Zwangs, des Missbrauchs und der Täuschung beschränkt,[634] so dass bei Kenntnis der Nichtabstammung aufgrund einer assistierten Reproduktion oder einer konsentierten natürlichen Zeugung mit einem Dritten kaum von einer Täuschung ausgegangen werden kann.[635]

Letztlich schließt auch das österreichische Recht bei einer förmlichen Zustimmung in die heterologe, durch einen Arzt assistierte Reproduktion die Anfechtung aller Beteiligter aus, vgl. § 152 ABGB.[636]

c) Schlussfolgerungen für die Korrektursystematik und Formulierungsvorschlag

Auch ein modernes Elternschaftsrecht sollte an dem Ausschluss des Anfechtungsrechts der Eltern bei konsentierter heterologer medizinisch-assistierter Zeugung festhalten.[637] Es macht Sinn, die Anfechtung auszuschließen, wenn die El-

---

[630] Éditions Francis Lefebvre, Mémento Pratique – Droit de la famille 2016–2017, 2016 Rn. 27295.

[631] *Hoge Raad Nederlanden,* Entsch. v. 7.2.2003 – R02/027HR, NJ 2003, 358, vgl. *Wortmann/van Duijvendijk-Brand,* Compendium Personen- en familierecht, 2015, 201.

[632] *Wortmann/van Duijvendijk-Brand,* Compendium Personen- en familierecht, 2015, 202.

[633] Art. 1:200(2), (4) BW.

[634] Vgl. Art. 1:205 BW.

[635] Zur Rechtslage in der Schweiz und in Belgien Schweiz vgl. *Helms* in: Ständige Deputation des Deutschen Juristentages (Hrsg.), Rechtliche, biologische und soziale Elternschaft – Herausforderungen durch neue Familienformen, 2016, F 1, F 17.

[636] Nicht jedoch, wenn lediglich eine mündliche oder schriftliche Zustimmung vorliegt, vgl. *Ferrari* in: Dutta/Schwab/Henrich u.a. (Hrsg.), Künstliche Fortpflanzung und Europäisches Familienrecht, 2015, 182, 189; hierzu und zu anderen Rechtsordnungen *Voigt,* Abstammungsrecht 2.0, 2015, 91.

[637] *Heiderhoff* in: Schwab/Vaskovics (Hrsg.), Pluralisierung von Elternschaft und Kindschaft, 2011, 273, 285; Beschlüsse des 71. Deutschen Juristentags 2016, A.I.2.,

tern wissen, dass das Kind nicht vom zugeordneten Elternteil abstammt.[638] Aufgrund der Gleichwertigkeit genetischer, biologischer und sozialer Elternschaft gilt dies umso mehr, als auch die soziale Elternschaft als solches ihren Schutz verdient und der Bestandsfestigkeit unterliegen sollte. Darüber hinaus sollte der Ausschluss auch auf das Kind erstreckt werden,[639] da so vermieden wird, dass das Kind die rechtliche Elternschaft des sozialen Elternteils einfach beseitigt, obwohl die Elternrolle möglicherweise jahrelang gelebt wurde.[640] Dies steht auch dem Kindesinteresse grundsätzlich nicht entgegen. Wird das Kind im heterologen System unter klassischer Gameten- bzw. Embryonenspende und unter Mitwirkung eines Arztes gezeugt, hat es vom genetischen Elternteil ohnehin nichts zu erwarten. Dieser ist von der gerichtlichen Feststellung ausgeschlossen und somit liegt es nicht im Interesse des Kindes die Elternschaft des nicht genetischen Elternteils zu beseitigen, um ein rechtliches Band zum genetischen Elternteil herstellen zu können. Da nach der hier vertretenen Auffassung ebenfalls private Spenden mittels Selbstinsemination und konsentierter natürlicher Zeugung mit einem Dritten mit der medizinisch-assistierten Reproduktion gleichbehandelt

---

vgl. http://www.djt.de/fileadmin/downloads/71/Beschluesse_gesamt.pdf (zuletzt geprüft am 17.8.2017). Befürwortend bereits: *Wanitzek,* FamRZ 2003, 730, 735; *Janzen,* FamRZ 2002, 785, 786; *Schomburg,* Kind-Prax 2002, 75, 79; krit. wegen ungenügender gesetzlicher Lösung von Detailfragen *Roth,* JZ 2002, 651, 652; mit grundsätzlicher Kritik allerdings Staudinger/*Rauscher,* § 1600 Rn. 67 ff.

[638] Zum früher bestehenden Anfechtungsrecht des Ehemannes trotz Einwilligung in die heterologe Befruchtung siehe *Coester-Waltjen* in: Ständige Deputation des Deutschen Juristentages (Hrsg.), Verhandlungen des 56. Deutschen Juristentages, 1986, 9, B11, B 48 ff. Für eine bestandsfeste Zuordnung des die Vaterschaft bewusst wahrheitswidrig anerkennenden Mannes *Steininger,* Reproduktionsmedizin und Abstammungsrecht, 2014, 318 ff.

[639] Persönliche Leitlinien der Mitglieder des Arbeitskreis Abstammungsrecht des BMJV, Abschlussbericht – Empfehlungen für eine Reform des Abstammungsrechts, 2017, 115 (Tobias Helms); bereits *Helms* in: Ständige Deputation des Deutschen Juristentages (Hrsg.), Rechtliche, biologische und soziale Elternschaft – Herausforderungen durch neue Familienformen, 2016, F 1, F 14 f., 20 m.w.N.; MüKoBGB/*Wellenhofer,* § 1591 Rn. 25; *Schumann* in: Coester-Waltjen/Lipp/Schumann u.a. (Hrsg.), „Kinderwunschmedizin" – Reformbedarf im Abstammungsrecht?, 2015, 7, 8 f.; Beschlüsse des 71. Deutschen Juristentags 2016, A.I.2., vgl. http://www.djt.de/fileadmin/downloads/71/Beschluesse_gesamt.pdf (zuletzt geprüft am 17.8.2017). Zur Kritik an der derzeitigen Rechtslage: *Wellenhofer,* FamRZ 2013, 825, 829; vgl. auch *Wehrstedt,* DNotZ 2005, 649, 653 f.; *Roth,* DNotZ 2003, 805, 816; *Wanitzek,* FamRZ 2003, 730, 734; *Helms,* FamRZ 2010, 1, 4; *Frank,* FamRZ 2004, 841, 845; *Frank,* StAZ 2003, 129, 131. Jüngst wieder durch *Zypries/Zeeb,* NZFam 2014, 54, 55 f. A.A. allerdings *Luh,* Die Prinzipien des Abstammungsrechts, 2008, 233.

[640] Dagegen allerdings die knappe Mehrheit des Arbeitskreis Abstammungsrecht des BMJV, Abschlussbericht – Empfehlungen für eine Reform des Abstammungsrechts, 2017, 63; ebenso Persönliche Leitlinien der Mitglieder des Arbeitskreis Abstammungsrecht des BMJV, Abschlussbericht – Empfehlungen für eine Reform des Abstammungsrechts, 2017, 107 (Meo-Micaela Hahne); ebenso *Voigt,* Abstammungsrecht 2.0, 2015, 90 ff.; für begrenztes Anfechtungsrecht (zeitlich befristet) *Heiderhoff* in: Schwab/Vaskovics (Hrsg.), Pluralisierung von Elternschaft und Kindschaft, 2011, 273, 282.

werden, d. h. bei Konsentierung einer solchen Zeugung im Einvernehmen der Eltern und des Spenders, also auch der private Spender, von der gerichtlichen Feststellung als Elternteil ausgeschlossen ist, hat das Kind in diesen Fällen ebenfalls
nichts von diesem zu erwarten. Ein Interesse an der Anfechtung der Elternschaft
des sozialen Elternteils besteht daher ebenso wenig.[641] Es entspricht vielmehr der
Gleichwertigkeit der einzelnen Elternschaftssegmente, auch in diesem Fall den
Bestand der sozialen Elternschaft durch einen Ausschluss des Anfechtungsrechts
auch des Kindes zu sichern.

Gleichzeitig ist auch ein Interesse der in die heterologe private Insemination
bzw. natürliche Zeugung einwilligenden Eltern, die Elternschaft anzufechten,
nicht gegeben. Sie haben durch die Einwilligung in die Zeugung Verantwortung
für das Entstehen des Kindes übernommen und sollten daran festgehalten werden.[642] Damit entspricht das so vorgeschlagene System letztlich auch der Orientierungslinie, ein Korrektursystem unabhängig von den Zeugungsumständen vorzusehen. Eine besondere Form ist dabei aus den vorstehend genannten Gründen
nicht sinnvoll. An der Ausgestaltung der Einwilligung als empfangsbedürftige
Willenserklärung ist festzuhalten, da dies dem Grundsatz der Höchstpersönlichkeit entspricht.

Um die vorstehend genannten Anforderungen umzusetzen, bedarf es einer Umformulierung des geltenden § 1600 IV BGB. Es sollten ganz allgemein das Anfechtungsrecht der rechtlichen Eltern des Kindes, sowie das Anfechtungsrecht des
Kindes ausgeschlossen werden, wenn die Eltern in die Zeugung des Kindes unter
Einbezug einer Spende genetischen Materials eines Dritten eingewilligt haben.

Eine Regelung, die die vorstehend genannten Erwägungen umsetzt, ist letztlich
in die derzeit geltende Systematik zu integrieren. Dazu sollte § 1600 IV BGB als
Abs. 5 wie folgt neu gefasst werden:

§ 1600 Anfechtungsberechtigung. [...]

(5) Ist das Kind mit Einwilligung der als rechtliche Eltern zugeordneten Personen
durch natürliche oder medizinisch-assistierte Zeugung mittels Spende genetischen
Materials eines Dritten gezeugt worden, so ist die Anfechtung der Elternschaft durch
den Elternteil, den weiteren Elternteil und durch das Kind ausgeschlossen.

6. Befristung der Anfechtung

Die Anfechtung der Elternschaft sollte auch weiterhin einer Anfechtungsfrist
unterliegen.[643]

---

[641] Dagegen allerdings *Voigt,* Abstammungsrecht 2.0, 2015, 89.

[642] Wie hier allerdings nur mit Blick auf die Anerkennung der Vaterschaft *Luh,* Die
Prinzipien des Abstammungsrechts, 2008, 232 f. A. A. *Voigt,* Abstammungsrecht 2.0,
2015, 89.

[643] Arbeitskreis Abstammungsrecht des BMJV, Abschlussbericht – Empfehlungen für
eine Reform des Abstammungsrechts, 2017, 48.

a) Derzeitige Rechtslage und rechtsvergleichende Betrachtung

Das Recht, die Vaterschaft anzufechten unterliegt der Befristung.[644] § 1600b BGB enthält ein entsprechend ausdifferenziertes System, das Dauer, Beginn, Hemmung und Ablauf der Anfechtungsfrist einheitlich bestimmt.[645] Gemäß Abs. 1 S. 1 kann die Vaterschaft binnen einer Regelfrist von zwei Jahren angefochten werden. Diese Frist beginnt gem. § 1600b I 2 HS 1 BGB mit dem Zeitpunkt, in dem der Berechtigte von den Umständen erfährt, die gegen die Vaterschaft sprechen.[646] Mit Blick auf die verfassungsrechtlichen Gewährleistungen ist der Fristlauf kenntnisabhängig ausgestaltet, eine kenntnisunabhängige Frist (so noch das alte Recht) verstößt gegen das Grundgesetz.[647] Auch mit Blick auf Art. 8 EMRK steht sie in Konflikt.[648] Die gegenwärtige Fristenregelung wurde jedoch als verfassungsgemäß[649] eingestuft und ist auch in Übereinstimmung mit der EMRK.[650] Die Befristung der Anfechtung dient letztlich der Rechtssicherheit, sie schafft nach ihrem Ablauf Rechtsfriede und sichert den Status des Kindes.[651] Sie dient damit der Statusbeständigkeit.[652] Durch die Befristung des Anfechtungsrechts werden die von der Anfechtung berührten Grundrechte, d. h. das

---

[644] Vgl. eingehend hierzu BeckOGK/*Reuß*, § 1600b BGB Rn. 1 ff.

[645] Anders noch das alte Recht, das unterschiedliche Fristläufe vorsah, vgl. Beck-OGK/*Reuß*, § 1600b BGB Rn. 6.

[646] Zum Fristlauf hins. des Anfechtungsrechts des minderjährigen Kindes bei gemeinschaftlicher Vertretung durch die Eltern siehe *OLG Nürnberg*, Beschl. v. 24.7.2017 – 7 UF 688/17, BeckRS 2017, 120835 (Kenntnis des Ergänzungspfegers entscheidend).

[647] *BVerfG*, Beschl. v. 26.4.1994 – 1 BvR 1299/89, 1 BvL 6/90, NJW 1994, 2475 (unverhältnismäßig).

[648] *EGMR*, Urt. v. 24.11.2005 – Nr. 74826/01 (*Shofman/Russland*), http://hudoc.echr. coe.int/eng?i=001-71303 (zuletzt geprüft am 26.9.2017); *Dethloff*, Familienrecht, 2015, § 10 Rn. 107; *Helms* in: Schwab/Vaskovics (Hrsg.), Pluralisierung von Elternschaft und Kindschaft, 2011, 105, 109.

[649] Das BVerfG hatte in einer Entscheidung zum alten Recht § 1594 Abs. 1 und 2 a. F. (Befristung der Ehelichkeitsanfechtung) judiziert, die Gestaltung war jedoch ganz ähnlich zur heutigen Regelung: *BVerfG*, Beschl. v. 4.12.1974 – 1 BvL 14/73, NJW 1975, 203; vgl. auch *BVerfG*, Urt. v. 13.2.2007 – 1 BvR 421/05, NJW 2007, 753, 756; sowie zur Verfassungsmäßigkeit der Befristung im Statusverfahren *BVerfG*, Beschl. v. 8.5. 1973 – 2 BvL 5, 6, 7 und 13/72, NJW 1973, 1315.

[650] *EGMR*, Urt. v. 28.11.1984 – Nr. 9/1983/65/100 (*Rasmussen*), NJW 1986, 2176; *EGMR*, Urt. vom 18.2.2014 – Nr. 28609/08 (*A. L./Polen*), http://hudoc.echr.coe.int/ eng?i=001-140920 (zuletzt geprüft am 10.03.2014) (zur Jahresfrist nach polnischem Recht); zu einer fünfjährigen Ausschlussfrist bei der Vaterschaftsfeststellung *EGMR*, Urt. v. 3.4.2014 – 58809/09 (*Konstantinidis/Griechenland*), http://hudoc.echr.coe.int/si tes/eng/pages/search.aspx?i=001-142079 (zuletzt geprüft am 03.04.2014); MüKoBGB/ *Wellenhofer*, § 1600b Rn. 3.

[651] Arbeitskreis Abstammungsrecht des BMJV, Abschlussbericht – Empfehlungen für eine Reform des Abstammungsrechts, 2017, 48.

[652] BT-Drs. 13/4899, 87; *BGH*, Urt. v. 24.3.1999 – XII ZR 190/97, NJW 1999, 1862, 1863; *Gernhuber/Coester-Waltjen*, Familienrecht, 2010, 631; BeckOGK/*Reuß*, § 1600b BGB Rn. 2 m. w. N. zum Normzweck.

Recht des Anfechtungsberechtigten auf Lösung des Eltern-Kind-Verhältnisses aus Art. 6 II 1 GG und Art. 2 I GG i.V.m. Art. 1 I GG und das Interesse der Beteiligten an rechtssicheren und stabilen rechtlichen Abstammungsbeziehungen in einen generell-typisierten Ausgleich gebracht.[653]

Auch in anderen Rechtsordnungen ist die Anfechtung der Elternschaft befristet. Was die Länge und den Lauf von Anfechtungsfristen angeht, lässt sich schwer ein einheitlicher Trend ausmachen. Teilweise ist die Anfechtung mit einer sehr kurzen Frist, teils mit einer im Vergleich zur deutschen Zwei-Jahresfrist deutlich längeren Frist ausgestaltet. Alleine das französische Recht kennt diverse Fristenregelungen. Stimmt der Statusbesitz mit der rechtlichen Elternzuordnung überein, ist die Anfechtung nach Art. 333 CC beispielsweise auf fünf Jahre befristet. Stimmt der Statusbesitz hingegen nicht mit der rechtlichen Zuordnung überein, gestattet Art. 334 i.V.m. Art. 321 CC eine 10-jährige Anfechtung. Die Anfechtung des durch Offenkundigkeitsurkunde hergestellten Statusbesitzes ist ebenfalls innerhalb einer 10-jährigen Anfechtungsfrist möglich.[654] Das niederländische Recht sieht ebenfalls unterschiedliche Fristen vor, diese sind jedoch deutlich kürzer, als jene des französischen Rechts. Eine Anfechtung (*ontkennen*) der Abstammungszuordnung kraft Ehe bzw. registrierter Lebenspartnerschaft ist gem. Art. 1:200(5) BW binnen eines Jahres nach Geburt (kenntnisunabhängiger Fristlauf für die Mutter) bzw. binnen eines Jahres nach Kenntis von Umständen, die die Vaterschaft in Zweifel ziehen Art. 1:200(5) BW für den Vater möglich. Das Kind hat ein dreijähriges, kenntnisabhängiges Anfechtungsrecht, Art. 1:200(6) BW, die Frist beginnt nicht vor dessen Volljährigkeit zu laufen. Ähnliche Fristen gelten auch im Bereich der Anfechtung der Elternschaftsanerkennung (*vernietiging*) gem. Art. 1:205 BW. Das österreichische Recht sieht für die Anfechtung der Abstammung aufgrund Ehe bzw. registrierter Partnerschaft eine Zwei-Jahresfrist vor, vgl. § 153 I ABGB. Sie ist ebenfalls kenntnisabhängig ausgestaltet und beginnt frühestens mit Geburt des Kindes für das Kind zu laufen. Eine 30-jährige absolute Ausschlussfrist für die Anfechtung des Mannes formuliert § 153 III ABGB. Auch § 154 II ABGB sieht eine Zwei-Jahresfrist für die Anfechtung des Vaterschaftsanerkenntnisses in bestimmten Fällen vor. Wiederum andere Rechtsordnungen kennen überhaupt keine Anfechtungsfrist.[655]

Die Befristung der Anfechtung ist in der jüngeren Zeit einiger Kritik ausgesetzt gewesen.[656] Eine gänzliche Entfristung der Vaterschaftsanfechtung, wie sie

---

[653] BeckOGK/Reuß, § 1600b BGB Rn. 2.

[654] Art. 335 CC.

[655] Norwegen kennt beispielsweise eine fristunabhängige Anfechtung der Vaterschaft, vgl. zu den Hintergründen der Regelung kritisch *Helms* in: Schwab/Vaskovics (Hrsg.), Pluralisierung von Elternschaft und Kindschaft, 2011, 105, 110.

[656] Vgl. *Heiderhoff*, FamRZ 2010, 8, 14 ff. mit Vorschlag eines Alternativmodells („*ex nunc*"-Beendigung der Vaterschaft neben der Vaterschaftsanfechtung).

gelegentlich angedacht wird,[657] ist jedoch abzulehnen.[658] Gegen sie spricht vor allem, dass hierdurch auch noch nach langjährigem Bestehen der abstammungsrechtlichen Beziehung eine Anfechtung möglich wäre. Das Anfechtungsrecht könnte sich bei Kenntnis der genetischen Abstammungswahrheit damit zu einem vermögensrechtlich motivierten Druckpotential im Kreise der engsten Familienangehörigen entwickeln, beispielsweise könnte ein vermögender Erblasser seinen wissentlich nicht von ihm abstammenden Kindern mit Anfechtung drohen und so das Erb- und Pflichtteilsrecht beseitigen, wenn das Verhalten der Kinder nicht dem Willen des Erblassers angepasst wird.[659] Gleichsam könnte ein Kind seinem pflegebedürftigen Elternteil mit Anfechtung drohen, um sich der gesetzlichen Unterhaltspflicht zu entziehen, obwohl die sozial-familiäre Beziehung trotz Kenntnis der fehlenden biologischen Abstammung über Jahre hinweg gelebt wurde.[660] Dies steht letztlich dem Grundsatz der Statusbeständigkeit entgegen und steht mit dem Schutz stabiler sozialer Bindungen (mithin Art. 6 I GG) in Konflikt.[661] Auch besteht die Gefahr, dass Konflikte in der Paarbeziehung als Auslöser dafür dienen, die Eltern-Kind-Beziehung zu beseitigen.[662] Dies mag in Situationen, in denen ein Scheinvater in Kenntnis seiner Nichtvaterschaft aber im Vertrauen auf den Erhalt der Beziehung zur Mutter auf eine Anfechtung verzichtet hat, misslich sein, wenn im Zeitpunkt des Zerbrechens der Paarbeziehung die Anfechtungsfrist bereits abgelaufen ist.[663] Ein Verzicht auf die mögliche Anfechtung stellt jedoch eine autonome Entscheidung des Mannes dar, deren Folgen er eigenverantwortlich zu tragen hat. Eine kenntnisabhängige Frist kann zwar letztlich auch dazu führen, dass nach vielen Jahren eine Anfechtung erfolgen kann, wenn die Kenntnis erst sehr spät erlangt wurde. Die rechtssichernde Wirkung tritt nach Ablauf der Frist allerdings ein, so dass nur über einen relativ kurzen Zeitraum tatsächliche Unsicherheit besteht. Eine gewisse Unsicherheitsperiode ist allerdings notwendig, denn den beteiligten Personen ist im Falle der Kenntniserlangung eine Überlegungszeit zuzugestehen, in der sie entscheiden können, ob sie an der rechtlichen Beziehung festhalten möchten.[664] Eine Entfristung ließe

---

[657] Gefordert bei *Wolf,* NJW 2005, 2417, 2418; *Heiderhoff* in: Schwab/Vaskovics (Hrsg.), Pluralisierung von Elternschaft und Kindschaft, 2011, 273, 281 (für die biologisch unwahre aber gelebte Vaterschaft); ebenso *Heiderhoff/Schekhan,* FPR 2011, 360, 365 ff.; Lockerung der Frist angedacht bei *Rittner/Rittner,* NJW 2005, 945, 948.

[658] So bereits an anderer Stelle BeckOGK/*Reuß,* § 1599 BGB Rn. 27.

[659] BeckOGK/*Reuß,* § 1599 BGB Rn. 27.

[660] BeckOGK/*Reuß,* § 1599 BGB Rn. 27.

[661] *Helms* in: Schwab/Vaskovics (Hrsg.), Pluralisierung von Elternschaft und Kindschaft, 2011, 105, 116.

[662] *Helms* in: Schwab/Vaskovics (Hrsg.), Pluralisierung von Elternschaft und Kindschaft, 2011, 105, 116.

[663] *Helms* in: Schwab/Vaskovics (Hrsg.), Pluralisierung von Elternschaft und Kindschaft, 2011, 105, 117 (über Ausweitung des § 1600b VI auf den Scheinvater nachdenkend, letztlich aber treffend ablehnend).

[664] BeckOGK/*Reuß,* § 1599 BGB Rn. 27.

sich letztlich wohl auch nicht mit dem GG vereinbaren, da das BVerfG stets das Interesse des Kindes am Bestand der rechtlichen und sozial-familiären Eltern-Kind-Beziehung betont hat. Ein nicht fristgebundenes Aufhebungsrecht der abstammungsrechtlichen Beziehung würde dieses Interesse leerlaufen lassen.[665] Die Frist sollte somit beibehalten werden.

Zu Recht kritisch betrachtet worden ist hingegen die Regelung des § 1600b VI BGB, der die Anfechtungsfrist bei Unzumutbarkeit für das Kind neu zu laufen lassen beginnt.[666] Die Regelung ist praktisch schwer greifbar, was sich an der Vielfalt der Kriterien zeigt, die eine Unzumutbarkeit begründen sollen.[667] Sie ist einer rechtssicheren und bestandsfesten Statuszuordnung somit abträglich.[668] Da auch nur das Kind in den Genuss der Regelung kommt ist mit Blick auf Art. 3 GG problematisch.[669] Die Regelung sollte daher gestrichen werden.[670]

Ob ein neben der fristgebundenen Anfechtung bestehendes eigenständiges Institut, das die Vaterschaftsbeseitigung *ex nunc* bewirkt (ggf. gerichtsgebunden), notwendig und sinnvoll ist, ist diskutabel.[671] Im Ergebnis ist dies jedoch aus zwei Gründen abzulehnen: Erstens sollten Elternschaftsverhältnisse aufgrund ihrer Bedeutung und Reichweite in erster Linie stabil und möglichst nicht mehr korrekturbedürftig sein.[672] Gestattet man eine Statusaufhebung *ex nunc* und knüpft diese im Einzelfall an das Kindeswohl, ist der Ausgang des Verfahrens letztlich einzelfallabhängig, was mit Preisgabe von Rechtssicherheit einherginge.[673] Dies kann somit nicht im Sinne einer bestandsfesten Statuszuordnung sein. Zweitens ist eine Statusveränderung im Elternschaftsrecht – abgesehen von der Adoption – nicht vorgesehen. Statusrecht ist personales Standortbestimmungsrecht, das in einem möglichst frühen Zeitpunkt eine möglichst dauerhafte Statuszuordnung bewirken möchte. Eine Veränderung der Statuszuordnung sollte daher die Ausnahme darstellen. Das von *Heiderhoff* und *Schekhan* intendierte Instrument geht

---

[665] Vgl. *BVerfG*, Beschl. v. 4.12.1974 – 1 BvL 14/73, NJW 1975, 203, vgl. so auch *Helms* in: Helms (Hrsg.), Lebendiges Familienrecht, 2008, 225, 237; BeckOGK/*Reuß*, § 1599 BGB Rn. 27.

[666] *Gaul*, FamRZ 1997, 1441, 1462.

[667] Beispielsweise: Ehrloser und unsittlicher Lebenswandel des Scheinvaters, vgl. Palandt/*Brudermüller*, § 1600b Rn. 31; MüKoBGB/*Wellenhofer*, § 1600b Rn. 50; DIJuF-Rechtsgutachten JAmt 2016, 70 (71), Schwere Erbkrankheiten des Scheinvaters, vgl. Palandt/*Brudermüller*, § 1600b Rn. 31; MüKoBGB/*Wellenhofer*, § 1600b Rn. 50. Kritisch BeckOGK/*Reuß*, § 1600b BGB Rn. 62.1.

[668] Vgl. auch DIJuF-Rechtsgutachten JAmt 2016, 70.

[669] Staudinger/*Rauscher*, § 1600b Rn. 87 ff.

[670] So bereits BeckOGK/*Reuß*, § 1600b BGB Rn. 17.

[671] Vgl. den Vorschlag bei *Heiderhoff/Schekhan*, FPR 2011, 360, 365 f. Dazu bereits BeckOGK/*Reuß*, § 1599 BGB Rn. 28.

[672] Vgl. eingehend § 2 S. 149 ff.

[673] Was die Autorinnen auch selbst einräumen, *Heiderhoff/Schekhan*, FPR 2011, 360, 365 f.

hierüber allerdings hinaus. Es passt daher nicht in das System. Auch eine Kindeswohlprüfung im Einzelfall ist dem Elternschaftsrecht letztlich im Grundsatz fremd.[674]

b) Schlussfolgerungen und Formulierungsvorschlag

Letztendlich ist aus dem Vorstehenden zu schlussfolgern, dass die Elternschaftsanfechtung auch weiterhin befristet sein und kenntnisabhängig ausgestaltet sein sollte.[675] Das derzeitige System des § 1600b BGB enthält hierfür eine sinnvolle Regelung.[676] Mit Ausnahme des § 1600b VI BGB ist die Regelung beizubehalten. Mit Blick auf die Dauer der Anfechtungsfrist ist jüngst durch den Arbeitskreis Abstammungsrecht vorgeschlagen worden, diese auf 1 Jahr zu verkürzen.[677] Als Überlegungszeit erscheint dies recht kurz. Zumal die übliche Verjährungsfrist im Kaufrecht bereits länger ausgestaltet ist. Angesichts der Bedeutung, die die Anfechtung der Eltern-Kind-Beziehung für eine Person und ihre Positionierung in der Rechtsgemeinschaft hat, sollte die Frist nicht kürzer gewählt werden. Mit Blick auf das gleichsam bestehende, kollidierende Interesse der Beteiligten an Rechtssicherheit erscheint aber auch eine Ausdehnung der Frist unangemessen. Es sollte somit bei der Zwei-Jahresfrist bleiben.

Eine Regelung, die die vorstehend genannten Erwägungen umsetzt, ist letztlich in die derzeit geltende Systematik zu integrieren. Dazu sollte § 1600b BGB wie folgt neu gefasst werden:

§ 1600b Anfechtungsfristen. (1) Die Elternschaft kann binnen zwei Jahren gerichtlich angefochten werden. Die Frist beginnt mit dem Zeitpunkt, in dem die berechtigte Person von den Umständen erfährt, die gegen die Elternschaft sprechen; das Vorliegen einer sozial-familiären Beziehung im Sinne des § 1600 Abs. 2 und 3 hindert den Lauf der Frist nicht.

(2) Die Frist beginnt nicht vor der Geburt des Kindes und nicht, bevor die Anerkennung wirksam geworden ist. In den Fällen des § 1593 Satz 4 beginnt die Frist nicht vor der Rechtskraft der Entscheidung, durch die festgestellt wird, dass der neue Ehegatte bzw. eingetragene Lebenspartner des Elternteils nicht der genetische Elternteil des Kindes ist.

(3) Hat der gesetzliche Vertreter eines minderjährigen Kindes die Elternschaft nicht rechtzeitig angefochten, so kann das Kind nach dem Eintritt der Volljährigkeit selbst

---

[674] Dazu bereits § 3 S. 244 ff.

[675] Arbeitskreis Abstammungsrecht des BMJV, Abschlussbericht – Empfehlungen für eine Reform des Abstammungsrechts, 2017, 53.

[676] Arbeitskreis Abstammungsrecht des BMJV, Abschlussbericht – Empfehlungen für eine Reform des Abstammungsrechts, 2017, 48 f.

[677] Arbeitskreis Abstammungsrecht des BMJV, Abschlussbericht – Empfehlungen für eine Reform des Abstammungsrechts, 2017, 48 f. Zum Teil dafür, bei Fällen der *„ex tunc"*-Anfechtung bei nicht gelebter Vaterschaft bzw. Anfechtung kurz nach Anerkennung *Heiderhoff* in: Schwab/Vaskovics (Hrsg.), Pluralisierung von Elternschaft und Kindschaft, 2011, 273, 284.

anfechten. In diesem Falle beginnt die Frist nicht vor Eintritt der Volljährigkeit und nicht vor dem Zeitpunkt, in dem das Kind von den Umständen erfährt, die gegen die genetische Elternschaft sprechen.

(4) Hat der gesetzliche Vertreter eines Geschäftsunfähigen die Elternschaft nicht rechtzeitig angefochten, so kann die anfechtungsberechtigte Person nach dem Wegfall der Geschäftsunfähigkeit selbst anfechten. Absatz 3 Satz 2 gilt entsprechend.

(5) Die Frist wird durch die Einleitung eines Verfahrens nach § 1598a Abs. 2 gehemmt; § 204 Abs. 2 gilt entsprechend. Die Frist ist auch gehemmt, solange die anfechtungsberechtigte Person widerrechtlich durch Drohung an der Anfechtung gehindert wird. Im Übrigen sind § 204 Absatz 1 Nummer 4, 8, 13, 14 und Absatz 2 sowie die §§ 206 und 210 entsprechend anzuwenden.

7. Keine erhöhten Schlüssigkeitsanforderungen (Anfangsverdacht)

Darüber hinaus ist es Voraussetzung des gegenwärtigen deutschen Anfechtungsrechts, dass der Anfechtende einen sog. Anfangsverdacht darlegt.[678] Das Erfordernis ist, wie bereits an anderer Stelle eingehend begründet wurde, abzulehnen.[679] Es sieht vor, dass ein Antrag auf Vaterschaftsanfechtung nicht nur die Behauptung enthalten muss, dass die Vaterschaft des rechtlich als Vater zugeordneten Mannes in Wirklichkeit nicht besteht, verlangt wird vielmehr, dass der Antragsteller Umstände vorträgt, die bei objektiver Betrachtung geeignet sind, Zweifel an der Abstammung zu wecken und die die Möglichkeit einer anderweitigen Abstammung als nicht ganz fernliegend erscheinen lassen.[680] Das Erfordernis, das es vergleichbar in anderen Rechtsordnungen nicht gibt,[681] ist in der Literatur berechtigter und heftiger Kritik ausgesetzt,[682] da es letztlich keine hinreichende Stütze im Gesetz findet.[683] Es ist auch nicht erforderlich, da Anfechtungen ins Blaue hinein, die das Erfordernis verhindern möchte, wegen der bestehenden Möglichkeiten nach § 1598a BGB und des nun bestehenden § 1686a BGB wohl

---

[678] Zu den von der Rechtsprechung angelegten Maßstäben BeckOGK/*Reuß*, § 1599 BGB Rn. 75 ff.

[679] BeckOGK/*Reuß*, § 1599 BGB Rn. 25–25.3; so beispielsweise auch *Luh*, Die Prinzipien des Abstammungsrechts, 2008, 267; ablehnend auch *Gietl*, Abstammung – Dogmatik einer normativen Kategorie, 2014, 238.

[680] *BGH*, Urt. v. 1.3.2006 – XII ZR 210/04, NJW 2006, 1657, 1658; *BGH*, Urt. v. 30.10.2002 – XII ZR 345/00, NJW 2003, 585; *BGH*, Urt. v. 22.4.1998 – XII ZR 229-96, NJW 1998, 2976; zustimmend *Wanitzek*, FPR 2002, 390, 395 f. Kritisch ebenfalls *Wolf*, NJW 2005, 2417, 2419 ff.

[681] *Dethloff*, Familienrecht, 2015, § 10 Rn. 108.

[682] Staudinger/*Rauscher*, § 1599 Rn. 18; *Gernhuber/Coester-Waltjen*, Familienrecht, 2010, 630; *Heiderhoff/Schekhan*, FPR 2011, 360, 364 f.; *Schlosser*, JZ 1999, 43; *Mutschler*, DAVorm 1996, 277; *Knoche*, FuR 2005, 348, 351 f.; *Reichenbach*, 206 AcP (2006) 598, 601 ff.; *Demharter*, FamRZ 1985, 232.

[683] Was letztlich der BGH mit Blick auf die materiellen Anfechtungsvoraussetzungen selbst zugesteht, vgl. *BGH*, Urt. v. 22.4.1998 – XII ZR 229-96, NJW 1998, 2976. Bereits *Mutschler*, DAVorm 1996, 277.

nicht sonderlich wahrscheinlich sind.[684] Auch, wenn das BVerfG die Rechtsprechung als mit dem Grundgesetz vereinbar angesehen hat,[685] und die Instanzrechtsprechung den Vorgaben des BGH folgt,[686] sollte das Erfordernis aufgegeben werden.[687]

8. Wirkungen der erfolgreichen Anfechtung

§ 1599 I BGB ordnet an, dass die dort genannten Vaterschaftszuordnungstatbe-
stände bei einer erfolgreichen Anfechtung nicht gelten. Die Anfechtung wirkt
somit auf den Geburtszeitpunkt zurück, d.h. sie hat „*ex tunc*"-Wirkung.[688] Da
Familienrechtsverhältnisse, wozu auch das Eltern-Kind-Verhältnis zählt, Dauer-
rechtsverhältnisse sind, kann sich eine Rückabwicklung praktisch schwierig gestalten, wenn eine Aufhebung des Verhältnisses zu einem sehr späten Zeitpunkt
erfolgt.[689] Es ist in der Literatur daher vorgeschlagen worden, die Anfechtung (in
gewissen Konstellationen) mit „*ex nunc*"-Wirkung auszustatten.[690] Die Überlegungen haben durchaus Berechtigung. Passender als die als Korrekturmecha-
nismus und damit auf den Begründungszeitpunkt zurückwirkende Anfechtung
mit „*ex nunc*"-Wirkung auszustatten scheint jedoch, die Anfechtungswirkungen
in gewissen Fällen zu begrenzen. So kann beispielsweise, wie dies der Gesetzgeber auch vorhat,[691] eine unterhaltsrechtliche Rückabwicklung (zum Teil) ausgeschlossen werden. Das niederländische Recht tut dies beispielsweise in Art. 1:206
BW (Rückwirkung der Anfechtung, aber Ausschluss der Unterhaltsrückabwick-

---

[684] Vgl. zum Vorschlag der Erweiterung des § 1598a BGB unten § 5 S. 486 ff.

[685] *BVerfG*, Urt. v. 13.2.2007 – 1 BvR 421/05, NJW 2007, 753, 756 f.; sehr kritisch
Wolf in: Helms (Hrsg.), Lebendiges Familienrecht, 2008, 349, 361 f.; kritisch auch
Frank/Helms, FamRZ 2007, 1277 f.

[686] *OLG Dresden*, Beschl. v. 7.5.2002 – 10 WF 215/02, FPR 2002, 570; *OLG Brandenburg*, Beschl. v. 16.9.2013 – 3 WF 93/13, BeckRS 2014, 7041; *OLG Celle*, Urt. v.
29.10.2003 – 15 UF 84/03, FamRZ 2004, 481; zu weiteren Nachweisen siehe Beck-
OGK/*Reuß*, § 1599 BGB Rn. 25.

[687] *Luh*, Die Prinzipien des Abstammungsrechts, 2008, 267; Arbeitskreis Abstammungsrecht des BMJV, Abschlussbericht – Empfehlungen für eine Reform des Abstammungsrechts, 2017, 53 (Beibehaltung allerdings für die Anfechtung des genetischen, nicht rechtlichen Elternteils).

[688] *BGH*, Urt. v. 20.5.1981 – IVb ZR 571/80, NJW 1981, 2183, 2184; *Gernhuber/
Coester-Waltjen*, Familienrecht, 2010, 634; Staudinger/*Rauscher*, § 1599 Rn. 26;
Schwab, Familienrecht, 2016, § 49 Rn. 577; BeckOGK/*Reuß*, § 1599 BGB Rn. 112.

[689] *Gernhuber/Coester-Waltjen*, Familienrecht, 2010, 16; MüKoBGB/*Wellenhofer*,
§ 1589 Rn. 10 m.w.N.

[690] Vaterschaft *Heiderhoff* in: Schwab/Vaskovics (Hrsg.), Pluralisierung von Elternschaft und Kindschaft, 2011, 273, 281 (genannt Vaterschaftsbeendigung); Persönliche
Leitlinien der Mitglieder des Arbeitskreis Abstammungsrecht des BMJV, Abschlussbericht – Empfehlungen für eine Reform des Abstammungsrechts, 2017, 111 (Dagmar
Coester-Waltjen).

[691] Entwurf eines Gesetzes zur Reform des Scheinvaterregresses, zur Rückbenen-
nung und zur Änderung des Internationalen Familienrechtsverfahrensgesetzes BT-Drs.
18/10343.

lung und Unbeachtlichkeit der Anfechtung mit Blick auf Rechte Dritter). Im Grundsatz sollte es mit Blick auf das Elternschaftsrecht allerdings bei einer Rückwirkung bleiben.[692]

D. Sonderfall Leihmutterschaft

Seit einigen Jahren ist die Thematik der Leihmutterschaft wieder in den Fokus der öffentlichen Berichterstattung, der wissenschaftlichen Diskussion aber auch der tatsächlichen Arbeit der Gerichte gerückt. Medienberichte über Prominente, die wie Elton John[693] oder Kim Kardashian[694] Leihmütter mit der Austragung eines Kindes beauftragt haben, oder Fälle, wie jener des kleinen Gammy,[695] bei dem die australischen Wunscheltern von Zwillingen lediglich das gesunde Kind annehmen wollten, haben eine hitzige Diskussion über die Zulässigkeit von Leihmutterschaft, das deutsche Leihmutterschaftsverbot und die Anerkennung von im Ausland durchgeführten Leihmutterschaften entfacht. Dabei ist die Leihmutterschaft kein ganz neues Phänomen. Bereits in der Bibel finden sich Nachweise mit den Geschichten zu Jakob, Lea und Rahel und ihren Kindern (Genesis 29, 1– 30 und Genesis 30 1–24) sowie Abraham, Sarah und Hagar (Genesis 16, 1–16), auch wenn diese – anders als heute – nicht so sehr durch einen auf Liebe gründenden Kinderwunsch zurückzuführen sind.[696] Die Literatur zur Leihmutterschaft ist Legion.[697] Dabei stehen sich Befürworter und Gegner eines Verbots

---

[692] Zum Ausnahmefall sogleich.

[693] http://www.spiegel.de/panorama/leute/vaterglueck-per-leihmutter-elton-john-ist-papa-a 736776.html (zuletzt geprüft am 14.10.2017).

[694] http://www.sueddeutsche.de/news/leben/leute-kim-kardashian-erwaegt-leihmutter schaft-dpa.urn-newsml-dpa-com-20090101-170403-99-918036 (zuletzt geprüft am 14.10.2017).

[695] http://www.faz.net/aktuell/gesellschaft/menschen/eltern-und-leihmutter-streiten-ueber-baby-gammy-13080734.html (zuletzt geprüft am 14.10.2017).

[696] Eingehend siehe § 1 S. 65 ff. *Coester* in: Mansel/Pfeiffer/Kronke u.a. (Hrsg.), Festschrift für Erik Jayme, 2004, 1243; zu weiteren historischen Quellen von Leihmutterschaftspraktiken siehe *Lederer,* Grenzenloser Kinderwunsch – Leihmutterschaft im nationalen, europäischen und globalen rechtlichen Spannungsfeld, 2016, 31 f.; *Bertschi,* Leihmutterschaft – Theorie, Praxis und rechtliche Perspektiven in der Schweiz, den USA und Indien, 2014, 5 f. (Hinduismus); *Lammers,* Leihmutterschaft in Deutschland – Rechtfertigen die Menschenwürde und das Kindeswohl ein striktes Verbot?, 2016, 40 ff. (Christentum, Judentum, Hinduismus, Islam). Zu einem historisch-vergleichenden Blick auf Ammenwesen, Prostitution und Leihmutterschaft *Patzel-Mattern* in: Weller/Ditzen (Hrsg.), Leihmutterschaft – Aktuelle Entwicklungen und interdisziplinäre Herausforderungen, 2018 (im Erscheinen), 9 ff.; *Patzel-Mattern,* Herder Korrespondenz 2017, 48 ff.

[697] Monographisch zur Thematik aus jüngerer Zeit: *Bertschi,* Leihmutterschaft – Theorie, Praxis und rechtliche Perspektiven in der Schweiz, den USA und Indien, 2014; *Diel,* Leihmutterschaft und Reproduktionstourismus, 2014; *Stoll,* Surrogacy Arrangements and Legal Parenthood – Swedish Law in a Comparative Context, 2013; *Lammers,* Leihmutterschaft in Deutschland – Rechtfertigen die Menschenwürde und das Kindeswohl ein striktes Verbot?, 2016; *Lederer,* Grenzenloser Kinderwunsch – Leihmutterschaft im nationalen, europäischen und globalen rechtlichen Spannungsfeld, 2016; *Du-*

oftmals erbittert gegenüber, teilweise wird die sachliche Ebene sorgar verlassen. Dies ist angesichts der schwierigen ethischen und moralischen Fragestellungen, die die Leihmutterschaft mit sich bringt, verständlich. Da es bei Fragen der Leihmutterschaft allerdings um bedeutende Kernfragen grund- und menschenrechtlicher Verbürgungen geht, deren Beantwortung eine angemessene Balance aller berührter Interessen erfordert, erscheint ein entsprechendes Maß an Nüchternheit und Sachlichkeit angebracht.

Im Folgenden soll nun mit Blick auf die Ausgestaltung eines modernen Elternschaftsrechts untersucht werden, wie mit entsprechenden Leihmutterschaftskonstellationen im Inland umzugehen ist.[698] Hierzu werden zunächst einmal in einer Bestandsaufnahme rechtstatsächliche Daten zu Leihmutterschaftsfällen betrachtet und Konstellationen herausgearbeitet, in denen eine Leihmutterschaft denkbar ist (I.), darauffolgend wird die derzeitige Rechtslage in Deutschland betrachtet, und eine knappe rechtsvergleichende Umschau genommen (II.). Unter (III.) wird untersucht, ob das in Deutschland geltende generelle Verbot der Leihmutterschaft mit Blick auf die grund- und menschenrechtliche Interessenlage gerechtfertigt ist. Abschnitt (IV.) wird sich der Ausarbeitung eines elternschaftsrechtlichen Regulierungsvorschlags widmen. Hierzu sei angemerkt, dass eine Arbeit, die sich im Kern der Erarbeitung eines allgemeinen Systems der rechtlichen Eltern-Kind-Zuordnung widmet, letztlich auf den elternschaftsrechtlichen Aspekt der Leihmutterschaft konzentriert sein muss. Die Regulierung medizinrechtlicher, sozialrechtlicher und allgemein zivilvertragsrechtlicher Fragestellungen, die Leihmutterschaftskonstellationen ebenfalls mit sich bringen, können in dieser Arbeit nicht vollumfänglich mitbehandelt werden.[699]

I. Bestandsaufnahme

1. Fallzahlen

Wie bereits in § 1 herausgearbeitet wurde, liegen genaue Zahlen dazu, wie viele Leihmutterschaften in Deutschland oder von deutschen Paaren im Ausland

---

den, Leihmutterschaft im Internationalen Privat- und Verfahrensrecht, 2015; *Thomale,* Mietmutterschaft, 2015; *Voss,* Leihmutterschaft in Deutschland – Rechtliche Folgen und Verfassungsmäßigkeit des Verbotes, 2015; *Sitter,* Grenzüberschreitende Leihmutterschaft – Eine Untersuchung des materiellen und internationalen Abstammungsrechts Deutschlands und der USA, 2017.

[698] Zu grenzüberschreitenden Sachverhalten siehe § 6.

[699] Siehe hierzu *Coester-Waltjen* in: Ständige Deputation des Deutschen Juristentages (Hrsg.), Verhandlungen des 56. Deutschen Juristentages, 1986, 9, B 89 ff. zu möglichen Schadensersatzansprüchen bei Verletzung von Leihmutterschaftsvereinbarungen *Coester-Waltjen* in: Ständige Deputation des Deutschen Juristentages (Hrsg.), Verhandlungen des 56. Deutschen Juristentages, 1986, 9, B 93 ff. Für einen medizinrechtlichen Regulierungsvorschlag siehe *Gassner/Kersten/Krüger u. a.,* Fortpflanzungsmedizingesetz, 2013, 6 f.

durchgeführt werden, nicht vor. Auch international lässt sich nicht genau überblicken, welches Ausmaß Leihmutterschaften einnehmen. In den Niederlanden, wo die Leihmutterschaft zwar nicht umfassend geregelt ist, aber praktiziert wird, werden ca. 10 Behandlungen im Jahr vorgenommen, dazu bereits eingehend § 1.[700] Dass Leihmutterschaften allerdings grenzüberschreitend rege praktiziert werden, zeigt alleine schon die Zahl der Anerkennungsentscheidungen in den einzelnen europäischen Staaten (auch in Deutschland). Schätzungen belaufen sich auf ca. 10.000 Fälle pro Jahr (weltweit).[701] Es handelt sich somit nicht um ein unwichtiges Randphänomen.

2. Motivation der Wunscheltern

Wie die existierenden Studien zu Leihmutterschaftsfamilien zeigen, liegt die Motivation der Wunscheltern zur Beauftragung einer Leihmutter in der Regel in einem tief verwurzelten Kinderwunsch. Die Leihmutterschaft ist meist die letzte Chance der Wunscheltern, sich den Kinderwunsch zu erfüllen. In vielen Fällen haben die Wunscheltern über lange Zeit (7,5 Jahre im Durchschnitt im untersuchten Personenkreis) vergeblich versucht, Kinder auf andere Weise zu bekommen. In allen Fällen lag bei den Studienteilnehmern eine medizinische Indikation vor.[702] Daneben sind allerdings auch durchaus Fälle denkbar, in denen eine Leihmutterschaft aus sonstigen Gründen (z.B. zur Vermeidung kosmetischer Nachteile durch die Schwangerschaft) durchgeführt wird. Diese Fälle sind nach den derzeitigen Erkenntnissen allerdings die Ausnahme.[703] Die in Deutschland lebenden Personen stehen dem Leihmutterschaftsverbot indifferent gegenüber. Eine repräsentative Befragung zur Einstellung der in Deutschland lebenden Personen zur Leihmutterschaft hat kein eindeutiges Bild ergeben: Die Zahl der Befürworter (43,6 %) und der Gegner (43,7 %) gleicht sich in etwa.[704]

---

[700] *Boele-Woelki/Curry-Sumner/Schrama u.a.,* Commercieel draagmoederschap en illegale opneming van kinderen, http://www.wodc.nl/onderzoeksdatabase/draagmoeder schap.aspx (zuletzt geprüft am 13.08.2013), 44.

[701] MüKoBGB/*Wellenhofer,* § 1591 Rn. 31; *Dethloff,* JZ 2014, 922 m.w.N.

[702] *MacCullum/Lycett/Murray u.a.,* 18 Human Reproduction (2003) 1334, 1336; ähnlich *Blyth,* 13 Journal of Reproductive and Infant Psychology (1995) 185, 188. Vgl. hierzu auch den Bericht einer Wunschmutter *Meyer-Spendler* in: Weller/Ditzen (Hrsg.), Leihmutterschaft – Aktuelle Entwicklungen und interdisziplinäre Herausforderungen, 2018 (im Erscheinen), 24 ff. Zu den denkbaren Indikationen im Einzelnen etwa *Voss,* Leihmutterschaft in Deutschland – Rechtliche Folgen und Verfassungsmäßigkeit des Verbotes, 2015, 13 ff.

[703] *Jadva* in: Golombok/Scott/Appleby u.a. (Hrsg.), Regulating reproductive donation, 2016, 126, 131 (geringe Zahl); *Lederer,* Grenzenloser Kinderwunsch – Leihmutterschaft im nationalen, europäischen und globalen rechtlichen Spannungsfeld, 2016, 30. Dies spiegelt auch die Untersuchung von *Bertschi,* Leihmutterschaft – Theorie, Praxis und rechtliche Perspektiven in der Schweiz, den USA und Indien, 2014, 90 f. zu Schweizer Sachverhalten wider.

[704] *Stöbel-Richter/Goldschmidt/Brähler u.a.,* 92 Fertility and Sterility (2009) 124, 127.

3. Leihmutterschaftskonstellationen und Begrifflichkeiten

Leihmutterschaft – im weiteren Sinne verstanden – kann in verschiedenen Konstellationen auftreten:[705] Ist die Leihmutter zugleich genetische Mutter des Kindes, d. h. stammt die zur Zeugung des Kindes verwandte Eizelle von ihr selbst, wird mit Blick auf die das Kind austragende Frau gewöhnlich nicht von einer Leihmutter, sondern von einer *Ersatzmutter* gesprochen.[706] Sie ersetzt die Mutter deshalb, weil sie sowohl genetischer als auch biologischer Elternteil des Kindes ist. Fehlt es hingegen an einer genetischen Verbindung der Leihmutter zum Kind, da die Zeugung des Kindes mit einer fremden Eizelle gezeugt wird, spricht man auch im engeren Begriffsverständnis von *Leihmutterschaft*.[707] Die Leihmutter im engeren Sinne ist – anders als die Ersatzmutter – somit nur biologischer Elternteil des Kindes. Unbeachtlich für diese Einordnung ist die Art der Zeugung. Sie kann medizinisch-assistiert oder aber auch auf natürlichem Wege erfolgen. In Staaten, die die Leihmutterschaft i. w. S. erlauben, ist letzten Endes ein Trend zu verzeichnen, die Leih- der Ersatzmutterschaft vorzuziehen. Dies liegt darin begründet, dass bei der Leihmutterschaft i. e. S. durch das Fehlen einer genetischen Verbindung die Gefahr, dass die Leihmutter das Kind nicht abgeben möchte, minimiert wird.[708] Die Personen, die eine Leihmutter mit der Austragung des Kindes beauftragen, werden meist als *Wunscheltern* bezeichnet.[709] Auch mit Blick auf die Elternschaft der Wunscheltern lassen sich verschiedene Konstellationen unterscheiden. Sie können beispielsweise beide genetisch mit dem Kind verwandt sein, wenn Ei- und Samenzelle von den Wunscheltern stam-

---

[705] Eingehend *Coester* in: Mansel/Pfeiffer/Kronke u. a. (Hrsg.), Festschrift für Erik Jayme, 2004, 1243; *Dethloff,* JZ 2014, 922, 923; *Bertschi,* Leihmutterschaft – Theorie, Praxis und rechtliche Perspektiven in der Schweiz, den USA und Indien, 2014, 7 ff.; *Lammers,* Leihmutterschaft in Deutschland – Rechtfertigen die Menschenwürde und das Kindeswohl ein striktes Verbot?, 2016, 26 ff. *Sitter,* Grenzüberschreitende Leihmutterschaft – Eine Untersuchung des materiellen und internationalen Abstammungsrechts Deutschlands und der USA, 2017, 32 f.; *Bleisch,* 17 Jahrbuch für Wissenschaft und Ethik (2012) 5, 8.

[706] *Dethloff,* Familienrecht, 2015, § 10 Rn. 71; *Lederer,* Grenzenloser Kinderwunsch – Leihmutterschaft im nationalen, europäischen und globalen rechtlichen Spannungsfeld, 2016, 27 (spricht von klassischer oder traditioneller Leihmutterschaft). Im Englischen wird der Begriff der *traditional surrogate mother* verwendet, vgl. *Jadva* in: Golombok/Scott/Appleby u. a. (Hrsg.), Regulating reproductive donation, 2016, 126. Der Begriff der Ersatzmutter in § 13a AdVermG ist weiter, er erfasst auch die Leihmutter; *Dethloff,* JZ 2014, 922, 923.

[707] *Dethloff,* Familienrecht, 2015, § 10 Rn. 71; *Lederer,* Grenzenloser Kinderwunsch – Leihmutterschaft im nationalen, europäischen und globalen rechtlichen Spannungsfeld, 2016, 28. Im Englischen wird der Begriff *gestational mother* verwendet, vgl. *Jadva* in: Golombok/Scott/Appleby u. a. (Hrsg.), Regulating reproductive donation, 2016, 126; *Dethloff,* JZ 2014, 922, 923.

[708] *Funcke,* NZFam 2016, 207, 208.

[709] Im Englischen *intended parents* genannt, vgl. *Jadva* in: Golombok/Scott/Appleby u. a. (Hrsg.), Regulating reproductive donation, 2016, 126, 127.

men. Es kann aber durchaus auch vorkommen, dass nur ein Wunschelternteil oder gar keiner mit dem Kind genetisch verwandt ist. Das ist dann der Fall, wenn Ei- und/oder Samenzelle von Dritten stammen. Sind die Wunscheltern ein gleichgeschlechtliches Paar, ist es sehr wahrscheinlich, dass nur ein Elternteil mit dem Kind genetisch verwandt ist.

Die oben genannten Begrifflichkeiten stellen letztlich kein Dogma dar. Auch andere Begriffe werden in der Diskussion verwandt, so z. B. der Begriff der *Mietmutterschaft*,[710] oder der Begriff der *Bestelleltern*.[711] Die hier verwandten Begrifflichkeiten sind den etwas abwertend konnotierten Begriffen der Mietmutter oder der Bestelleltern jedoch vorzuziehen.[712] Wird im Folgenden allgemein von Leihmutter und Leihmutterschaft gesprochen, so ist der Begriff im weiteren Sinne zu verstehen. Ist die Leihmutter im engeren Sinne, beziehungsweise die Ersatzmutter gemeint, wird dies gesondert hervorgehoben.

II. Derzeitige Rechtslage und rechtsvergleichende Betrachtung

In Deutschland wurde bis in die späten 80er Jahre eine institutionalisierte Leihmutterschaftsvermittlung praktiziert. In etwa 1.000 Kinder wurden im Inland von einer Leihmutter ausgetragen.[713] Entgelte in Höhe von 15.000–25.000 DM wurden der Leihmutter hierbei entrichtet.[714] Im derzeit geltenden deutschen Recht ist die Leihmutterschaft allerdings unzulässig. § 1 Nr. 7 ESchG, § 5 Abs. 3, 4, §§ 13c, 14b AdVermG untersagen die Durchführung einer solchen weitgehend. Das Verbot ist teils strafbewehrt. Die Strafbewehrung greift dabei allerdings nicht lückenlos, Leihmutter und Wunscheltern werden hiervon nicht erfasst.[715] Leihmutterschaftsvereinbarungen werden zum Teil für nichtig (§ 134 BGB),[716]

---

[710] Beispielhaft *Thomale*, Mietmutterschaft, 2015, 8, der zu Unrecht davon ausgeht, dass eine Leihmutter stets nur aufgrund einer Entgeltabrede tätig werden wird.

[711] So das Gesetz in § 13b AdVermG; ebenso *Thomale*, Mietmutterschaft, 2015, 14 f.

[712] So auch *Coester-Waltjen* in: Ständige Deputation des Deutschen Juristentages (Hrsg.), Verhandlungen des 56. Deutschen Juristentages, 1986, 9, B 14.

[713] *Coester-Waltjen* in: Ständige Deputation des Deutschen Juristentages (Hrsg.), Verhandlungen des 56. Deutschen Juristentages, 1986, 9, B 14; *Dietrich*, Mutterschaft für Dritte – Rechtliche Probleme der Leihmutterschaft unter Berücksichtigung entwicklungspsychologischer Erkenntnisse und rechtsvergleichender Erfahrungen, 1989, 14 f.; *Lammers*, Leihmutterschaft in Deutschland – Rechtfertigen die Menschenwürde und das Kindeswohl ein striktes Verbot?, 2016, 34 ff.; *Funcke*, NZFam 2016, 207, 208.

[714] *Coester-Waltjen* in: Ständige Deputation des Deutschen Juristentages (Hrsg.), Verhandlungen des 56. Deutschen Juristentages, 1986, 9, B 14.

[715] Hierzu bereits *Coester* in: Mansel/Pfeiffer/Kronke u. a. (Hrsg.), Festschrift für Erik Jayme, 2004, 1243, 1245; *Dethloff*, JZ 2014, 922, 923; *Voss*, Leihmutterschaft in Deutschland – Rechtliche Folgen und Verfassungsmäßigkeit des Verbotes, 2015, 55; *Duden*, Leihmutterschaft im Internationalen Privat- und Verfahrensrecht, 2015, 17 ff.

[716] Beispielhaft MüKoBGB/*Wellenhofer*, § 1591 Rn. 18; hierzu auch *Coester* in: Mansel/Pfeiffer/Kronke u. a. (Hrsg.), Festschrift für Erik Jayme, 2004, 1243, 1251; *Thomale*,

bzw. sittenwidrig (§ 138 BGB) erachtet.[717] Die rechtliche Eltern-Kind-Zuordnung[718] im geltenden Abstammungsrecht setzt das Verbot zivilrechtlich um. Indem § 1591 BGB die Frau, die das Kind geboren hat, d. h. die Leihmutter, als rechtliche Mutter unverrückbar festlegt,[719] gibt es zumindest für die Wunschmutter keinerlei Möglichkeit, automatisch rechtlicher Elternteil des Kindes zu werden. Dies gilt auch dann, wenn sie genetische Mutter des Kindes ist. Der Gesetzgeber hat eine Aufspaltung der Mutterschaft explizit zu verhindern gesucht.[720] Die Wunschmutter ist somit auf die Adoption verwiesen.[721] Der Wunschvater kann, sofern die Leihmutter unverheiratet ist, immerhin die Vaterschaft nach § 1592 Nr. 2 BGB anerkennen, und so in die rechtliche Elternstellung einrücken.[722] Ist er genetischer Vater und die Leihmutter verheiratet, kann er die Vaterschaft des Ehemanns der Leihmutter (§ 1592 Nr. 1 BGB) anfechten und so in die Elternrolle einrücken.[723] Hieran könnte sich dann eine Stiefkindadoption der Wunschmutter anschließen.[724]

Mietmutterschaft, 2015, 38; *Lederer,* Grenzenloser Kinderwunsch – Leihmutterschaft im nationalen, europäischen und globalen rechtlichen Spannungsfeld, 2016, 183. Vgl. zur tatsächlichen Verfolgung von Verstößen gegen Verbote des ESchG *Rost,* Strafbarer Kinderwunsch, Süddeutsche Zeitung, 22.9.2017, R15.

[717] *Wanitzek,* Rechtliche Elternschaft bei medizinisch unterstützter Fortpflanzung, 2002, 234 ff.; *Thomale,* Mietmutterschaft, 2015, 38 f. Zu Recht differenzierend *Coester-Waltjen* in: Ständige Deputation des Deutschen Juristentages (Hrsg.), Verhandlungen des 56. Deutschen Juristentages, 1986, 9, B 80; *Lederer,* Grenzenloser Kinderwunsch – Leihmutterschaft im nationalen, europäischen und globalen rechtlichen Spannungsfeld, 2016, 183.

[718] Dazu *Helms* in: Ständige Deputation des Deutschen Juristentages (Hrsg.), Rechtliche, biologische und soziale Elternschaft – Herausforderungen durch neue Familienformen, 2016, F 1, F 52 ff.; *Siehr* in: Boele-Woelki/Oderkerk (Hrsg.), (On)geoorloofdheid van het draagmoederschap in rechtsvergelijkend perspectief, 1999, 69 ff.; *Diel,* Leihmutterschaft und Reproduktionstourismus, 2014, 66 ff.; *Sitter,* Grenzüberschreitende Leihmutterschaft – Eine Untersuchung des materiellen und internationalen Abstammungsrechts Deutschlands und der USA, 2017, 44 ff., 81 ff.

[719] MüKoBGB/*Wellenhofer,* § 1591 Rn. 17; *Lederer,* Grenzenloser Kinderwunsch – Leihmutterschaft im nationalen, europäischen und globalen rechtlichen Spannungsfeld, 2016, 41 f.

[720] Dazu bereits oben.

[721] *Dethloff,* JZ 2014, 922, 923; *Duden,* Leihmutterschaft im Internationalen Privat- und Verfahrensrecht, 2015, 22.

[722] Eine Ungleichbehandlung von Wunschmutter und Wunschvater anmahnend MüKoBGB/*Wellenhofer,* § 1591 Rn. 44; *Helms* in: Ständige Deputation des Deutschen Juristentages (Hrsg.), Rechtliche, biologische und soziale Elternschaft – Herausforderungen durch neue Familienformen, 2016, F 1, F 53 (Wertungswiderspruch); *Duden,* Leihmutterschaft im Internationalen Privat- und Verfahrensrecht, 2015, 238, 343. A. A. mit wenig überzeugender Argumentation *Thomale,* Mietmutterschaft, 2015, 21 ff.

[723] MüKoBGB/*Wellenhofer,* § 1591 Rn. 20.

[724] MüKoBGB/*Wellenhofer,* § 1591 Rn. 17. Kritisch zu dieser faktischen Abhängigkeit der Mutter vom Anerkennungs- bzw. Anfechtungswillen des Vaters *Sucker,* 17 European Journal of Law Reform (2015) 257, 262 f.

International besteht letztlich kein einheitlicher Ansatz zur Behandlung von Leihmutterschaften.[725] Ein Leihmutterschaftsverbot kennen neben dem deutschen Recht beispielsweise auch das französische,[726] das österreichische[727] oder aber das Schweizer Recht.[728] Andere Rechtsordnungen gestatten demgegenüber die Leihmutterschaft.[729] Altruistisch ist sie beispielsweise in Griechenland,[730] Portugal,[731] Belgien,[732] den Niederlanden,[733] in England und Wales,[734] Israel[735]

---

[725] Vgl. auch die Studie des *Europäischen Parlaments, Das System der Leihmutterschaft* in den EU-Mitgliedstaaten, PE 474.403, abrufbar unter http://www.euro parl.europa.eu/studies (zuletzt geprüft am 10.10.2017). Zur Situation im chinesischen Recht *Ding,* 2 Journal of Law and the Biosciences (2015) 33 ff.

[726] Art. 16-7 und 16-9 CC, sowie Art. 227-12 Code Penal (Strafbarkeit der Adoptionsvermittlung). Vgl. hierzu den Bericht aus dem französischen Sénat, *André/Milon/Richemont,* Contribution à la réflexion sur la maternité pour autrui – Rapport d'information n° 421 (2007–2008) fait au nom de la commission des lois et de la commission des affaires sociales, https://www.senat.fr/rap/r07-421/r07-421.html (zuletzt geprüft am 10.10.2017), die sich für eine Lockerung des Verbots aussprechen. Hierzu eingehend *Lederer,* Grenzenloser Kinderwunsch – Leihmutterschaft im nationalen, europäischen und globalen rechtlichen Spannungsfeld, 2016, 47 ff.; *De Wolf* in: Boele-Woelki/Oderkerk (Hrsg.), (On)geoorloofdheid van het draagmoederschap in rechtsvergelijkend perspectief, 1999, 89.

[727] § 3 FMedG im Umkehrschluss, vgl. *Ferrari* in: Dutta/Schwab/Henrich u.a. (Hrsg.), Künstliche Fortpflanzung und Europäisches Familienrecht, 2015, 182, 198. Eingehend auch *Lederer,* Grenzenloser Kinderwunsch – Leihmutterschaft im nationalen, europäischen und globalen rechtlichen Spannungsfeld, 2016, 54 ff.

[728] Art. 4, 31 FMedG, dazu *Bertschi,* Leihmutterschaft – Theorie, Praxis und rechtliche Perspektiven in der Schweiz, den USA und Indien, 2014, 25 f.; *Aebi-Müller/Dörr* in: Dutta/Schwab/Henrich u.a. (Hrsg.), Künstliche Fortpflanzung und Europäisches Familienrecht, 2015, 151, 164 ff. Zur Anerkennung von im Ausland durchgeführten Leihmutterschaften siehe *Schweizer Bundesgericht,* Urt. v. 21.5.2015 – 5A 748/2014, FamRZ 2015, 1912; *Schweizer Bundesgericht,* Urt. v. 14.9.2015 – 5A 443/2014, StAZ 2016, 179; sowie *Büchler/Maranta* in: Atkin/Banda (Hrsg.), The International Survey of Family Law 2015 Ed., 2015, 327 ff.

[729] *Dethloff* in: Weller/Ditzen (Hrsg.), Leihmutterschaft – Aktuelle Entwicklungen und interdisziplinäre Herausforderungen, 2018 (im Erscheinen), 41. Zu gegenwärtigen Reformplänen in Irland *Tobin,* 29 Child and Family Law Quarterly (2017) 133 ff.

[730] *Zervogianni* in: Dutta/Schwab/Henrich u.a. (Hrsg.), Künstliche Fortpflanzung und Europäisches Familienrecht, 2015, 205, 216 ff.

[731] Vgl. zu den jüngst erlassenen Ausführungsbestimmungen Decreto Regulamentar Nr. 6/2017 vom 31.7.2017, Bergmann-Aktuell: https://www.bergmann-aktuell.de/news/ausfuehrungsverordnung-gesetz-ueber-medizinisch-unterstuetzte-fortpflanzung. Zum Gesetzgebungsprozess *Oliveira,* FamRZ 2016, 1550, 1553.

[732] *Pintens* in: Dutta/Schwab/Henrich u.a. (Hrsg.), Künstliche Fortpflanzung und Europäisches Familienrecht, 2015, 105, 121 f.; *De Wolf* in: Boele-Woelki/Oderkerk (Hrsg.), (On)geoorloofdheid van het draagmoederschap in rechtsvergelijkend perspectief, 1999, 89.

[733] *Boele-Woelki* in: Haager Konferenz für Internationales Privatrecht (Hrsg.), A commitment to private international law – Essays in honour of Hans van Loon, 2013, 47 ff.; *Reuß* in: Dutta/Schwab/Henrich u.a. (Hrsg.), Künstliche Fortpflanzung und Europäisches Familienrecht, 2015, 127; *Rb. Noord-Nederland,* Entsch. v. 11.9.2013 – C-17-125959 – FA RK 13-474, www.rechtspraak.nl. Eingehend auch *Broekhuijsen-*

oder Neuseeland[736] möglich. Kommerziell ist sie in einigen Bundesstaaten der USA,[737] z. B. Kalifornien,[738] aber auch in der kanadischen Provinz British Columbia,[739] Australien,[740] der Ukraine und Russland erlaubt.[741] In den USA kostet die Durchführung einer Leihmutterschaft die Wunscheltern ca. 100.000 USD, die allerdings nicht vollständig an die Leihmutter gezahlt werden.[742] Die Zuordnungssysteme in Rechtsordnungen, die die Leihmutterschaft gestatten, unterscheiden sich hierbei sehr stark. So sind in manchen Rechtsordnungen die Wunscheltern *ipso iure* rechtliche Eltern des Kindes. In anderen Rechtsordnungen wird die Zuordnung zu diesen erst über einen Gerichtsbeschluss hergestellt. Wiederum andere sehen ein (erleichtertes) Adoptionsverfahren vor.[743]

Molenaar in: Boele-Woelki/Oderkerk (Hrsg.), (On)geoorloofdheid van het draagmoederschap in rechtsvergelijkend perspectief, 1999, 33. Zur Wirksamkeit von Leihmutterschaftsverträgen im niederländischen Recht siehe auch *Nieuwenhuis,* NJb 2001, 1795, 1797.

[734] Sec. 1A des Surrogacy Arrangements Act 1985 (SA. A. 1985) und Sec. 54 HEFA 2008.

[735] Siehe *Dethloff,* JZ 2014, 922, 924 m.w.N.; *Lederer,* Grenzenloser Kinderwunsch – Leihmutterschaft im nationalen, europäischen und globalen rechtlichen Spannungsfeld, 2016, 96 ff.

[736] Hierzu siehe *Powell,* 29 Child and Family Law Quarterly (2017) 149.

[737] Eingehend zu den USA siehe die Untersuchung bei *Bertschi,* Leihmutterschaft – Theorie, Praxis und rechtliche Perspektiven in der Schweiz, den USA und Indien, 2014, 109 ff.; *Sitter,* Grenzüberschreitende Leihmutterschaft – Eine Untersuchung des materiellen und internationalen Abstammungsrechts Deutschlands und der USA, 2017, 53 ff.; vgl. auch *Hall* in: Weller/Ditzen (Hrsg.), Leihmutterschaft – Aktuelle Entwicklungen und interdisziplinäre Herausforderungen, 2018 (im Erscheinen), 55 ff.

[738] Dazu *Dethloff,* JZ 2014, 922, 923.

[739] Part 3 des *Family Law Act.*

[740] Siehe *Dethloff,* JZ 2014, 922, 924; *Lederer,* Grenzenloser Kinderwunsch – Leihmutterschaft im nationalen, europäischen und globalen rechtlichen Spannungsfeld, 2016, 91 ff.

[741] Siehe zu diesen und weiteren Nachweisen MüKoBGB/*Wellenhofer,* § 1591 Rn. 31 f.; *Dethloff,* JZ 2014, 922, 924; *Budzikiewicz* in: Boele-Woelki/Dethloff/Gephart (Hrsg.), Family Law and Culture in Europe, 2014, 151, 158 ff.; *Lederer,* Grenzenloser Kinderwunsch – Leihmutterschaft im nationalen, europäischen und globalen rechtlichen Spannungsfeld, 2016, 103 ff. (insb. Indien); *Antokolskaya* in: Boele-Woelki/Oderkerk (Hrsg.), (On)geoorloofdheid van het draagmoederschap in rechtsvergelijkend perspectief, 1999, 127. Zur Situation in Schweden siehe *Stoll,* Surrogacy Arrangements and Legal Parenthood – Swedish Law in a Comparative Context, 2013.

[742] *Field,* Surrogate Motherhood, 1990, 26; *Golombok,* Modern families, 2015, 119; MüKoBGB/*Wellenhofer,* § 1591 Rn. 31. Zu Kosten in der Ukraine vgl. *Beck-Gernsheim* in: Maio/Eichinger/Bozzaro (Hrsg.), Kinderwunsch und Reproduktionsmedizin, 2013, 337, 347 f. Bis zu 120.000 USD genannt bei *Bertschi,* Leihmutterschaft – Theorie, Praxis und rechtliche Perspektiven in der Schweiz, den USA und Indien, 2014, 133. Zu Zahlen aus dem Vereinigten Königreich *Alghrani/Griffiths,* 29 Child and Family Law Quarterly (2017) 165, 179 (ca. 15.000£ werden als Aufwandentschädigung entrichtet).

[743] Zu Beispielen sogleich unten.

III. Rechtfertigung eines generellen Leihmutterschaftsverbots

Um herauszuarbeiten, wie in einem modernen Elternschaftsrecht mit Leihmutterschaftskonstellationen umgegangen werden sollte, ist zunächst einmal zu hinterfragen, ob das in Deutschland bestehende generelle Verbot der Leihmutterschaft gerechtfertigt ist. Um diese Frage zu beantworten, bedarf es letztlich einer eingehenden Analyse der verfassungsrechtlich und menschenrechtlich geschützten Interessen der unmittelbar beteiligten Personen.

1. Ausgangspunkt: Fortpflanzungsfreiheit der Wunscheltern

Ausgangspunkt einer solchen Analyse ist zunächst der Freiheitsgedanke unserer Gesellschaftsordnung, von dem das Grundgesetz (siehe etwa die in Art. 2 I GG verkörperte allgemeine Handlungsfreiheit), aber auch die Europäische Menschenrechtskonvention ausgehen.[744] Nicht die Zulässigkeit eines Verhaltens, sondern die Zulässigkeit seiner Beschränkung muss deshalb gerechtfertigt werden.[745] Mit Blick auf die Möglichkeit der Durchführung einer Leihmutterschaft ist die relevante freiheitliche Verbürgung das Recht der Wunscheltern auf Fortpflanzung, das sowohl in Art. 6 I GG, als auch in Art. 8 I EMRK gewährleistet wird, und das sowohl die natürliche, als auch die medizinisch-assistierte Fortpflanzung umfasst.[746] Indem der deutsche Gesetzgeber Wunscheltern untersagt, Leihmutterschaften im Inland durchzuführen, wird letztlich deren grundrechtlich verbürgtes Recht auf Fortpflanzung beschränkt. Zwar gewähren weder das Grundgesetz noch die EMRK einen positiv-rechtlichen Anspruch auf erfolgreiche Fortpflanzung, sowohl Art. 6 I GG, als auch Art. 8 I EMRK schützen den Grundrechtsträger allerdings vor Vorenthaltung zugänglicher Fortpflanzungs-

---

[744] Meyer-Ladewig/*Meyer-Ladewig,* Art. 8 EMRK Rn. 101, vgl. diesbezüglich zu ähnlichen Fragen mit Blick auf den Zugang alleinstehender Frauen zu medizinisch-assistierter Reproduktion *Reuß,* StAZ 2016, 353.

[745] So auch *Gassner/Kersten/Krüger u. a.,* Fortpflanzungsmedizingesetz, 2013, 29 f.; *Coester-Waltjen* in: Bundesministerium für Gesundheit (Hrsg.), Fortpflanzungsmedizin in Deutschland, 2001, 158; *Gutmann* in: Röthel/Heiderhoff (Hrsg.), Regelungsaufgabe Mutterstellung – Was kann, was darf, was will der Staat?, 2016, 63, 67 ff. Anders ganz offensichtlich *Voss,* Leihmutterschaft in Deutschland – Rechtliche Folgen und Verfassungsmäßigkeit des Verbotes, 2015, 271 ff., die zunächst das Verbot rechtfertigt und dann entgegenstehende Freiheitsrechte analysiert.

[746] Hierzu bereits eingehend § 3 S. 201 ff. Auf dieses rekurrierend zum Schweizer Recht *Bertschi,* Leihmutterschaft – Theorie, Praxis und rechtliche Perspektiven in der Schweiz, den USA und Indien, 2014, 48 f.; *Voss,* Leihmutterschaft in Deutschland – Rechtliche Folgen und Verfassungsmäßigkeit des Verbotes, 2015, 271 ff.; *Lammers,* Leihmutterschaft in Deutschland – Rechtfertigen die Menschenwürde und das Kindeswohl ein striktes Verbot?, 2016, 175; vgl. auch *Gutmann* in: Röthel/Heiderhoff (Hrsg.), Regelungsaufgabe Mutterstellung – Was kann, was darf, was will der Staat?, 2016, 63, 67 ff. Die Berufsfreiheit der Leihmutterschaftsvermittler an den Anfang der Analyse stellend allerdings *Diel,* Leihmutterschaft und Reproduktionstourismus, 2014, 68 f.

methoden.[747] Hierzu zählt letztlich auch die Leihmutterschaft. Diese ermöglicht es nämlich auch unfruchtbaren Personen, sich mit Hilfe einer Leihmutter den eigenen Kinderwunsch zu erfüllen.[748]

Gleichzeitig sind die Wunscheltern durch das Verbot der Leihmutterschaft in ihrem Interesse betroffen, als Eltern des Kindes im verfassungsrechtlichen Sinne in die rechtliche Elternstellung einrücken zu können.[749] Ein solches Recht gewährt das Grundgesetz in Art. 6 II 1 GG, indem es den Eltern ein verfahrensrechtliches Recht zugesteht, rechtliche Eltern des Kindes werden zu können.[750] Dieses Recht steht den Wunscheltern nach der hier vertretenen Auffassung unabhängig davon zu, ob sie genetische Eltern des Kindes sind oder lediglich als sozialer Elternteil fungieren. Jedenfalls unterfällt das Interesse des sozialen Elternteils aber Art. 6 I GG,[751] vgl. auch hierzu eingehend oben § 3 S. 196 ff. Entsprechende Gewährleistungen enthält ebenfalls Art. 8 I EMRK.[752]

Indem vom deutschen Gesetzgeber mit Blick auf die Regelung des § 1591 BGB (Zuordnung der Geburtsmutter als rechtliche Mutter) einerseits fruchtbare Frauen, die ein natürlich gezeugtes Kind selbst zur Welt gebracht haben, im Vergleich zu unfruchtbaren Frauen, die ihr genetisch eigenes Kind durch eine Leihmutter i. e. S. austragen haben lassen, sowie andererseits unfruchtbare Frauen, die im Ausland eine Eizellenspende in Anspruch genommen haben, im Vergleich zu unfruchtbaren Frauen, die ihr genetisch eigenes Kind nicht selbst austragen konnten und deshalb eine Leihmutter i. e. S. beauftragt haben, unterschiedlich behandelt werden, ist auch mit Blick auf Art. 3 I GG Rechtfertigungsbedarf angezeigt.[753]

Die Gewährleistungen des Grundgesetzes und der EMRK gelten, wie bereits eingehend in § 3 dargelegt worden ist, freilich nicht schrankenlos. Insbesondere kollidierende Interessen anderer beteiligter Grundrechtsträger können diese beschränken. Im Folgenden werden diese nun betrachtet. Dem Gesetzgeber kommt

---

[747] Vgl. dazu bereits oben ausführlich in § 3 S. 201 ff.

[748] *Lagarde,* ZEuP 2015, 233, 234.

[749] *Dethloff,* JZ 2014, 922, 927. Gleichheitsfragen ansprechend MüKoBGB/*Wellenhofer,* § 1591 Rn. 44, da die unfruchtbare Frau, die ein Kind, das mit einer Eizellenspende im Ausland gezeugt wurde, besser behandelt wird, als die unfruchtbare Frau, die ein Kind nicht selbst austragen kann.

[750] MüKoBGB/*Wellenhofer,* § 1591 Rn. 44; *Jestaedt* in: Coester-Waltjen/Lipp/Schumann u. a. (Hrsg.), „Kinderwunschmedizin" – Reformbedarf im Abstammungsrecht?, 2015, 23, 42.

[751] *Dethloff,* JZ 2014, 922, 927.

[752] Dazu ebenfalls bereits oben, § 3 S. 209 ff. Siehe hierzu *Dethloff,* Familienrecht, 2015, § 10 Rn. 92 (keinen Verstoß gegen Art. 8 I EMRK erblickend).

[753] *Bertschi,* Leihmutterschaft – Theorie, Praxis und rechtliche Perspektiven in der Schweiz, den USA und Indien, 2014, 49. Einen Verstoß ablehnend *Voss,* Leihmutterschaft in Deutschland – Rechtliche Folgen und Verfassungsmäßigkeit des Verbotes, 2015, 291 f.

sowohl nach dem GG, als auch nach der EMRK bei der Schaffung eines entsprechenden Interessenausgleichs ein Gestaltungsspielraum zu. Mit Blick auf die Verbürgungen der EMRK wird dieser Beurteilungsspielraum nach den in § 3 herausgestellten Grundsätzen eher weit ausfallen, da die Leihmutterschaft schwierige Fragen der Moral betrifft, die in den Mitgliedstaaten nicht einheitlich behandelt werden.[754] Der Gestaltungsspielraum, den das Grundgesetz dem deutschen Gesetzgeber gewährt, ist demgegenüber deutlich enger.[755]

2. Interessen der Leihmutter

Gegen die Zulässigkeit von Leihmutterschaft wird in erster Linie eingewandt, dass die Leihmutterschaft gegen die Menschenwürde, Art. 1 I GG, und den Lebens- und Gesundheitsschutz, Art. 2 II 1 GG, der Leihmutter verstoße und deshalb ein generelles Verbot derartiger Praktiken gerechtfertigt sei.[756] Es ist durchaus zutreffend, dass Konstellationen denkbar sind, in denen eine Leihmutter unter menschenunwürdigen Umständen zur Austragung eines Kindes gezwungen wird, oder ihre soziale Not ausgenutzt wird, um sie zur Austragung des Kindes zu bewegen. Auch ist denkbar, dass Leihmütter nicht hinreichend über die mit der Schwangerschaft verbundenen Risiken aufgeklärt worden sind, und für die Austragung des Kindes keine angemessene Entschädigung (Stichwort Ausbeutung)[757] erhalten. In diesen Fällen ist ein Menschenwürdeverstoß bzw. ein Verstoß gegen den Lebens- und Gesundheitsschutz der Leihmutter durchaus anzu-

---

[754] Eingehend zum Beurteilungsspielraum oben § 3 S. 215 ff.

[755] Hierzu siehe § 3 S. 208 ff.

[756] Vgl. so etwa die Gesetzesbegründung des ESchG BT-Drs. 11/5460. 15; sehr kritisch auch *Beck-Gernsheim* in: Maio/Eichinger/Bozzaro (Hrsg.), Kinderwunsch und Reproduktionsmedizin, 2013, 337, 350 ff.; sowie *Beck-Gernsheim* in: Weller/Ditzen (Hrsg.), Leihmutterschaft – Aktuelle Entwicklungen und interdisziplinäre Herausforderungen, 2018 (im Erscheinen), 31, 32 ff. Ethische Bedenken bei Kirchenamt der Evangelischen Kirche in Deutschland (EKD), EKD-Texte: Zur Achtung vor dem Leben – Maßstäbe für Gentechnik und Fortpflanzungsmedizin, http://www.ekd.de/EKD-Texte/achtungvordemleben_1987.html (zuletzt geprüft am 02.03.2017), Anhang; sowie bei *Thomale*, Mietmutterschaft, 2015, 7 ff.; *Voss*, Leihmutterschaft in Deutschland – Rechtliche Folgen und Verfassungsmäßigkeit des Verbotes, 2015, 253 ff.; siehe auch die weiteren Nachweise bei *Lammers*, Leihmutterschaft in Deutschland – Rechtfertigen die Menschenwürde und das Kindeswohl ein striktes Verbot?, 2016, 153 in Fn. 854. Differenzierend siehe *Bleisch*, 17 Jahrbuch für Wissenschaft und Ethik (2012) 5 ff.

[757] *Beck-Gernsheim* in: Maio/Eichinger/Bozzaro (Hrsg.), Kinderwunsch und Reproduktionsmedizin, 2013, 337, 347; *Thomale*, Mietmutterschaft, 2015, 10 f.; vgl. auch die Diskussion bei *Field*, Surrogate Motherhood, 1990, 25 ff.; *Ikemoto*, 2 Journal of Law and the Biosciences (2015) 112 (keine soziale Verbesserung der Leihmütter durch relativ geringe Entlohnung, was in anderen Ländern anders sein mag); siehe auch *Bleisch*, 17 Jahrbuch für Wissenschaft und Ethik (2012) 5, 9 f., die zutreffend feststellt, dass die bloße Kommerzialisierung der Leihmutterschaft nicht gleichzeitig eine Ausbeutung der Leihmutter mit sich bringt.

nehmen. Auch ein Zwang zur Abgabe des Kindes nach der Geburt[758] bzw. eine vertragliche Verpflichtung, das Kind in bestimmten Fällen abzutreiben, stellen sicherlich einen solchen dar.[759]

Nicht in jedem Leihmutterschaftsfall wird es allerdings derartige Situationen geben. Regulatorisch lässt sich ihnen, zumindest was das Inland betrifft, beikommen, indem man einen rechtlichen Rahmen für die Durchführung von Leihmutterschaften setzt, in dem eine freiwillige Entscheidung der Leihmutter nach hinreichender Aufklärung genauso sichergestellt wird, wie die Leistung einer angemessenen Entschädigung für ihre Dienste. Ist sichergestellt, dass die Leihmutter die Entscheidung zur Durchführung der Leihmutterschaft tatsächlich freiwillig trifft, bestehen letztlich keine Bedenken mit Blick auf die Menschenwürdegarantie bzw. den Lebens- und Gesundheitsschutz der Leihmutter.[760] Entschließt sich die Leihmutter aus freien Stücken dazu, als Leihmutter zu fungieren, wird sie nicht zum Objekt staatlichen Handelns herabgewürdigt.[761] Gleiches gilt letztlich für die den Gesundheitsschutz betreffenden Risiken durch Schwangerschaft und Geburt.[762] Zwar ist in dem Gesundheitsschutz der Leihmutter ein legitimer Zweck und ein hochrangiges Verfassungsgut zu sehen, das Eingriffe in das Recht auf Fortpflanzung zu rechtfertigen vermag.[763] Die Risiken sind bei einer Leihmutterschaft allerdings nicht größer, als bei einer natürlich bzw. im Wege medizinisch-assistierter Zeugung hergestellten Schwangerschaft.[764] Auch hier hat es somit zur Wahrung der Interessen der Leihmutter aus-

---

[758] *Dethloff,* Familienrecht, 2015, § 10 Rn. 94; *Coester-Waltjen* in: Ständige Deputation des Deutschen Juristentages (Hrsg.), Verhandlungen des 56. Deutschen Juristentages, 1986, 9, B 81. Dies kommt selten vor, vgl. *Golombok,* Modern families, 2015, 130.

[759] *Coester-Waltjen* in: Ständige Deputation des Deutschen Juristentages (Hrsg.), Verhandlungen des 56. Deutschen Juristentages, 1986, 9, B 89 (Zur Möglichkeit von Maßnahmen nach § 1666 BGB in krassen Fällen); *Thomale,* Mietmutterschaft, 2015, 13.

[760] A. A. *Thomale,* Mietmutterschaft, 2015, 10 f.

[761] *Coester-Waltjen* in: Ständige Deputation des Deutschen Juristentages (Hrsg.), Verhandlungen des 56. Deutschen Juristentages, 1986, 9, B 80; *Dethloff* in: Weller/Ditzen (Hrsg.), Leihmutterschaft – Aktuelle Entwicklungen und interdisziplinäre Herausforderungen, 2018 (im Erscheinen), 41, 53; MüKoBGB/*Wellenhofer,* § 1591 Rn. 53; *Duden,* Leihmutterschaft im Internationalen Privat- und Verfahrensrecht, 2015, 159, 163, 170 f.; *Bertschi,* Leihmutterschaft – Theorie, Praxis und rechtliche Perspektiven in der Schweiz, den USA und Indien, 2014, 42 f. (zum schweizer Recht); *Lammers,* Leihmutterschaft in Deutschland – Rechtfertigen die Menschenwürde und das Kindeswohl ein striktes Verbot?, 2016, 156; *KG,* Beschl. v. 4.7.2017 – 1 W 153/16, FamRZ 2017, 1693, 1695; unentschieden *Engel,* ZEuP 2014, 538, 557.

[762] Zu diesen *Wischmann,* Journal f. Reproduktionsmedizinische Endokrinologie 2008, 329, 330; *Funcke,* NZFam 2016, 207, 211 f.

[763] Das Grundgesetz schützt die Gesundheit der Mutter in Art. 2 II GG. Die EMRK sieht die Beschränkbarkeit des Rechts auf Fortpflanzung aus Gründen des Gesundheitsschutzes in Art. 8 II EMRK explizit vor.

[764] *Strowitzki* in: Weller/Ditzen (Hrsg.), Leihmutterschaft – Aktuelle Entwicklungen und interdisziplinäre Herausforderungen, 2018 (im Erscheinen), 19, 22. Vgl. zu diesen Risiken etwa *Bertschi,* Leihmutterschaft – Theorie, Praxis und rechtliche Perspektive

zureichen, wenn diese, über die Risiken aufgeklärt, den Entschluss zur Durchführung der Leihmutterschaft aus freien Stücken trifft. Auch die Abgabe eines Kindes an Dritte ist *per se* kein unzulässiger Vorgang, der die Menschenwürdegarantie berühren würde, wenn er freiwillig erfolgt. Er ist im deutschen Recht bereits bekannt im Bereich der Adoption.[765] Letztlich wird auch bei Organspenden bzw. Prostitution akzeptiert, dass eine freiwillige Entscheidung der betroffenen Person die Beeinträchtigungen des Grundrechtsschutzes rechtfertigt.[766]

In der Literatur ist weiter angesprochen worden, dass eine Pflicht der Leihmutter, das Kind nach Geburt abzugeben, ebenfalls ungerechtfertigter Weise in die Interessen der Leihmutter eingreife. In der Tat ist sicherzustellen, dass eine Pflicht zur Abgabe des Kindes nach Geburt nicht besteht. Die Leihmutter ist aufgrund von Schwangerschaft und Geburt biologischer Elternteil des Kindes. Sie hat daher, wie die Wuscheltern, ein aus Art. 6 II 1 GG resultierendes Interesse, in die Elternposition einzurücken. Dass die Leihmutterschaft in Deutschland unzulässig ist, ändert an dieser grundrechtlichen Position letztlich nichts.[767] Gibt die Leihmutter das Kind freiwillig an die Wuscheltern ab, ist das Interesse aus Art. 6 II 1 GG allerdings gewahrt.[768] Zwingt man sie hierzu, wäre dies mit dem Grundgesetz nicht vereinbar, da die Wuscheltern kein stärker einzuschätzendes verfassungsrechtliches Interesse an der Elternstellung haben. Sie sind genauso gleichwertig Eltern im verfassungsrechtlichen Sinne, vgl. dazu bereits § 3 S. 196 ff. Darüber hinaus ist ebenfalls sicherzustellen, dass die Leihmutter nicht unangemessen durch entsprechend „knebelhafte" Vertragsgestaltung in ihren Handlungsspielräumen eingeschränkt wird. Zu denken ist etwa an die Pflicht zur Einnahme bestimmter Medikamente, zur Unterlassung bestimmter Reisen etc. Leihmutterschaftsverträge haben daher der Inhaltskontrolle zu unterliegen. Eine solche leistet bereits das allgemeine Zivilrecht.

---

in der Schweiz, den USA und Indien, 2014, 17 ff.; vgl. eingehend auch *Abbing Roscam* in: Boele-Woelki/Oderkerk (Hrsg.), (On)geoorloofdheid van het draagmoederschap in rechtsvergelijkend perspectief, 1999, 7 ff.; *Sitter,* Grenzüberschreitende Leihmutterschaft – Eine Untersuchung des materiellen und internationalen Abstammungsrechts Deutschlands und der USA, 2017, 38 ff.

[765] *Coester-Waltjen* in: Ständige Deputation des Deutschen Juristentages (Hrsg.), Verhandlungen des 56. Deutschen Juristentages, 1986, 9, B 81; *KG,* Beschl. v. 4.7.2017 – 1 W 153/16, FamRZ 2017, 1693, 1695.

[766] MüKoBGB/*Wellenhofer,* § 1591 Rn. 54; *Kreß,* FPR 2013, 240, 243; *Duden,* Leihmutterschaft im Internationalen Privat- und Verfahrensrecht, 2015, 163, 169 ff.; entsprechend die Argumentation zum schweizer Recht *Bertschi,* Leihmutterschaft – Theorie, Praxis und rechtliche Perspektiven in der Schweiz, den USA und Indien, 2014, 42 f.; sich gegen diesen Vergleich wendend allerdings *Lammers,* Leihmutterschaft in Deutschland – Rechtfertigen die Menschenwürde und das Kindeswohl ein striktes Verbot?, 2016, 160 f.

[767] *Kaufhold* in: Röthel/Heiderhoff (Hrsg.), Regelungsaufgabe Mutterstellung – Was kann, was darf, was will der Staat?, 2016, 87, 98 m.w.N.

[768] *Dethloff,* JZ 2014, 922, 927. A.A. *Thomale,* Mietmutterschaft, 2015, 61 f.

Festgehalten werden kann somit, dass die Durchführung einer Leihmutterschaft tatsächlich schwerwiegende Beeinträchtigungen der verfassungs- und menschenrechtlichen Verbürgungen der Leihmutter mit sich bringen kann. Die Interessen der Leihmutter lassen sich allerdings durch eine entsprechende Ausgestaltung eines Leihmutterschaftsregimes wahren. Insbesondere ist sicherzustellen, dass die Leihmutter informiert und aufgeklärt freiwillig die Entscheidung trifft, als Leihmutter zu fungieren sowie das Kind nach Geburt abzugeben. Ein generelles Verbot der Leihmutterschaft, das auf diese Regulierungsmöglichkeiten keine Rücksicht nimmt, beschränkt zumindest aus dieser Perspektive die Interessen der Wunscheltern somit unverhältnismäßig.

3. Kindesinteressen

Zur Rechtfertigung eines generellen Leihmutterschaftsverbots kommen ferner die Interessen des Kindes in Betracht.

a) Menschenwürdegarantie und Lebensschutz des Kindes

Zuvörderst wird hier – entsprechend der die Leihmutter betreffenden Argumentation – auf die Menschenwürdegarantie und den Lebensschutz des Kindes rekurriert.[769] Hierin kann ungeachtet der Frage, ab wann der Menschenwürde- und Lebensschutz für ungeborenes Leben überhaupt eingreift,[770] ein brauchbares Argument gegen das Leihmutterschaftsverbot allerdings nicht abgeleitet werden. Die Annahme eines Verstoßes wäre letztlich zirkelschlüssig. Ist das Leben ein Wert an sich,[771] kann man nicht überzeugend argumentieren, es sei für das Kind besser, nicht geboren zu sein, denn „ohne Zeugung gäbe es das Kind nicht".[772]

---

[769] Beispielhaft *Thomale,* Mietmutterschaft, 2015, 11 f.; vgl. auch *Voss,* Leihmutterschaft in Deutschland – Rechtliche Folgen und Verfassungsmäßigkeit des Verbotes, 2015, 213 ff., die ein Recht des Kindes, von seiner eigenen Mutter geboren zu werden, in Art. 1 I GG hineinlesen möchte.

[770] Dazu *Lammers,* Leihmutterschaft in Deutschland – Rechtfertigen die Menschenwürde und das Kindeswohl ein striktes Verbot?, 2016, 157 ff.

[771] *Coester-Waltjen* in: Ständige Deputation des Deutschen Juristentages (Hrsg.), Verhandlungen des 56. Deutschen Juristentages, 1986, 9, B 46.

[772] *Coester-Waltjen* in: Wiesemann/Simon (Hrsg.), Patientenautonomie, 2013, 222, 229 f. Ebenso Spickhoff, MedR/*Müller-Terpitz,* Art. 6 GG Rn. 13; *Kersten,* Das Klonen von Menschen, 2004, 308. *Dethloff* in: Weller/Ditzen (Hrsg.), Leihmutterschaft – Aktuelle Entwicklungen und interdisziplinäre Herausforderungen, 2018 (im Erscheinen), 41, 53. So bereits *Reuß,* StAZ 2016, 353; *Bertschi,* Leihmutterschaft – Theorie, Praxis und rechtliche Perspektiven in der Schweiz, den USA und Indien, 2014, 44; *Duden,* Leihmutterschaft im Internationalen Privat- und Verfahrensrecht, 2015, 177 ff. Ablehnend auch *KG,* Beschl. v. 4.7.2017 – 1 W 153/16, FamRZ 2017, 1693, 1695. A. A. etwa *Massie* in: Steinbock (Hrsg.), Legal and ethical issues in human reproduction, 2002, 135, 164 ff.; *Thomale,* Mietmutterschaft, 2015, 14; *Voss,* Leihmutterschaft in Deutschland – Rechtliche Folgen und Verfassungsmäßigkeit des Verbotes, 2015, 211; *Lammers,*

Damit lässt sich aus der Menschenwürdegarantie und dem Lebensschutz des Kindes kein generelles Verbot der Leihmutterschaft ableiten.

b) Kindeswohl

Prominentester Einwand gegen die Zulässigkeit von Leihmutterschaft ist demgegenüber das Kindeswohl.[773] Es wird als Ausprägung des allgemeinen Grundsatzes des Schwächerenschutzes ebenfalls durch das GG und die EMRK gewährleistet und zählt zum ethischen Minimum, das der Gesetzgeber bei jeder Regulierung zu beachten hat. Insbesondere aus dem Recht auf Gewährleistung von Pflege und Erziehung (Art. 2 I i.V.m. Art. 6 II 1, 2 GG) folgt es letztlich. Auch die KRK verpflichtet die Mitgliedstaaten auf das Wohl des Kindes.[774] Versteht man das Kindeswohl richtigerweise als Minimalstandard, der es gebietet, schwerwiegende Gefahren von dem Kind fernzuhalten, dazu eingehend § 3 S. 245 ff., stellt sich die Frage, ob das Kindeswohl als solches ein generelles Leihmutterschaftsverbot rechtfertigen kann. Es müssten letztlich Anhaltspunkte dafür vorliegen, die die Annahme rechtfertigen, dass das Kind bei der Durchführung einer Leihmutterschaft im Inland schwerwiegenden Gefahren ausgesetzt wäre.

Betrachtet man interdisziplinäre Forschungsergebnisse zu Leihmutterschaftsfamilien, so ergeben sich aber keine Anhaltspunkte dafür, dass das Kind erheblichen Gefahren durch die Tatsache der Durchführung einer Leihmutterschaft ausgesetzt wäre. Longitudinale Untersuchungen aus dem Vereinigten Königreich haben letztlich ergeben, dass Kinder keinerlei nachhaltige Entwicklungsauffälligkeiten gegenüber vergleichbaren Kindern in sonstigen Reproduktionsfamilien bzw. in Familien natürlicher Zeugung aufweisen.[775] Zwar seien im Alter von ca. 7 Jahren, dem Zeitpunkt, in dem Kinder beginnen, die Abstammungszusammen-

---

Leihmutterschaft in Deutschland – Rechtfertigen die Menschenwürde und das Kindeswohl ein striktes Verbot?, 2016, 159.

[773] Vgl. so etwa die Gesetzesbegründung des ESchG BT-Drs. 11/5460, 15; *Rauscher,* Familienrecht, 2008, 663 Rn. 765 („Form der Kindeswohlschädigung"); *Wohn,* Medizinische Reproduktionstechniken und das neue Abstammungsrecht, 2001, 121 (ohne eingehende Begründung); *Voss,* Leihmutterschaft in Deutschland – Rechtliche Folgen und Verfassungsmäßigkeit des Verbotes, 2015, 239 (unter dem Aspekt des Art. 2 II GG).

[774] Eingehend zum Kindeswohl § 3 S. 244 ff.

[775] *Golombok/MacCullum/Murray u.a.,* 47 Journal of Child Psychology and Psychiatry (2006) 213, 220; *Golombok/Readings/Blake u.a.,* 47 Developmental Psychology (2011) 1579; *Golombok/Blake/Casey u.a.,* 54 Journal of Child Psychology and Psychiatry (2013) 653, 657 f.; *Jadva* in: Golombok/Scott/Appleby u.a. (Hrsg.), Regulating reproductive donation, 2016, 126, 136 f.; *Golombok,* Modern families, 2015, 124 ff. Hierzu siehe auch *Walper/Bovenschen/Entleitner-Phleps u.a.* in: Röthel/Heiderhoff (Hrsg.), Regelungsaufgabe Mutterstellung – Was kann, was darf, was will der Staat?, 2016, 31, 47 ff. Diese lässt *Sitter,* Grenzüberschreitende Leihmutterschaft – Eine Untersuchung des materiellen und internationalen Abstammungsrechts Deutschlands und der USA, 2017, 39 f. außer Acht.

hänge zu begreifen, Schwierigkeiten festgestellt worden, die Tatsache zu begreifen, dass sie nicht durch ihre Mutter geboren wurden.[776] Im Alter von 10 Jahren sind diese Schwierigkeiten allerdings überwunden.[777] Dauerhafte Entwicklungsauffälligkeiten zeigen sich hingegen nicht. Die Studien haben ferner herausgestellt, dass sogar die Zuneigung der Wunschmütter in den ersten Jahren nach der Geburt im Vergleich zu Familien natürlicher Zeugung deutlich größer ist, was sich ebenfalls positiv auf das Kindeswohl auswirkt.[778] Ferner wurde ein geringeres Stresslevel der Wunscheltern im Vergleich zu Familien natürlicher Zeugung festgestellt.[779] Im Zeitverlauf nivellieren sich diese Unterschiede zu anderen Vergleichspaaren jedoch wieder, sie nehmen aber kein negatives Maß an.[780] Das Verhältnis der Kinder zur Leihmutter wird in den meisten Fällen als positiv beschrieben.[781] In der o. g. logitudinalen Studie aus dem Vereinigten Königreich hatten 60 % der Kinder nach 10 Jahren noch Kontakt zu ihrer Leihmutter.[782] Es finden sich darüber hinaus keinerlei Hinweise auf eine negative Erziehungsqualität.[783] Auch finden sich keine Hinweise darauf, dass die Wunschmütter das Kind nicht als ihres akzeptieren würden.[784] Letztlich sind im Rahmen dieser Studien bislang auch keine dauerhaft negativen psychischen Auswirkungen auf Leihmütter im Nachgang der Kindesabgabe bzw. negative Auswirkungen auf die eigenen Kinder der Leihmutter festgestellt worden.[785]

Man mag nun gegen diese Studien einwenden, dass es sich lediglich um kleine *Sample*-Größen bezogen auf ein spezifisches Land handle, die der Verallgemei-

---

[776] *Golombok/Readings/Blake u. a.*, 47 Developmental Psychology (2011) 1579, 1586; *Golombok,* Modern families, 2015, 129 (parallele Ergebnisse finden sich bei adoptierten Kindern in diesem Alter).

[777] *Golombok/Blake/Casey u. a.*, 54 Journal of Child Psychology and Psychiatry (2013) 653, 657 f.; *Golombok,* Modern families, 2015, 129 (ebenfalls parallel zu dem Überwinden der Schwierigkeiten bei adoptierten Kindern).

[778] *Golombok/Murray/Jadva u. a.*, 40 Developmental Psychology (2004) 400, 408 (im ersten Lebensjahr der Kinder); *Golombok/MacCullum/Murray u. a.*, 47 Journal of Child Psychology and Psychiatry (2006) 213, 219 (im zweiten Lebensjahr der Kinder).

[779] *Golombok/Murray/Jadva u. a.*, 40 Developmental Psychology (2004) 400, 408 (im ersten Lebensjahr der Kinder); *Golombok/MacCullum/Murray u. a.*, 47 Journal of Child Psychology and Psychiatry (2006) 213, 216 (im zweiten Lebensjahr der Kinder).

[780] *Golombok/MacCullum/Murray u. a.*, 47 Journal of Child Psychology and Psychiatry (2006) 213, 220; *Golombok/Murray/Jadva u. a.*, 21 Human Reproduction (2006) 1918, 1922 f.

[781] *Jadva/Blake/Casey u. a.*, 27 Human Reproduction (2012) 3008. *MacCullum/Lycett/Murray u. a.*, 18 Human Reproduction (2003) 1334, 1337.

[782] *Golombok,* Modern families, 2015, 131 (höhere Abbruchrate des Kontakts bei genetisch verwandter Leihmutter).

[783] *Golombok/Blake/Casey u. a.*, 54 Journal of Child Psychology and Psychiatry (2013) 653, 657.

[784] *MacCullum/Lycett/Murray u. a.*, 18 Human Reproduction (2003) 1334, 1339.

[785] *Golombok,* Modern families, 2015, 134.

nerung, insbesondere im internationalen Kontext, nicht zugänglich sind.[786] Sie zeigen jedoch, dass in einem staatlich regulierten System durchaus positive Resultate mit Blick auf das Kindeswohl erzielbar sind,[787] sofern die rechtlichen und tatsächlichen Prämissen stimmen. Ein generelles Verbot der Leihmutterschaft lässt sich aus Kindeswohlerwägungen damit ebenfalls nicht rechtfertigen.

c) Verbot von Kinderhandel Art. 35 KRK und Art. 1 2. ZP-KRK

Art. 35 KRK und Art. 1 2. ZP-KRK verbieten ferner den Verkauf von Kindern, der in Art. 2 lit. a 2. ZP-KRK als „jede Handlung oder jedes Geschäft, mit denen ein Kind gegen Bezahlung oder für eine andere Gegenleistung von einer Person oder Personengruppe an eine andere übergeben wird" definiert wird. Die Bestimmung wird durch ein entsprechendes strafrechtliches Verbot (§ 236 StGB) im deutschen Strafrecht flankiert. Insbesondere für Fragen der Leihmutterschaft gilt es, das Verbot des Kinderhandels zu berücksichtigen und sicherzustellen, dass ein kommerzieller Handel mit Kindern unterbunden wird.[788] Soweit Inlandsfälle in Frage stehen, lassen sich sicherlich Vorkehrungen dafür treffen, dass die Gefahren eines Handels mit Kindern minimiert werden. Ist eine genetische Verbindung zumindest eines Wunschelternteils mit dem Kind gegeben, kann es sich *per definitionem* schon nicht um Kinderhandel handeln, da der Wunschelternteil letztlich sein eigenes Kind von einer Leihmutter austragen lässt.[789] Fehlt eine genetische Verbindung, so kann zumindest über die Einbettung der Leihmutterschaft in ein staatlich reguliertes System, soweit möglich, sichergestellt werden, dass Entgeltzahlungen, die über eine angemessene Aufwandsentschädigung für die Leistung der Leihmutter hinausgehen, nicht erfolgen und eine Vermittlung von Wunsch-

---

[786] *Tobin,* 63 International and Comparative Law Quarterly (2014) 317 (begrenztes Sample, freiwillige Teilnahme, lediglich altruistische Leihmutterschaft im nationalen Bereich, keine Langzeitergebnisse). Auf eine schlechte Studienlage hinweisend *Funcke,* NZFam 2016, 207. Auf ein uneinheitliches Studienbild verweisend *Engel* in: Boele-Woelki/Dethloff/Gephart (Hrsg.), Family Law and Culture in Europe, 2014, 199, 213.

[787] MüKoBGB/*Wellenhofer,* § 1591 Rn. 52; *Duden,* Leihmutterschaft im Internationalen Privat- und Verfahrensrecht, 2015, 155; *Diel,* Leihmutterschaft und Reproduktionstourismus, 2014, 65.

[788] *Tobin,* 63 International and Comparative Law Quarterly (2014) 317; *Duden,* Leihmutterschaft im Internationalen Privat- und Verfahrensrecht, 2015, 180 f.; *Thomale,* Mietmutterschaft, 2015, 12 f., die jedoch undifferenziert jeden Fall der Leihmutterschaft hierunter zu fassen scheint. A.A. *Wade,* 29 Child and Family Law Quarterly (2017) 113, 121 m.w.N., die die Bestimmung auf Leihmutterschaftskonstellationen nicht anwenden möchte. Dies verkürzt allerdings unnötigerweise den Schutz des Verbots.

[789] Kritisch auch *Lederer,* Grenzenloser Kinderwunsch – Leihmutterschaft im nationalen, europäischen und globalen rechtlichen Spannungsfeld, 2016, 162. Dies unterscheidet diese Leihmutterschaftsfälle von Adoptionssachverhalten, zur Problematik dort eingehend *Fenton-Glynn,* Children's Rights in Intercountry Adoption, 2014, 89 ff. A.A. wohl *Voss,* Leihmutterschaft in Deutschland – Rechtliche Folgen und Verfassungsmäßigkeit des Verbotes, 2015, 221 (genereller Menschenwürdeverstoß).

eltern und Leihmutter auf kontrolliertem, staatlichem Wege erfolgt.[790] Entsprechendes könnte in einem Fortpflanzungsmedizingesetz geregelt werden.[791] Auch die Gefahren von Kinderhandel lassen sich somit rechtlich in den Griff bekommen, so dass ein generelles Leihmutterschaftsverbot auch mit Blick auf Art. 35 KRK und Art. 1 2. ZP-KRK nicht gerechtfertigt werden kann.

d) Recht auf Kenntnis der genetischen Abstammung
Art. 2 I i.V. m. Art. 1 I GG, Art. 8 I EMRK

Letztlich kann auch dem Interesse des Kindes an Kenntnis seiner Abstammung, Art. 2 I i.V. m. Art. 1 I GG und Art. 8 I EMRK, in Inlandsfällen durch Instrumente wie § 1598a BGB und durch eine Dokumentierung und Registrierung der Abstammungsverhältnisse entsprochen werden.[792] Wie wiederum Studien aus dem Vereinigten Königreich zeigen, ist die Quote der Eltern, die ihre Kinder über die genetischen Abstammungswahrheiten aufgeklärt haben, bei Leihmutterschaftsfamilien deutlich höher als bei sonstigen Reproduktionsfamilien, so dass die Kinder in vielen Fällen über ihre Entstehungszusammenhänge in Kenntnis gesetzt sind.[793] Eine Rechtfertigung eines generellen Verbots der Leihmutterschaft rechtfertigt sich hieraus ebenfalls nicht.

4. Fazit: Keine Rechtfertigung des generellen Leihmutterschaftsverbots

Damit kann festgehalten werden, dass das generelle Leihmutterschaftsverbot des deutschen Rechts unverhältnismäßig in die Fortpflanzungsfreiheit von Wuncheltern eingreift.[794] Eine Rechtfertigung ist weder aufgrund der grund-

---

[790] *Coester-Waltjen* in: Ständige Deputation des Deutschen Juristentages (Hrsg.), Verhandlungen des 56. Deutschen Juristentages, 1986, 9, B 81; MüKoBGB/*Wellenhofer,* § 1591 Rn. 55; vgl. *Duden,* Leihmutterschaft im Internationalen Privat- und Verfahrensrecht, 2015, 180.

[791] Zu einem Entwurf *Gassner/Kersten/Krüger u.a.,* Fortpflanzungsmedizingesetz, 2013.

[792] *Tobin,* 63 International and Comparative Law Quarterly (2014) 317; *Dethloff,* JZ 2014, 922, 928.

[793] Dazu eingehend § 1 S. 85 ff.

[794] *Coester* in: Mansel/Pfeiffer/Kronke u.a. (Hrsg.), Festschrift für Erik Jayme, 2004, 1243, 1258; MüKoBGB/*Wellenhofer,* § 1591 Rn. 53; *Voigt,* Abstammungsrecht 2.0, 2015, 230 ff.; *Tobin,* 63 International and Comparative Law Quarterly (2014) 317; *Lammers,* Leihmutterschaft in Deutschland – Rechtfertigen die Menschenwürde und das Kindeswohl ein striktes Verbot?, 2016, 193; *Sitter,* Grenzüberschreitende Leihmutterschaft – Eine Untersuchung des materiellen und internationalen Abstammungsrechts Deutschlands und der USA, 2017, 80; *Dethloff* in: Weller/Ditzen (Hrsg.), Leihmutterschaft – Aktuelle Entwicklungen und interdisziplinäre Herausforderungen, 2018 (im Erscheinen), 41, 53 f.; *Harbarth* in: Weller/Ditzen (Hrsg.), Leihmutterschaft – Aktuelle Entwicklungen und interdisziplinäre Herausforderungen, 2018 (im Erscheinen), 65 (mit Blick auf altruistische Leihmutterschaft). A.A. *Diel,* Leihmutterschaft und Reproduk-

bzw. menschenrechtlichen verbürgten Interessen der Leihmutter, noch aufgrund jener des Kindes erforderlich. Die vorstehenden Erwägungen haben vielmehr gezeigt, dass sich die zweifelsohne bestehenden Gefahren regulatorisch in den Griff bekommen lassen. Das Leihmutterschaftsverbot sollte in seiner gegenwärtigen Form daher aufgehoben werden.[795]

IV. Ausgestaltungsvorschlag für eine Regelung von Leihmutterschaftsfällen im Inland

Vorstehend wurde herausgearbeitet, dass ein generelles Leihmutterschaftsverbot ungerechtfertigt in die verfassungs- und menschenrechtlich verbürgte Fortpflanzungsfreiheit der Wunscheltern eingreift. Im Folgenden ist nun darüber nachzudenken, wie ein Zuordnungssystem aussehen könnte, das eine angemessene Balance der berührten Interessen ermöglicht. Unter (1.) sollen rechtsvergleichend einige Systeme in anderen Staaten betrachtet werden. Unter (2.) wird darauffolgend ein in das vorliegend erarbeitete Konzept eines modernen Elternschaftsrechts passender Regulierungsvorschlag unterbreitet. Die Regulierung medizinrechtlicher, sozialrechtlicher und allgemein zivilvertragsrechtlicher Fragestellungen können in dieser Arbeit, die sich lediglich mit der rechtlichen Eltern-Kind-Zuordnung befasst, dabei allerdings nicht vollumfänglich mitbehandelt werden.[796]

1. Rechtsvergleichende Betrachtung

Bereits vorstehend ist dargelegt worden, dass sich die einzelnen Systeme der die Leihmutterschaft gestattenden Rechtsordnungen stark unterscheiden.[797] Hier sollen nun beispielhaft drei Systeme näher betrachtet werden, die die Leihmutterschaft ganz unterschiedlich regeln.

---

tionstourismus, 2014, 80 f. (Generelles Verbot vom Beurteilungsspielraum des Gesetzgebers umfasst), 239 (kein Reformbedarf gegeben).

[795] Dafür auch *Dethloff* in: Weller/Ditzen (Hrsg.), Leihmutterschaft – Aktuelle Entwicklungen und interdisziplinäre Herausforderungen, 2018 (im Erscheinen), 41, 53 f.; *Kaiser* in: Götz/Schwenzer/Seelmann u. a. (Hrsg.), Familie – Recht – Ethik, 2014, 357, 364 (mit Blick auf die Leihmutterschaft i. e. S.); *Sitter*, Grenzüberschreitende Leihmutterschaft – Eine Untersuchung des materiellen und internationalen Abstammungsrechts Deutschlands und der USA, 2017, 309.

[796] Siehe hierzu *Coester-Waltjen* in: Ständige Deputation des Deutschen Juristentages (Hrsg.), Verhandlungen des 56. Deutschen Juristentages, 1986, 9, B 89 ff. zu möglichen Schadensersatzansprüchen bei Verletzung von Leihmutterschaftsvereinbarungen *Coester-Waltjen* in: Ständige Deputation des Deutschen Juristentages (Hrsg.), Verhandlungen des 56. Deutschen Juristentages, 1986, 9, B 93 ff. Für einen medizinrechtlichen Regulierungsvorschlag siehe *Gassner/Kersten/Krüger u. a.*, Fortpflanzungsmedizingesetz, 2013, 6 f.

[797] *Dethloff*, JZ 2014, 922, 924 f.; *Dethloff* in: Weller/Ditzen (Hrsg.), Leihmutterschaft – Aktuelle Entwicklungen und interdisziplinäre Herausforderungen, 2018 (im Erscheinen), 41 ff.

a) Niederlande

Das niederländische Recht kennt beispielsweise derzeit[798] kein umfassendes System der Leihmutterschaft (*draagmoederschap*).[799] Eine Durchführung derselben ist im Inland allerdings möglich.[800] Der Gesetzgeber hat sich bisher sehr zurückgehalten. Es bestehen – wie im deutschen Recht – einige, nicht lückenlos greifende, strafbewehrte Verbotsbestimmungen.[801] Der Gesetzgeber will letztlich in Ausnahmesituationen eine altruistische Leihmutterschaft zulassen, um kinderlosen Eltern die Realisierung des Kinderwunsches als *ultima ratio* zu ermöglichen.[802] Als Rechtsgrundlage fungiert bislang ein ministerieller Erlass, der sog. *Planningsbesluit In-vitrofertilisatie*, der wiederum auf die *Richtlijn 'Hoogtechnologisch draagmoederschap' van de Nederlandse Vereniging voor Obstetrie en Gynaecologie van 1999* verweist. Die Richtlinie stellt eine berufsrechtliche Regelung dar, die allerdings derzeit auch vor dem Hintergrund der Arbeiten des niederländischen Gesetzgebers überarbeitet wird.[803] Leihmutterschaften werden derzeit im *VU Medisch Centrum* in Amsterdam durchgeführt. Eine Leihmutterschaft kommt nach den o. g. Regelungen derzeit nur für verschiedengeschlechtliche Paare (allerdings unabhängig vom Bestehen einer Ehe oder registrierten Lebenspartnerschaft) in Betracht,[804] da das verwendete genetische Material von beiden Wunscheltern stammen muss.[805] Die elternschaftsrechtliche Zuordnung der Wunscheltern erfolgt im Falle der Leihmutterschaft nach den allgemeinen ab-

---

[798] Vgl. zum Bericht der vom niederländischen Gesetzgeber eingesetzten Staatskommission https://www.rijksoverheid.nl/documenten/rapporten/2016/12/07/rapport-van-de-staatsommissie-herijking-ouderschap-kind-en-ouders-in-de-21ste-eeuw (zuletzt geprüft am 14.10.2017), der eine umfassende Regulierung dieser Fragen vorschlägt.

[799] Hierzu eingehend *Reuß* in: Dutta/Schwab/Henrich u. a. (Hrsg.), Künstliche Fortpflanzung und Europäisches Familienrecht, 2015, 127 ff.

[800] Beispielhaft siehe *Rb. Noord-Nederland,* Entsch. v. 11.9.2013 – C-17-125959 – FA RK 13-474, www.rechtspraak.nl.

[801] Dazu *Reuß* in: Dutta/Schwab/Henrich u. a. (Hrsg.), Künstliche Fortpflanzung und Europäisches Familienrecht, 2015, 127, 135.

[802] Kamerstukken II 1996/97, 25 000 XVI, Nr. 51, S. 2.

[803] Eingehend zu den medizinrechtlichen Voraussetzungen *Reuß* in: Dutta/Schwab/ Henrich u. a. (Hrsg.), Künstliche Fortpflanzung und Europäisches Familienrecht, 2015, 127, 136. Vgl. auch die Grundsatzerwägungen einer Arbeitsgruppe des niederländischen Berufsverbandes, *Nederlandse Vereniging voor Obstetrie en Gynaecologie,* Standpunt – Geassisteerde voortplanting met gedoneerde gameten en gedoneerde embryo's en draagmoederschap, 2016, abrufbar unter http://www.nvog-documenten.nl/uploaded/docs/standpunt%20geassisteerde%20voortplanting%20met%20gedoneerde%20gameten, %20gedoneerde%20embryos%20en%20draagmoederschap%20ws.pdf (zuletzt geprüft am 10.10.2017).

[804] So auch *Boele-Woelki/Curry-Sumner/Schrama u. a.,* Commercieel draagmoederschap en illegale opneming van kinderen, http://www.wodc.nl/onderzoeksdatabase/draagmoederschap.aspx (zuletzt geprüft am 13.08.2013).

[805] Nr. 3.1 der Richtlinie zur hochtechnologischen Leihmutterschaft der Nederlandse Vereniging voor Obstetrie en Gynecologie v. 1999.

stammungsrechtlichen Regelungen.[806] Mutter des Kindes bleibt daher zunächst die Leihmutter, vgl. Art. 1:198 lit. a BW, als die Frau, die das Kind geboren hat. Eine Zuordnung der Wunschelternteile wird dann über die Adoption bewerkstelligt,[807] die allerdings unter gewissen Erleichterungen stattfindet.[808]

b) England und Wales

Im Recht von England und Wales findet sich demgegenüber eine umfassendere Regelung zur altruistischen Leihmutterschaft.[809] Diese ist ausdrücklich gestattet.[810] Voraussetzung ist, dass mindestens ein Wunschelternteil mit dem Kind genetisch verwandt ist.[811] Einzelpersonen können bislang keine Leihmutterschaft im Inland durchführen.[812] Die Abstammungszuordnung vollzieht sich bei einer Leihmutterschaft in England in zwei Schritten: Zunächst wird die Leihmutter als Geburtsmutter dem Kind als rechtliche Mutter zugeordnet, Sec. 33 HFEA 2008. Die Wuscheltern können dann auf Antrag in einem zweiten Schritt durch einen Gerichtsbeschluss, die sog. *parental order,* als rechtliche Eltern des Kindes zugeordnet werden, vgl. Sec. 54 HFEA 2008. Mit der Wirksamkeit der *parental order* endet die Elternstellung der Leihmutter. Die Wirkungen entsprechen jener der Adoption.[813]

c) British Columbia

Ein wiederum hiervon abweichendes System sieht das Recht von British Columbia vor. Sec. 29 des *Family Law Act* sieht ebenfalls explizit eine Regelung zur Leihmutterschaft vor. Eine Leihmutterschaft kann in British Columbia auch von Alleinstehenden durchgeführt werden. Voraussetzung ist eine umfassende schriftliche Leihmutterschaftsvereinbarung vor Geburt des Kindes (von der vor

---

[806] Eingehend *Reuß* in: Dutta/Schwab/Henrich u.a. (Hrsg.), Künstliche Fortpflanzung und Europäisches Familienrecht, 2015, 127, 137 f.

[807] *Leenen/Gevers/Legemaate u.a.,* Handboek gezondheidsrecht, 2014, 340 f.; *Vonk* in: Boele-Woelki/Chin-A-Fat/Jonker u.a. (Hrsg.), Actuele ontwikkelingen in het familierecht, 2011, 63, 65.

[808] *Reuß* in: Dutta/Schwab/Henrich u.a. (Hrsg.), Künstliche Fortpflanzung und Europäisches Familienrecht, 2015, 127, 147 f. Zur vergleichbaren Situation in Neuseeland siehe *Powell,* 29 Child and Family Law Quarterly (2017) 149.

[809] Vgl. hierzu *Coester* in: Mansel/Pfeiffer/Kronke u.a. (Hrsg.), Festschrift für Erik Jayme, 2004, 1243, 1254 ff., sowie bereits *Reuß,* FamPra.ch 2015, 858.

[810] Vgl. den Surrogacy Arrangements Act 1985. Reformbedarf sehend *Gamble* in: Golombok/Scott/Appleby u.a. (Hrsg.), Regulating reproductive donation, 2016, 140 ff.; *Alghrani/Griffiths,* 29 Child and Family Law Quarterly (2017) 165 ff.

[811] Sec. 54 (1) (b) HFEA 2008.

[812] *Scherpe* in: Dutta/Schwab/Henrich u.a. (Hrsg.), Künstliche Fortpflanzung und Europäisches Familienrecht, 2015, 295, 314. Kritisch zum Ausschluss *Inglis,* Scots Law Times 2014, 105, 108.

[813] *Human Fertilisation and Embryology (Parental Orders) Regulations 2010 (2010 Reg.), Adoption of Children Act 2002.*

Zeugung des Kindes keine der Parteien zurückgetreten sein darf), die Zeugung des Kindes im Wege medizinisch-assistierter Reproduktion, eine nachgeburtliche Erklärung der Mutter, das Kind an die Wuscheltern abgeben zu wollen und die Aufnahme des Kindes durch die Wuscheltern, vgl. Sec. 29 (3)(4) FLA. Die Abstammungszuordnung verläuft dann im Falle des Eingreifens dieser Voraussetzungen automatisch.[814] Eine *parental order* ist nicht erforderlich, bei Unklarheiten über das Eingreifen der rechtlichen Bestimmungen kann eine gerichtliche Klärung (*declaration of parentage*) jedoch gem. Sec. 31 FLA deklaratorisch erfolgen.

2. Elternschaftsübertragung durch gerichtlichen Beschluss

Welches Modell sollte nun in einem modernen Elternschaftsrecht für die elternschaftsrechtliche Regulierung von Leihmutterschaftskonstellationen eingesetzt werden? Leitend müssen hier Aufgabe und Orientierungslinien des Elternschaftsrechts sein. Ein geeignetes Instrument muss daher sicherstellen, dass eine klare, bestandsfeste und erkennbare sowie eine der Wahrheit entsprechende Statuszuordnung bewirkt wird, die die Gleichwertigkeit genetischer, biologischer und sozialer Elternschaft berücksichtigt und auch mit Blick auf das Verantwortlichkeitsprinzip eine Statuszuweisung ermöglicht. Des Weiteren ist das Zuordnungssystem unabhängig von Geschlecht und sexueller Orientierung der Eltern sowie von den Zeugungsumständen auszugestalten. Daraus folgt, dass eine Regelung sowohl die Elternschaft gleichgeschlechtlicher, als auch verschiedengeschlechtlicher Personen gleichsam zu erfassen hat, und unabhängig von medizinisch-assistierter und natürlicher Zeugung sein sollte. Zudem sollte es aufgrund der Gleichwertigkeit der Elternschaftssegmente auch genetisch nicht mit dem Kind verwandten Elternteilen möglich sein, in die rechtliche Elternposition gelangen zu können.

a) Zuordnungssystematik

Eingedenk dieser Vorgaben lässt sich gegen eine automatische Zuordnung der Wuscheltern nach dem Vorbild British Columbias einwenden, dass sie eine Berücksichtigung der Interessen der Beteiligten nicht hinreichend sicherstellt. Zwar ist im Recht von British Columbia vorgesehen, dass eine Registrierung der Elternschaft der Wuscheltern und eine Zuweisung der Elternstellung nur dann möglich ist, wenn die Leihmutter nach Geburt des Kindes erklärt, dass sie das Kind abgeben möchte und tatsächlich abgibt. Ohne eine behördliche Beteiligung, die mehr unternimmt, als eine lediglich formelle Prüfung der Zuordnungsvoraussetzungen, besteht allerdings die Gefahr, dass die formell bestehenden Vorgaben der Realität nicht entsprechen. Eine richterliche Prüfung des Sachverhalts und

---

[814] Vgl. Sec. 29(3) FLA („[...] is the child's parent if all of the following conditions are met").

der Zuordnungsvoraussetzungen im Einzelfall können zwar Missbrauch nicht vollständig verhindern, sie bieten jedoch eine stärkere Richtigkeitsgewähr für die Einhaltung der Zuordnungsvoraussetzungen. Die Wahrung der grundrechtlichen Verbürgungen der Leihmutter lässt sich somit über das System einer automatischen Zuordnung der Wunscheltern nicht hinreichend sicherstellen.

Dieselben Argumente lassen sich ferner Vorschlägen entgegenhalten, die eine Erweiterung des § 1599 II BGB auf diese Fälle andenken, d.h. die vorsehen, dass eine Zuordnung der Wunscheltern durch qualifizierte Elternschaftsanerkennung unter Zustimmung aller Beteiligter möglich sein sollte.[815] Auch bei einem Statuswechsel durch qualifizierte Elternschaftsanerkennung kann nicht hinreichend sichergestellt werden, dass die Interessen der Leihmutter hinreichend gewahrt werden.

Auch das Adoptionsverfahren ist als solches nicht das geeignete Instrument zur Erfassung von Leihmutterschaftsfällen.[816] Abgesehen davon, dass es ein zeitintensives Verfahren darstellt, das über einen relativ langen Zeitraum die endgültige Statuszuweisung in der Schwebe lässt – dies kann sich beispielsweise bei Versterben eines Wunschelternteils problematisch auswirken, da das Kind dann nicht hinreichend abgesichert ist – ist auch der Erfolg der Adoption nicht garantiert.[817] Insbesondere ist bereits nach geltendem Recht umstritten, ob eine Leihmutterschaft eine gesetzes- oder sittenwidrige Vermittlung i. S. d. § 1741 I 2 BGB darstellt, so dass sogar über das Prüfprogramm der Adoption Unsicherheit besteht.[818] Darüber hinaus ist die gemeinschaftliche Adoption nur Ehegatten zu-

---

[815] So etwa *Dethloff*, Familienrecht, 2015, § 10 Rn. 92; *Dethloff/Timmermann*, Gleichgeschlechtliche Paare und Familiengründung durch Reproduktionsmedizin – Gutachten im Auftrag der Friedrich Ebert Stiftung, 2016, 45; MüKoBGB/*Wellenhofer*, § 1591 Rn. 59; *Duden*, Leihmutterschaft im Internationalen Privat- und Verfahrensrecht, 2015, 326.

[816] *Dethloff*, Familienrecht, 2015, § 10 Rn. 92; *Dethloff/Timmermann*, Gleichgeschlechtliche Paare und Familiengründung durch Reproduktionsmedizin – Gutachten im Auftrag der Friedrich Ebert Stiftung, 2016, 44 ff.; *Lederer*, Grenzenloser Kinderwunsch – Leihmutterschaft im nationalen, europäischen und globalen rechtlichen Spannungsfeld, 2016, 153; *Duden*, Leihmutterschaft im Internationalen Privat- und Verfahrensrecht, 2015, 233. A.A. *Quantius*, FamRZ 1998, 1145, 1151; *Engel*, ZEuP 2014, 538, 559; *Engel* in: Boele-Woelki/Dethloff/Gephart (Hrsg.), Family Law and Culture in Europe, 2014, 199, 213 f. (mit unzureichender Beschreibung des Konzepts sozialer Elternschaft *de lege lata*); *Thomale*, Mietmutterschaft, 2015, 16.

[817] MüKoBGB/*Wellenhofer*, § 1591 Rn. 29; *Sucker*, 17 European Journal of Law Reform (2015) 257, 263.

[818] Darauf hinweisend MüKoBGB/*Wellenhofer*, § 1591 Rn. 18; für die Anwendung des § 1741 I 2 BGB *Thomale*, Mietmutterschaft, 2015, 16; dagegen mit guten Argumenten *Dethloff*, JZ 2014, 922, 930; *Lederer*, Grenzenloser Kinderwunsch – Leihmutterschaft im nationalen, europäischen und globalen rechtlichen Spannungsfeld, 2016, 162; *Duden*, Leihmutterschaft im Internationalen Privat- und Verfahrensrecht, 2015, 22; *Diel*, Leihmutterschaft und Reproduktionstourismus, 2014, 117; *Sitter*, Grenzüberschreitende Leihmutterschaft – Eine Untersuchung des materiellen und internationalen Abstammungsrechts Deutschlands und der USA, 2017, 98.

gänglich,[819] so dass unverheiratete Wuscheltern eine Elternzuordnung nur im Wege der Stiefkind- bzw. Sukzessivadoption bewerkstelligen könnten. Letztlich ist aber auch die Ausgangssituation von Adoption und Leihmutterschaft grundverschieden. Bei der Adoption geht es in der Regel darum, dass ein bereits geborenes Kind von Personen, die mit diesem in der Regel nicht genetisch verwandt sind, adoptiert wird. Das Adoptionsverfahren sieht daher eine Eignungsprüfung der Annehmenden, eine organisierte Vermittlung und eine Kindeswohlprüfung vor. Bei der Leihmutterschaft wird das Kind allerdings gerade mit Blick auf die spätere Übernahme der Elternrolle erst gezeugt. Im Falle der Leihmutterschaft ist das Kind damit unmittelbares Resultat der Fortpflanzungsentscheidung der Wuscheltern. Bereits die Ausgangskonstellation des Adoptionsverfahrens passt somit nicht. Auch die mit dem Adoptionsverfahren einhergehende Kindeswohlprüfung erscheint nicht in jedem Fall angemessen. Ist ein Wuschelternteil mit dem Kind genetisch verwandt, sollte es auf eine solche nicht ankommen.[820] Im Bereich der Elternschaftsanerkennung findet eine solche schließlich auch nicht statt.[821] Fehlt es hingegen an einer genetischen Verwandtschaft, ist vor dem Hintergrund des Schutzes des Kindes vor Kinderhandel und mit Blick auf die Verhinderung kindeswohlgefährdender Zuordnungen aber gleichwohl eine Kindeswohlprüfung angezeigt. Im Falle nichtbestehender genetischer Verwandtschaft ist die Leihmutterschaft der typischen Adoptionskonstellation ähnlicher, als im Fall einer bestehenden genetischen Abstammungsbeziehung, auch wenn das Kind hier auch weiterhin nur deshalb geboren ist, weil die Wuscheltern sich zur Durchführung einer Leihmutterschaft entschlossen haben.[822]

Das englische Recht enthält mit dem Instrument der *parental order* letztlich ein geeignetes Instrument zur Übertragung der Elternstellung, das aufgrund seiner Nähe zum Geburtszeitpunkt und des entsprechenden Prüfprogramms schneller als das Adoptionsverfahren zu einer rechtssicheren Zuordnung der Wuscheltern führt und damit die Nachteile eines Adoptionsverfahrens vermeidet.[823] Die Systematik des englischen Rechts berücksichtigt darüber hinaus die Tatsache, dass das Kind durch die Leihmutter ausgetragen wird und damit während der Schwangerschaft bereits eine Bindungsbeziehung zum Kind entsteht. Die Leihmutter ist somit nicht nur biologischer, sondern auch sozialer Elternteil des Kindes. In der grundsätzlichen Zuweisung der Elternrolle nach Sec. 33 HFEA 2008

---

[819] MüKoBGB/*Wellenhofer*, § 1591 Rn. 17.

[820] *Dethloff*, Familienrecht, 2015, § 10 Rn. 92; so auch *Dutta*, JZ 2016, 845, 851.

[821] MüKoBGB/*Wellenhofer*, § 1591 Rn. 44; *Helms* in: Ständige Deputation des Deutschen Juristentages (Hrsg.), Rechtliche, biologische und soziale Elternschaft – Herausforderungen durch neue Familienformen, 2016, F 1, F 53; *Kaiser* in: Götz/Schwenzer/Seelmann u. a. (Hrsg.), Familie – Recht – Ethik, 2014, 357, 366.

[822] Hierzu siehe § 3 S. 248 ff.

[823] Ähnlich, insb. für grenzüberschreitende Fälle *Duden*, Leihmutterschaft im Internationalen Privat- und Verfahrensrecht, 2015, 326 f. Ablehnend *Luh*, Die Prinzipien des Abstammungsrechts, 2008, 152.

an die Geburtsmutter spiegelt sich dies wider. Die Interessen der Leihmutter an einer Elternschaft werden so gewahrt. Da sie auch nicht verpflichtet werden kann, das Kind nach Geburt abzugeben, entspricht die englische Bestimmung auch dem Menschenwürdeschutz. Die nach der originären Zuordnung der Geburtsmutter ansetzende „*ex nunc*"-Wirkung des Instruments der *parental order* entspricht diesem Gedanken ebenfalls. Sie beseitigt die Elternschaft der Leihmutter nicht rückwirkend, sondern wird der gelebten Realität gerecht. Alternative Vorschläge, die die Zuordnung der Wunscheltern über das Instrument der Elternschaftsanfechtung bewerkstelligen wollen, können dies aufgrund der „*ex tunc*"-Wirkung der Anfechtung nicht ebenso gut abbilden.[824] Das Instrument der Elternschaftsübertragung durch gerichtlichen Beschluss erscheint damit *per se* geeignet, einen den Interessen der Beteiligten entsprechenden Mechanismus der Elternzuordnung in Leihmutterschaftsfällen bereitzustellen. Eine entsprechende Bestimmung sollte daher in das BGB aufgenommen werden.

b) Zuordnungsvoraussetzungen

Zur Umsetzung der vorstehenden Überlegungen sollte im deutschen Recht für den Fall einer Leihmutterschaftskonstellation eine Elternschaftsübertragung durch gerichtlichen Beschluss nach dem Vorbild einer *parental order* des englischen Rechts vorgesehen werden.

Eingedenk der in § 3 herausgearbeiteten Orientierungslinien sollte eine Elternschaftsübertragung durch Gerichtsbeschluss den Wunscheltern unabhängig von deren Geschlecht oder deren sexueller Orientierung und unabhängig von den Zeugungsumständen offenstehen. Auch für alleinstehende Personen sollte die Elternschaftsbegründung durch gerichtlichen Übertragungsbeschluss bei Leihmutterschaft möglich sein. Grundsätzliche Bedenken gegen die Zulassung alleinstehender Personen zu medizinisch-assistierter Reproduktion und zur geplanten Elternschaft bestehen, wie bereits an anderer Stelle eingehend dargelegt wurde, letztlich nicht.[825] Darüber hinaus ist bereits jetzt die Elternschaft alleinstehender Personen im Wege der Einzeladoption möglich. Ferner sollte es auch nicht erforderlich sein, dass einer der Wunscheltern mit dem Kind genetisch verwandt

---

[824] Zu einem entsprechenden System in Griechenland *Dethloff*, Familienrecht, 2015, 114; dafür allerdings: MüKoBGB/*Wellenhofer*, § 1591 Rn. 59; *Kaiser* in: Götz/Schwenzer/Seelmann u. a. (Hrsg.), Familie – Recht – Ethik, 2014, 357, 366; *Voigt*, Abstammungsrecht 2.0, 2015, 242 ff.; *Luh*, Die Prinzipien des Abstammungsrechts, 2008, 155; *Sitter*, Grenzüberschreitende Leihmutterschaft – Eine Untersuchung des materiellen und internationalen Abstammungsrechts Deutschlands und der USA, 2017, 309.

[825] Zum Zugang alleinstehender Frauen zu medizinisch-assistierter Reproduktion bereits eingehend *Reuß*, StAZ 2016, 353. Für die Zulassung im englischen Recht bereits *Alghrani/Griffiths*, 29 Child and Family Law Quarterly (2017) 165 ff. Dagegen *Lammers*, Leihmutterschaft in Deutschland – Rechtfertigen die Menschenwürde und das Kindeswohl ein striktes Verbot?, 2016, 207 f.

ist.[826] Eine solche Voraussetzung sieht zwar das Recht von England und Wales gegenwärtig vor. Das Recht auf Fortpflanzung umfasst die Familiengründung im Wege medizinisch-assistierter Reproduktion allerdings auch im heterologen System. Bei medizinisch-assistierter Zeugung durch Embryonenspende, die im derzeitigen deutschen Recht bei übriggebliebenen Embryonen zulässig ist, wird eine solche Forderung letztlich auch nicht erhoben. Darüber hinaus entspräche ein solches Erfordernis auch nicht der Gleichwertigkeit von genetischer, biologischer und sozialer Elternschaft. In der Einwilligung in die Zeugung und der kundgetanen Bereitschaft, die Elternverantwortung dauerhaft zu übernehmen, ist ein hinreichender Zuordnungsgrund zu sehen. Den Interessen des Kindes kann bei Fehlen der genetischen Abstammungsbeziehung zu den Wunscheltern wegen der Adoptionsähnlichkeit über eine Kindeswohlprüfung entsprechend § 1474 I BGB hinreichend entsprochen werden.

Vorausgesetzt der Zuordnung durch Übertragungsbeschluss sollte ferner sein, dass die Eltern vor Zeugung des Kindes eine entsprechende Leihmutterschaftsvereinbarung geschlossen haben. Diese sollte der notariellen Beurkundung unterliegen, um sicherzustellen, dass eine hinreichende Aufklärung der Beteiligten über die rechtlichen Folgen einer solchen Vereinbarung besteht.[827] Liegt ein Verstoß gegen diese Formbestimmung vor, kann letztlich eine Elternzuordnung auf herkömmlichem Wege (Elternschaftsanerkennung bei unbesetzter zweiter Elternstelle bzw. Adoption) erfolgen.

Des Weiteren sollte sichergestellt sein, dass alle Beteiligten die Übertragung der Elternschaft tatsächlich wollen. Daher ist vorzusehen, dass neben dem Abschluss der Leihmutterschaftsvereinbarung alle Beteiligten dem Antrag auf Übertragung der Elternschaft zustimmen. Die Zustimmung einer beteiligten Person sollte nur dann entbehrlich sein, wenn sie dauerhaft zur Erklärung außerstande oder ihr Aufenthalt unbekannt ist, vgl. entsprechend § 1747 IV 1 BGB. Mit Blick auf das Verantwortlichkeitsprinzip sollte eine gerichtliche Ersetzbarkeit der Zustimmung der Wunscheltern vorgesehen werden, um zu verhindern, dass Wunscheltern sich aus der Verantwortung ziehen und die Abnahme des Kindes ablehnen, wie im eingangs zitierten Fall des Baby Gammy. Will die Leihmutter das Kind absprachegemäß nicht behalten, müssen sich die Wunscheltern an ihrer Verantwortungsentscheidung zur Zeugung des Kindes mittels Durchführung einer Leihmutterschaft festhalten lassen.[828] An flankierende Maßnahmen nach § 1666

---

[826] *Wade,* 29 Child and Family Law Quarterly (2017) 113, 118.

[827] Vgl. zu einer entsprechenden Bestimmung § 8 FMG-E, *Gassner/Kersten/Krüger u. a.,* Fortpflanzungsmedizingesetz, 2013, 6 f.

[828] Dazu auch *Dethloff,* Familienrecht, 2015, § 10 Rn. 95. So wohl auch *Budzikiewicz* in: Boele-Woelki/Dethloff/Gephart (Hrsg.), Family Law and Culture in Europe, 2014, 151, 164. Dagegen *Coester-Waltjen* in: Ständige Deputation des Deutschen Juristentages (Hrsg.), Verhandlungen des 56. Deutschen Juristentages, 1986, 9, B 91.

BGB ist bei Kindeswohlgefährdung durch die Wunscheltern im Extremfall freilich zu denken, so dass sichergestellt ist, dass das Kind in Obhut und Pflege aufwächst. Umgekehrt sollte aufgrund des Menschenwürdeschutzes und aufgrund des Schutzes der Mutterschaft der Leihmutter aus Art. 6 II 1 GG eine Ersetzbarkeit der Zustimmung der Leihmutter nicht vorgesehen werden. Ihr sollte die rechtliche Elternstellung, auch wenn dies mit Blick auf die Leihmutterschaftsvereinbarung abredewidrig ist, auch dann zugewiesen bleiben, wenn sie das Kind nach Geburt nicht abgeben will. Dies ist der besonderen Situation der Geburtsmutterschaft und ihrer Schutzbedürftigkeit geschuldet und ist von den Wuncheltern hinzunehmen.[829] Will die Geburtsmutter das Kind als ihres behalten, kann auf Ebene der Einzelausprägungen auch dem Interesse der Wunscheltern, die tatsächliche Verantwortung für das Kind tragen zu wollen, entsprochen werden.[830] Eine Verpflichtung zur Abgabe des Kindes sollte somit auch nicht einklagbar bzw. mit Zwang durchsetzbar sein.[831]

Zum Schutz der Leihmutter sollte ferner vorgesehen werden, dass der Antrag auf Übertragung der Elternschaft nicht vor Vollendung der achten Lebenswoche des Kindes gestellt werden kann. Dies sichert der Leihmutter, entsprechend der Regelung des englischen Rechts, vgl. Sec. 54 (7) HFEA 2008 (sechs Wochen), und in Übereinstimmung mit § 1747 II 1 BGB, eine angemessene Überlegungszeit, ob sie das Kind tatsächlich abgeben möchte.[832]

Besteht keine genetische Verbindung von Wunscheltern und Kind, ist eine gewisse Ähnlichkeit der Fallgestaltung mit Adoptionssachverhalten gegeben.[833] Auch hier sollte jedoch eine Elternschaftsübertragung durch gerichtlichen Beschluss möglich sein. Um den Interessen des Kindes an einem Schutz vor Kinderhandel und vor kindeswohlbeeinträchtigenden Wirkungen einer Zuordnung hinreichend gerecht zu werden, sollte in derartigen Fällen das gerichtliche Prüfprogramm mit jenem des Adoptionsrechts gleichlaufen. § 1741 I BGB sollte somit entsprechende Anwendung finden.[834]

---

[829] So auch *Budzikiewicz* in: Boele-Woelki/Dethloff/Gephart (Hrsg.), Family Law and Culture in Europe, 2014, 151, 164.

[830] Zu Überlegungen hierzu siehe eingehend § 3 S. 309 ff.

[831] *Dethloff*, Familienrecht, 2015, § 10 Rn. 94; *Coester-Waltjen* in: Ständige Deputation des Deutschen Juristentages (Hrsg.), Verhandlungen des 56. Deutschen Juristentages, 1986, 9, B 81. A.A. *Lammers*, Leihmutterschaft in Deutschland – Rechtfertigen die Menschenwürde und das Kindeswohl ein striktes Verbot?, 2016, 211.

[832] Zum Normzweck des § 1747 II 1 BGB siehe MüKoBGB/*Maurer*, § 1747 Rn. 51.

[833] So auch *Dethloff* in: Röthel/Heiderhoff (Hrsg.), Regelungsaufgabe Mutterstellung – Was kann, was darf, was will der Staat?, 2016, 19, 28; *Lederer*, Grenzenloser Kinderwunsch – Leihmutterschaft im nationalen, europäischen und globalen rechtlichen Spannungsfeld, 2016, 154.

[834] A.A. Verweis auf das Adoptionsverfahren *Lederer*, Grenzenloser Kinderwunsch – Leihmutterschaft im nationalen, europäischen und globalen rechtlichen Spannungsfeld, 2016, 154.

Letztlich sollte mit Blick auf den Schutz der Leihmutter vor Ausbeutung vorgesehen werden, dass der Leihmutter eine angemessene Aufwandentschädigung entrichtet werden kann.[835] Eine kommerzielle Leihmutterschaft sollte allerdings untersagt sein. Entsprechende Voraussetzungen sollten in einem Fortpflanzungsmedizingesetz, das sich der Umsetzung der medizinrechtlichen Fragen der Leihmutterschaft annimmt, geregelt werden.[836]

Eine Bestimmung, die die vorstehenden Anforderungen umsetzt, könnte als § 1600e BGB-E wie folgt gestaltet sein:

> *§ 1600e Elternschaftsübertragung durch gerichtlichen Beschluss bei Leihmutterschaftsvereinbarung.* (1) Die nach §§ 1591 und 1592 bestehende Elternschaft kann durch gerichtlichen Beschluss übertragen werden, wenn der Elternteil i. S. d. § 1591 bzw. die Elternteile i. S. d. § 1591 und § 1592 mit einer weiteren Person bzw. zwei weiteren Personen (Wunschelternteil bzw. Wescheltern) vor Zeugung des Kindes eine notariell beurkundete Vereinbarung dahingehend abgeschlossen haben, dass der Elternteil i. S. d. § 1591 als Leihmutter für die weitere Person bzw. die weiteren Personen ein Kind austragen werde, und darin die Bereitschaft bekundet hat, das Kind nach Geburt an die Wescheltern herauszugeben (Leihmutterschaftsvereinbarung).
>
> (2) Der Antrag muss binnen der ersten sechs Monate nach Geburt des Kindes gestellt werden. Er darf nicht vor Vollendung der achten Lebenswoche des Kindes gestellt werden.
>
> (3) Antragsberechtigt sind die an der Leihmutterschaftsvereinbarung beteiligten Personen.
>
> (4) Eine Übertragung der Elternschaft darf nur erfolgen, wenn alle an der Leihmutterschaftsvereinbarung beteiligten Personen dem Antrag zustimmen. Die Zustimmung der Wescheltern kann gerichtlich ersetzt werden. Die Zustimmung einer beteiligten Person ist nicht erforderlich, wenn sie zur Abgabe einer Erklärung dauernd außerstande oder ihr Aufenthalt dauernd unbekannt ist.
>
> (5) Ist das Kind mit keinem der Wescheltern genetisch verwandt, ist § 1471 I 1 BGB entsprechend anzuwenden.
>
> (6) Eine Vereinbarung, die den Elternteil i. S. d. § 1591 als Leihmutter dazu verpflichtet, das Kind nach Geburt an den Wunschelternteil bzw. die Wescheltern herauszugeben, kann nicht eingeklagt bzw. mit Zwang durchgesetzt werden.

Die vorstehende Bestimmung setzt die hier vertretenen Lösungsansätze um. § 1600e I BGB-E schafft die Möglichkeit der Elternschaftsübertragung durch gerichtlichen Beschluss bei Vorliegen einer Leihmutterschaftsvereinbarung und bestimmt gleichzeitig i. V. m. Abs. 3 die Antragsberechtigung der beteiligten Personen. Abs. 2 sieht eine Befristung der Antragsmöglichkeit vor, um überlange Schwebezustände zu vermeiden und der Leihmutter einen hinreichenden Über-

---

[835] So auch *Dethloff* in: Weller/Ditzen (Hrsg.), Leihmutterschaft – Aktuelle Entwicklungen und interdisziplinäre Herausforderungen, 2018 (im Erscheinen), 41, 54.

[836] *Lammers,* Leihmutterschaft in Deutschland – Rechtfertigen die Menschenwürde und das Kindeswohl ein striktes Verbot?, 2016, 213.

legungszeitraum für die Abgabe des Kindes zu ermöglichen. Abs. 4 regelt Zustimmungserfordernisse. Abs. 5 ordnet eine Kindeswohlprüfung an, wenn eine genetische Abstammungsbeziehung keines Wunschelternteils zum Kind nicht besteht. Abs. 6 setzt den Menschenwürdeschutz der Leihmutter um, indem er eine Verpflichtung zur Abgabe des Kindes als nicht einklag- und nicht mit Zwang durchsetzbar deklariert.

E. Sonderfälle der Kindes-, Gameten- und Embryonenvertauschung

Einen weiteren Sonderfall elternschaftsrechtlicher Regulierung stellen Fälle der Kindes- Gameten- und Embryonenvertauschung dar. Bislang bestehen für derartige Fälle keine entsprechenden Regelungen. Im Folgenden sollen diese Fälle daher eingehend betrachtet werden.

I. Kindesvertauschung

1. Derzeitige Rechtslage

Kindesvertauschungsfälle sind heutzutage selten.[837] Sie kommen allerdings vor.[838] Werden nach Geburt in einem Krankenhaus versehentlich Kinder vertauscht, hat dies auf die rechtliche Elternschaft dieser Kinder keine Auswirkung. Mutter ist weiterhin die Frau, die das Kind geboren hat, § 1591 BGB.[839] Vater ist je nach Konstellation der Ehemann der Mutter, § 1592 Nr. 1 BGB bzw. der Mann, der die Vaterschaft anerkannt hat, § 1592 Nr. 2 BGB,[840] auch wenn das Kind von ganz anderen Personen, den sozialen, nicht rechtlichen Eltern, täglich versorgt wird. Die Registrierung im Geburtenregister bzw. die Eintragungen in der Geburtsurkunde, die die nur sozialen Eltern fälschlich als rechtliche Eltern ausweisen, haben auf die rechtliche Elternschaft keinerlei Auswirkung.[841] Werden Kindesvertauschungen erst nach Jahren aufgedeckt, bringt das für die Beteiligten meist schwerwiegende psychische Belastungen mit sich. Dies verwundert nicht, denn die späte Aufdeckung der Abstammungswahrheit kann, so ist in § 1 umfassend herausgearbeitet worden, gravierende Auswirkungen auf die Psyche einer Person zeitigen, da die Selbstdefinition, den Platz, den das Individuum für sich

---

[837] *Veit/Hinz,* FamRZ 2010, 505; *Eckebrecht,* FPR 2011, 394; *Willems,* NZFam 2016, 445; *Frank,* FamRZ 2015, 1149.

[838] *Tribunal de Grande Instance de Grasse,* Beschl. v. 10.2.2015 – N°2015/139, RG N°10/00926, ZEuP 2017, 180 m. Anm. Geier.

[839] MüKoBGB/*Wellenhofer,* § 1591 Rn. 9.

[840] Die Anerkennungserklärung bezieht sich auf sein Kind, d.h. nicht auf das Kind, das er nach Vertauschung für sein Kind hält, vgl. *Willems,* NZFam 2016, 445, 446; *Frank,* FamRZ 2015, 1149.

[841] Dazu bereits oben, vgl. auch *Frank,* FamRZ 2015, 1149.

selbst in der Welt definiert hat, ins Wanken gerät. Auch die Gefahr des Verlusts einer Bindungsperson, die aufgrund der fehlenden rechtlichen Elternschaft der sozialen Eltern ganz real ist, kann sich auf die Psyche der Beteiligten schwerwiegend auswirken, vgl. § 1 S. 121 ff.

Der Umgang mit dieser Form der pluralisierten Elternschaft ist im geltenden Recht nur in Grenzen möglich.[842] Es bestehen beispielsweise Umgangsrechte der sozialen Eltern gem. § 1685 II BGB.[843] Die vollen Elternrechte liegen jedoch bei den rechtlichen Eltern des Kindes. Es kann sich unter diesen Umständen durchaus das Bedürfnis ergeben, die elternschaftsrechtliche Zuordnung dem gelebten Eltern-Kind-Verhältnis anzupassen, jedenfalls dann, wenn die Beteiligten dies wünschen. Nach derzeitigem Recht ist hierzu eine Adoption erforderlich. Das Adoptionsverfahren passt allerdings nicht recht auf die Konstellation der Kindesvertauschung, da es von anderen Prämissen ausgeht. Das Kind lebt im Falle der Kindesvertauschung meist über lange Zeit bei seinen sozialen Eltern in dem Glauben, dass dies auch seine rechtlichen Eltern sind. Das Eltern-Kind-Verhältnis wird daher über Jahre hinweg real gelebt. Die typische Situation des Adoptionsverfahrens, die mit einer Auswahl der Adoptiveltern und einer Anbahnung des Eltern-Kind-Verhältnisses beginnt, und auch mit entsprechenden Prüfungen des Jugendamtes einhergeht, ist hiermit nicht so recht vergleichbar. Auch die Anfechtung, die mit Blick auf die Mutterschaft nicht möglich ist, genügt den Interessen der Beteiligten nicht.

Fraglich ist, welcher Regelungsmechanismus hier vorgesehen werden könnte, der der besonderen Situation auch auf elternschaftsrechtlicher Ebene gerecht wird. Zu denken wäre beispielsweise an eine § 1599 II BGB entsprechende Regelung. Da ein Kindesvertauschungsfall allerdings mit immensen psychischen Belastungen für die Beteiligten einhergeht, sollten die Beteiligten bei einem Statuswechsel nicht „allein gelassen" werden. Einem privatautonomen Statuswechsel ist vielmehr ein gerichtliches Verfahren mit Kindeswohlprüfung und einer eingehenden psychosozialen Begleitung vorzuziehen. Entsprechend zur Regelung bei der Leihmutterschaft könnte eine Elternschaftsübertragung durch gerichtlichen Beschluss vorgesehen werden. Dieser sollte eine Kindeswohlprüfung beinhalten, um sicherzustellen, dass eine Übertragung des Elternrechts keine nachteiligen Auswirkungen auf das Kind hat. Gleichzeitig sollte er nur erfolgen können, wenn alle Beteiligten diesem zustimmen. Dies erfordert letztlich auch der Schutz des Elternrechts der rechtlichen Eltern, Art. 6 II 1 GG. Sind die Voraussetzungen nicht gegeben, könnte jedenfalls im Bereich der Einzelausprägungen des Elternrechts eine Übertragung der elterlichen Sorge auf die sozialen Eltern des Kindes vorgesehen werden, um die bislang gelebte Realität auch rechtlich soweit es geht

---

[842] *Willems,* NZFam 2016, 445.

[843] *Gernhuber/Coester-Waltjen,* Familienrecht, 2010, 584.

abzubilden.[844] Je nach Entwicklung im Einzelfall, können auch andere Regelungen in Betracht kommen, etwa bei einer Entfremdung von Kind und sozialen Eltern. Hier kann sich das Bestehen von Kontaktrechten anbieten. Jedenfalls sollten auch die Voraussetzungen dafür geschaffen werden, dass eine eingehende psychosoziale Beratung im Zusammenhang mit dem Verfahren ermöglicht wird. Eine solche sollte verfahrensrechtlich vorgesehen werden. Die Übertragung sollte auch hier ausnahmsweise mit „*ex nunc*"-Wirkung vorgenommen werden, um die Realität der Vertauschung entsprechend abzubilden.[845]

2. Regulierungsvorschlag

Eine Regelung, die die vorstehenden Erwägungen umsetzt, könnte wie folgt formuliert sein:

§ 1600 f Elternschaftsübertragung durch gerichtlichen Beschluss bei Kindesvertauschung. (1) Die nach §§ 1591 und 1592 bestehende Elternschaft kann durch gerichtlichen Beschluss auf die Personen übertragen werden, die in dem Glauben, rechtliche Eltern des Kindes zu sein, die tatsächliche Elternverantwortung für ein Kind getragen haben (Tascheltern), wenn eine Kindesvertauschung vorliegt.

(2) Antragsberechtigt sind der Elternteil, der weitere Elternteil, das Kind sowie die Tascheltern.

(3) Eine Übertragung der Elternschaft darf nur erfolgen, wenn alle beteiligten Personen dem Antrag zustimmen und die Übertragung dem Kindeswohl entspricht. Die Zustimmung einer beteiligten Person ist nicht erforderlich, wenn sie zur Abgabe einer Erklärung dauernd außerstande oder ihr Aufenthalt dauernd unbekannt ist.

II. Embryonen- bzw. Gametenvertauschung

1. Derzeitige Rechtslage

Die im Vergleich zur Kindesvertauschung umgekehrte Konstellation kann sich bei einer Embryonenvertauschung ergeben.[846] Werden bei einem medizinisch-assistierten Befruchtungsvorgang versehentlich Embryonen zweier Paare vertauscht, hat dies anders als bei der Kindesvertauschung einen unmittelbaren Einfluss auf die rechtliche Elternschaft der Kinder. Rechtliche Mutter des Kindes ist dann nämlich die Frau, die das Kind geboren hat, unabhängig davon, ob sie genetisch mit dem Kind verwandt ist. Die Vaterschaft wird gem. § 1592 BGB entsprechend zugewiesen. Rechtliche Elternschaft und genetische Elternschaft fallen so-

---

[844] Zur erbrechtlichen Entsprechung etwa *Frank,* FamRZ 2015, 1149.

[845] Zu einem ähnlichen, jedoch über diesen Aspekt hinausgehenden Regelung *Heiderhoff/Schekhan,* FPR 2011, 360.

[846] Siehe dazu *Dethloff* in: Röthel/Heiderhoff (Hrsg.), Regelungsaufgabe Mutterstellung – Was kann, was darf, was will der Staat?, 2016, 19, 29, sowie den Tagungsbericht von *Bernat/Fritzer,* MedR 2016, 257, 259.

mit auseinander. Die psychischen Belastungen, die mit der Aufdeckung einer derartigen Fallgestaltung für die Beteiligten entstehen, sind letztlich vergleichbar mit jenen der Kindesvertauschung. Eine Übertragung der Elternschaft kann somit auch hier von den Beteiligten gewollt sein. Letztlich sollte somit auch für die Embryonenvertauschung eine zur Kindesvertauschung entsprechende Regelung vorgesehen werden.[847] Gleiches gilt für den Fall der Gametenvertauschung, bei dem nur ein genetischer Elternteil fehlzugeordnet ist. Das Adoptionsverfahren kann auch hier nicht angemessen helfen. Adoptiert der genetische Elternteil das Kind, werden die Verbindungen zu den bisherigen Eltern (zumindest bei der Minderjährigenadoption) gekappt.[848] Das entspricht nicht den Interessen der Beteiligten, da ein bisheriger Elternteil des Kindes ja ebenfalls genetisch mit dem Kind verwandt ist (bei der Samenvertauschung ist dies die Mutter). Die Elternschaftsübertragung sollte sich in diesen Fällen auf die betreffende Elternstelle beschränken.[849]

2. Regulierungsvorschlag

Eine Regelung könnte wie folgt gestaltet sein:

§ 1600g *Elternschaftsübertragung durch gerichtlichen Beschluss bei Embryonen- und Gametenvertauschung.* (1) Die nach §§ 1591 und 1592 bestehende Elternschaft kann durch gerichtlichen Beschluss auf die genetischen Eltern eines Kindes übertragen werden, wenn eine Embryonen- bzw. Gametenvertauschung vorliegt.

(2) Antragsberechtigt sind der Elternteil, der weitere Elternteil, das Kind sowie die genetischen Eltern des Kindes.

(3) Eine Übertragung der Elternschaft darf nur erfolgen, wenn alle beteiligten Personen dem Antrag zustimmen und die Übertragung dem Kindeswohl entspricht. Die Zustimmung einer beteiligten Person ist nicht erforderlich, wenn sie zur Abgabe einer Erklärung dauernd außerstande oder ihr Aufenthalt dauernd unbekannt ist.

F. Künftige Herausforderungen aufgrund reproduktionsmedizinischer Entwicklungen

In den in § 3 herausgearbeiteten Anforderungen an ein modernes Elternschaftsrecht ist festgestellt worden, dass es bei der Gestaltung eines Zuordnungssystems sinnvoll ist, bereits einen Blick in die Zukunft zu richten und auf abseh-

---

[847] Ähnlich *Dethloff* in: Röthel/Heiderhoff (Hrsg.), Regelungsaufgabe Mutterstellung – Was kann, was darf, was will der Staat?, 2016, 19, 29. A.A. Arbeitskreis Abstammungsrecht des BMJV, Abschlussbericht – Empfehlungen für eine Reform des Abstammungsrechts, 2017, 36 (Adoptionsverfahren genügt).

[848] § 1755 BGB.

[849] A.A. Arbeitskreis Abstammungsrecht des BMJV, Abschlussbericht – Empfehlungen für eine Reform des Abstammungsrechts, 2017, 36 (Adoptionsverfahren genügt). Für eine Lösung über § 169 FamFG MüKoBGB/*Wellenhofer,* § 1591 Rn. 57 m.w.N.; *Helms,* FamRZ 2008, 1033; *Seidl,* FPR 2002, 402, 403.

bare Entwicklungen zu blicken und diese ggf. bereits in das geltende Recht ein-
zuplanen.[850] Zeitintensive Rechtsanpassungen lassen sich hierdurch vermeiden.
Es erscheint daher durchaus sinnvoll, bei der Ausgestaltung des Rechts bereits
einen Blick etwa auf gesellschaftliche oder medizinische Entwicklungstrends zu
richten.

Eine künftige Herausforderung für die elternschaftsrechtliche Regulierung
wird die Eierstocktransplantation sein.[851] Sofern eine solche auch unter genetisch
nicht miteinander verwandten Personen in der Zukunft gelingen wird, führt die
Transplantation eines Eierstocks dazu, dass die Empfängerin fortan Eizellen produzieren wird, die genetisch nicht von ihr stammen. Fraglich ist, wie in diesen
Fällen eine Elternschaftszuordnung gestaltet sein sollte. In der Literatur haben
sich Stimmen zu Recht für die Zuordnung zum biologischen Elternteil, d.h. zur
Geburtsmutter ausgesprochen.[852] Diese Person ist wie in anderen Fällen der heterologen Reproduktion unter Verwendung fremder Eizellen bzw. fremder Embryonen jedenfalls biologischer und auch durch die Pränatalbindung sozialer Elternteil des Kindes. Eine Zuordnung zur Geburtsmutter ist somit gerechtfertigt. Auch
hier wird je nach Konstellation zu hinterfragen sein, inwieweit eine Eierstock-
spenderin ein berechtigtes Interesse hat, als genetischer Elternteil die rechtliche
Elternposition erlangen zu können. Die vorstehend herausgearbeiteten Grundsätze zu Gameten-, Embryonen- und Mitochondrienspenden lassen sich auch auf
die Eierstockspende übertragen. Im Regelfall wird es sich um klassische Spen-
densituationen handeln, in denen ein Verzicht auf die Elternposition im Einvernehmen erklärt wird. Dies gilt schon deshalb, da Fortpflanzungsentscheidungen
durch die Spenderin nicht mehr beeinflusst werden können. Es wäre somit auch
nicht angebracht, sie mit dem Risiko der gerichtlichen Elternschaftsfeststellung
nach § 1600d I BGB zu konfrontieren.

Darüber hinaus stellt die potentielle Möglichkeit, auch beim Menschen aus
einer iPS-Zelle (induzierte pluripotente Stammzelle, die z.B. aus einer einfachen
Hautzelle hergestellt und zu jeder beliebigen Körperzelle weiterentwickelt werden kann) Geschlechtszellen herzustellen, eine künftige Herausforderung dar.

---

[850] Persönliche Leitlinien der Mitglieder des Arbeitskreis Abstammungsrecht des
BMJV, Abschlussbericht – Empfehlungen für eine Reform des Abstammungsrechts,
2017, 109 (Dagmar Coester-Waltjen).
[851] Vgl. zur Möglichkeit einer solchen bei miteinander verwandten Personen etwa
http://www.sueddeutsche.de/gesundheit/medizin-aus-dem-eis-1.2517610-2 (betraf allerdings eigenes Gewebe); http://www.faz.net/aktuell/wissen/medizin-ernaehrung/eier
stocktransplantation-fruchtbar-durch-gewebespende-1462291.html (hier ging es um Gewebe der Schwester der Empfängerin; zuletzt geprüft am 15.10.2017); *Coester-Waltjen*
in: Ständige Deputation des Deutschen Juristentages (Hrsg.), Verhandlungen des 56.
Deutschen Juristentages, 1986, 9, B 19, 118; *Muscheler,* Familienrecht, 2017 Rn. 526.
[852] *Coester-Waltjen* in: Ständige Deputation des Deutschen Juristentages (Hrsg.),
Verhandlungen des 56. Deutschen Juristentages, 1986, 9, B 19, 118.

Einer Forschergruppe aus Japan ist dies vor Kurzem bei Mäusen gelungen.[853] Prinzipiell kann damit aus Zellen einer Person sowohl eine Ei- als auch eine Samenzelle hergestellt werden. Eine Frau könnte somit Mutter und Vater in einer Person sein.[854] Auch gleichgeschlechtliche Männerpaare könnten unter Einsatz einer Leihmutter eine genetische Verbindung von beiden Partnern zum Kind herstellen. Auch diese Fälle kann der hier unterbreitete Vorschlag erfassen, denn die Elternschaft der Person, die das Kind zur Welt bringt lässt sich unter § 1591 BGB-E subsumieren, den Fall des gleichgeschlechtlichen männlichen Paares erfasst die Leihmutterschaftsregelung ebenfalls.

Letztlich wird auch die Entwicklung einer künstlichen Gebärmutter weitere Herausforderungen bringen, da es dann keine Person mehr gibt, die das Kind zur Welt bringt.[855] § 1591 BGB-E erfasst diesen Fall nicht. Es wäre dort in der Tat eine Sonderregelung zu schaffen, die die Elternschaftszuordnung für diese Fälle – sofern dies rechtspolitisch gewünscht wäre – bestimmt. Über die Elternschaftsanerkennung nach § 1592 Nr. 2 BGB-E ließe sich in diesen Fällen nach dem hier unterbreiteten Vorschlag zumindest für einen Wunschelternteil eine Zuordnung schaffen, an den sich die Stiefkindadoption durch den anderen Wunschelternteil anschließen könnte.

G. Zusammenfassung

Das vorliegende Kapitel widmete sich der Entwicklung eines auf der in § 3 herausgearbeiteten Grundstruktur eines modernen Elternschaftsrechts aufbauenden Zuordnungssystems der rechtlichen Eltern-Kind-Zuordnung. Da die vorliegende Arbeit vom Grundsatz des „Zwei-Eltern"-Prinzips ausgeht, einem Kind somit maximal zwei rechtliche Elternteile zugeordnet werden können, ist nach erster und zweiter Elternstelle zu unterscheiden.

Folgende Ergebnisse können festgehalten werden:

I. Zuordnung des (ersten) Elternteils

Ein modernes Elternschaftsrecht sollte als (ersten) Elternteil die Person zuordnen, die das Kind geboren hat (Geburtselternschaft), da dies in der Regel zu einer

---

[853] *Hikabe/Hamazaki/Nagamatsu u.a.,* Nature Research Letters 2016, Doi:10.1038/nature20104; siehe hierzu auch den Bericht *Zinkant,* Erstmals reife Eizelle im Labor gezüchtet, Süddeutsche Zeitung, 18.10.2016, 1.

[854] *Weiss,* Schöne neue Familienwelt, Süddeutsche Zeitung, 19.10.2016, 2; *Berndt,* Aus der Haut gezeugt, Süddeutsche Zeitung, 19.10.2016, 2.

[855] Beispielhaft siehe *Knight,* 419 Nature (2002) 106 sowie den Bericht bei *Zinkant,* Empfängnis im Glas, Süddeutsche Zeitung, 11.4.2017, 14 zu ersten Erfolgen bei der Nachbildung der Gebärmutterschleimhaut in vitro. Zur bereits möglichen Uterustransplantation *Kreß,* MedR 2016, 242 ff.

Übereinstimmung genetischer, biologischer und sozialer Elternschaft führt und somit regelmäßig nicht korrekturbedürftig ist. Doch auch wenn genetische und biologische Elternschaft auseinanderfallen, entsteht bereits während der Schwangerschaft eine auch nach der Geburt messbare pränatale Bindung zwischen Elternteil und Kind, so dass der biologische Elternteil zugleich bestimmte Elemente der sozialen Elternschaft verwirklicht und eine Zuordnung aufgrund der Gleichwertigkeit der Elternschaftssegmente insoweit gerechtfertigt ist.

Um Fälle der Trans- und Intersexualität direkt zu erfassen, sollte § 1591 BGB allerdings geschlechtsneutral ausgestaltet werden.

II. Zuordnung des weiteren Elternteils

Im derzeit geltenden Abstammungsrecht formuliert § 1592 BGB einen abschließenden Katalog von alternativen Zuordnungstypen für die Vaterschaftszuordnung, die zwar in keinem Rangverhältnis zueinander stehen, aufgrund ihrer Ausgestaltung allerdings eine gewisse logische Folge einnehmen. § 1592 BGB ist darüber hinaus zwingendes Recht. Die Vaterzuordnung entfaltet aufgrund ihrer statusrechtlichen Natur ferner *„erga omnes"*-Wirkung und sperrt anderweitige Zuordnungen. Die Zuordnung des weiteren Elternteils, d.h. die Zuweisung der zweiten Elternstelle, sollte sich im Grundsatz hieran orientieren. Mit Blick auf trans und intersexuelle Personen ist auch die Ausgestaltung der zweiten Elternstelle möglichst geschlechtsneutral zu formulieren.

1. Automatische Zuordnung
aufgrund Ehe/eingetragener Lebenspartnerschaft

Weiterer Elternteil des Kindes sollte zunächst die mit dem Elternteil (Geburtselternteil) verheiratete bzw. in eingetragener Lebenspartnerschaft lebende Person sein, unabhängig davon, ob die Zeugung natürlich oder medizinisch-assistiert erfolgt ist, und unabhängig vom Geschlecht und der sexuellen Orientierung dieser Person. Die vorgeschlagene Regelung erweitert § 1592 Nr. 1 BGB auf gleichgeschlechtliche weibliche Paare. Dies ermöglicht mit Blick auf die Orientierungslinie eine von Geschlecht und sexueller Orientierung unbeachtliche Zuordnung, und damit auch weiblichen Paaren die automatische gemeinsame Elternschaft, die in vielen anderen Rechtsordnungen bereits möglich ist. Darüber hinaus sollte es für die Zuordnung auch unbeachtlich sein, ob das Kind medizinisch-assistiert oder natürlich gezeugt wurde. Die Zuordnung verspricht ebenfalls in der Regel eine Übereinstimmung genetischer, biologischer und sozialer Elternschaft. Aber auch darüber hinaus darf vermutet werden, dass meist in eine formalisierte Paarbeziehung geborene Kinder von den Partnern gewollt sind. Die Anknüpfung an das genannte Kriterium verspricht somit Statusbeständigkeit und im Grundsatz keinen Korrekturbedarf.

2. Elternschaftsanerkennung

Als weiterer Elternteil des Kindes sollte ferner die Person gelten, die die Elternschaft für das Kind anerkannt hat, unabhängig davon, ob die Zeugung natürlich oder medizinisch-assistiert erfolgt ist, und unabhängig vom Geschlecht und der sexuellen Orientierung dieser Person. Das Zuordnungskriterium der Anerkennung führt ebenfalls in aller Regel zu einer Übereinstimmung von genetischer, biologischer und sozialer Elternschaft, da vor allem die genetischen und biologischen Eltern eines Kindes die Elternschaft für ein Kind anerkennen werden. Für nichtverheiratete verschiedengeschlechtliche Paare stellt sie somit den regelmäßigen Weg dar, die Elternschaft des mit der Mutter nicht verheirateten Partners zu bewirken. Darüber hinaus drückt sich in der privatautonomen Entscheidung zur Anerkennung der Elternschaft letztlich die Bereitschaft aus, dauerhaft Verantwortung für ein Kind tragen zu wollen. Diese Bereitschaft ist als Element der sozialen Elternschaft für sich genommen ausreichender Zuordnungsgrund. Die Anerkennung entspricht als privatautonomes Element auch der Höchstpersönlichkeit der Eltern-Kind-Beziehung. Die Bestimmung ist ferner aus den bereits vorstehend genannten Gründen auf gleichgeschlechtliche Paare zu erweitern.

Die Anerkennung sollte auch weiterhin als formgebundene nicht empfangsbedürftige Willenserklärung ausgestaltet sein, die nur einem begrenzten Maß an Unwirksamkeitsgründen unterliegt. Mit Blick auf die nach § 1595 BGB erforderlichen Zustimmungen von Mutter und Kind ist Reformbedarf identifiziert worden. Zunächst sollte für die Elternschaftsanerkennung stets die Zustimmung des Kindes notwendig sein, um den Kindesinteressen und letztlich dem in Art. 12 KRK verbürgten Schutz des Kindeswillens angemessen Raum zu geben. Mit Blick auf die Vornahme der Zustimmung stellt § 1596 II BGB eine angemessene Regelung auf, so dass bei einem Kind, welches das 14. Lebensjahr noch nicht vollendet hat, ausschließlich die gesetzlichen Vertreter (dies ist in der Regel der Geburtselternteil), ab dem 14. Lebensjahr nur noch das Kind persönlich zustimmen kann, wobei hierfür die Zustimmung des gesetzlichen Vertreters notwendig ist. Dies schafft einen Gleichlauf mit dem Adoptionsrecht, d.h. § 1746 I BGB und beseitigt den bislang bestehenden Wertungswiderspruch. Darüber hinaus sollte das Zustimmungsrecht des Geburtselternteils, das diesem nach § 1595 I BGB zukommt, auf noch nicht volljährige Kinder beschränkt sein. Ab Erreichen der Volljährigkeit erlöschen die elterlichen Sorgerechte, somit ist ab diesem Zeitpunkt das Eltern-Kind-Verhältnis des Geburtselternteils zu seinem Kind von der Anerkennung der Elternschaft durch den weiteren Elternteil geringer betroffen. Das Kind ist vielmehr selbst voll verantwortlich. Der Geburtselternteil sollte daher keinen Einfluss mehr auf die Begründung der Elternschaft einer weiteren Person nehmen können.

Zur Vermeidung des Blockadepotentials der zustimmungsberechtigten Personen sollten ferner alle für die Anerkennung relevanten Zustimmungen familiengerichtlich ersetzbar ausgestaltet werden. Auch dies schafft einen Gleichlauf von Adoptions- und Elternschaftsrecht und vermeidet den oben aufgezeigten Wertungswiderspruch. Die Zustimmungen nach § 1595 BGB sollten letztlich auf Antrag des genetischen Elternteils, des Kindes bzw. der Person, die mit Blick auf die Übernahme der Elternrolle in die Zeugung des Kindes eingewilligt hat, ersetzbar sein. Eine derartige Regelung ermöglicht es nicht nur dem genetischen, nicht rechtlichen Elternteil die Elternposition direkt über den Weg der Anerkennung zu erreichen, sie ermöglicht dasselbe auch dem sozialen, nicht rechtlichen Elternteil, der in die Zeugung des Kindes eingewilligt und damit die Zeugung des Kindes erst veranlasst hat. Eine Beschränkung auf den (faktischen) Lebenspartner des Geburtselternteils, wie sie im niederländischen Recht vorgesehen ist, erscheint nicht angebracht, da die Bereitschaft zur Übernahme von Elternverantwortung von der Paarbeziehung der Eltern nicht abhängt. Gemessen an der o.g. Orientierungslinie sollte die Einwilligung in die Zeugung nicht auf medizinisch-assistierte Zeugungen beschränkt sein, sondern auch den konsentierten Seitensprung umfassen. Den Interessen des genetischen Vaters, der ebenfalls an der rechtlichen Elternrolle interessiert sein kann (z.B. bei einer privaten Samenspende), ist über die auch für ihn bestehende Anerkennungsmöglichkeit hinreichend gedient. Ferner kann seinen Interessen über die Anfechtungsmöglichkeit Rechnung getragen werden.

3. Gerichtliche Feststellung der Elternschaft

Weiterer Elternteil des Kindes sollte ferner die Person sein, die gerichtlich als Elternteil festgestellt worden ist, unabhängig davon, ob die Zeugung natürlich oder medizinisch-assistiert erfolgt ist, und unabhängig vom Geschlecht und der sexuellen Orientierung dieser Person. Die gerichtliche Feststellung der Elternschaft ist ein Instrument, das es je nach Ausgestaltung der Feststellungsgründe und der Antragsberechtigungen gestattet, ein geschlechtsneutrales, von sexueller Orientierung und von den Zeugungsumständen unabhängiges Zuordnungsverfahren zu schaffen, das den in § 3 herausgearbeiteten Orientierungslinien entspricht und die Gleichwertigkeit genetischer, biologischer und sozialer Elternschaft berücksichtigt.

Im Grundsatz besteht kein Änderungsbedarf, was die Grundsystematik des gerichtlichen Feststellungsverfahrens nach § 1600d BGB als von Fristen unabhängiges und in die Systematik des § 1592 Nr. 1–3 BGB eingebundenes Verfahren zur Feststellung der rechtlichen Eltern-Kind-Zuordnung mit „erga omnes"-Wirkung, sowie die Anknüpfung an den Geburtszeitpunkt für die Bewirkung der Zuordnung angeht. Änderungsbedarf besteht dagegen im Bereich der Feststellungsgründe. Um ein von Geschlecht, sexueller Orientierung und den Zeugungsumständen unabhängiges Zuordnungssystem zu gestalten, das die Gleichwertigkeit genetischer, biologischer und sozialer Elternschaft angemessen berücksichtigt, kann es letztlich nicht nur die genetische Abstammungsbeziehung des Kindes zu einem Mann sein, die als Feststellungsgrund zur Verfügung steht. Neben dem genetischen Elternteil sollte somit auch die Person gerichtlich als Elternteil festgestellt werden können, die mit Blick auf die Übernahme der Elternrolle in die Zeugung des Kindes eingewilligt hat. Damit ist die Regelung der gerichtlichen Feststellung der Elternschaft auch auf gleichgeschlechtliche Paare zu erweitern und beseitigt im derzeitigen Recht ferner bestehende Unbilligkeiten in Fällen in denen ein mit der Mutter nicht verheirateter Mann in die heterologe Insemination einwilligt, die Vaterschaft für das Kind aber später nicht anerkennt. Die Regelung sollte im Lichte eines stimmigen, von Zeugungsumständen unabhängigen Zuordnungssystems auch Fälle der natürlichen Zeugung erfassen, etwa die konsentierte Zeugung mit einem Dritten. Von der Feststellung als Elternteil sollten klassische Gameten- und Embryonenspender, einschließlich Mitochondrienspende, aber auch private Spender ausgeschlossen sein, wenn zweifelsfrei sichergestellt ist, dass ein Verzicht auf die Elternrolle im Einvernehmen mit den intendierten Eltern erklärt worden ist.

Des Weiteren sollte eine Regelung der Antragsberechtigungen wieder in das Gesetz aufgenommen werden. Eine Antragsberechtigung sollte ausschließlich 1. der Person, die Elternteil i.S.d. § 1591 BGB ist, 2. der Person, die genetischer Elternteil des Kindes ist, 3. der Person, die mit Blick auf die Übernahme der Elternrolle in die Zeugung des Kindes eingewilligt hat, und 4. dem Kind zustehen. Um einen Gleichlauf von Antragsberechtigung und gerichtlicher Feststellungsmöglichkeit herbeizuführen, sollte der genetische Elternteil dann nicht antragsberechtigt sein, wenn er als Elternteil gem. § 1600d IV BGB-E auch nicht festgestellt werden kann. Entferntere Verwandte wie Geschwister oder Großeltern sollten ebenso ausgeschlossen sein, wie der Staat.

Durch die vorstehend vorgeschlagene Neukonzeption des § 1600d BGB können sich Elternschafts-Konflikte zwischen Personen ergeben, die jeweils einzelne Elternschaftssegmente verwirklichen (Pluralisierung von Elternschaft).

Beantragen sowohl ein genetischer als auch ein sozialer Elternteil die Feststellung der eigenen Elternschaft (Positiver Elternschafts-Konflikt) sollte (ähnlich einem Vorschlag aus dem Anfechtungsrecht) vorgesehen werden, dass dann, wenn mehrere Personen einen Antrag auf Feststellung ihrer Elternschaft gestellt haben, im Konflikt von genetischer und sozialer Elternschaft im ersten Jahr nach der Geburt dem genetischen Elternteil der Vorrang gebührt. Nach diesem Zeitraum sollte – wie allgemein im Elternschaftsrecht – die Priorität gelten. Bei Konflikten zweier genetischer bzw. zweier sozialer Elternteile ist der Prioritätsgrundsatz ausschlaggebend.

Will kein in Betracht kommender Elternteil die rechtliche Elternposition einnehmen (negativer Elternschafts-Konflikt) können die Antragsberechtigten wahlweise die Feststellung des genetischen Elternteils, bzw. der Person, die mit Blick auf die Übernahme der Elternrolle in die Zeugung des Kindes eingewilligt hat, als rechtlichen Elternteil feststellen lassen. Beide Personen haben, sofern kein klarer Ausschlussgrund besteht, hinreichende Beiträge zur Entstehung des Kindes gesetzt, so dass sie als rechtliche Elternteile mit Blick auf das Verantwortlichkeitsprinzip zugeordnet werden können.

4. Statuswechsel durch qualifizierte Anerkennung

Eine originäre Elternschaftsbegründung durch qualifizierte Anerkennung sollte auch weiterhin möglich sein. § 1599 II BGB (scheidungsakzessorischer Statuswechsel) ist beizubehalten, wobei die Wirksamkeit des Wechsels nicht von der Rechtskraft des Scheidungsbeschlusses abhängig sein sollte. Ferner ist die Jahresfrist auch auf die Zustimmungserklärungen zu erstrecken.

Darüber hinaus hat der Arbeitskreis Abstammungsrecht vorgeschlagen, § 1599 II BGB auf Fälle unabhängig von einer konkreten Scheidung zu erweitern. Ist die werdende Mutter verheiratet, soll auch ein Dritter die Vaterschaft mit Zustimmung der Schwangeren und ihres Ehemannes vorgeburtlich bzw. innerhalb von 8 Wochen nach der Geburt anerkennen können, so dass der Dritte trotz der Ehe mit Geburt des Kindes rechtlicher Elternteil werden kann. Die Zustimmung des Kindes soll hierbei entbehrlich sein, da der Austausch der Elternstelle anders gelagert sei, als die Besetzung einer zuvor unbesetzten Elternstelle. Der Vorschlag ist durchaus befürwortenswert, denn auch losgelöst von einem laufenden Scheidungsverfahren kann bei längerer Trennung der Ehegatten ein Kind mit einem neuen Partner gezeugt werden. Sind sich alle Beteiligten darüber im Klaren, dass das Kind dem neuen Partner zugeordnet werden soll, und stimmen alle Beteiligten diesem Statuswechsel zu, dann spricht viel dafür, auf ein langwieriges, kosten- und zeitintensives Anfechtungsverfahren zu verzichten. Dass die Zustimmung des Kindes allerdings nicht benötigt werden soll, ist nicht verständlich. Der Kindeswille hat nicht weniger Beachtung zu finden bei einem Statuswechsel, als bei der Statusbegründung. Von einer Erweiterung des § 1599 II BGB auf die Fälle des § 1592 Nr.2 BGB ist abzusehen.

III. Zuordnungskorrektur

Auch mit Blick auf die Korrektursystematik ergib sich in Anbetracht der Änderungen auf Zuordnungsebene eine Öffnung für gleichgeschlechtliche Paare und die Notwendigkeit einer geschlechtsneutralen Formulierung, die durchgängig umzusetzen ist.

1. Erste Elternstelle

Die Elternschaft der Person, die das Kind geboren hat (erste Elternstelle), sollte nicht der Korrektur durch Elternschaftsanfechtung unterliegen. Gegen die Unanfechtbarkeit der Mutterschaft ist in der Literatur nicht ganz unberechtigte Kritik artikuliert worden. Insbesondere ist vorgebracht worden, dass in der Unanfechtbarkeit der Mutterschaft ein Gleichheitsverstoß im Sinne des Art. 3 II GG zu sehen sei. Aus dieser berechtigten Kritik ist jedoch nicht zu folgern, die rechtliche Elternschaft des Elternteils (erste Elternstelle) sei anfechtbar auszugestalten. Ein Bedarf für die Anfechtbarkeit der Mutterschaft ergibt sich letztlich erst dann, wenn biologische Mutterschaft und genetische Mutterschaft auseinanderfallen, d.h. im Falle der Eizellen-, Mitochondrien- und Embryonenspende. Hier besteht unter Umständen ein Interesse der genetischen, nicht rechtlichen Mutter in die rechtliche Elternposition zu gelangen. Ein solches kann in all jenen Fällen ausgeschlossen werden, in denen die Eizellen-, Mitochondrien- oder Embryonenspende auf klassischem Wege erfolgt ist. Die Spender haben in dieser Situation in die Spende zu Befruchtungszwecken bei Dritten eingewilligt, und somit an der eigenen Elternrolle kein Interesse. Art. 6 II 1 GG ist somit in diesen Fällen nicht berührt. Die Ungleichbehandlung von Vaterschaft und Mutterschaft wirkt sich somit praktisch nicht aus. Aufgrund der für die Eizellen-, Mitochondrien- und Embryonenspende erforderlichen medizinischen Eingriffe kann ferner ausgeschlossen werden, dass eine Spende im privaten Bereich und im Wege der Selbstbefruchtung vorgenommen wird. Es bleiben damit lediglich Fälle, in denen die Partnerin der Geburtsmutter als gleichgeschlechtliche Partnerin ihre Eizelle zur Befruchtung spendet. Trennt sich das Paar nach erfolgreicher Befruchtung und willigt die Geburtsmutter nicht in die Adoption des Kindes ein, so ist eine rechtliche Elternschaft für die genetische, nicht rechtliche Mutter unerreichbar. Die Unanfechtbarkeit der Mutterschaft berührt das Recht aus Art. 6 II 1 GG und wirkt sich in diesen Fällen im Vergleich zur Anfechtbarkeit der Vaterschaft gleichheitswidrig aus. Zur Beseitigung des Gleichheitsverstoßes ist es allerdings nicht erforderlich, die erste Elternstelle der Elternschaftsanfechtung zu unterwerfen. Zu beachten ist, dass die Situation der biologischen, nicht rechtlichen Mutter nicht immer der des biologischen, nicht rechtlichen Vaters im Rahmen der §§ 1599 ff. BGB vergleichbar ist; geht es bei diesem in der Regel um die Korrektur der bestehenden rechtlichen Vaterzuordnung zugunsten der eigenen Vaterschaft, geht es bei der biologischen, nicht rechtlichen Mutter immer öfter auch um die Schaffung einer weiteren rechtlichen Mutterschaft neben jener der Geburtsmutter. Diese Fälle betreffen letztlich nicht die Anfechtbarkeit/Korrektur der rechtlichen Mutterschaft der Geburtsmutter, sondern die Ermöglichung gleichgeschlechtlicher Elternschaft. Den Interessen der genetischen Mutter, die als Partnerin der Geburtsmutter ihre Eizelle gespendet hat, kann somit über die Anfechtbarkeit der zweiten Elternstelle entsprochen werden. Sollte es an dieser Stelle ganz konkret zu einem Elternschafts-Konflikt kommen, da auch der private Samenspender ein Interesse an der Elternstellung hat, kann dem nicht zugeordneten Elternteil auf Ebene der Einzelausprägung der Elternrechte entsprochen werden. Der Konflikt zweier genetischer Elternteile ist entsprechend der Regelung bei der gerichtlichen Elternschaftsfeststellung zu lösen, dazu siehe bereits oben.

2. Zweite Elternstelle

Die zweite Elternstelle sollte auch weiterhin als durch Elternschaftsanfechtung korrigierbar ausgestaltet sein. Anfechtungsgegenstand sollte weiterhin einheitlich die nach § 1592 Nr. 1, 2 und § 1593 BGB zustande gekommene Elternschaft des weiteren Elternteils sein. Als Anfechtungsgrund ist es ausreichend, auch weiterhin ausschließlich auf das Nichtbestehen einer genetischen Abstammungsbeziehung des Kindes zum weiteren Elternteil abzustellen, wobei die Tatsache, dass das Kind nicht mit dem weiteren Elternteil genetisch verwandt ist, nicht in jedem Fall zu einer erfolgreichen Anfechtung führen sollte.

Anfechtungsberechtigt sollten in einem modernen Elternschaftsrecht ausschließlich der Elternteil, der weitere Elternteil, die Person, die schlüssig behauptet, genetischer Elternteil des Kindes zu sein, die Person, die schlüssig behauptet, mit Blick auf die Übernahme der Elternrolle in die Zeugung des Kindes eingewilligt zu haben, und das Kind sein. Ein Anfechtungsrecht des Kindes sollte dabei grundsätzlich nicht beschränkt sein. Das Anfechtungsrecht des genetischen, nicht rechtlichen Vaters ist auf die gleichgeschlechtliche, nicht rechtliche Mutter zu erweitern. Auf das Erfordernis der eidesstattlichen Versicherung sollte verzichtet werden. Zusätzliche Voraussetzung der Anfechtung des genetischen, nicht rechtlichen Elternteils sollte weiterhin das Nichtbestehen einer sozial-familiären Beziehung zum rechtlichen Elternteil und die genetische Elternschaft des Antragstellers sein. Einem Vorschlag der Literatur folgend, sollte das Bestehen einer sozial-familiären Beziehung die Anfechtung des genetischen Elternteils im ersten Jahr nach Geburt nicht ausschließen (positiver Elternschafts-Konflikt). Anfechtungsberechtigt sollte ferner der soziale, nicht rechtliche Elternteil des Kindes sein, d. h. die Person, die mit Blick auf die Übernahme der Elternrolle in die Zeugung des Kindes eingewilligt hat. Dies schafft einen Gleichlauf mit der Elternschaftsfeststellung und ermöglicht einem sozialen Elternteil, die rechtliche Elternposition zu erlangen, wenn der Geburtselternteil seine Bemühungen unangemessen behindert, indem sie die Anerkennung durch einen Dritten betrieben hat. Antragsvoraussetzung sollte ebenfalls nicht die Abgabe einer eidesstattlichen Versicherung sein. Als zusätzliche Voraussetzung der Anfechtung ist vorzusehen, dass der Anfechtende tatsächlich mit Blick auf die Übernahme der Elternrolle in die Zeugung eingewilligt hat und eine sozial-familiäre Beziehung zum rechtlichen Elternteil nicht besteht. Das Bestehen einer sozial-familiären Beziehung kann letztlich auch zu dem weiteren rechtlichen Elternteil entstehen und somit der intendierten Elternschaft des Anfechtenden gleichwertig entgegenstehen. Im Einzelnen ist das Vorliegen dieser Voraussetzungen im gerichtlichen Verfahren zu prüfen. Einer Ausnahme von dieser Voraussetzung binnen des ersten Jahres nach Geburt, wie im Fall der Anfechtung durch den genetischen, nicht rechtlichen Elternteil bedarf es letztlich nicht, da in den hier bestehenden Fällen bei zwei aufeinandertreffenden sozialen Elternschaften keine dieser Elternschaften bereits im Geburtszeitpunkt entstanden ist. Erkennt hingegen der genetische Elternteil die Elternschaft an, ist eine Anfechtung aufgrund der bestehenden genetischen Abstammung ohnehin nicht möglich. Dies ist für den sozialen Elternteil hinzunehmen, da die genetische Elternschaft bei geburtsnaher Anfechtung Vorrang hat, da die soziale Elternschaft noch nicht entstanden ist. Eine Behörde sollte nicht anfechtungsberechtigt sein.

Die Anfechtung der Elternschaft durch den Elternteil, den weiteren Elternteil und das Kind sollte bei einer konsentierten Zeugung im heterologen System ausgeschlossen sein. Die Regelung sollte entsprechend zur gerichtlichen Feststellung auf konsentierte natürliche Zeugung mit einem Dritten und private Insemination mit privater Samenspende erstreckt werden. Das Recht des Kindes sollte aufgrund der Gleichwertigkeit der Elternschaftssegmente ausgeschlossen sein.

Die Anfechtung der Elternschaft sollte auch weiterhin einer zweijährigen Anfechtungsfrist unterliegen.

Die Anfechtung sollte nicht erfordern, dass der Antragsteller einen Anfangsverdacht darlegt.

IV. Sonderfall Leihmutterschaft

Das deutsche Verbot der Leihmutterschaft lässt sich für Inlandssachverhalte nicht als generelles Verbot aufrechterhalten. Es sollte daher eine Elternschaftsübertragung durch Gerichtsbeschluss nach Vorbild der englischen *parental order* vorgesehen werden, die es ermöglicht, die Elternschaft, die originär auch weiterhin der Geburtsmutter zugewiesen sein soll, auf die Wunscheltern zu übertragen. Einer Kindeswohlprüfung sollte es hierbei nur bedürfen, wenn keiner der Wunschelternteile mit dem Kind genetisch verwandt ist. Die Leihmutter sollte nicht gezwungen werden können, das Kind abzugeben. Ferner ist eine altruistische Leihmutterschaft sicherzustellen. Entgeltzahlungen, die über eine Aufwandsentschädigung hinausgehen, sind daher zu untersagen. Vorausgesetzt werden sollte, dass die Eltern vor Zeugung des Kindes eine entsprechende Leihmutterschaftsvereinbarung geschlossen haben. Diese sollte der notariellen Beurkundung unterliegen, um sicherzustellen, dass eine hinreichende Aufklärung der Beteiligten über die rechtlichen Folgen einer solchen Vereinbarung besteht. Des Weiteren sollte sichergestellt sein, dass alle Beteiligten die Übertragung der Elternschaft wollen. Daher ist vorzusehen, dass alle Beteiligten dem Antrag auf Übertragung der Elternschaft zustimmen. Die Zustimmung einer beteiligten Person sollte nur dann entbehrlich sein, wenn sie dauerhaft zur Erklärung außerstande oder ihr Aufenthalt unbekannt ist, vgl. entsprechend § 1747 IV 1 BGB. Mit Blick auf das Verantwortlichkeitsprinzip sollte eine gerichtliche Ersetzbarkeit der Zustimmung der Wunscheltern vorgesehen werden, um zu verhindern, dass sich Wunscheltern wie im eingangs zitierten Fall des Baby Gammy aus der Verantwortung ziehen und die Abnahme des Kindes ablehnen. Zum Schutz der Leihmutter sollte ferner vorgesehen werden, dass der Antrag auf Übertragung der Elternschaft nicht vor

Vollendung der achten Lebenswoche des Kindes gestellt werden kann. Dies sichert der Leihmutter, entsprechend der Regelung des englischen Rechts, vgl. Sec. 54 (7) HFEA 2008 (sechs Wochen), und in Übereinstimmung mit § 1747 II 1 BGB, eine angemessene Überlegungszeit, ob sie das Kind tatsächlich abgeben möchte. Eine Elternschaftsübertragung sollte nur „*ex nunc*"-Wirkung haben.

V. Sonderfälle der Kindes-, Gameten- und Embryonenvertauschung

Auch im Falle der Kindes-, der Gameten- und der Embryonenvertauschung kann sich ein Bedürfnis dafür ergeben, die Elternschaft durch gerichtlichen Beschluss zu übertragen. Eine Übertragung sollte an die Zustimmung aller Beteiligter geknüpft sein und nur dann in Betracht kommen, wenn sie dem Kindeswohl entspricht. Eine Ersetzbarkeit der Zustimmung sollte nicht vorgesehen werden. Eine Zustimmung sollte nur dann entbehrlich sein, wenn die Person zur Abgabe einer Erklärung dauernd außerstande oder ihr Aufenthalt dauerhaft unbekannt ist.

VI. Künftige Herausforderungen

Künftige Herausforderungen stellen sich, wenn Eierstocktransplantationen nicht genetisch miteinander verwandter Personen technisch möglich werden, da die Transplantation eines Eierstocks dazu führt, dass die Empfängerin fortan Eizellen produzieren wird, die genetisch nicht von ihr stammen. Eine Erfassung dieser Situation und der Interessen der Spenderin lässt sich in der vorliegend vorgeschlagenen Systematik abbilden. Sie kann mit den Gameten-, Embryonen- und Mitochondrienspenden gleichbehandelt werden. Darüber hinaus stellt es eine künftige Herausforderung dar, wenn es möglich werden wird, auch beim Menschen aus einer iPS-Zelle (induzierte pluripotente Stammzelle, die z. B. aus einer einfachen Hautzelle hergestellt und zu jeder beliebigen Körperzelle weiterentwickelt werden kann) Geschlechtszellen herzustellen. Einer Forschergruppe aus Japan ist dies vor Kurzem bei Mäusen gelungen. Prinzipiell können damit aus Zellen einer einzelnen Person sowohl eine Ei-, als auch eine Samenzelle hergestellt werden. Eine Frau könnte somit Mutter und Vater in einer Person sein. Auch diese Fälle lassen sich im derzeitigen System bereits erfassen. Letztlich wird auch die Entwicklung einer künstlichen Gebärmutter weitere Herausforderungen bringen, da es dann keine Person mehr gibt, die das Kind zur Welt bringt. § 1591 BGB-E erfasst diesen Fall nicht. Es wäre dort in der Tat eine Sonderregelung zu schaffen, die die Elternschaftszuordnung für diese Fälle bestimmt. Über die Elternschaftsanerkennung nach § 1592 Nr. 2 BGB-E ließe sich in diesen Fällen zumindest für eine Person eine Zuordnung schaffen.

§ 5 Das Recht auf Kenntnis der eigenen Abstammung bzw. Abkömmlinge

Bislang ist die Behandlung des Rechts des Kindes bzw. der Eltern auf Kenntnis der eigenen Abstammung bzw. Abkömmlinge weitgehend von der Betrachtung ausgespart worden. Das vorliegende Kapitel widmet sich diesem Recht nun detailliert. Hierzu werden unter (A.) die verfassungsrechtlichen und menschenrechtlichen Grundlagen erläutert, unter (B.) wird ein kurzer Blick auf mit diesem Recht zusammenhängende Auskunftsansprüche genommen. Abschnitt (C.) befasst sich mit der Verwirklichung dieses Rechts im Bereich der Geburtenregistrierung und der Registrierung von Spenderdaten bei medizinisch-assistierter Reproduktion. Abschnitt (D.) behandelt das Verfahren zur statusfolgenlosen Abstammungsklärung. Das Kapitel schließt (E.) mit einer Zusammenfassung.

A. Verfassungsrechtliche und menschenrechtliche Grundlagen

I. Verfassungsrechtlicher Schutz gem. Art. 2 I i.V.m. Art. 1 I GG

1. Recht des Kindes auf Kenntnis der eigenen Abstammung
und Recht der Eltern auf Kenntnis der eigenen Abkömmlinge

Das Recht des Kindes auf Kenntnis der eigenen Abstammung[1] und das korrespondierende Recht der Eltern auf Kenntnis der eigenen Abkömmlinge[2] wird in Art. 2 I i.V.m. Art. 1 I GG gewährleistet.[3] Beides ist Teil des allgemeinen Persönlichkeitsrechts. Das Recht auf freie Entfaltung der Persönlichkeit (Art. 2 I GG) und die Menschenwürdegarantie (Art. 1 I GG) sichern dem Individuum einen autonomen Bereich privater Lebensgestaltung, in dem es seine Individualität

---

[1] *BVerfG*, Urt. v. 31.1.1989 – 1 BvL 17/87, NJW 1989, 891, 892. Zur historischen Entwicklung des Rechts s. *Helms* in: Helms (Hrsg.), Lebendiges Familienrecht, 2008, 225, 235. Hierzu auch *Spilker*, FF 2017, 92 ff.

[2] *BVerfG*, Beschl. v. 9.4.2003 – 1 BvR 1493/96 u.a., NJW 2003, 2151, 2154 (allerdings noch offenlassend, ob daraus ein Anspruch auf Kenntnis abzuleiten ist); *BVerfG*, Urt. v. 13.2.2007 – 1 BvR 421/05, NJW 2007, 753 f. (feststellend, dass auch die Verwirklichung dieses Rechts umfasst ist); *BVerfG*, Beschl. v. 13.10.2008 – 1 BvR 1548/03, FamRZ 2008, 2257, 2258; vgl. auch *Gernhuber/Coester-Waltjen*, Familienrecht, 2010, 597 Rn. 20.

[3] Hierzu bereits eingehend BeckOGK/*Reuß*, § 1598a BGB Rn. 5 ff. sowie zur Entwicklung der Argumentationslinie durch das BVerfG Rn. 5.1. Ebenso siehe *Coester-Waltjen*, FF 2017, 224 ff.

„entwickeln und wahren" kann.[4] Eng verbunden hiermit ist die Kenntnis der die Individualität konstituierenden Faktoren. Die Abstammung ist nach ganz h. A. ein solcher Faktor, denn sie legt einerseits die persönlichkeitsprägende genetische Ausstattung des Einzelnen fest, andererseits und unabhängig von den rein genetischen Fakten, nimmt sie im Bewusstsein des Einzelnen eine Schlüsselstellung für die Individualitätsfindung und das Selbstverständnis ein.[5] Bereits in § 1 ist vor interdisziplinärem Hintergrund herausgearbeitet worden, welche Bedeutung der Kenntnis der genetischen Abstammung ganz konkret zukommt, vgl. S. 97 ff.

In der Literatur ist darüber hinaus in Erwägung gezogen worden, unter dem Recht auf Kenntnis der eigenen Abstammung/Abkömmlinge nicht nur Informationen über die *genetische* Abstammungsbeziehung zu erfassen, sondern auch Informationen über die *biologische* Abstammungsbeziehung mit einzubeziehen.[6] Dies würde konkret bedeuten, dass von einem Recht auf Kenntnis der eigenen Abstammung/Abkömmlinge auch die Kenntnis darüber umfasst wäre, von welcher Person ein Kind konkret geboren worden ist.[7] Vor dem Hintergrund der in § 1 herausgearbeiteten interdisziplinären Erkenntnisse zur Persönlichkeitsentwicklung eines Menschen erscheint es durchaus nachvollziehbar, dass für die Persönlichkeitsfindung eines Individuums auf psycho-geschichtlicher Ebene neben der Kenntnis seiner genetischen Abstammung auch die Kenntnis, von welcher Person es geboren wurde, von Bedeutung ist.[8] Denn auch über diese Information wird das Individuum in die Lage versetzt, sich in Beziehung zu seiner Umwelt (d. h. insbesondere zu seinem Geburtselternteil) zu setzen. Es spricht daher viel dafür, unter Art. 2 I i.V.m. Art. 1 I GG auch das Recht auf Kenntnis der biologischen Abstammung/Abkömmlinge zu fassen.[9]

2. Kein Recht auf Nichtkenntnis der Abstammung

Das Recht auf Kenntnis der eigenen Abstammung gewährt jedenfalls ein positives Recht auf Kenntnis der eigenen Abstammung/Abkömmlinge. Umstritten ist

---

[4] *BVerfG,* Urt. v. 31.1.1989 – 1 BvL 17/87, NJW 1989, 891 f.; bestätigt durch *BVerfG,* Beschl. v. 26.4.1994 – 1 BvR 1299/89, 1 BvL 6/90, NJW 1994, 2475; *BVerfG,* Beschl. v. 6.5.1997 – 1 BvR 409/90, NJW 1997, 1769, 1770; *BVerfG,* Urt. v. 13.2.2007 – 1 BvR 421/05, NJW 2007, 753; *BVerfG,* Beschl. v. 18.8.2010 – 1 BvR 811/09, NJW 2010, 3772, 3773.

[5] *BVerfG,* Urt. v. 31.1.1989 – 1 BvL 17/87, NJW 1989, 891 so etwa auch *BVerfG,* Urt. v. 19.4.2016 – 1 BvR 3309/13, BeckRS 2016, 44719 Rn. 35.

[6] Das Recht auf die biologische Abstammung erweiternd beispielsweise *Coester-Waltjen,* FF 2017, 224, 228 m.w.N.

[7] Im Fall der Leihmutterschaft scheint eine jüngere Entscheidung ein solches Recht des Kindes anzuerkennen, vgl. *KG,* Beschl. v. 4.7.2017 – 1 W 153/16, FamRZ 2017, 1693, 1697.

[8] Hierzu eingehend § 1 S. 97 ff.

[9] Vgl. hierzu auch *Coester-Waltjen,* FamRZ 2017, 1697 f. m.w.N.

hingegen, ob sich aus Art. 2 I i.V.m. Art. 1 I GG auch ein negatives Recht auf Nichtkenntnis der Abstammung ableiten lässt.[10] Das BVerfG hat die Frage bislang nicht entschieden, in der Vergangenheit aber nicht ganz fernliegende Zweifel am Bestehen eines Rechts auf Nichtwissen geäußert.[11] In einer neuen Entscheidung zu § 1598a BGB hat das BVerfG allerdings das allgemeine Persönlichkeitsrecht des rechtlichen Vaters deshalb als betroffen angesehen, da über die Anzweiflung der genetischen Abstammung sein Selbstverständnis, in genealogischer Beziehung zum Kind zu stehen, berührt werde.[12] Zwar könnte hierin ein Hinweis auf ein Recht auf Nichtwissen liegen, das BVerfG nimmt in seiner Entscheidung aber freilich nicht an, dass sich das Interesse bereits zu einem tatsächlichen Recht auf Nichtwissen verdichtet hätte.[13] Bei der Abwägung der verfassungsrechtlichen Positionen, d.h. bei der Herstellung praktischer Konkordanz mit konkurrierenden Grundrechten, ist dieses Recht allerdings zu berücksichtigen.[14] Auch wenn prinzipiell vorstellbar ist, dass sich eine Person über eine aktiv gewählte Unkenntnis ihrer eigenen Abstammung definiert, kann ein mögliches Recht auf Nichtkenntnis allerdings nicht generell den positiven Kenntnisanspruch anderer Grundrechtsträger verhindern, da ein solches Recht mit den Grundrechten anderer Grundrechtsträger in Einklang gebracht werden muss.[15]

3. Schutz vor Vorenthaltung erlangbarer Informationen

Der Gewährleistungsgehalt des Art. 2 I i.V.m. Art. 1 I GG umfasst letztlich kein positives Recht auf Verschaffung von Kenntnis über die Abstammung.[16] Das BVerfG hat bereits mehrfach klargestellt, dass der Grundrechtsträger aber vor Vorenthaltung erlangbarer Informationen geschützt wird.[17] Das Recht darf somit keine Hindernisse aufstellen, die zur Vorenthaltung dieser Informationen

---

[10] Dafür: *Brosius-Gersdorf*, FPR 2007, 398, 399. Dagegen: von Münch/Kunig/*Coester-Waltjen*, Art. 6 GG Rn. 44.

[11] *BVerfG*, Urt. v. 13.2.2007 – 1 BvR 421/05, NJW 2007, 753, 755.

[12] *BVerfG*, Urt. v. 19.4.2016 – 1 BvR 3309/13, BeckRS 2016, 44719.

[13] BeckOGK/*Reuß*, § 1598a BGB Rn. 7.

[14] Krit. hierzu *Löhnig/Plettenberg/Runge-Rannow*, NZFam 2016, 400; *Scherpe*, FamRZ 2016, 1824, 1827.

[15] *BVerfG*, Urt. v. 13.2.2007 – 1 BvR 421/05, NJW 2007, 753, 755. So bereits Beck-OGK/*Reuß*, § 1598a BGB Rn. 7.

[16] *Coester-Waltjen*, FF 2017, 224, 226 f.; BeckOGK/*Reuß*, § 1598a BGB Rn. 8.

[17] *BVerfG*, Urt. v. 31.1.1989 – 1 BvL 17/87, NJW 1989, 891, 892; bestätigt durch *BVerfG*, Beschl. v. 26.4.1994 – 1 BvR 1299/89, 1 BvL 6/90, NJW 1994, 2475; *BVerfG*, Beschl. v. 6.5.1997 – 1 BvR 409/90, NJW 1997, 1769, 1770; *BVerfG*, Urt. v. 13.2.2007 – 1 BvR 421/05, NJW 2007, 753, 754; *BVerfG*, Beschl. v. 18.8.2010 – 1 BvR 811/09, NJW 2010, 3772, 3773; *BVerfG*, Urt. v. 19.4.2016 – 1 BvR 3309/13, BeckRS 2016, 44719 Rn. 31 f.; so auch *OLG Hamm*, Urt. v. 6.2.2013 – I-14 U 7/12, BeckRS 2013, 2505.

führen,[18] jedenfalls nicht, sofern diese Hindernisse nicht selbst verfassungsrechtlich gerechtfertigt sind. Der Gesetzgeber hat somit sicherzustellen, dass diese Informationen auf einem gesetzeskonformen Weg erlangt werden können.[19] In den Erbanlagen des Kindes und der Eltern sind derartige, über eine DNA-Analyse problemlos erlangbare Daten zu sehen, da diese zu der gesicherten Kenntnis der Abstammung eines Kindes von seinen Eltern führen können.[20] *Coester-Waltjen* hat hierbei zutreffend darauf hingewiesen, dass sich das Interesse an Kenntnis der eigenen Abstammung/Abkömmlinge nicht bereits in der Kenntnis der Information über das Übereinstimmen der Basenfolgen zweier Personen erschöpft. Geht es in Art. 2 I i.V.m. Art. 1 I GG um die Persönlichkeitsfindung einer Person anhand der genetischen Abstammung, muss der Grundrechtsberechtigte in die Lage versetzt werden, sich in Beziehung zu der Person zu setzen, mit der er genetisch verwandt ist. Es dürfen ihm daher keine Informationen vorenthalten werden, die die Identifizierung des genetischen Elternteils/Kindes ermöglichen.[21]

4. Schranken

Das Recht auf Kenntnis der eigenen Abstammung/Abkömmlinge ist nicht schrankenlos gewährleistet, es ist mit anderen kollidierenden Grundrechten, wie z.B. dem informationellen Selbstbestimmungsrecht Art. 2 I 1 i.V.m. Art. 1 I GG, dem Recht der Mutter auf Schutz ihrer Intimsphäre, aus Art. 2 I 1 i.V.m. Art. 1 I GG,[22] oder aber dem Schutz der Familie gem. Art. 6 I GG,[23] in praktische Konkordanz zu setzen.[24] Der Gesetzgeber verfügt bei der Ausgestaltung dieses grundrechtlichen Interessenausgleichs nach ständiger Rechtsprechung des BVerfG über einen grundsätzlich weiten Beurteilungsspielraum,[25] so dass sich das Kenntnisinteresse trotz der grundlegenden Bedeutung nicht stets gegen die anderen Grundrechte durchsetzt.

---

[18] So auch MüKoBGB/*Wellenhofer*, § 1598a Rn. 2.

[19] *BVerfG*, Urt. v. 13.2.2007 – 1 BvR 421/05, NJW 2007, 753, 754; bestätigt *BVerfG*, Beschl. v. 13.10.2008 – 1 BvR 1548/03, FamRZ 2008, 2257, 2258. Zur Problematik heimlicher Abstammungsbegutachtungen BeckOGK/*Reuß*, § 1598a BGB Rn. 10.2.

[20] *BVerfG*, Urt. v. 13.2.2007 – 1 BvR 421/05, NJW 2007, 753, 754; *BVerfG*, Beschl. v. 18.8.2010 – 1 BvR 811/09, NJW 2010, 3772, 3773. Zu den humangenetischen Hintergründen siehe § 1 S. 94 ff.

[21] *Coester-Waltjen*, FF 2017, 224, 227 f.

[22] Dieses besonders stark betonend, *BVerfG*, Urt. v. 19.4.2016 – 1 BvR 3309/13, BeckRS 2016, 44719; *Brosius-Gersdorf*, FPR 2007, 398, 400.

[23] Vgl. dazu BeckOGK/*Reuß*, § 1598a BGB Rn. 26.

[24] *BVerfG*, Urt. v. 13.2.2007 – 1 BvR 421/05, NJW 2007, 753, 754; *BVerfG*, Urt. v. 19.4.2016 – 1 BvR 3309/13, BeckRS 2016, 44719; *BVerfG*, Urt. v. 13.2.2007 – 1 BvR 421/05, NJW 2007, 753 Rn. 39.

[25] *BVerfG*, Urt. v. 19.4.2016 – 1 BvR 3309/13, BeckRS 2016, 44719.

II. Menschenrechtliche Verbürgungen

1. Art. 8 I EMRK

Das Recht auf Kenntnis der eigenen Abstammung/Abkömmlinge wird auch durch die EMRK gewährt.[26] Nach ständiger Rechtsprechung des EGMR unterfällt die rechtliche Beziehung zwischen einem Vater und seinem vermeintlichen Kind Art. 8 I EMRK, dazu bereits eingehend § 3 S. 209 ff. Das Recht auf Kenntnis der eigenen Abstammung/Abkömmlinge ist jedenfalls unter den Begriff des Privatlebens (Art. 8 I Var. 1 EMRK) zu subsumieren, der wichtige Aspekte der Identität einer Person erfasst.[27] Hierzu zählen insbesondere auch die Kenntnis der genetischen Abstammungszusammenhänge. Das Recht auf Kenntnis der eigenen Abkömmlinge steht letztlich auch dem genetischen, nicht rechtlichen Vater zu. Er darf von der Möglichkeit, seine Vaterschaft feststellen zu lassen, nicht vollständig ausgeschlossen werden, es sei denn, es stehen erhebliche Kindeswohlaspekte entgegen.[28] Letztlich gilt aber auch diese Gewährleistung nicht schrankenlos, so dass das Recht auf Kenntnis der eigenen Abstammung/Abkömmlinge durch kollidierende Verbürgungen beschränkt werden kann, vgl. zu den Schranken des Art. 8 EMRK und zu dem bestehenden Beurteilungsspielraum der Mitgliedstaaten bereits eingehend in § 3 S. 215 f.

2. Art. 7 KRK

Darüber hinaus verbürgt Art. 7 I KRK das Recht des Kindes, seine Eltern zu kennen und damit das Recht auf Kenntnis der eigenen Abstammung. Wie bereits in § 3 eingehend dargelegt wurde, ist Art. 7 I KRK für die Bundesrepublik Deutschland bindendes Recht. Der Gesetzgeber hat bei der Verwirklichung des Rechts des Kindes auf Kenntnis der Abstammung Art. 7 KRK als bindende Grundlage für die Ausgestaltung des Rechts zu beachten.[29] Auch Art. 7 KRK ge-

---

[26] EGMR   http://hudoc.echr.coe.int/sites/eng/pages/search.aspx?i=001-142079   – Konstantinidis/Griechenland Rn. 47 = BeckRS 2014, 80905 (Recht des Kindes); http://hudoc.echr.coe.int/sites/eng/pages/search.aspx?i=001-21999   –   Nylund/Finnland   15; NJW 2013, 1937 (1938 m.w.N., 1940) – Kautzor/Deutschland (jeweils Recht des Vaters). Eine rechtsvergleichende Analyse zu einzelnen nationalen Regelungen findet sich bei Blauwhoff, Foundational Facts, Relative Truths – A Comparative Law Study on Children's Rights To Know Their Genetic Origins, 2009.

[27] EGMR NJW 2011, 3565 (3566) – Anayo/Deutschland; NJW 2012, 2781 (2784) – Schneider/Deutschland; Karpenstein/Mayer/*Pätzold,* Art. 8 EMRK, Rn. 24.

[28] EGMR   http://hudoc.echr.coe.int/sites/eng/pages/search.aspx?i=001-109815 (zuletzt geprüft am 29.3.2016) – Ahrens/Deutschland Rn. 74; NJW 2013, 1937 (1940) – Kautzor/Deutschland;   http://hudoc.echr.coe.int/sites/eng/pages/search.aspx?i=001-719 83 – Mizzi/Malta, 23 (vollkommener Ausschluss der Vaterschaftsanfechtung); zust. OLG Nürnberg BeckRS 2012, 22634.

[29] Hierzu mit Blick auf Adoptionssachverhalte *Fenton-Glynn,* Children's Rights in Intercountry Adoption, 2014, 185 ff.

währt dem Kind jedoch keinen unbeschränkten positiv-rechtlichen Kenntnis-anspruch. Art. 7 I KRK spricht selbst davon, dass das Recht auf Kenntnis der eigenen Eltern nur „soweit möglich" besteht.[30]

B. Auskunftsansprüche

Das Recht auf Kenntnis der eigenen Abstammung bzw. Abkömmlinge wird im deutschen Recht auf verschiedene Weise verwirklicht. Die Rechtsprechung hat hierzu einerseits eine Reihe von zivilrechtlichen Auskunftsansprüchen entwi-ckelt, auf die die Betroffenen zurückgreifen können, um ihre Kenntnisinteressen gegenüber relevanten Kenntnisträgern durchzusetzen.[31] Sogar eine Schadens-ersatzpflicht bei Nichterfüllung des Auskunftsanspruchs ist angenommen wor-den.[32] Als anspruchsverpflichtete Person kommt letztlich jeder in Betracht, der über die notwendige Kenntnis verfügt. Dies kann beispielsweise die Mutter sein,[33] die aufgrund ihrer Partnerwahl den wahren genetischen Vater kennt. An-spruchsverpflichtet kann aber auch der die medizinisch-assistierte Reproduktion durchführende Arzt sein, der über die notwendige Kenntnis der Identität des Sa-menspenders verfügt.

Ausdrückliche Kenntnisansprüche, die als Anspruchsgrundlage für einen An-spruch auf Auskunft über die eigene Abstammung/Abkömmlinge die Anspruchs-voraussetzungen konkret bestimmen würden, sind im BGB derzeit nicht vorhan-den. Die Rechtsprechung hat sich daher im Wege richterlicher Rechtsfortbildung in zahlreichen Fällen und Konstellationen insbesondere auf Generalklauseln gestützt, um dem nach einer Interessenabwägung im Einzelfall überwiegenden Kenntnisinteresse der Beteiligten zu entsprechen.[34] Der Anspruch wurde bei-spielsweise je nach Konstellation in § 1353 I 2 HS 1 BGB (Scheinvater gegen

---

[30] Hierauf hinweisend auch *Coester-Waltjen,* FF 2017, 224 ff.

[31] Hierzu BeckOGK/*Reuß,* § 1598a BGB Rn. 9.2.; eingehend auch MüKoBGB/*Wel-lenhofer,* § 1598a Rn. 44 ff. Monographisch hierzu *Wanitzek,* Rechtliche Elternschaft bei medizinisch unterstützter Fortpflanzung, 2002, 403 ff.; *Mayer,* Auskunftsansprüche betreffend die Identität des biologischen Vaters, 2014; vgl. auch *Schmidt,* NZFam 2017, 881.

[32] *AG Essen,* Urt. v. 17.9.2014 – 17 C 288/13, MedR 2015, 434 mit kritischer An-merkung Budzikiewicz.

[33] Vgl. hierzu aus rechtsvergleichender Perspektive *Frank,* FamRZ 2017, 161; *Blyth/ Frith,* 23 International Journal of Law, Policy and the Family (2009) 174.

[34] Zum Beurteilungsspielraum *BVerfG,* Beschl.v. 18.1.1988 – 1 BvR 1589/87, NJW 1988, 3010; *BVerfG,* Beschl. v. 6.5.1997 – 1 BvR 409/90, NJW 1997, 1769, 1770; *OLG Hamm,* Urt. v. 6.2.2013 – I-14 U 7/12, BeckRS 2013, 2505 (Klärungsinteresse des Kin-des überwiegt idR das Interesse des behandelnden Arztes an Geheimhaltung). Kritisch zu einer Bevorzugung des elterlichen Geheimhaltungsinteresses in Neuseeland *Breen,* Age discrimination and children's rights, 2006, 101 f. Hierzu siehe auch Arbeitskreis Abstammungsrecht des BMJV, Abschlussbericht – Empfehlungen für eine Reform des Abstammungsrechts, 2017, 87.

Mutter),[35] § 1618a BGB (Kind gegen Eltern)[36] oder § 242 BGB (Kind gegen Eltern oder Arzt[37] bzw. Scheinvater gegen Mutter[38]) verortet. Sogar ein direkter vertraglicher Anspruch aus Vertrag zugunsten Dritter (§ 328 Abs. 1 BGB) des Kindes gegen den Arzt ist bereits angenommen worden.[39] Auch § 810 BGB analog ist in der Literatur als Anspruchsgrundlage genannt.[40]

Im Ergebnis bestand damit jedenfalls insoweit Klarheit, dass ein Kenntnisinteresse zumindest über die in Betracht kommenden Generalklauseln prinzipiell durchsetzbar ist, wenn nicht eine Abwägung der berührten Interessen im Einzelfall dem Kenntnisanspruch entgegensteht. Die jüngere Rechtsprechung des BVerfG hat diesbezüglich nun allerdings wieder für Rechtsunsicherheit gesorgt. Das BVerfG hat konkret in einem Fall, der den auf § 242 BGB gestützten Auskunftsanspruch des Scheinvaters gegen die Mutter des Kindes, auf Nennung des wahren Erzeugers, betraf, die rechtliche Grundlage entzogen.[41] Nach Ansicht des Ersten Senats sei durch die Anwendung des § 242 BGB im konkreten Fall durch den BGH der Rahmen für eine richterliche Rechtsfortbildung überschritten worden. Die ungewöhnlich begründungsschwache Entscheidung ist letztlich in der Literatur zu Recht stark kritisiert worden.[42] Für alle anderen Auskunftsansprüche, die ebenfalls auf Generalklauseln gestützt werden, wird sie deren Eingreifen im jeweiligen Einzelfall künftig zumindest in Frage stellen, denn es hängt nach der Rechtsprechung des BVerfG ganz konkret von der Gewichtung der berührten Interessen ab, ob der Rechtsprechung der Weg zur rechtsfortbildenden Anwendung der Generalklausel möglich ist.[43] Der Gesetzgeber sollte hier Abhilfe schaffen, indem er entsprechende Auskunftsansprüche normiert,[44] und somit die bestehende Rechtsunsicherheit beseitigt.

---

[35] *Erbarth,* FamRZ 2015, 1944, 1949 f. m.w.N.

[36] Gebilligt durch *BVerfG,* Beschl. v. 6.5.1997 – 1 BvR 409/90, NJW 1997, 1769; dazu *Eidenmüller,* JuS 1998, 789; *Gernhuber/Coester-Waltjen,* Familienrecht, 2010, 596; dazu MüKoBGB/*Wellenhofer,* § 1597 Rn. 45 ff.

[37] *BGH,* Beschl. v. 2.7.2014 – XII ZB 201/13, BeckRS 2014, 14404; *BGH,* Urt. v. 28.1.2015 – XII ZR 201/13, FamRZ 2015, 642; dazu kritisch *Gruber,* ZfPW 2016, 68; *AG Berlin-Wedding,* Urt. v. 27.4.2017 – 13 C 259/16, BeckRS 2017, 109096 (Kind gegen Samenbank).

[38] *BGH,* Urt. v. 9.11.2011 – XII ZR 136/09, NJW 2012, 450; zur Verjährung von Unterhaltsregressansprüchen des Scheinvaters siehe *BGH,* Beschl. v. 22.3.2017 – XII ZB 56/16, FamRZ 2017, 900, 901 f. mit Anmerkung *Wellenhofer,* FamRZ 2017, 903.

[39] *OLG Hamm,* Urt. v. 6.2.2013 – I-14 U 7/12, BeckRS 2013, 2505; dazu *Wellenhofer,* FamRZ 2013, 825.

[40] *Wellenhofer,* FamRZ 2013, 825 m.w.N.

[41] *BVerfG,* Beschluss vom 24.2.2015 – 1 BvR 472/14, NZFam 2015, 355. Zu einem alternativen Begründungsweg über §§ 412, 402 siehe *Fröschle,* FamRZ 2015, 1858, dort geht es dann allerdings um einen Anspruch auf Auskunft gegen das Kind, nicht gegen die Mutter. Zur Thematik s. auch *Wohlgemuth,* FuR 2016, 132.

[42] Krit. auch *Erbarth,* FamRZ 2015, 1944, 1949 f.; *Rauscher,* JZ 2015, 624 ff.; *Reuß,* NJW 2015, 1509; sowie BeckOGK/*Reuß,* § 1598a BGB Rn. 9.2.

[43] *Schwab,* Familienrecht, 2016 Rn. 582a; BeckOGK/*Reuß,* § 1598a BGB Rn. 9.2.

Letztlich können aber auch Auskunftsansprüche keine umfassende Verwirklichung des Rechts auf Kenntnis der eigenen Abstammung/Abkömmlinge sicherstellen.[45] Sie sind insbesondere abhängig von der Mitwirkung der Beteiligten. Will eine Person keine Auskunft geben, wird sich das Kenntnisinteresse nicht verwirklichen lassen. Gleiches gilt etwa dann, wenn Informationen gar nicht mehr vorhanden sind.[46] Zu denken ist an die Arztpraxis, die mittlerweile abgewickelt ist. Liegen keine Unterlagen mehr vor, kann auch eine Auskunft nicht erfolgen. Ferner ist auch nicht gesagt, dass das Kind überhaupt je davon erfährt, dass es im Wege medizinisch-assistierter Reproduktion gezeugt wurde bzw. welcher Arzt die Reproduktion begleitet hat.[47] Auskunftsansprüche können daher nur ein Element der Verwirklichung des Rechts auf Kenntnis der eigenen Abstammung/Abkömmlinge aus Art. 2 I i.V.m. Art. 1 I GG darstellen.

C. Registerlösungen zur Durchsetzung des Rechts auf Kenntnis der eigenen Abstammung

Weitere Elemente der Verwirklichung des Rechts auf Kenntnis der eigenen Abstammung/Abkömmlinge bieten Registerlösungen. Über die Registrierung von Abstammungsdaten in einem Register können Personen, die ihre genetischen Ursprünge erforschen möchten, Auskunft erlangen.

I. Samenspenderregister

Das deutsche Recht kennt seit kurzem eine solche Registerlösung mit Blick auf die medizinisch-assistierte Reproduktion. Mit dem Gesetz zur Regelung des Rechts auf Kenntnis der Abstammung bei heterologer Verwendung von Samen vom 17.7.2017[48] hat der Gesetzgeber nun ein seit langem gefordertes Samenspenderregister eingeführt,[49] das künftig die identitätsbezogenen Daten von klas-

---

[44] Vgl. zu den Bestrebungen mit Blick auf den Scheinvater BT-Drs. 18/10343; dazu eingehend *Wellenhofer,* FamRZ 2016, 1717; *Wendelmuth,* FF 2017, 16. Zu entsprechenden Vorschlägen in der wissenschaftlichen Diskussion *Voigt,* Abstammungsrecht 2.0, 2015, 143 ff.

[45] So auch Arbeitskreis Abstammungsrecht des BMJV, Abschlussbericht – Empfehlungen für eine Reform des Abstammungsrechts, 2017, 79.

[46] Vgl. zum Unmöglichkeitseinwand *BGH,* Beschl. v. 2.7.2014 – XII ZB 201/13, BeckRS 2014, 14404. Hierzu auch *Meier,* NZFam 2016, 692.

[47] Eine Dokumentation beim Arzt ist daher nicht ausreichend *Coester-Waltjen* in: Ständige Deputation des Deutschen Juristentages (Hrsg.), Verhandlungen des 56. Deutschen Juristentages, 1986, 9, B 64; a. A. *Wanitzek,* Rechtliche Elternschaft bei medizinisch unterstützter Fortpflanzung, 2002, 420.

[48] BGBl. 2017 I 2513. Hierzu *Helms,* FamRZ 2017, 1537; *Spickhoff,* ZfPW 2017, 257, 274 ff.; *Löhnig,* StAZ 2017, 353.

[49] Für Einführung hatte sich auch der 71. DJT ausgesprochen, Beschlüsse des 71. Deutschen Juristentags 2016, A.IV.7., vgl. http://www.djt.de/fileadmin/downloads/

sischen Samenspendern erfassen wird. Vorbilder zu einer solchen Regelung gibt es bereits zahlreich. Das niederländische Recht,[50] das Recht von England und Wales[51] und auch das österreichische Recht kennen entsprechende Registerlösungen.[52] In einigen anderen Staaten wird demgegenüber die anonyme Samenspende gestattet, beispielsweise in Spanien, Griechenland oder Slowenien.[53] Kinder, die durch in diesen Ländern vorgenommene Reproduktionsmaßnahmen gezeugt werden, können daher ihr Kenntnisinteresse nicht verwirklichen.

Die Verwirklichung des Kenntnisinteresses des durch Samenspende gezeugten Kindes wird in Deutschland künftig über ein kompliziertes System von Datenspeicherungen, -meldungen und -weiterleitungen und durch die Gewährung eines Auskunftsanspruchs sichergestellt, den das Kind eigenständig ab Vollendung des 16. Lebensjahrs beim Deutschen Institut für Medizinische Dokumentation und Information, wo das Spenderregister letztlich geführt wird, geltend machen kann. Die Daten werden dort für 110 Jahre gespeichert.[54] Hiermit schafft der Gesetzgeber eine zentrale Anlaufstelle, bei der Kinder auch auf Verdacht einen entsprechenden Antrag auf Auskunft stellen können. Schwierigkeiten, die beispielsweise das österreichische System mit der umständlichen Doppelspeicherung (30 Jahre bei der behandelnden Klinik, danach Weiterleitung an die Landeshauptmannschaft zur dauerhaften Zentralspeicherung) hat, werden somit vermieden.[55] Das Spenderregister enthält allerdings auch Schwachstellen. Beispielsweise erfasst es keine Embryonenspenden, die in Deutschland ebenfalls vorkommen.[56] Hier sollte

---

71/Beschluesse_gesamt.pdf (zuletzt geprüft am 17.8.2017). Vgl. dafür auch Arbeitskreis Abstammungsrecht des BMJV, Abschlussbericht – Empfehlungen für eine Reform des Abstammungsrechts, 2017, 78 ff.; *Helms* in: Ständige Deputation des Deutschen Juristentages (Hrsg.), Rechtliche, biologische und soziale Elternschaft – Herausforderungen durch neue Familienformen, 2016, F 1, F 21. Kritisch zur Regelung *Runge-Rannow,* ZRP 2017, 43, 45 ff.

[50] Dazu siehe das *Wet donorgegevens kunstmatige bevruchting,* dazu *Reuß* in: Dutta/ Schwab/Henrich u. a. (Hrsg.), Künstliche Fortpflanzung und Europäisches Familienrecht, 2015, 127, 134 f.

[51] Zu diesem siehe Sec 31 HFEA 1990 und zu einem Auskunftsanspruch siehe Sec. 31ZA (1), (2) HFEA 1990.

[52] § 15 FMedG. Dazu und zu Auskunftsansprüchen *Ferrari* in: Dutta/Schwab/Henrich u. a. (Hrsg.), Künstliche Fortpflanzung und Europäisches Familienrecht, 2015, 182, 200.

[53] *Helms* in: Ständige Deputation des Deutschen Juristentages (Hrsg.), Rechtliche, biologische und soziale Elternschaft – Herausforderungen durch neue Familienformen, 2016, F 1, F 16. Zu Frankreich siehe auch *Guiomard/Wiederkehr/Henry u. a., France,* Code civil, 2017, Art. 16-8 CC Rn. 2.

[54] Vgl. Art. 1 § 8 Gesetz zur Regelung des Rechts auf Kenntnis der Abstammung bei heterologer Verwendung von Samen.

[55] § 18 III FMedG.

[56] Anmahnend auch Arbeitskreis Abstammungsrecht des BMJV, Abschlussbericht – Empfehlungen für eine Reform des Abstammungsrechts, 2017, 81.

nachgebessert werden.[57] Darüber hinaus sollte auch die Möglichkeit angedacht werden, auf internationaler Ebene eine Vernetzung der Spenderregister voranzutreiben, um insbesondere in grenzüberschreitenden Sachverhalten das Recht auf Kenntnis der Abstammung verwirklichen zu können. Insolvenz- und Unternehmensregister,[58] die auf europäischer Ebene bereits Schnittstellen aufweisen, können hierfür Vorbilder darstellen. Auch eine Möglichkeit zur freiwilligen Erfassung von Altspendern ist bereits angeregt worden.[59]

Da das Recht auf Kenntnis der eigenen Abstammung/Abkömmlinge auch das Interesse der Beteiligten schützt, Kenntnis über die biologische Abstammung zu erlangen, dazu s. o., sollte flankierend zu der in § 4 vorgeschlagenen Regelung zur Einführung der Leihmutterschaft vorgesehen werden, dass in dem o. g. Register auch Informationen über die Identität von Leihmüttern aufgenommen werden.[60] Hierüber würde ein Kind, das von einer Leihmutter im Inland geboren worden ist, in die Lage versetzt, indentitätsbezogene Daten über seinen Geburtselternteil in Erfahrung zu bringen.

II. Geburtenregistrierung

Darüber hinaus wird das Recht auf Kenntnis der eigenen Abstammung/Abkömmlinge zum Teil über die Geburtenregistrierung verwirklicht, bei der die Daten von Vater und Mutter aufgenommen werden.

1. Reproduktionsvermerk im Geburtenregister

In Adoptionssachverhalten kann das mindestens 16-jährige Kind über eine Anfrage bei der zuständigen Personenstandsbehörde die Identität seiner genetischen Eltern in Erfahrung bringen, da das Geburtenregister diese Information enthält (§ 62 I 1, 3, § 63 I PStG). Entsprechendes ist letztlich für den Bereich der medizinisch-assistierten Reproduktion vorgeschlagen worden.[61] Ob es tatsächlich sinnvoll ist, *de lege ferenda* auch im Geburtenregister einen Vermerk über die Reproduktion vorzusehen (der freilich zum Schutz des Kindes vor Stigmatisie-

---

[57] *Coester-Waltjen*, FF 2017, 224, 230; *Coester-Waltjen*, FamRZ 2017. 1697, 1698. Vgl. dazu bereits die Vorschläge bei Deutscher Ethikrat, Embryospende, Embryoadoption und elterliche Verantwortung, 2016, 111, 129 f.

[58] Vgl. https://e-justice.europa.eu/content_business_registers-104-de.do.

[59] Arbeitskreis Abstammungsrecht des BMJV, Abschlussbericht – Empfehlungen für eine Reform des Abstammungsrechts, 2017, 79. Zu Informationen über genetische Stiefgeschwister *Coester-Waltjen*, FF 2017, 224, 232.

[60] Vgl. ähnlich auch *Coester-Waltjen*, FamRZ 2017, 1697, 1698.

[61] Bereits weit vor einem Spenderregister *Coester-Waltjen* in: Ständige Deputation des Deutschen Juristentages (Hrsg.), Verhandlungen des 56. Deutschen Juristentages, 1986, 9, B 66; ebenso *Blyth/Frith*, 23 International Journal of Law, Policy and the Family (2009) 174, 185 f.; *Müller-Götzmann*, Artifizielle Reproduktion und gleichgeschlechtliche Elternschaft, 2009, 318.

rung auch in Form einer Chiffre erfolgen kann), ist zweifelhaft.[62] Kennt das Kind die Bedeutung der Chiffre nicht, wird es letztlich auch keine Identitätsdaten dahinter vermuten. Hegt es ohnehin Verdacht, kann es auch direkt eine Anfrage nach den Spenderdaten im Zentralregister starten. Ein Mehrwert einer parallelen Lösung über das Geburtenregister ist daher gering.

In einer jüngeren Entscheidung des Kammergerichts ist bereits *de lege lata* für den Fall der Nachbeurkundung der Geburt in einem im Ausland spielenden Leihmutterschaftsfall mit Verweis auf die personenstandsrechtliche Wahrheitspflicht angenommen worden,[63] dass eine Eintragung des genetisch mit dem Kind verwandten Wunschelternteils als alleiniger Elternteil im Personenstandsregister nicht ohne Voreintragung der bekannten Leihmutter und ihres Ehemanns bzw. nicht ohne erläuternden Zusatz über die Leihmutterschaft möglich sei, da das Register andernfalls die tatsächlichen Umstände der Geburt nicht widerspiegle. So wünschenswert die Aufnahme der Identitätsdaten der Leihmutter in das Geburtenregister aus Sicht des Kindes sein mögen, lässt sich *de lege lata* eine derartige Pflicht aus der Wahrheitspflicht des Personenstandsrechts nicht ableiten. Sie besteht beispielsweise ebenfalls nicht bei medizinisch-assistierter Reproduktion im heterologen System mit Blick auf die genetische Abstammung des Kindes. Ist das ausländische Urteil, das den Wunschvater als rechtlichen Elternteil ab dem Geburtszeitpunkt zuordnet, im Inland gem. § 108 FamFG anzuerkennen, entspricht die Eintragung dieser Person vielmehr bereits der rechtlichen Wahrheit, da diese Person alleiniger rechtlicher Elternteil des Kindes ist.[64] Die Eintragung der Elternschaft des Wunschelternteils von der Voreintragung der Leihmutter und deren Ehemannes bzw. von der Eintragung eines erläuternden Zusatzes über die Leihmutterschaft abhängig zu machen, ist somit abzulehnen.[65]

2. Anonyme und vertrauliche Geburt, Babyklappe

Schwierigkeiten mit Blick auf das Recht auf Kenntnis der eigenen Abstammung bereiten Angebote der anonymen und vertraulichen Geburt bzw. von Babyklappen.[66] Hierbei handelt es sich um teils vom Gesetzgeber tolerierte, teils im

---

[62] Dagegen Staudinger/*Rauscher,* Anhang § 1592 Rn. 25; *Wanitzek,* Rechtliche Elternschaft bei medizinisch unterstützter Fortpflanzung, 2002, 419.

[63] *KG,* Beschl. v. 4.7.2017 – 1 W 153/16, FamRZ 2017, 1693.

[64] Kritisch daher *Coester-Waltjen,* FamRZ 2017, 1697 f. („*ex tunc*"-Wirkung der Vaterschaftszuordnung).

[65] *Coester-Waltjen,* FamRZ 2017, 1697 f.

[66] Hierzu aus rechtsvergleichender Perspektive *Budzikiewicz/Vonk,* 17 European Journal of Law Reform (2015) 216; kritisch *Fenton-Glynn* in: Boele-Woelki/Dethloff/Gephart (Hrsg.), Family Law and Culture in Europe, 2014, 185; *Becker* in: Götz/Schwenzer/Seelmann u. a. (Hrsg.), Familie – Recht – Ethik, 2014, 1 mit vielen weiteren Nachweisen; *Frank/Helms,* FamRZ 2001, 1345; *Scheiwe,* ZRP 2001, 368; *Wolf,* FPR 2003, 112; *Benda,* JZ 2003, 533; Deutscher Ethikrat, Stellungnahme: Das Problem der ano-

Gesetz vorgesehene Instrumente, um ein Kind unter Geheimhaltung der eigenen Identität zur Welt zu bringen. Die Angebote richten sich an Schwangere, die sich in großen Konfliktlagen befinden. Es sind durchaus Notsituationen von Müttern vorstellbar, die mit der Möglichkeit des Schwangerschaftsabbruchs, der Adoptionsfreigabe nach Geburt usw. nicht behoben werden können.[67] Es gibt Situationen, in denen eine Schwangere den Wunsch hegt, sich im Verborgenen der Mutterrolle zu entledigen und das Kind heimlich zur Welt zu bringen, es danach auszusetzen oder sogar zu töten.[68] Die vorstehend genannten Angebote nehmen sich diesen Konfliktlagen an und erstreben, Kindstötungen und die Geburt von Kindern unter fehlenden hygienischen Bedingungen und ohne medizinische Betreuung zu verhindern.[69]

Derzeit bestehen vom Gesetzgeber geduldet[70] bundesweit ca. 60–80 Babyklappen,[71] wo Mütter ihr neugeborenes Kind abgeben können, die anonyme Geburt, die eine medizinisch begleitete Geburt unter Geheimhaltung der Identität der Mutter ermöglicht, ist in ca. 80–100 Kliniken möglich.[72] Auch in anderen Ländern sind derartige Angebote bekannt. In Frankreich beispielsweise ganz legal mit dem sog. *accouchement sous X*.[73] Seit 1.5.2014 kennt das deutsche Recht ganz offiziell ein weiteres Instrument mit der sog. vertraulichen Geburt.[74] Anders als bei Babyklappe und anonymer Geburt, wo keinerlei Dokumentation der

---

nymen Kindesabgabe, http://www.cthikrat.org/dateien/pdf/stellungnahme-das-problem-der-anonymen-kindesabgabe.pdf (zuletzt geprüft am 14.10.2017).

[67] *Gernhuber/Coester-Waltjen,* Familienrecht, 2010, 585 f.

[68] *Gernhuber/Coester-Waltjen,* Familienrecht, 2010, 585 f.

[69] BT-Drs. 17/12814, 11; *Wanitzek,* Rechtliche Elternschaft bei medizinisch unterstützter Fortpflanzung, 2002, 31 f.

[70] *Dethloff,* Familienrecht, 2015, § 10 Rn. 97.

[71] *Dethloff,* Familienrecht, 2015, § 10 Rn. 96; MüKoBGB/*Wellenhofer,* § 1591 Rn. 61; *Coutinho/Krell,* Studie des DJI: Anonyme Geburt und Babyklappen in Deutschland – Fallzahlen, Angebote, Kontexte, https://www.dji.de/fileadmin/user_upload/Projekt_Babyklappen/Berichte/Abschlussbericht_Anonyme_Geburt_und_Babyklappen.pdf (zuletzt geprüft am 14.10.2017); Deutscher Ethikrat, Stellungnahme: Das Problem der anonymen Kindesabgabe, http://www.ethikrat.org/dateien/pdf/stellungnahme-das-problem-der-anonymen-kindesabgabe.pdf (zuletzt geprüft am 14.10.2017).

[72] *Dethloff,* Familienrecht, 2015, § 10 Rn. 96; *Coutinho/Krell,* Studie des DJI: Anonyme Geburt und Babyklappen in Deutschland – Fallzahlen, Angebote, Kontexte, https://www.dji.de/fileadmin/user_upload/Projekt_Babyklappen/Berichte/Abschlussbericht_Anonyme_Geburt_und_Babyklappen.pdf (zuletzt geprüft am 14.10.2017); Deutscher Ethikrat, Stellungnahme: Das Problem der anonymen Kindesabgabe, http://www.ethikrat.org/dateien/pdf/stellungnahme-das-problem-der-anonymen-kindesabgabe.pdf (zuletzt geprüft am 14.10.2017).

[73] Art. 326 CC; Art. L 147-6, Art. L 222-6 Code de l'action sociale et des familles zur EMRK-Vereinbarkeit *EGMR,* Urteil vom 13.2.2003 – Nr. 42326/98 (*Odièvre/ Frankreich*), JuS 2003, 1019.

[74] Eingeführt durch das Gesetz zum Ausbau der Hilfen für Schwangere und zur Regelung der vertraulichen Geburt; BGBl. I 2013, 3458. Hierzu siehe *Schwedler,* NZFam 2014, 193.

Identität der Mutter erfolgt, wählt die vertrauliche Geburt einen Mittelweg. Über eine Beratungsstelle kann sich eine Schwangere in einer Konfliktlage beraten lassen. Die Beratungsstelle meldet die Mutter unter einem Pseudonym in einer Klinik zur Geburt an. Die identitätsbezogenen Daten werden in einem verschlossenen Umschlag in der Beratungsstelle verwahrt, das mindestens 16-jährige Kind hat einen Anspruch auf Einsicht in den Herkunftsnachweis gem. § 31 I SchwangerschaftskonfliktG. 95 Frauen haben diese Möglichkeit bislang genutzt.[75] Mit Blick auf das Recht des Kindes auf Kenntnis seiner Abstammung stellt die vertrauliche Geburt somit den milderen Weg dar.

Anonyme Geburt und Babyklappe einerseits und vertrauliche Geburt andererseits sind in der Literatur zu Recht stark kritisiert worden.[76] Zum einen ist es überhaupt fraglich, ob die Angebote ihren Zweck erreichen. Die Zahlen der Kindstötungen sind jedenfalls nicht rückläufig.[77] Fraglich ist ebenfalls, ob Mütter in einer derart krassen Notsituation die rationale Entscheidung zur Aufnahme eines Kontakts mit einer Beratungsstelle treffen werden.[78] Eine Vereinbarkeit mit der EMRK ist jedenfalls mit Blick auf die Regelung der vertraulichen Geburt wohl gegeben.[79] Der EGMR hat in einer das rigidere französische Recht betreffenden Entscheidung die Vereinbarkeit mit den Verbürgungen der EMRK angenommen, da das französische Recht zumindes ermöglicht, dass die Mutter einer Offenlegung der Identität zustimmt. Dies schafft zumindest einen minimalen Interessenausgleich der Beteiligten.[80] Da das italienische Pendant zur französischen Regelung entsprechendes hingegen nicht vorsah, ist in einer weiteren Entscheidung allerdings ein Konventionsverstoß angenommen worden.[81] Letztlich stehen die oben genannten Angebote in Konflikt mit dem Grundgesetz. Dies betrifft vor allem das Recht des genetischen Vaters aus Art. 6 II 1 GG, da er in allen Fällen keinerlei Chance hat, selbst Verantwortung für das Kind zu übernehmen.[82] Darüber hinaus verletzen anonyme Geburt und Babyklappe das Recht des Kindes auf

---

[75] Vergleiche den Bericht des BMFSJ auf http://www.bmfsfj.de/BMFSFJ/gleichstellung,did=215500.html (zuletzt geprüft am 14.10.2017).

[76] Vgl. beispielhaft *Helms*, FamRZ 2014, 609, 614; *Dethloff*, Familienrecht, 2015, § 10 Rn. 97, kritisch auch *Fenton-Glynn* in: Boele-Woelki/Dethloff/Gephart (Hrsg.), Family Law and Culture in Europe, 2014, 185.

[77] MüKoBGB/*Wellenhofer*, § 1591 Rn. 61; BeckOGK/*Haßfurter*, § 1591 BGB Rn. 59.

[78] *Dethloff*, Familienrecht, 2015, § 10 Rn. 97 m.w.N.; MüKoBGB/*Wellenhofer*, § 1591 Rn. 61.

[79] *Coester-Waltjen*, FF 2017, 224, 229.

[80] EGMR, Urteil vom 13.2.2003 – Nr. 42326/98 (*Odièvre/Frankreich*), JuS 2003, 1019.

[81] EGMR, Urt. v. 25.9.2014 – Nr. 33783/09 (*Godelli/Italien*), http://hudoc.echr.coe.int/eng?i=001-113460 (zuletzt geprüft am 14.10.2017).

[82] *Dethloff*, Familienrecht, 2015, § 10 Rn. 97.

Kenntnis seiner Abstammung, da eine Identifizierung der Mütter nicht erfolgt.[83] Dies ist ein nur schwer tolerabler Zustand. Dessen Aufrechterhaltung sollte daher vom Gesetzgeber dringlichst überdacht werden.

D. Statusfolgenloses Abstammungsklärungsverfahren

Letztlich dient das statusfolgenlose Abstammungsklärungsverfahren nach § 1598a BGB der Verwirklichung des Rechts auf Kenntnis der eigenen Abstammung/Abkömmlinge.[84] § 1598a I BGB gewährt zum Zwecke der Klärung der leiblichen Abstammung Vater, Mutter und Kind einen jeweils gegen die anderen beiden Personen gerichteten Anspruch auf Einwilligung in die genetische Abstammungsuntersuchung und Duldung der Entnahme einer für die Untersuchung geeigneten genetischen Probe. Wirken die Anspruchsverpflichteten nicht mit, kann – das ist weltweit einzigartig – der Anspruch eingeklagt und mit Zwang durchgesetzt werden, vgl. § 1598a II BGB. Die Abstammungsbegutachtung erfolgt nicht im Rahmen eines gerichtlichen Verfahrens, sondern privat. Die Beteiligten sind somit selbst für die Auswahl geeigneter Institute verantwortlich.[85] Die Bestimmung ist letztlich mit dem Gesetz zur Klärung der Vaterschaft unabhängig vom Anfechtungsverfahren vom 26.3.2008[86] auf Veranlassung des BVerfG in das Gesetz eingefügt worden. Dieses hatte mit Urteil vom 13.2.2007 entschieden, dass der Gesetzgeber es unter Verletzung des Art. 2 I GG i.V.m. Art. 1 I GG unterlassen habe, ein rechtsförmiges Verfahren bereitzustellen, in dem die Abstammung eines Kindes von seinem rechtlichen Vater unabhängig vom Statusverfahren (konkret ging es um die Vaterschaftsanfechtung) geklärt und ihr Bestehen oder Nichtbestehen festgestellt werden kann.[87] Ferner bezweckte der Gesetzgeber mit der Einführung des Verfahrens nach § 1598a BGB die Praxis heimlicher Vaterschaftstests zu verhindern, indem eine niederschwellige, legale Möglichkeit geschaffen wird, die Abstammungsverhältnisse zu klären.[88] Für an der Vaterschaft zweifelnde Väter soll damit ein ausreichender Anreiz geschaffen werden, den gesetzesförmigen Weg der Abstammungsklärung einzuschlagen. § 1598a BGB dient somit auch als Gegengewicht zum Verbot heimlicher Vaterschaftstests, das

---

[83] *Dethloff,* Familienrecht, 2015, § 10 Rn. 97; *Gernhuber/Coester-Waltjen,* Familienrecht, 2010, 588; MüKoBGB/*Wellenhofer,* § 1591 Rn. 61; BeckOGK/*Haßfurter,* § 1591 BGB Rn. 61; kritisch *Fenton-Glynn* in: Boele-Woelki/Dethloff/Gephart (Hrsg.), Family Law and Culture in Europe, 2014, 185. Zur Problematik der personenstandsrechtlichen Vereinbarkeit von Babyklappen und anonymer Geburt kritisch *Dethloff,* Familienrecht, 2015, § 10 Rn. 99. A. A. *Schwedler,* NZFam 2014, 193, 194; anders wohl auch *Hadzimanovic,* FamPra.ch 2016, 50 ff.

[84] Hierzu BeckOGK/*Reuß,* § 1598a BGB Rn. 28 ff.

[85] BT-Drs. 16/6561, 13.

[86] BGBl. 2008 I 441.

[87] *BVerfG,* Urt. v. 13.2.2007 – 1 BvR 421/05, NJW 2007, 753.

[88] BT-Drs. 16/6561, 8. Krit. dazu *Muscheler,* FPR 2008, 257, 261.

BGH[89] und BVerfG[90] in jüngerer Vergangenheit angenommen hatten.[91] Die Einführung des § 1598a BGB ist im Grundsatz in Literatur und Praxis zu Recht befürwortet worden,[92] da die Norm eine Möglichkeit schafft, die genetische Abstammung klären zu lassen, ohne dass die Beteiligten gezwungen sind, eine Anfechtung der bestehenden rechtlichen Elternschaft zu bewirken. Hierüber werden das Kenntnisinteresse der Eltern und des Kindes mit den oben angesprochenen kollidierenden Grundrechten, insbesondere mit dem Interesse am Erhalt der Eltern-Kind-Beziehung in einen angemessenen Ausgleich gebracht.[93]

I. Anspruchsberechtigungen und -verpflichtungen

Anspruchsberechtigt und anspruchsverpflichtet sind lediglich die an dem rechtlichen Abstammungsverhältnis beteiligten Personen. Ein genetischer, nicht rechtlicher Vater ist ebensowenig anspruchsberechtigt, wie -verpflichtet.[94] Gleiches gilt für die genetische, nicht rechtliche Mutter.[95] Im Gesetzgebungsprozess war ein Einbezug sogar ursprünglich vorgesehen, er ist allerdings nicht Gesetz geworden.[96] Das ist mit Blick auf die Zielsetzung des Gesetzes bedauerlich, da eine Abstammungsklärung, die § 1598a BGB bezweckt, immer dann nicht vollständig erfolgen kann, wenn die rechtlichen Eltern nicht die genetischen Eltern des Kindes sind. Das Klärungsinteresse wird somit nicht vollständig erfüllt. Da der genetische, nicht rechtliche Elternteil selbst ein Klärungsinteresse hat, wäre es durchaus angezeigt gewesen, ihn als Klärungsberechtigten aufzunehmen.[97] Da

---

[89] *BGH,* Urt. v. 12.1.2005 – XII ZR 227/03, NJW 2005, 497, 498 f.; siehe dazu *Gernhuber/Coester-Waltjen,* Familienrecht, 2010, 602 Rn. 24–26 m.w.N. in Fn. 95.

[90] *BVerfG,* Urt. v. 13.2.2007 – 1 BvR 421/05, NJW 2007, 753, 754; dazu *Klinkhammer,* FF 2007, 128. Kritisch aber nicht überzeugend dazu *Balthasar,* FamRZ 2007, 448, 449; sehr kritisch auch *Muscheler,* FPR 2007, 389, 390 ff.

[91] BT-Drs. 16/6561, 12, zu den Hintergründe des Verbots BeckOGK/*Reuß,* § 1598a BGB Rn. 29 ff.

[92] *Knittel,* JAmt 2008, 117, 119; Deutscher Anwaltverein, FPR 2007, 415; Deutscher Richterbund, FPR 2007, 418; *Gernhuber/Coester-Waltjen,* Familienrecht, 2010, 598 Rn. 20 (Betonung der möglichen Entkoppelung von biologischer Abstammung und sozial-familiärer Verantwortung richtig); zustimmend auch *Heiderhoff,* FamRZ 2010, 8, 11.

[93] BeckOGK/*Reuß,* § 1598a BGB Rn. 43.

[94] Kritisch *Gernhuber/Coester-Waltjen,* Familienrecht, 2010, 598 Rn. 20 (Regelung schafft mehr Probleme als Lösungen); *Genenger,* JZ 2008, 1031, 1033 ff.; Staudinger/*Rauscher,* § 1598a, Rn. 3, 9; *Schneider,* Die rechtsfolgenlose Klärung der biologischen Abstammung gemäß § 1598a BGB, 2014, 67 ff. A.A. *Wagner/Albers,* FPR 2007, 416; *Schröder,* Wer hat das Recht zur rechtlichen Vaterschaft?, 2015, 229.

[95] BeckOGK/*Reuß,* § 1598a BGB Rn. 48.

[96] Vgl. den Bundesratsentwurf, Entwurf eines Gesetzes über genetische Untersuchung zur Klärung der Abstammung in der Familie, v. 16.5.2007, BT-Drs. 16/5370.

[97] Ähnlich MüKoBGB/*Wellenhofer,* § 1598a Rn. 16; Staudinger/*Rauscher,* § 1598a, Rn. 17; *Helms,* FamRZ 2010, 1, 7; *Ostermann,* Das Klärungsverfahren gemäß § 1598a BGB, 2009, 261 ff.; darüber hinausgehend *Frank/Helms,* FamRZ 2007, 1277, 1279

ohne ihn eine Klärung gleichzeitig nicht möglich ist, sollte er auch in den Kreis der Verpflichteten aufgenommen werden.[98] Dem Schutz der intakten sozial-familiären Beziehung von rechtlichem Vater und Kind vor Störungen von außen und dem Schutz des Persönlichkeitsrechts von Kind und Mutter vor grundloser Offenlegung intimer Begebenheiten kann man letztlich durch erhöhte Anspruchsvoraussetzungen gerecht werden.[99] Diesen Weg hatte auch das BVerfG bereits in seinem Urteil vorgezeichnet, indem es formuliert:[100]

> „Soweit der Gesetzgeber im Hinblick auf einen *Mann, der nicht der rechtliche Vater des Kindes ist,* aber davon ausgeht, dessen biologischer Vater zu sein, ein Verfahren auf Feststellung der Abstammung des Kindes von ihm eröffnet, *kann es das Fehlen einer rechtlichen Zuordnung des Kindes zu ihm rechtfertigen, strengere Anforderungen zu stellen.* Von ihm kann der *Vortrag von Umständen verlangt werden, die es möglich erscheinen lassen, dass er der biologische Vater des Kindes sein könnte,* um das Kind und die Mutter vor der Preisgabe persönlicher Daten und der Offenlegung intimer Begebenheiten in grundlos von Männern angestrengten Verfahren zu schützen, zu denen sie in keiner rechtlichen oder sozialen Beziehung stehen." [Hervorhebungen durch Verf.]

Ob § 1598a I BGB daher verfassungsrechtlichen Erfordernissen genügt, darf bezweifelt werden,[101] auch, wenn das BVerfG in einem jüngeren Verfahren davon ausgegangen ist, dass der Einbezug des biologischen, nicht rechtlichen Vaters verfassungsrechtlich jedenfalls nicht geboten ist.[102] Eine Einführung bleibt allerdings auch nach der Rechtsprechung des BVerfG möglich[103] und sollte vorgenommen werden.[104]

(Einbeziehung weiterer Familienangehöriger); *Sonnenfeld,* Rpfleger 2010, 57, 58 f.; für eine Einbeziehung auch *Stathopoulos* in: Hilbig-Lugani/Jakob/Mäsch u.a. (Hrsg.), Zwischenbilanz, 2015, 257, 269.

[98] BeckOGK/*Reuß,* § 1598a BGB Rn. 47.

[99] Ebenso auch *Genenger,* FPR 2007, 155; *Genenger,* JZ 2008, 1031, 1037; *Muscheler,* FPR 2008, 257, 258.

[100] *BVerfG,* Urt. v. 13.2.2007 – 1 BvR 421/05, NJW 2007, 753, 757.

[101] So etwa auch MüKoBGB/*Wellenhofer,* § 1598a, Rn. 16 ff.; dazu auch *Wellenhofer,* NJW 2008, 1185, 1188 f.; *Zimmermann,* FuR 2008, 374, 378; *Genenger,* JZ 2008, 1031, 1033 ff. (gleichheitswidrig); *Muscheler,* FPR 2008, 257, 258; *Ostermann,* Das Klärungsverfahren gemäß § 1598a BGB, 2009, 273. A.A. allerdings *OLG Nürnberg,* Beschl. v. 6.11.2012 – 11 UF 1141/12, BeckRS 2012, 22634.

[102] *BVerfG,* Urt. v. 19.4.2016 – 1 BvR 3309/13, BeckRS 2016, 44719; *BVerfG,* Urt. v. 13.2.2007 – 1 BvR 421/05, NJW 2007, 753, 757 („Soweit der Gesetzgeber … eröffnet"). Vgl. auch den Beschluss *BVerfG,* Beschl. v. 13.10.2008 – 1 BvR 1548/03, FamRZ 2008, 2257, 2258, hier hatte das BVerfG festgestellt, dass ein Anspruch auf gerichtliche Feststellung der Vaterschaft neben einer bestehenden rechtlichen Vaterschaft verfassungsrechtlich nicht gefordert sei.

[103] *BVerfG,* Urt. v. 19.4.2016 – 1 BvR 3309/13, BeckRS 2016, 44719; *BVerfG,* Urt. v. 13.2.2007 – 1 BvR 421/05, NJW 2007, 753, 757 („Soweit der Gesetzgeber … eröffnet").

[104] Dazu bereits eingehend BeckOGK/*Reuß,* § 1598a BGB Rn. 47, 49.

II. Gestaltung des § 1598a BGB als umfassendes
statusfolgenloses Abstammungsklärungsverfahren

De lege ferenda bietet es sich an, § 1598a BGB zu einem isolierten und umfassenden, nicht fristgebundenen Abstammungsklärungsverfahren auszugestalten,[105] das die Defizite des bisherigen Systems vermeidet.[106] Die Diskussion um ein solches ist nicht neu.[107] Die gegenwärtige Diskussion um die Reform des geltenden Abstammungsrechts sollte auch dieses Element nicht aussparen.

1. Erweiterung des Kreises der Anspruchsberechtigten
und -verpflichteten

Zunächst sollte der Kreis der anspruchsberechtigten und anspruchsverpflichteten Personen erweitert werden, um § 1598a BGB als umfassendes Abstammungsfeststellungsverfahren zu etablieren.[108] Sowohl der genetische, nicht rechtliche Vater, als auch die genetische, nicht rechtliche Mutter sollten als Anspruchsbe-

---

[105] Kritisch zur fehlenden Fristenbindung *Helms* in: Schwab/Vaskovics (Hrsg.), Pluralisierung von Elternschaft und Kindschaft, 2011, 105, 114 f. (betroffenen Bürgern könnte man nicht klar machen, warum die Abstammungsklärung möglich ist, die Statusänderung aufgrund Verfristung aber nicht). Zutreffend eine Fristenbindung ablehnend Arbeitskreis Abstammungsrecht des BMJV, Abschlussbericht – Empfehlungen für eine Reform des Abstammungsrechts, 2017, 83.

[106] Arbeitskreis Abstammungsrecht des BMJV, Abschlussbericht – Empfehlungen für eine Reform des Abstammungsrechts, 2017, 30, 82; BeckOGK/*Reuß,* § 1598a BGB Rn. 49.

[107] *Coester-Waltjen* in: Ständige Deputation des Deutschen Juristentages (Hrsg.), Verhandlungen des 56. Deutschen Juristentages, 1986, 9, B 63 ff., 65; *Zenz* in: Ständige Deputation des Deutschen Juristentages (Hrsg.), Verhandlungen des 59. Deutschen Juristentages, 1992, 1000, M 13 f.; *Diederichsen* in: Ständige Deputation des Deutschen Juristentages (Hrsg.), Verhandlungen des 59. Deutschen Juristentages, 1992, M 87, M 90, These II. 4. d.; *Coester,* JZ 1992, 809, 811; *Roth,* FamRZ 1996, 769, 771, angedeutet bei *BVerfG,* Urt. v. 31.1.1989 – 1 BvL 17/87, NJW 1989, 891, 893 sowie *BVerfG,* Beschl. v. 26.4.1994 – 1 BvR 1299/89, 1 BvL 6/90, NJW 1994, 2475, 2476; krit. hierzu in Hinblick auf die Blutabstammungsklage des Kindes im Nationalsozialismus, *RG,* Urt. v. 23.11.1936 – IV 189/36, RGZ 152, 390, 394, *Frank* in: Leipold/Lüke/Yoshino (Hrsg.), Gedächtnisschrift für Peter Ahrens, 1993, 65, 66 ff., insb. 82 ff.; *BGH,* Urt. v. 6.12.2006 – XII ZR 164/04, FamRZ 2007, 538, 542; *Edenfeld,* FuR 1996, 190, 191, 195; auch *Brosius-Gersdorf,* Vaterschaftstests, 2006, 194.

[108] BeckOGK/*Reuß,* § 1598a BGB Rn. 49; ebenso *Gernhuber/Coester-Waltjen,* Familienrecht, 2010, 585 Rn. 7–9; *Edenfeld,* FuR 1996, 190, 195; ähnlich *Wellenhofer,* FamRZ 2013, 825, 829 (bezogen auf den biologischen, nicht rechtlichen Vater); *Voigt,* Abstammungsrecht 2.0, 2015, 169 ff.; *Süß,* Die Feststellung der Vaterschaft unabhängig von Anfechtungsverfahren, 2010, 78 ff.; *Eckebrecht,* NZFam 2016, 673, 675 (jedenfalls parallel zu einem möglichen Statusverfahren). Einem solchen krit. gegenüber stehend *Helms* in: Helms (Hrsg.), Lebendiges Familienrecht, 2008, 225, 231 m.w.N. zur ablehnenden Ansicht in Fn. 42. Für ein solches Verfahren hat sich auch der 71. Deutsche Juristentag ausgesprochen, vgl. Beschluss A. II.8., abrufbar unter http://www.djt.de/file admin/downloads/71/Beschluesse_gesamt.pdf.

rechtigte und Anspruchsverpflichtete aufgenommen werden.[109] Zum Schutz der Interessen der an der rechtlichen Eltern-Kind-Beziehung beteiligten Personen sollte vorgesehen werden, dass der genetische, nicht rechtliche Elternteil schlüssig Umstände vorträgt, die es möglich erscheinen lassen, dass er genetischer Elternteil des Kindes ist.[110] Dies entspricht letztlich den durch das BVerfG formulierten Vorgaben, dazu bereits oben. Ähnliches hat das BVerfG auch für die Stellung des potenziell biologischen, nicht rechtlichen Vaters als Anspruchsverpflichteter postuliert,[111] so dass der Antrag seitens des Kindes und des Geburtselternteils nur dann als zulässig angesehen werden sollte, wenn diese schlüssig Umstände vortragen, die für die genetische Elternschaft der in Anspruch genommenen Person sprechen.

Auf Anspruchsverpflichtetenseite sollten auch entferntere Verwandte aufgenommen werden, da somit in Defizienzfällen eine Abstammungsklärung bewirkt werden kann. In das geltende System lässt sich dies problemlos einfügen, da § 178 I FamFG in Abstammungsverfahren bereits jetzt eine Begutachtung bei Dritten bis zur Zumutbarkeitsschwelle zulässt.[112] Eine Anspruchsberechtigung sollte aufgrund der auch im Rahmen des § 1598a BGB bestehenden Höchstpersönlichkeit auf den engsten Kreis begrenzt sein. Entferntere Verwandte sollten somit nicht anspruchsberechtigt sein.[113]

2. Klärungsanspruch auch bei medizinisch-assistierter Zeugung

Ein Klärungsanspruch sollte auch dann bestehen, wenn eine medizinisch unterstützte Forpflanzung durchgeführt worden ist, da auch in diesen Konstellationen ein Klärungsinteresse bestehen kann.[114] Zu denken ist etwa an die Fälle der

---

[109] Persönliche Leitlinien der Mitglieder des Arbeitskreis Abstammungsrecht des BMJV, Abschlussbericht – Empfehlungen für eine Reform des Abstammungsrechts, 2017, 109 (Dagmar Coester-Waltjen); BeckOGK/*Reuß*, § 1598a BGB Rn. 50 m.w.N. *Voigt*, Abstammungsrecht 2.0, 2015, 173 (differenzierend beim privaten Spender). A. A. *Schröder*, Wer hat das Recht zur rechtlichen Vaterschaft?, 2015, 229.

[110] BeckOGK/*Reuß*, § 1598a BGB Rn. 50; ebenso *Schneider*, Die rechtsfolgenlose Klärung der biologischen Abstammung gemäß § 1598a BGB, 2014, 135. Für generell hohe Anforderungen auch innerhalb der rechtlichen Familie Arbeitskreis Abstammungsrecht des BMJV, Abschlussbericht – Empfehlungen für eine Reform des Abstammungsrechts, 2017, 83.

[111] *BVerfG*, Urt. v. 19.4.2016 – 1 BvR 3309/13, BeckRS 2016, 44719 Rn. 51.

[112] *Muscheler*, FPR 2008, 257, 259 (für Erstreckung auf Großeltern und enge Verwandte *de lege ferenda*); *Frank/Helms*, FamRZ 2007, 1277, 1279); BeckOGK/*Reuß*, § 1598a BGB Rn. 52.

[113] *Süß*, Die Feststellung der Vaterschaft unabhängig von Anfechtungsverfahren, 2010, 87.

[114] *Stathopoulos* in: Hilbig-Lugani/Jakob/Mäsch u. a. (Hrsg.), Zwischenbilanz, 2015, 257, 269; Arbeitskreis Abstammungsrecht des BMJV, Abschlussbericht – Empfehlungen für eine Reform des Abstammungsrechts, 2017, 86.

Kindes-, Gameten- oder Embryonenvertauschung.[115] Auch das Samenspende-register macht dieses Interesse im heterologen System nicht obsolet, da nicht alle Fälle der Spende erfasst werden und das Register darüber hinaus bei einer Game-tenvertauschung keine der Wahrheit entsprechenden Aussagen trifft. Mit Blick auf den Klärungsanspruch des Samenspenders, der Eizellenspenderin bzw. der Embryonenspender sollte der Anspruch aber nur dann bestehen, wenn das Klä-rungsinteresse, das tatsächlich denkbar ist,[116] das Interesse am Schutz der sozia-len Familie deutlich überwiegt.[117] Dies wird nur in Ausnahmefällen angenommen werden können (etwa bei schwerer Krankheit des Spenders, der die Abstam-mungsklärung aus medizinischen Gründen betreibt) und verhindert eine unge-rechtfertigte Einflussnahme auf die soziale Familie von außen.

3. Keine Erforderlichkeit einer Abstammungsbegutachtung im gerichtlichen Verfahren mit Feststellungsbeschluss

In der Literatur ist des Weiteren vorgeschlagen worden, § 1598a BGB als ge-richtliches Feststellungsverfahren auszugestalten, in dem die Abstammungsbe-ziehung letztlich auch tenoriert wird.[118] Es ist jedoch nicht ersichtlich, was ein gerichtliches Verfahren hier für einen Mehrwert gegenüber der privaten Begut-achtung bringen sollte, zumal der Tenor nur den Inhalt des Gutachtens wiederge-ben würde. Eigene Sachkunde bei der genetischen Begutachtung kommt dem Ge-richt letztlich nicht zu, so dass sich der Beweiswert aus dem Gutachten selbst, nicht aus der Form der Urkunde (privates Abstammungsgutachten, Gerichtsbe-schluss) speist. Ob dann aber die erhöhten Kosten eines gerichtlichen Verfahrens gegenüber einer privaten Begutachtung angemessen sind, erscheint fraglich. Der Nachweis der genetischen Abstammung, sollte er über das Kenntnisinteresse hin-aus überhaupt weiter relevant werden (z.B. für eine gerichtliche Elternschafts-anfechtung), kann letztlich mit einem den wissenschaftlichen Anforderungen ent-sprechenden Gutachten genauso gut geführt werden.[119]

4. Allgemeine Feststellungsklage keine Alternative

Eine allgemeine Feststellungsklage zur Feststellung der genetischen Abstam-mung nach § 256 ZPO ist nach ganz herrschender Ansicht nicht möglich, da die

---

[115] Dazu bereits BeckOGK/*Reuß,* § 1598a BGB Rn. 51; *Voigt,* Abstammungsrecht 2.0, 2015, 173.

[116] *Pauli,* NZFam 2016, 57, 60.

[117] Dazu bereits BeckOGK/*Reuß,* § 1598a BGB Rn. 51. Gegen einen Anspruch des klassischen Spenders Arbeitskreis Abstammungsrecht des BMJV, Abschlussbericht – Empfehlungen für eine Reform des Abstammungsrechts, 2017, 88.

[118] Arbeitskreis Abstammungsrecht des BMJV, Abschlussbericht – Empfehlungen für eine Reform des Abstammungsrechts, 2017, 83 f.; vgl. auch *Gernhuber/Coester-Walt-jen,* Familienrecht, 2010, 585.

[119] § 177 II FamFG.

genetische Verwandtschaft kein feststellbares Rechtsverhältnis darstellt. Sie ist somit keine Alternative zu einem umfassenden Abstammungsklärungsverfahren.[120]

5. Formulierungsvorschlag

Die vorstehenden Anforderungen lassen sich letztlich durch einige kleine Modifikationen des § 1598a BGB bewerkstelligen. Zu achten ist hierbei ebenfalls auf eine geschlechtsneutrale Formulierung, die es ermöglicht Trans- und Intersexualität direkt zu erfassen. Die Norm sollte daher wie folgt formuliert werden:

§ 1598a Elternteil. (1) Zur Klärung der genetischen Abstammung des Kindes können

1. der weitere Elternteil jeweils von Elternteil und Kind,

2. der Elternteil jeweils von weiterem Elternteil und Kind und

3. das Kind jeweils von beiden Elternteilen im Sinne von §§ 1591, 1592, 1593 BGB

verlangen, dass diese in eine genetische Abstammungsuntersuchung einwilligen und die Entnahme einer für die Untersuchung geeigneten genetischen Probe dulden. Die Probe muss nach den anerkannten Grundsätzen der Wissenschaft entnommen werden.

(1a) Den Anspruch nach Abs. 1 kann auch ein genetischer, nicht rechtlicher Elternteil gegen den Elternteil und das Kind geltend machen, wenn dieser schlüssig Umstände vorträgt, die für seine genetische Elternschaft sprechen. Unter denselben Voraussetzungen kann der Anspruch von dem Elternteil oder dem Kind auch gegen den genetischen, nicht rechtlichen Elternteil geltend gemacht werden. Ein Anspruch des genetischen, nicht rechtlichen Elternteils, der Elternteil i.S.d. § 1600d IV BGB-E ist, besteht nur dann, wenn das Klärungsinteresse das Interesse des Kindes und dessen rechtlicher Eltern am Schutz der sozial-familiären Beziehung deutlich überwiegt.

(1b) Der Anspruch nach Abs. 1 kann auch gegen weitere Personen geltend gemacht werden, wenn dies zur Klärung der genetischen Abstammung erforderlich ist, es sei denn der Person kann die Untersuchung nicht zugemutet werden.

(2) Auf Antrag eines Klärungsberechtigten hat das Familiengericht eine nicht erteilte Einwilligung zu ersetzen und die Duldung einer Probeentnahme anzuordnen.

(3) Das Gericht setzt das Verfahren aus, wenn und solange die Klärung der leiblichen Abstammung eine erhebliche Beeinträchtigung des Wohls des minderjährigen Kindes begründen würde, die auch unter Berücksichtigung der Belange des Klärungsberechtigten für das Kind unzumutbar wäre.

(4) Wer in eine genetische Abstammungsuntersuchung eingewilligt und eine genetische Probe abgegeben hat, kann von dem Klärungsberechtigten, der eine Abstammungsuntersuchung hat durchführen lassen, Einsicht in das Abstammungsgutachten oder Aushändigung einer Abschrift verlangen. Über Streitigkeiten aus dem Anspruch nach Satz 1 entscheidet das Familiengericht.

---

[120] Dazu BeckOGK/*Reuß*, § 1598a BGB Rn. 66 mit vielen weiteren Nachweisen zum Meinungsstand.

E. Zusammenfassung

Das Recht auf Kenntnis der genetischen Abstammung/Abkömmlinge nimmt für die Identitätsfindung und Persönlichkeitsentwicklung einer Person eine entscheidende Stellung ein. Es wird im Rahmen des Grundgesetzes in Art. 2 I i.V.m. Art. 1 I GG gewährleistet und schützt den Grundrechtsträger vor Vorenthaltung erlangbarer Informationen. Art. 8 I EMRK und Art. 7 I KRK (bezogen auf das Kind) schützen ebenfalls dieses Recht.

Das Klärungsinteresse wird im Rahmen des deutschen Rechts auf verschiedentliche Weise verwirklicht. Erstens hat die Rechtsprechung hierzu zivilrechtliche Auskunftsansprüche entwickelt. Diese sind in Ermangelung von speziellen Anspruchsgrundlagen auf Generalklauseln im Wege richterlicher Rechtsfortbildung gestützt. Diesen Weg der Konstruktion derartiger Ansprüche hat das BVerfG jüngst generell in Frage gestellt.[121] Zwar betrifft die Entscheidung lediglich den Auskunftsanspruch des Scheinvaters gegen die Mutter auf Nennung des Samenspenders, die Entscheidung kann jedoch Auswirkung auf andere, ähnlich konstruierte Ansprüche zeitigen. Es ist damit nicht mehr sicher, ob einer Person im konkreten Fall eine Anspruchsgrundlage zur Verfügung gestellt werden kann. Der Gesetzgeber sollte hier Abhilfe schaffen.

Darüber hinaus wird das Recht auf Kenntnis der eigenen Abstammung/Abkömmlinge im Rahmen von Registerlösungen gewährleistet. Ein durch heterologe Samenspende gezeugtes Kind kann neuerdings zur Klärung seiner genetischen Abstammung ab Vollendung des 16. Lebensjahres alleine einen Auskunftsanspruch beim Deutschen Institut für Medizinische Dokumentation und Information, wo ein Spenderregister geführt wird, geltend machen. Das Spenderregister sollte allerdings um weitere Konstellationen erweitert werden, beispielsweise sollte es auch Embryonenspenden und Leihmutterschaften erfassen. Um der grenzüberschreitenden Dimension medizinisch-assistierter Reproduktion gerecht zu werden, sollte eine internationale Vernetzung der Spenderregister nach Vorbild der Gesellschafts- und Insolvenzregister vorangetrieben werden.

Darüber hinaus sollte § 1598a BGB, der ein statusfolgenloses Abstammungsklärungsverfahren beinhaltet, erweitert werden. Auch genetische, nicht rechtliche Elternteile sollten anspruchsberechtigt und anspruchsverpflichtet sein. Zum Schutz der Beteiligten sollte an eine Anspruchsgeltendmachung allerdings erhöhte Anforderungen geküpft werden. Es sollte der schlüssige Vortrag von Umständen erforderlich sein, die für die genetische Elternschaft sprechen. Auch in Konstellationen medizinisch-assistierter Reproduktion sollte eine Klärung der Abstammung möglich sein, auf Verlangen des Spenders jedoch nur dann, wenn sein Klärungsinteresse das Interesse der übrigen Beteiligten am Schutz der Fa-

---

[121] *BVerfG,* Beschluss vom 24.2.2015 – 1 BvR 472/14, NZFam 2015, 355.

milie und Intimsphäre deutlich überwiegt. Auch entferntere Verwandte sollten in den Kreis der Anspruchsverpflichteten nach Vorbild des § 178 I FamFG aufgenommen werden. Ein eigenes Antragsrecht sollte ihnen jedoch nicht zustehen. Die Abstammungsbegutachtung sollte auch weiterhin privat erfolgen. Es sollte keine gerichtliche Tenorierung der genetischen Abstammung vorgesehen werden.

§ 6 Sachverhalte mit Auslandsbezug

Die vorliegende Arbeit hat sich bislang im Wesentlichen mit der Erarbeitung der normativen Elemente eines modernen Elternschaftsrechts mit Blick auf das Inland befasst. § 6 wendet sich nun Sachverhalten mit Auslandsbezug zu. Bereits an vielen Stellen dieser Arbeit ist angeklungen, dass Fortpflanzungsentscheidungen, Elternschaft und Kindschaft nicht immer nur in rein auf die Bundesrepublik Deutschland bezogenen Sachverhaltskonstellationen vorkommen. Vielfach finden Reproduktion und Geburt im Ausland statt. Auch kann die Familiengründung im Inland unter Beteiligung eines Ausländers erfolgen. Zwei von zehn im Jahre 2015 geborenen Kindern hatten beispielsweise eine Mutter mit ausländischer Staatsangehörigkeit.[1] Lebensverläufe von Familien sind darüber hinaus heute meist nicht mehr streng ortsgebunden. In einer globalisierten Welt und einem Europa der offenen Binnengrenzen gehört es zu den Alltäglichkeiten, dass Familien die Grenzen überschreiten und sich in einem anderen Staat und damit auch in einem anderen Rechtsregime niederlassen. Welche Auswirkungen derartige Konstellationen auf die rechtliche Eltern-Kind-Beziehung zeitigen, und wie das hierauf anwendbare Recht zu bestimmen ist, ist Gegenstand dieses Kapitels.

Unter (A.) wird daher die Bestimmung des anwendbaren Rechts der rechtlichen Eltern-Kind-Zuordnung behandelt. Abschnitt (B.) wird sich der Anerkennung von im Ausland zustande gekommenen Eltern-Kind-Beziehungen im Inland widmen. Das Kapitel schließt (C.) mit einer Zusammenfassung.

A. Bestimmung des anwendbaren Rechts der rechtlichen Eltern-Kind-Zuordnung

Das auf die rechtliche Eltern-Kind-Zuordnung anwendbare Recht wird durch das deutsche internationale Privatrecht bestimmt.[2] Das internationale Abstammungsrecht findet sich konkret in Art. 19 ff. EGBGB. Der Gesetzgeber hat hier ein ausdifferenziertes System von Anknüpfungsnormen geschaffen, die zur Ermittlung des anwendbaren Rechts im jeweiligen Fall heranzuziehen sind. Das Abstammungsstatut, d.h. das Recht, das die originäre Eltern-Kind-Zuordnung bestimmt,[3] wird hierbei über Art. 19 EGBGB ermittelt. Für die Anfechtung der

---

[1] Statistisches Bundesamt, Pressemitteilung v. 21.9.2016-332/16, www.destatis.de (zuletzt geprüft am 10.02.2017).

[2] *Rauscher,* Internationales Privatrecht, 2017, 265 Rn. 989.

[3] MüKoBGB/*Helms,* Art. 19 EGBGB Rn. 1; BeckOK BGB/*Heiderhoff,* Art. 19 EGBGB Rn. 1.

Elternschaft ist hingegen Art. 20 EGBGB die einschlägige Bestimmung. Vom Abstammungsstatut zu unterscheiden ist ferner die Begründung der Elternschaft durch Adoption. Das Adoptionsstatut unterfällt Art. 22 EGBGB. Zusätzlich zu beachten ist Art. 23 EGBGB, der Sonderbestimmungen über die Zustimmung (z. B. zu einer Elternschaftsanerkennung oder Adoption) enthält.

I. Qualifikationsfragen

Aufgrund des vorstehend kurz umrissenen Systems von Anknüpfungsnormen können sich mit Blick auf bestimmte Fallkonstellationen letztlich Qualifikationsfragen stellen. Das bedeutet, es kann mit Blick auf einen bestimmten Lebenssachverhalt fraglich sein, unter welche Kollisionsnorm er zu subsumieren ist.[4] Diese Frage ist bedeutend, da die Bestimmung des anwendbaren Rechts von Kollisionsnorm zu Kollisionsnorm unterschiedlich ausgestaltet ist. Unzweifelhaft unterfallen dem Abstammungsstatut des Art. 19 EGBGB die Voraussetzungen der automatischen Elternschaftszuordnung kraft Gesetzes, der Elternschaftszuordnung durch Elternschaftsanerkennung und jene der Elternschaftszuordnung durch gerichtliche Feststellung der Elternschaft. Auch Ansprüche aus § 1598a BGB[5] sind hierunter zu fassen.[6] Im Folgenden werden einige Problemfragen der Qualifikation näher behandelt.

1. Abstammungsfeststellung für kryokonservierte Embryonen

Vor kürzerer Zeit hat sich die Frage gestellt, nach welchen Kollisionsnormen sich das auf die gerichtliche Vaterschaftsfeststellung an kryokonservierten Embryonen anwendbare Recht ermitteln lässt. Eine solche Feststellungsmöglichkeit ist im deutschen materiellen Recht nicht vorgesehen, vgl. dazu bereits eingehend § 4 S. 347 ff. Auch das EGBGB kennt keine gesonderte Kollisionsnorm für derartige Fälle. Da ein Mann in einem gerichtlichen Verfahren vor deutschen Gerichten die Feststellung seiner Vaterschaft an in den USA eingefrorenen Embryonen mit dem Ziel begehrt hatte, diese „zur Geburt führen" zu können,[7] wurde die Frage der Ermittlung des auf diese Feststellung anwendbaren Rechts relevant. In der Instanzrechtsprechung ist eine Subsumtion unter Art. 19 EGBGB abgelehnt worden, da ein kryokonservierter Embryo nicht als Kind i. S. d. Bestimmung angesehen werden könne und eine analoge Anwendung mangels planwidriger Regelungslücke nicht in Betracht komme.[8] Der BGH ist dem zu Recht entgegenge-

---

[4] Zur Qualifikation allgemein siehe *Rauscher,* Internationales Privatrecht, 2017, 113 Rn. 448 ff.

[5] A. A. MüKoBGB/*Helms,* Art. 19 EGBGB Rn. 38.

[6] Zu allem *Rauscher,* Internationales Privatrecht, 2017, 991 ff.; MüKoBGB/*Helms,* Art. 19 EGBGB Rn. 30 ff.

[7] *OLG Düsseldorf,* Beschl. v. 31.7.2015 – II-1 UF 83/14, FamRZ 2015, 1979.

[8] *OLG Düsseldorf,* Beschl. v. 31.7.2015 – II-1 UF 83/14, FamRZ 2015, 1979 mit zu Recht sehr kritischer Anmerkung *Mankowski* und *Coester-Waltjen.*

treten und hat eine analoge Anwendung des Art. 19 EGBGB erwogen.[9] Die sich bei der Ermittlung des anwendbaren Rechts insoweit stellenden Fragen sind vergleichbar mit jenen bei der Feststellung der Abstammung bei einem bereits geborenen Kind.[10] Es ist daher durchaus sinnvoll, die Ermittlung des anwendbaren Rechts ebenfalls nach Art. 19 EGBGB zu bestimmen. Die Regelung ist damit analog auf diese Fälle anwendbar. Zutreffend beschränkt der BGH die analoge Anwendung allerdings auf Art. 19 I 2 EGBGB und bestimmt das anwendbare Recht nach dem Personalstatut des betreffenden Elternteils.[11] Dies ist, wie der BGH ausführt, deshalb sinnvoll, da ein kryokonservierter Embryo mangels besonderer Bindungsschwerpunkte an einem bestimmten Ort keinen eigenen gewöhnlichen Aufenthalt hat, und die Aufenthaltsbestimmung nach dem Lagerort letztlich willkürlich wäre.[12] Auch auf Art. 19 I 3 EGBGB kann nicht abgestellt werden, da es bei einem noch kryokonservierten Embryo an einem maßgeblichen Geburtszeitpunkt und somit an Vergleichbarkeit fehlt.[13] Das auf die Feststellung der Elternschaft für kryokonservierte Embryonen anwendbare Recht ist daher gem. Art. 19 I 2 EGBGB analog zu bestimmen.

2. Elternschaftsbegründung bei gleichgeschlechtlichen weiblichen Paaren ("Mit-Mutterschaft")

Darüber hinaus stellt sich die Qualifikationsfrage bei rechtlichen Eltern-Kind-Verhältnissen von gleichgeschlechtlichen weiblichen Paaren. Viele Staaten ermöglichen bereits eine automatische, durch Anerkennung begründete bzw. eine durch gerichtliche Feststellung hergestellte Mutterschaft der weiblichen Partnerin der Geburtsmutter ("Mit-Mutter").[14] In der Literatur ist diesbezüglich die Ansicht vertreten worden, die Zuordnung der Mit-Mutter sei dem Adoptionsstatut zu unterstellen.[15] Dem ist entgegenzuhalten, dass die Mit-Mutterschaftszuordnung sich in den meisten Rechtsordnungen nach denselben oder ähnlichen Rege-

---

[9] *BGH*, Beschl. v. 24.8.2016 – XII ZB 351/15, NJW 2016, 3174, 3175 mit Anmerkung *Dutta/Hammer*, FamRZ 2016, 1852. Dafür auch MüKoBGB/*Helms*, Art. 19 EGBGB Rn. 37. Siehe hierzu den Nichtannahmebeschluss des *BVerfG*, Beschl. v. 11.1. 2017 – 1 BvR 2322/16 (*Nichtannahmebeschluss*), NZFam 2017, 168 zur Verfassungsbeschwerde gegen die vorstehende Entscheidung des BGH, die aufgrund fehlender Substantiierung nicht zur Entscheidung angenommen wurde.

[10] Wie hier bereits Mankowski und Coester-Waltjen in ihren zu Recht sehr krit. Anm. zur vorstehenden Entscheidung des *OLG Düsseldorf*, Beschl. v. 31.7.2015 – II-1 UF 83/14, FamRZ 2015, 1979; ebenso auch *Mayer*, IPRax 2016, 432; vgl. auch BeckOGK/*Reuß*, § 1600d BGB Rn. 67.

[11] So auch BeckOK BGB/*Heiderhoff*, Art. 19 EGBGB Rn. 18.

[12] *BGH*, Beschl. v. 24.8.2016 – XII ZB 351/15, NJW 2016, 3174.

[13] *BGH*, Beschl. v. 24.8.2016 – XII ZB 351/15, NJW 2016, 3174.

[14] Dazu siehe eingehend den Rechtsvergleich in § 4 S. 309 ff.

[15] *Andrae*, Internationales Familienrecht, 2014, 377 Rn. 54; vgl. ferner *Andrae*, StAZ 2015, 163 ff.

lungen vollzieht, die auch für die Zuordnung der Vaterschaft gelten. Die Zuordnungssystematik stellt somit ihrer Funktion nach eine originäre Elternschaftszuordnung und keine Veränderung der Statuszuordnung durch Adoption dar.[16] Es entspricht der Interessenlage der Beteiligten daher eher, die Zuordnung der Mit-Mutter in Gleichbehandlung mit der Vaterzuordnung dem nach Art. 19 EGBGB ermittelten Recht zu unterstellen. Auch bei gleichgeschlechtlichen weiblichen Paaren bestimmt sich somit das auf die Mutterzuordnung anwendbare Recht nach Art. 19 EGBGB.

3. Elternschaftsbegründung bei Leihmutterschaft

Auch eine Elternschaftsbegründung bei Leihmutterschaftsfällen sollte letztlich Art. 19 EGBGB und nicht Art. 22 EGBGB unterstellt werden.[17] Erstens sind Leihmutterschaftskonstellationen in der Regel der originären Elternzuordnung näher als der Adoption, da es letztlich um die Zuordnung der Elternschaft für ein Kind geht, dass im Rahmen der Leihmutterschaftsdurchführung erst gezeugt wurde. Darüber hinaus sind in vielen Fällen die Wunscheltern bzw. zumindest einer der Wunschelternteile mit dem Kind genetisch verwandt, so dass die Elternschaftszuordnung dem Regelfall originärer Elternzuordnung nach § 1591 ff. BGB näher steht als der Adoption, bei der es an einer genetischen Verwandtschaft im Regelfall fehlt. Ferner sind auch die Mechanismen, die in den entsprechenden Rechtsordnungen vorgehalten werden in der Regel so ausgestaltet, dass eine Elternschaftszuordnung möglichst nahe am Geburtszeitpunkt bewirkt wird,[18] was ebenfalls für die Nähe zu Art. 19 EGBGB spricht. Auch auf die Zuordnung der Wunscheltern bei Leihmutterschaft sollte somit Art. 19 EGBGB angewandt werden.

4. Statuswechsel durch qualifiziertes Anerkenntnis

Probleme bei der Qualifikation können letztlich auch Instrumente eines Statuswechsels durch qualifizierte Anerkennung bereiten. Das geltende deutsche Recht kennt ein solches mit § 1599 II BGB. In § 4 wurde darüber hinaus eine Ausweitung des Instruments vorgeschlagen. Mit Blick auf dessen Wirkungen ist für die

---

[16] *BGH,* Beschl. v. 20.4.2016 – XII ZB 15/15, NJW 2016, 2322; *Coester-Waltjen,* IPRax 2016, 132; *Frie,* FamRZ 2015, 889, 890; *Wall,* StAZ 2017, 280 f.; MüKoBGB/ *Helms,* Art. 19 EGBGB Rn. 34 m.w.N.; vgl. monographisch *Weber,* Gleichgeschlechtliche Elternschaft im Internationalen Privatrecht, 2017, 61 ff.

[17] So auch *Rauscher,* Internationales Privatrecht, 2017, 266 Rn. 991; MüKoBGB/ *Helms,* Art. 19 EGBGB Rn. 30; *OLG Stuttgart,* Beschl. v. 7.2.2012 – 8 W 46/12, NJW-RR 2012, 389; *Benicke,* StAZ 2013, 101, 106; *Wedemann,* Konkurrierende Vaterschaften und doppelte Mutterschaft im Internationalen Abstammungsrecht, 2005, 131 ff.; differenzierend allerdings: *Weber,* Gleichgeschlechtliche Elternschaft im Internationalen Privatrecht, 2017, 66 ff.

[18] Vgl. oben § 4 S. 445 ff.

internationalprivatrechtliche Einordnung zu unterscheiden:[19] Sofern es um die Beseitigung der Vaterschaft des früheren Ehegatten geht, ist § 1599 II BGB anfechtungsrechtlich zu klassifizieren, da er die Wirkung des Anfechtungsverfahrens ersetzt.[20] Es findet daher Art. 20 EGBGB (nach BGH analoge) Anwendung. Sofern es allerdings um die Vaterzuordnung durch Anerkennung geht, ist auf Art. 19 EGBGB abzustellen, da die Vaterschaftsanerkennung originär elternschaftsbegründende Wirkungen zeitigt.[21] Friktionen sollte es mit Blick auf diese Unterteilung nicht geben, da Art. 20 EGBGB das Anfechtungsstatut dem Abstammungsstatut weitgehend gleichschaltet,[22] indem es die Anfechtung jeweils dem Recht unterstellt, dem auch die Abstammungsbeziehung entstammt. Lediglich Art. 20 S. 2 EGBGB lässt hiervon abweichend die Anfechtung durch das Kind nach dem Recht dessen gewöhnlichen Aufenthalts zu.

II. Anknüpfungssystematik des Art. 19 EGBGB

Das anwendbare Abstammungsrecht kann nach Art. 19 EGBGB auf dreifache Weise bestimmt werden. Art. 19 I 1 EGBGB erklärt das Recht des Staates für anwendbar, in dem das Kind seinen gewöhnlichen Aufenthalt hat. Art. 19 I 2 EGBGB verweist alternativ im Verhältnis zu jedem Elternteil[23] auf das Recht des Staates, dem der jeweilige Elternteil angehört. Art. 19 I 3 EGBGB stellt im Fall einer verheirateten Mutter auf das nach Art. 14 I EGBGB ermittelte Recht der allgemeinen Ehewirkungen im Zeitpunkt der Geburt des Kindes ab.[24]

1. Alternativität der Anknüpfungsvarianten

Art. 19 EGBGB enthält letztlich drei gleichberechtigt nebeneinander stehende Anknüpfungsvarianten zur Ermittlung des anwendbaren Rechts.[25] Das auf das

---

[19] A.A. MüKoBGB/*Helms,* Art. 19 EGBGB Rn. 38, der auf Art. 20 EGBGB verweist.

[20] *BGH,* Urt. v. 23.11.2011 – XII ZR 78/11, NJW-RR 2012, 449, 450 f.; *Dutta,* StAZ 2016, 200, 202; kritisch *Freitag,* StAZ 2013, 333; *Wedemann,* StAZ 2012, 225.

[21] Vgl. eingehend bereits BeckOGK/*Reuß,* § 1598a BGB Rn. 184.

[22] Hierzu und zum Streit über die Alternativanknüpfung *Waldburg,* Anpassungsprobleme im internationalen Abstammungsrecht, 2001, 47 f.

[23] Zum umstrittenen Verständnis des Begriffs vgl. *Henrich* in: Hofer/Klippel/Walter (Hrsg.), Perspektiven des Familienrechts, 2005, 1141, 1147 f.; *Benicke,* StAZ 2013, 101, 106 f.

[24] Zur Problematik ob die Norm auf gleichgeschlechtliche Lebenspartner/Ehegatten Anwendung findet MüKoBGB/*Coester,* Art. 17b EGBGB Rn. 71 ff. (analoge Anwendung); BeckOK BGB/*Heiderhoff,* Art. 19 EGBGB Rn. 18 sowie *BGH,* Beschl. v. 20.4. 2016 – XII ZB 15/15, NJW 2016, 2322.

[25] *BGH,* Beschl. v. 3.8.2016 – XII ZB 110/16, NJW 2016, 3171, 3172; *OLG München,* Beschl. v. 19.7.2016 – 31 Wx 403/15, FamRZ 2016, 1599, 1600; Palandt/*Thorn,* Art. 19 EGBGB Rn. 2; *Rauscher,* Internationales Privatrecht, 2017, 268 Rn. 997;

rechtliche Eltern-Kind-Verhältnis anzuwendende Recht kann somit aus allen drei Anknüpfungsvarianten ermittelt werden. Damit unterliegt Art. 19 I EGBGB der Gedanke eines *favor filiationis,* d.h. die Herstellung der Eltern-Kind-Zuordnung soll möglichst begünstigt werden, damit einem Kind möglichst schnell und sicher ein Elternteil zugeordnet werden kann.[26] Ist dies nach einer Anknüpfungsvariante nicht möglich, stehen letztlich zwei weitere Varianten bereit, aus denen sich die Zuordnung ergeben kann. Die Elternlosigkeit ist somit keine der positiven Eltern-zuordnung vorzuziehende Alternative.[27]

Die Alternativität der Anknüpfung bei der Abstammungsbegründung spiegelt sich letztlich bei der deren Aufhebung wider. Die Bestimmung des Anfechtungs-statuts nach Art. 20 EGBGB bestimmt, dass die Anfechtung nach jedem Recht erfolgen kann, aus dem sich ihre Voraussetzungen ergeben.[28] Dies schaltet das auf die Anfechtung und das auf die Abstammung anwendbare Recht im Wesent-lichen gleich und vermeidet so Friktionen, die sich durch die Aufteilung eines einheitlichen Lebenssachverhalts auf die verschiedenen Kollisionsnormen erge-ben könnten. Art. 20 EGBGB unterliegt mit der Alternativität der Anknüpfungen allerdings kein *favor filiationis* sondern ein *favor veritas.* Die Herstellung von Statuswahrheit soll somit begünstigt werden.[29]

De lege ferenda ist vorgeschlagen worden, an der Alternativität der Anknüp-fungen des Art. 19 EGBGB nur begrenzt festzuhalten. D.h. konkret: gesetzliche Zuordnungen sollen künftig nur noch dem Recht am gewöhnlichen Aufenthalt des Kindes unterliegen. Begründet wird dies mit der leichten Feststellbarkeit des wirklichen Vaters in der heutigen Zeit.[30] Dies lässt letztlich zum einen außer Acht, dass im materiellen Recht kein Hierarchieverhältnis von gesetzlicher, durch Anerkennung hergestellter und gerichtlich festgestellter Elternschaft be-steht. Die hergestellten Eltern-Kind-Beziehungen sind vielmehr gleichwertig.

Kropholler, Internationales Privatrecht, 2006, 409; *Wedemann,* Konkurrierende Vater-schaften und doppelte Mutterschaft im Internationalen Abstammungsrecht, 2005, 157; *Waldburg,* Anpassungsprobleme im internationalen Abstammungsrecht, 2001, 31 ff. Zu Reformüberlegungen siehe *Heiderhoff,* NJW 2014, 2673, 2677. A.A. *Kegel/Schurig,* Internationales Privatrecht, 2004, § 20 X 2; *Hoffmann/Thorn,* Internationales Privat-recht, 2007, § 8 Rn. 132.

[26] *BGH,* Beschl. v. 3.8.2016 – XII ZB 110/16, NJW 2016, 3171.

[27] *BGH,* Beschl. v. 3.8.2016 – XII ZB 110/16, NJW 2016, 3171, 3173; *Rauscher,* Internationales Privatrecht, 2017, 269 Rn. 1003.

[28] Vgl. anschaulich *OLG Karlsruhe,* Beschl. v. 20.7.2017 – 18 UF 59/16, NJOZ 2017, 1506, 1508 f.; MüKoBGB/*Helms,* Art. 20 EGBGB Rn. 3 m.w.N. Für Beibe-haltung *de lege ferenda* Siehr in: Hilbig-Lugani/Jakob/Mäsch u.a. (Hrsg.), Zwischen-bilanz, 2015, 769, 777 f.

[29] *Rauscher,* Internationales Privatrecht, 2017, 272 Rn. 1013.

[30] *Siehr* in: Hilbig-Lugani/Jakob/Mäsch u.a. (Hrsg.), Zwischenbilanz, 2015, 769, 772 (bei der Anerkennung und gerichtlichen Feststellung allerdings beibehaltend); zu dem im Auftrag des Deutschen Rats für Internationales Privatrecht entsürechend ausge-arbeiteten Vorschlag für eine Reform des Art. 19 EGBGB *Siehr,* StAZ 2015, 258 ff.

Dies sollte auch das Kollisionsrecht dadurch widerspiegeln, dass es keinen Unterschied für die jeweiligen Zuordnungsmechanismen vorsieht. Darüber hinaus ist zum anderen auch mit Blick auf Elternzuordnungen durch gesetzliche Vermutungsregelungen eine Alternativität sinnvoll. Insbesondere kennt nicht jede Rechtsordnung eine automatische Elternschaft der gleichgeschlechtlichen Ehegattin bzw. eingetragenen Lebenspartnerin der Geburtsmutter. Hat das Kind seinen gewöhnlichen Aufenthalt beispielsweise in einem Staat, der eine entsprechende Regelung nicht kennt, wäre eine Zuordnung zur Ehegattin der Geburtsmutter nicht ohne zusätzliche Elternschaftsanerkennung (die nach dem Vorschlag weiterhin alternativ angeknüpft werden kann) möglich. Das erscheint mit Blick auf das Kind und dessen Interesse an der zügigen und rechtssicheren Herstellung einer rechtlichen Eltern-Kind-Beziehung jedoch wenig interessengerecht. An der Alternativität sollte somit auch künftig festgehalten werden.

2. Probleme bei konkurrierender Elternschaftszuordnung

Probleme können sich aufgrund dieser Alternativität der Anknüpfungsvarianten letztlich dann stellen, wenn die einzelnen Anknüpfungsvarianten zu konkurrierenden Elternzuordnungen führen.[31] Ein klassisches Beispiel hierfür findet sich beispielsweise in deutsch-polnischen Fallkonstellationen: Das polnische Recht kennt, anders als das deutsche, eine Zuordnung des geschiedenen Ehemannes der Geburtsmutter, wenn das Kind innerhalb einer bestimmten Zeit nach der Scheidung geboren wird. Ist die Mutter im Geburtszeitpunkt mit einem neuen Partner liiert, der die Vaterschaft für das Kind pränatal anerkannt hat,[32] und hat das Kind seinen gewöhnlichen Aufenthalt in Deutschland, führt die Anknüpfung an den gewöhnlichen Aufenthalt nach Art. 19 I 1 EGBGB zur Vaterschaft des Anerkennenden, vgl. § 1592 Nr. 2 BGB. Die Variante des Art. 19 I 2 EGBGB knüpft im Verhältnis zum jeweiligen Elternteil an dessen Staatsangehörigkeit an. Ist der frühere Ehemann der Mutter beispielsweise polnischer Staatsangehöriger, verweist Art. 19 I 2 EGBGB auf polnisches Recht, es kommt über diese Anknüpfungsvariante somit zur rechtlichen Vaterschaft des früheren Ehemannes der Mutter.[33]

---

[31] Die Problematik konkurrierender Elternschaft stellt sich v.a. bei der Vaterschaft. Auch bei der Mutterschaft ist sie denkbar, etwa in Leihmutterschaftskonstellationen, dazu *Wedemann,* Konkurrierende Vaterschaften und doppelte Mutterschaft im Internationalen Abstammungsrecht, 2005, 131 ff.; *Lederer,* Grenzenloser Kinderwunsch – Leihmutterschaft im nationalen, europäischen und globalen rechtlichen Spannungsfeld, 2016, 133 ff.

[32] Bei postnataler Anerkennung sperrt die automatische gesetzliche Zuordnung die Zuordnung des Anerkennenden, so dass sich ein Konfliktfall nicht ergibt, vgl. *BGH,* Beschl. v. 19.7.2017 – XII ZB 72/16, NJW 2017, 2911; *OLG Jena,* Beschl. v. 27.1.2017 – 1 WF 525/16, NZFam 2017, 283.

[33] Beispielhaft *BGH,* Beschl. v. 19.7.2017 – XII ZB 72/16, NJW 2017, 2911; *KG,* Beschl. v. 5.1.2016 – 1 W 675/15, FamRZ 2016, 922.

Entsprechende Situationen können sich auch bei zwei gleichzeitig vorgeburtlich erklärten Elternschaftsanerkennungen ergeben.[34] Realistisch kann es hierzu beispielsweise in deutsch-österreichischen Fällen kommen: die Elternschaftsanerkennung nach österreichischem Recht bedarf nämlich nicht der Zustimmung der Mutter, vgl. § 4 S. 337 ff., so dass es bei einer unverheirateten Mutter mit österreichischer Staatsangehörigkeit durchaus vorkommen kann, dass der ehemalige Partner, der ebenfalls die österreichische Staatsangehörigkeit besitzt, in Österreich vorgeburtlich eine Anerkennung erklärt und der neue Partner dies in Deutschland, dem Ort des neuen gewöhnlichen Aufenthalts des Kindes, ebenfalls tut (hier allerdings mit Zustimmung der Mutter nach § 1595 I BGB). Beide Anerkennungen wirken zum Geburtszeitpunkt. Art. 23 EGBGB steht dem nicht entgegen, da das Kind aufgrund der Abstammung von der Mutter österreichischer Staatsangehöriger ist.[35] Auch hier könnte sich über Art. 19 I 1, 2 EGBGB eine konkurrierende Vaterzuordnung ergeben.

a) Lösungsansätze

Wie derartige Konfliktfälle aufzulösen sind, ist im Einzelnen höchst umstritten. Die Meinungsvielfalt ist kaum zu überblicken. Übereinstimmung herrscht letztlich nur insoweit, als die Lösung im Günstigkeitsprinzip[36] zu suchen ist. Uneinigkeit besteht jedoch dahingehend, welche Kriterien die günstigste Alternative bestimmen sollen.[37]

aa) Priorität

Die herrschende Ansicht verfährt nach dem Prioritätsgrundsatz und sieht das Recht als das günstigste an, das die Abstammungszuordnung zuerst bewirkt.[38] Als allgemein tragfähige Lösung kann dies jedoch nicht dienen, denn der Ansatz

---

[34] Vgl. darauf hinweisend *Rauscher,* Internationales Privatrecht, 2017, 270 Rn. 1004.

[35] Rieck – Ausländisches Familienrecht/*Nademleinsky,* Österreich Rn. 39. Zu hinkenden Statusverhältnissen, die aus Art. 23 EGBGB entstehen können, *Frie,* StAZ 2016, 161 ff.

[36] *BGH,* Beschl. v. 3.8.2016 – XII ZB 110/16, NJW 2016, 3171; vgl. eingehend BeckOK BGB/*Heiderhoff,* Art. 19 EGBGB Rn. 22; *Rauscher,* Internationales Privatrecht, 2017, 270 Rn. 1005; *Waldburg,* Anpassungsprobleme im internationalen Abstammungsrecht, 2001, 33 f.

[37] Eingehend zum Streitstand BeckOK BGB/*Heiderhoff,* Art. 19 EGBGB Rn. 22 ff.; *Rauscher,* Internationales Privatrecht, 2017, 270 Rn. 1005 ff. Zur Problematik und Streitdarstellung eingehend *Frie,* StAZ 2017, 104, 106 f.; vgl. monographisch *Weber,* Gleichgeschlechtliche Elternschaft im Internationalen Privatrecht, 2017, 74 ff.

[38] *KG,* Beschl. v. 2.12.2014 – 1 W 562/13, BeckRS 2015, 1229; *OLG Karlsruhe,* Beschl. v. 15.1.2016 – 20 UF 133/15, BeckRS 2016, 01545; *Rauscher,* Internationales Privatrecht, 2017, 270 Rn. 1005 m.w.N. De lege ferenda Siehr in: Hilbig-Lugani/Jakob/ Mäsch u.a. (Hrsg.), Zwischenbilanz, 2015, 769, 774 ff.

zeigt dann Schwächen, wenn – wie in den beschriebenen Beispielsfällen – die berufenen Rechte die Zuordnung gleichzeitig bewirken.[39]

bb) Genetische Elternschaft

Eine weitere Ansicht möchte daher in den genannten Fällen dem genetischen Vater, jedenfalls der Person, die am wahrscheinlichsten der genetische Elternteil ist, den Vorrang einräumen.[40] Hiergegen lässt sich zweierlei einwenden: Erstens zwingt dieser Ansatz dazu, die genetischen Abstammungsverhältnisse durch tatsächliche Abstammungsbegutachtung festzustellen. Dies erscheint vor dem Hintergrund der möglichen Beeinträchtigung des Familienfriedens letztlich nicht angebracht, zumal auch nicht zwingend ist, dass die genetische Abstammung für die materiell-rechtliche Eltern-Kind-Zuordnung überhaupt entscheidend ist. Man denke nur an die Zuordnungsmöglichkeit der weiblichen Partnerin der Geburtsmutter. Darüber hinaus überbetont dieser Ansatz die Bedeutung genetischer Abstammung und ist vor dem Hintergrund der Gleichwertigkeit genetischer, biologischer und sozialer Elternschaft abzulehnen.[41]

cc) Wahlrecht

Eine weitere Ansicht will sich damit behelfen, indem sie dem Kind ein faktisch durch die Mutter ausgeübtes Wahlrecht zugesteht.[42] Sie soll somit die Möglichkeit haben, das anzuwendende Recht zu wählen. Dies erscheint allerdings mit Blick auf die darin enthaltene Machtposition und die fehlende Berücksichtigung der Interessen der beteiligten Elternschaftsprätendenten sowie des Kindes nicht rechtfertigbar, und ist deshalb abzulehnen.[43]

dd) Vorrang gesetzlicher Zuordnung

Demgegenüber ist weiter vorgeschlagen worden, in einem Konfliktfall der Zuordnung den Vorzug zu geben, die die Elternschaft *ipso iure* zuordnet.[44] Dies wäre im deutsch-polnischen Beispielsfall letztlich die Zuordnung nach polni-

---

[39] Vgl. so auch BeckOK BGB/*Heiderhoff,* Art. 19 EGBGB Rn. 23.

[40] Beispielhaft BayObLGZ 2002, 4; *OLG Frankfurt a. M.,* 4 WF 57/01, BeckRS 2001, 14383. So auch *Hepting,* StAZ 2010, 33, 35.

[41] Zur Gleichwertigkeit der Elternschaftssegmente siehe § 2 S. 223 ff.

[42] Beispielhaft Palandt/*Thorn,* Art. 19 EGBGB Rn. 6; so auch Palandt/*Heldrich,* Art. 19 EGBGB Rn. 6 (62. Auflage 2003); *Witzleb* in: Witzleb/Ellger/Mankowski u. a. (Hrsg.), Festschrift für Dieter Martiny zum 70. Geburtstag, 2014, 203, 222 (materielles Kindeswohl oder Wahlrecht); vgl. zur Ansicht der Vorinstanz BayObLGZ 2002, 4, 9.

[43] BayObLGZ 2002, 4; *Rauscher,* Internationales Privatrecht, 2017, 270 Rn. 1006.

[44] So vertreten beispielhaft von *Rauscher,* Internationales Privatrecht, 2017, 270 Rn. 1007.

schem Recht, da das deutsche Recht die Zuordnung durch privatautonomen Anerkennungsakt herbeiführt. Auch diese Ansicht ist letztlich abzulehnen, da sie keine Lösung in Fällen darstellen kann, in denen eine gleichzeitig wirkende Anerkennung vorliegt. Die Lösung bleibt daher auf halbem Weg stehen.[45]

ee) Kindeswohl

Demgegenüber ist in Literatur und Rechtsprechung in jüngerer Zeit vorgeschlagen worden, sich bei der Entscheidung zwischen den Alternativen vom abstrakt-generell verstandenen Kindeswohl leiten zu lassen.[46] Hierbei werden insbesondere die materiell-rechtlichen Wertungen der §§ 1591 ff. BGB herangezogen, und hierüber versucht, zu einer dem Kindeswohl entsprechenden Zuordnung zu gelangen.[47] Dies muss sich jedoch den Vorwurf gefallen lassen, dass das Kollisionsrecht auf diese Weise mit materiell-rechtlichen Wertungen aufgeladen wird. Aufgabe des Internationalen Privatrechts ist es aber letztlich nicht einen Fall zu entscheiden, sondern einen Sachverhalt einer Rechtsordnung zuzuweisen, nach deren Bestimmungen der Fall entschieden werden kann.[48] Auch diese Vorgehensweise ist daher abzulehnen.

ff) Tatsächliche Verantwortungsträgerschaft

Letztlich sollte die Lösung der genannten Konfliktfalle mit einem Blick auf die Funktion der alternativen Anknüpfung des Art. 19 EGBGB und des Elternschaftsrechts im Allgemeinen gefunden werden können. Das Elternschaftsrecht hat unter dem Blickwinkel des Kindeswohls die Aufgabe, einem Kind Personen als Eltern zuzuweisen, die die tatsächliche Verantwortung für das Kind möglichst dauerhaft tragen.[49] Es geht dem Elternschaftsrecht hingegen nicht darum, den besten Elternteil für das Kind zu finden, sondern ihm überhaupt Eltern zuzuweisen. Kindeswohlerwägungen können bei dieser Zuweisung nur abstrakt-generell berücksichtigt werden. Art. 19 EGBGB knüpft an diese Zwecksetzung an und erstrebt über die Alternativität der Anknüpfungsvarianten dem Kind Eltern zuzuweisen, die möglichst dauerhaft für das Kind Verantwortung tragen werden.

---

[45] Ablehnend auch MüKoBGB/*Helms,* Art. 19 EGBGB Rn. 22 m.w.N.

[46] *OLG München,* Beschl. v. 19.7.2016 – 31 Wx 403/15, FamRZ 2016, 1599, 1600; *OLG Karlsruhe,* Beschl. v. 2.2.2015 – 11 Wx 65/14, BeckRS 2015, 6240; BeckOK BGB/*Heiderhoff,* Art. 19 EGBGB Rn. 24 ff. (abstrakt-generell verstandenes Kindeswohl); vgl. so auch *Wedemann,* Konkurrierende Vaterschaften und doppelte Mutterschaft im Internationalen Abstammungsrecht, 2005, 103 ff.

[47] A.A., da für stete Zuordnung des sozialen Elternteils in Leihmutterschaftsfällen *Sitter,* Grenzüberschreitende Leihmutterschaft – Eine Untersuchung des materiellen und internationalen Abstammungsrechts Deutschlands und der USA, 2017, 310.

[48] Zu Recht ablehnend daher MüKoBGB/*Helms,* Art. 19 EGBGB Rn. 13.

[49] Siehe § 3 S. 247 ff.

Hierfür sollen möglichst viele Wahlmöglichkeiten zur Verfügung stehen, um zu verhindern, dass das Kind elternlos bleibt. Bestehen hingegen mehrere Anknüpfungsvarianten, die verschiedene Personen gleichzeitig als Eltern zuweisen, ist die wichtigste Aufgabe der alternativen Anknüpfungssystematik des Art. 19 EGBGB erst einmal erfüllt, denn es ist sichergestellt, dass dem Kind Eltern zugewiesen werden können. Aus einem so verstandenen *favor filiationis* lassen sich darüber hinaus keine weiteren Folgerungen für die konkrete Zuordnung der Elternschaft ableiten. Insbesondere kann hieraus nicht gefolgert werden, dass anhand des Günstigkeitsprinzips auch darüber zu entscheiden wäre, welcher Zuordnungsvariante nun der Vorzug gebühre. Wer die richtigen Eltern des Kindes sind, entscheidet letztlich das materielle Recht nach dessen eigenen Wertungen. Durch das Kollisionsrecht sollte diese Wertentscheidung des anwendbaren Rechts nicht vorweggenommen werden. Es ist daher vorzugswürdig bei der Entscheidung zwischen den in Betracht kommenden Zuordnungsvarianten zunächst jene zu wählen, die sich bestandssichernd auswirkt und die materiell-rechtliche Entscheidung nicht vorwegnimmt. Das hierüber anwendbare Recht kann darauffolgend die Wertentscheidung treffen, wer als rechtlicher Elternteil dauerhaft zugeordnet sein sollte. Es spricht somit viel dafür, der Zuordnungsvariante den Vorzug zu geben, die die Elternschaft der Person begründet, die für das Kind im Zeitpunkt der Entscheidung tatsächliche Verantwortung trägt.

Für die o.g. Beispielsfälle bedeutet dies, dass unabhängig von der Zuordnungsvariante das Recht Anwendung finden sollte, das den Träger der tatsächlichen Elternverantwortung als rechtlichen Elternteil zuweist. Konkret wäre dies der in Deutschland die Vaterschaft anerkennende neue Partner der Mutter. Das deutsche Elternschaftsrecht ist dann in einem zweiten Schritt dazu berufen, über die Bestandsfestigkeit dieser Zuordnung zu entscheiden. Der nicht zugeordnete Mann kann daher, sofern er ein Interesse daran hat, die Instrumente des deutschen Abstammungsrechts nutzen, um seine Interessen an der Elternrolle durchzusetzen. Dies bedeutet letztlich, dass er die Elternschaftsanfechtung betreiben kann.[50]

Die hier vorgeschlagene Lösung hat dann eine Schwachstelle, wenn ein Kind – was in den seltensten Fällen vorkommen dürfte – von beiden in Betracht kommenden Personen tatsächlich auf täglicher Basis versorgt wird, d. h. beide Männer tatsächliche Verantwortung für das Kind tragen. In diesem Fall sollte das

---

[50] Anders noch BeckOGK/*Reuß*, § 1599 BGB Rn. 189 (§ 1599 II analog); wie dort und dazu, wenn Art. 20 EGBGB nicht auf das deutsche Anfechtungsstatut verweist *KG,* Beschl. v. 5.1.2016 – 1 W 675/15, FamRZ 2016, 922; *OLG Karlsruhe,* Beschl. v. 2.2.2015 – 11 Wx 65/14, BeckRS 2015, 6240; *OLG Nürnberg,* Beschl. v. 20.9.2015 – 11 W 277/15, FamRZ 2016, 920; differenzierend *Dutta,* StAZ 2016, 200, 202 m.w.N. zur Rspr.; *Wedemann,* Konkurrierende Vaterschaften und doppelte Mutterschaft im Internationalen Abstammungsrecht, 2005, 158; zur Problematik eingehend *Frie,* StAZ 2017, 104, 106 f.

Recht des gewöhnlichen Aufenthalts des Kindes Anwendung finden und über die Elternzuordnung entscheiden, da der Sachverhalt zu diesem Recht dann die engste Verbindung aufweist.[51] Tragen beide Personen die tatsächliche Verantwortung für das Kind, ist meist ein gewöhnlicher Aufenthalt auch dieser Personen in dem Staat des gewöhnlichen Aufenthalts des Kindes gegeben, da das Tragen der tatsächlichen Verantwortung eine gewisse räumliche Nähe zum Kind erfordert. Selbst wenn, in grenznahen Regionen ein Elternteil seinen gewöhnlichen Aufenthalt in einem anderen Staat haben sollte, stellt der gewöhnliche Aufenthalt des Kindes einen Fixpunkt, ein Zentrum dar, an das berechtigter Weise angeknüpft werden kann.

b) Maßgeblicher zeitlicher Anknüpfungspunkt der Gleichzeitigkeit

Im Rahmen der vorstehend genannten Problemfälle konkurrierender Zuordnung wird in Rechtsprechung und Literatur noch eine weitere Streitfrage behandelt. Es besteht Streit darüber, auf welchen Zeitpunkt bei der Feststellung der Gleichzeitigkeit der Zuordnung zu rekurrieren ist. Einerseits kann hierbei auf den Geburtszeitpunkt,[52] andererseits auf die Eintragung im Geburtenregister abgestellt werden.[53] Der Anknüpfungszeitpunkt der Geburt ist vorzuziehen, da im Regelfall in diesem Zeitpunkt die Abstammungsverhältnisse entstehen, da die Rechtsfähigkeit des Kindes beginnt. Der Geburtszeitpunkt dient somit als einheitlicher Anknüpfungspunkt für die Elternschaftsbegründung in sehr vielen Rechtsordnungen.[54] Würde man demgegenüber auf den Zeitpunkt der Eintragung in das Geburtenregister abstellen, wäre es jeweils vom konkreten Eintragungszeitpunkt abhängig, ob es zu einer gleichzeitigen Zuordnung kommt. Darüber hinaus bliebe eine zum Geburtszeitpunkt bewirkte Zuordnung bis zu einem möglichen Eintragungszeitpunkt stets in der Schwebe.[55] Anders als der Geburtszeitpunkt ist der Eintragungszeitpunkt von vielen Unwägbarkeiten begleitet und von den Registrierungserfordernissen in den jeweiligen Rechtssystemen abhängig, so dass nicht klar vorhersehbar ist, wann dieser Eintritt. Somit wären eine Unterscheidung und

---

[51] I.d.R. auf diesen abstellend, *Weber,* Gleichgeschlechtliche Elternschaft im Internationalen Privatrecht, 2017, 99 ff.

[52] *BGH,* Beschl. v. 19.7.2017 – XII ZB 72/16, NJW 2017, 2911 mit kritischer Anmerkung *Duden* und *Henrich* FamRZ 2017, 1690 f., zur Entscheidung siehe auch *Helms,* StAZ 2017, 343; *OLG Nürnberg,* Beschl. v. 20.9.2015 – 11 W 277/15, FamRZ 2016, 920; *KG,* Beschl. v. 5.1.2016 – 1 W 675/15, FamRZ 2016, 922; *KG,* Beschl. v. 29.11.2016 – 1 W 7/16, NJW-RR 2017, 391.

[53] *OLG Karlsruhe,* Beschl. v. 2.2.2015 – 11 Wx 65/14, BeckRS 2015, 6240; *OLG München,* Beschl. v. 19.7.2016 – 31 Wx 403/15, FamRZ 2016, 1599; *OLG München,* Beschl. v. 29.6.2017 – 31 Wx 402/16, FamRZ 2017, 1691; Staudinger/*Henrich,* Art. 19 EGBGB Rdnr. 43 ff.

[54] Hierzu eingehend oben § 2 S. 167 ff.

[55] *BGH,* Beschl. v. 19.7.2017 – XII ZB 72/16, NJW 2017, 2911; eingehend *Frie,* StAZ 2017, 104, 107 f.

der Vorrang der einen oder anderen Anknüpfungsvariante hiernach meist zufällig.[56] Aus denselben Gründen sind auch Vorschläge abzulehnen, die zusätzlich an den Zeitpunkt der Anerkennungserklärung bzw. der Antragstellung bei gerichtlicher Feststellung der Elternschaft abstellen wollen.[57]

3. Wandelbarkeit

Letztlich entsteht eine weitere Problematik mit Blick auf die Wandelbarkeit der Anknüpfungsvarianten. Lediglich die letzte Anknüpfungsvariante nach Art. 19 I 3 EGBGB ist vom Gesetzgeber durch die Anknüpfung an den Geburtszeitpunkt als unwandelbar ausgestaltet worden,[58] so dass sich mit der Veränderung der relevanten Anknüpfungstatsachen das auf die Abstammung eines Kindes anwendbare Recht ebenfalls ändern kann. Eine einmal hergestellte abstammungsrechtliche Beziehung kann damit wieder entfallen, wenn das neu berufene Recht diese nicht anerkennt. Dies ist aufgrund der weitreichenden Folgen, die eine elternschaftsrechtliche Zuordnung und deren Entfallen mit sich bringen, allerdings nach ganz herrschender Ansicht eine unerwünschte Folge. Es besteht somit ein breiter Konsens darüber, dass eine einmal entstandene Abstammungsbeziehung nicht lediglich aufgrund eines schlichten Wechsels des anwendbaren Rechts wieder entfallen kann.[59] Der methodische Weg, um dieses Ziel zu erreichen, ist gleichwohl umstritten.[60] Eine Klarstellung im Gesetz sollte *de lege ferenda* aus Gesichtspunkten der Rechtsklarheit vorgesehen werden.[61] Pate stehen könnte hier Art. 16 III KSÜ.

---

[56] *BGH,* Beschl. v. 13.9.2017 – XII ZB 403/16, BeckRS 2017, 127099.

[57] *Siehr* in: Hilbig-Lugani/Jakob/Mäsch u.a. (Hrsg.), Zwischenbilanz, 2015, 769, 774, 777.

[58] BeckOK BGB/*Heiderhoff,* Art. 19 EGBGB Rn. 17; Palandt/*Thorn,* Art. 19 EGBGB Rn. 5; Staudinger/*Henrich,* Art. 19 EGBGB Rn. 14; *Waldburg,* Anpassungsprobleme im internationalen Abstammungsrecht, 2001, 51 ff.

[59] Siehe eingehend Staudinger/*Henrich,* Art. 19 EGBGB Rn. 14 m.w.N.

[60] Eingeschränkte Wandelbarkeit: *Looschelders,* IPRax 1999, 420, 423 f.; *OLG Hamm,* Beschl. v. 18.6.2004 – 9 UF 153/02, FamRZ 2005, 291, 293; Schutz eines wohlerworbenen Rechts: Palandt/*Thorn,* Art. 19 EGBGB Rn. 4; so etwa auch *Duden,* Leihmutterschaft im Internationalen Privat- und Verfahrensrecht, 2015, 103.

[61] *De lege ferenda* für die unwandelbare Anknüpfung an den gewöhnlichen Aufenthalt des Kindes im Geburtszeitpunkt *Siehr* in: Hilbig-Lugani/Jakob/Mäsch u.a. (Hrsg.), Zwischenbilanz, 2015, 769, 772. Die Wandelbarkeit hat allerdings den Vorteil, dass eine Abstammungsbegründung mit Blick auf den gegenwärtigen gewöhnlichen Aufenthalt nach dem jeweiligen Recht möglich ist, in das das Kind integriert ist. Eine noch nicht besetzte Elternstelle kann somit nach dem Recht des gewöhnlichen Aufenthalts besetzt werden. Dies vereinfacht letztlich die Elternschaftsbegründung, da die betreffenden Behörden/Gerichte ihr eigenes Recht anwenden können.

B. Anerkennung von im Ausland zustande gekommenen Eltern-Kind-Zuordnungen

Werden rechtliche Eltern-Kind-Beziehungen im Ausland begründet, stellt sich die Frage, ob diese im Inland anzuerkennen sind, beispielsweise dann, wenn die an einer solchen Beziehung beteiligten Personen nach Deutschland kommen. Für die Anerkennung sind verschiedene Anerkennungskonstellationen zu unterscheiden, deren Anerkennungsvoraussetzungen sich im Detail unterscheiden. Unter (I.) wird daher die Anerkennungssystematik näher besprochen. (II.) wird sich drei ausgewählten Sachverhaltskonstellationen widmen, die im Bereich der rechtlichen Eltern-Kind-Zuordnung besondere Bedeutung haben.

I. Anerkennungssystematik

1. Konstellationen

Die Begründungszusammenhänge der rechtlichen Eltern-Kind-Zuordnung sind entscheidend für die Anwendbarkeit des Anerkennungsregimes. Zu unterscheiden sind vor allem die kollisionsrechtliche und die verfahrensrechtliche Anerkennungsprüfung des autonomen Rechts. Eine kollisionsrechtliche Anerkennungsprüfung ist immer dann durchzuführen, wenn die rechtliche Eltern-Kind-Beziehung ohne konstitutive Beteiligung einer Behörde erfolgt ist.[62] Dies ist der Fall sowohl bei einer automatisch aus dem Gesetz folgenden Eltern-Kind-Beziehung, als auch bei einer Begründung durch Elternschaftsanerkennung bzw. Statuswechsel durch qualifizierte Anerkennung. Die kollisionsrechtliche Anerkennung vollzieht sich nach Art. 19 ff. EGBGB.

Wirken demgegenüber staatliche Stellen bei der Begründung der Elternschaft konstitutiv mit, so ist eine verfahrensrechtliche Anerkennungsprüfung erforderlich. Dies ist etwa der Fall bei einer gerichtlichen Elternschaftsfeststellung oder bei einer Elternschaftsübertragung durch gerichtlichen Beschluss (*parental order*) im Falle der Leihmutterschaft.[63] In Betracht kommt sie auch bei einer automatisch aus dem Gesetz folgenden Zuordnung, wenn erst die Registrierung dieser Zuordnung die Zuordnungswirkungen zur Wirksamkeit bringt.[64] Die Anerkennungsprüfung richtet sich in diesen Fällen nach §§ 108 ff. FamFG.

---

[62] *OLG Celle,* Beschl. v. 22.5.2017 – 17 W 8/16, NZFam 2017, 658.

[63] Vgl. etwa *Dethloff,* JZ 2014, 922, 925 f.; *Lederer,* Grenzenloser Kinderwunsch – Leihmutterschaft im nationalen, europäischen und globalen rechtlichen Spannungsfeld, 2016, 125; *KG,* Beschl. v. 4.7.2017 – 1 W 153/16, FamRZ 2017, 1693, 1694 (§ 108 ff. FamFG sind auch bei deklaratorischer gerichtlicher Entscheidung anzuwenden).

[64] *OLG Celle,* Beschl. v. 22.5.2017 – 17 W 8/16, NZFam 2017, 658; a.A. allerdings OLG München, Hinweisbeschl. v. 12.10.2017 – 31 Wx 243/16, NZFam 2018, 36; *Frie,* NZFam 2018, 97. Zur Thematik siehe *Gomille,* StAZ 2017, 321.

Beachtung zu finden haben im Bereich der Anerkennung auch völkerrechtliche bzw. supranationale Bestimmungen, die die Anerkennungsprüfung mitunter vorrangig beeinflussen. So sind im Rahmen der kollisionsrechtlichen Anerkennung Art. 19 ff. EGBGB gem. Art. 3 Nr. 2 EGBGB völkerrechtliche Vereinbarungen, die internationales Privatrecht enthalten, vorrangig. Entsprechendes gilt für die verfahrensrechtliche Anerkennung gem. § 97 I FamFG. Das Recht der Europäischen Union hat darüber hinaus Anwendungsvorrang vor dem mitgliedstaatlichen Recht, so dass unionsrechtliche Vorgaben die Anerkennungsprüfung beeinflussen können.[65] Im Einzelnen werden die Voraussetzungen der Anerkennungsregime nun besprochen.

2. Voraussetzungen kollisionsrechtlicher Anerkennung

Eine kollisionsrechtliche Anerkennungsprüfung vollzieht sich nach Art. 19 EGBGB. Das bedeutet, dass eine im Ausland begründete Eltern-Kind-Zuordnung im Inland nur dann anzuerkennen ist, wenn Art. 19 EGBGB auch auf dieses Recht bzw. ein Recht, das die Eltern-Kind-Bezeihung ebenfalls anerkennt, verweist. Die alternativen Anknüpfungsvarianten des Art. 19 I EGBGB müssen daher einen Verweis auf das entsprechende Recht bewirken. Ist dies nicht der Fall, kann eine Anerkennung im Grundsatz nicht erfolgen. Ist nach Art. 19 I 1–3 EGBGB das ausländische Recht zur Anwendung berufen, bedeutet dies jedoch nicht zwingend, dass das ausländische Recht im Inland vorbehaltlos anzuwenden wäre. Insbesondere normiert Art. 6 EGBGB mit dem „*ordre public*"-Vorbehalt ein entsprechendes Sicherheitsventil zur Durchsetzung nationaler Wertvorstellungen.

Von einem Verstoß gegen den *ordre public* kann gem. Art. 6 S. 1 EGBGB dann ausgegangen werden, wenn das Ergebnis der Anwendung einer ausländischen Rechtsnorm mit den wesentlichen Grundsätzen des deutschen Rechts offensichtlich unvereinbar ist und ein hinreichender Inlandsbezug[66] des Sachverhaltes vorliegt.[67] Beachtung findet nach Art. 6 S. 2 EGBGB insbesondere die Vereinbarkeit mit Grundrechten.[68] Eine nicht hinreichend gerechtfertigte Grundrechtsverletzung kann einen „*ordre public*"-Verstoß darstellen. Beachtung zu finden

---

[65] *EuGH,* Beschl. v. 3.6.1964 – Rs. 6/64 (*Costa/ENEL*), Slg. 1964, 1307, vgl. eingehend *Streinz,* Europarecht, 2016, 70 Rn. 197 ff.

[66] *Bar/Mankowski,* Internationales Privatrecht I, 2003, 717 Rn. 263; *Henrich* in: Hofer/Klippel/Walter (Hrsg.), Perspektiven des Familienrechts, 2005, 1141, 1150; *Kropholler,* Internationales Privatrecht, 2006, 246; *Kegel/Schurig, Internationales Privatrecht, 2004,* 527; *Rauscher,* Internationales Privatrecht, 2017, 150 Rn. 593; Staudinger/ *Voltz,* Art. 6 EGBGB, Rn. 156 ff.

[67] Hierzu bereits eingehend *Reuß* in: Hilbig-Lugani/Jakob/Mäsch u. a. (Hrsg.), Zwischenbilanz, 2015, 681.

[68] Seit *BVerfG,* Beschl. v. 4.5.1971 – 1 BvR 636/68 (*Spanier-Beschluss*), NJW 1971, 1509, vgl. dazu *Bar/Mankowski,* Internationales Privatrecht I, 2003, 715 Rn. 260; Staudinger/*Voltz,* Art. 6 EGBGB, Rn. 135, 137 ff.

haben bei der Prüfung allerdings auch kollidierende Grundrechte[69] (auch solche von EMRK und Grundrechtecharta).[70] Diese können einen Grundrechtseingriff rechtfertigen und eine Anerkennung sogar erforderlich machen.[71] Da die Folgen eines „ordre public"-Verstoßes weitreichend sind, ist im Bestreben um die Vermeidung hinkender Rechtsverhältnisse eine restriktive Handhabung von Art. 6 EGBGB geboten.[72] Nicht jede Abweichung von nationalen Wertvorstellungen hat somit sogleich einen Verstoß gegen den *ordre public* zur Folge.

3. Voraussetzungen verfahrensrechtlicher Anerkennung

Demgegenüber richtet sich die Anerkennung einer ausländischen gerichtlichen Entscheidung bzw. einer Statuszuordnung unter konstitutiver Mitwirkung einer Behörde nach § 108 FamFG.[73] Bei Nichtvorliegen eines Anerkennungshindernisses nach § 109 FamFG werden ausländische Entscheidungen grds. ohne Exequaturverfahren anerkannt. Eine „ordre public"-Kontrolle findet gem. § 109 I Nr. 4 FamFG statt. Dabei sind inhaltlich an die „ordre public"-Prüfung allerdings keine ebenso hohen Anforderungen zu stellen, wie bei Art. 6 EGBGB. § 109 I Nr. 4 FamFG verweist auf einen internationalen *ordre public,* der großzügiger ist, als die Wertungen des Art. 6 EGBGB (auch *ordre public atténué* genannt).[74] Maßgeblich ist, ob das Ergebnis der Anwendung ausländischen Rechts im konkreten Fall zu den Grundgedanken der deutschen Regelungen und den in ihnen enthaltenen Gerechtigkeitsvorstellungen in so starkem Widerspruch steht, dass es aus deutscher Sicht untragbar erscheint.[75] Im Interesse eines internationalen Entscheidungseinklangs ist aber auch hier Restriktion geboten.[76]

4. Keine Anerkennung von Rechtslagen im EU-Recht

Vorstehend wurde darauf hingewiesen, dass unionsrechtliche Verbürgungen durchaus im Bereich der Anerkennung von im Ausland zustande gekommenen

---

[69] *Bar/Mankowski,* Internationales Privatrecht I, 2003, 716 Rn. 262.

[70] *Kropholler,* Internationales Privatrecht, 2006, 252 f.

[71] Im Bereich der Leihmutterschaft *BGH,* Beschl. v. 10.12.2014 – XII ZB 463/13, FamRZ 2015, 240, 242.

[72] *Bar/Mankowski,* Internationales Privatrecht I, 2003, 715 f. Rn. 258 ff.

[73] Mit Blick auf Leihmutterschaften siehe *Benicke,* StAZ 2013, 101, 104; *Duden,* StAZ 2014, 164.

[74] Ständige Rechtsprechung, siehe etwa *BGH,* Beschl. v. 10.12.2014 – XII ZB 463/13, FamRZ 2015, 240; vgl. jüngst *KG,* Beschl. v. 4.7.2017 – 1 W 153/16, FamRZ 2017, 1693, 1695; *Sitter,* Grenzüberschreitende Leihmutterschaft – Eine Untersuchung des materiellen und internationalen Abstammungsrechts Deutschlands und der USA, 2017, 190. Dagegen *Thomale,* Mietmutterschaft, 2015, 43 f.

[75] Beispielhaft *BGH,* Beschl. v. 10.12.2014 – XII ZB 463/13, FamRZ 2015, 240.

[76] Vgl. etwa *BGH,* Beschl. v. 10.12.2014 – XII ZB 463/13, FamRZ 2015, 240, 241; *Benicke,* StAZ 2013, 101, 109.

Eltern-Kind-Verhältnissen Beachtung zu finden haben. Die Europäische Union verfügt zwar nicht über eine Kompetenz im Familienrecht,[77] über die Grundfreiheiten bzw. die Freizügigkeit der Unionsbürger kann das EU-Recht aber durchaus auf Anerkennungsfragen ausstrahlen.[78] In anderen Bereichen des Familienrechts, z. B. dem Namensrecht, hat der EuGH bereits eine Beschränkung des Art. 21 AEUV durch Nichtanerkennung namensrechtlicher Bestandteile angenommen.[79] Darüber hinaus ist in der internationalprivatrechtlichen Diskussion eingehend hinterfragt worden, ob nicht auch in Einzelfragen ganz generell zum Anerkennungsprinzip zu wechseln sei,[80] bzw., ob aus der Unionsbürgerschaft (Art. 21 AEUV) eine Pflicht zur Anerkennung von im EU-Ausland begründeten Rechtslagen folgt.[81] Für das Elternschaftsrecht ist bereits vereinzelt eine solche Pflicht angenommen worden.[82] Eine Pflicht zur Anerkennung ausländischer Rechtslagen im Elternschaftsrecht lässt sich aus der genannten EuGH-Rechtsprechung allerdings nicht ableiten.[83] Der EuGH lässt in seiner namensrechtlichen Rechtsprechung selbst Ausnahmen von der Anerkennungspflicht für sensible Bereiche zu.[84] Eine Übertragung der Rechtsprechung auf den sensiblen Bereich des Elternschaftsrechts ist europarechtlich somit nicht geboten.[85] Sie ist ohne einge-

---

[77] Vgl. treffend *Siehr,* StAZ 2015, 258 („Wann eine EU-Abstammungsverordnung kommen wird, ist ungewiss."); zur Thematik auch eingehend *Lederer,* Grenzenloser Kinderwunsch – Leihmutterschaft im nationalen, europäischen und globalen rechtlichen Spannungsfeld, 2016, 242 ff.

[78] Dazu bereits eingehend § 3 S. 217 ff.

[79] *EuGH,* Urt. v. 02.10.2003 – Rs. C-148/02 (*Garcia Avello*), Slg. 2003, 1, *EuGH,* Urt. v. 14.10.2008 – C-353/06 (*Grunkin Paul*), NJW 2009, 135; *EuGH,* Urt. v. 30.3.1993 – C-168/91 (*Konstantinidis*), NVwZ 1993, 876; *EuGH,* Urt. v. 22.12.2010 – C-208/09 (*Sayn-Wittgenstein*), NJOZ 2011, 1346; *EuGH,* Urt. v. 2.6.2016 – C-438/14 (*Bogendorff v. Wolffersdorff*), NJW 2016, 2093; *EuGH,* Urt. v. 8.6.2017 – C-541/15 (*Freitag/Stadt Wuppertal*), NJW 2017, 3581.

[80] Siehe etwa *Jayme/Kohler,* IPRax 2001, 501; *Lagarde,* 68 RabelsZ (2004) 225; *Coester-Waltjen* in: Mansel/Pfeiffer/Kronke u. a. (Hrsg.), Festschrift für Erik Jayme, 2004, 121; *Coester-Waltjen,* IPRax 2006, 392; *Coester-Waltjen* in: Bruns/Kern/Münch u. a. (Hrsg.), Festschrift für Rolf Stürner zum 70. Geburtstag, 2013, 1197, 1203 f.; *Lurger,* IPRax 2013, 282, 287 ff.; *Heiderhoff,* NJW 2014, 2673, 2677; *Henrich,* IPRax 2005, 422.

[81] Monographisch dazu etwa *Funken,* Das Anerkennungsprinzip im internationalen Privatrecht, 2009; siehe auch *Nordmeier,* StAZ 2011, 129; *Buchsbaum,* StAZ 2011, 106; *Lederer,* Grenzenloser Kinderwunsch – Leihmutterschaft im nationalen, europäischen und globalen rechtlichen Spannungsfeld, 2016, 249 ff.

[82] *KG,* Beschl. v. 23.9.2010 – 1 W 70/08, NJW 2011, 535, 537; *Lurger,* IPRax 2013, 282, 288; *Mankowski* in: Hilbig-Lugani/Jakob/Mäsch u. a. (Hrsg.), Zwischenbilanz, 2015, 571 ff. (für das internationale Familienrecht allgemein). Einschränkend bejahend MüKoBGB/*Helms,* Art. 19 EGBGB Rn. 60.

[83] Dazu bereits *Reuß* in: Hilbig-Lugani/Jakob/Mäsch u. a. (Hrsg.), Zwischenbilanz, 2015, 681.

[84] Etwa *EuGH,* Urt. v. 22.12.2010 – C-208/09 (*Sayn-Wittgenstein*), NJOZ 2011, 1346; *EuGH,* Urt. v. 2.6.2016 – C-438/14 (*Bogendorff v. Wolffersdorff*), NJW 2016, 2093.

hende legislatorische Vorbereitung überdies auch nicht sinnvoll,[86] da die weitreichenden Folgen einer solchen Änderung wohl bedacht sein müssen. Das bedeutet letztlich, dass eine Versagung der Anerkennung der im Ausland begründeten Eltern-Kind-Zuordnung aufgrund von Art. 6 EGBGB bzw. § 109 I Nr. 4 FamFG durchaus möglich ist. Auch aus der Europäischen Urkundenvorlageverordnung,[87] die entgegen der ursprünglichen Pläne lediglich eine Befreiung vom Legalisationserfordernis vorsieht, ergibt sich eine solche Pflicht nicht.[88] Anerkennungsrechtliche Vorbehalte aufgrund eines *„ordre public"*-Verstoßes können somit auch in unionalen Fallkonstellationen eine Anerkennungsversagung und damit auch eine Beschränkung des Unionsrechts rechtfertigen. Die unionsrechtlichen Verbürgungen haben allerdings Beachtung zu finden.[89]

II. Ausgewählte Sachverhaltskonstellationen

Im Folgenden sollen nun drei ausgewählte Sachverhaltskonstellationen näher beleuchtet werden, in denen die Anerkennung von im Ausland zustande gekommenen rechtlichen Eltern-Kind-Zuordnungen von besonderer Brisanz ist. Da Anerkennungsfragen stets höchst einzelfallabhängig sind, beschränken sich die nachstehenden Ausführungen auf grundsätzliche Erwägungen.

1. Anerkennung von im Ausland zustande gekommenen Mit-Mutterschaften

Die verstärkte Einführung von Regelungen über die originäre Abstammungszuordnung bei gleichgeschlechtlichen weiblichen Paaren, beispielsweise in Österreich,[90] den Niederlanden,[91] Dänemark,[92] Spanien,[93] Schweden,[94] Norwegen[95]

---

[85] MünchKomm/*Sonnenberger,* Einl. IPR Rn. 41; BeckOK BGB/*Lorenz,* Einleitung IPR Rn. 50a; *Heiderhoff,* NJW 2014, 2673, 2677; *OLG Celle,* Beschl. v. 10.3.2011 – 17 W 48/10, BeckRS 2011, 11781; *Funken,* FamRZ 2008, 2091, 2092 differenzierend *Nordmeier,* StAZ 2011, 129, 139.

[86] Vgl. kritisch auch *Wagner,* NZFam 2014, 121; *Rauscher,* Internationales Privatrecht, 2017, 266 Rn. 990; i.E. so auch *Thomale,* Mietmutterschaft, 2015, 58.

[87] VO (EU) Nr. 2016/1191, ABl. EU L 200 v. 26.7.2016, 1–136.

[88] Zu den ursprünglichen Plänen einer solchen Anerkennungspflicht siehe den Vorschlag für eine Verordnung zur Förderung der Freizügigkeit von Bürgern und Unternehmen durch die Vereinfachung der Annahme bestimmter öffentlicher Urkunden innerhalb der Europäischen Union und zur Änderung der Verordnung (EU) Nr. 1024/2012, KOM(2013) 228; zurückgehend auf das Grünbuch: Weniger Verwaltungsaufwand für EU-Bürger: Den freien Verkehr öffentlicher Urkunden und die Anerkennung der Rechtswirkungen von Personenstandsurkunden erleichtern, KOM(2010) 747. Dazu eingehend *Wagner,* NZFam 2014, 121.

[89] Hierzu siehe auch *Reuß* in: Hilbig-Lugani/Jakob/Mäsch u.a. (Hrsg.), Zwischenbilanz, 2015, 681; *Dethloff,* JZ 2014, 922, 931.

[90] Eingeführt durch das Fortpflanzungsmedizinrechts-Änderungsgesetz 2015 – FMedRÄG 2015; BGBl. I Nr. 35/2015.

oder Belgien,[96] führt unweigerlich dazu, dass sich Anerkennungsfragen im deutschen Recht stellen. Vorstehend ist auch für das deutsche Elternschaftsrecht eine Erweiterung der §§ 1591 ff. BGB auf gleichgeschlechtliche weibliche Paare vorgeschlagen worden. Im geltenden Recht besteht eine entsprechende Regelung derzeit allerdings noch nicht.

Je nach Zuordnungsmechanismus ist auch bei der Anerkennung von im Ausland zustande gekommenen Mit-Mutterschaften zu unterscheiden, ob eine kollisionsrechtliche oder verfahrensrechtliche Anerkennungsprüfung vorzunehmen ist. Es ist somit je nach Zuordnungsgrund („*ipso iure*"-Zuordnung, Zuordnung durch Anerkennung, Zuordnung aufgrund gerichtlicher Entscheidung) zu entscheiden, ob eine Anerkennungsprüfung nach Art. 19 EGBGB bzw. nach §§ 108 ff. FamFG erfolgen muss. Bereits an anderer Stelle ist mit Blick auf das niederländische Recht eingehend herausgearbeitet worden, dass eine Zuordnung der weiblichen Partnerin der Geburtsmutter im Grundsatz nicht generell gegen den deutschen *ordre public* verstößt und damit anerkennungsfähig ist.[97] Mittlerweile hat der BGH diese Ergebnisse in einem die südafrikanische Regelung zur Mit-Mutterschaft betreffenden Fall bestätigt, und einen generellen Verstoß gegen den kollisionsrechtlichen *ordre public* des Art. 6 EGBGB abgelehnt.[98]

2. Anerkennung der rechtlichen Elternschaft in Leihmutterschaftskonstellationen

Als schwierig stellen sich Anerkennungsfragen insbesondere in Fällen der Leihmutterschaft dar. In § 4 ist eingehend erarbeitet worden, dass sich die Mechanismen der Elternschaftszuordnung in Ländern, in denen die Leihmutterschaft praktiziert wird, stark unterscheiden. Von einer „*ipso iure*"-Zuordnung bis

---

[91] Eingeführt durch das *Wet van 25 november 2013 tot wijziging von Boek 1 van het Burgerlijk Wetboek in verband met het juridisch ouderschap de vrouwelijke partner van de moeder anders dan door adoptie*, StBl. 2013, 480, 1 ff.; vgl. dazu eingehend *Reuß,* StAZ 2015, 139.

[92] Eingehend hierzu *Fötschl,* FamRZ 2013, 1445.

[93] Eingeführt durch das Gesetz 14/2006; eingehend dazu *Dethloff* in: Rupp (Hrsg.), Partnerschaft und Elternschaft bei gleichgeschlechtlichen Paaren, 2011, 41, 47.

[94] Eingehend dazu *Dethloff* in: Rupp (Hrsg.), Partnerschaft und Elternschaft bei gleichgeschlechtlichen Paaren, 2011, 41, 46.

[95] Sec. 4a *Act of 8 April 1981 No. 7 relating to Children and Parents (the Children Act),* abrufbar in englischer Sprache unter https://www.regjeringen.no/en/dokumenter/the-children-act/id448389/ (zuletzt geprüft am 26.5.2017).

[96] Art. 325/1 ff. Code Civil; dazu siehe *Sieberichs,* StAZ 2015, 1; Rieck – Ausländisches Familienrecht/*Heitmüller,* Belgien Rn. 26; *Pintens* in: Dutta/Schwab/Henrich u. a. (Hrsg.), Künstliche Fortpflanzung und Europäisches Familienrecht, 2015, 105 ff.; *Pintens,* FamRZ 2014, 1504 ff.

[97] *Reuß* in: Hilbig-Lugani/Jakob/Mäsch u. a. (Hrsg.), Zwischenbilanz, 2015, 681.

[98] *BGH,* Beschl. v. 20.4.2016 – XII ZB 15/15, NJW 2016, 2322; vgl. hierzu bereits *Coester-Waltjen,* IPRax 2016, 132 ff.

hin zur klassischen Adoptionsentscheidung sind alle Mechanismen denkbar. Die Anerkennungsprüfung hat sich letztlich am Zuordnungsmechanismus zu orientieren.[99] Je nach Ausgestaltung ist daher eine kollisionsrechtliche bzw. verfahrensrechtliche Anerkennungsprüfung durchzuführen.

a) „Ordre public"-Fragen

Dreh- und Angelpunkt ist vor allem die Frage einer Anerkennungsverweigerung aufgrund eines Verstoßes gegen den *ordre public*. Hierbei ist zwar zu beachten, dass sich, wie eingangs dargestellt, die Prüfungsstrenge von kollisionsrechtlichem und verfahrensrechtlichem *ordre public* im Grundsatz unterscheidet. Leihmutterschaftskonstellationen berühren verfassungs- und menschenrechtliche Verbürgungen aber derart intensiv, dass die grundrechtliche Interessenabwägung im Einzelfall letztlich nicht davon abhängen kann, ob eine gerichtliche Entscheidung oder ein automatisch kraft Gesetzes zugeordnetes Eltern-Kind-Verhältnis anzuerkennen ist.[100] Zu unterscheiden ist jeweils nach der Anerkennung der von der Mutter besetzten Elternstelle und nach jener des Vaters.[101]

Wohingegen im Bereich der Elternschaft des Wunschvaters seit langem von einer Anerkennungsfähigkeit ausgegangen und ein genereller Verstoß gegen den *ordre public* von der ganz überwiegenden Meinung verneint wurde,[102] war nach der bislang in Deutschland vorherrschenden Ansicht in Literatur und Rechtsprechung in der Zuordnung der Wunschmutter als rechtliche Mutter des Kindes generell ein „*ordre public*"-Verstoß zu sehen.[103] Lediglich vereinzelt fanden sich Instanzgerichte und Stimmen in der Literatur, die sich gegen eine generelle „*ordre public*"-Widrigkeit ausgesprochen hatten.[104] Der BGH hat in einer Ent-

---

[99] *Dethloff,* JZ 2014, 922, 925 f.; siehe auch *Sucker,* 17 European Journal of Law Reform (2015) 257 sowie eingehend *Sitter,* Grenzüberschreitende Leihmutterschaft – Eine Untersuchung des materiellen und internationalen Abstammungsrechts Deutschlands und der USA, 2017, 178 ff.

[100] *Sitter,* Grenzüberschreitende Leihmutterschaft – Eine Untersuchung des materiellen und internationalen Abstammungsrechts Deutschlands und der USA, 2017, 190.

[101] *Dethloff,* JZ 2014, 922, 925 f.

[102] *KG,* Beschl. v. 1.8.2013 – 1 W 413/12, IPRax 2014, 72, 74; *Dethloff,* JZ 2014, 922, 926; *Lederer,* Grenzenloser Kinderwunsch – Leihmutterschaft im nationalen, europäischen und globalen rechtlichen Spannungsfeld, 2016, 145 ff.

[103] Vgl. zu den Nachweisen MüKoBGB/*Helms,* Art. 19 EGBGB Rn. 58 Fn. 148; so auch heute noch aus vor allem generalpräventiven Erwägungen *Thomale,* Mietmutterschaft, 2015, 26 ff. Zur Auffassung im Schweizer Recht siehe *Schweizer Bundesgericht,* Urt. v. 21.5.2015 – 5A 748/2014, FamRZ 2015, 1912 („*ordre public*"-Verstoß bei bewußter Umgehung des Schweizer Leihmutterschaftsverbots) mit Anm. *Hotz; Bertschi,* Leihmutterschaft – Theorie, Praxis und rechtliche Perspektiven in der Schweiz, den USA und Indien, 2014, 75 ff.; dazu auch *Thomale,* IPRax 2016, 177.

[104] Dazu etwa *AG Friedberg,* Beschl. v. 1.3.2013 – 700 F 1142/12, FamRZ 2013, 1994; ähnlich aber vorsichtiger *AG Neuss,* Beschl. v. 14.5.2013 – 45 F 74/13, FamRZ 2017 2014, 1127; vgl. etwa *Wedemann,* Konkurrierende Vaterschaften und doppelte

scheidung aus dem Jahre 2014 vor dem Hintergrund der Rechtsprechung des EGMR allerdings einen generellen „*ordre public*"-Verstoß verneint.[105] Der EGMR hatte in der Versagung der abstammungsrechtlichen Zuordnung zu den genetisch mit dem Kind verwandten Wunscheltern durch die französischen Behörden aufgrund des Rechts des Kindes (nicht der Eltern!) aus Art. 8 I EMRK, seinen Eltern rechtlich zugeordnet zu sein, einen Konventionsverstoß angenommen.[106] Der BGH greift diese Argumentation in seiner Entscheidungsbegründung auf. Die Entscheidung des BGH ist deshalb zu begrüßen, weil sie entgegen der bisherigen Praxis den Fokus weg von schlicht generealpräventiven Erwägungen auf die am intensivsten betroffene Person, das Kind, richtet. Die Kindesinteressen sind besonders betroffen, wenn man aufgrund der Annahme eines generellen „*ordre public*"-Verstoßes die rechtliche Eltern-Kind-Zuordnung zur Wunschmutter verwehrt.[107] Es würde faktisch elternlos, da die nach deutschem Verständnis rechtlich als Mutter zuzuordnende Leihmutter an der rechtlichen Elternrolle kein Interesse hat und nach dem Recht des Staates, in dem die Leihmutterschaft durchgeführt wurde, auch nicht als rechtliche Mutter anzusehen ist.[108]

Erneute „Unruhe" in die Anerkennungsfrage hat nun die Entscheidung der großen Kammer des EGMR in der Sache Paradiso u. Campanelli/Italien gebracht.[109] Dort ging es letztlich um die staatliche Inobhutnahme eines von einer

---

Mutterschaft im Internationalen Abstammungsrecht, 2005, 137 ff.; *Dethloff,* JZ 2014, 922; *Mayer,* 78 RabelsZ (2014) 551; auch eing. zur Thematik *Witzleb* in: Witzleb/Ellger/Mankowski u.a. (Hrsg.), Festschrift für Dieter Martiny zum 70. Geburtstag, 2014, 203 m.w.N.

[105] *BGH,* Beschl. v. 29.10.2014 – XII ZB 20/14, BeckRS 2014, 20986 mit Anmerkung *Dethloff,* JZ 2016, 207; zustimmend *Helms,* StAZ 2017, 1, 5; vgl. jetzt so auch *OLG Düsseldorf,* Beschl. v. 7.4.2015 – II-1 UF 258/13, NJW 2015, 3382; *AG Konstanz,* Beschl. v. 22.4.2015 – UR Aktenzeichen III 4/14, BeckRS 2016, 2376; *OVG Münster,* Urt. v. 14.7.2016 – 19 A 2/14, BeckRS 2016, 48534; s. eing. zur Thematik *Mayer,* IPRax 2014, 57; *Mayer,* 78 RabelsZ (2014) 551; *Duden,* Leihmutterschaft im Internationalen Privat- und Verfahrensrecht, 2015, 151 ff., 193 ff.; vgl. zur BGH-Entscheidung kritisch *Rauscher,* JR 2016, 97.

[106] *EGMR,* Urt. v. 26.6.2014 – Nr. 65192/11 (*Mennesson/Frankreich*), FamRZ 2014, 1525; *EGMR,* Urt. v. 26.6.2014 – Nr. 65941/11 (*Labassée/Frankreich*), FamRZ 2014, 1525.

[107] *Helms,* StAZ 2017, 1, 5. Die Kindesinteressen betonend ebenfalls *Lagarde,* ZEuP 2015, 233, 239 f. Sogar eine Menschenwürdeberührung annehmend *Dethloff,* JZ 2014, 922, 926.

[108] *BGH,* Beschl. v. 29.10.2014 – XII ZB 20/14, BeckRS 2014, 20986; gehen *Dethloff,* JZ 2014, 922, 927.

[109] *EGMR,* Urt. v. 24.1.2017 – Nr. 25358/12 (*Paradiso u. Campanelli/Italien*), http://hudoc.echr.coe.int/eng?i=001-170359 (zuletzt geprüft am 08.10.2017) zur noch abweichenden Entscheidung der Kammer *EGMR,* Urt. v. 27.1.2015 – Nr. 25358/12 (*Paradiso und Campanelli/Italien*), http://hudoc.echr.coe.int/eng?i=001-150770 (zuletzt geprüft am 08.10.2017). Vgl. die eingehende und zu Recht sehr kritische Besprechung von *Hösel,* StAZ 2017, 162. Zur Vorentscheidung siehe *Duden,* StAZ 2015, 201.

Leihmutter geborenen, mit den Wunscheltern allerdings genetisch *nicht* verwandten Kindes durch italienische Behörden. Die große Kammer hat einen Konventionsverstoß im Ergebnis mit Blick auf die vom italienischen Leihmutterschaftsverbot verfolgten generalpräventiven Zwecke verneint, die Kindesinteressen hierbei allerdings nicht eingehend berücksichtigt.[110] Das OLG Braunschweig hat dies zum Anlass genommen, in einer begründungsschwachen Entscheidung erneut einen generellen „*ordre public*"-Verstoß anzunehmen.[111] Die Instanzrechtsprechung ist hier allerdings uneinheitlich. Das OLG Celle und das Kammergericht haben in neueren Entscheidungen einen generellen Verstoß gegen den *ordre public* allerdings verneint.[112] Auch in anderen Mitgliedstaaten wird die Entscheidung der Großen Kammer nicht als Abkehr der bisherigen Rechtsprechung begriffen, und weiterhin eine Anerkennung aufgrund der Interessen des Kindes betrieben.[113] Es ist sehr wahrscheinlich, dass sich der EGMR mit den derzeit vorliegenden Entscheidungen noch nicht entgültig in Leihmutterschaftsfragen positioniert hat.[114] Eine Tendenz lässt sich dahingehend erkennen, dass die Gewährleistungsstärke des Art. 8 I EMRK unterschiedlich stark ausgeprägt ist, abhängig davon, ob die Wunscheltern mit dem Kind genetisch verwandt sind, oder nicht.[115] Aus Sicht des Kindes, kann die Tatsache letztlich keinen Unterschied machen. Das Kind hat in beiden Fällen ein Interesse an rechtlicher Absicherung der tatsächlich gelebten Elternschaft der Wunscheltern. Für das Kind ist es keine Option, an die Leihmutter verwiesen zu werden, da sie die Elternrolle in der Regel

---

[110] Kritisch zu der Entscheidung *Duden,* FamRZ 2017, 445, 446.

[111] *OLG Braunschweig,* 1 UF 83/13, NZFam 2017, 522; kritisch *Löhnig,* NZFam 2017, 546; kritisch auch *Duden,* StAZ 2017, 225. Zur Rechtsprechung in diesem Bereich siehe auch *Engelhardt/Zimmermann* in: Weller/Ditzen (Hrsg.), Leihmutterschaft – Aktuelle Entwicklungen und interdisziplinäre Herausforderungen, 2018 (im Erscheinen), 1 ff.

[112] *OLG Celle,* Beschl. v. 22.5.2017 – 17 W 8/16, NZFam 2017, 658; *KG,* Beschl. v. 4.7.2017 – 1 W 153/16, FamRZ 2017, 1693, 1695 (allerdings Ablehnung der Beurkundung des Wunschelternteils ohne Voreintragung der Leihmutter und deren Ehemannes bzw. ohne einen die Leihmutterschaft erläuternden Zusatz).

[113] *Cour d'Appel de Rennes,* Entsch. v. 6.3.2017 – No 16-00393 (unveröffentlicht), vgl. den Bericht bei http://www.efl.fr/actualites/patrimoine/mineurs-ou-majeurs-proteges/details.html?ref=UI-24670667-1402-411e-ba19-c475054aeff8&eflNetwaveEmail=c.reuss@steico.com&eflNetwaveClientId=40048622&utm_source=La-quotidienne&utm_medium=email&utm_campaign=QUOT20170515 (zuletzt geprüft am 10.10.2017).

[114] So zutreffend *Engelhardt/Zimmermann* in: Weller/Ditzen (Hrsg.), Leihmutterschaft – Aktuelle Entwicklungen und interdisziplinäre Herausforderungen, 2018 (im Erscheinen), 1, 7. Zu einem weiteren Leihmutterschaftsfall siehe *EGMR,* Beschl. v. 8.7.2014 – Nr. 29176/13 (*D. u. a./Belgien*), http://hudoc.echr.coe.int/eng?i=001-155182 (zuletzt geprüft am 10.10.2017), hier war ein Konventionsverstoß wegen nicht sofort ausgestellter Reisepapiere durch die belgischen Behörden verneint worden.

[115] So auch *Duden,* FamRZ 2017, 445, 446. Anders die Ansicht des *Schweizer Bundesgericht,* Urt. v. 14.9.2015 – 5A 443/2014, StAZ 2016, 179.

nicht einnehmen möchte.[116] Darüber hinaus kann das Kind letztlich nicht für die Umstände seiner Zeugung verantwortlich gemacht werden.[117]

Vor dem Hintergrund dieser Erwägungen und der in § 4 zum nationalen Leihmutterschaftsverbot herausgearbeiteten Feststellung, dass die Durchführung von Leihmutterschaften nicht generell mit den Grundrechten der Beteiligten in Konflikt steht, verbietet sich letztlich die Annahme eines generellen „*ordre public*"-Verstoßes.[118] Dies gilt mit Blick auf die erste Elternstelle genauso, wie mit Blick auf die zweite Elternstelle.[119] Liegen im Einzelfall gleichwohl Anhaltspunkte für einen Verstoß gegen den *ordre public* – insbesondere die Grundrechte der Beteiligten – vor, etwa weil die Leihmutter zur Abgabe des Kindes gezwungen worden ist, kann im Einzelfall gleichwohl ein Verstoß gegen den *ordre public* angenommen werden.[120] Die Ablehnung eines generellen „*ordre public*"-Verstoßes zwingt somit nicht in jedem Fall zur Anerkennung der Elternschaft der Wunscheltern.

b) Schwierigkeiten kollisionsrechtlicher Anerkennung und Ansätze zu deren Behebung

Weitere Schwierigkeiten bei der Anerkennung von im Ausland hergestellten Eltern-Kind-Beziehungen können sich aufgrund der Anknüpfungssystematik des Art. 19 EGBGB ergeben.[121] Liegt beispielsweise eine Zuordnung der Wunscheltern kraft Gesetzes vor, ist eine Anerkennungsprüfung nach Art. 19 EGBGB vorzunehmen. Hierbei stellt sich insbesondere die Schwierigkeit, dass eine Anknüpfung an das Recht des Staates, in dem die Leihmutterschaft durchgeführt wurde, in den seltensten Fällen bewirkt werden kann, da in der Regel ein gewöhnlicher Aufenthalt des Kindes im Geburtsstaat bei baldiger Rückreise der Familie nach Deutschland nicht begründet werden kann.[122] Sofern nicht zufälli-

---

[116] Anschaulich *Henrich* in: Hofer/Klippel/Walter (Hrsg.), Perspektiven des Familienrechts, 2005, 1141, 1151; *Duden,* Leihmutterschaft im Internationalen Privat- und Verfahrensrecht, 2015, 61 ff.; *Duden,* StAZ 2017, 225, 227.

[117] *Dethloff,* JZ 2014, 922, 931.

[118] *Dethloff,* JZ 2014, 922, 926 ff.; *Duden,* Leihmutterschaft im Internationalen Privat- und Verfahrensrecht, 2015, 193; *Sucker,* 17 European Journal of Law Reform (2015) 257, 266 ff.; so auch *Siehr* in: Hilbig-Lugani/Jakob/Mäsch u.a. (Hrsg.), Zwischenbilanz, 2015, 769, 780 f.; so auch *Diel,* Leihmutterschaft und Reproduktionstourismus, 2014, 194. A.A. *Thomale,* Mietmutterschaft, 2015, 26 ff.; *Sitter,* Grenzüberschreitende Leihmutterschaft – Eine Untersuchung des materiellen und internationalen Abstammungsrechts Deutschlands und der USA, 2017, 194.

[119] Zur Frage der personenstandsrechtlichen Umsetzung bei ausnahmsweisem Vorliegen eines Verstoßes, *Gössl,* IPRax 2015, 273 ff.

[120] *Duden,* Leihmutterschaft im Internationalen Privat- und Verfahrensrecht, 2015, 194 ff.

[121] *Dethloff,* JZ 2014, 922, 929 f.

[122] *Duden,* Leihmutterschaft im Internationalen Privat- und Verfahrensrecht, 2015, 106 ff.; *Dethloff,* JZ 2014, 922, 929; *Helms* in: Ständige Deputation des Deutschen Juristentages (Hrsg.), Rechtliche, biologische und soziale Elternschaft – Herausforde-

gerweise eine Anknüpfung über Art. 19 I 2 oder 3 EGBGB möglich ist, bleibt nur die Anwendbarkeit deutschen Rechts nach Art. 19 I 1 EGBGB. Dies führt zu der Situation, dass das Kind faktisch elternlos wird,[123] denn nach deutschem Recht ist die Leihmutter rechtlicher Elternteil des Kindes, da sie das Kind geboren hat, nach dem Recht des Staates, in dem die Leihmutterschaft durchgeführt wurde, ist die Leihmutter hingegen nicht Elternteil des Kindes, da die Wunscheltern zugeordnet wurden.[124] Paradoxerweise ist daher ein längerer Aufenthalt im Ausland, unter Umständen sogar getrennt von den das Kind umsorgenden Wunscheltern, für das Kind günstiger, da so die Anwendbarkeit des Rechts des Staates, in dem die Leihmutterschaft durchgeführt wurde, bewirkt werden kann.[125] Hierin liegt letztlich ein gravierender Unterschied zur Anerkennung der durch gerichtliche Entscheidung zugeordneten Wunschelternschaft, bei der die Anerkennung von derartigen Konstruktionen nicht abhängt. Dies ist letztlich ein unbefriedigender Zustand, da er für das Kind, das auf seine Entstehung und die Wahl des betreffenden Durchführungsstaates keinen Einfluss hat, zu zufälligen Ergebnissen führt.[126]

In der Literatur ist deshalb vorgeschlagen worden, in Leihmutterschaftsfällen eine Sonderanknüpfung am Geburtsort vorzunehmen.[127] Das hätte den Vorteil, dass Art. 19 EGBGB insoweit auf das Recht verweisen würde, über das eine Zuordnung zu den Wunscheltern hergestellt worden ist. Gleichwohl kann auch der Geburtsort variieren. Er kann geradezu zufällig sein, wenn die Leihmutter sich nicht stets in einem Staat aufhält. Bereits die Reise in einen anderen Bundesstaat

---

rungen durch neue Familienformen, 2016, F 1, F 56; *Lederer,* Grenzenloser Kinderwunsch – Leihmutterschaft im nationalen, europäischen und globalen rechtlichen Spannungsfeld, 2016, 128 ff.; *Diel,* Leihmutterschaft und Reproduktionstourismus, 2014, 194.

[123] *BGH,* Beschl. v. 29.10.2014 – XII ZB 20/14, BeckRS 2014, 20986. Zum französischen Recht ebenso kritisch *Lagarde,* ZEuP 2015, 233, 238 f. Diese Feststellung mit Verweis auf bestehende Unterhaltsrechte in ihren Folgen für „übertrieben" haltend allerdings *Thomale,* Mietmutterschaft, 2015, 37, was jedoch nicht überzeugt, da es bei der Eltern-Kind-Zuordnung nicht in erster Linie um Unterhaltssicherung, sondern um elterliche Zuordnung geht, um die elterliche Pflege und Erziehung sicherzustellen.

[124] Zur Folge der Staatenlosigkeit *Dethloff,* JZ 2014, 922, 927.

[125] *Dethloff* in: Weller/Ditzen (Hrsg.), Leihmutterschaft – Aktuelle Entwicklungen und interdisziplinäre Herausforderungen, 2018 (im Erscheinen), 41, 51.

[126] *Dethloff* in: Weller/Ditzen (Hrsg.), Leihmutterschaft – Aktuelle Entwicklungen und interdisziplinäre Herausforderungen, 2018 (im Erscheinen), 41, 51; *Helms* in: Ständige Deputation des Deutschen Juristentages (Hrsg.), Rechtliche, biologische und soziale Elternschaft – Herausforderungen durch neue Familienformen, 2016, F 1, F 56.

[127] *Duden,* Leihmutterschaft im Internationalen Privat- und Verfahrensrecht, 2015, 323, 325 f.; *Sitter,* Grenzüberschreitende Leihmutterschaft – Eine Untersuchung des materiellen und internationalen Abstammungsrechts Deutschlands und der USA, 2017, 301 (Geburtsortanknüpfung oder Rechtswahlmöglichkeit); vgl. ebenfalls den von *Kurt Siehr* im Auftrag des Deutschen Rats für Internationales Privatrecht ausgearbeiteten Vorschlag *Siehr,* StAZ 2015, 258, 266, der zwar an den gewöhnlichen Aufenthalt des Kindes anknüpft, diesen aber am gewöhnlichen Aufenthaltsort der Leihmutter, d.h. dem Geburtsort verortet.

eines Mehrrechtssystems (z. B. der USA), der die Leihmutterschaft nicht gestattet, kann wiederum dazu führen, dass ein Anknüpfungspunkt für die Herstellung der Elternschaft der Wunscheltern nach Art. 19 EGBGB fehlt. Die Geburtsortsanknüpfung bietet daher keinen hinreichenden Schutz.[128]

Des Weiteren ist vorgeschlagen worden, in Leihmutterschaftsfällen eine Anerkennungsregelung im Sinne einer Anerkennung von Rechtslagen vorzusehen.[129] Vorbilder finden sich hierfür beispielsweise im niederländischen Recht, das ausländische Rechtslagen *per se* anerkennt, vgl. Art. 10:101(1) BW.[130] Eine Rechtslagenanerkennung müsste allerdings selbst wieder dem „*ordre public*"-Vorbehalt unterstellt werden, um sicherzustellen, dass die wesentlichen Verbürgungen des deutschen Rechts gewahrt bleiben. Auch das niederländische Recht sieht entsprechendes vor, vgl. Art. 10:101(2) BW. Eine Rechtslagenanerkennung würde somit lediglich die oben genannten Anknüpfungsschwierigkeiten vermeiden, im Eizelfall eine Anerkennungsprüfung aber nicht obsolet werden lassen.[131]

Ein Instrument, das sowohl die Unsicherheiten einer faktensensitiven „*ordre public*"-Prüfung im Einzelfall, als auch die kollisionsrechtlichen Anknüpfungsschwierigkeiten vermeidet, könnte allerdings in der in § 4 vorgeschlagenen Elternschaftsübertragung durch Gerichtsbeschluss zu sehen sein. Das in § 4 vorgeschlagene Instrument, das nach dem Vorbild der englischen *parental order* gestaltet worden ist, könnte auch auf im Ausland durchgeführte Leihmutterschaften Anwendung finden.[132] Eine entsprechende Nutzung ist im englischen Recht für dieses vorgesehen.[133] Die Elternschaftszuordnung der Wunscheltern könnte da-

---

[128] Zweifelnd auch *Helms* in: Ständige Deputation des Deutschen Juristentages (Hrsg.), Rechtliche, biologische und soziale Elternschaft – Herausforderungen durch neue Familienformen, 2016, F 1, F 56; kritisch auch *Thomale,* Mietmutterschaft, 2015, 87 ff.

[129] *Helms* in: Ständige Deputation des Deutschen Juristentages (Hrsg.), Rechtliche, biologische und soziale Elternschaft – Herausforderungen durch neue Familienformen, 2016, F 1, F 56, F 101. Für die Schaffung einer Regelung auch Arbeitskreis Abstammungsrecht des BMJV, Abschlussbericht – Empfehlungen für eine Reform des Abstammungsrechts, 2017, 38; so auch Beschlüsse des 71. Deutschen Juristentags 2016, C.13 f., vgl. http://www.djt.de/fileadmin/downloads/71/Beschluesse_gesamt.pdf (zuletzt geprüft am 17.8.2017).

[130] *Sucker,* 17 European Journal of Law Reform (2015) 257, 266.

[131] Kritisch auch *Heiderhoff,* NJW 2014, 2673, 2677.

[132] Für eine entsprechende Idee im grenzüberschreitenden Bereich siehe *Dethloff,* JZ 2014, 922, 931; *Duden,* Leihmutterschaft im Internationalen Privat- und Verfahrensrecht, 2015, 326 f.

[133] *High Court of England and Wales* (Fam.), 22.2.2002 (*Re C (surrogacy: PAyments)*), [2002] 1 FLR 909; *High Court of England and Wales* (Fam.), 9.12.2008 (*Re X (Children) (Parental Order: Foreign Surrogacy)*), [2009] 1 FLR 733; *High Court of England and Wales* (Fam.), 9.11.2009 (*Re S (Parental Order)*), [2009] EWHC 2977; *High Court of England and Wales* (Fam.), 6.12.2011 (*Re X (Children) (Parental Order: Retrospective Authorisation of Payments)*), [2011] EWHC 3147 (Fam); *England and Wales High Court (Re D (Children) (Parental Order: Foreign Surrogacy)*), [2012]

her im Inland rechtssicher und nach den im Inland geltenden Bestimmungen und Schutzgewährleistungen bewirkt werden. Wunscheltern, die eine Leihmutterschaft im Ausland planen, könnten somit auch bei Fehlen einer Anknüpfung nach Art. 19 EGBGB an das Recht des Durchführungsstaats in die rechtliche Elternstellung einrücken, und die hierfür von Gesetzes wegen geforderten Voraussetzungen bereits *ex ante* anhand der Tatbestandsmerkmale des § 1600e BGB-E voraussehen. Eine derartige Lösung stellt somit eine rechtssicherere Alternative zu den vorstehend genannten Lösungsansätzen dar. Das Instrument könnte parallel zur kollisions- und verfahrensrechtlichen Anerkennungsmöglichkeit bestehen, so dass die Beteiligten das Instrument wählen könnten, das die Elternzuordnung aus ihrer Sicht am einfachsten bewirkt.

Eine angemessene Lösung könnte letztlich auch ein internationales Übereinkommen zur Anerkennung von im Ausland durchgeführten Leihmutterschaften darstellen.[134] Die Haager Konferenz für Internationales Privatrecht arbeitet bereits seit langem an der Thematik.[135] Derzeit konzentrieren sich die Arbeiten auf die Ausarbeitung eines Instruments, das sich mit der Anerkennung von gerichtlichen Entscheidungen befassen soll.[136] Vorgesehen werden soll die Anerkennung von rechtskräftigen Entscheidungen, sowie eine Zahl von Anerkennungsversagungsgründen, darunter auch ein „*ordre public*"-Vorbehalt.[137] Die Arbeiten

---

EWHC 2631 (Fam); *High Court of England and Wales* (Fam.), 1.4.2014 (*Re G (Parental Orders)*), [2014] EWHC 1561 (Fam) (hier wies das Gericht insbesondere auf die Problematik zu Sec. 83 ACA 2002 hin, die das Mitbringen adoptierter Kinder beschränkt). Die Voraussetzungen werden hier allerdings etwas weniger streng gehandhabt als bei im Inland durchgeführten Leihmutterschaften, vgl. *England and Wales High Court (Re L (Commercial Surrogacy))*, [2010] EWHC 3146 (Fam) (Verweigerung nur bei „clearest case of abuse"); *Fenton-Glynn,* 74 The Cambridge Law Journal (2015) 34; *Inglis,* Scots Law Times 2014, 105, 106 f.; *Fenton-Glynn,* 74 The Cambridge Law Journal (2015) 34.

[134] Befürwortend *Boele-Woelki* in: Haager Konferenz für Internationales Privatrecht (Hrsg.), A commitment to private international law – Essays in honour of Hans van Loon, 2013, 47, 57; *Bertschi,* Leihmutterschaft – Theorie, Praxis und rechtliche Perspektiven in der Schweiz, den USA und Indien, 2014, 220 ff. mit entsprechendem Regelungsvorschlag; dafür auch *Sitter,* Grenzüberschreitende Leihmutterschaft – Eine Untersuchung des materiellen und internationalen Abstammungsrechts Deutschlands und der USA, 2017, 306 ff. Ablehnend *Engel* in: Boele-Woelki/Dethloff/Gephart (Hrsg.), Family Law and Culture in Europe, 2014, 199, 211 mit nicht überzeugendem Dammbruchargument.

[135] Dazu auch *Lederer,* Grenzenloser Kinderwunsch – Leihmutterschaft im nationalen, europäischen und globalen rechtlichen Spannungsfeld, 2016, 216 ff.

[136] Vgl. den Bericht der Expert Group vom Februar 2017, abrufbar unter https://assets.hcch.net/docs/ed997a8d-bdcb-48eb-9672-6d0535249d0e.pdf (zuletzt geprüft am 30.9.2017); vgl. auch den Bericht vom Februar 2018, abrufbar unter https://assets.hcch.net/docs/0510 f196-073a-4a29-a2a1-2742c95312a2.pdf (zuletzt geprüft am 6.4.2018).

[137] Bericht der Expert Group vom Februar 2017, abrufbar unter https://assets.hcch.net/docs/ed997a8d-bdcb-48eb-9672-6d0535249d0e.pdf (zuletzt geprüft am 30.9.2017), 2.

befinden sich allerdings noch am Anfang, ein Textentwurf liegt öffentlich noch nicht vor, so dass auf nationaler Ebene durchaus Handlungsbedarf für eine Regelung besteht. Sinnvoll wäre sicherlich auch die Schaffung eines einheitlichen Mindeststandards zur Durchführung von grenzüberschreitenden Leihmutterschaften, wie es das HAdoptÜ für internationale Adoptionen vorsieht.[138] Angesichts der großen Differenzen zur Behandlung von Leihmutterschaftsfällen ist es allerdings durchaus verständlich und praktikabel, sich vorerst auf den Bereich der Anerkennung von gerichtlichen Entscheidungen zu konzentrieren.[139] Ein neuerer Bericht der Expertegruppe greift auch das Internationale Privatrecht auf.[140]

3. Anerkennung von Mehrelternschaft

Letztlich stellt sich ferner die Frage, wie mit pluralisierten Eltern-Kind-Beziehungen umzugehen ist,[141] d.h. der rechtlichen Vollelternschaft von mehr als zwei Personen. Vorstehend ist herausgearbeitet worden, dass das deutsche Recht im Grundsatz davon ausgeht, dass ein Kind lediglich zwei rechtliche Eltern haben kann.[142] Auch ein modernes Elternschaftsrecht sollte sich, so die hier vertretene Ansicht, an diesem Prinzip orientieren.[143] Es gibt jedoch auch Rechtsordnungen, die bewusst von diesem Prinzip abgewichen sind. Sind, wie es in British Columbia möglich ist, einem Kind mehr als zwei Personen als rechtliche Volleltern zugeordnet, stellt sich die Frage, ob eine solche Eltern-Kind-Zuordnung im Inland anzuerkennen wäre. Auch hier stellt sich losgelöst von der Frage des Zuordnungsmechanismus die Frage der „ordre public"-Widrigkeit. Die Frage ist bislang ungeklärt.

Gegen eine „ordre public"-Widrigkeit lassen sich im Wesentlichen zwei Argumente vorbringen: Erstens spricht gegen eine Unvereinbarkeit mit dem ordre public, dass auch das deutsche Recht Abweichungen vom Zwei-Eltern-Prinzip

---

[138] Übereinkommen über den Schutz von Kindern und die Zusammenarbeit auf dem Gebiet der internationalen Adoption v. 29.5.1993, BGBl. 2001 II S. 1034.

[139] Kritisch zur Umsetzungswahrscheinlichkeit des Abkommens *Helms* in: Ständige Deputation des Deutschen Juristentages (Hrsg.), Rechtliche, biologische und soziale Elternschaft – Herausforderungen durch neue Familienformen, 2016, F 1, F 56. Zu einem ausgearbeiteten Regulierungsvorschlag siehe bereits den Entwurf von *Bertschi,* Leihmutterschaft – Theorie, Praxis und rechtliche Perspektiven in der Schweiz, den USA und Indien, 2014, 226 ff.

[140] Bericht der Expert Group vom Februar 2018, abrufbar unter https://assets. hcch.net/docs/0510 f196-073a-4a29-a2a1-2742c95312a2.pdf (zuletzt geprüft am 6.4. 2018).

[141] *Dethloff/Timmermann,* Gleichgeschlechtliche Paare und Familiengründung durch Reproduktionsmedizin – Gutachten im Auftrag der Friedrich Ebert Stiftung, 2016, 53 ff.

[142] Siehe § 2 S. 160 ff.; zum ersten Anwendungsfall siehe den Bericht „Mama, Mama, Papa – Della hat offiziell drei Eltern" vom 12.2.2014 auf N24-online.

[143] Siehe § 3 S. 272 ff.

toleriert. Mit der Volljährigenadoption kann ein Kind bis zu vier rechtliche Eltern erhalten. Das derzeitige Recht sieht somit bereits die rechtliche Mehrelternschaft vor. Zwar sind diese Personen nicht Träger elterlicher Sorgerechte, da die volljährige Person in der Regel voll verantwortlich ist, die Existenz der Regelung zeigt jedoch, dass das Zwei-Eltern-Prinzip nicht absolut gilt. Eine Anerkennung ausländischer Mehrelternschaftsverhältnisse ließe sich somit bereits im geltenden Recht integrieren. Darüber hinaus hat das BVerfG den Weg zur Abbildung von pluralisierter Elternschaft im Bereich der Einzelausprägungen des Elternrechts durchaus offen gelassen.[144] Es ist daher mit dem Grundgesetz vereinbar, einzelne Aspekte des Elternrechts, z. B. Sorge-, Umgangs- oder Informationsrechte auf mehr als zwei Personen zu übertragen. Entsprechendes spiegelt sich in § 1686a BGB wider. Dies zeigt, dass das „Zwei-Eltern"-Prinzip letztlich nicht zu den wesentlichen Grundsätzen des deutschen Rechts im Sinne einer *„ordre public"*-Schranke gehören kann. Zweitens lässt sich gegen eine Unvereinbarkeit mit dem *ordre public* vorbringen, dass die Bindungsforschung festgestellt hat, dass Kinder unproblematisch zu mehreren Personen Bindungsbeziehungen eingehen können, ohne hierdurch unangemessenen Rollenkonflikten zu unterliegen.[145] Daraus folgt letztlich, dass der Anerkennung einer ausländischen rechtlichen Vollelternschaft auch Kindeswohlerwägungen nicht erfolgreich entgegengehalten werden können. Es kann somit festgehalten werden, dass auch die im Ausland begründete Elternschaft von mehr als zwei Personen *per se* anerkennungsfähig ist.[146]

C. Zusammenfassung

Durch eine immer stärker international verstrickte Gesellschaft stellen sich auch im Bereich der Elternschaftszuordnung immer häufiger internationalprivat- und familienverfahrensrechtliche Fragen.

Das auf die Eltern-Kind-Zuordnung anwendbare Recht bestimmt sich hierbei nach Art. 19 EGBGB. Unter den sachlichen Anwendungsbereich der Kollisionsnorm fallen auch die Feststellung der Elternschaft für kryokonservierte Embryonen, die Elternschaftsbegründung bei gleichgeschlechtlichen weiblichen Paaren, die Elternschaftsbegründung bei Leihmutterschaft und der Statuswechsel durch qualifizierte Elternschaftsanerkennung soweit die Begründung der Elternschaft betroffen ist.

Die Anknüpfungssystematik des Art. 19 I EGBGB weist dabei drei alternative, in keinem Rangverhältnis stehende Varianten zur Bestimmung des anwendbaren Rechts auf. Führt die Alternativität dieser Varianten dazu, dass in demselben Zeitpunkt die Elternschaft verschiedener Personen begründet wird, so ist das

---

[144] Siehe § 3 S. 194 ff.
[145] Siehe § 1 S. 120 ff.
[146] So auch BeckOK BGB/*Heiderhoff,* Art. 19 EGBGB Rn. 43.

Recht anzuwenden, das sich bestandssichernd auswirkt, d.h. die wertende materiell-rechtliche Elternzuordnung nicht vorwegnimmt. Eine Bestandssicherung lässt sich darüber erreichen, dass das Recht zur Anwendung kommt, das die Person als rechtlichen Elternteil bestimmt, die die tatsächliche Verantwortung für das Kind trägt. Das so ermittelte Recht ist dann dazu berufen, die wertende Entscheidung zur endgültigen Zuordnung der Elternschaft zu treffen. Maßgeblicher Zeitpunkt für die Ermittlung der Zuordnung sollte der Geburtszeitpunkt sein.

Die Anknüpfungssystematik des Art. 19 I EGBGB kann aufgrund ihrer Wandelbarkeit dazu führen, dass eine einmal entstandene Eltern-Kind-Beziehung durch den schlichten Wechsel der Anknüpfungstatsachen entfällt. Aufgrund der Bedeutung und Reichweite der Eltern-Kind-Beziehung sollte eine Klarstellung im Gesetz erfolgen, dass eine einmal entstandene Elternschaft nicht wieder durch den schlichten Statutenwechsel entfallen kann.

Die Anerkennung von im Ausland zustande gekommenen Eltern-Kind-Beziehungen richtet sich maßgeblich nach den Zuordnungsumständen. Hat eine Behörde bei der Begründung der Eltern-Kind-Beziehung konstitutiv mitgewirkt, ist eine Anerkennung nach §§ 108 ff. FamFG vorzunehmen. Im Übrigen ist eine kollisionsrechtliche Anerkennungsprüfung nach Art. 19 EGBGB durchzuführen. Aus unionsrechtlichen Bestimmungen lässt sich keine Pflicht zur Anerkennung von Rechtslagen ableiten.

Die im Ausland begründete Elternschaft der Mit-Mutter ist im Inland grundsätzlich anerkennungsfähig, sie stellt keinen generellen „ordre public"-Verstoß dar. Gleiches gilt im Grundsatz für Leihmutterschaft und Mehrelternschaft. Schwierigkeiten können sich bei der Anerkennung von im Ausland durchgeführten Leihmutterschaften deshalb ergeben, weil in den meisten Fällen eine Verweisung auf das Recht des Staates, in dem die Leihmutterschaft durchgeführt wurde, nicht gegeben ist. Zur Erleichterung der Anerkennung der Elternschaft der Wunscheltern sollte die in § 4 vorgeschlagene Möglichkeit der Elternschaftsübertragung durch Gerichtsbeschluss auch für im Ausland durchgeführte Leihmutterschaften offenstehen. Eine angemessene Lösung für grenzüberschreitende Leihmutterschaften könnte auch ein internationales Übereinkommen zur Anerkennung von im Ausland durchgeführten Leihmutterschaften darstellen. Die Haager Konferenz für Internationales Privatrecht arbeitet bereits seit langem an der Thematik. Derzeit konzentrieren sich die Arbeiten auf die Ausarbeitung eines Instruments, das sich mit der Anerkennung von gerichtlichen Entscheidungen im Bereich der Elternschaft generell befassen soll. Die Arbeiten befinden sich allerdings noch in einem frühen Stadium.

Zusammenfassung und Ausblick

Die vorliegende Arbeit hatte es sich zur Aufgabe gemacht, die normativen Elemente eines modernen Elternschaftsrechts auf inter- und intradisziplinärer sowie rechtsvergleichender Basis zu entwickeln. Folgende Ergebnisse können festgehalten werden:

Teil 1

§ 1

Familien- und Elternschaftsverhältnisse werden heute in vielgestaltigen Formen gelebt. Neben den „Normalitätsentwurf" der Kernfamilie verheirateter Eltern mit genetisch von ihnen abstammenden Kindern sind weitere Familienformen getreten. Kinder werden heute trotz der Tatsache, dass die Kernfamilie der meistgewählte Lebensentwurf ist, immer häufiger in gleichgeschlechtlichen Familien, Stief- und Reproduktionsfamilien sowie in Familien nicht miteinander verheirateter Eltern oder in Ein-Elternfamilien groß.[1]

Der mit Blick auf die real gelebten Familienformen zu verzeichnende Wandel spiegelt sich auch in den Vorstellungen der in Deutschland lebenden Personen darüber wider, wie Familie und Elternschaft heute gelebt werden sollten (sog. Familienleitbilder).[2] In der ganz überwiegenden Zahl der Fälle gehört das Zusammenleben von Eltern mit ihren Kindern zum Leitbild der in Deutschland lebenden Personen von Familie hinzu, wobei allerdings auch die gewollte Kinderlosigkeit soziale Akzeptanz erfährt. Kinder zu bekommen ist daher heute keine gesellschaftliche Pflicht mehr, sondern eine Option. Die Entscheidung für oder wider eine Elternschaft ist heute vom Status der Paarbeziehung weitgehend entkoppelt. Auch die Geschlechtszugehörigkeit der Eltern oder deren sexuelle Orientierung spielen ganz überwiegend keine Rolle. Damit ist auch die genetische Abstammung an sich zwar eine bedeutende aber keine zwingende Voraussetzung für die Elternschaft mehr. Letztlich ist auch das Vorhandensein von zwei Elternteilen keine Voraussetzung für Elternschaft, das Konzept alleinerziehender Elternschaft wird heute sozial akzeptiert. Keine hinreichenden wissenschaftlichen Nachweise finden sich jedoch darauf, dass eine Elternschaft von mehr als zwei Personen zu den Familienleitbildern in Deutschland zählen würde, auch wenn es an Berichten darüber nicht fehlt, dass derartige Konstellationen tatsächlich gelebt werden.

---

[1] S. 41 ff.
[2] S. 60 ff.

Mit der Veränderung der gelebten Familienformen geht oft auch eine Veränderung von Elternschaft einher, was in der sozialwissenschaftlichen Literatur mit Segmentierung und Pluralisierung von Elternschaft beschrieben wurde.[3] Elternschaft lässt sich je nach Begründungszusammenhang in verschiedene Segmente unterteilen. So kann etwa je nach Konstellation von genetischer, biologischer, sozialer und rechtlicher Elternschaft gesprochen werden. Im Ideal der Kernfamilie fallen genetische, biologische, soziale und rechtliche Elternschaft stets zusammen. Durch die häufigere Wahl alternativer Familienformen ergeben sich heute aber immer öfter (auch gewollt) Situationen, in denen nicht alle Segmente der Elternschaft in einer Person verwirklicht sind.

Betrachtet man die einzelnen Elternschaftssegmente vor interdisziplinärem Hintergrund, so wird deutlich, dass jedes einzelne Segment für sich genommen einen wesentlichen Beitrag zur tatsächlichen Eltern-Kind-Beziehung liefert.[4] In der Gesamtschau der interdisziplinären Forschungsergebnisse aus medizinischen, soziologischen, (kinder)psychologischen, aber auch sozialanthropologischen Studien ist zu schlussfolgern, dass genetische, biologische und soziale Elternschaft in etwa einen gleichbedeutenden Einfluss auf die Kindesentwicklung und die Eltern-Kind-Beziehung haben.[5]

§ 2

Das Abstammungsrecht ist als Teil des Familienrechts Statusrecht. Als solches hat es ganz generell die Aufgabe, einer Person ihren Platz in der Rechtsgemeinschaft mit ihren jeweiligen individuellen Bezügen und Rechtsverhältnissen, d.h. ihren Personenstand, zuzuweisen. Konkret weist das Abstammungsrecht einem Kind seine rechtlichen Eltern allgemeinverbindlich zu. Die statusrechtliche Natur des Abstammungsrechts steht in kontinentaleuropäischer Tradition.[6]

Das über §§ 1591 ff. BGB geschaffene rechtliche Band zwischen Eltern und ihren Kindern ist von immenser rechtlicher Bedeutung, da es eine Reihe von rechtlichen Folgewirkungen im Familienrecht und in anderen Rechtsgebieten (z.B. elterliche Verantwortung, Unterhaltsrecht, Erbrecht, Staatsangehörigkeitsrecht etc.) mit sich bringt. Dies ist ein im internationalen Vergleich nahezu einheitlicher Befund.[7]

Aus der statusrechtlichen Natur des Abstammungsrechts folgen einige Grundprinzipien, die für das Abstammungsrecht leitend sind.[8] Dies sind der Grundsatz der Statuswahrheit, der Grundsatz der Statuserkennbarkeit und der Statusklarheit

---

[3] S. 71 ff.
[4] S. 94 ff.
[5] S. 124 ff.
[6] S. 130 ff.
[7] S. 134 ff.
[8] S. 136 ff.

sowie jener der Statusbeständigkeit. Dies bedeutet konkret, dass die rechtliche Eltern-Kind-Zuordnung möglichst der Realität entsprechen, d.h. wahr sein soll, sowie aufgrund der weitreichenden Folgen möglichst bestandsfest, klar und leicht erkennbar auszugestalten ist, damit für die an einer abstammungsrechtlichen Beziehung beteiligten Personen Rechtssicherheit über die Zuordnung und die Zuordnungswirkungen besteht. Dem Aspekt der Rechtssicherheit entspricht auch ein möglichst früher Zeitpunkt der Herstellung der Abstammungszuordnung. Das deutsche Abstammungsrecht und die Abstammungsrechte anderer Staaten setzen diese Prinzipien auf verschiedenste Weise um.

Mit Blick auf die Herstellung von Statuswahrheit unterliegt dem deutschen Abstammungsrecht das Primat der genetischen Abstammung.[9] Die rechtlichen Abstammungsbeziehungen sollen somit generell den genetischen Abstammungsbeziehungen entsprechen. Andere Aspekte der Elternschaft und moderne Eltern-Kind-Konstellationen spielen im derzeit geltenden deutschen Abstammungsrecht nur eine untergeordnete Rolle. Gleichwohl toleriert das deutsche Recht durch einige (teils bewusste) Systembrüche bereits im jetzigen System ein dauerhaftes Auseinanderfallen genetischer und rechtlicher Abstammung.

Ein Blick in das europäische Ausland hat gezeigt, dass viele Rechtsordnungen der genetischen Abstammung zwar ein großes Gewicht bei der Eltern-Kind-Zuordnung zumessen. Nicht jede Rechtsordnung sieht die genetische Abstammung aber im Vergleich zur biologischen oder sozialen Elternschaft stets als vorrangig an. Vielmehr finden sich in vielen Rechtsordnungen auch zahlreich Belege dafür, dass neben der genetischen Abstammung auch andere Kriterien eine Rolle für die Eltern-Kind-Zuordnung spielen.[10]

Darüber hinaus hat die vorstehende Betrachtung ergeben, dass abstammungsrechtliche Positionen höchstpersönlicher Natur sind, da sie den Kernbereich des Persönlichkeitsrechts, Art. 2 I i.V.m. Art. 1 I GG, betreffen. Dies hat insbesondere Auswirkungen auf die Frage der Begründungs- und Aufhebungsmodalitäten abstammungsrechtlicher Beziehungen (insbesondere auf die Möglichkeit der Stellvertretung und die Antragsberechtigung im Verfahren der gerichtlichen Feststellung der Vaterschaft bzw. die Anfechtungsberechtigung im Vaterschaftsanfechtungsverfahren) sowie auf die Frage der Verzichtbarkeit abstammungsrechtlicher Positionen. In vielen weiteren Rechtsordnungen haben abstammungsrechtliche Beziehungen höchstpersönlichen Charakter. Nicht jede Rechtsordnung gestaltet jedoch diese Höchstpersönlichkeit gleich aus. Oftmals finden sich auch signifikante Abweichungen von diesem Grundsatz, wie beispielsweise bei der Berechtigung die rechtliche Vaterschaft anzufechten.[11]

---

[9] S. 137 ff.
[10] S. 141 ff.
[11] S. 153 ff.

Im deutschen Abstammungsrecht gilt das „Zwei-Eltern"-Prinzip, das besagt, dass ein Kind maximal zwei rechtliche Eltern haben kann.[12] Die meisten Rechtsordnungen verfolgen das „Zwei-Eltern"-Prinzip ebenfalls im Grundsatz. Das deutsche Recht macht bei der Volljährigenadoption eine Ausnahme hiervon, hier ist die Zuordnung von bis zu vier rechtlichen Eltern möglich. Dieses Phänomen findet sich letztlich in jenen Rechtsordnungen, die Elemente der schwachen Adoption kennen. Andere Rechtsordnungen haben jedoch konzeptionell von dem „Zwei-Eltern"-Prinzip Abstand genommen (siehe etwa British Columbia bzw. Kalifornien). Hier werden zwar im Grundsatz weiterhin einem Kind maximal zwei Eltern zugeordnet, das Recht sieht jedoch in Ausnahmefällen die Zuordnung von mehr als zwei Personen vor, um den tatsächlichen Gegebenheiten der Pluralisierung von Elternschaft gerecht zu werden.

Da das geltende Abstammungsrecht die heute gelebten Konstellationen von Elternschaft und Kindschaft nicht vollständig abbildet, stellt sich die Frage, inwieweit das Abstammungsrecht bzw. das Recht im Allgemeinen auf eine geänderte gesellschaftliche Werteordnung zu reagieren hat, und welche Maßstäbe für eine Anpassung des Rechts an gesellschaftlichen Wandel anzulegen sind.[13]

Recht erstrebt nach heutigem Verständnis über die Schaffung einer aus verbindlichen Verhaltenserwartungen bestehenden Ordnungsstruktur menschliches Verhalten zu ordnen, und die individuellen Freiräume des Einzelnen im Kollektiv der Gesellschaft zu sichern.[14] Das Recht dient somit dem Individuum und der Gesellschaft als Ganzes, indem es einen rechtlichen Rahmen für menschliches Verhalten setzt, Konfliktbeilegungsmechanismen vorsieht und Sicherheit darüber schafft, welche Folgen ein bestimmtes Verhalten zeitigen wird. Wie alle Verhaltenserwartungen, über die sich eine Gesellschaft organisiert, ist auch das Recht als verbindliche Verhaltenserwartung nicht *per se* vorgegeben, sondern das Ergebnis von in der Gesellschaft stattfindenden Normungsprozessen. Es ist somit wandelbar.[15]

Ein Wandel des Rechts hat sich aufgrund der dienenden Funktion von Recht einerseits an den gewandelten gesellschaftlichen Wertvorstellungen zu orientieren, andererseits sind auch Aufgabe und Funktion des Rechts zu beachten.[16] Aufgabe des Rechts kann es in einer freiheitlich organisierten, pluralistischen Gesellschaft letztlich nur sein, einen ethischen Minimalstandard (sog. *ethisches Minimum*) zu schaffen, der all jenes beinhaltet, was für unser gedeihliches Zusammenleben zwingend erforderlich ist. Hierzu zählen die die Gesellschaftsordnung konstituierenden allgemeinen Rechtsprinzipien (z. B. der Grundsatz der Autonomie, der

---

[12] S. 160 ff.
[13] S. 171 ff.
[14] S. 171 ff.
[15] S. 175 ff.
[16] S. 178 ff.

Schutz der Würde des Menschen, der Schutz des Lebens und der körperlichen Unversehrtheit, der Grundsatz der Gleichbehandlung, sowie die Notwendigkeit eines gerechten Ausgleichs der individuellen Interessen, das Prinzip der Reziprozität, der Schwächerenschutz insbesondere in Gestalt des Kindeswohlprinzips, letztlich auch der Grundsatz der Verteilungsgerechtigkeit).

Teil 2

§ 3

Der zweite Teil dieser Arbeit widmete sich als *Theorie eines Elternschaftsrechts* der Entwicklung der normativen Elemente eines modernen Rechts der Eltern-Kind-Zuordnung, das den o. g. Anforderungen gerecht wird.

Die Wahl des Begriffs *Elternschaftsrecht* ist hierbei nicht zufällig.[17] Er orientiert sich vor allem an den heute gelebten Eltern-Kind-Konstellationen, die immer häufiger nicht den genetischen Abstammungslinien folgen. Der Begriff des Elternschaftsrechts lässt durch seine Unabhängigkeit vom Zuordnungsgrund Raum für die Abbildung genetischer, biologischer aber auch sozialer Elternschaft so, wie sie heute gelebt wird. Der biologisch-genetisch determinierte Begriff des Abstammungsrechts sollte aufgegeben werden.

Zu den Anforderungen an ein modernes Elternschaftsrecht gehört es,[18] für die heute gelebten Eltern-Kind-Konstellationen angemessene rechtliche Lösungen zu finden, die diesen Konstellationen einen entsprechenden rechtlichen Rahmen geben. Ein modernes Elternschaftsrecht hat daher in einem stimmigen, systemische Inkonsistenzen vermeidenden Gesamtkonzept eine rechtssichere, rechtsklare, vorhersehbare, bestandsfeste und eine der Realität weitest möglich entsprechende Eltern-Kind-Zuordnung zu ermöglichen, die einen gerechten Ausgleich aller berührter Interessen vornimmt und den ethischen Mindeststandard wahrt.

Aufgrund der freiheitlichen Grundausrichtung unserer Gesellschaftsstruktur und der Höchstpersönlichkeit elternschaftsrechtlicher Rechtsverhältnisse ist darüber hinaus den Freiheitsrechten der Beteiligten ein weitestmöglicher Raum zu gewähren. Wo es die Funktion des Elternschaftsrechts und die Interessen der Beteiligten allerdings erfordern, ist die Autonomie der Beteiligten durch zwingendes Recht zu begrenzen.

Auch weiterhin sollte wie bereits im geltenden Abstammungsrecht klar zwischen originärer Zuordnung und Zuordnungskorrektur unterschieden werden. Im Lichte einer bestandsfesten und rechtssicheren Zuordnung und zur möglichst familienschonenden Regelung der Elternschaftsverhältnisse sollte die originäre

---

[17] S. 188 ff.
[18] S. 189 ff.

Eltern-Kind-Zuordnung so ausgestaltet sein, dass nur im Ausnahmefall ein Korrekturbedarf überhaupt entsteht.

Ein modernes Elternschaftsrecht sollte, wenn es die Lebenswirklichkeit angemessen erfassen möchte, auch Lösungen für Fälle vorsehen, die der Werteordnung des deutschen Rechts nicht vollständig entsprechen. Dies betrifft vor allem den Bereich der medizinisch-assistierten Reproduktion und Konstellationen der Leihmutterschaft.

Schlussendlich bietet es sich an, bereits einen Blick auf absehbare, künftige Entwicklungen zu nehmen und bereits vorausschauend angemessene Lösungen zu integrieren.

Elternschaftsrechtliche Fragen berühren eine Reihe von verfassungsrechtlichen, menschenrechtlichen und unionsrechtlichen Verbürgungen.[19] Diese setzten letztlich Vorgaben für die Ausgestaltung des einfachen Rechts. Sie sind daher bei der Ausgestaltung eines modernen Elternschaftsrechts leitend. Herausragende Bedeutung kommt vor allem Art. 6 II GG zu, der das Elternrecht und damit die rechtliche Eltern-Kind-Zuordnung verbürgt.

Träger des Elternrechts i. S. d. Art. 6 II 1 GG sind nur die rechtlichen Eltern, d. h. die Personen, die dem Kind als rechtliche Eltern zugeordnet sind. Dem Gesetzgeber kommt bei der Ausgestaltung der rechtlichen Eltern-Kind-Zuordnung ein grundsätzlicher Gestaltungsspielraum zu. Leitend ist hierfür allerdings der verfassungsrechtliche Elternbegriff, d. h. die Vorstellung davon, wer als Elternteil im verfassungsrechtlichen Sinne anzusehen ist und somit als geeigneter Träger des Elternrechts in Betracht kommt.[20]

Das BVerfG hat die Elemente des verfassungsrechtlichen Elternbegriffs bislang nicht genauer präzisiert. Es kann angesichts der bislang zum Elternrecht ergangenen Entscheidungen von Folgendem ausgegangen werden:[21] Die natürlichen und biologischen Eltern sind als die Personen, die dem Kind das Leben gegeben haben, unter den Elternbegriff zu fassen. Das Grundgesetz sieht sie als von Natur aus bereit und berufen an, die Elternverantwortung zu tragen. Der Gesetzgeber hat sich hieran zu orientieren, und die rechtliche Eltern-Kind-Zuordnung so auszugestalten, dass in der Regel die genetischen und biologischen Eltern auch die rechtlichen Eltern des Kindes sind. Das bedeutet für die elternschaftsrechtliche Ausgestaltung der Zuordnung konkret, dass es von Verfassung wegen den biologischen und genetischen Eltern möglich sein muss, die rechtliche Elternposition zu erlangen. Darüber hinaus erstreckt sich der verfassungsrechtliche Elternbegriff nach ständiger Rechtsprechung und ganz herrschender Lehre auch auf diejenigen Personen, die einfachrechtlich Eltern des Kindes und

---

[19] S. 192 ff.
[20] S. 192 ff.
[21] S. 196 ff.

somit Träger des Elternrechts sind. Unabhängig von Geschlecht, sexueller Orientierung, genetischer oder biologischer Verbindung zum Kind sind somit die als rechtliche Eltern zugeordneten Personen auch Eltern im verfassungsrechtlichen Sinne. Letzteres umfasst somit auch nur soziale Elternteile, die in einem rechtlichen Eltern-Kind-Verhältnis zum Kind stehen. Nach der hier vertretenen Ansicht umfasst der verfassungsrechtliche Elternbegriff zudem Personen, die die Bereitschaft gezeigt haben, dauerhaft für ein Kind elterliche Verantwortung zu tragen und somit bereit sind, die mit dem Elternrecht untrennbar verbundenen Pflichten auf sich zu nehmen. Der verfassungsrechtliche Elternbegriff schließt daher auch nur soziale Elternteile ein, die die rechtliche Elternstellung erst anstreben. Sie sind, wie der genetische, nicht rechtliche Vater zwar ebenfalls nicht Träger des Elternrechts, ihnen ist aber in bestimmten Situationen genauso ein verfahrensrechtliches Recht zu gewährleisten, in die rechtliche Elternstellung einrücken zu können.

Bei der Ausgestaltung des Zuordnungssystems hat der Gesetzgeber sich zwar daran zu orientieren, dass die genetischen und biologischen Eltern des Kindes auch rechtliche Eltern des Kindes werden können, genetischer und biologischer Elternschaft kommt aber kein genereller Vorrang vor sozialer Elternschaft zu.[22] Der Gesetzgeber ist frei, unter Beachtung eines gerechten Interessenausgleichs auch der sozialen Elternschaft den Vorrang einzuräumen.

Mit Blick auf menschenrechtliche Gewährleistungen ist insbesondere Art. 8 I EMRK von Bedeutung, der das rechtliche Eltern-Kind-Verhältnis sowohl unter dem Tatbestandsmerkmal des Privatlebens, als auch unter jenem des Familienlebens erfasst.[23] Auch ein intendiertes Familienleben kann in den Schutzbereich des Art. 8 I EMRK fallen, wobei hier genau zu differenzieren ist, ob es sich um das intendierte Familienleben eines biologischen, genetischen bzw. rechtlichen Elternteils einerseits, oder um das eines nur sozialen aber nicht rechtlichen Elternteils andererseits handelt. Letzteres ist nach der Rechtsprechung des Gerichtshofs nur unter den Schutzbereich des Familienlebens zu fassen, wenn eine Verfestigung der Familienbeziehung vorliegt. Im elternschaftsrechtlichen Kontext hat der EGMR ein 6- bis 8-monatiges Familienleben nicht ausreichen lassen, was vor dem Hintergrund der bindungstheoretischen Forschung bedenklich erscheint. Unter dem Tatbestandsmerkmal des Privatlebens kann die Eltern-Kind-Beziehung aber auch ohne eine entsprechende Verfestigung erfasst werden.

Art. 8 I EMRK erfasst somit ebenfalls genetische, biologische und soziale Elternschaft. Ein Rangverhältnis der einzelnen Segmente gibt es nicht, insbesondere erfordert die EMRK nicht, dem genetischen, nicht rechtlichen Vater ein Anfechtungsrecht zu gewähren. Seine Interessen sind allerdings stets zu berück-

---

[22] S. 196 ff.
[23] S. 209 ff.

sichtigen. Bei der Ausgestaltung elternschaftsrechtlicher Fragen verfügt der Gesetzgeber auch nach Art. 8 I EMRK über einen Beurteilungsspielraum, der je nach Einzelfrage unterschiedlich stark ausgeprägt sein kann.

Auf supranationaler Ebene sind für elternschaftsrechtliche Fragen die Freizügigkeit der Unionsbürger, Art. 21 AEUV, und die Unionsbürgerschaft, Art. 20 AEUV, beachtlich, wenn es um die Anerkennung von Eltern-Kind-Verhältnissen geht, die in einem anderen Mitgliedstaat begründet wurden.[24] Eine Anerkennung von Rechtslagen lässt sich aus Art. 21 AEUV allerdings nicht ableiten. Für die Auslegung der unsionsrechtlichen Bestimmungen sind ferner die grundrechtlichen Verbürgungen der EU-Grundrechtecharta von Bedeutung.

Einem modernen Elternschaftsrecht sollte trotz gelegentlich kritischer Stimmen in der Literatur auch weiterhin statusrechtliche Natur zukommen. Es besteht kein Anlass vom Statusprinzip Abstand zu nehmen und die rechtliche Eltern-Kind-Verbindung etwa dem Vertragsrecht zu überantworten.[25]

Aus der statusrechtlichen Natur folgt unweigerlich eine Beibehaltung statusrechtlicher Prinzipien.[26] Dies sind die Grundsätze der Statuswahrheit, der Statusklarheit, der Statuserkennbarkeit und der Statusbeständigkeit. Auch sollte der rechtlichen Eltern-Kind-Zuordnung weiterhin „*erga omnes*"-Wirkung zukommen und an einer entsprechenden Sperrwirkung der Zuordnung festgehalten werden. Letztlich ist auch an einem möglichst frühen Zeitpunkt der Zuordnung festzuhalten, die generelle Anknüpfung an den Zeitpunkt der Vollendung der Geburt ist sinnvoll, da in diesem Zeitpunkt die Rechtsfähigkeit des Menschen beginnt und somit die rechtlichen Beziehungen ihre Wirkungen entfalten können.

Ein modernes Elternschaftsrecht sollte sich ferner an folgenden Orientierungslinien ausrichten:

1. Ein modernes Elternschaftsrecht sollte sich bei der Zuordnung des rechtlichen Eltern-Kind-Verhältnisses und bei dessen Korrektur davon leiten lassen, dass genetische, biologische und soziale Elternschaft im Wesentlichen gleichbedeutend sind.[27] Die eingehende Untersuchung in § 1 hat gezeigt, dass jedem Elternschaftssegment für sich genommen ein bedeutender Einfluss auf die Eltern-Kind-Beziehung und die Kindesentwicklung zukommt, und dass vor interdisziplinärem Hintergrund nicht ersichtlich wäre, dass eines der Elternschaftssegmente diesbezüglich bedeutenderes Gewicht hätte. Auch ein Blick auf die heute gelebten Familienformen und Familienleitbilder zeigt, dass Familie und Elternschaft im Verständnis der in Deutschland lebenden Personen nicht rein über genetische bzw. biologische Faktoren determiniert werden. Elternschaft ist vielmehr

---

[24] S. 217 ff.
[25] S. 220 ff.
[26] S. 220 ff.
[27] S. 223 ff.

heute unabhängig von genetischer Abstammung sozial akzeptiert. Die Orientierung an der Gleichwertigkeit der Elternschaftssegmente entspricht daher den gesellschaftlichen Wertvorstellungen und sollte somit rechtlich vollzogen werden. Mit höherrangigem Recht ist diese Orientierung vereinbar.

2. Des Weiteren sollte sich ein modernes Elternschaftsrecht daran orientieren, dass dem Eltern-Kind-Verhältnis höchstpersönliche Natur zukommt und privatautonome Willensentschließungen besondere Relevanz entfalten.[28] Fragen des „Für" und „Wider" für eine Elternschaft und für die eigene Fortpflanzung betreffen den Kernbereich der persönlichen Lebensgestaltung, privatautonome Entscheidungen und Entscheidungsfreiheiten sind daher von besonderer Bedeutung. Auch ein modernes Elternschaftsrecht muss dem Einzelnen aus diesem Grund ausreichend Raum gewähren, die elternschaftsrechtlichen Verhältnisse selbst zu bestimmen. Die Balance von privatautonomen Gestaltungs- und staatlichen Ordnungsinteressen wird durch das derzeit geltende Abstammungsrecht bewirkt, indem es im Grundsatz ein Regelungssystem der Eltern-Kind-Zuordnung zwingend vorgibt, an entscheidenden Stellen der privatautonomen Gestaltung allerdings Raum lässt. An diesem Ansatz wird weiter festzuhalten sein.

3. Ein modernes Elternschaftsrecht sollte sich am Verantwortlichkeitsprinzip orientieren, d.h. es sollte sichergestellt sein, dass die Beteiligten für ihre autonomen Handlungen verantwortlich zeichnen, und Personen unter bestimmten Umständen auch dann als Eltern in die Pflicht genommen werden können, wenn ein Wille zur Übernahme von Elternverantwortung nicht vorliegt.[29] Die Begrenztheit der Zuordnung von Elternverantwortung aufgrund autonomer Willensentschließung verlangt letztlich zur Ermöglichung einer verlässlichen und bestandsfesten Zuordnung, dass durch das Elternschaftsrecht auch dann Verantwortlichkeiten definiert werden, wenn eine Bereitschaft zur Übernahme der Elternverantwortung fehlt. Die Zuordnungssystematik hat somit insoweit Instrumente vorzusehen, die es ermöglichen entsprechende Verantwortlichkeiten zuzuweisen.

4. Ein modernes Elternschaftsrecht hat sich im Grundsatz abstrakt-generell an einem als Minimalstandard verstandenen Kindeswohl zu orientieren.[30] Das Kindeswohl nimmt im Familienrecht und daher auch im Elternschaftsrecht eine herausragende Stellung ein. Das Kindeswohl ist im Bereich der staatlichen Regulierung von rechtlichen Eltern-Kind-Verhältnissen als Minimalstandard zu verstehen und aufgrund der Aufgabe des Elternschaftsrechts als personales Standortbestimmungsrecht nur abstrakt-generell zu berücksichtigen. Es geht somit nicht darum zu beurteilen, wer der beste Elternteil für das Kind im jeweiligen Einzelfall ist. Es geht im Wesentlichen darum abstrakt-generell zu beurteilen, ob eine Zuwei-

---

[28] S. 232 ff.
[29] S. 241 ff.
[30] S. 244 ff.

sung des Elternrechts an eine in Betracht kommende Person für das Kind nachteilige Wirkungen im Sinne schwerwiegender Gefahren zeitigen würde. Bei der Gestaltung der Zuordnungssystematik ist daher mit Blick auf das Kindeswohl abstrakt-generell sicherzustellen, dass dem Kind fürsorgebereite Eltern zugewiesen werden.

5. Im Rahmen eines modernen Elternschaftsrechts sollten die sexuelle Orientierung und das Geschlecht der Eltern für die Zuordnung und Korrektur der rechtlichen Elternschaft unerheblich sein.[31] Familie und Elternschaft werden unabhängig von Geschlecht und sexueller Orientierung der Eltern gelebt. Auch vor kinderpsychologischem Hintergrund ergibt sich keine Notwendigkeit, die rechtliche Eltern-Kind-Zuordnung geschlechtsspezifisch oder an der sexuellen Orientierung der Eltern geleitet auszugestalten. Untersuchungen zu Kindern in gleich- und verschiedengeschlechtlichen Familien haben gezeigt, dass keinerlei Entwicklungsauffälligkeiten auftreten, wenn Kinder in gleichgeschlechtlichen Familien groß werden. Frühere Bedenken sind mittlerweile widerlegt. Unter Berücksichtigung der Interessen aller Beteiligten ist somit eine von der sexuellen Orientierung der Eltern neutrale Zuordnungssystematik zu entwickeln. Dies beinhaltet vor allem die Schaffung von Möglichkeiten für gleichgeschlechtliche weibliche Paare, eine originäre Elternschaftszuordnung beider Partnerinnen losgelöst von der Adoption zu ermöglichen. Um Fällen der Trans- und Intersexualität angemessener gerecht zu werden, sind die entsprechenden Bestimmungen geschlechtsneutral zu formulieren.

6. Für die Zuordnungssystematik eines modernen Elternschaftsrechts sollten die Zeugungsumstände im Grundsatz irrelevant sein.[32] Kinder werden heute auf vielfältige Weise gezeugt. Medizinisch-assistierte und natürliche Zeugung sind letztlich als gleichwertig anzusehen. Insbesondere kinderpsychologische Studien räumen heute Bedenken aus, Kinder erführen durch die assistierte Reproduktion einen Entwicklungsnachteil. Von geringen Ausnahmen abgesehen, gilt bereits im derzeitigen Recht eine von den Zeugungsumständen losgelöste Zuordnungssystematik. Dies sollte beibehalten werden.

7. Ein modernes Elternschaftsrecht sollte sich bei der Zuordnungssystematik am „Zwei-Eltern"-Prinzip orientieren, einem Kind sollten damit maximal zwei rechtliche Eltern zugeordnet werden können.[33] Aufgrund des in § 1 dargestellten Wandels familialer Strukturen und Eltern-Kind-Konstellationen, mit dem eine verstärkte Pluralisierung von Elternschaft einhergeht, ist in der jüngeren Zeit darüber nachgedacht worden, das im deutschen Abstammungsrecht geltende „Zwei-Eltern"-Prinzip zugunsten einer Elternschaft von mehr als zwei Personen aufzu-

---

[31] S. 251 ff.
[32] S. 262 ff.
[33] S. 272 ff.

geben. Betrachtet man die konkreten Fallgestaltungen, in denen es zu Konflikten mehrerer Elternteile kam, wird deutlich, dass es in diesen Fällen nicht so sehr darum ging, wer die Stellung als rechtlicher Elternteil an sich einnimmt, sondern vielmehr um die Wirkungen, die sich aus dieser Rechtsstellung ergeben (Sorgerechte, Umgangs- und Informationsrechte). Bei der Zuweisung dieser Rechte stellen sich konkret-individuelle Fragen, z. B. ob es dem Kindeswohl entspricht, wenn einer bestimmten Person das Sorgerecht für ein Kind übertragen wird. Mit derartigen Fragestellungen befasst sich das Elternschaftsrecht hingegen nicht. Dieses hat abstrakt-generell die Elternzuordnung zu einem möglichst frühen Zeitpunkt zu bewirken. Konkret-individuelle Erwägungen spielen keine Rolle. Daher erscheint es sinnvoller, dem Phänomen pluralisierter Elternschaft auf der Ebene der Einzelausprägungen des Elternrechts zu begegnen, d. h. je nach Konstellation Sorgerechte, Umgangs- und Informationsrechte, Unterhaltsrechte, Erbrechte usw. zuzuweisen. Eine Ermöglichung der elterlichen Sorge durch mehr als zwei Personen, wie sie in einigen Rechtsordnungen bereits praktiziert wird, erscheint sinnvoll. Eine Lösung auf dieser Ebene ist auch viel geeigneter, flexibel auf die unterschiedlichen Konstellationen pluralisierter Elternschaft einzugehen. Die rechtliche Volleltemschaft ist nicht stets die interessengerechteste Lösung.

§ 4

A. Zuordnung des Elternteils (erste Elternstelle)

Ein modernes Elternschaftsrecht sollte als (ersten) Elternteil die Person zuordnen, die das Kind geboren hat (Geburtselternschaft), da dies in der Regel zu einer Übereinstimmung genetischer, biologischer und sozialer Elternschaft führt und somit regelmäßig nicht korrekturbedürftig ist.[34] Doch auch wenn genetische und biologische Elternschaft auseinanderfallen entsteht bereits während der Schwangerschaft eine auch nach der Geburt messbare pränatale Bindung zwischen Geburtselternteil und Kind, so dass der biologische Elternteil zugleich bestimmte Elemente der sozialen Elternschaft verwirklicht und eine Zuordnung aufgrund der Gleichwertigkeit der Elternschaftssegmente insoweit gerechtfertigt ist. Um Fälle der Trans- und Intersexualität direkt zu erfassen, sollte § 1591 BGB allerdings geschlechtsneutral ausgestaltet werden.

B. Zuordnung des weiteren Elternteils (zweite Elternstelle)

Im derzeit geltenden Abstammungsrecht formuliert § 1592 BGB einen abschließenden Katalog von alternativen Zuordnungstypen für die Vaterschaftszuordnung, die zwar in keinem Rangverhältnis zueinander stehen, aufgrund ihrer Ausgestaltung allerdings eine gewisse logische Folge einnehmen. § 1592 BGB ist

---

[34] S. 294 ff.

darüber hinaus zwingendes Recht. Die Vaterzuordnung entfaltet aufgrund ihrer statusrechtlichen Natur ferner „*erga omnes*"-Wirkung und sperrt anderweitige Zuordnungen. Die Zuordnung des weiteren Elternteils, d.h. die Zuweisung der zweiten Elternstelle, sollte sich im Grundsatz hieran orientieren. Mit Blick auf Trans- und Intersexuelle ist auch die Ausgestaltung der zweiten Elternstelle möglichst geschlechtsneutral auszugestalten.[35]

Weiterer Elternteil des Kindes sollte zunächst die mit dem Elternteil (Geburtselternteil) verheiratete bzw. in eingetragener Lebenspartnerschaft lebende Person sein, unabhängig davon, ob die Zeugung natürlich oder medizinisch-assistiert erfolgt ist, und unabhängig vom Geschlecht und der sexuellen Orientierung dieser Person.[36] Die vorgeschlagene Regelung erweitert § 1592 Nr. 1 BGB auf gleichgeschlechtliche weibliche Paare und ermöglicht so mit Blick auf die Orientierungslinien auch diesen die automatische gemeinsame Elternschaft. Eine solche ist in vielen anderen Rechtsordnungen bereits möglich. Darüber hinaus sollte es für die Zuordnung auch unbeachtlich sein, ob das Kind medizinisch-assistiert oder natürlich gezeugt wurde. Die Zuordnung verspricht ebenfalls in der Regel eine Übereinstimmung genetischer, biologischer und sozialer Elternschaft. Aber auch darüber hinaus darf vermutet werden, dass die in eine formalisierte Paarbeziehung geborenen Kinder von den Partnern gewollt sind. Die Anknüpfung an das genannte Kriterium verspricht somit Statusbeständigkeit und im Grundsatz keinen Korrekturbedarf.

Als weiterer Elternteil des Kindes sollte ferner die Person gelten, die die Elternschaft für das Kind anerkannt hat, unabhängig davon, ob die Zeugung natürlich oder medizinisch-assistiert erfolgt ist, und unabhängig vom Geschlecht und der sexuellen Orientierung dieser Person.[37] Das Zuordnungskriterium der Anerkennung führt ebenfalls in aller Regel zu einer Übereinstimmung von genetischer, biologischer und sozialer Elternschaft, da vor allem die genetischen und biologischen Eltern die Elternschaft anerkennen werden. Für nichtverheiratete verschiedengeschlechtliche Paare stellt sie somit den regelmäßigen Weg dar, die Elternschaft des mit der Mutter nicht verheirateten Partners zu bewirken. Darüber hinaus drückt sich in der privatautonomen Entscheidung zur Anerkennung der Elternschaft letztlich die Bereitschaft aus, dauerhaft Verantwortung für ein Kind tragen zu wollen. Diese Bereitschaft ist als Element der sozialen Elternschaft für sich genommen ausreichender Zuordnungsgrund. Die Anerkennung entspricht als privatautonomes Element auch der Höchstpersönlichkeit der Eltern-Kind-Beziehung. Die Bestimmung ist ferner aus den bereits vorstehend genannten Gründen auf gleichgeschlechtliche Paare zu erweitern.

---

[35] S. 301 ff.
[36] S. 302 ff.
[37] S. 318 ff.

Die Anerkennung sollte auch weiterhin als formgebundene nicht empfangs-bedürftige Willenserklärung ausgestaltet sein, die nur einem begrenzten Maß an Unwirksamkeitsgründen unterliegt.[38]

Mit Blick auf die nach § 1595 BGB erforderlichen Zustimmungen von Mutter und Kind ist Reformbedarf identifiziert worden:[39] Zunächst sollte für die El-ternschaftsanerkennung stets die Zustimmung des Kindes notwendig sein, um den Kindesinteressen und letztlich dem in Art. 12 KRK verbürgten Schutz des Kindeswillens angemessen Raum zu geben. Hinsichtlich der Vornahme der Zustimmung stellt § 1596 II BGB eine angemessene Regelung auf, so dass bei einem Kind, welches das 14. Lebensjahr noch nicht vollendet hat, ausschließlich die gesetzlichen Vertreter (dies ist in der Regel der Geburtselternteil), ab dem 14. Lebensjahr nur noch das Kind persönlich zustimmen kann, wobei hierfür die Zustimmung des gesetzlichen Vertreters notwendig ist. Dies schafft einen Gleich-lauf mit dem Adoptionsrecht, d. h. § 1746 I BGB und beseitigt einen bislang be-stehenden Wertungswiderspruch. Darüber hinaus sollte das Zustimmungsrecht des Geburtselternteils, das diesem nach § 1595 I BGB zukommt, auf noch nicht volljährige Kinder beschränkt sein. Ab Erreichen der Volljährigkeit erlöschen die elterlichen Sorgerechte, somit ist ab diesem Zeitpunkt das Eltern-Kind-Verhältnis des Geburtselternteils zu seinem Kind von der Anerkennung der Elternschaft durch den weiteren Elternteil geringer betroffen. Das Kind ist vielmehr selbst voll verantwortlich. Der Geburtselternteil sollte daher keinen Einfluss mehr auf die Begründung der Elternschaft einer weiteren Person nehmen können.

Zur Vermeidung des Blockadepotentials der zustimmungsberechtigten Perso-nen sollten ferner alle für die Anerkennung relevanten Zustimmungen familien-gerichtlich ersetzbar ausgestaltet werden.[40] Auch dies schafft einen Gleichlauf von Adoptions- und Elternschaftsrecht und vermeidet den oben aufgezeigten Wertungswiderspruch. Die Zustimmungen nach § 1595 BGB sollten letztlich auf Antrag des genetischen Elternteils, des Kindes oder der Person, die mit Blick auf die Übernahme der Elternrolle in die Zeugung des Kindes eingewilligt hat, er-setzbar sein. Eine derartige Regelung ermöglicht es nicht nur dem genetischen, nicht rechtlichen Elternteil die Elternposition direkt über den Weg der Anerken-nung zu erreichen, sie ermöglicht dasselbe auch dem sozialen, nicht rechtlichen Elternteil, der in die Zeugung des Kindes eingewilligt und damit die Zeugung des Kindes erst veranlasst hat. Eine Beschränkung auf den (faktischen) Lebenspart-ner des Geburtselternteils, wie sie im niederländischen Recht vorgesehen ist, er-scheint nicht angebracht, da die Bereitschaft zur Übernahme von Elternverant-wortung von der Paarbeziehung der Eltern nicht abhängt. Gemessen an den Orientierungslinien sollte die Einwilligung in die Zeugung nicht auf medizi-

---

[38] S. 340 ff.
[39] S. 322 ff. sowie S. 340 ff.
[40] S. 340 ff.

nisch-assistierte Zeugungen beschränkt sein, sondern auch den konsentierten Seitensprung umfassen. Den Interessen des genetischen Vaters, der ebenfalls an der rechtlichen Elternrolle interessiert sein kann (z. B. bei einer privaten Samenspende), ist über die auch für ihn bestehende Anerkennungsmöglichkeit hinreichend gedient. Ferner kann seinen Interessen über die Anfechtungsmöglichkeit Rechnung getragen werden.

Weiterer Elternteil des Kindes sollte ferner nach § 1600d BGB weiterhin die Person sein, die gerichtlich als Elternteil festgestellt worden ist, unabhängig davon, ob die Zeugung natürlich oder medizinisch-assistiert erfolgt ist, und unabhängig vom Geschlecht und der sexuellen Orientierung dieser Person.[41] Die gerichtliche Feststellung der Elternschaft ist ein Instrument, das es je nach Ausgestaltung der Feststellungsgründe und der Antragsberechtigungen gestattet, ein geschlechtsneutrales, von sexueller Orientierung und von den Zeugungsumständen unabhängiges Zuordnungsverfahren zu schaffen, das den in § 3 herausgearbeiteten Orientierungslinien entspricht und die Gleichwertigkeit genetischer, biologischer und sozialer Elternschaft berücksichtigt. Darüber hinaus gestattet es in Fällen, in denen eine automatische oder freiwillige Übernahme von Elternverantwortung nicht gegeben ist, eine rechtssichere Zuordnung zu bewirken, die notfalls gegen den Willen der Beteiligten durchsetzbar ist.

Im Grundsatz besteht kein Änderungsbedarf, was die Grundsystematik des gerichtlichen Feststellungsverfahrens nach § 1600d BGB als von Fristen unabhängiges und in die Systematik des § 1592 Nr. 1–3 BGB eingebundenes Verfahren zur Feststellung der rechtlichen Eltern-Kind-Zuordnung mit „*erga omnes*"-Wirkung sowie die Anknüpfung an den Geburtszeitpunkt für die Bewirkung der Zuordnung angeht.[42]

Einer Anpassung bedarf es allerdings im Bereich der Feststellungsgründe.[43] Um ein von Geschlecht, sexueller Orientierung und den Zeugungsumständen unabhängiges Zuordnungssystem zu gestalten, das die Gleichwertigkeit genetischer, biologischer und sozialer Elternschaft angemessen berücksichtigt, kann es letztlich nicht nur die genetische Abstammungsbeziehung des Kindes zu einem Mann sein, die als Feststellungsgrund zur Verfügung steht. Neben dem genetischen Elternteil sollte somit auch die Person gerichtlich als Elternteil festgestellt werden können, die mit Blick auf die Übernahme der Elternrolle in die Zeugung des Kindes eingewilligt hat. Damit ist die Regelung der gerichtlichen Feststellung der Elternschaft auch auf gleichgeschlechtliche Paare zu erweitern und beseitigt im derzeitigen Recht ferner bestehende Unbilligkeiten in Fällen, in denen ein mit der Mutter nicht verheirateter Mann in die heterologe Insemination einwilligt, die Vaterschaft für das Kind aber später nicht anerkennt. Die Regelung sollte im

---

[41] S. 347 ff.
[42] S. 359 ff.
[43] S. 359 ff.

Lichte eines stimmigen, von Zeugungsumständen unabhängigen Zuordnungssystems auch Fälle der natürlichen Zeugung erfassen, etwa die konsentierte Zeugung mit einem Dritten. Von der Feststellung als Elternteil sollten klassische Gameten- und Embryonenspender, einschließlich Mitochondrienspende, aber auch private Spender ausgeschlossen sein, wenn zweifelsfrei sichergestellt ist, dass ein Verzicht auf die Elternrolle im Einvernehmen mit den intendierten Eltern erklärt worden ist.

Des Weiteren sollte eine Regelung der Antragsberechtigten wieder in das Gesetz aufgenommen werden.[44] Eine Antragsberechtigung sollte ausschließlich 1. der Person, die Elternteil i. S. d. § 1591 BGB ist, 2. der Person, die genetischer Elternteil des Kindes ist, 3. der Person, die mit Blick auf die Übernahme der Elternrolle in die Zeugung des Kindes eingewilligt hat, und 4. dem Kind zustehen. Um einen Gleichlauf von Antragsberechtigung und Feststellungsmöglichkeit herbeizuführen, sollte der genetische Elternteil dann nicht antragsberechtigt sein, wenn er als Elternteil nicht festgestellt werden kann. Entferntere Verwandte wie Geschwister oder Großeltern sollten ebenso ausgeschlossen sein, wie der Staat.

Durch die vorgeschlagene Neukonzeption des § 1600d BGB können sich Elternschafts-Konflikte zwischen Personen ergeben, die jeweils einzelne Elternschaftssegmente verwirklichen (Pluralisierung von Elternschaft).[45] Beantragen sowohl ein genetischer als auch ein sozialer Elternteil die Feststellung der eigenen Elternschaft (positiver Elternschafts-Konflikt), sollte vorgesehen werden, dass im Konflikt von genetischer und sozialer Elternschaft im ersten Jahr nach der Geburt dem genetischen Elternteil der Vorrang gebührt. Nach diesem Zeitraum sollte – wie allgemein im Elternschaftsrecht die Priorität gelten. Bei Konflikten zweier genetischer bzw. zweier sozialer Elternteile ist der Prioritätsgrundsatz ausschlaggebend.

Will kein in Betracht kommender Elternteil die rechtliche Elternposition einnehmen (negativer Elternschafts-Konflikt), können die Antragsberechtigten wahlweise die Feststellung des genetischen Elternteils bzw. der Person, die mit Blick auf die Übernahme der Elternrolle in die Zeugung des Kindes eingewilligt hat, betreiben. Beide Personen haben, sofern kein klarer Ausschlussgrund besteht, hinreichende Beiträge zur Entstehung des Kindes gesetzt, so dass sie als rechtliche Elternteile mit Blick auf das Verantwortlichkeitsprinzip zugeordnet werden können.

Darüber hinaus sollte neben den vorstehend genannten Instrumenten auch die originäre Elternschaftsbegründung durch qualifizierte Anerkennung möglich sein.[46] § 1599 II BGB (scheidungsakzessorischer Statuswechsel) ist beizubehal-

---

[44] S. 367 ff.
[45] S. 369 ff.
[46] S. 373 ff.

ten, wobei die Wirksamkeit des Wechsels nicht von der Rechtskraft des Scheidungsbeschlusses abhängig sein sollte. Darüber hinaus ist die Jahresfrist auch auf die Zustimmungserklärungen zu erstrecken.

Des Weiteren ist nach einem Vorschlag des Arbeitskreises Abstammungsrecht § 1599 II BGB auf Fälle unabhängig von einer konkreten Scheidung zu erweitern, denn auch losgelöst von einem laufenden Scheidungsverfahren kann bei längerer Trennung der Ehegatten ein Kind mit einem neuen Partner gezeugt werden.[47] Sind sich alle Beteiligten darüber im Klaren, dass das Kind dem neuen Partner zugeordnet werden soll, und stimmen alle Beteiligten diesem Statuswechsel zu, dann spricht viel dafür, auf ein langwieriges, kosten- und zeitintensives Anfechtungsverfahren zu verzichten. Die Zustimmung des Kindes sollte auch in diesem Fall erforderlich sein. Von einer Erweiterung des § 1599 II BGB auf die Fälle des § 1592 Nr. 2 BGB ist abzusehen.[48]

C. Zuordnungskorrektur

Auch mit Blick auf die Korrektursystematik ergibt sich in Anbetracht der Änderungen auf Zuordnungsebene eine Öffnung für gleichgeschlechtliche Paare und die Notwendigkeit einer geschlechtsneutralen Formulierung, die durchgängig umzusetzen ist.

Die Elternschaft der Person, die das Kind geboren hat (erste Elternstelle), sollte nicht der Korrektur durch Elternschaftsanfechtung unterliegen.[49] Aus der in der Literatur nicht ganz unberechtigt geäußerten Kritik an der Unanfechtbarkeit der Mutterschaft ist nicht zu folgern, dass die rechtliche Elternschaft des Elternteils (erste Elternstelle) anfechtbar auszugestalten ist. Den Interessen der genetischen, nicht rechtlichen Mutter ist über die Anfechtbarkeit der zweiten Elternstelle hinreichend gedient. Sollte es an dieser Stelle ganz konkret zu einem Elternschafts-Konflikt kommen, da auch der private Samenspender ein Interesse an der Elternstellung hat, kann dem nicht zugeordneten Elternteil auf Ebene der Einzelausprägung der Elternrechte entsprochen werden. Der Konflikt zweier genetischer Elternteile ist entsprechend der Regelung bei der gerichtlichen Elternschaftsfeststellung zu lösen, dazu siehe bereits oben.

Die zweite Elternstelle sollte auch weiterhin als durch Elternschaftsanfechtung korrigierbar ausgestaltet sein.[50] Anfechtungsgegenstand sollte weiterhin einheitlich die nach § 1592 Nr. 1, 2 und § 1593 BGB zustande gekommene Elternschaft des weiteren Elternteils sein.[51] Als Anfechtungsgrund ist es ausreichend, auch

---

[47] S. 377 ff.
[48] S. 379 ff.
[49] S. 381 ff.
[50] S. 387 ff.
[51] S. 388 ff.

weiterhin ausschließlich auf das Nichtbestehen einer genetischen Abstammungsbeziehung des Kindes zum weiteren Elternteil abzustellen, wobei die Tatsache, dass das Kind mit dem weiteren Elternteil nicht genetisch verwandt ist, nicht in jedem Fall zu einer erfolgreichen Anfechtung führen sollte.[52]

Anfechtungsberechtigt[53] sollten in einem modernen Elternschaftsrecht ausschließlich der Elternteil, der weitere Elternteil, die Person, die schlüssig behauptet, genetischer Elternteil des Kindes zu sein, die Person, die schlüssig behauptet, mit Blick auf die Übernahme der Elternrolle in die Zeugung des Kindes eingewilligt zu haben, und das Kind sein. Das Anfechtungsrecht des Kindes sollte dabei grundsätzlich nicht beschränkt sein.

Das Anfechtungsrecht des genetischen, nicht rechtlichen Vaters ist auf die gleichgeschlechtliche, nicht rechtliche Mutter zu erweitern.[54] Auf das Erfordernis der eidesstattlichen Versicherung sollte verzichtet werden. Zusätzliche Voraussetzung der Anfechtung des genetischen, nicht rechtlichen Elternteils sollte weiterhin das Nichtbestehen einer sozial-familiären Beziehung zum rechtlichen Elternteil und die genetische Elternschaft des Antragstellers sein. Einem Vorschlag der Literatur folgend, sollte das Bestehen einer sozial-familiären Beziehung die Anfechtung des genetischen Elternteils im ersten Jahr nach Geburt nicht ausschließen (positiver Elternschafts-Konflikt).

Anfechtungsberechtigt sollte ferner der soziale, nicht rechtliche Elternteil des Kindes sein, d.h. die Person, die mit Blick auf die Übernahme der Elternrolle in die Zeugung des Kindes eingewilligt hat.[55] Dies schafft einen Gleichlauf mit der Vaterschaftsfeststellung und ermöglicht einem sozialen Elternteil, die rechtliche Elternposition zu erlangen, wenn die Mutter seine Bemühungen unangemessen behindert, indem sie die Anerkennung durch einen Dritten betrieben hat. Antragsvoraussetzung sollte auch hier nicht die Abgabe einer eidesstattlichen Versicherung sein. Als zusätzliche Voraussetzung der Anfechtung ist vorzusehen, dass der Anfechtende tatsächlich mit Blick auf die Übernahme der Elternrolle in die Zeugung eingewilligt hat und eine sozial-familiäre Beziehung zum rechtlichen Elternteil nicht besteht. Das Bestehen einer sozial-familiären Beziehung kann letztlich auch zu dem weiteren rechtlichen Elternteil entstehen und somit der intendierten Elternschaft des Anfechtenden gleichwertig entgegenstehen. Im Einzelnen ist das Vorliegen dieser Voraussetzungen im gerichtlichen Verfahren zu prüfen. Einer Ausnahme von dieser Voraussetzung binnen des ersten Jahres nach Geburt, wie im Fall der Anfechtung durch den genetischen, nicht rechtlichen Elternteil, bedarf es letztlich nicht, da in den hier bestehenden Fällen bei zwei aufeinander treffenden sozialen Elternschaften keine dieser Elternschaften bereits

---

[52] S. 392 ff.
[53] S. 397 ff.
[54] S. 407 ff.
[55] S. 411 ff.

im Geburtszeitpunkt entstanden ist. Erkennt hingegen der genetische Elternteil die Elternschaft an, ist eine Anfechtung aufgrund der bestehenden genetischen Abstammung ohnehin nicht möglich. Eine Behörde sollte nicht anfechtungsberechtigt sein.

Die Anfechtung der Elternschaft durch den Elternteil, den weiteren Elternteil und das Kind sollte bei einer konsentierten Zeugung im heterologen System ausgeschlossen sein.[56] Die Regelung sollte entsprechend zur gerichtlichen Feststellung auf konsentierte natürliche Zeugung mit einem Dritten und private Insemination mit privater Samenspende erstreckt werden. Das Recht des Kindes sollte aufgrund der Gleichwertigkeit der Elternschaftssegmente ausgeschlossen sein.

Die Anfechtung der Elternschaft sollte auch weiterhin einer zweijährigen Anfechtungsfrist unterliegen.[57]

Die Anfechtung sollte nicht erfordern, dass der Antragsteller einen Anfangsverdacht darlegt.[58]

D. Sonderfall Leihmutterschaft

Das deutsche Verbot der Leihmutterschaft lässt sich für Inlandssachverhalte nicht als generelles Verbot aufrechterhalten.[59] Es sollte daher eine Elternschaftsübertragung durch Gerichtsbeschluss nach Vorbild der englischen *parental order* vorgesehen werden, die es ermöglicht, die Elternschaft, die auch weiterhin der Geburtsmutter zugewiesen sein sollte, auf die Wunscheltern zu übertragen.[60] Einer Kindeswohlprüfung sollte es hierbei nur bedürfen, wenn keiner der Wunschelternteile mit dem Kind genetisch verwandt sind. Die Leihmutter sollte nicht gezwungen werden können, das Kind abzugeben. Ferner ist eine altruistische Leihmutterschaft sicherzustellen. Entgeltzahlungen, die über eine angemessene Aufwandsentschädigung hinausgehen, sind daher zu untersagen.

Vorausgesetzt werden sollte, dass die Eltern vor Zeugung des Kindes eine entsprechende Leihmutterschaftsvereinbarung schließen.[61] Diese sollte der notariellen Beurkundung unterliegen, um sicherzustellen, dass eine hinreichende Aufklärung der Beteiligten über die rechtlichen Folgen einer solchen Vereinbarung besteht. Des Weiteren sollte sichergestellt sein, dass alle Beteiligten die Übertragung der Elternschaft wollen. Daher ist vorzusehen, dass alle Beteiligten dem Antrag auf Übertragung der Elternschaft zustimmen. Die Zustimmung einer beteiligten Person sollte nur dann entbehrlich sein, wenn sie dauerhaft zur Erklä-

---

[56] S. 414 ff.
[57] S. 419 ff.
[58] S. 425 ff.
[59] S. 435 ff.
[60] S. 448 ff.
[61] S. 451 ff.

rung außerstande oder ihr Aufenthalt unbekannt ist, vgl. entsprechend § 1747 IV 1 BGB.

Mit Blick auf das Verantwortlichkeitsprinzip sollte eine gerichtliche Ersetzbarkeit der Zustimmung der Wunscheltern vorgesehen werden, um zu verhindern, dass Wunscheltern sich aus der Verantwortung ziehen und die Abnahme des Kindes ablehnen.[62] Zum Schutz der Leihmutter sollte ferner vorgesehen werden, dass der Antrag auf Übertragung der Elternschaft nicht vor Vollendung der 8. Lebenswoche des Kindes gestellt werden kann. Dies sichert der Leihmutter eine angemessene Überlegungszeit, ob sie das Kind tatsächlich abgeben möchte. Eine Elternschaftsübertragung sollte nur „*ex nunc*"-Wirkung haben.

E. Sonderfälle der Kindes-, Embryonen- und Gametenvertauschung

Auch im Falle der Kindes-, Embryonen- und der Gametenvertauschung kann sich ein Bedürfnis dafür ergeben, die Elternschaft durch gerichtlichen Beschluss zu übertragen.[63] Eine Übertragung sollte an die Zustimmung aller Beteiligter geknüpft sein und nur dann in Betracht kommen, wenn sie dem Kindeswohl entspricht. Eine Ersetzbarkeit der Zustimmung sollte nicht vorgesehen werden. Eine Zustimmung sollte nur dann entbehrlich sein, wenn die Person zur Abgabe einer Erklärung dauernd außerstande oder ihr Aufenthalt dauernd unbekannt ist.

F. Künftige Herausforderungen

Künftige Herausforderungen[64] stellen sich für das Elternschaftsrecht, wenn Eierstocktransplantationen nicht genetisch miteinander verwandter Personen technisch möglich werden, da die Transplantation eines Eierstocks dazu führt, dass die Empfängerin fortan Eizellen produzieren wird, die genetisch nicht von ihr stammen. Eine Erfassung dieser Situation und der Interessen der Spenderin lässt sich in der vorliegend vorgeschlagenen Systematik erfassen. Sie kann mit den Gameten-, Embryonen- und Mitochondrienspenden gleichbehandelt werden.

Darüber hinaus stellt es eine künftige Herausforderung dar, wenn es möglich werden wird, auch beim Menschen aus einer iPS-Zelle (induzierte pluripotente Stammzelle, die z. B. aus einer einfachen Hautzelle hergestellt und zu jeder beliebigen Körperzelle weiterentwickelt werden kann) Geschlechtszellen herzustellen. Prinzipiell kann damit aus einer Person sowohl eine Ei- als auch eine Samenzelle hergestellt werden. Eine Frau könnte somit Mutter und Vater in einer Person sein. Auch diese Fälle lassen sich im derzeitigen System bereits erfassen.

---

[62] S. 451 ff.
[63] S. 455 ff.
[64] S. 458 ff.

Letztlich wird auch die Entwicklung einer künstlichen Gebärmutter weitere Herausforderungen bringen, da es dann keine Person mehr gibt, die das Kind zur Welt bringt. Für diesen Fall wäre eine Sonderregelung zu schaffen, die die Elternschaftszuordnung bestimmt. Über die Elternschaftsanerkennung nach § 1592 Nr. 2 BGB-E ließe sich in diesen Fällen zumindest für eine Person eine Zuordnung schaffen.

§ 5

Das Recht auf Kenntnis der genetischen Abstammung/Abkömmlinge nimmt für die Identitätsfindung und Persönlichkeitsentwicklung einer Person eine entscheidende Stellung ein. Es wird im Rahmen des Grundgesetzes in Art. 2 I i.V.m. Art. 1 I GG gewährleistet und schützt den Grundrechtsträger vor Vorenthaltung erlangbarer Informationen. Art. 8 I EMRK und Art. 7 I KRK schützen dieses Recht ebenfalls.[65] Das Klärungsinteresse wird im Rahmen des deutschen Rechts auf verschiedentliche Weise verwirklicht.

Erstens hat die Rechtsprechung hierzu zivilrechtliche Auskunftsansprüche entwickelt.[66] Diese sind in Ermangelung von speziellen Anspruchsgrundlagen auf Generalklauseln im Wege richterlicher Rechtsfortbildung gestützt. Diesen Weg hat das BVerfG nun in Frage gestellt.[67] Es ist seither nicht mehr sicher, ob einer Person im konkreten Fall eine Anspruchsgrundlage zur Verfügung steht. Der Gesetzgeber sollte hier Abhilfe schaffen.

Darüber hinaus wird das Recht auf Kenntnis der eigenen Abstammung/Abkömmlinge im Rahmen von Registerlösungen gewährleistet.[68] Ein durch heterologe Samenspende gezeugtes Kind kann neuerdings zur Klärung seiner genetischen Abstammung ab Vollendung des 16. Lebensjahres alleine einen Auskunftsanspruch beim Deutschen Institut für Medizinische Domukentation und Information, wo das Spenderregister geführt wird, geltend machen. Das Spenderregister sollte allerdings um weitere Konstellationen erweitert werden, beispielsweise sollte es auch Embryonenspenden erfassen. Um der grenzüberschreitenden Dimension medizinisch-assistierter Reproduktion gerecht zu werden, sollte eine internationale Vernetzung der Spenderregister nach Vorbild der Gesellschafts- und Insolvenzregister vorangetrieben werden.

Darüber hinaus sollte § 1598a BGB, der ein statusfolgenloses Abstammungsklärungsverfahren beinhaltet, erweitert werden.[69] Auch genetische, nicht rechtliche Elternteile sollten anspruchsberechtigt und anspruchsverpflichtet sein. Zum

---

[65] S. 470 ff.
[66] S. 475 ff.
[67] *BVerfG,* Beschluss vom 24.2.2015 – 1 BvR 472/14, NZFam 2015, 355.
[68] S. 477 ff.
[69] S. 483 ff.

Schutz der Beteiligten sollten an eine Anspruchsgeltendmachung allerdings er-höhte Anforderungen geknüpft werden. Es sollte der schlüssige Vortrag von Um-ständen erforderlich sein, die für die genetische Elternschaft sprechen. Auch in Konstellationen medizinisch-assistierter Reproduktion sollte eine Klärung der Abstammung möglich sein, auf Antrag des Spenders jedoch nur dann, wenn sein Klärungsinteresse das Interesse der übrigen Beteiligten am Schutz der Familie und Intimsphäre deutlich überwiegt. Auch entferntere Verwandte sollten in den Kreis der Anspruchsverpflichteten nach Vorbild des § 178 I FamFG aufgenom-men werden. Ein eigenes Antragsrecht sollte ihnen jedoch nicht zustehen. Die Abstammungsbegutachtung sollte auch weiterhin privat erfolgen. Es sollte keine gerichtliche Tenorierung der genetischen Abstammung vorgesehen werden.

§ 6

Durch eine immer stärker international verstrickte Gesellschaft stellen sich auch im Bereich der Elternschaftszuordnung immer häufiger internationalprivat- und familienverfahrensrechtliche Fragen.

Das auf die Eltern-Kind-Zuordnung anwendbare Recht bestimmt sich hierbei nach Art. 19 EGBGB. Unter den sachlichen Anwendungsbereich der Kollisions-norm fallen auch die Feststellung der Elternschaft für kryokonservierte Embryo-nen, die Elternschaftsbegründung bei gleichgeschlechtlichen weiblichen Paaren, die Elternschaftsbegründung bei Leihmutterschaft und der Statuswechsel durch qualifizierte Elternschaftsanerkennung soweit die Begründung der Elternschaft betroffen ist.[70]

Die Anknüpfungssystematik des Art. 19 I EGBGB weist dabei drei alternative, in keinem Rangverhältnis zueinander stehende Varianten zur Bestimmung des anwendbaren Rechts auf.[71] Führt die Alternativität dieser Varianten dazu, dass in demselben Zeitpunkt die Elternschaft verschiedener Personen begründet wird, so ist entgegen der bislang vertretenen Ansichten in Rechtsprechung und Literatur das Recht anzuwenden, das sich bestandssichernd auswirkt, d.h. die wertende materiell-rechtliche Elternzuordnung nicht vorwegnimmt. Eine Bestandssiche-rung lässt sich darüber erreichen, dass das Recht zur Anwendung kommt, das die Person als rechtlichen Elternteil bestimmt, die die tatsächliche Verantwortung für das Kind trägt.[72] Das so ermittelte Recht ist dann dazu berufen, die wertende Entscheidung zur endgültigen Zuordnung der Elternschaft zu treffen. Maßgeb-licher Zeitpunkt für die Ermittlung der Zuordnung sollte der Geburtszeitpunkt sein.[73]

---

[70] S. 493 ff.
[71] S. 496 ff.
[72] S. 501 ff.
[73] S. 503 ff.

Die Anknüpfungssystematik des Art. 19 I EGBGB kann aufgrund der dort vorgesehenen Wandelbarkeit dazu führen, dass eine einmal entstandene Eltern-Kind-Beziehung durch den schlichten Wechsel der Anknüpfungstatsachen nachträglich entfällt. Aufgrund der Bedeutung und Reichweite der Eltern-Kind-Beziehung sollte eine Klarstellung im Gesetz erfolgen, dass eine einmal entstandene Elternschaft nicht wieder durch den schlichten Statutenwechsel entfällt. Art. 16 III KSÜ könnte hierfür Pate stehen.[74]

Die Anerkennung von im Ausland zustande gekommenen Eltern-Kind-Beziehungen richtet sich maßgeblich nach den Zuordnungsumständen.[75] Hat eine Behörde bei der Begründung der Eltern-Kind-Beziehung konstitutiv mitgewirkt, ist eine Anerkennung nach § 108 ff. FamFG vorzunehmen. Im Übrigen ist eine kollisionsrechtliche Anerkennungsprüfung nach Art. 19 EGBGB durchzuführen. Aus unionsrechtlichen Bestimmungen lässt sich keine Pflicht zur Anerkennung von Rechtslagen ableiten.

Eine im Ausland begründete Elternschaft der Mit-Mutter ist im Inland grundsätzlich anerkennungsfähig, sie stellt keinen generellen „ordre public"-Verstoß dar.[76] Gleiches gilt im Grundsatz für Leihmutterschaft[77] und Mehrelternschaft.[78] Schwierigkeiten können sich bei der kollisionsrechtlichen Anerkennung von im Ausland durchgeführten Leihmutterschaften deshalb ergeben, weil in den meisten Fällen eine Verweisung auf das Recht des Staates, in dem die Leihmutterschaft durchgeführt wurde, nicht gegeben ist. Zur Erleichterung der Anerkennung der Elternschaft der Wunscheltern sollte die in § 4 vorgeschlagene Möglichkeit der Elternschaftsübertragung durch Gerichtsbeschluss auch für im Ausland durchgeführte Leihmutterschaften offenstehen. Eine angemessene Lösung für grenzüberschreitende Leihmutterschaften könnte auch ein internationales Übereinkommen zur Anerkennung von im Ausland durchgeführten Leihmutterschaften darstellen. Die Haager Konferenz für Internationales Privatrecht arbeitet bereits seit langem an der Thematik. Die Arbeiten befinden sich allerdings noch in einem frühen Stadium.[79]

Ausblick

Der Arbeitskreis Abstammungsrecht ist durch den Gesetzgeber damit beauftragt worden, den Reformbedarf im geltenden Abstammungsrecht aufzudecken und Vorschläge für eine Abstammungsrechtsreform zu unterbreiten. Der Gesetzgeber intendiert somit ganz konkret, sich der Regulierung dieser Fragen anzuneh-

---

[74] S. 504 ff.
[75] S. 505 ff.
[76] S. 509 ff.
[77] S. 511 ff.
[78] S. 518 ff.
[79] S. 514 ff.

men. Es ist zu hoffen, dass sich die einschlägigen Gremien den dringenden Themen der rechtlichen Eltern-Kind-Zuordnung bald zuwenden werden. Die vorliegende Arbeit hat versucht ein in sich stimmiges und konsistentes Zuordnungssystem für ein modernes Elternschaftsrecht zu entwickeln. Sie soll als Theorie eines Elternschaftsrechts die weitere Diskussion bereichern. Viele Fragen, die nicht den Kernbereich elternschaftsrechtlicher Gestaltung betreffen, sind allerdings noch ungeklärt. Dies betrifft beispielsweise die Behandlung pluralisierter Elternschaft. Einige Regelungsfragen sind in dieser Arbeit bereits angesprochen worden. Sie aufzugreifen, wird eine Aufgabe der Zukunft sein.

Literaturverzeichnis

Abbing Roscam, Henriette, Enige gezondheidsrechtelijke aspecten van het draagmoeder-schap, in: Boele-Woelki, Katharina/Oderkerk, Marieke (Hrsg.), (On)geoorloofdheid van het draagmoederschap in rechtsvergelijkend perspectief, Antwerpen 1999, S. 7.

Achatz, Juliane, Alleinerziehende, NZFam 2016, 213.

Aebi-Müller, Regina/*Dörr,* Bianka, Künstliche Fortpflanzung im schweizerischen Recht, in: Dutta, Anatol/Schwab, Dieter/Henrich, Dieter u. a. (Hrsg.), Künstliche Fortpflan-zung und Europäisches Familienrecht, Bielefeld 2015, S. 151.

Ainsworth, Mary D./*Bell,* Silvia M., Die Interaktion zwischen Mutter und Säugling und die Entwicklung von Kompetenz (1974, in: Grossmann, Klaus E./Grossmann, Karin (Hrsg.), Bindungen und menschliche Entwicklung, Stuttgart 2003, S. 217.

Ainsworth, Mary D./*Blenhar,* Mary C./*Waters,* Everett/*Wall,* Sally, Patterns of Attach-ment – A Psychological Study of the Strange Situation, Lawrence Erlbaum Asso-ciates, Publishers, New Jersey 1978.

Ainsworth, Mary D./*Wittig,* Barbara, Bindungs- und Explorationsverhalten einjähriger Kinder in einer Fremden Situation (1969), in: Grossmann, Klaus E./Grossmann, Ka-rin (Hrsg.), Bindungen und menschliche Entwicklung, Stuttgart 2003, S. 112.

Alghrani, Amel/*Griffiths,* Danielle, The regulation of surrogacy in the United Kingdom: the case for reform, 29 Child and Family Law Quarterly (2017) 165.

Allmendinger, Jutta/*Haarbrücker,* Julia/*Fliegner,* Florian, WZB-Studie: Lebensentwürfe heute – Wie junge Frauen und Männer in Deutschland leben wollen, 2012.

Alt, Christian/*Lange,* Andreas, Kindschaftskonstellationen in Vater-Mutter-Familien und Einelternfamilien, in: Schwab, Dieter/Vaskovics, Laszlo A. (Hrsg.), Pluralisierung von Elternschaft und Kindschaft, Familienrecht, -soziologie und -psychologie im Dialog, Opladen, Farmington Hills, MI 2011, S. 139.

Andersson, Gunnar/*Noack,* Turid, Legal advances and demographic development of same-sex unions in Scandinavia, in: Rupp, Marina (Hrsg.), Partnerschaft und Eltern-schaft bei gleichgeschlechtlichen Paaren, Verbreitung, Institutionalisierung und All-tagsgestaltung, Opladen u. a. 2011, S. 87.

Andrae, Marianne, Internationales Familienrecht, Nomos, Baden-Baden, 3. Aufl. 2014.

– Die gesetzliche Zuordnung des Kindes nach ausländischem Recht bei lesbischer institutioneller Partnerschaft, StAZ 2015, 163.

André, Michèle/*Milon,* Alain/*Richemont,* Henri de, Contribution à la réflexion sur la maternité pour autrui – Rapport d'information n° 421 (2007–2008) fait au nom de la commission des lois et de la commission des affaires sociales https://www.senat.fr/rap/r07-421/r07-421.html (zuletzt geprüft am 10.10.2017).

Andresen, Sabine/*Hurrelmann,* Klaus, Kindheit, Beltz, Weinheim 2010.

Anslinger, K./*Rolf,* B./*Eisenmenger,* W., Möglichkeiten und Grenzen der DNA-Analyse, DRiZ 2005, 165.

Antokolskaya, Masha, Draagmoederschap naar Russisch recht, in: Boele-Woelki, Katharina/Oderkerk, Marieke (Hrsg.), (On)geoorloofdheid van het draagmoederschap in rechtsvergelijkend perspectief, Antwerpen 1999, S. 127.

– Legal embedding planned lesbian parentage. Pouring new wine into old wineskins?, Family und Law 2014, (online) DOI: 10.5553/FenR/.000015 abrufbar unter: https://www.bjutijdschriften.nl/tijdschrift/fenr/2014/02/FENR-D-13-00002.pdf (zuletzt geprüft am 15.10.2017).

Arbeitskreis 12, Rechtliche, soziale und leibliche Eltern, in: Deutscher Familiengerichtstag e. V. (Hrsg.), 21. Deutscher Familiengerichtstag vom 21. bis 24. Oktober 2015 in Brühl, Ansprachen und Referate, Berichte und Ergebnisse der Arbeitskreise, Bielefeld 2016, S. 166.

Arbeitskreis Abstammungsrecht des BMJV, Abschlussbericht – Empfehlungen für eine Reform des Abstammungsrechts, Bundesanzeiger, Köln, 1. Auflage 2017.

Aristoteles, Politik – Herausgegeben von Christian Garve und Georg Gustav Füllleborn, Korn, Breslau 1799.

Asendorpf, Jens B., 3. Verhaltens- und molekulargenetische Grundlagen, in: Schneider, Wolfgang/Lindenberger, Ulman (Hrsg.), Entwicklungspsychologie [mit Online-Materialien; Nachfolger von Oerter & Montada], 7. Aufl., Weinheim 2012, S. 81.

Aston, W. G., Ancestor-Worship in Japan, 6 Man (1906) 35.

Auer, Marietta, Eigentum, Familie, Erbrecht, 216 AcP (2016) 239.

Aust, Kerstin, Das Kuckuckskind und seine drei Eltern – Eine kritische Würdigung der bestehenden Rechtslage mit Vorschlägen für interessengerechte Regelungen unter rechtsvergleichenden Aspekten aus dem EMRK-Raum, Peter Lang GmbH, Frankfurt a. M. 2015.

Badura, Peter, Art. 6 GG, in: Grundgesetz, Kommentar, München 2016.

Baer, Susanne, Rechtssoziologie – Eine Einführung in die interdisziplinäre Rechtsforschung, Nomos, Baden-Baden, 3. Auflage 2017.

Bakermans-Kranenburg, Marian/*van Ijzendoorn,* Marinus, Attachment, Parenting, and Genetics, in: Cassidy, Jude/Shaver, Phillip R. (Hrsg.), Handbook of Attachment, Theory, Research, and Clinical Applications, New York/London 2016, S. 155.

Bakermans-Kranenburg, Marian/*van Ijzendoorn,* Marinus/*Juffer,* Femmie, Disorganized Infant Attachment and Preventive Interventions: A Review and Meta-Analysis, 26 Infant Mental Health Journal (2005) 191.

Balthasar, Stephan, Anmerkung zu BVerfG FamRZ 2007, 441, FamRZ 2007, 448.

Balzer, Dominik, Die Verhinderung missbräuchlicher Vaterschaftsanerkennungen, NZFam 2018, 5.

Bamberger, Heinz Georg/*Roth,* Herbert/*Hau,* Wolfgang/*Poseck,* Roman (Hrsg.), Beck-OK BGB, C. H. Beck, 43. Edition, München 2017.

Banens, Maks, Doing same-sex families in Europe, in: Rupp, Marina/Kapella, Olaf/ Schneider, Norbert F. (Hrsg.), Die Zukunft der Familie, Anforderungen an Familienpolitik und Familienwissenschaft; Tagungsband zum 4. Europäischen Fachkongress Familienforschung, Opladen/Berlin/Toronto 2014, S. 203.

Bar, Christian von/*Mankowski,* Peter, Internationales Privatrecht I – Allgemeine Lehren, C. H. Beck, München, 2. Aufl. 2003.

Bartens, Werner, Stark fürs Leben, Süddeutsche Zeitung vom 24.11.2016, S. 1.

– Das Eltern-Gen, Süddeutsche Zeitung vom 20.4.2017, S. 1.

Becker, Eva, Vertraulich oder anonym? Über eine der letzten rechtlichen Grauzonen im deutschen Familienrecht, in: Götz, Isabell/Schwenzer, Ingeborg/Seelmann, Kurt u. a. (Hrsg.), Familie – Recht – Ethik, Festschrift für Gerd Brudermüller zum 65. Geburtstag, München 2014, S. 1.

Beck-Gernsheim, Elisabeth, Was kommt nach der Familie? – Alte Leitbilder und neue Lebensformen, C. H. Beck, München, 3. Aufl. 2010.

– Kinderwunsch ohne Grenzen?, in: Maio, Giovanni/Eichinger, Tobias/Bozzaro, Claudia (Hrsg.), Kinderwunsch und Reproduktionsmedizin, Ethische Herausforderungen der technisierten Fortpflanzung, Freiburg im Breisgau 2013, S. 337.

– Ist das Embryonenschutzgesetz anachronistisch geworden? Sollen wir das Verbot von Leihmutterschaft aufheben?, in: Weller, Marc-Philippe/Ditzen, Beate (Hrsg.), Leihmutterschaft – Aktuelle Entwicklungen und interdisziplinäre Herausforderungen, Heidelberg 2018 (im Erscheinen), S. 31.

Beier, Katharina/*Wiesemann,* Claudia, Die Dialektik der Elternschaft im Zeitalter der Reprogenetik – Ein ethischer Dialog, 58 DZPhil (2010) 855.

Bellis, Marc/*Hughes,* Karen/*Hughes,* Sara/*Ashton,* John, Measuring parental discrepancies and its public health consequences, 59 Journal of Epidemial Community Health (2005) 749.

Belser, Eva Maria/*Jungo,* Alexandra, Elternschaft im Zeitalter medizinischer Machbarkeit – Das Recht auf Achtung des Kinderwunsches und seine Schranken, Zeitschrift für Schweizerisches Recht 2016, 175.

Benda, Ernst, Humangenetik und Recht – eine Zwischenbilanz, NJW 1985, 1730.

– Die anonyme Geburt, JZ 2003, 533.

Bendesky, Andreas/*Kwon,* Young-Mi/*Lassance,* Jean-Marc/*Lewarch,* Caitlin/*Yao,* Shenquin/*Peterson,* Brant/*He,* Meng Xiao/*Dulac,* Catherine/*Hoekstra,* Hopi, The genetic basis of parental care evolution in monogamous mice, 544 Nature (2017) 434.

Benicke, Christoph, Kollisionsrechtliche Fragen der Leihmutterschaft, StAZ 2013, 101.

Bergmann, Alexander/*Ferid,* Murad/*Henrich,* Dieter/*Cieslar,* Eve (Hrsg.), Internationales Ehe- und Kindschaftsrecht. Verlag für Standesamtswesen, Frankfurt a. M., Loseblatt 2017.

Bergold, Pia/*Rupp,* Marina, Konzepte der Elternschaft in gleichgeschlechtlichen Lebensgemeinschaften, in: Rupp, Marina (Hrsg.), Partnerschaft und Elternschaft bei gleichgeschlechtlichen Paaren, Verbreitung, Institutionalisierung und Alltagsgestaltung, Opladen u. a. 2011, S. 119.

Bernard, Andreas, Samenspender, Leihmütter, Retortenbabies: Neue Reproduktions-technologien und die Ordnung der Familie, StAZ 2013, 136.

Bernat, Erwin/*Fritzer,* Marie-Therese, Das Recht der Fortpflanzungsmedizin 2015: Analyse und Kritik, MedR 2016, 257.

Berndt, Christina, Aus der Haut gezeugt, Süddeutsche Zeitung vom 19.10.2016, S. 2.

Bertschi, Nora, Leihmutterschaft – Theorie, Praxis und rechtliche Perspektiven in der Schweiz, den USA und Indien, Stämpfli Verlag, Bern 2014.

Billig, Uta-Sophie, Der scheidungsakzessorische Statuswechsel gemäß § 1599 II BGB, Kovac, Hamburg 2000.

Binder, Sabrina/*Kiehnle,* Arndt, „Ehe für alle" – und Frauen als Väter, NZFam 2017, 742.

Bleisch, Barbara, Leihmutterschaft als persönliche Beziehung, 17 Jahrbuch für Wissenschaft und Ethik (2012) 5.

Blyth, Eric, ‚Not a primrose path': commissioning parents' experiences of surrogacy arrangements in Britain, 13 Journal of Reproductive and Infant Psychology (1995) 185.

Blyth, Eric/*Frith,* Lucy, Donor-Conceived People's Access to Genetic and Biographical History: An Analysis of Provisions in Different Jurisdictions Permitting Disclosure of Donor Identity, 23 International Journal of Law, Policy and the Family (2009) 174.

Blyth, Eric/*Langridge,* Darren/*Harris,* Rhonda, Family building in donor conception: parents' experiences of sharing information, 28 Journal of Reproductive and Infant Psychology (2010) 116.

BMFSFJ, Lebenswelten und -wirklichkeiten von Alleinerziehenden, www.bmfsfj.de.

Boele-Woelki, Katharina, Ersatzmutterschaft und „kalter Ausschluss" im Vermögens-recht von Ehegatten und nichtehelichen Partnern in den Niederlanden, FamRZ 2011, 1455.

– (Cross Border) Surrogate Motherhood: We Need To Take Action Now!, in: Haager Konferenz für Internationales Privatrecht (Hrsg.), A commitment to private inter-national law – Essays in honour of Hans van Loon, Cambridge 2013, S. 47.

Boele-Woelki, Katharina/*Curry-Sumner,* I./*Schrama,* W./*Vonk,* M., Commercieel draag-moederschap en illegale opneming van kinderen http://www.wodc.nl/onderzoeks database/draagmoederschap.aspx (zuletzt geprüft am 13.08.2013).

Boele-Woelki, Katharina/*Jonker,* Merel, Family Law Contractualisation in the Nether-lands: Changes and Trends, in: Swennen, Frederik (Hrsg.), XIXth Congress of the International Academy of Comparative Law (Vienna 20–26 July 2014), Cham/Hei-delberg/New York/Dordrecht/London 2015, S. 311.

Boer, J. de, Boek 1 BW, in: Handleiding tot Nederlands Burgerlijk Recht, Personen- en familierecht, 18. Aufl., Deventer 2010.

Böhm, Monika, Dynamische Grundrechtsdogmatik von Ehe und Familie?, VVDStRL (2014) 211.

Bolten, Margarete, Klinische Bindungsforschung, in: Schneider, Silvia/Margraf, Jürgen (Hrsg.), Lehrbuch Verhaltenstherapie – Störungen im Kindes- und Jugendalter, mit 95 Tabellen, Heidelberg 2009, S. 56.

Bongartz, Josef, Alles geregelt?! – Die Samenspende de lege ferenda, NZFam 2016, 865.

Borowsky, Martin, Art. 51, in: Charta der Grundrechte der Europäischen Union. 4. Aufl., Baden-Baden.

Bowlby, John, Bindung – Eine Analyse der Mutter-Kind-Beziehung, Kindler Verlag 1975.

Braun, Stefan, Die Regelungen des Gendiagnostikgesetzes zu „heimlichen Vaterschaftstests", MDR 2010, 482.

Breen, Claire, Age discrimination and children's rights – Ensuring equality and acknowledging difference, Martinus Nijhoff Publishers, Leiden/Boston 2006.

Brink, Marjolein van den/*Reuß,* Philipp/*Tighelaar,* Jet, Out of the Box? Domestic and Private International Law Aspects of Gender Registration – A Comparative Analysis of Germany and the Netherlands, 17 European Journal of Law Reform (2015) 282.

Britz, Gabriele, Biological and Social Parenthood, in: Boele-Woelki, Katharina/Dethloff, Nina/Gephart, Werner (Hrsg.), Family Law and Culture in Europe, Developments, Challenges and Opportunities, Cambridge 2014, S. 169.

– Das Grundrecht des Kindes auf staatliche Gewährleistung elterlicher Pflege und Erziehung – jüngere Rechtsprechung des Bundesverfassungsgerichts, JZ 2014, 1069.

– Gleichgeschlechtliche Elternschaft, StAZ 2016, 8.

– Verfassungsrechtlicher Schutz der freien Persönlichkeitsentfaltung, in: Bumke, Christian/Röthel, Anne (Hrsg.), Autonomie im Recht, Gegenwartsdebatten über einen rechtlichen Grundbegriff, Tübingen 2017, S. 535.

Broekhuijsen-Molenaar, Anneleen, Geoorloofdheid van draagmoederschap naar Nederlands (wenselijk) recht, in: Boele-Woelki, Katharina/Oderkerk, Marieke (Hrsg.), (On)geoorloofdheid van het draagmoederschap in rechtsvergelijkend perspectief, Antwerpen 1999, S. 33.

Brosius-Gersdorf, Frauke, Vaterschaftstests – Verfassungsrechtliche und verfassungspolitische Direktiven für eine Reform der Vaterschaftsuntersuchung, Duncker & Humblot, Berlin 2006.

– Vaterschaftsfeststellung und Vaterschaftsanfechtung – Grundrechtliche Konfliktlagen in der Familie, FPR 2007, 398.

– Biologische, genetische, rechtliche und soziale Elternschaft. Herausforderungen für das Recht durch Fragmentierung und Pluralisierung von Elternschaft, RdJB 2016, 136.

Brügge, Claudia/*Simon,* Ulrich, DI-Familien fragen nach: was bieten uns deutsche Samenbanken? – Samenbankumfrage 2012 http://www.di-netz.de/wp-content/uploads/2014/03/Samenbank-Umfrage-Webseite.pdf (zuletzt geprüft am 09.02.2017).

Büchler, Andrea/*Maranta,* Luca, Surrogacy and Private International Law in Switzerland, in: Atkin, Bill/Banda, Fareda (Hrsg.), The International Survey of Family Law 2015 Ed., Bristol 2015, S. 327.

Buchsbaum, Markus, Anerkennung von Rechtslagen aufgrund von Personenstandsurkunden?, StAZ 2011, 106.

Budzikiewicz, Christine, Contracting on Parentage, in: Boele-Woelki, Katharina/Dethloff, Nina/Gephart, Werner (Hrsg.), Family Law and Culture in Europe, Developments, Challenges and Opportunities, Cambridge 2014, S. 151.

Budzikiewicz, Christine/*Vonk,* Machteld, Legal Motherhood and Parental Responsibility, 17 European Journal of Law Reform (2015) 216.

Bumke, Christian, Autonomie im Recht, in: Bumke, Christian/Röthel, Anne (Hrsg.), Autonomie im Recht, Gegenwartsdebatten über einen rechtlichen Grundbegriff, Tübingen 2017, S. 3.

Buschner, Andrea, Rechtliche und soziale Elternschaft in Regenbogenfamilien, NZFam 2015, 1103.

Campbell, Claudia, Die rechtliche Elternschaft in Regenbogenfamilien, NZFam 2016, 296.

– Elternschaft und Abstammung, NZFam 2016, 721.

Campenhausen, Axel von, Verfassungsgarantie und sozialer Wandel – Das Beispiel von Ehe und Familie, 45 VVDStRL (1987) 7.

Caspary, Esther, Wie viele Eltern verträgt ein Kind? Plädoyer für die Modernisierung des BGB, AnwBl 2016, 632.

Cassidy, Jude, The Nature of the Child's Ties, in: Cassidy, Jude/Shaver, Phillip R. (Hrsg.), Handbook of Attachment, Theory, Research, and Clinical Applications, New York/London 2016, S. 3.

Coan, James A./*Schaefer,* Hillary S./*Davidson,* Richard J., Lending a Hand – Social Regulation of the Neural Response to Threat, 17 Psychological Science (2006) 1032.

Coester, Michael, Das Kindeswohl als Rechtsbegriff – Die richterliche Entscheidung über die elterliche Sorge beim Zerfall der Familiengemeinschaft, (Univ., Habil.-Schr.-Augsburg, 1981/82), Alfred Metzner Verlag, Frankfurt a. M. 1983.

– Reform des Kindschaftsrechts, JZ 1992, 809.

– Ersatzmutterschaft in Europa, in: Mansel, Heinz-Peter/Pfeiffer, Thomas/Kronke, Herbert u. a. (Hrsg.), Festschrift für Erik Jayme, München 2004, S. 1243.

Coester, Michael/*Coester-Waltjen,* Dagmar, Polygame Verbindungen und deutsches Recht, FamRZ 2017, 1618.

Coester-Waltjen, Dagmar, Gutachten B: Die künstliche Befruchtung beim Menschen – Zulässigkeit und zivilrechtliche Folgen, in: Ständige Deputation des Deutschen Juristentages (Hrsg.), Verhandlungen des 56. Deutschen Juristentages, I. Band (Gutachten), München 1986, S. 9.

- Elternschaft außerhalb der Ehe – Sechs juristische Prämissen und Folgerungen für die künstliche Befruchtung, in: Bundesministerium für Gesundheit (Hrsg.), Fortpflanzungsmedizin in Deutschland, Wissenschaftliches Symposium des Bundesministeriums für Gesundheit in Zusammenarbeit mit dem Robert-Koch-Institut vom 24. bis 26. Mai 2000 in Berlin, Baden-Baden 2001, S. 158.

- Das Anerkennungsprinzip im Dornröschenschlaf?, in: Mansel, Heinz-Peter/Pfeiffer, Thomas/Kronke, Herbert u. a. (Hrsg.), Festschrift für Erik Jayme, München 2004, S. 121.

- Anerkennung im Internationalen Personen-, Familien- und Erbrecht und das Europäische Kollisionsrecht, IPRax 2006, 392.

- Justizielle Zusammenarbeit, ein Allheilmittel gegen „Justizkonflikte" – auch bei der Abstammung?, in: Bruns, Alexander/Kern, Christoph/Münch, Joachim u. a. (Hrsg.), Festschrift für Rolf Stürner zum 70. Geburtstag, Tübingen 2013, S. 1197.

- Reproduktive Autonomie aus rechtlicher Sicht, in: Wiesemann, Claudia/Simon, Alfred (Hrsg.), Patientenautonomie, Theoretische Grundlagen, praktische Anwendungen, Münster 2013, S. 222.

- Anmerkung zu BGH, Urt. v. 23.9.2015, XII ZR 99/14, JZ 2016, 101.

- Die Mitmutterschaft nach südafrikanischem Recht im deutschen Geburtsregister, IPRax 2016, 132.

- Das Recht auf (Kenntnis der eigenen) Abstammung, FF 2017, 224.

- Anmerkung zu KG, Beschl. v. 4.7.2017 – 1 W 153/16, FamRZ 2017, 1697.

Cottier, Michelle/*Wyttenbach,* Judith, Die Rechtsprechung des Europäischen Gerichtshofes für Menschenrechte zu Art. 8 EMRK und ihr Einfluss auf die Schweiz: ausgewählte jüngere Entwicklungen im Bereich des Familienrechts, FamPra.ch 2016, 75.

Coutinho, Joelle/*Krell,* Claudia, Studie des DJI: Anonyme Geburt und Babyklappen in Deutschland – Fallzahlen, Angebote, Kontexte https://www.dji.de/fileadmin/user_upload/Projekt_Babyklappen/Berichte/Abschlussbericht_Anonyme_Geburt_und_Babyklappen.pdf (zuletzt geprüft am 14.10.2017).

Croon-Gestefeld, Johanna, Der Namenseintrag Transsexueller in öffentlichen Registern – Zum Verhältnis von Registerpublizität und Geheimhaltungsinteresse, StAZ 2016, 37.

Crowley, Louise, Defining the Family and the Scope of Protection Available – Tensions Between National Governance and International Expectations, in: Atkin, Bill/Banda, Fareda (Hrsg.), The International Survey of Family Law 2015 Ed., Bristol 2015, S. 54.

Cubeddu-Wiedemann, Maria Giovanna, Die Kindschaftsrechtsreform in Italien, StAZ 2015, 228.

Curry-Sumner, I./*Vonk,* M., Dutch Co-Motherhood in 2014, in: Atkin, W. R. (Hrsg.), The international survey of family law 2014, Bristol 2014, S. 361.

Czech, Philip, Fortpflanzungsfreiheit, Jan Sramek Verlag KG, Wien 2015.

Czihak, G./*Langer,* H./*Ziegler,* H., Biologie – Ein Lehrbuch für Studenten der Biologie, Springer Verlag, Berlin/Heidelberg/New York 1976.

Daar, Judith, Multi-Party Parenting in Genetics and Law: A View from Succession, 49 Family Law Quarterly (2015) 71.

Daiber, Birgit, Ehe – ein Vertrag zu Lasten Dritter? – Zur Anfechtung der Vaterschaft des rechtlichen Vaters durch den biologischen Vater, NZFam 2016, 916.

Daniels, Ken/*Taylor,* Karyn, Secrecy and Openness in Donor Insemination, 12 Politics and the Life Sciences (1993) 155.

Dauner-Lieb, Barbara, Verbraucherschutz durch Ausbildung eines Sonderprivatrechts für Verbraucher – Systemkonforme Weiterentwicklung oder Schrittmacher der Systemveränderung?, Duncker & Humblot, Berlin 1983.

De Wolf, Ann, Draagmoederschap in Belgie en Frankrijk: een stand van zaken, in: Boele-Woelki, Katharina/Oderkerk, Marieke (Hrsg.), (On)geoorloofdheid van het draagmoederschap in rechtsvergelijkend perspectief, Antwerpen 1999, S. 89.

DeCasper, Anthony/*Fifer,* William, Of Human Bonding: Newborns Prefer Their Mothers' Voices, 208 Science (1980) 1174.

Dechant, Anna/*Schreyer,* Jessica/*Rost,* Harald, Staatsinstitut für Familienforschung an der Universität Bamberg (ifb), Familienleben und Familienformen nach Trennung und Scheidung – Zwischenbericht, ifb-Materialien 2-2015, 2015.

DeMause, Lloyd, Evolution der Kindheit, in: DeMause, Lloyd (Hrsg.), Hört ihr die Kinder weinen, Eine psychogenetische Geschichte der Kindheit, Frankfurt a. M. 1977, S. 12.

Demharter, Johann, Zur Schlüssigkeit der Klage, mit der die Vaterschaft angefochten wird, FamRZ 1985, 232.

Dethloff, Nina, Reform des Kindschaftsrechts, NJW 1992, 2200.

– Rechtliche Rahmenbedingungen für Regenbogenfamilien in Europa, in: Rupp, Marina (Hrsg.), Partnerschaft und Elternschaft bei gleichgeschlechtlichen Paaren, Verbreitung, Institutionalisierung und Alltagsgestaltung, Opladen u. a. 2011, S. 41.

– Leihmütter, Wunscheltern und ihre Kinder, JZ 2014, 922.

– Familiengründung gleichgeschlechtlicher Paare in Europa, in: Ackermann, Thomas/Köndgen, Johannes (Hrsg.), Privat- und Wirtschaftsrecht in Europa, Festschrift für Wulf-Henning Roth zum 70. Geburtstag, München 2015, S. 51.

– Familienrecht – Ein Studienbuch, C. H. Beck, München, 31. Aufl. 2015.

– Reziproke In-vitro-Fertilisation – Eine neue Form gemeinsamer Mutterschaft, in: Hilbig-Lugani, Katharina/Jakob, Dominique/Mäsch, Gerald u. a. (Hrsg.), Zwischenbilanz, Festschrift für Dagmar Coester-Waltjen, Bielefeld 2015, S. 41.

– Anmerkung zum Beschluss des BGH vom 10.12.2014 (XII ZB 463/13) – Zur Anerkennung der Elternstellung nach § 108 FamFG, JZ 2016, 207.

– Ehe für alle, FamRZ 2016, 351.

– Was will der Staat? Mutterschaft als Regelungsaufgabe, in: Röthel, Anne/Heiderhoff, Bettina (Hrsg.), Regelungsaufgabe Mutterstellung – Was kann, was darf, was will der Staat?, Frankfurt a. M. 2016, S. 19.

– Leihmutterschaft in rechtsvergleichender Perspektive, in: Weller, Marc-Philippe/Ditzen, Beate (Hrsg.), Leihmutterschaft – Aktuelle Entwicklungen und interdisziplinäre Herausforderungen, Heidelberg 2018 (im Erscheinen), S. 41.

Dethloff, Nina/*Timmermann,* Anja, Gleichgeschlechtliche Paare und Familiengründung durch Reproduktionsmedizin – Gutachten im Auftrag der Friedrich Ebert Stiftung,, Berlin 2016.

Deuring, Silvia, Die „Mitochondrienspende" im deutschen Recht, MedR 2017, 215.

Deutscher Anwaltverein, Stellungnahme durch den Familienausschuss zum Entwurf des Bundesministeriums der Justiz für ein „Gesetz zur Klärung der Vaterschaft unabhängig vom Anfechtungsverfahren", FPR 2007, 415.

Deutscher Ethikrat, Stellungnahme: Das Problem der anonymen Kindesabgabe, http://www.ethikrat.org/dateien/pdf/stellungnahme-das-problem-der-anonymen-kindesabgabe.pdf (zuletzt geprüft am 14.10.2017).

– Embryospende, Embryoadoption und elterliche Verantwortung – Stellungnahme, Deutscher Ethikrat, Berlin, Stand: 22. März 2016 2016.

Deutscher Richterbund, Stellungnahme zum Entwurf eines Gesetzes zur Klärung der Vaterschaft unabhängig vom Anfechtungsverfahren, FPR 2007, 418.

Deutscher Taschenbuch Verlag, dtv-Lexikon, Bd. 1, Dt. Taschenbuch-Verl., der, München 1999.

Dieckmann, Inga, Die rechtliche Stellung des lediglich biologischen Vaters im Wandel des gesellschaftlichen Familienbildes, Wolfgang Metzner Verlag, Frankfurt a.M. 2013.

Diederichsen, Uwe, Thesen, in: Ständige Deputation des Deutschen Juristentages (Hrsg.), Verhandlungen des 59. Deutschen Juristentages, II. Band (Sitzungsberichte), München 1992, M 87.

– Die Reform des Kindschafts- und Beistandsrechts, NJW 1998, 1977.

Diel, Alexander, Leihmutterschaft und Reproduktionstourismus, Wolfgang Metzner Verlag, Frankfurt a.M. 2014.

Dietrich, Silvia, Mutterschaft für Dritte – Rechtliche Probleme der Leihmutterschaft unter Berücksichtigung entwicklungspsychologischer Erkenntnisse und rechtsvergleichender Erfahrungen (zugl.: Hamburg, Univ., Diss., 1989), Peter Lang, Frankfurt am Main 1989.

Ding, Chunyan, Surrogacy litigation in China and beyond, 2 Journal of Law and the Biosciences (2015) 33.

Diouani-Streek, Mériem/*Salgo,* Ludwig, Probleme sozialer Elternschaft für Pflegeeltern und Vorschläge zu ihrer rechtlichen Anerkennung, RdJB 2016, 176.

DiPietro, Janet, Maternal stress in pregnancy: Considerations for fetal development, 51 Journal of Adolescent Development (2012) S3.

Dorbitz, Jürgen/*Ruckdeschel,* Kerstin, Kinderlosigkeit in Deutschland – Ein europäischer Sonderweg? – Daten, Trends und Gründe, in: Konietzka, Dirk/Kreyenfeld, Michaela (Hrsg.), Ein Leben ohne Kinder – Kinderlosigkeit in Deutschland, Wiesbaden 2007, S. 45.

Dreier, Horst (Hrsg.), Grundgesetz Kommentar, Präambel, Artikel 1–19, 3. Aufl., Mohr Siebeck, Tübingen 2013.

Drosdowski, Günther et al., Duden – Deutsches Universalwörterbuch, Dudenverl., Mannheim, 2., völlig neu bearb. und stark erw. Aufl. 1989.

Duden, Konrad, Ausländische Leihmutterschaft: Elternschaft durch verfahrensrechtliche Anerkennung, StAZ 2014, 164.

– Internationale Leihmutterschaft: Der frühe Schutz der tatsächlichen Familie, StAZ 2015, 201.

– Leihmutterschaft im Internationalen Privat- und Verfahrensrecht – Abstammung und ordre public im Spiegel des Verfassungs-, Völker- und Europarechts, Mohr Siebeck, Tübingen 2015.

– Anmerkung zu EGMR, Urt. v. 24.1.2017 – Nr. 25358/12 (Paradiso u. Campanelli/ Italien), FamRZ 2017, 445.

– Zweifel an der Elternschaft bei Internationaler Leihmutterschaft, StAZ 2017, 225.

Dürnberger, Andrea, Die Verteilung elterlicher Aufgaben in lesbischen Partnerschaften, in: Rupp, Marina (Hrsg.), Partnerschaft und Elternschaft bei gleichgeschlechtlichen Paaren, Verbreitung, Institutionalisierung und Alltagsgestaltung, Opladen u.a. 2011, S.147.

Dutta, Anatol, Bunte neue Welt: Gespaltene Elternschaft als Herausforderung für das 21. Jahrhundert, JZ 2016, 845.

– Konkurrierende Vaterschaften bei scheidungsnah geborenen Kindern mit Auslands-bezug, StAZ 2016, 200.

Dutta, Anatol/*Hammer,* Stephan, Anmerkung zur Entscheidung des BGH, Beschluss vom 24.08.2016, XII ZB 351/15, FamRZ 2016, 1852.

Dutta, Anatol/*Helms,* Tobias, Geschlechtseintrag „inter/divers" im Geburtenregister? – Stellungnahme für den Wissenschaftlichen Beirat des Bundesverbandes der Deutschen Standesbeamtinnen und Standesbeamten, StAZ 2017, 98.

Dutta, Anatol/*Schwab,* Dieter/*Henrich,* Dieter/*Gottwald,* Peter/*Löhnig,* Martin (Hrsg.), Künstliche Fortpflanzung und Europäisches Familienrecht 16, Bielefeld 2015.

Eberbach, Wolfram, Genom-Editing und Keimbahntherapie, MedR 2016, 758.

Eckebrecht, Marc, Neuere Gesetze zur Stärkung der Väterrechte, FPR 2005, 205.

– Das vertauschte Kind, FPR 2011, 394.

– Die geänderte Stellung des Vaters, NZFam 2016, 673.

Eckersberger, Peter, Auswirkungen des Kinderrechteverbesserungsgesetzes auf Verein-barungen über eine heterologe Insemination, MittBayNot 2002, 261.

Edenfeld, Stefan, Das neue Abstammungsrecht der Bundesrepublik Deutschland im na-tionalen und internationalen Vergleich, FuR 1996, 190.

Éditions Francis Lefebvre, Mémento Pratique – Droit de la famille 2016–2017, Éditions Francis Lefebvre, Levallois 2016.

Eggen, Bernd/*Rupp,* Marina, Gleichgeschlechtliche Paare und ihre Kinder: Hintergrundinformationen zur Entwicklung gleichgeschlechtlicher Lebensformen in Deutschland, in: Rupp, Marina (Hrsg.), Partnerschaft und Elternschaft bei gleichgeschlechtlichen Paaren, Verbreitung, Institutionalisierung und Alltagsgestaltung, Opladen u. a. 2011, S. 23.

Ehrlich, Eugen, Grundlegung der Soziologie des Rechts, Duncker & Humblot, Berlin, 3. Aufl. 1967.

Eichinger, Tobias, Entgrenzte Fortpflanzung, in: Maio, Giovanni/Eichinger, Tobias/Bozzaro, Claudia (Hrsg.), Kinderwunsch und Reproduktionsmedizin, Ethische Herausforderungen der technisierten Fortpflanzung, Freiburg im Breisgau 2013, S. 65.

Eidenmüller, Horst, Der Auskunftsanspruch des Kindes gegen seine Mutter auf Benennung des leiblichen Vaters – BVerfGE 96, 56, JuS 1998, 789.

Engel, Martin, Cross-Border Surrogacy: Time for a Convention?, in: Boele-Woelki, Katharina/Dethloff, Nina/Gephart, Werner (Hrsg.), Family Law and Culture in Europe, Developments, Challenges and Opportunities, Cambridge 2014, S. 199.

–   Internationale Leihmutterschaft und Kindeswohl, ZEuP 2014, 538.

Engelhardt, Lisa, Die „Ehe für alle" und ihre Kinder, NZFam 2017, 1042.

Engelhardt, Lisa/*Zimmermann,* Anton S., Die Leihmutterschaft im Spiegel nationaler und internationaler Rechtsprechung, in: Weller, Marc-Philippe/Ditzen, Beate (Hrsg.), Leihmutterschaft – Aktuelle Entwicklungen und interdisziplinäre Herausforderungen, Heidelberg 2018 (im Erscheinen), S. 1.

Erbarth, Alexander, Die Ansprüche auf Unterrichtung und Auskunft gemäß § 1353 Abs. 1 S. 2 Hs. 1 BGB, deren Verhältnis zueinander sowie zu speziell geregelten Auskunftsansprüchen, FamRZ 2015, 1944.

Erikson, Erik H., Identität und Lebenszyklus, Suhrkamp Verlag, Frankfurt a. M. 1966.

–   Identity: Youth and crisis, Faber & Faber, London 1968.

European Society of Human Reproduction and Embryology, Assisted reproductive technology in Europe 2011, 31 Human Reproduction (2016) 233.

–   Assisted reproductive technology in Europe 2012, 31 Human Reproduction (2016) 1638.

Evans, Donald, Whakapapa, Genealogy and Genetics, 26 Bioethics (2012) 182.

Fabricius, Hans-Ake, Die humangenetische Abstammungsbegutachtung, FPR 2002, 376.

Fachausschus des Bunds der Standesbeamten, Nr. 4022, StAZ 2015, 24.

Farley, Chris R./*Shaver,* Phillip R., Attachment, Loss, and Grief: Bowlby's Views, New Developments, and Current Controversies, in: Cassidy, Jude/Shaver, Phillip R. (Hrsg.), Handbook of Attachment, Theory, Research, and Clinical Applications, New York/London 2016, S. 40.

Farr, Rachel/*Patterson,* Charlotte, Coparenting Among Lesbian, Gay, and Heterosexual Couples: Associations With Adopted Children's Outcomes, 84 Child Development (2013) 1226.

Favier, Michelle, Die gemeinsame rechtliche Elternschaft von eingetragenen Lebenspartnern durch die Annahme eines Kindes, Peter Lang, Frankfurt 2014.

Fegert, Jörg M./*Kliemann,* Andrea, Das Verständnis von Bindung in Entwicklungspsychologie, Entwicklungspsychopathologie und Familienrecht – Zirkelschlüsse und Missverständnisse, in: Götz, Isabell/Schwenzer, Ingeborg/Seelmann, Kurt u.a. (Hrsg.), Familie – Recht – Ethik, Festschrift für Gerd Brudermüller zum 65. Geburtstag, München 2014, S. 173.

Feldhaus, Michael/*Huinink,* Johannes, Multiple Elternschaften in Deutschland – eine Analyse zur Vielfalt von Elternschaft in Folgepartnerschaften, in: Schwab, Dieter/ Vaskovics, Laszlo A. (Hrsg.), Pluralisierung von Elternschaft und Kindschaft, Familienrecht, -soziologie und -psychologie im Dialog, Opladen, Farmington Hills, MI 2011, S. 77.

Fenton-Glynn, Claire, Anonymous Relinquishment and Baby-Boxes – Life-Saving Mechanisms or Violation of Human Rights?, in: Boele-Woelki, Katharina/Dethloff, Nina/Gephart, Werner (Hrsg.), Family Law and Culture in Europe, Developments, Challenges and Opportunities, Cambridge 2014, S. 185.

– Children's Rights in Intercountry Adoption, Intersentia, Cambridge/Antwerpen/Portland Oregon 2014.

– The Difficulty of Enforcing Surrogacy Regulations, 74 The Cambridge Law Journal (2015) 34.

Ferrari, Susanne, Aktuelle Entwicklungen im österreichischen Familien- und Erbrecht, FamRZ 2015, 1556.

– Künstliche Fortpflanzung im österreichischen Recht, in: Dutta, Anatol/Schwab, Dieter/Henrich, Dieter u.a. (Hrsg.), Künstliche Fortpflanzung und Europäisches Familienrecht, Bielefeld 2015, S. 182.

Field, Martha A., Surrogate Motherhood, Harvard University Press, Cambridge, Mass., expanded ed. 1990.

Finger, Peter, Die Anfechtung der Ehelichkeit eines Kindes durch seine Mutter, NJW 1984, 846.

Fischer, Gerhard, Aus Roger Barta wird Roger Holzapfel, Süddeutsche Zeitung vom 16.8.2017, M6.

forsa. Gesellschaft für Sozialforschung und statistische Analysen mbH, Familie und Wahl, 2013.

Fötschl, Andreas, Die neue Mitmutterschaft nach dänischem Recht, FamRZ 2013, 1445.

Frank, Rainer, Gedanken zu einer isolierten Abstammungsfeststellungsklage, in: Leipold, Dieter/Lüke, Wolfgang/Yoshino, Shozaburo (Hrsg.), Gedächtnisschrift für Peter Ahrens, München 1993, S. 65.

– Grundzüge und Einzelprobleme des Abstammungsrechts, StAZ 2003, 129.

– Rechtsvergleichende Betrachtungen zur Entwicklung des Familienrechts, FamRZ 2004, 841.

– Reformdiskussion um die Babyklappe, StAZ 2012, 289.

– Unterhalts- und erbrechtliche Ansprüche von Kindern gegen Eltern, die rechtlich nicht ihre Eltern sind, in: Hilbig-Lugani, Katharina/Jakob, Dominique/Mäsch, Gerald u. a. (Hrsg.), Zwischenbilanz, Festschrift für Dagmar Coester-Waltjen, Bielefeld 2015, S. 53.

– Vertauschte Kinder, FamRZ 2015, 1149.

– Anmerkung zu EGMR v. 14.1.2016 (Mandet/Frankreich), FamRZ 2016, 530.

– Die Aufhebbarkeit von Minderjährigenadoptionen, StAZ 2016, 33.

– Zur Verpflichtung einer Mutter, die Identität des Vaters preiszugeben, FamRZ 2017, 161.

Frank, Rainer/*Helms,* Tobias, Rechtliche Aspekte der anonymen Kindesabgabe in Deutschland und Frankreich, FamRZ 2001, 1345.

– Kritische Bemerkungen zum Regierungsentwurf eines „Gesetzes zur Klärung der Vaterschaft unabhängig vom Anfechtungsverfahren", FamRZ 2007, 1277.

Frankena, William K., Ethik – Eine analytische Einführung, Springer Fachmedien Wiesbaden GmbH, Wiesbaden, 6. Auflage 2017.

Freeman, T./*Jadva,* Vasanti/*Transfield,* E./*Golombok,* Susan, Online sperm donation: a survey of the demographic characteristics, motivations, preferences and experiences of sperm donors on a connection website, 31 Human Reproduction (2016) 2082.

Freitag, Robert, Das Kuckuckskind im IPR, StAZ 2013, 333.

Frie, Birgit, Die Mitmutterschaft kraft ausländischen Rechts, FamRZ 2015, 889.

– Hinkende Vaterschaften zu deutschen Kindern aufgrund von Art. 23 EGBGB – Probleme und Lösungsansätze, StAZ 2016, 161.

– Wer ist der richtige Vater? Streit um das „Günstigkeitsprinzip" in Art. 19 Abs. 1 EGBGB in der aktuellen obergerichtlichen Rechtsprechung, StAZ 2017, 104.

– Ausländische standesamtliche Beurkundung der Abstammung eines Leihmutterschaftskindes als „Entscheidung" iSv § 108 I FamFG?, NZFam 2018, 97.

Frischkorn, Thomas, Management als Religion? – Einige Beobachtungen zur Adaption einiger religiöser Praktiken in heutigen japanischen Unternehmen, Zeitschrift für Religionswissenschaften 1993, 50.

Fröschle, Tobias, Der Auskunftsanspruch des Scheinvaters nach dem Beschluss des BVerfG v. 24.02.2015, FamRZ 2015, 1858.

Funcke, Dorett, Leihmutterschaftsfamilien, NZFam 2016, 207.

Funken, Katja, Anmerkung, FamRZ 2008, 2091.

– Das Anerkennungsprinzip im internationalen Privatrecht – Perspektiven eines europäischen Anerkennungskollisionsrechts für Statusfragen, Mohr Siebeck, Tübingen 2009.

Gamble, Natalie, A better legal framework for United Kingdom surrogacy?, in: Golombok, Susan/Scott, Rosamund/Appleby, John B. u. a. (Hrsg.), Regulating reproductive donation, Cambridge 2016, S. 140.

Gassner, Ulrich M./*Kersten,* Jens/*Krüger,* Matthias/*Lindner,* Josef Franz/*Rosenau,* Henning/*Schroth,* Ulrich, Fortpflanzungsmedizingesetz – Augsburg-Münchner-Entwurf; (AME-FMedG), Mohr-Siebeck, Tübingen 2013.

Gaul, Hans Friedhelm, Die Neuregelung des Abstammungsrechts durch das Kindschaftsrechtsreformgesetz, FamRZ 1997, 1441.

– Ausgewählte Probleme des materiellen Rechts und des Verfahrensrechts im neuen Abstammungsrecht, FamRZ 2000, 1461.

Geiger, Theodor, Vorstudien zu einer Soziologie des Rechts, Hermann Luchterhand Verlag GmbH, Neuwied/Berlin 1964.

Genenger, Angie, Von der Einschränkung zur Erweiterung des Vaterschaftsanfechtungsrechts, FPR 2007, 155.

– Erleichterte Abstammungsklärung ohne Berücksichtigung der biologischen Väter, JZ 2008, 1031.

Gerber, Christine, Wie wird Ehe- und Familienethik „schriftgemäß"? Eine Zustimmung zur Orientierungshilfe http://www.ekd.de/download/20130928_gerber_symposium. pdf (zuletzt geprüft am 02.03.2017).

Germann, Michael, Dynamische Grundrechtsdogmatik von Ehe und Familie?, VVDStRL (2014) 257.

Gernhuber, Joachim/*Coester-Waltjen,* Dagmar, Familienrecht, C. H. Beck, München, 6. Aufl. 2010.

Gibbs, Anita/*Scherman,* R., Pathways to parenting in New Zealand: issues in law, policy and practice, 8 Kōtuitui: New Zealand Journal of Social Sciences Online (2013) 13.

Giesen, Reinhard, Gleichgeschlechtliche Elternschaft in Skandinavien, StAZ 2015, 193.

Gietl, Andreas, Abstammung – Dogmatik einer normativen Kategorie, H. Gietl Verlag & Publikationsservice GmbH, Regenstauf 2014.

Goedeke, S./*Daniels,* K./*Thrope,* M., Embryo donation and counselling for the welfare of donors, recipients, their families and children, 31 Human Reproduction (2016) 412.

Golombok, Susan, Modern families – Parents and children in new family forms, Cambridge University Press, Cambridge 2015.

Golombok, Susan/*Badger,* Shirlene, Children raised in mother-headed families from infancy: a follow-up of children of lesbian and single heterosexual mothers, at early adulthood, 25 Human Reproduction (2010) 150.

Golombok, Susan/*Blake,* Lucy/*Casey,* Polly/*Roman,* Gabriela/*Jadva,* Vasanti, Chrildren born through reproductive donation: a longitudinal study of psychological adjustment, 54 Journal of Child Psychology and Psychiatry (2013) 653.

Golombok, Susan/*MacCullum,* Fiona/*Murray,* C./*Lycett,* Emma/*Jadva,* Vasanti, Surrogacy Families: parental functioning, parent-child relationships and children's psychological development at age 2, 47 Journal of Child Psychology and Psychiatry (2006) 213.

Golombok, Susan/*Murray,* C./*Jadva,* Vasanti/*Lycett,* Emma/*MacCullum,* Fiona/*Rust,* J., Non-genetic and non-gestational parenthood: consequences for parent-child relationships and the psychological well-being of mothers, fathers and children at age 3, 21 Human Reproduction (2006) 1918.

Golombok, Susan/*Murray,* C./*Jadva,* Vasanti/*MacCullum,* Fiona/*Lycett,* Emma, Families Created Through Surrogacy Arrangements: Parent-Child Relationships in the 1st Year of Life, 40 Developmental Psychology (2004) 400.

Golombok, Susan/*Readings,* Jennifer/*Blake,* Lucy/*Casey,* Polly/*Marks,* Alex/*Jadva,* Vasanti, Families Created Through Surrogacy: Mother-Child Relationships and Children's Psychologival Adjustment at Age 7, 47 Developmental Psychology (2011) 1579.

Gomille, Christian, Die verfahrensrechtliche Anerkennung einer ausländischen standesamtlichen Eintragung, StAZ 2017, 321.

Gössl, Susanne, Intersexuelle Menschen im Internationalen Privatrecht, StAZ 2013, 301.

– Materiellprivatrechtliche Angleichung der personenstandsrechtlichen Eintragung bei hinkenden Statusverhältnissen, IPRax 2015, 273.

– Intersexuelle Menschen und ihre personenstandsrechtliche Erfassung, NZFam 2016, 1122.

– Art. 10a EGBGB-Vorschlag: Kollisionsrechtliche Ergänzung des Vorschlags zum Geschlechtervielfaltsgesetz (GVielfG), IPRax 2017, 339.

– Die Anwendung des § 22 Abs. 3 PStG auf intersexuelle Personen – Rechtsvergleichender Hintergrund, Auslegung und Reformperspektiven, StAZ 2018, 40.

Gottlieb, Claes/*Lalos,* Othon/*Lindblad,* Frank, Disclosure of donor insemination ti the child: the impact of Swedish legislation on couples' attitudes, 15 Human Reproduction (2000) 2052.

Götz, Isabell, Interview: Das Familienrecht muss sich anpassen, NJW 2017, 12.

Grossmann, Karin/*Grossmann,* Klaus E., Bindungen – Das Gefüge psychischer Sicherheit, Klett-Cotta, Stuttgart, 6. Aufl. 2014.

Gruber, Malte-Christian, Das Recht des „Spenderkindes" auf Kenntnis seines biologischen Vaters, ZfPW 2016, 68.

Gründler, Sabine/*Dorbitz,* Jürgen/*Lück,* Detlef/*Naderi,* Robert/*Ruckdeschel,* Kerstin/*Schiefer,* Katrin/*Schneider,* Norbert, Studie des BiB: Familienleitbilder – Vorstellungen. Meinungen. Erwartungen., 2013.

Gsell, Beate/*Krüger,* Wolfgang/*Lorenz,* Stephan/*Mayer,* Jörg (Hrsg.), beck-online. GROSSKOMMENTAR, C. H. Beck, München, Stand 1.7.2017.

Guiomard, Pascale/*Wiederkehr,* Georges/*Henry,* Xavier/*Tisserand-Martin,* Alice/*Venandet,* Guy/*Jacob,* François, *France,* Code civil, Dalloz, Paris, 116e édition 2017.

Gutmann, Thomas, Mutterschaft zwischen „Natur" und Selbstbestimmung, in: Röthel, Anne/Heiderhoff, Bettina (Hrsg.), Regelungsaufgabe Mutterstellung – Was kann, was darf, was will der Staat?, Frankfurt a. M. 2016, S. 63.

Haag, Christian, Zum Kinderwunsch homosexueller Männer und Frauen, in: Maio, Giovanni/Eichinger, Tobias/Bozzaro, Claudia (Hrsg.), Kinderwunsch und Reproduktionsmedizin, Ethische Herausforderungen der technisierten Fortpflanzung, Freiburg im Breisgau 2013, S. 400.

Haami, Brad/*Roberts,* Mere, Genealogy as taxonomy, 54 International Social Science Journal (2002) 403.

Habermas, Tilmann, Identitätsentwicklung im Jugendalter, in: Silbereisen, Rainer K./ Hasselhorn, Marcus (Hrsg.), Entwicklungspsychologie des Jugendalters, Göttingen 2008, S. 364.

Häcker, Birke, Honour runs in the blood, Law Quarterly Review 2017, 36.

Hadzimanovic, Natasa, Zwang versus Freiheit: vertrauliche und anonyme Geburt auf dem Prüfstand, FamPra.ch 2016, 50.

Haenga-Collins, Maria/*Gibbs,* Anita, ‚Walking between worlds': the experience of New Zealand Maori cross-cultural adoptees, 39 Adoption & Fostering (2015) 62.

Hager, Johannes, Der rechtliche und der leibliche Vater, in: Hofer, Sybille/Klippel, Diethelm/Walter, Ute (Hrsg.), Perspektiven des Familienrechts, Festschrift für Dieter Schwab zum 70. Geburtstag, Bielefeld 2005, S. 773.

Hall, Eliza, From European Theory to American Practice: The United States as a Laboratory for Surrogacy Law, in: Weller, Marc-Philippe/Ditzen, Beate (Hrsg.), Leihmutterschaft – Aktuelle Entwicklungen und interdisziplinäre Herausforderungen, Heidelberg 2018 (im Erscheinen), S. 55.

Hammer, Stephan, Anmerkung zu OLG Hamburg v. 14.3.2017 – 2 UF 160/15, FamRZ 2017, 1236.

Harbarth, Stephan, Leihmutterschaft und Reproduktionstourismus, in: Weller, Marc-Philippe/Ditzen, Beate (Hrsg.), Leihmutterschaft – Aktuelle Entwicklungen und interdisziplinäre Herausforderungen, Heidelberg 2018 (im Erscheinen), S. 65.

Hargreaves, Katarina/*Daniels,* Ken, Parents' Dilemmas in Sharing Donor Insemination Conception Stories with their Children, 21 Children & Society (2007) 420.

Härle, Wilfried, Die Orientierungshilfe (OH) der EKD „Zwischen Autonomie und Angewiesenheit" – Eine kritische Stellungnahme in konstruktiver Absicht http:// www.ekd.de/download/20130928_haerle_symposium.pdf (zuletzt geprüft am 02.03. 2017).

Heidenreich, Ulrike, Von wem er die Hände hat?, Süddeutsche Zeitung vom 24.–26.12. 2016, S. 6.

Heiderhoff, Bettina, Die Vaterschaftsklärung und ihre Folgen – von der Vaterschaftsanfechtung zur Vaterschaftsbeendigung, FamRZ 2010, 8.

– Die Auflösung nicht abstammungsgemäßer rechtlicher Elternschaft und ihre Auswirkungen auf die Beteiligten, in: Schwab, Dieter/Vaskovics, Laszlo A. (Hrsg.), Pluralisierung von Elternschaft und Kindschaft, Familienrecht, -soziologie und -psychologie im Dialog, Opladen, Farmington Hills, MI 2011, S. 273.

– Rechtliche Abstammung im Ausland geborener Leihmutterkinder, NJW 2014, 2673.

– Was kann, was darf, was will der Staat?, in: Röthel, Anne/Heiderhoff, Bettina (Hrsg.), Regelungsaufgabe Vaterstellung – Was kann, was darf, was will der Staat?, Frankfurt a.M. 2014, S. 9.

– Herausforderungen durch neue Familienformen – Zeit für ein Umdenken, NJW 2016, 2629.

Heiderhoff, Bettina/*Schekhan,* Birthe, Verfahrensrechtliche Probleme im Vaterschafts-anfechtungsverfahren, FPR 2011, 360.

Heitmüller, M., Belgien, in: Ausländisches Familienrecht, München 2017.

Helms, Tobias, Vaterschaftsanfechtung durch den Erzeuger des Kindes, FamRZ 1997, 913.

– Die Feststellung der biologischen Abstammung – Eine rechtsvergleichende Untersu-chung zum deutschen und französischen Recht, Duncker & Humblot, Berlin 1999.

– Das neue Verfahren zur Klärung der leiblichen Abstammung, FamRZ 2008, 1033.

– Entkoppelung von Abstammungsklärung und Vater-Kind-Zuordnung – der neue § 1598a BGB, in: Helms, Tobias (Hrsg.), Lebendiges Familienrecht, Festschrift für Rainer Frank zum 70. Geburtstag am 14. Juli 2008, Frankfurt a.M./Berlin 2008, S. 225.

– Die künstliche Befruchtung aus familienrechtlicher Sicht: Probleme und Perspekti-ven, in: Röthel, Anne/Löhnig, Martin/Helms, Tobias (Hrsg.), Ehe, Familie, Abstam-mung – Blicke in die Zukunft, 2010, S. 49.

– Die Stellung des potenziellen biologischen Vaters im Abstammungsrecht, FamRZ 2010, 1.

– Das Nebeneinander von rechtlicher Vaterschaft und anderweitiger leiblicher Vater-schaft aus rechtlicher und rechtspolitischer Perspektive, in: Schwab, Dieter/Vasko-vics, Laszlo A. (Hrsg.), Pluralisierung von Elternschaft und Kindschaft, Familien-recht, -soziologie und -psychologie im Dialog, Opladen, Farmington Hills, MI 2011, S. 105.

– Leihmutterschaft – ein rechtsvergleichender Überblick, StAZ 2013, 114.

– Abstammungsrecht und Kindeswohl, in: Röthel, Anne/Heiderhoff, Bettina (Hrsg.), Regelungsaufgabe Vaterstellung – Was kann, was darf, was will der Staat?, Frank-furt a.M. 2014, S. 19.

– Anmerkung, FamRZ 2014, 459.

– Die Einführung der sog. vertraulichen Geburt, FamRZ 2014, 609.

– Personenstandsrechtliche und familienrechtliche Aspekte der Intersexualität vor dem Hintergrund des neuen § 22 Abs. 3 PStG, in: Götz, Isabell/Schwenzer, Ingeborg/ Seelmann, Kurt u. a. (Hrsg.), Familie – Recht – Ethik, Festschrift für Gerd Bruder-müller zum 65. Geburtstag, München 2014, S. 301.

– „Kinderwunschmedizin" – Reformvorschläge für das Abstammungsrecht, in: Coes-ter-Waltjen, Dagmar/Lipp, Volker/Schumann, Eva u. a. (Hrsg.), „Kinderwunsch-medizin" – Reformbedarf im Abstammungsrecht?, Göttingen, Göttingen 2015, S. 47.

– Anmerkung zu Schweizer Bundesgericht, Urt. v. 14.9.2015 – 5A 443/2014, StAZ 2016, 185.

– Gutachten F zum 71. DJT, in: Ständige Deputation des Deutschen Juristentages (Hrsg.), Rechtliche, biologische und soziale Elternschaft – Herausforderungen durch neue Familienformen, München 2016, F 1.

– Familienrechtliche Aspekte des Samenspenderregistergesetzes, FamRZ 2017, 1537.

– Primat des Kindeswohls und seine Grenzen im Internationalen Kindschaftsrecht, StAZ 2017, 1.

– Gesetz zur Einführung des Rechts auf Eheschließung für Personen gleichen Geschlechts – Auswirkungen auf das Familien- und Personenstandsrecht, StAZ 2018, 33.

Henrich, Dieter, Anerkennung statt IPR: Eine Grundsatzfrage, IPRax 2005, 422.

– Das Kind mit zwei Müttern (und zwei Vätern) im internationalen Privatrecht, in: Hofer, Sybille/Klippel, Diethelm/Walter, Ute (Hrsg.), Perspektiven des Familienrechts, Festschrift für Dieter Schwab zum 70. Geburtstag, Bielefeld 2005, S. 1141.

Hepting, Reinhard, Konkurrierende Vaterschaften in Auslandsfällen, StAZ 2010, 33.

Hepting, Reinhard/*Dutta,* Anatol, Familie und Personenstand – Ein Handbuch zum deutschen und internationalen Privatrecht, Verl. für Standesamtswesen, Frankfurt am Main, 2., aktualisierte Aufl. 2015.

Herek, Gregory M., Intimate relationships and parenthood in same-sex couples: An introduction, in: Rupp, Marina (Hrsg.), Partnerschaft und Elternschaft bei gleichgeschlechtlichen Paaren, Verbreitung, Institutionalisierung und Alltagsgestaltung, Opladen u. a. 2011, S. 11.

Herrmann Green, Lisa/*Hermann-Green,* Monika, Familien mit lesbischen Eltern in Deutschland, 21 Zeitschrift für Sexualforschung (2008) 319.

Heun, Werner, Restriktionen assistierter Reproduktion aus verfassungsrechtlicher Sicht, in: Bockenheimer-Lucius, Gisela/Thorn, Petra/Wendehorst, Christiane (Hrsg.), Umwege zum eigenen Kind, Ethische und rechtliche Herausforderungen an die Reproduktionsmedizin 30 Jahre nach Louise Brown; Symposien, Göttingen 2008, S. 49.

Hikabe, Orie/*Hamazaki,* Nobuhiko/*Nagamatsu,* Go/*Obata,* Yayoi/*Hirao,* Yuji/*Hamada,* Norio/*Shimamoto,* So/*Imamura,* Takuya/*Nakashima,* Kinichi/*Saitou,* Mitinori/*Hayashi,* Katsuhiko, Reconstitution in vitro of the entire cycle of the mouse female germ line, Nature Research Letters 2016, Doi:10.1038/nature20104.

Hilbig-Lugani, Katharina, Anmerkung zu BGH, Urteil vom 15.05.2013 – XII ZR 49/11 (OLG Köln), NJW 2013, 2589, LMK 2013, 349336.

Hinteregger, Monika/*Ferrari,* Susanne, Familienrecht, Verl. Österreich, Wien, 7. Aufl. 2015.

Höfelmann, Elke, Das neue Gesetz zur Änderung der Vorschriften über die Anfechtung der Vaterschaft und das Umgangsrecht von Bezugspersonen des Kindes, FamRZ 2004, 745.

Hofer, Sybille/*Schwab,* Dieter/*Henrich,* Dieter (Hrsg.), From status to contract? – Die Bedeutung des Vertrages im europäischen Familienrecht 9, Bielefeld 2005.

Hoffmann, Bernd von/*Thorn,* Karsten, Internationales Privatrecht – Einschließlich der Grundzüge des Internationalen Zivilverfahrensrechts, C. H. Beck, München, 9. neu bearb. Aufl. 2007.

Hoffmann-Riem, Christa, Elternschaft ohne Verwandtschaft: Adoption, Stiefbeziehung und heterologe Insemination, in: Nave-Herz, Rosemarie/Markefka, Manfred (Hrsg.), Handbuch der Familien- und Jugendforschung, Neuwied 1989, S. 389.

Hoopes, Janet L., Adoption and Identity Formation, in: Brodzinsky, David M./Schechter, Marshall D. (Hrsg.), The psychology of adoption, 1. Aufl., New York/Oxford 1993, S. 144.

Horn, Friedrich Wilhelm, Stellungnahme zur Orientierungshilfe der EKD „Zwischen Autonomie und Angewiesenheit" http://www.ekd.de/download/20130928_horn_symposium.pdf (zuletzt geprüft am 02.03.2017).

Hösel, Stefanie, Verstärkte Rechtsunsicherheit bei grenzüberschreitenden Leihmutterschaften, StAZ 2017, 162.

Howes, Carollee/*Spieker,* Susan, Attachment Relationships in the Context of Multiple Caregivers, in: Cassidy, Jude/Shaver, Phillip R. (Hrsg.), Handbook of Attachment, Theory, Research, and Clinical Applications, New York/London 2016, S. 314.

Hudson, Maui L./*Ahuriri-Driscoll,* Annabel L. M./*Lea,* Marino G./*Lea,* Rod A., Whakapapa – A Foundation for Genetic Research?, 4 Bioethical Inquiry (2007) 43.

Human Fertilisation and Embryology Authority, Fertility treatment 2014 – Trends and figures http://www.hfea.gov.uk/docs/HFEA_Fertility_treatment_Trends_and_figures _2014.pdf (zuletzt geprüft am 10.02.2017).

Ikemoto, Lisa, Egg freezing, stratified reproduction and the logic of not, 2 Journal of Law and the Biosciences (2015) 112.

Inglis, Alan, Hagar's baby: surrogacy arrangements, Scots Law Times 2014, 105.

Institut für Demoskopie Allensbach, Familienbilder in Deutschland und Frankreich, 2013.

Institut national de la statistique et des éetudes économiques, Fiches thématiques: Familles avec enfants, 2015.

Ijzendoorn, Marinus van/*Bakermans-Kranenburg,* Marian/*Ebstein,* Richard, Methylation Matters in Child Development: Toward Developmental Behavioral Epigenetics, 5 Child Development Perspectives (2011) 305.

Ijzendoorn, Marinus van/*Sagi,* Abraham/*Lambermon,* Miriam, The Multiple Caretaker Paradox: Data from Holland and Israel, 57 New Directions for Child Development (1992) 5.

Ijzendoorn, Marinus van/*Schuengel,* Carlo/*Bakermans-Kranenburg,* Marian, Disorganized attachment in early childhood: Meta-analysis of precursors, concomitants, and sequelae, 11 Development and Psychopatology (1999) 225.

Isaksson, S./*Skoog-Svanberg,* A./*Sydsjö,* G./*Linell,* L./*Lampic,* C., It takes two to tango: information-sharing with offspring among heterosexual parents following identity release sperm donation, 31 Human Reproduction (2016) 125.

Isaksson, S./*Skoog Svanberg,* A./*Sydsjö,* G./*Thurin-Kjellberg,* A./*Karlström,* P.-O./*Solensten,* N.-G./*Lampic,* C., Two decades after legislation on identifiable donors in Sweden: are recipient couples ready to be open about using gamete donation?, 26 Human Reproduction (2011) 853.

Jadva, Vasanti, Surrogacy, in: Golombok, Susan/Scott, Rosamund/Appleby, John B. u. a. (Hrsg.), Regulating reproductive donation, Cambridge 2016, S. 126.

Jadva, Vasanti/*Blake,* Lucy/*Casey,* Polly/*Golombok,* Susan, Surrogacy families 10 years on: relationship with the surrogate, decisions over disclosure and children's understanding of their surrogacy origins, 27 Human Reproduction (2012) 3008.

Jadva, Vasanti/*Freeman,* T./*Kramer,* Ernst A./*Golombok,* Susan, Sperm and oocyte donors' experiences of anonymous donation and subsequent contact with their donor offspring, 26 Human Reproduction (2011) 638.

Jakoby, Nina, (Wahl-)Verwandtschaft – Zur Erklärung verwandtschaftlichen Handelns, VS Verlag für Sozialwissenschaften; GWV Fachverlage GmbH, Wiesbaden 2008.

Janisch, Wolfgang, Mutter, Mutter, Kind, Süddeutsche Zeitung vom 16.6.2016, S. 5.

Janzen, Ulrike, Das Kinderrechteverbesserungsgesetz, FamRZ 2002, 785.

Jayme, Erik/*Kohler,* Christian, Europäisches Kollisionsrecht 2001: Anerkennungsprinzip statt IPR?, IPRax 2001, 501.

Jellinek, Georg, Die sozialethische Bedeutung von Recht, Unrecht und Strafe, Verlag von O. Häring, Berlin, 2., durchgesehene Auflage 1908.

Jeppesen de Boer, Christina G./*Kronborg,* Annette, The Incorporation of Intentional Parentage by Female Same-Sex Couples into National Parentage Laws, 17 European Journal of Law Reform (2015) 232.

Jestaedt, Matthias, Eltern im Sinne des Grundgesetzes und des Bürgerlichen Gesetzbuchs – Verfassungsrechtliche (Vor-)Fragen der Elternstellung in der Kinderwunschmedizin, in: Coester-Waltjen, Dagmar/Lipp, Volker/Schumann, Eva u. a. (Hrsg.), „Kinderwunschmedizin" – Reformbedarf im Abstammungsrecht?, Göttingen, Göttingen 2015, S. 23.

– Kindesrecht zwischen Elternverantwortung und Staatsverantwortung, in: Deutscher Familiengerichtstag e. V. (Hrsg.), 21. Deutscher Familiengerichtstag vom 21. bis 24. Oktober 2015 in Brühl, Ansprachen und Referate Berichte und Ergebnisse der Arbeitskreise, Bielefeld 2016, S. 65.

Jones, Colin, Nineteenth Century Rules Over Twenty-First Century Reality – Legal Parentage under Japanese Law, 49 Family Law Quarterly (2015) 149.

J. von Staudingers Kommentar zum Bürgerlichen Gesetzbuch mit Einführungsgesetz und Nebengesetzen., Sellier, Berlin.
– Buch 4: Familienrecht, §§ 1589–1600d BGB, 2011, 2011.
– EGBGB/IPR, Art. 19–24 EGBGB, ErwSÜ, 2014.

Kaesling, Katharina, Die Neuregelung der missbräuchlichen Vaterschaftsanerkennung und das Wohl des Kindes, NJW 2017, 3686.

Kaiser, Dagmar, Die mögliche Aufspaltung der Mutterschaft bei medizinisch assistierter Zeugung und ihre rechtliche Einordnung, in: Schwab, Dieter/Vaskovics, Laszlo A.

(Hrsg.), Pluralisierung von Elternschaft und Kindschaft, Familienrecht, -soziologie und -psychologie im Dialog, Opladen, Farmington Hills, MI 2011, S. 239.

– Elternglück durch Fremdspende und Leihmutterschaft?, in: Götz, Isabell/Schwenzer, Ingeborg/Seelmann, Kurt u. a. (Hrsg.), Familie – Recht – Ethik, Festschrift für Gerd Brudermüller zum 65. Geburtstag, München 2014, S. 357.

Kaiser, Dagmar/*Schnitzler,* Klaus/*Friederici,* Peter/*Schilling,* Roger (Hrsg.), Bürgerliches Gesetzbuch – BGB, Band 4: Familienrecht §§ 1297–1921 BGB, Nomos Verl.-Ges., 3. Aufl., Baden-Baden 2014.

Kalkman-Bogert, Art. 1 Wet donorgegevens kunstmatige bevruchting, in: Groot, G. R. J. de et al. (Hrsg.), Gezondheidsrecht I. 5. Aufl., Kluwer, Deventer 2014.

Kant, Immanuel, Die Metaphysik der Sitten – Erster Teil: metaphysische Anfangsgründe der Rechtslehre, Modes und Baumann, Leipzig 1838.

Karpenstein, Ulrich/*Mayer,* Franz C. (Hrsg.), Konvention zum Schutz der Menschenrechte und Grundfreiheiten, Kommentar, C. H. Beck, München, 2. Aufl. 2015.

Kaufhold, Ann-Katrin, Was darf der Staat? Verfassungsrechtliche Vorgaben für die einfach-rechtliche Regelung der Mutterstellung, in: Röthel, Anne/Heiderhoff, Bettina (Hrsg.), Regelungsaufgabe Mutterstellung – Was kann, was darf, was will der Staat?, Frankfurt a. M. 2016, S. 87.

Kaufmann, Arthur, Rechtsphilosophie, C. H. Beck, München, 2. Aufl. 1997.

Kegel, Gerhard/*Schurig,* Klaus, Internationales Privatrecht – Ein Studienbuch, C. H. Beck, München, 9., neubearbeitete Aufl. 2004.

Keller, Claudia, Wie katholisch ist die Liebe?, Der Tagesspiegel Online vom 8.4.2016 http://www.tagesspiegel.de/politik/papst-schreiben-zu-ehe-und-familie-wie-katholisch-ist-die-liebe/13423168.html (zuletzt geprüft am 13.03.2017).

Keller, Heidi, Die Entwicklung von Beziehungen in der frühen Kindheit – Bindung und Kultur, NZFam 2017, 494.

Keller, Tanja, Das Kindschaftsrechtsreformgesetz, NJ 1998, 234.

Kersten, Jens, Das Klonen von Menschen – Eine verfassungs-, europa- und völkerrechtliche Kritik, (Humboldt-Univ., Habil.-Schr.-Berlin, 2004), Mohr Siebeck, Tübingen 2004.

Keuter, Wolfgang, Die Zustimmung des leiblichen Vaters zur Adoption, NZFam 2017, 873.

Kindler, Heinz/*Walper,* Sabine/*Lux,* Ulrike/*Bovenschen,* Ina, Kenntnis der Abstammung bei fragmentierter Elternschaft aus humanwissenschaftlicher Sicht, NZFam 2017, 929.

Kirchenamt der Evangelischen Kirche in Deutschland (EKD), EKD-Texte: Zur Achtung vor dem Leben – Maßstäbe für Gentechnik und Fortpflanzungsmedizin http:// www.ekd.de/EKD-Texte/achtungvordemleben_1987.html (zuletzt geprüft am 02.03. 2017).

Kirchhoff, H., Die vorgeburtliche Interaktion zwischen Mutter und Kind: „Pränatale Psychologie"; ihre Stellung in der heutigen Geburtshilfe, 42 Geburtshilfe und Frauenheilkunde (1982) 1.

Kisilewsky, B./*Fearson,* I./*Muir,* D., Fetuses Differentialte Vibroacoustic Stimuli, 21 Infant Behavior and Development (1998) 25.

Kisilewsky, B./*Kilpatrick,* K./*Low,* J., Vibroacoustic-Induced Fetal Movement: Two Stimuli and Two Methods of Scoring, 81 Obstetrics and Gynecology (1993) 178.

Klinkhammer, Frank, Der Scheinvater und sein Kind – Das Urteil des BVerfG vom 13.2.2007 und seine gesetzlichen Folgen, FF 2007, 128.

Klopstock, Barbara, „Drei-Eltern-Babys" – Besteht Reformbedarf in Deutschland?, ZRP 2017, 165.

Knight, Jonathan, Artificial wombs: An out of body experience, 419 Nature (2002) 106.

Knittel, Bernhard, Neues Gesetz zur Klärung der Vaterschaft verabschiedet, JAmt 2008, 117.

Knoche, Joachim P., Chancen einer erfolgreichen Vaterschaftsanfechtung nach den BGH-Entscheidungen zu heimlichen DNA-Tests, FuR 2005, 348.

Kobak, Roger/*Zajac,* Kristyn/*Madsen,* Stephanie D., Attachment Disruptions, Reparative Processes, and Psychopathologie, in: Cassidy, Jude/Shaver, Phillip R. (Hrsg.), Handbook of Attachment, Theory, Research, and Clinical Applications, New York/London 2016, S. 25.

Köbler, Gerhard/*Pohl,* Heidrun, Deutsch-Deutsches Rechtswörterbuch, C. H. Beck, München 1991.

Koch, Elisabeth, Der Anspruch der Deszendenten auf Klärung der genetischen Abstammung – ein Paradigmawechsel im Abstammungsrecht, FamRZ 1990, 569.

Kongregation für die Glaubenslehre, Instruktion über die Achtung vor dem beginnenden menschlichen Leben und die Würde der Fortpflanzung http://www.vatican.va/roman_curia/congregations/cfaith/documents/rc_con_cfaith_doc_19870222_respect-for%20human-life_ge.html (zuletzt geprüft am 03.03.2017).

– Instruktion Dignitas Personae – Über einige Fragen der Biomedizin http://www.vatican.va/roman_curia/congregations/cfaith/documents/rc_con_cfaith_doc_200812 08_dignitas-personae_ge.html (zuletzt geprüft am 03.03.2017).

Kowalcek, Ingrid, Erleben von Schwangerschaft und Geburt nach Anwendung der assistierten Reproduktion, Zeitschrift für Geburtshilfe und Neonatologie 2011, 183.

Kraus, Helga, Fachausschuss Nr. 3731, StAZ 2005, 238.

Kreß, Hartmut, Ethik der Rechtsordnung – Staat, Grundrechte und Religionen im Licht der Rechtsethik, W. Kohlhammer, Stuttgart 2011.

– Samenspende und Leihmutterschaft – Problemstand, Rechtsunsicherheiten, Regelungsansätze, FPR 2013, 240.

– Uterustransplantation und In-vitro-Fertilisation mit nachfolgender Schwangerschaft, MedR 2016, 242.

Kropholler, Jan, Kritische Bestandsaufnahme im Nichtehelichenrecht, 185 AcP (1985) 244.

– Internationales Privatrecht, Mohr-Siebeck, Tübingen, 6. Auflage 2006.

Lagarde, Paul, Développements futurs du droit international privé dans une Europe en voie d'unification quelques conjectures, 68 RabelsZ (2004) 225.

– Die Leihmutterschaft: Probleme des Sach- und des Kollisionsrechts, ZEuP 2015, 233.

Lammers, Roman, Leihmutterschaft in Deutschland – Rechtfertigen die Menschenwürde und das Kindeswohl ein striktes Verbot?, Peter Lang GmbH, Frankfurt a. M. 2016.

Langer, Ulrike Bernadette, Untersuchungen zur frühen Mutter-Kind-Beziehung in Schwangerschaft, Geburt und Wochenbett unter besonderer Berücksichtigung der ersten Stunde nach der Geburt, Verl. Dr. Hut, München 2002.

Lauterbach, Wolfgang, Bedeutung der Abstammung für die Familien- und Verwandtschaftszugehörigkeit, in: Schwab, Dieter/Vaskovics, Laszlo A. (Hrsg.), Pluralisierung von Elternschaft und Kindschaft, Familienrecht, -soziologie und -psychologie im Dialog, Opladen, Farmington Hills, MI 2011, S. 191.

Lautmann, Rüdiger, Der Institutionalisierungsprozess gleichgeschlechtlicher Lebensgemeinschaften, in: Rupp, Marina (Hrsg.), Partnerschaft und Elternschaft bei gleichgeschlechtlichen Paaren, Verbreitung, Institutionalisierung und Alltagsgestaltung, Opladen u. a. 2011, S. 185.

Lederer, Nadine, Grenzenloser Kinderwunsch – Leihmutterschaft im nationalen, europäischen und globalen rechtlichen Spannungsfeld, Peter Lang GmbH, Frankfurt a. M. 2016.

Leenen, H. J. J./*Gevers,* J. K. M./*Legemaate,* J./*Dute,* J. C. J./*Groot,* G. R. J. de/*Gelpke,* M. E./*Jong,* E. J. C. de, Handboek gezondheidsrecht – Rechten van mensen in de gezondheidszorg, Boom Juridische Uitgevers, Den Haag, 6. druk 2014.

Lehmann, Michaela, Die In-vitro-Fertilisation und ihre Folgen – Eine verfassungsrechtliche Analyse (Univ., Diss.-Bonn, 2007), Peter Lang, Frankfurt am Main 2007.

Lembke, Ulrike, Was darf der Staat? Insbesondere zur Bedeutung des Grundgesetzes für das Abstammungsrecht, in: Röthel, Anne/Heiderhoff, Bettina (Hrsg.), Regelungsaufgabe Vaterstellung – Was kann, was darf, was will der Staat?, Frankfurt a. M. 2014, S. 37.

Lenze, Anne/*Funke,* Antje, Alleinerziehende unter Druck http://www.bertelsmann-stiftung.de/fileadmin/files/Projekte/Familie_und_Bildung/Studie_WB_Alleinerziehende_Aktualisierung_2016.pdf.

Leven, Ingo, Generations and Gender Survey durch tns-infratest im Auftrag des Bundesinstituts für Bevölkerungsforschung http://www.bib-demografie.de/SharedDocs/Publikationen/DE/Forschung/GGS/GGS_grundauszaehlung_w1_hauptbefragung.pdf?__blob=publicationFile&v=5 (zuletzt geprüft am 11.10.2017).

Lilley, Spencer C., Whakapapa: genealogical information seeking in an indigenous context, 51 Proceedings of the Association for Information Science and Technology (2015) 1.

Lindblad, Frank/*Gottlieb,* Claes/*Lalos,* Othon, To tell or not to tell – what parents think about telling their children that they were born following donor insemination, 21 Journal of Psychonomatic Obstetrics and Gynecology (2000) 193.

Lipp, Volker, Elternschaft, „sozial-familiäre Beziehung" und „Bindungsperson", in: Schwab, Dieter/Vaskovics, Laszlo A. (Hrsg.), Pluralisierung von Elternschaft und Kindschaft, Familienrecht, -soziologie und -psychologie im Dialog, Opladen, Farmington Hills, MI 2011, S. 119.

Lode, Silke, Unerfüllter Kinderwunsch, Süddeutsche Zeitung vom 22.12.2016, R2.

– Geboren unter dem Regenbogen, Süddeutsche Zeitung vom 3.5.2017, R2.

– Leben mit drei Eltern, Süddeutsche Zeitung vom 3.5.2017, R2.

– Leben mit Mama und Mami, Süddeutsche Zeitung vom 3.5.2017, R2.

Löhnig, Martin, Das Kind zwischen Herkunftsfamilie und neuer Familie eines Elternteils, in: Schwab, Dieter/Vaskovics, Laszlo A. (Hrsg.), Pluralisierung von Elternschaft und Kindschaft, Familienrecht, -soziologie und -psychologie im Dialog, Opladen, Farmington Hills, MI 2011, S. 157.

– Anfechtung der Vaterschaft durch den biologischen Vater, JA 2014, 69.

– Früher hatten Eltern viele Kinder – heute haben Kinder viele Eltern – Zum Wandel des Familienbildes unserer Rechtsordnung, Nomos, Baden-Baden 2015.

– Abstammungsrecht: Sozialer, rechtlicher Vater vs. leiblicher, nicht rechtlicher Vater?, NZFam 2017, 141.

– Die Leihmutterschaft in der aktuellen Rechtsprechung, NZFam 2017, 546.

– Ehe für alle – Abstammung für alle?, NZFam 2017, 643.

– Reform des Abstammungsrechts überfällig, ZRP 2017, 205.

– Das Gesetz zur Regelung des Rechts auf Kenntnis der Abstammung bei heterologer Verwendung von Samen – Regelungsgehalt und Kritik, StAZ 2017, 353.

– Kinder mit mehreren Vätern: Aktuelle Fragen des Adoptionsrechts, NZFam 2017, 879.

Löhnig, Martin/*Plettenberg,* Ina/*Runge-Rannow,* Maria-Viktoria, Anm. zu BVerfG – 1 BvR 3309/13, NZFam 2016, 400.

Löhnig, Martin/*Runge-Rannow,* Maria-Viktoria, Einwilligung = Zeugung? – Gleichstellung nichtehelicher Kinder bei heterologer künstlicher Befruchtung, NJW 2015, 3757.

– Zur Elternstellung des in eine heterologe Befruchtung einwilligenden Mannes de lege lata und de lege ferenda, FamRZ 2018, 10.

Lois, Daniel/*Kopp,* Johannes, Elterschaftskonstellationen bei Alleinerziehenden, in: Schwab, Dieter/Vaskovics, Laszlo A. (Hrsg.), Pluralisierung von Elternschaft und Kindschaft, Familienrecht, -soziologie und -psychologie im Dialog, Opladen/Farmington Hills, MI 2011, S. 59.

Lombard, Alexandre, La filiation pour les couples de même sexe sous l'angle du bien de l'enfant, FamPra.ch 2017, 725.

Loo, Oswald van de, Zur Wirksamkeit von Vaterschaftsanerkennung und Sorgeerklärung vor Zeugung des Kindes, insbesondere bei heterologer Insemination, FF 2016, 62.

Looschelders, Dirk, Alternative und sukzessive Anwendung mehrerer Rechtsordnungen nach dem neuen internationalen Kindschaftsrecht, IPRax 1999, 420.

Lorenz, Moritz, USA – California, in: Internationales Ehe- und Kindschaftsrecht.

Lovelock, Kirsten, Conceiving Reproduction: New Reproductive Technologies and the Redefinition of the Kinship Narrative in New Zealand Society, 21 Anthropological Forum (2010) 125.

Lowe, N. V./*Douglas,* Gillian, Bromley's family law, Oxford University Press, Oxford/New York, 11th ed 2015.

Luh, Carla Katharina, Die Prinzipien des Abstammungsrechts – Reformvorschlag im Lichte der höchstrichterlichen Rechtsprechung zu Vaterschaftstests, Kovač, Hamburg 2008.

Luhmann, Niklas, Grundrechte als Institution, Duncker & Humblot, Berlin 1965.

– Soziale Systeme, Suhrkamp Verlag, Frankfurt a. M. 1984.

– Das Recht der Gesellschaft, Suhrkamp Verlag, Frankfurt a. M. 1995.

– Rechtssoziologie, VS Verlag für Sozialwissenschaften, Wiesbaden, 4. Auflage 2008.

Lurger, Brigitta, Das österreichische IPR bei Leihmutterschaft im Ausland – das Kindeswohl zwischen Anerkennung, europäischen Grundrechten und inländischem Leihmutterschaftsverbot, IPRax 2013, 282.

Lurger, Brigitta/*Schwimann,* Michael, Österreich, in: Internationales Ehe- und Kindschaftsrecht.

MacCullum, Fiona/*Lycett,* Emma/*Murray,* C./*Jadva,* Vasanti/*Golombok,* Susan, Surrogacy: The experience of commissioning couples, 18 Human Reproduction (2003) 1334.

Madigan, Sheri/*Hawkins,* Erinn/*Plamondon,* Andre/*Moran,* Greg/*Benott,* Diane, Maternal Representations and Infant Attachment: An Examination of the Prototype Hypothesis, 36 Infant Mental Health Journal (2015) 459.

Maier, Maja, Gleich und/oder doch verschieden? Narrative Paaridentität als Fokus einer vergleichenden Studie zu homo- und heterosexuellen Paarbeziehungen, in: Rupp, Marina (Hrsg.), Partnerschaft und Elternschaft bei gleichgeschlechtlichen Paaren, Verbreitung, Institutionalisierung und Alltagsgestaltung, Opladen u. a. 2011, S. 167.

Maine, Henry Sumner, Ancient Law – Its Connection with the Early History of Society, and its Relation to Modern Ideas, Cambridge University Press, Cambridge 1861.

Maio, Giovanni, Wenn die Technik die Vorstellung bestellbarer Kinder weckt, in: Maio, Giovanni/Eichinger, Tobias/Bozzaro, Claudia (Hrsg.), Kinderwunsch und Reproduktionsmedizin, Ethische Herausforderungen der technisierten Fortpflanzung, Freiburg im Breisgau 2013, S. 11.

Makalowski, Wojciech, Genomic scrap yard: how genomes utilize all that junk, 259 Gene (2000) 61.

Mankowski, Peter, Primärrechtliche Anerkennungspflicht im Internationalen Familienrecht?, in: Hilbig-Lugani, Katharina/Jakob, Dominique/Mäsch, Gerald u. a. (Hrsg.), Zwischenbilanz, Festschrift für Dagmar Coester-Waltjen, Bielefeld 2015, S. 571.

Märker, Klaus, Drittes Geschlecht? – Quo vadis Bundesverfassungsgericht?, NZFam 2018, 1.

Markschies, Christoph, Einleitung zum theologischen Symposium über die Orientierungshilfe des Rates der EKD in Deutschland „Zwischen Autonomie und Angewiesenheit. Familie als verlässliche Gemeinschaft stärken" http://www.ekd.de/down load/20130928_markschies_symposium.pdf (zuletzt geprüft am 02.03.2017).

Marlier, Luc/*Schaal,* Benoist/*Soussignan,* Robert, Neonatal Responsiveness to the Odor of Amniotic and Lacteal Fluids, 69 Child Development (1998) 611.

Massie, Ann MacLean, Regulating Choice: A Constitutional Law Response to Professor John A. Robertson's Children of Choice, in: Steinbock, Bonnie (Hrsg.), Legal and ethical issues in human reproduction, Aldershot, Hants, England, Burlington, VT 2002, S. 135.

Masson, Judith/*Bailey-Harris,* Rebecca/*Probert,* Rebecca, Cretney's Principles of Family Law, Sweet & Maxwell, 8th ed. 2008.

Maunz, Theodor/*Dürig,* Günter/*Herzog,* Roman (Hrsg.), Grundgesetz, Kommentar, C. H. Beck, Loseblatt, München 2017.

Maurer, Hartmut, Staatsrecht I – Grundlagen, Verfassungsorgane, Staatsfunktionen, C. H. Beck, München, 6., überarb. und erg. Aufl. 2010.

Mayer, Claudia, Ordre public und Anerkennung der rechtlichen Elternschaft in internationalen Leihmutterschaftsfällen, 78 RabelsZ (2014) 551.

Sachwidrige Differenzierungen in internationalen Leihmutterschaftsfällen, IPRax 2014, 57.

– Vaterschaftsfeststellung für Embryonen: Qualifikation, Kollisionsrecht, Sachrecht, IPRax 2016, 432.

Mayer, Nenja, Auskunftsansprüche betreffend die Identität des biologischen Vaters, Kovac, Hamburg 2014.

McMahon, Catherine/*Camberis,* Anna-Lisa/*Berry,* Sinead/*Gibson,* Frances, Maternal Mind-Mindedness: Relations with Maternal-Fetal Attachment and Stability in the First Two Years of Life: Findings From an Australian Prospective Study, 37 Infant Mental Health Journal (2016) 17.

Mehler, Jaques/*Jusczyk,* Peter/*Lambertz,* Ghislaine/*Halsted,* Nilofar/*Bertoncini,* Josiane/*Amiel-Tison,* Claudine, A Precursor of Language Acquisition in Young Infants, 29 Cognition (1988) 143.

Meier, Patrick, Der Auskunftsanspruch des durch Samenspende gezeugten Kindes gegen die behandelnden Ärzte, NZFam 2016, 692.

Mendel, Gregor, Versuche über Pflanzenhybriden – Zwei Abhandlungen (1866 und 1870), Akademische Verlagsgesellschaft, Leipzig, 4. Aufl. 1923.

Mennella, Judy/*Jagnow,* Coren/*Beauchamp,* Gary, Prenatal and Postnatal Flavor Learning by Human Infants, 107 Pediatrics (2001) e88.

Mennella, Judy/*Johnson,* Anthony/*Baeuchamp,* Gary, Garlic Ingestion by Pregnant Women Alters the Odor of Amniotic Fluid, 20 Chemical Senses (1995) 207.

Meyer, Stephan, Gleichgeschlechtliche Ehe unabhängig vom Ehebegriff des Art. 6 I GG verfassungsmäßig, FamRZ 2017, 1281.

Meyer-Ladewig, Jens/*Nettesheim,* Martin/*Raumer,* Stefan von (Hrsg.), Europäische Menschenrechtskonvention, Kommentar, 4. Aufl., Baden-Baden 2017.

Meyer-Spendler, Regine, Leihmutterschaft – Die persönliche Perspektive, in: Weller, Marc-Philippe/Ditzen, Beate (Hrsg.), Leihmutterschaft – Aktuelle Entwicklungen und interdisziplinäre Herausforderungen, Heidelberg 2018 (im Erscheinen), S. 24.

Monéger, Françoise, France: Biological and Social Parentage, in: Boele-Woelki, Katharina/Dethloff, Nina/Gephart, Werner (Hrsg.), Family Law and Culture in Europe, Developments, Challenges and Opportunities, Cambridge 2014, S. 175.

Montada, Leo/*Schneider,* Wolfgang/*Lindenberger,* Ulman, 1. Fragen, Konzepte, Perspektiven, in: Schneider, Wolfgang/Lindenberger, Ulman (Hrsg.), Entwicklungspsychologie [mit Online-Materialien; Nachfolger von Oerter & Montada], 7. Aufl., Weinheim 2012, S. 27.

Moon, Christine/*Cooper,* Robin/*Fifer,* William, Two-Day-Olds Perfer Their Native Language, 16 Infant Behavior and Development (1993) 495.

Müller-Freienfels, Wolfram v., Zur Diskussion um die systematische Einordnung des Familienrechts – Teil I, 37 RabelsZ (1973) 609.

– Zur Diskussion um die systematische Einordnung des Familienrechts – Teil II, 38 RabelsZ (1974) 533.

Müller-Götzmann, Christian, Artifizielle Reproduktion und gleichgeschlechtliche Elternschaft – Eine arztrechtliche Untersuchung zur Zulässigkeit fortpflanzungsmedizinischer Maßnahmen bei gleichgeschlechtlichen Partnerschaften (zugl.: Mannheim, Univ., Diss., 2008–2009), Springer Verlag, Berlin/Dordrecht/Heidelberg/London/New York 2009.

Münch, Ingo von/*Kunig,* Philip (Hrsg.), Grundgesetz-Kommentar. 6. Aufl., C. H. Beck, München 2012.

Murray, C./*Golombok,* Susan, To tell or not to tell: The decision-making process of egg-donation parents, 6 Human Fertility (2003) 89.

Muscheler, Karlheinz, Die Zukunft des heimlichen Vaterschaftstests, FPR 2007, 389.

– Die Klärung der Vaterschaft, FPR 2008, 257.

– Familienrecht, Verlag Franz Vahlen, München, 4. Auflage 2017.

Mutcherson, Kimberly, Blood and Water in a Post-Coital World, 49 Family Law Quarterly (2015) 117.

Mutschler, Dietrich, Emanzipation und Verantwortung, FamRZ 1994, 65.

– Anmerkung zu OLG Hamm DAVorm 1996, 271, DAVorm 1996, 277.

– Interessenausgleich im Abstammungsrecht – Teilaspakte der Kindschaftsrechtsreform, FamRZ 1996, 1381.

Nave-Herz, R., Familie im Wandel? – Elternschaft im Wandel?, in: Böllert, Karin/Peter, Corinna (Hrsg.), Mutter + Vater = Eltern?, Sozialer Wandel, Elternrollen und Soziale Arbeit, Wiesbaden 2012, S. 33.

Nejaime, Douglas, The Nature of Parenthood, 126 Yale LJ (2017) 2263.

Neubauer, Reinhard, Anmerkung, NJ 2014, 155.

Neuner, Jörg, Das Bundesverfassungsgericht als oberstes Familiengericht?, FamRZ 2017, 1805.

Niederhofer, H., Langzeitauswirkungen der pränatalen Mutter-Kind-Bindung, Zeitschrift für Geburtshilfe und Neonatologie 2007, 82.

Nieuwenhuis, J. H., Promises, promises – Over contracten en andere afspraken, NJb 2001, 1795.

Nikolina, Natalie, Divided parents, shared children – Legal aspects of (residential) co-parenting in England, the Netherlands and Belgium, Intersentia, Cambridge/Antwerpen/Portland Oregon 2015.

Nordmeier, Carl Friedrich, Unionsbürgerschaft, EMRK und ein Anerkennungsprinzip: Folgen der namensrechtlichen EUGH-Rechtsprechung für Statusentscheidungen, StAZ 2011, 129.

Nordqvist, Petra, The Drive for Openness in Donor Conception: Disclosure and the Trouble with Real Life, 28 International Journal of Law Policy and Family (2014) 321.

O'Connor, Thomas/*Heron,* Jonathon/*Golding,* Jean/*Beveridge,* Michael/*Glover,* Vivette, Maternal antenatal anxiety and children's behavioural/emotional problems at 4 years, 180 British Journal of Psychology (2002) 502.

Office for National Statistics, Statistical Bulletin: Families and Households 2015, 2015.

Offord, Jane/*Mays,* Angela/*Heath,* Julie, My Story, Infertility Research Trust, Sheffield, Rev. ed. 2001.

Oliveira, Guilherme de, Changes in Portuguese Family Law 2015–2016, FamRZ 2016, 1550.

Ostermann, Stephanie, Das Klärungsverfahren gemäß § 1598a BGB, Duncker & Humblot, Berlin 2009.

Osthold, Fritz Rolf, Die Einwilligung des nur leiblichen aber nicht rechtlichen Vaters in die Adoption im Falle einer Samenspende, FF 2016, 53.

– Die rechtliche Behandlung von Elternkonflikten, Nomos-Verl.-Ges., Baden-Baden 2016.

Ostner, Ilona/*Schumann,* Eva, Steuerung der Familie durch Recht?, in: Schwab, Dieter/ Vaskovics, Laszlo A. (Hrsg.), Pluralisierung von Elternschaft und Kindschaft, Familienrecht, -soziologie und -psychologie im Dialog, Opladen/Farmington Hills, MI 2011, S. 289.

Palandt, Bürgerliches Gesetzbuch, Mit Nebengesetzen, insbesondere mit Einführungsgesetz (Auszug) einschliesslich Rom I-, Rom II- und Rom III-Verordnungen sowie Haager Unterhaltsprotokoll und EU-Erbrechtsverordnung, Allgemeines Gleichbehandlungsgesetz (Auszug), Wohn- und Betreuungsvertragsgesetz, BGB-Informationspflichten-Verordnung, Unterlassungsklagengesetz, Produkthaftungsgesetz, Erbbaurechtsgesetz, Wohnungseigentumsgesetz, Versorgungsausgleichsgesetz, Lebenspartnerschaftsgesetz, Gewaltschutzgesetz, 76. Aufl., C. H. Beck, München 2017.

Papst Franziskus, Nachsynodales apostolisches Schreiben „Amoris Laetitia" – Über die Liebe in der Familie http://w2.vatican.va/content/dam/francesco/pdf/apost_exhor tations/documents/papa-francesco_esortazione-ap_20160319_amoris-laetitia_ge.pdf (zuletzt geprüft am 03.03.2017).

Pasternak, Jack J., An Introduction to Human Molecular Genetics – Mechanisms of Inherited Diseases, John Wiley & Sons, Inc., Hoboken/New Jersey, 2nd ed. 2005.

Patterson, Charlotte/*Tornello,* Samantha, Gay fathers' pathways to parenthood: International perspectives, in: Rupp, Marina (Hrsg.), Partnerschaft und Elternschaft bei gleichgeschlechtlichen Paaren, Verbreitung, Institutionalisierung und Alltagsgestaltung, Opladen u. a. 2011, S. 103.

Patzel-Mattern, Katja, Eine Form körperlicher Erwerbsarbeit, Herder Korrespondenz 2017, 48.

– Wert und Bewertung des Verleihens. Ein historischer Vergleich als Beitrag zur aktuellen Diskussion um Leihmutterschaft, in: Weller, Marc-Philippe/Ditzen, Beate (Hrsg.), Leihmutterschaft – Aktuelle Entwicklungen und interdisziplinäre Herausforderungen, Heidelberg 2018 (im Erscheinen), S. 9.

Pätzold, Juliane, Die gemeinschaftliche Adoption Minderjähriger durch gleichgeschlechtliche Lebenspartner, FPR 2005, 269.

Pauli, Edda E., Der sogenannte biologische Vater – Ein Vergleich der deutschen und französischen Rechtsentwicklung, Mohr Siebeck, Tübingen 2016.

– Der unsichtbare Dritte, NZFam 2016, 57.

Pellegrin, Pierre, Hausverwaltung und Sklaverei (I 3–13), in: Höffe, Otfried (Hrsg.), Aristoteles – Politik, 2. Aufl., Berlin 2011, S. 29.

Pennings, Guido/*Klitzman,* Robert/*Zegers-Hochschild,* Fernando, International regulation and cross-country comparisons, in: Golombok, Susan/Scott, Rosamund/Appleby, John B. u. a. (Hrsg.), Regulating reproductive donation, Cambridge 2016, S. 39.

Peschel-Gutzeit, Lore Maria, Das Kinderrechteverbesserungsgesetz – KindRVerbG – vom 9.4.2002, FPR 2002, 285.

– Der doppelte Vater – Kritische Überlegungen zum Gesetz zur Stärkung der Rechte des leiblichen, nicht rechtlichen Vaters, NJW 2013, 2465.

Peuckert, Rüdiger, Familienformen im sozialen Wandel, Springer Fachmedien Wiesbaden GmbH; VS Verlag für Sozialwissenschaften, Wiesbaden, 8. Auflage 2012.

Pfordten, Dietmar von der, Rechtsethik, C. H. Beck, München, 2., überarb. Aufl. 2011.

Pieroth, Bodo/*Schlink,* Bernhard/*Kingreen,* Thorsten/*Poscher,* Ralf, Grundrechte – Staatsrecht II, C. F. Müller, Heidelberg, 31., neu bearb. Aufl. 2015.

Pintens, Walter, Menschenrechtskonvention und Privatrecht – Auswirkungen in Belgien, 63 RabelsZ (1999) 696.

– Entwicklungen im belgischen Familienrecht im Jahr 2015, FamRZ 2014, 1504.

– Künstliche Fortpflanzung im belgischen und französischen Recht, in: Dutta, Anatol/ Schwab, Dieter/Henrich, Dieter u. a. (Hrsg.), Künstliche Fortpflanzung und Europäisches Familienrecht, Bielefeld 2015, S. 105.

– Familienrecht und Rechtsvergleichung in der Rechtsprechung des Europäischen Gerichtshofs für Menschenrechte, FamRZ 2016, 341.

Plettenberg, Ina, Vater, Vater, Mutter, Kind – Ein Plädoyer für die rechtliche Mehrvaterschaft, Mohr Siebeck, Tübingen 2016.

– Gesetzliches Erbrecht auch ohne Vaterschaftsfeststellung?, NZFam 2017, 889.

Podbregar, Nadja/*Lohmann,* Dieter/*Schlager,* Edda, Im Fokus: Genetik – Dem Bauplan des Lebens auf der Spur, Springer Spektrum, Berlin 2013.

Pollitt, Ernesto/*Golub,* Mari/*Gorman,* Kathleen/*Grantham-McGregor,* Sally/*Levitsky,* David, A Reconceptualization of the Effects of Undernutrition on Children's Biological, Psychosocial, and Behavioral Development, 10 Social Policy Report (1996) 1.

Powell, Rhonda, International surrogacy and parenthood in New Zealand: crossing geographical, legal and biological boorders, 29 Child and Family Law Quarterly (2017) 149.

Probert, Rebecca/*Harding,* Maebh, Cretney and Probert's Family Law, Sweet & Maxwell, London, 9th ed. 2015.

Quantius, Markus, Die Elternschaftsanfechtung durch das künstlich gezeugte Kind, FamRZ 1998, 1145.

Raiser, Thomas, Grundlagen der Rechtssoziologie, Mohr Siebeck, Tübingen, 6. Aufl. 2013.

Ramm, Thilo, Kindschaftsreform?, JZ 1996, 987.

Rat der Evangelischen Kirche in Deutschland (EKD), Zwischen Autonomie und Angewiesenheit – Familie als verlässliche Gemeinschaft stärken; eine Orientierungshilfe des Rates der Evangelischen Kirche in Deutschland (EKD), Gütersloher Verlagshaus, Gütersloh 2013.

Rauscher, Thomas, Familienrecht, C. F. Müller, Heidelberg, 2. Aufl. 2008.

– Anmerkung zu einer Entscheidung des BVerfG, Beschluss vom 24.02.2015 (1 BvR 472/14) – Zur Geltendmachung von Unterhaltsregressansprüchen durch Scheinväter, JZ 2015, 624.

– Anerkennung zweier Väter kraft kalifornischer Leihmuttervereinbarung, JR 2016, 97.

– Internationales Privatrecht – Mit internationalem Verfahrensrecht, C. F. Müller, Heidelberg, 5., neu bearbeitete Auflage 2017.

– (Hrsg.), Münchener Kommentar zum FamFG. 2. Aufl., C. H. Beck, München 2013.

Readings, Jennifer/*Blake,* Lucy/*Casey,* Polly/*Jadva,* Vasanti/*Golombok,* Susan, Secrecy, disclorue and everything in-between: decisions of parents of children conceived by donor insemination, egg donation and surrogacy, 22 Reproductive BioMedicine Online (2011) 485.

Rehbinder, Manfred, Rechtssoziologie, C. H. Beck, München, 7. Aufl. 2009.

– Rechtssoziologie – Ein Studienbuch, Beck, München, 8. Aufl. 2014.

Reichelt, Andreas, Anwendung der DNA-Analyse (genetischer Fingerabdruck) im Vaterschaftsfeststellungsverfahren, FamRZ 1991, 1265.

Reichenbach, Sandy Bernd, Zivilrechtliche Verwertbarkeit rechtswidrig erlangter Informationen am Beispiel heimlicher Vaterschaftstests, 206 AcP (2006) 598.

Reimer, Philipp/*Jestaedt,* Matthias, Anmerkung zu BVerfG, Urt. v. 19.2.2013 – 1 BvR 3247/09 und 1 BvL 1/11 (Sukzessivadoption), JZ 2013, 468.

Reinemann, Bernd, Praktische Fälle: „Schwierige Rechtsfälle im Jugendamt", FfJ 2005, 151.

Reinhardt, Klaus, Risiken der Mitochondrien-Ersatztherapie in der Reproduktionsmedizin, Geburtshilfe Frauenheilkunde 2015, 428.

Remus, Juana/*Liebscher,* Doris, Wohnst du noch bei oder sorgst du schon mit? – Das Recht des Samenspenders zur Anfechtung der Vaterschaft, NJW 2013, 2558.

Reuß, Philipp, Anmerkung zu BGH, Beschl. v. 18.2.2015 – XII ZB 473/13, NJW 2015, 1820, FamRZ 2015, 831.

– Anmerkung zur Entscheidung des BVerfG vom 24.02.2015 (1 BvR 472/14) – Zur Frage, ob der Scheinvater einen Anspruch gegen die Mutter auf Auskunft über den leiblichen Vater hat, NJW 2015, 1509.

– Gestaltung des europäischen abstammungsrechtlichen Kaleidoskops – Einige Überlegungen zur Anerkennung der niederländischen Duo-Mutterschaft in Deutschland, in: Hilbig-Lugani, Katharina/Jakob, Dominique/Mäsch, Gerald u. a. (Hrsg.), Zwischenbilanz, Festschrift für Dagmar Coester-Waltjen, Bielefeld 2015, S. 681.

– Künstliche Fortpflanzung im niederländischen Recht, in: Dutta, Anatol/Schwab, Dieter/Henrich, Dieter u. a. (Hrsg.), Künstliche Fortpflanzung und Europäisches Familienrecht, Bielefeld 2015, S. 127.

– Möglichkeiten gemeinsamer rechtlicher Elternschaft von zwei Frauen in Deutschland, England, Frankreich und den Niederlanden, FamPra.ch 2015, 858.

– Neue Wege zur Mutterschaft – Die neue Duo-Mutterschaft nach niederländischem Recht, StAZ 2015, 139.

– Muss das Kind einen Vater haben? – Einige Überlegungen zur Elternschaft alleinstehender Frauen durch medizinisch-assistierte Reproduktion, StAZ 2016, 353.

Richter, Gerhard, Soll die gesetzliche Amtspflegschaft abgeschafft werden?, FamRZ 1994, 5.

Rieck, J. (Hrsg.), Ausländisches Familienrecht, C. H. Beck, München 2017, Loseblatt.

Rittner, Christian, Whole genome sequencing – ein neues Verfahren zur Feststellung der Vaterschaft?, FPR 2011, 372.

Rittner, Christian/*Rittner,* Natascha, Rechtsdogma und Rechtswirklichkeit am Beispiel so genannter heimlicher Vaterschaftstests, NJW 2005, 945.

Roberts, Mere/*Haami,* Brad/*Benton,* Richard/*Satterfield,* Terre/*Finucane,* Melissa L./ *Henare,* Mark/*Henare,* Manuka, Whakapapa as a Maori Mental Construct: Some

Implications for the Debate over Genetic Modification of Organisms, 16 The Contemporary Pacific (2004) 1.

Rose, Alessandra de/*Marquette,* Catherine, Same-sex families in Italy, compared to Spain, in: Rupp, Marina (Hrsg.), Partnerschaft und Elternschaft bei gleichgeschlechtlichen Paaren, Verbreitung, Institutionalisierung und Alltagsgestaltung, Opladen u. a. 2011, S. 54.

Rost, Christian, Strafbarer Kinderwunsch, Süddeutsche Zeitung vom 22.9.2017, R15.

Roth, Andreas, Die Zustimmung eines Mannes zur heterologen Insemination bei seiner Ehefrau, FamRZ 1996, 769.

– Das Kinderrechteverbesserungsgesetz, JZ 2002, 651.

– Der Ausschluss der Vaterschaftsanfechtung nach Einwilligung in die heterologe Insemination (§ 1600 Abs. 2 BGB), DNotZ 2003, 805.

Roth, Wolfgang, Vaterschaftsanfechtung durch den biologischen Vater, NJW 2003, 3153.

Rothärmel, Sonja, Rechtsfragen der medizinischen Intervention bei Intersexualität, MedR 2006, 274.

Röthel, Anne, Lebensformen – Status – Personenstand: rechtsvergleichend und rechtspolitisch betrachtet, StAZ 2006, 34.

– Was kann der Staat? Der Statusgedanke im Abstammungsrecht, in: Röthel, Anne/Heiderhoff, Bettina (Hrsg.), Regelungsaufgabe Vaterstellung – Was kann, was darf, was will der Staat?, Frankfurt a. M. 2014, S. 89.

Runge-Rannow, Maria-Viktoria, Kenntnis der eigenen Abstammung bei heterologer Insemination, ZRP 2017, 43.

Rupp, Marina (Hrsg.), Partnerschaft und Elternschaft bei gleichgeschlechtlichen Paaren – Verbreitung, Institutionalisierung und Alltagsgestaltung, Opladen u. a. 2011.

– *Staatsinstitut für Familienforschung an der Universität Bamberg (ifb),* Die Lebenssituation von Kindern in gleichgeschlechtlichen Lebenspartnerschaften, Bundesanzeiger Verlagsges.mbH, Köln 2009.

Säcker, Franz Jürgen/*Rixecker,* Roland/*Oetker,* Hartmut/*Limperg,* Bettina (Hrsg.), Münchener Kommentar zum Bürgerlichen Gesetzbuch. 7. Aufl., C. H. Beck, München 2017.

Sanders, Anne, Mehrelternschaft, 2017 (im Erscheinen).

– Vater werden wird nun schwer: Das neue „Verbot zur missbräuchlichen Anerkennung der Vaterschaft", FamRZ 2017, 1189.

– Was ist eine Familie? – der EGMR und die Mehrelternschaft, NJW 2017, 925.

Savigny, Friedrich Karl von, System des heutigen römischen Rechts, Veit, Berlin 1840.

Scheid, Bernhard, Religion-in-Japan: Ein Web-Handbuch http://www.univie.ac.at/rel_jap/an/Alltag/Ahnenkult (zuletzt geprüft am 20.01.2017).

Scheiwe, Kirsten, Babyklappe und anonyme Geburt – wohin mit Mütterrechten, Väterrechten, Kinderrechten?, ZRP 2001, 368.

- Mehr als nur zwei Sorgeberechtigte?, RdJB 2016, 227.

Scheiwe, Kirsten/*Schuler-Harms,* Margarete/*Walper,* Sabine/*Fegert,* Jörg M., BMFSFJ-Gutachten: Pflegefamilien als soziale Familien, ihre rechtliche Anerkennung und aktuelle Herausforderungen,, Berlin 2016.

Schelsky, Helmut, Wandlungen der deutschen Familie in der Gegenwart, Ardey Verlag GmbH, Dortmund 1953.

- Die Soziologen und das Recht – Abhandlungen und Vorträge zur Soziologie von Recht, Institution und Planung, Westdeutscher Verlag GmbH, Opladen 1980.

Scherpe, Jens, Künstliche Fortpflanzung im Recht von England und Wales, in: Dutta, Anatol/Schwab, Dieter/Henrich, Dieter u. a. (Hrsg.), Künstliche Fortpflanzung und Europäisches Familienrecht, Bielefeld 2015, S. 295.

Scherpe, Julia Caroline, Bist Du mein Vater? Zum Recht des Kindes auf Klärung der Abstammung gegenüber dem (vermeintlichen) biologischen Vater, FamRZ 2016, 1824.

Schlosser, Peter, Anmerkung zu BGH JZ 1999, 41, JZ 1999, 43.

Schmid, Marc/*Fegert,* Jörg M., Fremdplatzierte Kinder in Pflegefamilien und stationärer Jugendhilfe, in: Fegert, Jörg M./Eggers, Christian/Resch, Franz (Hrsg.), Psychiatrie und Psychotherapie des Kindes- und Jugendalters, Dordrecht 2012, S. 63.

Schmidt, Christopher, „Ehe für alle" – Ende der Diskriminierung oder Verfassungsbruch, NJW 2017, 2225.

- Recht des Kindes auf Kenntnis des leiblichen Vaters, NZFam 2017, 881.

Schneider, H., Ernährung in der Schwangerschaft, 241 Archives of Gynecology and Obstetrics (1987) Supplement 1, S58.

Schneider, Nikolaus, Begrüßung zum Theologischen Symposium des Rates der EKD zur Orientierungshilfe „Zwischen Autonomie und Angewiesenheit – Familie als verlässliche Gemeinschaft stärken" http://www.ekd.de/download/20130928_schnei der_einfuehrung_symposium.pdf (zuletzt geprüft am 02.03.2017).

Schneider, Norbert F., Alleinerziehen – Vielfalt und Dynamik einer Lebensform, Juventa-Verl., Weinheim 2001.

Schneider, Norbert F./*Diabaté,* Sabine/*Lück,* Detlef, Studie der Konrad Adenauer Stiftung: Familienleitbilder in Deutschland, St. Augustin 2014.

Schneider, Sebastian, Die rechtsfolgenlose Klärung der biologischen Abstammung gemäß § 1598a BGB – Unter besonderer Berücksichtigung der Exklusion des Vaterschaftsprätendenten (zugl.: Hamburg, Bucerius Law School, Diss., 2013), Kovac, Hamburg 2014.

Schneider, Wolfgang/*Lindenberger,* Ulman, Entwicklungspsychologie, Beltz Verlag, Weinheim, 7., vollst. überarb. Aufl. 2012.

Schomburg, Gerhard, Das Gesetz zur Verbesserung von Kinderrechten, Kind-Prax 2002, 75.

Schrader, Christian, Ansprüche des Scheinvaters nach erfolgreichem Regress des Sozialleistungsträgers, (Dissertation), Kovac, Hamburg 2015.

Schrama/Vlaardingerbroek, P., Art. 1:198 BW, in: Wortmann, S. F. M. (Hrsg.), Groene Serie, Personen- en familierecht, Loseblatt, Kluwer, Deventer 2014.

Schröder, Sandra, Wer hat das Recht zur rechtlichen Vaterschaft?, Peter Lang, Frankfurt a. M. 2015.

Schuler-Harms, Margarete, Das elterliche Erziehungsrecht aus Art. 6 Abs. 1 Satz 2 GG als Maßstab und Grenze gesetzlicher Ausgestaltung von Elternstatus und elterlicher Sorge, RdJB 2016, 157.

Schumann, Eva, Elternschaft nach Keimzellenspende und Embryoadoption, MedR 2014, 736.

– Abstammungsrechtliche Folgefragen der Kinderwunschbehandlung – eine Einführung, in: Coester-Waltjen, Dagmar/Lipp, Volker/Schumann, Eva u. a. (Hrsg.), „Kinderwunschmedizin" – Reformbedarf im Abstammungsrecht?, Göttingen 2015, S. 7.

Schwab, Dieter, Die Begriffe der genetischen, biologischen, rechtlichen und sozialen Elternschaft (Kindschaft) im Spiegel der rechtlichen Terminologie, in: Schwab, Dieter/Vaskovics, Laszlo A. (Hrsg.), Pluralisierung von Elternschaft und Kindschaft, Familienrecht, -soziologie und -psychologie im Dialog, Opladen/Farmington Hills, MI 2011, S. 41.

– Familienrecht, C. H. Beck, München, 24. Aufl. 2016.

– Eheschließung für Personen gleichen Geschlechts – Informationen und Fragen, FamRZ 2017, 1284.

Schwedler, Anna, Die vertrauliche Geburt – Ein Meilenstein für Schwangere in Not?, NZFam 2014, 193.

Schwenzer, Ingeborg, Ehelichkeitsvermutung und Ehelichkeitsanfechtung, FamRZ 1985, 1.

– Deutscher Juristentag, Gutachten A für den 59. Deutschen Juristentag – Empfiehlt es sich, das Kindschaftsrecht neu zu regeln?, C. H. Beck'sche Verlagsbuchhandlung (Oscar Beck), München, [Einzelausg.] 1992.

– Zehnte Ernst Rabel Vorlesung: Grundlinien eines modernen Familienrechts aus rechtsvergleichender Sicht, 71 RabelsZ (2007) 706.

– Ein Familienrecht für das 21. Jahrhundert, in: Deutscher Familiengerichtstag e. V. (Hrsg.), Siebzehnter Deutscher Familiengerichtstag vom 12. bis 15. September 2007 in Brühl, Ansprachen und Referate; Berichte und Ergebnisse der Arbeitskreise [Brühler Schriften zum Familienrecht, Band 15], Bielefeld 2008, S. 27.

Schwenzer, Ingeborg H., Vom Status zur Realbeziehung – Familienrecht im Wandel (zugl.: Freiburg (Breisgau), Univ., Habil.-Schr., 1986–1987), Nomos Verl.-Ges., Baden-Baden 1987.

Schwonberg, Alexander, Probleme bei der Vaterschaftsfeststellung, FuR 2014, 634.

– Verfassungswidrigkeit der Regelungen zur behördlichen Vaterschaftsanfechtung, FamRB 2014, 95.

– Das Verbot missbräuchlicher Vaterschaftsanerkennungen, StAZ 2018, 5.

Seelmann, Kurt/*Demko,* Daniela, Rechtsphilosophie, C. H. Beck; Beck, München, 6. Aufl. 2014.

Seibl, Maximilian, Die Familie als soziales Sicherungssystem: Neues zur Verwirklichung des Aszendentenunterhalts bei Kontaktverweigerung des Bedürftigen, NJW 2014, 1151.

Seidel, Klaus, Was gilt, wenn der rechtliche Vater nicht der biologische Vater ist?, FPR 2005, 181.

Seidl, Helmut, Anfechtung bei der homologen und der heterologen Insemination, FPR 2002, 402.

Sheils, Dean, Toward A Univfied Theory of Ancestor Worship – A Cross-Cultural Study, 54 Social Forces (1975) 427.

Sieberichs, Wolf, Das unbestimmte Geschlecht, FamRZ 2013, 1180.

– Gleichgeschlechtliche Elternschaft im deutschen IPR und Personenstandsrecht am Beispiel der belgischen Mitmutterschaft, StAZ 2015, 1.

Siegler, Robert/*Eisenberg,* Nancy/*DeLoache,* Judy/*Saffran,* Jenny, Bindung und die Entwicklung des Selbst, in: Siegler, Robert/Eisenberg, Nancy/DeLoache, Judy u. a. (Hrsg.), Entwicklungspsychologie im Kindes- und Jugendalter, 4. Aufl., Berlin/Heidelberg 2016, S. 399.

– Biologie und Verhalten, in: Siegler, Robert/Eisenberg, Nancy/DeLoache, Judy u. a. (Hrsg.), Entwicklungspsychologie im Kindes- und Jugendalter, 4. Aufl., Berlin/Heidelberg 2016, S. 77.

– Die Familie, in: Siegler, Robert/Eisenberg, Nancy/DeLoache, Judy u. a. (Hrsg.), Entwicklungspsychologie im Kindes- und Jugendalter, 4. Aufl., Berlin/Heidelberg 2016, S. 439.

– Pränatale Entwicklung, Geburt und das Neugeborene, in: Siegler, Robert/Eisenberg, Nancy/DeLoache, Judy u. a. (Hrsg.), Entwicklungspsychologie im Kindes- und Jugendalter, 4. Aufl., Berlin/Heidelberg 2016, S. 38.

Siehr, Kurt, Privatrechtliche Probleme der Leihmutterschaft: Deutschland, Österreich, Schweiz, in: Boele-Woelki, Katharina/Oderkerk, Marieke (Hrsg.), (On)geoorloofd heid van het draagmoederschap in rechtsvergelijkend perspectief, Antwerpen 1999, S. 69.

– Das internationale Abstammungsrecht im EGBGB, StAZ 2015, 258.

– Zur Reform des deutschen Internationalen Abstammungsrechts (Art. 19 und 20 EGBGB), in: Hilbig-Lugani, Katharina/Jakob, Dominique/Mäsch, Gerald u. a. (Hrsg.), Zwischenbilanz, Festschrift für Dagmar Coester-Waltjen, Bielefeld 2015, S. 769.

Singer, Anna, The Right of the Child to Parents, in: Boele-Woelki, Katharina/Dethloff, Nina/Gephart, Werner (Hrsg.), Family Law and Culture in Europe, Developments, Challenges and Opportunities, Cambridge 2014, S. 137.

Sitter, Sophie Catherine, Grenzüberschreitende Leihmutterschaft – Eine Untersuchung des materiellen und internationalen Abstammungsrechts Deutschlands und der USA, (Dissertation), Duncker & Humblot, Berlin 2017.

Smeuninx, Eline, Het concept vaderschap, Family and Law 2017, (online) DOI: 10.5553/FenR/.000023 abrufbar unter http://www.familyandlaw.eu/tijdschrift/fenr/ 2016/01/FENR-D-15-00005 (zuletzt geprüft am 10.10.2017).

Söderström-Anttila, Viveca/*Miettinen,* Anneli/*Rotkirch,* Anna/*Nuojua-Huttunen,* Sinikka/*Poranen,* Anna-Kaisa/*Sälevaara,* Mari/*Suikkari,* Anne-Maria, Short- and long-term health consequences and current satisfaction levels for altruistic anonymous, identity-release and known oocyte donors, 31 Human Reproduction (2016) 597.

Sonnenfeld, Susanne, Das neue Recht zur Klärung der leiblichen Abstammung unabhängig vom Anfechtungsverfahren, Rpfleger 2010, 57.

Spence, Melanie/*Freeman,* Mark, Newborn Infants Prefer The Maternal Low-Pass Voice, But Not The Maternal Whispered Voice, 19 Infant Behavior and Development (1996) 199.

Spickhoff, Andreas, Vaterschaft und konstentierte Fremdinsemination, 197 AcP (1997) 398.

– Vaterschaft und Fortpflanzungsmedizin, in: Hofer, Sybille/Klippel, Diethelm/Walter, Ute (Hrsg.), Perspektiven des Familienrechts, Festschrift für Dieter Schwab zum 70. Geburtstag, Bielefeld 2005, S. 923.

– Vaterschaftsfeststellung, Vaterschaftsanfechtung und das Recht auf Kenntnis der Abstammung nach heterologer Insemination, ZfPW 2017, 257.

– (Hrsg.), Medizinrecht. 2. Aufl., C. H. Beck, München 2014.

Spilker, Bettina, Verfassungsrechtliche Grundlagen und Grenzen des Rechts auf Kenntnis der Abstammung, FF 2017, 92.

Spranger, Tade M., Familie 2.0? Das Familienbild im Lichte moderner Lebenswissenschaften, FamRZ 2017, 257.

Standley, Kate, Family law, Palgrave Macmillan Law Masters, Basingstoke, 8th ed 2013.

Stathopoulos, Michael, Rechtliche oder genetische Abstammung: für eine Überwindung der „Alles-oder-Nichts"-Logik, in: Hilbig-Lugani, Katharina/Jakob, Dominique/ Mäsch, Gerald u. a. (Hrsg.), Zwischenbilanz, Festschrift für Dagmar Coester-Waltjen, Bielefeld 2015, S. 257.

Statistisches Bundesamt, Statistiken der Kinder- und Jugendhilfe – Adoptionen https:// www.destatis.de/DE/Publikationen/Thematisch/Soziales/KinderJugendhilfe/Adoptio nen5225201157004.pdf?__blob=publicationFile (zuletzt geprüft am 10.02.2017).

– Pressemitteilung v. 21.9.2016 – 332/16 www.destatis.de (zuletzt geprüft am 10.02. 2017).

– Pressemitteilung vom 19.12.2016 – 461/16 www.destatis.de (zuletzt geprüft am 10.02.2017).

Statistisches Bundesamt/Wissenschaftszentrum Berlin für Sozialforschung, Familie, Lebensformen und Kinder – Auszug aus dem Datenreport 2016, 2016.

Stead, Alfred, Ancestor-Worship in Japan, 15 The Monthly review (1904) 98.

Steffens, Melanie Caroline/*Jonas,* Kai J., Attitudes towards adoptive parents, child age, and child gender: The role of applicants' sexual orientation, in: Rupp, Marina (Hrsg.), Partnerschaft und Elternschaft bei gleichgeschlechtlichen Paaren, Verbreitung, Institutionalisierung und Alltagsgestaltung, Opladen u. a. 2011, S. 205.

Steiger, Heinhard, Verfassungsgarantie und sozialer Wandel – Das Beispiel von Ehe und Familie, 45 VVDStRL (1987) 55.

Steinbach, Anja, Generationenbeziehungen in Stieffamilien – Der Einfluss leiblicher und sozialer Elternschaft auf die Ausgestaltung von Eltern-Kind-Beziehungen im Erwachsenenalter, VS Verlag für Sozialwissenschaften; Springer Fachmedien Wiesbaden GmbH, Wiesbaden 2010.

Steininger, Marlene, Reproduktionsmedizin und Abstammungsrecht, Jan Sramek Verlag KG, Wien 2014.

Steinvorth, Ulrich, Wem oder was dient die Familie?, in: Götz, Isabell/Schwenzer, Ingeborg/Seelmann, Kurt u. a. (Hrsg.), Familie – Recht – Ethik, Festschrift für Gerd Brudermüller zum 65. Geburtstag, München 2014, S. 791.

Stöbel-Richter, Yve/*Goldschmidt,* Susanne/*Brähler,* E./*Weidner,* Kerstin/*Beutel,* Martin, Egg donation, surrogate mothering, and cloning; attitudes of men and women in Germany based on a representative survey, 92 Fertility and Sterility (2009) 124.

Stoll, Jane, Surrogacy Arrangements and Legal Parenthood – Swedish Law in a Comparative Context, Uppsala University, Uppsala 2013.

Strack, Christian, 1. Teilgutachten Gutachten A für den 56. DJT, in: Ständige Deputation des Deutschen Juristentages (Hrsg.), Die künstliche Befruchtung beim Menschen, Zuverlässigkeit u. juristische Folgen, München 1986, A 1.

Streinz, Rudolf, Europarecht, C. F. Müller, Heidelberg, 10. völlig neu bearb. Aufl. 2016.

– Die Europäisierung des Familienrechts – Unionsrechtliche Ansätze und verfassungsrechtliche Grenzen, in: Hilbig-Lugani, Katharina/Jakob, Dominique/Mäsch, Gerald u. a. (Hrsg.), Zwischenbilanz, Festschrift für Dagmar Coester-Waltjen, Bielefeld 2015, S. 271.

– (Hrsg.), EUV/AEUV, Vertrag über die Europäische Union und Vertrag über die Arbeitsweise der Europäischen Union, 2. Aufl., C. H. Beck, München 2012.

Streinz, Rudolf/*Ohler,* Christoph/*Herrmann,* Christoph/*Kruis,* Tobias, Der Vertrag von Lissabon zur Reform der EU – Einführung mit Synopse, C. H. Beck, München, 3. aktualisierte und erw. Aufl. 2010.

Strowitzki, Thomas, Assistierte Reproduktionstechniken (ART) und Leihmutterschaft – medizinische Aspekte, in: Weller, Marc-Philippe/Ditzen, Beate (Hrsg.), Leihmutterschaft – Aktuelle Entwicklungen und interdisziplinäre Herausforderungen, Heidelberg 2018 (im Erscheinen), S. 19.

Sucker, Stefanie, To Recognize or Not to Recognize? That is the Question!, 17 European Journal of Law Reform (2015) 257.

Süß, Bernd, Die Feststellung der Vaterschaft unabhängig von Anfechtungsverfahren – Das neue Abstammungsrecht unter besonderer Berücksichtigung der Perspektive der Väter, Peter Lang, Frankfurt a. M. 2010.

Tanner, Klaus, Stellungnahme zur Orientierungshilfe der EKD „Zwischen Autonomie und Angewiesenheit" http://www.ekd.de/download/20130928_tanner_symposium. pdf (zuletzt geprüft am 02.03.2017).

Taupo, Katrina, Negotiating the interface of genetic testing, biobanking and Maori ontology and epistemology, 31 New Genetics and Society (2012) 25.

Textor, Martin R., 20 Jahre Adoptionsreform – 10 Jahre Adoptionsforschung: Konsequenzen aus veränderten Sichtweisen http://www.ipzf.de/Adoptionsreform.pdf (zuletzt geprüft am 13.12.2016).

Theilen, Jens, Intersexualität, Personenstandsrecht und Grundrechte, StAZ 2014, 1.

Thomale, Chris, Mietmutterschaft – Eine international-privatrechtliche Kritik, Mohr Siebeck, Tübingen 2015.

– Anerkennung kalifornischer Leihmutterschaftsdekrete in der Schweiz, IPRax 2016, 177.

Thompson, Richard F./*Spencer,* William Alden, Habituation, 73 Psychological Review (1966) 16.

Thorn, Petra, Gleichgeschlechtliche Familien mit Kindern nach Samenspende, in: Maio, Giovanni/Eichinger, Tobias/Bozzaro, Claudia (Hrsg.), Kinderwunsch und Reproduktionsmedizin, Ethische Herausforderungen der technisierten Fortpflanzung, Freiburg im Breisgau 2013, S. 381.

– Familienbildung mit Spendersamen: Forschungsstand, klinische Erfahrungen und juristische Erfordernisse aus psychosozialer Perspektive, in: Coester-Waltjen, Dagmar/ Lipp, Volker/Schumann, Eva u.a. (Hrsg.), „Kinderwunschmedizin" – Reformbedarf im Abstammungsrecht?, Göttingen, Göttingen 2015, S. 131.

Tilch, Horst/*Arloth,* Frank, Deutsches Rechts-Lexikon (Bd. 1 A–F), C. H. Beck, München, 3. Aufl. 2001.

Tobin, John, To Prohibit or Permit: What is the (Human) Rights Response to the Practice of International Commercial Surrogacy?, 63 International and Comparative Law Quarterly (2014) 317.

– Forging a surrogacy framework for Ireland: the cunstitutionality of the post-birth parental order and pre-birth judicial approval models of regulation, 29 Child and Family Law Quarterly (2017) 133.

Todorova, Velina, Recognition of parental responsibility: biological parenthood v. legal parenthood, i.e. mutual recognition of surrogacy agreements: Which is the current situation in the MS? Need for EU action? Directorate-General for International Policies, Policy Department C, Note PE 432.738.

Treloar, Rachel, Family Law in (Neoliiberal) Context: British Comumbia's new Family Law Act, 28 International Journal of Law, Policy and the Family (2014) 77.

Tsan, Tsong-Sheng, Ahnenkult aus einer ostasiatischen Sicht, 27 Altorientalische Forschungen (2000) 81.

Ueda, Noriyuki/*Kushi,* Nobutaka/*Nakatsuka,* Mikiya/*Ogawa,* Tsuyuki/*Nakanishi,* Yoshiko/*Shishido,* Keisuke/*Awaya,* Tsuyoshi, Study of Views on Posthumous Reproduction, Focussing on its Relation with Views on Family and Religion in Modern Japan, 62 Acta Medica Okayama (2008) 285.

Uhle, Arnd, Art. 6 GG, in: Grundgesetz, Kommentar, München 2017.

Valentin, Julia Maria, Biologische Abstammung als Maßstab rechtlicher Zuordnung? – Eine rechtsvergleichende Betrachtung des Abstammungsrechts in Deutschland und der Schweiz, Peter Lang GmbH, Frankfurt am Main 2010.

Varendi, Heili/*Porter,* Richard/*Winberg,* Jan, The Effect of Labor on Olfactory Exposure Learning Within the First Postnatal Hour, 116 Behavioral Neuroscience (2002) 206.

Vaskovics, Laszlo A., Segmentierung und Multiplikation von Elternschaft – Konzept zur Analyse von Elternschafts- und Elternkonstellationen, in: Schwab, Dieter/Vaskovics, Laszlo A. (Hrsg.), Pluralisierung von Elternschaft und Kindschaft, Familienrecht, -soziologie und -psychologie im Dialog, Opladen, Farmington Hills, MI 2011, S. 11.

– Segmentierung und Multiplikation der Elternschaft und Kindschaft: ein Dilemma für die Rechtsregelung?, RdJB 2016, 194.

Vaskovics, Laszlo A./*Rupp,* Marina, Partnerschaftskarrieren – Entwicklungspfade nicht-ehelicher Lebensgemeinschaften, VS Verlag für Sozialwissenschaften, Wiesbaden 1995.

Veit, Barbara, § 1626, in: Münchener Kommentar zum Bürgerlichen Gesetzbuch. 7. Aufl., München 2017.

Veit, Barbara/*Hinz,* Katharina, Vertauschte Kinder, FamRZ 2010, 505.

Verhagen, Evelien/*Visser,* Irene, Erfrechtelijke gevolgen van de ontkenning van het door huwelijk ontstane vaderschap, Tijdschrift voor Familie- en Jeugdrecht 2014, 45.

Vlaardingerbroek, P., Art. 1:205 BW, in: Groene Serie, Personen- en familierecht, Loseblatt, Deventer 2014.

Voigt, Marc Alexander, Abstammungsrecht 2.0 – Ein rechtsvergleichender Reformvorschlag vor dem Hintergrund der Methoden der künstlichen Befruchtung, PL Academic Research, Frankfurt am Main, Germany 2015.

Voirin, Pierre/*Goubeaux,* Gilles, Droit civil, LGDJ-Lextenso éditions, Paris, 34e édition 2013.

Voithofer, Caroline/*Flatscher-Thöni,* Magdalena, Öffnung der Fortpflanzungsmedizin für Fraueneltenpaare, iFamZ 2015, 10.

Voltz, Markus, Art. 6 EGBGB, in: J. von Staudingers Kommentar zum Bürgerlichen Gesetzbuch, mit Einführungsgesetz und Nebengesetzen, Berlin 2013.

Vonk, M., De logeerbuik: draagmoederschap in Nederland, in: Boele-Woelki, K./Chin-A-Fat, Brigitte/Jonker, Merel u. a. (Hrsg.), Actuele ontwikkelingen in het familierecht, Vijfde UCERF symposium, Nijmegen 2011, S. 63.

Vonk, Machteld, Children and their parents – A comparative study of the legal position of children with regard to their intentional and biological parents in English and Dutch law, Intersentia, Antwerpen/Oxford 2007.

Vonk, Machteld/*Bos,* Henny, Duo-moederschap in Nederland vanuit juridisch en ontwikkelingspsychologisch perspectief, Family and Law 2012, (online) DOI: 10.5553/FenR/.000005, abrufbar unter: http://www.familyandlaw.eu/tijdschrift/fenr/2012/08/FENR-D-12-00003 (zuletzt geprüft am 15.10.2017).

Voss, Solvejg Sonja, Leihmutterschaft in Deutschland – Rechtliche Folgen und Verfassungsmäßigkeit des Verbotes, Kovač, Hamburg 2015.

Wachsmann, Monika, Fachausschuss Nr. 3578, StAZ 2000, 375.

Wade, Katherine, The regulation of surrogacy: a children's rights perspective, 29 Child and Family Law Quarterly (2017) 113.

Wagner, Gerhard, Unterhaltsrechtliche Folgen des scheidungsakzessorischen Statuswechsels nach dem Kindschaftsrechtsreformgesetz, FamRZ 1999, 7.

Wagner, Jutta/*Albers,* Marion, Stellungnahme des Deutschen Juristinnenbundes zum Entwurf eines Gesetzes zur Klärung der Vaterschaft unabhängig vom Anfechtungsverfahren, FPR 2007, 416.

Wagner, Rolf, Abstammungsfragen bei Leihmutterschaften in internationalen Sachverhalten – Bemühungen der Haager Konferenz für Internationales Privatrecht, StAZ 2012, 294.

– Anerkennung von Personenstandsurkunden in Europa, NZFam 2014, 121.

Waldburg, Oliver, Anpassungsprobleme im internationalen Abstammungsrecht – Unter besonderer Berücksichtigung des deutsch-portugiesischen Rechtsverkehrs; gleichzeitig eine Analyse der neuen Kollisionsnormen Artt. 19, 20 EGBGB n. F. (zugl.: Heidelberg, Univ., Diss., 2000), Verl. für Standesamtswesen, Frankfurt a. M. 2001.

Wall, Fabian, Fachausschuss-Nr. 4046: Abstammung eines Kindes, welches während bestehender Lebenspartnerschaft einer Engländerin und einer Neuseeländerin in Deutschland geboren wurde, StAZ 2017, 280.

Walper, Sabine, Eltern-Kind-Beziehungen im Jugendalter, in: Silbereisen, Rainer K./Hasselhorn, Marcus (Hrsg.), Entwicklungspsychologie des Jugendalters, Göttingen 2008, S. 135.

– Soziale Elternschaft in elternreichen Familien: Ein Blick auf Stieffamilien, in: Götz, Isabell/Schwenzer, Ingeborg/Seelmann, Kurt u. a. (Hrsg.), Familie – Recht – Ethik, Festschrift für Gerd Brudermüller zum 65. Geburtstag, München 2014, S. 889.

Walper, Sabine/*Bovenschen,* Ina/*Entleitner-Phleps,* Christine/*Lux,* Ulrike, Was kann der Staat? Mutterschaft aus Sicht der Familien-, Kinder- und Jugendforschung, in: Röthel, Anne/Heiderhoff, Bettina (Hrsg.), Regelungsaufgabe Mutterstellung – Was kann, was darf, was will der Staat?, Frankfurt a. M. 2016, S. 31.

Walper, Sabine/*Entleitner-Phleps,* Christine/*Wendt,* Eva-Verena, Brauchen Kinder immer (nur) zwei Eltern?, RdJB 2016, 210.

Walper, Sabine/*Wendt,* Eva-Verena, Die Bedeutung der Abstammung für die Identitätsfindung und Persönlichkeitsentwicklung in der Adoleszenz: Adoption, Samenspende und frühe Vaterabwesenheit nach Trennung der Eltern, in: Schwab, Dieter/Vaskovics, Laszlo A. (Hrsg.), Pluralisierung von Elternschaft und Kindschaft, Familienrecht, -soziologie und -psychologie im Dialog, Opladen/Farmington Hills, MI 2011, S. 211.

Wanitzek, Ulrike, Rechtliche Elternschaft bei medizinisch unterstützter Fortpflanzung, Verlag E. und W. Gieseking, Bielefeld 2002.

– Vaterschaftsanfechtung, FPR 2002, 390.

– Ergänzungen des Abstammungsrechts durch das Kinderrechteverbesserungsgesetz, FamRZ 2003, 730.

Wealstead, Mary, The Battle for Parenthood – Lesbian Mothers and Biological Fathers, in: Atkin, W. R. (Hrsg.), The international survey of family law 2014, Bristol 2014, S. 97.

Weber, Philipp, Gleichgeschlechtliche Elternschaft im Internationalen Privatrecht, Mohr Siebeck, Tübingen, 2017.

Wedemann, Frauke, Konkurrierende Vaterschaften und doppelte Mutterschaft im Internationalen Abstammungsrecht, Nomos Verl.-Ges., Baden-Baden 2005.

– Die kollisionsrechtliche Behandlung der qualifizierten Drittanerkennung nach § 1599 Abs. 2 BGB sowie vergleichbarer ausländischer Rechtsinstitute, StAZ 2012, 225.

Wehrstedt, Stefan, Anfechtungsrechte im Falle heterologer Insemination, DNotZ 2005, 649.

Weiss, Marlene, Schöne neue Familienwelt, Süddeutsche Zeitung vom 19.10.2016, S. 2.

Wellenhofer, Marina, Das neue Gesetz zur Klärung der Vaterschaft unabhängig vom Anfechtungsverfahren, NJW 2008, 1185.

– „Segmentierung" der Elternschaft und Rechte des Kindes, in: Schwab, Dieter/Vaskovics, Laszlo A. (Hrsg.), Pluralisierung von Elternschaft und Kindschaft, Familienrecht, -soziologie und -psychologie im Dialog, Opladen/Farmington Hills, MI 2011, S. 173.

– Die Samenspende und ihre (späten) Rechtsfolgen, FamRZ 2013, 825.

– Zur Reform des Scheinvaterregresses, FamRZ 2016, 1717.

– Die Schranken des Anfechtungsrechts des leiblichen Vaters gem. § 1600 II, III BGB, NZFam 2017, 898.

Wendelmuth, Agnes, Der Auskunftsanspruch des Scheinvaters im neuen Gewand, FF 2017, 16.

Wiesemann, Claudia, Der moralische Status des Kindes in der Medizin, in: Ach, Johann S./Lüttenberg, Beate/Quante, Michael (Hrsg.), wissen.leben.ethik., Themen und Positionen der Bioethik, Münster 2014, S. 155.

Wieser, Eberhard, Zur Feststellung der Vaterschaft nach neuem Recht, NJW 1998, 2023.

– Zur Anfechtung der Vaterschaft durch den leiblichen Vater, FamRZ 2004, 1773.

Will, Annegret, Wer ist Vater im Sinne des Gesetzes?, FPR 2005, 172.

Willekens, Harry, Alle Elternschaft ist sozial, RdJB 2016, 130.

Willems, Constantin, Kindesvertauschungen – Überlegungen zu einem familien- und erbrechtlichen Härtefall, NZFam 2016, 445.

Windel, Peter A., Lebensformen – Status – Personenstand: Grundlagen und Probleme, StAZ 2006, 125.

– Status und Realbeziehung, in: Lipp, Volker/Röthel, Anne/Windel, Peter A. (Hrsg.), Familienrechtlicher Status und Solidarität, Tübingen 2008, S. 1.

Wischmann, Tewes, Psychosoziale Aspekte der Spendersamenbehandlung – eine Übersicht, 68 Geburtshilfe Frauenheilkunde (2008) 1147.

– Psychosoziale Entwicklung von IVF-Kindern und ihren Eltern, Journal f. Reproduktionsmedizinische Endokrinologie 2008, 329.

Wittmann, Martin, Lenjas Welt, Süddeutsche Zeitung vom 14./15.10.2017, S. 13.

Wittmann, Tobias, Genetische Realität anstelle der pater-est-Doktrin (zugl.: Erlangen-Nürnberg, Friedrich-Alexander-Univ. (FAU), Diss., 2011), Kovač, Hamburg 2012.

Witzleb, Normann, „Vater werden ist nicht schwer"? – Begründung der inländischen Vaterschaft aus ausländischer Leihmutterschaft, in: Witzleb, Normann/Ellger, Reinhard/Mankowski, Peter u. a. (Hrsg.), Festschrift für Dieter Martiny zum 70. Geburtstag, Tübingen 2014, S. 203.

Wohlgemuth, Gisela, Auskunftsanspruch des gesetzlichen Vaters eines Kindes auf Namhaftmachung des biologischen Vaters, FuR 2016, 132.

Wohn, Annette, Medizinische Reproduktionstechniken und das neue Abstammungsrecht, Verlag E. und W. Gieseking, Bielefeld 2001.

Wolf, Alfred, Über Konsequenzen aus den gescheiterten Versuchen, Babyklappen und „anonyme" Geburten durch Gesetz zu legalisieren, FPR 2003, 112.

– Biologische Abstammung und rechtliche Zuordnung, NJW 2005, 2417.

– Die Vaterschaft in der Zwickmühle zwischen biologischer Richtigkeit und rechtlicher Zuordnung, in: Helms, Tobias (Hrsg.), Lebendiges Familienrecht, Festschrift für Rainer Frank zum 70. Geburtstag am 14. Juli 2008, Frankfurt a. M./Berlin 2008, S. 349.

Wolf, Michael, Untreue in Partnerschaften https://docserv.uni-duesseldorf.de/servlets/DerivateServlet/Derivate-19824/Dissertation_Michael_Wolf_PDF-A.pdf (zuletzt geprüft am 13.10.2017).

Wolff, Marianne de/*van Ijzendoorn,* Marinus, Sensitivity and Attachment: A Meta-Analysis on Parental Antecedents of Infant Attachment, 68 Child Development (1997) 571.

Wollenschläger, Ferdinand, Grundfreiheit ohne Markt – Die Herausbildung der Unionsbürgerschaft im unionsrechtlichen Freizügigkeitsregime, Mohr-Siebeck, Tübingen 2007.

Wortmann, S. F. M./*van Duijvendijk-Brand,* J., Compendium Personen- en familierecht, Kluwer, Deventer, 12. druk 2015.

Wöss, Fleur, Was ist Ahnenkult? – Einige Bemerkungen aus japanologischer Sicht, Historische Anthropologie 1993, 131.

Yee, Samantha/*Blyth,* Eric/*Tsang,* A. Ka Tat, Oocyte donors' experiences of altruistic known donation: a qualitative study, 29 Journal of Reproductive and Infant Psychology (2011) 404.

Zadeh, S./*Freeman,* T./*Golombok,* Susan, Absence or presence? Complexities in the donor narratives of single mothers using sperm donation, 31 Human Reproduction (2016) 117.

Zenz, Gisela, Referat, in: Ständige Deputation des Deutschen Juristentages (Hrsg.), Verhandlungen des 59. Deutschen Juristentages, II. Band (Sitzungsberichte), München 1992, S. 1000.

Zervogianni, Eleni, Künstliche Fortpflanzung im griechischen Recht, in: Dutta, Anatol/ Schwab, Dieter/Henrich, Dieter u. a. (Hrsg.), Künstliche Fortpflanzung und Europäisches Familienrecht, Bielefeld 2015, S. 205.

Zimmermann, Michael, Die Feststellung der Vaterschaft unabhängig vom Anfechtungsverfahren – Teil 2, FuR 2008, 374.

Zimmermann, Stefan, Das neue Kindschaftsrecht, DNotZ 1998, 404.

Zinkant, Kathrin, Erstmals reife Eizelle im Labor gezüchtet, Süddeutsche Zeitung vom 18.10.2016, S. 1.

– Hat Gott in der Petrischale Platz?, Süddeutsche Zeitung vom 31.10.2016, S. 18.

– Empfängnis im Glas, Süddeutsche Zeitung vom 11.4.2017, S. 14.

Zumstein, Monika, Keimzellenspende – Juristische Thesen, in: Bundesministerium für Gesundheit (Hrsg.), Fortpflanzungsmedizin in Deutschland, Wissenschaftliches Symposium des Bundesministeriums für Gesundheit in Zusammenarbeit mit dem Robert-Koch-Institut vom 24. bis 26. Mai 2000 in Berlin, Baden-Baden 2001, S. 134.

Zypries, Brigitte/*Zeeb,* Monika, Samenspende und das Recht auf Kenntnis der eigenen Abstammung, NZFam 2014, 54.

Sachregister